U0896170

2021
中国侨联年鉴

2021 Yearbook
All-China Federation of Returned Overseas Chinese

中国侨联年鉴编纂委员会　编

中国華僑出版社
·北京·

图书在版编目（CIP）数据

2021中国侨联年鉴 / 中国侨联年鉴编纂委员会编
. --北京：中国华侨出版社, 2021.12
ISBN 978-7-5113-8735-6

Ⅰ.①2… Ⅱ.①中… Ⅲ.①华侨组织－中国－2021－年鉴 Ⅳ.①D634.1-54

中国版本图书馆CIP数据核字（2021）第252099号

● 2021中国侨联年鉴

编　　者 / 中国侨联年鉴编纂委员会
出 版 人 / 刘凤珍
责任编辑 / 高文喆
装帧设计 / 中文天地
经　　销 / 新华书店
开　　本 / 889mm × 1194mm　1/16　印张：40　字数：1298千字
印　　刷 / 晟德（天津）印刷有限公司
版　　次 / 2021年12月第1版　2021年12月第1次印刷
书　　号 / ISBN 978-7-5113-8735-6
定　　价 / 480.00元

中国华侨出版社　北京市朝阳区西坝河东里77号楼底商5号　邮编：100028
法律顾问：陈鹰律师事务所
编 辑 部：（010）64443056　64443979
发 行 部：（010）64443051　传真：（010）64439708
网　　址：www.oveaschin.com
E-mail：oveaschin@sina.com

《2021中国侨联年鉴》编纂委员会

《2021中国侨联年鉴》
编辑人员

编辑说明

一、2021卷力求全面、系统、客观、公正地记载自2020年1月1日至12月31日全国各级侨联工作取得的成就、经验和发展的新趋势、新动向，为各级侨联沟通信息、交流经验开辟渠道，为社会各界了解侨联工作开辟窗口。

二、2021卷采用编纂年鉴通用的分类编辑法，主体内容分为类目、分目、条目三个层次。类目为大单元，其下设置若干个分目。分目下设条目，条目为年鉴的基本单位和主要内容载体。

三、根据中国侨联的工作性质和机构特点，本卷年鉴共设类目7个。各类目刊载的内容如下。

1.“中国侨联领导讲话”：收录会领导的有关讲话。

2.“大事记”：收录会领导重要活动等内容。

3.“综合”：围绕服务经济发展、依法维护侨益、拓展海外联谊、积极参政议政、弘扬中华文化、参与社会建设等职能，收录中国侨联机关各部门的工作情况。

4.“中国侨联直属企事业及社会团体工作”：收录中国侨联直属企事业单位及中国侨联所属各社会团体的主要工作。

5.“省级侨联工作”：收录各省级侨联和部分地市（含以下）侨联工作情况。

6.“侨情概览”：按地区、国别收录2020年海外华侨华人发生的有影响力的大事、要事等。

7.“附录”：收录各省区市、地市（含以下）侨联通讯录等内容。

四、本卷年鉴由各省级地方侨联，新疆生产建设兵团侨联，中央和国家机关侨联，中央企业侨联，中国侨联机关各部门、直属企事业单位和社会团体提供稿件，稿件均经编委（各单位负责人）审阅。

五、《中国侨联年鉴》由中国侨联办公厅、中国华侨华人研究所主办，《中国侨联年鉴》编辑部编辑，中国华侨出版社出版。

1 月 18 日，中国侨联党组书记、主席万立骏发表 2020 年新春贺词

3 月 5 日，万立骏主席（中）在北京调研侨资企业复工复产和疫情防控情况

8 月 24 日—26 日，万立骏主席（左四）在湖北省武汉市调研

9 月 17 日，万立骏主席（右三）一行赴湖南省株洲市攸县调研丁家垅村脱贫攻坚项目

10 月 18 日—19 日，万立骏主席在浙江省杭州市调研，走进侨界创客园区企业

11 月 4 日，万立骏主席在山东省济南市调研

11 月 24 日，万立骏主席（左四）出席“亲情中华 · 张謇故事”专场演出

12 月 21 日，万立骏主席出席“追梦中华 · 侨与脱贫攻坚”网络主题活动成果展开幕式并致辞

1 月 19 日，李卓彬副主席（右三）在海南省文昌市看望慰问南侨机工张修隆（右二）

10 月 12 日，李卓彬副主席（右四）在天津市武清区有关侨资企业调研

1月21日，隋军副主席在福建省南平市慰问困难归侨侨眷

8月26日，隋军副主席在黑龙江省黑河市调研侨联工作

9 月 8 日—9 日，程学源副主席（左一）在河北省张家口市崇礼区实地考察在建中的华侨冰雪博物馆

10 月 12 日，程学源副主席（右四）在河南省郑州市管城区紫荆山南路街道紫光社区侨胞之家调研

7 月 22 日，齐全胜副主席（中）在中国华侨出版社调研

9 月 2 日，齐全胜副主席出席“亲情中华 · 文化讲堂 · 侨胞故事”宣讲会并调研当地侨联文宣工作

目录

CONTENTS

中国侨联领导讲话

大事记

综　合

中国侨联直属企事业及社会团体工作

省级侨联工作

目录

侨情概览

附录

中国侨联年鉴

中国侨联领导讲话

中国侨联
年鉴
2021 中国侨联年鉴

在中国侨联十届三次全委会议上的工作报告

（2020 年 1 月 12 日）

万立骏

各位委员，各位顾问，同志们：

这次全委会议是经党中央批准召开的。1 月 6 日，中央书记处办公会议专题听取五家群团工作汇报，会上，充分肯定了侨联过去一年的工作，对做好 2020 年工作作出重要指示，充分体现了党中央对侨联工作的重视、关心和期待。我们要认真学习领会，抓好贯彻落实。

这次全委会议的主要任务是：以习近平新时代中国特色社会主义思想为指导，认真学习贯彻党的十九届四中全会精神，深入贯彻习近平总书记关于群团工作和侨务工作的重要论述，落实中央书记处重要指示要求，总结 2019 年侨联工作，研究部署 2020 年工作任务，进一步凝聚侨心侨力侨智，为确保实现全面建成小康社会奋斗目标作贡献。

现在，我代表中国侨联十届主席会和常委会向全委会议报告工作，请予审议。

一、2019 年主要工作

一年来，在以习近平同志为核心的党中央坚强领导下，中国侨联与各级侨联组织一道，增强“四个意识”、坚定“四个自信”、做到“两个维护”，全面贯彻党的十九大和十九届二中、三中、四中全会精神，以习近平新时代中国特色社会主义思想为指导，深入学习贯彻习近平总书记关于群团工作和侨务工作的重要论述，坚持稳中求进，落实十代会部署，坚持“两个并重”、“两个拓展”，推动“两个建设”，用好“两项机制”，围绕保持和增强政治性、先进性、群众性，全面履行职能，聚焦讲政治、迎国庆、促改革、强服务、抓党建，认真落实“不忘初心、牢记使命”主题教育和配合中央巡视两项政治任务，推动各项工作取得新进展新成效。

（一）深入学习贯彻习近平新时代中国特色社会主义思想

1. 加强侨联干部思想政治建设。坚持旗帜鲜明讲政治，把学习贯彻习近平新时代中国特色社会主义思想特别是习近平总书记关于侨务工作的重要论述作为重要政治任务，在学懂、弄通、做实上下功夫。**一是**突出学习重点。把干部自学和集中学习讨论结合起来，推动侨联干部全面、系统学习习近平新时代中国特色社会主义思想，掌握其丰富内涵、精神实质和实践要求，自觉以其武装头脑、指导实践、推动工作。跟进学习习近平总书记在中央和国家机关党的建设工作会议、中央政协工作会议、庆祝中华人民共和国成立 70 周年大会等重要会议上的讲话精神，传达学习党的十九届四中全会精神，将思想和行动统一到中央决策部署上来。编印《习近平论侨务（2019 年版）》，在厦门大学召开理论研讨会，把学习习近平总书记关于侨务工作的重要论述引向深入。中国侨联党组在《机关党建研究》上刊发《坚定不移跟党走、为党和国家事业发展凝聚侨心侨力侨智》文章，在《旗帜》上刊发《新时代侨联工作创新发展的根本遵循》文章。**二是**务求学习实效。发挥党组理论学习中心组示范引领和指导督促作用，全年共组织集体学习 37 次，结合“不忘初心、牢记使命”主题教育，将班子成员领学和重点发言相结合，先后围绕 8 个专题开展学习研讨，重点发言 100 余人次。以“贯彻新思想、把握新情况、开创新局面”为题讲党课，党组主要负责同志强调侨联初心和使命，梳理新时代侨联工作十三个方面的重要部署和安排。开设“特聘专家讲堂”，开阔干部视野；通过举办辅导讲座、召开座谈会交流会、组织参观主题展览等措施，推动侨联干部讲政治、重学习、强素质、壮筋骨。重视发挥青年读书小组作用，带动青年干部提高能力素质。**三是**扩大学习教育覆盖面。制定《2019—2023年中国侨联培训规划》，把习近平新时代中国特色社会主义思想特别是习近平总书记关于侨务工作的重要论述作为培训重点，全年培训学员550余名。党的十九届四中全会胜利闭幕后，中国侨联采取赴地方调研、举办培训班、研修班、座谈会、出访宣讲等方式，推动侨界掀起学习宣传党的十九届四中全会精神的热潮。

2. 加强侨界群众思想引领。开展“追梦中华”主题宣传活动，引导侨界群众增进对党、对国家、对民族、对中国特色社会主义的认同。**一是**涵养媒体资源。在厦门大学和中央社会主义学院举办海外华文媒体高级研修班，分别以“一带一路”与中国故事、讲好中国制度故事为主题，邀请五大洲56个国家和地区的108位海外华文媒体负责人研修，增进共识、培育队伍。**二是**讲好中国故事。会同江苏、北京、内蒙古、广东、四川侨联举办5期海外华文媒体地方行活动，分别以大运河文化带建设、北京情思、生态优先、聚焦大湾区、乡村振兴为主题，宣传新中国成立以来、党的十八大以来我国的发展成就和巨大变化，传播中国发展理念。**三是**树立侨界典型。加强媒体合作，宣传海外侨胞讲述中国故事、弘扬中华文化、促进祖国和平统一、促进中外经贸合作的生动事例。开展“‘侨’说·我的创业故事”活动，宣传侨资企业家、新侨人才的感人故事。联合五邑大学广东侨乡文化研究中心，主办“华侨与新中国”主题论坛。做好国家社科基金项目《世界华侨华人通史》的出版工作。与央视共同主办2019第七届“中华之光——传播中华文化年度人物评选”活动。**四是**规范宣传报道。制订《中国侨联关于加强新闻宣传、规范新闻报道的实施办法（试行）》，推动党管媒体、党管意识形态在侨联落地。拍摄侨联工作宣传片，制作宣传折页，及时报道侨联要闻动态。探索推进网络评论队伍建设，加强网上思想引导。**五是**开展网上舆论工作。引导海外华文媒体对香港修例风波进行客观真实报道，营造坚定不移贯彻“一国两制”方针，支持特区政府止暴制乱、恢复秩序的网络舆论环境。

3. 加强侨务理论研究阐释。一是连续第6年举办习近平总书记关于侨务工作重要论述研讨会，在学术界和侨界均产生良好反响，使研讨会成为研究宣传习近平总书记关于侨务工作重要论述的重要平台。**二是**联合中央党史和文献研究院，推动出版《习近平关于侨务工作论述摘编》。委托中国华侨出版社编辑《习近平与侨的故事》，生动反映习近平同志对侨的关怀和厚爱。**三是**成功申报国家社科基金重大委托项目“习近平总书记关于侨务工作的重要论述研究”，为开展新时代侨联工作提供理论基础和支撑。

（二）深化侨联改革、推动基层建设和基础建设

1. 推动涉侨机构改革有关任务落地。坚持从政治上、大局上把握改革，根据中央有关部门协调意见，积极主动与中央统战部对接，推动原国侨办划转有关工作项目。**一是**办好“中国寻根之旅”夏（冬）令营。从2019年起，由中国侨联承接主办。发挥侨联的组织优势，按照“全球网上统一报名、中国侨联统一组织、地方侨联具体承办”方式办营，共有来自75个国家和地区的22373名华侨华人子女参营，受到侨胞及其子女的普遍好评。目前，冬令营正在开展，全年总办营规模约2.5万名。**二是**参与举办世界华侨华人社团联谊大会。中国侨联作为主办单位之一，与中央统战部（以国侨办名义）联办此次大会。5月28日，习近平总书记亲切会见与会侨胞代表，让大家深受鼓舞。**三是**筹备“四海同春”慰侨演出。这是一项春节前后赴海外的慰侨文艺联谊活动，从2020年起，由中国侨联承接主办，正月初一起，陆续赴14个国家和中国香港、澳门地区演出。**四是**抓好中国侨商投资企业协会整合融入中国侨商联合会工作。按照“先转隶后调整”的原则，召开转隶工作会议，通报有关情况，深化认识、共谋发展。在此基础上，召开中国侨商联合会第五次会员代表大会，标志着两家商会整合完成，来自63个国家和地区的侨商代表和全

国侨联、侨商组织代表800余人出席大会。王沪宁同志会见全体代表，尤权、白玛赤林、万钢同志参加会见并出席大会，体现了党中央对侨联和侨商会工作的关心。谢国民、许荣茂当选为第五届会长。会议要求广大侨商、侨资企业家认真学习习近平总书记在民营企业座谈会上的重要讲话和党的十九届四中全会精神，像改革开放初期那样，积极投身、热情支持中国发展，做新时代的参与者、贡献者、受益者。目前，侨商会共有会员811名，是我国侨界规模最大、实力最强、联系面最广、海内外影响最大的侨商组织。**五是**完成3家涉侨基金会和5家境外涉侨基金会境内代表处划转中国侨联主管的工作。出台《中国侨联关于非公募涉侨基金会管理办法》，召开2019年涉侨基金会（代表处）工作会议。

2. 完成国营官厅华侨农场整建制移交工作。落实《中国侨联改革方案》，与河北省委省政府、张家口市委市政府充分沟通协商，回应农场职工关切，就农场整体移交工作达成共识。10月，中国侨联与河北省政府在京签署《华侨农场整建制移交工作框架协议》，与张家口市政府签署《华侨农场整建制移交工作协议》，召开国营官厅华侨农场整建制移交接收会议，正式将农场移交地方，融入地方经济社会发展。

3. 推动地方侨联改革。贯彻中央关于机构改革的决策部署和习近平总书记在深化党和国家机构改革总结会议上的重要讲话精神，加强对省（区、市）侨联改革的指导和推动。目前，29个省级侨联出台改革方案，基本完成改革任务；其中，20个省级侨联增加了编制或内设机构，侨联的职能和力量得到加强，干部的热情得到激发，侨联的影响日益扩大，侨联工作有了新起色。对这一轮涉侨改革推进情况，中国侨联进行了调研，汇总进展，发现问题，研判分析，并专门作了报告。同时，督促省级侨联做好换届人事安排和届中调整工作，指导完成北京、河北、山东等10个省级侨联换届和湖南、海南、甘肃等5个省级侨联领导班子调整工作。

4. 加大侨联基层组织建设力度。一是加强顶层设计。制定出台《关于新时代加强基层侨联建设的指导意见》，提出“五大建设”目标任务，形成了章程、条例、指导意见为一体的制度安排。**二是**加强支持保障。争取国家发改委支持，建立基层侨联统一社会信用代码的赋码制度，破解基层侨联组织身份合法化的难题。制定出台《中国侨联关于华侨事务预算专项经费使用管理的指导意见》，努力缓解基层侨联组织帮扶困难归侨侨眷和活动经费不足的问题。实施激活基层4个专项活动，全年培训基层侨联干部3000人、支持各地近300个“侨胞之家”建设、支持归侨侨眷技能培训工作和侨爱心医疗队义诊活动，投入资金近1500万元。首次安排经费支持中央和国家机关侨联开展活动。**三是**加强分类指导。在郑州举办中西部侨联基层建设培训交流活动，在杭州举办全国主要大中城市基层侨联建设经验交流暨业务培训活动，分类研讨激活基层组织活力、扩大组织覆盖面的思路、重点、举措，提出基层建设“五个转变”：从“有形覆盖”向“有效覆盖”转变、从“行政推动”向“功能驱动”转变、从“单打独斗”向“齐抓共管”转变、从“传统模式”向“智慧模式”转变、从“补齐短板”向“延伸跳板”转变。编发《基层侨联建设》，交流推广基层侨联好做法好经验。

5. 狠抓机关基础建设。一是抓能力建设。大兴调查研究之风，提出“大学习、大调研、大讨论，作出大贡献”要求，推动下基层专项调研、出访团组调研等工作广泛开展；制定《中国侨联2019年重点调研课题计划》，组织调研报告评审；制定《中国侨联课题管理办法》，发布《2019—2021年中国侨联课题指南》；联合举办“世界海外华人研究学会第十届国际会议”。加强侨联干部学习培训、实践锻炼，完善专兼挂职干部制度，积极为干部提升能力创造条件。**二是**抓制度建设。修订完善《中国侨联党组工作规则》《中国侨联主席办公会议议事规则》等28项制度规定，整理汇编《中国侨联规章制度（2019）》，提高制度执行力。落实《中国侨联党组督促检查工作实施办法》，建立中国侨联各部门各单位2019年工作安排台账共215项，强化督查问效。**三是**抓信息和数据建设。优化门户网站设置，完成网页改版升级，丰富网站专题内容，推进微信平台建设，开发中国侨联电子杂志和省（区、市）侨联微信矩阵。截至目前，中国侨联网站页面浏览量97万次，微信公众号总阅读量115万次。建立机制，提升网络安全，完成等级保护测评。加强网络安全和信息化工作领导小组建设，抓好国家部署的重点项目。福建侨联着力打造“福侨世界总网”信息化平台。

（三）开展侨界庆祝新中国成立70周年系列活动

1. 加强工作部署。制定《中国侨联庆祝新中国成立70周年系列主题活动方案》，在全国侨联系统部署安排13项工作和活动，集中资源和力量，整体推动。贯彻中央要求，下发《中国侨联关于在侨界群众中广泛开展“我和我的祖国”主题宣传教育活动的通知》，推动开展学习体验、主题宣讲、共和国故事汇、同升国旗、同唱国歌、网上主题教育及群众性文化活动，凝聚侨界人心，形成正面声势。

2. 注重工作配合。中国侨联作为成员单位，参与中央国庆庆祝活动领导小组。配合中央统战部等单位组织来自130多个国家和地区的近2000名海外侨胞国庆观礼，首次参与主办侨界“联宴”。

3. 广泛开展主题活动。一是首次举办网络宣传活动。与人民日报海外网合作，开展“追梦中华·侨这七十年”网络主题活动，通过开展“侨与新中国”、“寻找侨界老照片”、“我与五星红旗合个影”、“七十年来家国”网络征文活动、“我爱你中国”快闪活动等，宣传党的创新理论、中国发展成就和民族复兴的美好前景。活动共收到原创内容1764篇，全网点击量1200万人次，覆盖五大洲近40个国家和地区。**二是**大力举办文化活动。在人民大会堂举办“亲情中华·一起读中国”朗诵音乐会，在国家大剧院举办“全球华人音乐会”。开展“亲情中华·走进侨乡”活动，在重庆、四川、广东、海南、广西、云南等地举办10场文艺晚会，观众近60万人。在航天一院举办“亲情中华·走进航天”文艺晚会，慰问航天战线侨界科技工作者。与国家博物馆共同主办“行远同梦——华侨华人与新中国特展”，营造共庆新中国70华诞的浓厚氛围。**三是**弘扬侨界爱国奋斗精神。在人民大会堂举办“千人老归侨访京团招待会”活动，激发侨界爱国心、报国志。中国侨联党组同志在国庆前夕看望慰问国家荣誉称号获得者王文教等侨界英模和侨联工作老同志，并向4名离休老同志颁发国庆70周年纪念章。在人民日报海外版开设“追梦中华·侨界菁英”、“追梦中华·华侨英烈”人物专栏；与中央广播电视总台合作，拍摄纪录片《华侨华人与共和国》；协助央视拍摄纪录片《国家荣光》；举办“祖国在召唤——纪念南洋华侨机工回国服务80周年”主题展览，讲述侨与新中国的故事。**四是**推动各地开展丰富多彩的活动。北京举办“华诞中华·亲情北京”国庆观礼，天津举办“老侨新侨话今昔、凝心聚力谱新篇”座谈会，河北录制《我和我的祖国》MV，山西开展“‘根’‘魂’‘梦’——我的祖（籍）国”主题征文活动，内蒙古举办“党的光辉照北疆——内蒙古老宣传画老照片展”，吉林组织海外侨团侨社录制“祝福祖国、祝福故乡”视频，黑龙江开展“龙江侨企龙江情，侨界精英话龙江”宣传活动，上海举办“‘侨与中国梦’——我和我的祖国”诵读大赛，江苏举办“时代新人说·侨与共和国”演讲比赛，浙江联合浙商杂志推出“奋进的力量·70年·70侨”栏目，福建举办“诗词连两岸·丹青描乡愁”两岸乡愁笔会，江西举办“侨联四海·情满赣鄱”艺术展，河南举办“礼赞70年·侨与祖国共奋进”征文活动，湖南联合制作纪录片《我的中国心》，广东开展“华夏杯”华侨华人与新中国征文活动，重庆围绕“渝侨共筑中国梦”开展“随手拍”摄影活动，四川举办“拳拳游子心、灼灼中华情”诗歌朗诵会，陕西举办“不忘初心　侨心向党”书画展，展现了侨界与新中国共奋进的良好风貌。

（四）履行海外华人华侨社团联谊职责

1. 抓好顶层设计。一是贯彻中央职能划转要求，召开全国侨联系统联谊联络工作会议，邀请中联部、外交部等参会，分析海外联谊联络工作面临形势，明确目标任务，形成工作合力。**二是**建立海外工作联席会议机制，定期汇总各方面情况，加强分析研判和工作统筹。**三是**加强侨情分析。制定海外侨情调研近期目标和长期目标，加强与中央涉外单位的交流合作。围绕海外重点侨领、重点侨团及综合侨情等，探索建立侨情数据库。建立出访团组承担海外侨情调研任务的工作机制，编印《海外侨情动态》《海外侨情分析》。**四是**加强对外合作。主动与中央有关单位建立联系，争取对海外联谊联络工作的支持和帮助。密切与外交部领事司的沟通联系，在共享侨情、维护侨益等方面加强合作。参加中央有关外事工作机制，邀请有关单位参与侨联重要会议和活动。

2. 突出侨界青年工作。召开中国侨联青年委员会第四次委员大会，来自93个国家和地区的近500名青年委员参加，尤权同志会见与会代表并讲话，白玛赤林、郑建邦同志参加会见。这次大会**一是**体现了广泛性和代表性。与外交部、中联办等单位深入沟通，履行程序，征求意见，确保青委人选安排公平公正，换届后委员分布更加广泛，覆盖了97个国家和地区，新侨和专业人士比例增加。**二是**实现了组织优化。增设了常务委员，副会长多由各省级青委会会长担任，增强了工作的上下联动，为侨联海外工作可持续发展奠定了组织基础。**三是**强化了思想引领。安排参观新中国成立70周年成就展，召集新一届青委会副会长座谈会，组织3条线路分赴北京、天津、江苏、上海、重庆、四川等地参访，进一步激发参访成员的爱国热情和民族归属感。

3. 服务“一带一路”建设。一是建立中国侨联各部门各单位“一带一路”联席会议制度，贯彻中央精神，通报研究工作，推动重要事项。加强工作调研，与清华大学共同建设“一带一路”战略研究院。**二是**首次举办“侨连五洲·七彩云南：第17届东盟华商会暨第1届‘一带一路’侨社论坛”活动，来自53个国家和地区的700余名海内外嘉宾参加，紧紧围绕“华侨华人与‘一带一路’”主题，覆盖科技、金融、文化、公益等领域，组织开展侨界专家企业家峰会、金融支持“一带一路”论坛、“亲情中华·七彩云南”演出、侨青圆桌、和谐侨社论坛等20余场活动，得到地方和侨界欢迎。**三是**针对不同领域开展活动。与陕西、四川、重庆等地方联合举办第四届丝绸之路国际博览会暨中国东西部合作与投资贸易洽谈会，“一带一路”华商峰会和“一带一路”侨商组织年会。面向19个“一带一路”沿线国家地区增聘海外律师委员，组织回国参访交流活动，为“一带一路”建设提供法律服务。拓展“‘一带一路’光明行”等海外公益项目，与海外侨社密切合作，落实“澜湄合作——五官科国际交流与培训”项目。推动民心相通，为一批乌兹别克斯坦贫困女性白内障患者免费实施复明手术。与中科院签订战略合作协议，支持“‘一带一路’国际科学组织联盟”开展工作，推动科技成果转化。推进国家社科基金重大课题特别委托项目“‘一带一路’战略视野下我国沿边地区侨情调研”，召开专题研讨会。联合举办《“一带一路”沿线华侨华人史话丛书》首发式暨学术研讨会，在菲律宾宿务市设立海外首家“侨心书苑”。**四是**注重发挥地方侨联作用。上海举办2019“一带一路”华侨华人与中国市场高峰论坛，山西组织“亲情中华·筑梦丝路”关公文化“一带一路行”座谈会，浙江举办“一带一路”未来城市论坛，河南开展“亲情中华·老家河南——中国文字丝路行”，广西举办首届“‘一带一路’侨商侨领交流合作大会”，结合地方特点和优势助力“一带一路”建设。

4. 做好港澳侨务和侨务对台工作。一是围绕中央对港澳工作的方针和部署，支持香港、澳门侨界举办庆祝新中国成立70周年系列活动，支持澳门侨界举办庆祝澳门回归二十周年系列活动。**二是**与有关方面沟通，召开香港侨界代表人士座谈会，澳门顾问、常委、委员座谈交流会，港澳侨界青年座谈和交流活动，引导港澳侨界重点社团和代表人士在事关“一国两制”和香港、澳门前途命运的重大问题上旗帜鲜明，探讨港澳侨界参与“一带一路”、“粤港澳大湾区”建设的载体和方式。**三是**搭建港澳侨界与台湾侨界交流平台。举办“第十一届海峡论坛——2019两岸侨联和平发展论坛·海峡两岸暨港澳侨界圆桌峰会”，150余名侨界代表围绕“推动两岸和平发展致力民族伟大复兴”的主题进行深入交流。密切与台湾涉侨团体的交往，加强同乡会、宗亲会工作。组派“亲情中华·欢聚台湾”大型艺术团赴台巡演，在高雄、南投、苗栗、新竹演出4场，促进两岸同胞心灵契合。西藏、新疆侨联加强对本地区海外侨胞的联系和服务。

5. 推进联谊联络重点工作项目。一是设计推出“侨青圆桌”论坛活动，共举办15期，分别以WTO改革、养老金等社会热点为主题，集思广益、建言献策。**二是**统筹开展海外联谊研修班。与清华大学、南京大学、四川大学、吉林大学、厦门大学合作共举办5期研修班，82个国家和地区的350余名侨领参加学习，涵养海外联谊工作力量。**三是**广泛开展海外侨胞故乡行活动，支持河北、山西、江西、山东、湖北、广东等省侨联，做好海外侨胞、侨团来访接待工作。中国侨联全年共接待侨胞3000余人次。**四是**加大海外工作力度，密切与海外重点侨团侨社、侨商侨企的联系，积极讲好中国共产党的故事、中国故事、中国人民的故事，提高联谊联络质量，争取更多友我力量，广泛凝聚侨界人心。**五是**积极"走出去"。组织侨界代表参加第十五届世界华商大会、第三届芬中经贸峰会、爱沙尼亚—中国投资贸易交流会，组织法顾委海外委员参加世界律师大会，加强对外交流与合作。在中国侨联带动下，各级侨联组织不断强化联谊联络工作，探索践行"两项机制"，搭建平台、扩大交流，广交新朋友、深交老朋友，交真朋友、交好朋友。

（五）召开中国侨联十届三次常委会议

目前，中国侨联常委共有159名。这次会议结合"不忘初心、牢记使命"主题教育，总结2019年上半年工作，听取常委们意见，部署下半年任务。会议要求侨联常委谨遵习近平总书记和党中央嘱托，牢记初心使命、切实履职尽责，为全国侨联系统干部发挥模范带头作用。会议要求各级侨联干部追求做事而不追求当官，在坚定理想信念上作表率；讲政治、知大局、懂政策，在把握工作方向上作表率；努力学习、钻研业务，在提高履职能力上作表率；强担当、重落实、讲效率，在培养优良作风上作表率；严格自律、清正廉明，在坚守做事做人原则上作表率。会议还印发了《关于充分发挥兼职副主席作用　规范和加强履职工作的暂行规定》。

（六）统筹推进服务大局、服务侨胞各项工作

1.着力引资、引智、引技，服务经济高质量发展。一是做大做强"创业中华"品牌。围绕国家发展战略，以经贸活动、项目对接、主题论坛等为抓手，举办"创业中华·牵手京津冀——第十九届海外侨界高层次人才为国服务团"活动，参与主办2019中国·天津投资贸易洽谈会暨PECC博览会、兰洽会、青洽会等。围绕地方经济发展，与有关地方联合举办"创业中华·开放河北"、"改革创新、奋发有为——山西侨界青年在行动"、"创业中华·创新安徽——2019巢湖侨创峰会"、"创业中华·智汇江苏——新侨菁英创享无锡活动"、"2019侨界精英创新创业峰会暨国际创新药物会议"、"侨智八闽行"、"经略海洋双招双引"、"出彩中原"、"2019知名侨商台商走进青海高峰论坛"等活动；支持举办"2019世界制造业大会"、"创业中华·江海筑梦——首届长三角华商大会"、"第八届甬港澳台暨海外青年英才创业创新合作论坛"等；辽宁开展侨商侨领辽宁行活动，黑龙江组织"2019海外华商龙江行"活动，山东举办"聚焦新动能·2019中国侨商山东行"，湖南举办"创业中华·兴业湖南"活动，江西组织"牵手江西·同心筑梦"活动。围绕侨商会作用发挥，组织约1200余位侨商参与有关省区市举办的大型经贸活动14项，展现了侨商侨企风采。与重庆市人民政府签订合作协议，发挥侨的作用，共同推进重庆内陆开放高地建设。围绕2022年冬奥会筹办，广泛开展"感知冬奥　助力冬奥　共建冰雪博物馆"活动，捐建"华侨冬奥冰雪博物馆"。北京侨联举行首都留学人员"凝心聚力　相约冬奥"专项行动，福建侨联开展"侨界万人助力冬奥"活动。**二是**强化人才支持。加强特聘专家委员会建设，召开2019年中国侨联特聘专家委员会工作务虚会、中国侨联2019年度特聘专家委员会年会，组织专家参加重庆英才大会，为国家发展献计出力。首次举办海外华侨华人专业社团联谊活动，出席第十一届FCPAE欧洲论坛。推荐"中国政府友谊奖"、第十六届中国青年科技奖人选。吉林侨联举办"新时代海归青年的使命与担当"海归杰青论坛。**三是**促进新侨创新创业。扩大新侨创新创业联盟覆盖面，召开联盟理事长会议，举办全国侨联系统经科工作经验交流及联盟理事交流活动，举办新侨双创研修班，支持山东、江苏等地成立新侨创新创业联盟。加强侨创基地建设，新增6家单位为中国侨联新侨创新创业基地，会同中国科协举办"风向标——中国创新创业先锋论坛"，支持参与"第八届深圳海归创业大会"、"第七届绵阳科博会"等，为创新驱动发展注入侨的力量。

2. 弘扬中华文化，推动中外文明交流。一是进一步打造“亲情中华”活动品牌。全年组派 8 支“亲情中华”艺术团，赴奥地利、美国、韩国等 12 国，以及“一带一路”沿线塔吉克斯坦、阿联酋、塞浦路斯等 18 个国家巡演 33 场，为海外侨胞献上精彩纷呈的中华文化盛宴，促进中外民间友好和人文交流。联合江苏、福建、重庆、陕西等地侨联组派 4 支“亲情中华”中医团赴俄罗斯、法国、柬埔寨等 9 个国家，为海外侨胞、当地民众和驻外使领馆工作人员及家属举办中医讲座、咨询义诊活动。**二是**开展侨界特色文化活动。作为教育部确定的全国性三大作文竞赛之一，世界华人学生作文大赛 2019 年已举办第 20 届，以“中国变化”“家乡味道”为主题，吸引国内高中生和来自 34 个国家和地区的近 300 万名 18 周岁以下的华裔青少年参加，用文字抒发爱国爱乡情怀。举办 2019“亲情中华”杯全国少年足球邀请赛，助力青少年足球事业发展。举办第四届世界华侨华人摄影展及巡展，引导海内外侨胞用镜头传播中华文化，讲好中国故事，收到来自 30 个国家和地区 2100 多名作者的 2.3 万余幅（组）投稿作品。**三是**用好侨联文化工作载体。完成第七批 65 家申报中国华侨国际文化交流基地单位的评审确认工作，目前全国共有 270 家基地，在宣传引导、文化交流、推进华文教育、智力引进等方面发挥了积极作用。组织文促会海外理事回国参加活动。中国华侨历史博物馆入选全国爱国主义教育示范基地，全年共组织展览、讲座 23 期，接待参观 2.9 万人次。

3. 反映侨界呼声，积极参政议政。一是做好提案议案有关工作。召开全国政协侨联界委员座谈会，做好全国人大归侨代表、全国政协侨联界委员联系、服务工作。提供“两会”提案议案素材 38 篇，与全国政协港澳台侨委联合组织全国政协侨联界委员赴江西调研。完成 2019 年度 28 件人大建议、政协提案办理。**二是**推动法律法规修改完善。依托中国侨联法顾委专业力量，对永久居留管理规定、外商投资法等 129 部规范性文件草案提出了修改意见。就全国政协建言资政质量评价、“一带一路”投资保护、国籍法等修改提出建议。**三是**做好侨情专报工作。分片区召开部分省区市侨联侨情专报工作推进会，分类指导，提高专报信息的针对性、实效性；整合侨界智力资源，围绕应对中美经贸摩擦、防范化解侨务工作面临的重大风险等问题，发挥智库作用。

4. 助力脱贫攻坚，服务侨界困难群众。一是抓实定点扶贫工作。中国侨联党组高度重视，深入调研，部署和推动侨联扶贫工作。制定《中国侨联定点扶贫县脱贫攻坚督促检查工作实施办法》，建立督促检查长效机制。组织江西省中草药专家、侨商赴上饶考察调研，推动修路、架设路灯、建设传统文化中心、改善 3 所农村小学办学条件、增设“树人班”等公益项目，送去微创手术治疗仪、救灾款和爱心图书等，为拓宽当地特色农产品销售渠道牵线搭桥，参与中央和国家机关工委举办的定点扶贫工作成果展。各级侨联按照党委政府统一部署，积极落实定点扶贫任务。**二是**集中开展“送温暖、献爱心”慰问活动。“两节”期间，中国侨联班子成员率队赴吉林等 10 省（区），走访慰问 200 多户困难归侨侨眷，安排发放慰问金 52 万元。会同全国总工会中国农林水利气象工会安排 60 万元慰问华侨农场困难归侨侨眷职工。向 3 名南侨机工发放生活补助款，向 33 名旅朝华侨退休老教师及老侨干发放生活困难补助款。安排经费 217.4 万元支持地方开展走访慰问。赴陕西富平开展特聘专家走基层癌症筛查活动。内蒙古、海南、贵州、西藏、甘肃、青海、宁夏、新疆、新疆生产建设兵团、中央和国家机关侨联、中央企业侨联结合省情、侨情，开展了各具特色的帮扶活动。**三是**提升“侨爱心工程”品牌质量。以医疗助困、教育、健康为重点，已在 27 个省（区、市）122 个地区开展“光明行、健康行”项目，为 10 万名困难群众免费实施白内障复明手术；全年“树人班”项目共资助学生 350 人，“图书室”项目捐赠价值 100 万元人民币的图书，“医疗设备捐赠”项目已向 171 家医院捐赠医疗设备；通过专项基金，为 5266 名困难人员提供救济帮扶，资助金额 871.5 万元。筹款 1000 万元用于华侨大学基础建设项目，筹款 1485 万元资助泉州东海湾实验学校建设。**四是**推动侨界公益事业发展。对全国侨联系统捐赠数据进行统计分析，举办 2019 港澳侨界慈善人士新春恳谈会，引导侨界人士发扬传统、投身公益、造福桑梓。

5. 依法维护侨益，畅通表达渠道。一是加强法治宣传。在辽宁、青海、河北举办“法治中国　你我同行”侨界法治学习活动。在内蒙古、云南举办3期“法治宣传边关行”。针对“孟晚舟事件”、香港修例风波等问题，引导法顾委委员发声。开设法律解读栏目，面向侨企做好法律宣传。选聘中国侨联机关法律顾问，做好有关法律文件的咨询和审核工作。**二是**提高维权水平。总结涉侨纠纷多元化解工作情况，联合最高法召开试点地区工作经验交流会。编写《中国公民出境旅游安全防范手册》。召开2019年法顾委案例研讨会，围绕“侨界民营企业法律需求”主题，组织法顾委委员赴山西、辽宁、江苏、广西、海南调研，研究探索新时期维护侨益工作路径和方式。加强与最高法、司法部等的联系合作，参加上海合作组织国家法律服务国际论坛，联合赴西班牙、法国、意大利就海外涉侨多元化解和海外维权开展调研。**三是**做好信访工作。修改完善《中国侨联贯彻〈信访条例〉实施办法》。全年共受理群众来信300多件，认真接待群众来访，推动办理涉侨涉诉信访案件，畅通侨界群众合理诉求表达渠道。

（七）认真开展“不忘初心、牢记使命”主题教育，推动全面从严治党向纵深发展

1. 扎实推进“不忘初心、牢记使命”主题教育。中国侨联是这次主题教育的第一批单位，党组高度重视，直属机关全员参与。中国侨联认真学习贯彻习近平总书记在主题教育工作会议上的重要讲话精神，遵照党中央统一部署，在中央第13指导组的指导下，成立领导小组，召开动员大会，聚焦根本任务、把握“十二字”总要求、紧扣五项具体目标、坚持四个贯彻始终、力戒形式主义，压实责任、细化措施、精心组织。**一是**突出理论学习，发挥理论学习中心组示范作用，带动全机关学习。**二是**突出调查研究，在2019年初集中部署开展大调研的基础上，班子同志和机关部门、直属单位一起，深入研究问题，形成调研成果。**三是**突出检视问题、突出专项整治，广泛听取意见，梳理出6个方面、28个问题。**四是**突出立行立改，狠抓问题整改，确保工作实效。**五是**突出“回头看”，对照整改和专项整治要求，推动逐项落实。通过主题教育，大家深刻认识到，做好侨联工作：必须旗帜鲜明讲政治，强化理论武装、坚定理想信念；必须坚持党的全面领导，增强“四个意识”、坚定“四个自信”、坚决做到“两个维护”；必须贯彻以人民为中心的思想，更好为侨界群众服务；必须发扬斗争精神，勇于自我革命；必须把坚决贯彻党中央决策部署、发挥党组示范带头和督促指导作用、落实基层党组织主体责任结合起来。中央指导组对中国侨联主题教育开展情况给予肯定。现在，中国侨联正对照问题清单，逐项推动解决，巩固主题教育成果，全面加强侨联党的建设，努力建设让党中央放心、让侨界群众满意的模范机关。

2. 夯实侨联基层党建工作。落实基层党组织党建工作责任，组织召开2018年度基层党建述职评议考核会。推进党支部标准化规范化建设。成立中国侨商联合会秘书处党支部，指导4个党支部完成换届，做好发展党员工作。对侨联作为业务主管单位的10个社会组织进行逐一摸底排查，落实“两个覆盖”要求。评选表彰“先进基层党组织”、“优秀共产党员”、“优秀党务工作者”。

3. 加强侨联党风廉政建设。召开2019年中国侨联党风廉政建设工作会议，传达学习十九届中央纪委三次全会精神，部署推动工作。开展经常性纪律教育，召开机关警示教育大会。加强日常监督，开展集体廉政谈话，建立党员干部廉政档案，细化廉政把关。持之以恒纠治“四风”，力戒形式主义、官僚主义。用好监督执纪“四种形态”，依规依纪处理来信来访。开展第一轮内部巡视。

4. 推进侨联干部队伍建设。大力开展“作风建设年”活动，印发实施方案、进行任务分解、成立督查组，部署和推进22项重点任务，教育引导干部讲政治、知大局、懂政策，转理念、转方式、转作风。坚持好干部标准，做好干部职务晋升和交流轮岗工作。贯彻中央部署，完成非领导职务干部的职级套转和职级晋升工作。统筹侨联干部培训工作，举办党的十九届四中全会精神培训班、全国侨联系统组织人事干部培训班、青年干部培训班、离退休党员干部学习班等，提高培训质量。制定“谈心日”制度，及时了解党员干部思想动态。发挥好侨联机关群团组织作用。

做好老干部工作。

（八）认真配合做好中央巡视工作

2019年9月起，根据中央关于巡视工作的统一部署，中央第七巡视组对中国侨联党组开展巡视。中国侨联党组对此坚决拥护。我们深入学习领会习近平总书记关于巡视工作的重要讲话精神，充分认识这次政治巡视的重大意义，以高度的政治责任感、认真严肃的态度对待这次巡视，认真配合巡视组开展工作。我们认真对照习近平总书记重要讲话和指示批示精神，对照党章党规党纪，对照党的路线方针政策和党中央重大决策部署，对照中国侨联“三定”和所承担的职责使命，深入查找政治偏差，检视和反思侨联落实党的路线方针政策和党中央重大决策部署，落实全面从严治党战略部署，落实新时代党的组织路线，落实巡视、审计、主题教育整改等方面存在的不足、问题，深入剖析原因，提出改进思路。今年1月5日，中央第七巡视组向中国侨联反馈了巡视意见，肯定了成绩，指出了存在的问题，提出了改进意见建议。我们严肃对待、诚恳接受，深入学习习近平总书记关于巡视整改的重要讲话精神，把思想和行动统一到中央要求上来，提高政治站位，强化政治担当，认真对照反馈意见，建立整改台账，落实主体责任，坚决整改落实，努力把这次巡视作为打造带头做到“两个维护”模范机关的一次全面体检，以此为契机推动侨联工作创新发展。

以上报告的是一年以来的侨联工作。这些工作的推进和各项成绩的取得，是在以习近平同志为核心的党中央坚强领导下，在各级党委政府和社会各界关心支持下，在各级侨联组织和广大侨联干部上下一心、锐意进取、团结奋斗下取得的。中国侨联十届委员会的成员立足本职，心系大局，勤勉工作，对我们的工作给予了热情参与和有力支持。在此，我代表中国侨联党组，向同志们表示衷心的感谢！

二、2020年工作安排

经党中央批准，今年侨联工作的总体思路是：**在以习近平同志为核心的党中央坚强领导下，全面贯彻党的十九大和十九届二中、三中、四中全会精神，以习近平新时代中国特色社会主义思想为指导，深入学习贯彻习近平总书记关于群团工作和侨务工作的重要论述，落实中央书记处重要指示要求，增强“四个意识”、坚定“四个自信”、做到“两个维护”，紧扣决胜全面建成小康社会、决战脱贫攻坚，坚持稳中求进，落实十代会部署，坚持“两个并重”、“两个拓展”，推动“两个建设”，用好“两项机制”，聚焦保持和增强政治性、先进性、群众性，着力加强思想政治引领，着力做好巡视整改，着力加强海外联谊，着力深化改革、健全制度体系和“联系广泛、服务群众”的工作体系，着力服务大局、服务侨胞，着力加强党的建设，在推进国家治理体系和治理能力现代化进程中充分发挥作用，团结动员广大归侨侨眷和海外侨胞为确保全面建成小康社会、实现第一个百年奋斗目标、实现中华民族伟大复兴中国梦、推动构建人类命运共同体贡献力量。**

（一）加强思想政治引领，持续推进习近平新时代中国特色社会主义思想和党的十九届四中全会精神的学习宣传贯彻。思想政治工作是侨联组织的一项长期任务，必须在抓常、抓实、抓深上下功夫。要细分群体，区分国内海外，找准思想政治引领重点，画好侨界团结最大同心圆。

1. 狠抓侨联干部思想政治建设。要按照学懂弄通做实的要求，发挥党组理论学习中心组作用，以上率下、上下联动，持续推动学习宣传贯彻习近平新时代中国特色社会主义思想往深里走、往心里走、往实里走。要把学习党的创新理论与学习党的十九届二中、三中、四中全会精神相结合，与贯彻《中共中央关于坚持和完善中国特色社会主义制度　推进国家治理体系和治理能力现代化若干重大问题的决定》相结合，着力抓好侨联党员干部、侨联委员、常委的理论学习和教育培训。要认真学习“健全联系广泛、服务群众的群团工作体系，创新基层社会治理，促进海内外同胞关系和谐”等重要要求，在推进国家治理体系和治理能力现代化进程中进一步找准侨联定位、发挥独特作用。要广泛开展面向基层、面向侨胞的宣传宣讲，结合当前侨界群众普遍关心的问题，深入浅出、生动鲜活地宣传党的理论和路线方针政策，宣讲习近平新时代中国特色社会主义思想，宣讲党和国家取得辉煌成就背后的制度逻辑，宣讲中国特色社会主义制度和国家治理体系具有的显著优势，宣讲党中央关于国家制度和国家治理体系的决策部署，坚定广大侨界群众的制度自信。要从侨联性质特点和职责使命出发，系统学习习近平总书记关于群团工作和侨务工作重要论述等，更好指导和推动新时代侨联事业发展。

2. 强化侨界群众思想引导。要把深化习近平新时代中国特色社会主义思想学习贯彻作为侨界群众思想引领的第一位任务，立足工作实际和群众需求，用好传统渠道和新媒体，生动具体阐释，对象化分众化宣讲。要大力营造决胜全面小康、决战脱贫攻坚的氛围，宣传以习近平同志为核心的党中央带领人民打赢脱贫攻坚战取得的重大成就，讲好侨联系统和海内外侨界共助精准脱贫的生动故事。要深化“追梦中华”主题宣传活动，挖掘侨界奋斗报国的典型事迹，加强媒体合作，丰富宣传形式，创新话语表达，用好官网、微信公众号等手段，讲好中国故事，讲好中国制度故事，画好侨界团结最大同心圆。要开展丰富多彩、喜闻乐见的文化宣传活动，借助专业力量，打造有影响力、传播力的文化艺术产品，弘扬中华优秀文化，培育和践行社会主义核心价值观，加强爱国主义、集体主义教育，弘扬侨界爱国奋斗精神，唱响侨心向祖国、共圆中国梦的主旋律。要管理好侨联系统各类网络信息平台，落实意识形态责任制、网络安全和信息化工作责任制，加强网上舆论引导工作。要围绕重点难点热点问题，多做答疑释惑、凝聚人心的工作，维护社会稳定大局。

3. 增强海外传播力。要发挥侨界媒体作用，通过举办海外华文媒体研修班、组织海外华文媒体专题采风行等活动，向世界展现一个真实、立体、全面的中国。要发挥侨胞民间交流大使、民心相通桥梁纽带作用，支持、促进他们融入和回馈当地社会，展示中华儿女的良好形象，积极影响住在国民众，努力营造对我有利的良好外部环境。要开展为侨服务的项目化运作，引导海外中餐馆发挥作用。

（二）认真抓好巡视整改，建设让党中央放心、让侨界群众满意的模范机关。巡视整改是一项重大政治任务，必须坚决贯彻中央要求，履行政治责任，以钉钉子精神，把巡视整改工作抓实抓到位。

1. 增强政治自觉。要教育引导侨联干部深刻认识侨联机关是政治机关、侨联组织是政治组织，巡视是一次全面的政治体检，深刻认识做好巡视“后半篇文章”是推动侨联加强党的政治建设、做到“两个维护”，推动侨联践行初心使命、履行职能责任、加强作风建设、推进全面从严治党向纵深发展，巩固党和国家机构改革成果、促进国家治理体系和治理能力现代化，团结广大归侨侨眷和海外侨胞为决胜全面建成小康社会、实现第一个百年奋斗目标建功立业的重要举措，要站在“两个维护”的高度，增强自觉性和坚定性，把职责摆进去、把自己摆进去、把工作摆进去，全面落实巡视整改各项要求。

2. 落实主体责任。中国侨联党组坚决落实巡视整改政治责任，坚定不移贯彻习近平总书记关于侨务工作的重要论述，坚定不移贯彻党中央关于侨联工作的决策部署，把党赋予侨联的职责切实担当起来。要压实责任，坚决把职责范围内的整改任务肩负起来，按时限不折不扣完成整改。

3. 狠抓整改落实。要将巡视整改与贯彻落实党的十九届四中全会精神结合起来，与全面落实中央和国家机关党的建设工作会议精神结合起来，与巩固“不忘初心、牢记使命”主题教育成果结合起来，与贯彻十代会部署、着力深化侨联改革结合起来，统筹安排、整体推动。要坚持问题导向、目标导向，以重点问题整改带动全面整改。要深入总结，建立完善履行政治责任和职责使命的长效化制度机制。

（三）履行好海外华人华侨社团联谊职责，扩大侨联朋友圈。这是中央的明确要求，是改革的重大任务，是侨联事业发展的紧迫需要。各级侨联都要从大局和长远出发，切实增强责任感使命感，结合本地区本层级实际，把海外工作扛在肩上、抓在手上、落到实处。

1. 围绕大局，明确目标。要牢牢把握民间性、群众性特点，全面履行海外华人华侨社团联谊职责，紧跟国家大局需要、侨情变化需要，以服务“一带一路”建设为重点，大力开展“侨连五洲”、海外侨胞故乡行等活动；团结海外侨胞维护中华民族大义，维护国家主权和领土完整；

引导海外侨胞讲好中国故事、传播好中国声音，弘扬中华文化，促进中外交流；围绕国家发展重点难点问题，主动加强与有关部门联系配合，在服务高访团组、引资引智引技、争取友好力量等方面有所作为。

2. 整合资源，形成合力。要加强侨史侨情研究，扩大与有关国家华侨华人研究机构的合作交流。要定期召开海外联席会议，通报侨情、推动工作。要做强现有工作载体、活动、项目、品牌和机制，探索新的工作方式和手段。要织好“两张网”，加强与相关单位工作联动；要增强系统合力，带动各级侨联组织各有侧重、整体推进联谊联络工作。要密切与海外不同阶层、领域侨胞的联系，拓展与海外新侨、专业人士的联系。要加强侨界青年工作，发挥青委会作用，举办侨青国情研修班、侨青圆桌活动。要配合做好港澳地区工作，加强港澳顾问、委员队伍建设，配合做好侨务对台工作，团结台湾涉侨团体，加强同乡会、宗亲会工作，办好“两岸侨联和平发展论坛·海峡两岸暨港澳侨界圆桌峰会”。要做好海外少数民族侨胞联系、服务和引导。

3. 树立底线思维，防范化解风险。要认真分析国内外大局，针对对美贸易斗争等问题和影响，准确把握侨情变化和敏感性，坚持问题导向，坚持稳中求进，加强分析研判，增强斗争精神，管住基本面、管控好风险点。要注意内外有别，注意方式方法，增强法治意识，避免授人以柄。在请进来、走出去的过程中，积极宣讲中国坚持和平发展合作共赢的理念。拓宽渠道，创新方式，为维护海外侨民安全和正当权益提供帮助和服务。

（四）深化侨联改革，健全制度体系和“联系广泛、服务群众”的工作体系。党的十九届四中全会对深化群团改革、发挥群团作用作了部署。深化改革、健全制度体系和工作体系是侨联贯彻四中全会的重要任务。改革越是深入，越需要真抓实干、向下延伸，越需要我们攻坚克难、锐意创新，越需要以改革的实效回应改革的初衷。

1. 坚持侨联改革方向。要贯彻党中央关于群团改革决策部署，落实中国侨联改革方案要求，在强“三性”、去“四化”、补“四缺”上持续用力。要继续推进涉侨机构改革有关任务落地落实，按照起“化学反应”要求，加快工作融合和提升。要树立全国侨联一盘棋意识，加强对地方侨联改革的指导和推动，着力破解基层存在的困难。

2. 大力推动侨联信息化建设。今年，我们将筹建中国侨联信息中心，继续实施国家有关项目。要加强侨联信息和数据建设，推进硬件建设，增强官网、微信等网络平台吸引力。要加强有关数据库建设，从满足工作需要入手稳步推进，逐步增加侨联信息数据积累，让侨联工作更专业、更有实效。要加强网上侨联工作，探索推动活动上网、服务上网。

3. 进一步健全大抓基层的制度机制。要完善抓基层的各项制度，加大力度，努力实现“数量要明显增加、底数要相对清楚、组织力要显著增强、干部能力要有所提升、保障机制要更加有力”的目标任务。要落实《基层侨联组织工作条例（试行）》和《关于新时代加强基层侨联建设的指导意见》，应建尽建、系统推进，构建纵横交织、条块结合的组织网络。要坚持党建带侨建，增强基层侨联组织的政治性、先进性、群众性。要在新归侨、留学人员相对集中的地方大力建设功能型基层侨联组织，积极构建“基层侨联（涉侨社团）+ 海外华侨华人社团”机制和“地方侨联 + 大学侨联 + 校友会”机制，扩大侨联组织和工作覆盖面。要落实和完善侨联基层联系点制度。要加强分类指导，总结可推广、可复制的工作经验，加大基层侨联组织兼职干部培训力度。要推进基层侨联组织统一社会信用代码赋码工作，明确规范华侨事务预算专项经费管理使用。要推进“侨胞之家”的规范化建设，增强为侨服务功能。侨联领导干部要多到一线、多到基层，建立联系点，了解情况、指导工作、帮助解决问题。

4. 推动侨联机关工作科学化制度化发展。要加强能力建设，理顺体制、优化职能，让机关各部门、各直属企事业单位各负其责、顺畅运行，延伸工作链条，扩大工作领域和范围，健全完善“联系广泛、服务群众”的侨联工作体系，整体实现侨联功能。要把调查研究作为基本功，拓宽视野，增强开放意识和创新精神，凝聚侨联系统、侨界专家学者力量，注意探索新的工作方式方法，提高决策水平和执行力。要加强制度建设，将深化改革与制度创新有机结合，把好经验、好做法通过建章立制固定下来、传承下去，构建侨联制度机制体系，强化制度执行，用制度和规则管人管事。要研究制定侨联工作五年规划。

（五）全面履行职能、深化各项品牌和活动，团结侨胞为全面建成小康社会展现新作为。今年是全面建成小康社会和“十三五”规划收官之年。中央经济工作会议对今年经济社会发展作出全面部署。决胜全面小康、决战脱贫攻坚是今年党和国家工作的主题。各级侨联组织要在这个主题下思考和行动，立足职能、发挥优势，深化各项品牌活动，引领广大侨胞积极参与收官战、攻坚战，奋力建功新时代。

1. 全面助力打赢脱贫攻坚战。要把参与脱贫攻坚作为各级侨联组织的一项重点任务，在群众所急、党政所需、自己能为的领域找准着力点，整合资源、集中力量、展现作为。要坚持“摘帽不摘帮扶”，继续做好定点帮扶工作，支持产业发展，增强造血功能。要针对各方面风险挑战增多的情况，进一步把工作注意力放在侨界群众上，做好侨界困难群体帮扶，关心关注华侨农场困难职工、南侨机工、旅朝华侨退休老教师及老侨干、散居困难归侨侨眷等，深入开展“送温暖、献爱心”慰问活动，把党和政府的温暖送到侨界困难群众手中。要广泛动员侨界力量，深化“侨爱心工程”品牌建设，继续实施“树人班”、“光明行”、“图书室”等项目，开展公益帮扶，多做雪中送炭、扶危济困的工作。

2. 提高服务经济发展的贡献度和实效性。要围绕服务经济高质量发展，推进“创业中华”品牌活动深入开展，加强与地方合作，参与各类商贸和科技交流活动，提升活动质量和吸引力、影响力。要围绕服务“六稳”，大力促进新侨创新创业，开展第八届中国侨界贡献奖评选表彰活动，加强新侨创新创业联盟建设，办好新侨双创研修班、新侨双创成果交流活动，提升服务实效性。要拓展人才工作，建好侨联特聘专家委员会，加强与海外专业社团联谊，在攻克核心关键技术上发挥作用。要服务“一带一路”建设，落实联席会议机制，加强工作统筹谋划，推动联谊联络、经贸活动、文化交流、法律服务、公益项目向“一带一路”沿线国家聚集，发挥中国侨商联合会作用，引导侨胞助力“一带一路”民心相通与务实合作。

3. 推动文化交流和文化传播走深走优。要整合工作品牌，理顺工作机制，统筹“亲情中华”和“四海同春”海外巡演，继续深化“亲情中华”品牌建设，开展“亲情中华·筑梦丝路”专项行动，提升对外文化交流工作的质量和规模。要助力海外华文教育发展，办好“中国寻根之旅”夏（冬）令营，发动各级侨联，坚持文化办营、规范办营、特色办营的思路，完善夏（冬）令营管理制度和网上报名平台，进一步提高办营水平。继续办好“世界华人学生作文大赛”等文化活动。要围绕港澳台文化交流，按照有关安排部署，策划开展“亲情中华”文化活动。做好中国华侨国际文化交流促进会换届等工作。提高馆藏征集和运用水平，充分发挥中国华侨历史博物馆作为全国爱国主义教育示范基地的作用。推进精品出版，充分发挥华侨出版社在增强中华文化影响力中的作用。

4. 提升侨联参政议政能力和水平。要加强对人大归侨代表、政协侨联界委员的联系和服务。要畅通表达渠道，主动作为，倾听和收集侨界群众、专家学者呼声。要围绕国家大事和侨界关切，办好侨情专报，积极建言献策。要做好“两会”提议案素材收集、建议提案办理等工作，聚焦经济社会发展的热点难点问题和侨胞关心关切问题。要代表侨界声音，反映侨界意见建议。

5. 创新推动依法维护侨益工作。要围绕《中华人民共和国归侨侨眷权益保护法》颁布30周年，与涉侨单位联动开展活动。要深化“法治中国　你我同行”活动，全面总结侨联系统“七五”普法工作。要优化法律服务供给，抓好全国侨联系统涉侨纠纷多元化解工作，多做理顺情绪、化解矛盾的工作，在加强和创新基层社会治理中发挥积极作用。要探索海外维权的有效路径与手段，编写《中国企业海外投资安全防范指南》。要加强法顾委专业委员会建设，组织海外委员回国参访，发挥公职律师作用。

（六）以党的政治建设为统领，推动侨联党的建设高质量发展。加强党的建设是侨联事业发展的根本保证，要贯彻新时代党的建设总要求和新时代党的组织路线，坚持党对侨联工作的全面领导，把政治建设摆在首位，全面加强侨联党的建设，推动党建工作高质量发展。

1. 突出党的政治建设。要坚持旗帜鲜明讲政治，牢固树立政治组织、政治机关的意识，提高政治站位，严守政治纪律和政治规矩，把增强“四个意识”、坚定“四个自信”、做到“两个维护”落到实处，把党中央关于侨联工作的决策部署落到实处，做到党有号召、侨有行动，听党话、跟党走。

2. 建立不忘初心、牢记使命的制度。要巩固主题教育成果，开展整改落实回头看，把不忘初心、牢记使命作为加强侨联党的建设的永恒课题和侨联干部的终身课题，形成长效机制，坚持不懈锤炼侨联干部忠诚干净担当的政治品格。要在侨联工作中全面贯彻党的基本理论、基本路线、基本方略，教育引导侨联干部遵守党章，恪守党的性质和宗旨，矢志为党的侨务事业奋斗。

3. 下大力气抓好侨联干部队伍建设。要加强侨联班子建设，落实好党组工作条例。要坚持好干部标准，狠抓干部培养教育、选拔使用和管理监督，开展“素质提升年”活动，教育引导侨联干部做到政治上强、作风优良、专业水平高。要树立能力导向、实绩导向，注重在实践一线、复杂情况、重大活动中培养锻炼和选拔使用干部，完善专兼挂职干部制度。要把严管和厚爱、激励和约束结合起来，严格请示报告制度，完善干部考核体系，完善“谈心日”机制。要落实好干部培训五年规划，突出政治引领，提高培训的针对性、计划性和实效性，着力提升干部能力素质和专业化水平。

4. 加强基层党组织建设。要认真贯彻《中国共产党支部工作条例（试行）》和《中国共产党党和国家机关基层组织工作条例》，推进党支部标准化规范化建设工作。要强化“一岗双责”，层层压实党建工作责任，完善党建述职评议考核制度，坚持党建和业务两手抓两促进。要抓好党务干部队伍建设，提高工作专业化水平。

5. 建设风清气正的政治机关。要锲而不舍反“四风”，坚决纠正形式主义、官僚主义，压缩会议文件数量，加大重点工作落实督查力度，严格落实《中国侨联贯彻中央八项规定精神实施细则》。要坚持严字当头，抓好纪律教育、警示教育，召开党风廉政建设会议。要深化运用监督执纪“四种形态”，强化风险点防控，严格对直属企事业单位管理监督，做好内部巡视。

各位委员，各位顾问，同志们！让我们更加紧密地团结在以习近平同志为核心的党中央周围，不忘初心、牢记使命，只争朝夕、不负韶华，不断推动侨联事业创新发展，团结动员广大归侨侨眷和海外侨胞为确保全面建成小康社会、实现第一个百年奋斗目标、实现中华民族伟大复兴中国梦、推动构建人类命运共同体作出新的更大贡献！

在“学习寄语精神，展现青春担当”中国侨联青年干部座谈会上的讲话

（2020年5月8日）

万立骏

青年同志们：

大家上午好！今天我们在这里举行青年干部座谈会，听听大家的所思所想，和大家交流分享学习体会。刚才，几位年轻同志结合个人经历，立足本职岗位，从不同角度谈了工作体会、学习感想，讲得都很好。从大家的发言中，我看到了侨联青年干部的理想、责任和担当。

“五四”前夕，习近平总书记寄语青年，勉励大家“坚定理想信念，站稳人民立场，练就过硬本领，投身强国伟业。”这充分体现了以习近平同志为核心的党中央对青年干部、对青年工作的高度重视。习近平总书记多次强调，“青年是祖国的未来、民族的希望，也是我们党的未来和希望”。具体到中国侨联，我们干部队伍年轻化趋势也非常明显，侨联40岁以下年轻同志占机关和事业单位总人数的一半以上，可以说，在座的青年同志，既是中国侨联的新生代，也是各项工作的主力军，更是侨联事业的接班人。你们有理想、有担当、有能力，中国侨联和侨联事业就会有活力、有力量、有希望。

100多年前，“五四”运动爆发，青年人大声疾呼，为实现国家独立、民族复兴舍生取义；100多年后，在新冠肺炎疫情面前，青年人依旧舍生忘死，坚守在抗疫一线，这正是“五四”精神的传承。习近平总书记的“五四”寄语不仅是对包括青年人在内的广大一线疫情防控人员英勇奋战的充分肯定，更是对新时代中国青年树立远大理想、担当时代重任的殷切期盼。

在这里，我结合总书记的寄语精神，谈四点体会。

一、青年干部要坚持立志，砥砺鸿鹄之志

习近平总书记在党的十九大报告中指出，“青年兴则国家兴，青年强则国家强。青年一代有理想、有担当，国家就有前途，民族就有希望”。青年的理想信念不仅关乎青年个人的前途命运，更关乎国家和民族的未来。**立志，要相信信仰的力量。**习近平总书记反复强调，理想信念就是共产党人精神上的“钙”，精神上“缺钙”，就会得“软骨病”。有些年轻同志可能认为，信仰是空的、是虚的，其实不然。革命战争年代，多少共产党员面对敌人的威逼利诱毫不动摇，是因为信仰；二万五千里长征为什么能赢得胜利，是因为信仰；焦裕禄式的干部为什么心甘情愿把生命都奉献给了党和人民，是因为信仰。这就是信仰的力量。托尔斯泰说：“理想是指路明灯，没有理想，就没有方向，而没有方向，就没有生活。”理想信念，决定了我们做人、做事的方向。作为年轻干部，一定要做信仰的坚定者、坚守者，树立对马克思主义的信仰、对中国特色社会主义的信念、对中华民族伟大复兴中国梦的信心，让信仰在为党工作中升华，让青春在为侨服务中闪光。**立志，就要立大志、做大事。**习总书记曾经说过，“青年要立志做大事，不要立志做大官。”什么是“做大事”？习近平总书记不满16岁赴梁家河插队，一干就是7年。他曾说“人生，我的第一步迈出来，就是到咱们梁家河，在这里选择了我的道路。我从那个时候就说，今后如果有条件有机会，我要从政，要做一些为老百

姓办好事的工作”。习近平总书记是在梁家河树立了为老百姓办实事、为人民奉献自己的理想理念。大家从五湖四海来，有着不同的家庭背景、不同的教育经历、不同的性格特点，但是有一点我想我们应该是相同的，那就是作为一名侨联干部，大家都有着为侨服务、为党工作的家国情怀。以狭隘的个人利益为志，会陷入孤芳自赏的境地，人生之路越走越窄；胸怀家国天下，才能在成长的道路上、在祖国的发展中不断实现自己的个人价值。希望大家把自己的小我融入为侨服务的大我、为党工作的大我之中，与新时代同步伐、与侨胞心贴心，更好实现人生价值、升华人生境界。**立志，重在立长志。**俗话说得好，“有志之人立常志，无志之人常立志。”志向与目标确立后，成于坚持不懈，毁于半途而废。在成长的道路上，有的人起头很顺，起初很热，起步很快，甚至一起步就起飞，可是走着走着，有的开起了小差，有的走上了斜路、岔路，有的打起了小算盘，徘徊不前；更有的一路走来有功劳也有苦劳，不容易不简单，可惜跌倒在成功前的“一米线”上，没有走完“最后一公里”，让人唏嘘不已。所以，我们说重在立长远之志，贵在坚持到底。最重要的就是坚持出发时的初心不变，经常问一问“我是谁，我从哪里来，要往哪里去”，在一次次的躬身自省中不迷失方向，以一如既往、坚定不移的能力与定力实现人生目标。

二、青年干部要注重立德，勤修为政之德

习近平总书记曾经讲过，国无德不兴，人无德不立。青年干部走上工作岗位时间不长，为人处世的价值观人生观仍在形成和确立，应当按照习近平总书记所说的：“立政德，就要明大德、守公德、严私德”，自觉用高标准严格要求自己。**明大德，就要辨明“是”与“非”，站稳政治立场。**要旗帜鲜明讲政治，牢固树立“四个意识”，始终坚持“四个自信”，坚决做到“两个维护”。在这场抗击新冠肺炎疫情的斗争中，大家都看到了我们党集中力量办大事的制度优势，看到了我们党和政府出色的社会治理能力，更加坚定了“四个自信”。要在大是大非面前旗帜鲜明，处处讲政治，时时讲政治，严守党的政治纪律和政治规矩，始终在思想上行动上与党中央保持高度一致。**守公德，就要分清“公”与“私”，坚持人民情怀。**习近平总书记指出，“为中国人民谋幸福，为中华民族谋复兴，是中国共产党人的初心和使命”，要“拎着乌纱帽为民办事，而不是捂着乌纱帽为己做官”。这次抗击疫情的战役中，在4.2万余名驰援湖北的医护人员中有1.2万多名是“90后”，相当一部分还是“95后”甚至“00后”。这就是这些年轻医务工作者的“公德”，他们舍小家为大家，直面牺牲，守护人民。作为侨联干部，我们的“公心”因侨胞而生，侨胞有什么样的需求，侨联干部就有什么样的公心。我们最大的“公德”就是坚守岗位职责，了解侨胞的期盼、回应侨胞的呼声、满足侨胞的愿望，把为侨服务作为自己工作的出发点和落脚点。**严私德，就要分清“善”与“恶”，涵养道德操守。**做官先做人，从政先立德。一是在“实”字上下功夫。年轻同志们在生活和工作中要规规矩矩做事，恪守做人的底线和处事的原则，不违规矩、不越雷池，不投机取巧、耍滑头、推责任，坚持做老实人、说老实话、办老实事。二是要在“勤”字上下功夫。天道酬勤、功不唐捐。年轻干部要眼里有活、眼到心到、手脚勤快，不要怕“忙”，忙才能长本事。要肯于勤劳苦干，沉下心思、俯下身子，实实在在扑在工作上，在岗位上磨炼自己。三是要在“小”字上下功夫。大家都看过警示教育片，小节不慎，大节难保，一些领导干部蜕化变质，往往是从工作、生活小节上不检点开始的。我们青年干部要防微杜渐，严守与侨相处的纪律，不该吃的饭不吃，不该拿的东西不拿，不该去的地方不去，始终保持一颗清醒的头脑。

三、青年干部要善于立学，培养真才实学

“人才有高下，知物由学。”习近平总书记多次强调，梦想从学习开始。2016年4月26日，习近平总书记在视察中国科大，与青年学生的交谈中，要求广大青年学生要学好文武艺，报效13亿中国人民。广大青年要自觉加强学习，不断增强本领。对于青年干部而言，学习，不仅是一种生活态度、工作责任和价值追求；更是一种担当、一种信念、一种克服本领恐慌的妙药良方。**要抓好理论学习这门必修课。**习近平总书记指出，政治上的坚定、党性上的坚定都离不开理

论上的清醒。干部要成长起来，必须加强马克思主义理论武装。青年干部要把学习习近平新时代中国特色社会主义思想作为重中之重，全面系统学，及时跟进学，深入思考学，联系实际学，舍得下功夫读原著、学原文、悟原理，深刻认识和领会其重大意义和精髓要义，努力往深里走、往实里走、往心里走。要把自己摆进去、把侨联工作摆进去、把自己的岗位职责摆进去，紧密结合新时代新实践，紧密结合思想和工作实际，做到学、思、用贯通，知、信、行统一。**要把学习当作一种人生态度和精神追求，持之以恒。**习近平总书记曾经形象地比喻，我们必须做一块高效能的蓄电池，不间断地、持续地充电，才能够不间断地、持续地释放能量。习近平总书记本人就是终生学习的典范，从梁家河到清华大学，从地方到中央，习近平总书记都一直保持着读书学习的习惯。面对“百年未有之大变局”，新时代的青年干部机遇与挑战并存，责任和使命同在，面对新形势、新任务、新要求，要视学习为一种责任，不断获取知识，更好适应工作需要，做出应有的工作成绩，才能为实现中华民族伟大复兴的中国梦贡献自己最大的力量。**要掌握正确的学习方法，不做“书呆子”。**要向实践学习。习近平总书记在浙江执政期间讲过，“向实践求知，善读社会这部书”。青年同志要善于给自己设计课题，带着工作中发现的问题有针对性地进行学习，不断把学到的知识和理论自觉运用到实践当中，同时不断在实践中总结经验，用实践来检验和提高学习的成效。要向他人学习。三人行必有我师，每个人都有自己的长处，大家身边的领导、同事就是最好的学习目标。青年干部要以谦虚的心态，见贤思齐、取长补短，不断提升自己。今年是侨联机关“素质提升年”。大家要按照“素质提升年”的要求，积极参与调研实践、挂职锻炼、业务竞赛和岗位练兵，敢提建议、多出实招，在本职岗位上磨砺自己，在实践熔炉中锻炼自己，在干事创业中不懈进取，在为民服务中实现人生价值。

四、青年干部要勇于立功，在本职岗位上担当作为

“纸上得来终觉浅，绝知此事要躬行。”习近平总书记在和北大师生座谈时谈到，广大青年要努力成为有理想、有学问、有才干的实干家，在新时代干出一番事业。**要立功，就要有苦干的担当精神。**我们党的历史，就是一部苦干的历史。党领导人民从积贫积弱走到今天的发展繁荣，靠的就是一代又一代人的顽强拼搏，靠的就是自强不息的奋斗精神。人类的美好理想，都不可能唾手可得，都离不开筚路蓝缕的艰苦奋斗。疫情期间，我委托安徽省侨联的同志看望了一位从英国回来的华侨护士何彩霞，中国国内疫情发生的时候，她毅然辞去了英国的工作，带着十几箱防疫物资，自费回国参加抗疫工作；等国内疫情稳定，英国疫情蔓延的时候，她又默默地收拾行李，回到英国参加疫情防控工作，向英国人民传授中国的抗疫经验、分享抗疫智慧。可以说是“一路逆行”。这体现了什么？往小处说，体现了我们侨界青年的责任与担当；往大处说，体现了我们侨胞在构建人类命运共同体的伟大事业中，在促进中外人民友好交往中，发挥着独特的作用。**要立功，就要有敢干的创新精神。**年轻人朝气蓬勃，要开拓进取，勇于尝试。作为党全面深化改革的亲历者，年轻一代干部积极贡献自己的聪明才智，要勇于尝试有担当，敢闯敢干敢亮剑，既要有脚踏实地的担当，更要有仰望星空的勇气，只有这样才不会辜负组织的培养。**要立功，还要有“钉钉子”精神。**习总书记指出，“青年有着大好机遇，关键是要迈稳步子、夯实根基、久久为功。心浮气躁，朝三暮四，学一门丢一门，干一行弃一行，无论为学还是创业，都是最忌讳的。”青年干部工作想要有成就，就不能眼高手低，不能“大事做不了、小事不想做”。要认认真真对待工作、扎扎实实做好每一件小事。

党中央高度重视侨联工作，侨联青年干部建功立业的舞台空前宽广、梦想成真的前景无比光明。希望广大侨联青年干部深入学习贯彻习近平新时代中国特色社会主义思想，从现在抓起、从小事做起、从本职干起，珍惜韶华、担当作为，不辱使命、不负重托，努力在奋进新时代的征程中，在统筹推进疫情防控和脱贫攻坚的实干中，激扬青春之志、彰显青春之力、再创青春之功、成就青春之美，做有理想、有本领、有担当的新时代侨联青年干部，为决战决胜全面建成小康社

会作出应有的贡献。

时代召唤青年，青春创造未来。各级党组织要把青年工作摆在重要位置，尊重青年、理解青年、相信青年、支持青年，努力做青年朋友的知心人、青年工作的热心人、青年干部的引路人，为青年干部成长成才、建功立业搭建舞台、创建条件，让广大青年干部在推动侨联事业改革发展中放飞青春梦想，为实现“两个一百年”奋斗目标、实现中华民族伟大复兴的中国梦贡献更加蓬勃的青春力量！

在中国侨联十届五次常委会议上的讲话

（2020年7月31日）

万立骏

各位常委，同志们：

按照章程规定和十届五次主席会议决定，今天，我们召开十届五次常委会议。根据当前新冠肺炎疫情防控形势和要求，本次常委会采用电视电话会议形式召开，在中国侨联机关设立主会场，在各省区市设立分会场，港澳地区灵活设立会场，列席人员也根据各地情况扩大到省级侨联中层干部、省侨联常委、地市级侨联主席等。

会议的主要任务是：以习近平新时代中国特色社会主义思想为指导，深入贯彻习近平总书记关于群团工作和侨务工作的重要论述，总结2020年上半年工作，部署下半年工作任务，进一步凝聚侨心侨力侨智，扎实做好“六稳”工作，全面落实“六保”任务，为决胜全面建成小康社会、决战脱贫攻坚贡献力量。

下面，我向大家通报一下上半年侨联工作和下半年安排，就疫情背景下如何做好工作提几点要求。

一、统筹推进疫情防控和侨联工作，取得积极成效

今年以来，在以习近平同志为核心的党中央坚强领导下，中国侨联与各级侨联组织一道，以习近平新时代中国特色社会主义思想为指导，全面贯彻党的十九大和十九届二中、三中、四中全会精神，深入学习贯彻习近平总书记关于群团工作和侨务工作的重要论述，统筹推进疫情防控和侨联各项工作，聚焦发力，坚持围绕中心、服务大局、服务侨胞，努力克服新冠肺炎疫情带来的不利影响，各项工作有新进展新成效。

（一）深入学习贯彻习近平新时代中国特色社会主义思想，把思想和行动统一到党中央决策部署上来

1. 加强侨联思想政治建设。一是全面学、集中学。制定印发学习计划，确定11方面学习内容，发挥党组理论学习中心组带头作用，上半年，组织11次集体学习，深入学习习近平总书记关于侨务工作、群团工作和党建工作的重要论述，与学习习近平外交思想、意识形态工作等重要论述相结合，在学懂弄通做实上狠下功夫。**二是**及时学、跟进学。认真学习习近平总书记关于新冠肺炎疫情防控、推进经济社会发展、决战脱贫攻坚等重要讲话精神，传达学习全国“两会”精神，深刻认识《中华人民共和国民法典》《关于建立健全香港特别行政区维护国家安全的法律制度和执行机制的决定》重大而深远的意义，坚决把思想和行动统一到党中央决策部署上来。中国侨联党组主要负责同志围绕“强化政治机关意识，走好第一方阵”作专题党课报告，其他会领导在分管部门和领域讲专题党课，各党支部负责同志在“七一”前后讲主题党课，以直属机关党委名义在《旗帜》发表《立足“四个坚持”，建设模范机关》文章，召开青年干部学习习近平总书记五四寄语精神座谈会和“素质提升年”座谈会，教育引导侨联干部把忠诚核心、维护核心的政治要求转化为对党负责、对事业负责的具体行动。**三是**创新学、灵活学。在疫情防控要求下，采用灵活的方式方法，在中国侨联官网开辟学习专栏，选登党员干部学习体会，开设“特聘专家网络大讲堂”，组织“绽放战疫青

春 坚定制度自信”线上学习交流活动，强化学习资料供给，发挥支部学习、青年读书小组学习作用，不断推动理论学习往实里走、往深里走、往心里走。

2. 持续深化党的理论研究和宣传阐释。一是推进中央党史和文献研究院出版《习近平关于侨务工作论述摘编》。2018 年 5 月提请中央党史和文献研究院编辑出版该书以来，历时两年，反复修改完善。目前，《习近平关于侨务工作论述摘编》一书已经中央党史和文献研究院审核，报送中央审批。全书内容约 3.2 万字，内容摘自习近平同志 2012 年 11 月 29 日至 2019 年 9 月 30 日期间的讲话、指示、报告、演讲、文章、贺信等 60 多篇重要文献，分六个专题，共计 113 段重要论述。**二是**召开国家社科基金重大委托项目“习近平总书记关于侨务工作的重要论述研究”开题论证会，邀请来自清华大学、厦门大学等单位的 9 位专家学者担任评议人，就新时代侨务工作如何更好地服务党和国家工作大局提出有针对性的意见建议。**三是**认真修订《习近平与侨的故事》一书书稿，生动反映习近平同志对侨的关怀和厚爱，目前已经进入报审阶段。

3. 强化侨界思想政治引领。一是开展理论宣讲。组建中国侨联讲师团，探索工作新模式，以“全球抗疫中的侨界担当”为主题，开展了第一期网上宣介活动，活动在中国侨联官网、微信公众号、海外网同步上线，海外华文媒体积极转发，人民日报海外版、中国新闻社等纷纷报道。目前，浏览量达 393.3 万次。**二是**讲好侨界抗疫故事。制定“侨界在行动”主题宣传方案，及时在中国侨联官网上线“统筹推进疫情防控和经济社会发展”专栏。截至 7 月底，专栏累计发布稿件 3700 篇，微信公众号推送各类文章约 3200 篇，总阅读量约 247 万次，总阅读人数约 184 万人，营造了良好舆论氛围。举办“情暖中华 · 团结抗疫”视频交流会，鼓励海外青年委员率先垂范、团结抗疫。举办“亲情中华 · 同心战疫”网络放歌活动，截至 7 月底，网上观看、收听约 1200 万人次。与清华大学华商研究中心共同举办“海外华商谈抗疫”在线观察系列活动，凝聚网上抗疫正能量。向社会征集归侨侨眷和海外侨胞抗击新冠肺炎疫情实物资料，总结和反映侨界抗疫贡献。疫情期间，在中央广播电视总台中文国际频道（CCTV-4）播出《华侨华人与共和国》，这是去年我会与总台为庆祝新中国成立七十周年合作拍摄的电视纪录片，收视率创同时段播出节目收视的新纪录，达到 6.7%，对维护海外侨胞整体形象、鼓舞华侨华人士气、做好疫情期间海外宣传工作起到了积极作用。**三是**着力加强侨联意识形态工作。召开中国侨联意识形态工作领导小组会议，出台意识形态领导小组规则、分析研判制度、防范化解风险工作预案、在侨界群众中培育和践行社会主义核心价值观实施意见、主管主办刊物阅评制度、官网和微信公众号管理办法等，加强工作指导、规范，将意识形态责任制落到实处。抓好阵地建设，加强出版社、侨博、《海内与海外》杂志社工作，配强队伍、补足短板、促进工作，发挥好他们在侨联宣传思想工作中的作用。

（二）坚决贯彻党中央决策部署，发挥群团组织作用，服务国家抗疫大局

面对突如其来的新冠肺炎疫情，各级侨联组织坚决贯彻习近平总书记一系列重要指示精神和党中央关于疫情防控的决策部署，主动作为，上下联动，发挥侨界联系广泛、资源汇集的优势，内外联络，为国家抗疫大局作贡献。

1. 做好自身防控，参与联防联控。一是抓实机关防控。中国侨联成立侨联抗疫工作领导小组，统筹推进侨联机关和系统抗疫工作。领导班子高度重视、靠前指挥、加强调度，通过下发工作通知、制定工作方案、召开专门会议、执行防控措施、印发致党员干部公开信、关注关心老干部、做好宣传引导等一系列严格措施，确保机关及下属单位无疫情发生。据了解，31 个省（区、市）侨联机关也无人染疫。**二是**参与联防联控。根据统一部署，北京华侨大厦作为返京工作人员集中隔离点，服从大局、克服困难、做好保障。各地侨联认真贯彻中央和地方党委政府安排部署，湖北、武汉、北京、杭州、哈尔滨等省市侨联下沉到社区一线开展疫情防控工作；浙江、福建等省侨联派遣干部参加援外医疗专家组，派出干部参加驻沪工作组；中央企业侨联归侨侨眷坚守岗位、参与抗疫工作。**三是**看望慰问侨界患病人士、医护人员及其亲属。联合地方侨联了解统计全国受疫情影响的情况和侨界医护人员抗击疫情的情况。各级侨联组织通过多种方式关爱侨界患病人员，走访慰问侨界医护工作者及其亲属，帮助他们解决实际困难。中国侨联领导到北京大学医学部、北京安贞医院看望慰问抗疫一线侨界医护工作者家属代表和所在科室人员代表，委托江苏、安徽省侨联看望了徐辉同志亲属和何彩霞女士，传递党和政府的关心和侨联大家庭的温暖。广东省侨联为广东、北京两地2630名援鄂医疗队人员购买健康保险。**四是**引导侨商侨企有序复工复产。2月12日发出倡议，号召侨商会会员企业履行社会责任、科学防控疫情、有序复工复产。两次面向中国侨商会会员、侨创联盟成员、特聘专家、侨资企业及省级侨商会开展调查，汇总分析、形成报告，并向有关方面反映。联动地方，协调解决金光集团等侨商侨企复工复产遇到的问题。中国侨联领导多次到北京、上海、吉林、山东等省市侨资企业开展调研，鼓励他们做好防疫、发挥优势，为抗疫和经济社会发展作贡献。

2. 动员侨界力量，驰援国内抗疫工作。一是迅速有力发动。针对疫情初期国内抗疫物资缺乏的情况，中国侨联在大年初一（1月25日）即向海内外发出捐赠倡议，号召海内外侨胞发扬侨界传统，支持抗疫斗争。各级侨联组织和广大侨商侨企、海外侨胞、归侨侨眷纷纷响应，积极行动，奉献爱心，驰援武汉、湖北，支持祖国和家乡抗疫防疫。据不完全统计，各级侨联组织共接受捐款捐物22.78亿元。**二是**用好捐款捐物。截至7月底，中国华侨公益基金会收到捐赠款物折合人民币约2.76亿元。为助力国内、海外疫情防控，按照捐款人意愿，通过各地侨联组织和相关单位申请，已分28批次拨款2.68亿元人民币，其中拨付湖北1.39亿元，向武汉专项捐助8300余万元，助力火神山、雷神山、方舱医院的建设。**三是**协调解决捐赠物资运输问题。在中央领导同志的关心和指示下，在商务部、驻外使领馆的配合下，中国侨联发动各级侨联组织，尽可能精准收集、统计、报送捐赠物资运输困难情况，及时解决了海外侨胞捐赠物资运不回来的问题，有力支援了国内防疫物资需求。**四是**开展公益行动。中国华侨公益基金会善行团公益基金志愿者逆向而行，组建车队，满载上百吨捐赠物资抵达武汉。联络侨资企业天启慧眼（北京）信息技术有限公司，为44家基层医疗机构捐赠“天启新冠肺炎人工智能CT快速辅助诊断系统”（型号V1.2），帮助医院快速进行新冠肺炎病情前期筛查和辅助诊断，得到当地好评。

3. 对接紧迫需求，支持海外侨胞防疫抗疫工作。一是加强工作部署和协同。坚决贯彻党中央工作方针，中国侨联党组研究制定工作方案，向全系统发出《关于进一步做好疫情期间海外侨胞和归侨侨眷联系服务工作的通知》，安排部署了六个方面工作，海内外反响良好。疫情期间，党组主要负责同志与广东、浙江、福建、江苏、山东、四川、北京等多地侨联负责同志通电话，了解情况，提出要求。专门成立了应对疫情海外工作小组，密切配合对外工作大局，落实国务院联防联控机制工作部署，与外交部、商务部及驻外使领馆等部门协同协作，支持海外侨胞团结抗疫，防范海外疫情输入。

二是加强海外侨情汇总和分析。中国侨联密切跟踪疫情下海外侨情动态，截至7月底，累计向104个国家的107个使领馆及895名侨领了解疫情动态，编印了62期《海外疫情参考》和35期《涉侨舆情信息参考》；加强分析研究，形成《海外侨情分析》《海外疫情深度分析》等材料，提出了许多有价值、有分量的思考和建议。注意收集侨界抗疫防疫的呼声和建议，聚焦国内疫情防控、海外疫情影响、医疗卫生体制、应急保障机制、经济恢复发展、社会和谐稳定等主题，通过《侨情专报》向中办、国办报送有关情况200多篇。

三是开展防疫抗疫物资援助。中国侨联会同地方侨联向50多个国家和地区的海外侨团、侨胞和留学生寄送“侨爱心防疫包”3万多个。拨付定向捐款，采购防护物资和中医药，支持菲律宾、缅甸、意大利、塞尔维亚、伊朗、埃及、泰国等国侨胞抗疫。紧急安排2批次物资运往我驻俄使馆统一调配，以解燃眉之急。资助黑龙江、云南等边境省份侨联购买防疫物资，做好外防输入工作。协助京东公益向英国捐赠防疫物资。同时，中国侨商联合会会员企业积极发挥作用，正大集团投资1亿泰铢（约2220万元）建造口罩工厂，支持泰国医院、百姓抗击疫情，据不完全统计，超过25家会员企业通过捐赠防疫物资等各种方式，为国内外防疫作贡献。

在中国侨联指导和带动下，各级侨联组织紧密围绕地方党委政府统一部署，协同多方力量，向五大洲近100个国家和地区的海外侨胞捐赠或协助购买各类防疫抗疫物资、牵线医疗服务，令侨胞深受感动，体现了血浓于水的同胞深情。如，浙江侨联第一时间首批4556箱防疫物资驰援意大利，福建侨联积极促成中菲医方代表远程视频交流、印发《新型冠状病毒肺炎防护知识手册》，北京侨联先后支援京籍侨胞15万只口罩，上海侨联通过塞尔维亚驻上海总领馆捐赠防疫物资，湖南侨联向湘籍海外侨团捐赠价值1000余万元的抗疫物资，山西侨联购买口罩近8万只、中药2万剂支援海外友好社团，广东侨联向75个国家和地区粤籍社团捐赠“粤抗1号”冲剂、口罩、中药等，江苏侨联支援海外侨团、侨胞口罩60万只、中药2.4万服。

四是开展云端暖侨助侨工作。中国华侨公益基金会合作发起了“I Will”志愿者联合行动，联合海内外200名志愿者（医师、心理师、社工师）为海外同胞提供心理支持、健康咨询和新冠科普服务，并上线《华侨华人抗疫行动指南》，受到了侨胞好评。各级侨联组织通过发送慰问信、温馨提示、开通热线电话、加强网上线上联系、宣介防疫知识等方式，做好海外侨胞、侨团的思想引导和联系服务工作，鼓励他们坚定信心、战胜疫情。

同时，还积极指导和推动海外侨胞、侨团加强团结，守望相助，立足当地，做好侨胞和留学生自身防控。不少国家、地区侨社侨团成立应急、志愿组，在我驻外使领馆的指导下，帮助筹集、分发防疫物资，收集、分享各种抗疫信息、医疗知识、线上诊疗平台信息，融入和回馈住在国、支援当地疫情防控等，展现侨界良好形象。如，意大利罗马、米兰、佛罗伦萨领区50多名侨领成立应急小组，为侨胞提供当地防疫知识翻译、医疗机构信息整合、归国侨胞信息登记、隔离侨胞生活物资配送等全方位服务；浙籍海外侨团公布爱心守护人名单及热线电话；美东华人社团总会采购15万只口罩捐赠当地市政机构，并为在美留学生提供住宿、餐饮等服务。

习近平总书记对侨界在抗疫中发挥的作用给予了充分肯定。王沪宁等中央领导同志对侨联系统主动落实中央精神、为抗疫作贡献给予肯定，并就做好有关工作提出明确要求。

（三）适应疫情常态化防控要求，创新、有序推动侨联各项工作开展

1. 加强调查研究和工作谋划，提高侨联工作科学化水平。一是开展侨联系统2020年课题调研工作，确定重点选题方向，各地申报课题78项；发布《2019—2021年度中国侨联课题立项名单》，确立103项课题；翻译《2020世界移民报告》，申报国家社科基金学术社团主题学术活动资助项目2项，把“大学习、大调研、大讨论，作出大贡献”落到实处。**二是**用好联席会议机制。召开3次海外工作联席会议，通报侨情，研究工作，撰写海外侨情、疫情分析报告，加强对青委会工作指导，根据疫情防控形势调整出访和接待团组计划。召开“一带一路”建设工作联席会议，研究新情况新问题，推动相关工作开展。**三是**出台部门工作规划。上半年制定出台了加强海外联谊联络工作意见、经济科技工作规划等，进一步明确新时代侨联事业发展思路。

2. 加强“两个建设”，推动侨联工作制度化规范化发展。一是规范机关管理。修订《中国侨联规章制度》并印发全国侨联系统，制定关于调查研究、联谊联络工作、档案工作、机要保密工作规则等，用制度管人管事。督促直属企事业单位完善“三重一大”等内控制度，严把干部因私出国（境）审批备案关，建立完善了因私出国（境）证件使用管理制度和有关财务制度。落实网络安全和信息化工作责任制，优化网站设置，开设多个专栏，办好官方微信公众号，加强媒体平台管理，提高侨联办网用网水平。为业务工作提供运维保障，实施信息化工作重大专项。**二是**健全工作机制。印发中国侨联2020年工作要点，探索建立侨联工作务虚会机制，在全委会议期间套开侨联专项工作通报会，加强工作指导、交流、协同，促进了年度工作落实、提升，推动全国侨联系统一盘棋。**三是**加强基层建设。落实中国侨联领导基层联系点制度，密切与侨界群众的联系。编发12期《基层侨联建设》，提炼、推介各地侨联好经验、好做法。先后召开东北片区、华南片区基层侨联建设网络视频交流会，分别与四川省、河南省侨联召开专题视频会议，加强对基层工作的指导和推动。深入推进基层侨联组织统一社会信用代码赋码工作的落实，安排600多万经费支持基层侨联干部培训、“侨胞之家”建设、困难归侨侨眷技能培训和侨爱心医疗队的专项工作，进一步激发基层侨联组织的活力。

3. 发挥侨界资源优势，助力脱贫攻坚。一是持续做好定点扶贫。召开中国侨联扶贫领导小组会议，制定2020年定点扶贫计划，推进项目和资金落实。举办2期村（社区、场）干部能力提升培训班和1期农村实用人才培训班，500多名村（社区、场）支部书记、主任、驻村第一书记和蔬菜种植专业户、乡村致富带头人参加培训。资助当地河堤维修、校舍维修、公路硬化项目。**二是**开展公益扶贫。继续推动落实5家海外侨团与云南省5个深度贫困地区县（市）侨联结对帮扶协议。继续实施“侨爱心工程”项目，上半年，“精准脱贫光明行”活动已对16万人进行了筛查，正在实施白内障手术患者约7000人；“基层医疗”项目向全国欠发达地区177家医疗单位捐赠司迈医疗设备；“图书室”“爱心书包”等项目向内蒙古、重庆、新疆、河北、甘肃等地学校、学生捐赠图书、书包等物品。**三是**加强困难侨界群众帮扶。完成2020年两节“送温暖、献爱心”走访慰问活动，共安排慰问金250余万元，直接受益困难归侨侨眷超过3000户。支持遭受水灾的部分省、市开展困难侨界群众帮扶，目前，已向重庆、湖北、江西、湖南等省级侨联拨付专项经费45万元，帮助侨界群众渡过难关。启动“维护侨益——连心侨”项目，经费支持地方侨联维护侨益活动。**四是**宣传脱贫成效。启动“追梦中华·侨与脱贫攻坚”网络主题活动，营造浓厚舆论氛围。中国华侨历史博物馆面向海内外侨界征集与脱贫攻坚相关的藏品及资料，反映侨界扶贫贡献。

4. 突出重点、创新方式，努力推动工作落实。一是组织第八届“中国侨界贡献奖”推荐评选工作。向各省级侨联印发通知，拟下半年举办“中国侨联第八届新侨创新创业成果交流活动”、表彰第八届“中国侨界贡献奖”。**二是**参与筹备第三届世界华侨华人工商大会等活动。该活动由国务院侨办、中国侨联、全国工商联联合主办，计划今年举行，筹备工作已经有序展开，适时召开。**三是**开展“创业中华”品牌活动。与杭州市侨联召开视频工作会议，支持无锡市侨联开展“一带一路”海外创业分享活动。根据疫情防控要求，组织侨商会会员与重庆、河北、山东、河南、江苏、上海、广东等省市开展线上线下相结合的商务活动。6月中下旬，应重庆市政府邀请，组织两批小规模、高层次知名侨商代表团参加“2020知名侨商重庆行”活动，取得良好效果。**四是**开展“亲情中华·为你讲故事”网上夏令营活动。截至7月底，发布小故事视频400余个，29个省级侨联参与办营，海外华裔青少年有组织参营总人数近6万人，课程网上浏览量约620万次，帮助海外华裔青少年在疫情期间继续学习汉语、持续了解中国国情和中华文化，增强他们对祖（籍）国的文化认同和情感认同。**五是**开展“亲情中华”线上线下文化活动。春节前，举办“亲情中华·走进侨乡”新春慰侨演出。疫情期间，与北京演艺集团联合举办“亲情中华·童心欢畅”云端六一综艺演出，网络浏览量达1077.3万次。与中华文化促进会、央视网合作主办“五洲同心　世界一家”——“爱乐之声”全球24小时云端音乐会，国内外600多位艺术家参与。为庆祝中国共产党建党99周年，推出“亲情中华·同心与共”系列歌曲，推送“亲情中华·云上基地——中国华侨国际文化交流基地故事”系列视频，产生良好反响。**六是**积极参政议政。做好全国人大归侨代表、全国政协侨联界委员联系、服务工作，“两会”前向代表、委员提供提案建议素材43篇。会议期间，侨联界提交界别提案1件（《关于尽快修改〈归侨侨眷权益保护法〉的建议》），提交个人提案92件。认真开展全国人大、全国政协23件建议提案办理工作。与全国普法办联合举办纪念侨法颁布30周年暨第二届“侨商杯”法律知识竞赛活动，参与人员踊跃。**七是**举办“云游侨博”活动。华侨博物馆疫情期间闭馆不闭展，运用多语种方式生动展示和叙述华侨华人历史，受到海内外侨胞的欢迎，截至7月底，共网上直播12期26场，在线观看人数达647万。**八是继续推动捐建冬奥冰雪博物馆工作。**与张家口市崇礼区签订了“冰雪博物馆”项目资助协议书，并向其拨付首笔项目资助款4000万元。今年6月，中国华侨公益基金会荣获2020年中国慈善榜榜样基金会。

（四）认真做好巡视整改工作，取得阶段性成效

2019年9月10日至11月25日，中央第七巡视组对中国侨联党组开展了常规巡视。今年1月5日，第七巡视组反馈了巡视意见，指出了侨联在“四个落实”方面存在的4个方面12项问题。中国侨联党组高度重视，认真传达学习习近平总书记在听取第四轮巡视情况汇报时发表的重要讲话精神，深入研究中央第七巡视组的反馈意见，坚决扛起主体责任，按照“问题全面覆盖、措施精准务实、责任落实到位、整改突出实效”的原则，落实落细整改要求，以扎实成效体现对党忠诚。会党组认真履职尽责、齐抓共管，机关上下及直属企事业单位一齐行动，成立机构专班、划分问题类别、建立任务台账、确定整改时限、落实整改责任、加强督促检查，推动巡视整改工作落地落实。

根据中央巡视整改要求，6月上旬，中国侨联按时提交了巡视整改报告等4个文件。巡视整改总台账各项整改措施均已组织实施，应于6月底前完成的43项整改措施已基本完成，其他60项整改任务也都及时启动，促进建章立制，正在努力推进之中；意识形态和选人用人专项整改台账各项措施也任务到人、责任到岗，按计划有序进行，取得了阶段性成效。6月18日，中央纪委、国家监委机关网站专门刊登了侨联抓巡视整改的做法。

通过巡视和集中整改，侨联干部的政治意识、党性观念进一步增强，“两个维护”更自觉，贯彻落实习近平总书记重要指示精神和党中央决策部署更深入，机关党的建设和运行管理更规范。意识形态工作得到了加强，选人用人工作不断改进，干部精神面貌有了较大改观，干事创业的动力更足了，围绕中心、服务大局、服务侨胞的各项工作有了新起色。

（五）加强侨联党的建设，创建让党中央放心、人民群众满意的模范机关

1. 突出党的政治建设。成立侨联党的建设工作领导小组，制定工作规则，印发《中国侨联党组关于加强和改进机关党的建设的意见》等文件，召开2020年党的建设暨党风廉政建设工作会议，印发党建工作要点，对侨联全面从严治党作系统安排。强化政治机关意识教育，制定工作方案并抓好落实。顺利完成直属机关党委、纪委换届，“两委”委员力量得到进一步充实。

2. 注重队伍建设和干部能力提升。继去年开展“作风建设年”之后，今年开展“素质提升年”活动，创建模范机关。制定活动实施方案，召开座谈会，提出“一提升三保证”要求，推动落实具体举措，全体干部职工结合实际，列出年内拟解决的问题和拟提升的目标，树立脚踏实地促素质提升的鲜明导向。坚持好干部标准，加强干部选任工作。做好挂职干部选派和接收工作。落实“谈心日”制度，加强侨联干部思想政治工作，做好老干部工作。

3. 加强基层党组织建设。召开2019年度机关党建述职评议考核会，压实党建工作责任。推进党支部标准化规范化建设，建立会领导党支部工作联系点制度，加强工作监督指导。探索党员过“政治生日”，开展“不忘初心、弘扬优良家风”主题党日活动。破解机关党建“灯下黑”问题，全面排查问题、抓好整改。坚持党建带群建，推动直属机关工会、团委、妇委会、侨联更好地团结服务干部职工。

4. 抓好机关党风廉政建设。召开党风廉政建设责任制领导小组会议，制定制度，强化责任落实。进一步完善与驻部纪检监察组会商机制，及时依法依规核查有关问题线索。持续开展纪律警示教育，持之以恒贯彻落实中央八项规定精神，动态调整、完善党员领导干部廉政档案。

半年来，在以习近平同志为核心的党中央坚强领导下，中国侨联和各级侨联组织坚决贯彻习近平总书记重要讲话精神和党中央决策部署，积极主动，担当作为，充分发挥侨联组织的桥梁纽带作用，团结动员海内外侨胞为疫情防控发挥了重要的作用，同时，根据疫情防控形势和要求，攻坚克难，统筹安排，不断创新工作方式方法，想方设法推进各项工作，努力做到疫情防控和业务工作两不误、两促进。在此，我代表中国侨联向广大归侨侨眷和海外侨胞、向各级侨联组织和广大侨联工作者表示亲切的问候和衷心的感谢！

二、下半年侨联工作的主要任务

今年是全面建成小康社会决胜之年、“十三五”规划收官之年、脱贫攻坚决战之年。全球疫情给我国经济社会发展带来影响和挑战，也给侨联工作带来影响和挑战。做好今年下半年工作，我们要在以习近平同志为核心的党中央坚强领导下，全面贯彻党的十九大和十九届二中、三中、四中全会精神，以习近平新时代中国特色社会主义思想为指导，深入学习贯彻习近平总书记关于群团工作和侨务工作的重要论述，落实中央书记处重要指示要求，增强“四个意识”、坚定“四个自信”、做到“两个维护”，主动适应疫情防控常态化要求，坚持稳中求进，落实十代会部署，坚持“两个并重”、“两个拓展”，推动“两个建设”，用好“两项机制”，聚焦保持和增强政治性、先进性、群众性，着力讲政治、强服务、重创新、促改革、抓党建，以不忘初心、牢记使命、开拓创新、攻坚克难的实际行动，团结动员广大归侨侨眷和海外侨胞，为扎实做好“六稳”工作、全面落实“六保”任务，为决胜全面建成小康社会、决战脱贫攻坚贡献智慧和力量。

（一）进一步加强思想政治引领，深入推进习近平新时代中国特色社会主义思想的学习宣传贯彻。一是狠抓侨联干部思想政治建设。要把学习贯彻习近平新时代中国特色社会主义思想特别是总书记关于侨务工作、群团工作、党建工作的重要论述，作为基础性工作来抓，抓好《习近平谈治国理政》（第三卷）学习。要坚持学思用贯通、知信行统一，不断提高贯彻党中央决策部署的自觉性和坚定性，努力把理论学习成果转化为在新的历史条件下推动发展的新成效。**二是深化理论宣传研究工作。**实施好中国侨联讲师团网上宣介活动，立足实际、对接需求，让理论宣传更接地气、更有实效。以“后疫情时代侨务工作面临的新形势与新挑战”为主题召开习近平总书记关于侨务工作重要论述研讨会，充分发挥会议的平台作用，开展理论研究，出版理论书籍，让党的创新理论深入侨心。**三是营造决胜全面小康、决战脱贫攻坚的浓厚氛围。**要突出侨的特色，用好互联网、新媒体，展现侨界在脱贫攻坚中的良好形象。要广泛开展“追梦中华·侨与脱贫攻坚”网络主题活动，深入基层，探索微纪录片形式。要加强媒体合作，丰富宣传形式，创新话语表达，宣传以习近平同志为核心的党中央带领全国人民打赢脱贫攻坚战取得的重大成就，讲好侨联系统和海内外侨界共助精准脱贫的生动故事，扩大覆盖面、影响力。要弘扬嘉庚精神，做好编辑出版《陈嘉庚纪念文集》，再版《南侨回忆录》等工作，广泛凝聚人心。要落实意识形态责任制、网络安全和信息化工作责任制，加强网上舆论引导，围绕重点难点热点问题，多做答疑释惑、凝聚人心的工作。要发挥侨界媒体作用，开展“追梦中华·侨界媒体采风活动”，讲好中国故事、中国共产党的故事、中国人民的故事，讲好中国制度的故事。加强内容把关，稳妥做好网络宣传产品推广，努力营造对我有利的良好外部环境。积极谋划和推进与中央电视台合作拍摄庆祝建党 100 周年主题纪录片工作。

（二）深入推进各项品牌和活动，团结凝聚归侨侨眷和海外侨胞为决胜全面小康、决战脱贫攻坚贡献力量。决胜全面小康、决战脱贫攻坚是今年工作的主题，是党和国家工作的大局。各级侨联组织要聚焦中心，积极作为。**一是助力脱贫攻坚。**要发扬侨界爱国爱乡传统，克服疫情影响，立足实际，找准着力点，动员侨界力量参与。要按照中央“四不摘”的要求，继续推进定点扶贫计划落实完成。要关心帮扶侨界困难群体，深入开展“送温暖、献爱心”慰问活动，加强受灾地区侨界群众救助。要加强公益帮扶，深化“侨爱心工程”品牌，继续实施“光明行、健康行”“树人班”“基层医疗”等项目，向深度贫困地区倾斜资源，做好为云南、甘肃、江西等贫困地区捐助公益助学金工作。**二是提高服务经济发展实效性、贡献度。**要围绕服务“六稳”“六保”目标任务，推进“创业中华”品牌活动。要为新侨创新创业牵线搭桥，加强政策解读、经验分享，联合举办好“创业中华——2020 侨界精英创业创新峰会”等机制性平台活动，提升活动实效。要发挥侨商会等机构和平台作用，组织参与地方线上线下经贸交流活动，寻找商机，助力“一带一路”务实合作。要加强特聘专家委员会、新侨创新创业联盟建设，涵养侨界人才资源，促进合作交流，鼓励会员就克服疫情冲击、复工复产、科技创新等建言献策，支持地方引资引智活动。要把握要求，精心办好第三届世界华侨华人工商大会。筹备办好中国侨联第八届新侨创新创业成果交流活动。继续做好华侨冬奥冰雪博物馆捐建工作。**三是创新文化交流和文化传播。**要扩大参与面和实效性，加强“亲情中华”品牌建设，积极应对疫情影响，为侨界群众提供丰富的网络文化产品。继续办好“亲情中华·为你讲故事”网上夏令营活动，调研营员需求，优化课程内容，完善教学设计，紧紧依靠各级侨联办好“亲情中华·同心与共”庆中秋、“亲情中华·走近侨胞”文化展演等网上活动。努力实现“云游侨博”系列网络直播常态化，以线上直播推动线下实体展览。办好第二十一届“世界华人学生作文大赛”。根据疫情发展趋势和防控要求，择机联合组派“亲情中华”中医团、“四海同春”巡演等赴海外。办好“网上侨心书苑”。**四是做好参政议政。**加强对侨界人大代表、政协委员履职的服务与支持。协助全国政协组织侨联界政协委员赴海南考察自贸港建设，办理好全国“两会”建议、提案。围绕国家大事和侨界关切，办好侨情专报。畅通表达渠道，倾听、代表侨界声音，反映侨界意见建议。**五是依法维护侨益。**以侨法颁布30周年为契机，与民法典学习宣传相结合，开展系列法治宣传活动。深化“法治中国 你我同行”品牌，办好法律知识竞赛，组织法治宣传边关行活动，编印侨法颁布30周年纪念研究文集，推进基层普法工作。优化法律服务供给，组建涉侨纠纷多元化解工作队伍，推进涉侨纠纷在线调解系统与人民法院平台对接，畅通侨界群众信访渠道。加强法顾委建设，探索海外维权有效路径和手段。

（三）切实履行海外华人华侨社团联谊职责，发挥好党和政府联系广大归侨侨眷和海外侨胞的桥梁纽带作用。要树立大侨务理念，坚决贯彻党中央决策部署，加强与有关部门沟通、配合，积极稳妥做好侨联海外工作。**一是继续做好稳人心、暖人心、树信心工作。**密切关注海外疫情侨情变化，加强分析研判，重要情况及时报告。加强海外侨胞联系服务，做好心理疏导、医疗咨询服务、人文关怀等工作，强化国内归侨侨眷工作，排忧解难，以内联外，内外联动。及时了解抗疫物资需求，提供力所能及支持和帮助。继续推动海外侨界团结协作，守望相助，融入当地。加强侨学联动，关心关爱留学人员。**二是配合做好港澳地区涉侨工作、侨务对台工作及少数民族地区侨务工作。**加强港澳顾问、委员队伍建设，引导港澳侨界重点社团和代表人士在事关“一国两制”和香港、澳门前途命运的重大问题上旗帜鲜明，积极支持行政长官和特区政府依法施政。团结台湾地区籍侨胞、亲台传统侨团和台胞青年，做好涉台重点侨团和人士工作，筹办两岸侨联和平发展论坛、海峡两岸暨港澳侨界圆桌峰会，择机组派“亲情中华”艺术团赴台湾巡演。做好少数民族地区侨胞联系、服务、引导工作。**三是加强侨情研究、把握侨情变化。**定期召开海外工作联席会议，分析研判侨情走向，加强海外工作谋划。做好侨情基础数据收集整理，编辑出版《世界侨情报告（2020）》。**四是加强外事管理与服务工作。**做好外事归口管理，正确执行限量管理规定，认真履行计划报批、审核与执行职责，加强对机关各出访团组和地方侨联出访团组的指导，严格执行应邀出访规定，严格控制出访团组人数、国家和在外停留天数，规范征求驻外使领馆意见。

（四）深化侨联改革，健全制度体系和“联系广泛、服务群众”的工作体系。要坚持依靠改革应对变局、开拓新局，进一步强“三性”、去“四化”，持续推进涉侨机构改革落地落实，更加注重制度体系、治理能力建设，不断提升新时代侨联组织工作质量和水平。**一是推动侨联信息化建设。**要开发制作中国侨联新闻报送OA系统，提高新闻报送效率，建立中国侨联内部、与地方侨联之间的新闻报送沟通、协同机制。继续加强网上侨联建设，建好官网、微信公众号，推动活动上网、服务上网。筹建侨联信息中心，加强工作力量，提高网上工作专业化水平，推动信息化重点项目建设工程。推进机关服务中心改革。**二是推动基层侨联制度机制建设。**要落实侨联基层联系点制度，总结经验、发现问题、推动工作。要努力构建“两项机制”，促进经验交流，采取视频会议等方式分区域、分领域召开基层侨联建设交流活动，适时举办全国高校侨联组织建设的经验交流活动，着力覆盖新侨、留学人员群体。要持续推进“侨胞之家”建设，增强为侨服务功能。**三是推动侨联机关规范化制度化建设。**要加强侨联履职能力建设，理顺体制、优化职能，各负其责、延伸工作链条，加快工作融合、提升，建立健全“联系广泛、服务群众”的侨联工作体系。要改进调查研究工作，完成2020年侨联系统课题调研任务，推进中国侨联课题项目，提升决策水平和执行水平。要加强制度体系建设，研究制定侨联各领域工作规划，并把好经验、好做法通过建章立制固定下来，强化制度执行。

（五）深入贯彻新时代党的建设总要求和新时代党的组织路线，推动党建工作高质量发展。党的领导是侨联工作的根本保证。加强党对侨联工作的全面领导，抓好侨联党的建设，要一以贯之，持之以恒。**一是强化政治机关建设。**要坚持以党的政治建设为统领，教育引导广大党员干部自觉同党的基本理论、基本路线、基本方略对标对表，同党中央的决策部署对标对表，经常校正偏差，切实增强政治意识，严守政治纪律和政治规矩，在坚决做到“两个维护”上走在前列，创建模范机关。**二是建立巡视整改长效机制。**要在集中整改的基础上，建立完善履行政治责任和职责使命的长效制度机制，巩固巡视整改成果，对长期需要解决的问题持续用力、久久为功。继续开展侨联机关内部巡视。**三是着力建设政治上强、作风优良、专业水平高的侨联干部队伍。**要贯彻新时代党的组织路线，坚持好干部标准，做好干部选拔任用、教育培养、管理监督工作。把“素质提升年”活动抓细抓实抓出成效，围绕政治素质过硬、理论素质增强、能力素质提高、道德素质提升、廉政素质强化的目标，保证部门整体素质能力提高，保证党员干部个人素质能力提升，保证素质提升的自觉性实践性。**四是持续抓好基层党组织建设。**要认真贯彻落实机关党建年度工作要点，推进党支部标准化规范化建设工作。强化“一岗双责”，在推动党建与业务融合发展上持续用力。**五是严格正风肃纪。**要深入学习贯彻习近平总书记在十九届中央纪委四次全会上的重要讲话和会议精神，把“严”的主基调长期坚持下去，做实做长日常监督，把侨联机关建好建强。

三、把握做好当前侨联工作的要求和方法

下半年的侨联工作部署和任务已经明确，关键是要抓落实、求实效。面对“两个大局”，面对疫情带来的风险挑战，完成下半年各项工作任务，有着很大的难度和不确定性，必须有清醒的头脑、清晰的思路、有力的举措，讲究方法、注重节奏、跟踪问效，确保各项任务落地落实。这里，我强调几点。

第一，要紧跟形势发展。明者因时而变，知者随事而制。习近平总书记强调，领导干部要“观大势、谋大事，牢牢把握工作主动权”。当前新冠肺炎疫情正对全球社会产生重要冲击和影响，从事侨联工作的同志们要作深入思考，认真分析疫情带来的多方面影响和挑战。侨联工作具有涉外性，胸怀全局、把握变局、开拓新局，紧跟国内外形势变化十分重要。比如，抗疫初期，我们在做好机关防控同时，针对国内防疫物资缺乏的情况，第一时间向海内外侨界发出捐赠倡议，侨胞积极响应，作出重要贡献，得到中央领导同志充分肯定；国内疫情趋缓，我们及时引导和动员侨商侨企有序复工复产，为抗疫大局和经济社会发展作贡献；海外疫情扩散蔓延，我们主动作为，支援防疫物资，提供有针对性服务，关心关爱海外侨胞。贯穿这些工作背后的，就是统筹抓好疫情防控和侨联业务工作，两手抓、两不误。通过总结梳理上半年工作，可以发现，我们的每一步工作都是紧跟中央要求和形势变化作出安排的，因时制宜，科学调整。在下一阶段，落实中央部署要求不能松劲，这种工作方法和要求还要坚持和持续。各地侨联和中国侨联机关各部门、各单位要紧跟中央对当前国际国内形势的判断，认真总结分析这半年来的工作，看看哪些已经做了、哪些还没做、哪些还没有做好，同时，还要思考和梳理原定下半年开展的工作，还能不能“看剧本唱戏”，列出工作清单，主动识变、求变、应变，转变思路、拓展方法，因时因势因地精准施策，确保全年工作稳中有进、进中有效。

第二，要突出重点难点。侨联工作是按照中央要求，根据十代会部署全面展开的。长期以来，侨联各项工作也有了很多积累。但面对新时代新要求，面对疫情的新挑战，面对涉侨机构改革后带来的新情况，我们既要全面推进工作，更

要突出重点难点，抓重点破难点带全面。**一要**在全面履行职责上重落实。对于侨联来讲，全面履行职能，就是要在六项职能上都要有承载的载体、项目和举措；具体到每个部门、单位和每个省级侨联全面履行职能，就是要围绕主责主业，有重点、有项目、有品牌、有活动，确保职责使命能落地、能呈现。**二要**在服务大局上作贡献。侨联工作很重要的一个评判标准，就是在中心和大局中能发挥什么作用，体现什么作为。当前，就是要围绕树立新发展理念，实现高质量发展，打赢三大攻坚战、"六稳""六保"、"一带一路"建设、推进构建人类命运共同体、抗击疫情等这些党和国家大事，围绕地方经济社会发展的重点，找准党政所需、侨胞所急、侨联能为的结合点，把侨联各项工作朝这些方面去延伸、去拓展，努力形成新的工作增长点。**三要**在品牌影响上求突破。品牌是群团组织开展工作的重要方式，经过多年发展，侨联有了一些品牌，也有较好影响。要进一步提质增效，扩大影响力、覆盖面、实效性，必须寻求新的突破。比如，"亲情中华"要进一步聚焦文化和教育，创新载体；"创业中华"要形成工作体系，打造支撑项目；"侨爱心工程"要思考进一步"走出去"，更好服务"一带一路"建设；"追梦中华"要聚焦思想引领、讲好中国故事；联谊联络工作要总结做好标志品牌，等等。打造品牌不是轻而易举就能实现的，需要有智慧、有思路、有办法，久久为功、持续用力，品牌强了，侨联工作就有了影响力，工作就有了抓手。

第三，要创新方式方法。侨联工作与党和国家事业发展紧密相连，与侨情变化紧密相连，在坚守工作职能和工作定位的基础上，与时俱进、开拓创新，是侨联工作的永恒课题。尤其是在当前的背景下，侨联工作亟待创新。比如，要树立以内联外、内外联动的理念。侨联工作常讲"工作在国内，影响在海外"，只有内外联动，才能做到关键处。当前，国内外疫情防控任务并不轻松，侨联"请进来""走出去"受到很大制约，如何做好国内归侨侨眷的工作，了解、联系、服务、引导海外侨胞，需要大家深入思考和研究。又如，要树立侨联系统上下一盘棋的观念。侨联组织最大的优势之一在于组织体系，中国侨联对省级侨联虽然是指导关系，但并不妨碍上下联动、形成系统合力。今年在抗击疫情的过程中，侨联充分发挥上下联动、统一行动的优势，在统筹疫情防控和各项工作上取得了较好成效。今后，各级侨联领导机关要将更多的资源、资金、项目向下级和基层侨联倾斜，充分调动全系统的积极性，整体化推动侨联事业发展。再如，要树立网上网下互动的思路。我们有6000多万海外侨胞和3000多万归侨侨眷，分布在近200个国家和地区，侨联组织只有2万多个，而且地区之间还存在不平衡，只有充分运用网上优势，才能更广泛地联系、服务广大海外侨胞和归侨侨眷，这就是侨联组织为什么要大力推动网上工作的关键所在。这次疫情倒逼我们很多工作在网上开展，探索了新路径，我们要继续做好"网上侨联"和信息化建设，推动网上活动常态化，使"网上侨联"与线下侨联工作真正能够相互促进、相互补充、相得益彰。

第四，要锤炼过硬作风。现在，我国发展进入关键时期，改革发展稳定任务十分复杂艰巨，侨联工作也面临不断变化的环境和条件。要立足新起点、解决新问题、开创新局面，不是轻轻松松、敲锣打鼓就能完成的，而是要付出一番艰苦的努力，有一种攻坚克难的精气神。否则，工作只能满足现状、停留在过去，时代感、实效性不够强。我们要有更高的标准、更高的要求、更高的质量，因此，也必须有过硬的作风作保障。**一要**求实，工作不能浮在面上，要有计划、有部署，有指导、有推动，有宣传、有总结，有监督、有反馈，形成完整工作链条，把阶段性目标与长期目标相结合，一件一件抓落实、抓成效。**二要**求细，工作不能大而化之，要具体、要有形、可呈现、可检验，把工作要求变为工作内容，把工作内容变成工作载体、举措、办法，责任到人、规定时限，取得实实在在的成效。**三要**求深，不能总是低水平重复，要懂得积累、把握规律、更加专业，要做跳一跳能够得着的事情，提升能力本领，做到不可替代，体现侨联特色和作用，使各项工作有亮点、有质量、有影响。

各位常委，同志们！

疾风知劲草，疫情见真章。经此一疫，我们更加深刻地懂得，中国有习近平总书记英明领导有多重要，有中国共产党的坚强有力领导和中国特色社会主义制度作为根本保证有多重要，有全国人民和海内外中华儿女同心奋斗有多重要。让我们更加紧密地团结在以习近平同志为核心的党中央周围，坚定信心，攻坚克难，开拓创新，奋发有为，统筹推进疫情防控和侨联工作，广泛团结动员广大归侨侨眷和海外侨胞，在扎实做好“六稳”工作，全面落实“六保”任务，决胜全面建成小康社会、决战脱贫攻坚的征程上展现新作为、作出新贡献！

团结抗疫、化危为机、发挥优势 汇聚同圆共享中国梦的侨界力量

——在中国侨联海外顾问、海外委员代表视频座谈会上的讲话

（2020年8月28日）

万立骏

各位顾问、各位委员：

大家好！很高兴通过视频的方式同大家交流。参加今天座谈会的都是中国侨联的海外顾问、海外委员。新冠肺炎疫情发生以来，中国侨联对包括海外顾问、委员在内的广大海外侨胞十分惦念，大家的健康状况怎么样？事业发展怎么样？受疫情影响大不大？大家的安危冷暖深深牵动着我们，祖国和家乡亲人都十分想念大家。现在，受疫情的影响，出去和进来还不是很方便，我们还不能到现场见到大家、面对面畅叙友谊，今天我们云端相会，不以山海为远，不因疫情阻隔，可谓侨联一家亲。

海外侨胞是祖（籍）国的牵挂，是联通世界的重要桥梁。疫情需要隔离病毒，却隔不断中华儿女的心。国内抗疫不断取得重大阶段性成果，海外侨胞功不可没。习近平主席对侨界在抗疫中发挥的作用给予了充分肯定。今年的政府工作报告专门讲到，新冠肺炎疫情下，包括海外侨胞在内的中华儿女风雨同舟、守望相助，筑起了抗击疫情的巍峨长城。在此，我代表中国侨联，感谢大家为国内抗疫所作的贡献，并通过你们向广大海外侨胞表示诚挚的问候！

祖（籍）国十分牵挂海外侨胞的健康与安危。习近平主席强调，“要加强对境外我国公民疫情防控的指导和支持，做好各项工作，保护他们的生命安全和身体健康”。国家采取了一系列措施关心和支持海外侨胞抗疫，帮助解决实际困难，努力让侨胞在住在国安心放心。中国侨联认真贯彻习近平主席重要讲话精神和党中央决策部署，根据疫情防控形势和要求，内外联动，密切与海外侨胞的联系，了解侨胞的情况和需求，努力提供服务和帮助，传递祖（籍）国的关爱，稳人心、树信心、暖侨心。

今年7月9日，我们召开了中国侨联青委会海外青年委员代表视频座谈会，程学源副主席同大家交流，近20名中国侨联海外青委结合自身实际，谈了情况，提了建议。7月31日，中国侨联通过视频方式召开了十届五次常委会议，总结2020年上半年工作，部署下半年工作任务，以更好地凝聚侨心侨力侨智。

今天，我们召开这次视频会议，主要是向大家介绍中国侨联今年来的主要工作情况，了解大家的情况，听取大家的意见建议，发挥海外顾问、委员联系广泛、沟通内外、示范带动作用，团结抗疫、化危为机、发挥优势，汇聚同圆共享中国梦的侨界力量。下面，我和大家交流三个方面的情况。

一、今年上半年中国侨联开展的主要工作

半年多来，在以习近平同志为核心的党中央坚强领导下，中国侨联与各级侨联组织一道，统筹推进疫情防控和侨联各项工作，围绕中心、服务大局、服务侨胞，努力克服新冠肺炎疫情带来的不利影响，推动各项工作有序开展，取得积极成效。

概括起来，主要开展了四方面工作。

（一）加强思想引领，深入学习贯彻习近平新时代中国特色社会主义思想，把思想和行动统一到党中央决策部署上来。加强侨联思想政治建设，不断推动理论学习往实里走、往深里走、往心里走。持续深化党的理论研究和宣传阐释，推进出版《习近平关于侨务工作论述摘编》。举办“情暖中华·团结抗疫”视频交流会、“亲情中华·同心战疫”网络放歌活动、“海外华商谈抗疫”在线观察系列活动，上线“统筹推进疫情防控和经济社会发展”专栏，组建中国侨联讲师团，宣传党中央决策部署，讲述中国抗疫故事，讲述侨界抗疫故事，凝聚网上抗疫正能量。

（二）发挥群团组织作用，服务国家抗疫大局。动员侨界力量，驰援国内抗疫。中国侨联在大年初一向海内外发出捐赠倡议，号召海内外侨胞发扬侨界传统，以各种方式支持抗疫斗争。在商务部、驻外使领馆的配合下，及时解决了海外侨胞捐赠物资运不回来的问题，有力支援了国内防疫物资需求。据不完全统计，海内外侨界共为抗疫捐赠物资折合人民币20多亿元，展现了侨界的大爱和中华民族的凝聚力。支持海外侨胞防疫抗疫，向全侨联系统发出《关于进一步做好疫情期间海外侨胞和归侨侨眷联系服务工作的通知》，注意收集海外侨胞情况和侨界防疫抗疫的呼声和建议，开展云端暖侨助侨工作，指导和带动各级侨联组织协同多方力量，向五大洲近100个国家和地区的海外侨胞援助防疫抗疫物资。引导海外侨团侨社守望相助，团结抗疫，关爱留学生。做好自身防控，参与联防联控，通过多种方式关爱侨界患病人员，引导侨商侨企有序复工复产，为夺取“双胜利”作贡献。

（三）抗疫不忘工作，创新、有序推动侨联业务工作开展。加强调查研究，制定工作规划，提高侨联工作科学化水平。加强“两个建设”，推动侨联工作制度化规范化发展，规范机关管理，健全工作机制，加强基层建设，建设好侨胞之家。发挥侨界资源优势，持续做好定点扶贫、结对帮扶，继续实施“侨爱心工程”项目，通过线上线下多种方式加强困难侨界群众帮扶。突出工作重点、创新方式方法，开展“中国侨界贡献奖”、“创业中华”、“亲情中华”、“云游侨博”、“侨商杯”法律知识竞赛、“2020知名侨商重庆行”等一系列活动，探索疫情条件下开展工作的新路子。由侨胞捐建的冬奥冰雪博物馆也正在积极推进。

（四）加强侨联党的建设，打造模范机关。重学习、讲政治，抓好巡视整改，开展“素质提升年”活动，加强队伍建设和干部能力提升。加强基层党组织建设，抓好机关党风廉政建设，力戒形式主义、官僚主义，厉行勤俭节约。

二、海外侨胞为祖（籍）国和住在国抗疫发挥了重要作用

“青山一道同云雨，明月何曾是两乡”。人类是休戚与共的命运共同体，病毒无情人有情。疫情突如其来，广大海外侨胞满怀赤诚，积极行动，发扬传统，发挥优势，驰援祖（籍）国，服务住在国，作出了独特贡献，发挥了重要作用，展现了中华儿女同舟共济、共克时艰的深厚情怀。主要体现在以下几个方面：

（一）支持祖（籍）国和家乡抗疫工作。新冠肺炎疫情发生后，遍布五大洲的海外侨胞，心系祖（籍）国亲人的安危，从武汉保卫战、湖北保卫战到家乡抗疫，迅速行动、奉献爱心、捐赠款物、出力鼓劲，有的“千里包机走单骑”，有的小朋友捐出压岁钱买口罩，有的返乡回国、志愿服务，感动了无数人。这些行动，不仅仅是物质上的宝贵支持，更是精神上的强大鼓舞，展现了中华儿女血浓于水的同胞深情，体现出侨界的优良传统，对此，中央领导同志给予充分肯定。

（二）服务住在国抗疫工作。疫情全球蔓延后，海外侨胞与住在国人民携手团结抗疫，服务社区，积极传递温暖、信心和勇气。同时，积极协调抗疫物资，帮助当地解决燃眉之急。比如，泰国正大集团发起“泰国人不抛弃不放弃”公益项目，向全国捐款7700万泰铢，并投资1亿泰铢建造口罩厂，免费提供给当地医疗机构和普通百姓；亚洲、欧洲、非洲许多侨团侨胞倡议侨界积极捐赠当地医院和慈善机构，给当地民众捐款捐物，自发组织免费爱心中餐活动，支援住在国政府抗击疫情；美洲一些国家的侨团向当地医疗、警察部门提供爱心餐，捐赠呼吸机、口罩、护目镜等防疫物资，向一些贫困家庭捐赠食品、衣物，得到住在国各界的赞誉。

（三）动员海外侨界团结抗疫。海外侨界有着守望相助的好传统。疫情期间，在五大洲的不少国家，侨社侨团成立应急组、志愿组，组建侨团抗疫联盟，帮助筹集、分发防疫物资，搭建线上诊疗平台，为侨胞提供当地防疫知识、为归国侨胞开展信息登记、与留学生组织建立结对帮扶机制。疫情严重冲击华商经济，海外侨商抱团取暖、克服困难，主动求变、化危为机，探索复工复产、转型经营，努力走出困境。这期间，涌现出为孤寡老人送中药的"熬药小哥"、为留学生送爱心防护物资的"快递小哥"、"网上方舱医院"的"信息小哥"等"新网红人物"的感人事迹，不少华商正借助互联网技术探索创新、开展自救，线上消费、社区团购、"云逛街"成为海外侨胞复工复产中的一道新风景。

（四）讲好中国故事。海外侨团、侨领和华文媒体通过报纸、网络、电视台和微信等平台积极发声，客观介绍中国防疫抗疫的举措和成效，介绍中国人民同心战疫的感人故事，分享中国的抗疫做法，汇聚起全球抗疫正能量。另外，在"香港国安法"等事关香港前途命运的重大问题上，侨胞们坚定发声，旗帜鲜明反对"港独"，维护祖国统一。

三、发挥海外顾问、委员作用，引领海外侨胞同心共筑中国梦

习近平主席要求我们把握"两个大局"，一个是当今世界百年未有之大变局，另一个是中华民族伟大复兴的战略全局。这两个大局，是我们把握大势，增强定力，应对变局，勇开新局的根本出发点。新冠肺炎疫情仍在发生，对世界经济社会发展带来了诸多的挑战、影响和不确定性、不稳定性，世界经济低迷、保护主义上升，全球市场萎缩。如何化危为机、应对挑战，是摆在我们面前的重要课题。海外顾问、委员是海外侨胞中的佼佼者，是侨联工作的重要力量，你们有没有信心，做得怎么样，能不能有效应对变局，对广大侨胞有重要示范作用。在这里，我提几点考虑，供大家参考。

第一，持续抗疫不松劲，确保自身安全。当前，部分国家疫情仍在扩散，海外疫情防控形势依然严峻。希望大家继续高度关注疫情最新发展，不掉以轻心，非必要不外出，不聚集、少聚集，保持社交距离，做好个人防护，遵守住在国的疫情防控措施，确保不出问题。要继续融入住在国抗疫工作，结合自身优势，做出积极贡献。如跨国跨境经商、办事、探亲，入境后应遵守当地有关防控措施，增进理解，做好配合，展现良好形象。

第二，面对变局不焦虑，保持合理预期。新冠肺炎疫情正在给世界带来一系列复杂深刻的变化，一部分侨商经济和侨胞事业遭受重创。目前疫情尚未根本控制，什么时候能恢复到疫情之前的状态还很难讲。面对大变局，面对新挑战，希望大家放平心态，保持合理预期，既不沉湎于过去，也不沉沦于现在，更不畏惧于未来，不纠结、不焦虑、不愤怒、不后悔，立足当下，保持理性，先平安，从小事做起来，从确定的事做起来，稳扎稳打，危中寻机，稳中求进，积小胜为大胜，在变局中开新局，从侨胞长期奋斗的历史经验中获得启迪，发扬自强不息、勤劳勇敢的美德，逐步走出难关，闯出新的天地。

第三，把握大势不悲观，坚定前进信心。中国人讲，天下大势，浩浩荡荡。当前，和平与发展仍然是时代的主题，人类的命运从来没有像今天这样紧密相连，和平、发展、合作、共赢的时代潮流不可阻挡。但同时，国际社会面临的新课题新挑战也与日俱增。广大侨胞分布在世界各地，在不同国家发展，面临不同机遇和挑战。"风物长宜放眼量"，一时的风雨阻挡不住世界发展的大势。

从长远看，各国分工合作继续深化，共商、共建、共享也得到了绝大多数国家的认同和支持。当前，中国有序复工复产，经济、社会秩序逐渐恢复，人们生活信心不断增强，中国的快速发展得益于同世界各国的交流合作，中国的不断成长反过来为世界各国提供了持续增长的动力和巨大的市场空间。今年上半年，中国对外直接投资 472 亿美元，外国对华直接投资 659 亿美元，外商 1—7 月在华新设企业达 18838 家。中国的发展机会很多，舞台很大，永远是海外侨胞的坚强后盾。希望大家充分发挥联系广泛、融通中外的优势，主动求变、勇于应变，在中国高质量发展，加快构建以国内大循环为主体、国内国际双循环相互促进的发展新格局，共建"一带一路"，

推动构建人类命运共同体中寻求新机会，实现新发展，做出新贡献。

第四，当好使者不动摇，讲好中国故事。国之交在民相亲，民相亲在心相通。无论是驼铃相闻，还是舟楫相望，人民之间绵远悠长的友好交往故事都是中国与世界相互了解的基础。

海外侨胞是联通世界的重要桥梁，是中外友好的民间大使、中华文明的移动名片，讲好中国故事是海外侨胞义不容辞的责任，大家在这方面也有独特的优势。讲好中国故事，要找到精神共通点、思想共享点、情感共鸣点，多用实例和数字说话，多摆事实讲道理，多用住在国语言和容易接受的方式，多做答疑解惑的工作，讲述一个真实、立体、全面的中国，为中国发展营造好氛围，多交好朋友，促进民心相通。

第五，发挥优势不缺席，助力民族复兴。广大海外侨胞是促进中国发展进步的一支重要力量，新中国成立70余年来的建设和发展，海外侨胞从未缺席。实现“两个一百年”奋斗目标和中华民族伟大复兴的中国梦是每一位中华儿女共同的心声，海外侨胞不会缺席，也不能缺席。

今年是中国决胜全面建成小康社会、决胜脱贫攻坚之年。14亿人口的大国实现全面小康，中华民族千百年来的绝对贫困问题将历史性地画上句号，这是第一个一百年的奋斗目标，是人类发展史上有里程碑意义的大事件。在此基础上，我们将开启全面建设社会主义现代化国家的新征程。做好“六稳”工作、落实“六保”任务、打赢三大攻坚战也呼唤海外侨胞发扬光荣传统，立足实际、各尽所能、各展所长，为祖（籍）国发展作出更大的贡献，书写新时代的新传奇。

“浩渺行无极，扬帆但信风”。希望大家发挥示范作用，勤于奋斗、勇于担当、乐于奉献，团结带领身边更多的侨胞，汇聚起建功新时代、共圆中国梦的磅礴力量！

谢谢大家！

在 2020 习近平总书记关于侨务工作重要论述研讨会上的讲话

（2020 年 9 月 14 日）

万立骏

各位专家学者、各位嘉宾、同志们：

金秋时节，我们相聚在美丽的南京大学，参加 2020 习近平总书记关于侨务工作重要论述研讨会。首先，我代表中国侨联，对与会的各领域专家、学者，各涉侨单位的侨务工作者，各级侨联干部表示热烈的欢迎！今年突发的疫情使我们度过了一段特殊的时期，南京大学克服各种困难，为本次研讨会提供大力支持，对此，我们表示衷心的感谢！

每年的研讨会是侨联学习习近平总书记关于侨务工作重要论述的一项重要活动，也是专家学者、侨务工作者学习交流、凝聚智慧的平台。自 2014 年以来，研讨会已举办 6 届，参会人员越来越广，会议规模越来越大，社会影响不断增强。本次研讨会是第 7 届，在统筹推进疫情防控和经济社会发展工作的背景下，特别是在全国抗击新冠肺炎疫情表彰大会刚刚闭幕之际，举办这样一次研讨会，探讨“后疫情时代侨务工作面临的新形势与新挑战”，很有意义。

去年，我们在厦门大学召开了 2019 习近平总书记关于侨务工作重要论述研讨会。一年来，相关学习和研究工作取得了新的成绩。**一是理论学习有新成效。**中国侨联党组理论学习中心组带头组织集体学习，带动侨联系统深入学习领会习近平总书记关于统筹疫情防控和经济社会发展系列重要讲话精神，各级侨联通过网站宣传、自媒体推送、举办培训班、坚持自学等多种形式学习，在学深悟透做实上下功夫，形成了浓厚的学习氛围。**二是理论研究有新进展。**侨研所承担的国家社科基金重大委托项目“习近平总书记关于侨务工作的重要论述研究”举行了开题论证会。本课题的目的是要深化理论研究，重点研究习近平总书记关于侨务工作重要论述与习近平新时代中国特色社会主义思想体系，尤其是与中华民族伟大复兴中国梦、推动构建人类命运共同体的内在关系和有机联系。**三是理论宣传阐释有新突破。**推进出版《习近平关于侨务工作论述摘编》。目前，该书已经中央党史和文献研究院审核，并经中央批准，即将按有关规定印发学习。同时，认真修订了《习近平与侨的故事》一书书稿，生动反映习近平同志对侨的关怀和厚爱，目前已进入报审阶段。**四是研究队伍建设有新加强。**中国华侨历史学会继续发挥团结凝聚作用，通过发展会员和增补理事，吸收新的专家学者加入，增强了研究力量。发布 2019—2021 年度中国侨联课题，通过发挥课题的引导作用，吸引高水平的研究者进行重大课题研究，凝聚研究成果。

这次新冠肺炎疫情突如其来，是百年来全球发生的最严重的传染病大流行，是新中国成立以来我国遭遇的传播速度最快、感染范围最广、防控难度最大的重大突发公共卫生事件。习近平总书记亲自指挥、亲自部署，坚持把人民生命安全和身体健康放在第一位，党中央带领全国人民以前所未有的决心沉着应对、同心同德，取得抗击新冠肺炎疫情斗争的重大战略成果。

在这次抗疫斗争中，广大海外侨胞秉持爱国爱乡的优良传统，满怀赤子之心，迅速响应，积极行动，驰援祖（籍）国，体现了命运与共的同胞深情。2 月 23 日，习近平总书记在统筹推进新冠肺炎疫情防控和经济社会发展工作部署会议上的重要讲话中，充分肯定了海外侨胞在抗击疫情斗争中发挥的作用，他指出，“社会各界和港澳台同胞、海外侨胞纷纷捐款捐物，展现了同舟共济的深厚情怀”。在 9 月 8 日召开的全国抗击新冠肺炎疫情表彰大会上，习近平总书记向为抗疫斗争作出贡献的海外华侨华人表示衷心的感谢。这是对广大海外侨胞地位作用的充分肯定和巨大鞭策。

习近平总书记多次强调，我们要胸怀两个大局，一个是中华民族伟大复兴的战略全局，一个是世界百年未有之大变局，这是我们谋划工作的基本出发点。新冠肺炎疫情仍在全球肆虐，对世界经济社会发展带来了诸多影响和问题，经济低迷，全球市场萎缩，保护主义抬头，不确定性、不稳定性增大。如何应对挑战、化危为机，是当前我们面临的重大课题。2020 年是全面建成小康社会和“十三五”规划收官之年，也是“十四五”规划开局之年。全面建设社会主义现代化国家的新征程，需要凝聚包括海外侨胞在内的全体中华儿女的力量。中国侨联党组很重视本次研讨会，希望通过这次会议听取大家的意见建议，共同学习交流，加深对习近平总书记关于侨务工作重要论述的理解，从而进一步明确工作思路，凝聚侨的力量，为新时代党和国家事业发展作出贡献。

刚才，江苏、浙江两省侨联介绍了抗疫工作的经验和思考，龙登高教授、邹志刚院士作了主旨发言，余艳红书记就发展中医中药、传播中华文化作了演讲，听后收获很大。下面，我就如何深入学习领会习近平总书记关于侨务工作重要论述谈几点意见，与大家交流。

一、在抗疫斗争中进一步加深对习近平总书记关于侨务工作重要论述重要性的理解

沧海横流，方显英雄本色。新冠肺炎疫情突如其来，面对困难和挑战，习近平总书记高瞻远瞩，深谋远虑，发表了一系列重要讲话，为疫情防控工作指明了方向。全国人民万众一心，海内外中华儿女众志成城，共抗疫情，夺取了疫情防控的阶段性胜利。经此一役，让我们更加深刻地认识到，中国有习近平总书记英明领导有多重要，有中国共产党的坚强有力领导和中国特色社会主义制度作为根本保证有多重要，有全国人民和海内外中华儿女同心奋斗有多重要。正是在习近平总书记关于侨务工作重要论述精神的指引下，侨联组织坚持围绕中心、服务大局、服务侨胞，克服疫情带来的不利影响，使各项工作取得了新进展和新成效。我们要进一步加深对习近平总书记关于侨务工作重要论述科学内涵的认识，在后疫情时代，贯彻落实到侨务工作当中去。

1. 进一步加深对习近平总书记关于侨胞地位作用论述的认识。习近平总书记指出，长期以来，一代又一代海外侨胞为中国革命、建设、改革事业，为中华民族发展壮大、促进祖国和平统一大业、增进中国人民同各国人民的友好合作作出了重要贡献，他们是实现中国梦的重要力量。疫情暴发初期，国内抗疫物资缺乏。中国侨联迅速于 1 月 25 日向海内外发出捐赠倡议，海外侨胞、侨商侨企、归侨侨眷积极响应，筹措抗疫物资，或想方设法联系运输渠道，或肩扛手提，辗转千里万里把物资带回国内，驰援武汉、湖北，支持祖（籍）国和家乡抗疫防疫，为国内疫情防控取得阶段性胜利作出了重要贡献。据不完全统计，各地侨联组织共接受捐款捐物 22.78 亿元。在新时代，我们依然必须按照习近平总书记的指示要求，充分认识广大海外侨胞不可替代的重要作用，把凝聚侨心侨力作为最重要的工作来抓，重视侨、关心侨、服务好侨，创造更好条件，搭建更广平台，使海外侨胞继续发挥自身独特优势，作出更大贡献。

2. 进一步加深对习近平总书记构建人类命运共同体思想的认识。3 月，国内疫情控制住了，但海外疫情继续蔓延，多点暴发。中国秉持人类命运共同体理念，以负责任大国的担当气魄，始终本着公开、透明、负责任态度，毫无保留地向世卫组织通报疫情信息，积极主动与国际社会开展合作，分享部分毒株全基因组序列，交流防控、治疗经验，迅速研制成功快速检测试剂盒，向不少国家派出医疗队（组），为世界防控疫情赢得宝贵时间，坚决维护世界各国人民的生命安全和身体健康。我们更深刻认识到习近平总书记的世界视野、人类情怀，他多次强调，病毒没有国界，疫情不分种族，人类是休戚与共的命运共

同体，唯有团结协作、携手应对，国际社会才能战胜疫情。我们要进一步深刻认识习近平总书记构建人类命运共同体思想的深刻内涵，把侨务工作放到建设持久和平、普遍安全、共同繁荣、开放包容、清洁美丽世界的大背景中去思考，以共赢的理念做好为侨服务工作，引导广大海外侨胞与住在国人民一道，为推动构建人类命运共同体共同努力。

3. 进一步加深对习近平总书记关于侨胞融入和回馈住在国论述的理解。习近平总书记提出，广大海外侨胞要运用自身优势和条件，积极为住在国同中国各领域交流合作牵线搭桥，更好融入和回馈当地社会，为促进世界和平与发展不断作出新贡献。这是新时代对海外侨胞的殷切希望。海外侨胞要在当地长期发展，就要更好地融入和回馈当地。当疫情开始在世界各地蔓延时，海外侨胞也受到了很大冲击。面对病毒威胁，以及当地社会部分人的误解和歧视，他们保持冷静和克制，积极配合当地做好防疫工作，以大爱无疆的理念，像支援中国抗疫一样向当地社会和民众捐款捐物，介绍抗疫经验，通过多种方式理智发声，客观讲述中国国内的抗疫故事，与当地民众共渡难关，赢得了住在国民众的尊重和理解。我们要深刻理解习近平总书记关于侨胞融入和回馈住在国的重要论述，鼓励和引导海外侨胞继续发挥与当地民众联系紧密的优势，展现中华民族天下大同、与人为善的优良传统，与当地人民一道，为全球抗疫发挥独特、重要作用。

4. 进一步加深对习近平总书记人民至上、生命至上理念的理解。习近平总书记对维护归侨侨眷的合法权益和海外侨胞的正当权益非常重视。疫情暴发后，习近平总书记牵挂着海外侨胞的安危，他多次在讲话中要求要关心他们的生命健康和安全，指出“要加强对境外我国公民疫情防控的指导和支持，做好各项工作，保护他们的生命安全和身体健康”。在与法国、德国、沙特、美国、印尼等多国国家领导人的通话中，他都强调中国政府高度重视保护海外中国公民身体健康和生命安全，希望对方采取切实有效措施，维护好当地中国公民特别是留学生的健康安全和正当利益。近期，在中央政治局常委会研究侨务工作相关问题时，习近平总书记再次对做好新时代侨务工作提出了明确要求。祖国永远是海外侨胞强大的后盾，习近平总书记对海外侨胞关心关爱的重要指示是人民至上、生命至上思想的生动体现，是关于侨务工作重要论述的新内容和新发展，为做好新时代侨务工作进一步指明了方向。

5. 进一步加深对习近平总书记大侨务论述的理解。习近平总书记提出了“大侨务”的工作观念，指出新时期的侨务工作要打破地域的界限，跳出侨务部门的范围，使之成为党和各级政府的大事，成为全社会共同关心、参与的大事。疫情发生后，外交部、商务部、交通运输部、统战部等部门联动，为海外中国公民和留学生提供签证延期、诊断救治、防疫物资、信息咨询等多方面服务，保障他们的生命健康和安全；中国侨联加强工作部署和协同，织好“两张网”，与各地方侨联上下联动，协同协作，及时向海外侨胞捐赠或协助购买各类防疫抗疫物资，开展云端暖侨助侨工作，搭建网上诊疗平台，加强线上联系，通报疫情动态，宣介防疫知识，提供诊疗咨询服务。国内有关部门和驻外使领馆及侨团加强联动，协调分配捐助款项和物资，加强对困难侨胞和留学生等重点人群的关爱和帮助。疫情期间，涉侨部门的通力合作是习近平总书记关于“大侨务”工作理念的重要实践，为新时代侨务工作加强资源整合、形成工作合力积累了宝贵经验。

二、准确把握统筹疫情防控和经济社会发展对侨联工作提出的新挑战新要求

当前，坚持统筹疫情防控和经济社会发展对侨联工作提出了新的更高要求，需要我们继续深入贯彻习近平总书记关于侨务工作的重要论述，努力开创新时代侨联工作新局面。

1. 准确把握海外侨情新变化。把握侨情新变化是做好侨联工作的前提。中国侨联密切跟踪疫情之下海外侨情的动态，加强分析研究，侨研所在疫情期间与清华大学共同举办“海外华商谈抗疫”在线观察系列活动，与世界各地侨领、华商及学者连线，深入了解当地的疫情状况与应对措施，及时关注新情况新问题。海外侨胞的生产生活因疫情受到很大影响，处在抗击疫情和反对种族歧视的双重压力之下。一方面，侨胞从事的外贸、餐饮、旅游等行业经营困难，不少侨胞的工厂商店被迫关闭；另一方面，还要面对一些当地

民众和舆论对他们的误解、指责和歧视，一些国家甚至出台了限制留学生的政策，留学生的学业受到很大影响。当前，新冠肺炎疫情仍在蔓延，国际形势多变，各领域的不确定性、不稳定性增长，逆全球化暗流涌动。美国对我国在政治、经济、科技、外交等方面进行全方位的打压。这些都给海外华侨华人的生存发展带来了更严峻的局面。我们要准确把握海外侨情的新变化，有的放矢，做好侨务工作。

2. 准确把握侨联工作围绕中心服务大局新要求。在全国上下的共同努力下，我国成为疫情发生以来第一个恢复增长的主要经济体，在疫情防控和经济恢复上都走在世界前列。以习近平同志为核心的党中央统揽全局，在强调扎实做好“六稳”工作、全面落实“六保”任务的基础上，提出“国内大循环为主体、国内国际双循环相互促进”的新发展格局。侨联组织为党和国家大局服务，就必须认真思考，找准党政所需、侨胞所急、侨联能为的结合点，在“双循环”的新发展格局中找准位置，明确定位，发挥作用。要深入学习贯彻习近平总书记关于统筹疫情防控和经济社会发展的一系列重要讲话精神，特别是在企业家座谈会上的重要讲话精神，围绕“六稳”“六保”，紧密结合侨资侨企实际，发挥侨商会、新侨创新创业联盟等组织的作用，加强调查研究工作，了解侨资侨企生产经营困难，开展针对性的服务工作，为新侨创新创业牵线搭桥，涵养侨界人才资源，促进交流合作，引导侨资侨企有序复工复产，为更好实施扩大内需战略、实现“内循环”良性发展助力。要发挥海外侨胞熟悉国际国内两个市场、两种资源的优势，支持他们在促进中外经济合作中发挥作用，更好联通国内市场和国际市场。着眼培育新形势下我国参与国际合作和竞争新优势，引导海外侨胞在搭建中国人民与世界人民友好桥梁、促进中外人文交流、助力“一带一路”建设，推动构建人类命运共同体等方面做出贡献。

3. 准确把握为侨服务新动向。海外侨情发生了新变化，为侨服务也要随之而跟进。海外侨胞的国内外流动日益频繁、广泛，有的甚至长期在国内，华侨华人在住在国和祖（籍）国有着双重诉求，需求更加多样。中国侨联要与地方侨联加强联动，切实增强为侨服务工作的针对性和实效性。要在为侨服务载体上下功夫，在侨联工作品牌上求突破，联谊联络工作方面，要以情动人，及时带去祖（籍）国的关心和慰问，当好“娘家人”；文化和教育活动方面，要创新载体，取得侨胞的认同和共鸣；经济科技工作方面，要形成工作体系，打造支撑项目，切实给侨胞带来利益和发展空间。华侨华人在住在国生存发展，对于二代三代我们要下更大力度，用华文教育、夏令营等方式，培育中华文化认同，涵养侨务资源，培养一批侨务工作的新力量。

4. 准确把握侨联创新工作方式面临的新课题。在疫情常态化防控的情况下，侨联“请进来”“走出去”的工作方式受到很大制约。如何创新工作方式方法，做好国内归侨侨眷工作，了解、联系、服务、引导海外侨胞，在“后疫情”时代做好侨联工作，是当前面临的新课题。一是要树立网上网下互动的工作思路，充分借助互联网开展工作，将传统工作在网上开展，开展“云服务”，做好“网上侨联”和信息化建设，打造网上活动平台，广泛紧密联系海外侨胞和归侨侨眷。二是要注意工作的敏感性，现在国际局势多变，中美关系、香港问题比较复杂，我们在工作中要有底线意识，风险意识。三是要充分发挥群团组织体系的优势，中国侨联和省级侨联上下联动，开展民间外交，发挥群团作用，为党和国家工作大局贡献力量。

三、把学习、宣传、贯彻习近平总书记关于侨务工作重要论述引向深入

1. 系统、全面、深入地学。各级侨联要制定学习计划，明确学习任务，开展经常性的学习活动，形成常态化、制度化的学习氛围。党组理论学习中心组、各级侨联领导要带头学习、带头宣传讲解。目前，《习近平关于侨务工作论述摘编》已经中央批准，各级侨联要加强统筹安排，精心组织学习，要坚持学原文、悟原理，通过读书活动、交流研讨等形式开展学习交流；要把《习近平关于侨务工作论述摘编》作为侨联干部培训的必读书目，通过组织专家讲师团，举办培训班等形式，为各级侨联干部开展学习提供帮助。要坚持线上线下相结合，以灵活多样的形式增强学习效果，更加广泛、深入地把习近平

总书记关于侨务工作的重要论述传送到侨界群众之中，使之成为做好新时代侨务工作的强大思想武器。

2. 要与学习习近平中国特色社会主义思想特别是《习近平谈治国理政》第三卷紧密结合。习近平总书记关于侨务工作重要论述是习近平中国特色社会主义思想的重要组成部分，《习近平谈治国理政》第三卷集中展示了马克思主义中国化的最新成果，是全面系统反映习近平新时代中国特色社会主义思想的权威著作。认真学习《习近平谈治国理政》第三卷，是各级侨联组织、侨务工作者进一步提高对侨务工作重要性的认识、明确侨务工作方向的必然要求。各级侨联要把学习贯彻习近平总书记关于侨务工作重要论述与学习《习近平谈治国理政》第三卷紧密结合起来，要系统掌握贯穿其中的马克思主义立场观点方法，增强“四个意识”、坚定“四个自信”、做到“两个维护”，牢固树立以人为本、为侨服务的宗旨，当好“贴心人”“实干家”。

3. 提高侨联研究工作水平。研究工作是侨联工作的重要组成部分，没有调查研究，掌握真实客观的情况，就不能支撑工作开展。要加强调查研究工作，通过课题引导、联席会议、工作规划等方式，把“大学习、大调研、大讨论、作出大贡献”落到实处。要加强理论性研究，深化理论对实践的引导作用；要加强实务性研究，着力改进侨联工作的方式方法；要加强前瞻性研究，借鉴世界各国侨务工作经验做法，掌握世界移民规律、动向，提高侨务工作水平；要以重大问题为导向，着眼根本性、战略性、发展性、前瞻性、现实性、政策性问题，深入研究和思考，提出解决问题的思路和办法，推动解决我们面临的一系列突出矛盾和问题。

4. 建立高水平的华侨华人研究和侨务工作研究队伍。要坚持借助外力与引导培养侨联干部加强研究相结合，在凝聚侨界专家学者的基础上，引入社会化机制，吸引海内外对侨务工作研究有兴趣的人士加入，提升研究人员数量，形成更多的研究成果。要提高研究的专业化水平和能力，引入科学的研究理论方法、学术框架，推动研究工作与实践结合，把握侨情变化和工作规律，提升研究成果的适用性。

在这里，我对研究工作提几点希望，与大家共勉。

一是提高站位。科学无国界，科学家有国籍。要以习近平新时代中国特色社会主义思想为指导，在研究中始终坚持正确的政治方向和政治立场，自觉将习近平新时代中国特色社会主义思想贯穿研究全过程。**二是多出成果。**要自觉肩负起政治责任、社会责任、学术责任，找准研究方向，创新研究方法，凝聚研究力量，打造研究平台，用高水平的研究成果为党的侨务工作提供理论支撑和智力支持，为侨联事业创新发展建言献策。**三是加强合作。**各级侨联要与全国各相关高校、研究机构建立沟通顺畅、运行高效、互惠互利、优势互补的合作机制，形成研究合力，集中多方智慧，为侨务工作出谋划策。

同志们，朋友们！在以习近平同志为核心的党中央的坚强带领下，我们取得了抗击新冠肺炎疫情斗争的重大战略成果，振奋了全国人民的精神。面对新形势新挑战，我们将坚持以习近平总书记关于侨务工作的重要论述作为我们工作的根本遵循，不断把习近平总书记关于侨务工作的重要论述研究好、阐释好、宣传好、落实好。期望大家在本次研讨会上深入交流，认真讨论，取得更多成果，更加深入地学习领会习近平总书记关于侨务工作的重要论述，在党和国家工作大局中更好地发挥侨联组织的重要作用，大力弘扬伟大抗疫精神，凝聚广大海外侨胞和归侨侨眷的力量，为实现决胜全面建成小康社会、决战脱贫攻坚目标任务、乘势而上全面建设社会主义现代化国家作出新的更大贡献！

在中国侨联第二十五期干部培训班开班式上的讲话

（2020年11月18日）

万立骏

同志们：

中国侨联第二十五期干部培训班在中央社会主义学院正式开班了。我代表中国侨联党组，对来自全国各地的侨联系统干部学员表示热烈的欢迎！对中央社院对这次培训班的大力支持、精心安排表示衷心的感谢！

10月26日至29日，中国共产党第十九届中央委员会第五次全体会议在北京举行。全会由中央政治局主持，习近平总书记作了重要讲话。全会听取和讨论了中央政治局工作报告，审议通过了《中共中央关于制定国民经济和社会发展第十四个五年规划和二〇三五年远景目标的建议》。习近平总书记就《建议》（讨论稿）向全会作了说明。10月29日，全会公报正式公布，中国侨联党组第一时间对五中全会有关内容进行了传达学习。11月3日，中国侨联召开了学习贯彻党的十九届五中全会精神会议，并举办了专题培训班。

在全党深入学习宣传贯彻党的十九届五中全会精神的重要时间节点，我们举办这次培训，就是要把深入学习贯彻习近平新时代中国特色社会主义思想和党的十九届五中全会精神作为一项重大政治任务来落实，就是要把侨联系统党员干部的思想和行动统一到习近平总书记重要讲话精神和党中央的重大决策部署上来，就是要通过本次培训带动全国侨联系统认真学习贯彻，推动党的十九届五中全会精神在侨联组织落地生根。下面，我谈几点意见。

一、充分认识党的十九届五中全会的重大意义

党的十九届五中全会是在“两个一百年”历史交汇期召开的一次十分重要的会议，对我国开启全面建设社会主义现代化国家新征程具有重大而深远的意义。习近平总书记的重要讲话，立意高远、统揽全局、思想深邃，对把握新发展阶段、贯彻新发展理念、构建新发展格局作出系统阐述，为我们指明了前进方向、提供了根本遵循。

要深刻理解这是在关键时期召开的一次关键会议。全会充分肯定了党的十九届四中全会以来党和国家各项事业取得的重大成就，高度评价了“十三五”时期取得的重大成果特别是决胜全面建成小康社会取得的决定性成就，明确了“十四五”时期经济社会发展的指导思想和主要目标，以及二〇三五年基本实现社会主义现代化远景目标。全会审议通过的《中共中央关于制定国民经济和社会发展第十四个五年规划和二〇三五年远景目标的建议》，全面描绘了未来五年发展蓝图和十五年发展的远景目标，是指导今后一个时期我国经济社会发展的纲领性文件，充分体现了以习近平同志为核心的党中央对形势的科学判断，突出了新发展理念的引领作用，对我国未来发展至关重要，对全面建设社会主义现代化国家具有全局性、历史性意义。

要深刻理解这是为“十四五”中国发展把脉定向、谋篇布局的一次关键会议。全会深刻把握中华民族伟大复兴战略全局和世界百年未有之大变局，着眼第二个百年奋斗目标，深入分析了我国发展环境面临的深刻复杂变化，认为当前和今后一个时期，我国发展仍然处于重要战略机遇

期，但机遇和挑战都有新的发展变化。在机遇前所未有、挑战也前所未有之时，全会明确提出二〇三五年基本实现社会主义现代化远景目标，对“十四五”时期我国发展作出系统谋划和战略部署，把“两个一百年”奋斗目标有机衔接了起来，为我们展现了新前景，擘画了路线图，发出了动员令，对于动员和激励全党全国人民坚定信心决心，在新的历史起点上把中华民族伟大复兴事业推向前进具有重要意义。

要深刻认识“十三五”时期特别是党的十九届四中全会以来取得的重大成果来之不易。“十三五”时期，面对外部挑战明显上升的复杂局面、艰巨繁重的国内改革发展稳定任务，以习近平同志为核心的党中央团结带领全党全国人民攻坚克难、开拓创新，坚定朝着既定目标任务前进。“十三五”规划实施顺利，确定的各项目标任务即将胜利完成，决胜全面建成小康社会、决战脱贫攻坚取得决定性成就，我国经济实力、科技实力、综合国力跃上新的台阶，实现了历史性跨越，发展成就举世瞩目，这对实现第一个百年奋斗目标意义重大。特别是党的十九届四中全会以来，以习近平同志为核心的党中央带领全党全国人民坚定信心、砥砺前行，推动党和国家各项事业取得新的重大进展。“三大攻坚战”扎实推进，经济结构持续优化，改革开放继续深化，人民生活得到有力保障。尤其是面对今年以来新冠肺炎疫情严重冲击和影响，在以习近平同志为核心的党中央坚强领导下，加强宏观政策调控，扎实做好“六稳”工作，全面落实“六保”任务，经济稳步恢复，复工复产逐步好转，二季度经济增速由负转正，三季度我国GDP增长达到4.9%，为世界经济发展增添了一抹亮色。这些成绩的取得，是以习近平同志为核心的党中央坚强领导的结果，是习近平新时代中国特色社会主义思想科学指引的结果，是全国各族人民顽强拼搏、苦干实干的结果，充分展现了中国特色社会主义制度的显著优势和强大生命力，充分展现了中国人民的伟大创造力。事实充分证明，只要坚决做到“两个维护”，充分发挥政治优势和制度优势，我们就完全有信心、有底气、有能力谱写“经济快速发展奇迹和社会长期稳定奇迹”的新篇章。

要深刻领会“十四五”规划和二〇三五年远景目标的重要意义。研究五年规划的建议，事关党和国家的全局，事关中华民族伟大复兴的战略全局，凝结着习近平总书记的大量心血，也集合了我们全党、全国各族人民的智慧。今年以来，围绕“十四五”编制规划工作，习近平总书记主持召开多个重要会议，与多领域专家学者、基层群众座谈，当面听取意见建议，开门问策、集思广益，保证了建议的严谨性、科学性。党的十九届五中全会准确分析世情、国情的深刻变化，对制定“十四五”规划和二〇三五年远景目标统筹谋划、有机衔接，对远景目标进行战略构画，对分阶段实施作出具体安排，是一个重大的创新，可以从六个“新”来把握其重要意义。**第一个“新”，是面临新形势。**从国际上看，当今世界正经历百年未有之大变局，新一轮科技革命和产业变革深入发展，国际力量对比深刻调整，同时经济全球化遭遇逆流和回头浪，单边主义、保护主义甚嚣尘上，突如其来的新冠肺炎疫情增加了外部环境的不稳定性不确定性。从国内来看，我国已转向高质量发展阶段，制度优势显著，经济长期向好，社会大局稳定，同时我国发展不平衡不充分问题仍然突出，重点领域关键环节改革任务仍然艰巨。**第二个“新”，是开启新征程。**“十四五”时期是我国全面建成小康社会、实现第一个百年奋斗目标之后，乘势而上开启全面建设社会主义现代化国家新征程，向第二个百年奋斗目标进军的第一个五年。**第三个“新”，是进入新发展阶段。**“十四五”时期我国将进入新发展阶段。全会为在新发展阶段切实转变发展方式，推动经济发展质量变革、效率变革、动力变革，实现高质量发展作出了战略部署。**第四个“新”，是构建新发展格局。**随着我国发展阶段、环境和条件的变化，加快形成和构建以国内大循环为主体、国内国际双循环相互促进的新发展格局，客观上成为重塑我国国际合作和竞争新优势的战略抉择。**第五个“新”，是坚持新发展理念。**五中全会是贯彻落实新发展理念的重要会议，进一步重申了新发展理念是当代中国破解发展难题、增强发展动力、厚植发展优势的行动指南。**第六个“新”，是人民群众对美好生活的新期待。**五中全会提出的目标明确可及，审议通过的规划《建议》鼓舞人心，催人奋进。我们坚信，在奋斗目标的指引下，只要我们按照正确的战略安排，认真实施这些发展措施，就能破解发展面临的一系列突出矛盾和问题，实现更高质量、更有效率、更加公平、更可持续、更为安全的发展，不断满足人民日益增长的美好生活需要。

要深刻把握“十四五”时期经济社会发展的丰富内涵。全会提出“坚持创新在我国现代化建设全局中的核心地位”等12个方面的部署。同时，全会对人民群众高度关注的民生问题进行了系统部署，提出要牢固树立以人民为中心的发展思想，着力解决人民群众所需所急所盼的问题，让人民群众更好地共享发展成果。世界正经历百年未有之大变局，各种可以预见和难以预见的风险因素明显增多，安全之于发展的重要性日益凸显，要在认真学习全会精神的基础上，围绕统筹发展和安全，在助力高质量发展的同时，树立底线思维，紧密结合工作实际，立足本职岗位，扎实做好防范和化解影响我国现代化进程中各种风险的工作，全力护航伟大复兴。

二、切实抓好党的十九届五中全会精神的学习宣传贯彻，努力开创新时代侨联事业发展新局面

今年10月13日，习近平总书记在考察广东汕头时指出“新时期打好‘侨’牌，要深入调研、摸清情况，调动广大华侨的积极性，引进先进技术和高水平产业，扬长避短、久久为功，团结广大海外华侨共同实现中国梦”。总书记的话在侨界引起了强烈反响，全国侨联系统要将学习、宣传、贯彻、落实党的十九届五中全会精神同学习、宣传、贯彻总书记重要讲话精神紧密结合起来，作为当前和今后一个时期的重大政治任务抓紧抓好。要全面贯彻落实党的侨务政策，凝聚侨心，服务大局，服务侨胞，夯实基础，把侨界群众团结凝聚在党的周围，为实现民族复兴、推动构建人类命运共同体贡献侨界力量。

一是提高政治站位，及时传达学习。全面加深理解、坚决贯彻落实，进一步增强“四个意识”、坚定“四个自信”、做到“两个维护”，切实用五中全会精神统一思想、指导实践、推动工作。要坚持党的全面领导，全面加强党的建设，扎实开展政治机关意识教育，在政治上思想上行动上始终同以习近平同志为核心的党中央保持高度一致。

二是广泛宣传宣讲，强化政治引领。深入理解二〇三五年远景目标和“十四五”经济社会发展规划，引导广大侨界群众认清我国所处的发展阶段、面临的机遇挑战、未来的奋斗目标，通过多种形式迅速掀起学习宣传贯彻五中全会精神的热潮，进一步坚定全面建设社会主义现代化国家的信心决心。要认真学习领会习近平总书记重要讲话精神，认真研读全会公报和规划《建议》，真正把全会提出的重大理论观点、重大判断和重大举措领会深、领会透，切实把思想统一到五中全会精神上来，把力量凝聚到实现五中全会审议通过的规划《建议》任务上来，更加紧密地团结在以习近平同志为核心的党中央周围，坚定信心、鼓足干劲、攻坚克难，扎实做好侨联改革发展各项工作，支持如期打赢脱贫攻坚战，如期全面建成小康社会、实现第一个百年奋斗目标，为开启全面建设社会主义现代化国家新征程贡献侨界力量。

三是对标中央要求，知行合一抓落实。深刻把握关于当前国际国内形势的分析判断，胸怀“两个大局”，立足侨联实际，动员侨界力量发挥优势，深度参与发展现代产业体系、构建新发展格局、推动高水平对外开放，为实现中华民族伟大复兴中国梦、推动构建人类命运共同体作出新的贡献。前一段，几位会领导都到基层进行了考察、调研，深入扶贫联系点调研帮扶，走进产业园区助力复产复工，通过召开侨界代表人士座谈会等形式，倾听侨界声音。中国侨联各部门各单位和各级侨联组织也围绕做好“六稳”工作，落实“六保”任务，构建“双循环”发展格局，助力打赢扶贫攻坚战等，抓紧落实“亲情中华”“侨连五洲”等重点项目，积极展现侨界作为。下一步，**要**深入开展调查研究，深入了解新时期侨界群众的所思所盼、所需所求，找准工作方向。要准确把握海外侨情变化趋势，关注海外侨情风险点，提升政治鉴别力，做好海外联谊工作，服务好党和国家外交工作和港澳台工作大局。**要**充分认识经济发展由快速发展向高质量发展的良好态势，坚持创新在我国现代化建设全局中的核心地位，进一步增强侨联服务经济社会

发展的能力，切实把侨商会、侨创联盟、侨创基地、特聘专家委员会等平台作用充分发挥出来，全力服务好国家经济中心工作。**要**加强文化交流，提升对外文化交流工作的质量和规模，助力海外华文教育发展。**要**牢固树立以人民为中心的发展思想，坚持为侨服务的理念，做好权益保障工作，帮扶侨界困难群众，发展侨联慈善公益事业，扩大侨联志愿者队伍，使侨联组织真正成为广大侨界群众的温暖之家、团结之家、奋斗之家。**要**坚持党建带侨建，加强基层组织建设，着力增强基层侨联组织的政治性、先进性、群众性，形成工作合力。**要**充分认识当前新冠肺炎疫情的严峻形势，积极主动应对各种风险挑战，进一步坚定防范化解重大风险的信心，继续抓好常态化新冠肺炎疫情防控工作。

四是积极主动作为，高质量完成任务。紧紧围绕“十四五”和今后一个时期我国发展的重点任务、优先领域、战略举措，谋划侨联工作的切入点和着力点，研究制定侨联工作规划，做深做实做大现有“创业中华”“追梦中华”“侨爱心工程”等重点工作品牌，探索符合新阶段新特征新要求的群团工作形式。侨联的工作规划，**要**着力谋“深”，深入学习领会习近平总书记关于群团工作和侨务工作的重要论述的深刻内涵，把世情、侨情和重大问题研究透，使规划全面落实习近平总书记重要讲话精神、落实党中央大政方针、贴合侨联实际；**要**着力谋“准”，把坚持党的全面领导、坚持以人民为中心、坚持新发展理念、坚持深化改革开放、坚持系统观念等要求贯穿落实到侨联各项工作和规划编制工作全过程、各方面；**要**着力谋“实”，围绕创新驱动、区域协调发展等各个方面，对今后一段时期侨联工作的重大举措、重大项目和重要品牌作出科学部署，使重点任务都能落实落地，高质量高效率完成好。

五是注重能力提升，积极担当作为。认真对照“提高贯彻新发展理念、构建新发展格局能力和水平”的要求，推动各级侨联干部思想解放、理念更新、能力提升。把五中全会精神作为干部培训的重点内容，激励全体侨联干部以昂扬向上、奋发有为的精神状态，把广大归侨侨眷更加紧密地团结在以习近平同志为核心的党中央周围，深入贯彻落实党的十九届五中全会精神和党中央决策部署，用实际行动落实习近平总书记重要讲话、重要指示精神，扎实工作保证实效，不断开创新时代侨联事业新局面。

同志们，这次培训，5天时间虽然不长，但纪律严、要求高、任务重、学习内容安排比较紧凑，希望大家按照培训要求，严守纪律、严以律己，严格遵守疫情期间实行培训封闭管理的规定。学习期间，认真学习思考、积极参加研讨，自觉以“当好海外侨胞和归侨侨眷的贴心人，成为侨务工作的实干家”的标准严格要求自己，进一步增强学习提高的自觉性、主动性，真正做到学思践悟，入脑入心。今年只剩下1个多月时间了，我们各项工作的任务还很重，要切实把思想和行动统一到中央精神上来，对各项重要任务、重要项目作好科学统筹和具体安排，抓好各项决策部署的贯彻落实，高质量地完成今年的各项目标任务。

最后，祝大家在培训期间学有所成、学有所获！祝培训班取得圆满成功！

在中国侨联第八届新侨创新创业成果交流活动上的讲话

（2020年12月1日）

万立骏

尊敬的全国人大常委会白玛赤林副委员长，

尊敬的全国政协万钢副主席，

各位领导、同志们、朋友们：

今天，中国侨联新侨创新创业成果交流活动暨第八届“中国侨界贡献奖”颁奖仪式在人民大会堂隆重举行。首先，我代表中国侨联，向给予本次活动大力支持的全国人大、全国政协、人力资源和社会保障部、中国科学院、中国工程院、中国科协、国家知识产权局等单位表示衷心的感谢！向受到表彰的各位侨界人才表示热烈的祝贺，并通过大家向奋斗在科技和产业一线的广大侨界创新创业者致以诚挚的问候！

前不久胜利召开的党的十九届五中全会，提出要坚持创新在我国现代化建设全局中的核心地位，把科技自立自强作为国家发展的战略支撑。习近平总书记在五中全会前主持召开科学家座谈会时强调，要坚持面向世界科技前沿、面向经济主战场、面向国家重大需求、面向人民生命健康，不断向科学技术广度和深度进军。科技创新在国民经济和社会发展中的重要性被提到新的高度。

海内外侨界人才是我国科技创新的一支重要力量。改革开放特别是进入新世纪以来，一大批海外学子学成归国，积极投身社会主义现代化建设。据教育部统计数据显示，从1978年到2018年底，我国各类出国留学人员累计达585.71万人，432.32万人已完成学业，365.14万人在完成学业后选择回国发展，其中党的十八大以来学成归国人数占比在75%以上。回国创新创业的新侨和留学人员充分发挥自身优势，奋斗在科研一线，活跃在产业前沿，为推动我国科技发展和经济转型升级作出了积极贡献。刚刚受到表彰的侨界人才就是其中的优秀代表。

自2003年以来，“中国侨界贡献奖”评选表彰活动已成功举办了七届，累计表彰1035名创新人才、367项创新成果、202个创新团队和86个创新企业。今年共表彰获奖者125名，其中包括6位中科院院士，获奖者中博士及以上学位占比84%，很多都曾获数项国家级、省部级奖项，承担着863、973等国家重点科研课题，获得了国家自然科学基金、杰出青年基金、国家重大科学研究计划等重点项目资助。实践证明，表彰和宣传“中国侨界贡献奖”，对于激励侨界人才立足本职、建功立业、报效国家发挥了积极作用。

近年来，中国侨联坚持以习近平新时代中国特色社会主义思想为指导，积极贯彻创新驱动发展战略，为推动新侨创新创业做了大量工作。**一是着力推进品牌**，进一步深化“创业中华”体系建设，联合北京、重庆、云南、浙江、江苏、四川、安徽等地共同举办引才引智和项目对接活动，围绕涵养资源、搭建平台、打造基地、加强培训、树立典型、完善政策等内容，不断丰富品牌内涵，拓展品牌外延。**二是着力壮大队伍**，强化特聘专家委员会、中国侨商会、新侨创新创业联盟和基地等平台建设，积极发挥侨界资源优势。加强专委会组织建设和规范化管理，吸收侨界高层次人才尤其是年富力强的优秀人才加入专委会，积极引导专家围绕国家经济社会发展建言献策。推进中国侨商投资企业协会整合融入中国侨商联合会，不断壮大侨商会力量。**三是着力提供服务**，为侨界人才回国创业提供培训辅导，增强其创新创业能力。每年与清华大学、北京大学等联合举办“新侨创新创业研修班”，加深华侨华人对中国国情、国内创新创业环境的了解和认识，切实提供创业帮助。**四是着力打造平台**，引导海外侨胞回国创新创业。与重庆、云南等地签订战略合作协议，紧紧围绕京津冀协同发展、长江经济带建设、粤港澳大湾区建设、长三角一体化发展等国家区域发展战略，加强与地方合作，积极参与支持各类大型商贸活动和科技交流活动。

同志们，朋友们，当前，中华民族伟大复兴战略全局与世界百年未有之大变局相互交汇、彼此影响，我国科技创新面临新的机遇与挑战。**从内部看**，我国已进入高质量发展阶段，经济发展前景向好，同时发展不平衡不充分问题仍然突出，推动形成以国内大循环为主体、国内国际双循环相互促进的新发展格局，需要科技创新提供支撑。**从外部看**，新一轮科技革命和产业变革正在重构全球创新版图、重塑全球经济结构，世界各国间的科技竞争愈加激烈。同时，新冠肺炎疫情对人们的生产生活方式产生巨大冲击，国际科技合作的重要性越发凸显。广大侨界人才和各级侨联组织要着眼大局、把握大势，深入学习贯彻党的十九届五中全会精神，在新一轮改革开放、全面建设社会主义现代化国家的伟大事业中作出侨界贡献。下面，我提三点希望，与大家共勉。

一、侨界人才要紧盯国际前沿，心怀国之大者，在加快科技自立自强、建设科技强国中彰显独特优势

党的十八大以来，我国科技事业实现了历史性、整体性、格局性重大变化，但在科技创新领域，“卡脖子”的技术问题仍然普遍存在，关键核心技术受制于人的局面还没有根本扭转，领军人才和高科技人才还比较缺乏，产学研用通道还不够顺畅，我们比任何时候都更加需要推动自主科技创新，掌握关键核心技术。面对新形势新挑战，希望广大侨界人才坚持需求导向和问题导向，凝心聚力、勇攀高峰，打好关键核心技术攻坚战，为提升我国自主创新能力贡献力量。要积极投身强国梦想，做民族复兴的参与者，围绕国家战略需求和经济社会发展需要，瞄准人工智能、生命健康等前沿领域，发挥自身联系广泛、融通中外、视野开阔的独特优势，潜心开展科学研究，坚持在全球视野谋划和推动科技创新，努力实现关键领域关键技术的新突破，为我国全面塑造发展新优势、加快建设科技强国贡献才智。

二、侨界人才要着眼现实需求，服务国家建设，在构建新发展格局、推动高质量发展中展现担当作为

加快构建以国内大循环为主体、国内国际双循环相互促进的新发展格局，是以习近平同志为核心的党中央统揽国际国内形势、适应发展阶段性新特征作出的重大战略决策，对我国实现高质量、可持续发展具有重要而深远的影响。希望广大侨界人才和创新创业者准确把握构建新发展格局的科学内涵，牢牢扭住科技创新这个“动力源”，争做创新发展的探索者、引领者。要面向国民经济和社会发展重大问题，加强科技应用研究，着力提高科技创新成果转化率，促进新技术产业化规模化应用，补齐产业链供应链短板。要把个人梦、创业梦融入中国梦，突出企业的创新主体地位，弘扬企业家精神，努力为国担当、为国分忧，带领企业奋力拼搏、力争一流，积极参与畅通国内大循环和联通国内国际双循环，参与布局战略性新兴产业和未来产业，参与建设具有全球影响力的科技和产业创新高地，助力传统产业改造升级和区域协同发展，干出一番新事业、闯出一片新天地。

三、各级侨联组织要以实际行动贯彻落实习近平总书记重要讲话、重要指示精神，在贯彻新发展理念、服务新侨创新创业中作出新的贡献

今年 10 月 13 日，习近平总书记在广东汕头考察时深情感言：华侨一个最重要的特点就是爱国、爱乡、爱自己的家人。这就是中国人、中国文化、中国人的精神、中国心。中国的改革开放，中国的发展建设跟我们有这么一大批心系桑梓、心系祖国的华侨是分不开的。新时期要打好“侨”牌，团结广大海外华侨共同实现中国梦。总书记的话暖侨心、传侨情，是做

好新时期侨联工作的根本遵循。各级侨联组织要认真学习贯彻总书记重要讲话和指示精神，凝聚侨心、服务大局，不断开创侨联事业新局面。**一是**要深入学习贯彻党的十九届五中全会精神，把思想和行动统一到党中央的决策部署上来。“十四五”及更长一段时期是实现中华民族伟大复兴的关键时期，要深入思考侨联组织在党和国家工作大局中的战略定位，切实增强准确识变、创新应变、主动求变能力，加强对侨界群众的思想政治引领，广泛凝聚侨心侨力侨智同圆共享中国梦。**二是**要创新方式方法，在服务中心工作中彰显侨联作为。要坚持“两个并重”、“两个拓展”，推动“两个建设”，织好“两张网”，用好“两项机制”，运用互联网等技术手段，深入推动“创业中华”等品牌活动的开展，激发侨界高层次人才的创新创造活力，促进创新成果交流对接和转化落地。**三是**要切实加强自身建设，不断提高为侨服务工作水平。要加强调查研究，摸清侨情发展变化情况，了解侨界人才创新创业过程中遇到的困难和问题，及时反映侨界诉求，协调解决实际困难，不断增强为侨服务的能力和水平，成为侨胞的“贴心人”和侨务工作“实干家”。

同志们，朋友们，风劲帆满图新志，建功立业正当时。让我们更加紧密地团结在以习近平同志为核心的党中央周围，以习近平新时代中国特色社会主义思想为指导，乘风破浪，开拓进取，勠力同心，奋勇向前，为夺取全面建设社会主义现代化国家新胜利、实现中华民族伟大复兴的中国梦作出新的更大贡献！

把握机遇　鼓足干劲
更高起点助力创新发展

——在2020中国侨联新侨双创研修班开班式上的讲话

（2020年11月11日）

李卓彬

尊敬的郝平校长、龚旗煌常务副校长，

各位学员朋友：

大家下午好！

很高兴能够在这个特殊时期，同大家相聚在美丽的北大校园，参加由中国侨联主办，北京大学、中国侨联经济科技部、中国侨商联合会联合承办的“2020中国侨联新侨双创研修班”的开班式。

新侨双创研修班是中国侨联面向海外新侨群体打造的一项重要品牌活动。去年在北京大学成功举办了首期，受到了新侨朋友们的欢迎和好评。今年受新冠肺炎疫情影响，本期研修班成班尤其不易，各承办单位特别是北京大学为研修班的顺利举办付出了艰辛努力、作出了周密安排，各位学员也是克服种种困难按时参训。在此，我谨代表中国侨联和万立骏主席，向新侨学员们表示热烈的欢迎！向为本次研修班举办付出辛勤劳动的各承办单位的同志们表示衷心的感谢！

上个月，中国共产党第十九届中央委员会第五次全体会议在北京胜利闭幕。此次全会是在全面建成小康社会胜利在望、全面建设社会主义现代化国家新征程即将开启的重要历史时刻，召开的一次十分重要的会议。全会审议通过了《中共中央关于制定国民经济和社会发展第十四个五年规划和二〇三五年远景目标的建议》，深入分析了中国发展环境面临的深刻复杂变化，对把握新发展阶段、贯彻新发展理念、构建新发展格局作出系统阐述，为中国未来发展擘画了宏伟蓝图，指明了前进方向。

广大华侨华人是中国改革开放和现代化建设的重要参与者、贡献者和受益者，是祖（籍）国建设和发展不可或缺的重要力量。不久前，习近平总书记在广东汕头考察时指出：“中国的改革开放，中国的发展建设跟我们有这么一大批心系桑梓、心系祖国的华侨是分不开的”。他强调，要打好新时期“侨”牌，调动广大华侨的积极性，引进先进技术和高水平产业，扬长避短、久久为功，团结广大海外华侨共同实现中国梦。

贯彻落实党的十九届五中全会精神，全面建设社会主义现代化国家，实现中华民族伟大复兴的中国梦，离不开广大侨胞的深入参与、主动作为，需要侨界贡献更多智慧和力量。下面，我想从三个重点方面同大家分享学习全会精神的体会，供大家参考。

一、正确认识国际国内形势

五中全会作出了“当前和今后一个时期，我国发展仍然处于重要战略机遇期，但机遇和挑战都有新的发展变化”的重大判断，主要体现在两个方面。

一方面是危和机并存。从国际看，和平与发展仍是时代主题，新一轮科技革命和产业变革深入发展，国际力量对比深刻调整，但在新冠肺炎疫情冲击下，世界百年未有之大变局正加速演变，不确定性、不稳定性明显增加，经济全球化遭遇逆流，国际环境日趋错综复杂，世界进入动荡变革期。从国内来看，在我国社会主要矛盾发生了变化，发展不平衡不充分问题仍然突出，人民日益增长的美好生活需要更加凸显的同时，我国人均 GDP 已经突破 1 万美元，正处在跨越中等收入阶段，迈向高收入国家行列的关键时期。

另一方面是危中有机、危可转机。这次新冠肺炎疫情防控就是转危为安、化为危机的典型例子。面对新冠肺炎疫情给我国经济社会发展带来了巨大的冲击，以习近平同志为核心的党中央统揽全局、有效应对，疫情防控取得重大战略成果，为我们发展赢得了先机占有了主动。一些国际机构预测，今年我国经济增长 2% 左右，经济总量将会突破 100 万亿元，相当于美国的比例，将会由去年的 67% 上升到 70%。

对此，我们**一是要观大局，识大势**。更加准确地看清和把握国际国内形势纷繁复杂现象下的本质，更好把握新阶段中的战略机遇与危机挑战的关系，既能时刻把握机遇、顺势而动，又能及时规避化解危机、转危为安。**二是要坚定信心，保持定力**。看到我国经济发展健康稳定的基本面没有改变。支持高质量发展的生产要素条件没有改变，长期稳定向好的总体势头没有改变。**三是要勤于思考，主动作为**。善于用全局的观念、开阔的视野，冷静分析和判断发展形势，在审慎观察、保持忧患意识的同时，积极寻找自身事业发展的新机遇。

二、深刻理解创新在我国现代化建设全局中的核心地位

五中全会提出，要坚持创新在我国现代化建设全局中的核心地位。回望“十三五”，在以习近平同志为核心的党中央坚强领导下，创新驱动发展战略深入实施，“大众创业、万众创新”持续推进，社会创新创业活力得到激发，新技术、新产业、新业态蓬勃发展。据统计，中国全年研发经费投入突破 2 万亿元，已成为世界第二大研发经费投入国家；全球创新指数连年保持上升势头，已跃居世界第十四。

在当今世界经历百年未有之大变局，新一轮科技革命和产业变革蓬勃兴起，西方国家不断加大对我遏制打压的大背景下，“十四五”期间科技创新支撑引领高质量发展的战略地位必将更加凸显，做好“六稳”工作、落实“六保”任务、壮大发展新动能，构建以国内大循环为主体、国内国际双循环相互促进的新发展格局，都需要进一步激发市场主体活力和社会创造力，充分发挥人才第一资源、创新第一动力的作用比以往任何时候都更显重要。

侨界创新资源丰富、创业发展势头良好；侨界人才特别是高层次人才具有丰富的创新经验和饱满的创业热情。希望大家继续把创新作为看家本领和制胜法宝，面向世界科技前沿、面向经济主战场、面向国家重大需求、面向人民生命健康，着眼新发展格局中的短板弱项，充分依托侨界创新资源，主动融入全球创新网络，努力攻克制约产业发展的“卡脖子”关键核心技术与产业化瓶颈，共同参与培育新技术新业态新模式，实现创业与创新的高效联动，推动中国经济向形态更高级、分工更优化、结构更合理的方向迈进。

三、充分发挥华侨华人独特优势

我国是侨务资源大国，遍布在世界各地的广大侨胞具有资金雄厚、智力密集、联系广泛等独特优势。以习近平同志为核心的党中央高度重视发挥归侨侨眷和海外侨胞的作用，对广大侨胞寄予殷切期望。

在座各位都是侨界创新创业人才中的佼佼者，希望大家**在推动经济高质量发展中展现作为**。聚焦数字经济、智能制造、新能源、新材料等战略性新兴产业，参与推动传统产业改造升级和区域协同发展，服务海南自由贸易港、粤港澳大湾区等国家重大发展战略，做推动经济高质量发展的坚定先行者。**在新发展格局中找准定位**。发挥侨商侨企、侨界人才国际视野开阔、组织动员能力强的优势，在新发展格局中找准结合点、着力处，积极整合国际资源，引进先进技术和高水平产业，推动产业链供应链优化升级，推进产业基础高级化、产业链现代化，助力建设具有核心竞争力的产业集群。**在高水平对外开放中发挥作用**。发挥熟悉海外市场和国际规则的优势，准确研判时局变化，做好风险预警，为国内企业走向海外、开拓国际市场提供信息、献计出力、牵线搭桥，更深层次、更广领域参与“一带一路”建设。

作为党和政府联系广大归侨侨眷和海外侨胞

的桥梁和纽带，中国侨联将始终把为侨服务和为国家大局服务作为工作的出发点和落脚点，通过“创业中华”品牌建设、新侨创新创业基地创建、开设新侨双创培训班等，搭平台、建基地、树典型、推政策，为支持大家更好创新创业，做好精准服务、提供必要便利、营造良好环境。

新侨朋友们，今年的研修班活动，是北京大学今年特批的第一个涉外班，中国侨联对本次研修班活动也是高度重视，多次研究培训班活动安排、课程设置。希望大家珍惜难得的学习机会，严格遵守学校各项规章制度和防疫措施，善学习、勤思考，多碰撞、多交流，相信大家一定会不虚此行、学有所获，度过难忘的一周！

最后，预祝本期研修班取得圆满成功！祝大家学习进步、身体健康、生活愉快、事业发达！

谢谢大家！

在全国侨联经济科技工作会议上的讲话

（2020年11月30日）

李卓彬

同志们：

在全国上下深入学习贯彻党的十九届五中全会精神之际，经中国侨联主席办公会议同意，今天我们在这里召开全国侨联经济科技工作会议。

这次会议主要任务是：以习近平新时代中国特色社会主义思想为指导，深入学习贯彻党的十九届五中全会精神，总结交流2019年以来侨联经济科技工作，研究部署2021年侨联经济科技工作，集思广益、凝心聚力、提振精神，为新时期侨联经济科技工作开好局、起好步，为实现五中全会提出的宏伟奋斗目标作出侨界应有贡献。

下面，我谈几点意见。

一、2019年以来全国侨联经济科技工作回顾

2019年以来，全国侨联系统紧紧围绕党和国家工作大局，落实“十代会”工作部署，积极应对新冠肺炎疫情，深耕“创业中华”品牌活动，引导侨胞参与“一带一路”建设，创新工作方式方法，经科工作不断取得新进展。

（一）积极应对新冠肺炎疫情，推动侨企复工复产。一是动员侨界力量积极参与抗疫工作。中国侨联在1月25日（大年初一）即向海内外侨胞发出捐赠倡议，得到侨商侨企、海外侨胞、归侨侨眷的积极响应，据不完全统计，各级侨联组织共接收捐款捐物22.78亿元。在捐赠抗疫物资上涌现出“人肉带货”“蚂蚁搬家”“与时间赛跑”“与管控赛跑”“口罩航班”等一个个动人故事，展现了侨界爱国爱乡和同舟共济的深厚情怀。**二是推动侨企复工复产。**2月12日，中国侨商联合会向会员发出倡议，号召履行社会责任、科学防控疫情、有序复工复产；中国侨联面向侨商侨企、特聘专家和侨联系统等就复工复产开展了三次专题调研，形成报告，向有关方面反映；中国侨联领导多次到北京、上海、吉林、山东等地调研，积极协调解决侨企复工复产中存在的困难。浙江侨联系统共调研服务侨企2082家，走访困难侨企395家，帮助企业解决问题1093个，设立“浙里助侨”——海外侨企综合服务专区，打造复工复产服务“海外版”。广东省侨联组织全省各级侨联走访1500家侨资侨属企业，编印《中央及广东各地支持企业抗击疫情和复工复产政策文件汇编》，让企业充分了解掌握惠企政策。上海市侨联组成8个调研组，深入到近200家侨企调研，推动抗疫惠企的“沪28条”政策落实。北京市侨联为复工复产有困难的企业开辟绿色通道，到今年10月初，北京侨商会会员企业复工复产率已达100%。**三是服务“六稳”“六保”目标任务。**举办“特聘专家网络大讲堂”，推出“云联谊”“云招引”“云沙龙”“云签约”“云讲座”等活动，提高服务经济发展贡献度。北京、天津、河北侨联联合举办“创业中华·百企千岗·助创行动”云招聘活动，共有110家企业发布招聘信息，招聘岗位达3500余人，线上平台点击量达4.4万人次。湖北省侨联利用网红电商直播，开展了“卖光湖北货公益大行动”，直播观看总人数46.56万人次，交易总额达280余万元。哈尔滨市侨联为侨商侨企搭建“侨品汇”线上线下销售平台，积极探索侨商侨企产品跨境电商服务和抖音营销等新经营模式。

（二）围绕中心工作，服务国家和地方经济发展。一是围绕国家重大区域发展战略，贡献侨界力量。以京津冀协同发展、长三角一体化、粤港

澳大湾区建设、海南自贸港、成渝双城经济圈等为重点，先后举办“创业中华·牵手京津冀——第十九届海外侨界高层次人才为国服务活动”、“2019巢湖侨创峰会”、“创业中华·江海筑梦长三角华商大会”、“世界侨商海南行”、“2020侨界菁英川渝汇”等活动，目前正在筹备“创业中华·‘十四五’中国发展与华侨华人投资创业（汕头）峰会”，助力国家重大区域发展战略。**二是联合地方政府，开展多项招商引资引智活动。**签订《中华全国归国华侨联合会 重庆市人民政府关于共同推进重庆建设内陆开放高地合作协议》并扎实推进落实，参与主办2020中国·天津投资贸易洽谈会暨PECC博览会、第三届丝绸之路国际博览会暨中国东西部合作与投资贸易洽谈会、第二十六届中国兰州投资贸易洽谈会、第二十届中国·青海绿色发展投资贸易洽谈会、第八届中国（绵阳）科技城国际科技博览会、“创业中华·投资青岛——海内外侨界云招商推介签约会、湖南省“侨系张家界”招商引资引智系列活动等，助力地方经济发展。各地侨联围绕地方中心工作，也举办了大量的招商引资引智活动，如青岛侨联开展“双招双引”，共拜会接待海内外客商220余批次，对接洽谈项目70余个，促成21个项目注册或签约，总金额达84亿余元。**三是引导侨商、侨界专家，积极参与脱贫攻坚。**组织专家到中国侨联扶贫点——上饶市广信区开展帮扶培训，当地500多人参加；在山西运城、陕西富平和华州区开展“中国侨联特聘专家走基层·肿瘤筛查义诊活动”，约3000多名当地群众受益。贵州省侨联引导侨商积极参与“千企帮千村”脱贫攻坚，通过各种渠道为驻村点筹措项目资金和慰问款物折合人民币610余万元。宁夏侨联争取到海内外侨界慈善捐款及爱心物资1300余万元，开展捐资助学、扶贫帮困等工作，惠及困难群众近万人。内蒙古侨联推动产业扶贫，成功引进侨资企业落户兴安盟，安置就业百余人，每年可为当地新增工资性收入500万元左右。

（三）汇集侨智侨力，服务国家创新驱动发展。一是表彰宣传侨界人才。举办第八届新侨创新创业成果交流活动，评选表彰“中国侨界贡献奖”，有125名代表获奖，其中一等奖59名，二等奖66名，并将于明天在人民大会堂举行颁奖仪式及“科技创新，赋能发展”主题论坛。发布“侨说——我的创业故事”、新侨创新创业故事等，宣传侨界人才和侨资企业家。**二是积极建言献策。**开展特聘专家委员会“壮丽70年 建言新时代”主题活动，共收集87篇建言献策文章，选录编印了《中国侨联特聘专家建言献策集（第十二辑）》。今年以来，特聘专家委员会、侨创联盟等围绕国家创新发展、疫情防控等，建言献策160余篇，28篇被侨情专报采用。**三是深耕品牌服务侨胞创新创业。**先后举办中国侨联海外华侨华人专业社团联谊活动，中国侨联新侨双创研修班，“创业中华——2020侨界精英创新创业（中国·杭州）峰会”，“创业中华·出彩中原——2019海外华侨华人高端人才助力创新发展峰会”，“创业中华·侨智助力八闽”、“重庆英才大会”等，为侨胞创新创业、参与国家创新驱动发展搭建平台。**四是积极促进高校科技成果转化。**依托“地方侨联＋高校侨联＋校友会”模式，引导高校人才和科技成果与地方合作，助力科技成果转化。四川侨联建立大学侨联市州专家工作站，工作站专家已走访10个区县的110家企业，建立技术合作37家，合作金额超过1000万元。浙江侨联推行“项目先行”模式，推荐40余个高校科技项目与地方对接，推动成果转化。

（四）发挥侨界联通中外优势，引导海外侨胞积极参与“一带一路”建设。一是加强统筹。建立中国侨联推进“一带一路”建设联席会议制度，整合全会资源推动“一带一路”建设；开展《发挥华侨华人作用助推海上丝绸之路建设思考》课题调研，并获中国侨联调研成果一等奖。**二是开展“一带一路”主题活动。**举办第二届“一带一路”侨商侨领交流合作大会（广西）、“一带一路”交汇点华商大会（江苏）、“一带一路”华商峰会（四川）、“一带一路”海外发展服务平台（无锡）启动仪式暨海外创业分享活动等。福建侨联推荐34家拟在“一带一路”沿线国家开展投资合作的侨资企业，争取国家开发银行的支持，积极推动在孟加拉国、尼日利亚、加纳等“一带一路”沿线国家建立福建产业园。江苏省侨联主动争取支持，被批准为省推进“一带一路”建设工作领导小组成员单位，主动为江苏企业投资“一带一路”提供服务。**三是加强与“一带一路”国家侨团联系。**先后率团访问菲律宾、马来西亚、柬埔寨和博茨瓦纳、南非，出席第十一届 FCPAE 欧洲论坛，宣介“一带一路”，拓展海外工作。

（五）延伸工作手臂，夯实经科工作基础。一是制定《中国侨联经科部五年工作规划（2020—2024 年）》。五年规划围绕涵养资源、搭建平台、打造基地、加强培训、树立典型、完善政策等内容，丰富“创业中华”品牌内涵和外延，推动“一带一路”建设，为今后一段时期的经科工作指明了方向，明确了路线图。**二是进一步整合侨商会资源。**顺利完成中国侨商投资企业协会整合融入中国侨商会工作，召开中国侨商联合会第五次会员代表大会，中共中央政治局常委、中央书记处书记王沪宁会见全体代表。新组建的中国侨商联合会是中国唯一、规模最大、实力最强、海内外影响广泛的侨商社会组织，整合后会务更加活跃，先后举办了第十届中国侨商论坛，组团出席第十五届世界华商大会、第八届中国（河南）商丘国际华商节、“一带一路”侨商组织年会（重庆）、2020 知名侨商重庆行以及多场地方招商引资活动。地方侨商会转隶融合工作有序推进。其中，江苏省侨联把握时机、积极主动争取省里支持，顺利完成侨商会融合工作，并向各市下发《关于推进侨商组织整合融入工作情况的通报》，加大市一级侨商组织整合融入的工作力度，全省 6 个侨联侨办分设的侨商组织，已有 2 家完成整合融入工作，其他 4 家也力争在 2021 年底前全部完成整合融入工作。**三是加强经科领域平台建设。**中国侨联特聘专家委员会顺利完成换届，并增设青年委员会，现有理事 340 人；目前有 16 个省级侨联，18 个副省级、地市级侨联成立了特聘专家委员会。召开双创联盟理事长会议，研究联盟工作，山东、江苏、湖北、武汉、青岛等地相继成立新侨创新创业联盟。此外，2019 年又命名苏州纳米城等 6 个中国侨联双创基地，目前共有 25 个中国侨联双创基地；省、市两级侨联有 329 个双创基地。

二、我国进入新发展阶段，侨联经济科技工作面临新形势新要求、迎来新任务新机遇

习近平总书记指出：“‘十四五’时期是我国全面建成小康社会、实现第一个百年奋斗目标之后，乘势而上开启全面建设社会主义现代化国家新征程、向第二个百年奋斗目标进军的第一个五年，我国将进入新发展阶段。”这是以习近平同志为核心的党中央对“十四五”时期我国所处历史方位作出的新的重大论断，体现了习近平总书记和党中央对深刻变化的国内外环境的科学把握，为我们在新阶段谋划新发展提供了根本遵循，也为新时期侨联经济科技工作指明新方向、提出新要求、带来新机遇。主要体现在如下方面。

（一）国际国内形势发生复杂深刻变化。从国际看，和平与发展仍是时代主题，新一轮科技革命和产业变革深入发展，国际力量对比深刻调整，但在新冠肺炎疫情冲击下，世界百年未有之大变局正加速演变，不确定性、不稳定性明显增加，经济全球化遭遇逆流，国际环境日趋错综复杂，世界进入动荡变革期。从国内来看，在我国社会主要矛盾发生了变化，发展不平衡不充分问题仍然突出，人民日益增长的美好生活需要更加凸显的同时，我国人均 GDP 已经突破 1 万美元，正处在跨越中等收入阶段，迈向高收入国家行列的关键时期。

（二）我国仍处于危机挑战相互依存、相互转化的重要战略机遇期。党的十九届五中全会作出“当前和今后一个时期，我国发展仍然处于重要战略机遇期，但机遇和挑战都有了新的发展变化”的重大判断。这次新冠肺炎疫情防控就是转危为安、化危为机的典型例子。面对新冠肺炎疫情给我国经济社会发展带来了巨大的冲击，以习近平同志为核心的党中央统揽全局、有效应对，疫情防控取得重大战略成果，为我们发展赢得了先机占有了主动。一些国际机构预测，今年我国经济增长 2% 左右，经济总量将会突破 100 万亿元，相当于美国的比例，将会由去年的 67% 上升到 70%。

（三）“双循环”新发展格局正在逐步形成。构建“以国内大循环为主体，国内国际双循环相互促进”的新发展格局，是以习近平同志为核心的党中央基于国内发展形势、把握国际发展大势作出的重大战略抉择。我国有 14 亿人口，其中 4 亿是中产，相当于美国或欧盟的人口数量，专家预计未来 15 年，可能还会增加 4 亿人进入中

产行列，是全球最大的消费市场。海外侨商经济总量不少于5万亿美元，构建新发展格局将为他们回国投资兴业提供广阔的发展空间和机遇。

（四）创新在我国现代化建设全局核心地位更加突出。在当今世界经历百年未有之大变局，新一轮科技革命和产业变革蓬勃兴起，西方国家不断加大对我遏制打压的大背景下，“十四五”期间科技创新支撑引领高质量发展的战略地位必将更加凸显。而海外有约400万华侨华人专业人士，专业涵盖几乎所有科技前沿领域，在国际500余所著名大学中，有2.5万多名华裔专家学者，发达国家的科学院和工程院中有350多位华裔院士，在突破关键核心技术、补齐补全产业链方面可以发挥重要作用。

（五）海外侨情呈现诸多新变化。当前错综复杂的国际形势以及疫情的蔓延，给海外侨胞的生存和发展带来很大影响，海外侨情呈现新变化：**一是**以美国为首的西方国家对中国进行遏制、抹黑，特别是在高科技领域阻挠、打压海外高层次人才与国内交流合作，对华人华侨警惕意识明显增强，海外侨务工作愈加敏感。**二是**疫情期间欧美国家出现多起歧视、攻击海外华人、留学生事件，受疫情影响，目前海外侨胞回国也面临不少障碍，一些侨胞在海外生活存在恐慌心理。**三是**世界经济衰退、停滞，主要经济体经济出现负增长，特别是受疫情影响，侨胞在海外的事业受到很大冲击，如在欧洲，华人餐饮业至少损失三分之一的生意，涉侨的交通运输、旅游业基本停摆，短期难以恢复；**四是**面对国际大环境的变化，有不少海外侨商和海外高层次人才准备将事业转回国内，接下来几年可能会出现大量侨商和人才回流国内。

同志们，面对新发展阶段的新形势新任务新要求新机遇，作为直接联系和服务广大侨商、侨界人才的桥梁纽带，侨联经济科技工作者要观大局、识大势，更加准确地看清和把握国际国内形势纷繁复杂现象下的本质，更好把握新发展阶段中的战略机遇与危机挑战的关系，进一步坚定信心、保持定力，切实增强工作责任感和使命感。要把准方向，抓好落实，坚持围绕中心、服务大局、服务侨胞，自觉同以习近平同志为核心的党中央保持高度一致，不折不扣落实好党的十九届五中全会精神和党中央决策部署，落实好中国侨联“十代会”精神和各项工作部署。要主动应变、善于创新，用全局的观念、开阔的视野，冷静分析和判断国内外经济形势发展变化努力做到准确识变、科学应变、主动求变，不断创新工作方式方法，积极适应侨情变化，实现侨联经科事业新突破新发展。

三、深入学习贯彻党的十九届五中全会精神，奋力拼搏、勇往直前，推动侨联经济科技工作再上新台阶

党的十九届五中全会是在“两个一百年”历史交汇期召开的一次十分重要的会议，全会开启了全面建设社会主义现代化国家新征程，擘画了国家未来五年发展蓝图及2035年远景发展目标，指明了今后一个时期我国发展的指导方针、目标任务、战略举措。侨联经科工作要围绕中心、服务大局，就要深入学习领会党的十九届五中全会精神，找准工作着力点和切入点，团结引领广大侨胞在贯彻落实“十四五”规划中展现侨界担当和作为。

（一）加强侨界思想引领，推动学习贯彻党的十九届五中全会精神走深走实。要将学习宣传贯彻五中全会精神作为当前和今后一个时期的重要政治任务抓好抓实，把学习宣传五中全会精神同总书记在广东汕头考察时就做好侨的工作发表的重要讲话精神紧密结合起来，深入理解二〇三五年远景目标和“十四五”经济社会发展规划，引导广大侨界群众认清我国所处的发展阶段、面临的机遇挑战、未来的奋斗目标，通过多种形式掀起学习宣传贯彻五中全会精神的热潮。要对标中央要求，对标本省五年规划，立足侨联实际，找准工作着力点和切入点，打好新时期“侨”牌，高质量高效率完成好重点任务。

（二）坚持突出创新驱动，在推动经济高质量发展中展现侨界作为。一是充分发挥特聘专家委员会等侨界专家组织作用，积极引导专家围绕国家发展战略建言献策，开展课题研究，通过侨情专报提供资政建言；支持各专业分委会、青年委员会根据自身特点，举办形式多样的活动；继续举办“特聘专家网络大讲堂”、“中国侨联特聘专家走基层”系列活动。**二是**扩大双创基地、双创联盟影响力，继续认定侨创基地，加强对已命

名基地的服务联系，适时召开会议研讨交流服务基地发展事宜，探索“中国侨联＋地方侨联＋新侨创新创业基地”的工作模式，为华侨华人创新创业提供良好环境；组织召开侨创联盟交流活动，结合各专业委员会优势和特点，开展特色活动；支持各省成立侨创联盟，发挥联盟成员智力优势，为地方发展建言献策。**三是**推动“地方侨联＋高校侨联＋校友会”模式，主动承接服务海外人才回流，按照“三有利”原则为近期可能回国的一大批华侨华人专业人士，特别是在关键领域掌握核心技术的科技领军人物及团队回国创新创业，提供必要便利，营造良好环境。

（三）做大做强“创业中华”，在构建新发展格局中贡献侨界力量。一是推动“创业中华”品牌与国家重大战略的衔接呼应，着眼新发展格局中的短板弱项，组织开展有针对性引资引智和平台对接活动，鼓励引导侨胞聚焦数字经济、智能制造、新能源、新材料等战略性新兴产业，攻克制约产业发展的关键核心技术与产业化瓶颈，加速产业链补链强链。继续办好“创业中华·牵手京津冀——第二十届海外侨界高层次人才为国服务团”、“创业中华——2021侨界精英创新创业峰会”等活动。**二是**引导侨胞积极参与自贸区、自贸港建设，参与上海进口商品博览会、北京服务贸易博览会，充分发挥侨胞在新一轮改革开放中的独特作用。**三是**充分运用好侨商会平台，助力侨商侨企积极整合国际资源，引进先进技术和高水平产业，投身建设具有核心竞争力的产业集群，助力传统产业改造升级和区域协同发展，分享中国超大市场机遇。

（四）积极涵养侨务资源，服务侨胞回国（来华）发展。一是继续举办新侨双创研修班，专业人士研修班等，系统解读国内外经济形势和创新创业政策，为侨胞回国创新创业提供政策咨询、融资等服务，有计划地吸收杰出新侨人士加入相关平台组织，进一步扩大朋友圈。**二是**进一步拓展海外新侨工作，增强引资引技力度，根据新冠肺炎疫情情况适时举办海外工商社团交流活动（视第三届华侨华人工商社团大会举办情况进行）。**三是**加强对侨商会的指导，加大力度推进地方侨商会转隶工作，更好团结和服务侨商。

（五）发挥侨胞独特优势，推进共建“一带一路”高质量发展。一是发挥中国侨联推进“一带一路”建设工作联席会议作用，加强工作计划和协调，形成工作合力；围绕华侨华人参与“一带一路”建设主题，开展相关调查研究，举办“一带一路”工商人士研修班。**二是**与地方合作，举办“一带一路”相关主题活动，促进地方与“一带一路”沿线国家的合作交流。**三是**视疫情情况，适时组团到“一带一路”重点国家进行经贸考察、项目对接，适时在海外重点侨社团设立“一带一路”驿站，发挥侨胞熟悉海外市场和国际规则的优势，为国内企业走向海外、开拓国际市场提供信息、献计出力、牵线搭桥。

（六）整合资源上下联动，不断提升经科工作实效。一是做好工作规划，按照中国侨联将要出台的五年工作规划和中国侨联经济科技部五年工作规划，结合各自工作实际制定切实可行、科学合理的经科工作规划。**二是**加强调查研究，及时准确了解侨商和侨界人才的所思、所想、所盼，特别是在疫情冲击下他们受到的影响，有针对性地开展工作。**三是**创新工作方式，在疫情防控常态化情况下，通过线上线下结合等多种方式，努力开展招商引资、招才引智活动。**四是**进一步整合资源，加强侨商会、特聘专家委员会、侨创联盟、“双创”基地等平台的资源共享，形成工作合力，共同打好“侨”牌。一会，有10个地方侨联将从不同侧面介绍各自工作经验和做法，相信对大家开拓工作思路、创新工作方法一定会有帮助。

同志们，在我国开启全面建设社会主义现代化国家新征程中，侨联经济科技工作者责任重大、使命光荣、任务繁重。面对世界百年未有之大变局和中华民族伟大复兴大局，我们要不辱使命、勇于担当，锐意进取、务求实效，共同谱写侨联系统经科工作新篇章，为实现党的十九届五中全会确定的奋斗目标，为早日实现“两个一百年”奋斗目标和中华民族伟大复兴中国梦而不懈奋斗！

在中国侨商联合会会长会上的总结讲话

（2020年12月10日）

李卓彬

各位会长：

大家上午好！

由于突如其来的新冠肺炎疫情影响，自去年换届以来，已有一年多没和大家一起交流了，很是惦念各位。借在汕头召开“创业中华·‘十四五’中国发展与华侨华人投资创业峰会”之机，我提议召开本次会长会，目的是和大家一起学习习近平总书记视察广东时的重要讲话和党的十九届五中全会精神，听取大家意见并共同谋划侨商会明年工作，凝心聚力、提振精神，努力做好为大局服务和为会员服务工作。

岁末之际，各位会长都非常忙，大家放下手头工作，专程来汕出席会议，令人感动。刚才，谢国民会长、许荣茂会长发表了视频致辞，几位会长和监事长分别谈了各自学习领会习近平总书记视察广东时的重要讲话和党的十九届五中全会精神的感想和体会，对侨商会工作提出了许多很好的意见建议。可以看出，大家对侨商会工作倾注热情、饱含期待。

今年是非常特殊的一年。年初，面对来势汹汹的新冠肺炎疫情，各位会长积极行动起来，以各种方式投身抗击疫情，出钱出力，体现了血浓于水的大爱情怀，涌现出不少感人的事迹，给侨商会、侨联争了光，有力支援了国内疫情防控大局。2月12日，侨商会发出复工复产倡议后，大家有序复工复产，为今年我国经济快速恢复和“六稳”“六保”贡献了侨界力量。在此，我代表中国侨联和万立骏主席，向大家表示衷心的感谢和诚挚的敬意！

今年10月，习近平总书记在出席深圳经济特区建立40周年庆祝大会的前一天，专程来到全国知名侨乡汕头、潮州考察，重点了解潮汕侨胞心系家国故土、支持祖国和家乡建设的情况，追寻历史、致敬侨胞、思考未来，发表了重要讲话。习近平总书记在广东的重要讲话、重要指示在广大会员中引起强烈反响。谢国民、许荣茂会长，陈丽华、黄志源、张茵荣誉会长等侨商代表纷纷发表感言，表达心声。其间，侨商会微信公众号陆续编发了4期共34位侨商的感言。大家的肺腑之言和热切回应，是心声流露，更是广大侨商侨心向党、爱国爱乡的生动体现。

党的十九届五中全会是在“两个一百年”历史交汇期召开的一次十分重要的会议，对我国开启全面建设社会主义现代化国家新征程具有重大而深远的意义。习近平总书记在全会上发表的重要讲话，立意高远、统揽全局、思想深邃，对把握新发展阶段、贯彻新发展理念、构建新发展格局作出系统阐述，为我们指明了前进方向、提供了根本遵循。明天大会上，中国侨联党组书记、主席万立骏将围绕学习贯彻习近平总书记重要讲话和党的十九届五中全会精神发表主旨讲话。会后，我们要认真学习贯彻，努力在推动经济高质量发展中展现作为，在新发展格局中找准定位，在高水平对外开放中发挥作用，用实际行动贯彻落实习近平总书记重要讲话精神和党的十九届五中全会精神，彰显新时代侨商责任担当。

各位会长，去年换届大会闭幕会上，我提出侨商会要聚焦改革发展，整合融入工作要真正落地生根。换届后，根据侨商组织机构改革精神和侨商协会有关动议，在中国侨联指导下我们成立了侨商协会清算小组，清理债权债务。目前，中国侨商投资企业协会清算工作已经完成，侨商会已向民政部提交注销清算审计申请，预计年底前完成协会注销工作。同时，在谢国民会长、许荣茂会长和正大侨商房地产公司各侨商股东的大力支持下，世界华商中心五、六层使用权受赠主体由中国侨商投资企业协会变更为中国侨商联合会等工作正在顺利推进。

自换届以来，侨商会先后召开两次理事会议，完成秘书长新老交替，对部分会员违反章程规定、涉嫌违纪违法的行为予以果断制止、作出及时处理；根据疫情形势变化，发出两次倡议，鼓励支持广大会员做好复工复产、助力推进常态化疫情防控和经济社会发展。在中国侨联党组领导下，侨商会秘书处努力克服新冠肺炎疫情不利影响，积极引导广大会员围绕侨联中心工作，认真配合侨联机关做好“创业中华”等品牌活动，在引导会员抗击疫情、助推地方经济发展、参与侨联脱贫攻坚、加强组织内部治理等方面取得的积极成绩和工作成效。至此，整合融入后的中国侨商联合会规模实力得到切实增强，凝聚力、影响力持续扩大，标志着中央交办的侨商会整合融入工作圆满完成！

这些成绩的取得，离不开在座各位会长的积极奉献，离不开广大会员的大力支持。在此，我代表中国侨联、代表中国侨商联合会，对各位会长和全体会员表示衷心的感谢！

2021 年是“十四五”规划开局之年。面对百年未有之大变局、中国进入新发展阶段的关键节点，侨商会要更加主动作为，在为国家大局服务、为会员事业发展服务方面取得新成绩。刚才，各位会长对明年工作提出了不少好想法、创新点，希望秘书处认真研究、归纳整理，将这些意见建议吸收纳入下一步工作规划中，并在五届三次理事会上向大家作全面汇报。

中国侨商联合会五届三次理事会议拟于 2021 年 3 月下旬召开。会议将深入学习贯彻党的十九届五中全会精神，全面落实中国侨联十届四次全委会议精神，深入解读广大侨商侨企在“十四五”时期所面临的时代使命和任务、发展机遇与挑战，帮助侨商会员积极融入新发展格局，建功新时代。侨商会秘书处要精心筹备、务实推进，做细做实会议方案，突出合作共赢，积极谋划下一阶段侨商会的发展方向、目标任务和落实措施，吸收一批有影响、有实力、有社会责任感的侨界企业家加入理事会，为侨界企业家深度参与改革开放、融入民族复兴伟业、彰显新时代侨商责任担当提供高水平舞台。

各位会长，新时期呼唤新作为，新阶段要有新发展。下面。我结合几个重点问题谈三点想法，同大家分享交流。

（一）必须深刻理解和把握自然与发展的关系，积极助力我国经济绿色转型

生态环境是人类生存和发展的根基。当前，人类活动正不断侵蚀自然边界，生物多样性、生态系统遭到威胁和破坏。这其中气候变化尤其突出：据联合国有关统计，过去十年是人类历史上气温最高的十年，而 2020 年是全球有记录以来气温最高的三个年份之一，海洋温度更是达到了创纪录水平，10 月的北极海冰达到了记录最低位，格陵兰冰平均每年减少冰块 2780 亿吨——由全球变暖造成的灾难性的火灾和洪水、热带气旋和飓风现象频现。

同时，更多的病毒和其他致病因子随着人类和牲畜侵入动物栖息地，开始从动物转移到人的身上。新出现的人类传染病中 75% 是人畜共患疾病。此次新冠肺炎疫情的全球暴发，再次印证了人类以及社会发展不能与自然相悖，促使人类在危机中真正认识自己，让人们更加深刻体会到人类命运共同体的重要意义。

在后疫情时代，人们需要反思和调整诸多关系，包括人与自然的关系。与自然和平相处已成为 21 世纪的根本性任务，成为世界各国的当务之急、重中之重和广泛共识。不久前，习近平总书记在七十五届联合国大会一般性辩论上，提出要努力争取 2060 年前实现碳中和（即温室气体的零净排放）；欧盟、英国、日本、韩国等 110 多个国家和地区承诺到 2050 年实现碳中和；等等。

对中国而言，处理好自然与发展的关系，建设生态文明，事关人民福祉，关乎民族未来。党的十八大以来，以习近平同志为核心的党中央着力转变以牺牲生态环境为代价的发展方式，实行最严格的生态环境保护制度，全面加强生态文明建设。党的十九届五中全会提出，要“推动绿色发展，促进人与自然和谐共生”“坚持绿水青山就是金山银山理念”“促进经济社会发展全面绿色转型”等目标任务。并强调“十四五”及今后一个时期，我们要将绿色发展理念贯穿到各项工作中的每个环节，切实打好经济社会发展全面绿色转型的“攻坚战”。

对此，作为我国现代化建设的重要参与者和贡献者，广大侨商必须要深刻理解和把握自然与发展的关系，积极参与推动我国经济绿色转型。**要**充分看到绿色经济未来大发展带来的工作岗位、市场机遇和价值洼地，积极调整经营模式，坚持绿色生产方式，加大针对绿色经济的资金、人才、技术投入，全面提高资源利用效率。**要**发挥侨商市场、技术、人才、资金等创新要素的融合优势，推动传统产业绿色转型，强化绿色设计，开发绿色产品，打造绿色供应链，积极参与构建绿色低碳循环产业体系，提高产业关联度和循环化水平。**要**抢抓数字、智能、生物等新兴业态的发展机遇，促进人工智能、航天航空、生物医药、新能源等绿色智慧产业发展，参与打造和培育集创新引领、集约高效和智能融合于一体的绿色制造业。

（二）必须深刻理解和把握危与机的关系，不断提升应对风险挑战能力

“危”与“机”是同生共存的。从挑战看，当今世界正经历百年未有之大变局，新一轮科技革命和产业变革迅猛推进，国际科技竞争日益激烈；世界经济格局深刻调整，国际产业链供应链竞争日益激烈；全球经济治理体系加速变革，围绕国际经贸规则主导权的竞争日益激烈。今年以来，新冠肺炎疫情全球大流行使世界大变局加速演进，经济全球化遭遇逆流，保护主义、单边主义上升，世界经济低迷，国际贸易和投资大幅萎缩，国际经济、科技、文化、安全、政治等格局都在发生深刻调整，我们将面对更多逆风逆水的外部环境。同时，我国发展不平衡不充分问题仍然突出，实现高质量发展还有许多短板弱项。从机遇看，虽然世界进入动荡变革期，但从长远看，经济全球化仍是历史潮流，各国分工合作、互利共赢是长期趋势，我国发展仍然处于重要战略机遇期。**一是**以信息技术为代表的新一轮科技革命和产业变革为我国创新发展带来战略机遇。信息技术革命不仅带来新技术、新模式、新产业的发展，而且以数字化改造提升传统产业，将为高质量发展注入强大动力，助力我国实现“换道超车”。**二是**我国自身不断发展壮大带来新机遇。我国经济长期向好，市场空间广阔，发展韧性强大，正在形成以国内大循环为主体、国内国际双循环相互促进的新发展格局，这将开启新的巨大发展空间。我国经济发展的良好前景，吸引着越来越多国际人才和优秀企业向我国汇聚，出现了利用国际要素促进我国创新与产业升级的机遇“窗口期”。我国有力有序有效统筹疫情防控和经济社会发展，在世界率先控制住疫情，在主要经济体中率先实现经济正增长，为发展赢得了先机、占据了主动。在全球贸易大幅下滑的背景下，我国出口实现了正增长。

“危”与“机”是可以相互转化的。正因为世界经济仍有诸多严峻的挑战，“黑天鹅”“灰犀牛”不时出现，科技竞争更加激烈，多边主义和自由贸易体制受到冲击，新冠肺炎疫情的长期影响渐露端倪，全球治理结构才面临重大调整，国际力量对比进一步发生变化，我国通过积极参与国际体系变革、主动塑造外部环境的机会大大增加。正因为国内经济下行压力加大，改革进入深水区，各种矛盾叠加，风险隐患增多，我们才更加重视发展质量，加快经济结构优化升级，大力实施创新驱动战略，在全球新一轮科技革命和产业变革中勇立潮头，在补短板、强基础和制度创新中释放巨大的潜力活力，加快构建新发展格局，为经济持续健康发展开辟更加广阔的空间。

化危为机、转危为安的关键在于“集中精力办好我们自己的事”。机遇是历史发展的产物，但历史从不会慷慨地把机遇恩赐给谁，机遇在顺时谋势聚势、妥善应对危机中来，唯明察、进取、勇毅者得之。几十年来，中国的每一次战略突破，几乎都与化重大危机为发展机遇密切相关。从成功应对 1997 年亚洲金融危机，到 2001 年打破困局加入世界贸易组织；从 2008 年以后成功应对国际金融危机和欧债危机的冲击，到如今新冠肺炎疫情防控取得重大战略成果。可见，危机之中确实蕴含机遇，审时度势、因势利导，就能变压力为动力、化挑战为机遇。

对此，我们应当胸怀全局，顺应大势。要看清中华民族伟大复兴的战略全局和世界百年未有之大变局这两个大局及其相互作用的态势，把握内部发展与外部变化的叠加中蕴含的重大机遇与新的挑战，以此新发展阶段基点认识当下、规划未来、推进事业，更好发挥主观能动性，在加快构建新发展格局中获得新的发展动力。**应当坚定信心，保持定力。**要更加准确地看清和把握国际国内形势纷繁复杂现象下的本质，看到我国经济发展健康稳定的基本面没有改变，支持高质量发展的生产要素条件没有改变，长期稳定向好的总体势头没有改变，努力在危机中育先机，于变局中开新局。**应当爱国担当，敢于创新。**要对国家、对民族怀有崇高使命感和强烈责任感，把企业发展同国家繁荣、民族兴盛、人民幸福紧密结合在一起，大力发扬企业家精神，自觉向张謇等先贤和楷模学习，主动为国担当、为国分忧，依靠管理、优化、配置盘活国内外各类资源，通过拓展新经营、新模式、新渠道不断打开自身事业发展的新路径新空间。

（三）深刻理解和把握技术创新与产业转化的关系，着力塑造企业核心竞争力

进入 21 世纪以来，科技的突破性创新正在从根本上打破传统技术和流程，对产业、经济、社会生活都产生重大影响，从而倒逼和带动各领域各方面的改革创新。特别是在疫情的当下和后疫情时代，人类生产生活方式将正在发生许多新的深刻变化，我国经济发展亟须由要素驱动、规模驱动转向创新驱动。

创新是第一动力，是民族进步之魂。党的十九届五中全会把创新的地位和作用提到前所未有的高度，强调“坚持创新在我国现代化建设全局中的核心地位，把科技自立自强作为国家发展的战略支撑”。“十四五”期间科技创新支撑引领高质量发展的战略地位必将更加凸显，做好“六稳”工作、落实“六保”任务、壮大发展新动能，构建以国内大循环为主体、国内国际双循环相互促进的新发展格局，都需要进一步激发市场主体活力和社会创造力，充分发挥创新第一动力、人才第一资源的作用比以往任何时候都更显重要。

创新也是一个系统工程，创新链、产业链、资金链、政策链相互交织、相互支撑。而企业是科技和经济紧密结合的重要力量，是技术创新决策、研发投入、科研组织、成果转化的主体。侨界企业家应当自觉加速前沿知识、先进理念的学习、更新和迭代，紧跟时代形势和步伐，努力成为创新发展的探索者、组织者、引领者，主动吸引集聚各类创新人才，勇于推动生产组织创新、技术创新、市场创新，努力把企业打造成为强大的创新主体，促进创新成果和产业布局精准对接，着力塑造企业核心竞争力。

为此，希望大家**要围绕**产业基础高级化和产业链现代化来全面部署创新链，围绕科学新发现、技术新发明、产业新方向、发展新理念系统创新和源头创新，来全面布局产业链，促进创新链与产业链深度融合、科技与经济深度融合。**要聚焦**实体经济，针对产业转型升级的需要，利用信息技术、绿色技术、智能技术等加强传统产业的改造升级，推动关键共性技术、前沿引领技术、颠覆性技术创新，努力实现关键核心技术的自主可控，不断提高企业核心竞争力。**要着眼**新发展格局中的短板弱项，充分依托侨界创新资源、主动融入全球创新网络，努力攻克制约产业发展的“卡脖子”关键核心技术与产业化瓶颈，共同参与培育新技术新业态新模式，实现创业与创新的高效联动，推动中国经济向形态更高级、分工更优化、结构更合理的方向迈进。

各位会长，作为党和政府联系广大归侨侨眷和海外侨胞的桥梁和纽带，中国侨联将始终把为侨服务和为国家大局服务作为工作的出发点和落脚点，通过侨商会这个平台，支持大家更好创新发展，做好精准服务、反映诉求心声、营造良好环境。

一代人有一代人的历史使命，一代人有一代人的责任担当。愿各位会长在新阶段侨商会发展中作好表率示范、把握发展大势、紧跟时代步伐，在“十四五”规划和“双循环”新发展格局中找准定位，继续做侨资企业中的佼佼者，在全面建设社会主义现代化国家、实现中华民族伟大复兴征程中展现作为、再立新功！

祝各位会长身体健康、事业发达、万事顺意！

在“华侨与马克思主义在中国的传播”座谈会上的讲话

（2020年8月26日）

隋　军

各位专家，同志们、朋友们：

明年是中国共产党成立100周年。今天，我们在具有红色传统的城市黑河举办座谈会，就华侨与马克思主义在中国的传播、海外侨胞心向中国共产党的历史进程展开深入研讨，对于我们不忘初心、牢记使命，继承革命传统、弘扬爱国精神，在新时代更好地团结凝聚广大归侨侨眷和海外侨胞，很有意义。这次座谈会规模虽然不大，但参会的专家学者都作了认真准备，会议气氛也很热烈。刚才，各位专家学者踊跃发言，分别从不同的角度探讨了华侨在马克思主义传播中的作用，探讨了华侨政治立场转变的过程。也有同志就如何做好侨联侨务工作发表了自己的看法。听了这些发言，我受益良多，也加深了对相关问题的理解。

下面，我就相关问题谈谈自己粗浅的认识和看法。

一、华侨、留学生中的觉悟者与中国先进知识分子在寻找救国救民真理中接受和传播了马克思主义

近代以来，广大海外侨胞和归侨侨眷是寻求民族复兴、国家富强历史的亲历者、见证者、贡献者。从鸦片战争开始，中国就不断遭受帝国主义列强的野蛮侵略，加之国内封建专制制度的腐朽统治，中华民族陷入内忧外患的灾难深渊，身处海外的侨胞因祖国积贫积弱而被蔑视、排斥、欺凌。为了探求救国救民的真理，不少中国人真心诚意地向西方学习，在海外经历中开阔了眼界的康有为、严复和孙中山，就是中国共产党成立以前向西方寻求真理的代表人物。广大海外侨胞更是积极支持和参与孙中山先生发动的辛亥革命，为推翻中国几千年的封建统治作出了重大贡献，孙中山先生盛赞“华侨是革命之母”。但是，由于历史进程和社会条件的制约，辛亥革命虽然结束了统治中国两千年的封建帝制，却没有改变旧中国半殖民地半封建的社会性质，没有改变中国人民的悲惨境遇，没有完成实现民族独立、人民解放的历史任务。面对国内军阀混战、民不聊生，海外侨胞痛心疾首。这就使中国人中的一些先进分子对资本主义及其思想理论产生了怀疑和否定。实践证明，中国欲图民族之复兴，人民欲求彻底之解放，必须重新探求科学的世界观和方法论，必须寻求新的思想武器，马克思列宁主义正是适应这一紧迫需要传入中国，并在中国大地上生根开花结果的。

毛泽东指出：“十月革命一声炮响，给我们送来了马克思列宁主义。十月革命帮助了全世界，也帮助了中国的先进分子，用无产阶级的宇宙观作为观察国家命运的工具，重新考虑自己的问题。走俄国人的路——这就是结论。”这是1949年，毛泽东在总结中国共产党28年的光辉历程时提出的一个著名判断。它以形象化的说法揭示了一个基本事实，即中国的无产阶级及其先进分子真正理解、掌握以至运用马克思主义，是从1917年十月革命后开始的。

十月革命后的中国，由于当时历史条件的限制，马克思列宁主义传入中国的途径和具体方式是多种多样的，其中主要有三条渠道，一条是西

欧，另一条是日本，第三条是俄国。在这三条渠道中，都可以看到海外侨胞和留学生的身影，从海外归来的华侨、留学生成为中国先进知识分子的重要成员。

西欧是马克思主义的诞生地。早在清末，出使欧洲的中国外交官、随从翻译及旅欧学者就以某种角度传播了马克思主义。1870 年普法战争爆发后，旅居欧洲的资产阶级改良主义者王韬报道了马克思主义的第一个实践——巴黎公社的有关情况，并汇编成《普法战记》，于 1873 年由中华印务总局刊印发行。1915 年旅法华人李石曾等发起组织勤工俭学会，成立巴黎华工学校，传播先进知识。俄国十月革命后，为了探寻和解读马克思主义的"真传"，俭学会发起了赴法勤工俭学活动。据统计，从 1917 年赴欧勤工俭学运动兴起至 1920 年，先后有 15 批共 1700 多人赴欧勤工俭学。这些人中，周恩来、邓小平、朱德、陈毅、聂荣臻、赵世炎、蔡和森、向警予、王若飞等均为马克思主义在中国的传播和党的革命事业做出了重大贡献。

日本是 20 世纪初至五四运动期间马克思主义传入中国的又一重要通道。中国第一代马克思主义者的杰出代表李大钊就是在日本接受马克思主义的。陈望道在日本留学期间广泛接触马克思主义书籍，1920 年回国后与陈独秀等在上海组织马克思主义研究会，并参与社会主义青年团筹建工作。同年春翻译并出版了《共产党宣言》第一个中文全译本。2012 年 11 月 29 日，习近平总书记在参观《复兴之路》展览时曾生动讲述了陈望道翻译《共产党宣言》"真理的味道非常甜"的故事。

昨天我们参观了"旅俄华侨纪念馆"，对从苏俄渠道向中国传播马克思主义有了较多了解。十月革命后，在俄国布尔什维克的帮助下，旅俄华工的觉悟不断提高，同俄国劳动者一道接受革命的洗礼，接受马克思主义的教育，部分华侨逐渐产生革命觉悟。1917 年 4 月，刘泽荣等人在彼得格勒成立"中华旅俄联合会"，是当时最大的旅俄华侨组织。十月革命后，联合会会员迅速发展到 10 万人。刘泽荣曾以"中国社会主义工人党"代表身份列席共产国际第一次代表大会，以俄国共产华员局代表身份列席共产国际第二次代表大会，还先后三次受到列宁的单独接见。在刘泽荣等人的领导下，"旅俄华工联合会"不断派人回国，以十月革命的亲身经历现身说法，鼓舞国内同胞组建工人、农民和士兵苏维埃。杨明斋是有文献明确记载的共产国际派到中国协助组建共产党组织的旅俄华侨。1920 年，他作为共产国际代表维经斯基的翻译和助手，陪同维经斯基专程来中国帮助组建中国共产党，先后与李大钊和陈独秀会谈，在上海与陈独秀等人发起成立马克思主义研究会。上海共产主义小组成立时，杨明斋是重要成员之一。他还参与创办《共产党》月刊，为北京共产主义小组的建立做了大量工作。杨明斋还在上海创办了"外国语学社"，教授俄语和革命思想，并分期分批送出许多进步青年到莫斯科共产主义劳动大学学习，其中包括毛泽东领导的湖南马列主义研究会成员任弼时、萧劲光以及刘少奇、罗亦农、曹靖华、柯庆施等。

不同渠道和方式使马克思列宁主义在中国迅速传播，并被越来越多先进的中国人所接受，成了一种不可抗拒的历史潮流，一大批杰出的马克思主义者应运而生。正是在包括海外侨胞、留学生在内的中国先进知识分子的共同努力下，马克思主义才得以在中国传播、生根、开花，催生了中国共产党，使中国共产党从它诞生的第一天起就是一个名副其实的以马克思列宁主义为理论基础和指导思想的无产阶级政党。从此，中华民族的历史开启了新纪元。

二、中国共产党的领导、社会主义道路是海外侨胞的历史选择

历史上，孙中山组建革命党，宣传、组织、发动革命，主要依托海外华侨。国民党从创办到发展壮大，都与华侨有着深厚和紧密的联系。因此，一方面，国民党政府对侨务工作非常重视，把华侨视为政权的重要支柱；另一方面，很多海外侨胞也将民族复兴的希望寄托于国民党。中国共产党的成立，从根本上改变了中国历史发展的方向。中国共产党人"为中国人民谋幸福，为中华民族谋复兴"的初心和使命，中国共产党人浴血奋斗、一心为民的行动实践，使海外侨胞在历史和现实的比较中逐步认识了共产党、选择了共产党。

大革命期间，许多华侨参加了共产党领导的革命斗争。不少因躲避国民党追捕而远走南洋的中共党员，深入当地华侨群体中宣传党的主张，使海外侨胞对中国共产党有了初步了解。在1931年“九一八”事变、1937年全面抗战爆发后中华民族面临生死存亡的危急关头，以著名侨领陈嘉庚为代表的广大海外侨胞掀起了空前的爱国热潮，积极为祖国捐款捐物，更有众多华侨回国参加抗战。但是，陈嘉庚先生对日益腐败的国民党政府越来越感到失望，对其能否领导全国人民实现民族独立、国家富强产生疑问。1940年，陈嘉庚组织南洋华侨回国慰问团历经重庆、延安等地，在延安他与毛泽东同志进行了深入交谈，并广泛接触各界人士，延安的清新空气使其精神一振，“实为别有天地，大出我意料之外”，“延安让我如拨云雾见青天”，陈嘉庚由衷地发出了“中国的希望在延安”的呐喊，越来越多的海外侨胞在与国民党的对比中选择了中国共产党。

抗战胜利后，中国面临着两条道路、两种命运的抉择。1948年中共“五一口号”发布后，众多海外侨团纷纷响应，形成了海外民心所向的强大声势。陈嘉庚和美洲著名侨领司徒美堂等冲破重重阻力和障碍毅然回国参加新政协。在讨论“共同纲领”时，有人认为“中华人民共和国”应保留“中华民国”的简称，对此，司徒美堂先生慷慨陈词：“我是参加辛亥革命的人，我尊敬孙中山先生，但对于‘中华民国’四个字，则绝无好感。理由是中华民国，与民无涉……我们的国号应叫中华人民共和国，抛掉又臭又坏的中华民国的烂招牌……我坚决主张光明正大地用中华人民共和国。”新中国的建立，让海外侨胞扬眉吐气，对新中国充满希望和信心。

新中国日新月异的建设成就、抗美援朝的伟大胜利极大地振奋了广大海外侨胞和归侨侨眷的精神。1956年10月，在国民经济第一个五年计划取得重大成绩、党的八大提出第二个五年计划之际，中华全国归国华侨联合会召开成立大会。陈嘉庚先生动情地说：“大家知道，华侨一向爱国爱乡，很愿意对祖国和家乡有所贡献。可是旧时代的中国，在国际上处在被压迫的地位，内政又非常腐败……华侨要在家乡安居也有困难，更谈不到建设祖国和家乡。到了新中国成立以后……我国人民空前团结，建设事业飞跃发展；第一个五年计划可以超额完成，打下我国工业化的初步基础；同时，我国在国际上的地位和威望空前提高了。长久以来，华侨期望祖国强盛，现在，这个愿望已经实现了。在这个伟大的祖国，华侨可以和全国人民一道，贡献自己的力量，参加建设事业，实现建设家乡的理想了。”正是党的领导和新中国的建设成就，吸引了大量海外侨胞回国，他们毅然放弃国外优越的生活，纷纷回国参加社会主义建设，为新中国打破帝国主义封锁、实现快速发展作出了贡献。

尽管后来我国社会主义建设出现了曲折，但改革开放再一次激发了广大海外侨胞的爱国热情。著名侨领庄希泉曾在辛亥革命中怀着满腔热情到南洋募捐，并开始实业救国的实践，在救国救民的不断追求中选择了中国共产党。在当选为中国侨联主席（第二届　1978年12月—1984年4月）后的1982年，庄希泉深为党的十二大描绘的社会主义建设前景所鼓舞，深刻思考自己的政治归宿，尽管已经到了95岁的耄耋高龄，但他还是毅然于年底提交了入党申请书。很快，中央书记处批准他为中国共产党正式党员（无须预备期）。时任中共中央政治局委员、书记处书记习仲勋指示他的入党宣誓要在年前举行。这样，庄希泉成为中共历史上年龄最大的新党员。

陈嘉庚、司徒美堂、庄希泉等著名侨领的人生道路，就是广大海外侨胞和归侨侨眷自鸦片战争以来寻找救国救民真理的心路历程，就是广大海外侨胞和归侨侨眷在历史与实践中政治归属的一个缩影，就是选择中国共产党领导、选择社会主义道路的历程！

三、回顾历史、立足当下、展望未来，推动新时代侨联工作不断创新发展

侨联组织是党领导的人民团体，是党和政府联系广大海外侨胞和归侨侨眷的桥梁纽带，是团结服务海外侨胞和归侨侨眷的群众组织。在即将迎来中国共产党成立100周年的时候，侨联组织要认真研究、统筹安排，切实开展好相关纪念活动，深入分析当前侨联面临的重大课题，在新时代团结联系广大海外侨胞和归侨侨眷为实现中华民族伟大复兴中国梦贡献新的力量。

一是要在历史回顾中引导海外侨胞和归侨侨眷坚定“四个自信”。新中国成立以来，久经磨难的中华民族实现了从站起来、富起来到强起来的历史性飞跃。各级侨联要通过各种丰富多彩的活动、喜闻乐见的形式广泛宣传中国共产党成立100年来特别是改革开放40多年来党团结带领全国各族人民推进社会主义革命、建设、改革开放伟大事业，取得社会主义经济建设、政治建设、文化建设、社会建设和生态文明建设以及党的建设的重大成就，引导广大侨界群众深刻认识历史和人民是怎样选择了中国共产党，选择了社会主义道路，选择了改革开放，深刻认识要实现民族独立、人民解放和国家富强、人民幸福，必须坚持中国共产党的领导，从而进一步坚定“四个自信”。要广泛宣传中华人民共和国成立后各个时期各条战线侨界群众所作出的突出贡献，充分展示侨界杰出人物的模范带头作用，宣传“100位为新中国成立作出突出贡献的英雄模范人物和100位新中国成立以来感动中国人物”中的侨界人士的先进事迹和崇高精神，推动广大侨界群众立足岗位、扎实做好本职工作。要把握习近平总书记推动构建人类命运共同体的思想，宣传华侨华人积极融入当地社会，努力为住在国经济社会发展作出的贡献，宣传华侨华人在推动中外经济文化交流和民间友好交往中的重要作用，充分表达中国人民与世界各国人民共建地球美好家园、共享人类文明发展成果的愿望。

二是要在现实世情国情侨情分析中有针对性地开展研究。当前，疫情仍在全球快速扩散蔓延，为世界百年未有之大变局又增加了新的变量；美国对我国在经贸、科技、金融、产业、人才、政治等领域频频发难，全方位打压阻遏升级，特别是打压华为等高科技龙头企业，阻挠涉港国安立法，干涉我国新疆、西藏事务，搅乱台海、南海局势等，对中国肆意抹黑、诋毁、甩锅，威胁要与我完全脱钩；欧盟、加拿大、澳大利亚、日本等国的一些政治势力也在与美国一唱一和。有分析认为，中美两国的紧张关系将引发有关亚洲乃至全球未来和新兴国际秩序形态的深刻变化。我国发展面临的外部环境更加复杂严峻，不稳定性不确定性因素明显增强。在这种情况下，进一步加强侨务工作，显得尤为重要。应对这种局面，一是我国需要在经济贸易、人文交流上继续发展与世界各国的关系，推动构建人类命运共同体，继续推进“一带一路”建设；二是在外交上，需要努力营造对我友好环境，打破西方国家基于意识形态对我国的敌视、对立与不信任；三是在经济社会发展上，需要更好统筹疫情防控和经济社会发展，推动经济高质量发展，维护社会稳定大局。做好这些工作，都需要遍布世界各地的海外侨胞发挥优势和作用，需要我们更加广泛深入地与海外侨胞建立联系。因此，我们要进一步研究如何坚持在全方位、多层次、立体化的外交布局中寻找侨务工作定位，注意政策界限，在驻外使领馆的指导下，突出群众性、民间性的特点进行联谊联络，讲好中国故事，为我国发展营造良好外部环境；研究如何把推动构建人类命运共同体作为侨联工作重点，把海外联谊工作与做好对外投资、对外援助及留学生工作结合起来，引导海外侨胞积极参与“一带一路”建设，推进中外文明交流互鉴，传播中国好声音，展现中国形象；研究如何坚持以国内为基础，完善国内侨务工作机构和侨联组织建设，围绕“根”“魂”“梦”的新时代侨务工作主线，筑牢海外侨胞回国寻根问祖、传承中华文化的根基；研究如何坚持按照全国“一盘棋”的思路，统筹全国侨务资源，继续做好为经济、政治、文化、社会、生态文明建设服务的各项工作，特别是引导华商和回国（来华）人才在经济高质量发展中展现作为。

三是要在把握未来趋势中努力推动侨联工作创新发展。党的十九大提出了从2020年到本世纪中叶两个阶段的安排，其中第一个阶段是从2020年到2035年，在全面建成小康社会的基础上再奋斗十五年，基本实现社会主义现代化。即将召开的党的十九届五中全会将研究制定国民经济和社会发展第十四个五年规划和2035年远景目标的建议。这次规划与传统五年规划的一个很大区别是，既以五年为周期制定具体的经济社会发展措施，又着眼长远，提出了到2035年发展的基本构想。100年前中国共产党的诞生改写了中华民族的历史和人类社会历史发展的历史，今天我们制定“十四五”规划就是在中国共产党奋斗100年基础上的再出发，必将使我们在以习近平同志为核心的党中央领导下，在向第二个百年奋斗目标进军的进程中起好步、开好局。各级侨联要紧密结合庆祝建党 100 周年，必须全面贯彻落实习近平总书记关于侨务工作的重要论述，围绕统筹推进“五位一体”总体布局、协调推进“四个全面”战略布局，坚持稳中求进工作总基调，全面履行“服务经济发展、依法维护侨益、拓展海外联谊、积极参政议政、弘扬中华文化、参与社会建设”六项职能，积极构建“强化侨界思想政治引领、带领侨胞建功立业、深化侨联组织改革、加强侨联组织党建”工作格局，不断提升为大局服务水平、为侨服务水平，团结动员广大归侨侨眷和海外侨胞，为实现“十四五”规划和 2035 远景目标、夺取新时代中国特色社会主义伟大胜利、实现中华民族伟大复兴的中国梦、推动构建人类命运共同体贡献智慧和力量。

今天的座谈会开得很成功，希望今后各位专家学者、各位侨联侨务工作者能继续就上述问题，就新时代新形势下侨务侨联工作给我们提供更多好的意见建议，共同推动侨联工作在党和国家工作大局中发挥更大的作用。

在“人类命运共同体视域下的华侨华人——中国华侨历史学会纪念世界反法西斯战争胜利暨联合国成立75周年座谈会”上的讲话

（2020年10月23日）

隋　军

各位专家学者、各位朋友，同志们：

明天是联合国日。75年前，反法西斯战争迎来了伟大胜利，联合国宣告成立，掀开了世界和平与发展事业的新篇章。75年来，在人类大变革、大繁荣的背景下，这一最具普遍性、代表性、权威性的国际组织，高举多边主义旗帜，引领和推动国际社会逐渐形成了携手合作、同舟共济的广泛共识。中国为世界反法西斯战争胜利作出了巨大牺牲和贡献，中国人民尤其珍爱和平，作为第一个在《联合国宪章》上签字的国家，中国始终坚定支持多边主义，开创性提出了人类命运共同体理念，努力为世界和平与发展贡献中国智慧。75年后的今天，世界百年未有之大变局加速演进，站在事关人类前途命运的重要关头，近期，习近平总书记发表了一系列重要讲话，洞察世界大势，心系人类未来，旗帜鲜明重申坚定奉行多边主义，坚定维护联合国权威，坚定推动构建人类命运共同体等原则立场。

今天，我们对联合国日最好的纪念方式，就是要坚定不移站在历史正确一方，重温联合国秉持多边主义的初心，探讨在世界格局发生巨大改变的后疫情时代，华侨华人如何更好地为推动多边主义、构建人类命运共同体作贡献。刚才，《丰碑：华侨华人与世界反法西斯战争》和新西兰华侨抗战史料《中国大事周刊》这两部重量级新书隆重发布，在座的专家学者结合二战史、抗战史就华侨华人身体力行维护和平与发展的历史与现实作了发言，我深受启发。下面，我讲三点看法，与大家交流。

一、回望历史，华侨华人为世界反法西斯战争胜利、联合国发展作出重要贡献

上世纪30年代，约有870多万华侨华人生活在亚洲、美洲、欧洲、非洲、大洋洲的60多个国家和地区，二战的枪声打响后，他们纷纷行动起来，投身到反法西斯战争的洪流之中。在夺取反法西斯战争胜利和推动联合国发展进程中，华侨华人功绩彪炳史册，值得永远铭记。**一是鼎力支持中国抗战。**许多华侨虽身在海外，却节衣缩食，慷慨解囊，千辛万苦将钱款和物资募集起来支援抗战前线，据不完全统计，1937年至1945年，仅国民政府收到的华侨捐款就有13余万元国币，此外还有认购公债，捐献飞机坦克等等。数千热血儿女回国投身战场，其中，南洋华侨领袖陈嘉庚组织的3200多名南侨机工毅然回国进行后勤运输服务，用生命和血汗在滇缅公路上打通了一条“抗战输血线”。**二是在世界其他反法西斯战场上同仇敌忾。**广大华侨在驰援中国抗战的同时，与住在国热爱和平的人民一道抵抗侵略、守护家园，义无反顾地投身到世界各地抗击法西斯的前线。日本偷袭珍珠港后，美国有近

2万名华侨华人加入美军，是参军比例最高的少数族裔之一；在开辟欧洲第二战场过程中，华侨华人士兵英勇作战，涌现出陈景瑶、黄君裕、关文忠等英雄；在东南亚战场，新加坡、菲律宾和马来亚分别成立了星洲华侨义勇军、华侨抗日游击队和以华侨为主体的“马来亚人民抗日军”，华侨华人成为东南亚抗日的一面光辉旗帜。**三是在联合国发展中作出贡献。**自成立以来，联合国致力于推动各国践行和平、发展、公平、正义、自由、平等全人类共同价值观，客观上为华侨华人在住在国生存发展创造了有利条件。比如，上世纪70年代印支难民潮发生后，联合国及时组织力量予以救助，并在此后将其作为重要事项予以持续关注。与此同时，75年来，有不少华侨华人精英在联合国各个机构任职，为联合国发展建设作出了积极贡献，比如，中华人民共和国恢复在联合国的合法席位后，归侨唐明照曾任联合国副秘书长；非洲加蓬华裔让·平曾当选为第59届联合国大会主席；等等。此外，参与到联合国的妇女、儿童、卫生、扶贫、公益等事业中的华侨华人志愿者更是不计其数、可圈可点。

历史是最好的教科书。跨越历史长河，华侨华人能够成为维护世界和平、反对战争侵略的坚定追求者，联合国多边主义事业的积极支持者，推动世界和合共生、人类繁荣发展的重要民间力量，离不开中国历史文化深厚积淀，离不开中华民族精神的滋养磨砺。广大华侨华人秉持中华民族和衷共济、勤劳勇敢、合作共赢的宝贵精神财富，必将战胜更多风险挑战，为人类正义事业作出更大贡献。

二、面向未来，华侨华人要在构建人类命运共同体进程中发挥重要作用

构建人类命运共同体是中国共产党带领中国人民在新的历史条件下参与全球治理、推动世界秩序重塑提出的理念。习近平总书记指出，当今世界，各国相互依存、休戚与共，我们要继承和弘扬联合国宪章的宗旨和原则，构建以合作共赢为核心的新型国际关系，打造人类命运共同体。建设你好我好大家好的地球村，就是要将每个民族、每个国家的前途命运紧紧联系在一起，华侨华人作为连接中国与世界的天然纽带，可以依靠自身优势，发挥独特作用。**一是可以在中国改革开放中发挥作用。**前不久，习近平总书记在汕头考察时指出，“中国的改革开放，中国的发展建设跟我们有这么一大批心系桑梓、心系祖国的华侨是分不开的”。华侨华人作为中国改革开放和现代化建设的重要参与者、推动者，不但为改革开放带来了资金和技术，还介绍并引进了国外的先进管理经验，促进中外交流合作，推动中国融入世界。**二是可以在促进中外友好中发挥作用。**华侨华人以和为贵、以礼相待，在数千年的移民史中，靠着自强不息、勤劳坚韧，在海外披荆斩棘、辛苦劳作，与各国人民友好相处，赢得了他们的认可和尊重。如今，华侨华人的教育程度、经济实力、社会地位都有了明显提高，在世界范围内求学、经商、流动更加频繁，他们将在促进中外友好中发挥更大作用。**三是可以在推动中外文明互鉴和文化交流中发挥作用。**华侨华人群体具有跨文化属性，既传承了中华优秀文化，又了解住在国语言文化，这种中西合璧的独特优势，有利于促进民心相通，消除彼此间的文化隔阂和冲突。通过华侨华人在住在国讲述中国故事，能够有效提升中华文化的影响力，达到润物无声的效果。**四是可以在推动中外经济合作交流中发挥作用。**华商不仅了解中国，还通晓住在国的政治经济社会法律环境，拥有贸易渠道、政商人脉、产业基础和资本优势，有助于其在参与“一带一路”建设中，牵线搭桥、精准对接，推动中国“走出去”项目在当地平稳落地，更好融入当地，从而实现互联互通、合作共赢。**五是可以在国际公益事业中发挥作用。**华侨华人素来有热心公益、回馈桑梓的优良传统，为中国的慈善公益事业发展，助力脱贫攻坚作出了巨大贡献。随着经济实力的提高，越来越多的华侨华人开始回馈住在国社会，为当地捐款捐物，投身公益事业，承担更多社会责任，展现了良好形象。**六是可以在应对全球性挑战中发挥作用。**今年新冠肺炎疫情暴发后，广大侨胞以血浓于水的情怀，积极捐款捐物，为国内抗疫作出重要贡献；在海外疫情蔓延后，侨胞们从中国抗疫伟大实践中汲取力量，虽然普遍面临生产经营困难和在当地长期生存发展的压力，却始终能够保持理智克制、做好自身防护，积极参与当地抗疫活动，介绍中国抗疫经验，与当地民众风雨同舟，共渡难关。海外侨胞

面对疫情考验所展现的民族品质和积极行动，正是对人类命运共同体理念的再一次生动诠释。

可以说，构建人类命运共同体，为广大华侨华人创造了参与中国建设、回馈世界发展的广阔舞台，实现个人梦、中国梦和世界梦提供了难得机遇。相信广大华侨华人一定能够勇立潮头、担当大任，践行人类命运共同体理念，为共建人类美好家园而努力奋斗！

三、立足当下，助力华侨华人更好生存发展，为构建人类命运共同体而奋斗

中国侨联是党联系广大海外侨胞和归侨侨眷的桥梁和纽带，始终以服务党和国家工作大局、服务侨胞为己任。站在新的历史起点上，学习贯彻好习近平总书记出席联合国成立 75 周年系列高级别会议重要讲话精神，进一步鼓励、支持和引导华侨华人克服新冠肺炎疫情带来不利影响，在构建人类命运共同体的进程中发挥更大作用，是当前我们面临的重要政治任务和重大课题。上个月，万立骏主席在出席 2020 习近平总书记关于侨务工作重要论述研讨会上，就推动后疫情时代侨联工作提出了“四个准确把握”，即，准确把握海外侨情新变化、准确把握侨联工作围绕中心服务大局新要求、准确而把握为侨服务新动向、准确把握侨联创新工作方式面临的新课题，有助深化我们对这一课题的理解和研究。这里，结合侨联工作，我谈三点想法。**第一，加强思想引领。**侨联组织要以实现中华民族伟大复兴中国梦为主题，继续弘扬嘉庚精神，发扬侨胞爱国爱乡传统，画出侨界最大同心圆；加大习近平总书记关于人类命运共同体系列重要讲话精神的宣传阐释力度，逐步推动构建人类命运共同体理念在侨界落地生根，为广大侨胞参与共铸“世界梦”夯实思想基础；通过典型引路，挖掘华侨华人中的代表人物，用榜样的力量感染更多人为世界和平发展贡献力量。**第二，聚焦为侨服务。**通过推进“两个建设”“两项机制”，织好“两张网”，推动侨联各项改革任务落地见效，扩大基层组织覆盖面，创新工作方式方法，加强调查研究，因地制宜、分类施策，不断提高为侨服务的水平和质量；继续做好华侨权益保护工作，帮助侨胞更好生存发展，有序复工复产，努力克服新冠肺炎疫情带来的不利影响。**第三，推动广泛参与。**中国改革不停顿、开放不止步，将持续为推动全球经济健康发展贡献力量，推动华侨华人更加广泛深入地参与到中国发展建设中来，具有中国价值、全球意义。侨联组织将认真学习贯彻习近平新时代中国特色社会主义思想，学习贯彻十九届五中全会精神，紧紧围绕以促进国内大循环为主体、国内国际双循环相互促进的新发展格局为华侨华人参与“一带一路”建设、回国创新创业等营造更好发展空间。

站在新的历史起点上，面对一系列全球性困难和挑战，相信广大华侨华人一定会与祖国和人民一道，坚持团结合作、互利共赢，发挥优势、携手前行，以同圆共享中国梦、构建人类命运共同体为己任，共同谱写人类文明发展的新篇章！

在侨批文化与华侨精神研讨会上的致辞

（2020年12月11日）

隋　军

各位专家学者、同志们：

大家上午好！

很高兴来到著名侨乡广东江门，来到富有侨乡特色的五邑大学参加"侨批文化与华侨精神研讨会"，这是华侨华人学界学习贯彻习近平总书记视察汕头重要讲话精神的实际行动。今年10月13日，习近平总书记在广东汕头调研时，专程参观了具有潮汕侨乡特色的侨批文物馆，了解侨胞心系家国故土、支持祖国和家乡建设的历史，并强调指出："'侨批'记载了老一辈海外侨胞艰难的创业史和浓厚的家国情怀，也是中华民族讲信誉、守承诺的重要体现。要保护好这些'侨批'文物，加强研究，教育引导人们不忘近代我国经历的屈辱史和老一辈侨胞艰难的创业史，并推动全社会加强诚信建设。"总书记的重要讲话，充分肯定了华侨精神和华侨贡献，令广大华侨华人和侨务工作者深受鼓舞、倍感振奋，为我们做好侨批保护、研究与价值推广指明了方向。

中国侨联党组高度重视学习贯彻党的十九届五中全会精神和习近平总书记在汕头视察时的重要讲话精神，近期专门在广东举办三场活动，一是在汕头举办"创业中华·'十四五'中国发展和华侨华人投资创业（汕头）峰会"，二是在潮州举办"亲情中华·战疫有侨——海内外侨界凝心聚力抗击新冠肺炎疫情巡回展"，还有就是我们今天在江门的研讨会。可以说，中国华侨华人研究所和五邑大学对学习贯彻总书记讲话精神抓得紧、抓得实。本次研讨会由中国华侨历史学会、广东省档案馆、福建省档案馆、五邑大学共同主办，与会嘉宾既有研究华侨华人的专家学者，也有档案、文博领域的专业人士，还有来自民间的侨批收藏代表，可谓侨批研究相关人士一次难得的聚会。研讨会为大家提供了一个互相学习交流的机会，有助于推动总书记重要讲话精神进一步落地生根。江门市和五邑大学主动牵头、积极筹划，为开好本次研讨会提供了细致周到的服务。在此，我代表中国侨联向长期以来关心支持侨联工作的江门市委市政府，向联合主办和承办单位、莅会的各位代表表示衷心的感谢！

文化是一个国家、一个民族的灵魂。侨批是中华民族优秀传统文化的组成部分，可谓中国华侨历史文化的"敦煌文书"。一封封侨批记载着海外侨胞的奋斗史，诉说着异乡游子的思念情，见证着侨乡社会的历史变迁，延续着中华民族的传统美德。昨天我们深入开平碉楼建筑群和台山银信博物馆调研学习，亲身感受和体验到华侨历史的苦难、华侨文化的厚重、华侨精神的可贵。张国雄、谭金花两位教授的精彩讲解给我们留下了深刻的印象。我们学习领会总书记对侨批文化的重要指示精神，可以从4个方面认识和理解侨批文化中蕴含的华侨精神。

——侨批展现了海外侨胞热爱祖国、情系故里的家国情怀。侨批以民间文书的形式真实记载了千百万侨胞关心国家民族命运、积极参与民族复兴伟业的心路历程，不论是辛亥革命、抗日战争，还是新中国建设到改革开放初期，源源不断寄往家乡的侨批，集腋成裘，为祖国建设发展各个时期作出了巨大贡献。

——**侨批展现了海外侨胞吃苦耐劳、自立自强的民族精神**。早期移居海外的中国人初到异乡，筚路蓝缕，挖金矿、筑铁路、兴农业，在夹缝中艰难地求生存、谋发展，展现了中华民族不屈不挠的奋斗精神和中国人的胆识与智慧。侨批中记载着大量有价值的原生态史料，见证了广大华侨的海外创业史、奋斗史。

——**侨批展现了海外侨胞笃诚守信、讲义修睦的高尚品质**。近代华侨批信局所采用的信用制度，把一封封家书连同一笔笔汇款送到各镇各村、各家各户以至穷乡僻壤的侨眷手中，能够做到一笔不漏、分文不差，表明批信局的各个业务环节必须以讲信用为基本准则，这正是侨批“信而有征”“无征不信”诚信守义的有力诠释。

——**侨批展现了海外侨胞融通中外、博采众长的人文特质**。侨胞是较早将侨居国先进的器物、制度、思想文化引入家乡的华人群体，侨批记载了不少新思想、新发明、新发现，记载了近代以来海外侨胞以开放、包容的胸怀学习住在国文化，与住在国人民进行中外文化交流融合的历史。通过侨批，我们不仅能感受到侨胞与国内眷属的“亲情”、与故里的“乡情”、近现代中国的“国情”以及国际风云变幻的“世情”，更能从这些重要历史片段中，感受到华侨精神的伟大力量。

当前，中国特色社会主义进入新时代，世界正处于百年未有之大变局，党和国家事业发展尤其需要重视和发挥广大归侨侨眷和海外侨胞的独特作用，凝聚起奋进新时代、展现新作为的磅礴力量。站在新的历史起点上，侨联作为党和政府联系广大海外侨胞和归侨侨眷的桥梁纽带，要深刻领会党的十九届五中全会精神和习近平总书记在汕头视察时的重要讲话精神，学习总书记关于侨务工作的重要论述，与包括广大专家学者、热心侨务工作的人士一道，共同推动新时代侨联工作高质量发展。在此，结合侨联工作，就挖掘侨批的时代价值和实践意义，弘扬以“爱国爱乡爱家人”为主要特点的华侨精神，我谈几点想法和认识。

第一，要讲好侨批中的爱国爱乡故事，推动广大侨胞在同圆共享中国梦中凝心聚力。侨批是特定历史时期的产物，代表着海外侨胞对祖国、对家乡的牵挂和惦念，代表着中华民族一脉相承的根和情，是密切联系海外侨胞、凝聚侨胞力量的精神纽带。要通过讲好侨批的家国故事，弘扬嘉庚精神，引导广大侨胞不忘根脉，情系桑梓、报效祖（籍）国，引导广大侨胞将个人奋斗追求融入实现中国梦的时代洪流中，书写家国大爱的新篇章。要加强对广大侨胞的思想政治引领，推动党的十九届五中全会精神在侨界落地生根，不断深化对习近平新时代中国特色社会主义思想的理解和认同，在新时代全面建设社会主义现代化国家的新征程中，画好侨界最大同心圆。

第二，要讲好侨批中的拼搏奋斗故事，推动广大侨胞在融入新发展格局中建功立业。要引导广大侨界人才，发扬守正创新、敢为人先、埋头苦干的精神，拓展国际视野，增强战略思维，立足自身优势，突破发展瓶颈，打好关键核心技术攻坚战，为提升我国自主创新能力贡献力量。要引导广大华商，弘扬企业家精神和工匠精神，在危机中育新机、于变局中开新局，支持和促进企业结构调整转型升级，积极融入以国内大循环为主体、国内国际双循环相互促进的新发展格局，参与布局战略性新兴产业，不断做优做强企业，为实现“十四五”时期经济社会发展目标任务献计出力。

第三，要讲好侨批中的文化传承故事，推动广大侨胞在讲好中国故事过程中薪火相传。要进一步挖掘侨批中的人文精神、民族精神，向社会大众特别是青少年、华裔新生代讲好侨批故事，增强他们的文化自信和民族自豪感，从华侨精神中感受到中华民族伟大复兴的精神力量。要引导广大侨胞发挥优势，以润物无声、春风化雨的方式，讲清楚中华文明的辉煌成就和对人类文明的重大贡献，推动中外文明互鉴和人文交流，让世界了解中国历史、了解中华民族精神，从而不断加深对当今中国的认知和理解，营造良好国际舆论氛围。

第四，要讲好侨批中的民心相通故事，推动广大侨胞为构建人类命运共同体添砖加瓦。国之交在于民相亲。侨批见证了百余年来广大侨胞与住在国民众和睦相处、携手奋斗，赢得住在国民众的认可和接纳，为住在国发展建设作出不可磨灭贡献的伟大历程。要通过讲好侨批故事，以侨为桥、融通民心，引导广大侨胞发扬优良传统，传承和衷共济的美德，通过发展公益事业，多为住在国当地做实事、谋善举、促发展，让沿线国家的民众诚心接纳、共商共建共享“一带一路”，从而实现互联互通、合作共赢，推动构建人类命运共同体。

各位学者，同志们！新时代呼唤新作为。党的十九届五中全会关于侨务工作的重要部署和总书记在汕头视察时关于华侨的重要讲话，体现了以习近平同志为核心的党中央对广大华侨华人的关心重视和对侨务工作者的殷切期望。我们要从这份关怀和厚望中汲取精神力量，提高政治站位，胸怀两个大局，自觉将习近平新时代中国特色社会主义思想贯穿学术研究全过程，用高水平的研究成果为党的侨务工作提供理论支撑和智力支持。希望各位专家学者、中国华侨历史学会会员在今后研究工作中，**一要继续推动习近平总书记关于侨务工作重要论述研究走深走实。**中国侨联万立骏主席指出，统筹疫情防控和经济社会发展对侨联工作提出了新挑战、新要求，要做到四个“准确把握”，提高研究工作水平。我们要按照这一要求，持续紧跟实践发展和理论创新，努力将习近平总书记关于侨务工作的重要论述研究好、阐释好、宣传好、落实好，做到全面、系统、深入，使之真正成为推动新时代侨务工作创新发展的强大思想武器。**二要继续推动华侨华人领域重大课题研究取得突破。**充分调动华侨华人学界的资源力量，聚焦世情国情侨情新趋势新变化，以重大问题为导向，着眼华侨华人研究领域根本性、战略性、发展性、前瞻性问题，不断提升基础性研究水平，加强智库平台和学科建设，推动国内外学术交流，争取多出研究成果，使华侨华人研究真正体现出中国特色、中国风格、中国气派。**三要继续推动新时代侨联工作对策性研究提升水平。**坚持问题导向和目标导向，突出理论对实践的指导作用，加强深入贯彻五中全会精神做好“十四五”时期侨务工作的研究，加强疫情之下海外侨情趋势变化研究，加强新时代侨联组织体系、工作体系研究，加强侨联工作在推动民间外交、构建人类命运共同体方面的研究，加强侨乡文化研究，加强对防范化解涉侨重大风险、更好地保障海外侨胞权益方面的研究，等等，为今后一个时期侨联组织更好地践行初心使命、履职担当作为作好准备、打好基础。

各位学者，同志们！大家都是长期从事华侨华人研究的专家，具有丰富的研究经验和丰硕的研究成果。祝愿大家通过研讨交流碰撞思想、启迪智慧、凝聚共识，做好华侨文化研究，弘扬华侨精神，支持中国华侨历史学会工作，共同为推动新时代侨联工作高质量发展作出新贡献！

预祝本次研讨会取得圆满成功！

在华南片区基层侨联建设视频座谈会上的讲话

（2020 年 7 月 23 日）

程学源

同志们：

大家好！当前新冠肺炎疫情防控向好趋势不断稳固，今天我们通过视频连线的方式召开华南片区基层侨联建设座谈会，对前一段工作进行总结，就下一步工作提出意见建议，很有意义。刚才，几位同志分别对福建、广东、广西、海南四省区侨联和厦门、广州、深圳三市侨联的工作作了系统梳理，特别是介绍了“十代会”以来推进侨联基层组织建设的新举措，以及侨联系统抗击新冠疫情期间所做的各项工作，并结合各地实际情况谈了下一步的工作思考。福建侨联基层组织活跃，多措并举助力防疫攻坚，助侨、暖侨、稳侨工作扎实有效，推进统一社会信用代码工作和用好华侨事务专项经费成效显著；广东侨联基层组织建设基础扎实、发展迅速，帮助侨资企业解难题，推进互助合作，服务抗疫工作成效显著；广西侨联服务地方经济发展有新成效，传播特色文化有新举措；海南侨联基本实现了县区侨联全覆盖，发挥侨的独特优势，服务海南自由贸易区（港）建设有贡献。

四省区各级侨联在抗击疫情工作中主动担当作为，组织归侨侨眷、华侨华人和海外社团，积极捐款、捐物，为打赢疫情防控阻击战，发挥了重要作用。据不完全统计，截至 2020 年 3 月初，五大洲超过 50 个国家和地区的粤籍海外社团和侨胞向国内捐款捐物折合人民币超 4 亿元，其中口罩 1600 多万只。福建共收到海外华侨华人捐款超 3.3 亿元，捐赠口罩 1500 万只；广西、海南也收到海外侨胞捐赠的大量抗疫物资。3 月，国内疫情防控总体向好、海外疫情持续蔓延后，四省区各级侨联又全力组织协助支援海外侨胞抗击疫情，向近 80 个国家和地区侨胞捐赠了大量抗疫物资。

同志们，这次新冠肺炎疫情，是新中国成立以来我国遭遇的传播速度最快、感染范围最广、防控难度最大的公共卫生事件。疫情发生后，党中央将疫情防控作为头等大事来抓，习近平总书记亲自指挥、亲自部署，坚持把人民生命安全和身体健康放在第一位。在党中央领导下，各地区各部门履职尽责，社会各方面全力支持，经过艰苦卓绝地努力，疫情防控取得重大战略成果。经济发展呈现稳定转好态势，在疫情防控和经济恢复上都走在世界前列。上半年中国经济先降后升，主要指标恢复性增长，二季度国内生产总值增长 3.2%，经济运行稳步复苏。疫情也给侨联工作带来新的挑战和机遇，在疫情防控工作常态化情况下，如何更加深刻地理解侨联在新时代的使命和任务，如何更加有力地推动侨联基层组织的发展、发挥组织作用，在此我谈四点意见。

一、提高政治站位，加强政治引领，进一步提升侨联组织的组织力、凝聚力、战斗力

政治性是侨联的灵魂。各级侨联组织要着力提高政治站位，以习近平新时代中国特色社会主义思想为根本遵循，牢牢把握侨联工作的政治属性，不断增强“四个意识”，坚定“四个自信”，带头做到“两个维护”。要聚焦强“三性”、去“四化”，坚持面向基层、面向侨界群众，强化对侨界的思想引领，广泛宣传习近平新时代中国特

色社会主义思想，大力宣传侨界杰出人物先进事迹，引导侨界群众同圆共筑中国梦。侨联组织的优势在基层，活力在基层，生命力在基层，侨联工作的重点也在基层，加强侨联基层组织建设是对中央党的群团工作部署的贯彻、对中国侨联改革要求的落实，必须常抓不懈、久久为功。要进一步提升侨联组织的组织力、凝聚力、战斗力，不断为党和人民事业凝聚侨心侨力侨智，画好侨界团结最大同心圆，让各级侨联成为地方党委政府倚重、侨界群众满意的组织。

二、加强侨情调研，回应侨胞关切，全力做好疫情防控常态化下基层侨联工作

一是加强侨情调研，及时调整工作重心。在抗疫防控常态化背景下，要着眼中华民族伟大复兴战略全局和世界百年未有之大变局，充分发挥侨联组织民间性、群众性的优势，内外联络，及时掌握侨胞染病抗疫、生活事业、以及居住国涉华舆情等方面的情况及生活、发展上的需求，正确把握世情、国情、侨情的变化，分析研究疫情带来的影响和挑战，根据形势变化及时调整工作方向，创新方式方法，确保全年工作有序推进。**二是回应侨胞关切，做好暖侨、稳侨工作。**各级侨联要聚焦侨胞需求，回应侨胞关切，给予侨胞更多关爱和支持，根据当地党委政府统一安排，加强与有关部门协作，维护侨胞合法权益，力所能及地为海外侨胞抗疫提供帮助。发挥好“侨胞之家”阵地作用，主动关心归侨侨眷抗疫期间的生活，为他们排忧解难；发挥好网上侨联作用，利用微信群、朋友圈，积极传播正能量，讲好中国抗疫故事、讲好侨胞贡献故事、营造涉华涉侨正面舆论氛围，为海外侨胞营造良好的生存发展空间，切实做好暖侨心、稳人心、树信心工作，使广大侨胞的心与党、与祖（籍）国贴得更近。**三是统筹推进疫情防控和经济社会发展。**习近平总书记在 7 月 21 日召开的企业家座谈会上指出，要逐步形成以国内大循环为主体、国内国际双循环相互促进的新发展格局。侨联组织要围绕中心工作，服务发展大局，深入了解侨商侨企恢复生产经营面临的各种困难和问题，积极向有关方面反映，努力帮助协调解决，推动侨商侨企在确保防疫安全的前提下复工达产；要发挥侨联组织和侨胞联通内外的独特优势，引导侨商侨企深度参与“大循环”和“双循环”，在构建新发展格局中贡献力量、发展壮大。

三、坚持稳中求进，勇于开拓创新，推动侨联基层组织建设再上新台阶

加强基层组织建设是一项打基础、利长远的工作，是一项短期难出成效、长期必见真章的基本功、良心活。要坚持稳中求进，落实“十代会”部署，坚持“两个并重”、“两个拓展”，推动“两个建设”，用好“两项机制”，按照万立骏主席提出的把握“六个关键点”、实现“五个转变”的要求，加速推进基层侨联发展提质增效。华南片区侨资源丰富，基层侨联组织建设等各方面工作基础较好，下一步要继续增强创新意识和担当精神，推进各项工作敢闯敢试、先行先试，努力争当全国侨联系统排头兵，为各地侨联开展工作提供更多有益做法和经验。**一要注重扩大侨联组织在高校、园区和“两新组织”中的有效覆盖。**打破行政化思维定式，发挥主观能动性，充分调度政府、社会各方面资源，结合基层侨联统一社会信用代码赋码工作，争取进一步扩大侨联在新侨聚集的社会群体中组织覆盖。**二要继续织好“两张网”，用好“两项机制”。**充分利用传统侨乡地区侨资源丰富、对外联系广泛的特点，形成特色、发挥效应，将“地方侨联 + 大学侨联 + 校友会”和“基层侨联（涉侨社团组织）+ 海外华侨华人社团”机制做深做实。**三要加大对新侨创新创业和工作生活的关注力度。**努力为新侨创新创业搭建平台，使新侨创新有平台、创业有支撑、就业有渠道、奉献有舞台。**四要充分发挥侨乡优势助力乡村振兴。**要善于挖掘和利用传统侨乡地区的人文优势，发挥侨界代表人士的人脉、资金、技术等资源，与国家乡村振兴战略紧密结合，实现共享双赢。

四、牢记初心使命，锤炼过硬作风，建设高素质侨联干部队伍

做好新时代的侨联工作、推动侨联事业高质量发展需要一支政治上强、作风优良、专业水平高的干部队伍。今年是中国侨联确定的“素质提升年”，希望各级侨联组织与中国侨联同频共振，按照习近平总书记提出的“贴心人”、“实干家”的要求，认真对标新时代要求，围绕政治素质过硬、理论素质增强、能力素质提高、道德素

质提升、廉政素质强化的目标，在不断实践中找差距、补短板、强弱项，不断提高履职尽责的能力和水平。华南片区是推进“一带一路”建设的重要区位，承担着像大湾区建设、西部陆海新通道建设、中国特色社会主义先行示范区建设等重大国家战略任务，各省市侨联组织和侨联干部要看清大势、认清形势、发挥优势，研究侨联组织在服务国家和地区发展大局中的作用发挥，秉持执着朴素的家国情怀、实事求是的严谨作风、饱满热情的工作面貌、积极主动的工作态度，主动投身和服务于国家和民族发展战略需要，在担当作为中展现新时代侨联干部的“精气神”，完成新时代赋予侨联组织的新使命。

同志们，面对中华民族伟大复兴的历史重任，面对海内外侨情深刻变化带来的挑战与机遇，侨联组织责任重大、使命光荣、任务艰巨。我们一定要更加紧密地团结在以习近平同志为核心的党中央周围，不忘初心、牢记使命，提高站位、深化认识，主动作为、大胆探索，注重夯实基层基础，不断创新和丰富组织形式、运行机制和活动方式，奋力推动新时代侨联基层组织建设实现新发展，团结引领广大侨界群众，为全面建成小康社会、实现中华民族伟大复兴的中国梦作出新的更大的贡献。

在“侨连五洲·情满西湖”开幕式上的致辞

（2020年12月5日）

程学源

朱从玖副省长、各位领导，

女士们、先生们、侨胞朋友们：

上午好！

非常高兴和来自全球五大洲60多个国家和地区的200多名侨领、侨商、侨青相聚在美丽的西子湖畔，共同参加由中国侨联、浙江省政府主办的“侨连五洲·情满西湖”活动。在此，我谨代表中国侨联和万立骏主席向活动的顺利举办表示衷心祝贺！向各位嘉宾和朋友们的到来表示热烈欢迎！

“侨连五洲”是中国侨联与相关省级人民政府共同搭建的品牌平台，旨在聚焦侨胞发展、扩大沟通交流、推动合作共赢，更好发挥侨联组织和海外侨胞的独特优势，团结凝聚海内外侨胞为实现中华民族伟大复兴中国梦和构建人类命运共同体贡献力量。浙江钟灵毓秀、人杰地灵，是侨务资源大省和改革开放后的新侨乡，本次“侨连五洲”活动在浙江举办，主题是“弘扬抗疫精神，汇聚侨界力量，深化合作发展，共创美好未来”，相信一定能够汇聚更多共识、拓展更多商机、收获更多成果，为推动浙江乃至长江经济带高质量发展贡献侨界智慧和力量。

侨胞们，朋友们！2020年是不平凡的一年。面对突如其来的新冠肺炎疫情，以习近平同志为核心的党中央始终把人民生命安全和身体健康放在第一位，习近平总书记亲自指挥、亲自部署，统筹兼顾、协调推进，迅速打响了疫情防控的人民战争。抗疫斗争的重大战略成果，充分展示了中国力量、中国精神、中国效率，充分彰显了中国特色社会主义制度的显著优势。在这场惊心动魄的抗疫斗争中，包括海外侨胞在内的全体中华儿女风雨同舟、和衷共济，海外侨团和侨胞迅速反应、发挥作用，倾力驰援国内、奉献当地，再一次展现了华侨华人爱国爱乡爱家的赤子之心和积极回馈住在国的社会担当，我谨代表中国侨联向你们表示崇高的敬意和感谢！

刚刚胜利闭幕的党的十九届五中全会对二〇三五年远景目标和“十四五”时期经济社会发展作出了系统谋划和战略部署，吹响了进军第二个百年目标、全面建设社会主义现代化国家的号角。当前，世界百年未有之大变局进入加速演变期，经济全球化遭遇逆流，民粹主义、排外主义抬头，保护主义、单边主义、霸权主义对世界和平与发展构成威胁，传统的国际循环明显弱化。但和平与发展的时代主题没有改变，新一轮科技革命和产业变革深入发展，人类命运共同体理念日益深入人心，各国人民合作共赢的期待更加强烈。从国内来看，我国已转向高质量发展阶段，经济长期向好基本面没有变，我们正在加快推动形成以国内大循环为主体、国内国际双循环相互促进的新发展格局，我国发展仍然处于重要战略机遇期，继续发展具有多方面优势和条件。

前不久，习近平总书记在广东汕头考察时指出：“华侨一个最重要的特点就是爱国、爱乡、爱自己的家人。这就是中国人、中国文化、中国人的精神、中国心。中国的改革开放，中国的发展建设跟我们有这么一大批心系桑梓、心系祖国的华侨是分不开的。”习近平总书记的重要讲话，充分肯定了侨的贡献，对广大侨胞参与新时代祖（籍）国的建设寄予了期望，是对广大侨胞的巨大鼓舞和鞭策，也为我们打好新时期“侨”牌，扎实做好侨务工作，提出了明确要求，指明了努力方向。在这里我想对广大侨胞分享三点看法。

一是希望广大侨胞融入和回馈住在国，做中华民族良好形象的代言者。海外侨胞是沟通中国与世界、促进不同文明交流互鉴的桥梁纽带，希望大家继承和弘扬中华传统美德，树立荣辱与共意识，构建和谐侨社，展示中华民族良好的国际形象，积极融入和回馈当地社会，与住在国人民和睦相处，为住在国经济社会发展发挥积极作用，为自身发展营造良好环境。

二是希望广大侨胞发挥融通中外优势，做中华文明与世界文明交流互鉴的民间使者。希望大家能通过多种渠道和方式向住在国人民介绍祖（籍）国的旖旎风光和灿烂文化，展示祖（籍）国改革开放的伟大成就，推介祖（籍）国独特优势和发展前景，努力讲好中国故事，讲好中国共产党故事，讲好新时代中国特色社会主义故事，向世界展示一个进步、文明、开放、包容的中国，持续增进共识，促进中外文明交流互鉴，深化中国人民与世界各国人民的友谊。

三是希望广大侨胞推动合作共赢，当好国家改革开放和发展的参与者、推动人类命运共同体建设的贡献者。广大归侨侨眷和海外侨胞是促进我国现代化建设、实现中华民族伟大复兴的重要力量。希望广大侨胞把资金、技术、管理、人脉等优势发挥出来，积极参与“一带一路”建设、长江经济带、粤港澳大湾区建设等国家重大发展战略，更深入地参与国家和地方经济社会建设，共享国家发展的荣光。同时发挥侨界优势，推动合作共赢，助力中国企业“走出去”、“走进去”进而“走上去”，推动“一带一路”倡议这一源自中国、惠及世界的国际公共产品更好服务沿线国家和人民，为推动构建人类命运共同体贡献侨界力量。

最后，祝“侨连五洲·情满西湖”活动取得圆满成功！祝各位来宾、各位朋友，事业发达、家庭幸福、万事如意！

在 2020 年度侨界基金会（代表处）工作交流会议上的讲话

（2020 年 12 月 17 日）

程学源

各位基金会（代表处）代表，

同志们、朋友们：

大家上午好！

时近岁末，我们相聚在秀美的历史文化名城合肥，召开 2020 年度侨界基金会（代表处）工作交流会议，会议的主旨是总结交流侨界基金会（代表处）开展公益慈善活动的情况，谋划今后的工作思路。在此，我代表中国侨联向应邀参加会议，长期活跃在公益慈善领域、与各级侨联组织保持密切联系合作的侨界基金会代表们表示热烈的欢迎！

即将过去的这一年，广大侨界爱心力量与国家和人民共同走过了极不平凡的历程，发挥了极为感人且特殊的作用，侨的贡献得到了党和国家、社会各界的高度认可。

今年 8 月，习近平总书记视察安徽时强调，要保持现有帮扶政策总体稳定，接续推进全面脱贫与乡村振兴有效衔接，推动贫困地区走向全面振兴。习近平总书记的重要讲话为我们进一步明确了努力的方向。会后我们还将赴金寨县进行考察，金寨有着“红军的摇篮、将军的故乡”的美誉，是安徽省面积最大、人口最多的山区县，2020 年 4 月刚刚退出贫困县序列。到金寨实地探访，能够更好地领悟总书记的讲话精神，更好地感受我们党和国家脱贫攻坚事业取得的伟大成就，并为今后开展侨界公益慈善活动带来更多启迪。

在此，我和大家分享我的几点看法。

一、侨界力量参与抗击疫情、脱贫攻坚，充分彰显家国情怀

年初暴发的新冠肺炎疫情是新中国成立以来我国遭遇的传播速度最快、感染范围最广、防控难度最大的重大突发公共卫生事件。面对突如其来的严重疫情，在以习近平同志为核心的党中央领导下，全国各族人民进行了一场惊心动魄的抗疫大战，付出了巨大努力，取得抗击新冠肺炎疫情斗争重大战略成果，创造了人类同疾病斗争史上又一个英勇壮举。

在这场抗疫斗争中，各级侨联组织坚决贯彻习近平总书记一系列重要指示精神和党中央关于疫情防控的决策部署，主动作为，发挥侨界联系广泛、资源汇集的优势，为国家抗疫大局作贡献。中国侨联在大年初一向海内外发出倡议，号召海内外侨胞发扬侨界爱国爱乡的光荣传统，支援抗疫斗争。广大侨胞、侨商侨企和归侨侨眷纷纷响应，积极行动，奉献爱心，驰援武汉、湖北，支持国家和家乡抗疫防疫。特别是在国内疫情暴发初期，广大侨胞在全球采购物资支持国内抗疫，在采集运输物资的过程中发生了许多感人事迹，体现了华侨华人血浓于水的家国情怀。据不完全统计，各级侨联组织共接收捐款捐物 22.28 亿元，当然还有许多捐款捐物的情况是我们暂时没有了解和统计的，这些珍贵的物资，极大地缓解了当时国内抗疫物资短缺的燃眉之急，发挥了重要作用。在国内疫情得到有效控制，海外疫情蔓延的情况下，中国侨联密切配合对外工作大局，与外交部、商务部及驻外使领馆等部门和单位协同协作，积极支持海外侨胞团结抗疫，防范海外疫情输入。中国侨联会同地方侨联向 50 多个国家和地区的海外侨团、侨胞和留学生

寄送“侨爱心防疫包”，各级侨联组织在地方党委政府的支持下，协同多方力量，向五大洲100多个国家和地区的海外侨胞捐赠或协助购买各类防疫物资、开通网上抗疫咨询平台和热线，牵线医疗服务等。不少海外侨胞也投身住在国抗疫工作。习近平总书记在全国抗击新冠肺炎疫情表彰大会对侨界所发挥的作用给予了充分肯定。

2020年也是脱贫攻坚的收官之年。十八大以来，党中央团结带领全党全国各族人民，把脱贫攻坚摆在治国理政突出位置，充分发挥党的领导和中国特色社会主义制度的巨大优势，组织实施了人类历史上规模最大、力度最强的脱贫攻坚战，经过艰苦努力和持续奋斗，我们如期完成了新时代脱贫攻坚目标任务，现行标准下农村贫困人口全部脱贫，贫困县全部摘帽，消除了绝对贫困和区域性整体贫困，近1亿贫困人口实现脱贫。在这场历史性决战中，全国侨联系统积极响应党中央号召，在定点扶贫、社会帮扶救助和困难归侨侨眷关怀慰问等方面，组织侨务资源、侨界公益慈善力量共同参与脱贫攻坚工作。广大侨胞、侨资企业和侨界公益慈善力量竭尽全力的继续支持国内脱贫攻坚事业，捐助桑梓、回馈乡亲，为脱贫攻坚事业作出了侨界贡献。据不完全统计，侨界引进和投入帮扶资金78.6亿元，实施各类中小项目1.5万个，惠及270万人次，充分彰显了侨界爱国爱乡爱家的优良传统和无私奉献的社会责任。

前不久，习近平总书记在广东汕头考察时指出：“华侨一个最重要的特点就是爱国、爱乡、爱自己的家人。这就是中国人、中国文化、中国人的精神、中国心。中国的改革开放，中国的发展建设跟我们有这么一大批心系桑梓、心系祖国的华侨是分不开的。”习近平总书记的重要讲话，充分肯定了侨的贡献，对广大侨胞参与新时代祖国建设寄予了期望，是对广大侨胞的巨大鼓舞和鞭策，也是对我们侨界公益慈善组织所作贡献的肯定。

二、侨界公益慈善组织是侨界爱心力量的典型代表

侨界公益慈善基金会（代表处）基本是侨界代表人士发起设立并开展公益慈善活动的常设机构，有的是知名侨资企业家创设的，有的是汇聚海外众多侨胞的爱心善款、集腋成裘做公益慈善事业的。长期以来，侨界公益慈善组织关心支持文教卫生事业、乐于扶贫济困、改善民生，在公共服务和社会事业发展上起到了拾遗补缺和引领示范作用，特别是在这次抗击疫情和助力脱贫攻坚上都有突出的表现。

一是全力以赴参与抗击疫情方面，黄奕聪慈善基金会所在的金光集团APP（中国）积极响应中国侨联倡议，捐赠1亿元和防疫物资用于抗击疫情；金龙鱼慈善公益基金会先后向湖北捐赠3000万元和物资；思利及人公益基金会捐赠500万元用于武汉抗疫；河仁慈善基金会捐赠1.4亿元支持湖北、福建抗击疫情。天行健慈善基金会作为珠海唯一有资质接收抗疫物资的公益机构，协助地方政府接收了大批海外抗疫物资；陈江和公益基金会也向有关省市捐赠大量急需物品；香港华恩基金会克服各种困难，多方筹集物资支持广西抗疫；唐仲英基金会在多所大学设立“抗疫基金”。中华爱心基金会向山西公安干警和新疆伊犁捐赠药品、医疗设备。正大慈善基金会向全国28个省市、500多家抗疫单位捐赠3784万元的款物。怡海公益基金会向相关医院捐赠防疫物资，并策划组织6期“石榴行动”，关爱女性医护人员。广东的侨界仁爱基金会和侨心慈善基金会主动联系和做好海外侨胞、侨团捐赠引导协助工作。上海市华侨事业发展基金会在抗疫行动中接收4500万元的款物。中国华侨公益基金会在这次抗疫斗争中收到海内外侨界捐赠款物2.76亿元，并及时拨付各地，同时发起“I Will”志愿者行动，为海外同胞提供心理、健康咨询与新冠科普服务，上线《华侨华人抗疫行动指南》，为助力国内、海外疫情防控发挥了重要作用。各省侨联所属基金会也在各自范围内积极协助海外侨胞支援湖北和家乡抗疫。

在海外疫情持续蔓延之时，侨界公益慈善组织借助国内的物资供应，积极支援或投身所在国家和地区抗疫，以爱心善举回馈住在国人民，传递中华民族和衷共济的美德。河仁慈善基金会向美国地方政府和社会捐赠了大批防疫物资。黄奕聪慈善基金会密切关注海外侨胞和留学生的安危，向他们提供防疫物资，并大力支持东南亚国家抗疫。美国角声基金会向纽约当地医疗机构及

当地民众捐赠抗疫物资；香港华恩基金会和美国角声基金会合作，先后向孟加拉国和巴基斯坦的贫困家庭捐赠了多批生活应急物品。怡海公益基金会、正大慈善基金会、上海华侨事业发展基金会分别向海外捐赠了防疫物资。

二是在助力脱贫攻坚方面，天行健慈善基金会多次到西藏林芝以及怒江州泸水市开展眼视光工程慈善活动，为几千名中小学生进行视力筛查和免费配送眼镜；美国角声基金会、香港华恩基金会对口帮扶昭通市侨联开展产业扶贫项目，解决贫困农户增收问题；黄奕聪慈善基金会、欣欣教育基金会向中国侨联定点扶贫的江西上饶市广信区部分学校捐赠基层教育设备；金龙鱼基金会协助所在的益海嘉里集团助力蔚县打造了脱贫致富的大产业；中国华侨公益基金会开展医疗扶贫暖人心，通过“光明行”项目，为近18万例贫困患者实施复明手术；应善良基金会长年支持偏远地区的医疗项目建设；思利及人基金会开展守护儿童健康公益项目，为脱贫攻坚建设“健康防线”；河仁慈善基金会近年来全力支持“三州三区”的地方病防治工作，在医疗卫生事业上投入超过3亿元。正大慈善基金会在四川凉山开展爱心扶贫助学公益活动。怡海公益基金会援助广西百色建设水柜，帮助安徽五保户过大年。上海市华侨事业发展基金会为国家重点扶贫的“三区三州地区”募集4900万元善款。

三是开展特色公益慈善活动方面，中国华侨公益基金会“侨爱心”工程实施以来，已接受捐款20多亿元，项目遍布全国各地，“侨爱心工程”已成为全国侨联系统开展公益事业的品牌项目。黄奕聪慈善基金会，围绕助力均衡教育、培养公益人才、推动城乡融合、战略发展研究四大板块开展公益活动；思利及人公益基金会，开展助学圆梦、快乐足球、新阳光病房学校等项目；金龙鱼慈善公益基金会开展了益海嘉里助学工程、金龙鱼烹饪班、复明工程等公益项目；唐仲英基金会设立奖学金资助高校教育科研，继续推进以唐仲英德育奖学金和爱心奖学金为代表的各项资助活动；美国欣欣教育基金会长年专注中国教育公益事业，致力帮助偏远山区的学校改善设施；香港华恩基金会与美国角声基金会两家合作，在四个地方捐建设立运行儿童之家，助力他们健康成长；中华爱心基金会开展“爱心圆梦工程”，帮助见义勇为英模解决生活困难问题；陈江和基金会大力在“一带一路”国家开展人才培养和生态扶贫；乐善行基金会每年在香港举办活动筹集善款，支持贫困山区卫生事业；善源基金会建立敬文图书馆、设立朱敬文奖学金，践行“为国储才”宗旨；广东的侨心慈善基金会形成“侨心居”建设等慈善品牌项目，侨界仁爱基金会开展系列侨界帮扶活动。怡海公益基金会开展“怡海树人班”“红烛班”等项目，助力教育均衡发展。上海市华侨事业发展基金会开展关爱自闭症公益项目，1500多名孩子受益。

今天与会的侨界基金会（代表处）还有许多公益慈善项目和活动是可圈可点的，在这就不一一列举了。在此，我代表中国侨联对你们，并通过你们对更多的侨界爱心人士表达由衷的感谢和敬意。

三、新发展格局需要侨界公益慈善组织新作为

刚刚闭幕的十九届五中全会，是在我国将进入新发展阶段、实现中华民族伟大复兴正处在关键时期召开的一次具有全局性、历史性意义的重要会议。全会审议通过了《中共中央关于制定国民经济和社会发展第十四个五年规划和二〇三五年远景目标的建议》，明晰擘画“十四五”时期经济社会发展宏图，对接下来5年乃至更长时期的社会经济发展作出系统谋划和战略布局，明确提出了“六个新”的主要目标。“六个新”的发展目标涵盖经济社会发展工作全局，指明了今后一个时期我国发展的目标任务、战略部署，顺应了中国经济实现高质量发展、构建新发展格局的新要求，体现了我国全面深化改革、全面扩大开放的坚定决心，彰显了坚持以人民为中心发展思想的价值立场。

开启全面建设社会主义现代化国家新征程不会是一帆风顺，必然经历坎坷。尽管国内国际形势发生了深刻复杂变化，但中国经济稳中向好，长期向好的基本面没有变，中国经济潜力足、韧性大、活力强、回旋空间大、政策工具多的基本特点没有变，中国发展具有的多面优势和条件没有变。在全面建设社会主义现代化国家的进程中，中国处于社会主义初级阶段的基本国情没有变，满足人民对美好生活的向往与发展的不平衡

不充分这个社会主要矛盾始终还是存在的。当前，我们的保障水平还比较低，还有一些弱势群体需要特别关注，还有一些边远地区需要重点支持，因此侨界公益慈善力量在这些方面能够发挥独特作用。

在此，我提五点希望。

一是做巩固脱贫攻坚成果、深化改革事业的实践者。12月3日，习近平总书记在中共中央政治局常务委员会议上郑重宣布，新时代脱贫攻坚任务的完成，意味着中国全面打赢脱贫攻坚战，中华民族在几千年历史发展中首次整体消除绝对贫困现象，对中国和世界具有里程碑意义。党中央提出“要实现巩固拓展脱贫攻坚成果同乡村振兴有效衔接”，这为我们侨界公益慈善组织助力脱贫攻坚明确了新的努力方向，各侨界公益慈善组织要扎实做好现有品牌，持续推动项目落实，关注关心成果成效，将短期扶贫转化为长期致富，将外部支援转化为内生动力。同时，也要思考工作新的着力点和落脚点，不断深化助力脱贫攻坚的成果。要精心谋划好下一阶段工作，结合实施乡村振兴战略，开拓新业务、发展新事业，实现自身的高质量发展。2021年，中国侨联计划在“侨爱心工程”品牌下设立新项目——“乡村学生眼视光工程”专题活动，在西藏、新疆等边疆地区为乡村学生做视力筛查、举办眼睛健康辅导报告、为近视学生免费配送眼镜，希望大家能够积极参与，共同为社会事业发展和民生需要做贡献。

二是做传播中国声音、讲好中国故事的宣传者。中国发展离不开世界，世界发展也需要中国。传播中国声音，讲好中国故事，将一个全面、真实、立体的中国介绍给世界，不仅仅是各级侨联组织的工作内容，也是海外侨胞和侨界公益慈善组织的共同责任。**一要**讲好中国抗疫故事。当前，新冠肺炎疫情还在世界范围内快速蔓延。正需要国际社会携手抗疫、共克时艰。然而，一些人却处心积虑、不遗余力地将疫情政治化、污名化，试图把水搅浑，用扰乱视听、歪曲事实的手段博取政治筹码。希望大家通过不同渠道向海外发出声音，宣传中国为防控疫情作出的努力和牺牲，宣传中国向国际社会提供的支持和帮助，宣传中国秉持和践行的人类命运共同体理念，生动讲述包含责任与牺牲、充满真诚与大爱的中国抗疫故事。**二要**讲好中国脱贫故事。“中国最贫困人口的脱贫规模举世瞩目，速度之快绝无仅有！”这是联合国开发计划署前署长海伦·克拉克对中国扶贫成就的评价。希望大家结合各自开展和参与的公益项目，总结先进经验，讲典型、讲亮点，帮助更多国家、更多群体了解中国的脱贫事业。**三要**讲好中国公益故事。改革开放以来，侨界公益慈善事业发挥了重要贡献，但是总体上仍感觉，社会对侨的贡献，特别是在公益慈善事业上的贡献，了解还不够，对华侨捐赠工作和华侨慈善文化的了解还有待深入。希望各侨界公益慈善组织和项目所在地侨联组织加强联系，以各种形式广泛宣传海内外侨胞、港澳同胞、侨资企业和涉侨基金会的善行义举。

三是做加强友好交流、促进民心相通的连接者。面对国际疫情蔓延，国际交往受限的困境，我们更要发挥好侨界爱心人士和侨界基金会的桥梁纽带作用，重视每一次活动、每一篇报道、每一份善心，强调精准扶助、惠民实效，凸显民间友好、民心相通、民意所向。要充分借助海外侨胞优势，进一步推动中国慈善事业“走出去”，打好“侨”牌，积极参与“一带一路”沿线国家的公益慈善事业，不断展现中华民族的良好形象，不断扩大侨界公益慈善事业的影响力。

四是做依法依规办会、有章有制行善的遵守者。在此次疫情防控工作中，国内各级各类慈善组织贡献了重要力量，吸引了公众关注，但个别公益组织的不规范作为，也产生了一些负面影响。因此，侨界公益慈善组织也需要引以为戒，及时反思总结经验，不断加强自身建设，提升水平能力，努力将自己的组织建设成为高效、专业、公信力强的现代慈善组织。**一要**健全内部治理结构。根据国家法律法规，及时修订章程，健全管理制度，完善管理规范，增强自我约束、自我管理、自我监督能力，保证基金会合法、有序、长久运行，做到有法可依，规章明晰。**二要**提升精细管理水平。厘清流程，提质增效，不断提高慈善资源的动员能力和配置效率，最大限度发挥慈善事业的经济价值和社会效益，真正实现“取之于社会，服务于社会”的核心价值。**三要**提高社会公众信力。及时准确发布资金项目信息，主动回应社会舆情关注，进一步提高慈善活动透明度，接受政府有关部门监管和社会监督，让慈善事业在阳光下健康发展。

五是做顺应时代发展、创新公益模式的探索者。在疫情防控常态化形势下，我们要清醒地认识到侨资企业在疫情中后期慈善捐赠能力有限、社会捐赠募资难度加大、公益组织生存发展面临诸多挑战。因此，侨界公益慈善组织要善于不断创新，转危为机，闯出一条新道路、开辟一片新天地。**一要**观念创新，创新做事理念，认清现实，积极思考，及时抓住社会捐赠的关注点和热点，深挖慈善事业发展潜力，培育潜在资源，积蓄发展力量。**二要**业务创新，不仅在医疗、教育、健康等传统领域深耕细作，还要开拓文化、环保、科技等新版图，将现有项目做深做细做实，还要将其做广做大做强，不断探索政府关注、人民关切的慈善空白点，在政府职能转变的过程中承担更多重任。**三要**方式创新，顺应互联网蓬勃发展趋势，利用好大数据、云计算、新媒体等方式，把互联网技术广泛应用到慈善工作中。

各级侨联组织要高度重视并积极推动侨界公益慈善工作持续健康发展，要引导侨界公益慈善组织支持地方脱贫攻坚成果巩固，持续做好侨界慈善人士的联谊联络工作，创新工作方式、打造平台，以舆论宣传为抓手，不断营造有利于慈善事业发展的环境，涵养侨界公益慈善资源，为“侨爱心工程”可持续发展凝聚更大更多的力量。基层建设部要加强对侨界公益慈善组织服务管理和工作支持，在党的建设、业务开展、脱贫攻坚信息交流等方面提供指导和帮助，在年检、评估、法人治理建设上给予更多的支持和服务，要对侨界公益慈善组织今后可能会产生的问题，多提醒、多督促，助推侨界公益慈善成为行业发展的示范者和排头兵。

各位代表，“十三五”收官、“十四五”启航，希望大家在实现“两个一百年”奋斗目标的历史进程中，不断贡献新力量，不断谱写新篇章！

预祝年会圆满成功。

在“亲情中华　战疫有侨——海内外侨界凝心聚力抗击新冠肺炎疫情主题展”潮州巡展开幕式上的致辞

（2020年12月10日）

齐全胜

尊敬的万立骏主席，

广东省、潮州市有关方面的领导，

侨界各位朋友、侨乡各位乡亲：

大家上午好！

隆冬时节，南粤大地、潮汕侨乡一派生机勃勃。中国侨联会同广东省侨联、潮州市委市政府举办的“亲情中华·战疫有侨——海内外侨界凝心聚力抗击新冠肺炎疫情主题展”巡展就要开幕了。受万立骏主席的委托，我谨代表中国侨联，对在各有关方面大力支持下本次巡展在潮州顺利举办表示热烈的祝贺，向广东省侨联、潮州市委市政府、潮州市侨联表示衷心的感谢，向广东及潮汕地区广大侨胞和乡亲表示诚挚的问候！

今年9月8日，习近平总书记在全国抗疫表彰大会上发表重要讲话，强调要在全社会大力弘扬生命至上、举国同心、舍生忘死、尊重科学、命运与共的抗疫精神，使其转化为全面建设社会主义现代化国家、实现中华民族伟大复兴的强大力量。10月12日至13日，习近平总书记来到潮汕地区考察调研，赞誉潮汕历史悠久、文化荟萃，是我国著名侨乡，深情肯定广大侨胞浓厚的家国情怀和对祖（籍）国、对家乡建设的贡献，要求我们根据新的实际加强海外华侨工作，引导和激励广大侨胞在支持和参与祖国现代化建设、弘扬中华文化、促进祖国和平统一、密切中外交流合作等方面发挥更大作用。10月26日至29日，党的十九届五中全会胜利召开，擘画了一幅全面建设社会主义现代化国家的宏伟蓝图，明确了“十四五”乃至更长时期我国经济社会发展的行动纲领，极大增强了全国人民及海内外中华儿女创造更加美好生活的信心和力量。

“亲情中华　战疫有侨”展览，在北京成功首展基础上，顺应侨界的期待，来到潮州举办巡展，其目的和意义就在于，反映在以习近平同志为核心的党中央坚强领导下进行的波澜壮阔的中国抗疫斗争，展现海内外侨界在抗疫中的守望相助、倾情奉献，弘扬伟大抗疫精神，激励侨界继续投身常态化疫情防控和经济社会发展，推动国际社会团结合作抗疫；其目的和意义还在于，学习贯彻习近平总书记重要讲话和十九届五中全会精神，弘扬在抗疫中得到进一步彰显的中华民族精神和侨胞家国情怀，激励海内外侨界共享中国发展机遇，投身“十四五”中国高质量发展，助推高水平开放、新发展格局构建、“一带一路”建设，为全面建设社会主义现代化国家和推动构建人类命运共同体作出积极贡献。

潮州作为大侨乡，与海内外有着广泛密切的联系。本次巡展在潮州举办，有利于扩大展览在侨界特别是海外侨胞中的影响，更好发挥抗疫精神、家国情怀的激励作用，传递中国侨联以及家乡对广大侨胞的亲切关怀和诚挚祝愿，进一步坚定广大侨胞的抗疫信心，进一步凝聚奋进新征程、争作新贡献的侨界力量。

朋友们，各位乡亲，中华文化是海内外中

华儿女共同的魂、共有的精神家园，侨乡文化是中华文化的重要组成部分，呈现着斑斓色彩和独特魅力。习近平总书记对保护好侨乡历史文化遗产、延续历史文脉提出了明确要求。作为本次展览承办单位之一的中国华侨历史博物馆，是中国侨联的一个重要文化阵地和窗口，是全国爱国主义教育示范基地，最近又荣获全国文明单位称号，承担着征集、挖掘、研究、展示侨界文博资源，服务海内外侨界、凝聚侨心侨力的职责。中国侨联将支持中国华侨历史博物馆以本次巡展为契机，进一步加强与侨乡文博机构的联系与合作，共同推动涉侨文博事业发展，为不断增强中华文化影响力和海内外中华儿女凝聚力作出应有贡献。

最后，祝本次巡展取得圆满成功！祝侨乡潮州在新发展阶段、新征程上更加欣欣向荣，祝广大侨胞和乡亲身体健康、阖家幸福，预祝新年胜意！

中国侨联

年鉴

大　事　记

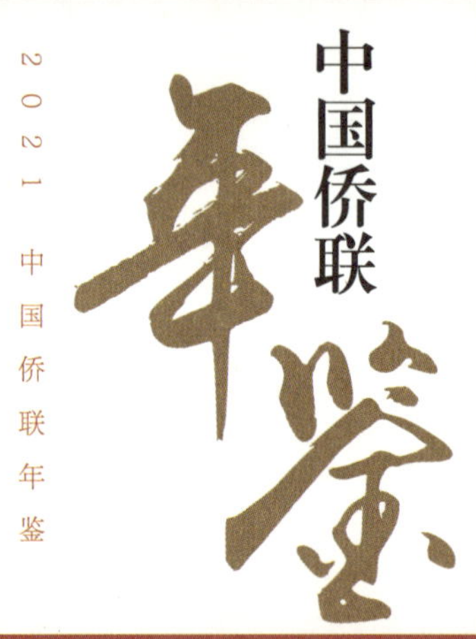
中国侨联
年鉴
2021 中国侨联年鉴

·发文发电·

2020年1月

1. 1月2日我会向各省、自治区、直辖市侨联，新疆生产建设兵团侨联，中央和国家机关、中央企业侨联，中国侨联机关各部门、各直属企事业单位印发《中国侨联关于表彰2019年度优秀调研课题成果的决定》(中侨发〔2020〕1号)

2. 1月10日我会向各省、自治区、直辖市侨联，新疆生产建设兵团侨联，中央和国家机关侨联，中央企业侨联，中国侨联机关各部门、各直属企事业单位印发《中国侨联关于通报表彰2018年全国侨联系统信息工作先进单位的决定》(中侨发〔2020〕2号)

3. 1月14日我会党组向直属机关各党支部、中国企业经营咨询公司党委印发《中国侨联党组关于印发中央第七巡视组巡视中华全国归国华侨联合会党组情况反馈会议文件的通知》(中侨党字〔2020〕2号)

4. 1月16日我会向各省、自治区、直辖市侨联，新疆生产建设兵团侨联，中央和国家机关、中央企业侨联印发《中国侨联关于印发中国侨联青年委员会第四次委员大会文件的通知》(中侨发〔2020〕3号)

5. 1月17日我会向各省、自治区、直辖市侨联，新疆生产建设兵团侨联，中央和国家机关、中央企业侨联，中国侨联机关各部门、各直属企事业单位印发《中国侨联关于印发十届三次全委会议文件的通知》(中侨发〔2020〕4号)

6. 1月19日我会党组向中共中央呈报《中国侨联党组关于2019年度工作情况和2020年工作安排的报告》(中侨(党)呈〔2019〕5号)

2020年2月

1. 2月3日我会向各省、自治区、直辖市侨联，新疆生产建设兵团侨联，中央和国家机关、中央企业侨联，中国侨联机关各部门、各直属企事业单位印发《中国侨联关于印发〈中国侨联2020年工作要点〉的通知》(中侨发〔2020〕5号)

2. 2月3日我会向机关各部门、各直属企事业单位印发《中国侨联办公厅关于做好新冠肺炎疫情防控工作的通知》(中侨发〔2020〕5号)

3. 2月19日我会党组向机关各部门、各直属企事业单位印发《中国侨联党组关于印发〈中国侨联党组巡视整改任务台账〉的通知》(中侨党字〔2020〕3号)

4. 2月24日我会党组向机关各部门、各直属企事业单位印发《关于印发〈2020年中国侨联党的建设工作要点〉的通知》(中侨党字〔2020〕4号)

5. 2月24日我会党组向机关各部门、各直属企事业单位印发《关于印发〈中国侨联“素质提升年”活动实施方案〉的通知》(中侨党字〔2020〕5号)

6. 2月27日我会党组向直属机关各党支部、中国企业经营咨询公司党委印发《关于成立中国侨联党的建设工作领导小组的通知》(中侨党字〔2020〕7号)

7. 2月27日我会党组向党组理论学习中心组(扩大)成员印发《关于印发〈中国侨联党组理论学习中心组2020年专题学习重点内容安排〉和学习计划表的通知》(中侨党字〔2020〕8号)

8. 2月28日我会办公厅向机关各部门、各直属企事业单位印发《关于印发〈中国侨联机关干部调查研究实施办法〉的通知》(中侨厅〔2020〕3号)

2020年3月

1. 3月25日我会向各省、自治区、直辖市侨联，新疆生产建设兵团侨联，中央和国家机关、中央企业侨联，中国侨联机关各部门、各直属企事业单位印发《中国侨联关于深入学习贯彻党中央决策部署　进一步做好疫情期间海外侨胞和归侨侨眷联系服务工作的通知》(中侨发〔2020〕6号)。

大事记

2020年4月

1. 4月6日我会办公厅向各省、自治区、直辖市侨联，新疆生产建设兵团侨联，中央和国家机关、中央企业侨联印发《中国侨联办公厅关于印发〈中国侨联规章制度（2019）〉的通知》（中侨厅函〔2020〕22号）

2. 4月8日我会向全国人大常委会法工委印发《中国侨联关于尽快修改〈中华人民共和国归侨侨眷权益保护法〉的建议函》（中侨函〔2020〕22号）

3. 4月9日我会办公厅向天津、山西、吉林、上海、江苏、浙江、福建、山东、四川、云南省（市）侨联印发《中国侨联办公厅关于确定中国侨联驻会领导基层联系点的通知》（中侨厅函〔2020〕23号）

4. 4月21日我会办公厅向机关各部门，华侨历史博物馆、华侨华人研究所、公益事业管理服务中心印发《关于印发〈中国侨联全面实施预算绩效管理实施方案〉的通知》（中侨厅〔2020〕6号）

5. 4月21日我会办公厅向机关各部门、各直属企事业单位印发《关于印发〈中国侨联办公厅机要室工作细则〉的通知》（中侨厅〔2020〕7号）

6. 4月30日我会向机关各部门、各直属企事业单位印发《关于印发〈中国侨联经济科技部工作规划（2020-2024年）〉的通知》（中侨发〔2020〕8号）

2020年5月

1. 5月11日我会复函湖北省人民政府《中国侨联关于共同主办庚子年世界华人炎帝故里寻根节的复函》（中侨函〔2020〕32号）

2. 5月12日我会复函中国兰州投资贸易洽谈会组委会《中国侨联关于第二十六届中国兰州投资贸易洽谈会（网上）总体方案意见的复函》（中侨函〔2020〕33号）

3. 5月14日我会办公厅向中央办公厅报送《中国侨联办公厅关于〈中国侨联机关党员领导干部述责述廉的实施办法〉〈中国侨联各级党组织落实党风廉政建设“两个责任”具体措施〉的备案报告》（中侨厅〔2020〕8号）

4. 5月27日我会向各省、自治区、直辖市侨联，新疆生产建设兵团侨联，中央和国家机关、中央企业侨联，中国侨联机关各部门、各直属企事业单位印发《中国侨联印发〈关于切实做好疫情期间华侨工作的措施〉的通知》（中侨发〔2020〕10号）

5. 5月28日我会向机关各部门、各直属企事业单位印发《关于印发〈中国侨联保密委员会工作规则〉〈中国侨联保密工作管理办法（试行）〉的通知》（中侨发〔2020〕11号）

6. 5月29日我会向各省、自治区、直辖市侨联，新疆生产建设兵团侨联，中央和国家机关、中央企业侨联，中国侨联机关各部门、各直属企事业单位印发《中国侨联印发〈关于在侨界群众中培育和践行社会主义核心价值观的实施意见〉的通知》（中侨发〔2020〕12号）

2020年6月

1. 6月5日我会党组向中央宣传部呈报《中国侨联党组关于报送〈中国侨联党组关于落实意识形态工作责任制的整改报告〉的函》（中侨党字〔2020〕23号）

2. 6月8日我会党组向中共中央纪委、国家监委呈报《关于中央第七巡视组对中国侨联党组巡视反馈意见整改落实进展情况的报告》（中侨（党）呈〔2020〕16号）

3. 6月10日我会党组向直属机关各党支部、中国企业经营咨询公司党委呈报《关于印发〈中国侨联党组关于加强和改进机关党的建设的意见〉的通知》（中侨党字〔2020〕24号）

4. 6月13日我会办公厅向机关各部门、各直属企事业单位印发《关于进一步加强各部门各单位疫情防控工作的通知》（中侨厅〔2020〕10号）

2020年7月

1. 7月2日我会办公厅向各省、自治区、直辖市侨联，新疆生产建设兵团侨联，中央和国家机关、中央企业侨联印发《中国侨联办公厅关于举办纪念归侨侨眷权益保护法颁布30周年暨第二届“侨商杯”法律知识竞赛活动的通知》（中侨厅函〔2020〕50号）

2. 7月8日我会办公厅向各省、自治区、直辖市侨联，新疆生产建设兵团侨联印发《中国侨联办公厅关于做好第二十一届世界华人

学生作文大赛征稿工作的通知》（中侨厅函〔2020〕59号）

3. 7月13日我会办公厅向各省、自治区、直辖市侨联，新疆生产建设兵团侨联，中央和国家机关、中央企业侨联印发《中国侨联办公厅关于做好"七五"普法总结验收工作的通知》（中侨厅函〔2020〕60号）

4. 7月17日我会党组向直属机关各党支部、中国企业经营咨询公司党委印发送《关于印发〈中国侨联党组关于违反党风廉政建设责任制规定责任追究实施办法〉的通知》（中侨党字〔2020〕28号）

5. 7月23日我会办公厅向各省、自治区、直辖市侨联，新疆生产建设兵团侨联，中央和国家机关、中央企业侨联，中央军委政治工作部组织局群团处，中国侨联机关各部门、各直属企事业单位印发《中国侨联办公厅关于召开中国侨联十届五次常委会议的通知》（中侨厅〔2020〕12号）

2020年8月

1. 8月12日我会向各省、自治区、直辖市侨联，新疆生产建设兵团侨联，中央和国家机关、中央企业侨联，中国侨联机关各部门、各直属企事业单位印发《中国侨联关于印发十届五次常委会议文件的通知》（中侨发〔2020〕14号）

2. 8月18日我会办公厅向温州大学复函《中国侨联办公厅关于同意设立中国华侨华人研究（温州大学）基地的复函》（中侨厅函〔2020〕78号）

3. 8月27日我会办公厅向上海、江苏、浙江、安徽、福建、江西、山东、湖北、湖南、广东、广西、海南、重庆、四川、贵州、云南省（自治区、直辖市）侨联印发《中国侨联关于举办部分基层侨联组织负责人研修培训活动的通知》（中侨厅函〔2020〕86号）

2020年9月

1. 9月22日我会办公厅与中央统战部办公厅联合向各省、自治区、直辖市党委统战部、侨联，新疆生产建设兵团党委统战部、侨联印发《中央统战部办公厅、中国侨联办公厅关于做好〈涉侨法律政策指南〉宣传和使用工作的通知》（厅字〔2020〕31号）

2. 9月27日我会党组向直属机关各党支部、中国企业经营咨询公司党委印发《关于中央第七巡视组对中国侨联党组巡视反馈意见整改落实进展情况的通报》（中侨党字〔2020〕38号）

2020年10月

1. 10月16日我会办公厅向四川省侨联复函《中国侨联办公厅关于同意作为2020年成都海外华侨华人社团大会指导单位的复函》（中侨厅函〔2020〕110号）

2. 10月23日我会办公厅向各省、自治区、直辖市侨联，新疆生产建设兵团侨联，中央和国家机关、中央企业侨联，中国侨联机关各部门、各直属企事业单位印发《中国侨联办公厅关于认真组织学习〈习近平关于侨务工作论述摘编〉的通知》（中侨厅〔2020〕13号）

3. 10月26日我会办公厅向山东省侨联复函《中国侨联办公厅关于同意作为"山东儒商会启动仪式暨全球儒商交流会"支持单位的复函》（中侨厅函〔2020〕115号）

4. 10月27日我会办公厅向浙江省侨联复函《中国侨联办公厅关于2020年第三届华侨进口商品博览会暨青田进口葡萄酒交易会、首届国际咖啡博览会指导单位事的复函》（中侨厅函〔2020〕116号）

2020年11月

1. 11月2日我会向全国政协办公厅呈报《中国侨联关于报送全国政协侨联界委员赴海南考察报告的函》（中侨函〔2020〕109号）

2. 11月2日我会办公厅向机关各部门、各直属企事业单位印发《关于印发我会内设领导机构组成人员名单的通知》（中侨厅〔2020〕14号）

3. 11月3日我会向各省、自治区、直辖市侨联，新疆生产建设兵团侨联，中央和国家机关、中央企业侨联印发《中国侨联关于表彰第八届"中国侨界贡献奖"获奖者的决定》（中侨发〔2020〕5号）

4. 11月6日我会向各省、自治区、直辖市侨联，新疆生产建设兵团侨联，中央和国家机关、中央企业侨联印发《中国侨联关于确认第八批"中国华侨国际文化交流基地"的通知》（中侨发〔2020〕6号）

5. 11月10日我会办公厅向中央全面深化改革委员会办公室呈报《中国侨联办公厅关于报送全面深化改革落实情况总结评估报告的函》（中侨厅函〔2020〕124号）

6. 11月13日我会党组向中共中央呈报《中国侨联党组关于传达学习宣传贯彻党的十九届五中全会情况的报告》（中侨（党）呈〔2020〕27号）

7. 11月24日我会办公厅向各省、自治区、直辖市侨联，新疆生产建设兵团侨联，中央和国家机关、中央企业侨联印发《中国侨联办公厅关于开展抗击新冠肺炎疫情通报表彰活动的通知》（中侨厅函〔2020〕133号）

8. 11月24日我会办公厅向各省、自治区、直辖市侨联，新疆生产建设兵团侨联印发《中国侨联办公厅关于开展全国侨联系统助力脱贫攻坚通报表彰活动的通知》（中侨厅函〔2020〕134号）

9. 11月24日我会办公厅向各省、自治区、直辖市侨联，新疆生产建设兵团侨联印发《中国侨联办公厅关于开展全国侨联系统“侨胞之家”典型选树单位通报表彰活动的通知》（中侨厅函〔2020〕135号）

2020年12月

1. 12月3日我会办公厅致函最高人民法院办公厅《中国侨联办公厅关于〈最高人民法院关于为跨境诉讼当事人提供网上立案服务的若干规定（征求意见稿）〉的复函》（中侨厅函〔2020〕139号）

2. 12月7日我会办公厅向各省、自治区、直辖市侨联，新疆生产建设兵团侨联印发《中国侨联办公厅关于举办第二届“侨商杯”法律知识竞赛颁奖仪式的通知》（中侨厅函〔2020〕143号）

·会议活动·

2020年1月

1. 1月3日，齐全胜同志出席全国宣传部长会议。

2. 1月5日，万立骏、李卓彬、隋军、齐全胜同志出席中央第七巡视组向中国侨联党组巡视反馈会。

3. 1月6日，齐全胜同志走访调研中国华侨出版社新址并座谈发展规划。

4. 1月6日下午，万立骏、李卓彬、隋军、齐全胜同志列席中央书记处办公会议，万立骏同志代表党组汇报工作。

5. 1月7日，万立骏、隋军、齐全胜同志出席中共中国侨联直属机关委员会第七次代表大会。

6. 1月7日，李卓彬同志出席致公党中央民主生活会。

7. 1月8日，万立骏同志出席“不忘初心、牢记使命”主题教育总结大会。

8. 1月8日，李卓彬同志在北京大学经济学院出席2020年中国侨联特聘专家、侨创联盟理事建言献策座谈会。

9. 1月8日，齐全胜同志出席中新社华侨华人年度评选颁奖。

10. 1月9日下午，万立骏同志主持召开十届三十二次党组会议，李卓彬、隋军、齐全胜同志参加。

11. 1月9日，隋军同志出席全国统战部长会议。

12. 1月10日，万立骏、李卓彬、隋军、齐全胜同志出席中国侨联意识形态工作领导小组暨中国侨联网络安全与信息化工作领导小组会议。

13. 1月10日，齐全胜同志在中国华侨历史博物馆出席“秋色花街映乾坤——侨乡佛山非遗文化展”开幕式。

14. 1月11日，万立骏、李卓彬、隋军、齐全胜同志出席中国侨联十届四次主席会议、十届四次常委会议。

15. 1月12日，万立骏、李卓彬、隋军、齐全胜同志出席中国侨联十届三次全委会议。

16. 1月13日，万立骏同志出席十九届中央纪委四次全会。

17. 1月13日，李卓彬、隋军、齐全胜同志出席侨联专项工作通报会。

18. 1月13日下午，隋军同志出席2020年中国侨联青委会会长座谈会。

19. 1月14日上午，万立骏同志会见新希望六和集团董事长刘畅一行。

20. 1月14日，隋军同志出席中国侨联巡视整改工作领导小组办公室工作会议。

21. 1月14日至18日，齐全胜同志出席上海市政协十三届三次会议。

22. 1月15日，万立骏同志主持召开十届二十三次主席办公会议、十届党组三十三次会议，李卓彬、隋军同志参加。

23. 1月16日，隋军同志走访慰问老干部姜凤岩、陈怡祥、苏渊海。

24. 1月16日，李卓彬同志出席全国政协常委专题座谈会。

25. 1月16日，隋军同志出席2020首都侨界新春联谊会。

26. 1月17日，万立骏、李卓彬、隋军同志出席2020年中国侨联机关春节联欢会。

27. 1月17日，李卓彬同志会见泰国曼谷银行副总裁洪钦雄一行。

28. 1月17日，隋军同志出席全国组织部长工作会议。

29. 1月18日，中国侨联党组书记、主席万立骏发表二〇二〇年新春贺词。

30. 1月18日至22日，隋军同志赴湖北、江西、福建走访慰问。

31. 1月19日至20日，李卓彬同志赴海南、广东走访慰问。

32. 1月21日，李卓彬同志赴广东致公党省委机关调研。

33. 1月21日，万立骏同志出席中央精神文明建设委员会第三次全体会议。

2020 年 2 月

1. 2 月 3 日，万立骏同志主持召开十届党组三十四次会议，李卓彬、隋军、齐全胜同志参加。

2. 2 月 3 日，万立骏、李卓彬、隋军、齐全胜同志出席中国侨联机关部门负责人、事业单位负责人会议，部署新冠肺炎疫情防控等工作。

3. 2 月 12 日，隋军同志主持召开中国侨联所属企业改革工作第八次汇报会。

4. 2 月 17 日，万立骏同志主持召开十届党组三十五次会议，李卓彬、隋军、齐全胜同志参加。

5. 2 月 19 日，万立骏、李卓彬、隋军同志到侨联事业楼、华侨大厦调研检查直属单位疫情防控工作，看望慰问干部职工。

6. 2 月 23 日，万立骏、李卓彬、隋军、齐全胜同志在侨联分会场出席统筹推进新冠肺炎疫情防控和经济社会发展工作部署电视电话会议。

7. 2 月 24 日，万立骏同志主持召开十届党组三十六次会议，李卓彬、隋军、齐全胜同志参加。

8. 2 月 25 日，万立骏、隋军同志赴中央纪委国家监委驻中央统战部纪检监察组沟通工作。

2020 年 3 月

1. 3 月 3 日，隋军同志赴中央统战部会商工作。

2. 3 月 3 日，隋军同志出席中国侨联直属机关七届二次党委会议、七届纪委二次会议。

3. 3 月 5 日，万立骏同志在北京市朝阳区调研侨资企业复工复产和疫情防控情况。

4. 3 月 6 日，隋军同志赴中央统战部会商工作。

5. 3 月 9 日，万立骏同志主持召开十届党组三十七次会议，李卓彬、隋军、齐全胜同志参加。

6. 3 月 10 日、27 日，隋军同志主持召开中企公司解除代持股权专题会。

7. 3 月 11 日，李卓彬、齐全胜同志到北京安贞医院看望慰问北京援鄂医疗队谢江医生家属。

8. 3 月 12 日，万立骏、隋军同志到北京大学医学部看望慰问抗疫一线侨界医护工作者家属代表和所在科室人员代表。

9. 3 月 17 日，万立骏、隋军、程学源、齐全胜同志出席中国侨联 2020 年一季度海外工作联席会议。

10. 3 月 17 日，程学源同志出席国务院应对新冠肺炎疫情联防联控机制外事组会议。

11. 3 月 20 日，万立骏同志主持召开十届二十四次主席办公会议，李卓彬、隋军、齐全胜同志参加。

12. 3 月 20 日，万立骏同志主持召开十届党组三十八次会议，李卓彬、隋军、齐全胜同志参加。

13. 3 月 25 日，万立骏同志主持召开十届党组三十九次会议，李卓彬、隋军、程学源、齐全胜同志参加。

14. 3 月 30 日，程学源同志主持召开中国侨联应对新冠肺炎疫情工作领导小组海外工作小组第一次会议。

15. 3 月 31 日，万立骏、李卓彬、隋军、程学源、齐全胜同志参加党组巡视整改专题民主生活会。

16. 本月，继续抓好中央巡视整改工作。截至 3 月 20 日，总台账 103 项举措中 26 项已完成，8 项基本完成，69 项已启动；意识形态专项 63 项措施中，30 项已完成，33 项已经启动；选人用人专项 40 项举措中，28 项已完成。

17. 本月，继续组织为疫情防控捐款捐物。截至 3 月 25 日 18 时，中国华侨公益基金会共到账捐赠款 2.37 亿元人民币、196 万美元、210 万港币。根据疫情防控需要和捐赠人意愿，已分 15 批次向相关地区疫情防控指挥部指定机构拨款 1.97 亿元。全会共有 274 名党员干部捐款 120,144.67 元。另据不完全统计，截至 3 月 26 日，中国侨商联合会会员企业累计捐赠款物 8.67 亿。

18. 本月，进一步加强对各省级侨联疫情期间海外侨胞和归侨侨眷联系服务工作的指导，印发通知提出具体要求。党组决定在中国侨联应对新冠肺炎疫情领导小组下设海外工作小组，由程学源同志任组长，办公室设在联谊联络部。截至 3 月 27 日，海外工作小组已与受疫情影响严重且侨胞人数较多的 21 个我驻外使领馆和中国侨联海外顾问、委员、青年委员以及重要侨领、侨团负责人等近300人了解情况，掌握相关国家疫情变化和侨胞受疫情影响情况。

19. 本月，助力海外侨胞抗击新冠肺炎疫情，努力做好稳侨、助侨、暖侨工作。中国华侨公益基金会联合地方侨联、爱心企业，为海外侨团、侨胞和留学人员抗击疫情，提供物资捐赠、心理疏导、资讯服务等援助。

20. 本月，中国侨商联合会向侨商会员、侨资企业及省级侨商会开展侨企复工复产情况第二轮问卷调研，及时汇总、分析侨企复工复产情况，积极帮助协调解决困难，继续推动侨资企业复工复产。

21. 本月，继续加强疫情防控宣传和舆论引导工作。截至3月28日，中国侨联官网打赢新型冠状病毒感染的肺炎防控阻击战专题，累计发布稿件1627篇。中国侨联微信公众号发布关于疫情防控工作等各类文章944篇。开展“亲情中华·同心战疫”网络放歌活动，在“开问网”平台累计发布由演艺界知名人士和侨界群众、医护人员等创作的作品211篇，网上观看、收听达300余万人次。

2020年4月

1. 4月7日，隋军、齐全胜同志出席中国侨联机关信息化建设专题会。

2. 4月9日，李卓彬同志赴中央统战部出席第三届世界华侨华人工商大会第一次筹备工作协调会。

3. 4月9日、16日，隋军同志分别主持召开中企公司和华侨公益基金会退出股权代持工作会议。

4. 4月10日，万立骏、李卓彬、隋军、程学源、齐全胜同志出席中国侨联党组理论学习中心组会议。

5. 4月13日，万立骏同志主持召开十届二十五次主席办公会议、十届党组四十次会议，李卓彬、隋军、程学源、齐全胜同志参加。

6. 4月15日，隋军同志出席中国侨联直属机关党委2019年度机关党建述职评议考核会。

7. 4月17日，隋军同志主持召开中国侨联保密委员会2020年第一次学习会。

8. 4月17日，万立骏、李卓彬、隋军、程学源、齐全胜同志出席中国侨联外事工作领导小组2020年第一次会议。

9. 4月20日，齐全胜同志参加文化交流部党支部党员大会。

10. 4月21日，程学源同志到中国侨联公益事业管理服务中心调研。

11. 4月22日，万立骏、李卓彬、隋军、程学源、齐全胜同志出席中国侨联党组理论学习中心组会议。

12. 4月23日，隋军同志到中国华侨华人研究所调研。

13. 4月24日，万立骏同志主持召开十届二十六次主席办公会议、十届党组四十一次会议，李卓彬、隋军、程学源、齐全胜同志参加。

14. 4月26日，程学源同志参加联谊联络部党支部党员大会。

15. 4月27日，李卓彬同志主持召开中国侨联建议、议案、提案办理工作领导小组和扶贫领导小组会议。

16. 4月28日，隋军同志出席2020年中央和国家机关党的工作暨纪检工作会议。

17. 4月28日，隋军同志主持召开中国侨联直属机关党委七届三次会议。

18. 4月29日，万立骏、李卓彬、隋军、程学源、齐全胜同志出席中国侨联2020年党的建设暨党风廉政建设会议。

19. 4月29日，万立骏同志主持召开十届党组四十二次会议，李卓彬、隋军、程学源、齐全胜同志参加。

20. 4月30日，程学源同志主持召开中国侨联援建华侨冰雪博物馆第三次工作协调会，会见河北省张家口市委常委、崇礼区委书记王彪一行。

21. 本月，继续掌握重点国家地区涉侨疫情。截至4月28日，已与97个我驻外使领馆、737名侨领联系，了解掌握92个国家疫情变化和侨胞情况，编印38期《海外疫情动态》。

22. 本月，继续组织为疫情防控捐款捐物。截至4月26日，中国华侨公益基金会共到账捐赠款人民币2.56亿元、美元204万元、港币210万元。通过各地侨联和相关单位申请，已分23批次拨款2.56亿元人民币。

23. 本月，继续加强疫情防控宣传和舆论引导工作。截至4月28日，中国侨联官网累计发布抗疫稿件2237篇，微信公众号发布关于疫情防控工作等各类文章1681篇。中国华侨华人研究所与清华大学华商研究中心共同举办7场“海外华商谈抗疫”在线观察系列活动。

24. 本月，继续认真开展巡视整改工作。专题研究巡视组指出的典型问题整改工作，向驻部纪检监察组报送《中国侨联党组关于对第四轮巡视发现的典型问题整改进展情况的报告》。

25. 本月，推出“亲情中华·为你讲故事”网上夏令营活动，陆续在网上发布中华文化小故事，组织海外华裔青少年收听收看。截至4月28日，已发布44篇，累计听众60余万人。继续推进“亲情中华·同心战疫”活动，已发布歌曲、诗朗诵、舞蹈、杂技、说唱等文艺作品300件，网上观看、收听达630.3万人次。首次开展“直播间里云游侨博”活动。自4月28日起，分4期开展线上直播活动，带观众足不出户看展览。

2020年5月

1. 5月8日，万立骏、隋军同志出席中国侨联青年干部座谈会。

2. 5月9日，程学源同志出席国务院应对新型冠状病毒感染肺炎疫情联防联控机制例会。

3. 5月11日、19日，隋军同志主持召开中国侨联所属企业代持私企股权整改工作小组会议。

4. 5月12日，李卓彬同志出席中国侨联法顾委海外律师团全球疫情线上研讨会。

5. 5月12日，齐全胜同志出席中国侨联网上夏令营专题活动。

6. 5月13日，万立骏、李卓彬同志到北京市朝阳区调研，听取企业防疫和生产经营情况介绍，了解朝阳区侨情和侨联组织抗疫工作，发放侨爱心复工防疫包，为侨之家授牌。

7. 5月13日，齐全胜同志出席首都国医名师施小墨教授为海外华裔青少年讲中医故事视频录制活动。

8. 5月14日，万立骏、齐全胜同志实地检查中国华侨历史博物馆开馆准备工作。

9. 5月15日，万立骏、隋军同志出席中国侨联机关“素质提升年”座谈会。

10. 5月15日，齐全胜同志在中国华侨历史博物馆出席“千年沧桑皆姓唐”——明信片上的唐人街特展开幕式。

11. 5月17日至27日，李卓彬同志出席全国政协十三届三次会议、全国政协十三届常委会第十次和第十一次会议。

12. 5月19日，万立骏同志主持召开中国侨联国家安全人民防线建设小组会议，隋军同志出席。

13. 5月19日，隋军同志主持召开中国侨联保密委员会2020年第二次全体会议。

14. 5月21日，程学源同志主持召开2020年中国侨联第二次海外工作联席会议。

15. 5月23日，赵乐际同志看望出席全国政协十三届三次会议的民盟、致公党、侨联界委员并参加讨论。中国侨联兼职副主席、中央和国家机关侨联主席邵旭军，中国侨联兼职副主席、四川省侨联主席刘以勤在会上发言。

16. 5月25日，万立骏、隋军、程学源、齐全胜同志出席中国侨联巡视整改工作领导小组会议。

17. 5月25日，万立骏同志主持召开十届二十七次主席办公会议、十届党组四十三次会议，隋军、程学源、齐全胜同志参加。

18. 5月25日，齐全胜同志出席中国侨联网络与信息化建设领导小组办公室会议。

19. 5月26日至27日，隋军同志赴天津调研。

20. 5月26日，程学源同志出席国务院应对新型冠状病毒感染肺炎疫情联防联控机制外事组会议。

21. 5月27日，程学源同志出席北京冬奥会外事暨港澳台工作协调小组第一次全体会议。

22. 5月27日，齐全胜同志参加人民日报海外网“海客两会对话”栏目直播活动。

23. 5月29日，万立骏同志主持召开党组理论学习中心组（扩大）会议，董中原、李卓彬同志传达2020年全国“两会”精神，隋军、程学源、齐全胜同志出席。

24. 本月，党组专题研究出台《中国侨联关于切实做好疫情期间华侨工作的措施》，明确侨联在疫情期间做好华侨工作的主要任务、工作要求和具体内容，围绕加强联谊联络工作、帮助华侨解决防疫实际困难、为海外染疫华侨救治工作提供必要协助、做好宣传和舆论引导工作等4个方面提出15项助侨、暖侨、稳侨工作措施，向海外华侨传递党和政府及侨联组织的关心关爱，努力稳人心、暖人心、树信心。

25. 本月，继续组织归侨侨眷和海外侨胞为疫情防控捐款捐物。截至目前，中国华侨公益基金会共到账捐赠款2.56亿元人民币、205万美元、210万港币，已分27批次拨款2.63亿元，并在基金会官网作出公告。

26. 本月，继续助力国内、海外抗击新冠肺炎疫情。中国华侨公益基金会采购373万元物资，支援意大利、韩国、智利等国家以及广州地区部分院校疫情防控；拨付10万元资助天津市侨联继续开展“侨爱心健康包”活动；捐赠德国侨胞防疫工作委员会1500人份金花清感颗粒；支持意大利9.1万只一次性医用非灭菌口罩抗击疫情。

27. 本月，继续掌握重点国家地区涉侨疫情。截至5月28日，已与107个我驻外使领馆、895名侨领联系，了解掌握102个国家疫情变化和侨胞情况，编印48期《海外疫情动态》。

28. 本月，继续做好疫情防控宣传和舆论引导工作。截至5月28日，中国侨联官网打赢新型冠状病毒感染的肺炎防控阻击战专题，累计发布稿件2758篇。中国侨联微信公众号发布关于疫情防控工作等各类文章2181篇。继续开展“亲情中华·同心战疫”网络放歌活动，突出和平发展、合作共赢，推动构建人类命运共同体，网络平台发布作品354余部（件），点击量增至842.3万人次。中国华侨历史博物馆举办“云游侨博”第4期双语直播、第5期闽南语、广府话直播，相关媒体平台网站点击量87.4万人次。中国华侨华人研究所与清华大学华商研究中心共同举办“海外华商谈抗疫”在线观察系列活动第8场法国、第9场俄罗斯、第10场巴西专场访谈。

29. 本月，继续开展“亲情中华·为你讲故事”网上夏令营活动。通过优化课程内容，增加地方特色文化宣讲课程，受到海外华裔青少年的欢迎。截至5月底，海外华裔青少年有组织参营人数1.2万余人，课程浏览量246.5万人次。

2020年6月

1. 6月1日，隋军同志主持召开解除中企公司代持股权整改工作小组会。

2. 6月1日，隋军同志主持召开巡视整改领导小组办公室主任会。

3. 6月2日上午，万立骏同志主持召开十届党组四十四次会议，隋军、程学源、齐全胜同志参加。

4. 6月3日，隋军同志参加办公厅党支部党员大会。

5. 6月4日，隋军同志出席中国侨联直属机关党委委员、纪委委员集体学习会议。

6. 6月8日至11日，程学源同志赴山东省枣庄市、青岛市调研。

7. 6月10日，中国华侨历史博物馆党支部举办学习报告会，邀请全国政协委员、人民日报社原副总编辑张首映作题为《认识把握世界大变局之战略机遇期》的辅导报告，隋军、齐全胜同志出席。

8. 6月12日，万立骏同志主持召开十届二十八次主席办公会议、十届党组四十五次会议，李卓彬、隋军、程学源同志参加。

9. 6月12日，齐全胜同志率中国侨联讲师团到人民网录制“全球抗疫中的侨界担当”宣讲视频。

10. 6月17日，隋军同志参加办公厅第一、二党小组保密教育学习会。

11. 6月20日至21日，由中华文化促进会、中国华侨国际文化交流促进会指导，“五洲同心·世界一家”24小时“云端音乐会”举办，央视网、央视频、哔哩哔哩以及海外华文媒体等平台进行全球播出。音乐会旨在感谢所有为抗击疫情作出贡献的人们，弘扬海内外侨界守望相助、同心抗疫的正能量，加强中国与世界各国的文化交流，用音乐架起沟通的桥梁，促进构建人类命运共同体。来自全球五大洲50多个国家和地区的600多位艺术家参与，30多个国家和地区的华侨华人社团送来近50条祝福视频。

12. 6月22日至24日，李卓彬同志出席全国政协十三届十二次常委会。

13. 6月22日至23日，隋军同志赴安徽合肥出席安徽省第七次归侨侨眷代表大会。

14. 6月22日，由中国侨联主办，中国侨联信息传播部和人民日报海外网承办的“追梦中华·侨与脱贫攻坚”网络主题活动正式启动。

15. 6月24日，程学源同志参加基层建设部党支部、权益保障部党支部联合举办的庆“七一”讲党课活动。

16. 6月29日，万立骏同志围绕“强化政治机关意识，走好第一方阵”主题为机关党员领导干部讲党课，李卓彬、隋军、程学源同志参加。

17. 6月30日上午，万立骏同志主持召开十届二十九次主席办公会议、十届党组四十六次会议，李卓彬、隋军、程学源同志参加。

18. 6月30日，隋军同志参加中国侨联办公厅党支部学习会。

19. 6月30日，齐全胜同志出席上海市侨联主席会、常委会。

20. 本月，中央巡视反馈意见集中整改阶段任务完成。6月8日，党组向中央纪委、国家监委报送《关于中央第七巡视组对中国侨联党组巡视反馈意见整改落实进展情况的报告》。针对巡视反馈的4方面12个问题，细化分解为40个具体问题，梳理提出103项整改措施，按照3月底、6月底、12月底、长期4个时间节点部署推进。截至6月初，应于6月底前完成的43项整改措施已基本完成，其余60项整改任务也都立行立改、稳步推进、进展顺利。通过巡视和集中整改，侨联干部的政治意识、党性观念进一步增强，“两个维护”更自觉，贯彻落实习近平总书记和党中央指示要求和决策部署更深入，机关党的建设和运行管理更加规范。意识形态工作得到了加强，选人用人工作不断改进，干部精神面貌有了较大改观，干事创业的动力更足了，围绕中心、服务大局、服务侨胞的各项工作有了新起色。

21. 本月，继续向各方了解情况，掌握重点国家地区涉侨疫情。截至6月28日，已与113个我驻外使领馆、1099名侨领联系，了解掌握103个国家疫情变化和侨胞情况，编印55期《海外疫情动态》。

22. 本月，继续加强疫情防控宣传和舆论引导工作。中国侨联官网统筹推进疫情防控和经济社会发展专题，累计发布稿件3089篇；中国侨联微信公众号累计推送各类文章2751篇。“亲情中华·同心战疫”活动网络平台累计发布作品404部，点击量已达1025.3万人次。中国华侨历史博物馆举办“云游侨博”第6至第9期闽南、广府、客家话和日语直播。“中国侨联特聘专家网络大讲堂”举办5场讲座，由中国政法大学研究生院院长李曙光、中国科学院高能物理研究所研究员高杰、清华大学绿色金融发展研究中心主任马骏、国家纳米科学中心主任赵宇亮、首都医科大学肺癌诊疗中心主任支修益就各自研究领域作讲座。

23. 本月，继续开展“亲情中华·为你讲故事”网上夏令营活动。第五期网上夏令营于6月27日开营。截至6月28日，全国共有25个省（区、市）侨联参与举办网上夏令营，海外华裔青少年有组织参营人数3万人，中国侨联推送统一课程故事130余个，地方侨联编写特色文化故事近100个，营员课后汇报学习成果视频投稿200余部（件），课程浏览达375万人次。

2020年7月

1. 7月3日，万立骏、隋军同志出席中国侨联2020年度挂职干部欢迎会。

2. 7月3日，万立骏同志参加中国侨联经济科技部党支部学习会。

3. 7月6日下午，万立骏同志主持召开十届党组四十七次会议，李卓彬、隋军、程学源、齐全胜同志参加。

4. 7月7日，李卓彬同志出席致公党“书香机关”读书活动启动（视频）会。

5. 7月7日，齐全胜同志参加中国侨联信息传播部和中国华侨历史博物馆两党支部联合开展的主题党日活动。

6. 7月8日，齐全胜同志出席“战疫有侨”展览筹备工作座谈会。

7. 7月9日，李卓彬同志出席全国政协港澳台侨委员会第三次界别委员学习座谈会。

8. 7月9日，程学源同志出席东北片区片区侨联基层组织建设情况经验交流网络视频会议。

9. 7月9日，程学源同志出席中国侨联海外青年委员代表视频座谈会。来自日本、泰国、韩国、英国、意大利、南非、美国、巴西、澳大利亚等9个国家的近20名中国侨联海外青年委员代表参加了视频会交流，表示将努力讲好中国故事，展现新时代中国侨民形象，积极融入住在国主流社会，为构建人类命运共同体贡献力量。

10. 7月10日，万立骏、李卓彬、隋军、程学源同志出席中国侨联党组第十一次理论学习中心组（扩大）学习会议。

11. 7月10日，隋军同志出席中国侨联领导干部个人有关事项报告专项整治工作领导小组会议。

12. 7月13日，隋军同志结合深入学习领会习近平总书记关于弘扬嘉庚精神重要指示精神，为直属机关青年干部作专题党课报告。

13. 7月14日至15日，万立骏同志出席上海市第十二次归侨侨眷代表大会开幕式并调研。

14. 7月14日至16日，齐全胜同志出席上海市第十二次归侨侨眷代表大会。

15. 7月15日，李卓彬同志出席中国侨商联合会五届二次常务理事（通信）会议，就深度参与改革开放、融入民族复兴伟业、彰显新时代侨商责任担当，向广大侨商侨企发出倡议。

16. 7月15日至17日，隋军同志出席赴吉林省第七次归侨侨眷代表大会并在吉林省延吉、吉林、长春市调研。

17. 7月16日，程学源同志出席中国侨联2020年第三次海外工作联席会议。

18. 7月22日，程学源同志参加中央外办民间外交工作专题会议。

19. 7月23日，万立骏同志主持召开十届三十次主席办公会议、十届党组四十八次会议，隋军、程学源、齐全胜同志参加。

20. 7月23日，万立骏同志参加国务院第三次廉政工作会议。

21. 7月23日，程学源同志在机关出席华南片区基层侨联建设视频座谈会。

22. 7月24日，程学源同志在机关会见中土集团董事长赵佃龙一行。

23. 7月28日，齐全胜同志赴北京东方嘉禾文化公司调研。

24. 7月29日，万立骏同志参加中央统一战线工作领导小组专题会议。

25. 7月29日，隋军同志赴中企公司听取工作汇报。

26. 7月29日，齐全胜同志出席北京市朝阳区侨联网上夏令营闭营式。

27. 7月30日，万立骏、李卓彬、隋军、程学源、齐全胜同志前往北京医院参加庄炎林同志遗体送别仪式。

28. 7月30日，万立骏、隋军同志出席机关新任职领导干部集体谈话会。

29. 7月31日，万立骏、李卓彬、隋军、程学源、齐全胜同志出席中国侨联十届五次常委会议。

30. 7月31日，万立骏、隋军同志出席机关退役军人座谈会。

31. 本月，继续向各方了解情况，掌握重点国家地区涉侨疫情。截至7月28日，已与113个我驻外使领馆、1254名侨领联系，了解掌握107个国家疫情变化和侨胞情况，编印62期《海外疫情动态》。

32. 本月，2019年度全国侨联系统接收华侨捐赠情况统计揭晓。据统计，2019年度全国侨联系统接收或协助受理华侨华人、港澳同胞、侨资企业及归侨侨眷向国内公益事业的捐赠款物合计35.88亿元。捐赠涉及领域广泛，主要流向教育和扶贫领域，占捐赠总额的比重分别为57.32%、21.68%。

33. 本月，纪念归侨侨眷权益保护法颁布30周年暨第二届“侨商杯”法律知识竞赛启动。该活动以“深入宣传侨法，增强法治观念，推进依法治国”为主题，计划推出纪念归侨侨眷保护法颁布30周年专题网页、举办第二届“侨商杯”法律知识竞赛和颁奖仪式，并在多平台宣传推广。

34. 本月，第二十一届世界华人学生作文大赛启动。经教育部批准，中国侨联、全国台联、人民日报海外版、《快乐作文》杂志共同主办该赛事。各级侨联积极联系海外侨社团、华文学校、华文媒体及相关单位开展征稿活动。

2020年8月

1. 8月6日，李卓彬同志出席中国侨联新侨创新创业联盟学习贯彻习近平总书记在企业家座谈会上重要讲话精神座谈交流暨联盟理事长线上建言献策活动。

2. 8月13日，隋军同志在福建参观福建省侨联“侨心齐聚、共抗疫情”抗疫主题展。

3. 8月14日，齐全胜同志在人民网看望参加中国侨联讲师团第二期网上宣介（“化危为机中的侨企作为”）视频录制的专家。

4. 8月17日，隋军同志出席全国青联第十三届委员会全体会议和全国学联第二十七次代表大会开幕式。

5. 8月17日，齐全胜同志在北京友谊医院出席“向最美奋斗者致敬——李桓英精神研讨会”。

6. 8月18日，程学源同志会见香港庄世平基金会庄永健会长一行。

7. 8月20日，程学源同志出席中国侨联外事工作领导小组办公室专题会议。

8. 8月21日下午，万立骏同志主持召开十届三十一次主席办公会议、十届党组四十九会议，隋军、程学源、齐全胜同志出席。

9. 8月21日，万立骏、隋军、程学源、齐全胜同志出席中国侨联党组理论学习中心组（扩大）学习会议。

10. 8月24日至26日，万立骏同志在湖北武汉调研侨联工作。

11. 8月24日，隋军同志出席中国侨联十届党组第二轮内部巡视动员会并作动员讲话。党组第二轮巡视组于8月24日至9月24日对中国华侨公益基金会党支部、中国侨联干部培训中心党支部开展常规巡视。

12. 8月24日，程学源同志会见香港侨界社团联会首席主席余国春一行。

13. 8月25日至27日，李卓彬同志出席十三届全国政协常委会第十三次会议。

14. 8月25日至28日，隋军同志赴黑龙江省黑河市出席“华侨与马克思主义在中国的传播”座谈会并调研。

15. 8月26日，程学源同志在中国华侨历史博物馆调研。

16. 8月27日，万立骏、程学源、齐全胜同志出席“亲情中华”网上夏令营全球闭营仪式。2020年“亲情中华”网上夏令营自4月30日至8月27日共举办8期，每期15天，共有全国30个省级侨联、海外370多家单位参与，50多个国家的6.5万海外华裔青少年参营，受到海外侨界和我驻外使领馆的关注和肯定。

17. 8月27日，程学源同志会见广东侨界海归协会副会长黄诗琳一行。

18. 8月28日，万立骏、程学源同志出席中国侨联海外顾问、海外委员代表视频座谈会。

19. 本月，继续向各方了解情况，掌握重点国家地区涉侨疫情。截至8月28日，已与113个我驻外使领馆、1318名侨领联系，了解掌握107个国家疫情变化和侨胞情况，编印65期《海外疫情动态》。

20. 本月，筹措24.5万只符合国际标准的一次性医用外科口罩、1万盒连花清瘟胶囊交外交部驻外机构服务中心，发往我驻非洲、拉美16个国家使领馆，支持当地侨胞抗疫。

21. 本月，中国华侨公益基金会向河北省张家口市拨付援建华侨冰雪博物馆第一笔捐赠款4000万元。

2020年9月

1. 9月1日，程学源同志赴中航国际公司调研。

2. 9月2日、16日，隋军同志主持召开侨诺公司股权转让纠纷案处置工作专题会。

3. 9月2日，齐全胜同志赴江苏南通出席“亲情中华·文化讲堂·侨胞故事”宣讲会并调研。

4. 9月3日，万立骏同志主持召开十届党组五十一次会议，李卓彬、隋军、程学源同志出席。

5. 9月3日，隋军副主席赴中国电子信息安全技术研发基地调研中央企业侨联工作。

6. 9月3日，程学源同志赴中冶国际集团调研。

7. 9月3日至4日，齐全胜同志赴江苏无锡出席第二届大运河文化旅游博览会、“追梦中华·聚焦大运河”侨界媒体江苏采风行启动仪式。

8. 9月4日，李卓彬同志出席中国侨联法顾委海外律师团2020年云端回国访问活动。活动以“弘扬嘉庚精神　担当护侨之责”为主题，来自11个国家的海外委员作了交流发言，来自文莱、韩国、捷克、乌克兰、泰国、哈萨克斯坦等国的6位新聘海外律师获颁聘书，23名法顾委海外委员在线参加。

9. 9月4日，程学源同志出席西北片区侨联基层组织建设网络视频座谈会。

10. 9月7日，李卓彬同志在海南出席“世界侨商海南行”活动。

11. 9月8日，万立骏同志出席全国抗击新冠肺炎疫情表彰大会。

12. 9月8日，李卓彬同志在福建厦门出席中国（厦门）国际绿色创新、新能源产业博览会。

13. 9月8日，隋军同志在宁夏银川出席宁夏回族自治区第八次归侨侨眷代表大会并调研。

14. 9月8日至9日，程学源同志赴河北省张家口市崇礼区调研华侨冰雪博物馆建设情况。

15. 9月9日，李卓彬同志在四川成都出席致公党中央十五届十二次常委会。

16. 9月9日，隋军同志出席中组部贯彻落实新时代党的组织路线电视电话会议。

17. 9月10日，万立骏同志出席中央统战工作领导小组有关会议。

18. 9月10日，李卓彬同志率队赴江西上饶开展定点扶贫工作督查。

19. 9月10日，万立骏、齐全胜同志在中国华侨历史博物馆出席“蔚蓝之心——归国海洋科学家带你认识大海”主题展览开幕式。

20. 9月13日，隋军同志在江苏南京出席中国华侨历史学会第七届六次理事会。

21. 9月14日，万立骏、隋军同志在江苏南京出席2020习近平总书记关于侨务工作重要论述研讨会。万立骏指出，要在抗疫斗争中进一步加深对习近平总书记关于侨务工作重要论述的理解，准确把握疫情防控和经济社会发展对侨联工作提出的新要求，不断把学习、宣传、贯彻习近平总书记关于侨务工作重要论述引向深入。国家中医药局党组书记余艳红，中国华侨历史学会副会长、清华大学教授龙登高，中国科学院院士、南京大学教授邹志刚作了主旨演讲。江苏、浙江省侨联做了抗疫工作经验交流。

22. 9月14日至15日，万立骏、隋军同志就贯彻中央要求、加强基层侨联建设、服务新侨创新创业等在江苏南京调研。

23. 9月14日，齐全胜同志出席“海外侨胞中餐业者抗疫复工故事”视频交流会，了解海外中餐业复工复产情况，向广大海外侨胞中餐业者群体表达关怀问候。来自西班牙、荷兰、英国、新西兰、意大利、德国、奥地利等国的中餐从业侨胞代表发言，介绍餐馆经营情况、抗疫复工感受，北京、江苏、山东、四川等9省市侨联负责同志介绍助推海外侨胞中餐从业者复工复产支持举措。

24. 9月15日，齐全胜同志到国广东方网络（北京）有限公司调研。

25. 9月16日，李卓彬同志出席中央和国家机关党员干部形势报告会。

26. 9月16日，齐全胜同志出席中国华侨摄影学会第六次会员代表大会。会议审议通过了第五届理事会工作报告、学会章程修正案、会费管理办法（草案），选举产生了新一届理事会和领导机构。王宏当选为理事会会长。

27. 9月16日至18日，万立骏主席就侨联服务经济社会发展、围绕“六稳”“六保”、为决战脱贫攻坚作贡献，在湖南长沙、株洲调研。

28. 9月17日，李卓彬同志出席各民主党派思想政治建设研讨会。

29. 9月17日，李卓彬同志出席全国政协港澳台侨委第四次界别委员学习座谈会。

30. 9月17日，隋军同志出席中国侨联离退休干部“迎国庆、贺中秋”茶话会。

31. 9月19日至21日，程学源同志赴山西长治出席基层侨联负责人研修培训活动并调研。

32. 9月21日，隋军同志会见广西区党委常委、统战部部长徐绍川一行。

33. 9月21日至22日，齐全胜同志赴山西临汾出席“寻根尧祖·圆梦中华”——2020山西·临汾侨商经贸文化交流活动。

34. 9月22日，程学源同志会见驻斯里兰卡新任大使戚振宏。

35. 9月23日上午，万立骏同志主持召开十届三十二次主席办公会议、十届党组五十二次会议，李卓彬、隋军、程学源同志出席。

36. 9月23日至24日，齐全胜同志赴山西运城出席关公文化节等活动。

37. 9月27日，万立骏、李卓彬、隋军、程学源、齐全胜同志出席全国政协办公厅、中央统战部、国务院侨办、国务院港澳办、国务院台办、中国侨联联合举办的国庆招待会。

38. 9月27日，程学源、齐全胜同志出席“亲情中华·北京情思”文艺晚会。

39. 9月28日，李卓彬同志出席第八届“中国侨界贡献奖”表彰活动筹备工作会议。

40. 9月28日，程学源同志会见广东公共外交协会常务副会长傅朗一行。

41. 9月29日，万立骏同志出席中央统一战线工作领导小组2020年第一次全体会议。

42. 9月29日，李卓彬同志会见河南省商丘市委副书记陈向平一行。

2020年10月

1. 10月10日至12日，程学源同志赴河南省郑州市出席中国侨联第七期海外联谊研修班开班式并调研。

2. 10月12日，李卓彬同志在天津出席2020中国·天津投资贸易洽谈会暨PECC博览会开幕式并调研。

3. 10月12日至15日，程学源同志赴福建省漳州、泉州、晋江市调研基层侨联工作。

4. 10月14日，万立骏同志参加中国侨联组织人事部（机关党委）党支部主题党日活动。

5. 10月16日，万立骏、李卓彬、隋军、程学源、齐全胜同志在中国华侨历史博物馆出席“亲情中华·战疫有侨——海内外侨界凝心聚力抗击新冠疫情主题展”开幕式。展览分为“迅速响应、广泛动员”“快速集结、驰援一线”“大爱无疆、海外驰援”“保稳转产、复工复产”“连通四海、共克时艰”“海外互助、携手战疫”“抗疫力量、文化表达”“侨界群英、战疫有我”8个单元，展出200余件/套珍贵展品，讲述了海外侨胞、归侨侨眷积极响应、逆行驰援、投身全球抗疫的大爱故事，传播了各级侨联工作者心系侨胞、奋力抗疫、无私奉献的动人事迹，再现了抗疫过程中侨界的一个个平凡身影和暖人瞬间。

6. 10月16日，李卓彬同志参加全国政协港澳台侨委分党组2020年第四次理论学习。

7. 10月16日至21日，隋军同志赴云南省玉溪、普洱市和重庆市，就基层侨联工作、侨资企业复工复产和侨界扶贫工作等进行调研，并在昆明看望南侨机工罗开瑚老先生。

8. 10月18日至19日，万立骏、李卓彬同志赴浙江出席“创业中华——2020侨界精英创新创业（中国·杭州）峰会”并调研。

9. 10月19日，万立骏同志出席浙江省第十次归侨侨眷代表大会。

10. 10月19日至23日，李卓彬同志率全国政协侨联界委员考察团赴海南省考察调研，就海南经济社会发展及自贸港建设中存在的问题和困难座谈交流，听取侨务工作报告，了解涉侨立法工作，就发挥侨界力量助力自贸港建设与相关部门进行交流和探讨。

11. 10月19日至21日，齐全胜同志赴陕西西安出席中国侨联“追梦中华·海外华文媒体高级研修班”开班式，并在西安、宝鸡市调研。

12. 10月20日至21日，万立骏同志赴江西省上饶市广信区调研侨联定点扶贫工作，看望派驻扶贫干部，主持召开定点帮扶座谈会，并提出三点要求：一要坚持用习近平总书记关于扶贫工作的重要论述武装头脑、指导实践，持续、深入做好侨联扶贫工作。二要从深入学习贯彻习近平总书记在汕头考察时关于侨务工作的重要讲话精神中获得鼓舞、激发动力，自觉、主动肩负起团结侨界力量投身脱贫攻坚等职责使命。三要贯彻党中央“四不摘”的要求，巩固提升侨联扶贫工作成果、促进乡村振兴。

13. 10月20日，程学源同志出席全国人大华侨委主办的归侨侨眷权益保护法颁布三十周年座谈会。

14. 10月20日，程学源同志会见香港华侨华人总会会长陈进强先生。

15. 10月20日至21日，程学源同志赴江苏省南京市出席中国侨联第八期海外联谊研修班暨江苏省侨联第二期海外侨领研修班结业式并调研。

16. 10月22日，万立骏、隋军、程学源、齐全胜同志出席中国侨联党组理论学习中心组（扩大）会议。

17. 10月22日，程学源同志出席国家打击治理跨境赌博工作领导小组机制第二次全体会议。

18. 10月23日，万立骏同志出席纪念中国人民志愿军抗美援朝出国作战70周年大会。

19. 10月23日，隋军同志出席“人类命运共同体视域下的华侨华人——中国华侨历史学会纪念世界反法西斯战争胜利暨联合国成立75周年座谈会”。

20. 10月26日至29日，万立骏同志出席党的十九届五中全会。

21. 10月27日，隋军同志出席北京市侨联成立70周年座谈会。

22. 10月28日，隋军同志参观纪念中国人民志愿军抗美援朝出国作战70周年主题展览。

23. 10月27日至28日，最高人民法院司改办及立案庭、中国侨联权益保障部在浙江青田联合举办涉侨跨境纠纷多元化解机制工作座谈会。全国司法系统的专家和理论研究学者、试点侨联负责人、调解组织代表等共计60余人现场参会，海内海外专家学者线上线下共同交流理论和实践的最新成果，为完善涉侨纠纷多元化解机制、推进治理体系和治理能力现代化积极建言献策。

24. 本月，学习宣传习近平总书记在汕头考察时关于侨的重要讲话。一是会领导借助出差调研机会，广泛宣讲总书记讲话精神的内容，召开侨界代表人士座谈会，倾听侨界对总书记讲话的心得和感受，引导广大侨界群众以实际行动落实总书记讲话精神。二是编发《习近平总书记在汕头肯定华侨贡献重要讲话在海内外侨界引起强烈反响》系列报道9篇，在侨联官网和微信公众号发布，向各涉侨中央媒体供稿，形成宣传热潮。三是推动各级侨联组织在各自官网、微信公众号开展专题报道，刊登广大侨界群众对总书记讲话精神的反响。

25. 本月，我会向各省级侨联、机关各部门单位印发《习近平关于侨务工作论述摘编》。《摘编》摘自习近平同志2012年11月至2019年9月期间的讲话、指示、报告、演讲、文章、贺信等60多篇重要文献，分6个专题，共计113段重要论述。经中央党史和文献研究院审定并按程序报批同意，以机密级资料形式印发，供内部学习使用。中国侨联办公厅同时印发学习通知，对贯彻落实和组织学习提出要求。

2020年11月

1. 11月2日上午，万立骏同志主持召开十届三十三次主席办公会议、十届党组五十二次会议，李卓彬、隋军、程学源、齐全胜同志参加。

2. 11月2日至5日，程学源同志赴四川出席成都海外华侨华人社团大会开幕式并在成都、绵阳调研。

3. 11月3日，万立骏、李卓彬、隋军、齐全胜同志出席中国侨联学习贯彻党的十九届五中全会精神会议。

4. 11月3日，万立骏、李卓彬、隋军、齐全胜同志会见全国人大华侨委主任委员王光亚、副主任委员董中原一行，并出席调研座谈会。

5. 11月4日至5日，万立骏同志赴山东济南调研，宣讲党的十九届五中全会精神，了解地方和高校侨联工作、加强基层组织建设、实施创新驱动和乡村振兴等情况。

6. 11月4日，齐全胜同志出席中国华侨历史博物馆VR网上展馆上线暨馆歌《侨爱中华》首发仪式。

7. 11月6日，隋军同志出席中国侨联学习贯彻党的十九届五中全会精神暨党务干部培训班结业式。

8. 11月6日，程学源同志出席全国宗教工作督查整改经验交流会。

9. 11月6日，齐全胜同志出席中国侨联网络安全和信息化工作小组会议。

10. 11月6日，按照巡视工作有关要求，中央纪委国家监委网站、中国侨联官网公布《中共中华全国归国华侨联合会党组关于十九届中央第四轮巡视整改进展情况的通报》。

11. 11月7日，齐全胜同志出席第三十二届国际科学与和平周开幕式。

12. 11月9日，万立骏、隋军同志出席中国侨联2020海外侨领中国国情研修班开班式。

13. 11月9日至11日，李卓彬同志出席十三届全国政协第十四次常委会议。

14. 11月11日，万立骏同志出席中央统一战线工作领导小组第七次专题会议。

15. 11月11日，李卓彬同志出席中国侨联新侨双创研修班开班式，来自10多个国家和地区的45位侨界创新创业人士、海外侨社负责人、中国侨商联合会青年委员会代表参加。

16. 11月11日，程学源同志出席北京冬奥会外事暨港澳台工作协调小组第二次全体会议。

17. 11月12日至14日，李卓彬同志赴上海、浙江温州基层联系点调研并赴青田出席第三届华侨进口商品博览会暨青田进口葡萄酒交易会、首届国际咖啡博览会。

18. 11月12日至16日，隋军同志赴湖南湘西调研并赴邵阳、长沙出席中国侨联2020海外侨领中国国情研修班现场教学活动。

19. 11月17日，李卓彬同志出席中央和国家机关脱贫攻坚先进集体、优秀个人表彰会。

20. 11月17日至18日，李卓彬同志赴山东济南出席致公党十五届十三次中常会。

21. 11月17日至20日，程学源同志赴内蒙古呼和浩特市、鄂尔多斯市调研。

22. 11月18日，万立骏、隋军同志出席中国侨联与中央社会主义学院（中华文化学院）战略合作协议签署仪式。根据协议，双方将在研修培训、学术研究、对外交流等方面，建立常态合作机制。

23. 11月18日，万立骏、隋军同志出席中国侨联第二十五期干部培训班开班式，来自27个省区市侨联和中央和国家机关侨联、中央企业侨联的64名学员参加。

24. 11月19日至20日，李卓彬同志赴重庆出席中国侨联与重庆市人民政府部市合作领导小组会议、“2020重庆英才大会——创业中华·华侨论坛”开幕式并在渝调研。

25. 11月20日，万立骏同志出席全国精神文明建设表彰大会。

26. 11月20日下午，万立骏同志主持召开十届三十四次主席办公会议、十届党组五十三次会议，李卓彬、隋军、程学源、齐全胜同志参加。

27. 11月24日，万立骏同志出席2020年表彰全国劳动模范和先进工作者大会。

28. 11月24日，万立骏同志会见“亲情中华·张謇故事”全体剧组成员，李卓彬、隋军、程学源、齐全胜同志出席观看专场演出。

29. 11月25日，齐全胜同志走访央视中文国际频道。

30. 11月26日，李卓彬同志出席第八届新侨创新创业成果交流活动筹备工作领导小组及工作人员会。

31. 11月26日至29日，齐全胜同志赴广西桂林出席中国侨联文化交流干部培训班开班式、桂林市侨界学习贯彻落实党的十九届五中全会精神座谈会并调研。

32. 11月29日至12月1日，齐全胜同志赴福建福州出席“2020年首届海丝国际茶文化论坛”系列活动。

33. 11月29日，万立骏、李卓彬同志出席中国侨联特聘专家委员会年会。

34. 11月30日，李卓彬同志出席全国侨联经济科技工作会议。

35. 本月，中国侨联第二期基层组织负责人培训班在浙江温州举办，来自北京、天津、河北、山西、内蒙古、辽宁等15个省区市的百余名基层侨联组织负责人参加。

36. 本月，中国侨联分别与贵州省、广西区侨联联合组派“亲情中华·文艺轻骑兵”艺术团，赴贵州省遵义市余庆县人民医院、中国华侨国际文化交流基地余庆县红渡村、广西壮族自治区昭平县黄桃镇和柳城华侨农场，举办4场慰问演出，学习宣传贯彻党的十九届五中全会精神，助力脱贫攻坚，支持复工复产，慰问抗疫英雄。

2020年12月

1. 12月1日，中国侨联第八届新侨创新创业成果交流活动在人民大会堂小礼堂隆重举行。全国人大常委会副委员长白玛赤林，全国政协副主席万钢，中国侨联党组书记、主席万立骏，副主席李卓彬、隋军同志出席活动，并为“中国侨界贡献奖”获得者代表颁奖。第八届“中国侨界贡献奖”共表彰获奖者125名，其中，一等奖59名，二等奖66名。本届贡献奖突出侨界人才在科研攻关和科技创新方面取得的成就，专业领域涵盖了物理、化学、生物、天文、医学、教育、经济、人工智能、电子通信、地球科学、海洋工程等30多个门类。

2. 12月4日，万立骏同志会见党组理论学习中心组（扩大）学习会暨“国家宪法日”普法讲座主讲人、中国侨联法顾委常务副主任、中国法学会副会长兼秘书长张鸣起，李卓彬、隋军同志出席学习讲座。

3. 12月4日，齐全胜同志出席北京市海淀区侨联学习宣传贯彻党的十九届五中全会精神座谈会。

4. 12月4日至7日，程学源同志在浙江杭州出席“侨连五洲·情满西湖”活动，来自五大洲60多个国家和地区的近300名华侨华人出席。活动以“弘扬抗疫精神，汇聚侨界力量；深化合作发展，共创美好未来”为主题，其间举行了“侨界助力浙江建设”签约仪式，举办了以“弘扬抗疫精神、构建和谐侨社、携手共克时艰”为主题的侨社论坛、以“弘扬抗疫精神、汇聚侨界力量、助力高质量发展”为主题的侨商论坛和以“弘扬抗疫精神、绽放侨青风采、建功新时代”为主题的侨青论坛。

5. 12月8日，万立骏、隋军同志出席“强素质做表率”中国侨联青年干部读书征文比赛颁奖仪式。

6. 12月8日，隋军同志出席中央国家机关工委调研组座谈交流会。

7. 12月9日至10日，万立骏、齐全胜同志在广东潮州出席“亲情中华·战疫有侨——海内外侨界凝心聚力抗击新冠肺炎疫情主题展”潮州巡回展。

8. 12月9日至11日，万立骏、李卓彬同志在广东汕头出席“创业中华·‘十四五’”中国发展与华侨华人投资创业峰会。

9. 12月9日至11日，隋军同志在广东江门出席侨批文化与华侨精神研讨会。

10. 12月10日，李卓彬同志在广东汕头出席中国侨商联合会会长会。

11. 12月11日，李卓彬同志在广东汕头出席“学习习近平总书记重要讲话、重要指示精神，推动侨乡社会与华侨经济文化合作”学术研讨会开幕式并讲话。

12. 12月14日，万立骏同志出席中央统一战线工作领导小组2020年第二次全体会议。

13. 12月15日，齐全胜同志在京出席观看山西省侨联参与主办的大型民族交响乐《关公颂》演出。

14. 12月16日至18日，万立骏同志出席中央经济工作会议。

15. 12月16日至17日，程学源同志在安徽合肥出席2020年侨界基金（代表处）工作交流会议、第十期海外联谊研修班（安徽）结业式并调研。

16. 12月16日至18日，齐全胜同志赴河北衡水、石家庄慰问。

17. 12月17日至18日，李卓彬同志出席致公党十五届四中全会。

18. 12月17日，隋军同志出席中国侨联第九期青年干部培训班开班式并为学员授课。

19. 12月17日，隋军同志出席审计署审计进点动员会。

20. 12月18日，中国侨联召开警示教育大会，中国侨联党组书记、主席万立骏出席大会并讲话，副主席隋军、齐全胜出席。

21. 12月18日至20日，程学源同志在澳门出席“展望‘十四五’·辉煌新时代——2020海外侨青高峰论坛”。

22. 12月21日，万立骏、程学源、齐全胜同志出席“追梦中华·侨与脱贫攻坚”网络主题活动成果展开幕式。

23. 12月21日至22日，隋军同志在福建宁德出席“十四五”规划与侨务工作发展研讨会并调研。

24. 12月23日至24日，隋军同志在福建厦门出席厦门市侨联成立70周年纪念座谈会。

25. 12月24日下午，万立骏同志主持召开十届党组五十四次会议，李卓彬、隋军、程学源、齐全胜同志参加。

26. 12月24日，万立骏、李卓彬同志出席纪念归侨侨眷权益保护法颁布30周年暨第二届“侨商杯”法律知识竞赛总结颁奖仪式、中国侨联法顾委年会。

27. 12月28日，万立骏同志出席中央统一战线工作领导小组2020年第三次全体会议。

28. 12月29日，万立骏、隋军、齐全胜同志出席中国侨联信息中心挂牌仪式。

29. 12月29日，齐全胜同志出席“第二届全球华人生活短视频大赛”颁奖盛典。

30. 12月31日，李卓彬同志出席全国政协新年茶话会。

31. 12月31日，李卓彬同志参加致公党中央民主生活会。

综　合

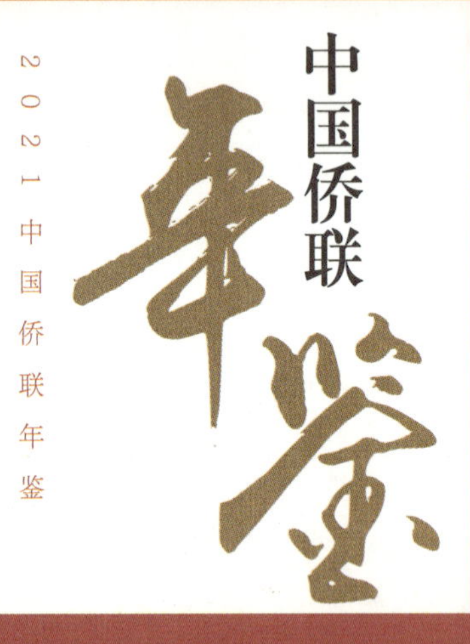

2021 中国侨联年鉴
中国侨联
年鉴

办 公 厅

【领导成员名单】

主　　任：陈　迈（秘书长兼办公厅主任）

副 主 任：张　凌　刘　红（女）

二级巡视员：李舰舶

【综述】2020年，在中国侨联党组的领导下，办公厅认真学习贯彻党的十九大和十九届二中、三中、四中、五中全会精神，围绕中心、服务大局，按照"素质提升年"活动要求，充分发挥统筹协调、运行中枢、服务保障等职能，为全会日常工作运行、新冠肺炎疫情防控、重大会议活动举办和侨联事业发展提供了坚实有力的保障。

【着力加强支部建设，促进党建和业务相融合】一是突出支部政治建设。办公厅党支部贯彻党组书记万立骏同志"强化政治机关意识，走好第一方阵"的讲话要求，教育引导厅全体党员干部不断增强"四个意识"、坚定"四个自信"、做到"两个维护"，激励党员干部自觉做好"三个表率"。充分发挥党小组作用，针对政治意识淡化、党建工作虚化和责任落实软化等问题从严从实开展专项整治工作，取得了较为明显的成效。二是强化理论武装。办公厅全体党员干部持续深入学习贯彻习近平新时代中国特色社会主义思想特别是习近平总书记关于群团工作和侨务工作的重要论述，集中学习十九届四中、五中全会精神和《习近平谈治国理政》第三卷，跟进学习在深圳经济特区建立40周年庆祝大会、在广东汕头考察时的重要讲话精神等。创新学习方法，各党小组开展形式多样的学习活动，全体党员干部理论水平进一步提高。三是推动支部标准化建设。以建设"让党中央放心、让人民群众满意"的模范机关为目标，着力打造政治上强、作风优良、专业水平高的"贴心人、实干家"队伍，较好完成了"素质提升年"活动。制定《办公厅党支部标准化规范化建设工作方案》，严格党员组织关系管理。贯彻民主集中制，严格落实请示报告、民主议事、党务公开等支部工作制度。落实党员干部直接联系群众制度，在重庆市长寿区侨联建立基层联系点，陈迈秘书长亲自带队赴联系点调研。认真落实"三会一课"制度，经常性开展谈心谈话，开展"弘扬西柏坡精神、不断增强党性修养"主题党日活动。

【着力抓好疫情防控，推动抗疫工作有序开展】一是及时落实疫情防控工作要求。深入学习贯彻习近平总书记关于统筹疫情防控和经济社会发展的重要讲话精神，及时制定印发《关于深入学习贯彻党中央疫情防控工作决策部署　进一步做好海外侨胞和归侨侨眷联系服务引导工作的通知》，动员侨联系统和海内外侨界力量，全力服务疫情防控大局。向中央领导呈报8期工作情况报告，得到中央领导的肯定。二是统筹抓好机关疫情防控工作。及时印发《关于做好新冠肺炎疫情防控工作的通知》，落实各项防疫措施。每天对机关及直属企事业单位人员流动及疫情报告登记统计，保持跟踪了解情况，及时发放防疫物资，严防疫情发生。根据北京市疫情防控相关要求，先后对我会全体干部职工赴疫情中高风险区情况展开排查，消除疫情隐患。保障好中央重要会议在中国侨联机关设分会场的会议安全。三是切实加强宣传教育和工作引导。通过《侨情专报》反映海内外侨界面临的问题和工作建议。主动向各级侨联组织及所属社团了解疫情防控信息，收集海外侨胞、侨团所反映捐赠物资遇到的运输、入关、转运等困难情况，及时汇总并报送商务部，为支持国内和海外侨界抗疫工作发挥积极作用。牵头组织开展全国侨联系统抗击新冠肺炎疫情通报表彰活动，褒奖积极作为的侨联组织和侨联工作者，推动新时期侨联事业发展。

【着力做好巡视整改，补短板、堵漏洞、防风险】一是全力做好中央巡视整改工作。认真做好巡视整改期间的会议保障工作。编制《中国侨联党组巡视整改任务台账》，对巡视反馈的4方面12个问题，细化分解为40个具体问题，分析梳理提出103项整改措施，划定时间节点并部署推进。按照会党组要求，及时调度推进重点难点解决，每月向驻部纪检组报送情况。起草巡视整改相关报告，印发巡视整改情况党内通报及整改台账，稳妥做好整改结果向社会公开。二是完善督查工作机制。印发《关于进一步加强督促检查工作的通知》，建立督查联络员队伍，确保《中国侨联党组督促检查工作实施办法》落实。起草并向中办督查室报送《中国侨联关于2020年贯彻执行中央八项规定精神情况的报告》。首次推动督查工作与我会内部巡视工作相结合，对机关第三轮内部巡视被巡视部门落实有关决议情况进行抽查。参与中企公司改革及有关案件处理工作。三是建立健全长效机制。制定印发《中国侨联2020年工作要点》，强化对地方侨联工作指导。编制《中国侨联规章制度2019》并印发至地市级侨联，指导各级侨联组织推进工作制度化发展。加强公文起草、印制管理，规范公文排版印制。制定《机要室工作细则》，加强对机关各部门各单位和地方侨联公文规范指导。四是健全保密工作体制机制。起草《中国侨联保密委员会工作规则》《中国侨联保密工作管理办法（试行）》，印发《中国侨联保密委员会2020年度工作要点》。完成“十三五”时期全国保密事业发展规划总结评估，推动出台《侨联工作中国家秘密范围的规定》。落实保密委年度工作要点，加强保密教育和日常提醒，加强保密核心部位的技术防范。

【着力增强服务能力和水平，为全会工作推进提供有力保障】一是全力推动年度重大工作。做好向中央书记处汇报、全委会、常委会的筹备与文稿起草工作和全国政协提案素材等撰写工作。按照会党组要求，做好《习近平关于侨务工作论述摘编》印发工作，起草《关于认真组织学习〈习近平关于侨务工作论述摘编〉的通知》，推进全系统贯彻落实和组织学习。做好《习近平与侨的故事》编印工作，及时向中央请示报告。在疫情期间，首次以电视电话会议形式召开常委会议，会议效果明显提升。统筹协调、靠前服务，确保第八届新侨创新创业成果交流活动等顺利举行。二是认真落实常规业务工作。全年共做好24次党组会议、13次主席办公会议、16次机关例会会务保障和纪要编印工作，处理文件近3000件。机要交换员再次被评为中央和国家机关优秀交换员。全年编发《近日情况》12期，共26万字，编报《中国侨联工作信息》36期，编排《领导每周工作安排》《近期领导活动安排》各50期。规范应急值守工作，做好日常和节假日值班工作，严格红机红传使用。做好司局级领导和办公厅干部外出报备，做好老领导服务工作。三是尽心办好限时临时工作。做好庄炎林同志治丧及后续有关工作。做好与外单位和地方侨联的沟通，及时协调外单位来我会拜会及会领导参加会议活动的服务保障工作。四是切实落实归档管档主体责任。加强对各部门单位归档工作的指导，首次实现以部门为主体进行年度整理归档。全年共接收、整理、入库归档文件3430件、42963页，提供查阅利用580件次，4200余页。按照中央档案馆要求，加强调研，做好我会1978—1999年存期为永久的文书档案移交入馆工作准备。

【着力强化侨情专报和调查研究，充分发挥参谋助手作用】一是组织开展调研和课题研究。研究制定《中国侨联机关干部调查研究实施办法》，推动会党组“大学习、大调研、大讨论，作出大贡献”部署落地落实。继续开展2020年重点调研课题计划，对评审出的优秀课题成果进行通报表彰并集结成册，引导全国各级侨联和侨联干部立足岗位职能、主动思考工作，树立深入侨界群众、广泛调查研究的良好作风。应全国政协约稿要求，撰写提交陈嘉庚先生“关于引致华侨回国投资案”提案故事。做好全国人大华侨委来我会调研有关工作。二是努力提高《侨情专报》水平。全年编印《侨情专报》584期、112万余字，向党中央报送侨界意见建议2368条。重视疫情类信息采集和报送工作，共报送直接关于抗疫的建议210篇，占总数的36%，许多建议被相关部门采纳。增强专报的前瞻性、预见性、针对性，报送一批高质量意见建议，受到中央领导同志肯定。三是不断强化信息综合报送能力。通过命题作文、约稿等方式加强对各地信息报送工作的指导，提升调研类信息采用比例。每季度编印《侨情专报工作交流》，通过微信群及时解答工作疑惑。加强信息直报点建设，赴北京外国语大学交流指导。继续实行质量评价体系，完善考核机制，信息报送质量有较大提升。

【着力发挥财务和行政的职能作用，为侨联事业发展提供可靠的财力支撑】一是强化预算管理职能。制定出台《中国侨联全面实施预算绩效管理实施方案》，结合侨联职能与定位，优化管理模式，落实责任约束，严格过程监控，注重结果导向，不断推进预算和绩效管理相融合。建立预算统筹和约束机制，强化预算执行约束，切实落实中央“过紧日子”要求。认真及时做好2019年决算编制上报、2020年预算执行、批复、公开和2021年预算编制上报工作，不断提高预算编制管理水平。二是提升财务管理水平。严格执行国家财务规章制度和各项支出标准，结合部门实际，不断优化管理流程，提高管理效率，保障资金安全。全力配合审计工作，较好地完成了年初专项审计整改工作，做好年底开展的全面审计前期工作。严格执行国家有关规定，做好干部离任审计和内控管理工作，并积极落实巡视整改要求。三是解决事业单位实际困难。认真落实会领导要求，对6家事业单位进行调研，摸清家底，分析现状，梳理问题，帮助事业单位盘活存量资金，解决经费需求，提出改革发展建议，形成《关于事业单位经费状况调研情况的报告》。指导并配合服务中心建立健全管理机制，规范资金资产管理，提高财务管理水平，确保机关后勤保障稳定可靠。四是提高资产使用效益。进一步完善资产管理制度和流程，不断提高资产管理水平。合理有序采购、调配资产和办公用品，保证机关业务工作需要。认真解决住房维修资金分户等历史遗留问题，做好领导干部个人住房和周转住房申请、挂职干部住房调换和搬迁，以及新入职干部单身宿舍安排等保障工作，努力满足干部职工改善居住条件的需求，协调解决审计组办公用房需求。

【召开中国侨联十届三次全委会】1月12日，中国侨联十届三次全委会议在北京召开。会议以习近平新时代中国特色社会主义思想为指导，认真学习贯彻党的十九届四中全会精神，深入贯彻习近平总书记关于群团工作和侨务工作的重要论述，落实中央书记处重要指示要求，总结2019年侨联工作，研究部署2020年工作任务，进一步凝聚侨心侨力侨智，为确保实现全面建成小康社会奋斗目标作贡献。会上，中国侨联党组书记、主席万立骏传达了中央书记处重要指示精神，并代表中国侨联十届常委会和主席会作了工作报告。中国侨联副主席李卓彬主持第一次全体会议并作会议总结，中国侨联党组成员、副主席隋军作有关人事事项的说明并主持第二次全体会议，中国侨联副主席齐全胜通报表彰全国侨联信息工作先进单位和全国侨联优秀调研成果。会议审议了万立骏同志所作的工作报告，通过了《中国侨联十届三次全委会议关于中国侨联工作报告的决议》。会议选举程学源为中国侨联委员、常委、副主席，增补吕剑（女）等9人为中国侨联常委，增补邓荣贤等21人为中国侨联委员。中国侨联副主席黄志贤、邵旭军、余国春、卢文端、刘艺良、朱奕龙、刘以勤、包东、周建农、陈式海、李兴钰、黎静，中国侨联秘书长陈迈，中国侨联十届委员、中国侨联会内顾问出席会议。不是中国侨联委员的省级侨联驻会党组书记、主席，中国侨联机关各部门、单位主要负责人和中央有关部门的同志列席会议。1月13日上午，中国侨联还召开了专项工作通报会。

1月12日，中国侨联十届三次全委会议在北京召开

【隋军副主席赴湖北、江西、福建走访慰问并看望中国侨联扶贫挂职干部】1月18日—22日，中国侨联党组成员、副主席隋军一行赴湖北、江西、福建走访慰问并看望中国侨联扶贫

1 月 20 日—21 日，隋军副主席赴江西上饶看望中国侨联扶贫挂职干部

挂职干部。1 月 18 日—19 日，隋军一行深入武汉市中心医院后湖院区、百步亭社区、铁四院、湖北大学等看望慰问了新加坡侨眷杨致刚、百岁印尼老归侨郑忠烈、柬埔寨归侨陈齐、马来西亚归侨陈鸿敏及美国侨眷范钦庸，给他们送上新春祝福和慰问金，鼓励他们保重身体。在湖北省侨联机关，隋军看望了干部职工，听取了省侨联工作汇报，并对湖北省侨联 2019 年工作表示了充分肯定。1 月 20 日—21 日，隋军一行来到江西省上饶市，走访慰问了困难侨眷和扶贫挂点村贫困户，为他们送上新春佳节的祝福，并送上慰问金和慰问品；在上饶市广信区和定点帮扶贫困村尊桥乡上乐村看望了中国侨联扶贫挂职干部李博文、周臻扬同志，为两位同志送上新春祝福，并就如何汇聚侨力侨智开展脱贫攻坚巩固提升工作开展调研。隋军勉励他们珍惜挂职锻炼机会，不负韶华、心系群众、担当作为，围绕地方经济社会发展大局，善于发挥中国侨联的优势，多作纾难解困、雪中送炭的实事、好事，为助力地方因地制宜发展扶贫产业，决胜 2020 年全面建成小康社会贡献青春力量。在上饶期间，隋军一行还深入上饶市广信区侨联“侨胞之家”调研侨联基层组织建设情况，出席由中国侨联捐资建设的尊桥乡上乐村高源侨心公路开工仪式，并赴爱国主义教育基地弋阳县方志敏烈士纪念馆参观学习。1 月 21 日，隋军一行赴福建省南平市慰问困难归侨侨眷，并在南平莒口镇侨联“侨胞之家”调研。中国侨联基层建设部部长张毅，组织人事部副部长李爔恒，湖北省侨联主席谭作刚、副主席舒正荣，武汉市侨联主席代飚，江西省侨联党组书记、主席张知明，江西省侨联副主席郑兆国，福建省侨联党组书记、主席陈式海及南平市有关领导等分别陪同出席有关活动。

1 月 21 日，隋军副主席在福建南平慰问困难归侨侨眷

【万立骏主席到中国侨联直属单位调研检查疫情防控工作】 2 月 19 日，中国侨联党组书记、主席万立骏到侨联事业楼、华侨大厦，调研检查直属单位疫情防控工作，看望慰问干部职工。万立骏一行分别调研了中国华侨公益基金会、中国侨商联合会，与中国华侨历史博物馆、中国企业经营咨询公司、老干办、中国华侨华人研究所等单位和部门有关同志和工作人员进行了交谈。万立骏对坚守岗位的工作人员致以亲切慰问，并强调，中国侨联机关各部门、各直属单位要认真学

习贯彻习近平总书记重要指示精神，落实党中央决策部署，在确保做好疫情防控工作的前提下，稳妥做好本职工作，强化主体责任，坚定必胜信心，做到疫情防控和业务工作两不误。中国侨联副主席李卓彬、隋军分别参加调研。

【万立骏主席在北京调研侨资企业复工复产和疫情防控】3月5日，中国侨联党组书记、主席万立骏在北京市朝阳区调研侨资企业复工复产和疫情防控情况。在北京市朝阳区金盏乡，万立骏深入中商惠民仓储物流基地，看望慰问企业职工，了解企业复工复产和疫情防控情况。万立骏说，这次疫情发生以来，广大侨商侨企和海外侨胞迅速行动，捐款捐物，为祖（籍）国和家乡的疫情防控用心尽力，展现了侨界的凝聚力、爱国心和同舟共济的深厚情怀，中央领导同志对此给予充分肯定。他强调，要认真学习贯彻习近平总书记的重要讲话精神，抓实抓细复工复产后的防疫工作，对疫情的警惕性不降低，防控措施和要求不降低，做到安全有序复工复产，为打赢疫情防控阻击战、促进经济社会发展作出侨界应有的贡献。中国侨联副秘书长、经济科技部部长赵红英，信息传播部副部长郭启华，北京市侨联党组书记赵宏生、副主席苏泳等参加调研。

【万立骏主席在北京看望慰问抗疫一线侨界医护工作者家属】3月11日—12日，中国侨联党组书记、主席万立骏及班子成员分别到北京大学医学部、北京安贞医院看望慰问抗疫一线侨界医护工作者家属代表和所在科室人员代表，看望慰问北京援鄂医疗队谢江医生家属。万立骏说，在习近平总书记亲自部署、亲自指挥下，在这场抗疫斗争中，广大海外侨胞和归侨侨眷积极行动，捐款捐物，奉献爱心，驰援湖北武汉和家乡疫情防控工作，展现了侨界的爱国心、凝聚力和同舟共济的深厚情怀。习近平总书记在统筹推进新冠肺炎疫情防控和经济社会发展工作会议上对侨界发挥的作用给予充分肯定，让广大海外侨胞和归侨侨眷倍受鼓舞和激励。万立

3月5日，万立骏主席在北京调研侨资企业复工复产和疫情防控情况

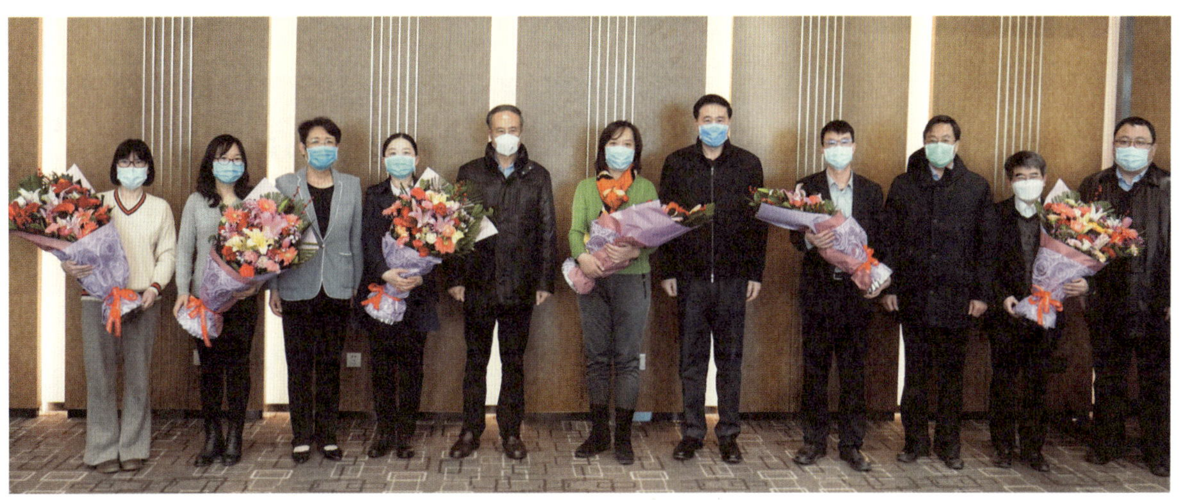

3月12日，万立骏主席（左五）、隋军副主席（左三）到北京大学医学部看望慰问抗疫一线侨界医护工作者家属代表和所在科室人员代表

骏说，当前，疫情防控工作仍然不能放松，对疫情警惕性不能降低。我们要认真学习贯彻习近平总书记重要讲话精神和党中央决策部署，立足岗位，守土负责，切实把各项防控工作抓细抓实。希望广大侨界医护工作者和家属保重身体，做好防护，发挥更大的作用。侨联会一如既往关注大家，为大家做好服务。北京大学党委副书记、医学部党委书记刘玉村，北京市卫生健康委员会二级巡视员郑晋普，北京安贞医院党委副书记、院长魏永祥，中国侨联基层建设部部长张毅、信息传播部副部长郭启华，北京市侨联党组书记赵宏生、副主席李冬娟，北京市朝阳区委常委、统战部部长暴剑等分别参加有关活动。

【万立骏主席到北京市朝阳区调研侨联工作】5 月 13 日，中国侨联党组书记、主席万立骏，副主席李卓彬，就侨商侨企复工复产和基层侨联工作到北京市朝阳区调研，深入正大中心、华贸中心，座谈交流，走访商户，听取企业防疫和生产经营情况介绍，了解朝阳区侨情和侨联组织抗疫工作，发放侨爱心复工防疫包，为侨之家授牌。北京市委统战部副部长刘春锋，朝阳区委书记王灏，区委常委、统战部部长暴剑分别介绍了北京市侨界抗疫情况和朝阳区经济社会发展等情况。万立骏提出了五个方面工作要求，一是对疫情防控不能松动、不能掉以轻心；二是助力侨商侨企复工复产；三是关心关爱海外侨胞和归侨侨眷；四是创新工作方式方法；五是加强基层侨联组织建设。万立骏强调，今年是决战脱贫攻坚、决胜全面建成小康社会的收官之年。侨联组织要在党委政府的领导下，广泛动员侨界力量，继续抓好定点扶贫，帮助增强自我发展能力，做好困难侨界群众帮扶，做侨界群众贴心人，在打赢脱贫攻坚战中展现作为，在全面建成小康社会中发挥作用。中国侨联副秘书长、经济科技部部长赵红英，信息传播部副部长郭启华，北京市侨联党组书记赵宏生、副主席苏泳，朝阳区侨联主席曾旭等参加调研。

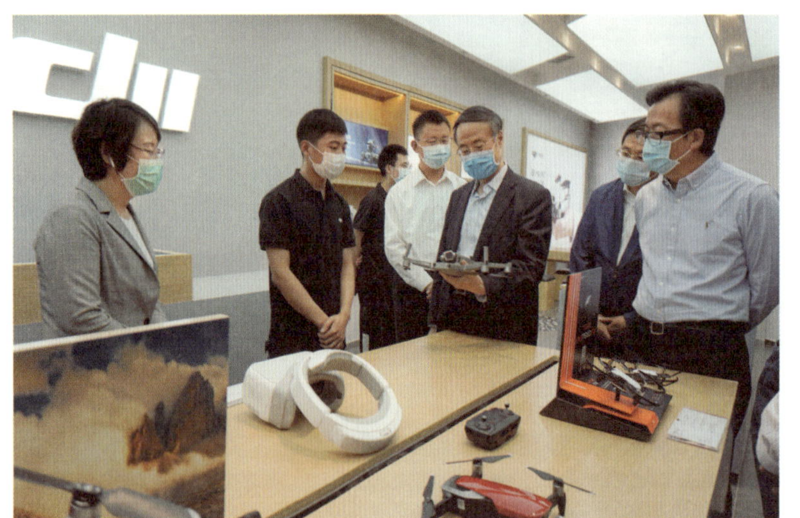

5 月 13 日，万立骏主席（右三）、李卓彬副主席（右一）在北京市朝阳区调研侨联工作

【隋军副主席赴天津调研】5 月 26 日—27 日，中国侨联党组成员、副主席隋军赴天津基层联系点调研，深入了解当地侨联基层组织建设状况并走访侨资企业考察复产复工达产进展情况。隋军一行深入基层联系点天津医科大学，与天津市基层侨联组织进行了座谈，赴滨海新区和蓟州区走访益海嘉里食品公司、凯莱英医药集团、天津蓟州东方伊甸园等侨资企业和在建项目，调研企业复产复工和生产经营情况。在调研中，隋军对基层侨联的工作予以肯定，并希望在津各级侨联组织凝聚侨界共识，加强政治

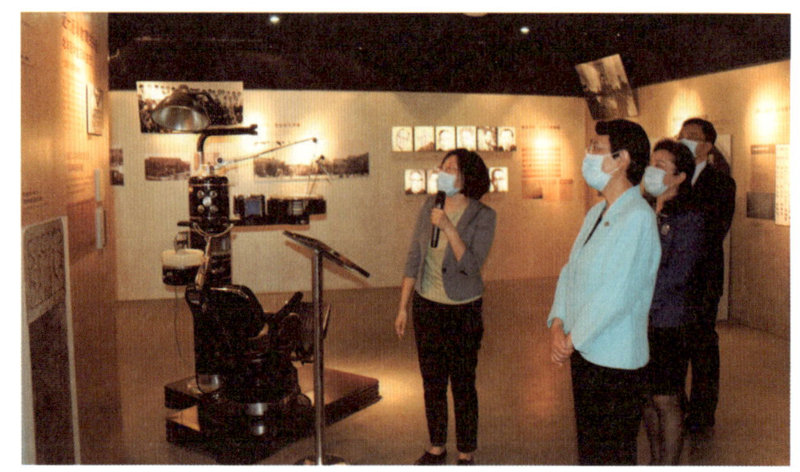

5 月 26 日—27 日，隋军副主席（左二）在天津调研

引领；实现全面覆盖，完善组织功能；创新服务方式，彰显担当作为；提升能力素质，当好贴心人、成为实干家。在津期间，天津市委常委、滨海新区区委书记连茂君，天津市副市长金湘军分别会见了隋军一行。中国侨联基层建设部部长张毅、组织人事部副部长李爔恒，天津市委统战部副部长高树彬、唐瑞生，天津市侨联常务副主席陈钟林、副主席杨晖、党组成员李华生等陪同参加了有关调研活动。

【中国侨联召开学习传达全国“两会”精神会议】5月29日上午，中国侨联召开党组理论学习中心组（扩大）会议，学习传达全国“两会”精神。中国侨联党组书记、主席万立骏主持会议并讲话。全国人大常委、全国人大华侨委副主任、中国侨联顾问董中原传达十三届全国人大三次会议精神，全国政协常委、中国侨联副主席李卓彬传达全国政协十三届三次会议精神。中国侨联党组成员、副主席隋军、程学源，副主席齐全胜等出席。万立骏指出，习近平总书记在“两会”期间发表的一系列重要讲话，统揽全局、立意高远，深刻阐述了事关新时代党和国家事业发展全局的一系列重大问题，对我们做好侨联工作具有重要指导意义。万立骏强调要深入学习贯彻习近平总书记在全国“两会”期间的重要讲话精神，深入学习领会全国“两会”重要决策部署，凝心聚力、担当作为，集中精力抓好全年重点工作的落实。中国侨联机关各部门、直属企事业单位主要负责同志参加会议。

【隋军副主席出席安徽省第七次归侨侨眷代表大会】6月23日，中国侨联党组成员、副主席隋军出席安徽省第七次归侨侨眷代表大会。受万立骏主席委托，隋军代表中国侨联向大会的召开表示热烈祝贺。她希望安徽省各级侨联组织和广大侨联干部以习近平新时代中国特色社会主义思想和党的十九大精神为根本遵循，全面落实“十代会”各项工作部署，旗帜鲜明讲政治，凝聚广大海外侨胞和归侨侨眷共同奋斗的思想共识；服务大局善作为，助力现代化五大发展美好安徽建设；为侨服务强基层，进一步增强侨界群众幸福感、获得感；深化改革抓落实，着力建设高素质专业化侨联干部队伍，要以本次大会为契机，不断开创侨联工作新局面。中国侨联组织人事部副部长赵珊珊等一同参加上述活动。

【万立骏主席赴上海出席活动并调研】7月14日—15日，中国侨联党组书记、主席万立骏出席上海市第十二次归侨侨眷代表大会并开展调研。万立骏率领调研组就新侨创新创业、侨企复工复产等主题，走访了上海市新侨创新创业实践基地、田子坊守白艺术中心，并与新侨代表座谈交流，仔细了解他们的创业经历、企业发展情况和疫情带来的影响。万立骏表示，抗击疫情，要打好总体战、阻击战，慎终如始、不能松懈；同时，复工复产，还要打好主动战，从自身做起，创造条件、克服困难。上海市侨联、黄浦区侨联要发扬上海海纳百川、开放包容、善于学习的城市品格，主动作为、大胆探索，努力为新侨创新创业搭建平台、做好服务，促进他们之间更好地相互学习、交流与合作，让新侨这支力量在上海新时代人民城市建设中释放活力、展现风采，为全国各地侨联开展工作提供更多有益做法和经验。中国侨联组织人事部部长姚林楠、信息传播部副部长郭启华等参加调研。

7月14日，万立骏主席（左三）到上海市新侨创新创业实践基地、田子坊守白艺术中心调研

7 月 15 日—17 日，隋军副主席（左二）出席吉林省第七次归侨侨眷代表大会并开展调研

【隋军副主席赴吉林出席活动并调研】7 月 15 日—17 日，中国侨联党组成员、副主席隋军出席吉林省第七次归侨侨眷代表大会并开展调研。隋军一行实地走访了延吉市河南街道白山社区、公园街道园法社区的侨胞之家、吉林市龙潭区企业侨胞之家，对吉林侨联组织以党建带侨建，扎根基层、挖掘优势，积极开展特色活动的做法给予充分肯定。隋军指出，侨联干部要进一步强化政治意识，增强为侨服务的本领和意识，多为侨胞办实事、办好事，真正将“侨胞之家”等平台载体建设得更有特色、更具活力。隋军还深入延边吉姆商贸有限公司、延边金刚山食品股份有限公司、长春合心机械制造有限公司等侨资企业调研，详细了解企业疫情防控、复工复产和发展规划情况；考察长春一汽，参观红旗文化展馆和红旗汽车生产线，了解一汽侨联建设情况。其间，隋军看望了朝鲜归侨田凤英、赵珠玲。中国侨联华侨华人研究所所长张春旺、组织人事部副部长李爔恒等一同参加上述活动。

【召开中国侨联十届五次常委会】7 月 31 日，中国侨联十届五次常委会议召开。会议以电视电话会议的形式举行，主会场设在北京，分会场设在各直辖市、省会（首府）城市和香港、澳门特别行政区。会议以习近平新时代中国特色社会主义思想为指导，学习贯彻中央重要会议和习近平总书记重要讲话精神，总结侨联 2020 年上半年工作，部署下半年工作任务，进一步凝聚侨心侨力侨智，推动扎实做好“六稳”工作、全面落实“六保”任务，为决胜全面建成小康社会、决战脱贫攻坚贡献力量。中国侨联党组书记、主席万立骏出席并讲话。万立骏还就把握当前做好侨联工作的要求和方法进行了强调。他指出，面对“两个大局”，面对疫情带来的风险挑战，完成下半年各项工作任务，有着很大的难度和不确定性，必须有清醒的头脑、清晰的思路、有力的举措，讲究方法、注重节奏、跟踪问效，确保各项任务落地落实。副主席李卓彬主持

7 月 31 日，中国侨联十届五次常委会议以视频会议形式召开

会议，副主席隋军、程学源、齐全胜、邵旭军，秘书长陈迈在主会场出席会议，副主席吴晶、余国春、卢文端、刘艺良、刘以勤、包东、陈式海、周建农、李兴钰、黎静在分会场出席会议。北京、山西、浙江、福建、广东、湖北、重庆等7省市侨联代表分别发言。中国侨联常委，中国侨联机关各部门单位负责同志、各省级侨联领导班子成员和部分省级侨联中层干部、省级侨联常委、地市级侨联主席等共800余人参加会议。

【万立骏主席在湖北武汉调研侨联工作】8月24日—26日，中国侨联党组书记、主席万立骏在湖北武汉调研，了解地方侨联工作，看望侨界医务人员和侨联干部，走访侨资企业和基层侨联，推动中国侨联十届五次常委会议精神落实。万立骏率中国侨联调研组来到武汉大学、华中科技大学、武汉亚心总医院、武汉市新侨创新创业项目硅谷小镇等，调研了解疫情防控和侨联工作开展情况，看望染疫去世的段正澄院士家属，与归侨、侨眷老师和医院医护人员、侨资企业代表及归侨科技人员代表等进行交谈。调研组还看望了湖北省、武汉市侨联干部，并召开了湖北侨联工作座谈会。万立骏在调研时表示，要深入学习贯彻习近平总书记关于统筹疫情防控和经济社会发展的一系列重要讲话精神，从抗疫斗争中获取奋进力量，在疫后重振和高质量发展中体现侨联作用，在实现“六稳”“六保”目标，决胜全面建成小康社会、决战脱贫攻坚中展现侨界作为，在加快形成以国内大循环为主体、国内国际双循环相互促进的新发展格局，共建“一带一路”，推动构建人类命运共同体中发挥侨胞优势，在全面加强侨联党的建设中打造模范机关，在主动担当作为中提升侨联干部工作能力，攻坚克难，开拓创新，善做善成，久久为功，为实现“两个一百年”奋斗目标、实现中华民族伟大复兴的中国梦更好地凝聚侨心侨力侨智。湖北省委书记、省人大常委会主任应勇，省委常委、统战部部长尔肯江·吐拉洪会见了万立骏一行。中国侨联基层建设部部长张毅、信息传播部副部长郭启华，湖北省侨联党组书记、主席谭作刚，党组成员、副主席舒正荣、刘文华，武汉市侨联党组书记、主席代飚等参加上述有关活动。

8月24日，万立骏主席（左一）看望染疫去世的段正澄院士家属

8月24日—26日，万立骏主席（左四）在湖北武汉调研

【隋军副主席赴黑龙江出席活动并调研】8月26日，中国侨联党组成员、副主席隋军赴黑龙江黑河出席“华侨与马克思主义在中国的传播”研讨会并调研。隋军一行分别调研考察了黑河公路口岸工程、黑龙江公路大桥、中国（黑龙江）自由贸易试验区黑河片区、黑

8 月 26 日，隋军副主席在黑龙江省黑河市调研侨联工作

龙江省电子商务示范基地以及从事现代农业、汽车制造、跨境商贸等侨资企业，听取相关负责人的介绍。在黑河市爱辉区外四道沟俄罗斯族村、新生鄂伦春族乡民族文化传承教育基地，调研组详细了解黑河民族团结、少数民族侨务工作和侨务扶贫工作开展情况。调研组在黑河召开侨界代表人士座谈会，听取侨商、侨胞和基层侨联工作者的意见建议。座谈中，隋军鼓励基层侨联工作者要进一步解放思想，改进方式方法，增强服务本领，让侨联工作真正做到暖人心、树信心。黑龙江省侨联党组书记、主席郭占力，黑河市有关领导，中国华侨华人研究所所长张春旺、副所长张秀明等一同参加研讨会和调研活动。

【隋军副主席赴中国电子信息安全技术研发基地调研】9 月 3 日上午，中国侨联党组成员、副主席隋军，中国侨联副主席、中央和国家机关侨联主席邵旭军专程赴中国电子信息安全技术研发基地调研学习，了解交流中央企业侨联工作开展情况及中国电子引进新侨科技人才经验。在中央企业侨联主席、中国电子董事长芮晓武的陪同下，中国侨联调研组一行参观考察了中国电子发展成就展、自主安全联合攻关基地和大数据样板间，学习了解中国电子在网络安全和信息化领域的创新发展历程。隋军在调研中对央企各级侨联疫情防控和复工复产等工作表示肯定，并希望央企各级侨联组织深入学习贯彻习近平总书记关于侨务工作的重要论述，把思想和行动统一到党中央要求上来，充分发挥侨联组织优势，突出工作重点、深化服务职能、创新工作方式，更加广泛调动新侨科技群体生机活力，为打赢疫情防控阻击战、促进经济社会发展作出应有的贡献。国务院国资委工会主席王晓华，中国诚通集团党委副书记、中央企业侨联副主席兼秘书长单忠立，中央和国家机关工委群工部（统战部）副部长王瑞芹，中国侨联经济科技部一级巡视员兼副部长夏付东、办公厅副主任张凌等陪同调研。

【隋军副主席赴宁夏出席活动并调研】9 月 7 日—8 日，中国侨联党组成员、副主席隋军出席宁夏回族自治区第八次归侨侨眷代表大会并调研。隋军一行调研了宁东能源化工基地、福建对口帮扶宁夏扶贫协作示范窗口——闽宁镇等企业和项目。宁夏回族自治区党委统战部常务副部

9 月 7 日，隋军副主席（左二）出席宁夏回族自治区第八次归侨侨眷代表大会并调研

9 月 7 日—8 日，隋军副主席（左二）出席宁夏回族自治区第八次归侨侨眷代表大会并调研

长、民委（宗教局）党组书记陆军，自治区党委统战部副部长、侨办主任柴建国，中国侨联组织人事部（机关党委）副部长许华坤等陪同参加了有关调研活动。

【召开 2020 习近平总书记关于侨务工作重要论述研讨会】9 月 14 日—15 日，由中国侨联主办，中国华侨华人研究所与江苏省侨联、南京大学、五邑大学承办的 2020 习近平总书记关于侨务工作重要论述研讨会在南京大学召开。中国侨联党组书记、主席万立骏出席会议并讲话。江苏省委常委、统战部部长杨岳，国家卫生健康委党组成员、国家中医药局党组书记余艳红，南京大学党委常务副书记杨忠等出席会议，中国侨联党组成员、副主席隋军主持会议。万立骏在讲话中强调，要在抗疫斗争中进一步加深对习近平总书记关于侨务工作重要论述的理解，要准确把握统筹疫情防控和经济社会发展对侨联工作提出的新挑战新要求，要把学习、宣传、贯彻习近平总书记关于侨务工作重要论述不断引向深入。万立骏希望各位专家学者提高站位、加强合作，用高水平的研究成果为党的侨务工作提供理论支撑和智力支持，集中多方智慧，为侨务工作出谋划策，不断把习近平总书记关于侨务工作的重要论述研究好、阐释好、宣传好、落实好。杨忠代表南京大学热烈欢迎各位与会嘉宾，国家中医药局党组书记余艳红，中国华侨历史学会副会长、清华大学教授龙登高，中国科学院院士、南京大学教授邹志刚作了主旨演讲。中国侨联副主席、江苏省侨联主席周建农，上海市侨联党组书记王珏，浙江省侨联主席连小敏，黑龙江省侨联主席郭占力，中国华侨华人研究所所长张春旺，中国侨联基层建设部部长张毅，来自中央统战部、中央党史和文献研究院、全国人大华侨委、全国政协港澳台侨委、致公党中央的有关同志，中国华侨历史学会理事和专家学者，以及部分省市侨联干部和江苏省各地市侨联负责同志共 160 多人出席会议。

【万立骏主席赴江苏南京调研侨联工作】9 月 14 日—15 日，中国侨联党组书记、主席万立骏就贯彻党中央要求、加强基层侨联建设、服务新侨创新创业等在江苏南京调研。中国侨联党组成员、副主席隋军，中国侨联副主席、江苏省侨联党组书记、主席周建农参加有关调研。在南京，万立骏率调研组赴中国侨联基层联系点南京大学侨联调研，召开座谈会。万立骏说，要认真学习贯彻习近平总书记重要讲话精神，把科技工作、人才工作放在更加突出的位置，进一步做好高校侨联工作。他指出，构建“地方侨联 + 高校侨联 + 校友会”工作机制，是中国侨联创新工作思路和方式的重要举措，要进一步构建和完善这项工

9 月 14 日—15 日，2020 习近平总书记关于侨务工作重要论述研讨会在南京召开

9 月 14 日—15 日，万立骏主席、隋军副主席在江苏南京调研侨联工作

公厅二级巡视员、机关服务中心副主任李舰舶，信息传播部副部长郭启华，中国华侨华人研究所副所长张秀明等参加上述有关活动。

【万立骏主席赴湖南调研侨联扶贫工作和科技工作】9 月 16 日—18 日，中国侨联党组书记、主席万立骏在湖南长沙、株洲调研侨联脱贫工作和科技工作，强调要深入学习贯彻习近平总书记重要讲话精神，提高站位，强化担当，主动作为，全力以赴，发挥侨联组织的特点和优势，为打赢脱贫攻坚战多聚侨力，为推动我国科技事业发展多汇侨智，为决胜全面建成小康社会、实现中华民族伟大复兴的中国梦多作贡献。万立骏率中国

作机制。在江苏省侨联基层建设南京现场观摩会暨秦淮区街道侨联全覆盖集中授牌仪式上，万立骏充分肯定了江苏侨联组织在加强基层建设、抗击新冠肺炎疫情等方面所做的工作，对江苏各级党委和政府对侨联工作的关心支持、对广大侨联干部的辛勤工作、对江苏海内外侨界为抗疫作出的贡献表示感谢。他要求江苏各级侨联组织要坚守定位听党话，发挥作用见效果，强基固本促发展。万立骏一行还调研了南京天加环境有限公司、江北新区产业技术研创园、浦口区中国华侨国际文化交流基地南京行知苑对外交流中心，并看望慰问了荣获“全国抗击新冠肺炎疫情先进个人”“全国优秀共产党员”称号的已故侨眷徐辉同志的家属。江苏省委书记、省人大常委会主任娄勤俭，省委副书记、省长吴政隆会见了中国侨联调研组。江苏省委常委、统战部部长杨岳，省委常委、秘书长郭元强，省人大常委会副主任曲福田，副省长费高云，省政协副主席麻建国，南京大学校长吕建、党委常务副书记杨忠，南京市有关领导等参加了有关调研、会见活动。中国侨联基层建设部部长张毅，办

9 月 16 日—18 日，万立骏主席在湖南调研侨联扶贫工作和科技工作

9 月 18 日，万立骏主席在湖南调研侨联扶贫工作和科技工作

侨联调研组来到株洲市侨联定点帮扶的省级贫困村株洲市攸县新市镇丁家垅村，在株洲市有关领导陪同下，察看海外华侨捐赠的村文化广场，走进蔬果种植大棚，登门看望农户，深入村综合服务中心，与干部、群众交流，询问有关情况。万立骏指出，要认真学习习近平总书记重要讲话精神，在党中央坚强领导下，进一步发挥侨联优势，做到高站位、勇担当，抓学习、明方向，重精准、求实效，严要求、强作风，为打赢脱贫攻坚战多作贡献。在侨资企业圣湘生物科技股份有限公司，万立骏等深入了解企业发展情况，勉励企业持续创新，做大做强，在发展的同时讲好中国故事、当好民间大使，增进中外友好。万立骏强调，侨联组织要积极为广大侨资企业服务，搭平台，搞活动，解难题，汇侨智，促进企业发挥技术创新主体作用，促进创新要素向企业集聚，促进产学研深度融合，引导更多侨资企业投身创新型国家建设。万立骏一行还登门看望了中国科学院院士、分析化学家、归侨姚守拙。在长沙，湖南省政协主席、党组书记李微微代表省委、省政府、省政协会见了中国侨联调研组。省委常委、统战部部长黄兰香陪同会见和有关调研。中国侨联副秘书长、经济科技部部长赵红英，权益保障部部长张岩，信息传播部副部长郭启华，湖南省侨联党组书记、副主席黄芳，主席朱道弘，党组成员、副主席孙民生、李祖元等参加上述有关活动。

【陈迈秘书长赴重庆调研侨联基层联系点工作】9月17日—20日，中国侨联秘书长陈迈率调研组在重庆开展中国侨联基层联系点工作，深入长寿区等地，走访珍珠班，察看中国华侨国际文化交流基地，看望侨界群众，听取重庆市侨联工作汇报，与涪陵区、渝中区、沙坪坝区、南岸区、渝北区、丰都县、垫江县侨联负责同志座谈交流，了解工作开展情况，听取有关意见建议。调研中，陈迈指出，当前和今后一个时期，我国发展仍然处于重要战略机遇期，但机遇和挑战都有新发展、新变化。侨联工作应当自觉胸怀全局，心系“国之大者”，把握根本、侨情、长远、理念、路径、根基、整体，立足职责使命，思考和研究好组织使命、工作对象、工作规划、工作原则、工作方法、基层组织、工作统筹问题，主动担当作为，在工作理念、战略、内容、载体、方式方法、体制机制等方面高点站位、系统谋划、重点突破、打造特色，更广泛地把海外侨胞和归侨侨眷团结起来、联系起来，更有效地把侨心、侨力、侨智凝聚起来、发挥出来，奋进新时代，创造新荣光。重庆市委统战部副部长、市侨联党组书记史全波，市侨联党组成员、专职副主席、秘书长陈瑛陪同有关调研。

【陈迈秘书长赴甘肃调研】10月14日—16日，中国侨联秘书长陈迈在甘肃调研，深入兰州、武威、张掖，访机关、进侨企、摸侨情、听侨声，围绕学习宣传贯彻习近平总书记在汕头考察时关于做好侨的工作的重要讲话精神、推动中西部地区侨联工作改革创新开展调研。甘肃省委统战部副部长、省侨联党组书记万泽刚，省侨联主席闫鹏勋、秘书长安亚军等陪同参加有关活动。调研期间，陈迈一行来到侨企武威大天宝汽车检测有限公司考察，与公司负责人深入交流。在张掖，陈迈深入甘州区平山湖乡，走访侨胞之家，实地调研喀尔喀小镇建设情况。在天域绿谷农业开发有限公司，中国侨联调研组深入了解该企业在助推区域农业特色产业发展、改善局部生态环境等方面的规划和推进情况。14日，陈迈专门走访省侨联机关，看望机关干部，听取省侨联工作汇报，与省侨联机关干部、省侨青委、侨

9月17日—20日，陈迈秘书长率调研组在重庆开展中国侨联基层联系点工作

商会等负责人座谈交流。他总结说，做好当前和今后一个时期侨联工作，要从侨的视角观察世界、观察中国，要从历史沿革的维度把准工作定位，要从组织存在的逻辑思考自身工作，要从群团组织特点出发推进工作，要从健全制度规定入手提高机关工作科学化规范化水平。调研中，陈迈还与武威市、张掖市地方领导就加强侨联建设、发挥侨界作用交换了意见。

【万立骏主席赴浙江出席活动并调研】10月18日—19日，中国侨联党组书记、主席万立骏出席浙江省第十次归侨侨眷代表大会、“创业中华——2020侨界精英创新创业（中国·杭州）峰会”等活动并调研。万立骏率中国侨联调研组深入两家侨资企业调研。在乐富海邦园，万立骏参观海归会客厅，走进侨界创客码头，深入企业产品展示车间，听取园区和企业负责人介绍园区与企业建设发展情况，询问电子商务发展和企业产品新技术、新材料、新工艺问题。在海亮集团，万立骏仔细了解集团发展历程，就公司几项主导产业发展和技术问题深入交流。万立骏在调研中指出，党和政府重视侨、关心侨，侨在政治上有地位、经济上得支持、社会上受尊重。他希望大家要珍惜机会、用好政策、不断发展，报效国家、建设家乡、回报桑梓。希望侨企发扬侨界优良传统，围绕国家所急、社会所需，增强自主创新能力，在原始创新、集成创新、引进消化吸收再创新方面下功夫，力争取得更多成果，为把我国制造业搞上去，闯出更多新路子。在杭期间，浙江省委书记、省人大常委会主任袁家军，省委常委、秘书长陈金彪，省委常委、统战部部长熊建平会见了万立骏一行，就做好侨联工作、发挥侨界作用交换了意见。中国侨联副秘书长、经济科技部部长赵红英，组织人事部部长姚林楠，信息传播部副部长郭启华，浙江省侨联党组书记、主席连小敏，副主席张维仁、周松一，省侨联副主席、杭州市政协副主席、市侨联主席王立华等参加上述有关活动。

10月18日—19日，万立骏主席在浙江省杭州市调研，走进侨界创客园区企业

【万立骏主席赴江西上饶调研侨联定点扶贫工作】为贯彻中央精神、抓好定点扶贫、助力打赢脱贫攻坚战，10月20日—21日，中国侨联党组书记、主席万立骏在江西省上饶市广信区调研侨联定点扶贫工作。在广信区，万立骏一行看望了中国侨联机关派驻的两位扶贫干部，详细了解他们的工作和生活情况，并到驻村担任第一书记的机关干部所在的尊桥乡上乐村调研，与区、乡领导和村干部、驻村同志交流。万立骏一行还深入到尊桥乡周坞

10月20日—21日，万立骏主席（左二）在江西省上饶市广信区调研侨联定点扶贫工作

10 月 20 日—21 日，万立骏主席在江西省上饶市广信区调研侨联定点扶贫工作

村、上饶茶亭经济开发区江西普瑞美新材料科技有限公司、茶亭镇中心幼儿园进行调研，分别了解当地乡村振兴、产业项目发展和幼儿园管理等情况。21 日上午，中国侨联调研组在广信区召开定点帮扶座谈会。万立骏对江西省、上饶市、广信区脱贫攻坚取得的成绩表示祝贺，并感谢广信区为中国侨联参与脱贫攻坚提供机会和平台。他强调，要坚持用习近平总书记关于扶贫工作的重要论述武装头脑、指导实践，要从深入学习贯彻习近平总书记在汕头考察时关于任务工作的重要讲话精神中获得鼓舞、激发动力，要贯彻党中央“四不摘”的要求，持续做好侨联扶贫工作，注重统筹协调、完善帮扶机制、防止返贫、建好基层组织、讲好扶贫故事、加强思想引领、加强党的建设和队伍建设，善作善成、久久为功，促进当地巩固脱贫成果、增强自身造血功能和可持续发展能力、走好乡村振兴之路。调研期间，万立骏与上饶市主要领导就深化脱贫攻坚、发挥侨界作用作了交流。上饶市有关领导陪同有关调研。中国侨联权益保障部部长张岩，信息传播部一级巡视员、中国华侨历史博物馆馆长臧杰斌，信息传播部副部长郭启华，江西省侨联党组书记、主席张知明等参加上述活动。

【隋军副主席在云南、重庆调研侨联工作】10 月 16 日—21 日，中国侨联党组成员、副主席隋军率调研组先后到云南玉溪、普洱地区和重庆渝中区、沙坪坝区、两江新区、南岸区，深入基层联系点、社区、街道、大学、侨资企业等，就基层侨联工作、重点项目复工复产和扶贫工作等进行调研和座谈，看望了对新中国作出特殊贡献的南侨机工等老归侨，在红岩魂广场归侨烈士纪念碑凭吊了在解放战争中牺牲的归侨英烈。隋军带领调研组就总书记讲话与各级各界侨联代表、侨务工作者展开深入学习讨论。在云南调研期间，隋军赴玉溪市峨山县基层联系点开展调研，在基层联系点召开座谈会，看望慰问了 103 岁高龄的南侨机工罗开瑚老先生。调研组一行还先后赴昆明国家广告产业园的唐工坊文创园调研，为文创园侨联揭牌；到玉溪市元江县甘庄街道党群服务中心、澧江街道红侨农场调研。隋军指出，侨联基层干部要提高政治

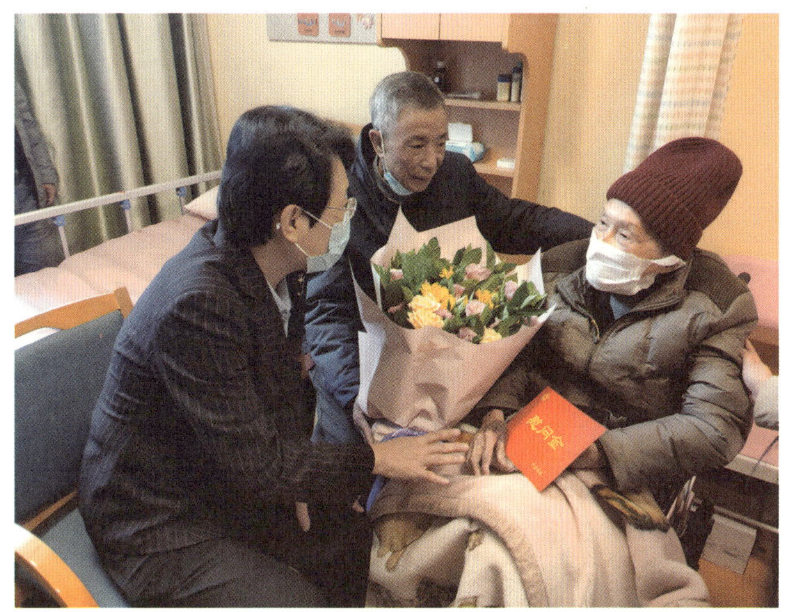

10 月 17 日，隋军副主席（左一）在云南看望慰问 103 岁高龄的南侨机工罗开瑚老先生

10 月 16 日—21 日，隋军副主席在云南、重庆调研侨联工作

自觉，加强对归侨侨眷的思想政治引领；要加强基层党组织建设，提升为侨服务能力，多为侨界群众办好事做实事解难事。在重庆调研期间，隋军与重庆市委常委、统战部长李静共同为“渝侨之家”揭牌，到渝中区涉侨纠纷法律服务中心、沙坪坝区石井坡街道团结坝社区、重庆璞润控股集团有限公司、誉存大数据科技有限公司和迪马工业有限责任公司、重庆医科大学进行调研，并与重庆市有关单位及各级侨联组织代表进行了座谈。隋军希望重庆各级侨联组织进一步加强侨界思想政治引领，发挥好桥梁纽带作用，进一步助力重庆经济社会发展。要坚持党建带侨建，进一步加强基层组织建设，加强侨联队伍建设。云南省副省长刘洪建、重庆市副市长李波分别会见了调研组一行。中国侨联办公厅副主任刘红、组织人事部副部长李爔恒，云南省侨联党组书记高峰、副主席徐盛兴，重庆市侨联主席张玲、党组书记史全波、副主席陈瑛等陪同参加了有关调研活动。

【万立骏主席赴山东济南调研侨联工作】11 月 4 日—5 日，中国侨联党组书记、主席万立骏在山东济南调研，宣讲党的十九届五中全会精神，了解地方和高校侨联工作、加强基层组织建设、实施创新驱动和乡村振兴等情况。调研期间，万立骏率中国侨联调研组来到济南华黎社区和百花洲侨驿站，了解基层侨联组织和“侨胞之家”建设情况，听取社区开展“党建带侨建”工作介绍，强调要在地方党委、政府的领导下，联系服务、团结凝聚街道社区归侨侨眷和留学归国人员，坚持党建带侨建，加强基层侨联组织建设，打造政治上强、作风优良、专业水平高的侨联干部队伍。在山东省侨联系统“乡村振兴侨界力量”总结汇报会上，万立骏要求山东省各级侨联组织积极参与乡村振兴工作，全面贯彻中央和山东省委、省政府关于乡村振兴工作的要求和安排，团结动员广大归侨侨眷和海外侨胞，巩固提升侨联扶贫工作成果，促进打造乡村振兴齐鲁样板。万立骏率调研组于 5 日赴山东师范大学调研，参观了该校 70 周年校庆展，召开座谈会，宣介十九届五中全会精神，围绕加强高校侨联建设、发挥归侨侨眷老师和归国留学人员作用等，与学校领导、老师、侨联干部等进行交流。万立骏指出，加强高校侨联建设，发挥高校侨联作用，对于凝聚侨心、侨力、侨智，发挥侨界人才作用，助力学校建设和地方经济社会发展，具有重要意义。加强侨联组织建设，要坚持抓学习、重宣传、补短板。万立骏还登门看望了中国科学院院士陈子江教授和

11 月 4 日—5 日，万立骏主席在山东济南调研侨联工作

全国抗击新冠肺炎疫情先进个人、济南市中心医院重症医学科司敏主任医师，走访了浪潮集团，并来到山东省侨联机关看望侨联干部。万立骏强调，深入学习宣传、贯彻落实党的十九届五中全会精神是当前全国侨联系统的首要政治任务，要全面贯彻党的侨务政策，凝聚侨心，服务大局，服务侨胞，夯实基层基础，把侨界群众凝聚在党的周围，为实现中华民族伟大复兴的中国梦、推动构建人类命运共同体贡献侨界力量。在济期间，山东省委书记、省人大常委会主任刘家义，省委常委、秘书长刘强等会见了万立骏一行，就做好侨联工作、发挥侨界作用交换了意见。山东省委副书记杨东奇，山东省政协副主席、山东师范大学校党委书记唐洲雁，山东省人大常委会党组副书记、副主任王良，中国侨联副主席、山东省侨联党组书记、主席李兴钰，中国侨联基层建设部部长张毅、办公厅副主任张凌，山东省侨联副主席、济南市侨联主席米文芃等济南市有关领导参加上述有关活动。

【隋军副主席赴湖南出席活动并调研】11月12日—16日，中国侨联党组成员、副主席隋军一行赴湖南出席2020年海外侨领中国国情研修班现场教学活动并调研，宣传贯彻党的十九届五中全会精神，深入了解侨界助力脱贫攻坚工作，考察基层侨联建设情况，看望基层侨联干部。调研期间，隋军一行分别走访了湖南省湘西土家族苗族自治州花垣县十八洞村、怀化市芷江侗族自治县。在张家界调研时，隋军与基层侨联干部和侨界青年代表进行座谈，宣讲党的十九届五中全会精神，了解基层侨联组织工作开展情况和疫情影响下侨商侨企工作生活状况。在湘期间，隋军一行还考察了张家界市思善桥社区侨胞之家和紫舞路社区中国建设银行侨胞之家，以及凤凰县侨胞之家、长沙市开福区四方坪街道左岸社区“甜蜜荟”侨胞之家和清水塘社区侨胞之家等。隋军提出，侨联基层组织应进一步提升凝聚力和创新力，精心服务、精准服务、精细服务，让“侨胞之家”真正成为侨胞的温暖之家。隋军一行还赴湖南省侨联看望机关干部，详细了解侨联机关文化建设情况和工作情况。中国侨联办公厅副主任刘红，湖南省侨联党组书记、副主席黄芳，张家界市、怀化市、邵阳市、长沙市有关负责同志等陪同调研。

11月12日—16日，隋军副主席（左二）在湖南调研侨联工作

【万立骏主席在广东潮州、汕头出席活动并调研】为了以实际行动学习贯彻习近平总书记视察广东时关于华侨的重要讲话和党的十九届

12月9日—11日，万立骏主席在广东潮州、汕头调研，了解侨乡历史文化街区保护

五中全会精神，做好新时代“侨”的文章，12月9日—11日，中国侨联党组书记、主席万立骏赴广东潮州、汕头出席“亲情中华·战疫有侨——海内外侨界凝心聚力抗击新冠肺炎疫情主题展”潮州巡展、“创业中华·‘十四五’中国发展与华侨华人投资创业峰会”等活动并在当地调研。万立骏强调，要深入学习贯彻习近平总书记重要讲话精神和党的十九届五中全会决策部署，紧紧围绕国家“十四五”规划和二〇三五年远景目标谋划和推进侨联工作，弘扬伟大抗疫精神，促进新侨创新创业，发挥桥梁纽带作用，凝聚侨心侨力侨智，为贯彻新发展理念、推动高质量发展、构建新发展格局，全面建设社会主义现代化国家，实现中华民族伟大复兴的中国梦作出积极贡献。调研组来到潮州广济楼、广济桥、牌坊街，了解潮州历史文化街区保护和侨胞心系故土、回馈家乡、建设家乡情况。万立骏表示，潮州历史悠久，文化底蕴深厚，海外侨胞众多，侨乡氛围浓厚。历史文化是城市的灵魂。要牢记习近平总书记嘱托，重视历史文化传承和生态环境保护，把潮州建设得更美丽，让侨胞记住乡愁、留住根脉。在汕头，万立骏一行到开埠文化陈列馆、侨批文物馆、小公园开埠区参观，听取汕头开放和建设、侨胞作用和贡献等情况介绍。万立骏说，汕头因侨而立，因侨而兴。汕头建设发展和开发开放，凝结了无数侨胞的努力和奋斗。在新时代改革开放再出发的进程中，广大侨胞要弘扬爱国、爱乡、爱自己的家人的精神，向老一辈华侨学习，胸怀赤子之心，发挥优势，团结奋斗，建设家乡，服务祖国，共圆中国梦。广东海外联谊会常务副会长郭汉毅，广东省侨联副主席谢惠蓉，潮州市、汕头市有关领导，中国侨联副秘书长、经济科技部部长赵红英，经济科技部副部长、一级巡视员、中国侨商联合会秘书长夏付东，办公厅副主任刘红，信息传播部一级巡视员、中国华侨博物馆馆长臧杰斌，信息传播部副部长郭启华，文化交流部副部长邢砚庄等分别参加有关调研。

信息传播部

【领导成员名单】

部　　　长：左志强

一级巡视员：臧杰斌（1 月 7 日任职）

副 部 长：郭启华

【综述】2020 年是决战决胜脱贫攻坚、全面建成小康社会和“十三五”规划收官之年。信息传播部以习近平新时代中国特色社会主义思想为指导，深入学习贯彻习近平总书记关于侨务工作的重要论述，围绕决胜全面小康、决战脱贫攻坚，围绕统筹推进疫情防控和经济社会发展，贯彻中国侨联党组决策部署，落实意识形态工作责任制，聚焦抗疫宣传、理论宣传、侨联工作宣传、典型宣传，开展涉侨舆情分析，加强网络安全和信息化建设，抓好支部建设，自觉担负新时代职责使命，坚持正确政治方向，把准导向，守正创新，推动侨联信息传播工作取得新进展。

【万立骏主席向全球华侨华人拜年】春节前夕，中国侨联主席万立骏发表了题为《万众一心加油干，携手共进奔小康》的二〇二〇年新春贺词，向广大归侨侨眷和旅居世界各地的华侨华人朋友拜年。

1 月 18 日，中国侨联党组书记、主席万立骏发表 2020 年新春贺词

【召开中国侨联党组意识形态工作领导小组暨网络安全与信息化工作领导小组会议】1 月 10 日，中国侨联召开党组意识形态工作领导小组暨网络安全与信息化工作领导小组会议，中国侨联党组书记、主席万立骏出席并讲话。中国侨联副主席李卓彬，党组成员、副主席隋军出席会议，中国侨联副主席齐全胜主持会议并传达了中央有关文件精神。中国侨联党组意识形态工作领导小组成员、中国侨联网络安全与信息化工作领导小组成员、中国侨联机关和直属企事业单位负责同志参加会议并作交流发言。

1 月 10 日，中国侨联召开党组意识形态工作领导小组暨网络安全与信息化工作领导小组会议

【五集纪录片《华侨华人与共和国》在中央电视台播出】《华侨华人与共和国》作为中央电视台《华人故事》特别节目，分别于 2020 年 1 月 11 日、1 月 18 日、2 月 1 日、2 月 8 日、2 月 15 日在中央电视台中文国际频道（CCTV-4）播出。每周日在中文国际频道欧洲版、中文国际频道美洲版重播。节目播出后受到海内外观众的喜爱与好评，纪录片平均收视率达到 2.8% 左右，收视份额达到 6.7% 左右，收视率创中文国际频道（CCTV-4）同时段播出节目收视的新纪录。

【人民日报刊文报道侨胞的付出】2020 年 03 月 29 日 06 版的《人民日报》刊登题为《侨胞的付出，祖国不会忘记》的报道，主要内容如下：疫情之初，世界各地的华侨华人捐款捐物、想方设法筹集物资运回国内，“千里走单骑”等佳话还令人记忆犹新。随着海外疫情不断蔓延，留守在国的侨胞们立即行动起来，再度展现团结一心的力量、共克时艰的担当。传递善意和希望，也回击恶意与污蔑。疫情期间，针对一些国家政客、媒体对中国的污名化和对华人的歧视行为，当地华人团体站上反击的一线，发声、签名、请愿，用行动表达抗议，放大正义的声音。侨胞的付出，祖国不会忘记。中国侨联发出通知，对做好疫情期间海外侨胞和归侨侨眷联系服务工作作出部署，要求各级侨联深入了解海外侨胞状况和具体困难，引导他们科学防疫，鼓励他们就地防疫、参与住在国抗疫斗争，回馈当地社会。中国各驻外使馆及时通报疫情信息、分享经验、提供指导和支持，帮助海外侨胞更好地应对疫情。有侨界学者认为，华侨华人有融通中外的独特优势，在构建人类命运共同体中可发挥独特的作用。在此次抗击疫情的战役中，闪耀中外的“侨力量”，正是这一论断的生动诠释。

【海外华文媒体“声”援抗疫】随着新冠肺炎疫情在海外发展形势趋紧，华文媒体持续聚焦疫情报道，“声”援抗疫。《欧洲时报》、西班牙《欧华报》、意大利华人街网等海外华文媒体纷纷开辟专栏，及时通报疫情信息，并加强策划，发表社论；加拿大《七天》推出多组系列稿件聚焦疫情；意大利《新欧洲侨报》积极跟进国内驰援意大利行动和旅意侨胞支援当地战“疫”行动，荷兰华侨新天地微信公众平台、西班牙《欧华报》等也积极跟进中国援外行动和侨胞集资、华人社区捐赠物资等信息，传递守望相助情谊，提振侨胞抗疫信心。此外，《欧洲时报》、加拿大《七天》华文媒体、西班牙《欧华报》、意大利《新欧洲侨报》等及时推出服务性稿件，提醒侨胞防疫举措、使馆及侨务部门相关信息、疫情下的诈骗等注意事项。

【组建“中国侨联讲师团”开展理论宣传】2020年，信息传播部贯彻落实中央要求和会党组部署，加强对广大侨界群众的思想政治引领，夯实广大归侨侨眷和海外侨胞同圆共享中国梦的思想基础，组建中国侨联讲师团，作为中国侨联宣介党的理论和路线方针政策、推动党的创新理论深入侨心的重要举措和工作载体。一年来，与人民网合作，分别以“全球抗疫的侨界担当”“化危为机中的侨企作为”“脱贫攻坚中的侨力量”为主题，邀请了12位侨界专家学者和侨企代表，开展了三期网上宣介活动。宣介活动在“学习强国”App开通“追梦中华·侨声”专栏，在中国侨联官网、中国侨联微信公众号、海外网、中国新闻网等平台上线，积极开拓“喜马拉雅”等视听平台，华人头条、《欧洲时报》、阿根廷华人网、北欧华人网、环球世界论坛、世界头条等多家海外华文媒体积极转发传播。截至年底，全网点击量超1000万次。

8月28日，中国侨联讲师团开展“化危为机中的侨企作为”主题的网上宣讲宣介活动

11月18日，中国侨联讲师团开展“脱贫攻坚中的侨力量”主题的网上宣讲宣介活动

【举办“追梦中华·侨与脱贫攻坚”网络主题活动】6月22日，由中国侨联主办，中国侨联信息传播部和人民日报海外网承办的“追梦中华·侨与脱贫攻坚”网络主题活动正式启动。活动从2020年6月持续到2021年1月，分为“追梦中华·侨与脱贫攻坚”微纪录片、“喜看侨乡新变化”网友互动征集、“侨界脱贫攻坚图片故事”征集与展示、“追梦中华·侨与脱贫攻坚”网络主题活动成果展四大板块，受到社会各界特

别是侨界的广泛关注。截至 11 月底，活动共收到投稿近万篇，全网点击量超 6700 万次，覆盖全球 40 余个国家和地区，汇聚成一幅由千万网友共同描绘的“脱贫攻坚”胜利画卷。网络主题活动期间，中国侨联和人民日报海外网组派联合摄制组，分别赴贵州遵义市红渡村、江西上饶市上乐村、湖南湘西土家族苗族自治州十八洞村拍摄了 3 部反映侨界助力脱贫攻坚的微纪录片，微纪录片播出以来，得到了海内外侨界的广泛好评，点击量超千万次。

【左志强部长一行赴中国华侨出版社调研】 9 月 1 日上午，信息传播部部长左志强一行赴中国华侨出版社调研，就落实党组意识形态工作责任制、做好图书阅评工作与中国华侨出版社有限公司执行董事、经理刘凤珍等进行座谈。信息传播部、中国华侨出版社有关同志参加了调研。

9 月 2 日，齐全胜副主席（右二）出席“亲情中华 · 文化讲堂 · 侨胞故事”宣讲会并调研当地侨联文化和宣传工作

【齐全胜副主席在江苏出席有关文化交流活动并调研】 9 月 2 日—4 日，中国侨联副主席齐全胜等一行赴江苏省南通市、无锡市调研，出席南通市侨联“亲情中华 · 文化讲堂 · 侨胞故事”宣讲会，出席在无锡市举办的第二届大运河文化旅游博览会相关活动和“追梦中华 · 情系大运河”2020 海外华文媒体江苏采风行启动仪式，并在两市调研侨联文化和宣传工作。

9 月 1 日，信息传播部部长左志强（中）一行赴中国华侨出版社调研

9 月 4 日，齐全胜副主席（第一排右七）、信息传播部部长左志强（第一排右六）出席“追梦中华 · 情系大运河”2020 海外华文媒体江苏采风行启动仪式

"追梦中华·情系大运河"2020海外华文媒体江苏采风团在南京市参访采风并参加座谈交流会

【举办"追梦中华·情系大运河"2020海外华文媒体江苏采风行】由中国侨联主办、江苏省侨联承办的"追梦中华·情系大运河"2020海外华文媒体江苏采风行活动于9月4日—9日举行。中国侨联副主席齐全胜，无锡市委常委、统战部部长陈德荣，江苏省侨联党组书记、主席周建农等出席活动。此次活动赴无锡、淮安、宿迁、南京等地，参观第二届大运河文化旅游博览会、考察江苏经济社会发展成就及华侨文化交流基地建设情况，为推动江苏经济社会发展和大运河文化带建设营造良好舆论氛围。截至9月13日，来自12个国家和地区的14家海外华文媒体和5家涉侨中央媒体聚焦大运河文化带建设，共发稿300余篇，累计阅读量约370万人次。

【举办"追梦中华·走进自贸港"海外华文媒体海南采风行】由中国侨联指导、海南省侨联主办的"追梦中华·走进自贸港"海外华文媒体海南采风行于9月17日—24日举行。信息传播部部长左志强，海南省侨联主席黎才旺、副主席苏燕、秘书长李诚，致公党海南省委二级巡视员黄会娥等出席活动。活动期间，来自8个国家和地区的10家海外华文媒体和5家涉侨中央媒体聚焦海南自贸港建设，走访海口、文昌、琼海、万宁、洋浦、三亚等地，考察海口江东新区展示中心、全球贸易之窗、文昌宋氏祖居、椰子王国、博鳌乐城国际医疗旅游先行区、蔡家宅、兴

9月23日，"追梦中华·走进自贸港"海外华文媒体海南采风团在三亚市参访考察

隆热带花园、兴隆咖啡谷、洋浦经济开发区、三亚崖州湾科技城、三亚中央商务区等地。通过政策解读、重点产业园区考察、项目推介、座谈交流、实地体验、采访记述等方式，进一步了解海南、宣介海南，为海南自贸港的发展创造良好舆论环境。截至9月27日，采风团发稿610余篇，阅读量约973万人次。活动结束后海南省侨联与各海外华文媒体签订了战略合作协议，进一步加强交流与合作。

【人民日报点赞中国侨联“追梦中华”华媒主题采风活动】9月27日出版的《人民日报》刊发题为《讲好鲜活生动的中国故事》的言论，评析中国侨联“追梦中华”海外华文媒体系列主题采风活动，主要内容如下：风光旖旎的京杭大运河、乘势腾飞的海南自贸港、生机勃勃的华侨农场……近日，由中国侨联主办的海外华文媒体采风活动分别走进江苏和海南，这些独具特色的中国元素频频出现在海外华文媒体的头条中，向世界传递出多元丰富、朝气蓬勃的中国形象。海外华文媒体植根海外，遍布世界各地，一直以来积极关注、充分反映中国的发展变化，已经成为世界认识中国、了解中国的重要窗口。海外华文媒体熟悉中国历史文化、了解中国发展现状，在向广大海外侨胞传递祖国信息的同时，他们还能够把生动的中国故事以住在国读者熟知的语言和文化形式呈现出来。紧抓中国发展机遇，发挥连接中外的独特优势，海外华文媒体定能在鲜活生动的中国实践中，向世界讲述一个更加真实、立体、全面的中国。

【推出“追梦中华”主题系列节目《魅力侨乡行》（第二季）】由中国侨联信息传播部和北京电视台共同策划出品的大型电视节目《魅力侨乡行》（第二季）于2020年9月至11月每周六晚间在北京电视台生活频道播出，长城电视（北美地区）每周日播出，腾讯视频和北京时间等视频网站同步观看。第二季节目共完成拍摄制作12集，每集30分钟，主要拍摄广东省（中山、东莞、顺德），福建省（古田县、松溪县），江苏省（南京、淮安、南通），安徽省（合肥、歙县）等地。节目以新颖独特的视角介绍当地的人文、自然、历史、地理、民俗文化等内容，展示侨乡的“美丽”和“魅力”，展现华侨华人爱国爱乡的桑梓情怀。《魅力侨乡行》系列节目通过电视台、学习强国、视频网站、微信、微博等全媒体进行宣传推广，累计观看超过3600万人次。节目电视播出收视率稳定在3.5%左右，在北京电视台全频道同时段中排名第四。系列节目播出后引起侨乡的积极反响，受到电视观众和华侨华人的高度赞誉。

【左志强部长一行赴皖调研信息传播工作】10月15日—18日，信息传播部部长左志强一行赴皖调研信息传播工作并参加纪念《俄罗斯龙报》创刊二十周年暨“一带一路·文化交流——俄罗斯列宾学院派油画展”开幕式。

10月15日—18日，信息传播部部长左志强（左一）一行赴皖调研信息传播工作

【举办第三期“追梦中华·海外华文媒体高级研修班”】10月19日—25日，由中国侨联主办，信息传播部、陕西省侨联和西安交通大学共同承办的第三期“追梦中华·海外华文媒体高级研修班”在陕西西安举办，陕西省政协副主席刘宽忍，中国侨联副主席齐全胜，信息传播部部长左志强，陕西省侨联党组书记程勉贵，西安交通大学党委常委、宣传部部长成进等出席开班仪式，刘宽忍、齐全胜、成进分别致辞。参加开班仪式的还有陕西省侨联机关干部、各地市侨联和高校侨联等。来自五大洲18个国家和地区的28

10 月 19 日上午，中国侨联“追梦中华·海外华文媒体高级研修班”在西安交通大学举行开班仪式，齐全胜副主席（第一排右四）、信息传播部部长左志强（第一排左四）出席开班仪式

10 月 19 日上午，齐全胜副主席（右二）、信息传播部部长左志强（左二）在西安交通大学出席“追梦中华·海外华文媒体高级研修班”开班仪式

位海外华文媒体代表等参班。齐全胜指出，举办华媒研修班是中国侨联凝聚、服务海外华媒人士和推动海外华媒更好发挥作用的重要工作方式。在中华民族和华夏文明的重要发祥地之一的陕西举办研修班，能促使海外华文媒体思通千载、感受文化震撼，增强文化自信，进一步讲好中华优秀传统文化传承广大的故事，诠释好历久弥新的中华民族精神。开班式后，左志强为全体学员作《新时代侨联信息传播工作》专题报告。他希望海外华媒在后疫情时代加深中国国情、中国方案和中国智慧的认识，继续发挥融通中外的优势，讲好中国故事，传播好中国声音，为构建人类命运共同体不断贡献力量。研修期间，学员们围绕媒体融合趋势及新媒体发展、传播中华文化、讲好丝路故事等主题开展集体学习研讨，同时出席“第二十七届中国杨凌农业高新科技成果博览会”，采访陕西脱贫攻坚、乡村振兴、生态建设等。

【左志强部长出席江苏省侨联意识形态暨网络安全专题研修班并调研】 10 月 29 日—30 日，“江苏省侨联意识形态暨网络安全专题研修班”

10 月 29 日—30 日，信息传播部部长左志强受邀出席“江苏省侨联意识形态暨网络安全专题研修班”并作专题辅导讲座

在南京举办，信息传播部部长左志强受邀出席培训班并作专题辅导讲座。在苏调研期间，左志强对侨企的发展、成就和扶贫贡献表示肯定，并对企业的下步发展战略提出意见建议，希望广大侨企要紧跟世情国情新变化，认真贯彻落实党和政府的政策方针，进一步拓展上下游产业链，充分激发市场优势和内需潜力，立足中国，走向世界，加快形成以国内大循环为主体、国内国际双循环相互促进的新发展格局。

【齐全胜副主席一行走访央视中文国际频道】 11月25日下午，中国侨联副主席齐全胜等一行走访央视中文国际频道，与华语环球节目中心主任李欣雁、中文国际频道节目部主任吴晟炜等座谈，商洽加强和深化合作事宜。信息传播部部长左志强、文化交流部部长刘奇等参加走访座谈。齐全胜感谢央视中文国际频道对中国侨联工作尤其是宣传、文化工作的支持，在推进与主流媒体合作，形成持续、稳定的战略性协作局面，他希望完善日常沟通对接机制，深化专题合作研究；根据电视特点，加强对侨联重要履职活动的报道；支持加强体现海外侨胞爱国爱乡情怀相关内容的报道；联手打造“百年赤子心”等重点创作项目；协助制作面向海外侨胞的节庆电视节目；加强与国际频道新媒体合作，协助制作吸引海外侨胞特别是青少年参与的视频节目等。左志强、刘奇分别结合“追梦中华”“亲情中华”“四海同春”“寻根之旅”等品牌工作项目谈了与央视中文国际频道加强合作的意见建议，表示将在频道支持下，进一步做好侨联宣传、文化工作。

11月25日，齐全胜副主席（右三）等一行走访央视中文国际频道，商洽加强和深化合作事宜

【举办“追梦中华·侨与脱贫攻坚”网络主题活动成果展】 12月21日上午，由中国侨联主办的“追梦中华·侨与脱贫攻坚”网络主题活动成果展开幕式在中国华侨历史博物馆举行。中国侨联党组书记、主席万立骏，人民日报海外网总经理、总编辑姚小敏出席开幕式并致辞，中国侨联党组成员、副主席程学源出席开幕式，中国侨联副主席齐全胜主持开幕式。“追梦中华·侨与脱贫攻坚”网络主题活动由中国侨联主办，中

12月21日，中国侨联党组书记、主席万立骏出席“追梦中华·侨与脱贫攻坚”网络主题活动成果展开幕式并致辞

国侨联信息传播部、人民日报海外网承办，旨在突出展现侨界在助力中国脱贫攻坚、全面建成小康社会中发挥的独特作用，并通过侨界向世界讲好脱贫攻坚的中国故事。活动共收到投稿近万篇，全网点击量超6700万次，覆盖全球40余个国家和地区。“追梦中华·侨与脱贫攻坚”网络主题活动成果展共分为“决策部署、伟大成就”“系统合力、侨界特色”“加大力度、定点扶贫”“公益襄助、侨界大爱”“扶贫干部风采展”“脱贫攻坚笑脸墙”等6大板块，成果展将持续展出到明年1月31日。开幕式后，中国华侨历史博物馆还将通过普通话、广府话、闽南语和英语对展览进行4场直播。开幕式前，万立骏会见了姚小敏一行，双方就如何做好新形势下涉侨国际传播工作交换了意见。中国侨联、人民日报海外网有关单位和部门

12 月 21 日，中国侨联党组书记、主席万立骏（右二），人民日报海外网总经理、总编辑姚小敏（左一）参观“追梦中华·侨与脱贫攻坚”网络主题活动成果展

负责人以及中央媒体记者、海外华文媒体代表参加开幕式并参观了展览。

【万立骏主席出席中国侨联信息中心挂牌仪式】经中编办批准同意，中国侨联信息中心（《海内与海外》杂志社加挂牌子）于 12 月正式设立。中国侨联党组书记、主席万立骏，党组成员、副主席隋军为信息中心揭牌。中国侨联副主席齐全胜、秘书长陈迈出席揭牌仪式，中国侨联信息传播部部长左志强主持仪式。信息传播部副部长郭启华、组织人事部副部长李燨恒、《海内与海外》杂志社副社长何长松等参加了活动。

【齐全胜副主席出席“全球华人生活短视频大赛”颁奖盛典并致辞】12 月 29 日，由中国侨联信息传播部支持、人民日报海外网主办的“第二届全球华人生活短视频大赛”颁奖盛典在人民日报社举行。中国侨联副主席齐全胜应邀出席并为获奖嘉宾颁奖。此次短视频大赛自启动以来，吸引了侨界人士包括海外华裔新生代积极参与。截至 11 月 15 日，大赛综合阅读量近 30 亿次，总投稿量 20 万余篇，其中海外用户投稿占 35%。大赛征集到的作品展现了全球华人的生活状态和精神面貌，讲述了同心战疫、脱贫攻坚等方面的故事。中国侨联信息传播部部长左志强参加活动并为获奖嘉宾颁奖。

【开展涉侨舆情信息收集分析研判】信息传播部密切关注涉侨舆情信息动态，重视涉侨舆情信息收集、分析和研判，增强宣传工作的针对性。部门聚焦海外侨界关心关注的重点、难点、热点、焦点问题，推出《涉侨舆情信息参考》，全年编发 55 期 218 条舆情信息，共计约 8.5 万字。分为时事评论、媒体聚焦、海外声音、侨界速递、专家意见、网民关注、学界观点等板块，为我会了解涉侨噪声、杂音，全面掌握涉侨舆情

12 月 29 日上午，中国侨联党组书记、主席万立骏（左八），党组成员、副主席隋军（右八）为信息中心揭牌。中国侨联副主席齐全胜（左七）、秘书长陈迈（右七）出席揭牌仪式，信息传播部部长左志强（左六）主持仪式

动态提供参考。重视舆情信息分析研判，对2020半年、全年编发的涉侨舆情信息进行汇总分析，形成两篇专题报告，为全面分析涉侨舆情、敏锐捕捉重大舆情、积极应对舆论引导，进一步深化侨联舆论和意识形态工作，推动侨联事业发展提供有效参考。

信息传播部党支部开展“人人讲课、全面提升”活动

【推动“四强”党支部建设】信息传播部落实会党组“素质提升年”活动要求，支部开展“人人讲课，全面提升”活动，锤炼干部队伍。以支部书记左志强“侨务工作之我见”、党支部副书记郭启华“侨联宣传思想工作的实践和思考”的主题党课为代表，支部全体党员积极参与，全年开展党课七次共十个专题。推进支部标准化规范化建设，夯实战斗堡垒。严格落实“三会一课”制度，采取“线上线下”学习形式，拓展“党建+”工作模式，组织了9次主题党日活动。强化政治机关意识教育，走好第一方阵。支部书记左志强在“七一”前主讲专题党课，紧扣全面从严治党要求，树牢政治机关意识，教育引导党员增强“四个意识”、坚定“四个自信”、做到“两个维护”。开展“灯下黑”问题专项整治，强化责任担当。严格落实支部专项整治工作方案，紧密围绕中国侨联宣传工作、网络安全和信息化建设，排查工作盲点，建立整治台账，强化责任落实，确保专项整治工作落地见效。加强调查研究，提升工作实效。齐全胜副主席多次召集部门围绕做好信息传播工作进行研议，亲自带队调研侨界宣传工作，推动宣传实践。部门领导率队赴安徽、陕西、江苏、贵州等地开展专题调研，了解侨界宣传工作及基层信息化建设情况，开展多场专题宣讲，深入调研侨情。部门参与撰写的《侨联组织构建制度体系　提高自身治理能力的思考》和牵头撰写的《新时代海外华文媒体讲好中国故事　传播中国声音方式与路径研究》调研课题报告分获一等奖。

12月15日，信息传播部党支部赴中国人民革命军事博物馆开展主题党日活动，参观“纪念中国人民志愿军抗美援朝出国作战70周年主题展览”

联谊联络部

【领导成员名单】

部　　长：陈　权（6月2日退休）
　　　　　桑宝山（7月6日任职）

副 部 长：朱　柳（7月6日兼任一级巡视员）

二级巡视员：岑建德（7月6日任职）

【综述】2020年，联谊联络部在会党组的领导下，认真做好疫情防控和联谊联络工作，关注侨情变化，加强侨情研究和形势预判，从国家战略的高度，以全球的视野，坚持为大局服务和为侨服务相统一，在"联"字上下功夫、在"新"字上求突破、在"深"字上见实效，拓展联谊联络工作的广度、深度和温度，求真务实，久久为功，春风化雨，润物无声。

【助力侨界开展疫情防控】1月26日，中国侨联发出"倡议书"，号召海内外侨胞为打赢疫情防控阻击战捐赠款物，联谊联络部积极对接、主动协调、鼎力相助，协助中国华侨公益基金会联系有关侨胞提供捐赠信息和办理相关手续。统计海外侨胞捐赠情况，及时报送会领导和相关部门，动员、协调、协助侨胞支持武汉地区抗击疫情。及时收集汇总、传播海外侨团侨胞捐款捐物的消息，在中国侨联网站海外抗疫专栏发布消息400余篇，大力宣传海外侨胞爱国爱乡的赤子情怀。3月以来，海外疫情多点暴发，联谊联络部认真履行中国侨联应对新冠肺炎疫情工作领导小组海外工作小组办公室职责，注重发挥中国侨联海外顾问、委员、青年委员的表率作用，实现对海外重点国家和地区、疫情重点地区主要侨团侨领的联络工作"全覆盖"，鼓励侨胞"稳在当地"。与中国华侨公益基金会一道筹集口罩46.5万只和连花清瘟胶囊1.8万盒，用于支援海外侨胞防疫。

【编印《海外侨情分析》《海外疫情深度分析》《海外疫情参考》】联谊联络部编印20余期《海外侨情分析》和《海外疫情深度分析》，涉及美国、澳大利亚、巴西、加拿大、印度、西班牙、法国、德国、英国、坦桑尼亚、科特迪瓦、埃及、肯尼亚、津巴布韦、加纳、加蓬、博茨瓦纳等40余个国家的侨情分析与研判。综合整理海外顾问、委员、青年委员及当地主要侨领提供的信息，编印78期《海外疫情参考》，涉及近百个国家疫情及防控政策措施、侨胞染疫情况、海外社情舆情变化和侨胞面临的困难等。

【朱柳副部长会见我驻美使馆公使徐学渊】1月9日，联谊联络部副部长朱柳在中国侨联机关会见我驻美使馆公使徐学渊。

【召开中国侨联海外青年委员代表视频座谈会】7月9日，中国侨联召开青委会海外委员代表视频座谈会。中国侨联党组成员、副主席、中国侨联青年委员会会长程学源出席座谈会并作交流发言。来自日本、泰国、韩国、英国、意大利、南非、美国、巴西、澳大利亚等国家的近20名中国侨联海外青年委员代表参加了视频座谈会。座谈会由联谊联络部部长、青委会副秘书长桑宝山主持，联谊联络部副部长、一级巡视员、青委会副秘书长朱柳作会议小结。

7月9日，召开中国侨联海外青年委员代表视频座谈会

【程学源副主席会见香港侨界社团联会首席主席余国春一行】8月24日，中国侨联党组成员、副主席程学源会见了全国政协常委、中国侨联兼职副主席、香港侨界社团联会首席主席余国春一行。联谊联络部部长桑宝山等参加会见。

8 月 24 日，程学源副主席（中）会见香港侨界社团联会首席主席余国春一行

【程学源副主席赴张家口调研】 9 月 8 日—9 日，中国侨联党组成员、副主席程学源赴河北省张家口市，实地考察在建的华侨冰雪博物馆并调研张家口市有关侨资企业。张家口市委书记回建，市委副书记、市长武卫东等陪同调研。河北省侨联党组书记、主席包东，中国侨联联谊联络部部长桑宝山，中国侨联公益事业管理服务中心主任、中国华侨公益基金会副理事长兼秘书长何继宁，河北省侨联、张家口市侨联等有关负责同志陪同调研。正大集团、世茂集团、金光集团、益海嘉里、金鹰集团、融侨集团等六家捐赠企业代表随团参加了相关活动。

【召开中国侨联海外顾问、海外委员代表视频座谈会】 8 月 28 日，中国侨联召开海外顾问、海外委员代表视频座谈会。中国侨联党组书记、主席万立骏出席座谈会并讲话。来自 23 个国家的 30 名中国侨联海外顾问、海外委员代表参加座谈会。会议由中国侨联党组成员、副主席程学源主持。

8 月 28 日，万立骏主席出席中国侨联海外顾问、海外委员代表视频座谈会

8 月 28 日，召开中国侨联海外顾问、海外委员代表视频座谈会

【参与主办中央六部门国庆联合招待晚宴】 9 月 27 日，全国政协办公厅、中共中央统战部、国务院侨办、国务院港澳办、国务院台办、中国侨联在人民大会堂联合举行国庆招待会。中共中央政治局常委、全国政协主席汪洋出席并致辞。招待会由中共中央政治局委员、中央外事工作委员会办公室主任杨洁篪主持。部分在京中共中央政治局委员、中央书记处书记，全国人大常委会、国务院、全国政协领导同志，600 多名港澳台侨各界代表出席招待会。联谊联络部参与主办招待会并邀请部分侨胞代表出席。

【程学源副主席会见广东公共外交协会常务副会长傅朗一行】 9 月 28 日，中国侨联党组成员、副主席程学源在中国侨联机关会见了广东公共外交协会常务副会长、广东省外事办公室原主任傅朗一行。联谊联络部部长桑宝山等参加会见。

【举办中国侨联第七期海外联谊研修班（侨领班）】 10 月 10 日—16 日，中国侨联第七期海外联谊研修班（侨领班）在郑州举行。研修班由中国侨联主办，河南省侨联和郑

10 月 11 日，中国侨联第七期海外联谊研修班（侨领班）在河南郑州举行

州大学承办。中国侨联党组成员、副主席程学源出席开班仪式并讲话。河南省侨联主席王喜云、中国侨联联谊联络部副部长、一级巡视员朱柳等出席开班仪式。来自美国、英国、法国、南非、加拿大、澳大利亚、日本等五大洲 27 个国家和地区的 50 位侨领参加研修及考察。

【举办中国侨联第八期海外联谊研修班暨“侨连五洲·相约江苏”——江苏省侨联第二期海外侨领研修班】10 月 18 日—24 日，中国侨联第八期海外联谊研修班暨“侨连五洲·相约江苏”——江苏省侨联第二期海外侨领研修班在南京举行。研修班由中国侨联和江苏省侨联主办，南京大学承办。中国侨联党组成员、副主席程学源出席结业式并讲话。中国侨联兼职副主席、江苏省侨联主席周建农，中国侨联联谊联络部部长桑宝山、二级巡视员岑建德等出席结业式。来自日本、赞比亚、英国、美国、澳大利亚等五大洲 26 个国家的 49 位侨领参加研修及考察。

【程学源副主席在江苏南京调研】10 月 21 日，中国侨联党组成员、副主席程学源赴江苏省南京市调研侨联工作。江苏省委常委、统战部部长杨岳，省委常委、秘书长郭元强会见了程学源一行。

【程学源副主席会见香港华侨华人总会会长陈进强】10 月 20 日，中国侨联党组成员、副主席程学源在中国侨联机关会见了中国侨联常委、香港华侨华人总会会长陈进强。联谊联络部部长桑宝山等参加会见。

10 月 19 日，中国侨联第八期海外联谊研修班在江苏南京举行

10 月 20 日，程学源副主席（右）会见香港华侨华人总会会长陈进强

【赴香山革命纪念地开展主题党日活动】 10 月 27 日，联谊联络部党支部组织全体党员、入党积极分子赴香山革命纪念地瞻仰双清别墅、来青轩等革命旧址，开展“坚定理想信念，不忘初心使命”主题党日活动。

【举办中国侨联第九期海外联谊研修班暨福建侨联第二期“嘉庚精神”研修班】 10 月 30 日—11 月 3 日，中国侨联第九期海外联谊研修班暨福建侨联第二期“嘉庚精神”研修班在厦门举行。研修班由中国侨联和福建省侨联主办，厦门大学承办，厦门市侨联协办。中国侨联联谊联络部副部长、一级巡视员朱柳，福建省侨联副主席张瑶，厦门市侨联副主席邓飚等出席开班仪式。来自五大洲 37 个国家和地区的 59 位侨领参加研修及考察。

【程学源副主席出席 2020 年成都海外华侨华人社团大会】 11 月 3 日，中国侨联党组成员、副主席程学源出席 2020 年成都海外华侨华人社团大会并致辞。中国侨联为大会指导单位，四川省侨联主席刘以勤，中国侨联联谊联络部部长桑宝山等出席相关活动。来自 70 多个国家和地区的 300 余位海外华侨华人社团、商协会负责人及代表应邀参加线上线下会议。

【程学源副主席赴内蒙古自治区调研】 11 月 17 日—20 日，中国侨联党组成员、副主席程学源赴内蒙古自治区呼和浩特市、鄂尔多斯市，就推动内蒙古基层侨联组织建设、拓展联谊联络等工作进行调研。在内蒙古期间，内蒙古自治区人大常委会副主任和彦苓、鄂尔多斯市委书记牛俊雁等会见了调研组一行。内蒙古自治区党委统战部常务副部长金满仓，侨联主席史晴，鄂尔多斯市委常委、统战部部长高占胜，自治区侨联副主席、鄂尔多斯市侨联主席胡日嘎，中国侨联基层建设部部长张毅，联谊联络部部长桑宝山等分别参加了相关调研。

【举办“侨连五洲·情满西湖”活动】 12 月 5 日，由中国侨联和浙江省人民政府主办，浙江省侨联、杭州市人民政府、嘉兴市人民政府、湖州市人民政府承办的“侨连五洲·情满西湖”活动在杭州开幕。中国侨联党组成员、副主席程学源，浙江省副省长朱从玖，外交部领事司司长崔爱民在开幕式致辞。活动以“弘扬抗疫精神，汇聚侨界力量；深化合作发展，共创美好未来”为主题，分为开幕式、侨社论坛、侨商论坛、侨青论坛、招商推介、主旨演讲、参观访问等板块，涵盖联谊、经济、公益、青年、侨社、权益保护等领域。来自全球五大洲 62 个国家和地区的近 300 名华侨华人出席了现场活动，1000 多万

11 月 3 日，程学源副主席出席 2020 年成都海外华侨华人社团大会

12 月 5 日，程学源副主席在“侨连五洲·情满西湖”开幕式上致辞

12 月 5 日，由中国侨联、浙江省人民政府主办，浙江省侨联、杭州市人民政府、嘉兴市人民政府、湖州市人民政府承办的“侨连五洲·情满西湖”活动在杭州开幕

海内外中华儿女在线上对话互动。活动期间，浙江省委常委、统战部部长熊建平会见了程学源一行。江苏省侨联主席周建农，中国侨联联谊联络部部长桑宝山，副部长、一级巡视员朱柳，权益保障部部长张岩，经济科技部副部长夏付东，中国侨联公益事业管理服务中心主任何继宁，浙江省侨联主席连小敏以及河南、广东、福建、上海、吉林、陕西、江西等省市侨联负责同志，浙江省政府有关部门、地级市有关领导参加了活动。

【举办中国侨联第十期海外联谊研修班（侨领班）】 12 月 14 日—20 日，中国侨联第十期海外联谊研修班（侨领班）在合肥举行。研修班由中国侨联主办，安徽省侨联和中国科学技术大学承办。中国侨联党组成员、副主席程学源出席结业式并讲话。安徽省侨联党组书记、主席李世蕴，中国侨联联谊联络部副部长、一级巡视员朱柳，安徽省侨联副主席杨冰等出席活动。来自美国、加拿大、英国、法国、南非、澳大利亚、马来西亚等 28 个国家和地区的近 50 位侨领参加研修及考察。研修期间举办了第三期“华裔杰青论坛”，论坛主题为“新时代华裔青年的使命与担当”。

12 月 15 日，中国侨联第十期海外联谊研修班（侨领班）在合肥举行

【举办“展望‘十四五’·辉煌新时代——2020海外侨青高峰论坛”】 12月18日—20日，由中国侨联与澳门归侨总会主办，中国侨联青委会与澳门侨界青年协会承办的“展望‘十四五’·辉煌新时代——2020海外侨青高峰论坛”在澳门举行。来自20多个国家和地区的260余名侨界各业界菁英和青年共襄盛事。中国侨联党组成员、副主席程学源在论坛上致辞，并与中央政府驻澳门联络办公室副主任张荣顺、澳门外交公署署理特派员王冬、澳门贸促局主席刘伟明、澳门归侨总会会长刘艺良等嘉宾共同主礼。中央驻澳门联络办公室协调部部长傅铁生，中国侨联联谊联络部部长桑宝山陪同出席了相关活动。

12月19日，举办展望“十四五”·辉煌新时代——2020海外侨青高峰论坛

综合

经济科技部

【领导成员名单】

部　　长：赵红英（女）

副 部 长：夏付东

祁德贵（2020 年 8 月任职）

一级巡视员：夏付东（2020 年 6 月任职）

二级巡视员：徐　伟（2020 年 7 月任职）

【综述】 2020 年，经济科技部在中国侨联党组的领导下，深入学习贯彻党的十九届四中、五中全会精神和习近平总书记关于侨务工作的重要论述，按照中国侨联工作部署，深耕“创业中华”品牌，组织动员侨企参与和支持抗疫斗争，创新方式、主动作为，各项工作取得积极成效。

【印发《中国侨联经科部五年工作规划（2020—2024 年）》】 经科部制定、印发《中国侨联经科部五年工作规划（2020—2024 年）》（中侨发〔2020〕8 号），聚焦深化“创业中华”品牌体系和推动“一带一路”建设，围绕涵养资源、搭建平台、打造基地、加强培训、树立典型、完善政策等内容，丰富品牌内涵，提高经济科技工作的计划性和指导性。

【引导侨界抗击疫情】 2020 年，经科部面向侨商侨企和侨联系统开展了 3 次调研，形成报告，积极协调解决侨企复工复产中存在困难，发动侨商、侨界专业人士捐款捐物支援抗疫，建言献策，累计上报建言 160 余篇，其中 34 篇为侨情专报采用。8 月 6 日上午，举行“学习贯彻习近平总书记在企业家座谈会上重要讲话精神座谈交流暨联盟理事长线上建言献策活动”，李卓彬副主席出席并讲话，侨创联盟 20 余位理事长参加会议。与会人员围绕学习贯彻习近平总书记在企业家座谈会上重要讲话精神，本行业领域抗疫条件下复工复产、助力“六稳”“六保”所作的工作，本企业面临的实际问题和对联盟工作的意见建议等内容交流发言。

【举办“特聘专家网络大讲堂”】 5 月—6 月，邀请赵宇亮、马骏、李曙光、高杰、支修益等专家拍摄录制了《纳米技术与智慧医疗》《绿色金融的机遇与展望》《营造法治化营商环境》《粒子对撞机发展历史与展望（含 CEPC）》《疫情之下，如何关爱我们的肺》五期节目，在侨联官网、公众号等渠道宣传，传播科学知识，累计点击量逾万。

【支持或参与主办系列活动支援地方经济发展】 6 月 29 日，支持举办“一带一路”海外发展服务平台（无锡）启动仪式暨海外创业分享活动，赵红英副秘书长发表视频致辞，在苏部分新侨创新创业联盟理事，海外园区代表等近 200 人参加。7 月 2 日—5 日，第二十六届国兰州投资贸易洽谈会以线上方式开展洽谈会，“云展览”“云招商”“云促销”收获佳绩。7 月 22 日—26 日，以“开放合作、绿色发展”为主题的第 21 届“青洽会”在西宁举办，中国侨商联合会组织 40 多名侨商出席洽谈会并赴格尔木参加专场项目对接。9 月 21 日，第八届中国（绵阳）科技城国际科技博览会在四川绵阳举办，王永乐顾问、祁德贵副部长等出席开幕式并参加相关活动。9 月 22 日晚，哈尔滨市政府主办，市侨联参与承办 2020 哈尔滨全球华商线上招商会，赵红英副秘书长参加线上会议。12 月 18 日，“一带一路”数字健康产业发展合作论坛暨中国服务贸

12 月 18 日，祁德贵副部长在“一带一路”数字健康产业发展合作论坛暨中国服务贸易协会数字化医疗与健康分会成立仪式上致辞

易协会数字化医疗与健康分会成立仪式在西安举办，祁德贵副部长出席并致辞。

【召开“绿色科技与金融对接座谈会”】 8月4日，“绿色科技与金融对接”座谈会在北京召开。赵红英副秘书长、夏付东副部长，中国侨联特聘专家委员会马骏、高杰等委员、新侨创新创业联盟毛大庆、李然等理事、北京市侨联领导及相关金融机构负责人等以线下线上方式参加座谈。与会人员围绕“绿色科技与金融对接平台”的可行性进行研究探讨，并对当前绿色科技行业的发展形势及平台建设中的具体问题开展讨论。

【支持举办“创业中华·百企千岗·助创行动”】 8月11日，活动在中国侨联指导下，由京津冀三地侨联、北京市人才服务中心、海淀区委统战部和中国侨商联合会联合举办。首场云招聘共有来自北京、天津、河北三地的85家企业参与，提供岗位374个，招聘人数2800余人。招聘会以侨资企业为主，主要面向京津冀三地侨界青年、归国留学人员等，会上解读了就业相关政策，世茂集团、鑫桥联合融资租赁有限公司等8家企业进行线上招聘直播。活动得到了社会各界的广泛关注。启动仪式后，三地侨联以线上方式继续举办了几场侨资企业招聘会。

【参与举办“创业中华·筑梦烟台——2020烟台海外华人华侨双招双引线上推介会”】 9月20日，中国侨联新侨创新创业联盟、山东省侨联、烟台市人民政府联合主办该活动，27个国家和地区近200位海外侨商侨领进行线上交流，宣传推介烟台市双招双引政策和重点项目。德迈国际双创产业园与四家入驻企业签署了入园协议，爱普生与金恒丰科技集团签署战略合作协议。

【支持举办“创业中华·投资青岛——海内外侨界云招商推介签约会暨‘董事长说’新媒体工作室成立大会”】 9月22日，中国侨联新侨创新创业联盟支持举办“创业中华·投资青岛”活动，夏付东副部长出席。会上为18家首批“青岛市新侨创新创业示范基地”单位进行授牌，青岛、烟台、潍坊、威海、日照五市侨联共同成立了新侨创新创业胶东经济圈联盟，成立“董事长说”网络新媒体工作室和12家“侨界双招双引·联络联谊青岛海外工作站”，总投资34亿元的11个侨界“双招双引”重点项目集中签约。

9月22日，夏付东副部长在“创业中华·投资青岛”活动上致辞

8月11日，赵红英副秘书长、夏付东副部长及京津冀侨联主席，北京市人才服务中心、北京歌华传媒集团有限责任公司负责人等出席“创业中华·百企千岗·助创行动”启动仪式

【参与主办2020中国·天津投资贸易洽谈会暨PECC博览会】 10月12日，由商务部、

天津市人民政府、中国侨联、中国商业联合会共同主办的2020“津洽会”开幕，万立骏主席通过视频发表致辞。天津市委书记李鸿忠，市委副书记阴和俊，中国侨联副主席李卓彬等出席相关活动。

【举办“创业中华——2020侨界精英创新创业（杭州）峰会”】10月18日，经科部与浙江省侨联、杭州市政府共同主办“创业中华——2020侨界精英创新创业（中国·杭州）峰会”，中国侨联党组书记、主席万立骏出席并致辞。李卓彬副主席、赵红英副秘书长及来自长三角8个主要城市侨联负责人、侨界海外高层次专业人才、海

2020年杭州峰会现场签约19个项目，总投资额116.42亿元

外侨领等共300余人出席峰会。峰会以“创业中华　辉煌十年　勇立潮头”为主题，展示十年成绩、总结十年经验。开幕式上，中国侨联授予杭州市“创业中华　辉煌十年”纪念牌，浙江省侨联为西湖区紫金港科技城“侨界创新创业基地”授牌，西湖区作创投环境推介，“长三角城市侨创联盟”签约。峰会举办十年来，共参与引进海外高层次人才500余人，项目552个，总投资达480多亿元。此次峰会现场签约19个项目，总投资额116.42亿元。峰会期间，李卓彬副主席还出席了作为系列活动之一的“长三角城市侨创论坛”并致辞。在杭州期间，万立骏主席率中国侨联调研组深入乐富海邦园和海亮集团两家侨资企业调研。浙江省委书记、省人大常委会主任袁家军，省委常委、秘书长陈金彪，省委常委、统战部部长熊建平会见万立骏一行，就做好侨联工作、发挥侨界作用交换了意见。

【参与主办第二届“一带一路”侨商侨领交流合作大会】10月20日，由致公党中央、中国侨联、广西壮族自治区人民政府联合主办的第二届“一带一路”侨商侨领交流合作大会南宁开幕，王永乐顾问出席活动并致辞。由侨商会常务副会长王琳达等90位会员组成的中国侨商联合会代表团赴桂参会。21日—22日，代表团赴钦州考察，参加“创业中华——华商八桂行　钦州新机遇”活动。

【举办2020中国侨联新侨双创研修班】11月11日—15日，由中国侨联主办，经济科技部、中国侨商联合会、北京大学联合承办的“2020中国侨联新侨双创研修班”在北京大学举办。中国侨联副主席李卓彬，北京大学党委副书记、校长郝平出席开班式并讲话，北京大学常务副校长、校侨联副主席龚旗煌致欢迎词。赵红英副秘书长主持开班式。来自10多个国家和地区的45位侨界创新创业人士、海

11月11日，李卓彬副主席在研修班开班式上讲话

11月11日，中国侨联新侨双创研修班在北京大学举办

外侨社负责人、中国侨商联合会青年委员会代表参加培训班。培训班通过座谈交流、政策辅导等，引导侨商积极参与中国改革开放和新一轮创新发展，助力侨商事业发展。

【支持举办 2020 年侨界菁英川渝汇暨“一带一路”华商峰会】 11 月 17 日，四川省政府、中国侨商联合会在成都主办峰会活动，以“侨力聚川渝·共享新机遇”为主题，中国侨商联合会代表团，重庆、海南、四川等侨商代表团，部分海外侨商协会代表团及在川国有、民营企业代表逾 400 余人与会共商发展。18 日，部分侨商出席“2020 中外知名企业四川行”投资推介会暨项目合作协议签署仪式。

【支持举办“一带一路”交汇点华商大会】 11 月 18 日，中国侨商联合会、中国侨联新侨创新创业联盟参与主办“一带一路”交汇点（南京）华商大会，王永乐顾问出席并致辞，中国侨商联合会常务副会长黄焕明等 10 余名会员代表参加大会。大会采取线上线下方式，宣介江苏和“一带一路”相关园区营商环境，建立“走出去”项目与住在国侨团互助机制。大会期间，与会侨商赴南京江北新区考察对接。

【召开中国侨联、重庆市人民政府合作机制领导小组会议】 11 月 19 日，李卓彬副主席与重庆市委常委、统战部部长李静出席中国侨联、重庆市人民政府合作机制领导小组会议，重庆市政府副市长李波主持会议。赵红英副秘书长，重庆市政协副主席、侨联主席张玲分别代表中国侨联、重庆市介绍合作协议落实情况。20 日，在重庆举办了首届“创业中华·华侨论坛”，赵红英副秘书长代表中国侨联在论坛上致辞。来自阿联酋等十余个国家的侨界人士、知名侨商通过线上和线下方式参加论坛。

【召开全国侨联经济科技工作会议】 11 月 30 日，全国侨联经济科技工作会议在北京召开，李卓彬副主席出席并讲话。会议回顾总结了 2019 年以来侨联系统经济科技工作取得的成绩，分析国际国内形势和海外侨情变化及经济科技工作面临的新形势新任务新要求，对 2021 年经科工作作了部署。赵红英副秘书长作会议总结讲话，夏付东副部长专题介绍了《中国侨联经济科技部五年工作规划（2020 年—2024 年）》。北京、江苏、浙江、福建、重庆、四川、哈尔滨、杭州、青岛、深圳等 10 个省市侨联围绕“创业中华”、防疫抗疫、复工复产等多个主题作大会发言，交流经验。

11 月 30 日，全国侨联经济科技工作会议在北京召开

【举办“第八届新侨创新创业成果交流活动”】 12 月 1 日，“第八届新侨创新创业成果交流活动”在人民大会堂举行。全国人大常委会副委员长白玛赤林，全国政协副主席万钢，中国侨联主席万立骏，副主席李卓彬、隋军，以及中国科学院、中国工程院、国家知识产权局、中国科协、人力资源和社会保障部有关领导等出席表

11 月 17 日，李卓彬副主席、赵红英副秘书长出席中国侨联、重庆市人民政府合作机制领导小组会议

12月1日，全国人大常委会副委员长白玛赤林，全国政协副主席万钢，中国侨联主席万立骏，副主席李卓彬、隋军及相关部委领导为第八届“中国侨界贡献奖”获奖代表颁奖

彰活动，为“中国侨界贡献奖”获得者代表颁奖。万立骏主席发表讲话，并对侨界人才和侨联组织提出三点希望。李卓彬副主席主持大会，隋军副主席宣读“中国侨界贡献奖”表彰决定。赵宇亮院士和刘开周总工程师在“科技创新 赋能发展”主题论坛作主题报告。当天下午举办了“优秀侨创成果展示交流活动”，李卓彬副主席出席，赵红英副秘书长致辞。肖勇、赵炜、杨斌、郑南峰、王跃驹、邓亚光、江浩川、王晓鹏、胡文波等9位获奖者交流展示各自成果。此次表彰由各省级侨联推荐，由11位侨界权威专家、院士及人社部、中国科协、中科院、国家知识产权局等相关部门领导组成评审委员会，评选出125名获奖代表，其中一等奖59名、二等奖66名。评奖突出侨界人才在科研攻关和科技创新方面取得的成就，特别是在参与新冠肺炎科技攻关和诊疗救治方面所作出的贡献，新华社、人民日报、中央电视台等媒体对活动进行了广泛宣传报道。北京市侨联等获得“优秀组织工作奖”。

万立骏主席发表讲话

李卓彬主持大会，隋军宣读“中国侨界贡献奖”表彰决定

第八届“中国侨界贡献奖”获奖代表进行成果展示交流

基地——汕头侨批文物馆、广东省侨联南粤侨创基地（汕头）授牌。新华社、人民日报海外版、中国日报等媒体广泛报道。自媒体华人头条相关报道累计总点击量达 110 万次，覆盖 69 个国家。

【支持举办“创业中华·筑梦江苏”——首届国际空间智能应用创新创业大赛颁奖仪式暨南京市侨联侨创联盟成立大会】 12 月 26 日—27 日，活动在南京举办，赵红英副秘书长出席并致辞。两院院士、大赛获奖代表、侨创基地代表等共计 180 余人出席活动。大赛评选了特等奖 1 项，另有 9 个参赛项目分获一、二、三等奖，同时签订了落地意向协议。

12 月 11 日，创业中华·“十四五”中国发展与华侨华人投资创业峰会在汕头开幕，万立骏主席作主旨讲话

12 月 11 日，广东省侨联南粤侨创会揭牌成立，启动侨界创新创业成果展

【举办创业中华·“十四五”中国发展与华侨华人投资创业峰会】 为学习贯彻习近平总书记视察广东时重要讲话精神，做好新时代“侨”的文章，12月11日，中国侨联、广东省侨联、中共汕头市委、汕头市人民政府在汕头联合主办创业中华·“十四五”中国发展与华侨华人投资创业峰会。万立骏主席出席开幕式并作主旨讲话，广东省委常委黄宁生致辞，李卓彬副主席主持。来自海内外的知名侨领、侨界企业家、创新创业人士、中国侨联特聘专家委员会和双创联盟代表近 300 人参加峰会。峰会上，汕头市作投资环境推介，海外侨领、侨商、科技创新人士代表分别发言，中国侨商联合会与汕头华侨经济文化试验区管委会签订了合作协议，广东省侨联南粤侨创会揭牌成立，启动侨界创新创业成果展，为中国华侨国际文化交流

12 月 26 日，南京市新侨创新创业联盟成立

赵红英副秘书长为“创业中华·筑梦江苏”——首届国际空间智能应用创新创业大赛特等奖项目颁奖

【协助做好“两会”提议案相关工作】经科部提交“两会”提议案素材4篇，并根据要求，完成对“优化营商环境支持侨资企业更好发展”“促进新华人华侨回国创业创新”“全力支持留学归国人才创业创新”“应对新冠肺炎疫情带来的风险挑战，应更加重视发挥华侨华人作用”“推进华侨华人智库建设”“支持引导侨商参与“一带一路”建设”“将建设“闽粤现代化沿海经济带”列入国家“十四五”规划”等提案、建议的答复工作。

【开展经科工作专题调研】经科部对海外华侨华人专业社团、工商社团、重要侨商、重点专业人士及特聘专家、联盟理事、侨创基地资料信息进行系统梳理，夯实经科工作基础。关注海外华侨华人专业人士群体，研究其特点和需求，结合工作实际，完成“关于中国侨联做好海外华侨华人专业人士工作的几点思考”课题调研；与杭州市侨联建立联系点，聚焦“创业中华”品牌活动举办的实践探索，完成“凝聚海外英才 圆梦创新创业——“创业中华”品牌活动“杭州侨界海外精英创新创业峰会”成功浅析”课题调研。两项调研报告分获中国侨联优秀调研课题一、二等奖。

【开展“侨说——我的创业故事”征集活动】开展“侨说”活动，在侨联机关官网和“中国侨商联合会”“侨创联盟”公众号陆续推出著名侨商创业故事，宣传侨界奋斗历程，展现锐意创新的精神风貌。

【加强自身建设】经科部开展标准化规范化党支部建设，根据万立骏主席在支部党员学习会提出的五点要求推进工作。开展主题党日活动，认真落实“素质提升年”任务要求，总结提炼“政治坚定 担当作为 亲清交友 团结高效”十六字部风，加强对侨商会工作指导，完成巡视整改任务，不断提升部门工作成效。

文化交流部

【领导成员名单】

部　　长：刘　奇

副 部 长：邢砚庄（女）

二级巡视员：杨秀波

姜英会（2020年7月任职）

【综述】2020年，文化交流部在会党组坚强领导下，深入学习贯彻习近平新时代中国特色社会主义思想，围绕推进疫情防控、支持复工复产、弘扬抗疫精神、助力脱贫攻坚等中心任务，统筹网上网下、国内国际、大事小事，着力强信心、暖人心、聚侨心，以文化活动为载体，引导海内外侨胞为坚决战胜疫情、全面建成小康社会、助力推动构建人类命运共同体贡献力量。

【举办"亲情中华·走进侨乡"新春慰侨演出】2020年，中国侨联组派2支"亲情中华"艺术团，分别赴甘肃白银、平凉和四川宜宾、古蔺举办4场慰侨演出活动，现场观众人数累计4500人，网络直播点击量超过160万次。

1月16日，由中国侨联、甘肃侨联、中共白银市委、白银市人民政府共同主办的"亲情中华·走进白银"暨2020年白银市春节联欢晚会在白银文化中心精彩上演。"亲情中华"艺术团团长、文化交流部部长刘奇与甘肃省侨联主席闫鹏勋，白银市人大常委会主任宋奋吉，白银市政协主席齐永刚，白银市委副书记、市委统战部部长张延保等与500余名观众观看演出。艺术团还专程走访慰问多名困难老归侨，看望侨界先进代表，为他们送去祝福与问候。

1月17日，由中国侨联、甘肃侨联、中共平凉市委、平凉市人民政府共同主办的"亲情中华·走进平凉"新春慰问演出在平凉人民剧院举行。甘肃省政协副主席、中共平凉市委书记郭承录，"亲情中华"艺术团团长、中国侨联文化交流部部长刘奇与近千名观众共同观看了演出。平凉电视台官方网站对晚会进行全程直播，网络实时浏览量超过142万次。

1月19日，由中国侨联主办，四川省侨联、宜宾市委宣传部、宜宾市侨联共同承办，宜宾市委、市人民政府支持的"亲情中华·欢聚宜宾"新春慰问演出在四川省宜宾市酒都剧院精彩上演。中国侨联副主席、四川省侨联党组书记、主席刘以勤，"亲情中华"艺术团团长、中国侨联文化交流部副部长邢砚庄，四川省侨联党组成员、机关党委书记邱广华，宜宾市委副书记黄河，宜宾市委统战部部长李学焦，宜宾市委宣传部部长李静等与千余名

1月19日，举办"亲情中华·欢聚宜宾"新春慰问演出

1月16日，举办"亲情中华·走进白银"新春慰问演出

1 月 20 日，举办“亲情中华·欢聚古蔺”新春慰问演出

观众观看了演出。

1 月 20 日，由中国侨联主办，四川省侨联、省检察院、省地方志办、泸州市侨联、泸州市职业学院、古蔺县委宣传部共同承办，古蔺县委县政府支持的“亲情中华·欢聚古蔺”新春慰问演出在古蔺金兰广场举行。“亲情中华”艺术团团长、中国侨联文化交流部副部长邢砚庄，四川省侨联党组成员、机关党委书记邱广华，泸州市委统战部负责同志、古蔺县负责同志与古蔺县 2000 多名干部群众到场观看演出。

【及时取消“四海同春”赴海外慰侨巡演】 1 月 20 日，随着新冠肺炎疫情发展，文化交流部敏锐意识到防控形势日趋严峻，迅速征求我驻外使领馆意见，综合研判出境风险和海外疫情舆情，经报会党组并报中共中央统战部同意，于 1 月 24 日（除夕）20 时紧急决定并通知活动延期举办，来自全国各地约 250 名演职人员原地待命，16 个国家和地区近百万名观众规避了大规模聚集的感染风险。

【开展“亲情中华·同心战疫”“亲情中华·同心与共”专项活动】 自 2 月 4 日起，联合开问网，突出抗疫、庆祝建党 99 周年、脱贫攻坚等主题，结合中秋、国庆等节日，邀请国内外艺术家网上发布作品，弘扬正能量，同时联动山东、山西、江苏、浙江、吉林、黑龙江、湖南、山西、福建等十余家省侨联开展网上文化活动，成为特殊时期侨联系统开展文化交流工作的有力抓手。活动得到了杨洪基、德德玛、阎维文、曲比阿乌、雷佳、吕薇、韩磊、陈思思、吕继宏、魏金栋、陈军、方锦龙、刘君侠、王宏伟、刘和刚等知名艺术家的大力支持，还得到了海内外侨界群众的热情参与，不少海外侨胞、华裔青少年通过平台发布了自创或改编的文艺作品，通过诗朗诵、歌曲、器乐演奏等方式，表达海外游子对祖（籍）国的思念和牵挂。活动共发布作品 612 部（件）、点击量达 1455 万次，并精选 130 首优秀作品分类制作成 4 张光盘向有关部门、侨界群众等免费发放。

【帮助协调海内外抗疫物资捐赠】 3 月 4 日，文化交流部向中国华侨国际文化交流促进会理事发出题为《你、你的亲友安好，是我们最大的牵挂》的一封家书，送去温馨问候，并引导他们发挥带头作用，推动相关侨团稳住侨心、稳在当地。主动联系、协助美国南加州等地侨胞，紧急向国内捐赠防护服、口罩、手套、呼吸机、额温枪等物资 50 余吨。协调国内侨商侨企，为海外侨团捐赠口罩、防护服等物品 15 批，引导当地侨团在保证自身需要的前提下，有重点地赠与医院、警察署、养老院，并为当地医护人员和患者免费送餐。

【举办“亲情中华·为你讲故事”网上夏（秋冬）令营】 4 月 30 日起，中国侨联首次启动“亲情中华”网上夏（秋、冬）令营活动。全年举办 10 期，每期 15 天，全国 30 个省级侨联、海外 370 多家单位、遍及五大洲 50 多个国家的 7.5 万余名海外华裔青少年参营。活动突出线上互动、创新课程安排、有效整合资源，设置了网上打卡、视频对话、作业展示、网络辩论、课外拓展等环节，涵盖经典名著、古代诗词、成语寓言、人文地理、防疫知识等内容，形成了体验式、亲情化、趣味性的独特学习氛围。中国侨联举办的网上夏（秋冬）令营活动赢得了海外侨界和我驻外使领馆的广泛关注和充分肯定。

【联合举办“大爱有声·四海同心”全球华人线上音乐会】 5 月 2 日，由中国华侨国际文化交流促进会、加拿大中加多元文化交流协会等共同主办的“大爱有声·四海同心”全球华人线上音乐会首场演出进行全球线上直播。来自澳大利亚、新西兰、南非、尼日利亚、法国、意大利、英国、巴西、墨西哥、荷兰、日本、韩国、德国、加拿大、美国、新加坡以及中国大陆的华人艺术家们通过网络，用音乐和歌声向全世界身处疫情中的同胞送上爱的鼓励和暖心祝福。

【录制“施小墨爷爷为你讲中医故事”讲座视频】5月13日，应中国侨联邀请，首都国医名师施小墨教授在同仁堂录制“施小墨爷爷为你讲中医故事”讲座视频，为参加“亲情中华·为你讲故事”网上夏令营的广大海外华裔青少年讲述中医故事、抗疫知识。此次讲座是中国侨联应广大海外华裔青少年及家长的要求推出的特别制作节目。中国侨联副主席齐全胜，文化交流部部长刘奇、副部长邢砚庄和中国华侨公益基金会有关同志参加活动。讲座视频在中国侨联网站等平台推出。

【组织“亲情中华·童心欢畅”云端六一综艺演出】6月1日，由中国侨联主办，中国侨联文化交流部、北京演艺集团承办的“亲情中华·童心欢畅”云端六一综艺演出在人民日报客户端、央视频客户端、北京日报客户端、中国网、优酷、快手等媒体平台同步直播。整场演出精彩纷呈、侨味十足、童趣盎然，来自亚洲、欧洲、非洲、大洋洲等50多个国家的华裔少年儿童和侨胞在线观看，实时浏览量达1077.3万次，即时点赞过百万次，实现了真正意义上的华裔青少年网上夏令营大集结。

6月1日，举办“亲情中华·童心欢畅”云端六一演出

【联合指导“五洲同心·世界一家”——“爱乐之声”24小时云端音乐会】6月20日—21日，由中国华侨国际文化交流促进会参与指导，央视网等单位主办的“五洲同心　世界一家”——“爱乐之声”全球24小时云端音乐会成功举办。此次音乐会分为12个乐章，全程24小时，成龙、吴京、王力宏、黄晓明、谭维维、赵季平、祖宾·梅塔、安杰伊·亚辛斯基、吕思清、方锦龙、廖昌永、雷佳等来自全球50多个国家和地区的600多位艺术家参与，央视网、央视频、央视音乐客户端、中国日报微博、哔哩哔哩、Youtube等海内外220多家媒体直播联播，网上浏览量1800多万次。

【举办第二十一届世界华人学生作文大赛】7月10日，由中国侨联、全国台联、人民日报海外版、《快乐作文》杂志等单位共同主办的“第二十一届世界华人学生作文大赛”启动征稿，大陆地区高中在校生和海外18周岁（含）以下的华裔青少年均可参赛。共吸引来自39个国家和地区的300多万名华人学生参赛。大赛评委会专家评审团严格执行初审、复审、终审+复核的稿件评审制度，最终评出特等奖20名、一等奖800名、二等奖4000名、三等奖7000名。海内外参赛选手紧紧围绕大赛主题，以各自独特的视角，抒发疫情感悟，抒写青年担当，传播中国声音，弘扬中华文化，放飞奇思妙想，讲述成长故事。

【推送“亲情中华·云上基地——中国华侨国际文化交流基地故事”视频】在建党99周年之际，为营造庆祝氛围，引导侨界群众听党话、跟党走，7月—12月，文化交流部分批在网上推送“亲情中华·云上基地——中国华侨国际文化交流基地故事”视频18个，王家坪革命旧址、瑞金中央革命根据地纪念馆、沂蒙红嫂纪念馆、焦裕禄纪念园、陈嘉庚纪念馆、铁人王进喜纪念馆、李大钊纪念馆、西柏坡纪念馆等8家中国华侨国际文化交流基地精心制作宣传短频，累计浏览量超过634.5万人次。

【指导支持“中华少年强·体育影视新时代工程”活动】8月起，文化交流部指导支持由人民体育与中国儿童电影制片厂（暨中影集团儿童影视作品研发中心）联合发起的“中华少年强·体育影视新时代工程”。该活动旨在汇聚国内外社会各界的爱心力量和优质资源，精心创作青少年体育影视精品，广泛开展优秀儿童影视作品公益展播，润物无声地对青少年深入开展新时代爱国主义教育。中国侨联文化交流部此次指导支持“中华少年强·体育影视新时代工程”，助力青少年体育影视精品创作，能更好地吸引海外华裔青少年关心祖（籍）国发展，增强海外华裔青少年对祖（籍）国的文化认同和情感认同，团结引领海外华裔青少年同圆共享中国梦。

【万立骏主席出席“亲情中华·为你讲故事”网上夏令营全球闭营暨秋冬令营启动仪式】8月27日，由中国侨联主办的“亲情中华”网上夏令营以现场直播形式举行全球闭营仪式，来自全球50多个国家的华裔青少年营员通过人民网、中国侨网、快手、华人头条等媒体平台收看闭营仪式直播，直播实时浏览量达800万次。中国侨联主席万立骏，副主席程学源、齐全胜等出席仪式，万立骏主席在讲话中表示，博大精深的中华文化是连结海内外中华儿女的精神纽带，是我们共同的魂、共同的精神家园。万立骏希望海外华裔青少年能够继承和弘扬祖辈的光荣传统，成为传承中华文明、传播中华文化、增进中国同世界各国友好交往的“小使者”。省级侨联代表、家长代表、营员代表、老师代表等分享了办营、参营感受。仪式宣布中国侨联“亲情中华·为你讲故事”秋冬令营启动。

8月27日，万立骏出席“亲情中华·为你讲故事”网上夏令营全球闭营暨秋冬令营启动仪式

【召开“海外侨胞中餐业者抗疫复工故事”视频交流会】9月14日，中国侨联通过网络连线海外部分侨胞中餐业主及部分省侨联，召开“海外侨胞中餐业者抗疫复工故事”视频交流会。中国侨联副主席齐全胜出席并讲话。西班牙、荷兰、英国、新西兰、意大利、德国、奥地利的8位中餐从业侨胞代表分别发言，介绍了当地疫情、餐馆经营情况、抗疫复工感受等。北京市侨联，山西、江苏、浙江、安徽、山东、湖南、广东、四川等省侨联相关负责同志等即席发言，表示将积极助推海外侨胞中餐从业者复工复产，推动中餐经济恢复和繁荣。

【召开中国华侨摄影学会第六次会员代表大会】9月16日，中国华侨摄影学会第六次会员代表大会在北京召开，中国侨联副主席齐全胜及会员代表50余人参加会议。会议审议通过了第五届理事会工作报告、学会章程修正案、会费管理办法（草案），选举产生了新一届理事会和领导机构。齐全胜在致辞中要求学会全体理事和会员要认真学习和贯彻习近平总书记在全国抗疫表彰大会上的重要讲话，自觉弘扬伟大的抗疫精神，通过摄影展现民族精神、时代精神。

【举办“亲情中华·魅力江苏”第五届全球中餐业领袖峰会】9月18日，由中国侨联主办，江苏省侨联、江苏省餐饮行业协会联合承办的“亲情中华·魅力江苏”第五届全球中餐业领袖峰在南京召开，江苏省侨联主席周建农，中国侨联文化交流部部长刘奇出席并讲话。来自25个国家和地区的40多位侨领和中餐企业家以及省内著名餐饮企业负责人、从业者近150人参加峰会。

【举办“亲情中华·魅力江苏”第二届淮扬菜海外推广研习班】9月19日—24日，由中国侨联主办，江苏省侨联、淮安市侨联承办，江苏食品药品职业技术学院、江苏省餐饮行业协会协办的“亲情中华·魅力江苏”第二届淮扬菜海外推广研习班在淮安举办。9月19日，江苏省侨联主席周建农，中国侨联文化交流部部长刘奇赴

9月27日，在民族文化宫大剧院举办"亲情中华·北京情思"五洲赏月庆华诞文艺晚会

淮安出席"亲情中华·魅力江苏"第二届淮扬菜海外推广研习班开班仪式并讲话。来自美国、俄罗斯、德国、尼日利亚、格林纳达、菲律宾等24个国家和地区的中餐从业者、餐饮协会负责人、海外侨社负责人50余人参加相关活动。

【联合主办"亲情中华·北京情思"五洲赏月庆华诞文艺晚会】9月27日，在海内外中华儿女欢度中秋、举国上下喜迎国庆之际，由中国侨联文化交流部与北京市侨联联合主办的"亲情中华·北京情思"五洲赏月庆华诞文艺晚会在民族文化宫大剧院上演。晚会由中国侨联指导，北京演艺集团承办，首开集团支持，旨在纪念延安侨联成立80周年、北京市侨联成立70周年，表达侨联组织对广大归侨侨眷和海外侨胞的关心关爱，表现中华儿女、海内外同胞守望相助、共克时艰的伟大抗疫精神。中国侨联副主席程学源、齐全胜等出席晚会。晚会网上浏览量达300万次。

【举办"亲情中华·同心逐梦"中国侨联国庆中秋云端合唱音乐会】9月30日，由中国侨联主办，中国侨联文化交流部承办的"亲情中华·同心逐梦"中国侨联国庆中秋云端合唱音乐会播出。此次音乐会分为"追忆历史，珍惜今天""眷恋故土，家国情怀""月圆时刻，天涯此时"和"不忘初心，走向未来"4个篇章，国内多支合唱团队与来自美国、加拿大、德国、法国、澳大利亚、新西兰、南非、阿联酋等国的华侨华人合唱团献唱了《黄河大合唱——保卫黄河》《今天是你的生日》《我爱你中国》《让我们荡起双桨》《明天会更好》等经典曲目，表达中华儿女对祖国的深情祝福，实时浏览量超过1500万次，直播及回看累计突破3200万人次。

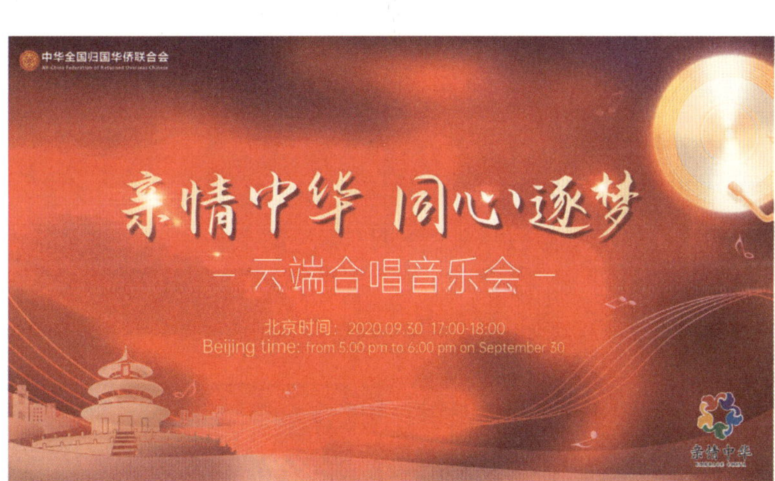

9月30日，举办"亲情中华·同心逐梦"国庆中秋云端合唱音乐会

【举办"亲情中华·战疫有侨"专题展览】10月16日，由中国侨联主办，中国侨联文化交流部、中国华侨历史博物馆承办的"亲情中华 战疫有侨——海内外侨界凝心聚力抗击新冠肺炎疫情主题展"在中国华侨历史博物馆开幕。展览包括"迅速响应，广泛动员""快速集结，驰援一线""大爱无疆，海外驰援""保稳转产，复工复产""连通四海，共克时艰""海外互助，携手战疫""抗疫力量，文化表达""侨界群英，战疫

10 月 16 日，举办“亲情中华·战疫有侨”专题展览

有我”8 个单元和 200 余件 / 套珍贵展品，讲述海外侨胞、归侨侨眷积极响应、逆行驰援、投身全球抗疫的大爱故事，传播各级侨联工作者心系侨胞、奋力抗疫、无私奉献的动人事迹。中国侨联党组书记、主席万立骏出席开幕式并致辞。开幕式由中国侨联副主席齐全胜主持。

【开展“亲情中华”2—5 岁华裔幼儿网上亲子营试点工作】10 月 19 日—31 日，由中国侨联主办的“亲情中华”网上亲子营在加拿大温哥华和法国里昂进行试点。加拿大至善中文学校承担 2—3 岁年龄段的试点工作，法国辛老师中文课堂承担 4—5 岁年龄段的试点工作。2—3 岁亲子营采用“读绘本 + 听儿歌 + 配对卡”的中文学习方式；4—5 岁亲子营采用“读绘本 + 看动画片 + 早教卡”的中文学习方式。经过 14 天的参营，海外华裔幼儿中文口语水平和学习中文的主动性明显提高，家长满意率达 92.25%。

【举办“亲情中华”弘扬抗疫精神助力脱贫攻坚慰问演出】2020 年，中国侨联组派“亲情中华·文艺轻骑兵”艺术团下沉至乡镇、农村，赴重庆奉节县平安乡、石柱县中益乡，江西上饶市广信区黄沙岭乡蔡家村、尊桥乡上乐村，贵州遵义市余庆县人民医院、大乌江镇红渡村，广西昭平县黄桃镇、柳城华侨农场，共 4 个省（区、市）的 8 个县（市、区）举办慰问演出，直接面对面惠及村民及医务人员近万人，进一步学习宣传贯彻习近平新时代中国特色社会主义思想，弘扬伟大的抗疫精神，凝聚决胜脱贫攻坚精神力量。

10 月 13 日，由中国侨联、重庆市侨联主办，中共奉节县委、奉节县人民政府、重庆市人民政府办公厅扶贫集团承办的“亲情中华·欢聚奉节”慰问演出在重庆奉节县平安乡举办。“亲情中华”艺术团团长、中国侨联文化交流部副部长邢砚庄与重庆市侨联副主席陈瑛，奉节县委常委、统战部部长李润，奉节县副县长、平安乡党委书记邹远珍等与千余名观众观看演出。

10 月 15 日，中国侨联“亲情中华”艺术团走进重庆市石柱土家族自治县中益乡华溪村，为当地干部群众送去一台精彩纷呈的文化盛宴。这台由中国侨联、重庆市侨联主办，中共石柱县委统战部、石柱县侨联、中益乡人民政府承办的文艺演出吸引千余名群众前来观看。此次演出还在石柱生活网全程直播，浏览量达 28.71 万人次。

10 月 17 日—18 日，中国侨联组派“亲情中华·文艺轻骑兵”艺术团走进江西上饶市广信区黄沙岭乡蔡家村和尊桥乡上乐村举行慰问演出，为这片红土地上的父老乡亲献上了一台丰盛

10 月 17 日—18 日，组派“亲情中华·文艺轻骑兵”艺术团走进江西上饶市蔡家村和上乐村举行慰问演出

的文化大餐，为如火如荼的脱贫攻坚战助力加油。“亲情中华”艺术团团长、中国侨联文化交流部部长刘奇，江西省侨联党组成员、副主席罗丽都与当地上千名观众共同观看了演出。

11月4日，由中国侨联、贵州省侨联共同主办，遵义市侨联、中共余庆县委、余庆县人民政府承办的“亲情中华·欢聚余庆”慰问演出在贵州省遵义市余庆县人民医院举办。演出特邀当地170位医务人员代表观看，为余庆人民特别是在抗击新冠肺炎疫情中挺身而出的白衣天使带来关心和祝福。“亲情中华”艺术团团长、中国侨联文化交流部副部长邢砚庄，贵州省侨联主席吕虹等出席活动并致辞。

11月4日，中国侨联组派“亲情中华·文艺轻骑兵”艺术团走进广西壮族自治区昭平县千年古镇黄姚，为当地群众带来一场文化盛宴。此次慰问演出活动由中国侨联与广西区侨联共同主办，中共贺州市委承办，贺州市侨联协办。中国侨联文化交流部部长刘奇，中共贺州市委常委、统战部长唐敬春等与600多名当地群众观看演出。

11月4日，在广西壮族自治区昭平县千年古镇黄姚举办“亲情中华·走进黄桃古镇”慰问演出

11月4日，在贵州省遵义市余庆县人民医院举办“亲情中华·欢聚余庆”慰问演出

11月5日，由中国侨联、贵州省侨联共同主办，遵义市侨联、中共余庆县委、余庆县人民政府承办，中共余庆县委宣传部、统战部，余庆县文体旅游局、中共大乌江镇委员会、大乌江镇人民政府协办的“亲情中华·欢聚红渡村”慰问演出在贵州省遵义市余庆县红渡村举办。“亲情中华”艺术团团长、中国侨联文化交流部副部长邢砚庄，贵州省侨联主席吕虹等出席并与各界群众一起观看演出。

11月6日，正逢柳城华侨农场成立60周年之际，中国侨联组派“亲情中华·文艺轻骑兵”艺术团来到柳城华侨农场，为归侨侨眷带去精彩的文艺演出。同时，“亲情中华”艺术团团长、中国侨联文化交流部部长刘奇还走进农场归侨家中，送上亲切的慰问。广西壮族自治区侨联副主席廖志刚、中共柳城县委书记李建华等陪同慰问。

【确认第八批“中国华侨国际文化交流基地”】11月2日，根据《中国华侨国际文化交流

11月6日，组派“亲情中华·文艺轻骑兵”艺术团赴柳城华侨农场慰问演出

10 月 27 日，冯如故里牛江镇中国华侨国际文化交流基地揭牌暨恩平拉美华侨华人展览馆开馆仪式在广东省恩平市牛江镇举行

基地管理办法》，并经中国侨联十届三十三次主席办公会议审定，确认 93 家机构为第八批“中国华侨国际文化交流基地”，具体如下：北京奥林匹克公园、北京中医药大学中医药博物馆、中国电影博物馆、北京出版集团十月文学院、正定古城、北华航天工业学院航天博物馆、泥河湾博物馆、王国藩“穷棒子”村史馆、全国第一个农村党支部纪念馆、山西省帝尧文化区、太原市博物馆、太原市晋祠博物馆、平定县娘子关古村落、陵川县棋子山、赤峰博物馆、乌兰夫纪念馆、鄂尔多斯市成吉思汗陵、奈曼旗王府博物馆、内蒙古五原抗战纪念园、锡林郭勒盟元上都博物馆、抚顺雷锋纪念馆、中国锡伯族博物馆、沈阳大学、辽宁东北抗日义勇军纪念馆、珲春市防川爱国主义教育基地、东北沦陷时期辽源矿工墓陈列馆、大庆市艺林花儿艺术培训学校、黑河市瑷珲历史陈列馆、泰来县江桥抗战纪念馆、南京中国科举博物馆、南京草圣书乡文化园、无锡市宜兴陶瓷博物馆、苏州翁同龢纪念馆、花果山大圣文化传播研究基地、温州大学、钱山漾文化交流中心、温州华侨职业中等专业学校、淮北市刘开渠纪念馆、安徽中国黄梅戏博物馆、芜湖赭山铁画博物馆、东至县周氏家风馆、沙县小吃国际文化交流中心、鼓浪屿华侨文化展馆、东山关帝庙、安源路矿工人运动纪念馆、中国血防纪念馆、王阳明展览馆（崇义县博物馆）、台儿庄大战纪念馆、费县颜真卿纪念馆、齐文化博物院、聊城山陕会馆、铁道游击队纪念馆、龙门石窟世界文化遗产园区、永城芒砀山汉文化产业园、中国烹饪文化博物馆、中国钧瓷文化园、炎黄科技园、张自忠将军纪念馆、李四光纪念馆、鄂州市博物馆、湖南省博物馆、株洲市炎帝陵、隆平水稻博物馆、月岩—周敦颐故里、珠海市香洲区容闳博物馆、台山市大江镇、潮汕历史文化研究中心侨批文物馆、柳州白莲洞洞穴科学博物馆、百色起义纪念馆、中国工农红军第七军军部旧址、容州古城、荣昌陶博物馆、邓小平故里、郭沫若故居纪念馆、内江市张大千纪念馆、中国两弹城、攀枝花中国三线建设博物馆、中国彩灯博物馆、宜宾市翠屏区李庄镇、朱砂古镇、中国天眼科普基地、和顺图书馆、梁金山故居、国立西南联合大学旧址、畹町南洋华侨机工回国抗日纪念公园、聂耳故居纪念馆、凤县革命纪念馆、西安外事学院、麦积山、六盘山红军长征纪念馆、新

疆师范大学、马兰红山军博园、新疆新辉红色记忆博物馆。

11 月 28 日—12 月 2 日，举办中国侨联文化交流干部培训班

【举办“亲情中华·张謇故事”专场演出】11 月 24 日，由中国侨联主办，中国侨商联合会、中国侨联文化交流部承办，北京市侨联、江苏省侨联、中共南通市委、南通市人民政府支持，南通市侨联协办的“亲情中华·张謇故事”专场演出在北京歌华大厦举办。此次专场演出分为四个章节，撷取张謇人生历程中投身实业、教育、文化、慈善等的精彩故事，艺术展现了张謇不平凡的一生，线上浏览量达 1600 万次。中国侨联党组书记、主席万立骏在演出前会见了全体剧组成员，中国侨联副主席李卓彬、隋军、程学源、齐全胜、朱奕龙、周建农和百余名侨界企业家及首都侨界代表共 300 多人观看了演出。演出结束后，侨界企业家们纷纷畅谈观看感受，表达在新时代传承弘扬张謇精神的心愿和决心。

11 月 24 日，万立骏主席（左四）出席“亲情中华·张謇故事”专场演出

【举办中国侨联文化交流干部培训班】11 月 28 日—12 月 2 日，中国侨联文化交流干部培训班在广西师范大学举办。此次培训是中国侨联首次为各级侨联文化交流干部举办的活动，旨在进一步提升侨联干部开展文化交流工作的理论水平和专业素质，以新方式和新方法努力开创新时代侨联文化交流工作新局面。培训期间，齐全胜副主席以“学习贯彻十九届五中全会精神，进一步做好侨联文化交流工作”为题为全体学员授课，刘奇部长围绕新常态下文化交流工作的思考、“亲情中华”项目的策划与实施等内容与全体学员深入交流。培训班还开设了“文化建设和意识形态工作形势”“传统文化与文化自信”“新闻摄影与短视频实务”“疫情防控常态化条件下文化交流工作的思考及‘亲情中华’项目策划与实施”“文化大讲堂”等课程，安排了现场教学、分组讨论等学习活动，深受学员好评。各级侨联从事文化交流工作的 70 余名干部参加培训。

【举办“全球华侨华人·我的抗疫生活”摄影作品展】12 月 29 日，由中国侨联指导，中国侨联文化交流部、中国华侨摄影学会主办，华人摄影网承办的“全球华侨华人·我的抗疫生活”摄影作品展在中国侨联机关办公楼一楼大厅展出。活动于 2020 年 8 月 11 日—10 月 31 日面向华侨华人线上征集“我的抗疫生活”摄影作品，收到来自 20 个国家和地区的 400 多名作者的 5000 余幅作品，评审委员会最终评选出 79 幅 / 组优秀作品。中国侨

12 月 29 日，万立骏主席（左一）参观“全球华侨华人·我的抗疫生活”摄影作品展

联党组书记、主席万立骏观看展览，对展览给予肯定，对投身抗疫的广大海外侨胞和归侨侨眷表示亲切问候。中国侨联领导李卓彬、隋军、程学源、齐全胜等一同观看展览。

权益保障部

【领导成员名单】

部　长：张　岩（女）

副部长：马　鑫（7月6日任职）

【综述】2020年，权益保障部在中国侨联党组的领导下，以习近平新时代中国特色社会主义思想为指导，全面贯彻落实党的十九大和十九届二中、三中、四中、五中全会精神，深刻学习领会习近平总书记关于群团工作和侨务工作的重要论述、中央全面依法治国工作会议精神，依法维护侨益，广泛开展普法，积极参政议政，深入调查研究，做好定点扶贫，加强支部建设，创新工作机制，不断推进部门工作创新发展。

【落实中央巡视整改工作】在全会2019年中央巡视整改任务工作中，权益保障部负责落实“完善法律保障体系缺乏主动作为，对新侨诉求回应不够，归侨侨眷权益保护法一些内容严重滞后，推动修订力度不够”的整改工作。在分管会领导的带领下，经多次集体讨论后，制订《权益保障部落实巡视整改工作方案》，以“回应新侨诉求，完善涉侨法律保障体系，以保护法颁布30周年为契机，根据世情、国情、侨情变化，结合法治建设情况，推动保护法修改”为目的，以“积极推动保护法修改、关注新侨维权诉求，推进涉侨纠纷多元化解”为内容，分近期、中期、长期三个阶段确定整改具体措施，积极稳妥推进整改工作，确保整改实效。

【呼吁修改保护法】根据《权益保障部落实巡视整改工作方案》，组织部分中国侨联法顾委委员和法学界专家学者召开线上会议，征集关于修改《中华人民共和国归侨侨眷权益保护法》的意见和建议，并向全国人大华侨委、中央统战部等部门征询意见，三易其稿，形成《中国侨联关于尽快修改〈中华人民共和国归侨侨眷权益保护法〉的建议函》，发全国人大常委会法工委。根据收集的意见建议形成2份提议案素材，以全国人大归侨代表和全国政协侨联界委员名义，于全国“两会”期间提交议案和提案，得到全国人大和统战部的积极回复。在全国人大华侨委到中国侨联调研座谈期间，再次提出修法建议。

【参与抗击疫情工作】年初新冠肺炎疫情暴发后，积极响应《中国侨联关于号召海内外侨胞为打赢“新型冠状病毒感染的肺炎”防控阻击战捐赠款物的倡议书》，通过“中国侨联普法办”微信公众号持续发布疫情防控、复工复产、六稳六保政策解读，为广大侨胞提供最新资讯参考。依托中国侨联法顾委委员、北京德恒律师事务所王丽主任及其律师团队，在中国侨联官网维护侨益板块开辟“法律解答——助力侨商侨企复工复产”专栏，围绕侨商侨企普遍关注的复工复产热点问题，每月编发2期法律政策解答。开通法律服务热线电话，建立微信值班群，建立派驻值班律师制度，及时答疑释惑。发布《海外捐赠法律风险防范工作提示》，建议各省级侨联向海外侨胞捐赠大宗防疫物资前，主动与中国驻当地使领馆沟通，严格依照中国和当地法律开展捐赠活动，避免海外捐赠的法律风险。撰写《关于部分国家侨胞接受国内捐赠防控物资遇阻及我部采取应对措施的报告》，分别呈报中国侨联应对新冠肺炎疫情工作领导小组和中国侨联海外工作组。动员中国侨联法顾委海外委员为住在国当地侨胞提供法律咨询服务，维护海外侨胞正当权益。

【纪念保护法颁布30周年】7月—11月，中国侨联与全国普法办、国务院侨办共同主办“纪念归侨侨眷权益保护法颁布30周年暨第二届‘侨商杯’法律知识竞赛活动”。活动分线上宣传、竞赛和线下动员、颁奖两个环节。线上宣传方面，在中国侨联官网、中国普法网和法制网等网站同步上线以“爱你，在世界的各个地方”为主题的网络专题，设置10个栏目，涵盖文字、图片、动漫、互动等多种网络形式，全面立体式报道全国及各地侨联的普法工作动态，展现涉侨普法工作成果。其中“侨法30年系列图解”和“侨法云课堂”系列动漫作品的总阅读量超1300万次，点赞转发量超1000万次。“侨法云课堂”系列动漫作品成功参评第十七届全国法治动漫优秀作品评选。线上竞赛方面，通过“中国侨联普法办”微信公众号和“中国普法”微信公众号答题系统海内外同步进行，总访问量达605万

7 月 13 日—11 月 31 日，中国侨联与全国普法办联合主办纪念归侨侨眷权益保护法颁布 30 周年活动

人次，84 万余人次参与答题，4000 名参赛者中奖。竞赛期间，“中国侨联普法办”微信公众号粉丝突破 20 万人。在中国侨联的指导下，地方侨联积极行动、广泛动员，组织了形式多样的纪念活动。中国侨网及微信公众号、法治日报、中国普法网、中国普法两微一端、法制网、法制网两微、全国普法新媒体矩阵负责活动的宣传推广。澎湃、搜狐、网易、腾讯、人民号等多家新闻网站、商业网站新媒体及上百家地方官媒对活动视频、图解、信息等进行转载转发。12 月 24 日，纪念归侨侨眷权益保护法颁布 30 周年暨第二届“侨商杯”法律知识竞赛总结颁奖活动在北京举行。中国侨联副主席李卓彬主持活动。受中国侨联党组书记、主席万立骏委托，李卓彬代万立骏发表讲话。中国侨联副主席程学源、齐全胜，中国侨联法顾委主任张耕，常务副主任王培生，副主任方忠炳、姜凤岩，中央统战部、司法部等有关部门领导及中国侨商联合会荣誉会长陈丽华出席活动并为获奖单位和个人颁奖。司法部普法与依法治理局副局长刘汉银为活动致辞。河南省侨联、江西省侨联、天津市侨联获组织奖一等奖，山西省侨联、重庆市侨联、云南省侨联、新疆维吾尔自治区侨联、山东省侨联、湖北省侨联获组织奖二等奖，北京市侨联等 23 家单位获组织奖三等奖。

【组织侨界法治学习活动】鉴于疫情防控工作要求，经会领导批准，在山西、河南举办了 2 期“法治中国　你我同行”省内侨界法治学习活动。于“12·4”国家宪法日与直属机关党委联合举办机关法治学习讲座，邀请中国法学会副会长兼秘书长、中国侨联法顾委常务副主任张鸣起为机关干部职工讲授民法典。年底，邀请中国政

12 月 24 日，纪念归侨侨眷权益保护法颁布 30 周年暨第二届“侨商杯”法律知识竞赛总结颁奖活动在北京举行

法大学校长、中国侨联法顾委副主任马怀德作习近平法治思想辅导讲座。

【总结“七五”普法】根据《全国普法办公室关于做好“七五”普法总结验收工作的通知》精神，以中国侨联办公厅名义下发《关于做好“七五”普法总结验收工作的通知》。在汇总整理各省级侨联总结报告的基础上，起草中国侨联“七五”普法工作总结，全面总结侨联系统五年来的工作情况、特色做法、先进经验、存在的问题和不足，并有针对性地提出解决建议，上报全国普法办。

【发挥法律顾问和公职律师作用】完成机关公职律师 2020 年年检和年度工作总结，为 3 名中国侨联机关干部申领公职律师执业证书。组织 2 场线下公职律师业务培训，推送系列线上学习链接，鼓励公职律师根据疫情防控和工作实际情况持续学习。完成机关法律顾问的续聘和日常服务联络工作。多次派出公职律师参与中国侨联机关及下属单位涉诉纠纷的研判会商，并出庭应诉、旁听案件审理。全年机关法律顾问和公职律师审核各类合同、文件共 42 件。

【处理涉侨涉诉案件】权益保障部结合疫情防控工作情况，按照“一案一群”原则，组织专家委员在线阅研案卷、在线分析案情、在线讨论案件、在线提供意见，及时解决了疫情期间侨胞出行来访难的问题。研究制定《办理涉法涉诉信访案件流程》《办理涉法涉诉信访案件流程图》《涉法涉诉案件登记表》，规范涉诉案件办理，加强过程管理及跟踪督办。对近五年来受理的涉侨涉诉案件办理情况进行全面梳理，总结经验，启迪思路。

12 月 4 日，中国侨联机关举办国家宪法日普法讲座

12 月 24 日，在纪念归侨侨眷权益保护法颁布 30 周年暨第二届“侨商杯”法律知识竞赛总结颁奖活动上，中国侨联副主席李卓彬代中国侨联党组书记、主席万立骏讲话

【推进涉侨纠纷多元化解】年初，权益保障部与最高法司改办、立案庭会商开展线上涉侨矛盾纠纷调处工作可行方案，研究制定 2020 年推

12 月 24 日，与会者在纪念归侨侨眷权益保护法颁布 30 周年暨第二届“侨商杯”法律知识竞赛总结颁奖活动上合影

10月27日，中国侨联权益保障部与最高法司改办、立案庭在浙江青田联合举办涉侨跨境纠纷多元化解机制工作座谈会

进涉侨纠纷多元化解试点工作方案。10月，与最高法司改办、立案庭在浙江青田联合举办涉侨跨境纠纷多元化解机制工作座谈会，共同签署《涉侨纠纷在线诉调对接机制的合作备忘录》，积极推进涉侨纠纷在线调解信息系统建设并与人民法院调解平台形成有效对接，充分发挥侨联组织在共建共治共享社会治理大格局中的作用，将涉侨矛盾化解在早、化解在小、化解在基层。12月，与最高法联合下发《关于加快推进涉侨纠纷在线诉调对接工作的通知》，做好中国侨联入驻人民法院调解平台的前期准备。现已有26个省区市建立了975个涉侨纠纷调解组织，聘请了1942名调解员。

5月14日，权益保障部举办机关公职律师培训活动

【启动“连心侨—维护侨益”项目】为进一步发挥侨联组织参与社会治理、维护侨益的职能作用，2020年启动“连心侨—维护侨益”项目，根据各省级侨联申请拨付项目经费，支持地方侨联在“侨之家”等基层组织开展侨法宣传、法律咨询和涉侨纠纷多元化解等维护侨益工作，加强法顾委、侨界调解员等队伍建设和侨法宣传角、涉侨纠纷调解室（工作站）等基地建设。

【妥善办理疫情期间来信来访】根据疫情防控工作形势，按照《国家信访局关于暂停接待群众来访的通知》要求，权益保障部于2月3日发布暂停接待群众来访公告，公布信访邮箱、电话等联系方式，畅通疫情期间群众诉求反映渠道，并于7月29日发布恢复接待侨界群众来访工作的公告。整理近五年信访数据，撰写五年来涉侨信访事项有关情况汇报。完成2020年信访综述。全年共受理来信290封（其中网上信访162封），接待来访22批次、35人，接听来电150余次，向地方侨联交办信访事项16件，收到回复函7件。全年办理涉诉案件60件，其中，经耐心解释罢诉息访30件，告知当事人依法走司法程序18件，发出转办函12件，有最终办理结果5件，召开案例研讨会10余场，收到当事人感谢锦旗3面。

【调研新时期新侨诉求】为进一步落实中央巡视整改的工作要求，权益保障部承接中国侨联重点课题“新时期侨联组织应对新侨合理诉求的做法与思考”，成立课题组，全面梳理过去三年间通过信访渠道反映的新侨诉求，共汇总出涉及房产和土地权益、投资权益和经济纠纷、劳动和社会保障权益、人身权益和其他权益五大方面202个问题。设计“新侨诉求”调查问卷，商请中国侨联新侨创新创业联盟、中国侨商联合会、部分省区市侨联协助发放。赴北京、上海等地开展新侨诉求调研，广泛收集各省区市侨联关于新侨情况的报告。在此基础上撰写完成课题报告，并获得2020年中国侨联重点课题二等奖。

【做好参政议政工作】在全国“两会”召开之前，权益保障部组织召开中国侨联建议、提案、议案办理工作领导小组会议，根据会议部署和要求，牵头收集、整理来自机关各部门、侨研所、地方侨联的提议案素材共43篇，涉及经济建设、科教文卫体、政治法律、社会保障等方面。2020年共承办全国“两会”人大建议7件（分办2件、会办5件）、政协提案16件（主办

12 月 17 日，荷兰侨胞胡女士专程从杭州赶到北京，将一面锦旗送到中国侨联，以感谢权益保障部对其案件的关注和推动

2 件、会办 14 件）。制订办理方案及工作要求，于 7 月初召开中国侨联建议提案交办会议，明确工作分工，建立工作台账。在规定期限内办结完成所有建议提案。在对办理答复系统梳理的基础上形成办理工作总结，分别报全国人大常委会办公厅和全国政协办公厅。

【组织全国政协侨联界委员考察】为发挥侨界力量推进国家战略实施，10 月 19 日—24 日，与全国政协港澳台侨委联合组织以全国政协常委、中国侨联副主席李卓彬为团长的全国政协侨联界委员考察团，就“发挥侨界力量助力海南自由贸易港建设”进行专题考察，先后赴海口、澄迈、琼海、万宁、三亚等地，召开两场座谈会，详细了解自贸港建设进展情况和问题，并围绕海南旅游业、现代服务业、高新技术产业三大重点产业考察多个产业园区，走访兴隆华侨农场及侨资企业，形成《深化改革创新　汇聚侨界资源　高质量高水平推进海南自贸港建设》考察报告，报全国政协办公厅，被摘编为政协专委会简报。

【为规范性文件提出修改意见建议】2020 年，在中国侨联法顾委的协助下，对全国人大征求意见的动物防疫法、民法典、刑法第十一修正案等 98 部规范性文件草案提出修改意见和建议。对司法部、全国人大法工委、中央统战部专函征求意见的外商投资法实施办法、统计法、国旗法、涉侨考生加分政策的通知等文件提出修改意见建议。派员参加了司法部组织的领事保护工作条例座谈会。

【完成年度定点扶贫工作】2020 年，中国侨联主席万立骏，副主席李卓彬、隋军分别率队到定点扶贫县江西省上饶市广信区（原上饶县）考察调研，了解脱贫攻坚情况，现场解决脱贫难题。李卓彬两次主持召开中国侨联扶贫工作领导小组会议，结合当地实际需求，制定中国侨联定点扶贫责任书和项目分解表，并亲自带队赴上饶，对扶贫资金项目进行审计督察，增强监管效能。推动中国侨商联合会、中国企业经营咨询公司、中国侨联公益事业管理服务中心等在上饶修路、修建水利设施，改善 1 所幼儿园、2 所小

10 月 19 日—24 日，组织全国政协侨联界委员赴海南考察

10 月 19 日晚，全国政协侨联界委员赴海南考察组召开组团会

学办学条件等。疫情期间，发动中国侨联法顾委国内委员、海外委员，联合中国华侨公益基金会，为江西省上饶市广信区筹集了137.95万元善款和万余件物资，协助当地做好抗击疫情工作。推动机关各部门、直属企事业单位参与定点扶贫工作，购买上饶特色农产品，联系中国农业银行总行在其手机客户端——扶贫商城栏目中增加“中国侨联”专区，积极拓展定点帮扶地区农产品销售渠道。协调黄奕聪慈善基金会向广信区捐赠本册学生学习用品2073箱共计866760册，惠及15所学校约30000名贫困学生。向中央和国家机关工委、国务院扶贫办报送《中国侨联2020年定点扶贫工作自评报告》及《全国侨联系统扶贫工作报告》。圆满完成收官之年责任书目标任务，其中，投入帮扶资金157.88万元，超额75.4%；引入帮扶资金255.92万元，超额96.9%；培训基层干部397人，超额467.1%；培训技术人员人数111名，超额0.9%；购买贫困地区农产品14.47万元，超额141%；帮助销售贫困地区农产品55.23万元，超额6%。讲好侨界力量助力脱贫攻坚故事，参加中国侨联讲师团第三期“脱贫攻坚中的侨力量”网上宣介活动，为“追梦中华·侨与脱贫攻坚”网络主题活动提供素材稿件并参加成果展。全年撰写定点扶贫工作新闻稿7篇，向中央和国家机关工委与国务院扶贫办报送《定点扶贫工作简报》12期。

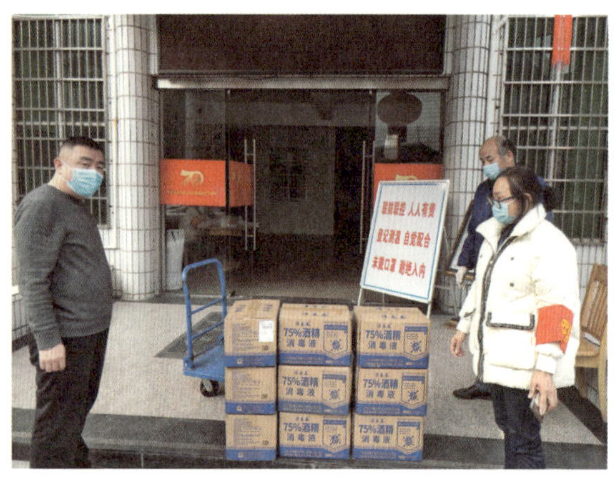

2月24日，经中国侨联权益保障部联系、协调，山东新侨公益中心捐赠的医用酒精运抵上饶广信区支持当地抗疫

10月20日—21日，中国侨联党组书记、主席万立骏（左二）在江西省上饶市广信区调研侨联定点扶贫工作

【开展“助力湖北　为爱拼单”活动】为响应中央和国家机关工委关于开展消费扶贫行动的号召，权益保障部撰写《让我们一起为湖北拼单》倡议书，发起“助力湖北　为爱拼单”活动，组织动员中国侨联全体干部职工购买湖北省及部分未摘帽贫困县的特色农产品，共购买9万余元，以实际行动为助力湖北经济疫后重振及脱贫攻坚贡献力量。

【加强支部建设】根据中国侨联2020年党的建设工作要点，制订《权益保障部党支部2020年学习计划》《权益保障部党支部贯彻党的十九届五中全会精神学习计划》，严格落实“三会一课”制度，将习近平新时代中国特色社会主义思想作为理论学习的首要任务，认真学习习近平法治思想，及时学习中央有关会议、文件精神及习近平重要论著。经报机关党委批准，9月24日党支部如期换届，成立3个党小组。根据“素质提升年”活动方案，制定1项部门目标和12项个人目标，均按期完成。开展“灯下黑”问题专项整治，全面推进支部标准化规范化建设。11月上旬，按照会党组巡视工作部署，全力配合中国侨联第三轮巡视组对权益保障部党支部完成专项巡视，并对照《党组关于巡视权益保

9 月 8 日—11 日，李卓彬副主席（右四）率队到上饶市广信区对扶贫资金项目进行审计督察期间，为侨商捐建的“上乐村爱心道路”揭牌

障部党支部的反馈意见》认真制定整改方案。制定《权益保障部网上工作应急预案》，认真落实《中国侨联机关法律顾问制度（试行）》等，形成了涵盖四大类共 33 项部门规章制度。及时通报违反中央八项规定和四风问题的典型案例，组织党员观看保密警示片，时刻绷紧纪律之弦。全年共开展 20 次集中学习、15 次党小组学习、4 次共建活动、8 次党日活动，上报 8 期支部工作简报。

1 月 20 日—21 日，隋军副主席（右三）赴江西省上饶市广信区考察调研

5 月 15 日，张岩部长（左一）在“助力湖北　为爱拼单”活动中清点干部职工购买的湖北农产品

基层建设部

【领导成员名单】

部　　长：张　毅

副 部 长：刘景春

二级巡视员：蔡红雷（2020年1月任职）

【综述】2020年，基层建设部在会党组的坚强领导下，坚持以习近平新时代中国特色社会主义思想和习近平总书记关于侨务工作的重要论述为指引，全面贯彻党的十九大和十九届二中、三中、四中、五中全会精神，牢固树立“四个意识”、不断坚定“四个自信”、坚决做到“两个维护”，坚持“两个并重”，深化“两个拓展”，围绕中心，服务大局、认真履责，扎实工作，着力推进基层侨联建设，各项工作都取得了新进展和新成效。

【抓党建增强支部战斗力】一是精心设计主题党日活动。以“不忘初心、弘扬优良家风”为主题，联合权益保障部党支部，邀请毛泽民烈士的外孙曹耘山同志以“从共产国际档案探寻毛泽民烈士的初心和足迹”为题讲授党课。“七一”前夕，党支部开展重温入党誓词活动，支部书记张毅以“进一步强化政治意识，立足本职岗位努力建功立业”为题讲授专题党课。二是认真分析评估支部党建工作现状，查找短板弱项，制订问题整改清单和《基层建设部党支部标准化规范化建设举措》，以整改促工作，以落实助整改。三是按照会党组决定，完成2名支部委员调整增补事项，按规定及时完成3名党员的接收手续。四是10月底到11月中旬，全力配合完成了党组第三巡视组对基层建设部开展的专项巡视。五是代表中国侨联，被中直机关工委评为“中央和国家机关创建模范机关先进单位”。

6月9日，程学源副主席到山东省枣庄市调研，出席枣庄市立新小学西校（侨爱心工程）捐赠移交暨项目签约仪式并致辞

【主动作为服务侨联抗疫大局】一是配合办公厅和联谊联络部，统计汇总各省（市）侨联接收海外侨胞支援祖籍国抗击疫情物资和支援协助海外侨胞抗击疫情的有关数据，及时了解并协调解决海外侨胞捐赠国内物资在海外遇到的积压和运输困难问题。协助马耳他侨领完成捐款，帮助加拿大多伦多湖南同乡会协调航班运输抗疫物资入境并派员到机场协调通关。二是积极推动基层侨联组织、涉侨公益机构开展抗疫工作。通过侨联官网，推送了各地侨联开展抗疫工作的好做法、好经验文稿近200篇。积极引导协助思利及人、金龙鱼公益基金会和华恩与角声基金会代表处捐款捐物。三是配合办公厅开展“全国侨联系统抗击新冠肺炎疫情优秀集体和优秀个人”评选表扬活动，大力弘扬伟大抗疫精神，褒奖在抗击新冠肺炎疫情工作中积极作为的侨联组织和侨联工作者。

【全面总结侨联系统助力脱贫攻坚成果】一是会同办公厅起草下发《关于对侨联系统助力脱贫攻坚三年行动的工作进行总结的通知》，从定点帮扶、困难归侨侨眷帮扶和社会帮扶三个方面，调查了解各地侨联的扶贫工作及数据。二是形成全国侨联系统助力脱贫攻坚三年行动工作总结。其中部分内容分别在“旗帜”网、“中国扶贫”网、“支部工作”App、中新网等媒体进行推送。三是根据会党组安排，开展全国侨联系统助力脱贫攻坚通报表扬活动，褒扬为助力脱贫攻坚事业作出突出贡献的优秀集体和优秀个人。

【指导和推动基层侨联工作】一是配合办公厅完成了驻会领导基层联系点的遴选和确认工作，并派员陪同会领导到基层联系点蹲点交流、指导工作，了解《关于新时代加强基层侨联建设的指导意见》的落实和推动“两个建设”落实的新举措新成效。二是克服疫情影响，创新方式方

7 月 9 日，中国侨联召开东北片区侨联基层组织建设网络视频交流会，程学源副主席（中）出席会议并作总结发言

7 月 23 日下午，中国侨联召开华南片区侨联基层组织建设网络视频座谈会，程学源副主席（左二）出席会议并作总结发言

9 月 4 日下午，中国侨联召开西北片区侨联基层组织建设网络视频座谈会，对陕西、内蒙古、甘肃、青海、宁夏、新疆六省区和兵团侨联进行分类指导，程学源副主席（左二）出席会议并作总结发言

法，分别组织召开东北片区、华南片区、西北片区基层建设网络视频交流会，就一个时期以来推动基层侨联建设的情况、存在问题和工作建议，基层组织在抗击新冠肺炎疫情中的作用发挥、如何在防疫常态化下开展基层组织工作等进行研讨。21 个省（区）和副省级城市侨联在视频会上交流发言，程学源副主席出席会议并对相关工作进行指导。三是分别与四川、河南侨联召开视频会议，并约请北京部分基层侨联负责人进行座谈，调研交流基层侨联建设的热点、难点问题，加强日常工作指导。四是注重了解和提炼各地推进基层侨联建设发展的典型经验和先进做法，注重了解和提炼各地先进工作做法，编发《基层侨联建设》简报 20 期，并通过基层侨联建设多个工作微信群加以推送，供各地侨联学习互鉴。

【开展大调研活动】一是对全国侨联系统基层组织建设情况进行阶段性分析总结，形成《2019 年全国基层侨联组织建设情况分析》报告，并获得中国侨联课题调研三等奖。截至 2019 年底，全国侨联基层组织总数达 20868 个，全国“侨胞之家”总数达 7920 个。二是对全国侨联系统侨捐工作情况进行调研和统计分析，形成了《2019 年全国侨联系统侨捐工作统计分析报告》。经不完全统计，2019 年度侨捐总计 34.83 亿元。三是开展高校侨联建设专题调研，推进高校侨联组织建设，推动“地方侨联 + 大学侨联 + 校友会”工作机制常态化，程学源副主席牵头的课题组，就高校侨联建设与“地方侨联 + 大学侨联 + 校友会”工作机制进行认真研究分析，形成调研报告《大学侨联发展现状与作用发挥的思考》，并获得中国侨联调研课题二等奖。

【开展全国侨联系统“侨胞之家”典型选树单位通报表扬活动】为进一步推动“侨胞之家”阵地建设的高质量发展，引领侨界群众听党话、跟党走，建功立业新时代，基层建设部对 2018—2020 年度全国侨联系统 200 个优秀“侨胞之家”进行典型选树，并在中国侨联十届四次全委会上

6 月 10 日，程学源副主席（左二）在青岛市侨联机关为“侨胞之家”揭牌

9 月 20 日，中国侨联在山西省太行干部学院举办基层组织负责人培训班，程学源副主席（中）出席开班仪式并作动员讲话

关系。与此同时，派员到吉林、河南、四川、河北、江苏、广东、山西、陕西等 10 省侨联干部培训活动上宣讲《关于新时代加强基层侨联建设的指导意见》要点，进一步提升基层侨联工作水平。

【稳步推进基层侨联统一社会信用代码赋码工作】基层建设部通过开展专题培训讲课、视频会议督导等形式，积极稳妥推进代码赋码工作在各地落实，指导基层侨联妥善处理赋码办证中遇到的各种疑难问题，协调国家信用代码数据服务中心做好具体实施中操作性问题的答疑解惑，并完成统一信用代码赋码系统运行维护合同的审核和有关事项。目前，重点侨乡地区已逐步推进落实，其他各地也在积极探索中。

【起草编写《中国侨联基层侨联组织建设工作规划（2021—2025 年）》】按照会党组要求，基层建设部依据《中华全国归国华侨联合会章程》《基层侨联组织工作条例（试行）》《关于加强和改进新形势

作出通报表扬。

【开展基层组织负责人培训工作】为提升基层侨联工作者政策理论水平和为侨服务能力，基层建设部分别在山西太行干部学院、浙江温州大学举办了两期基层组织负责人培训班。200 多位基层侨联专兼职干部和“侨胞之家”负责人参加培训。培训期间，积极推动浙江温州瓯海区仙岩街道侨联与山西武乡县侨联、浙江瑞安市侨联与云南娥山县侨联建立结对帮扶

10 月 11 日，程学源副主席在郑州调研侨联基层组织工作

10 月 11 日—12 日，程学源副主席在郑州调研侨联基层组织工作并召开座谈会

10 月 13 日—15 日，程学源副主席在福建漳州、泉州调研侨联工作

10 月 31 日—11 月 5 日，中国侨联在浙江省温州大学举办第二期基层组织负责人培训班，基层建设部部长张毅（中）出席开班仪式并作动员讲话

下侨联工作的指导意见》，结合侨联系统基层建设实际，研究拟定基层侨联组织建设工作规划，明确基层侨联组织建设工作的指导思想、基本原则、总体目标和主要任务。

【继续推进重点工作项目化】2020 年，基层建设部下拨经费约 650 万元，以项目化的方式联合地方侨联与中央和国家机关侨联，共同开展专项工作。一是会同各省级侨联支持 255 个“侨胞之家”的规范化建设；二是组织 43 支侨爱心医疗队赴边远地区和归侨侨眷聚居地开展义诊活动；三是会同云南、四川、重庆、甘肃、吉林和新疆生产建设兵团侨联，培训困难归侨侨眷 871 人；四是支持吉林、河南、四川等省级侨联培训基层侨联骨干 736 人；五是会同中央和国家机关侨联，下拨经费 26 万元，支持 13 个中央部委机关侨联开展活动。

【多措并举保障和改善侨界民生】一是为 40 名旅朝华侨退休教师及老侨干等特殊群体发放生活困难补助款共 69.6 万元；对年初仍健在的 3 位南侨机工，按规定一次性给予年度扶助款。海南、云南两位南侨机工逝世后，又分别给予 1 万元慰问金。二是组织实施会领导“两节”走访慰问活动，陪会领导赴河北开展慰问活动。受疫情影响，委托吉林、黑龙江、贵州、广东、云南、福建、上海、江西等省市侨联代为看望慰问 403 名困难归侨侨眷，为他们送上中国侨联的新春问候和祝福。三是安排经费对部分省区散居困难归侨侨眷开展帮扶慰问工作，对“三州三区”所在省份及部分困难归侨侨眷集中省份支持帮扶慰问经费约 117 万元，惠及人数 1310 人。四是支持遭受水灾的部分省区侨联组织开展困难侨界群众帮扶工作。为重庆、湖北、江西、湖南、安徽、四川等地下拨救助受灾困难归侨侨眷慰问经费 80 万元。

11 月 17 日，程学源副主席（右二）一行前往鄂尔多斯市达拉特旗“华侨新村”调研，看望并慰问了工作生活在当地的南方籍老归侨及其眷属，基层建设部部长张毅（左二）陪同调研

【开展联合走访慰问活动】2020 年，基层建设部会同全国总工会、中国农林水利气象工会，继续向广西、广东、云南、福建、海南、江西等六省（区）华侨农林场，安排慰问金 30 万元，慰问困难归侨侨眷职工 410 名。协调落实全国总工会慰问金 30 万元。上述慰问金合计 60 万元。

【强化对主管涉侨基金会（代表处）的监管】一是 2020 年 12 月中旬，在安徽组织召开 2020 年侨界基金会（代表处）年度交流会议，由中国侨联主管的 3 家涉侨基金会、6 家境外基金会境内代表处、与中国侨联关系密切涉侨基金会代表共计 50 余人参加会议。程学源副主席出席会议并讲话。二是积极履行好监督管理和服务职责，将党建要求增补到全会主管涉侨基金会的章程中，维护他们的合法权益，保障健康发展。三是协调引导中国侨联主管的涉侨基金会、境外涉侨基金会代表处、海外友好侨团及与我联系密切基金会为抗击疫情捐赠款物 2.45 亿元。海外疫情暴发后，引导他们将防疫物资转而用于住在国的防疫需要，特别是向“一带一路”沿线国家倾斜。四是完成 3 家涉侨基金会和 5 家境外基金会国内代表处 2019 年度年检初审工作。经会领导同意，中国侨联同意作为中华爱心基金会（香港）北京代表处的业务主管单位。五是做好跟踪服务工作，及时与陕西省侨联、四川省侨联沟通，为美国角声基金会陕西代表处在陕西咸阳和四川绵阳两个儿童之家完成年检和换证工作。六是借助侨捐力量支持基层侨联开展扶贫工作，落实好 2019 年中国侨联推动 5 家海外侨团与云南省 5 个深度贫困地区县（市）侨联结对帮扶协议，确保扶贫资金项目能够顺利实施。已落实四个项目约 200 万元资金。

12 月 16 日—18 日，中国侨联 2020 年度侨界基金会（代表处）工作交流会议在安徽合肥召开，程学源副主席作主旨讲话

组织人事部（机关党委）

【领导成员名单】

党组成员、副主席、直属机关党委书记：
隋　军（女）

部长、直属机关党委常务副书记：姚林楠

直属机关党委副书记、纪委书记：林美龄（女）

副　部　长：李爔恒

副　部　长：许华坤（2020 年 7 月任职）

二级巡视员：范　磊（2021 年 1 月任职）

6 月 29 日，中国侨联党组书记万立骏围绕“强化政治机关意识、走好第一方阵”讲专题党课

【综述】2020 年，在中国侨联党组的领导下，在习近平新时代中国特色社会主义思想的指引下，组织人事部（机关党委）深入学习贯彻党的十九大及十九届历次全会精神，深入学习贯彻全国“两会”精神，坚持以党的政治建设为统领，以“素质提升年”活动为抓手，全面贯彻新时代党的建设总要求和新时代党的组织路线，围绕中心、服务大局，统筹做好疫情防控工作，全面推进机关党的建设各项工作，着力深化干部人事制度改革，建设高素质专业化干部队伍，为新时代侨联事业创新发展提供坚强组织保证。

【加强学习创新理论武装】发挥党组“头雁效应”，打牢思想理论根基。组织人事部（机关党委）协助党组制定并落实《中国侨联党组理论学习中心组 2020 年专题学习重点内容安排》和学习计划表，在学懂弄通做实习近平新时代中国特色社会主义思想上走在前、作表率，2020 年年共举办 18 次中心组（扩大）学习会议，以党组理论学习中心组的领学促学，带动机关的理论学习。聚焦政治机关定位，强化政治机关意识教育。着力抓好强化政治机关意识教育，万立骏同志围绕“强化政治机关意识、走好第一方阵”，于 6 月 29 日给机关及直属企事业单位局级以上干部讲专题党课，党课稿以“强化政治机关意识是侨联组织的永恒课题”为题被中央和国家机关党课文选第 10 期选登，以“强化政治机关意识，推进新时代侨联组织党的建设高质量发展”为题在《机关党建研究》第 11 期上刊发。机关党委组织编印了《中国侨联党支部书记讲党课材料汇编》《党建工作材料汇编》，内部印发各支部学习并强调抓好落实。

【全力协助抓好中央巡视反馈问题的整改】一是科学分解任务。多次召开巡视整改工作领导小组办公室会议，对巡视整改任务进行分解，确保任务到人、责任到岗、要求到位。二是形成整改台账。针对巡视整改任务分解表中提出的 40 项问题，协助党组研究提出了 103 项具体整改措施，汇总形成整改任务台账，要求抓好整改工作。三是做好立整立改。根据中央巡视反馈意见，对一些可以立整立改的事项，马上行动，立即整改。成立了万立骏同志担任组长的中国侨联党的建设工作领导小组，并制定了工作规则、召开了会议；制定印发了《中国侨联党组关于加强和改进机关党的建设的意见》及《中国侨联党组全面从严治党主体责任清单》；召开党风廉政建设责任制领导小组会议，研究 2020 年党风廉政建设工作；制定下发《中国侨联 2020 年党的建设工作要点》等。四是抓好督促落实。用好督查机制，严格按照时间节点督查推进整改任务按时完成。领导小组及办公室每半月召开 1 次会议，对照“一总两专”巡视整改台账，汇总分析各部门各单位落实进展情况。截至年底，“一总两专”整改台账已都按计划落实和推进。五是做好选人用人专项检查整改工作。对照巡视反馈意见，结合侨联工作实际，研究制定《中国侨联党组选人用人专项检查反馈意见整改任务台账》，对选人用人5个方面的13项问题，细化为32个具体问题，列出40项具体整改措施。统筹疫情防控、加强干部队伍建设和巡视整改落实，坚决担起责任，自觉抓好选人用人专项整改落实工作。中央纪委国家监委内网报道了中国侨联抓中央巡视整改的典型做法。

1月7日，中共中国侨联第七次代表大会选举产生直属机关党委第七届委员会、直属机关纪委第七届委员会

【教育引导党员干部在抗击疫情中彰显作为】 2020年，中国侨联机关各部门和直属企事业单位基层党组织和党员干部坚决贯彻习近平总书记重要讲话精神和党中央关于疫情防控的决策部署，落实会党组要求，发挥侨界联系广泛、资源汇集的优势，内外联动、主动作为，为抗疫大局作贡献。各支部党员捐款共计44000元，及时上交工委助力疫情防控。

【召开中共中国侨联直属机关第七次代表大会】 1月7日，召开中国共产党中国侨联直属机关第七次代表大会。万立骏同志出席会议并讲话，对做好今后一个时期中国侨联党建工作提出5点要求；隋军同志代表第六届直属机关党委作工作报告。会议选举产生了直属机关党委第七届委员会（11人组成）和直属机关纪委第七届委员会（7人组成）。隋军当选直属机关党委书记，姚林楠为常务副书记，林美龄为副书记；林美龄当选直属机关纪委书记。中央和国家机关工委对直属机关党委报送的《关于中国共产党中国侨联直属机关第七次代表大会和第七届委员会、纪律检查委员会第一次全体会议选举结果的报告》予以批复。

5月15日，中国侨联召开“素质提升年”座谈会

【抓好“素质提升年”活动】 机关党委认真落实会党组部署，以开展“素质提升年”活动为抓手，进一步落实《中央和国家机关工委关于创建“让党中央放心、让人民群众满意的模范机关”的意见》及会党组实施意见，年初召开动员会并印发了《中国侨联“素质提升年”活动实施方案》。5月，召开“素质提升年”座谈会，通过各部门各单位交流研讨“素质提升年”活动开展一段时间以来的做法经验和下一步打算，互相学习、借鉴、

1月7日，隋军同志代表第六届直属机关党委作工作报告

4 月 29 日，中国侨联党组召开 2020 年党的建设暨党风廉政建设工作会议

启发，促进工作进度进一步加快、工作任务进一步落实、工作效果进一步提升。万立骏同志出席座谈会，明确要求把“素质提升年”活动抓细抓实抓出成效，要求每个部门、每位干部都要制定至少一个年内拟解决的问题、拟提升的目标，进一步营造脚踏实地促素质提升的浓厚氛围。

【建设“四强”党支部】召开 2019 年度中国侨联机关党建述职评议考核会，机关党委书记出席会议认真听取述职报告并逐一点评。制定了《中国侨联领导班子党支部工作联系点制度》及《关于开展强化政治机关意识教育工作方案》《关于全面推进党支部标准化规范化建设工作方案》，全面推进党支部标准化规范化建设，进一步强化了党支部政治功能和整体作用。制定了《关于开展“灯下黑”问题专项整治工作方案》，部署排查机关“灯下黑”问题的具体表现，建立党建问题整改台账，有针对性地抓好整改并按时间节点完成整改任务。新成立了中国侨联干部培训中心党支部，督促任期已到的党支部按期换届，及时选优配强党务干部。认真做好发展党员工作。认真落实党员干部直接联系群众制度，会领导和机关各党支部普遍建立了基层联系点，通过走访、调研、工作指导等进一步密切与侨界群众联系。注重党建理论研究，以机关党委名义在《旗帜》（2020 年第 2 期）发表了《立足“四个坚持”建设模范机关》文章，及时报送党建工作情况并被选登在旗帜网、共产党员网等。

【召开 2020 年党的建设暨党风廉政建设工作会议】4 月 29 日，中国侨联党组召开 2020 年党的建设暨党风廉政建设工作会议，主要任务是学习贯彻习近平新时代中国特色社会主义思想和党的十九大精神，贯彻落实党的十九届四中全会和十九届中央纪委四次全会精神，传达学习丁薛祥同志在 2020 年中央和国家机关党的工作暨纪检工作会上的讲话精神。党组书记、主席万立骏出席会议并讲话，党组成员、副主席、直属机关党委书记隋军主持会议。副主席李卓彬，党组成员、副主席程学源，副主席齐全胜，中央纪委国家监委驻中央统战部纪检监察组副组长陈东出席会议。驻部纪检监察组三室有关同志，中国侨联机关各部门、直属企事业单位及中国侨商联合会秘书处主要负责人，机关党委委员、纪委委员参加会议。

【召开警示教育大会】12 月 18 日下午，中国侨联召开警示教育大会，传达贯彻 12 月 4 日召开的中央和国家机关警示教育会议精神，用身边事教育身边人，以案示警、以案促改、以案明责，进一步深化全面从严治党。中国侨联党组书记、主席万立骏出席大会并讲话，党组成员、副主席隋军传达中央和国家机关警示教育会议精神并主持大会，副主席齐全胜出席。中央纪委国家监委驻中央统战部纪检监察组副组长陈东到会指导。中国侨联机关各部门、直属企事业单位、社团司局级党员领导干部，以及直属机关各党支部、中企公司党委处级和中层党员干部代表参加会议。

12 月 18 日，召开中国侨联警示教育大会

专项巡视形式进行第三轮内部巡视。党组成员、副主席、巡视工作领导小组副组长隋军出席了两轮巡视动员会及巡视情况反馈会并讲话。

【完成人员招录、遴选和军转干部接收安置工作】根据中组部有关要求和中国侨联招录计划，2020 年度共招录、遴选机关工作人员 9 名；根据中组部有关事业单位公开招聘工作要求，结合全会工作需要，2020 年度共为 3 家事业单位公开招聘工作人员 6 名；根据中组部和退役军人事务部工作要求，完成了 3 名军转干部的接收安置工作。

【推动全面从严治党主体责任与监督责任形成合力】2020 年初，围绕贯彻落实十九届中央纪委四次会会精神，会党组与驻部纪检监察组进行了书面会商，细化形成分工方案，并抓好相关落实。12 月 2 日，会党组与驻部纪检监察组在中国侨联机关举行 2020 年下半年会商会，会议由中国侨联党组书记、主席万立骏主持。驻部纪检监察组组长周小莹、副组长陈东、三室有关同志，党组成员、副主席隋军、程学源及组织人事部、机关纪委负责人等参加会商。

组织开展第三轮内部巡视

【组织开展两轮内部巡视】中国侨联党组于 8 月至 9 月进行了第二轮内部巡视，对华侨公益基金会党支部、干部培训中心党支部进行为期一个月的常规巡视。10 月底至 11 月中旬，对经济科技部、权益保障部、基层建设部 3 个党支部以

【做好中国侨联 2020 年度干部挂职选派工作】认真落实中央群团改革精神，进一步提升干部能力素质。2020 年从中国侨联机关选派 2 名干部到地方挂职，接收 12 名地方干部到机关挂职。根据中央选派干部赴“西老革”地区挂职工作需要，选派 1 名局级干部赴黑龙江省鹤岗市挂职。根据中组部工作部署，选派 1 名科级干部赴香港工委工作。

组织开展第二轮内部巡视

【中国侨联与中央社院签署战略合作协议】11 月 18 日，中华全国归国华侨联合会与中央社会主义学院（中华文化学院）战略合作签约仪式在中央社会主义学院举行。中国侨联党组书记、主席万立骏出席签约仪式并致辞。中国侨联党组成员、

11 月 18 日，中国侨联与中央社会主义学院签署战略合作协议

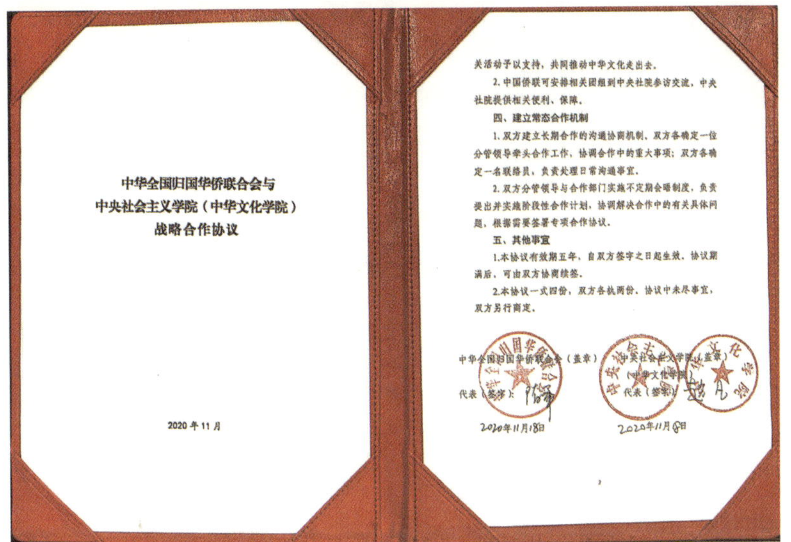
中华全国归国华侨联合会与
中央社会主义学院（中华文化学院）
战略合作协议

2020 年 11 月

关活动予以支持，共同推动中华文化走出去。

2. 中国侨联可安排相关团组到中央社院参访交流，中央社院提供相关便利、保障。

四、建立常态合作机制

1. 双方建立长期合作的沟通协商机制，双方各确定一位分管领导牵头合作工作，协调合作中的重大事项；双方各确定一名联络员，负责处理日常沟通事宜。

2. 双方分管领导与合作部门实施不定期会晤制度，负责提出并实施阶段性合作计划，协调解决合作中的有关具体问题，根据需要签署专项合作协议。

五、其他事宜

1.本协议有效期五年，自双方签字之日起生效，协议期满后，可由双方协商续签。

2.本协议一式四份，双方各执两份，协议中未尽事宜，双方另行商定。

中华全国归国华侨联合会（盖章）

代表（签字）：

2020年11月18日

中央社会主义学院（盖章）

（中华文化学院）

代表（签字）：

2020年11月18日

战略合作协议

副主席隋军，中央社会主义学院党组副书记、副院长赵凡分别代表双方签署协议。根据协议，中国侨联与中央社院建立战略合作关系，在研修培训、学术研究、对外交流等方面开展交流与合作，并建立常态合作机制。双方将加强沟通、密切协作，优势互补、互惠共赢，共同为实现中华民族伟大复兴中国梦贡献力量。

【举办中国侨联第二十五期干部培训班】11 月 18 日上午，中国侨联第二十五期干部培训班在中央社会主义学院开班。来自 27 个省区市侨联和中央和国家机关侨联、中央企业侨联的 64 名学员参加培训班。中国侨联党组书记、主席万立骏出席开班式并讲话，强调侨联系统广大党员干部要把深入学习贯彻党的十九届五中全会精神作为当前和今后一个时期的重大政治任务来落实，把思想和行动统一到习近平总书记重要

11 月 18 日，中国侨联第 25 期干部培训班学员合影

12 月 17 日，中国侨联第九期青年干部培训班学员合影

讲话精神和党中央的重大决策部署上来，努力开创新时代侨联事业发展新局面。11 月 19 日上午，中国侨联党组成员、副主席、直属机关党委书记隋军为全体学员专题授课。11 月 21 日下午，隋军出席结业式，作总结讲话并为学员代表颁发结业证书。

【举办中国侨联第九期青年干部培训班】 12 月 16 日—21 日，中国侨联第九期青年干部培训班在中央社会主义学院举办。来自全国 26 个省区市侨联、中央和国家机关侨联和中国侨联机关、直属企事业单位的 60 名学员参加培训。12 月 17 日上午，中国侨联党组成员、副主席、直属机关党委书记隋军出席开班式并为全体学员专题授课。培训期间，中国侨联部分业务部门主要领导和中央社会主义学院专家学者分别为学员授课。

【加强对省级侨联领导班子建设和换届工作指导】 根据《中国侨联章程》要求，严把人选身份审查关，草拟省级侨联换届领导班子人选工作流程，指导督促省级侨联做好换届人事安排和届中调整工作，及时向会领导提供新提名领导班子候选人名单及简历，按党组要求回复意见。起草会领导出席有关省侨联换届大会讲话稿，陪同会领导出席相关省侨联换届大会。2020 年共完成宁夏、吉林、上海、浙江、辽宁 5 个省级侨联换届和海南、河南、江西、浙江、云南、新疆、山西、江苏等 8 个省级侨联调整领导班子人选的有关工作。

部分省级侨联换届

【建立健全规章制度】进一步建立健全中国侨联干部人事工作规章制度，推进干部人事工作制度化、规范化、科学化建设，落实好中央巡视反馈意见整改工作，研究起草了《2020-2023年中国侨联干部队伍建设规划》《中国侨联关于激励干部担当作为的实施意见（试行）》等制度并经党组审定印发。

中共中国侨联党组文件

中侨党字〔2020〕41号

关于印发《2020—2023年中国侨联干部队伍建设规划》的通知

机关各部门、各直属企事业单位：

《2020—2023年中国侨联干部队伍建设规划》已经十届党组五十四次会议审议通过，现印发你们，请结合实际认真贯彻落实。

中国侨联党组

2020年12月29日

中国侨联办公厅文件

中侨厅〔2020〕15号

关于印发《中国侨联关于激励干部担当作为的实施意见（试行）》的通知

机关各部门、各直属企事业单位：

《中国侨联关于激励干部担当作为的实施意见（试行）》已经十届党组五十四次会议审议通过，现印发你们，请结合实际认真贯彻落实。

办公厅

2020年12月29日

建立健全规章制度

【抓好课题研究工作】开展中国侨联干部队伍建设问卷调查并进行统计分析，撰写了《中国侨联领导班子运行及挂兼职副主席履职情况汇报》《中国侨联机构编制和干部队伍建设情况》《侨联党组织在抗击新冠疫情工作中的作用分析》《关于贯彻落实党和国家机构改革的基本情况》《中国侨联干部队伍建设的几点思考》等课题研究报告，其中《侨联党组织在抗击新冠疫情工作中的作用分析》获得2020年中国侨联调研课题二等奖。

【抓好离退休老同志思想政治建设】9月15日—18日，中国侨联离退休党员干部秋季学习班在北京举办，教育引导老同志们甄别网络信息真伪、遵守意识形态纪律规矩，并认真学习相关会议、讲话精神。9月17日上午，中国侨联离退休老同志“迎国庆、贺中秋”茶话会在北京举办，中国侨联党组成员、副主席、机关党委书记隋军向老同志们传达了侨联十届五次常委会会议精神，通报了年初以来侨联主要工作情况。她强调，面对新冠肺炎疫情这场大考，离退休党支部的老同志们积极支持会里的防疫抗疫工作，服从组织、克服困难，以高度的政治觉悟做好自身防控，展现出良好的精神风貌和共产党员的政治本色。

隋军副主席参加“迎国庆、贺中秋”主题党日活动

中国侨联在北京举办离退休党员干部秋季学习班

【关心关爱老干部】疫情期间，老干办连夜分装好140余份防疫包，逐一通知老同志做好个人防护，以避免人员聚集为原则，有序领取物资。同时为身体不便或住地附近的老同志送货上门。对于身在外地或交通不便的老同志，老干办通过邮寄方式发放防疫用品。8月18日，老干办结合抗日战争

向老干部发放疫情防护用品

结合抗日战争胜利 75 周年活动，为百岁老人李湜同志过生日

胜利 75 周年活动，为抗战时期参加工作的百岁老人李湜过生日，顾问黄军军、李祖沛一同前往，并代表会领导送上祝福。同期参加工作的肖岗、叶华同志分别在医院和养老院，因疫情影响不能前往慰问，老干办电话联系其家人并转达了会领导的慰问。10 月 19 日，受会领导委托，老干部办公室主任范磊带队前往参加抗美援朝战争的两位老同志梁永享、吴保志家中看望，并颁发中共中央、国务院和中央军委特制的抗美援朝纪念章。

【加强和改进机关群团工作】支持直属机关工会、团委、妇委会、侨联开展丰富多彩的活动。工会配合办公厅为干部职工购买了防护用品，开展“助力湖北　为爱拼单”活动及消费扶贫工作；团委在青年干部中开展了征文比赛等活动，选派青年干部配合东直门街道维持核酸检测场地秩序；机关侨联开展了网络书画摄影展活动；妇委会连续第 7 年举办“恒爱行动——百万家庭亲情一线牵”公益活动，捐赠爱心织品 50 余件给新疆少数民族少年儿童；工会、妇委会联合组织了个人平板支撑和亲子开合跳比赛。中国华侨历史博物馆荣获“第六届全国文明单位”“首都文明单位”称号，陈嘉庚纪念馆被评为中央文明委重点工作项目基层联系点，机关精神文明创建工作再上新台阶。

12 月 8 日，举办青年干部读书征文比赛颁奖仪式

综合

中国侨联年鉴

中国侨联直属企事业及社会团体工作

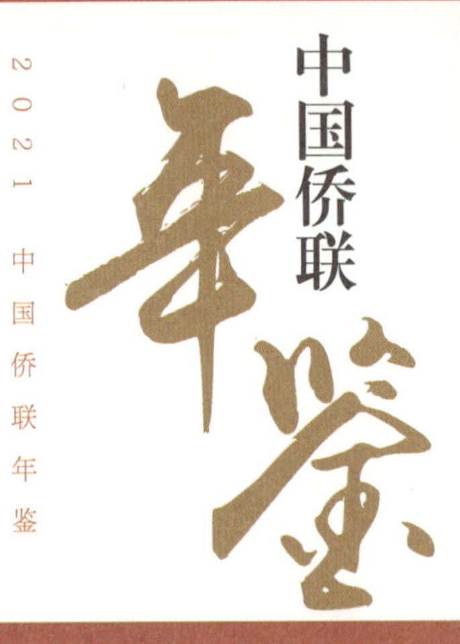
2021 中国侨联年鉴
中国侨联
年鉴

中国华侨华人研究所

【领导成员名单】

所　　长：张春旺

副 所 长：张秀明（女）

【综述】2020 年，在中国侨联党组领导下，侨研所认真落实年度工作计划和五年工作规划，在全面做好疫情防控工作的同时，深入推进习近平总书记关于侨务工作重要论述的学习研究，积极开展学术交流与合作，有序推进课题研究、书刊编辑出版、侨情和移民报告等各项工作，不断加强中国侨联课题平台建设和中国华侨历史学会建设，密切关注侨情动向，及时提供相关政策建议，充分发挥了侨联智库作用。

1 月 10 日，国家社科基金重大委托项目“习近平总书记关于侨务工作的重要论述研究”开题论证会在中国华侨历史博物馆召开

【推进国家社科基金重大委托项目“习近平总书记关于侨务工作的重要论述研究”】一是于 1 月 10 日召开国家社科基金重大委托项目“习近平总书记关于侨务工作的重要论述研究”开题论证会。会议邀请来自清华大学、厦门大学、暨南大学、五邑大学、中共中央党史和文献研究院、中央统战部培训中心、中央社会主义学院等单位的 9 位专家学者担任评议人。课题组首席专家、侨研所所长、中国华侨历史学会副会长张春旺从选题意义与价值、前期成果及研究优势、总体框架、研究进度及预期成果目标等方面介绍了结题的基本设想。课题组将采用文献资料整理及实地调研相结合的方法，重点研究习近平总书记关于侨务工作重要论述与习近平新时代中国特色社会主义思想体系，尤其与中华民族伟大复兴中国梦、推动构建人类命运共同体的关系，习近平总书记关于侨务工作重要论述对中国特色侨务理论的继承、发展创新，习近平总书记关于侨务工作重要论述与新时代侨务工作等，编纂出版资料汇编、学习读本，完成调研报告、研究论文若干，对开展新时代侨务工作提供对策建议。与会专家学者高度肯定了课题的重要意义和价值，从不同角度为课题的下一步研究提出了建设性的意见和建议。二是编辑出版课题研究成果《习近平总书记关于侨务工作重要论述研究文集》，共收录相关研究成果 20 余篇，为进一步推进习近平总书记关于侨务工作重要论述的学习研究宣传提供参考。

【编辑《习近平关于侨务工作论述摘编》】自 2018 年以来，在会党组坚强领导下，在中央党史和文献研究院的具体指导下，侨研所精心编纂《习近平关于侨务工作论述摘编》(以下简称《摘编》)，精心设置专题，按照“严格把关、最高要求”的标准精选精编习近平总书记的有关论述，对《摘编》内容、出处进行认真核对，力求准确、全面、不遗漏。根据会党组工作部署，与中央党史和文献研究院保持密切沟通联系，根据反馈意见，先后完成 11 稿修改。经过两年多的不懈努力，《摘编》经中央党史和文献研究院审定后报中央审批通过，并正式复函中国侨联同意内部印发学习。审定的《摘编》全书约 3.2 万字，内容摘自习近平同志 2012 年 11 月 29 日至 2019 年 9 月 30 日的讲话、指示、报告、演讲、文章、贺信等 60 多篇重要文献，分六个专题，共计 113 段重要论述。

【举办 2020 习近平总书记关于侨务工作重要论述研讨会】9 月 14 日—15 日，由中国侨联主办，侨研所、江苏省侨联、南京大学、五邑大学承办的 2020 习近平总书记关于侨务工作重要论述研讨会——后疫情时代侨务工作面临的新形势与新挑战在南京举行。中国侨联党组书记、主席

9 月 14 日—15 日，2020 习近平总书记关于侨务工作重要论述研讨会在南京大学召开

中国侨联党组书记、主席万立骏出席 2020 习近平总书记关于侨务工作重要论述研讨会并讲话

隋军副主席出席 2020 习近平总书记关于侨务工作重要论述研讨会并讲话

万立骏出席会议并讲话。中国侨联党组成员、副主席隋军主持会议。这次会议是在统筹推进疫情防控和经济社会发展的背景下，特别是在全国抗击新冠肺炎疫情表彰大会召开之后举办的。研讨会上，侨联系统交流了组织学习和研究的情况，专家学者针对后疫情时代侨务工作提出了意见建议。会议对于加深对习近平总书记关于侨务工作重要论述的理解，进一步明确工作思路，凝聚侨心侨力侨智，为新时代党和国家事业发展作贡献具有重要意义。来自中央统战部、中央党史和文献研究院、全国人大华侨委、全国政协港澳台侨委、致公党中央的有关同志，中国华侨历史学会理事和专家学者，以及部分省市侨联干部和江苏省各地市侨联负责同志共 200 多人出席会议。

【推进中国侨联课题管理工作】为全国华侨华人研究搭建平台，培育研究队伍，扩大学术影响，侨研所发布了 2019—2021 年度中国侨联课题指南，得到各级侨联及全国各地科研院所、高校等研究机构的热烈响应，共收到来自全国及海（境）外 178 个单位的 591 份课题申请书。2020 年，侨研所依据《中国侨联课题管理办法》，按照公平公正、严格管理的原则开展课题评审工作。经过评审专家委员会匿名评审结果，综合考虑选题方向等因素，参照国家社科基金等课题项目的立项率，共立项 103 个课题。2020 年，完成 2019—2021 年度 103 个课题的立项通知书发放和合同签订工作。

【参加“中国侨联讲师团”网络宣讲】为进一步做好联系、服务、团结、引领侨界的工作，加强理论成果和形势任务的宣讲宣介，更好地凝聚侨心侨力侨智，讲好中国故事、传播中国声音，中国侨联于 2020 年组建了中国侨联讲师团，并开展了三期网上宣介活动。张春旺所长作为“中国侨联讲师团”成员，参加了以“全球抗疫的侨界担当”为活动主题的第一期网络宣讲，主讲题目是“拥抱世界、温暖世界——讲好抗击疫情的中国故事”。宣介活动在“学习强国”App开通“追梦中华·侨声”专题，在中国侨联官网、中国侨联微信公众号、海外网、中国新闻网、喜马拉雅、腾讯视频、企鹅号、海客视频、华人头条等国内主流媒体和海外华文媒体平台上线一年时间，全网点击量超1000万次。

【围绕党和国家重大决策接受媒体专访】2020年，新冠肺炎疫情等多重因素叠加使海外侨胞的生存发展环境趋于复杂。在此背景下，如何看待“十四五”规划建议的涉侨表述和习近平总书记10月汕头考察讲话释放的信号与意义？“十四五”时期海外侨胞如何更好参与到中国建设发展中？为此，张春旺所长接受中新社“中国焦点面对面”专访，进行权威解读。张春旺认为，党的十九届五中全会审议通过了“十四五”规划和2035年远景目标的建议，实现这一宏伟蓝图，同样需要海内外中华儿女共同团结奋斗，需要海外侨胞参与和支持。这个参与和支持不是单向的，而是多维的，是在经济全球化、中国与世界各国共赢发展背景下的参与和支持。中国坚持和平发展、合作共赢的理念没有变，中国的侨务政策、(侨务工作的)原则也没有变。习近平总书记的讲话和“十四五”规划涉侨的有关论述清楚地表明，中国的侨务政策是一贯的、明确的、坚定的。

11月23日，侨研所所长张春旺接受中新网·中国焦点面对面栏目专访

【推进国家社科基金项目研究工作】侨研所与暨南大学合作在研国家社科基金特别委托项目一项“一带一路战略视野下我国沿边地区侨情调研”，重大委托项目一项“习近平总书记关于侨务工作重要论述研究”，副研究员李章鹏承担了国家社科基金一般项目“近代国籍政策的制定、修正及实践研究”，副研究员罗杨承担了国家社科基金青年项目“柬埔寨华族的文化适应与社会变迁研究”。

【编报《中国华侨华人智库专报》】中国华侨华人智库成立以来，团结凝聚专家学者，围绕党和国家工作大局贡献智慧。《中国华侨华人研究智库专报》是向中共中央办公厅、全国人大华侨委、政协港澳台侨委、中国侨联及其他侨务工作机构报送侨界信息、反映海内外侨界人士意见建议和专家学者研究成果的要报。据统计，2020年全年编发68期，共计18万余字，其中，由侨研所人员撰写的有32篇。

【做好信息报送工作】长期以来，由侨研所联系的侨史学界专家学者在完成自身科研任务的同时，热忱关注和支持中国侨务工作，就当前社会发展热点、党和国家决策需要等积极出谋划策，并形成意见建议和咨询报告，通过中国侨联有关渠道上报。据统计，2020年，侨研所上报的素材被《中国侨联侨情专报》采用34篇，其中，有8篇被评为“优秀建议奖”，占获奖总数的23.5%。侨研所荣获“2020年全国侨联系统信息工作一等奖”。

【召开《世界侨情报告(2019)》蓝皮书新书发布会】1月10日，由侨研所、社会科学文献出版社联合举办的《世界侨情报告(2019)》蓝皮书新书发布会在北京举行。来自清华大学、厦门大学、暨南大学、华侨大学、北京华文学院、韩山师范学院和中国社会科学院等高校和研究机构的专家学者，侨研所的撰写人员和社会科学文献出版社的代表及部分新闻媒体记者共30余人出席发布会。《世界侨情报告(2019)》由侨研所组

1 月 10 日，由侨研所、社会科学文献出版社联合举办的《世界侨情报告（2019）》蓝皮书新书发布会在北京举行

织撰写，作者主要为侨研所的研究人员。报告是侨研所编写的首部海外侨情年度报告，在力求信息及时准确的基础上，按照总报告、亚洲、欧洲、非洲、大洋洲、美洲等五大洲和主要国家的地理空间分布，集中梳理了华侨华人比较集中的 30 余个国家的侨情信息。与会专家学者认为，侨研所首次发布世界侨情报告，是一次破冰之旅，意义重大，报告有亮点，兼具学术性与资料性，关注整体性和差异化，体现了较高的人文关怀和社会关怀，涉及面非常广，对学术研究与侨务工作具有参考价值，也有助于提高社会认知，是侨务智库的一项标志性成果，为涉侨机构、侨务工作者及各界关注华人研究的人士了解侨情变化发展提供了重要参考。

4 月 13 日，举办“海外华商谈抗疫”之意大利专场

【开展“海外华商谈抗疫”在线系列观察活动】新冠肺炎疫情发生后，为及时了解海外华侨华人生存境况与侨情动态，侨研所与清华大学华商研究中心共同举办了 12 场“海外华商谈抗疫”在线系列观察活动。连线活动邀请 41 位侨领、华商及学者作为主讲嘉宾，介绍当地的疫情状况与应对措施，探讨华人生活与华商经营所受影响，分享华侨华人驰援祖籍国及与各国人民共同抗击新冠病毒的感人故事，通过比较视野探寻真知灼见。“海外华商谈抗疫”在线系列观察活动推出后，受到专家学者、华侨华人、留学生群体的广泛关注和积

4 月 24 日，举办海外华商谈抗疫之东南亚专场

极参与。据不完全统计，历时2月的12场国际连线，共有五大洲20多国华侨华人参会，在线旁听观众达1500人次。视频连线活动帮助学者及时获得了许多关于疫情期间海外华侨华人生存发展的一手信息，同时海内外华侨研究学者通过分享学术见解和思考，以学术力量为海外侨胞送去理解和支持。该活动成为疫情期间跨越地域、跨越商界、学界与政界的多元化国际交流平台。《人民日报》海外版、新华网、学习强国等主流媒体和学习平台多次进行宣传报道，取得了良好的社会反响。

【举办“学术出版规范与学术成果质量提升”讲座】为落实会党组和万立骏主席关于“素质提升年”有关部署和隋军副主席的要求，7月21日，侨研所邀请社会科学文献出版社国别区域分社社长张晓莉博士作题为“学术出版规范与学术成果质量提升”的专题讲座。张社长结合自身的工作经验和研究成果，理论联系实际，就学术规范、出版纪律和质量要求、学术成果运用等内容进行分享。大家一致认为，讲座主题切合实际，内容全面丰富，在业务工作中具有很强的针对性和实用性。与会者对于在出版和宣传领域经常遇到的边疆问题、少数民族问题、港澳台及其相关表述等问题开展了热烈的讨论与深入的交流。

【举办“华侨与马克思主义在中国的传播”座谈会】8月26日，侨研所与黑龙江省侨联在黑河共同举办“华侨与马克思主义在中国的传播”座谈会。中国侨联党组成员、副主席隋军出席会议并讲话。隋军强调，中国共产党的领导、社会主义道路是海外侨胞的历史选择。在即将迎来中国共产党成立100周年的时候，要在现实世情国情侨情分析中有针对性地开展研究，要进一步研究如何坚持在全方位、多层次、立体化的外交布局中寻找侨务工作定位，注意政策界限，在驻外使领馆的指导下，突出群众性、民间性的特点进行联谊联络，讲好中国故事，为我国发展营造良好外部环境；研究如何把推动构建人类命运共同体作为侨联工作重点，把海外联谊工作与做好对外投资、对外援助及留学生工作结合起来，引导海外侨胞积极参与“一带一路”建设，推进中外文明交流互鉴，传播中国好声音，展现中国形象；研究如何坚持以国内为基础，完善国内侨务工作机构和侨联组织建设，围绕“根”“魂”“梦”的新时代侨务工作主线，筑牢海外侨胞回国寻根问祖、传承中华文化的根基；研究如何坚持按照全国“一盘棋”的思路，统筹全国侨务资源，继续做好为经济、政治、文化、社会、生态文明建设服务的各项工作，特别是引导华商和回国（来华）人才在经济高质量发展中展现作为。与会专家学者围绕建党99周年，从不同角度探讨了华侨在马克思主义传播中的作用，探讨了华侨政治立场转变的过程，并就如何做好侨联侨务工作发表了看法。

【共同举办中国共产党与华侨华人主题纪录片《追梦中华·百年赤子心》研讨策划会】为庆祝中国共产党成立100周年，助推中华优秀文化的海外传播，凝聚全球华侨华人力量共筑中国梦，中国侨联、中共中央组织部和中央电视台共同策划创作十集大型主题纪录片《追梦中华·百年赤子心》。为更好地凸显纪录片的文献性、思想性和专业性，为节目文稿把好质量关，12月16日，侨研所与中国侨联信息传播部、中国华侨历史博物馆共同举办“中国共产党与华侨华人主题纪录片《追梦中华·百年赤子心》研讨策划会”。所长张春旺、副所长张秀明参加会议。中央电视台有关负责同志介绍了节目设计的总体框架、目标任务。张春旺所长表示，要讲好华侨华

12月16日，举办中国共产党与华侨华人主题纪录片《追梦中华·百年赤子心》研讨策划会

人在抗日战争时期所作的突出贡献，结合当前中美关系的形势，准确把握侨务工作的敏感性和特殊作用，讲好中国领导人和华侨华人真心交朋友的故事，强调华侨华人与祖（籍）国、住在国之间的双向作用。张秀明副所长表示，一是应进一步明确脚本提纲的历史脉络。二是进一步完善脚本内容的体例结构。三是应明确选择人物和故事的标准和依据。四是中国共产党与华侨华人之间应是双向、互动关系，提纲应体现两者关系的演变、脉络，在肯定华侨华人历史贡献的基础上，更应突出中国共产党侨务政策的作用。五是最后的部分应当拔高高度，体现华侨华人从思想上认同中国共产党的地位和作用、认同中国道路和中国制度。来自中央电视台、中央党史和文献研究院、清华大学华商研究中心、韩山师范学院华侨华人研究所、中国侨联信息传播部、侨研所、中国华侨历史博物馆的专家学者 20 余人参加会议。

【撰写出版《世界侨情报告（2020）》】《世界侨情报告（2019）》公开出版后，受到中国侨联领导及侨史学界的广泛关注和高度肯定。在首部世界侨情报告的基础上，2020 年侨研所继续组织人员整理、编撰海外侨情，重点梳理分析 2019 年 1 月 1 日至 12 月 31 日多个国家和地区的华侨华人在拓展、融入、政策、生活等方面的大事要事，方便读者了解海外侨情最新发展趋势和变化特点。根据报告，2019 年“一带一路”建设得到了越来越多国家和地区的欢迎，在新冠肺炎疫情暴发之后，世界经济恢复需要更多经济交流与合作，国有、民间企业及社会组织对外投资项目将保持运行，对外投资将继续增长；在世界格局变化、国际移民不断增长的背景下，各国文明交流互鉴、构建人类命运共同体，显得尤为重要，国内文化机构、社会组织包括宗教界的“请进来”“走出去”的对外文化交流将越来越多；随着人民生活水平的提高，每年出境旅游、购物的人员越来越多，他们的一言一行都影响着国外民众对中国的认知。该书出版后，受到人民网、中新网等主流媒体的广泛关注和报道，在学界和社会引起较大反响。

【编辑出版《陈嘉庚纪念文集》《南侨回忆录》】为深入贯彻落实习近平总书记关于弘扬“嘉庚精神”的重要指示，落实中国侨联党组巡视整改任务，推进“嘉庚精神”的宣传与研究工作，侨研所编辑出版了《陈嘉庚纪念文集》，再版陈嘉庚先生的《南侨回忆录》。《陈嘉庚纪念文集》收录张楚琨、何香凝、廖承志、庄希泉等与陈嘉庚交往历程的回忆文章，反映陈嘉庚由拥蒋到拥共的转变历程。此外，还收录了国内关于陈嘉庚先生的相关研究文章，全面梳理陈嘉庚先生的生平事迹、革命历程、主要论述，再现陈嘉庚先生伟大的爱国爱乡精神、崇高的思想境界。

【编辑出版《2020 中国侨联年鉴》】《中国侨联年鉴》是侨联组织总结成绩、交流经验、推进改革、扩大影响的一项长期的基础性工作。侨联年鉴编纂力求全面、系统、客观、准确地记载当年度中国侨联系统工作取得的成就、经验和发展的新趋势、新动向。全国目前共有从中央到村社共六级侨联组织 2 万多家，年鉴主要收录中国侨联、各省区市侨联和部分具有代表性的地市级侨联的主要工作。在编纂体例上采用分类编辑法，主体内容分为类目、分目、条目三个层次。根据侨联系统的工作性质和机构特点，类目主要包括“特载”“中国侨联领导讲话”“大事记”“综合”“中国侨联直属企事业单位及社会团体工作”“省级侨联工

出版《世界侨情报告（2020）》

出版《2020 中国侨联年鉴》

出版《丰碑：华侨华人与世界反法西斯战争》

作”“侨情概览”“附录”等。类目为大单元，其下设置若干个分目。分目下设条目，条目为年鉴的基本单位和主要内容载体。年鉴图文并茂，根据内容需要收录若干图片，原则上中国侨联机关各部门、各单位及所属社会团体、各省级侨联提供。目前，中国侨联年鉴每年共收录 50 多家单位的年鉴稿件，全书 600 余页共计 140 万字、800 余张照片。年鉴工作主要由办公厅、侨研所承办。

【编辑出版《丰碑：华侨华人与世界反法西斯战争》】2020 年 9 月 3 日，在中国人民抗日战争胜利纪念日暨世界反法西斯战争胜利纪念日的当天，由五邑大学中国侨乡文化研究中心、侨研所编写的《丰碑：华侨华人与世界反法西斯战争》出版发行。该书以“华侨华人与世界反法西斯战争”为主题，从世界反法西斯战争的整体历史视角，阐述了华侨华人在 1931 年到 1945 年发挥的特殊历史作用。作为世界反法西斯战争中唯一全程参与、活动范围最广泛的国际民间力量，在 14 年的战争岁月，华侨华人不分前线后方，有钱出钱，有力出力。华侨华人购买的救国公债、航空公债，数额巨大的侨汇和捐献的飞机、枪械、救护车、衣物等各种物质支持，为反法西斯前线源源不断地输送战略资源。全书共 27.6 万字，选编资料、图片 400 余幅，受到侨界、媒体和社会的广泛关注。

【完成涉侨期刊编辑出版工作】一是办好学术期刊《华侨华人历史研究》。为拓宽刊物的传

出版 2020 年《华侨华人历史研究》

出版 2020 年 12 期《中国侨联工作》

出版 2020 年 25 期《侨情快讯》

播渠道，提升刊物综合竞争力，充分利用网络宣传平台，开通了微信公众号。同时，为顺应期刊出版数字化趋势，提高工作效率，开通了协同采编平台。在 2020 年推出的《中国学术期刊评价研究报告》（第六版）中，《华侨华人历史研究》（季刊）被评为“RCCSE 中国核心学术期刊”，刊物影响力进一步扩大。二是完成《中国侨联工作》的编辑出版工作。2020 年，围绕中国侨联总体工作部署和重点宣传工作，《中国侨联工作》（月刊）先后策划“抗击疫情·侨界在行动”“海外华商谈抗疫”“全球抗疫的侨界担当”“化危为机中的侨企作为”等专题，及时传达中国侨联决策部署，宣传侨界典型事迹，展现各地侨联在抗击疫情中所做的贡献。三是完成 25 期《侨情快讯》（半月刊）编辑出版。及时搜集整理海外侨情信息，展现海外侨社发展动态，为相关研究提供了信息参考。

【开展学术交流与学术研究】2020 年，侨研所全体同志在完成中国侨联交办的各项任务的同时，认真开展学术研究，积极参加学术交流。据统计，2020 年全所同志参与各类学术交流会议 30 余次，公开发表学术论文 8 篇，撰写政策建议报告 30 余篇，撰写完成研究报告 4 篇，其中，中国侨联调研课题“以‘两张网’为基础的新时代侨联工作体系建设研究”获得一等奖、“新时代侨情变化的特点及应对策略研究”获得二等奖。

【聚焦素质提升抓好党建工作】2020 年，根据直属机关党委统一部署，结合中国侨联“素质提升年”要求，侨研所把理论学习、业务工作和党建工作有机结合起来，推动支部和全所工作有序、高效开展。7 月 1 日，支部书记张春旺以《当好侨联事业发展的正能量》为题给全所人员讲授了党课，中国侨联党组成员、副主席隋军出席会议；11 月 13 日，侨研所召开全体党员干部大会，专题学习党的十九届五中全会精神。精心制定侨研所党支部建设标准化工作推进方案，将支部建设规范化标准化工作融入“三会一课”、主题党日等日常工作。为纪念中国共产党 99 周年诞辰，开展“不忘初心、弘扬优良家风”主题党日活动，把对党忠诚纳入家庭家教家风建设。组织全体党员干部集体学习《习近平谈治国理政》第三卷，研读重点内容，探讨精神实质。根据会党组和万立骏主席关于“素质提升年”有关要求，组织全体党员干部，结合各自工作实际，明确年度提升目标。邀请办公厅原巡视员、侨研所原副所长方雄普研究员介绍中国华侨历史学会和侨研所创办发展的历史。通过学习老一辈华侨华人研究工作者的优良传统，增强全所同志工作的荣誉感、责任感和使命感。

7 月 1 日，侨研所党支部开展支部书记讲党课活动

10 月 12 日，侨研所邀请中国侨联办公厅原巡视员、侨研所原副所长方雄普研究员讲授党课

中国华侨出版社

【领导成员名单】

执行董事、社长：刘凤珍（女）

【综述】中国华侨出版社是直属中国侨联的中央级出版机构，成立于1989年1月。宗旨是通过向世人介绍侨胞造福桑梓及在居住地的成就与贡献，褒扬中华民族的光荣传统和勤劳刻苦、坚毅善良的优秀品质；以图书为中介，进一步沟通与海外同胞的联系，加强文化、学术交流，并为之服务。近年来，出版社加重侨类书的出版，获得业界和侨界好评。为共同推动华侨华人研究的繁荣与发展，为侨服务，在涉侨图书的开发与出版方面，显示出良好品牌形象和品牌价值。

【隋军副主席看望慰问疫情期间在岗干部职工】3月13日，受万立骏主席委托，隋军副主席代表中国侨联赴出版社看望慰问在岗职工。出版社党支部书记、执行董事刘凤珍、总编辑郭岭松分别就疫情期间出版社实行弹性工作制及防控防疫工作安排进行了说明，隋军听后表示赞同，强调值班人员在坚守岗位的同时一定要做好自身防护工作。隋军强调，当前疫情防控工作仍然不能放松，对疫情警惕性不能降低。要认真学习贯彻习近平总书记重要讲话精神和党中央决策部署，立足岗位，守土负责，切实把各项防控工作抓细抓实。

【齐全胜副主席走访慰问出版社】3月16日，齐全胜副主席走访慰问出版社干部职工，听取社领导班子关于巡视整改方案及近期工作情况汇报。出版社党支部书记、执行董事刘凤珍就整改情况进行了汇报。刘凤珍表示，出版社党支部把贯彻落实中央巡视反馈意见的整改落实工作作为一项重大政治任务，及时传达学习，认真研究讨论，明确整改责任，根据实际情况制定了整改措施。齐全胜肯定出版社党支部对整改工作的认真态度，对个别措施提出了修改意见。此外，齐全胜提醒开展工作的同时一定要做好疫情期间的防控防疫工作，保障全体员工的健康安全。

【加强支部学习】6月23日，中国华侨出版社党支部开展专题学习，中国侨联副主席齐全胜参加，并以“学习贯彻习近平总书记关于力戒形式主义官僚主义重要论述”为题讲授党课。出版社党支部书记刘凤珍主持。学习活动在网络视频会议平台进行。出版社支部班子成员作了交流，表示要深入学习领会总书记重要论述，贯彻中国侨联党组部署，减少疫情造成的影响和损失，力保完成年度出版、经营主要目标任务。9月18日，中国华侨出版社党支部组织学习了《习近平在全国抗击新冠肺炎疫情表彰大会上的讲话》及《习

齐全胜副主席参加中国华侨出版社党支部学习会

近平谈治国理政》第三卷部分章节，会议由中国华侨出版社党支部书记刘凤珍主持，全体党员参加了此次学习。11 月 11 日，齐全胜副主席参加基层党支部工作联系点中国华侨出版社党支部学习会，就学习贯彻党的十九届五中全会精神、推动出版社高质量发展进行座谈。中国华侨出版社党支部书记刘凤珍主持学习会。会上，中国华侨出版社副总经理王颖、孙晓钧发言，交流了学习五中全会精神的心得体会。

【举办海内外读者云游侨乡共度世界读书日活动】4 月 23 日是世界读书日，在居家抗疫的特殊时刻，中国华侨出版社携手京阅江门邀海内外读者云游侨乡共度世界读书日，对知识、文化进行“云共享”，采用线上直播的方式与读者分享了华侨出版社出版发行的《碉楼往事》一书，反响良好。《开平碉楼文化探源》是一系列反映广东省首个世界文化遗产开平碉楼与村落的专著，由中国华侨出版社出版，《碉楼往事》为该系列图书其中一辑。作者重实物、重真迹、重真言，力图通过幸存的文物残迹和档案记录、碉楼后人的口头资料等，来还原遗产的真正内涵。进一步透析碉楼与人的关系、碉楼主人的传奇命运及后人的现状等。《开平碉楼文化探源》的出版，在学术界、华侨界引起轰动，一些大专院校和华侨社团积极购买收藏，对侨乡文化的进一步研究起到积极的推动作用。

《碉楼往事》封面

【成立“中国华侨出版社读者服务部”】6 月 5 日，中国华侨出版社响应国家号召，将“中国华侨出版社读者服务部”正式投入运营，以“摆摊儿”卖书的形式，为活跃社会经济、丰富百姓生活、弘扬正能量尽一份出版人的绵薄之力。读者服务部图书种类丰富，涵盖儿童图书、专业技术、经典文学、艺术、历史等类别，为不同年龄段读者提供不同品种的书籍。

【刘凤珍社长赴阿里巴巴北京总部考察】6 月 10 日上午，中国华侨出版社社长刘凤珍一行赴阿里巴巴北京总部考察，洽谈合作事宜。阿里巴巴华北大区行政专员向刘凤珍社长介绍了阿里巴巴目前整体概况及发展简史。双方围绕“书与茶”主题，拟定初步合作意向。

【推出网上“侨心书苑”助力侨胞抗疫】疫情期间，中国华侨出版社在中国侨联公众号正式推出网上“侨心书苑”，定于每周五更新。重点推介优质侨类图书，旨在加强与海内外读者特别是侨胞的沟通。首篇推介内容为中国华侨出版社策划的《侨界杰出人物故事丛书》之《陈嘉庚的故事》。6 月 15 日，人民日报海外版就“侨心书苑”助力侨胞抗疫进行了报道。

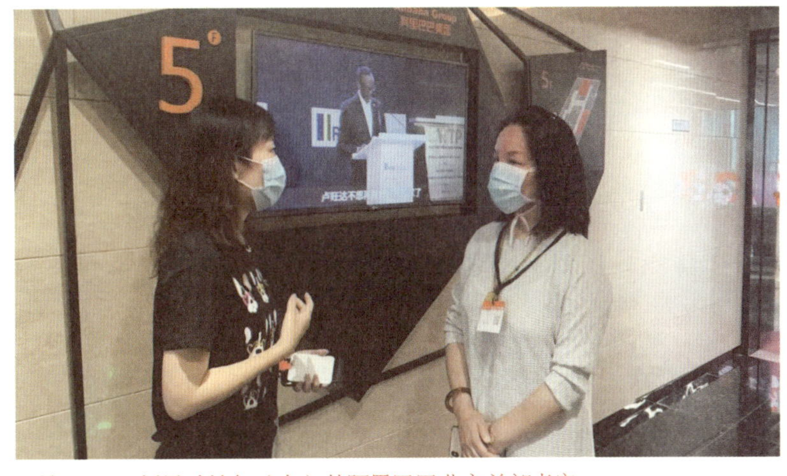

9 月 12 日，刘凤珍社长（右）赴阿里巴巴北京总部考察

06 华侨华人 人民日报

维护自身合法权益 争取更大生活空间

美国华人对种族歧视勇敢说"不"

"种族歧视是美国痼疾"

"团结起来保护自己"

"与其他各族平等相处"

进口水果中的"华侨味道"

专注香蕉生意

开拓电商渠道

助力侨胞抗疫 "侨心书苑"开张

公 告

6 月 15 日，《人民日报》海外版刊文介绍网上侨心书苑

【齐全胜副主席赴出版社调研】 7 月 22 日，齐全胜副主席到出版社调研，看望慰问全体干部职工。出版社党支部书记、执行董事刘凤珍、总编辑郭岭松分别就上半年出版社运营情况、侨心书苑现状及重点侨书的工作进展进行了汇报。齐全胜副主席认真听取了工作汇报，并就侨类书籍的宣传工作提出了新的要求，要立足岗位，守土负责，切实把各项防控工作抓细抓实。希望大家保重身体，做好防护。

【"侨界杰出人物故事丛书"出版发行】 "侨界杰出人物故事丛书"是中国华侨出版社 2020 年隆重推出的系列丛书。该丛书选取 8 位作出突出贡献的侨界杰出人物，围绕他们的生平及贡献展开讲述。所选人物有著名爱国华侨领袖、"毁家兴学"的集美校主陈嘉庚，著名旅美侨领、中国洪门致公党创始人司徒美堂，新中国创始人之一、女权运动先驱何香凝，中国现代地球科学和地质工作主要奠基人李四光，"中国航天之父"、两弹一星功勋奖章获得者钱学森，著名科学家、"终身校长"钱伟长，华侨抗日女英雄李林以及中国近代地理学和气象学奠基者竺可桢。该丛书的出版在业界和侨界引起热烈反响。

"侨界杰出人物故事丛书"封面

【新书《逆商》上榜"全国书店之选"】 在出版人杂志举办的2020年"全国书店之选"活动中，华侨出版社"侨见·悦读汇"系列《逆商》荣誉上榜。这是一个由全国千家实体书店共同推选年度最具推荐价值、最受实体书店认同的本土原创新书的活动，能给行业提供一个连接读者、出版

7 月 22 日，齐全胜副主席（中）在出版社调研

《逆商》立体书影

单位与书店的平台，把近一年最优秀的原创作品带到读者身边，让依然坚持创作的作者，挖掘打磨作品的编辑得到市场的认可与肯定。2020 年的评选，共超过 150 家出版单位、阅读机构及行业媒体推荐优秀作品，出版人杂志针对近一年（2019 年 8 月—2020 年 6 月）上市的新书进行综合评估，最终在政治理论、人文社科、财经、小说、散（杂）文、儿童文学、少儿科普 7 个大类中每类筛选出兼具市场潜力、读者口碑，适合大众休闲品质阅读的 70 本优秀本土原创作品，共计 350 本候选书目。

【刘凤珍社长一行赴江苏泰州调研】9 月 9 日—10 日，中国华侨出版社社长刘凤珍率调研组到泰州调研侨界出版工作。泰州市侨联党组书记、主席蔡吉圣，泰州市侨联党组成员、副主席吴焱等参加有关调研活动。在泰兴市黄桥镇，刘凤珍一行参观了新四军黄桥战役纪念馆、著名归侨科学家丁文江故居，泰兴市侨联主席王晓玲向刘凤珍社长介绍了泰兴的历史和侨情。刘凤珍社长表示将加强与基层侨联合作，深挖有地方特色的侨类选题，并向全国读者和广大归侨侨眷介绍。9 月 10 日，刘凤珍一行出席由泰州市文联、泰州市文广旅局和中国华侨出版社有限公司联合主办的“里下河文学流派名家讲坛暨梅国云长篇小说《第 39 天》新书分享会”。海南省作协主席、海南省文学院院长梅国云，泰州市文联党组书记、主席刘仁前，泰州市文联党组成员、副主席王树桃及 50 多位泰州籍作家和文学爱好者参加活动。

9 月 9 日，刘凤珍社长（左二）一行参观泰州侨胞之家

《第 39 天》新书分享会

【刘凤珍社长一行赴杭州阿里巴巴集团考察】9 月 12 日，中国华侨出版社有限公司执行董事、社长刘凤珍一行赴阿里巴巴集团滨江园区、西溪园区考察，并签订“侨心书苑”项目落地协议。园区的阿里巴巴专员向刘凤珍社长介绍了阿里巴巴的发展简史及目前该园区的整体概况。刘凤珍表示中国华侨出版社与阿里巴巴在经营理念上都非常注重创造社会价值，理念的契合为双方的合作奠定了基础。

【刘凤珍社长为阿里巴巴集团园区“侨心书苑”揭牌】 9月27日，中国华侨出版社有限公司执行董事、社长刘凤珍一行赴杭州为阿里巴巴集团园区“侨心书苑”揭牌。刘凤珍在现场表示，中国华侨出版社与阿里巴巴在经营理念上都非常注重创造社会价值，理念的契合为双方的合作奠定了基础。后续双方将围绕“书与茶”的主题，力求以图书、茶品以及相关衍生文创产品等为载体，采用沙龙、书友会、茶话会、网络直播等多种多样的形式，线上线下活动互联，向广大阿里员工展现华侨文化、中国传统文化及茶艺文化。

10 月 27 日，举办全椒中学图书捐赠仪式

9 月 27 日，刘凤珍社长（右一）为阿里巴巴集团园区“侨心书苑”揭牌

【开展赠书和设立侨心书架活动】 10月27日上午，中国华侨出版社图书捐赠活动在全椒中学举行。中国华侨出版社社长刘凤珍、中国华侨大学原校长丘进、中国华侨出版社总编辑郭岭松、县委副书记张少华等参加活动。“侨心书架”的设立是中国侨联系统在习近平新时代中国特色社会主义思想指引下长三角地区高水平协同发展的生动实践；是充分发挥侨的作用、助力地方经济社会发展的充分体现。此次捐赠的图书内容涵盖文学、历史、文化等方面，共500多册，价值3万元。今后，华侨出版社还将通过不同形式，丰富“侨心书架”内容。

【携新书参加中国科学院第三届科学节】 10月31日—11月1日，中国科学院第三届科学节北京主场活动在中国科学院植物研究所北京植物园举办。科学节活动中的“科普图书展”板块联合了20家出版社，现场展示、出售200多种优秀科普图书，中国华侨出版社携新书参加了活动。此次展出的图书包括《物理学“中二”指南》《用科学拯救地球：麦克斯阻止世界末日》和其他重点图书共计十余种，现场吸引了不少读者购买，反响良好。

华侨出版社携新书参加中国科学院第三届科学节“科普图书展”

【举办第二届中国华侨出版社职业技能大赛】11 月 19 日，华侨出版社举办了主题为“担当时代重任，练就过硬本领，勇做走在时代前列奋进者”的第二届中国华侨出版社职业技能大赛，共计 8 个部门的 19 名选手参加比赛。总编辑郭岭松为大赛致开幕辞，他希望通过此次比赛全面提高广大员工的专业技术能力，展现出版队伍积极向上的精神风貌和职业风采。

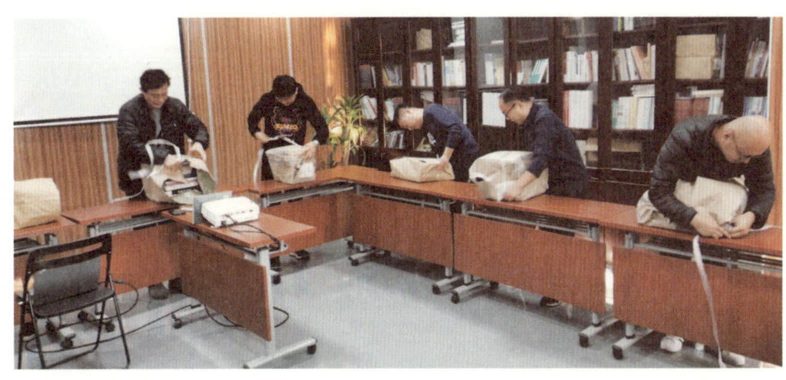

职业技能大赛活动照

本届大赛共分为两部分，分别为理论知识答题和实际技能操作比赛，共计五个项目，分别是编辑基础知识答题及图书选题营销策划、现场模拟图书推介、图书打包、点钞、纸张识别。通过选手的角逐，最终产生 15 项个人单项大奖、1 项个人综合大奖及优秀团队奖。社长刘凤珍为取得优异成绩的选手颁发了荣誉证书和奖品，希望大家把比赛中的所思、所想、所得融入工作和生活中，不断地精益求精、砥砺前进，共同携手、同心同德为出版社的繁荣发展做出新的贡献。

11 月 19 日，华侨出版社举办第二届职业技能大赛

《海内与海外》杂志社

【领导成员名单】

法定代表人、社长：左志强（兼）

副　社　长：何长松（2020年7月任职）

【综述】《海内与海外》杂志社为中国侨联事业单位，负责编辑、出版《海内与海外》杂志。《海内与海外》杂志为中国侨联主管、主办的社会性、涉外性、文化性综合月刊，在国内外公开发行。“十代会”以来，中国侨联党组和万立骏主席高度重视《海内与海外》杂志社工作，2020年对杂志社领导机构进行了调整。隋军、程学源、齐全胜副主席分别赴杂志社调研指导，听取汇报，肯定杂志社的努力工作和成绩，就办好杂志作出具体指示和要求。杂志社全体同志以习近平新时代中国特色社会主义思想为指导，团结一心、积极工作、广开稿源，圆满完成了全年出刊12期的任务，始终注重把好政治关、导向关、质量关，在内容上凸显侨联特色，逐步提升杂志的影响力。一是按照中央宣传重点部署，弘扬核心价值观。深入学习贯彻党的十九届五中全会精神，本刊十二月号推出了“学习‘十四五’规划笔谈”专栏，邀请专家撰文对“十四五”规划予以解读。为庆祝新中国成立71周年，本刊十月号重点推出“国庆抒怀”专栏，刊发包括《“解放区的天是明朗的天”》《建国前后的一段历史——1949年〈共同纲领〉在人民政协全票通过内幕》等在内的七篇文章，或详述建国前后国家有关章程的制定，或描写解放军进入北京城的宏大场面，或回忆当年的亲身经历与感受，回顾历史，不忘初心与使命。本刊11月号推出了“纪念抗美援朝出国作战70周年”专栏，共刊载十篇文章，其中《艰难的抉择》一文，详细披露了毛主席、党中央决定中国人民志愿军入朝作战的过程；《抗美援朝归侨英雄谱》一文，歌颂了一批志愿军中的归侨指战员，在朝鲜战场上浴血奋战、保家卫国的壮举。二是宣传侨联中心工作，努力扩大侨联影响。本刊及时在各期头条刊登中国侨联重要会议、活动等重点工作的文章24篇，如《中国侨联十届三次全委会议在京召开》《万立骏在北京调研侨资企业复工复产和疫情防控》《万立骏等在北京看望慰问抗疫一线侨界医护工作者家属》《中国侨联党组召开理论学习中心组会议传达学习习近平总书记重要讲话精神》等，及时准确地将中国侨联的声音传向海内外。三是广泛宣传侨界风采，做足“侨”文章。全年刊登介绍侨联系统、侨界人物、侨乡侨情等文章200余篇。其中《美国华人南迁的故事》《中国最早的海外留学生容闳》《爱国侨领黄乃裳与“新福州”》《侨批中的辛亥革命烈士》《百年侨史明信片》《华侨华人与黄埔军校》等文章，内容丰富，资料翔实，涉及面广，全方位、多角度地反映了华侨华人、侨乡侨社等的新风采、新变化和历史记忆，为中国华侨历史的记录起到了拾遗补阙的作用。2020年本刊相继推出具有“侨”特色的10余个栏目，如“侨联风采”“侨界人物”“侨乡人物”“侨乡新貌”“华侨文化”“侨乡揽胜”“侨史记忆”等，受到读者好评。四是集中报道侨界抗疫故事，

2020年1月刊（封面）

弘扬侨胞奉献精神。2020年新冠肺炎疫情肆虐全球，为及时反映侨界人士心系祖（籍）国的桑梓情怀，本刊出版抗疫、复工两期专刊共70余篇文章，集中报道了侨联系统、侨界爱心人士，以及海外侨团组织、海内外侨胞为打赢疫情防控阻击战勠力同心、共克时艰、无私奉献的感人事迹。五是开辟脱贫攻坚专栏，反映侨界扶贫贡献。2020年是决胜全面建成小康社会、决战脱贫攻坚收官之年。本刊8月号特开辟“扶贫之路”专栏，相继刊登10余篇文章，突出侨界扶贫贡献，如《但愿苍生俱饱暖　矢志不渝扶贫路》《董雅娟：用科技托起“富农梦”》《侨领爱心助学　八年践一诺》《走过风雨沐阳光——一位瑞金侨联干部的扶贫日记》等，翔实记录了脱贫攻坚之路上的可喜成果，展现了侨界与国家、民族同呼吸、共命运的深厚情感。六是约请名家撰稿，反映侨乡新貌和神州风物。约请全国著名作家撰稿是本刊一大特色，深受读者欢迎，“名家随笔”栏目也成为本刊的金牌栏目，文章被多次转载。本刊全年共刊发著名作家文章近60篇，如《老渔阳里2号的百年时光》《惠风和畅》《杨绍明的思想之眼》《诗意徐刚》《我是华侨作家》等，反响热烈。

2020年2月刊（封面）

【2020年1月号】本期头条刊发《中国侨联主席万立骏向全球华侨华人拜年》和《中国侨联十届三次会议在京召开》两篇特稿。“华人足迹”专栏刊发了《美国华人南迁的故事》，记述了美国华人奋斗崛起和奉献家国的历史。“侨界人物”专栏刊载《黄仲咸：改变贫穷靠教育》，赞颂被誉为“南安陈嘉庚”的慈善家黄仲咸，为推动中国教育无私捐献的感人事迹。《颐和园那些事》《南京往事》则是重温历史的厚重之作。

【2020年2月号】本期头条刊发了特稿《万立骏到中国侨联直属单位调研检查疫情防控工作》，“特别报道”“侨在行动”“爱心驰援”等多个栏目30余篇文章全方位展现了侨联系统、海内外侨胞为抗击疫情所作出的努力和无私奉献，体现了侨界的担当与作为，彰显了四海一心共抗疫情的伟大力量。

【2020年3月号】本期头条刊发了特稿《万立骏在北京调研侨资企业复工复产和疫情防控》《万立骏等在北京看望慰问抗疫一线侨界医护工作者家属》。“特别报道”专栏介绍了各地侨企在疫情之下主动承担社会责任，为民生保驾护航，生产防疫两不误，积极推进复工复产的情况。

【2020年4月号】本期头条刊发了特稿《中国侨联印发通知对做好疫情期间海外侨胞和归侨侨眷联系服务工作作出部署》，“爱心驰援”专栏介绍了海外侨胞、归侨侨眷投身祖国抗疫一线的感人事迹。“史海钩沉”专栏的《曾经翱翔在天空——驼峰航线运输机机头回昆明的故事》和《勤工俭学百年　中国近代史的“法兰西岁月”》两篇文章回顾了华侨华人和留学生探索救亡图存道路、义无反顾投身中国革命的历史记忆。

【2020年5月号】本期头条刊发了特稿《中国侨联党组召开2020年党的建设暨党风廉政建设工作会议》，“华人足迹”专栏刊发《法国一战华工韩庭华一家》。“社会视角”专栏刊出《2020年我们需要做的就是涅槃重生》和《捐赠防疫物资的四条经验》两篇理论文章，对抗击疫情、复工复产具有指导意义。“文化视野”专栏刊登的《溥杰的美食家一生》，以美食为线，串联历史，分享中华美食文化。

【2020年6月号】本期头条刊发了特稿《中国侨联召开学习传达全国“两会”精神会议》。

2020 年 3 月刊（封面）

“特别报道”专栏刊发的《李春生：为侨联事业献出最后的光和热》，介绍了侨联干部李春生助力家乡脱贫攻坚，坚守岗位直到生命最后一刻的事迹。“华人足迹”专栏刊发《中国最早的海外留学生容闳》《旅法女画家潘玉良》两篇文章，追忆了华侨先辈们的人生历程。“侨界人物”专栏的《一朵美丽芬芳的花——记朝鲜归侨舞蹈家陈香兰》，记述了归侨陈香兰的舞蹈人生。

【2020 年 7 月号】本期头条刊发了特稿《万立骏围绕“强化政治机关意识　走好第一方阵”作专题党课报告》。“神州纪实”专栏刊发的《宋庆龄在北京的第一处寓所》，披露了一段鲜为人知的历史。“中国故事”专栏的《老渔阳里 2 号的百年时光》，介绍了毛泽东与陈独秀的交往，以及在这里陈独秀完成了中国共产党的发起创建工作。

【2020 年 8 月号】本期头条刊发了《中国侨联十届五次常委会议举行》。“专稿”栏目的《记忆——纪念援建北川中学竣工 10 周年》，回顾了在建设由中国侨联援建的北川中学的过程中，各单位紧密协作、排除万难，提前 13 天完成援建工程并竣工投入使用的爱心事迹。“侨界人物”专栏《追踪伍连德故居》追忆了“伍氏口罩”发明者伍连德作为抗疫英雄的传奇人生。

【2020 年 9 月号】本期头条刊发了特稿《万立骏在湖北武汉调研侨联工作》。“委员风采”专栏《在中马往来中丰满人生》，介绍了中国侨商联合会常务副会长古润金先生从事公益慈善事业的独特经历。《爱国侨领黄乃裳与“新福州”》，追记了侨界先驱黄乃裳带领乡民在异域开疆拓土的伟大壮举。“侨情记忆”专栏刊登的《2019 年度全国侨联系统接收华侨捐赠情况的报告》，对全国侨联系统接收华侨捐赠总体情况进行了细致分析。

【2020 年 10 月号】本期头条刊发了特稿《万立骏在湖南调研侨联扶贫工作和科技工作》。重点推出的“国庆抒怀”专栏刊登了 7 篇文章，其中《解放区的天是明朗的天——国庆有感》，作者回忆了当年解放军进入北京城时自己的亲身经历与感受；《建国前后的一段历史——1949 年〈共同纲领〉在人民政协全票通过内幕》，详述了建国前后国家有关章程的制定与发布过程。“侨情记忆”专栏的《华侨华人与黄埔军校》，反映了黄埔军校创立与华侨华人间密不可分的关系，体现了华侨华人从军报国的赤子之情。

【2020 年 11 月号】本期头条刊发了特稿《万

2020 年 10 月刊（封面）

立骏在江西上饶调研侨联定点扶贫工作》。本期特别推出的“纪念抗美援朝出国作战 70 周年”专栏，刊发了 10 篇文章，其中《艰难的抉择》一文，详细披露了毛主席、党中央决定中国人民志愿军入朝作战的全过程；《抗美援朝归侨英雄谱》一文，歌颂了一批志愿军中的归侨指战员，在朝鲜战场上浴血奋战，保家卫国的壮举。“扶贫之路”专栏刊登的《侨领爱心助学　八年践一诺》，介绍了侨胞卢金峰积极回馈故乡，八年坚持帮助贫困学生，为家乡的教育事业奉献爱心的事迹。

【2020 年 12 月号】 本期头条刊发了特稿《万立骏在〈机关党建研究〉杂志发表署名文章：〈强化政治机关意识　推进新时代侨联组织党的建设高质量发展〉》。推出“学习‘十四五’规划笔谈”专栏，邀请两位专家分别撰文《智能发展：未来“十四五”规划新亮点》和《更好实现社会保障与就业的良性互动》，对“十四五”规划予以解读。“脱贫攻坚之路”专栏刊发《走过风雨沐阳光——一位瑞金侨联干部的扶贫日记》，宣介侨联干部奋战扶贫第一线、与群众共同奋斗的真切体会，展现侨乡脱贫新貌。“专稿”栏目刊发《张謇：中国民营企业家的先贤和楷模》，解读这位多次被习近平总书记称赞的中国近代著名实业家、教育家、慈善家。

2020 年 12 月刊（封面）

中国华侨历史博物馆

【领导成员名单】

馆　长：臧杰斌（1月7日任职）

副馆长：祁德贵（7月23日离任）

　　　　贾德成（7月23日任职）

【综述】2020年，侨博坚持以习近平新时代中国特色社会主义思想为指导，在中国侨联党组的正确领导下，深入学习贯彻党的十九大、十九届历次全会精神和习近平总书记关于侨务工作和群团工作的重要论述，坚持围绕中心、服务大局，为海内外侨胞打造精神家园，为社会大众提供优质文化服务。特别是面对新冠肺炎疫情及疫情防控常态化的新形势，积极应对，危中寻机，坚决贯彻万立骏主席“闭馆不闭展”的重要指示，既有序推进各项工作计划的开展，又开拓创新，办出特色，富有成效。

【侨博荣获第六届全国文明单位称号】在会领导的正确领导下，在中国侨联各部门的支持帮助下，侨博被推荐参评第六届全国文明单位和2018—2020年度首都文明单位。侨博紧抓参评机会，对照文明单位评选标准不断发力，切实推进了侨博组织领导能力、思想教育水平、学习风气建设、民主管理、环境建设和业务水平的全面提升。侨博的精神文明建设工作和成效得到了中央文明办检查组的高度肯定，获得全国文明单位称号和2018—2020年度首都文明单位称号。

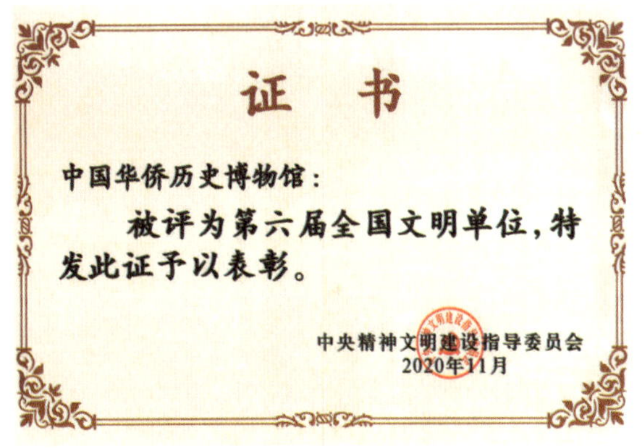
证　书

中国华侨历史博物馆：

被评为第六届全国文明单位，特发此证予以表彰。

中央精神文明建设指导委员会

2020年11月

2020年11月，中央精神文明建设指导委员会授予侨博第六届全国文明单位荣誉称号

【制定侨博五年发展规划】根据中央精神和国内外博物馆行业最新动态，在2018年底制定的2019—2023五年发展规划的基础上，侨博立足面临的新问题、积累的新经验特别是对照国家一级馆标准存在的较大差距，启动了五年规划的修改完善工作。通过走访国家文物局和北京市文物局，征求中国博协华侨博物馆专业委员会成员单位意见，赴重点侨乡和涉侨博物馆实地调研，成立起草专班，瞄准前沿，坚持问题导向，顺利完成了《中国华侨历史博物馆五年发展规划（2021—2025年）》的起草，并经十届三十三次主席办公会审议通过。该规划明确了今后五年工作的指导思想、基本原则、主要目标、阶段任务、具体举措、保障措施，按照一级馆标准的努力方向，争取打造出一座具有浓郁侨元素、传播正能量、管理现代化的国家专题博物馆。

【创新推出“云游侨博”网络直播系列活动】为适应新冠肺炎疫情压力下游客观众量大幅度减少的新形势，按照万立骏主席的指示精神，侨博创新工作方式，在臧杰斌馆长的带领下，打造出“云游侨博”网络直播品牌，创新推出了围绕基本陈列和临时展览进行的多语种、多方言、多平台、成系列的网络直播活动。从刚开始设计的中英日文3个语种直播，发展到中、英、日、俄、德、法、西7个语种，闽南语、广府话、客家话和潮州话4种方言的多语种多方言直播；从独家直播，到与福建、广东等地的涉侨类博物馆进行联合直播；从开始只有5家融媒体平台参与直播，到目前已有央视频、东南网、华人头条、北京时间、厦门卫视、羊城派等13家国内知名平台，并延伸到Facebook、YouTube等海外平台，初步建成了较为稳定的融媒体平台矩阵；从以基本展和临时展为依托，到结合特殊时间节点和观众需求，充分挖掘馆藏资源，不断丰富直播内容，形成以“展览直播+侨乡直播+博物馆文艺节目直播”的多样化内容直播模式，线上线下融合发展，推进博物馆展览和观展方式的不断创新。“云游侨博”直播品牌突出爱国爱侨主题，突出国际视野和乡音方言，突出资源整合，2020年累计在线观看量达到2116万次，得到了会领导的充分肯定，取得了良好的社会效应，提升了博物馆的形象和

中国华侨历史博物馆自 4 月 28 日起推出“云游侨博”系列直播活动

知名度。目前该品牌已完成了商标注册。

【建成 VR 网上展馆】 侨博 VR 网上展馆项目于 11 月 4 日正式上线，运用 720 度 VR 全景技术，将侨博整体风貌完整呈现，展现珍贵的文物资料、历史图片，生动还原馆内展览，实现“云看展”，为海内外观众提供了一个更安全便捷的观展方式，充分发挥博物馆的文化价值和存史育人的功能。侨博 VR 网上展馆上线是贯彻落实中央有关推进文化建设、提升公共文化服务水平要求的新举措，是侨博信息化建设跨上的一个新台阶，是侨博线上线下融合发展的重要成果。侨博在 VR 网上展馆维护运行中坚持做到：坚持服务观众，服务侨胞，服务侨联中心工作；坚持开拓创新，勇立潮头，用互联网思维打造博物馆传播展示模式；坚持深耕细作，推进展示方式创新，在网上讲好华侨故事，打造品牌项目，凝聚广大侨胞。

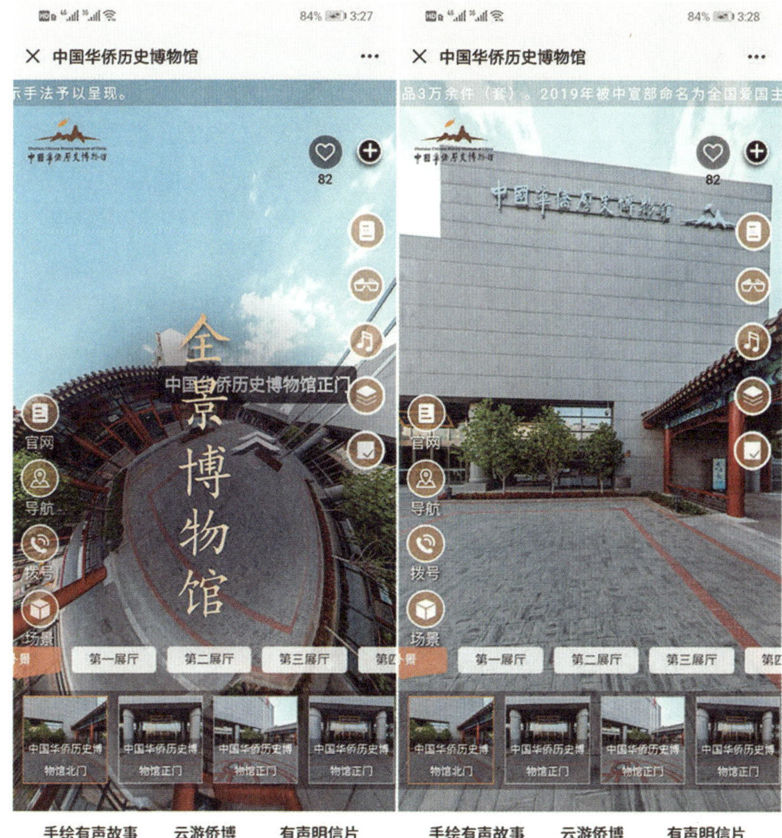

11 月 4 日，中国华侨历史博物馆 VR 网上展馆正式上线

【举办“亲情中华·战疫有侨——海内外侨界凝心聚力抗击新冠肺炎疫情主题展”】 10 月 16 日，“亲情中华·战疫有侨——海内外侨界凝心聚力抗击新冠肺炎疫情主题展”开幕。展览由中国侨联主办，旨在学习贯彻习近平总书记在全国抗击新冠肺炎疫情表彰大会上的重要讲话，弘扬伟大抗疫精神，展现侨界在抗疫中的努力、贡献和风貌。由中国侨联文化交流部、中国华侨历史博物馆承办的此次展览，包括“迅速响应　广泛动员”“快速集结　驰援一线”“大爱无疆　海外驰援”“保稳转产　复工复产”“连通四海　共克时艰”“海外互助　携手战疫”“抗疫力量　文化表达”“侨界群英　战疫有我”8 个单元和 200 余件 / 套珍贵展品，讲述了海外侨胞、归侨侨眷积极响应、逆行驰援、投身全球抗疫的大爱故事，传播了各级侨联工作者心系侨胞、奋力抗疫、无私奉献的动人事迹，再现了抗疫过程中侨界的一个个平凡身影和暖人瞬间。开幕式上，印尼归侨、武汉火神山医

10 月 16 日，万立骏主席，李卓彬、隋军、程学源、齐全胜副主席等领导出席“亲情中华·战疫有侨——海内外侨界凝心聚力抗击新冠肺炎疫情主题展”开幕式

10 月 16 日，万立骏主席等领导出席“亲情中华·战疫有侨——海内外侨界凝心聚力抗击新冠肺炎疫情主题展”开幕式

12 月 10 日，万立骏主席（中）出席“亲情中华·战疫有侨——海内外侨界凝心聚力抗击新冠肺炎疫情主题展”潮州巡展开幕式

院技术专家组顾问黄锡璆，美国归侨、北京大学第六医院陆林院士，海归志愿者刘哲和爹地宝贝董事长林斌，分享了各自在抗击疫情过程中的经历与体会。中国侨联党组书记、主席万立骏出席开幕式并致辞，副主席李卓彬、隋军、程学源出席开幕式，并向捐赠人代表颁发捐赠证书。开幕式由中国侨联副主席齐全胜主持。12 月 10 日，“亲情中华·战疫有侨——海内外侨界凝心聚力抗击新冠肺炎疫情主题展潮州巡展”在广东潮州市陈伟南文化馆开幕。展览由中国侨联主办，广东省侨联支持，中共潮州市委、潮州市人民政府、中国侨联文化交流部、中国华侨历史博物馆承办。中国侨联党组书记、主席万立骏出席开幕式并为展览揭幕。

【举办“秋色花街映乾坤——侨乡佛山非遗文化展”】 1 月 10 日，“秋色花街映乾坤——侨乡佛山非遗文化展”开幕。此次展览由中国华侨历史博物馆、佛山市禅城区博物馆（禅城区非物质文化遗产保护中心）主

1 月 10 日，中国侨联顾问唐闻生（左八）出席“秋色花街映乾坤——侨乡佛山非遗文化展”开幕式

办，佛山市岭南酒文化博物馆、广东石湾陶瓷博物馆协办，中国侨联顾问唐闻生出席开幕式并为石湾陶塑技艺传承人黄志伟、秀工莨作创始人服装设计师蔡敏颁发捐赠证书。此次展览聚焦佛山丰富的非遗资源，分为佛山特色民俗、非遗文化和食在佛山三大板块，佛山剪纸、灯彩、木版年画、彩扎狮头、石湾陶塑、粤剧、武术以及香云纱等多个项目在展览中得到充分的展现，展厅内特别设置了习武用木人桩和木版套色等供观众体验互动。

【举办“千年沧桑皆姓唐——明信片上的旧金山唐人街特展”】 5 月 15 日，“千年沧桑皆姓唐——明信片上的旧金山唐人街特展”开幕。中国侨联顾问唐闻生出席开幕式并向收藏人林凯斌代表人颁发捐赠证书，中国侨联副主席齐全胜宣布展览开幕。展览以“梦回中国城”“唐人街风情”“唐人街众生相”“今日中国城”四个单元 200 余件珍贵展品还原美国华侨华人在唐人街的生活和文化场景，引领观众穿越时空见证他们的拼搏奋斗，感受他们相互扶持的同胞情谊与回馈社会的奉献精神。展品包括美籍华人林凯斌先生收藏的百余张发行于 20 世纪初的反映美国旧金山唐人街历史文化和风俗人情的明信片，以及百余件侨博物馆收藏的与美国唐人街相关的明信片、实物展品。

【举办“蔚蓝之心——归国海洋科学家带你认识大海”主题展览】 9 月 10 日，“蔚蓝之心——归国海洋科学家带你认识大海”主题展览开幕。展览由中国华侨历史博物馆、青岛市侨联、中国科学院海洋研究所、自然资源部第一海洋研究所、中国水产科学研究院黄海水产研究所、中国海洋大学、自然资源部第三海洋研究所共同主办。中国侨联党组书记、主席万立骏会见与会嘉宾、参观展览并听取专题讲座。展览开幕式由中国侨联兼职副主席、山东省侨联主席李兴钰主持。中国侨联副主席齐全胜宣布展览开幕。青岛市委副书记王鲁明参加会见等活动。中国华侨历史博物馆馆长臧杰斌，青岛市人大副主任邹川宁，中

5 月 15 日，中国侨联顾问唐闻生（左三）、副主席齐全胜（左四）出席“千年沧桑皆姓唐——明信片上的旧金山唐人街特展”开幕式

9月10日，万立骏主席（前排左七）、齐全胜副主席（前排左五）等领导出席“蔚蓝之心——归国海洋科学家带你认识大海”主题展开幕式

科院海洋研究所所长王凡，全国人大常委、中国海洋大学副校长、中科院院士吴立新在开幕式上分别致辞。此次展览以“海洋星球”“丰富的海洋”“神奇的海洋”“探索海洋”“保护海洋”五个章节，形象生动展示了归国海洋科学家的爱国情怀和创新精神，同时普及海洋知识，帮助公众尤其是青少年了解海洋之美和海洋科学魅力，促进人们深入认知海洋、热爱海洋，促进我国海洋事业发展和国际合作。

【完善藏品管理和利用】2020年藏品征集工作受新冠肺炎疫情影响较大，全年新增藏品1202件/套。在做好日常征集工作的同时，侨博加强定向征集，配合“亲情中华·战疫有侨”主题展和“追梦中华·侨与脱贫攻坚”网络主题活动成果展以及正在筹备的“华侨华人庆祝中国共产党成立100周年特展”等活动，及时发布相关藏品征集公告，陆续赴黑龙江、广东、河北等地开展调研和征集相关文物。藏品登记有序推进，库房管理日渐规范，藏品利用有所增强。一是完成了第3、第5库房图书资料、烟画和新购藏品的分类、登记、消毒、上架。全年新增登记藏品8002件/套，其中新登C类参考品498件/套，新登W类文物7504件/套。二是藏品电子信息提用11次，实物藏品提用7次共248件/套。三是购买了5000余件无酸纸袋、囊匣等保护性设备和2个文物运输箱，为文物定级及外出展览工作作准备。四是完成库房标识牌和库房管理制度制作，并在库房内张贴。五是与中新社海外中心合作开展《中国华侨历史博物馆藏品背后的故事》项目，通过新媒体线上视频介绍馆藏品，全年共完成44期拍摄。

【加强研究交流完成专委会换届】以《“侨博”网络化形态公众服务的创新思考与实践探索》为题，对侨博2020年创新开展的“云游侨博”系列直播活动以及VR网上展馆制作等网络化发展和信息化建设的情况，进行了阶段性的学术总结和探讨，荣获中国侨联2020年度调研课题二等奖。策划撰写了《异域商道——近代海外华商广告及文献资料图鉴》课题申请报告，整合馆内及专委会成员单位馆藏资源，完成《侨光异彩》文字稿修改及图文编排，将其改编为首个网上涉侨藏品专题展览。中国博物馆协会华侨博物馆专业委员会以视频会议的形式顺利完成换届会议，臧杰斌馆长当选该专委会主任委员，为全国涉侨博物馆行业的下一步发展打下坚实基础。作为专委会秘书处，协助2个专委会成员单位申报2020年度中国博协项目资助。12月10日，中国博物馆协会华侨博物馆专业委员会2020年年

12 月 10 日，万立骏主席（前排左六）、齐全胜副主席（前排左七）等领导与中国博物馆协会华侨博物馆专委会成员单位合影留念

会在广东潮州召开，万立骏主席会见全体参会代表，同大家亲切交流，并发表即席讲话、合影留念，对涉侨文博事业的发展给予了充分肯定和巨大鼓励。

【加强信息化建设】2020 年侨博在信息化建设方面持续发力，不断探索展览宣传新模式，助力“网上侨联”建设。增加了网上展览模块，包括侨光异彩涉侨文物藏品展、临时展览 VR 回顾、直播回访及博物馆宣传片四块内容。针对网络安全等级保护工作暂未实施的现状，为确保全馆的信息网络尤其是网站微信的安全，续签了云盾云眼防护系统，组织开展了一次信息网络安全专项检查；建设了网络视频会议系统，用于对外联络和交流。在做好展览宣传方式创新的技术支持方面，一是注册了侨博今日头条、抖音、西瓜视频、一直播等账号，通过多方面的比对和测试，选定今日头条作为直播的推流工具。与央视频、人民网、东南网、厦门卫视、羊城晚报、华人头条等 10 多个国内平台加强合作，打造侨博的融媒体平台矩阵。二是提升了博物馆的网络接入带宽，申请馆区 5G 信号覆盖，购置直播设备，确保直播质量。三是为适应“云游侨博”异地直播的需要，利用阿里云提供的流量聚合服务，在广州搭建了聚合服务器，信号覆盖广东、福建、浙江、江苏等地，实现有 4G 信号的地方就可以进行直播。该技术已在潮州的抗疫展巡展直播中进行实地使用，效果较好。

【推进建章立制促进规范管理】侨博 2020 年新制定实施了《理论中心组学习制度》《博物馆党支部委员联系普通党员和党外干部的联系制度》《岗位设置实施细则（试行）》《专业技术人员晋升聘用管理实施细则（试行）》《考核管理办法（试行）》《加班管理制度》《停车管理办法》《设立分馆的实施办法（试行）》《顾问聘用管理办法》《公文处理流程》《非流动资产管理办法》《发展基金管理办法》《“云游侨博”工作规范》等 13 个规范性文件，修订了《作息与病事假制度（试行）》《财务报销流程》等制度，极大地完善了侨博制度体系，推进了侨博全业务流程的规范化标准化建设。全年完成两批次 12 人的专业技术岗位考核和晋升聘用。通过基础性制度创新建设，将对干部的严管和厚爱结合起来，为全馆干部职工加强学习、提升业务能力、干事创业创造了制度支撑和强大动力。

【增强安全意识做好维护保障】侨博严格执行 24 小时安全值班制度，实行重大活动、节假日安检和平时定期安检相结合的制度，确保全年馆舍安全、藏品安全、观众安全。联合东城区地坛消防救援站、首华物业公司进行消防演练，组织全馆消防安全知识答题。在 5 月恢复对外开放前，集中对供水和排水管路、强电弱电线路、消

5 月 13 日，中国华侨历史博物馆为恢复对外开放举行消防演习

防设备、中控室、制冷换热机房等进行了全面检查，深入井下查看 30 余处、打开检查口查看 40 余次、筛查配电箱 20 余个，并对展厅吊顶内部情况拍照记录和测试。通过出台参观防疫规定、安装防疫测温设备等措施，加强疫情防控。认真执行设备维保制度，落实日常巡视制度和维护测试制度，排除设备安全隐患。督促设备维保单位做好设备日常维护和故障维修工作。依规循矩做好综合保障工作，一是及时在国家事业单位登记管理局完成《事业单位法人证书》法定代表人变更手续，陆续完成各银行账户及养老保险账户的法人信息变更等。二是完成祁德贵副馆长担任法人代表时的离任审计，逐步完成财务问题整改，完善财务操作规范。三是积极配合中国侨联办公厅对侨博经费收支情况的调研工作，盘活结余资金存量，推动解决侨博经费长期不足问题。四是按计划完成 2020 年度公开招聘工作，共录用 4 人，充实了侨博干部队伍，为各项业务工作进一步发展提供人才保障。

【以馆歌创作带动馆内文化塑造】侨博以《侨爱中华》馆歌的创作为契机，组织全馆力量集体创作修改打磨歌词，锻炼侨博人知侨、懂

中国华侨历史博物馆全馆人员录制馆歌《侨爱中华》

中国华侨历史博物馆"一升两唱"升国旗、唱国歌、唱馆歌活动

侨、爱侨的职业素养和国家情怀，营造团结奋进的浓烈氛围，打造具有浓郁侨味和文化底蕴的侨博大家庭，增强侨博的软实力。形成每月升国旗、唱国歌和唱馆歌的"一升两唱"机制。每月的第一个工作日上午组织全馆干部和驻馆物业公司员工举行升国旗、唱国歌和唱馆歌的仪式，加强爱国、爱侨和爱馆教育。

【全面加强党建工作】侨博党支部结合"素质提升年"活动，突出党员干部政治素质的提

6月30日和9月21日，中国华侨历史博物馆党支部书记臧杰斌分别以"突出政治要求，立足侨博特点——"强化政治机关意识、走好第一方阵""和"坚定理想信念　永葆朴素初心——欣赏毛泽东诗词，体会党的性质宗旨"为题为全体党员干部讲党课

7月7日，侨博党支部与信息传播部党支部联合开展"不忘初心、弘扬优良家风"主题党日活动，赴中国妇女儿童博物馆参观"家和万事兴——家教家风主题展"

升，把深入学习贯彻习近平新时代中国特色社会主义思想作为首要政治任务，按照年初制定的学习计划与进度表，创新学习方式，充分发挥党小组的作用，坚持不懈强化理论武装，增强政治执行力，坚持把政治标准和政治要求贯穿到侨博各项事业之中。侨博党支部认真贯彻落实《关于新形势下党内政治生活的若干准则》和《中国共产党支部工作条例（试行）》等党内法规，严格党的组织生活制度，如“三会一课”、民主生活会和组织生活会、谈心谈话、民主评议、主题党日等，不断提高党的组织生活质量。2020 年共召开支委会 13 次、党员大会 10 次、党小组会 2 次、支部书记讲党课 2 次、主题党日活动 2 次，通过文件传达、集体学习、个人结合工作讲学习心得、微信群学习讨论、组织参观等多种形式加强政治引领和党性锻炼，强化党员的政治意识、大局意识、核心意识和看齐意识，扎实推进支部队伍建设，增强基层党组织的凝聚力战斗力。侨博党支部重视对入党积极分子的培养和教育，2 名业务骨干于 2020 年向党组织递交了入党申请书，3 名党员发展对象被吸收为中共预备党员，3 名入党积极分子确定为党员发展对象。侨博党支部逐步形成了蓬勃发展、积极向上的支部队伍建设梯队。

中国华侨历史学会

【领导成员名单】

会　　长：隋　军（女）

副 会 长：（以姓氏笔画排序）

龙登高　庄国土　李一平

李安山　李明欢（女）

李鸿阶　吴小安　张应龙

张国雄　张春旺　张禹东

张振江　林宏宇

赵红英（女）

秘 书 长：张秀明（女）

【综述】2020 年，面对突如其来的新冠肺炎疫情，中国华侨历史学会紧紧围绕党和国家工作大局、侨务工作全局、侨联工作大局，深入学习贯彻习近平新时代中国特色社会主义思想，发挥学会智库平台作用，广泛联系专家学者，凝聚专家学者智慧，围绕侨务部门做好抗疫工作建言献策，广泛开展学术交流与合作，翻译《世界移民报告》，打造精品书籍，推进中国华侨历史学会文库出版工作。

【召开中国华侨历史学会七届六次理事会】9 月 13 日，中国华侨历史学会七届六次理事会在江苏南京召开，中国侨联党组成员、副主席，中国华侨历史学会会长隋军出席会议并作工作报告。中国华侨历史学会副会长张春旺、龙登高、李明欢、李鸿阶、张应龙、张国雄、张振江、林宏宇出席会议，中国华侨历史学会秘书长、侨研所副所长张秀明主持会议。隋军总结了一年来学会的工作，一是深入开展习近平总书记关于侨务工作重要论述研究。组织编印出版《习近平论侨务》（2019 年版），推进国家社科基金重大委托项目“习近平总书记关于侨务工作的重要论述研究”，召开开题论证会，推进中央党史和文献研究院出版《习近平关于侨务工作论述摘编》。二是发挥智库作用，提供政策建议与侨情咨询。围绕党和国家工作大局贡献侨界智慧，为有关部门做好抗疫工作建言献策；翻译《2020 世界移民报告》，为相关研究提供参考；继续推进国家社科基金特别委托项目“一带一路战略视野下我国沿边地区侨情调研”；编撰出版世界侨情蓝皮书之《世界侨情报告（2019）》，受到广泛好评。三是在疫情防控中主动作为，积极开展相关研究。举办海外华商谈抗疫在线系列观察活动，针对新冠肺炎疫情对华侨华人的影响开展问卷调查与学术研究，申报 2020 年国家社科基金社科学术社团主题学术活动。四是加大中国侨联课题平台建设力度，巩固和扩大华侨华人研究队伍。支持更多青年研究人员开展涉侨研究，增加了 2019—2021 年度中国侨联课题立项数量。五是加强海内外学术交流与合作，不断扩大学会影响力。举办了第十届“国际华商·清华论坛”、“世界海外华人研究学会第十届国际会议”、“海外华人与中国侨乡文化”学术研讨会、“华侨与新中国”论坛等学术活动。六是打造精品，编辑出版涉侨书刊。弘扬“嘉庚精神”，编辑出版《陈嘉庚纪念文集》和再版《南侨回忆录》；首次出版新西兰华侨抗战史料，填补相关资料空白；编写出版《丰碑——华侨华人与世界反法西斯战争》，阐述华侨华人在这一历史时期发挥的特殊作用；精心编印《侨情快讯》；编辑出版多部学会文库书籍。七是加强学会自身建设。结合“不忘初心、牢记使命”主题教育，就学会建设开展问卷调查，征求有关方面意见建议，以改进作风、改进工作；召开会长（扩大）会，

9 月 13 日，中国华侨历史学会七届六次理事会在江苏南京召开

研究在新的历史起点上，学会如何谋发展、有作为。隋军提出学会下一步工作的考虑，一是明年将举办中国华侨历史学会第八次会员代表大会，要做好学会换届筹备工作。二是完善工作机制，更好地发挥学会作用。三是深化习近平总书记关于侨务工作重要论述研究、疫情后的侨情重大问题研究、新时代侨务理论和工作的研究以及深化侨史和侨乡重大课题研究。张春旺所长就学会换届工作和章程修改工作等有关事宜作了说明。中国华侨历史学会理事、相关专家学者近100人参加会议。

【翻译《2020世界移民报告》】为紧跟国际移民学术前沿，中国华侨历史学会组织翻译了联合国国际移民组织发布的《2020世界移民报告》。英文版《2020世界移民报告》是国际移民组织“世界移民系列报告”之十。报告主要由国际移民组织专家、移民领域的从业人员和全球领先的移民问题研究人员合作撰写。报告所涉及的主题包括移民在虚假信息日益增多时代的贡献、移民与健康、儿童和不安全的移民、人口流动和对环境变化的适应等。报告紧贴当前移民现实，利用大量数据和信息帮助人们更好地理解移民的基本特征，为相关研究、调查、决策、沟通及移民实践，提供信息。

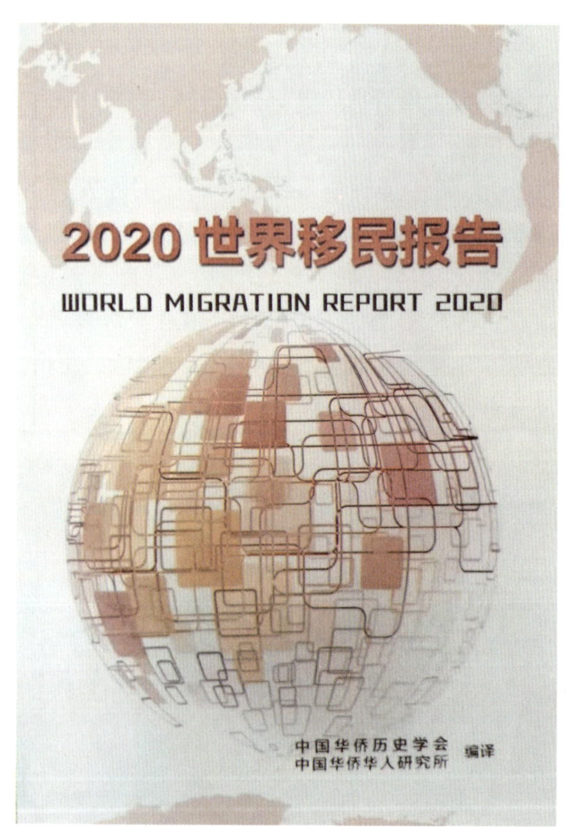

翻译《2020世界移民报告》

【成功申报两项国家社科基金学术社团主题学术活动资助项目】根据全国哲学社会科学工作办公室的通知要求，中国华侨历史学会围绕“重大突发公共卫生事件应对”这一主题，成功申报了学术会议类资助项目“后疫情时代侨务工作面临的新机遇与新挑战研讨会”。该课题聚焦后疫情时代侨务工作面临的新形势与新挑战，深入学习习近平总书记关于侨务工作的重要论述，学习贯彻习近平总书记关于海外侨胞参与抗疫工作的重要论述，探讨疫情后世界格局变化对海外侨胞生存和发展的影响、各级涉侨部门抗击疫情的经验与思考、海外侨胞在抗疫中的贡献与特点、人类命运共同体视角下华侨华人发挥的作用、疫情对各国移民政策和社会环境的影响、国际形势变化与华侨华人在民间外交中的独特作用。此外，成功申报学术研究类资助项目“华侨华人在全球应对新冠肺炎疫情中的作用研究”。该课题采用跨学科研究方法，将华侨华人置于国际移民大背景下，通过梳理华侨华人群体在此次我国抗击新冠疫情中的贡献、经验、特点，研究华侨华人在我国应对重大突发公共卫生事件中的独特作用及其发挥机制，从而进一步丰富国际移民研究、华侨华人研究和公共卫生事件研究。

【举办“人类命运共同体视域下的华侨华人——中国华侨历史学会纪念世界反法西斯战争胜利暨联合国成立75周年座谈会”】10月23日，由中国华侨历史学会主办，侨研所、中国华侨历史博物馆、五邑大学承办的“人类命运共同体视域下的华侨华人——中国华侨历史学会纪念世界反法西斯战争胜利暨联合国成立75周年座谈会”在北京召开。中国侨联党组成员、副主席，中国华侨历史学会会长隋军出席会议并讲话，中国侨联顾问唐闻生出席会议。中国华侨历史学会副会长、侨研所所长张春旺主持会议。隋军指出，自成立以来，联合国高举多边主义旗帜，引领和推动国际社会逐渐形成了携手合作、同舟共济的广泛共识。中国为世界反法西斯战争胜利作出了巨大牺牲和贡献，中国人民尤其珍爱和平，中国始终坚定支持多边

10 月 23 日，中国侨联副主席、中国华侨历史学会会长隋军出席“人类命运共同体视域下的华侨华人——中国华侨历史学会纪念世界反法西斯战争胜利暨联合国成立 75 周年座谈会”并讲话

10 月 23 日，“人类命运共同体视域下的华侨华人——中国华侨历史学会纪念世界反法西斯战争胜利暨联合国成立 75 周年座谈会”在北京召开

主义，开创性提出了人类命运共同体理念，努力为世界和平与发展贡献中国智慧。当前，世界百年未有之大变局加速演进，站在事关人类前途命运的重要关头，近期，习近平总书记发表了一系列重要讲话，洞察世界大势，心系人类未来，旗帜鲜明重申坚定奉行多边主义，坚定维护联合国权威，坚定推动构建人类命运共同体等原则立场。

【联合举办侨批文化与华侨精神研讨会】为落实习近平总书记重要讲话精神，加强侨批文化研究，弘扬华侨精神，12 月 9 日—11 日，中国华侨历史学会、广东省档案馆、福建省档案馆、五邑大学在广东省江门市举办“侨批文化与华侨精神研讨会”。中国侨联副主席、中国华侨历史学会会长隋军出席会议并致辞。隋军表示，侨批展现了海外侨胞热爱祖国、情系故里的家国情怀，吃苦耐劳、自立自强的民族精神，笃诚守信、讲义修睦的高尚品质，融通中外、博采众长的人文特质。通过侨批，我们不仅能感受到侨胞与国内眷属的“亲情”、与故里的“乡情”、近现代中国的“国情”以及国际风云变幻的“世情”，更能从这些重要历史片段中，感受到华侨精神的伟大力量。隋军强调，要结合侨联工作，就挖掘侨批的时代价值和实践意义，弘扬以“爱国爱乡爱家人”为主要特点的华侨精神，讲好侨批中的爱国爱乡故事，推动广大侨胞在同圆共享中国梦中凝心聚力；讲好侨批中的拼搏奋斗故事，推动广大侨胞在融入新发展格局中建功立业；讲好侨批中的文化传承故事，推动广大侨胞在讲好中国故事过程中薪火相传；讲好侨批中的民心相通故事，推动广大侨胞为构建人类命运共同体添砖加瓦。侨研所所长、中国华侨历史学会副会长张春旺作会议总结，侨研所副所长、中国华侨历史学会秘书长张秀明出席会议。此次研讨会与会嘉宾既有研究华侨华人的专家学者，也有档案、文博领域的专业人士，还有来自民间的侨批收藏代表，是侨批研究领域一次难得的交流机会。会议希望江门进一步充分用好得天独厚的侨资源、侨文化，以粤港澳大湾区建设为契机，加快华侨华人文化交流合作重要平台建设，擦亮开平碉楼与村落世界文化遗产、“侨批”世界记忆遗产名片，

12 月 9 日—11 日，在广东省江门市举办“侨批文化与华侨精神研讨会”

以历史文化遗存延续城市文脉，留住侨乡记忆。来自北京、广东、福建的专家学者对新时代侨批文化的研究目标、研究路径、研究方法提出了建议和思考。

【联合举办“十四五”规划与侨务工作发展研讨会】为深入贯彻党的十九届五中全会精神，深入探讨侨情变化特点及侨务工作面临的新课题，推进“十四五”时期侨务工作发展，12月21日—23日，中国华侨历史学会、侨研所、福建社会科学院、宁德市政协在福建省宁德市举办“十四五”规划与侨务工作发展研讨会。中国侨联副主席、中国华侨历史学会会长隋军出席会议并讲话。结合学习贯彻党的十九届五中全会规划《建议》，隋军对推进新时代华侨华人研究工作提出四点希望。一是希望从新发展阶段、新发展格局、新发展理念的视角来思考和研究侨务工作。二是希望从当今世界格局变化、推动构建人类命运共同体的视角来思考和研究侨务工作，做好华侨与党史研究。三是希望从坚持人民至上思想、竭诚为侨服务的视角来思考和研究侨务工作。四是希望从更好发挥群团组织作用、深化涉侨机构改革的视角来思考和研究侨务工作。研究如何把有利于华侨华人在住在国的长期生存发展放在首位，遵守国际惯例，注重工作策略，灵活话语体系；研究如何更好地发挥各涉侨机构作用，研究制定新时期工作规划，形成侨务工作的强大合力。加强侨联组织建设、机制建设、队伍建设等研究，使侨联组织更好地发挥桥梁纽带作用。全国政协常委、社会和法制委员会副主任、福建社会科学院院长张帆在致辞中表示，提升新时代侨务工作研究水平，应着力处理好侨务工作与高质量发展、与“双循环”新发展格局、与构建人类命运共同体等方面的关系。宁德市政协主席兰斯琦和霞浦县县长陈贵裕致欢迎词。部分省级侨联、福建省社科院、宁德市政协及相关单

中国侨联副主席、中国华侨历史学会会长隋军在“十四五”规划与侨务工作发展研讨会上讲话

12月21日—23日，在福建省宁德市举办“十四五”规划与侨务工作发展研讨会

位有关负责同志和华侨华人研究学界知名专家学者等共60余人参会。与会同志围绕“十四五”规划与侨务工作发展主题，就新时期的侨情变化与特点、侨务工作面临的新形势新挑战、更好地发挥侨联组织服务国家大局、服务侨界群众作用等进行了深入交流研讨。福建社会科学院副院长、中国华侨历史学会副会长李鸿阶，侨研所副所长、中国华侨历史学会秘书长张秀明分别主持会议，侨研所所长、中国华侨历史学会副会长张春旺作会议总结。中国侨联组织人事部副部长许华坤参加会议。

【编辑出版中国华侨历史学会文库书籍】中国华侨历史学会不定期资助有重要学术价值的涉侨研究成果公开出版，纳入文库系列，2020年资助出版了《益群益侨学子莘莘——云南省腾冲市益群中学校友访谈录》。位于云南省腾冲市和顺乡的益群中学是1940年由乡贤和侨胞自动捐资、自主集资创办的一所乡村中学。建校80年来，在首任校长寸树声“培养在教室和图书馆里是优秀知识的学习者，走出教室、图书馆又是优秀的生产者”的办学思想下，以“艰苦朴素，严实勤奋，自强进取”为校风和学风，培养了一批批爱国、爱乡、出类拔萃的学生。该书收录了对益群中学22位校友的访谈记录，展现侨乡和顺人“走夷方”的艰辛历程，赞颂和顺人捐资办学、爱国爱乡的高尚情怀。

【为侨务部门做好抗疫工作建言献策】海外疫情发生后，秘书处及时组织学会理事和专家学者，积极研判疫情对华侨华人的影响，从专业角度对侨务部门如何应对提出意见建议，包括妥善应对华人和留学生回国负面舆情与相关问题、回应海外侨胞关切、内外协调做好留学生疫情防控、防范抗疫物资出口和捐赠国外的风险、健全公共卫生应急法律制度体系等，得到了有关部门和领导的肯定与重视。

中国华侨公益基金会

【领导成员名单】

理 事 长：乔　卫

副理事长：林正佳　张晓梅（女）

　　　　　李　然（女）

2020年2月，中国华侨公益基金会联合中国社工联合会、北京微爱基金会向湖北捐赠抗疫物资

【综述】2020年是决胜全面建成小康社会、决战脱贫攻坚之年，也是“十三五”规划收官之年。面对国际国内新形势新情况新考验，中国华侨公益基金会（简称侨基会）坚持以习近平新时代中国特色社会主义思想为指导，按照中国侨联党组统一部署和民政部有关要求，围绕机构未来发展战略的核心问题，制定目标、筹集资金，整合资源、规划项目，搭建平台、构建队伍，不断开创侨联公益工作新局面，努力推动侨基会高质量发展。2020年，侨基会共接受社会捐赠收入5.93亿元，捐赠支出4.97亿元，被评为2020年中国慈善榜榜样基金会。

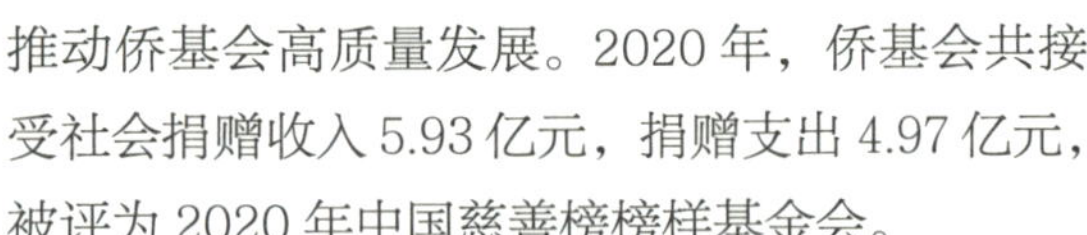

【举办2019—2020华人教育家大会】1月8日，由凤凰教育和侨基会共同主办的2019—2020华人教育家大会在北京凤凰中心举行。中国侨联顾问、北京市第十三届人大常委会副主任李昭玲，凤凰教育董事长崔强，国家教育咨询委员会秘书长、教育部教育发展研究中心原主任张力，中国华侨公益基金会有关领导等嘉宾出席会议。

【发挥侨界力量参与抗疫行动】侨基会充分发挥侨界抗“疫”公益平台作用，倡导组织海内外侨胞捐款捐物，为国内抗击疫情和助力海外侨胞、留学生抗疫作出了突出贡献，为中国乃至世界各国抗击疫情送去振奋人心的侨界力量。据不完全统计，抗疫以来，海内外侨界通过国内相关机构捐赠资金近10亿元，捐赠物资价值超过10亿元。侨基会共到账抗疫捐赠款折合人民币约2.76亿元，食品、药品及防护物资折合人民币199万元。拨付捐赠款245笔，拨款资金达2.68亿元，并分28批次及时进行公开披露，被《公益时报》赞许为防疫募捐信息公开五星级基金会。按照中国侨联党组统一部署，1月23日，侨基会发布《关于为“抗击新型冠状病毒感染肺炎”捐赠物资指南》，引导侨胞通过湖北省红十字会为抗击疫情捐赠抗疫物资。1月26日，中国侨联发出倡议，号召海内外侨胞捐赠款物，奉献海内外侨界的爱心和力量。数以万计的海外侨胞通过侨基会进行捐赠，捐赠者覆盖六大洲、40个国家的105个主要侨社团。有266435人次的海内外侨胞和社会爱心人士通过互联网公益平台向侨基会进行捐赠。侨基会承诺，不在抗疫捐赠资金中提取任何形式的工作经费。在各地联防联控机制统一领导和部署下用好捐款捐物。按“第一时间、第一地点、第一需要”原则，及时合理分配使用捐赠款物，其中向武汉捐助8300余万元，助力火神山、雷神山、方舱医院的建设，武汉市委市政府在4月20日向我会致函感谢。善行团专项基金的42名志愿者组成车队，为武汉送去价值3000多万元的捐赠物资。根据地方需求联络侨资企业天启慧眼（北京）信息技术有限公司，为41家基层医疗机构捐赠“天启新冠肺炎人工智能CT快速辅助诊断系统”（型号V1.2），帮助医院快速进行病情前期筛查和辅助诊断。与世界中医药学会联合会开展合作“中医药提升系列工程”项目，通过线上教学和线上会议答疑方式，面向海外华侨华人构建集中医药常设服务平台。侨基会还联合地方侨联，积极助力海外侨胞、留学生抗击疫情，努力做好稳侨、助侨、暖侨工作。根据海外疫情发展，制定《向海外侨胞赠送“侨爱心防疫包”活动方案》，探索出以邮寄“健康包”的方式化整为零，及时解决侨胞和留学生的燃眉之急，已通过邮政系统向50多个

9月8日—9日，程学源副主席（左一）率团赴张家口市崇礼区对在建中的冰雪博物馆进行实地考察

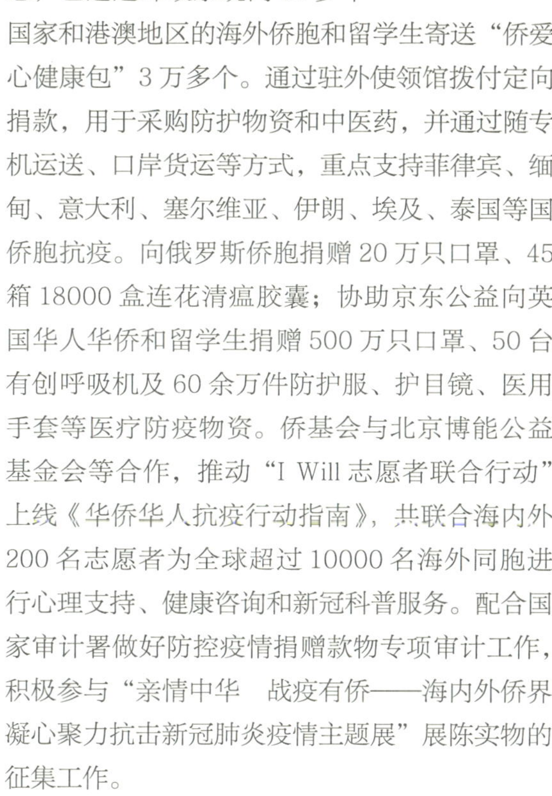

国家和港澳地区的海外侨胞和留学生寄送“侨爱心健康包”3万多个。通过驻外使领馆拨付定向捐款，用于采购防护物资和中医药，并通过随专机运送、口岸货运等方式，重点支持菲律宾、缅甸、意大利、塞尔维亚、伊朗、埃及、泰国等国侨胞抗疫。向俄罗斯侨胞捐赠20万只口罩、45箱18000盒连花清瘟胶囊；协助京东公益向英国华人华侨和留学生捐赠500万只口罩、50台有创呼吸机及60余万件防护服、护目镜、医用手套等医疗防疫物资。侨基会与北京博能公益基金会等合作，推动“I Will志愿者联合行动”上线《华侨华人抗疫行动指南》，共联合海内外200名志愿者为全球超过10000名海外同胞进行心理支持、健康咨询和新冠科普服务。配合国家审计署做好防控疫情捐赠款物专项审计工作，积极参与“亲情中华　战疫有侨——海内外侨界凝心聚力抗击新冠肺炎疫情主题展”展陈实物的征集工作。

【动员侨界力量参与华侨冰雪博物馆建设】 援建华侨冰雪博物馆工作是海内外侨界了解冬奥、关注冬奥、参与冬奥的生动实践，也是中国侨联贯彻落实党中央决策部署的具体行动。侨基会认真贯彻落实中国侨联党组对华侨冰雪博物馆建设的各项要求，积极参与博物馆的建设、展陈设计及藏品征集等各项工作。自2019年11月中国侨联发出倡议后，侨界响应热烈，纷纷表达助力冬奥的迫切意愿。截至2020年底，该项目共收到捐赠款达9987.37万元，支付捐赠款80051042元。侨基会已与大额捐赠方正大集团、世茂集团、金光集团、益海嘉里集团、金鹰集团、玖龙集团、融侨集团分别签订了捐赠2000万元的捐赠协议书，并分别寄送博物馆建设材料，致函征询意见，确定场馆命名关键词。侨基会从落实好善款拨付、为捐赠人提供公益专业服务、跟踪监管善款等三个方面提供有效对接支持。4月，中国侨联党组成员、副主席程学源在北京会见张家口市市委常委、崇礼区委书记王彪一行，并主持召开中国侨联援建华侨冰雪博物馆2020年第一次援建工作会议。5月，博物馆正式开工建设，计划2021年8月全部工程竣工并开始布展工作。9月8日，中国侨联党组成员、副主席程学源率团赴张家口市崇礼区对在建中的博物馆进行实地考察，深入了解博物馆工程建设进展及进度安排，同时调研张家口市侨企复工复产情况。12月28日，中国侨联官网和侨基会官网发布“中国侨联关于面向全球征集‘华侨冰雪博物馆’藏品的倡议书”。

【“树人班”项目】“树人班”项目是由侨基会2011年创立，是“侨爱心工程”主推项目之一。2020年在甘肃、湖北、宁夏及河南新增四个“树人班”，共资助180名贫困优秀初中毕业生完成三年高中学业；2020年共计拨付19个“树人班”资助款万余元；收到甘肃省景泰县第一中学、安徽省合肥一六八中学“树人班”高考

喜报，景泰县第一中学“怡海树人班”50名学生中达到高考一本线46人、二本线3人，合肥一六八中学“正佳侨心班”22名学生全部达到一本线。8月，侨基会开展第七期“树人班”项目暑期交流活动，利用“钉钉”平台，以网络会议形式，邀请知名专家为12个省12所合作学校的100多名“树人班”项目负责人和老师传授课程在线化、学校疫情防控以及师生心理调试方面的相关经验。组织安阳市实验中学与捐赠人立足“树人班”“侨心班”近十年的发展情况、项目品牌优势，结合各合作学校的办校理念、发展目标，深入探讨“树人班”“侨心班”的未来发展规划，创新项目内容。

【“光明行”项目】2020年，侨基会深入推进“侨爱心·光明行”活动，加强与爱尔眼科医院的战略合作，不断发展新的重点客户，加大筹款力度，全国16个省份共上报及正在实施的手术有12223例，社会反响良好；通过支付宝公益平台启动的“健康中国光明行动”，公开募集捐款约172万元，完成了对合作地执行医院的培训工作，并有序开展为青少年公益配眼镜、眼健康检查、眼病救治等活动，预计2500人次受益。8月26日，中国侨联“侨爱心·送温暖医疗队”项目之一的“沂南眼健康光明行”活动在山东省沂南县人民医院启动。中国侨联公益事业管理服务中心负责人出席启动式并讲话。

【继续做好“医疗设备捐赠”项目】2020年，“医疗设备捐赠”项目捐赠司迈等离子双极电凝电切系统妇科设备21套。目前，共向全国各欠发达地区基层医疗机构捐赠司迈等离子双极电凝电切系统192套（泌尿外科设备144套、妇科设备48套），共培训基层医生千余名。其中，甘肃省临夏市人民医院、临夏县中医医院、云南省怒江傈僳族自治州人民医院属三区三州深度贫困地区的基层医疗机构。该项目泌尿外科设备已完成捐赠，根据实际情况，将进一步扩大妇科设备捐赠指标，以满足地方医疗机构需求，造福患者。

【资助“图书室”项目】2020年，“侨爱心·图书室”项目共向海外捐赠90万元华文图书。其中向日本神户中华同文学校等9所华文学校捐赠10万元图书，向韩国华文学校捐赠20万元图书，向缅甸、泰国、老挝、柬埔寨14家华文社团及学校捐赠60万元图书。10月12日，中国华侨公益基金会、中华人民共和国驻大阪总领馆及神户中华同文学校进行了“中国华侨公益基金会侨爱心图书室”线上捐赠活动。

【“爱心书包捐赠”项目】少年儿童是祖国的未来，是中华民族的希望。近年来，习近平总书记曾多次表达对少年儿童未来发展的嘱托，号召全社会都要关心少年儿童成长，支持少年儿童工作。为积极响应号召，“爱心书包捐赠”项目向欠发达地区及革命老区的少年儿童捐赠优质书包共1161个，其中新疆61个、河北省张家口崇礼区青少年活动中心300个、湖北200个、甘肃200个、河北400个，该捐赠活动受到当地学校及学生的热烈欢迎。

【资助中国侨联扶贫点江西上饶项目】2020年，侨基会向中国侨联扶贫点江西上饶广信区捐赠2264960元，完成当地民生资助项目，资助维修黄沙岭乡河堤、重建铭龙小桥和望仙中学综合楼建设项目50万元，资助上泸镇王家山村公路硬化项目57.296万元，资助大沙洲河堤维修和白塔河堤护坡项目69.2万元、资助上饶市广信区胡村碧霞学校和茶亭镇中心小学校舍维修费用50万元。

【云南对口帮扶项目】中国侨联与云南省政府签署《实施精准扶贫助力乡村振兴合作备忘录》，计划投入5000万元助力云南脱贫攻坚和乡村振兴，实现“千侨助千家”。香港侨联社团联会向侨基会捐赠200万港币，助力云南脱贫攻坚和乡村振兴，帮助云南贫困地区民众早日过上幸福美好生活。该项目已拨付第一年度资助款50万元，支持车古乡彝族传统刺绣技艺培训班，该村60余名绣娘参加了为期5天的培训学习及彝族刺绣大赛等项目。

【拓展海外公益项目服务“一带一路”发展】侨基会联合国内相关组织，通过民间方式和渠道，积极拓展“一带一路光明行”等海外公益项目；申请2021年澜湄合作基金的5个项目，预计申请资金1330万元，联动国内公益组织“走出去”，引导和支持广大侨胞更好回馈当地社会，服务中外友好和民心相通。与“一带一路国际科学组织联盟”（ANSO）秘书处签订战略合作意向书，着眼联合国2030年可持续发展议程涉及的17个目标中的重点，发起设立ANSO科学奖，并通过设立专项基金的方式，推动ANSO框架下的科技成果转化。

【为传播中华文化贡献侨界力量】5月，北京凯声文化传媒有限公司通过侨基会向“一带一路”沿线国家的百余所华文学校捐赠“凯叔讲故事”会员年卡共计7500张，价值人民币186万元，以培养海外青少年对中华文化的兴趣，加深对祖（籍）国的情感，促进海外华文教育发展，为“一带一路”建设和中华文化的传播贡献力量。

【中国华侨公益基金会荣获2020中国慈善榜榜样基金会】6月16日，乔卫理事长参加《公益时报》举办的第十七届（2020）中国慈善榜发布活动，中国华侨公益基金会荣获2020中国慈善榜榜样基金会。

【召开中国华侨公益基金会六届七次理事会】7月27日，中国华侨公益基金会召开六届七次理事会会议，因受疫情影响，此次理事会会议以视频会议形式召开。中国侨联顾问、中国华侨公益基金会理事长乔卫，六届理事会理事、监事参加会议。会议审议通过《中国华侨公益基金会2020年已开展的工作和将要开展的工作报告》、《中国华侨公益基金会疫情防控的财务报告》、《中国华侨公益基金会募捐和接受捐赠工作管理办法（讨论稿）》、设立7支专项基金和撤销1支专项基金的报告。会议对侨基会在应对疫情防控、助力冬奥博物馆建设、实施“侨爱心工程”、助力精准脱贫、开展中外文化交流、推进海外公益项目、发挥专项基金作用、扩大公益宣传、参与公益活动、为捐赠人服务、加强管理、抓好党建等方面所做的工作予以肯定。侨基会要认真做好“抗击疫情”的财务管理、审批管理以及海内外侨界捐款捐物的引导、管理和资助工作，配合做好防控疫情捐赠款物专项审计工作。会议指出，上半年财务收支状况和抗击新冠肺炎疫情捐赠资金使用情况，符合相关财务管理规定，捐赠款物的接收和拨付规范，信息披露及时。根据《基金会管理条例》《中国华侨公益基金会章程》的有关规定，以无记名投票方式，通过免去匡乐成六届理事会理事职务的决定。

【吕嘉全球华人艺术发展基金】9月，侨基金启动全球华人音乐教室项目，完成首批十所乡村小学的全球华人音乐教室，建立云上乡村音乐教师网上公益课堂，为欠发达地区的中小学教师提供音乐教学培训。

【“澜湄合作——国际耳鼻咽喉科医疗卫生体系建设帮扶”项目线上培训正式开课】10月19日，在外交部、澜湄合作秘书处、中国侨联、中国华侨公益基金会、解放军总医院和国家耳鼻咽喉疾病临床医学研究中心等机构的共同努力下，“澜湄合作——国际耳鼻咽喉科医疗卫生体系建设帮扶”项目线上培训正式开课。该项目顺应国际形势，根据柬埔寨、老挝、缅甸各国实际，开通线上培训，为更多五官科医生提供交流互动的平台。开课仪式上，分别由解放军总医院、国家耳鼻咽喉疾病临床医学研究中心主任杨仕明教授及中国华侨公益基金会有关领导致辞。

【乔卫理事长出席世界公益慈善论坛】11月12日，乔卫理事长应邀出席第五届“世界公益慈善论坛2020特别会议”并在开幕式上发表以“华侨华人在后疫情时代国际公益慈善合作中要发挥独特作用”为题的演讲。他强调华侨华人在后疫情时代国际公益慈善合作中能够发挥独特作用，国际公益慈善合作要强调民间性、针对性、

11月12日，乔卫理事长应邀出席第五届“世界公益慈善论坛2020特别会议”并在开幕式上发表主题演讲

12 月 11 日，中国华侨公益基金会六届九次理事会暨侨联公益研讨会在北京召开

实操性，要强调惠及民众的实际效果，更要避免引发猜疑和政治化。要引导华侨华人在国际公益慈善合作中积极发挥独特作用，鼓励和引导华侨华人落实习近平总书记提出的“更好融入和回馈当地社会”的重要要求，多做民心相通的公益慈善事业，讲好中国故事，传播好中国形象，助力自身平安健康发展。

【召开中国华侨公益基金会六届九次理事会暨侨联公益研讨会】12 月 11 日，中国华侨公益基金会六届九次理事会暨侨联公益研讨会在北京召开，会议采取线上、线下结合的方式。中国侨联顾问、中国华侨公益基金会理事长乔卫出席并讲话。六届理事会理事、监事，部分专项基金负责人，有关专家学者，爱心人士，合作伙伴，法律顾问、财务顾问等 40 多人参加会议。侨基会六届九次理事会会议审议并通过了《中国华侨公益基金会 2020 年工作报告》、《中国华侨公益基金会 2020 年财务报告》、《中国侨联公益中心和侨基会工作规划（2020–2023 年）》报告、《中国华侨公益基金会章程》（修正案），并通过设立 1 支专项基金和撤销 2 支专项基金的报告。根据《基金会管理条例》《中国华侨公益基金会章程》的有关规定，以无记名投票方式，通过聘任易超同志为中国华侨公益基金会副秘书长的决定。会议第二阶段为公益研讨会，研讨会围绕学习贯彻党的十九届五中全会精神，聚焦落实“十四五”规划、侨基会 2020—2023 年工作规划，集思广益、深入讨论。大家认为，要在“互联网 + 公益”上发力，广泛开展调研，吃准吃透政策，积极探索“触网”筹资新方式、新路径，形成侨基会新的发展点。与会嘉宾还就做好“三服务”即围绕中心，服务大局；以侨为本、为侨服务；整合资源，服务社会展等进行交流，共同谋划侨基会明年工作建言献策，提出了许多很好的意见建议。

【“澜湄合作——光伏离网发电项目”组件顺利送抵缅甸】12 月 18 日，由中国发出的“澜湄

12 月 18 日，“澜湄合作——光伏离网发电项目”组件物资成功送抵缅甸仰光坦林寺古佛学院

合作——光伏离网发电项目”组件物资成功送抵缅甸仰光坦林寺古佛学院（Sitagu Buddhist Academy Aung Chan Thar, Thanlyin, Yangon）。据悉，该区域共14栋综合机构楼房，目前该学院每天停电2—3小时，星期日停电5小时。此光伏项目安装使用后，将大大缓解该学院的用电短缺问题。

【乔卫理事长获评“2020年度公益人物”】 12月23日，由《公益时报》主办的2020年中国公益年会在北京举行。中国侨联顾问、中国华侨公益基金会理事长乔卫获评“2020年度公益人物”并发表了以“华侨华人在公益慈善事业中发挥着独特作用”为题的主旨演讲。他表示，华侨华人是近现代以来中国公益慈善事业的引领者；是当代中国公益慈善事业的生力军；也是当今世界公益慈善事业的贡献者。

12月23日，中国侨联顾问、中国华侨公益基金会理事长乔卫在中国公益年会上发表主旨演讲

【规范管理专项基金支持开展特色社会公益活动】 2020年，侨基会新增8支专项基金，分别为响沙湾公益基金、职业人群环境健康关爱基金、华侨华人研究公益基金、世纪金源公益基金、甘肃省侨联公益基金、中国华侨历史博物馆发展基金、科学技术创新能力建设公益基金、新萌芽专项基金。目前全会共有79支专项基金，支持领域涉及扶贫帮困、兴学助教、医疗救助、文化活动、绿色环保、国际交流、学术研究等。各支专项基金严格按基金宗旨开展活动，更好地为海内外广大侨胞服务。

【轻松筹原基金】 2020年，轻松筹原基金通过轻松公益开展了“爱满之屋”“童行动，同行动”“爱心病房图书馆”以及山西永和县索驼村民生项目。4月，资助58000元用于湖南长沙“爱满之屋”第二期运营费用，为医院周边大病患者及其家属提供自助式生活服务；5月，资助10万元用于山西省永和县索驼村开展惠民工程，解决村民用水问题，改善革命老区民生；10月，拨付轻松筹原基金“点亮大病患者生命希望”项目资助款274742.8元，分别用于极重度再生障碍性贫血儿童龚子洋、身患绝症老警察余挺峰、患有白血病的唐氏儿综合征儿童张景雯的医疗费用。

【善行团公益基金】 2020年，善行团公益基金为“一带一路”沿线国家老挝的欠发达地区95所学校各捐赠1套洗手台，共计45万元，以改善当地妇女儿童卫生条件。此外，该基金共资助18个“壹起捐”项目，拨付善款36万元，近70人受益。

【联动宣传平台和互联网平台募集善款】 侨基会联动宣传平台和互联网筹款平台，扩大公益影响力。与今日头条和抖音短视频开展“声量计划”战略合作，进行公益传播，通过微信公众号发布新闻动态，吸引微信用户，阅读量上万次。2020年继续与腾讯公益合作，将“关爱贫困血管瘤儿童”“爱心病房图书馆”“爱满之屋”“童行动，同行动”“山路上的崇世励学梦”“马术职业教育助学梦”“怡海树人班”“让贫困高中生不辍学”等8个项目发布至“99公益日”活动平台。

【加强基础建设提升基金会管理水平和服务能力】 侨基会深入学习习近平总书记重要讲话精神，强化创新理论武装，抓实干部学习，打造过硬政治素质。制定支部学习计划，集体学习15次，上报有关学习材料十余篇。党支部多次组织学习党的十九大、十九届五中全会精神，专题学习《习近平谈治国理政》第三卷，支部书记结合学习和工作实际作十九届五中全会精神专题学习辅导报告。贯彻会党组关于开展“素质提升年”活动要求，以支部标准化规范化建设为抓手，加强领导班子和干部队伍建设。完成党支部换届选举和更名工作，选举产生新一届支委会、支部书记、副书记。按照组织程序，一名党员发展对象转为预备党员，接收两名党员组织关系转入，四名同志向党支部递交入党申请书。开展经常性警示教育，引导全体干部职工自警自省自重自律，进一步筑牢拒腐防变的思想防线，牢固树立“廉者荣、贪者耻”的思想，以模范遵守中央八项规定精神的实际行动锤炼优良作风。侨基会经过年度审计、抽审、评估、巡视等检查，加强内控管理、各专项基金、公益项目的管理，根据整改建议制定整改台账，着力加强和完善制度建设，补充修订相关制度，通过聘请专业的财务顾问、法律顾问作为指导完善财务管理。建立以项目管理、目标管理、绩效考核为主要内容的管理制度，进一步明晰流程，强化管理，强化社会监督。努力构建一支政治好、视野宽、业务精、纪律严、作风正、能力强的工作者队伍。

中国侨联法律顾问委员会

【领导成员名单】

荣誉主任：邹　瑜
主　　任：张　耕
常务副主任：林淑娘（女）　张鸣起
　　　　　　王秀红（女）　王培生
副 主 任：王振川　高卢麟　方忠炳
　　　　　储亚平　胡毅峰　姜凤岩
　　　　　叶　青　马怀德
秘书长：张　岩（女）

【综述】2020 年，在中国侨联党组的领导下，中国侨联法律顾问委员会深入学习贯彻习近平新时代中国特色社会主义思想，牢固树立以人民为中心理念，充分发挥侨联“智囊团”“思想库”作用，创新维权实践，拓展海外维权，切实维护侨益，侨界群众法治获得感不断增强。

【组织委员抗击疫情】年初新冠肺炎疫情暴发后，响应中国侨联倡议，法顾委组织国内委员和海外委员积极行动、奉献爱心，两天内募集捐款 158554 元。当时国内防疫物资紧缺，根据国内委员许东耕提供的供应商渠道，法顾委办公室成功订购到一批口罩，火速驰援到了中国侨联定点扶贫的江西省上饶市广信区，成为抵达该区的首批援助物资，为统筹做好疫情防控和定点扶贫工作提供了有力支持，当地政府特别致函表示感谢。第一时间向湖北籍海外委员及其家人致慰问信，并通过加强线上联系、宣介防疫知识等方式做好海外委员思想引导和联系服务工作，鼓励他们坚定信心、战胜疫情。组织国内委员张小炜所在北京市炜衡律师事务所向海外委员捐赠口罩，传达温暖和爱心。引导海外委员立足当地、守望相助，通过筹集分发抗疫物资，收集分享各种抗疫信息、医疗知识、线上诊疗平台等方式，支援当地疫情防控。按照中国侨联党组书记、主席万立骏，中国侨联副主席李卓彬有关批示和中国侨联外事工作领导小组部署，及时组织法顾委海外委员发挥语言、文化和专业优势，用住在国当地人听得懂的语言，通过电台、电视台、互联网、云端讲座、报刊文章等多种形式反击抹黑中国，反对种族歧视，呼吁团结合作，宣传中国抗疫经验，讲好中国抗疫故事，传播中国抗疫声音，以通俗易懂的方式为住在国侨胞介绍当地法律政策。

【举办海外律师团云端访问】9 月 4 日，以“弘扬嘉庚精神　担当护侨之责”为主题，举办海外律师团 2020 年云端访问活动和海外律师团线上会议暨新聘委员仪式。中国侨联副主席李卓彬

9 月 4 日，法顾委举办法顾委海外律师团线上会议暨新聘委员仪式，法顾委主任张耕、中国侨联副主席李卓彬出席会议并讲话

出席会议并讲话，法顾委主任张耕作总结讲话，副主任林淑娘、王秀红、王振川、高卢麟、姜凤岩出席会议，来自18个国家的23名海外委员在线上参加活动。李卓彬在讲话中对海外律师团提出五点希望：一是要做服务党和国家中心工作的踊跃建言者，二是要做海外侨胞合法权益的维护者，三是要做中国特色社会主义法治的积极宣讲者，四是要做促进中外民间友好的切实推动者，五是要做维护国家安全和核心利益的坚定表率者。会议为来自文莱、韩国、捷克、乌克兰、泰国、哈萨克斯坦的6位海外律师颁发了聘书。来自11个国家的11位海外委员围绕会议主题，就住在国的疫情情况、侨社团结互助抗疫、为侨胞排忧解难、支持祖（籍）国和住在国抗疫、支持侨胞侨企复工复产及讲好中国故事等话题分享了体会和建议。

5月12日，召开中国侨联法顾委海外律师团全球疫情线上研讨会，李卓彬副主席出席会议并讲话

【举办海外疫情研讨会】5月12日、9月8日，法顾委先后组织召开两次中国侨联法顾委海外律师团全球疫情线上研讨会。中国侨联副主席李卓彬出席研讨会并讲话，法顾委主任张耕作总结。居住在五大洲16个国家的26名海外委员通过视频方式参加会议，围绕当地抗击疫情情况、华侨华人面临的困难及对策建议、海外委员工作与生活现状、对法顾委工作建议等内容进行了发言和讨论，并就继续举行法律知识系列线上直播、更好地学习和传达中央及中国侨联最新精神、密切海外委员之间联系沟通等方面提出了意见建议。李卓彬介绍了中国现阶段抗疫形势、中国侨联在疫情期间服务海外侨胞和归侨侨眷所做的工作，充分肯定了疫情发生以来法顾委海外委员作出的积极贡献。张耕代表法顾委向海外委员表达了问候，对海外委员提出三点希望：一是希望继续做好个人防护；二是希望继续发挥优势，依法维护中国企业机构、华侨华人合法正当权益；三是希望总结抗击疫情的经验，提出前瞻性建议和专业性意见。法顾委秘书长张岩在总结讲话中指出，希望各位委员在保护好自身安全的前提下，积极践行嘉庚精神，发挥法律专业优势，继续做好为侨服务工作。

【张耕主任率队赴上海调研】9月15日—18日，张耕主任率领由中国侨联、中央政法委、最高人民法院组成的联合调研组，围绕“侨企复工复产情况及法律服务需求、新侨权益诉求、涉侨纠纷多元化解”等主题赴上海市开展调研活动。调研期间，联合调研组召开多场座谈会，交流侨企复工复产、建立多元调解工作联席会议机制、推动基层涉侨纠纷多元化解工作及依法维护侨益等情况，听取新侨工作汇报，参观当地侨资企业、归侨侨眷法律援助工作站、国浩律师（上海）事务所等。张耕为新成立的“静安区侨联涉侨纠纷国浩调解室”揭牌，对上海市侨联工作予以充分肯定，希望上海侨联对新侨群体给予更多关注，

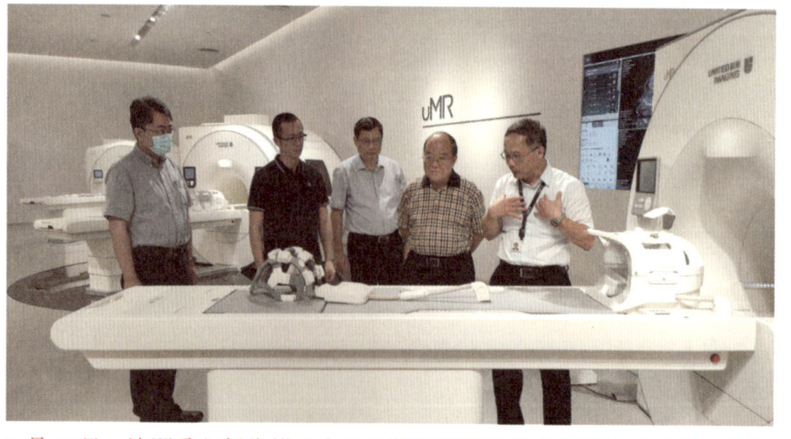

9月16日，法顾委主任张耕（右二）带领调研组赴上海嘉定工业区、上海联影医疗科技有限公司实地考察

9 月 16 日，法顾委主任张耕（右三）带领调研组赴上海市嘉定实地考察并召开座谈会

9 月 17 日，法顾委主任张耕（右）在上海市调研，为新成立的“静安区侨联涉侨纠纷国浩调解室”揭牌

好已有优惠政策，并及时检查政策落实情况。张岩秘书长表示，北京市侨联在涉侨纠纷调解方面进行了有益探索和尝试，中国侨联将进一步协调推进涉侨纠纷多元化解工作，希望各级侨联主动配合，引导法顾委委员及所在律师事务所积极参与，更好地保护侨胞的合法权益。

【参与侨界法治宣传活动】法顾委积极协助中国侨联普法办开展侨界法治宣传活动。法顾委常务副主任张鸣起、副主任马怀德分别就民法典、习近平法治思想为侨联干部和侨界群众代表及法顾委委员授课。王顺安委员及其团队受邀为“纪念归侨侨眷权益保护法颁布 30 周年暨第二届‘侨商杯’法律知识竞赛活动”设计竞赛题库，委员吕立秋、昌孝润、钱列阳、王建平、沈常勇、郭珊为竞赛试题审核把关。

对他们的提出的问题和诉求要以课题形式深入研究。

【林淑娘副主任率队赴北京市调研】10 月 13 日—14 日，林淑娘常务副主任率领联合调研组，围绕“侨企复工复产情况及法律服务需求、新侨权益诉求、涉侨纠纷多元化解”等主题在北京开展调研活动。其间，联合调研组召开两场座谈会，听取北京市侨联、海淀区侨联、朝阳区侨联关于侨企复工复产、新侨工作、涉侨纠纷化解工作汇报，参观北京市海淀区中关村软件园，朝阳区德必人工智能创新基地、达美中心项目综合体。林淑娘对北京市各级侨联工作予以充分肯定，希望北京市侨联继续摸清新侨状况，搭建交流平台，用足用

10 月 13 日，法顾委常委副主任林淑娘（中）带领联合调研组在北京中关村软件园召开座谈会

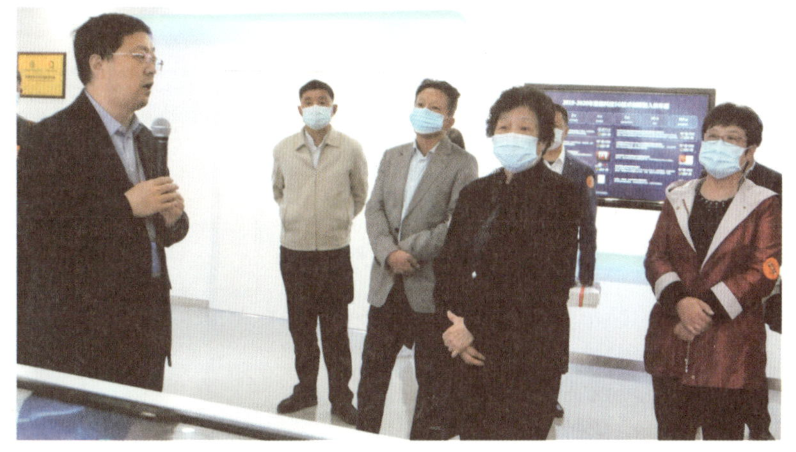

10 月 13 日，法顾委常委副主任林淑娘（右二）带领联合调研组在北京中关村软件园亚信有限公司进行调研

10月14日，法顾委联合调研组在北京市朝阳区德必人工智能创新基地调研

10月14日，法顾委调研组在北京京师律师事务所调研，权益保障部部长、法顾委秘书长张岩（左二）听取律所介绍

章，表达侨界关切。

【加强法顾委队伍建设】为进一步加强队伍和制度建设，拓展“一带一路”沿线国家（地区）侨界法律服务力量，提升服务能力和水平，根据《中国侨联法顾委章程》规定，2020年聘任5名国内委员，卸免3名国内委员；经驻外使馆推荐和系列审核，聘任6名来自哈萨克斯坦、韩国、文莱、泰国、乌克兰和捷克的海外委员。

【召开法顾委主任会议】5月、11月，中国侨联法顾委上半年、下半年主任会议通过通信方式召开，研究法顾委重点工作和下阶段工作思路，审议2020年调研方案、法律服务专项基金2020年使用计划、海外委员2020年回国访问活动方案、法顾委2020年年会方案、法顾委2020年工作报告（审议稿）等内容。

【召开法顾委2020年年会】12月24日，中国侨联法顾委2020年年会在北京召开。中国侨联党组书记、主席万立骏出席会议并讲话。法顾委主任张耕作2020年工作报告。中国侨联副主席李卓彬、法顾委常务副主任张毛起雄委员参加“法治中国　你我同行”侨界法治学习山西场、河南场活动，向侨界群众宣讲归侨侨眷权益保护法。

【组织委员建言献策】针对社会热点和侨界普遍关注的法律问题，法顾委委员们积极提供提案素材、报送侨情专报素材，阐释法治精神，提出法律建议，反映侨情民意。部分委员受邀对全国人大98个规范性文件提出修改意见和建议。部分委员在中国侨联《海内与海外》刊发法治文

12月24日，中国侨联邀请中国政法大学校长、中国侨联法顾委副主任马怀德，就习近平法治思想进行专题授课

12 月 24 日，中国侨联法顾委 2020 年年会在北京召开，中国侨联党组书记、主席万立骏出席并讲话

鸣起先后主持会议。法顾委常务副主任王培生，副主任高卢麟、方忠炳、姜凤岩、叶青出席会议。法顾委国内委员、各省（区、市）侨联维权工作负责同志等 100 余人参加了会议，并落实疫情防控工作措施。来自 18 个国家的 20 余名海外委员线上参加了会议。万立骏充分肯定了中国侨联法顾委一年来的工作，并提出五点要求：一要始终把握正确政治方向，二要继续为普法宣传贡献力量，三要继续提供更优质的法律服务，四要继续发挥参谋助手作用，五要稳中求进继续拓展海外维权工作。张耕在工作报告中全面总结了 2020 年工作，对 2021 年工作进行了部署。王培生宣读了新聘国内委员名单。郝晓琴、李利君、马鑫、邹钢、朱山 5 位新聘委员获颁聘书。会上，法顾委副主任马怀德作了习近平法治思想的专题讲座。

9 月 7 日，法顾委副主任姜凤岩参加第五届‘一带一路’综合服务能力建设论坛（2020）暨 BNRMC 全球调解员大会并致辞

【出席“一带一路”综合服务能力建设论坛】 9 月 7 日，“第五届‘一带一路’综合服务能力建设论坛（2020）暨 BNRMC 全球调解员大会”在北京召开。姜凤岩副主任出席论坛并致辞，海外委员、泰国大拓律师事务所主任史大佗律师在线参会并发言。来自全球 16 个国家和地区的 18 名海外委员线上参加了论坛。

【出席 RCEP 签署背景下经济与法律事务发展和合作前景论坛】 12 月 23 日，由中国产业海外发展协会主办、中国侨联法顾委支持、北京德恒律师事务所承办的“RCEP 签署背景下经济与法律事务发展和合作前景论坛”在北京召开。姜凤岩副主任出席活动并致辞。论坛举行了“一带一路”国际商事调解中心泰国曼谷调解室设立签约仪式，海外委员、泰国大拓律师事务所史大佗律师被聘为“一带一路”国际商事调解中心泰国曼谷调解室主任。

【走访委员所在律所】 2020 年，张岩秘书长率队先后调研走访钱列阳委员所在的北京紫华律

8 月 31 日，权益保障部部长、法顾委秘书长张岩，副部长马鑫到北京市泽文律师事务所调研

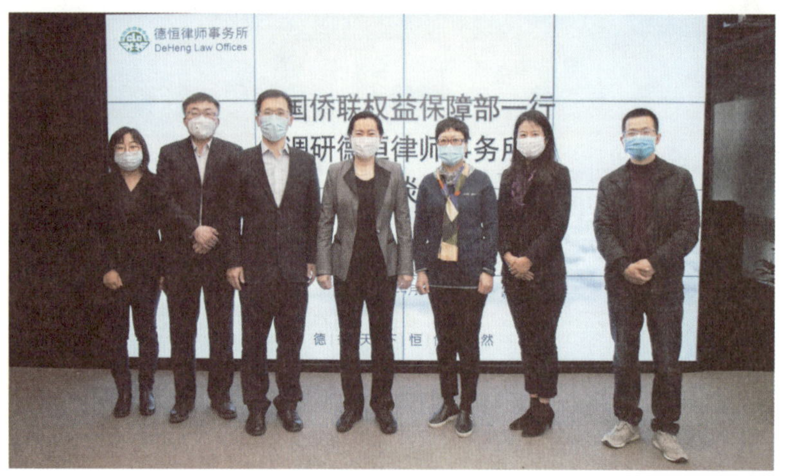

4 月 23 日，权益保障部部长、法顾委秘书长张岩（右三）率队前往北京德恒律师事务所调研

师事务所、王丽委员所在的北京德恒律师事务所、陈之恺委员所在的北京实现者律师事务所、吴建平委员所在的北京泽文律师事务所、张巍委员所在的北京合弘威宇律师事务所、张学兵委员所在的北京中伦律师事务所等，倾听意见建议，就进一步深化合作、充分发挥委员作用等进行磋商交流。

中国侨商联合会

【领导成员名单】

永远荣誉会长：陈有庆

荣 誉 会 长：李文正　陈永栽　张晓卿　庄启程　陈丽华（女）　施恭旗　马介璋　彭云鹏　黄志源　曹德旺　陈经纬　郭孔丰　陈江和　林文光　周泽荣　严　彬　郭孔丞　张　茵（女）　林建岳

会　　　长：谢国民　许荣茂

秘　书　长：夏付东（兼）

【综述】 2020年，中国侨商联合会秘书处在中国侨联的指导下，在谢国民会长、许荣茂会长的领导下，积极克服新冠肺炎疫情对各项工作带来的不利影响，在服务国家发展大局、服务会员企业、服务侨联机关等方面开展了一系列活动，为扎实做好"六稳"工作、全面落实"六保"任务，为决胜全面建成小康社会、决战脱贫攻坚积极贡献力量。新组建的侨商会秘书处新领导班子，通过制度建设和理监事会、党支部监督机制，不断开展内部治理和队伍建设，对相关活动一项一项抓落实、抓成效。面对"两个大局"，侨商会职责使命在肩，努力在新发展格局中作出新贡献。

【加强政治和理论学习】 习近平总书记考察广东时的重要讲话在广大侨商会会员中引起强烈反响。谢国民、许荣茂会长，陈丽华、黄志源、张茵荣誉会长等侨商代表纷纷发表感言，表达心声。秘书处收集整理并在侨商会公众号中发表，引起反响。组织秘书处党员干部参加党务、业务培训，提升党支部战斗堡垒作用和发挥党员先锋模范作用。分别派员参加由民政部下属中国社会组织促进会举办的社会组织政策法规培训，由民政部社会组织服务中心举办的2020年第二期社会组织负责人培训暨助力青海省海东市脱贫攻坚交流班，中国侨联学习贯彻党的十九届五中全会精神暨党务干部培训班，中央和国家机关党校举办的第六期党支部书记示范培训等。

侨商会组织秘书处党员、干部参加党务、业务培训

【召开侨商会五届二次常务理事会】 7月15日，中国侨商会五届二次常务理事会议召开，李卓彬副主席以《深度参与改革开放　融入民族复

12月16日，金光集团APP（中国）与复旦发展研究院党建联建活动在北外滩举行

兴伟业　彰显新时代侨商责任担当》为主题发表重要讲话，号召会员在发展事业时要遵纪守法，不能做任何有损国家荣誉和形象的事。审议通过了《关于终止佘伦凯中国侨商联合会常务副会长职务及会员资格事项》的决议。

【引导会员企业积极参与社会公益事业】中国侨商会会员企业积极参与社会公益事业，获得多项荣誉。12月23日，荣誉会长曹德旺旗下的河仁慈善基金会宣布捐赠14亿元助力扶贫救灾，在2020年中国公益年会上被选为2020中国公益领域年度十大关注事件；12月，第十一届“中华慈善奖”在北京颁奖，会长许荣茂，荣誉会长张茵，常务副会长姚志胜、黄涛荣获2017年至2019年在慈善领域作出突出贡献捐赠个人荣誉称号，荣誉会长曹德旺、黄志源、张茵，常务副会长黄涛荣获2020年在抗击新冠肺炎疫情慈善领域作出突出贡献的捐赠个人荣誉称号，常务理事谢俊明获得慈善楷模荣誉称号；12月，中央宣传部、退役军人事务部、中央军委政治工作部评选出18名“最美退役军人”和2个“最美退役军人”集体，中国侨商联合会副会长邝远平以抗疫表现和责任担当荣获2020年度“最美退役军人”荣誉称号。

中国侨商联合会常务副会长黄涛出席捐赠签约仪式

12月，第十一届“中华慈善奖”在北京颁奖，会长许荣茂，荣誉会长张茵，常务副会长姚志胜、黄涛荣获2017年至2019年在慈善领域作出突出贡献捐赠个人荣誉称号

【圆满完成商会整合融入工作】2020年完成中央交办的侨商组织改革任务。根据侨商组织机构改革精神和侨商协会有关决议，在中国侨联指导下成立了侨商协会清算小组，清理债权债务。2020年4月，中国侨商投资企业协会银行货币资金已并入中国侨商联合会账户。12月28日，投资企业协会所属车辆拍卖尾款、固定资产也已入账。至此，两会融合的所有程序已经完成。在谢国民会长、许荣茂会长和正大侨商房地产公司各侨商股东的大力支持下，世界华商中心五、六层使用权受赠主体由中国侨商投资企业协会变更为中国侨商联合会等工作正在顺利推进。民政部正在对中国侨商投资企业协会进行清算审计。至此，中央交办的侨商会整合融入工作圆满完成。

【凝聚侨界力量共同抗疫】新冠肺炎疫情发生以来，按照中国侨联统一部署，侨商会积极号召侨商会员、侨资企业为抗疫工作捐款捐物，得到了广大侨商侨企的积极响应。全体会员坚决响应党中央决策部署，积极履行社会责任，第一时间捐款捐物，为防控疫情作贡献。会员企业通过多种形式参与抗疫行动，一是向公益基金会、慈善机构、政府部门、医院等单位直接捐款捐物，支持各有关方面共同抗疫；二是

新冠肺炎疫情发生后，侨商会积极号召侨商会员、侨资企业为抗疫工作捐款捐物，得到广大侨商侨企的积极响应

2020 年初，正大集团遵循“利国、利民、利企业”的经营宗旨，唱响了“爱是正大无私的奉献”的主旋律

【助推会员企业服务国家发展大局】为落实党中央关于在疫情防控常态化条件下加快恢复生产生活秩序、统筹推进疫情防控和经济社会发展工作的指示精神，侨商会秘书处按照中国侨联工作总体部署，结合工作实际，转换思路、拓展方法，积极组织会员企业服务国家发展大局。据统计，2020 年共组织 15 个团组，邀请会员近 500 人次，先后参加了重庆、青海、海南、广西、四川、河南、河北、天津、江苏、浙江、广东等地方涉侨招商引资活动，有力促进了区域经济发展；为支持冬奥，正大集团、世茂集团、益海嘉里集团、玖龙集团、金光集团、金鹰集团、融侨集团分别捐款 2000 万元用于冬奥会博物馆建设；为支持公益事业，侨商会 2020 年度 100 万元助学金在云南怒江州、甘肃临夏州、青海少数民族地区、江西上饶市广信区（原上饶县）和广东汕尾市革命老区等五个地区发放；为支持安徽马鞍山市抗击新冠肺炎疫情，为马鞍山市捐

充分发挥侨胞联系海外的桥梁纽带作用，从国外采购抗疫必需品，运回国内进行捐赠；三是将自身生产的产品集中送往疫区，为疫区人民和医疗队伍提供生活保障；四是增资建厂，购买、改进设备，加班加点生产口罩、防护服等防疫物品；五是减免下游企业费用支持抗击疫情；六是根据海外使领馆请求，在国内采购大批抗疫物资，租用专机运到他国，捐赠给当地政府等。据不完全统计，会员企业为国内抗击新冠肺炎疫情捐款捐物累计约 9 亿元。万立骏主席代表中国侨联高度评价广大侨商会员所作出的突出贡献。

侨商会 2020 年度 100 万元助学金在云南怒江州、甘肃临夏州、青海少数民族地区、江西上饶市广信区（原上饶县）和广东汕尾市革命老区等地区发放

资200万元；捐赠上饶市广信区上泸镇王家山村红林至大山坞公路硬化项目所需款项57万元，为打赢脱贫攻坚战贡献侨商力量。

【引导会员企业复工复产】 为落实中央关于一手抓疫情防控、一手抓经济社会发展的部署，侨商会于2月12日向广大侨商会员、侨资企业发出“加强疫情科学防控 有序推动恢复生产”的倡议，迅速得到正大集团、世茂集团等众多知名侨商侨企和广大会员的积极响应，在继续做好科学防控的同时，千方百计复工复产，以实际行动响应党中央号召，以侨界力量扎实推动经济社会稳步发展。

【开展地方投资考察活动】 疫情防控常态化形势下，侨商会创新开展小规模、多批次投资考察活动。6月中下旬，应重庆市政府邀请，侨商会组织由会长许荣茂、荣誉会长郭孔丰等几十位知名侨商组成的小规模代表团分批赴重庆考察项目，达成了涉及智能化产业、基础设施建设、物流商贸等方面的多项合作项目和合作意向；10月20日，第二届“一带一路”侨商侨领交流合作大会在南宁开幕，由90位会员组成的侨商会代表团赴桂参会对接；10月24日—26日，组团出席第八届中国商丘国际华商节；11月17日—19日，与中国侨联新侨创新创业联盟、江苏省侨联联合主办“一带一路”交汇点华商大会；11月16日—19日，与四川省人民政府联合主办2020“一带一路”华商峰会；12月16日—18日，与沧州市人民政府等联合主办的“创业中华·创新河北——第八届海外侨商沧州行”等。

【鼓励会员企业参与扶贫攻坚】 人民日报记者先后采访了荣誉会长、益海嘉里董事长郭

6月中下旬，侨商会组织由会长许荣茂、荣誉会长郭孔丰等几十位知名侨商组成的小规模代表团分批赴重庆考察项目

10月20日，组织侨商参加由致公党中央、中国侨联、广西壮族自治区人民政府在南宁联合主办的第二届“一带一路”侨商侨领交流合作大会

10月25日，第八届中国·商丘国际华商节在商丘市开幕，中国侨商联合会常务副会长朱奕龙，常务副会长姚征、付波，副会长安全忠等出席开幕式

11 月 17 日，夏付东秘书长出席 2020 "一带一路" 华商峰会

11 月 18 日，由中国侨联指导，中国侨商联合会、中国侨联新侨创新创业联盟、江苏省侨联联合主办的"一带一路"交汇点华商大会在江苏南京举行

12 月 16 日—18 日，"'创业中华·创新河北'——第八届海外侨商沧州行"在河北省沧州市举办，经济科技部副部长、中国侨商联合会副会长兼秘书长夏付东出席活动

孔丰，荣誉会长、新加坡金鹰集团主席陈江和，常务副会长、完美集团董事长古润金，监事长、德迈国际产业集团董事长施乾平等侨商会员。11 月 22 日，《人民日报》刊登文章《为脱贫攻坚贡献侨力量》，指出广大侨商侨企在脱贫攻坚行动中，优势独特，举措有力。长期以来，他们把产业、技术、经验等带到贫困地区，既"输血"也"造血"，为贫困地区的发展增添动力。

【引导会员参与云招聘活动】为进一步融合侨界资源，切实解决企业招聘难、学生就业难等实际问题，为"六稳""六保"作贡献，中国侨商联合会于

8月参与主办“创业中华　百企千岗　助创行动”云招聘活动。会长企业世茂集团，荣誉会长企业益海嘉里集团，常务副会长企业银帝集团、中康集团、北京市海安停车管理有限责任公司，副会长企业合兴集团控股有限公司等13家会员企业参与此次云招聘。世茂集团等8家企业进行线上招聘直播，对企业相关情况和招聘岗位进行解答。

2020年8月，侨商会参与主办“创业中华　百企千岗　助创行动”云招聘活动

4月26日，中国侨商联合会常务副会长、浙江省侨商会会长廖春荣随同浙江省侨联主席连小敏赴杭州访侨企送服务，帮助解决疫情防控中复工复产存在的困难和问题

【开展侨企疫情调研】侨商会秘书处于2月中旬向会员企业和各地侨商组织发出调研问卷，深入了解各地侨商、侨资企业复工复产中遇到的问题和存在的困难，收到了500多家侨商会员和近百家侨商组织的反馈。侨商会秘书处及时汇总并上报了侨资企业在复工复产中反映的主要困难和建议，中国侨联以专报形式上报有关部门。

【维护侨企权益助力复工复产】侨商会秘书处积极开展疫情期间侨法宣传、侨资企业维权工作，切实为侨商侨企复工复产排忧解难。详细了解侨资企业复工复产中遇到的困难等情况，主动协调上海侨联、天津侨联、浙江侨联、广西侨联和有关部门，切实帮助金光集团、益海嘉里集团等侨资企业解决复工生产、物流运输和落实疫情防控措施等方面的实际困难，以侨界力量扎实推动经济社会稳步发展。

【提供涉侨信息服务】2020年，侨商会秘书处密切关注涉侨舆情信息，聚焦侨界关注的热点问题，编辑出版《中国侨商资讯》42期，编辑出版《中国侨商》双月刊杂志5期，微信公众号发文近800篇，总阅读量约60万次，总阅读人数约40万人。

【宣传会员先进事迹】为弘扬侨商会员、侨资企业大爱情怀和主动承担社会责任的精神，侨商会积极向人民日报、新华社、中新社等主流新闻媒体提供侨商侨企素材，多方位宣传会员企业在疫情防控、复工复产和国家经济社会发展中的突出贡献和独特作用。

【举行多次侨商会例行会议】在李卓彬副主席和经济科技部的指导下，侨商会秘书处上半年召开了五届一次常务理事会议，总结侨商会上半年工作，部署下半年任务。7月1日，召开了一届二次监事会议，审议通过了《监事会工作报告》和《监事会工作实施细则》。9月25日，五届二次理事会议审议通过了变更秘书长事项的决议，选举夏付东同志为侨商会副会长、秘书长。12月10日，在汕头召开中国侨商联合会会长会，李卓彬副主席出席会议并讲话。会议围绕学习贯彻习近平总书记视察广东时的重要讲话精神和党的十九届五中全会精神，聚焦落实“十四五”规划、融入“双循环”新发展格局、助力创新驱动发展等，深入讨论、集思广益，充分听取与会侨商意见建议，共同谋划侨商会2021年工作。

5月13日，中国侨联党组书记、主席万立骏，副主席李卓彬就侨商侨企复工复产和基层侨联工作到北京市朝阳区调研

【承办中国侨联重要活动】 为做好新时代“侨”的文章，由中国侨联、广东省侨联、汕头市委政府主办，中国侨联经济科技部、中国侨商联合会、汕头市侨联、汕头华侨经济文化合作试验区管委会承办的“创业中华·‘十四五’中国发展与华侨华人投资创业峰会”12月11日在汕头开幕。万立骏出席开幕式并以“凝聚侨力·奋进十四五·筑梦复兴·共创新辉煌”为题作主旨讲话。来自海内外的知名侨领、侨界企业家、创新创业人士、中国侨联特聘专家委员会和双创联盟代表近300人参加峰会。此次峰会积极推动侨界企业家深入学习贯彻习近平总书记视察广东、视察汕头重要讲话精神和党的十九届五中全会精神，向侨界朋友传递党和国家对他们的关心关爱和殷切希望，激发侨界人士投身到“十四五”发展和“双循环”建设，促进新侨创新创业，助力汕头改革开放和高质量发展，为实现国家“十四五”规划和二〇三五年远景目标作出积极贡献。

12月11日，“创业中华·‘十四五’中国发展与华侨华人投资创业峰会”在汕头开幕，万立骏主席出席开幕式并以“凝聚侨力·奋进‘十四五’·筑梦复兴·共创新辉煌”为题作主旨讲话

【以联合举办培训班为契机融入经科工作】 11月11日，由中国侨联主办，北京大学、中国侨联经济科技部、中国侨商联合会联合承办的“2020中国侨联新侨双创研修班”在北京大学开

新侨双创研修班是中国侨联面向海外新侨群体打造的一项重要品牌活动

班。来自10多个国家和地区的45位侨界创新创业人士、海外侨社负责人、中国侨商联合会青年委员会代表参加研修班。

【组织侨商出席“亲情中华”专场展演活动】 由中国侨联主办，中国侨商联合会、文化交流部联合承办的“亲情中华·张謇故事”情景剧专场展演于11月24日在北京举行。按照中国侨联统一安排，侨商会向全体会员发出邀请，组织130位侨商会员、侨界企业家来京出席展演活动。演出结束后，陈丽华、王琳达、李然、施乾平、薛增义等侨界企业家们纷纷畅谈观看感受，表达在新时代传承弘扬张謇精神的心愿和决心。

【配合做好“侨连五洲”品牌活动】 12月4日—7日，由中国侨联、浙江省人民政府共同主办的“侨连五洲·情满西湖”活动在浙江举行。侨商会作为承办单位之一，邀请50位知名侨商参加活动，并承担了一场论坛的组织工作。

【配合做好意识形态工作】 2月以来，侨商会会员抗疫复工、发展生产等新闻信息被人民日报、新华社、中新社、人民日报海外网、中国侨网等中央主流媒体原创报道24篇，转载千余次，阅读量达数百万次，充分展现出广大侨商会员爱国爱乡、同心同行的赤子深情和守望相助、共同发展的坚定信心。侨商会秘书处制作“众志成城 抗击疫情”主题视频短片3期，微信公众号及官方网站发出相关稿件400余篇，为中国侨联提供稿件百余篇。出版《2019年海外华侨华人暨侨商发展情况概述》研究报告，出版《2019年中国产业发展情况概述和2020年产业发展趋势》研究报告。

【配合举办“侨商杯”法律知识竞赛】 12月24日，纪念归侨侨眷权益保护法颁布30周年暨第二届“侨商杯”法律知识竞赛总结颁奖活动在京举行，中国侨商联合会荣誉会长陈丽华出席活动并为获奖单位和个人颁奖。纪念归侨侨眷权益保护法颁布30周年暨第二届“侨商杯”法律知识竞赛系列活动由中国侨联、全国普法办联合主办，中国侨商联合会、中国侨联法顾委、司法部普法与依法治理局、法治日报社共同承办。

11月24日下午，“亲情中华·张謇故事”专场演出在北京歌华大厦举行

【协助做好提案素材组织和人大建议、政协提案答复工作】 按照中国侨联部署，侨商会秘书处根据有关调研材料，一季度整理起草了“优化营商环境

12月24日，纪念归侨侨眷权益保护法颁布30周年暨第二届“侨商杯”法律知识竞赛总结颁奖活动在北京举行

支持侨资企业更好发展　为新时代改革开放和高质量发展贡献力量的建议”的提案议案建议素材；根据中国侨联统一部署，侨商会主办答复3801号政协提案。

12月4日—7日，“侨连五洲·情满西湖”活动在浙江举行，侨商会作为承办单位之一，邀请50位知名侨商参加活动

中国侨联直属企事业及社会团体工作

中国侨联特聘专家委员会

【领导成员名单】

主 任 委 员：周　琪

副主任委员：马　骏　关鸿亮　麦康森　李　然（女）　李乃胜　李曙光　陈玲玲（女）　赵宇亮　赵红英（女）　赵进东　钟南山　贺　林　顾行发　高　杰　高　福　黄　维　黄路生　曹晓风（女）　董志勇　戴琼海

秘　书　长：李曙光（兼）

副 秘 书 长：李　莹（女）　李文慧（女）

【综述】 2020 年是新中国历史上极不平凡的一年。中国侨联特聘专家委员会（简称专委会）在中国侨联的领导下，以习近平新时代中国特色社会主义思想为指导，深入学习贯彻党的十九届四中、五中全会精神和习近平总书记关于侨务工作的重要论述，坚持正确的政治方向，结合自身特点，突出专业优势，加强制度建设，创新方式方法，加强互动合作，在强化自身建设、奋力抗击疫情、助力高质量发展等方面取得了突出成绩。

【完成专委会换届】 根据 2019 修订的专委会章程规定，2020 年应完成专委会换届工作。换届组织方案几经完善修改，并由中国侨联主席办公会议审议通过。内容主要包括四个方面。一是根据工作实际和工作需要，撤销新侨创新创业指导委员会，原成员改按专业领域并入相关分委员会。二是成立青年委员会，鼓励侨界青年人才积极建言献策，定期组织活动，为专委会储备新生力量。三是根据章程确定新一届委员人选条件，对现有专委会中 307 人继续聘任，调整部分副主任及分委会主任等职务；四是从第八届“中国侨界贡献奖”获奖人员和地方侨联的推荐人选中遴选出 33 名侨界青年人才增聘为委员，专业涵盖人工智能、卫星导航、化学材料、计算机视觉、医学、遗传学、能源地质学、农业资源与环境、海洋等领域。换届后，新一届委员会成员共 340 名。

2020 年共颁发 32 个“中国侨联特聘专家委员会建言献策奖”，图为中国侨联领导为特聘专家颁奖

2020 年专委会新聘 33 位专家，图为中国侨联领导为新聘专家颁发聘书

【聚焦社会热点建言献策】 2020 年，委员们立足自身专业优势，聚焦疫情防控和经济社会发展的关键性问题，积极建言献策，共提交 143 篇建议书，其中 34 篇被侨情专报采纳，为中央相关部门提供决策参考。经济科技部遴选出部分篇目编辑印制了《中国侨联特聘专家建言集（第十三辑）》。经综合评定提交建议

书的数量、质量等要素，报主席办公会批准，继续设立“中国侨联特聘专家建言献策奖”。李曙光、马骏、吴德胜、王遥、李纾5位专家获得建言献策特等奖，李然、周晨俊等11位专家获得建言献策一等奖，高杰、张德兴等14名专家获得建言献策二等奖。两个课题组获得了建言献策团队奖，分别是生物医药分委会成立的“重大公共卫生事件应对及突发公共卫生事件诊疗”课题组和资源与信息分委会成立的“人工智能芯片战略思考”课题组。特聘专家王遥、李志坚报送的“关于绿色金融助力“一带一路”可持续基础设施互联互通的建议”和“关于加快体制机制改革营造制造业高质量发展的良好环境的建议”作为“两会”期间侨联界委员提案素材。丁列明、奉向东、朱家强、梁刚、俞德超、杨宝庆等六位专家作为科技创新型企业的负责人，大力支持中国侨联组织的复工复产调研，反馈疫情下企业发展经营现状、存在问题及所需帮助，为国家相关决策部署提供参考。年末，海洋专委会出版《经略海洋2020》论文集，围绕海洋生态修复、海水养殖、海洋生态农业等领域提出真知灼见和发展建议。

【推荐专家参评奖项和荣职】2020年4月，中国侨联作为“中国政府友谊奖”推荐单位之一，认真对照评选要求，推荐中科院外籍院士蔡南海先生申报该奖项。4月，收到《人力资源社会保障部 中国科协 科技部 国务院国资委关于评选第二届全国创新争先奖的通知》，经研究并报会领导，推荐特聘专家王振宁、金双根、唐丹玲、廖洪恩参评，最终中国科学院南海海洋研究所研究员唐丹玲获得“第二届全国创新争先奖状”。此外，特聘专家、上海微创医疗器械(集团)有限公司董事长兼首席执行官常兆华获得“第二届全国创新争先奖章”；特聘专家、江西农业大学党委书记黄路生、西北工业大学副校长张卫红，圣湘生物科技股份有限公司董事长戴立忠等获得“第二届全国创新争先奖状”。7月，推荐特聘专家、中国科学院大学特聘教授、欧洲科学院院士吴德胜担任第五届中国华侨国际文化交流促进会理事。

【举办特聘专家网络大讲堂】“中国侨联特聘专家讲堂”于2019年开始举办，邀请特聘专家到侨联机关作科普讲座。2020年，受疫情影响，

5月13日，中国侨联特聘专家委员会副主任兼秘书长、中国政法大学教授李曙光正在录制“中国侨联特聘专家网络大讲堂”

该活动尝试以线上方式在侨联官网、公众号等渠道呈现，共邀请5位特聘专家围绕疫情防控、科技创新等主题录制5期演讲视频，分别为：中国政法大学研究生院院长李曙光主讲“营造法治化营商环境”；国家纳米科学中心主任赵宇亮院士主讲“纳米技术与智慧医疗”；中国科学院高能物理研究所研究员高杰主讲“粒子对撞机发展历史与展望（含CEPC）”；北京绿色金融研究院院长、央行货币政策委员会委员马骏主讲“绿色金融的机遇与展望”；首都医科大学肺癌诊疗中心主任支修益主讲“疫情之下，如何关爱我们的肺”。栏目一经上线得到侨联干部和侨界群众的广泛赞誉。

【成立第八届“中国侨界贡献奖”评审委员会】“中国侨界贡献奖”于2003年开始设立，每两年评选一次，是中央国家机关评比达标表彰保留项目，也是选树侨界高新技术人才的最高奖项，曾表彰过黄大年等侨界优秀代表。2020年进行第八届“中国侨界贡献奖”评选表彰，为确保评比的科学性、公正性、权威性，组建“中国侨界贡献奖”评审委员会，由万立骏主席担任评委会总顾问，中国科学院副院长、党组成员、中国侨联副主席、特聘专家委员会主任周琪院士担任评委会主任，中国政法大学研究生院院长、特聘专委会副主任兼秘书长李曙光教授担任法律总顾问，特聘专家、中科院院士赵进东、中科院院士曹晓风、中科院院士邹志刚、工程院院士戴琼海、欧洲科学院院士吴德胜、国家科技重大专项总体组专家陈尚义等6位专家及人社部、中国科协、国家知识产权局等相关部门的领导担任评委会成员，为侨界贡献奖的评选提供权威保证。

1 月 8 日，在北京召开特聘专家建言献策会，与会专家积极建言献策

【主动服务社会经济发展】1 月 8 日，特聘专家李曙光、董志勇、马骏、闫长明、汤立群、王文生、王遥、刘浩、关鸿亮、吴德胜、何如意、段文卫、郭雳、易显河等部分在京专家召开了小型建言献策座谈会，在李卓彬副主席主持下，围绕加强专委会建设、助力经济高质量发展、服务创新驱动发展等内容建言。6 月 18 日，福建“6·18 中国·海峡创新项目成果交易会”以“云上展会”形式举办，李灵宏等委员推荐创新项目参与线上对接。

8 月 4 日，中国侨联特聘专家委员会在北京召开“绿色科技与金融对接”座谈会。中国侨联副秘书长、经济科技部部长赵红英，副部长夏付东，中国侨联侨创联盟理事长、优客工场创始人兼董事长毛大庆，中国侨联特聘专家马骏、高杰、李然、张克、周晨俊等委员参与座谈；特聘专家李百战、梅宁等通过视频连线参加活动。与会专家围绕“绿色科技与金融对接平台”的可行性进行研究探讨，并围绕当前绿色科技行业的发展形势以及平台建设中的具体问题展开讨论。8 月 11 日，在京津冀侨联联合开展的“创业中华·百企千岗·助创行动”中，特聘专家、鑫桥联合融资租赁有限公司董事长李然等委员携企业积极参与，并进行线上招聘直播。9 月 22 日，“创业中华·投资青岛——海内外侨界云招商推介签约会”在青岛举办，中国侨联经科部副部长夏付东致辞，特聘专家、中国科学院大学教授吴德胜，浙江海邦创智投资管理有限公司董事长梁刚等作主旨演讲，特聘专家、美国德益科技有限公司总经理李灵宏委员作了云推介发言。发言人围绕国内国际双循环新发展格局背景下，青岛如何进一步优化投资营商服务环境、推动企业科技创新和成果转化、创新人才招引工作，助力“世界工业互联网之都”建设等提出了宝贵建议。9 月 27 日，在湖南举办 2020“侨系张家界”招商引资引智活动，活动由中国侨联特聘专家委员会、中国侨商联合会等主办，中国侨联经科部副部长、中国侨商联合会副会长兼秘书长夏付东出席活动并致辞，特聘专家王义高等为当地经济社会发展建言献策。10 月 19 日，杭州举办“创业中华——2020 侨界精英创新创业（中国·杭州）峰会”，中国侨联党组书记、主席万立骏，市委副书记、市长刘忻出席开幕式

万立骏主席在“创业中华——2020 侨界精英创新创业（中国·杭州）峰会”开幕式上致辞

8 月 4 日，多名中国侨联特聘专家参加“绿色科技与金融对接”座谈会

12 月 25 日，经济科技部副部长祁德贵出席安发科技文化馆开幕暨重大项目竣工仪式并致辞

并致辞。中国侨联副主席李卓彬，浙江省政协副主席吴晶等出席活动。中国侨联特聘专家、清华大学金融与发展研究中心主任马骏作主旨演讲。11 月 17 日，在四川举办“2020 侨界菁英川渝汇暨天府新区‘一带一路’商会联盟大会”，特聘专家委员会副主任兼秘书长李曙光教授担任演讲嘉宾，就国内国际双循环、成渝双城经济圈建设等主题发表演讲。12 月 11 日，由中国侨联、广东省侨联、汕头市委市政府共同主办的“创业中华·‘十四五’中国发展与华侨华人投资创业峰会”在汕头开幕。中国侨联党组书记、主席万立骏出席开幕式并作主旨讲话。来自海内外的知名侨领、侨界企业家、创新创业人士、中国侨联特聘专家委员会和侨创联盟代表等近 300 人参加峰会。特聘专家王跃驹、王可等参与峰会并发言。除委员自身积极参与地方活动，专委会还作为支持单位参与多项活动。9 月 8 日，第六届（中国）海峡两岸新能源产业创新创业大赛在厦门举办，特聘专家委员会作为支持单位。中国侨联副主席李卓彬，福建省侨联主席陈式海，中国侨联副秘书长、经济科技部部长赵红英等出席有关活动。12 月 25 日上午，安发科技文化馆开幕暨重大项目竣工仪式在福建宁德举行，中国侨联经济科技部副部长祁德贵代表特聘专家委员会致辞。安发（福建）生物科技有限公司由中国侨联特聘专家、新西兰皇家科学院首席科学家高益槐创办，十多年来在各级党委、政府及各部门的领导和支持下，取得了较好成绩，为区域经济作出积极贡献。

【热心公益参与脱贫攻坚】2020 年 5 月下旬，为深入贯彻落实习近平总书记在今年决战决胜脱贫攻坚座谈会上的重要讲话精神及中央有关脱贫攻坚工作的战略部署，切实履行帮扶上饶市广信区实现持续稳定脱贫的政治责任，特聘专家委员会支持江西省上饶市举办了两期“中国侨联上饶市广信区村（社区、场）干部能力提升培训班”和一期“农村实用人才培训班”。参加培训的人员包括 500 多名村（社区、场）党支部书记、村委会主任、驻村第一书记、蔬菜种植专业户及乡村致富带头人。疫情之下，中国侨联对口扶贫县——江西省上饶市广信区农产品售卖遇到困难，特聘专家、中国农业银行国际金融部贸易融资处处长唐雪梅委员主动对接，免费将中国侨联定点扶贫地产品放上中国农业银行 App 展示销售页面，帮助扶贫产品拓宽销售渠道。

5 月 22 日，中国侨联特聘专家委员会支持上饶市广信区举办培训班，助力扶贫攻坚

【支持地方专委会发展】9 月 26 日，江苏省侨联侨界专家委员会第三次会员代表大会暨“创业中华·智汇江苏”侨智进扬州活动在扬州举行，中国侨联特聘专家委员会向大会发去贺信。江苏省政协副主席王荣平，扬州市委书记夏心旻，中国侨联经济科技部副部长祁德贵及特聘专家黄维、

12 月 4 日，中国侨联副秘书长、经济科技部部长赵红英（右三）出席海南省侨联特聘专家委员会成立大会并讲话

邹志刚等百余名侨界专家出席活动。12 月 4 日，海南省侨联特聘专家委员会成立大会在海口市召开，中国侨联副秘书长、经济科技部部长赵红英出席并致辞。她希望海南省侨联特聘专家委员会积极组织专家积极建言献策，广泛牵线搭桥，彰显侨界独特优势，助力推动海南自贸港建设。中国侨联特聘专家、海南省医学院第二附属医院院长王毅担任海南省侨联特聘专家委员会主任委员。

【召开 2020 年中国侨联特聘专家委员会年会】 11 月 29 日，中国侨联特聘专家委员会年会在北京召开，中国侨联党组书记、主席万立骏出席年会并讲话。中国侨联副主席李卓彬；中科院副院长、党组成员，中国侨联副主席、特聘专家委员会主任周琪；中国侨联副秘书长、经济科技部部长赵红英；中国政法大学研究生院院长、中国侨联特聘专家委员会副主任兼秘书长李曙光等领导及近百位特聘专家出席会议。2020 年是中国侨联特聘专家委员会成立十周年，也是专委会承上启下的换届之年。万立骏主席在讲话中深情回顾了专委会成立十年间从小到大、从弱到强的发展历程，对上一届专委会在建言献策、助力地方发展、科技扶贫、引智引才等方面取得的突出成绩给予了充分肯定。他希望侨界专家要心向祖国，提高政治站位，强化战略思维，为建设世界科技

万立骏主席出席特聘专家委员会年会并讲话

11 月 29 日，李卓彬副主席出席 2020 特聘专家委员会年会

中国科学院副院长、党组成员，中国侨联副主席、特聘专家委员会主任周琪在年会上作工作报告

特聘专家马骏、唐丹玲作特聘专家委员会年会发言

11 月 29 日，与会专家分为四组围绕万立骏主席讲话和周琪主任工作报告进行讨论

强国贡献力量；坚持需求导向和问题导向，潜心研究，勇于攻坚，为解决重要领域关键核心技术的“卡脖子”难题贡献力量；坚持开放创新，勇攀高峰，提高科技产出效率，促进创新成果落地和产学研深度融合，助推高质量发展。新成立的青年委员会要坚定理想信念，练就过硬本领，投身强国伟业，承担好职责使命，引导广大侨界青年专家学者在社会建设中发挥独特作用。李卓彬副主席在会上强调，专委会人才济济，进入新发展阶段要勇于接受挑战，以饱满热情和充沛信心在构建新发展格局进程中作出应有贡献。周琪主任向大会作了特聘专家委员会 2020 年工作报告，他总结了过去一年专委会工作，并就未来专委会制度建设提出设想。会上，清华大学金融与发展研究中心主任马骏、中科院南海海洋研究所研究员唐丹玲作为专家代表，围绕当前国际金融形势、自身科研进展及参与专委会工作等内容作了演讲。下午，与会委员分为 4 个小组，围绕万立骏主席讲话和周琪主任工作报告谈了体会，并对专委会今后的发展提出了有益建议。李曙光副主任作会议总结讲话。

【召开专委会二届一次主任会议】 11 月 28 日晚，周琪主任主持召开了中国侨联特聘专家委员会二届一次主任会议，对换届后的专委会工作提出新的发展思路，将通过加强建章立制，加强工作规划，进一步激发中国侨联特聘专家委员会活力。

年会期间召开中国侨联特聘专家委员会二届一次主任会议

中国侨联年鉴

省级侨联工作

中国侨联
年鉴
2021 中国侨联年鉴

北京市归国华侨联合会

【领导成员名单】

党组书记：赵宏生

主　　席：荣　洋

专职副主席：李冬娟（女）　苏　泳　李登新

兼职副主席：李曙光　高　杰　陶庆华

石　岳（女）　邢新会　魏英杰

吴　晨　解江冰　刘昊扬

李　然（女）　刘雅煌

秘 书 长：李登新（兼）

【综述】2020年，北京市侨联在市委的坚强领导下，在中国侨联的关心指导下，坚持以习近平新时代中国特色社会主义思想为指导，以习近平总书记关于侨务工作重要论述和对北京重要讲话精神为遵循，以党的政治建设为统领，以做好常态化疫情防控工作为重点，以落实十五次"侨代会"工作部署为牵引，以纪念市侨联成立70周年为主线，以开展大走访、大调研为抓手，坚决贯彻党中央决策部署和市委工作要求，扎实推进疫情防控、年度工作和党建工作，全面加强自身建设，圆满完成了2020年的各项工作任务，有力推动了侨联事业向前发展。

【万立骏主席在京走访调研】1月21日，中国侨联党组书记、主席万立骏在北京看望了著名城市规划及建筑学家、教育学家、中国科学院学部委员、工程院院士、2011年度"国家最高科学技术奖"获得者吴良镛；走访了新侨创新企业爱博诺德（北京）医疗科技股份有限公司，并与公司创始人兼董事长、中国侨联特聘专家、市侨联副主席解江冰和他的研发团队及企业员工进行了座谈。3月5日，中国侨联党组书记、主席万立骏在北京调研侨资企业，深入中商惠民集团的仓储物流基地，看望慰问企业职工，了解企业复工复产和疫情防控情况。5月13日，中国侨联党组书记、主席万立骏到朝阳区调研侨联工作，深入正大中心、华贸中心，座谈交流，走访商户，听取企业防疫和生产经营情况介绍，了解朝阳区侨情和侨联组织抗疫工作，发放侨爱心复工防疫包，为侨之家授牌。中国侨联副主席李卓彬，市委统战部副部长刘春锋，市侨联党组书记赵宏生，朝阳区委书记王灏等有关领导参加。

1月21日，万立骏主席（左二）在北京走访调研

5月13日，万立骏主席（左六）、李卓彬副主席（左七）到朝阳区调研

【举办2020年首都侨界新春联谊会】1月16日，北京市侨联举办首都侨界新春联谊会，中国

1月16日，举办2020年首都侨界新春联谊会

侨联副主席隋军，市政协党组副书记、副主席杨艺文，市政协副主席、市工商联主席、市欧美同学会副会长燕瑛，市人大常委会原副主任、市侨联原主席李昭玲等领导出席。市委统一战线工作领导小组成员单位和全市涉侨单位的领导，侨界人大代表和政协委员，市侨联副主席、常委、委员和顾问，归侨侨眷和海外侨胞代表，在京侨资企业家代表和基层侨联组织负责人等600多人参加活动。

【动员侨界力量参与疫情防控】新冠肺炎疫情发生以来，北京市侨联迅速成立疫情防控专门领导机构和工作专班，制定工作方案，健全制度机制，发出倡议书，动员号召全市各级侨联组织、广大归侨侨眷和海外侨胞积极行动起来，为坚决打赢疫情阻击战贡献侨界力量。2月6日，北京市侨联将首批海外侨胞捐赠的10200个医用口罩转送到指定单位，使海外侨胞捐赠的防控物资尽快用于一线。疫情期间，共募集各类防疫物资100多万件、资金4000多万元。市侨联充分发挥北京市华侨事业基金会作用，设立“困侨救助专项资金”，“七一”前夕，与区、街道侨联上下联动，协同配合，认真开展困侨情况核实、补助申请手续等相关工作，指导北京市华侨事业基金会及时将疫情特殊补助发放到位。3月12日，中国侨联党组书记、主席万立骏，副主席隋军到北京大学医学部看望慰问抗疫一线侨界医护工作者家属代表和所在科室人员代表。3月11日，中国侨联副主席李卓彬、齐全胜到北京安贞医院看望慰问北京援鄂医疗队谢江医生家属。

3月12日，万立骏主席（左五）、隋军副主席（左三）在北京看望慰问抗疫一线侨界医护工作者家属

3月11日，李卓彬副主席（右五）、齐全胜副主席（右六）在北京看望慰问抗疫一线侨界医护工作者家属

【开展春节走访慰问活动】 春节前夕，北京市侨联领导班子分别带队，对 14 位侨界代表人士、13 位困难归侨侨眷和 24 位机关离退休干部进行了走访慰问。全市各级侨联组织、侨界社团也分别采取团拜会、新春联谊会、走访看望等多种形式慰问侨界代表人士和困侨。

【推出“众志成城·防控疫情”海报】 2 月 26 日，北京市侨联联合专业公司和侨资企业，创作了以习近平总书记提出的“坚定信心、科学防治、同舟共济、精准施策”总要求为主题的抗疫宣传海报，在全市 1.4 万辆公交车、570 个社区（楼宇）视频播放，在 1100 个社区（楼宇）约 4000 个点位进行张贴，抗疫宣传海报被中国华侨历史博物馆收藏。

【开展“法律护航·助力战‘疫’”行动】 北京市侨联充分发挥法律顾问委员会和维护侨益法律服务站的作用，开展“法律护航·助力战疫”系列活动，举办普法“云讲堂”40 余期，开通 7 条 24 小时法律咨询热线，为侨资企业和侨界群众提供法律咨询服务 200 余件。

【协助做好“稳在当地”工作】 根据市委指示精神和市委统战部部署要求，北京市侨联迅速成立支援海外专班，向海外捐赠抗疫物资 100 余万（件），组织全市基层侨联组织开展“爱心包”邮寄活动，共向 50 个国家和地区的海外侨胞和留学生邮寄“爱心包”10500 个；加强与海外华文媒体联系，充分发挥与北京市侨联联系密切的海外 16 个国家和地区的 43 家华文媒体作用，与市委统战部、市政协港澳台侨委员会共同开展了海外联线活动。

【召开区侨联主席工作座谈会】 5 月 26 日，北市侨联召开 2020 年区侨联主席工作座谈会。就侨界空巢老人陪伴计划、困侨救助计划、侨联志愿服务表彰工作和基层侨联组织统一社会信用代码赋码试点工作进行了部署安排，会议围绕各项任务落实进行了交流讨论。

【召开专题教育暨加强机关作风建设工作部署会】 6 月 5 日，北京市侨联召开“践行初心使命·做合格统战干部”专题教育，加强机关作风建设工作部署会。通报传达 2019 年度领导班子年度考核测评结果、全面从严治党（党建）工作考核结果暨政治生态分析研判问题清单反馈意见，以及整改措施。传达市委统战部工作要求，部署开展专题教育、加强机关作风建设工作，并下发工作方案。市侨联党组书记赵宏生作动员讲话。

【推进“侨之家·怡海社区”建设】 6 月 9 日，北京市侨联、丰台区委统战部联合到“侨之家·怡海社区”调研，听取了怡海社区侨联工作开展情况和“侨之家·怡海社区”建设情况的介绍，围绕怡海社区的工作经验、社区发展的着力点，以侨为特色、发挥侨的作用推动社区治理创新发展等，进行座谈交流，共同持续推进“侨之家·怡海社区”建设。

【向 999 北京急救中心捐赠急救车】 6 月 10 日，北京市侨联联系在京侨商企业鑫桥联合金融服务控股集团有限公司，通过北京市华侨事业基金会捐赠，将支持疫情防控的 2 台负压救护车交付 999 北京急救中心投入使用。市侨联主席荣洋、鑫桥集团董事局主席李然与北京市红十字会领导、999 急救中心医护人员一起参加捐赠仪式。

【举办“亲情中华·北京情思”2020 年网上夏令营活动】 6 月 29 日，北京市侨联举办“亲情中华·北京情思”2020 年网上夏令营暨“首开杯”——“亲情中华·金水桥之恋”海外华裔青少年书画大赛启动仪式。此次大赛共征集到来自 19 个国家和地区 28 个海外分赛区的 2300 余幅书画作品，夏令营得到来自亚洲、美洲、欧洲、非洲等 8 个国家 16 所华文学校的 888 名华裔青少年踊跃报名和热情参与。

6 月 29 日，举办网上夏令营暨书画大赛启动仪式

8 月 11 日，举办“创业中华　百企千岗　助创行动”启动仪式暨首场“云招聘”活动

【召开北京市侨联十五届二次常委会】8 月 4 日，北京市侨联召开十五届二次常委会，传达学习中国侨联常委会和市委全会精神，通报北京市侨联 2020 年上半年工作，审议通过了北京市侨联委员会建设相关 4 个文件，市侨联常委、机关和华侨服务中心全体干部参加会议。市侨联党组书记赵宏生出席会议并讲话，主席荣洋主持会议。

【推进“京侨帮扶·双百行动”扶贫工作】8 月 7 日，北京市侨联组织侨联委员、侨界企业代表、侨界社团代表等一行 14 人，赴河北省阜平县进行考察交流，调研项目实施效果和实施过程情况，大力推进“京侨帮扶·双百行动”扶贫工作。市侨联党组书记赵宏生、主席荣洋，以及保定市政府副秘书长马东，阜平县委常委、副县长李继鹏等参加考察调研。

8 月 27 日，赴河北省阜平县进行考察交流

【举办“创业中华　百企千岗　助创行动”启动仪式暨首场“云招聘”活动】8 月 11 日，北京市侨联举办“创业中华　百企千岗　助创行动”启动仪式暨首场“云招聘”活动，首场“云招聘”直播，85 家侨资企业提供了 374 个岗位、2835 个招聘名额，开播即有 6000 多人同时在线。此次活动由北京市侨联联手天津市侨联、河北省侨联、北京市人力资源和社会保障局、海淀区委统战部、中国侨商联合会、北广传媒等单位共同举办。中国侨联、京津冀侨联及各主办方领导和招聘企业代表共同启动系列活动。

【举办 2020 年港澳和海外侨领国情研修班】8 月 18 日，北京市侨联与北京社会主义学院联合举办为期三天的 2020 年港澳和海外侨领国情研修班开班。共有来自五大洲 29 个国家和地区的 47 位侨领参加。北京市侨联党组书记赵宏生作了开班动员，荣洋主席作了结业式总结。8 月 13 日，北京市侨联举办了宣传信息工作培训班，来自市侨联机关和华侨服务中心业务骨干、基层侨联通讯员、信息员等近 60 人参加了培训。

【成立怀柔区侨联】8 月 28 日，北京市怀柔区召开怀柔区侨联成立大会，宣布了怀柔区第一次归侨侨眷代表大会选举结果，标志着北京市怀柔区侨联正式成立。市侨联党组书记赵宏生出席成立大会并讲话，新当选侨联主席郎明林在会上发言。

【举办“京侨空巢陪伴计划”启动仪式】9 月 8 日，“京侨空巢陪伴计划”启动仪式在北京市华侨服务中心举办。部分城区、高校、局总公司侨联主席，侨界空巢老人代表、项目资金捐赠

9月8日，举办"京侨空巢陪伴计划"启动仪式

者代表近30人参加活动。市侨联党组书记赵宏生出席活动并讲话，主席荣洋为给予项目资金支持的企业家代表颁发捐赠证书。此次"京侨空巢陪伴计划"为全市1400名（户）侨界空巢老人购置智能陪伴产品。

【举办侨法宣传月暨志愿服务周启动仪式】9月22日，北京市侨联举办侨法宣传月暨志愿服务周启动仪式。中国侨联权益保障部部长张岩，市委统战部副部长严卫群，以及市人大民宗侨外办、致公党北京市委、丰台区委有关领导出席启动仪式，部分街道、高校、局总公司侨联和侨联社团代表及侨界志愿者共160余人参加活动。市侨联党组书记赵宏生出席活动并讲话，主席荣洋为先进集体和个人颁发了证书和奖牌。

【举办"亲情中华·北京情思"五洲赏月庆华诞文艺晚会】9月27日，北京市侨联举办"亲情中华·北京情思"五洲赏月庆华诞文艺晚会。中国侨联副主席程学源、齐全胜，中国侨联文化交流部部长刘奇，市委统战部副部长刘先传，市人大、政协及北京演艺集团、首开集团等有关领导与中国侨联机关各部门领导、市侨联领导班子成员、北京市基层侨联组织、侨界代表人士、抗疫贡献者、侨资企业和侨界群众代表近600人一起在现场观看了演出。10月1日，通过人民日报客户端、央视频、腾讯等8家平台进行了线上全球首播，实时观看超162万人次。

9月22日，举办侨法宣传月暨志愿服务周启动仪式

9月27日，举办"亲情中华·北京情思"五洲赏月庆华诞文艺晚会

【举办《侨之梦》第二辑首次读者见面会】10月20日，《侨之梦》第二辑首次读者见面会在北京举办。该书由北京市侨联主办、北京师范大学新闻传播学院编写，记录了来自首都侨界各条战线上的70位归侨侨眷的故事。市侨联和北京师范大学相关领导及入选人物等代表近50人参加活动。

【召开纪念北京市侨联成立70周年座谈会】10月27日，“辉煌七十载·建功新时代”——纪念北京市侨联成立70周年座谈会在北京召开。中国侨联党组成员、副主席隋军和市委统战部常务副部长周开让出席会议并讲话，市侨联及市涉侨单位领导，基层侨联组织负责人，市侨联离退休老领导、特聘专家委员会、智库、法顾委、华商企业家、双创联盟代表等约50人出席座谈会。

10月27日，召开纪念北京市侨联成立70周年座谈会

12月1日—7日，北京市华侨服务中心举办“最深侨联情，最美夕阳红”京侨老年大学书画剪纸成果汇报展。此次展出作品70余幅，均为京侨老年大学书法、国画和剪纸班学员精心创作，为庆祝北京市侨联成立70周年献礼。首都20余个侨界社团、单位的侨界群众参观了画展。

【举办“创业中华·侨爱无疆·助企发展”云做客活动】10月28日，北京市侨联、海淀区委统战部、海淀区侨联共同举办“创业中华·侨爱无疆·助企发展”云做客活动。市侨联党组书记赵宏生，海淀区委常委、统战部部长任武军及50余位侨资企业家出席活动。

【开展大走访大调研活动】北京市侨联坚持“开门办侨、双向服务”，认真落实每月下基层调查研究制度，12月底前，市侨联领导班子带头、全员参与，组成6个组，共走访了130名委员及其所在单位，全年到基层侨联组织、侨联社团等走访调研近200人次，到京演集团等30多家单位进行了调研。

【召开智库工作会议】11月23日，北京市侨联召开第十五届委员会智库工作会议，总结了智库两年来在建言献策、理研调研、服务参政议政、开展交流活动等方面的工作成果，对下一步工作进行安排。聘请李曙光、陶庆华、龙登高、董志勇为侨联智库副主任，安雪晖等26位同志为智库专家。

11月23日，召开智库工作会议

【赴张家口开展调研交流】11月25日，北京市侨联党组书记赵宏生带队，市侨联、市华商会和部分企业代表组成调研组，开展“合作合力，携手奋进新时代”——京张侨联侨商开展助

11 月 25 日，赴张家口开展调研交流

力冬奥、助力脱贫攻坚调研交流活动，与张家口侨界企业代表进行座谈交流，两地商会签署了战略框架协议，双方企业签署了合作意向协议书，实地考察了侨资企业和北京企业在当地投资项目，参观了 2022 年冬奥会张家口赛区相关场馆。张家口市和河北省侨联相关领导全程陪同。

【召开北京市侨联法顾委工作会议】 11 月 26 日，北京市侨联召开第十五届委员会法律顾问委员会工作会议，全面总结 5 年来法顾委在维护侨益、普法宣传、参政议政等方面的工作成果，部署下一步工作。市侨联党组书记赵宏生出席会议并讲话，主席荣洋宣读了新一届委员聘任决定并颁发聘书，法顾委主任、兼职副主席李曙光，以及市司法局二级巡视员、市律师行业党委书记王群等 32 人出席会议。

11 月 26 日，召开北京市侨联法顾委工作会议

【召开北京华商会第六次会员代表大会】 12 月 4 日，北京华商会召开第六次会员代表大会，审议通过了《第五届理事会工作报告》《第五届财务报告》和《第五届监事会工作报告》，表决通过了《北京华商会章程》和《北京华商会会费管理办法》，选举产生了以郭俊琴女士为会长的新一届领导班子和理事会成员、监事会成员。中国侨联经济科技部副部长、中国侨商联合会秘书长夏付东出席会议并讲话。市侨联党组书记赵宏生代表北京市侨联在闭幕会上致辞。市委统战部副部长严卫群，中国侨联原副主席、市人大常委会原副主任、市侨联原主席李昭玲，市人大、致公党北京市委、市社会组织管理中心、市民间组织国际交流协会以及市侨联有关领导出席会议。北京华商会第五届会领导成员和华商会会员近 200 人出席大会。12 月 24 日，北京市侨联工会召开第六届会员大会，审议通过了工会工作、财务工作、经费审查工作报告，选举新一届工会、经费审查和女职工委员会委员。市直机关工会副主席王胜营、市侨联党组书记赵宏生出席会议并讲话。

【东城区侨联】 2020 年，东城区侨联共对全区 90 余位侨界代表性人士、困归侨侨眷进行慰问。疫情期间在北京市侨联支持下，东城区侨联联合爱心企业为 21 户困侨发放慰问金 2.1 万元，为 35 户空巢家庭发放“小度”陪伴电子产品。设置 24 小时工作电话接待海外华人华侨回国事宜的咨询 75 人次；开通法律服务热线解答疫情期间涉侨法律事项和复工复产相关事项；征集建言献策类信息 45 篇。共收到捐款 10.39 万余元、一次性医用口罩 2 万个、N95 口罩 35 个、隔离服 200 件、护目镜 136 副、84 消毒液 2250 公斤、75% 酒精 170 公斤，及时送到了一线使用单位。配合中国华侨历史博物馆做好海外侨胞为东城区捐赠的图片和事例的征集即《同心抗疫》专栏的宣传报道工作。联合献爱心的企业，通过中国邮政 EMS 向 22 个国家，寄出爱心健康包 246 个，向香港地区寄出 300 个，派送给东城区

省级侨联工作

域内的在京香港同胞200个。还向76位老归侨和21位困难归侨派送了抗疫用品。并向华侨历史博物馆捐赠爱心包实物。6月29日，举办庆祝建党99周年“侨心颂党恩”云上音乐会。12月30日举办“音海徜徉·乐动侨声”迎新春网上音乐会。配合区人大开展东城区落实侨法的执法检查，组织侨界群众参与修订侨法实施条例座谈会，并根据侨界群众的诉求，整理完成意见并上报。收到捐款2.13万元，有力推动了“京侨帮扶·双百行动”落地见实效。11月4日召开会议通报了2020年参政议政、调研和侨界政协团体提案的基本情况。两个调研转化为明年政协全会的团体提案。《发挥东城文化特色，助力国际交往中心建设》作为大会发言在政协全会上交流。会上对纪念东城区侨联成立35周年征文活动中获得一二三等奖的作者颁发了荣誉证书。动员辖区内的各个基层侨联组织和归侨侨眷参与历时三个半月的知识竞赛答题，参加答题人数为1100人，北京市第二。12月24日，东城区的4名获奖者代表全国4000名获奖者上台领奖并发言。

【西城区侨联】2020年，西城区助力疫情防控，全区归侨侨眷累计参与社区防疫值守200余人，捐款、捐物30余万元；向西城籍海外学子捐赠“爱心健康包”500份。走访“汉光百货”等侨资企业推动复产复工。3月6日，以通讯形式召开二届六次全委会，审议通过2020年工作报告。6月29日—7月13日，举办华裔青少年网络夏令营，80名捷克营员通过“云课堂”了解中华文化。9月11日，组织基层侨联代表参加“京侨帮扶·双百行动”捐款，募集善款2.5万元。内蒙鄂伦春自治旗宜里镇小库莫村3年结对帮扶项目如期结项，圆满完成帮扶计划。贯彻落实中央和市委关于“六保”“六稳”工作部署，为西城区困难归侨侨眷发放一次性特殊补助4.6万元。梳理“子女不在京60岁以上归侨侨眷”花名册，结合“京侨空巢陪伴计划”，为侨界空巢老人发放“小度在家”陪伴产品292台。参与西城区红十字会“北京西城助困有您”公益项目，为西城区户籍困难家庭募集善款3760元。8月18日—21日，采用网络授课学习形式举办西城区侨联工作培训班。9月—11月，走访调研16家基层侨联组织，为基层侨联委员寄发《民法典》等学习资料200余册。指导白纸坊街道侨联完成届中调整。9月25日，开展侨法宣传暨志愿服务周启动仪式，为16支志愿服务队负责人举办4期志愿服务网络平台培训。西城区月坛、展览路街道侨联志愿队受到表彰，“文化惠民、小帮手理发”项目被评为优秀志愿服务项目，世纪传承传统文化协会成为北京市志愿为侨服务基地。10月22日，组织西城留联会人员参加“数剧京韵”京剧数字创意体验系列活动。11月25日，组织归侨侨眷参观中国人民志愿军抗美援朝出国作战70周年展览。12月14日，区侨联党组书记、主席安亚荣深入侨资企业开展十九届五中全会精神宣讲。组织侨界人大代表、政协委员开展专题调研，“京津冀协同治理‘餐厨废弃油脂’的重要意义和政策建议”获市侨联建言献策类一等奖，“新时期港澳台侨大统战理论与实践的探讨——台湾篇”获市侨联侨联工作类二等奖，“关于深化西城区文明城区建设的建议”获西城区2020年度优秀党派团体提案。

【海淀区侨联】2020年，海淀区侨联在1月26日向海内外发布、购买防疫物资的信息；1月31日发布倡议，组织海外侨胞、海淀区侨界群众和归国留学人员捐款捐物，共募集108余万元捐款和价值100余万元物资。开展《我的中国梦》系列丛书“抗疫篇章”编纂工作，组织侨界和归国留学人员创作以“战疫”为主题的诗歌、摄影书画等作品500余份。与区委统战部（侨办）共同开展“海侨爱心EMS通达行动”，为海外侨胞、留学人员免费提供2000份“海侨爱心包”。组织区侨联全体干部下沉社区值守，累计达2478小时。组织收集、汇总社情民意、建议类信息44篇，被中国侨联采用6篇，被北京市委统战部采用1篇。上报完成《发挥侨海优势，助力自贸区建设——海淀区侨企发展调研报告》等5份调研课题报告。与海淀创业园等单位共同开展“创业中关村·助创政策宣讲与解读”“海创在线创业学院”等创业培训服务品牌活动，与海淀创业园等单位联合举办“2020海创投资人见面会”活动，组织青年海外人才报名参加“创青春——中关村U30”大赛。承办“亲情中华·北京情思”2020年网上夏令营海淀营活动，举办“第七届京港生迎新交流营”，促进京港两地文化交流。与涉侨部门联合举办“海侨之月·情满中秋”2020侨界人士主题诗乐会，开展海淀区第九届“新侨乡文化节”系列活动，组织侨界群众和海创人才参加“走向2022三山五园行”活动。持续开展“心贴心、送温暖”行动，走访慰问侨界人士112人，慰问品（金）8.3万元。与区涉侨部门共同举办“关爱老侨·情暖空巢”——海内外侨胞e起过大年活动。倡议侨界群众和归国留学人员，积极践行垃圾分类，做文明时尚生活的宣传者、带动者，开展“我为垃圾分类献一策”活动，倡导“禁止餐饮浪费，践行光盘行动”。召开七届七次全委会议，同意陈建敏担任区侨联七届委员会副主席兼秘书长。

【丰台区侨联】2020年，丰台区侨联在多个渠道发布疫情防控、垃圾分类、光盘行动等主题宣传文章500余篇，编辑出版《丰台侨讯》。开展“我与北京侨联”七十年征文活动，征文29篇。贯彻落实中央、市委和区委关于疫情防控的各项部署，第一时间成立疫情防控工作领导小组，制定工作方案，统一指挥。12个基层侨联对接15个社区、40余名侨界群众对接30余个社区参加志愿防控工作300余人次。协调统筹海内外侨界为国内捐款约300万元、捐赠防护物资约18万件（套），牵线广东省天行健慈善基金会为丰台高风险地区一线工作者捐赠10万元“北京预防一号方防疫饮剂”，为海外侨胞开通24小时热线电话。侨联机关全体人员回社区报到参与社区疫情防控工作，秘书长王颖被评为丰台区抗“疫”之星。联合北京市侨联、北京怡海公益基金会等单位开展支援海外侨胞的“石榴行动”，向塞尔维亚侨胞和“侨之家·怡海社区”海外留学生捐赠抗疫物资。牵线注册资本2.9亿元的中航证券下属全资子公司“航证科创投资有限公司”落户丰台丽泽。承办“2020年北京市侨联侨法宣传月暨志愿服务周启动仪式”，活动现场开展12类志愿服务项目，服务群众300余人次，发放宣传品1000余份。在全区各基层侨联长期开展以“侨法宣传”“垃圾分类”和“志愿服务”为重点的系列活动。开展“党心侨心永相连、中医助侨防新冠”活动，为基层侨联归侨侨眷讲解中医药防疫及穴位艾灸相关知识，共举办12场次，360多名归侨侨眷参与。积极参政议政，提交建议、提案14件，提交团体提案1件。丰台区侨联获评丰台区政协2020年度优秀提案集体。与多方配合开展“北京“侨之家·怡海社区”发展模式及建设经验研究”“北京市基层侨联组织建设实践与思考”课题研究并形成调研报告。组织东高地街道侨联参加中国侨联“侨之家”项目建设，开展“牢记中华情、不忘中国心”系列活动。组织归侨侨眷为“京侨帮扶·双百行动”捐款15026元，参与丰台区红十字会“两癌女性呵护计划”和“精准助困扶贫行动”捐款活动。春节前夕开展“送温暖、献爱心”活动，走访慰问60户困侨、空巢老侨。

天津市归国华侨联合会

【领导成员名单】

党 组 书 记：李占勇（12月28日任党组书记，并提名主席人选）

常务副主席：陈钟林（女）

专职副主席：杨 晖

兼职副主席：黄骁卓 余弘力

秘 书 长：杨 晖（兼）

【综述】2020年，天津市侨联坚持以习近平新时代中国特色社会主义思想为指导，增强“四个意识”、坚定“四个自信”、做到“两个维护”，全面贯彻党的十九大和十九届二中、三中、四中、五中全会精神，认真学习贯彻习近平总书记关于侨务工作的重要论述，积极贯彻落实习近平总书记视察天津时的重要指示精神，在中共天津市委的坚强领导和中国侨联的正确指导下，以不断加强侨联党的建设为统领，以统筹疫情防控和各项工作为着力点，以服务归侨侨眷和海外侨胞为出发点和落脚点，围绕中心、服务大局，践行为侨服务宗旨，夯实基层组织建设，丰富联谊联络平台载体，加强对海内外侨界思想引领，认真履行侨联职责，努力克服新冠疫情带来的不利影响，做好侨界“六稳”“六保”工作，为实现“十三五”圆满收官，全面打赢脱贫攻坚战，推动天津实现高质量发展贡献了侨界力量。7月11日，天津市侨联办公地点正式搬迁到河西区友谊路7号鑫银大厦，体现了市委对侨联工作的高度重视，标志着天津市侨联事业发展的新开始。

【勠力同心共抗疫情】疫情暴发后，天津市侨联第一时间成立领导小组，动员部署、统一思想，面向海内外发出抗疫物资征集函、倡议书，引导侨界驰援湖北和天津。先后制定《天津市侨联关于加强疫情防控期间严肃纪律、严格管理的规定》《市侨联关于疫情防控舆情处置预案》，下发《关于做好基层侨联、侨海联、所属涉侨社会组织疫情防控工作的通知》《关于组织机关党员、干部下沉社区配合做好疫情防控工作的通知》，确保工作及时有效开展。疫情期间与市红十字会、市慈善协会、市发改委等单位建立协作联动机制，为天津防疫物资采购提供海外线索和渠道，发动全市侨联系统和海外19个国家、39个侨团累计捐款捐物折合人民币213.66万元；为湖北省和天津市8个区28个单位捐赠物资30余批次，为天津市16个区的老归侨和社区值守一线侨联干部发放口罩5000个，筹集50余万元，分两批向海外23个国家55个侨团寄送口罩12.1万个；通过海外华文媒体和微信联络群介绍中国抗疫经验，建立“云上侨联”，组织“津侨援津娃”专项行动，积极协调解决侨胞及留学人员实际困难；与《英国侨报》、搜狐天津合作开展了心理咨询、家庭教育和医疗保健三档线上直播讲座，助力做好海外侨胞和留学生的“双稳”工作。落实市委部署要求引导党员干部与中央保持高度一致，组织党员干部积极参与社区“双报到”和社区一线值守；主要领导和业务部门负责人先后深入30多个企业进行走访调研，为企业排忧解难，促进复工复产；发挥侨商企业作用，举办线上直播课，开办企业家讲堂，进行政策解读、企业法律风险防范、金融财税等多方面指导，为企业增强信心。滨海新区侨联、河东区侨联、市侨商会获全国侨联系统抗击新冠肺炎疫情先进集体，尉丽玲、于新、马长松获全国侨联系统抗击新冠肺炎疫情先进个人。

【举办2020年天津市华侨华人迎春晚会】1月6日，由天津市委统战部（市侨办）和市侨联联合主办、天津歌舞剧院承办的“四海同心 共筑中国梦——2020天津市华侨华人迎春晚会”在津湾大剧院上演。世界各地海外侨团、基层侨联及涉侨社会组织通过视频，表达了对祖

1月6日，由天津市委统战部（市侨办）和市侨联主办、天津歌舞剧院承办的“四海同心 共筑中国梦——2020天津市华侨华人迎春晚会”在津湾大剧院上演

省级侨联工作

国、对家乡亲人的衷心祝福和美好祝愿；国家一级演员、天津歌舞剧院女高音歌唱家李瑛，国家一级演员、天津交响乐团男高音歌唱家李华典等天津归侨侨眷和文艺团体奉献了精彩的节目，倾诉了对祖国的热爱、对天津的真情、对新春的祝福，展示了侨界的信心和风采。

5 月 9 日，天津市委常委、统战部部长冀国强（右一）看望南开大学侨联主席席真（右二），市侨联常务副主席陈钟林（左三）等陪同看望

【市委常委冀国强走访调研天津市侨商会】 4 月 4 日，市委常委、统战部部长冀国强到天津市侨商会走访调研，代表市委书记李鸿忠、市长张国清对广大海外侨胞侨企在抗击国内外疫情中积极捐款捐物、奉献爱心的有力行动表示敬意和感谢。市侨商会会长李学海汇报了商会和会员企业疫情防控、复工复产的有关情况。冀国强部长希望侨商会按照中央和市委的部署要求，加强自身建设，发挥自身优势，讲好抗疫中国故事、天津故事，团结凝聚广大侨商，积极参与京津冀协同发展和“一带一路”建设等重大国家战略，在天津高质量发展、决胜脱贫攻坚等方面贡献更大力量。5 月 9 日，市委常委、市委统战部部长冀国强看望南开大学侨联主席、农药国家工程研究中心主任、化学学院教授席真。

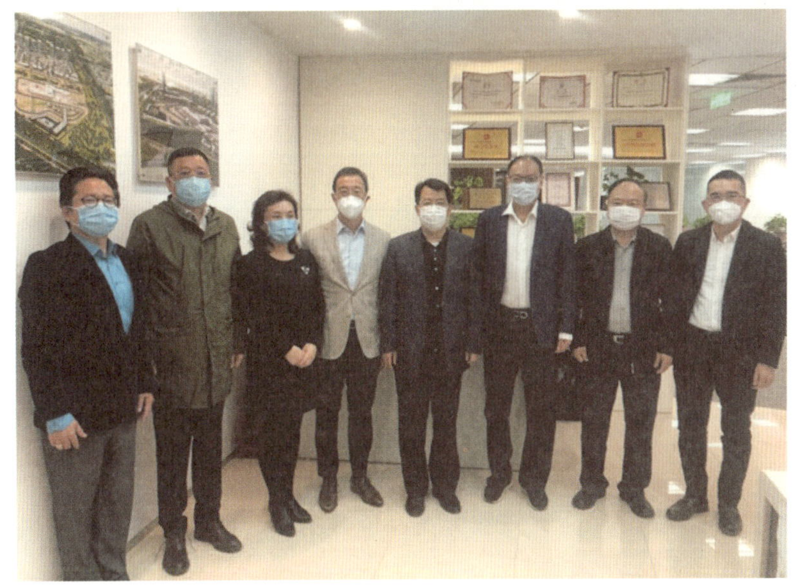

4 月 4 日，天津市委常委、统战部部长冀国强（右四）到市侨商会走访调研，市委统战部副部长、市侨办主任唐瑞生（右二），市侨联党组副书记、常务副主席陈钟林（左三）陪同调研

【市政协副主席魏大鹏到天津市侨商会调研】 5 月 21 日，市政协副主席魏大鹏到天津市侨商会走访调研。市侨商会会长李学海介绍了侨商会有关情况，魏大鹏代表市政协对侨商和侨胞表示问候，他希望侨商会继续秉承创会宗旨，发扬优良传统，不断改革创新，积极参与京津冀协同发展和“一带

5 月 21 日，天津市政协副主席魏大鹏（左五）到市侨商会走访调研，市政协港澳台侨和外事委员会主任杨树源（左二）、副主任胡胜才（右五）、市侨联常务副主席陈钟林（右四）陪同调研

一路”建设等重大国家战略，在深化改革、对外开放、助力天津高质量发展等方面贡献更大力量。

5月26日，隋军副主席（右）为天津医科大学“侨胞之家”揭牌

【隋军副主席出席天津市基层侨联组织建设座谈会并调研】5月26日，天津市侨联召开基层侨联组织建设座谈会，中国侨联党组成员、副主席隋军出席会议并讲话，中国侨联基层建设部部长张毅，市侨联党组副书记、常务副主席陈钟林等出席。来自全市各区、高校统战部分管侨务工作的副部长、侨联（侨海联）主要负责人等30余人参加会议。陈钟林主持会议并汇报了天津市侨联基层组织建设情况及今后的打算。和平区、河东区、滨海高新区侨联，东丽区侨海联谊组分别汇报了侨联组织建设的经验和做法，南开区、河西区侨联汇报了“侨胞之家”建设和作用发挥情况。隋军副主席对天津市基层侨联组织建设取得的成绩予以肯定，对侨联基层组织建设工作提出了要求。在津期间，隋军副主席一行还到天津医科大学、滨海新区、蓟州区进行了走访调研。市委常委、滨海新区区委书记连茂君，副市长金湘军分别会见了隋军一行。

5月26日，召开天津市基层侨联组织建设座谈会

【天津市“侨胞之家”建设成效显著】天津市侨联坚持以“党建带侨建”，通过出台和落实《天津市侨联关于加强基层侨联建设的实施意见（试行）》，以基层社区党群服务中心为依托，不断强化制度落实，推进人性化服务和特色化活动开展，各区通过建立“云上侨联”，广泛联系、引导和服务海内外侨胞，形成以内联外、内外联动的生动局面，使线上线下“侨胞之家”成为侨界群众的情感地标和精神家园，目前全市16个区已经全部建立“云上”和“线下”“侨胞之家”阵地。在中国侨联2018—2020年度全国侨联系统优秀“侨胞之家”表彰中，天津市医科大学“侨胞之家”、天津市高新区侨联“侨胞之家”、天津市南开区学府街天大四季村社区“侨胞之家”喜获殊荣。

【召开高校侨务工作暨侨联组织建设座谈会】6月4日，天津市高校侨务工作暨侨联组织建设座谈会在市委教育工委召开，市委统战部副部长、市侨办主任唐瑞生出席会议并讲话，市委教育工委副书记杨清海主持。市侨联党组

6月4日，召开天津市高校侨务工作暨侨联基层组织建设座谈会

副书记、常务副主席陈钟林，市侨联党组成员、二级巡视员李华生出席会议。天津20余所高校分管侨务工作的统战部部长和干部参加了会议。陈钟林介绍了中国侨联《基层侨联组织工作条例（试行）》和《关于新时代加强基层侨联建设的指导意见》的时代背景和主要内容，介绍了天津市侨联基层组织建设的发展历程和高校侨联组织建设工作要求。唐瑞生主任希望各高校强化思想认识、摸清侨情底数，通过建立侨联组织，凝聚更多侨界人才，为高校教学科研和服务天津经济社会发展贡献力量。天津大学、南开大学、师范大学、医科大学统战部进行了工作汇报，与会的各校统战部负责人也进行了交流发言。

【举侨界之力助力决胜脱贫攻坚】 天津市侨联广泛发动侨界力量聚焦打赢脱贫攻坚战、助力东西部扶贫协作。5月15日，召开侨界社会组织脱贫攻坚社会动员工作推动会；6月16日，举办“第六届‘小拍品·大爱心’公益拍卖活动启动仪式暨东西部扶贫推动会”。对2019年全市侨联系统参与脱贫攻坚及2020年抗击新冠肺炎疫情中表现突出的先进集体和个人代表进行了现场颁奖，宣布启动“侨爱365”慈善捐款和公益拍卖活动月，现场筹得商会、联谊会及会员和侨联委员、海外侨胞个人捐赠善款50余万元人民币，全部用于东西部扶贫。全年共募集捐款61.76万元，企业捐赠餐厨垃圾处理设备1套、侨胞捐赠防寒服8000件，累计折合人民币304.56万元，全部定向捐赠给了甘肃清水县、河北承德兴隆县职业教育中心、兰州市和承德市贫困群众。天津医科大学眼科医院、天士力控股集团有限公司荣获“全国脱贫攻坚先进集体”称号，市侨联常委、宜垦（天津）集团有限公司董事长陈中红荣获“全国脱贫攻坚先进个人”称号。

【山西省侨联主席王维卿一行到访天津市侨联】 8月25日，山西省侨联党组书记、主席王维卿一行到访天津市侨联，双方就推进合作交流机制、加强侨联组织和队伍建设方面及疫情防控等工作进行了座谈交流。市侨联党组副书记、常务副主席陈钟林，党组成员、专职副主席兼秘书长杨晖，党组成员、二级巡视员李华生及机关各部（室）负责人参加了座谈。

8月25日，山西省侨联主席王维卿一行到访天津市侨联

6月16日，天津市侨联、市妇联等联合主办“第六届‘小拍品·大爱心’公益拍卖活动启动仪式暨东西部扶贫推动会”

【“健康光明行”为老区群众送光明】 由中国侨联、天津市侨联、天津医科大学联合天津医科大学眼科医院组成“侨爱心·送温暖医疗队”，于8月26日—30日前往山东省沂南县人民医院开展“沂南眼健康光明行”活动，为当地贫困患者免费实施白内障复明手术105例，并向沂南县捐赠120枚人工晶体和手术耗材，受到当地群众的欢迎和好评。

【突出“党建带侨建”提高教育转化力】天津市侨联党组重视基层党组织建设，坚持“党建带侨建”，组织机关各支部建立联系点，开展“问计基层、问需群众”大走访活动和专题调研、主题党日活动，倾听基层声音、解决基层问题。先后组织党员干部到天津市社会组织党群服务中心、东海街“退役军人之家”、天津市博物馆、天津市河西区党群服务中心等地开展主题党日

9月29日，天津市侨联举办“烹茶品饼庆佳节·畅叙侨情感党恩”主题党日活动

11月24日，天津市侨联社联部党支部与与平区五大道街三盛里社区举办“问需求、话成绩、增信心”主题座谈会

活动。国庆、中秋举办“烹茶品饼庆佳节·畅叙侨情感党恩”主题座谈会，邀请老归侨与机关干部叙侨情、感党恩；开展迎七一“强党性、铸忠诚，勇担当”和庆八一“不忘初心使命·永葆军人本色”主题活动，组织“使命·奋斗”大讨论，启发和激励广大党员干部成为侨界群众的贴心人和侨联工作的实干家。11月3日，中国侨联第八届侨界贡献奖评比揭晓，天津市滨海新区康希诺生物股份公司首席科学家朱涛荣获一等奖；天津科技大学副校长李占勇，南开大学泰达学院院长、药物化学生物学国家重点实验室副主任杨诚，分别获得二等奖，天津市侨联获得优秀组织工作奖。

【开展纪念侨法颁布30周年系列活动】“七五”普法收官之年恰逢《民法典》颁布，天津市侨联组织开展了纪念侨法颁布30周年系列活动。与市侨办联合举办“侨界大讲堂”，进行《民法典》及《归侨侨眷权益保护法》解读，开展涉侨法规政策现场咨询；组织法顾委律师开展《民法典》宣讲，制作《归侨侨眷权益保护法》宣传海报、涉侨法规政策手册等，推动普法工作进机关、进社区、进侨企、进学校；依托市侨联“一网一号一端多群”和《人民日报》及海外华文媒体进行专题报道等。增强社会学法用法守法、知侨懂侨护侨自觉性，使《民法典》《归侨侨眷权益保护法》不断深入人心。广泛发动归侨侨眷、社区群众积极参与第二届“侨商杯”法律知识竞赛，南开区、北辰区、宁河区、西青区和静海区侨联位列全国516个地市级、海外侨社第一、第七、第十三、第十七和第

9月7日，天津市侨办、市侨联联合举办“民法典及侨法解读暨涉侨法规政策现场咨询活动”

三十二，天津市侨联获组织一等奖。

12月11日，天津市侨联侨菁会召开第三届会员大会

【中国侨联领导出席中国·天津投资贸易洽谈会暨PECC博览会】10月12日，由商务部、天津市人民政府、中国侨联、中国商业联合会共同主办的2020中国·天津投资贸易洽谈会暨PECC博览会开幕。中国侨联主席万立骏视频致辞，李卓彬副主席出席现场启幕。在津期间，李卓彬副主席一行赴武清区走访调研侨商会会长李学海企业及项目，听取市侨商会工作汇报。市委常委、统战部部长冀国强，武清区委书记戴东强，市侨联党组副书记、常务副主席陈钟林陪同调研。

10月12日，李卓彬副主席（前排右一），天津市委常委、统战部部长冀国强（前排中）等在武清区创意米兰项目进行实地调研，市侨商会会长李学海（左一）做项目介绍

【召开天津市侨联侨菁会第三届会员大会】12月11日，天津市侨联侨菁会举行第三届会员大会，市侨联党组副书记、常务副主席陈钟林出席并讲话，市侨联党组成员、专职副主席杨晖，市侨联党组成员、二级巡视员李华生出席。大会审议通过了侨菁会第二届委员会工作报告，审议通过七名新会员入会，选举产生了侨菁会第三届理事会、监事会、顾问委员会，张鉴灏连任会长。

【召开2020年天津市基层侨联工作会议】12月29日，天津市侨联召开2020年基层侨联工作会议，党组书记李占勇出席会议并讲话，党组副书记、常务副主席陈钟林，党组成员、二级巡视员李华生出席会议。陈钟林总结了2020年天津市基层侨联工作开展情况，各区（高校）侨联（侨海联）汇报了2020年重点及特色工作的开展情况，李占勇对基层侨联工作提出了工作希望。各区（高校）侨联主席、侨海联谊组组长，部分区（高校）统战部、侨联专兼职干部以及市侨联各部（室）负责同志近50人参加会议。

12月29日，天津市侨联召开2020年基层侨联工作会议

河北省归国华侨联合会

【领导成员名单】

党组书记、主席：包　东

专职副主席：孙晋康　任卓平（女）

兼职副主席：付辉东　屈　恩（女）

余良祺　王　强　元　革

李　青（女）　武志永

挂职副主席：周晓辉（女，兼）

秘书长：任卓平（女，兼）

【综述】2020年，河北省各级侨联组织坚持以习近平新时代中国特色社会主义思想为指导，全面贯彻党的十九大和十九届历次全会精神，深入学习贯彻习近平总书记关于群团工作和侨务工作的重要论述，学习贯彻省委九届十一、十二次全会精神和中国侨联十届三次全委会精神，积极落实省委省政府和中国侨联部署要求，增强“四个意识”、坚定“四个自信”、做到“两个维护”，统筹推进疫情防控和侨联各项工作，坚持围绕中心、服务大局、服务侨胞，认真做好巡视整改工作，加强党的建设，努力克服新冠肺炎疫情带来的不利影响，各项工作取得新进展、新成效。

【开展理论学习活动】河北省侨联制定完善《省侨联党组理论学习中心组学习制度》，组织8次党组理论学习中心组集体学习，全面学习宣传党的十九届四中、五中全会精神，深入学习《习近平谈治国理政》第三卷，贯彻落实省委九届十一次、十二次全会精神，跟进学习全国“两会”精神、习近平总书记关于疫情防控、推进经济社会发展、决战脱贫攻坚等重要讲话精神，深入学习《中共中央关于制定国民经济和社会发展第十四五规划和二〇三五远景目标的建议》，联系实际学习习近平总书记关于侨务工作的重要论述，增强工作的主动性创造性，把党中央和省委对侨联的工作要求落到实处。11月27日，河北省侨联党组书记、主席包东向全省侨联系统宣讲党的十九届五中全会精神。宣讲以视频方式进行，各市（含定州、辛集市）侨联、华北油田侨联、雄安新区党群工作部设14个分会场，省市侨联机关工作人员、部分省市侨联委员共计120余人参加。

【动员侨界助力抗疫】2月18日，河北省侨联党组书记、主席包东代表12个海外侨（社）

2月18日，河北省侨联代表12个海外侨（社）团、侨联组织和归侨侨眷个人向河北省胸科医院、石家庄市中医院、衡水市第三人民医院捐赠合计约70.4万元人民币的善款、物资

2020年3月，河北省侨联主席包东（左二）赴侨资企业走访调研，指导侨资企业做好复工复产

持表示感谢，并向省侨联赠送“为侨排忧　情系侨胞”锦旗。

4月8日，河北省侨联主席包东（左五）会见中侨实业董事长王晓芹一行

【开展侨企复工复产调研活动】2月17日至5月底，河北省侨联党组书记、主席包东，副主席孙晋康，副主席兼秘书长任卓平，一级巡视员季加宇，副主席周晓辉先后赴侨资企业进行调研并座谈交流，了解企业抗击疫病和复工复产情况，动员全省侨资侨属企业加强疫病防控、切实履行社会责任、有序推动恢复生产，共克时艰，打赢这场疫情防控阻击战，为全省经济社会发展作出侨界贡献。4月17日，省侨联召开全省侨资侨属企业复工复产座谈交流会，听取企业家代表意见建议，为企业克服困难、共同发展做好服务工作。中国侨联兼职副主席、省侨联党组书记、主席包东出席会议并讲话，会议邀请商务部国际贸易经济合作研究院研究员杜国臣做了“疫情期间国内外经济形势及应对”的专题讲座。帮助企业深刻了解和清醒把握疫情给我国经济发展带来的影响，解答复工复产中困扰企业的法律和政策问题，破解复工复产中的难点、堵点，进一步增强企业抗压能力和发展信心。

团、侨联组织和归侨侨眷个人向河北省胸科医院、石家庄市中医院、衡水市捐赠合计约70.4万元人民币的善款、物资。省侨联副主席孙晋康、省胸科医院院长吴树才、石家庄市中医院副院长赵凤琴等出席捐赠仪式。据不完全统计，疫情期间河北籍海外侨胞及归侨侨眷为湖北武汉和河北省累计捐款、捐物折合8000余万元。4月8日，河北省侨联党组书记、主席包东，副主席兼秘书长任卓平会见中侨实业董事长王晓芹一行并座谈交流。包东对中侨实业取得的成绩给予充分肯定，对企业一手抓疫情防控、一手抓企业发展的做法给予高度评价。王晓芹介绍了唐山和邢台文旅项目的基本情况和未来规划，对省侨联在项目落地和发展过程中给予企业有力的帮助和支

4月17日，河北省侨联召开全省侨资侨属企业复工复产座谈交流会

2019 年 12 月，海外华裔青少年“中国寻根之旅”冬令营在邯郸举办

【开展“寻根之旅”冬夏令营活动】1 月 1 日，由中国侨联主办，河北省侨联、邯郸市侨联、邯郸学院承办的 2019“寻根之旅”冬令营邯郸营闭营。2020 年以来，省侨联联合 10 个市级侨联，依托当地高校、学校，开办 8 期 27 个线上营，来自英国、美国、加拿大、巴拿马等 10 个国家的 1100 余名华裔青少年参加。省侨联为参加夏令营的 11 个侨社团、华文学校赠送“凯叔讲故事”年卡 750 张，讲好中国故事、传播好河北声音。该活动加深了华裔师生们对中华优秀文化的认知和热爱，增强了对中华民族的向心力。

【召开 2020 年全面从严治党工作会议】4 月 9 日，河北省侨联召开 2020 年全面从严治党工作会议，全面回顾总结了 2019 年落实全面从严治党工作情况，并对 2020 年工作任务作出了部署，省纪委监委驻省委统战部纪检监察组组长梁立新列席会议并讲话。会议强调推动全面从严治党向纵深发展，提升机关作风建设水平和工作效能。省侨联党组书记、主席包东，党组成员、副主席孙晋康，一级巡视员季加宇，挂职副主席周晓辉出席会议。省侨联党组成员、副主席、机关党委书记任卓平主持会议，机关全体党员干部职工参加会议。

4 月 29 日，河北省侨联召开年度工作推进会

【召开河北省侨联系统年度工作推进会】4 月 29 日，河北省侨联系统年度工作推进会以视频形式在石家庄召开，省侨联党组书记、主席包东出席会议并讲话。会议总结一季度工作完成情况，部署下步重点工作。会议要求，全省侨联系统要贯彻落实好中国侨联十届三次全委会精神，有力有序、落实落细 2020 年度重点工作，进一步在常态化疫情防控和经济社会发展中发挥重要作用。省侨联

2020 年 4 月，河北省侨联召开全面从严治党工作会议

处级以上干部、各市侨联主要负责人共计 30 余人分别在主会场和分会场参加会议。

【开展“规章制度学习月”活动】 5 月 7 日，省侨联开展“规章制度学习月”活动启动仪式暨首次集中学习，通过机关集中学习与个人自学相结合的方式，对总类、人事、行政等 10 个方面共 46 项制度进行了深入学习。通过学习，增强侨联机关依规履职、按章办事的责任意识、制度意识和程序意识，强化工作的组织纪律性和规范合理性，确保各项工作按章有序开展。

2020 年 5 月，河北省侨联机关开展“规章制度学习月”活动启动仪式暨首次集中学习

【举办参政议政暨侨情专报培训活动】 5 月 20 日，河北省侨联举办参政议政暨侨情专报线上培训，省侨联一级巡视员季加宇出席并讲话，省侨联副主席周晓辉主持。省侨联办公室（人事处）主任（处长）孟凡扬就如何写好侨情专报进行了专题讲解；全省省侨联系统工作人员以及我省侨界人大归侨侨眷代表、政协侨联界委员、侨联委员，部分高校、科研院所的侨界特聘专家约 200 多人参加了线上培训。

【开展“河北省侨联成立 60 周年”纪念活动】 6 月 3 日，河北省政府新闻办举行“河北省侨联成立 60 周年”新闻发布会。河北省侨联党组成员、副主席孙晋康介绍省侨联 60 年来的发展历程及主要活动安排，并与办公室主任孟凡扬分别回答记者提问。先后开展了制作纪念册并开设网上展厅，举办座谈会，举办“我与河北侨联”、“冀侨在海外”为主题的征文、书画展，举办“回顾侨联历史、强化使命担当”委员主题活动日活动，举办“助力脱贫攻坚战、决胜全面建成小康社会”——侨爱心健康光明行河北省第 10000 例患者揭纱活动，制作省侨界创新人才奉献社会风采录，举办涉侨法律知识竞赛，开展“送温暖献爱心”活动，开展“最美基层侨联工作者”和“最美基层侨联志愿者”褒扬活动。广大侨界群众积极参与，凝聚了侨心侨力侨智，

6 月 3 日，河北省政府新闻办举行“河北省侨联成立 60 周年”新闻发布会

5 月 20 日，河北省侨联举办参政议政暨侨情专报培训活动

9 月 24 日，河北省侨联召开成立 60 周年座谈会

激励和鼓舞侨界群众为侨联事业积极奋进，为建设新时代经济强省美丽河北贡献力量。9 月 24 日，省侨联成立 60 周年座谈会在石家庄召开，省侨联党组书记、主席包东出席会议并讲话。会议回顾了省侨联成立 60 周年的发展历程，老归侨代表、老侨联工作者、全国侨联系统先进工作者、侨界专家代表、新侨代表、侨商代表、海外侨胞代表等 10 名同志先后发言。通过讲述不同时代背景下侨联系统中的鲜活事例、感人瞬间，回顾个人的成长进步与侨联的发展变化，分享个人的工作体会与内心感悟，抒发了对侨联事业的美好憧憬。

【落实河北省委巡视省侨联整改任务】7 月 19 日—9 月 19 日，河北省委第十巡视组对省侨联党组开展了常规巡视，10 月 17 日反馈了巡视意见。10 月 27 日，省侨联召开巡视整改工作动员部署会。12 月 16 日组织召开了巡视整改专题民主生活会，省纪委监委第一监督检查室、省纪委监委驻省委统战部纪检监察组相关人员会指导。省侨联党组对照巡视组反馈意见提出的 4 个方面 26 个问题，制定《省侨联党组巡视整改任务台账》，细化整改内容、整改措施、整改时限，明确责任，综合施策、强力推进。已整改完成 22 个，长期推进 4 个，做到了“条条有整改、件件有落实”。通过巡视，省侨联经历了一次深刻的思想洗礼，政治意识、党性观念进一步增强，机关党的建设和运行管理更加规范，围绕中心、服务大局、服务侨胞的各项工作有了新起色。

【举办“创业中华　百企千岗　助创行动”启动仪式暨首场云招聘活动】8 月 11 日，“创业中华　百企千岗　助创行动”启动仪式暨首场云招聘活动在北京举办。由中国侨联指导，京、津、冀三地侨联联合举办，来自三地的 85 家企业参与首场云招聘活动，面向京津冀三地侨界青年、归国留学人员、应届毕业生和贫困大学生，招聘总人数 2800 余人。中国侨联副秘书长、经济科技部部长赵红英，副部长夏付东，北京市侨联党组书记赵宏生，市侨联主席荣洋，市侨联副主席苏泳，天津市侨联党组副书记、常务副主席陈钟林，河北省侨联党组成员、副主席任卓平等出席启动仪式。启动仪式及首场云招聘活动得到了社会各界的广泛关注，截至直播活动结束，关注量达到近万人。

8 月 11 日，举办“创业中华　百企千岗　助创行动”启动仪式暨首场云招聘活动

【组织开展第三季度“委员活动日”活动】9 月 25 日，河北省侨联十届三次常委（扩大）会议在石家庄召开，省侨联党组书记、主席包东出席并讲话。会议总结回顾前三个季度工作完成情况，安排部署四季度重点工作。会议期间，在中央统战部旧址组织开展了以“回顾侨联历史，强

9 月 25 日，河北省侨联组织开展第三季度“委员日活动”

9 月 25 日，河北省侨联主席包东出席十届三次常委（扩大）会议

育侨务资源，做优做强工作品牌，提高基层侨联组织吸引力和影响力。省侨联党组书记、主席包东出席会议并主持，党组成员、副主席孙晋康、任卓平，挂职副主席周晓辉，省侨联十届委员会常委，省属骨干院校分管领导，部分县（市、区）侨联负责人及省侨联各部室负责人参加了会议。全省新建县区级侨联组织 3 个，高校侨联 1 个，侨胞之家 55 个，新侨工作站 5 个。

化使命担当”为主题的“委员活动日”活动，激发委员政治责任感和履职奉献热情。

【举办首届“侨商杯”法律知识竞赛】9 月 21 日，首届“侨商杯”全省侨联系统法律知识竞赛决赛在石家庄举行，河北省侨联党组书记、主席包东出席并讲话，中国侨联权益保障部部长张岩视频致辞。经过现场决赛激烈角逐，邢台市侨联、唐山市侨联、石家庄市侨联分别荣获一、二、三等奖，承德市侨联荣获优秀奖，方艳华、杨晓娜、张圆超、董青分别荣获个人表现突出奖。

9 月 25 日，河北省侨联召开全省基层侨联组织能力提升工作会议

【召开河北省基层侨联组织能力提升工作会议】9 月 25 日，河北省侨联召开全省基层侨联组织能力提升工作会议，省委常委、组织部部长，省政协副主席梁田庚出席会议并讲话，他强调要全面加强基层侨联组织建设，着力提升基层侨联组织能力，建好用好“网上侨联”，涵养培

【开展“大学习、大调研、大讨论、作出大贡献”活动】10 月中旬至 11 月底，根据河北省侨联年度调研工作安排，省侨联党组书记、主席包东，党组成员、副主席孙晋康，党组成员、副主席任卓平，一级巡视员季加宇，副主席周晓辉（挂职）分别带队赴各市侨联调研，就贯彻落实全国侨代会精神，围绕侨联委员会建设和基层侨联组织“两个建设”，文化交流基地建设及作用

发挥等方面，深入县区侨联组织、侨资企业、华侨文化交流基地，与分管领导、侨联委员、归侨侨眷、基层侨联干部交流，了解情况、听取意见、推动工作落实。

【召开河北省国际华商联合会第三次会员代表大会】10 月 29 日，河北省国际华商联合会第三次会员代表大会在石家庄召开。河北省侨联党组书记、主席包东出席会议并讲话，中国侨联经济科技部一级巡视员、中国侨商联合会副会长兼秘书长夏付东应邀出席并致辞。大会审议通过了河北省国际华商联合会第二届监事会工作报告、《河北省国际华商联合会章程》《河北省国际华商联合会第二届理事会经费收支情况报告》《河北省国际华商联合会第三届经费管理办法》《河北省国际华商联合会第三届理事会选举办法》《河北省国际华商会联合会第三届理事会关于聘任各荣誉职务人选的决议》《关于设立河北省国际华商联合会数字产业委员会等专业委员会的决定》。按程序选举了河北省国际华商联合会第三届会长、常务副会长、副会长、秘书长及监事会监事长、副监事长。来自 77 个国家和地区的 256 位海外侨领被聘请为海外理事。省华商会会员代表和省侨联各部门负责人、各市侨联有关负责同志 140 余人参加会议。

10 月 29 日，召开河北省国际华商联合会第三次会员代表大会

【举办“创业中华　创新河北”品牌活动】10 月 29 日，开展“创业中华　创新河北”海内外侨商助推河北高质量发展活动，来自 15 个国家和地区的 70 余名侨商代表参会。河北省侨联党组书记、主席包东，中国侨联经济科技部一级巡视员、中国侨商联合会副会长兼秘书长夏付东，北京市侨联副主席苏泳，天津市侨联常务副主席陈钟林出席。促成河北省国际华商联合会与北京华商会、天津市侨商会共同签订京津冀三省市侨商战略合作协议。2020 年以来，省侨联在中国侨联支持下，联合秦皇岛市侨联、沧州市侨联、衡水市侨联等 7 个市级侨联，分别举办了“创业中华　创新河北”品牌活动，充分调动海内外资源，借助商会平台，精细谋划，精准对接，促成秦皇岛河北科技师范学院与广东华商律师事务所共同建设华商国际律师学院等多个合作意向。签署合作意向金额 9.85 亿元。

【开展公益活动参与社会建设】引导河北省侨界万人援建“华侨冬奥冰雪博物馆”，全省各市侨联组织动员 1.3 万名侨界群众捐款 140 余万元。协助 6 个地市 21 个县区公立医院向中国华侨公益基金会申请了 SM10C 等离子双极电切电凝系统、天启新冠肺炎筛查系统等设备 22 台（套），价值 1539 万元。开展“侨爱心—送温暖”医疗队“2020 健康新疆行”活动，深入巴州 4 个县（市）10 个乡镇，行程 2600 公里，为巴州 2000 余名各族群众送去医疗服务。

【开展 2020 年侨联干部专题研修暨基层侨联干部联络能力提升培训班】12 月 7 日—12 日，河北省侨联干部专题研修暨基层侨联干部联络能力提升培训班在河北省委党校组织。省侨联党组成员、副主席孙晋康，省委党校教师进修学院（干部教育学院）院长袁纪文出席并讲话。此次培训安排了 10 个专题的学习，由省委党校知名教授进行授课，邀请了中国侨联基层建设部张毅部长作专题辅导，组织赴鹿泉区“侨胞之家”开展现场教学，围绕贯彻落实十九届五中全会精神、基层侨联组织建设开展座谈讨论和学习交流。有效提升了受训人员为侨服务和履职尽责的能力水平，坚定了当好归侨侨眷和海外侨胞的“贴心人”、侨务工作的“实干家”的信心和

12 月 7 日—12 日，河北省侨联干部专题研修暨基层侨联干部联络能力提升培训班在省委党校举办

决心。省侨联、部分高校、市县区侨联干部以及“侨胞之家”有关负责人共 50 人参加培训。

【召开 2020 年河北省侨联青委会工作会议】 12 月 9 日，河北省侨联青年委员会工作会议在石家庄召开，省侨联党组成员、副主席孙晋康，挂职副主席周晓辉出席会议并讲话。会议通过了省侨联第三届青委会相关决议草案，周晓辉当选新任会长。省侨联青委会骨干及部分在石委员等 40 余人参加活动。

【召开 2020 年河北省侨联法顾委年会】 12 月 28 日，河北省侨联法顾委年会在石家庄市召开，省侨联党组书记、主席包东出席会议并讲话，省侨联一级巡视员季加宇传达学习中国侨联党组书记、主席万立骏在中国侨联二届“侨商杯”法律知识竞赛总结颁奖活动上的讲话精神，法顾委副主任张金龙作 2020 年度工作报告，总结回顾“民法典”“宪法日”宣传活动，明确依法维权。副主任兼秘书长齐燕主持会议，省侨联法顾委国内委员及有关人员 40 多人参加会议。

【召开河北省侨联系统办公室工作会议】 12 月 22 日，河北省侨联系统办公室工作会议在石家庄召开，省侨联党组成员、副主席孙晋康出席会议并讲话，会议由省侨联办公室主任（人事处长）孟凡扬主持。各市侨联、华北油田侨联、雄安新区党群工作部设分会场，省市侨联分管办公室的领导及工作人员共计 30 余人参加会议。会议提出要提升“两个建设”和推进侨联改革的能力和水平。

【开展送温暖活动】 12 月 28 日—30 日，河北省侨联党组书记、主席包东，省侨联党组成员、副主席孙晋康，省侨联党组成员、副主席兼秘书长任卓平，一级巡视员季加宇分别到承德市、邯郸市、秦皇岛市、邢台市，宣讲党的十九届五中全会精神和省委九届十二次全会精神，慰问侨界群众，送去党和政府的关心与温暖。

【石家庄市侨联着力提升基层组织能力】 12 月 2 日，石家庄市侨联召开全市基层侨联组织能力提升工作会议。各县（市、区）委常委、统战部长，县区、高校、医院侨联和侨联筹备组负责人及侨胞之家负责人 60 余人参会。推进县区侨联组织建设，正定县召开第四次归侨侨眷代表大会，选举产生县侨联第四届委员会主席 1 名、常务副主席 1 名、副主席 7 名、常务委员 21 名、委员 42 名。

【京张侨联侨商举行合作签约仪式】 11 月 24 日—25 日，北京市侨联到张家口市开展助力冬奥、助力脱贫攻坚活动。京张侨联共同举行“合作合力——携手奋进新时代”助力冬奥、助力脱贫攻坚签约仪式，北京市侨联党组书记赵宏生、副主席苏泳、副主席兼秘书长李登新，省侨联副主席任卓平，市委书记回建，市委常委、秘书长高峰，副市长李宏出席仪式。此次活动促成双方签署多项合作意向协议书，促进双方将在会务、商务、经贸等多方面开展合作。

【秦皇岛市侨商大厦项目举行建设启动仪式】 9 月 28 日，由秦皇岛市侨商联谊会投资 3.5 亿元兴建的侨商大厦项目举行建设启动仪式。河北省侨联副主席任卓平，秦皇岛市委常委、市政府常务副市长刘亚洪，秦皇岛市委常委、组织部部长刘文萍，秦皇岛市人大常委会副主任徐宪民，秦皇岛市政协副主席赵方，秦皇岛市政协副主席裴晓鹏等市领导参加启动仪式。

【保定市侨联助力转运外来（返）保人员】3月15日，保定市侨联成立了派驻机场工作组，进驻正定机场负责境外来（返）保人员转运工作。市侨联党组勇于担当，经过两个月的全力奋战，安全转运了来自21个国家和地区涉及22个县（市、区）的入境人员共110人，为防范境外疫情输入作出了贡献。

【邢台市信都区召开归国华侨联合会成立大会】11月25日，邢台市信都区召开归国华侨联合会成立大会暨第一次会员代表大会。省侨联党组成员、副主席孙晋康出席并讲话。大会审议通过了《关于邢台市信都区归国华侨联合会筹备工作的报告》《邢台市信都区归国华侨联合会选举办法》等文件。会上选举产生了信都区侨联第一届委员会主席、副主席、秘书长、常务委员。

山西省归国华侨联合会

【领导成员名单】

党组书记：王维卿（女）
党组成员：李德增　张志龙　陈斯平
主　　席：王维卿（女）
专职副主席：陈　蕾（女）
挂职副主席：李德增
兼职副主席：方敬爱（女）　马金标　宋迎东
　　　　　　常新乐　谭　慷　王迪录
　　　　　　武　强
秘 书 长：陈　蕾（女，兼）

【综述】2020年，在中共山西省委坚强领导下，在中国侨联大力支持下，山西省侨联坚持以习近平新时代中国特色社会主义思想为指导，全面贯彻党的十九大和十九届二中、三中、四中、五中全会精神，认真贯彻落实习近平总书记关于侨务工作重要论述和视察山西重要讲话重要指示，深入贯彻落实省委十一届十次、十一次全会精神和对侨联工作的决策部署，按照省委“四为四高两同步”总体思路和要求，主动担当作为，在转型发展蹚新路中充分发挥侨联组织独特优势和作用，积极助力全省高质量转型发展，侨联各项工作取得新进展新成效。

【助力打赢疫情防控战】新冠肺炎疫情发生以来，山西省侨联积极响应党中央和山西省委决策部署，主动作为，率先发出《关于积极参与新型冠状病毒感染肺炎疫情防控的倡议书》，迅速凝聚起侨界抗击疫情的磅礴力量。广大海内外侨胞和侨联工作者纷纷捐款捐物，据不完全统计，山西省侨联共收到来自美国、加拿大、香港、澳门等国家和地区的山西籍海外侨胞与侨界群众捐赠款物1800余万元，所有物资均于第一时间发放到疫情防控一线。在国外疫情日益严重的情况下，山西省侨联积极联系各国主要侨团为晋籍海外留学生提供帮助和服务，在全国率先发出《致晋籍海外留学生的一封信》，并向海外寄送防疫物资，帮助海外侨团和留学生群体抗击疫情，为全国侨联系统开展此项工作贡献了山西方案。与山西省教育厅、卫健委、外事办联合制作《风雨同舟　共克时艰》关爱山西海外留学生特别节目。向山西省博物院捐赠400余件抗击新冠肺炎疫情见证物。在陕西省抗击疫情表彰中，省侨联所属华侨公益基金会荣获记功集体、侨商联合会会长李德志荣获个人嘉奖。

2月12日，吴伟副省长（左五）出席山西侨界企业家抗疫物资捐赠仪式

2月18日，山西省人大常委会副主任卫小春出席“抗击疫情·侨在行动”防控物资捐赠仪式

2020年10月，山西省华侨公益基金会记功证书

【侨联组织建设取得新突破】山西省侨联坚持问题导向，立足山西实际，出台《关于新时代加强我省侨联组织建设的指导意见》，对地市级侨联、县级侨联、基层侨联、高校侨联、涉侨社团和侨胞之家进行分类指导。全年新增侨联组织48个，其中县级侨联41个、高校侨联5个、阳泉市成立全省首个社区侨联、长治市成立全省首个乡镇侨联。县级侨联数量从61个增加到102个，覆盖率从52%上升到87%。在太原、阳泉、晋城、晋中县级侨联组织全覆盖基础上，大同、长治、临汾、运城4市年内实现了县级侨联组织全覆盖。晋城市阳城县实现了乡镇“侨胞之家”全覆盖。

5月30日，第五届海峡两岸神农炎帝民间拜祖大典现场照片

【开展“亲情中华·云游三晋”网上夏令营】4月30日起，山西省侨联组织海外10余个国家和地区的3000余名海外华裔青少年参加11期“亲情中华·云游三晋”网上夏（秋冬）令营，并提供资金10余万元保障活动顺利开展。全省各地侨联通过制作音频、视频等方式向海外华裔青少年讲述山西故事，扩大三晋文化在海外华侨华人中的影响力和感召力，增强海外华裔青少年对中华民族、中华文化的认同感和自豪感，参营人数、办营质量在全国位居前列，受到中国侨联的充分肯定和海外侨胞的广泛赞誉。

【组织参加第五届海峡两岸神农炎帝民间拜祖大典】5月30日，“问祖炎帝·寻根高平”第五届（庚子年）海峡两岸神农炎帝民间拜祖大典在高平炎帝陵举行。山西省政协主席李佳、副省长王成出席拜祖典礼，省市县三级侨联干部代表海外侨胞参加现场活动，并组织侨胞参加云端拜祖大典。受疫情影响，海外侨胞无法亲临现场参加祭拜，来自澳大利亚、法国、日本、加拿大、马来西亚、老挝等国的侨领侨胞纷纷通过山西省侨联以视频形式进行拜祖祝福。正在参加“亲情中华·为你讲故事”网上夏令营山西营的海外华裔青少年们，通过在“云端”观看拜祖大典及《炎帝故事》系列宣传片，纷纷发来祝福小视频，并表示疫情之后渴望到炎帝故里寻根祭祖。

【召开山西省侨联十届五次常委会】7月31日，山西省侨联十届五次常委会议在太原召开。

7月31日，山西省委常委、统战部部长徐广国出席省侨联十届五次常委会并讲话

7月31日，山西省侨联十届五次常委会在并召开

山西省委常委、统战部部长徐广国出席会议并讲话，省侨联全体常委出席会议，各市侨联党组书记、主席，各高校侨联负责人，省侨联所属社团负责人和机关中层干部列席会议。会前，全体参会人员以电视电话会议形式列席了中国侨联十届五次常委会议，山西省侨联党组书记、主席王维卿作为7家省级侨联代表在会议上第一个发言。

8月31日—9月4日，山西省侨联举办全省基层侨联干部能力提升培训班

【启动“侨爱心·康明行”白内障复明手术公益项目】8月13日，由山西省侨联指导，省华侨公益基金会等联合主办的“侨爱心·康明行”白内障复明手术公益项目（晋中）启动仪式在平遥康明眼科医院举行。该项目由山西景翔医疗器械有限公司向山西省华侨公益基金会捐赠爱心基金100万元支持开展。9月9日，“侨爱心·康明行”白内障复明手术公益项目（吕梁）启动仪式在孝义康明眼科医院举行。该项目由山西晋茂能源科技有限公司向省华侨公益基金会捐赠爱心基金100万元，用于为贫困白内障患者实施复明手术。

【开展“侨爱心—送温暖医疗队”义诊宣传活动】8月下旬至9月上旬，由中国侨联主办，山西省侨联联合承办的“侨爱心—送温暖医疗队”义诊宣传活动分赴中阳县、高平市开展义诊和侨法宣传活动。省侨联组织20多名知名专家为2000余名各界群众义诊和法律咨询服务，免费发放价值3万元的药品和1000余册科普读物。

【举办山西省基层侨联干部能力提升培训班】8月31日—9月4日，山西省侨联在太行干部学院举办全省基层侨联干部能力提升培训班，各市侨联分管基层组织建设负责人、有关县级侨联和“侨胞之家”负责人、省侨联机关有关处室负责同志和所属社团工作人员等60余人参加。此次培训开拓了全省侨联干部的眼界，增长了本领，对贯彻落实习近平新时代中国特色社会主义思想和推动基层侨联组织建设等有了新的认识和提高。

【程学源副主席来晋调研】9月19日—21日，中国侨联党组成员、副主席程学源一行来晋调研，在太行干部学院出席中国侨联基层组织负责人培训班开班式并作开班动员。山西省委常委、统战部部长徐广国会见程学源一行，并出席开班式。在晋期间，程学源在晋城市阳城县出席了晋城市基层侨联组织座谈会，与晋城市、县、企业侨联和乡镇“侨胞之家”负责同志进行深入交流，在晋中市山西金谷文化交流有限公司等涉侨企业调研，了解企业在统筹抓好疫情防控和复工复产、加快科技研发创新等方面的情况。

9月19日，程学源副主席（中）出席中国侨联基层组织负责人培训班开班式

【齐全胜副主席来晋调研】9月21日—23日，中国侨联副主席齐全胜在山西省临汾、运城两地调研。在临汾期间，齐全胜出席了第三届尧都文化旅游节开幕式和祭祖大典，赴基层侨联联系点

9月23日，齐全胜副主席在运城出席“弘扬黄河文化凝聚民族力量”座谈会

洪洞县侨联调研，与基层侨联干部座谈交流。在运城期间，齐全胜出席由晋陕豫侨联及黄河“金三角”六市侨联参加的“弘扬黄河文化　讲好黄河故事”座谈会，出席第31届运城关公文化旅游节和祭拜关公大典，并就发挥侨联作用、扩大优秀历史文化资源影响与基层侨联干部作了交流。

【组织侨商赴昆山考察并出席首届昆山侨商大会】9月28日，山西省侨联党组书记、主席王维卿率领10余名侨商代表赴江苏出席“情系昆山　侨联四海”首届昆山侨商大会。其间，王维卿一行与参会代表广泛接触，积极宣传山西、推介山西，在昆山市侨联领导陪同下考察萨驰华辰机械（苏州）有限公司，并促成山西省侨商会与昆山市侨商会签订友好合作协议。

【举办2020中国侨商走进山西系列活动】9月20日—24日，山西省侨联举办2020中国侨商走进山西系列活动，组织来自10个国家和地区的50多位侨商组成的中国侨商会代表团在临汾、晋中进行经贸考察。在中国侨商会秘书长安晨率领下，代表团在山西省参加多场招商引资推介会和投资意向交流会，就产业园、金融投资、健康养生、环保产业、仓储物流、国际贸易、旅游开发、新能源产业等投资项目进行交流和探讨，进一步了解山西转型发展有关政策和进展。

【承办“法治中国　你我同行”——2020年侨界法治学习活动】10月9日—12日，由中国侨联主办，山西省侨联、中国侨联法顾委承办的“法治中国　你我同行”——2020年侨界法治学习活动在太行干部学院举办，来自全省各地侨联干部、侨联委员、涉侨团体和企业相关人员共120人参加培训。活动通过专题讲座和现场教学等形式，让全体学员对习近平总书记全面依法治国新理念新思想新战略和当前全省侨联工作面临的形势和任务有了更深入的认识和理解，对坚定理想信念、做好本职工作起到了激励作用。

10月9日，“法治中国　你我同行”——2020年侨界法治学习活动开幕

【举办全省侨联系统助力山西经济高质量转型能力提升培训班】11月10日—12日，山西省侨联在四川大学举办全省侨联系统助力山西经济高质量转型能力提升培训班，全省有关市县党委分管侨联工作领导，各市县侨联、高校侨联主要负责人共50人参加。培训采取课堂讲授、交流研讨、现场教学相结合的教学方式，对“一带一路”倡议、当前宏观经济热点与政策等内容进行深度解读，参观学习侨资企业投资项目和成都市在新型城乡形态规划与构建中的先进经验，并赴四川省侨联进行学习交流。

【举办“以侨促转、服务基层——山西侨界社团走进长治”活动】11月16日—18日，山西省侨联在长治市举办“以侨促转、服务基层——山西侨界社团走进长治”活动。近百名来自省侨联特聘专家委员会和侨界青年委员会专家学者、青年委员参加活动，共商侨事、共话发展。活动期间，与会侨界代表分别参加了上党区和长子县招商推介会，就健康养生、现代农业、国际贸易及药茶产业、旅游开发等进行交流和探讨，多个投资项目达成初步合作意愿。

【举办侨界社团服务转型综改暨太原市小店区招商引资推介活动】11月23日—24日，山西省侨联侨界社团服务转型综改暨太原市小店区招商引资推介活动在太原举办，省侨商会、省新侨双创联盟等侨界社团代表，省市侨联、太原市和小店区有关领导等200余人出席活动。活动中，太原市小店区作重点项目推介，参观了山西德志时代新能源汽车制造股份有限公司、太原同创谷、太原阿凡达机器人科技有限公司，共商服务山西转型发展大计。

11月26日，山西省侨联国际文化交流联盟第二次全体会议在并举行

11月23日，举办山西省侨联侨界社团服务转型综改暨太原市小店区招商引资推介会

【召开山西省侨联国际文化交流联盟第二次全体会议】11月26日，山西省侨联国际文化交流联盟第二次全体会议在山西博物院会议中心举行，省委常委、统战部部长徐广国出席活动并讲话。他指出，省侨联开展一系列“以侨促桥”活动，通过触角的延伸助推了山西转型发展，是凝聚侨心、服务大局的具体举措。希望侨联持续发挥侨界的资源优势，做好山西对外文化交流工作，不断推动优秀三晋文化在海外传播。会议听取了张明智理事长代表联盟所作的《工作报告》，调整、增选了联盟理事单位，增补了联盟副理事长和副秘书长，并颁发了牌匾和证书。

【召开2020年度山西省侨联工作会议】12月16日—17日，2020年度全省侨联工作会议在太原召开，各市侨联、各高校侨联负责人参加会议。会上，山西省侨联党组书记、主席王维卿宣讲党了的十九届五中全会精神，总结了一年来的工作，并对来年工作进行安排部署。会议传达学习了山西省委常委会会议精神，提出全省各级侨联要认真贯彻落实省委常委会会议对工作的安排部署，各市侨联、各高校侨联就2020年工作情况和2021年工作思路进行了深入交流。

12月16日—17日，2020年度全省侨联工作会议在太原召开

省级侨联工作

【太原市侨联深入开展大调研活动】2020年，太原市侨联赴全市各区县开展基层调研活动，围绕侨商侨企在并发展情况进行摸底，广泛收集企业对当前减税降负、优化营商环境等方面的意见建议，针对疫情后海归回乡创业和涉侨企业复工复产问题，为60余家涉侨企业组织2次专题政策解读会，助力企业共渡难关。组织太原市20余家涉侨企业参加山西省侨联主办的“山西省侨界社团服务转型综改暨太原市小店区招商引资推介活动”。组织药茶生产海归企业赴晋城市与同行业侨企进行考察合作。收集招商引资、招才引智政策，印制发放《太原市招商引资政策文件汇编》和《太原市投资要素和政策摘编》300套，增强招商引资工作的导向性。开展困难侨眷、三侨生及急重症归侨侨眷摸底慰问工作，发放慰问金7.08万元。创设6家归侨侨眷再就业基地，为拓展归侨侨眷的就业渠道，为18家侨企落实惠企政策，实行挂牌服务。积极开展法律“四进”系列活动，为全市归侨侨眷、涉侨企业、海归团体提供法律维权服务300余人次，为侨界群众发放侨法宣传手册400余套。调整并新增一批海外侨务工作联络站，以海外侨务工作联络站为平台，推动山西药茶企业、山西食品企业与俄罗斯、马来西亚相关企业的经贸合作。重点开展了海外晋人摸底，采集海外华侨华人、留学生信息1698人，涵盖48个国家和地区。

【晋城市侨联】2020年，晋城市侨联组织全市侨界企业家参加山西省侨联侨界社团服务转型综改暨太原市小店区招商引资推介活动、“以侨促转　服务基层——山西侨界社团走进革命老区长治”、“以侨促转　服务基层——山西侨界社团进孝义”主题推介会、全省海归组织年会等活动。新冠肺炎疫情发生后，组织机关党员干部职工在积极参与火车站、高速公路路口等重点卡口及社区值勤排查工作，发动晋城籍海外华侨华人捐款捐物，全市侨界捐助款物总额达62.23万元。元旦、春节期间，集中走访慰问了归侨侨眷、侨资侨属企业，共为全市67户归侨侨眷发放慰问金5万元。晋城市党组书记、主席闫芳走进晋城市电视台，在《局长讲法》栏目为全市观众讲解《中华人民共和国归侨侨眷权益保护法》。9月15日，晋城市侨联主办《中华人民共和国归侨侨眷权益保护法》颁布30周年“三文地产杯”法律知识竞赛，在线观看者达33万多人次。

9月15日，晋城市侨联主办《中华人民共和国归侨侨眷权益保护法》颁布30周年法律知识竞赛

【临汾市侨联】临汾市侨联在马来西亚吉隆坡、马六甲建立海外联络点，举办安泽药茶品鉴会，助力“山西药茶”走出国门。邀请60余名侨商侨领，参与“寻根尧祖·圆梦中华”2020尧都文化旅游节暨侨商经贸文化交流活动。邀请15家侨企侨商参加“2020山西临汾（上海）新兴产业恳谈会”。推荐7家涉侨企业成为“山西省新侨创新创业示范基地”。召开“银企对接侨为媒，凝心聚力谋发展”对接座谈会，帮助侨企与银行双方对接。建立临汾籍留学归国人员及海外高层次人才信息库，争取更多精英为临汾建设发展服务。发动海内外侨胞、侨眷爱心捐赠，为临汾市三院、市人民医院等筹集15万元防疫急需物品，并帮助侨企购买口罩生产设备，复工复产。争取山西省侨联、侨商支持，向海外侨胞及留学生发放价值5万元245份“侨爱心健康包”。成功推荐临汾市侨联主席刁士琦荣获全国第八届“中国侨界贡献奖”一等奖。新成立侨联13家，居全省之首，完成换届4家。实现县级侨联“侨胞之家”全覆盖，新创建“侨胞之家”11个，洪洞县“侨胞之家”被评为全国侨联系统优秀“侨胞之家”。召开临汾市第一次归侨侨眷代表大会，解决了侨联20多年没有换届

12 月 30 日，临汾市召开第一次归侨侨眷代表大会

的问题。举办“全市侨务干部业务能力提升培训班”。

【运城市侨联】疫情期间，运城市侨联与运城市外办联合在新闻媒体上发布致海外人员的一封信，同英国山西商会、意大利山西商会、美国山西总商会等 10 余个海外社团组织联系对接，组建了三个留学生关心关爱群，向运城籍海外人员传递侨界爱心。在人民日报评论版客户端、运城日报发表专题文章或专题采访，引导社会公众理性认识海外侨胞和留学生，在海外侨胞和社会上产生较大影响。牵线江苏侨商孙利华在万荣投资建设苹果反光膜回收再利用项目，预计一期投资 5000 万元。9 月，承办了晋陕豫黄河金三角地区侨联弘扬黄河文化讲好黄河故事座谈会，中国侨联副主席齐全胜出席活动，三省七市侨联共同探讨侨联系统弘扬黄河文化的路径，签署弘扬黄河文化合作备忘录。利用网站、微信公众号累计发布《亲情中华・黄河故事》系列故事 44 条，其中 7 条被中国侨联转发。协助运城爱尔眼科医院开展白内障手术公益活动，为 1100 名困难群众实施免费手术。配合中国侨联特聘专家在河津、闻喜开展肿瘤筛查后续工作，受惠群众 500 余人。2020 年新成立 5 个县级侨联，实现了县级侨联组织全覆盖。临猗、芮城作为解决侨联编制的试点县，增加两个编制从事侨联工作已经到位，为其他县加强侨联工作提供了借鉴。

内蒙古自治区归国华侨联合会

【领导成员名单】

主　　席：史　晴

专职副主席：暂时空缺

兼职副主席：白晓飞　卢世翔（蒙古族）

田来怀　宝日胡日嘎

李喜和　丁文祥

王佳音（女，蒙古族）

许文曲

秘 书 长：孙忠华

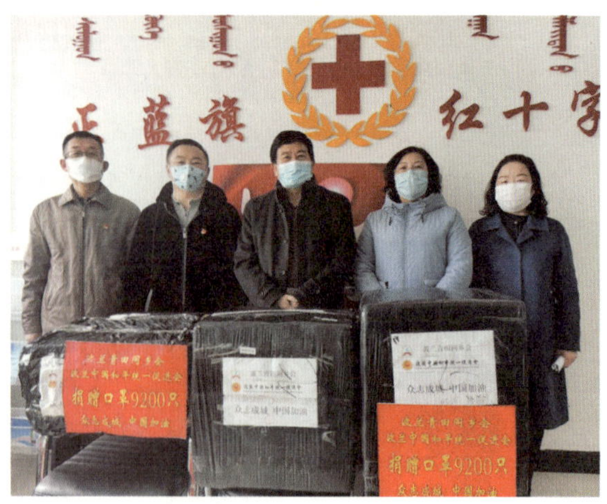

3月3日，内蒙古自治区侨联主席史晴（中）代表内蒙古自治区侨联接收海外侨团捐赠的防护物资

【综述】2020年，内蒙古自治区侨联认真贯彻落实党中央决策部署，在中国侨联和自治区党委的正确领导和大力支持下，坚持以习近平新时代中国特色社会主义思想为指导，深入贯彻党的十九大和十九届二中、三中、四中、五中全会精神，全面落实习近平总书记关于做好新时期侨务工作的指示、批示精神，不断增强“四个意识”、坚定“四个自信”、做到“两个维护”，及时根据疫情防控要求调整工作重心，团结带领广大内蒙古籍海外侨胞和归侨侨眷为抗击新冠肺炎疫情作出了积极贡献，为海外侨胞做好个人防护提供了有力帮助，同步推进全区侨联事业取得了新进步。

【内蒙古侨界助力抗疫】新冠肺炎疫情暴发后，内蒙古自治区侨联第一时间向海内外的内蒙古籍侨胞和归侨侨眷发出倡议书，倡议大家发扬侨界热爱祖国、情系桑梓的伟大精神，为打赢疫情防控阻击战贡献力量。倡议书发出后，得到了广大海外侨胞和归侨侨眷的积极响应。截至3月底，海内外的内蒙古籍侨胞、归侨侨眷向武汉、家乡捐款捐物折合人民币近2200万元。自3月12日起，内蒙古自治区侨联严格按照党中央、自治区党委做好“六稳”工作、完成“六保”任务的指示精神，深入侨资企业开展走访调研，先后走访侨资企业80多家，发放宣传资料近千份。4月8日起，内蒙古自治区侨联立足稳侨心、暖侨情，一方面积极向海外侨胞宣讲防护知识，另一方面多方筹措资金购置防护物资，先后分多批次向海外的内蒙古籍侨胞驰援了63000只口

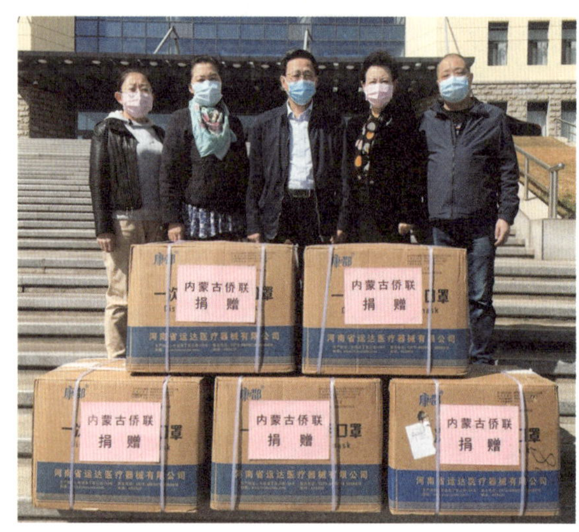

4月8日，内蒙古自治区侨联向海外侨胞驰援防护物资

4月21日，内蒙古自治区侨联赠送给海外侨胞的首批“侨爱心健康包”启运

省级侨联工作

罩、10000袋防疫香囊、1600盒连花清瘟胶囊等。4月21日，在中国华侨公益基金会支持下，由内蒙古自治区侨联精心设计的“侨爱心健康包”1316个（内含一枚国旗徽章、60只口罩、100副医用手套和一封家书）为记录侨爱心健康包发挥的积极作用，内蒙古自治区侨联组织拍摄了《为爱携手　情暖侨心》主题宣传片，被人民网、内蒙古新闻网、腾讯网、新浪网和内蒙古统一战线官方公众号等主流媒体争相转载，引起社会各界的高度关注和纷纷点赞。

“亲情中华·为你讲故事”网上夏令营

荣誉证书

张恩琥

在：亲情中华·为你讲故事：网上夏令营内蒙古侨联1期活动中，表现优异，被评为优秀营员。

特发此证，以资鼓励。

内蒙古自治区归国华侨联合会

二〇二〇年五月二十九日

为“亲情中华·为你讲故事”网上夏令营优秀营员颁发荣誉证书

【开展走访慰侨活动】 2020年，内蒙古自治区侨联持续深化体侨情、暖侨心走访慰问活动，坚持到侨界代表人士身边去，仔细倾听大家心声，认真查看生产生活情况，躬身将党和政府的好政策、真情意带给归侨侨眷。走访慰问活动贯穿全年工作始终，在重大节假日、日常工作中都安排慰问工作，全年共看望慰问侨届代表人士近400人。

【举办“亲情中华·为你讲故事”网上夏令营赤峰营】 5月15日，由中国侨联主办，内蒙古自治区侨联和赤峰市侨联承办的“亲情中华·为你讲故事”网上夏令营赤峰营正式开营。内蒙古自治区侨联全年完成4期“亲情中华·为你讲故事”海外华裔青少年网上夏令营活动的组织工作，共有来自5个国家、6个侨社团和华文学校的578名学生参加夏令营。

12月17日，内蒙古自治区侨联主席史晴（左二）到赤峰市看望慰问归侨侨眷

【组织“侨界专家为民服务”活动走进正蓝旗】 7月12日—14日，内蒙古自治区侨联组织侨界6位畜牧专家和2位医疗专家组成专家服务团走进正蓝旗，深入开展“侨界专家为民服务”活动。活动中，专家们坚持精准帮扶，充分发挥专业优势，根据基层需求开展技术指导，有效解决了畜牧企业、牧民群众和医疗工作者在工作实践中遇到的困难和问题。活动还向正蓝旗捐赠了2000支价值6万元的良种牛羊冻精和畜牧业养殖技术书籍。

【举办“绽放青春色彩　致敬抗疫英雄”主题党日活动】 5月12日，内蒙古自治区侨联举办了“绽放青春色彩　致敬抗疫英雄”主题党日活动，邀请蒙古国归侨、内蒙古支援武汉医疗队成员、内蒙古自治区中医医院风湿免疫科护士长王春燕讲述支援武汉抗击疫情、团结奋战、无私奉献的故事，大力弘扬抗疫精神，展现侨届风采。

【举办归侨侨眷技能培训班】 在中国侨联的经费支持下，由内蒙古自治区侨联和鄂尔多斯市侨联共同承办的归侨侨眷技能培训班于7月27日在内蒙古鄂尔多斯市开班。鄂尔多斯市侨联党组书记、主席胡日嘎主持开班仪式。此次培训班为期5天，安排了理论授课、案例分析、模拟教

7 月 27 日，归侨侨眷技能培训班在鄂尔多斯市举办

学、实地观摩以及座谈分享，通过理论加实操的方式，重点讲授 B2C、B2B 平台应用等电子商务实用技术。40 位自主创业或有自主创业意向的归侨归眷及留学生代表参加培训。

【锡林郭勒盟正蓝旗哈毕日嘎镇“侨爱心图书室”挂牌】8 月 14 日，内蒙古自治区侨联主席史晴为锡林郭勒盟正蓝旗哈毕日嘎镇“侨爱心图书室”揭牌。“侨爱心图书室”是中国华侨公益基金会发起的一个公益性文化项目，在内蒙古自治区侨联的积极协调下，中国华侨公益基金会为哈毕日嘎镇捐赠了价值 8 万元的公益图书，涵盖文学名著、百科知识、小说、实用技术等内容。

【2020 年“侨爱心—送温暖医疗队”走进锡林郭勒盟正蓝旗】8 月 12 日—15 日，2020 年“侨爱心—送温暖医疗队”项目在锡林郭勒盟正蓝旗举行。内蒙古自治区侨联主席史晴，锡林郭勒盟侨联、正蓝旗委统战部、政协、卫健委和侨联的主要领导出席启动仪式。此次“侨爱心—送温暖医疗队”先后深入到正蓝旗上都镇、桑根达来镇和哈毕日嘎镇，为当地的归侨侨眷和困难群众送医送药，共为 667 名患者提供了优质的医疗服务，为三镇的归侨侨眷和困难群众赠送了常用药品。

8 月 12 日—15 日，2020 年“侨爱心—送温暖医疗队”走进正蓝旗

8 月 14 日，内蒙古自治区侨联主席史晴（右二）出席哈毕日嘎镇“侨爱心图书室”揭牌仪式

【2020 年“侨爱心—送温暖医疗队”走进阿拉善盟额济纳旗】 9 月 8 日—12 日，2020 年“侨爱心—送温暖医疗队”项目在阿拉善盟额济纳旗实施。中国侨联基层建设部副部长刘景春、内蒙古自治区侨联主席史晴出席活动并致辞。在为期三天的义诊活动中，医疗队先后赴达来库布镇、东风镇和策克口岸开发区，为当地侨界群众和干部职工、农牧民开展了 460 人次的诊疗活动，并赠送了常用药品。同时，发放健康科普、新冠肺炎防控及《归侨侨眷权益保护法》等宣传资料 1500 余份。活动期间，中国侨联和自治区、盟市侨联的相关领导在“侨胞之家”集中慰问了 31 户温图高勒侨乡的老归侨，送上慰问金和侨联组织的祝福。

9 月 23 日—26 日，内蒙古自治区侨联深入兴安盟开展助力脱贫攻坚活动

9 月 8 日—12 日，2020 年“侨爱心—送温暖医疗队”走进额济纳旗

【开展助力脱贫攻坚、送温暖慰问和调研工作】 9 月 23 日—26 日，自治区侨联副主席田来怀带队赴兴安盟开展助力脱贫攻坚、送温暖慰问和调研工作。其间，向科右前旗德伯斯镇太平山嘎查捐赠了价值 2 万元的太阳能路灯，组织侨商现场采购了价值 33 万元的有机大米，并就下一步开展电商合作、助力兴安盟大米线上线下销售等与有关企业进行了深入交流和探讨，达成了初步合作意向。工作组一行还走入 5 户侨界代表人士家中，送上慰问金和侨联组织的祝福。

【加强学习和基础建设】 11 月 26 日，内蒙古自治区侨联与自治区党委统战部九处在呼和浩特市联合举办“十九届五中全会精神专题学习会”，向在呼内蒙古自治区侨联委员、侨商、留学生代表及四级侨务干部等 40 多人宣讲十九届五中全会精神。自治区侨联副主席田来怀主持专题学习会。为大力营造全社会知侨法、懂侨法、守侨法的良好氛围，自治区侨联组织各级侨联深入开展《中华人民共和国归侨侨眷权益保护法》颁布 30 周年纪念活动，在广场、侨胞之家等场所开展宣传、法律知识竞赛、发放宣传手册以及送侨法到边境等各类活动 10 次。7 月 31 日，中国侨联十届五次常委会议以电视电话会议的形式在北京召开，内蒙古自治区侨联主席史晴在内蒙古分会场参加会议，在呼的内蒙古自治区侨联常委和内蒙古自治区侨联部分机关干部列席会议。12 月 9 日，内蒙古自治区侨联副主席田来怀在呼和浩特会见了澳大利亚江苏工商联合总会会长陈新银一行，双方就加强交

7 月 31 日，内蒙古自治区侨联组织参加中国侨联十届五次常委会议

12 月 9 日，内蒙古自治区侨联副主席田来怀（右）接待来访客人

流、深化合作进行了友好会谈。

【东乌珠穆沁旗额仁高毕社区“侨胞之家”挂牌】 10 月 16 日，锡林郭勒盟东乌珠穆沁旗乌里雅斯太镇额仁高毕社区为新落成的“侨胞之家”举行揭牌仪式。内蒙古自治区侨联主席史晴出席仪式并为“侨胞之家”揭牌，锡林郭勒盟盟委统战部常务副部长清玉及自治区侨联、东乌珠穆沁旗旗委统战部、人大、侨联等部门的有关领导出席揭牌仪式。

11 月 17 日—20 日，程学源副主席（右四）一行到内蒙古调研

10 月 16 日，内蒙古自治区侨联主席史晴（右一）为社区“侨胞之家”揭牌

【举办 2020 年度内蒙古侨务干部及侨联委员培训班】 10 月 28 日，为期两天的 2020 年度全区侨务干部及侨联委员培训班在包头市土默特右旗顺利结业。内蒙古自治区侨联主席史晴参加培训并作开班动员和结业总结。此次培训班特别邀请了中国侨联法顾委委员毛起雄博士、中国华侨华人研究所所长张春旺和自治区政府参事杭栓柱授课，来自各盟市、高校、科研院所、旗县（市、区）的侨务工作干部和部分侨联委员、法顾委委员和侨商会代表共 130 余人参加培训。

【程学源副主席到内蒙古调研】 11 月 17 日—20 日，中国侨联党组成员、副主席程学源一行来内蒙古调研。内蒙古自治区人大常委会副主任和彦苓、鄂尔多斯市委书记牛俊雁等会见了调研组一行。中国侨联基层建设部部长张毅、联谊联络部部长桑宝山、自治区党委统战部常务副部长金满仓、自治区侨联主席史晴陪同调研。程学源副主席一行看望慰问了在呼和浩特的内蒙古侨界代表人士和侨联干部，深入鄂尔多斯市达拉特旗、东胜区和伊金霍洛旗调研，为鄂尔多斯市“侨胞之家”揭牌，并专程到相关侨资企业调研，走访慰问当地归侨侨眷。

【召开“侨胞之家”建设工作现场会】 12 月 16 日，内蒙古自治区侨联“侨胞之家”建设工作现场会在通辽市科左后旗召开。内蒙古自治区侨联主席史晴，通辽市委常委、统战部部长王琼出席会议并讲话，通辽市侨联党组书记、主席乌兰哈达及有关旗县市区侨联主席介绍了“侨胞之家”的创建及工作经验。截至2020年底，全区共建成75个“侨胞之家”。

6月11日，锡林郭勒盟召开第八次归侨侨眷代表大会

【召开通辽市侨联三届三次全委（扩大）会】4月16日，通辽市侨联召开三届三次全委（扩大）会议，总结2019年工作，安排部署2020年工作。会议由市侨联党组成员、副主席闫文清主持，市人大、政协领导，市委统战部副部长、市侨务办公室主任佟艳辉，市纪委派驻组织部纪检组组长杨鸿武，市侨联党组书记主席乌兰哈达，市侨联兼职副主席李伟树、乌晓辉，市侨联名誉顾问出席会议，各旗县市区侨联主席、秘书长及分管侨务工作人员，市侨联第三届委员共60余人参加会议。会议增补张明、王琳琳、马红梅、包福德为市侨联第三届委员。

【召开锡林郭勒盟第八次归侨侨眷代表大会】6月11日，锡林郭勒盟第八次归侨侨眷代表大会在锡林浩特市召开。锡盟有锡林浩特市、苏尼特左旗等5个“侨乡”以及4600余名归侨侨眷、海外侨胞和留学人员，侨务资源丰富。内蒙古自治区侨联主席史晴出席会议并讲话，锡林郭勒盟盟委副书记、政法委书记王永明，锡林郭勒盟盟委委员、统战部部长孙志强，锡林郭勒盟人大工委副主任张月霞出席会议。会议全面总结了第七次归侨侨眷代表大会以来工作，明确了今后五年锡林郭勒盟侨联工作的奋斗目标和主要任务。选举产生盟侨联第八届委员会主席1名，副主席6名，秘书长1名，常委23名，委员69名。会议还对东乌珠穆沁旗侨联等3个先进集体和额图娅等11名先进工作者进行了表彰。

【召开包头医学院归国华侨联合会成立大会暨第一次归侨侨眷大会】12月15日，包头医学院归国华侨联合会成立大会暨第一次归侨侨眷大会在包头市召开。内蒙古自治区侨联副主席、包头市侨联主席田来怀出席大会并致辞，内蒙古科技大学侨联主席张建旗代表包头市高校侨联致贺词，包头医学院党委书记韩猛出席会议并讲话，包头医学院党委副书记张健主持会议。

辽宁省归国华侨联合会

【领导成员名单】

党组书记、主席：王朝霞（女）

专职副主席：胡　平（女，2020 年 11 月任二级巡视员）

安建晔（2020 年 11 月任党组成员、提名副主席候选人）

挂职副主席：崔　明（2020 年 11 月任党组成员、提名副主席候选人）

兼职副主席：

王文良　王大鸣（女）

王庆伟　白　玮

吕安民　张　伟

杨　凯　林枝春

荣伟东　赵继红（女）

柴学伟　黄庆祝

景　平　董喜刚

黄晓冬（女）

二级巡视员：刘卫东

秘　书　长：杨　帆

【综述】 2020 年，辽宁省侨联在省委的坚强领导下，在中国侨联的具体指导下，团结带领广大归侨侨眷和海外侨胞，紧紧围绕党政中心工作，继续深化改革，全面履行职能，积极投身辽宁经济社会建设主战场，各项工作取得积极进展，得到海内外侨胞、中国侨联、省委省政府充分肯定。疫情期间，省侨联向海内外发出倡议，组织辽宁籍海内外侨胞慷慨解囊，驰援湖北、辽宁等地抗击新冠肺炎疫情，共接收各类捐助累计折合人民币 5400 余万元。截至年底，辽宁省共有 14 个市级、108 个县区级和机关、院校、企业、街道、社区等侨联组织 366 个、“侨胞之家”活动场所 118 家，基本形成全省侨联组织纵横交织、条块结合的组织网络，相互协作、互通信息、共享资源的工作格局，为辽宁扎实推进振兴发展、决胜全面建成小康社会发挥了独特作用。

9 月 24 日，辽宁省侨联党组书记、主席王朝霞带领机关党员和侨商党员代表到铁岭市铁岭县李千户镇柴家堡子村开展讲党课活动

【坚持理论学习把握侨联工作正确政治方向】 辽宁省侨联将学习宣传贯彻习近平新时代中国特色社会主义思想和党的十九大及十九届二中、三中、四中、五中全会精神，习近平总书记 9·28 重要讲话精神、关于侨务工作的重要论述和对侨联工作要求，作为首要政治任务抓紧抓好。理论学习中心组专题学习研讨 15 次，班子成员作重点发言。机关党委、纪委、工会，部署和引导机关全体党员把学习习近平新时代中国特色社会主义思想和党的十九大精神摆在重要位置。利用党员大会、主题党日、专题研讨、集中培训等多种形式，使广大党员干部认真学起来、深度议起来、切实做起来，进一步坚定理想信念，牢固树立“四个意识”，坚定“四个自信”，在坚决落实“两个维护”中发挥中坚骨干作用。强化侨界群众的思想政治引领，制定《加强新时代省侨联思想政治引领工作实施方案》，利用官方网站、公众号、微信群、网易、海外华人媒体、侨胞侨社等渠道，广泛宣传习近平总书记在广东汕头市考察时肯定华侨贡献的重要讲话精神、“两会”政府工作报告、香港国安法等，进一步引领广大归侨侨眷和海外侨胞听党话、跟党走，做习近平新时代中国特色社会主义思想的忠诚践行者、维护者和传播者。

2 月 26 日，辽宁省侨联举办捐赠仪式，现场向医疗机构和公安系统等抗疫一线工作人员捐赠口罩、防护服等物资

3 月 19 日，辽宁省侨联和辽宁中医药大学附属医院携手向海外侨胞捐赠抗疫中药

【组织辽宁籍海内外侨胞抗击新冠肺炎疫情】 1 月 26 日大年初二，面对突如其来的新冠肺炎疫情，辽宁省侨联反应迅速、多方联动，第一时间通过公众号、微信群等新媒体手段发出倡议，引导辽宁籍海内外侨团、侨胞、侨商迅速行动，驰援国内。侨胞们积极响应，募集善款、筹措物资、献计献策，支持武汉、辽宁抗击疫情，用侨界爱心打响疫情防控阻击战。全省侨联工作者 24 小时接力，与海内外侨胞沟通联系，与省慈善总会、南航北方公司、海关、机场集团建立捐赠微信工作群，多部门协调配合，侨联系统共接收各类捐助折合人民币 5400 余万元，展现了海内外侨胞与祖国同舟共济的桑梓情怀。在外护健康、内防输入方面，省侨联制作了“侨胞回国信息预申报大数据平台”，向海外发倡议书、防疫指南、慰问函等 5000 余封，海外 200 多家侨团、60 多家华文媒体、新媒体转发，点击量超 100 万人次。组建“侨爱心守护团”，帮助当地辽宁籍侨胞、留学生做好抗疫防护，联合辽宁中医药大学附属医院开通互联网医院华侨专区。筹集 150 万元资金，向海外提供辽宁中医药、侨爱心健康包和救助金等，治愈 7 名在美国辽籍患病侨胞。5 月 8 日，辽宁省副省长陈绿平在听取辽宁省侨联党组书记、主席王朝霞关于省侨联严防境外疫情输入简要汇报后，肯定侨联和侨胞的抗疫贡献；6 月 3 日省委省政府发

辽宁省侨联为抗击疫情制作的抗疫捐赠宣传图标

2 月 4 日，法国辽宁协会在法国戴高乐机场包装口罩等抗疫物资发往辽宁家乡

来感谢信说："在举国上下共克时艰、辽宁全力抗疫最吃劲的关键时刻，贵会心怀大爱、挺身而出，慷慨解囊捐赠大量善款，用实际行动彰显了责任担当和国家情怀。你们的爱心善举令人钦佩、让人感动，增强了全省人民团结一心、和衷共济、抗击疫情的决心和信心。特向贵会致以衷心感谢和崇高的敬意。"

【服务经济建设推动67个项目落地辽宁】辽宁省侨联按照省委经济工作会议提出的要求，深入跟进"创业中华·世界知名侨商辽宁行"系列招商活动签约项目，推动侨（外）资项目落地生根，目前已有沈阳微控新能源技术有限公司等一批拥有自主知识产权和知名品牌、具有较强国际竞争力的创新项目落地67个，投资总额达1296亿元，实际到位443亿元。8月18日，与交通银行辽宁省分行开展战略合作，促进侨企与金融机构对接交流，有效缓解企业融资难题。为沈阳市和平区邀请世界中餐业联合会监事会主席来辽宁，在沈阳举办2020东北亚餐饮大会暨第六届花椒餐博大会合作推介会。省侨联的相关工作得到了省委领导的肯定。

8月17日，辽宁省侨联与沈阳化工大学签署战略合作协议

8月18日，辽宁省侨联与省交通银行签署全面战略合作协议

【创新开展侨资侨智融合工作】8月17日，辽宁省侨联与沈阳化工大学签署战略合作协议，帮助对接俄、法海外侨团，推荐俄、法等国外教来辽任教。在中科院沈阳分院、沈阳化工大学新建"辽宁省新侨创新创业基地"两家。中科院沈阳分院是由省侨联聘请分院高层次专家学者和创新性人才组成的智库组织，有省侨联特聘专家107人。与基地建立线上沟通、线下调研、项目路演等经常性联系机制，推动中科院沈阳分院侨联主席、省侨联特聘专家周亦胄的辽宁红银殷瓦合金研发生产基地项目在沈抚新区落地转化。沈阳化工大学基地许光文校长团队的菱镁矿输送床闪速轻烧技术转化项目已成功入选国家重大建设项目库。2020年，新聘省侨联特聘专家5名，组织特聘专家赴江苏调研，就后疫情时代旅游开放和科技创新双轮协同创新驱动实现东北振兴，上报侨情专报建议。中国科学院沈阳自动化研究所研究室总工程师刘开周、中国科学院金属研究所创新中心常务副主任周亦胄荣获第八届"中国侨界贡献奖"一等奖；中国医科大学计算机教研室主任娄岩、大连赛姆生物工程技术有限公司董事长徐永平荣获第八届"中国侨界贡献奖"二等奖。辽宁省侨联荣获第八届新侨创新创业成果交流活动优秀组织工作奖。

【增强文化自信拓展联谊联络】4月30日，启动由中国侨联主办、辽宁省侨联承办的"亲情中华·为你讲故事"网上夏令营开营活动，联合辽宁大学、沈阳师范大学、东北实验学校与海外商会、华校共同开办"亲情中华·为你讲故事"网上夏令营（辽宁营），9个国家和地区的

11 月 11 日，辽宁省侨联指导辽宁 4 家博物馆场所获批为中国华侨国际文化交流基地

近 700 名海外华裔青少年参加学习。11 月 11 日，指导抚顺雷锋纪念馆、中国锡伯族博物馆、沈阳大学、东北抗日义勇军纪念馆等 4 家博物馆场所获批为中国华侨国际文化交流基地，目前已有 10 家中国华侨国际文化交流基地及省市级文化交流基地，为辽宁海内外华侨提供文化交流、夏令营等各类活动平台。利用新媒体手段，打造“一网、一刊、一号、多群”的“互联网 +”宣传体系。省侨联组织推荐的《不忘初心》大合唱，作为中国侨联主办的海外中秋大合唱晚会压轴节目演出，获得一致好评。目前，省侨联的海外友好侨团已覆盖全世界，与 100 个国家和地区的 300 余家著名侨团成为友好侨团，聘请海外顾问、海外委员 300 名，不断推动扩大国际朋友圈，形成了以侨为桥、内外联动的生动局面。

【侨爱心帮扶工作扎实有力】9 月 24 日—30 日，由中国侨联主办，辽宁省侨联承办，携手辽宁省爱尔眼科集团、沈阳爱尔眼科医院举办“侨爱心—送温暖”医疗队“走进新疆，送医到塔城”义诊活动，为辽宁省侨联援建小学和新疆地区的归侨、侨眷，辽宁援疆干部等提供健康援助物资总计 12 万元，送去辽宁侨界的爱心。全省各级侨联组织“两节”走访归侨侨眷 400 余

1月20日，辽宁省侨联党组书记、主席王朝霞带队到铁岭柴家堡村开展调研扶贫工作

责人对省侨联大力推进解决侨商面临问题的做法非常感动，拟在辽宁再投资额50亿元，建设65万吨智能制造再生纤维造纸及62万吨制浆项目。省侨联在律师事务所等机构挂牌建立省侨联维权基地4个，新建省侨联涉侨纠纷多元化解服务站3个，涉侨纠纷调解工作室3个。2020年，接待来信来访110多人次，95%得到妥善解决。在沈阳、抚顺、本溪、阜新等市

人，发放慰问金30多万元，将党的关爱和温暖送到广大归侨侨眷手中。先后建立“省侨联侨爱心精准扶贫基地”4个，创建“侨联+企业+农户”三方合作的精准扶贫示范项目28个。精心选派两名干部在铁岭县李千户镇柴家堡子村任第一书记、锦州市黑山县大兴乡任第一副书记，积极协助当地发展乡村建设。赞助24万元资金和物资，建医疗所、翻建村委会、建设榛子加工展示基地等，村容村貌焕然一新。省侨商会常务理事、东北育才实验学校资方董事石丽现场为扶贫村上党课，承诺每年给扶贫村学生两个就读学校名额。

5月20日，辽宁省委副书记周波（前左三）在省侨联党组书记、主席王朝霞（前左四）等陪同下到侨企就新侨科技创新、侨企复工复产情况进行调研

【深入侨企纾难解困维权成效显著】6月10日—9月1日，辽宁省侨联分别邀请省委副书记周波，沈阳市纪检委书记、监察委主任王冬石等省市领导深入侨企纾难解困，协助侨企万隆集团、玖龙纸业、沈阳浩松陶瓷批发市场有限公司收回应收账款3亿多元，得到侨商企业的广泛赞扬，树立了来辽投资的信心。玖龙纸业负

7月1日，辽宁省侨联为侨企纾难解困，邀请沈阳市纪委书记、市监委主任王冬石（前左三）一行到侨资企业调研，帮助企业解决实际问题

走进社区和街道开展普法宣传活动，宣传普及法律常识，提升侨界群众的法律意识，发放宣传资料近万份。组织侨界群众千余人次参与由中国侨联、全国普法办主办的第二届“侨商杯”法律知识竞赛及侨法宣传活动。

【举办专题培训加强自身建设】10月20日，举办新时代侨联工作干部培训班，组织全省侨联系统干部180余人代表参加培训，进一步加强了侨联建设，提升了侨联干部为侨服务水平。中国华侨华人研究所、省直机关工委、省社科院等单位知名专家学者，围绕习近平总书记关于侨务工作的重要论述和新时代如何开展侨务工作等内容授课。新建“侨胞之家”20家，深入调研支持基层侨联组织开展工作，并指导盘锦、朝阳、铁岭、辽阳等市侨联换届。

10月20日，辽宁省侨联举办新时代侨联工作干部培训班

【沈阳市侨联】沈阳市侨联2020年广泛动员海内外侨胞捐款捐物折合人民币1285万元，并向海外侨胞邮寄防疫药品、医用口罩等抗疫物资。创新媒体合作方式，国家和地方媒体平台宣传侨联工作250余篇，编辑制作《我们为中国加油》宣传片，反映沈阳华晨宝马汽车有限公司33名外籍员工支持中国抗疫和侨界同心抗疫，荣获中国力量·战“疫”短视频一等奖，得到中国侨联领导肯定。建立服务侨商企业新机制，与市营商局共同组织“营商下午茶”侨商专场、与市纪委监委建立侨商诉求报告制度、与市法院建立涉侨纠纷诉调对接机制，重点走访调研100家侨企，协助他们解决信贷、征信、人才引进等问题，为企业追回拖欠款及达成还款协议金额4907万元，《人民日报》等媒体对沈阳市侨联优化营商环境的经验做法进行宣传报道。打造海外高层次人才回国创新创业示范平台，扶持建立沈阳通用机器人技术有限公司等10家“沈阳市新侨创新创业基地”，项目总投资达到36亿元，吸引海外高层次人才100余人。实施“侨爱心工程”，为298名老归侨和12户低保归侨家庭发放帮扶补贴13万元。推选5名侨界人士担任市法院特邀调解员，接待涉侨来信来访60余件次，为涉侨维权案件提供法律援助5件。举办“侨法宣传月”活动，在区县（市）、驻沈高校、有关涉侨部门进行巡回展出，发放《侨法宣传手册》和宣传资料1000余册。成立首家律师事务所侨联，推进社区侨联和“侨胞之家”建设10家，落实中国侨联“侨胞之家”5个建设项目，3家荣获2020年度全国侨联系统优秀“侨胞之家”。

【大连市侨联】2020年，大连市侨联团结带领广大归侨侨眷和海外侨胞战疫情、防风险、促发展，较好地完成了各项工作任务。在全国地级城市中首家推开侨商联合会与侨商投资企业协会的整合工作，实现了大连市侨商资源的大融合。制定了《大连市侨联新侨创新创业基地管理办法》《大连市华侨国际文化交流基地管理办法》，研究确定了5个新侨创新创业基地和6个市级华侨国际文化交流基地。主动服务抗击新冠肺炎疫情大局，第一时间把侨界捐赠物资转交到最急需的地方，了解和

2月19日，沈阳市侨联捐赠第二批海内外防疫物质

9 月 29 日，由大连市侨联主办、中山区侨联承办的“中国梦·侨界情——大连侨界庆祝新中国成立七十一周年书画摄影展”在中山美术馆举办，全市 200 余名侨界书画家、摄影爱好者和市民参加活动

解决侨胞困难和需求，连续发布 10 期“战疫情　大连侨界在行动”信息，引导归侨侨眷和海外侨胞响应号召，积极抗疫，通过市侨联分 9 批捐赠价值 200 余万元的抗疫物资线。7 月至 10 月，全面落实大连市委市政府工作部署，深入开展“进侨企、搭平台、送服务、助发展”活动。将机关人员分成 3 个走访调研小组，对应将全市 10 个区市县实地走访侨企 36 家，先后调研 16 次，召开各类座谈会 11 次，深入侨企生产经营一线，帮困解难，引导侨资企业有序复工复产，在夺取大连市统筹推进疫情防控和经济社会发展“双胜利”的目标任务中贡献侨界力量。积极从省侨联争取 5 万元扶贫专项资金，对 17 户侨界困难群众进行了资助，并筹集资金 10 万元，捐助六盘水市六枝特区中寨乡 7 所中小学校净化水项目，为对口脱贫贡献侨界力量。

【抚顺市侨联】抚顺市侨联充分发挥侨商资源优势，组织侨商会、侨青会会员捐款捐物给“市新冠肺炎疫情防控指挥部”和防疫一线，累计捐款捐物达 259 万元。抚顺市侨联被中国侨联授予全国侨联系统抗击新冠疫情先进集体。助力顺城区将军街道亦工社区和新抚区站前街道富平社区不断完善软硬件建设，将两个社区的“侨胞之家”建设成为归侨侨眷往来互动、学习交流的温馨之家。侨界政协委员紧紧围绕市委和市政府中心工作和侨界普遍关心的问题，先后提出提案 20 余件，为促进市经济和社会发展发挥了积极作用。东洲区、抚顺县开展“侨爱工程—辽宁光明行”活动，为贫困归侨侨眷免费检查眼科疾病等。5 月，清原县侨联协调草市镇小城子村、南山城镇靠山屯村、英额门镇柳木桥村、新民屯村、夏家堡镇黄屯村卫生室与辽宁省海外联谊会签订了《海联新农村卫生室建室协议书》，总投资 25 万元，并在年底前完成卫生室改造工作。

12 月 30 日，抚顺市首家“侨胞之家”落户顺城区将军街道亦工社区

【丹东市侨联】面对新冠肺炎疫情，丹东市侨联第一时间向归侨侨眷发出《打赢疫情防控阻击倡议书》，抗疫期间共筹集捐款 106 万元、防护物资约 230 万元。侨联全体工作人员奋斗在抗疫第一线，并争取省侨联专项防控经费 6 万元及

1 月 22 日，丹东市委副书记李刚到侨属企业调研

侨属企业捐赠物资，购买 10 万元医用口罩和药品发往纳米比亚，援助海外侨胞抗击疫情。丹东市侨联落实中央“六稳”“六保”精神，积极助力侨资企业复工复产，深入侨资企业调研，帮助破解实际困难。引导侨资企业发挥服装产业集群优势，加班加点生产国内外防控疫情急需的隔离服、防护服、口罩等防疫物资。紧盯项目建设，引进域外资金 3200 万元。举办推动高质量发展大讨论，鼓励侨资企业在危机中育先机，在变局中开新局。加强基层组织建设，发扬文化传承，开展纪念抗美援朝出国作战70周年系列活动。精准施策，做好侨界帮扶工作，争取资金 86 万元，在侨界贫困户中持续开展教育救助、医疗救助、危房改造、走访慰问等做好帮扶工作，助力脱贫。举办“侨爱心、爱尔光明行”活动。为 20 位曾经在朝鲜从事华文教育和华侨工作、退休后回国定居的旅朝华侨退休教师及老侨胞发放了生活补助金 36 万元。

省级侨联工作

吉林省归国华侨联合会

【领导成员名单】

党组书记：徐崇恩（2020年5月卸任）
　　　　　鲍九生（2020年5月任职）
主要负责人：丁兆丽（2019年12月提名主席候选人）
专职副主席：关　波（满族）
挂职副主席：李　静（女）
兼职副主席：孔　维　牛　利　张越杰
　　　　　李　静（女）　董江宏
秘书长：关　波（满族，兼）

7月17日吉林省第七次归侨侨眷代表大会选举产生新一届领导班子

党组书记：鲍九生
主　　席：丁兆丽
专职副主席：关波（满族）
挂职副主席：李静（女，2020年12月卸任）
兼职副主席：于春燕（女）张越杰　陈　密
秘书长：关波（满族，兼）

3月20日，吉林省委统战部常务副部长、省侨联党组书记徐崇恩（左二），省侨联副主席李静（右二）在长白县老局所村现场研究下一步工作计划

8月18日，吉林省侨联党组书记、省委统战部副部长鲍九生（左一），省侨联副主席关波（左二）考察调研长白县老局所村红松嫁接扶贫项目

【综述】2020年，吉林省侨联坚持以习近平新时代中国特色社会主义思想为指导，深入学习贯彻习近平总书记关于群团工作和侨务工作的重要论述及习近平总书记视察吉林重要讲话重要指示精神，在省委的领导和中国侨联的指导下，紧紧围绕坚持“两个并重”、“两个拓展”，推动“两个建设”，着力抓好疫情防控和助力脱贫攻坚工作，创新工作方式方法，各项工作取得新进展，重点工作取得新突破。

【抓党建促脱贫攻坚】吉林省侨联认真开展“解放思想再深入、全面振兴新突破”专题教育实践活动。组织全体党员干部开展“红色主题教育”活动。继续抓好红松果林、光伏扶贫等产业扶贫项目，壮大村集体经济。主要领导和班子成员多次深入扶贫包保村调研，着重解决疫情期间扶贫村村民临时性生产生活困难，扶贫村的集体经济、村容村貌和村民的生活质量都得到极大改善，全村贫困人口11户16人已于2018年全部脱贫，人均收入达8000元以上。动员省侨联海外委员、海归协会、青委会为老局所村捐赠助学金7万元。在全省脱贫攻坚表彰大会上，省侨联机关党委荣获省委、省政府颁发的“吉林省脱贫攻坚奖—组织贡献奖”。

【拓展联谊促进地区经济发展】2020年，吉林省侨联共接待加拿大东北同乡总会、俄罗斯莫斯科中国北方华人商会等14个来访团组。与省政协共同举办海外嘉宾走进吉林活动，来自美国、新西兰、日本等11个国家的31位海外嘉宾参加活动，洽谈项目。开展“海外侨胞足不出户感知吉林—云推介”活动，共向海外推介209个重点招商项目。为海外侨团组织的重大经贸、文化、庆典等活动发送贺信，增强联络，深化友谊。借助“海外吉林人”等微信群发布国家政策、侨联动态、疫情防控知识等信息，增进沟

8 月 28 日，吉林省侨联与参加第五届全球吉商大会的海外嘉宾进行联谊交流

11 月 10 日，吉林省 3 人荣获第八届“中国侨界贡献奖”一等奖

通交流，促进合作发展。推荐并协助对接南非、加拿大、德国、韩国、日本等 10 个国家的 14 名吉林籍海外侨胞参与省委党史研究室“天下吉人”口述史系列丛书采编工作。推荐省侨联青委会委员参加中国侨联举办的“海外侨领中国国情研修班”“侨连五洲情满西湖”“展望‘十四五’辉煌新时代——2020 海外侨青高峰论坛”等活动。推行侨界专家走进市州活动制度化，举办“省侨联特聘专家和政协侨联界委员走进市州”活动走进公主岭市。协调当地党委对松原市松滨老醋有限责任公司百年老字号存在的企业人才匮乏、销售方式滞后等问题共同进行帮扶，企业效益得到明显提升。经吉林省侨联推荐，有 3 人获得中国侨联第八届“中国侨界贡献奖”一等奖。吉林省侨联荣获第八届新侨创新创业成果交流活动“优秀组织工作奖”。

【推进基层组织建设】吉林省侨联积极推进“地方侨联 + 大学侨联 + 校友会”工作机制，延边大学、吉林财经大学、长春中医药大学相继成立侨联组织。白山市召开第五次归侨侨眷代表大会，结束白山市侨联多年没有换届的局面。指导一汽侨联成功换届。解决四平市侨联 11 人参公问题。为松原市侨联争取 4 个人员编制和 1 名副职领导指数。在侨胞聚集地区，实现侨联组织机构全覆盖。班子成员带队先后深入延边、吉林、通化、白山等地调研，开展“侨胞之家”规范化建设。发放“侨胞之家”服务经费近 50 万元。全年新增省级“侨胞之家”46 家。辽源市成立首家“侨胞之家党支部”。吉林市龙潭区圣赢碳纤维有限

12 月 17 日，吉林省侨联主席丁兆丽（左二）在延边大学第一次侨代会上为“侨胞之家”授牌

9 月 16 日，吉林省侨联主席丁兆丽（中）在吉林市调研期间召开座谈会

"珍珠班"和"黄土计划"项目，延边州和长白县共有 51 人得到教育资助。开展侨爱心—归侨侨眷技能培训班，50 名归侨侨眷接受培训。

【加强政治引领和文化传播】吉林省侨联注重先进典型引路，开展"纪念习近平总书记对黄大年同志先进事迹作出重要指示三周年"学习宣传活动。推动"中国华侨国际文化交流基地"申报工作，其中延边州珲春市防川爱国主义教育基地、辽源市东北沦陷时期辽源矿工墓陈列馆成功获批。推荐 400 余篇作文参加第二十一届世界华人学生作文大赛，其中 37 篇获得一、二、三等奖。承办 4 期"亲情中华·为你讲故事"网上夏（秋）令营活动。通过省侨联官方网站、微信群、微信公众号等平台累计发布动态信息 200 余篇，印发 4 期《吉林侨联》共计 12000 余册。在《吉林日报》、《吉林日报》彩练新闻、《海内与海外》杂志、中国侨联网站和微信公众号及海外华人媒体上刊发省侨联新闻动态 30 余条（次）。编印《吉林侨联 40 年》专集，全面回顾吉林省侨联成立 40 年来的光荣历程，展望新时代侨联组织的光荣使命。

公司"侨胞之家"等 10 个"侨胞之家"受到中国侨联表彰，被评选为 2018—2020 年度全国侨联系统优秀"侨胞之家"。举办全省基层侨联干部培训班，800 余名基层干部参加培训。

【为侨服务维护侨益】开展侨情普查工作，摸清吉林省困难归侨侨眷底数 851 人，建立档案库，为实施精准帮扶提供数据支撑。全年发放大病救助、金秋助学、散居困难归侨侨眷补助、走访慰问贫困归侨侨眷、旅朝华侨退休教师及老侨干补助款、"侨胞之家"服务经费等共计 264.12 万元。落实"连心侨—维护侨益"项目，投入专项经费 6 万元，分别在延边州和松原市中级人民法院建立试点单位，完善涉侨纠纷多元化解调解室（工作站）基地建设，推进涉侨纠纷多元化解工作。继续开展"侨爱心—送温暖"义诊活动和侨法宣传活动，惠及侨界群众 1000 余人。落实"侨爱心"工作品牌，通过联系协调中国侨联

4 月 24 日，吉林省侨联主席丁兆丽（右一）走访慰问通化市柳河县三源浦镇困难侨眷

12 月中旬，省侨联编印《吉林侨联 40 年》专集纪念省侨联成立 40 周年

【组织侨界抗击新冠肺炎疫情】吉林省侨联积极动员侨界力量参与疫情防控工作。第一时间向全省侨联系统和海外侨胞、归侨侨眷发出支持

2 月初，美国吉林经贸文化联合会发起倡议为吉林省捐赠抗疫物资

疫情期间，吉林省市（州）两级侨联积极向海外侨胞捐赠抗疫物资

2475 件，并为各市州积极筹措口罩、医用手套、防护服、护目镜等近 4 万件。成立工作专班，与省工信厅、南航办事处、省红十字会建立防疫物资运输网络绿色通道。派出 3 名同志圆满完成赴绥芬河口岸接运吉林籍侨胞和运送防疫物资任务。开展向海外顾问、委员和海外吉林籍华侨华人发起“一次倡议”，传递“两封家书”活动。建立覆盖韩国、日本、意大利、法国等 10 多个国家的侨胞防控疫情服务网络。开展“爱心援助、共战疫魔”吉林籍留学生帮扶行动和“侨爱心健康包”捐赠等活动，先后向美国、法国、日本、韩国等 25 个国家和地区的 29 个侨团及 150 余名海

抗击疫情的捐赠倡议。成立抗疫应急领导小组。省侨联海外顾问委员、海外侨胞纷纷响应倡议，捐款捐物累计近 1300 万元，其中为吉林省捐赠防疫物资价值 570 万元；省内归侨侨眷捐款捐物价值超过 1000 万元。吉林华侨医院院长朱世增捐赠防疫药品和防疫物资价值 200 万元。省侨联所属社团组织——省侨商会向吉林省防疫指挥部捐赠 3 万只口罩，向全省侨联系统捐赠 5000 只口罩。应省防疫指挥部要求，省侨联委托海外华人为吉林省代购护目镜 3360 副、防护服

外侨胞捐赠防疫物资价值近 40 万元。通过线上线下相结合的方式发放万余册《吉林省入境人员防疫手册》。省侨联领导班子成员先后深入通化、松原、白城、延边等地调研，为当地侨企送去防疫物资，指导侨企抓实抓细疫情防控工作，有序复工复产。

【召开吉林省第七次归侨侨眷代表大会】7 月 17 日，吉林省第七次归侨侨眷代表大会在长春召开。来自全省各条战线的 217 名侨界代表参加会议。会议主要任务是全面总结第六次归侨侨眷代表大会以来的工作，确定今后五年的目标任务，选举产生新一届领导班子，团结带领全省广大归侨侨眷和海外侨胞为吉林全面振兴全方位振兴贡献力量。省委常委、统战部部长李景浩出席会议并作重要讲话，中国侨联党组成员、副主席隋军莅临会议并致辞，省人大常委会副主任贺东平、省政府副省长蔡东、省政协副主席曹宇光出席会议。团省委书记牟大鹏代表人民团体致贺词。

2 月 3 日，吉林省侨商会捐赠 3 万只防护口罩，省红十字会为省侨商会颁发荣誉证书

省侨联党组书记、省委统战部副部长鲍九生出席会议。吉林省有关单位、涉侨部门、人民团体、工商联等单位负责人到会祝贺。大会通过《关于吉林省侨联第六届委员会工作报告的决议》和《关于聘请吉林省侨联第七届委员会顾问的决议》，选举产生吉林省侨联新一届领导班子，丁兆丽当选新一届吉林省侨联主席，关波、李静、于春燕、张越杰、陈密当选副主席。省侨联主席丁兆丽代表新一届领导班子致闭幕辞。大会闭幕后召开了省侨联七届一次主席会和七届一次常委会。省侨联党组书记、省委统战部副部长鲍九生在常委会上讲话。

7 月 16 日，隋军副主席在吉林省吉林市龙潭区圣赢炭纤维有限公司“侨胞之家”调研

7 月 17 日，吉林省第七次归侨侨眷代表大会在长春召开

【隋军副主席来吉林调研】7 月 15 日—17 日，中国侨联党组成员、副主席隋军就基层侨联工作及侨资企业情况先后到吉林省延吉市、吉林市、长春市进行走访调研，深入了解基层侨联工作开展情况及“侨胞之家”建设、侨企复工复产情况，考察海归企业，看望慰问侨界归侨代表和贫困归侨。隋军副主席指出，侨联工作面临新形势新任务，要强化政治意识，加强侨界思想政治引领，凝聚起同心共筑中国梦的思想共识。要融入中心工作，助力吉林经济社会全面振兴、全面发展。充分发挥侨商会、海归协会等平台优势，继续深入开展新侨创新创业活动。要坚持为侨服务，不断提升基层侨联组织的凝聚力战斗力。要加强自身建设，不断提高侨联组织履职能力和水平，以实干担当推动新时代侨联工作提质增效，迈上新台阶。

【赴浙江嘉兴学习考察】9 月 9 日—12 日，吉林省侨联党组书记、省委统战部副部长鲍九生率领考察团一行 4 人赴浙江省嘉兴市，就深入学习贯彻习近平新时代中国特色社会主义思想，紧紧围绕深化吉浙交流合作，充分发挥侨联组织作用，推动侨联工作高质量发展进行学习考察。考察团一行考察调研“嘉兴科技城智立方”“中国归谷嘉善科技

9 月 11 日，吉林省侨联党组书记、省委统战部副部长鲍九生（中）率考察团在桐乡市杨家门社区工作站考察学习

园”等大型科技产业园区的发展和建设情况，考察桐乡市杨家门社区侨务工作站，参观海归人才科技创新成果展，学习当地侨联组织依托科技产业园区做好新侨工作的经验。

【举办吉林省基层侨联干部培训班】 9月21日—25日，吉林省侨联和吉林大学联合在吉林大学培训学院举办2020年吉林省基层侨联干部培训班。来自全省各级侨联专兼职干部、“侨胞之家”负责人、部分省侨联委员、所属社团会员近400人参加培训。培训采取线上学习模式，通过专家直播和录播讲解相结合的方式进行问题引导和解读，增强侨联干部对世情国情侨情、政治理论、法律知识、基层侨联组织建设及相关业务知识的学习和了解，进一步提升侨联干部在新形势下开展侨联工作的能力和水平。

【开展“侨爱心—送医疗到侨乡”义诊活动】 10月13日—15日，由中国侨联、吉林省侨联主办，白山市侨联、长春市朝阳区侨联、长白县侨联承办的“侨爱心—送医疗到侨乡”活动在长白县举办。义诊宣传活动共举办两场，地点分别在省侨联扶贫包保村——老局所村和省侨联“侨胞之家”标兵单位——长白县民主社区。共计为200余名归侨侨眷、当地周边群众提供求医问诊、用药指导、疑难解答、健康咨询等服务。同时，工作队围绕归侨侨眷权益保护法颁布30周年主题，发放侨法宣传资料200余册，发放“侨爱心—送温暖医疗包”200余份，并现场提供法律咨询服务，为侨界群众解答涉侨法律法规、政策等方面问题。

【举办吉林省侨联系统新闻舆论工作能力培训班】 11月3日—4日，吉林省侨联举办全省侨联系统新闻舆论工作能力培训班。全省各市州侨联，扩权强县市侨联，吉林大学、东北师范大学、一汽集团侨联，各县市区侨联负责新闻宣传的侨联干部，全省各级“侨胞之家”负责人共190余人参加培训。培训班采取线上培训模式，邀请省社科院、省网信办和吉林日报社有关专业人士，讲授包括新时代意识形态工作、网络舆情应对工作、新闻写作基础知识培训、新闻摄影基础知识培训等课程。

11月10日，吉林省侨联特聘专家组和侨界政协委员在公主岭市考察调研企业经营情况

10月4日，吉林省侨联在长白县开展“侨爱心—送医疗到侨乡”义诊活动

【组织特聘专家和侨界政协委员走进公主岭】 11月10日，吉林省侨联和公主岭市侨联联合组织邀请省侨联特聘专家组和侨界政协委员走进公主岭市开展实地考察指导。考察活动旨在积极推动公主岭市产业转型升级和经济社会全面发展。专家们分别来自比利时金海农业集团、吉林大学和一汽技术中心，涵盖农业、商学和汽车

研发等领域。专家和委员们先后深入公主岭轴承有限责任公司等企业，详细了解企业生产经营状况和生产技术、人才需求、转型升级等方面举措，与企业负责人进行座谈交流，有针对性地为企业发展提出宝贵的意见建议。

【完成僵尸企业处置工作】按照吉林省委省政府的要求，省侨联成立双组长制的处置僵尸企业领导小组，下设专班，对已经停业10多年的企业进行清算注销。经党组研究，引入第三方参与清算注销。清算小组克服多重困难，进行多方调查核实，并按照法律规定履行相关法律程序，进行债权公告。分别与工商、发改、国资委、税务等多个相关部门进行多次协商，历经4个月时间，将僵尸企业清算完毕，按时完成省委省政府和省巡视组下达的任务。

【长春市侨联服务地方经济发展】一是举办华润—长春对接会。6月19日，市委统战部、市合作交流办、市侨联共同在长春举办华润集团东北大区与长春市专题项目对接会。市侨联邀请华润集团东北大区啤酒、医药、置地、燃气、电力五大板块11名高管专程来长春，与市国资委、建委、工信局等市直部门及各县市区、开发区招商部门、供热企业、燃气公司进行项目对接。在对接会上，华润集团东北大区各高管分别介绍各板块目前在长春市的投资经营状况和未来在长春市的投资项目规划，并与市政府各有关部门、开发区和长春市供热、电力企业进行专题对接，中韩国际合作示范区、农安县、国信集团等与华润集团达成初步合作意向。二是组织吉林省迈达医疗器械股份有限公司等12家医药企业参加长春名企双阳行活动，考察了解双阳区投资环境，助力企业提升传统产业，培育壮大新兴产业。三是南关区侨联联合白山市文化广播电视旅游局，共同举办“爱我中华，侨聚长白”活动暨首届侨商经贸活动推介会。会议期间，来自21个地区的海内外侨商和侨界朋友共商合作发展计划。

【吉林市侨联服务大局为侨服务齐头并进】吉林市侨联广泛动员海内外各方力量，积极助力疫情防控工作。疫情之初，市侨联第一时间发布《抗击疫情倡议书》，号召海内外侨胞为抗击疫情贡献侨界力量。据不完全统计，全市侨界爱心人士通过各种形式捐赠现金近30万元、医用物资价值80余万元、生活物资近2万元，缓解了当时吉林市中心医院、市人民医院及附属医院和永吉县医院抗疫物资短缺的问题。其中埃及侨领付金丽为武汉和长春市捐赠口罩11万余只。春节前夕，市侨联对全市10名贫困归侨侨眷和2名重点侨胞进行走访慰问。春耕生产期间，为9户侨界农户发放春耕生产扶困资金9000元。对受疫情影响生产生活的归侨侨眷进行走访慰问，为全市68户困难侨界群众发放慰问金3.45万元。同市爱尔眼科医院开展“中国侨联光明行”慈善项目合作，成功完成240台白内障和胬肉手术。

【延边州侨联宣传侨法维护侨益】春节前夕，延边州侨联协调筹措慰问款12万元，按照县市摸底调查的贫困归侨侨眷比例拨发给基层侨联，并慰问贫困归侨侨眷18户，看望州侨联退休老领导和侨界代表人士。持续开展“圆你·大学梦”活动。协调省侨联、黄土计划办共筹集24.2万元助学金资助贫困学生。其中黄土计划办共资助30名家庭贫困、成绩优秀的大学新生，为他们每人每年提供2000元助学金，直至大学毕业（4年）。州侨联与州法学会联合成立延边州归侨侨眷、海外侨胞涉侨法律服务站。组织归侨侨眷和社会各界人士500多人在线上参加中国侨联举办的第二届“侨商杯”法律知识竞赛。与州政协共同组织侨界政协委员调研延吉市和汪清县侨属企业。与州政协共同组织侨界政协委员参加有事好商量活动，对延吉市五凤村新农村建设和发展旅游产业及农产品对接京东延边馆提出意见和建议。全州侨界政协委员共提交100多篇提案，围绕延边州经济社会发展问题积极建言献策。开展《民法典》宣传工作，制定《延边州侨联关于开展〈中华人民共和国民法典〉学习宣传的工作方案》，要求各级“侨胞之家”认真组织侨界群众进行学习宣传。

【四平市侨联稳步推进各项工作】市侨联在防疫抗疫工作中，及时向全市归侨侨眷及四平籍海外侨胞发送抗击疫情倡议书。侨界人士捐赠防疫物资折合人民币5万元，为四平市打赢疫情防控阻击战作出侨界贡献。春节期间走访慰问梨树县、伊通县贫困归侨侨眷5户，送去慰问金

2500元。春耕前夕，给受疫情影响春耕的8户归侨侨眷送去8000元春耕补助款。中秋、国庆两节期间走访慰问困难侨胞16人次，发放救助资金16000元。全年共计扶困90余次，发放扶困资金87600元。以纪念归侨侨眷权益保护法颁布30周年及“七五”普法为契机大力开展侨法宣传，分发各类宣传单上千份，并组织机关干部、归侨侨眷、各界群众积极参加中国侨联举办的第二届“侨商杯”法律知识竞赛活动。研究制定《关于“侨胞之家”建设的指导意见》，制定机关干部联系基层侨联组织制度，由机关干部对“侨胞之家”进行包保。全年为困难归侨侨眷“送温暖、献爱心”共33次，帮助贫困和残疾归侨侨眷共37次；与共建单位共同开展学习类、公益类各项活动27次；制作9块宣传板，发放《侨法宣传手册》《吉林侨联》《侨胞之家学习文辑》等宣传品1500余册。

【通化市侨联提升服务能力助推地区发展】通化市侨联深入侨企调研，指导科学复工复产，收集整理意见建议，为市委市政府提供决策依据。建立“定向联系，定人负责”工作机制，解决侨企困难。积极宣传推介市招商引资项目，北方石油有限公司意向性投资5亿元拟建加油站，华侨联合圣水生物能源有限公司拟投资5000万元建立华侨联合有机肥合作社，目前已完成种猪繁育生猪养殖基地建设。在“通化市第三次企业家节”活动中，侨商企业家、省侨商会会员邹敬韬、钟敬英分获市经济年度人物“新锐奖”和“奉献奖”；侨商企业正尚丰商贸有限公司荣获“通化市抗击新冠疫情突出（优秀）贡献企业和团体”荣誉称号，侨商企业华夏药业有限责任公司荣获“2019年度通化民营企业综合实力五十强”、“纳税五十强企业”荣誉称号。市侨联联合市侨办在全市开展通化市“侨界之星”评选活动，评选出104名“侨界之星”，并推出“侨界之星”系列展播、评选活动。一年来，全市各级侨联开展663户（次）走访慰问活动，送款物折合人民币44.32万元。与工行通化分行共同为东昌区金厂镇侨心小学发放价值2万余元的慰问金和学习用品。开展“山城侨韵·幸福共建”活动。争取困难归侨侨眷技能培训项目资金，用于提高侨界困难群众劳动技能培训。开展“创业中华·政务诚信”活动，助力优化营商环境。

黑龙江省归国华侨联合会

【领导成员名单】

党组书记、主席：郭占力

专职副主席：（空）

兼职副主席：冯　燕（女）　蒋贤云　杨世民　孙柏涛　刘　英（女）　陈佐东　孟宪奎　尚　宇　陆晓琳　赵晓红（女）　康维海

秘书长：房丽敏

【综述】2020 年，黑龙江省侨联在省委的正确领导下，在中国侨联的关心指导下，以习近平新时代中国特色社会主义思想为指导，增强“四个意识”，坚定“四个自信”，做到“两个维护”，紧紧围绕党和国家发展大局，继续发挥侨联独特优势，团结广大归侨侨眷和海外侨胞助力疫情防控，着力加强自身建设，统筹推进疫情防控和全省侨联工作，着力做好促进经济发展、联系侨界群众、维护侨益、参与社会建设、推动组织和队伍建设等各项工作。

【强化思想政治引领】黑龙江省侨联把深入学习贯彻习近平新时代中国特色社会主义思想作为主线，深入学习领会习近平总书记关于新冠肺炎疫情防控、推进经济社会发展、决战脱贫攻坚等系列重要讲话精神，集中学习《习近平谈治国理政》第三卷、党的十九届五中全会精神和习近平总书记重要讲话，《中共中央关于制定国民经济和社会发展第十四个五年规划和二〇三五年远景目标的建议》和《中共黑龙江省委关于制定黑龙江省国民经济和社会发展第十四个五年规划和二〇三五年远景目标的建议》。通过微信公众号发布“同抗疫情　龙江侨界在行动”“龙江侨界热议十九届五中全会”“民法典开讲”“亲情中华　云上音画”“腾飞的龙江”等系列专题报道，宣传先进事迹、讲解法律知识、展现侨界风采。学习宣传习近平总书记广东汕头考察侨乡时的重要讲话精神，召开专题学习会议交流讨论，并在全省侨联系统进行宣传报道。

【做好巡视整改工作】6 月 14 日—7 月 24 日，黑龙江省委第十巡视组对省侨联进行了为期 40 天的常规巡视。省侨联党组召开会议，认真学习省委书记张庆伟关于巡视工作的讲话精神，按照巡视组要求准备相关文件材料，配合巡视组开展工作。根据巡视反馈意见，制定整改方案，落实整改要求。

【发挥侨力助力国内抗疫】黑龙江省侨联贯彻党中央、省委决策部署，发出倡议，号召海外龙江籍侨社团和省内侨企积极联系防疫用品采购渠道，组织当地侨胞通过购买、捐赠等方式支援祖国抗疫。联系 18 个国家和地区的海外侨

2020 年 2 月，阿联酋黑龙江商会和永安集团联合筹集 5 万只口罩运往国内助力抗疫

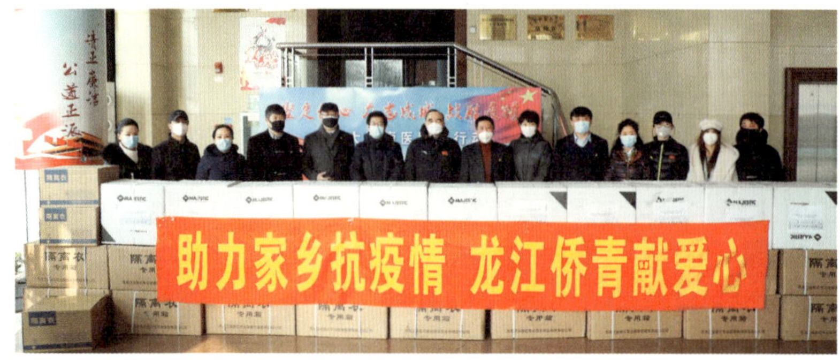

3 月 2 日，黑龙江省侨联党组书记、主席郭占力（左七）带领省侨联青年委员会会长张宇晖等志愿者，将 2000 套防护服、1200 套隔离衣、500 盒硫酸羟氯喹送到哈尔滨医科大学各附属医院

社团向黑龙江及武汉等地捐款捐物合计价值4337万元。组织黑龙江省侨青会通过海外渠道购买防疫物资，向定点医疗单位捐赠物资。哈尔滨医科大学侨联为医护人员采购150副护目镜，并组织医院6名护士驰援武汉。黑龙江省侨联海外顾问、哈医大二院心外科博导李仁科教授组织哈尔滨医科大学海外校友会捐款并在加拿大及北美各地收集医用物资寄回国内。省侨联向中国侨联争取近110万元专项资金、20万只一次性医用口罩和预防药品用于黑龙江疫情防控。省侨联机关干部下沉到社区开展服务，哈尔滨、牡丹江、鸡西、七台河、黑河、大兴安岭等市地侨联工作人员深入防疫一线工作。省侨联组织各市地侨联开辟“法规解读——新冠肺炎疫情涉刑十问十答”等专栏开展防疫宣传。哈尔滨市侨联向海外侨胞推荐“守护海外侨胞”和“全球新冠肺炎实战共享平台”等国内远程医疗服务平台，动员组织侨界医护人员开展防疫服务。哈尔滨市侨联常委崔仑创作了抗疫歌曲《敬爱的人》，佳木斯市侨联常委、演员张国强录制抗疫宣传视频，鹤岗市侨联副主席李永胜创作了诗歌《致敬疫情中奋斗的中华儿女》。

3月23日，黑龙江省侨联联合哈尔滨市侨联、黑龙江侨青会筹集的5万只爱心口罩被送到哈尔滨机场，发往加拿大驰援海外侨胞抗疫

4月15日，黑龙江省侨联“侨爱心健康包”捐赠启动仪式在哈药集团举行，省委统战部副部长、省台办主任赵新宇（左四），省侨联党组书记、主席郭占力（右四）出席

【助力海外侨胞抗疫】黑龙江省侨联向海外龙江籍侨胞发布疫情防控提示，与哈尔滨市侨联、省侨青会联合向加拿大侨胞捐赠1万只口罩，协助加拿大龙商总会代购4万只口罩。筹措30余万元购买口罩、防护服等急需的防疫物资，制作“侨爱心防疫包”捐赠给俄罗斯、日本等20余个国家的华人华侨、留学生。大庆市侨联通过微信等网络平台，向海外侨胞、留学生宣传新冠肺炎防护知识，及时宣传疫情期间出入境相关政策，推广《中华人民共和国出入境人员健康申明卡》。

【服务经济发展】黑龙江省侨联开展侨企复工复产调研，赴齐齐哈尔“中华老字号”百年企业参鸽药业、黑龙江恒泰建设集团有限公司、益海嘉里集团（佳木斯）、潮汕商会、黑龙江中亚千企双创园、哈尔滨新区行政服务中心、方正新龙米业、方正兴隆笔业等侨资企业进行实地调研走访，对其他市地以函询方式进行调研，发放调查问卷540份，收回532份。调研组走访有代表性的侨商企业30家，召开座谈会6场，侨资侨属企业家及其他代表人士50余人参加座谈会。了解企业在疫情期间的开复工情况和亟须解决的困难，并在网站、公众号开辟“法律解答—助力复工复产”专栏，宣传防疫期间企业在税收、缴纳保险、信贷等方面的政策，指导侨资企业及时复工复产。组织开展“港澳台侨各界云聚龙江专项活动”，线上线下共有来自56个国家和地区的近150位港澳台侨各界代表参加活动，交流企

7 月 29 日，黑龙江省侨联党组书记、主席郭占力（前排右二）深入走访侨资企业黑龙江中亚千企双创园

业投资、经营等情况，并对供采项目进行集中签约，引资签约金额达 85.2 亿元，供采签约金额 6150 万元。协办“服务龙江民营经济高质量发展农副产品对接会”，通过采购预对接和现场采购洽谈，供需双方共达成采购协议 72 项，现场签约金额达 17.78 亿元。哈尔滨市侨商会、市女侨胞联谊会、市侨青会和德申国际商务社交平台通过搭建“侨品汇”网购平台、开发制作“侨品汇”App，探索跨境电商服务和抖音营销等新经营模式。省侨联联系意大利中国侨商会，与海林市、林口县合作种植花卉、蔬菜，从荷兰引进优质柿种落户牡丹江市。

【弘扬黑土文化】黑龙江省侨联立足弘扬黑土文化，传播中国声音、讲好中国故事、龙江故事，通过丰富多彩的特色活动，凝聚侨界群众共识，拓展联谊联络载体。举办“亲情中华·为你讲故事”网上夏令营、冬令营。共举办 9 期网上夏令营、冬令营，来自 13 个国家的近 3000 名海外华裔青少年通过收听观看中国传统故事，学习中文、熟悉国情、了解黑龙江，激发了对祖国的认同感。推荐黑龙江省大庆市艺林花儿艺术培训学校、黑河市瑷珲历史陈列馆、泰来县江桥抗战纪念馆成功被中国侨联确认为第八批“中国华侨国际文化交流基地”。推荐大庆铁人王进喜纪念馆、黑河旅俄华侨纪念馆参加中国华侨国际文化交流基地故事线上展播活动，宣传铁人精神和龙江红色文化，提升龙江在海外的知晓度。开展“亲情中华·云上音画”主题活动之“云里梦里想念你——黑龙江侨界中秋国庆云上音画寄情”活动。自 9 月 1 日至 10 月 1 日，持续通过省侨联微信公众平台推送 100 期共 521 件优秀作品，内容涵盖书法、朗诵、音乐、绘画等多种文艺形式，全省侨联干部、侨界群众积极参与，活动受到海内外好评。在全省侨联系统开展第二十一届世界华人学生作文大赛征稿活动。共征集稿件 30000 余份，向大赛组委会报送 3000 份稿件。参与“亲情中华·同心战疫”、“亲情中华·童心欢畅”云端“六一”综艺演出活动。选送黑龙江省歌颂抗疫英雄歌曲《敬爱的人》、少儿合唱《给我力量》等节目参加由中国侨联主办的系列文化交流活动。举办归侨侨眷、海外侨胞“迎国庆、话中秋”座谈会和联谊晚会，以心联侨、以情聚侨，拓展海外联谊联络。

9 月 27 日，黑龙江省侨联在哈尔滨举办归侨侨眷、海外侨胞迎国庆·话中秋座谈会

【开展纪念侨法颁布30周年活动】 在黑龙江省侨联系统组织广大侨界群众、海外侨胞及社会各界人士关注纪念活动，参加侨法30周年网上答题。张贴悬挂“侨法30年系列图解”海报和宣传条幅3000份，发放宣传单及手册10000份、宣传手袋2000个，召开座谈会25场，走进企业30次，网上推送侨法知识22次，开展宣传活动30余场次，接收群众咨询500多人次，吸引了20万余人次参与，市地新闻媒体分别就纪念侨法宣传活动进行了宣传报道，营造依法护侨、维侨的良好社会氛围。

【助力脱贫攻坚】 黑龙江省侨联组织侨界力量参与脱贫攻坚，黑龙江省华侨经济文化基金会为同江市特殊教育学校购买送教包，为同江市乡镇网格化管理服务中心及向阳镇八岔村党群服务中心购买图书，为同江市妇幼保健院购买产科母乳喂养分析仪，共计价值10万元。黑龙江省侨商会向同江市捐赠11.3万元，用于扶持银川乡恒阳畜牧水产养殖合作社开展水产养殖项目；向望奎前进五村捐赠九三豆油180桶，价值9600元。省侨联联合黑龙江焦视眼科医院开展9场“侨心送光明”免费白内障筛查活动，对符合条件的百余名贫困白内障患者进行了免费复明手术。省侨联联合爱尔眼科医院开展“侨爱心光明行”活动，为177名生活困难群众免费做白内障等手术。组织走访慰问百余户贫困家庭，为他们送去米面油、棉衣等慰问品和生活用品，共为全省贫困归侨侨眷提供帮扶慰问金25万元；在全省多地开展义诊、医疗知识讲座、慰问养老院等活动20余次，将帮扶助贫落到实处。

【加强基层侨联组织建设】 2020年，成立哈尔滨正德科技开发股份有限公司、华跃东方企业管理咨询公司、黑龙江中亚千企双创园三家“新侨创新创业示范基地”，发挥企业的示范带动作用和平台优势，拓展新侨之间的交流与合作。推进高校侨联、校友会侨联、侨胞之家建设，其中侨胞之家数量较上年增长30%，投入经费10万元。安排经费11万元支持黑河旅俄华侨纪念馆升为国家馆。

7月1日下午，香坊区首家社区“侨胞之家”启动仪式在建筑办事处林园社区举行，省侨联党组书记、主席郭占力（左三）出席

9月21日，黑龙江省侨联“侨心送光明”免费义诊揭纱仪式在黑龙江焦视眼科医院举行，省侨联党组书记、主席郭占力（右一）出席

【哈尔滨市侨联开展成立60周年庆祝活动】 哈尔滨市侨联以“侨这六十年·同心筑梦路”为主题开展系列庆祝活动，制作《哈尔滨市侨联六十载同心筑梦路专题片》1部；征集海内外视频30余部；共收到127件歌颂祖国、讴歌时代、赞美家乡、庆祝市侨联成立60周年等为主题的文艺作

哈尔滨市侨联举办“侨这六十年·同心筑梦路”全球冰城侨胞云端聚会活动

品，网络刊发书画、朗诵等文艺作品100多件；表彰了一批侨界情系故土、回报桑梓的侨界先贤和新侨优秀代表人士，弘扬了新时代侨文化、侨精神；举办了庆祝哈尔滨市侨联成立60周年全球冰城侨胞云端聚会大型活动，通过历时两小时线上直播互动完美诠释哈尔滨市海内外侨胞和侨联工作者60年的奋进历程，通过微信公众号、网易黑龙江、百度等网络媒体全程播出，当日观看人次突破66万。

【大庆市侨联优化服务举措】大庆市侨联以优化服务举措为重点，助力地方经济发展。一是大力实施“百千万”工程。联合百家企业、千名高校学者师生、万户农民，采取“政府引导、企业出资、学者献智、村民参与、共同致富”模式，稳岗稳就业，助力脱贫攻坚。目前共协调组织30多家企业，解决2000余名大学生就业创业难题；以“公司＋农户”开发模式，依托绿色农产品和乡村特色带动旅游业发展，带动万名农户致富增收。二是搭建创新创业平台。依托留学生创新创业协会，联合中国宋庆龄基金会，开展双效创富项目路演活动，为归国留学人员、大学毕业生提供项目资金支持，调动广大留学人员、大学毕业生创新创业的积极性，增加创业就业机会，为大庆市发展提供人才储备和智力支持。三是加强侨界普法维权。积极组织开展《归侨侨眷权益保护法》颁布实施三十周年系列纪念活动，开展涉侨法律法规的学习宣传和教育培训，增强全民爱侨护侨意识，提升侨界群众的民主法治意识。在侨胞之家、社区楼宇张贴侨法宣传材料1500余份、开展辅导培训5场，受众2000余人次；市委主管领导亲自参与维护侨益工作，协调解决金祥物业等3家侨企维权事宜，积极协调司法和相关职能部门，妥善处理涉侨维权事件4件，切实维护了侨益。

【齐齐哈尔市侨联提升为侨服务能力】10月27日—28日，由黑龙江省侨联举办，齐齐哈尔市侨联承办的全省侨联系统习近平总书记侨务论述研讨暨侨联干部齐齐哈尔培训班在齐齐哈尔市社会主义学院举行。培训班深入学习习近平总书

2020年10月，举办黑龙江省侨联系统习近平总书记侨务论述研讨暨侨联干部齐齐哈尔培训班

记关于侨务工作重要论述，研讨服务龙江发展大局和为侨服务举措。齐齐哈尔市侨联七届委员会委员，县（市）区侨联干部，侨界代表人士、侨胞之家、乡镇侨联、新侨创新创业基地和华侨国际文化交流基地负责人，侨商会理事及法顾委委员共计 60 余人参加培训。培训围绕创新开展"党建 + 侨建"、打造"侨胞之家"、变"侨"为"桥"、以"侨"搭"桥"等内容展开，通过培训一方面提升了侨务工作者自身素质和服务能力，另一方面通过引导学员通过加强侨情新变化的调查研究，进一步增强做好侨务工作的信心，找准党政所需、侨胞所急、侨联能为的结合点，在"双循环"新发展格局中发挥作用，为党和国家工作大局贡献力量。

省级侨联工作

上海市归国华侨联合会

【领导成员名单】

党组书记：王　珏（女）

主　　席：齐全胜

专职副主席：徐大振　陶　勇

兼职副主席：屠海鸣　程　东　徐学敏（女）　王　勇　钱仲焱　俞　斌　马　杰　司徒国海　高尚书　姜　锋

秘 书 长：陶　勇（兼）

【综述】2020 年，在中共上海市委、市委统战部的领导下，在中国侨联的指导下，上海市各级侨联组织自觉以习近平新时代中国特色社会主义思想为指导，深入学习贯彻党的十九大及十九届历次全会精神，习近平总书记关于加强和改进统一战线的重要思想及侨务工作重要论述和有关重要讲话精神，十一届市委九次、十次全会精神，市第十二次侨代会精神，聚焦为大局服务和为侨服务，在强化政治武装、抗击新冠肺炎疫情、履行侨联职能、改善侨界民生、基层组织建设等方面积极作为，各项工作取得新成效。

【强化政治理论学习】上海市侨联坚持政治引领，强化理论学习。一是抓学习内容，突出一个“准”字，以《党的十九大文件汇编》《习近平谈治国理政》《习近平关于侨务工作论述摘编》等为基本教材，深入学习中央有关要求和精神。二是抓学习形式，突出一个“新”字，以党组会、中心组学习会、主题报告会、研讨会等形式，积极开展学习教育，制定“每周一学、每月一谈、每季一讲”等学习制度。三是抓学习效果，突出一个“实”字，通过学习形成有关建言类信息，体现了理论学习在实际工作中的指导效果和推动作用。四是抓“四史”教育，突出一个“行”字，举办“四史”学习主题报告、健步行看浦江发展、参观钱学森图书馆、参观国歌展示馆、“四史”学习云上知识竞赛等活动，把“四史”学习抓在经常、融入日常。

【举办上海市第十二次归侨侨眷代表大会】2020 年 7 月，召开上海市第十二次归侨侨眷代表大会，中央政治局委员、上海市委书记李强，中国侨联党组书记、主席万立骏，上海市人大、市政府、市政协主要领导出席大会开幕式。万立骏，市委副书记廖国勋，市委常委、统战部部长郑钢淼分别在开幕式和闭幕式上讲话，体现了上级领导对上海侨界的亲切关怀和殷切希望。会议回顾了侨联过去五年的工作成就，对未来五年工作提出要坚持政治

7 月 16 日，上海市第十二次归侨侨眷代表大会胜利闭幕

7 月 2 日，上海市侨联开展庆“七一”主题党日活动

性、先进性、群众性，注重民间性、涉外性、统战性等工作要求，强调要在新的历史起点上做好侨联工作。会议选举产生了新一届侨联委员会和领导班子，通过了修改后的《上海市侨联工作细则》，表彰了上海市侨界杰出人物、上海市归侨侨眷先进个人、上海市侨联系统先进组织和先进个人等多批先进典型，起到了学习示范作用。

3 月 16 日，上海市侨联主办“同住地球村，齐心共抗疫”一城五国爱心连线活动

【参与疫情防控助力企业复工复产】上海市侨联成立抗疫工作领导小组，积极发挥桥梁纽带作用，调动各方涉侨力量，联手市政府外办等设立“海外捐赠联络点”，联手东方航空做好海外防疫物资运输保障工作，联手海外重点侨领侨社做好防疫物资的采购和募捐工作。分批走访 200 多家企业，宣传普及市委市政府出台的抗疫惠企等政策文件，了解疫情期间企业生产经营遇到的难点痛点，切实做到掌握一线情况、协调解决问题、增强发展信心、助力经济发展。

3 月 4 日，上海市侨联领导赴上海科泰电源股份有限公司调研复工复产情况

【助力海外疫情防控战】上海市侨联牵头组建英、澳、美、加、日五个国家共 7 个沪籍留学生“微信关爱群”，引导海外侨团负责人担任微信群主履行“云上监护人”职能。发挥基层侨联、校友会的纽带作用，分批向侨界海外留学生家庭发放“侨爱心健康包”6500 份。在线上开展“全市留学生家庭‘海外防疫问问看’活动”。通过我驻外使领馆、海外侨社向意大利、塞尔维亚等有关国家和地区的海外侨胞捐赠防疫物资。向 24 国超过 100 个海外侨团寄送“爱心包裹”，共 9 万只各类口罩。举办“‘同住地球村、齐心共抗疫’一城五国爱心连线”等 6 场线上活动。3 月 16 日，上海市侨联联合上海海外联谊会以及意大利上海总商会、马来西亚中华大会堂总会、法国华侨华人会、澳大利亚悉尼上海商会、阿联酋上海总商会暨同乡会共同举办“同住地球村、齐心共抗疫”——支援海外华侨华人参与新冠肺炎疫情防控防治爱心视频连线，并邀请上海新冠肺炎防控和救治专家吴凡、张文宏、葛均波、谢青 4 位“大咖”与海外分享。联合中国邮政推出“侨爱守护、绿色直达”项目。以“云上会客厅”形式加强与海外侨团侨领以及留学生联系，形成多期海外侨情工作简报。

【搭建平台助力第三届进博会】上海市侨联与东浩兰生集团对接合作，联合工商银行上海市分行、市贸促会共同举办“侨联进博·云商比邻”活动，开设进博会“6 天 +365 天”侨联专区，共有来自澳大利亚、捷克、以色列、西班牙等 15 家海外侨社的 217 件商品首批登陆“侨联专区”平

11 月 9 日，“侨联进博　云商比邻”云上贸易洽谈会开幕

台，13 家侨社推荐的 45 家企业参与了首次云上洽谈，务实助力中国与海外优质产品双向交流，开拓中外经贸合作新渠道。

【搭建新侨创新创业平台】 上海临港新侨新兴产业园建成交付，作为临港产业技术创新带内的首发园区，产业园占地 127 亩，总建筑面积逾 20 万平方米。以集成电路研发设计、人工智能、新能源新材料、信息科技等新兴产业为主导，以成为新侨精英集聚、留学归国创业首选地为目标，目前已引进企业 204 家，实体落地企业 16 家。

8 月 18 日，“传达侨代会精神，开启新征程”——海外侨胞沪上行活动在松江举办

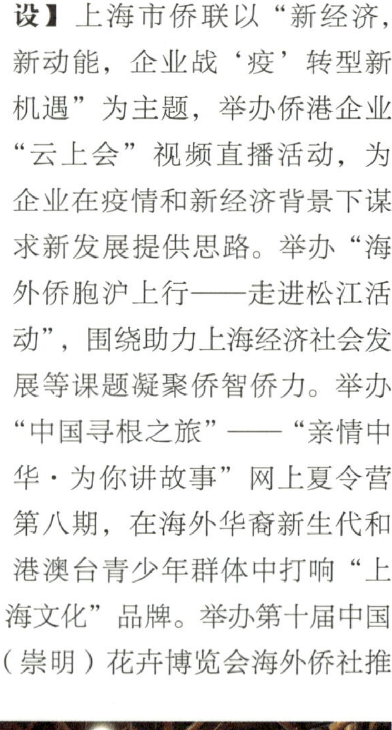
【服务上海“四大品牌”建设】 上海市侨联以“新经济，新动能，企业战‘疫’转型新机遇”为主题，举办侨港企业“云上会”视频直播活动，为企业在疫情和新经济背景下谋求新发展提供思路。举办“海外侨胞沪上行——走进松江活动”，围绕助力上海经济社会发展等课题凝聚侨智侨力。举办“中国寻根之旅”——“亲情中华·为你讲故事”网上夏令营第八期，在海外华裔新生代和港澳台青少年群体中打响“上海文化”品牌。举办第十届中国（崇明）花卉博览会海外侨社推介活动。围绕“五个中心”建设积极建言，充分重视发挥侨界代表人士的优势和专长，其中有多篇信息被市领导批示，一篇信息获市委主要领导批示。制定并下发《上海市侨联贯彻落实〈关于新时代上海实施人才引领发展战略的若干意见〉行动方案》，与市人社局联合举办“海聚英才”“留·在上海”海外高层次人才招聘会。

8 月 20 日，上海临港新侨新兴产业园举办开园仪式

【助力打赢脱贫攻坚战】 2020 年内上海市侨联领导分

11 月 20 日，上海市侨联检查组赴云南弥渡县明德小学检查华侨基金会帮扶项目实施情况

别带队前往云南、贵州检查市华侨事业发展基金会有关扶贫项目落实情况，多领域、多层面、多角度开展对口援助工作，深入当地贫困家庭调研走访，聚焦文化扶贫、产业扶贫、消费扶贫等新领域，真正做到扶贫与扶智相结合，注重近期规划和远景目标相结合。

【依托网络平台深化侨法宣传】上海市侨联充分发挥“互联网 +”功能，组织侨界群众参与形式多样的网上侨法宣传活动，全市参加“‘侨侨’你知道多少”侨法知识网上挑战赛 26.2 万人次，宣传月期间受众达 240 万人次。做好主题调研，配合中国侨联法顾委，围绕新侨权益保护展开专题调研，与市司法局、市高院等一起了解“大统战、大侨务”背景下开展依法维护侨益工作情况。进一步完善涉侨纠纷多元化解机制，积极推进维权机制和维权队伍建设，发挥市区侨联法顾委（团）的作用，建立健全侨联组织与区人民调解中心及其专业调解委员会和街镇调解组织的联络机制，引导涉侨纠纷当事人就地就近解决矛盾纠纷。

10 月 16 日，上海市侨联领导走访慰问侨界人士

9 月 17 日，中国侨联调研组赴静安区调研涉侨纠纷多元化解机制推进情况

【关心关爱早期归侨】上海市侨联积极发挥侨界力量助力打赢脱贫攻坚战，重点关注高龄、独居、生活有困难的侨界老人，在用好政府各类侨界帮困款的同时，指导上海市华侨事业发展基金会落实好各项侨爱心实事项目，通过“三节”送温暖、发放慰问补助金、走访慰问等形式，全年共实施资金约 200 万元，惠及早期归侨侨眷、困难侨胞达 2300 余人次。

12 月 2 日，上海市侨联举办基层建设工作会议，向示范街镇侨联授牌

等，指导支持杨浦、黄浦、闵行、松江等区侨联，结合区内 14 所高校（院所）的特点，举办松江区侨联＋大学城新侨联盟论坛、闵行区侨联＋交大海外校友“走进零号湾”主题分享、黄浦区侨联＋交大医学院＋海外校友视频抗疫连线等活动，形成特色案例。发挥“地方侨联＋高校侨联＋校友会”机制优势，与上海社会科学院侨联、长三角区域内部分高校侨联、海外校友会共同举办主题为“疫情防控常态化背景下的经济社会发展”的“侨智论坛”，为服务上海经济社会发展及长三角区域一体化提供了有力支持。

【夯实基层组织建设】上海市侨联完成“示范街镇侨联”“星级侨之家”建设标准修订，并进行建设指导。授予 19 家单位为市“示范街镇侨联”称号，打造了一批制度完善、基础扎实、亮点突出、成效显著的基层侨联组织，上海市 18 家单位获全国侨联系统优秀“侨胞之家”称号。截至年底，街镇（园区）侨联共 229 家，其中“示范街镇侨联”43 家，“侨之家”1198 家，“新侨驿站”149 家，均比上年有大幅增长。同时，侨联小组、侨“E”家和微侨家也蓬勃发展。

【推进“地方侨联＋高校侨联＋校友会”机制建设】上海市侨联通过召开工作例会、工作机制座谈会、合作签约仪式

【崇明区侨联积极参与花博会项目】9 月 7 日，第十届中国花卉博览会首个国家友好合作城市展园——新西兰奥克兰花园开工仪式在花博会展区举行。奥克兰花园的顺利开工是区侨联按照市侨联“市区两级侨联联动—助力花博盛会”要求，通过资源整合和共享结出的丰硕成果。下一步，两级侨联将继续围绕崇明花博会工作所需，牵好线、搭好桥，不断加强与海外华侨华人和重点侨社的沟通联系，宣传推介好花博会，

9 月 7 日，第十届中国花卉博览会首个国家友好合作城市展园——新西兰奥克兰花园开工仪式

11 月 13 日，上海市侨联主办“疫情防控常态化背景下的经济社会发展”主题“侨智论坛”

9 月 12 日，长宁区侨联联合区相关部门指导举办“就业、创业、兴业”三业交流会

共同推进国际友城招展工作。

【长宁区侨联指导举办“就业、创业、兴业”三业交流会】 9 月中旬，由长宁区侨联指导举办的“就业、创业、兴业”三业交流会在上海世贸商城举行。为期两天的“三业交流会”旨在打造就业平台来吸引人才，为各类海归人才在上海、长宁开创事业、展示才华提供契机；推出创业大赛来鼓励创新，邀请市创业创新专业评委现场指导评估创业参赛团队项目，打造创新创业智库；联合行业兴业来推动经济，为跨国公司、国内企业的交流合作建立可持续性的沟通渠道；开展现场咨询服务，请有关侨务部门提供相关咨询业务。

江苏省归国华侨联合会

【领导成员名单】

党组书记、主席：周建农（女）

专职副主席：

宫　琳（（女，2020年10月调离）

陈　锋（2020年10月调离）

刘　标（2020年11月当选）

艾　卉（女，回族，2020年11月当选）

兼职副主席：曾焕沙　仲　盛

挂职副主席：

张　霓（女，2020年10月结束挂职）

秘书长：

陈　锋（兼，2020年10月调离）

二级巡视员、办公室（组织人事部）主任（部长）：李发勇

【综述】 2020年，江苏各级侨联深入学习贯彻习近平新时代中国特色社会主义思想，特别是习近平总书记关于侨务工作的重要论述，贯彻落实中央、省委关于侨联工作的指示要求和中国侨联工作部署，面对百年一遇的新冠肺炎疫情，迅速行动、广泛动员，主动作为、攻坚克难，积极服务统筹推进疫情防控和经济社会发展，各项工作取得明显成效，彰显了侨联组织在助力夺取“双胜利”中的责任与担当。

【加强理论武装】 江苏省侨联按照“知其然、知其所以然、知其所以必然”的要求，学习新思想、贯彻新思想，组织学习《习近平谈治国理政》。举办侨界专场宣讲报告会，深入学习宣传贯彻党的十九届五中全会精神和习近平总书记视察江苏重要讲话指示精神，深刻理解“十四五”经济社会发展规划和2035年远景目标，凝聚“争当表率、争做示范、走在前列”的共识。强化对侨界群众的思想政治引领，江苏省侨联、南通市侨联举办“亲情中华·张謇故事”专场演出，在侨界弘扬实业报国、创新报国的精神。做好新形势下的意识形态工作，江苏省侨联制定了相关细则，举办全省侨联系统意识形态暨网络安全专题研修班，进一步提高侨联干部做好意识形态和网络安全工作的能力。

10月29日—30日，江苏省侨联意识形态暨网络安全专题研修班在南京举办，省侨联主席、党组书记周建农（左）出席并讲话

11月26日，由江苏省侨联主办，南通市委市政府支持，南通市侨联承办的“亲情中华·张謇故事”专场演出在南京举行

【配合做好政治巡视工作】 江苏省侨联坚持问题导向，积极支持配合省委巡视组和有关部门做好政治巡视、选人用人专项检查、经济责任审计等工作。认真整改落实“后半篇文章”，按照“把抓整改融入日常工作、融入深化改革、融入全面从严治党、融入班子队伍建设”要求，压紧压实责任，多次召开党组会议和巡视整改工作领导小组会议，落实任务清单，坚持立行立改。针对巡视整改期间省侨联领导班子有较大调整的情况，专门召开会议对整改任务相关牵头领导作出调整，新任领导主动理旧账、担责任，确保整改工作顺利衔接。至 2020 年 12 月，按时保质完成了选人用人专项检查、经济责任审计的整改落实工作，针对 26 个问题的整改完成率超过 70%。

2 月 5 日，肯尼亚江苏商会暨同乡会筹集的用于支援祖国和家乡防控疫情的 27 万只医用口罩抵达南京禄口机场

【组织侨界力量抗疫】 1 月 26 日，江苏省侨联向海内外侨界发出捐款捐物倡议，各设区市、县（市、区）等侨联陆续发出数百份倡议，得到积极响应。据不完全统计，江苏侨界共捐赠资金和医疗物资 4.5 亿元，其中通过侨联组织捐赠 7000 多万元。发动海外侨胞通过各种渠道“全球扫货”，肯尼亚江苏商会为了把 27 万只口罩运回国内，将客运航班变成“口罩专机”，该批口罩成为南京港首批入境的侨胞捐赠物资；还有很多侨胞通过“人肉背货”方式将防疫物资带回国内。坚决贯彻省委省政府关于对口援助湖北战疫一线的部署要求，省侨联及时与黄石市前方指挥部联系并了解需求，在部分侨商的支持下，紧急抢购了当时全国唯一一台外膜肺氧合机（ECMO）存货及一台数字医用 X 射线摄影机（移动 DR），迅速捐赠给当地医院，以解燃眉之急。动员江苏多家侨企不计成本火速支援火神山和雷神山医院建设，天加集团仅用 3 天时间就提交空调设备建设方案并捐赠 150 万元的净化空调，董事长蒋立被省侨联推荐为“全省抗击新冠肺炎疫情先进个人”并受到江苏省委省政府表彰；为按时提供急需材料，蓝圈公司“抢夺”48 小时宝贵时间，国合绿科技、天奥医疗将工程进度提速 4—7.5 倍。国内疫情好转后，江苏省和南京市侨联领导两次登门看望慰问全国“一线医务人员抗疫巾帼英雄”、侨眷徐辉同志的家属，

10 月 12 日，江苏省侨联、南京艺术学院在南京联合举办“亲情中华 · 同心战疫”江苏省侨界抗击新冠肺炎疫情艺术作品展

转达中国侨联万立骏主席和省委领导的问候。组织江苏省华侨公益基金会并联合各设区市侨联慰问 61 名侨界抗疫“逆行者”。举办“仁心泽四海·翰墨献真情”——向江苏援助海外抗疫专家捐赠书法作品仪式。组织侨界艺术家通过戏剧、音乐、美术等多种形式，举办“亲情中华·同心战疫”线上和线下书画艺术展，记录、讴歌抗击疫情的一幕幕感人画面。大力宣传侨界先进典型，江苏省侨联撰写的 40 多篇宣传稿件被“学习强国”、交汇点新闻、新华网等刊用。江苏侨联系统大部分党员干部春节假期无休，涌现出一批先进典型。江苏省华侨公益基金会等 10 个单位、叶明才等 11 名同志分别被评为“全国侨联系统抗击新冠肺炎疫情先进集体和先进个人”。

【支持侨企复工复产】 江苏省侨联专门发出倡议和印发文件，鼓励引导侨企复工复产，大力宣传一系列利好政策，通过微信推送了 12 期《援企惠企政策选编》，汇总了 13 个专题的涉企法律热点问题。组织召开侨青企业复工复产座谈会，邀请江苏省发展和改革委相关负责人深入解读“苏政 50 条”。以“后疫情时期企业发展”为主题，举办江苏侨企沙龙和侨创沙龙，为侨商和新侨分析形势、出谋划策，坚定发展信心。组织发放 3500 多份调查问卷，持续跟踪推动近 2000 家侨企复工复产，认真梳理企业共性问题和个性化需求，积极向江苏省委省政府及有关部门反映，逐条销号解决，精准帮助企业解难纾困。江苏侨联系统上下联动，在较短时间内帮助有关侨企解决了上游企业复工、扩大产能、申报防疫重点企业、物资运输等难题。积极反映侨声，组织撰写 50 多篇侨情信息，推动相关问题解决。

【服务稳外资稳外贸工作】 江苏各级侨联加大线上招商、云签约等工作力度，“广撒网”筛选信息，“侨引侨”引进项目，2020 年共协助引进经济、科技等项目 200 多个，协议利用资金 500 多亿美元，协助引进侨界人才 300 多人。江苏省侨联举办了“一带一路”交汇点华商大会，推动江苏省对外合作项目与住在国侨社团建立互助机制，全省 10 个“走出去”企业与 9 个海外侨团线上签约，11 名重要华商与相关单位对接投资意向；与南京市侨联、南京信息工程大学主办“创业中华·筑梦江苏”——首

11 月 18 日，“创业中华·筑梦江苏”2020“一带一路”交汇点华商大会在南京举办

6 月 29 日，由中国侨联新侨创新创业联盟、江苏省侨联指导，江苏省侨联新侨创新创业联盟、无锡市侨联主办的“后疫情时期侨创沙龙”在无锡举行

12 月 27 日，首届国际空间智能应用创新创业大赛颁奖典礼在南京举行

届国际空间智能应用创新创业大赛，助力科技创新成果转化；应有关部门邀请，首次参与承办全国“大众创业、万众创新”活动周江苏分会场活动和“百名海外博士江苏行”活动。

3 月 30 日，江苏省侨联募集一批爱心防疫物资运往海外，用于支援当地抗击新冠肺炎疫情

【助力脱贫攻坚】江苏各级侨联广泛动员侨界力量，做好定点帮扶、社会帮扶、困难归侨侨眷帮扶等工作。省侨联通过公益捐赠和送医疗、送文化、送法律“三下乡”等举措，支持泗洪县扶贫工作。盐城市大丰区侨联等 6 个单位、刘冬梅等 4 名同志分别被评为“全国侨联系统助力脱贫攻坚先进集体和先进个人”。关注疫情对侨界群众的影响，持续送温暖、献爱心，2020 年江苏各级侨联共走访慰问困难归侨侨眷 6800 多人次，发放慰问金 300 多万元。用好华侨事务专项经费和侨爱心善款，为江苏所有老归侨购买大病保险、发放补助金。

10 月 28 日，江苏省侨联党组书记、主席周建农（左）代表江苏省华侨公益基金会向泗洪县瑶沟乡捐赠 3 万元扶贫款

【关心支持海外侨胞和留学生战疫】江苏省侨联大力宣传省委、省政府主要领导向海外侨领致信的主要精神，转达对海外游子的牵挂；组织开展“反向捐赠”，为 50 多个国家的 80 多个侨团、2 万多名海外侨胞和留学生寄送口罩约 60 万只、手套约 4 万副、预防中药 2.4 万袋，捐赠物资实现了对海外顾问、海外委员的全覆盖；抢在国际货运航班受限之前，争分夺秒、想方设法以多种形式发货，使物资尽快到达侨胞手中。省侨联分两批发动 19 个海外侨团在北美、澳洲、欧洲等地建立了 21 个留学生志愿服务关爱点，为江苏“小老乡”提供帮助。通过深化“互联网 + 侨联”服务，支持海外侨胞就地战疫。利用微信平台编辑发布 20 多期《海外侨胞疫情防护指南》，及时推送领事保护、回国包机登记等权威性信息 1200 多条；开设 3 期线上“侨界专家讲堂”，邀请著名专家讲授疫情防控知识；主动协调省中医院开设“云门诊”，分地区组建“10+N”中医关爱群，覆

6 月 16 日，江苏省侨联在南京举行“亲情中华·魅力江苏”2020 全球华侨华人网络厨艺大赛新闻发布会

10月21日，江苏省侨联在南京举行“侨连五洲·相约江苏·守望相助·战疫有我”摄影摄像大赛颁奖仪式

盖五大洲1万多名侨胞，持续提供线上服务。承办“亲情中华·为你讲故事”网上夏令营，先后组织12个国家的6000多名海外华裔青少年通过“云端”感悟中华文化和江苏地域文化，帮助他们过好“超长假期”。发挥江苏省侨联中餐文化海外推广基地的作用，推出两季“药食同源·健康生活”22道淮扬菜，帮助侨胞宅家制作美食、吃出健康。依托网络举办全球华侨华人厨艺大赛、“亲情中华·讲‘苏’故事”才艺大赛和“侨连五洲·相约江苏·守望相助、战疫有我”摄影摄像大赛，丰富侨胞战疫期间生活，网络投票数超过2150万份，访问量达4322万次；组织开展“亲情中华·年味江苏”春节云端活动及华侨华人“晒年饭”活动，侨胞参与热情很高。

8月13日，江苏省侨联在南京组织召开“地方侨联＋高校侨联＋校友会“工作机制推进会

【凝聚侨智侨力服务大局】江苏省侨联组织侨界专家赴南通、扬州开展“创业中华·智汇江苏”活动，为“十四五”规划和高质量发展建言献策。积极参政议政，2020年，全省侨联系统向“两会”提交提议案500多件、社情民意400多条、调研报告及大会发言100多篇。做好中国侨联重点课题调研和侨情专报工作，围绕老归侨精准服务和新侨创新创业的调研报告分获一、二等奖，江苏侨情信息工作连续九年获得全国侨联系统特等奖。组织召开“地方侨联＋高校侨联＋校友会”工作机制推进会，启动“助梦大使”聘任工作，创新团结凝聚海外新侨工作方式。举办第二期海外侨领研修班，强化海外联谊资源涵养。

【持续做好为侨服务工作】江苏省侨联举办了3场“创青春——江苏侨界青年双创发展分

10月30日—31日，“创青春——江苏侨界青年双创发展分享”暨“新侨菁英创享无锡·宜兴行”交流实践活动在宜兴举行

享”活动，为侨界青年搭建后疫情时代事业发展平台；与省有关部门出台《关于在全省高校开展关爱老归侨“一对一”志愿服务公益活动的意见》，为老归侨精准服务；结合纪念《中华人民共和国归侨侨眷权益保护法》颁布 30 周年，连续第三年在全省侨联系统开展“侨法宣传月”活动；召开历史遗留涉侨案件座谈会，推动解决 7 个成年积案。2020 年，江苏侨联系统处理来信 270 件，接待来访 1000 多人次，协助解决涉侨纠纷和案件 500 起。

【加强侨联自身建设】江苏省侨联指导南京、苏州市侨联顺利换届；指导南京审计大学成立侨联组织。加强为侨服务阵地建设，靖江市“同心驿站·侨胞之家”等 12 个单位被评为 2018—2020 年度全国侨联系统优秀“侨胞之家”。“网上侨联”建设顺利推进，江苏省侨联侨情数据库系统和“江苏海外云客厅”建设取得阶段性成果。加强侨界社会组织管理，江苏省侨商总会、江苏省华侨公益基金会等侨界社团运行管理机制进一步健全，江苏省侨联侨界专家委员会新一届委员会层次更高、代表性更强，江苏省侨界法律顾问委员会新聘一批海外委员。加强侨联干部能力建设，先后在苏州大学、扬州市举办了江苏省侨联第十一期干部培训班和全省第二期基层侨联干部培训班暨全国统一社会信用代码培训班。

【召开江苏省侨联七届六次全委会】11 月 26 日，江苏省侨联七届六次全委会议在南京召开，会议深入学习宣传贯彻党的十九届五中全会精神、习近平总书记视察江苏重要指示和全面推动长江经济带发展座谈会重要讲话精神，研究部署全省侨联系统贯彻落实工作，并决定有关人事事项。江苏省侨联党组书记、主席周建农主持会议并讲话，省侨联党组成员刘标、艾卉，省侨联副主席仲盛和省侨联委员共 60 人出席会议。会议选举刘标、艾卉同志为江苏省侨联第七届委员会副主席，卸免了 3 名省侨联常务委员、委员。周建农在讲话中强调，要

8 月 24 日，江苏省侨联第十一期干部培训班在苏州大学举行开班式

9 月 26 日，江苏省侨联侨界专家委员会第三次会员代表大会在扬州举行

11 月 26 日，江苏省侨联七届六次全委会议在南京召开，选举刘标、艾卉为江苏省侨联第七届委员会副主席

以更高标准、更实举措谋划和推动江苏侨联事业发展；要坚持问题导向和上下联动整改，着力解决制约侨联工作的重点难点问题；要增强统筹意识，努力做好年终岁尾各项工作。

【常州市侨联积极服务经济发展】常州市侨联广泛动员侨界力量，积极牵线搭桥，助力“六稳”“六保”工作，取得明显成效。一是举办重要经贸活动。市侨联努力克服新冠肺炎疫情的影响，采用“互联网 +”方式，牵头举办了“创业之桥”海外人才常州创新创业洽谈会，发挥常州海外联谊会、海外社团作用，通过“云推广”“云申报”“云大赛”“云评审”“云路演”和“云洽谈”，共邀请来自 15 个国家（地区）的近百名海内外高层次人才参加活动。与会嘉宾携 40 个项目与常州 70 多家科技园区、孵化器和企业对接洽谈，其中 12 个项目申报常州“龙城英才计划”，6 个项目获政府资金扶持。二是凝聚侨商和侨界青年力量。推动侨商会和侨商投资协会的融合，已明确由市侨联主管。疫情期间，市侨联走访了近百家侨资企业，对复工复产中遇到的困难和问题进行全面摸底，形成《后疫时代常州侨企外贸发展探索》等调研报告，向市委市政府提出建议，努力为侨企排忧解难。支持侨界青年追梦圆梦，成立常州市侨界青年联合会，举办“聚力助推侨青创新创业——苏南五市侨青会会长论坛”、侨青创新创业主题沙龙等活动，促进更多新侨人才创新创业。三是提供维权服务和金融支持。通过常州市侨联法律顾问委员会、为侨法律服务团、涉侨纠纷人民调解委员会和涉侨纠纷诉调对接协调办公室“四大平台”维护侨益，将工作重心下移基层、直达终端。争取社会资源为侨服务，与光大银行常州分行等 7 家金融单位和投资机构签订合作协议，为常州侨青企业提供10亿元银行专项授信支持。

【苏州市侨联打造“党建带侨建”工作品牌】苏州市侨联贯彻落实苏州市委关于勇当打造“最美窗口”的时代先锋、全面创建“三个表率”模范机关的工作要求，坚持统筹谋划、以点带面、整体推进，以“党建带侨建”的实际成效为新时代侨联工作赋能。一是品牌建设凝聚向心力。市侨联围绕机关党建工作的时代要求，结合工作实际，打造“海棠花红 · 侨心向党”苏州市侨联系统党建工作品牌。以党的政治建设为统领，不断强化“一岗双责”，形成“党组管党建、书记抓党建、一级抓一级、层层抓落实”的领导工作机制。围绕“政治功能强、支部班子强、党员队伍强、作用发挥强”的建设目标，全面推进侨联机关党支部的标准化规范化建设。2020 年全市各级侨联组织开展“海棠花红 · 侨心向党”主题党建活动 70 余场次，持续筑牢党员干部思想之基。二是党建共建延伸覆盖面。在全市侨联系统开展党建共建试点，扩大市侨联机关党支部与科创园区、基层社区、侨资企业、金融机构、律师事务所等单位的共建，通过资源共享、平台共建、活动联办、服务协作等形式广泛开展党建共建合作。鼓励基层先行先试，吴中区侨联率先探索“海棠花红 · 侨心向党”品牌共建下沉街道社区，以党建合作推动侨界资源和社会资源有机融合，共建单位已达 10 家。三是牢记宗旨织密服务网。不断丰富党建工作内涵，以扩大资源互动、惠及侨界发展、助力社会建设为目标，定期举办惠企政策宣传、金融定制服务、法律风险分析、消防安全讲座等面向侨胞侨企的公益对接服务，扩大党建工作的社会融合度。借助市侨联与市中院共同成立的“涉侨纠纷调解中心”、与市公安局联手打造的“警侨直通车”网上服务平台等，织密为侨服务工作网，使党建服务更接地气、更有温度。打造“侨联党员先锋队”，在参与疫情防控、助力复工复产、服务社会建设中冲锋在前。全市侨联党员干部走进社区、走上街头、深入群众，在法治宣传、文明交通、垃圾分类等社会服务中，积极开展宣传，主动为民服务。

【淮安市侨联多措并举助力脱贫攻坚】淮安市侨联认真贯彻落实上级关于精准扶贫的决策部署，针对挂钩帮扶贫困村实际，通过抓党建、育产业、送服务等方式，先后帮助3个村居、35名困难群众脱贫，被中国侨联表彰为全国侨联系统助力脱贫攻坚先进集体，被淮安市委、市政府表彰为“脱贫致富奔小康工程先进集体”。一是聚焦党建引领。始终把抓好村居党组织建设作为重要工程，积极开展党组织结对共建活动，引导党员干部作示范、争先锋。指导帮助做好土地流转、厂房租赁等工作，使贫困村不仅顺利脱贫，还培养了一支脱贫骨干队伍。二是聚焦产业支撑。紧盯帮扶村居“缺知识、缺技术”等问题，邀请江苏省侨商总会、加拿大慈善爱心基金会等开展技术指导、技能培训、捐资助学等多个项目合作。帮助挂钩的苗戴村争取了农业项目资金达100万元，并与农业科技侨企合作，建立菌类种植基地，有效带动了产业振兴和农民增收。三是聚焦精准服务。组织看望慰问困难侨胞和困难群众50余次，发放慰问金15万余元；动员侨企捐赠40多万元用于完善基础设施和公益服务；积极争取上级侨联项目支持，举办公益送医活动，为500多名群众免费义诊。

【扬州市侨联倾心为侨服务】扬州市侨联注重精准施策，建立为侨服务长效机制，进一步增强侨界群众的获得感、幸福感。一是建好用好“侨胞之家”。有力推动市、县、乡、社区四级侨联组织及“侨胞之家”建设，打通服务侨界群众的“最后一公里”。截至2020年底，共建成乡镇（街道）侨联工作站59个，在归侨侨眷相对集中的社区（村）建成“社区侨之家”41个，创建“社区侨之家”示范点35个。打造市级“侨胞之家”，面积近2000平米。二是做实“侨联万家”品牌活动。持续开展“侨联万家·侨界空巢老人关爱行动”，打造“海外游子放心工程”，实施“寸草心”志愿服务，突出情感抚慰、助医、助餐等服务。利用中秋、春节等重要节日，策划“月是故乡明·最忆扬州”“亲情中华·海外侨胞新春送祝福”特别报道，连线海外扬州人送祝福，举办“侨界一家亲”新春联谊会等活动。三是为侨服务有“温度”。围绕“暖侨心”主题，持续开展“暖侨心慰问”“进千户侨家”系列活动，走访慰问侨界群众。在海外侨胞疫情防控物资告急之时，全市侨联系统迅速行动，向海外寄送口罩、防护服、“爱心包”等，通过新媒体宣传疫情防控知识，开展人文关怀和心理疏导。

浙江省归国华侨联合会

【领导成员名单】

党组书记、主席：连小敏

驻会副主席：张维仁　周松一

挂职副主席：姚君明（女）

兼职副主席：王立华（女）　鲁维明（女）　何莲珍（女）　徐　挺　郑宏国（女）　郭海光　林　东　陈乃科　冯定献　卓旭光　丁列明　杨宝庆　詹洪良　尹霄敏　刘光华　季志海　虞安林　白　宁　何　军　姚力军　傅旭敏

秘书长：周松一（兼）

【综述】 2020 年是极不平凡的一年，浙江省侨联坚持以习近平新时代中国特色社会主义思想为指导，以习近平总书记关于群团工作和侨务工作的重要论述为遵循，深入贯彻党的十九届四中、五中全会和习近平总书记考察浙江重要讲话精神，全面落实中国侨联十届四次全会和省委十四届七次、八次全会以及省“两会”决策部署，不忘初心，砥砺奋进，团结动员广大归侨侨眷和海外侨胞，忠实践行“八八战略”、奋力打造“重要窗口”，全面实施浙江侨联“585”工作体系，项目化打造“五十百千万亿”“一域一品、一市一品”等品牌工程，在服务大局中担当作为，在群团改革中锐意创新，在抗击疫情中尽锐而战，努力实现新时代侨联工作高质量发展，为争创社会主义现代化先行省贡献侨界智慧和力量。中国侨联主席万立骏称赞：“浙江是侨务工作的强省，各项工作都有特点、走在前列，是侨界的骄傲。”

【传达学习贯彻习近平总书记在浙考察重要讲话精神】 3 月 29 日起，习近平总书记在浙江考察并作重要讲话，4 月 2 日，浙江省侨联迅速召开党组扩大会议，传达学习习近平总书记在浙考察重要讲话精神，认真研究落实省委书记车俊在省委常委会以及扩大会议上的具体贯彻意见。省侨联党组书记、主席连小敏主持会议，并结合侨联实际，提出具体贯彻措施。会议还传达学习了《关于在全党开展“不忘初心、牢记使命”主题教育总结报告》的通知、《答好改革卷　夺取双胜利——车俊同志讲话摘要》等有关重要文件、会议精神。11 月 9 日，浙江省省侨联召开全体机关干部会议，认真贯彻落实全省领导干部会议和党的十九届五中全会精神中央宣讲团报告会等有关会议精神。省侨联党组书记、主席连小敏主持会议，并结合省侨联实际，就贯彻落实党的十九届五中全会精神提出具体要求。

【召开浙江省第十次归侨侨眷代表大会】 10 月 19 日—20 日，浙江省第十次归侨侨眷代表大会在杭州召开，来自全省各地 450 名归侨侨眷

10 月 19 日，浙江省第十次归侨侨眷代表大会现场

10 月 19 日下午，浙江省第十次归侨侨眷代表大会在杭州开幕，省委书记、省人大常委会主任袁家军出席开幕式并讲话

10 月 19 日下午，浙江省第十次归侨侨眷代表大会在杭州开幕，中国侨联党组书记、主席万立骏出席开幕式并讲话

10 月 19 日下午，浙江省侨联党组书记、主席连小敏作工作报告

代表、全球 36 个国家和地区的海外嘉宾 49 人参加会议。省委书记、省人大常委会主任袁家军，中国侨联党组书记、主席万立骏出席开幕式并讲话。袁家军指出，全省上下要深入学习贯彻习近平总书记关于侨务侨联工作的重要论述精神，希望广大归侨侨眷和海外侨胞继续发扬爱国爱乡的优良传统，充分发挥自己的独特优势，在浙江这片创新创业热土上施展才华、实现价值、成就梦想。万立骏对大会的召开表示热烈祝贺。他指出，长期以来浙江省委高度重视侨联工作，浙江省侨联结合浙江特点探索创新，做了大量卓有成

浙江省第十次归侨侨眷代表大会表彰了全省侨界“十杰”及提名奖、先进集体、先进工作者和优秀归侨侨眷

10 月 19 日，浙江省第十次归侨侨眷代表大会现场

10 月 19 日，浙江省第十次归侨侨眷代表大会主席台

效的工作。希望浙江省各级侨联组织和广大侨联干部积极参与“重要窗口”建设，切实加强基层侨联组织建设，在全面深化改革中迸发更大活力。会议听取省侨联第九届委员会工作报告，表彰了全省侨界“十杰”及提名奖、先进集体、先进工作者和优秀归侨侨眷。人民团体代表在开幕式上致祝词。会议选举产生省侨联新一届领导班子。

【召开浙江省侨联九届九次全委会】1 月 17 日，浙江省侨联九届九次全委会议在杭州召开。会议传达学习中国侨联十届三次全委会议和省“两会”精神，省侨联党组书记、主席连小敏代表省侨联作工作报告。会议认真总结了 2019 年侨联工作取得的成效，并对下一步省侨联促进侨资侨智回流，传播中华文化、讲好中国故事，拓展延伸工作臂膀、联络联谊，惠侨护侨、以情凝侨等 4 个方面进行了工作部署。中国侨联副主席、省政协副主席吴晶代表省政协到会祝贺并讲话。会议期间，还进行了 2019 年度全省先进基层侨联组织、2019 年度全省侨联基层组织先进个人的表彰和颁奖，举行了华侨国际文化交流基地和侨界创业创新基地的授牌仪式，并进行了“华侨冬奥冰雪博物馆”援建款项捐赠仪式。

【召开浙江省侨联九届十次全委会】7 月 29 日，浙江省侨联九届十次全委会议在杭州召开。省政协副主席、中国侨联副主席吴晶代表省政协到会祝贺并讲话。会议传达学习了全国十四届七次全会精神。省侨联党组书记、主席连小敏代表省侨联第九届常委会作工作报告，系统回顾了 2020 年以来侨联各项工作取得的成绩，就贯彻全国“两会”、省委十四届七次全会精神，提出下步总体工作要求。会上，根据省委提名，增补周松一为省侨联第九届委员会副主席，补选省侨联第九届委员会委员 49 名，卸免 7 名省侨联常务委员、46 名省侨联委员。

【助力海内外同心战疫】1月25日，在全国侨联系统率先吹响抗击新冠肺炎疫情捐款捐物的集结号，第一时间发出《浙江省侨联关于为抗击“新型冠状病毒感染肺炎”捐赠款物的倡议书》，第一时间成立应对疫情工作领导小组，第一时间组建抗击疫情物资募集专班专群，第一时间发起“致敬逆行、感恩天使”关爱援鄂医护人员及其家属公益行动，累计发动海内外侨界捐资捐物超4亿元。3月11日清晨5：50，在省侨联牵头下，26.4吨浙江首批驰援意大利跨国防疫爱心物资用专机从萧山机场起飞，北京时间3月13日下午5时左右，专机抵达比利时列日机场，由货车运抵意大利都灵。这批捐赠物资包括一次性口罩、N95医用口罩、隔离衣、防护服、护目镜、乳胶手套等共计4556箱，部分将捐赠给意大利皮埃蒙特大区政府，其余将交由当地侨团分发给海外浙籍侨胞。首批援助意大利侨胞抗疫物资行动受到国务委员、外交部长王毅的肯定。截至年底，浙江省侨联共筹集抗疫关爱基金2250万元，向86个国家（地区）发送援侨物资1679.8万件；向海外侨胞以及留学人员寄送爱心“健康包”“安康包”2.69万份，向确诊侨胞及其家属“点对点”投寄连花清瘟胶囊6.4万盒、丽水中药剂1.49万份。关注海外留学生抗疫，组织开展“亲情中华·浙里有爱”活动，联合13个国家16个城市322个海外侨团为浙籍海外侨胞发放24166份新春福包，创新推出67期

2020年3月，侨胞抗疫关爱基金正式启动，图为省慈善总会、传化集团向关爱基金捐款500万元捐赠仪式

3月10日，首批驰援意大利跨国爱心防疫物资转运现场

3月13日，浙江省首批驰援意大利跨国防疫爱心物资运抵意大利都灵

2020年3月，浙江省侨缘会副秘书长陈垣随中国抗疫医疗专家组赴意大利并肩战“疫”

省级侨联工作

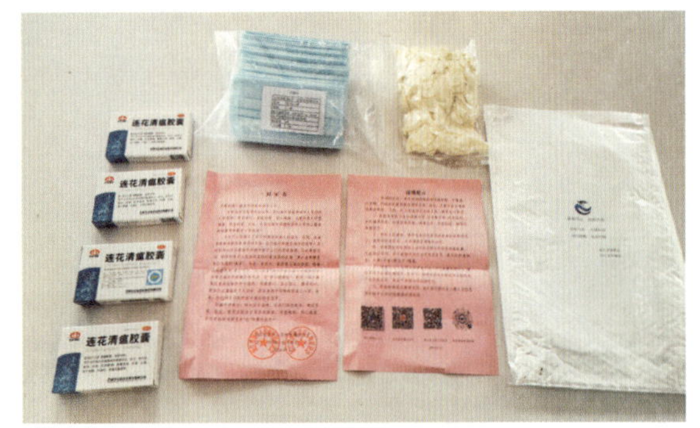
2020年4月，开展“爱心守护·同心战疫”浙籍海外留学生帮扶行动，为身在海外的浙籍海外留学生寄送“爱心健康包”3万余份

“药食同源·食疗防疫”视频教学，14期专家直播点击量超8000万次；利用端午节、中秋节等传统节假日派发粽子10万余个、中餐5.8万份、月饼2万余份。

【开展“共克时艰·侨浙有爱”——浙江侨界共抗疫情文艺作品征集活动】 2月1日，为更好地讴歌广大华侨华人心系祖国、情系家乡的爱国赤诚，慷慨解囊、万里驰援的无私奉献精神，鼓励海内外浙籍华侨华人坚定信心、团结互助、共克时艰，浙江省侨界中外文化艺术交流协会决定向全省侨界文艺工作者、文艺爱好者征集抗击“新型冠状病毒感染肺炎”疫情主题文艺作品，记录抗击疫情中的感人事迹，引导大家正确认识疫情、坚定必胜信心，弘扬主旋律、传递正能量。截至4月2日，共征集抗击“新型冠状病毒感染肺炎”疫情主题文艺作品40篇。

5月31日，张文宏医生（中）在线为全球华侨华人及留学生直播讲解疫情防控现场

【举办“情系游子心·防疫共此时”浙江关爱海外侨胞和留学生科学防疫直播活动】 4月17日，由中国驻西班牙使馆、浙江省驰援旅西中国公民联合工作组主办，浙江省卫健委、省外办、省侨办、省侨联等单位协办，浙江省侨界中外文化艺术交流协会、《浙商》杂志、世界浙商网承办的“情系游子心·防疫共此时”浙江关爱海外侨胞和留学生科学防疫直播活动在杭州和西班牙两地连线拉开帷幕。17日，中国工程院院士、国家卫健委高级别专家组成员李兰娟在线为旅西班牙中国公民、全球华侨华人及留学生直播讲解防疫知识，并在线解答侨胞提出来的防疫问题。截至12月，已举办9期直播活动，先后邀请张文宏、杨珺超、应可敬等知名专家出席在线解答疑难。

【开展“华侨冬奥冰雪博物馆”捐建活动】 2019年11月，中国侨联发出捐建“华侨冬奥冰雪博物馆”倡议书后，浙江省侨联向全省各级侨联组织、归侨侨眷，浙籍海外社团、华侨华人发

1月17日，举行“华侨冬奥冰雪博物馆”捐建款项捐赠义式，陈传武、薛惊理、江兴浩、嘉兴侨商会等浙籍华侨华人及商会捐赠款项近500万元

出倡议。2020 年 1 月 17 日，省侨联九届九次全委会议上，举行了“华侨冬奥冰雪博物馆”捐建款项捐赠仪式。会上，15 位个人和企业代表为该援建项目捐款，中国侨联副主席、省政协副主席吴晶，省侨联党组书记、主席连小敏接受捐赠牌。截至 1 月 17 日，浙江省籍华侨华人已累计捐款近 500 万元人民币。

【成立浙江省侨联法顾委柯桥分站】 7 月 14 日，浙江省侨联法律顾问委员会柯桥分站成立仪式在绍兴柯桥区司法局举行。省侨联党组成员、秘书长周松一，省侨联法顾委主任戴和平，绍兴市委统战部副部长、市侨联主席张小华，柯桥区委常委、统战部部长王静静，区司法局、区侨联、律师及侨界代表等参加。成立仪式上，省侨联法顾委与绍兴柯桥区司法局、区侨联签订了三方合作协议。聘任柯桥区司法局党组书记、局长金伟梁为柯桥分站主任并由省侨联法顾委主任戴和平颁发聘书。周松一秘书长向柯桥分站主任授牌并提出具体要求。9 月 3 日省侨联法顾委嘉兴工作站成立。12 月 10 日省侨联法顾委天台分站成立。

【成立“侨连天下”云平台】 7 月 28 日，浙江省侨联“侨连天下”云平台成立暨侨音融媒体中心揭牌启动仪式在浙报集团举行，中国侨联副主席、浙江省政协副主席吴晶出席成立仪式。吴晶表示，成立“侨音融媒体中心”，打造“侨连天下”云平台，授牌成立“浙江华侨网络学院”，这一系列举措对于推动海内外文化交流、信息互动、华文教育，进一步凝聚侨心、汇集侨力有着十分重要的意义。希望这三大平台能够让海外侨胞最快、最准地了解最实用、最有效的家乡信息，使之成为服务侨胞的“掌中宝、展示窗、加油站”。

【“中餐惠侨”助力振兴海外中餐】 7 月初，浙江省侨联联合意大利、西班牙、美国、巴西、匈牙利等国家浙籍侨团共同举办“浙里有爱　爱心中餐”活动，大力弘扬中华美食文化，着力振兴海外中餐经济，展示良好形象。活动为期一个月，采取送餐上门、凭爱心中餐券到店领取等多种形式，免费向海外浙籍困难侨胞、留学生、长者等对象发放爱心中餐 56400 份。

【举办“2020 高层次留学回国人才为国服务志愿团”走进青田活动】 8 月 19 日，浙江省“2020 高层次留学回国人才为国服务志愿团”走进青田活动正式启动。省侨联党组书记、主席连小敏，省侨联党组成员、副主席张维仁，青田县委副书记、县长周和平等参加启动仪式。此次“志愿团”服务专业对口、主题聚焦，涉及城市规划、卫健教育、环境保护、人才引进、农业食品、制造加工等多个行业领域。其间，专家志愿者们分成 13 个组，分赴基层一线考察调研，寻难问诊，对症下药。会上，还举行了才企合作签约仪式和“侨 · 智库”专家联盟特聘专家颁发证书仪式。

2020 年 7 月，“侨连天下”云平台暨侨音融媒体中心揭牌启动仪式在浙报集团举行

7 月 28 日，浙江华侨网络学院授牌落户温州大学

【举办 2020“亲情中华 · 为你讲故事”网上秋冬令营】 9 月 9 日，2020“亲情中华 · 为你讲故事”网上秋冬令营在浙江顺利开营，此次活动由中国侨联主办，浙江省侨联承办，全美青少年协会、法国青田同乡

会、西班牙华文轩华侨子弟学校、加拿大前景中文学校、意大利咏思中文学校和英国伦敦普通话简体字学校等 6 家单位组织了 753 名营员参加。省侨联党组成员、副主席兼秘书长周松一，浙江华侨网络学院院长叶苗通过网络在各营开营仪式上致辞。10 月 17 日、11 月 14 日，第二、第三期网上秋冬令营在浙江顺利开营。此前，自 4 月 30 日起，浙江省侨联已成功举办 8 期 2020“亲情中华·为你讲故事”网上夏令营，获得侨界群众高度赞赏。

【邵旭军副主席到浙江调研】 9 月 17 日，中国侨联副主席、中央和国家机关侨联主席邵旭军在省政协副主席、中国侨联兼职副主席吴晶陪同下，到温州开展调研座谈。座谈会上，邵旭军就后疫情时代如何提升侨胞服务提出具体指导意见。一是做好宣传工作，向侨胞宣传中央政策，让侨胞对相关政策了解充分，回国不迷茫，投资不盲目。二是国家转型强调内循环带动外循环，要从大全局角度推动产业转型。三是要着手解决后疫情时代侨胞教育问题，对于在国外建立

9 月 17 日下午，中国侨联副主席、中央和国家机关侨联主席邵旭军（左三）在浙江省政协副主席、中国侨联兼职副主席吴晶（左二）陪同下到温州开展调研座谈

国际学校开展进一步调研。省侨联党组书记、主席连小敏总结汇报浙江省侨联境外疫情输入防控工作情况。温州市常委、统战部部长施艾珠致欢迎辞，温州侨联主席郑宏国、台州侨联主席姚君明、丽水侨联驻会副主席傅旭蓉等有关地市侨联主席与留联会进行了工作汇报。

【举办浙江侨界青年“闯天下·强浙江”表彰大会】 10 月 18 日，“闯天下·强浙江”“双十杰”表彰大会在浙江广电集团演播大厅举行。大会以“重要窗口看浙江，侨界担当有侨青”为主题，中国侨联党组书记、主席万立骏、中国侨联副主席李卓彬应邀到会祝贺，并为获奖者颁奖。中国侨联副主席、浙江省政协副主席吴晶，浙江省侨联党组书记、主席连小敏分别致辞。会上，40 位侨界青年受到表彰，同时，还举行了“千个侨团结千村”捐赠仪式，浙江省侨青联分别与 4 个地市 6 个县（市、区）的 16 个村结对，捐赠首批帮扶资金 300 万元。

10 月 18 日，万立骏主席出席“闯天下·强浙江”“双十杰”表彰大会

【召开 2020 年创业中华——侨界精英创新创业（中国·杭州）峰会】 10 月 18 日，由中国侨联、浙江省侨联、杭州市人民政府共同主办，杭州市侨联与杭州市西湖区人民政府承办的“创业中华——2020 侨界精英创新创业（中国杭州）峰会”在杭州开幕。中国侨联党组书记、主席万立骏出席开幕式并讲话。浙江省侨联党组书记、主席连小敏，杭州市委副书记、市长刘忻致辞。中国侨联副主席李卓彬，中国侨联副主席、省政协副主席吴晶，中国侨联经济科技部部长赵红英，组织人事部部长姚林楠，省侨联副主席张维仁等参加开幕式。万立骏希望广大侨界人才积

10 月 18 日，万立骏主席出席“创业中华—2020 侨界精英创新创业（中国·杭州）峰会”开幕式并讲话

李卓彬副主席（左）授予杭州市“创业中华　辉煌十年”纪念牌

极融入全球创新网络，加强国际科技合作，推出更多高水平的科技创新成果，在同心共圆中国梦中再展风采。希望广大侨商侨企主动参与畅通国内大循环和联通国内国际双循环、布局战略性新兴产业和未来产业、建设具有全球影响力的科技和产业创新高地，在全面建设社会主义现代化国家的征程中再立新功。希望广大侨胞朋友当好促进中外交流、增进彼此了解、相互信任的民间大使，在构建人类命运共同体中再谱新篇。连小敏就下一步创新创业工作寄予三方面期许。开幕式上，中国侨联授予杭州市“创业中华　辉煌十年”纪念牌，省侨联副主席张维仁为西湖区紫荆港科技城“浙江省侨联侨界创新创业基地（海智园）”授牌。

【举办中国侨联第二期基层组织负责人培训班】10 月 31 日—11 月 5 日，中国侨联第二期基层组织负责人培训班在温州举办。浙江省侨联党组书记、主席连小敏出席，中国侨联基层建设部部长张毅，浙江省侨联党组成员、副主席兼秘书长周松一，温州市副市长殷志军出席开

10 月 31 日，中国侨联第二期基层组织负责人培训班在温州开班

班仪式并致辞。中国侨联基层建设部副部长刘景春主持开班式。其间，连小敏陪同中国侨联基层建设部部长张毅一行实地走访了仙岩侨联、仙岩侨界青年联合会活动阵地、穗丰村华侨之家和伯温楼，调研基层组织工作，并为瓯海仙岩侨联颁发了温州市第一张基层侨联组织统一社会信用代码证书。

【李卓彬副主席来浙调研并出席第三届侨博会开幕式】11 月 13 日—14 日，中国侨联副主席李卓彬一行到浙江温州、青田等地考察调研。14 日，第三届华侨进口商品博览会暨青田进口葡萄酒交易会、首届国际咖啡博览会在侨乡进口商品城开幕。中国侨联副主席李卓彬，中国侨联副主席、浙江省政协副主席吴晶，中国侨联副主席朱奕龙，丽水市委副书记、市长吴晓东，中国商业联合会会长姜明莅临指导。省侨联党组书记、主席连小敏应邀出席会议并致辞。其间，李卓彬一行在温州调研，宣讲党的十九届五中全会精神，先后走访了世界温州人家园、永嘉三江街道侨联、侨界招商引资项目——慧中公学、温州市华侨国际文化交流基地——瓷尚堂、省级侨界创新创业基地——“侨智谷”。

11 月 13 日，李卓彬副主席（中）一行赴浙江温州、青田等地考察调研

【举办 2020 浙江省侨界青年跨境电商培训班】11 月 16 日，浙江省侨联、中国（杭州）跨境电子商务综合试验区建设领导小组办公室主办，浙江省团校、浙江省侨界青年联合会共同承办的浙江省侨界青年跨境电商培训班顺利开班，省侨联党组书记、主席连小敏出席会议并作开班动员讲话。省侨联党组成员、副主席张维仁主持。连小敏以“赢电商者赢天下、得青年者得未来、善创新者成大业”向参加培训的跨境电商侨界青年分享了三方面体会。他希望广大侨界青年充分发挥学贯中西、融通内外的独特优势，积极助力海内外重构产业链供应链，更大程度地促进跨境资源的优化配置，在新时代创造基于云端的、数字化的、互联网化的新“浙商”奇迹，实现“数通天下，云销未来”。

【举办浙江省第十期海外中餐烹饪技能培训班】11 月 24 日，由浙江省侨联、浙江商业职业技术学院主办，浙江省餐饮行业协会协办的浙江省第十期海外中餐烹饪技能培训班在浙商院举行开班仪式。省侨联党组书记、主席连小敏，省交通投资集团党委副书记黄伟建，浙商院党委书记何瑶伟，省餐饮行业协会会长沈坚等出席开班仪式。省侨联党组成员、副主席兼秘书长周松一主持。会上，连小敏、何瑶伟共同为浙商院揭牌“中国华侨国际文化交流基地”。此次海外中餐烹饪技能培训为期五天，将安排大师讲座、烹饪实操、传统浙菜文化参观考察及疫情下海外中餐创新发展论坛等系列活动。

11 月 27 日，浙江省侨界智库联盟成立大会暨第二届“一带一路”华侨华人与华文教育研讨会在浙江师范大学举行

【举办浙江省侨界智库联盟成立大会暨第二届“一带一路”华侨华人与华文教育研讨会】 11月27日，由浙江省侨联、中国华侨华人研究所、浙江师范大学主办，中国华侨华人（浙师大）研究中心承办的浙江省侨界智库联盟成立大会暨第二届“一带一路”华侨华人与华文教育研讨会在浙江师范大学举行。中国华侨华人研究所所长、中国华侨历史学会副会长张春旺，浙江省侨联党组成员、副主席兼秘书长周松一，浙江师范大学副校长钟依均出席开幕式并致辞。会上，张春旺、周松一、钟依均为浙江省侨界智库联盟揭牌。

【举办“侨连五洲·情满西湖”活动】 12月5日，由中国侨联、浙江省人民政府主办的“侨连五洲·情满西湖”活动在杭州开幕。中国侨联副主席程学源，浙江省人民政府副省长朱从玖，浙江省人大常委会原副主任、浙江大学浙商发展研究院院长王永昌，中国企业评价协会会长，第十二届全国政协委员，国务院发展研究中心原副主任、研究员侯云春，外交部领事司司长崔爱民，江苏省侨联党组书记、主席周建农，中国侨联联谊联络部部长桑宝山，副部长、一级巡视员朱柳，权益保障部部长张岩，经济科技部副部长、一级巡视员夏付东，中国侨联公益事业管理服务中心主任何继宁，以及河南、广东、福建、上海、吉林、陕西、江西相关省市侨联负责同志，浙江省有关部门、地级市有关领导参加。浙江省侨联党组书记、主席连小敏主持开幕式。开幕式上，中国侨联副主席程学源代表中国侨联和万立骏主席向海外侨胞表达了亲切问候和热切关怀，他希望广大侨胞融入和回馈住在国，做中华民族良好形象的代言者；发挥融通中外优势，做中华文明与世界文明交流互鉴的民间使者；推动合作共赢，当好国家改革开放和发展的参与者、推动人类命运共同体建设的贡献者。开幕式上，由浙江各级侨联牵线搭桥促成的12个项目现场签约，分别是10个投资项目总额120.7亿元，1个意向项目投资额200亿元，1个慈善项目捐赠总金额5亿元。

12月5日，程学源副主席出席“侨连五洲·情满西湖”活动并致辞

12月5日，由浙江省侨联牵线搭桥促成的12个项目在“侨连五洲·情满西湖”活动现场签约

安徽省归国华侨联合会

【领导成员名单】

党组书记：李世蕴

专职副主席兼秘书长：杨　冰

兼职副主席：吴晓勤　叶向东　沙奇志　夏　萍（女）　方　玲（女）

办公室主任：毕　清

6月23日安徽省第七次归侨侨眷代表大会选举产生出新的领导班子

党组书记、主席：李世蕴

专职副主席兼秘书长：杨　冰

兼职副主席：李　兵　褚家如　王俊峰　吴志斌　陶悦群

办公室主任：毕　清

【综述】 2020年，安徽省侨联以习近平新时代中国特色社会主义思想为指导，紧紧围绕全省工作大局，扎实开展深化“三个以案”警示教育，积极配合省委第九巡视组开展巡视工作，召开安徽省第七次归侨侨眷代表大会，聚焦主业、勇于担当、积极作为，各项工作取得明显成效。在政治建设方面，深入学习贯彻党的十九届五中全会和习近平总书记考察安徽重要讲话指示精神，深入开展“大学习”“大宣讲”“大培训”“大调研”“大落实”，并组建成立安徽省侨商企业党建联盟。在疫情防控方面，广泛动员海内外侨界捐款捐物5100余万元，争取中国华侨公益基金会280万元；在引资引智方面，积极参与世界制造业大会江淮线上经济论坛，牵头承办“百家侨企”项目签约活动，促成35个、总投资达137亿元的高新技术项目签约落户安徽；积极组织申报第八届“中国侨界贡献奖”，安徽省4人荣获一等奖、1人荣获二等奖，省侨联荣获优秀组织奖。在深化联谊方面，承办第十期海外联谊研修班和第三期“华裔杰青论坛”，积极涵养侨务资源。在脱贫攻坚方面，连续开展7批消费扶贫活动，支持两个扶贫村基础建设资金40余万元。在文化宣传方面，举办5场“安徽省侨界同心抗疫事迹巡回报告会”和9期“亲情中华·为你讲故事”网上夏令营，成功申报4个中国华侨国际文化交流基地。在参政议政方面，邀请21位海外侨胞列席省“两会”，汇集侨界智慧提交了一批高质量提案。在基层组织建设方面，指导推动6所高校和3个县区成立侨联组织，新确认21个“侨胞之家”。

【安徽省侨联向海外侨团捐赠防护物资】 4月3日上午，安徽省侨联向海外侨胞捐赠防护物资从合肥启运。此次共向28个国家的44家侨团侨企捐赠防护口罩14万个、防护服1000件，用于海外侨胞和留学生个人防护，为他们送去祖国和家乡人民及侨联组织的牵挂和关爱。省侨联党组书记李世蕴，党组成员、副主席兼秘书长杨冰，党组成员、办公室主任毕清到运送现场与机关干部职工一道分装物资。

4月3日，安徽省侨联向海外侨胞捐赠的防护物资从合肥启运

【召开党风廉政建设和反腐败工作会议】 5月19日下午，安徽省侨联召开党风廉政建设和反腐败工作会议，传达学习省委常委、统战部部长张西明在省统一战线各单位2020年党风廉政建设和反腐败工作会议上的讲话精神，总结回顾省侨联2019年党风廉政建设和反腐败工作，对下一步工作进行安排部署。省侨联党组书记李世

5 月 19 日，安徽省侨联召开党风廉政建设和反腐败工作会议

蕴、省纪委监委驻省委统战部纪检监察组副组长程肥生出席会议并讲话，省党组成员、副主席兼秘书长杨冰主持会议，省侨联机关全体党员干部、职工，老干部党支部、省侨商联合会党支部代表参加会议。机关各部室负责同志作了交流发言。

【召开安徽省第七次归侨侨眷代表大会】6 月 23 日上午，安徽省第七次归侨侨眷代表大会在合肥开幕。省委书记、省人大常委会主任李锦斌出席并讲话。省委副书记、省长李国英，省政协主席张昌尔，省委常委、省委秘书长陶明伦，省人大常委会副主任谢广祥，副省长章曦出席开幕会，中国侨联党组成员、副主席隋军到会讲话，省委常委、统战部部长张西明主持大会，团省委书记孔涛代表人民团体致贺词。来自全省各条战线的 388 名侨界代表参加会议。大会全面总结了省第六次归侨侨眷代表大会以来的工作，研究确定了今后五年的目标任务，选举产生新一届领导班子。李世蕴同志当选安徽省侨联第七届委员会主席。

6 月 23 日，安徽省第七次归侨侨眷代表大会在合肥召开

【举办安徽省侨界同心抗疫事迹报告会】7 月 9 日上午，由省侨联主办的安徽省侨界同心抗疫事迹报告会在合肥举行，省委常委、统战部部长张西明看望报告团成员，省政协副主席孙丽芳陪同看望并出席报告会。省侨联党组书记、主席李世蕴在报告会上讲话，党组成员、专职副主席兼秘书长杨冰主持报告会，省侨联兼职副主席褚家如、省侨联党组成员、办公室主任毕清等出席报告会。来自侨界医务人员代表，省侨联常委、委员，在肥归侨侨眷、侨资企业、侨联工作者，社区抗疫志愿者等 200 余人参加报告会。报告团成员由援鄂医疗队、核酸检测单位、抗疫志愿者、侨界艺术家、基层侨联干部等各方面 6 位代表组成。他们结合各自亲身经历和身边感人事迹，讲述了抗击疫情中的“中国故事”“安徽故事”“侨联故事”，生动展现了海内外中华儿女守望相助、共克时艰的信心和决心。

7 月 9 日，由省侨联主办的安徽省侨界同心抗疫事迹报告会在合肥举行

【召开安徽建筑大学侨联成立大会】7 月 10 日上午，安徽建筑大学归国华侨联合会成立暨第一次归侨侨眷代表大会召开。省侨联党组书记、主席李世蕴，安徽建筑大学党委副书记、校长孙道胜出席，并为安徽建筑大学侨联揭牌。校党委副书记吕萍主持会议。副校长蔡新立、省委教育工委组干处、省侨联社会工作部、学校有关

7 月 10 日，安徽建筑大学归国华侨联合会成立暨第一次归侨侨眷代表大会召开

部门负责人及归侨侨眷和归国留学人员代表等参加会议。大会选举了安徽建筑大学侨联第一届委员会。

【举办安徽省第二批“侨胞之家”集中授牌暨经验交流会】8 月 11 日，全省第二批“侨胞之家”集中授牌暨经验交流会在安徽省马鞍山市召开。省侨联党组书记、主席李世蕴给 21 个新命名“侨胞之家”授牌并讲话，省侨联党组成员、副主席兼秘书长杨冰主持会议，马鞍山市委常委、组织部部长、统战部部长范奇致辞。马鞍山市侨联、合肥市庐阳区侨联、安徽师范大学侨联、滁州学院侨联在会上作了经验介绍。各市侨联主要负责人、有关高校侨联负责人和 41 个“侨胞之家”负责人参加会议。参会人员集中参观了马鞍山市雨山区半山花园社区、花山区佳山社区“侨胞之家”。

【开展“侨爱心·送温暖”援藏义诊活动】8 月 31 日—9 月 6 日，为认真学习贯彻习近平总书记重要讲话和中央第七次西藏工作座谈会精神，按照省委省政府对口援藏工作部署和要求，在中国侨联和中国科学技术大学附属第一医院的大力支持下，安徽省侨联首次组织开展“侨爱心·送温暖”援藏义诊活动。省侨联党组成员、专职副主席兼秘书长杨冰率领由中国科大附一院全科医学科、心血管内科、骨科医疗专家等 15 人组成的“侨爱心—送温暖医疗队”，先后赴西藏自治区山南市人民医院、措美县人民医院、昌珠寺、浪卡子县人民医院进行义诊活动和学术交流，深受藏族同胞和医护人员的欢迎和好评。义诊活动中，共诊疗 350 余位藏族同胞、40 余位侨界人士，提供医疗建议 2000 多条，开出各类处方近 200 份，赠送精准治疗药品计 2000 多元。义诊期间，杨冰一行还赴山南市委统战部进行了座谈，与山南市委常委、市政协党组副书记、统战部部长丹增就侨务（侨联）

8 月 11 日，全省第二批“侨胞之家”集中授牌暨经验交流会在安徽省马鞍山市召开

8月31日—9月6日，安徽省侨联首次组织开展“侨爱心·送温暖”援藏义诊活动

工作、对口帮扶、干部培训交流等进行了深入交流。

【设立“和县第一中学杨悦师德仁馨班主任奖励金”】 9月10日，“和县侨爱心·杨悦师德仁馨教师奖”颁奖仪式在马鞍山市和县举行。省侨联党组书记、主席李世蕴，省侨联副主席、欧普康视科技股份有限公司董事长陶悦群，和县县委书记陈永红出席并致辞，获奖教师代表发言。省侨联党组成员、专职副主席兼秘书长杨冰，马鞍山市侨联党组书记、主席白文化，和县县委常委、组织部部长杨代军，县政府副县长王竹梅出席。和县县委副书记刘凌晨主持仪式。和县县直有关部门，县一中、二中负责人以及教师、学生代表等参加颁奖仪式。该“班主任奖励金”由中国侨联委员、安徽省侨联常委、美国归侨、欧普康视科技股份有限公司董事长陶悦群设立，奖励金总金额300万—500万元，分年度连续实施10年，旨在奖励和县第一中学“品德高尚、热爱教育、关心学生、帮助学生”的优秀班主任。在和县期间，李世蕴、杨冰就加强基层侨联组织建设等有关工作，与马鞍山市委常委、组织部长、统战部长范奇进行了交流。

9月10日，“和县侨爱心·杨悦师德仁馨教师奖”颁奖仪式在马鞍山市和县举行

【中国侨联信息传播部部长左志强来皖调研】 10月15日—18日，中国侨联信息传播部部长左志强来皖调研信息传播工作并召开座谈会，安徽省侨联党组书记、主席李世蕴，党组成员、专职副主席兼秘书长杨冰，党组成员、办公室主任毕清及机关部室负责同志参加座谈会。在皖期

10月15日—18日，中国侨联信息传播部部长左志强来皖调研信息传播工作并召开座谈会

间，左志强一行还参加了纪念《俄罗斯龙报》创刊二十周年暨“一带一路·文化交流——俄罗斯列宾学院派油画展”开幕式，并参观考察了安徽名人馆等“中国华侨国际文化交流基地”、侨企安徽博奥医学基因检测有限公司和合肥常春藤实验学校。合肥市侨联党组成员、副主席马晓梅，省侨联有关部门负责同志等陪同调研。

11 月 27 日，安徽省侨商企业党建联盟成立大会在合肥举行

【召开巡视安徽省侨联党组工作动员会】 根据省委关于巡视工作的统一部署，10 月 19 日，省委第九巡视组巡视省归国华侨联合会党组工作动员会召开。会前，巡视组组长宰学明主持召开与省侨联党组书记、主席李世蕴的见面沟通会，传达了省委书记李锦斌在省委书记专题会听取巡视有关工作汇报时的讲话精神，通报了有关工作安排。会上，宰学明作了动员讲话，李世蕴主持会议并作表态发言。巡视组副组长郭世碧及有关同志，省纪委监委、省委巡视办有关同志，省侨联党组领导班子成员参加会议；机关干部职工，2016 年以来退休的正处级以上干部列席会议。

10 月 19 日，省委第九巡视组巡视省侨联党组工作动员会召开

【成立安徽省侨商企业党建联盟】 11 月 27 日上午，安徽省侨商企业党建联盟成立大会在合肥举行。省侨联党组书记、主席李世蕴，省委统战部副部长、省侨办主任张启明，省直机关工委一级巡视员俞秀国出席会议。省侨联党组成员、专职副主席兼秘书长杨冰主持会议，省侨商联合会会长朱华，省委统战部、省侨联有关部门负责人以及联盟首批 30 家会员单位党组织负责人参加会议。省委常委、统战部部长张西明对安徽省侨商企业党建联盟的成立大会作出重要批示。会议审议通过了《安徽省侨商企业党建联盟工作规则》《安徽省侨商企业“党建带侨建·侨企跟党走”倡议书》，选举产生联盟会长单位、副会长单位、秘书长单位，并举行了揭牌仪式。省侨商企业党建联盟是在省侨联指导下，由在皖侨商企业党组织发起组成，首批联盟成员单位 30 家，行业涉及集成电路、节能环保、生物医药、智能终端等领域。

【举办学习党的十九届五中全会精神专题宣讲报告会】 12 月 8 日，安徽省侨联学习党的十九届五中全会精神专题宣讲

12 月 8 日，安徽省侨联学习党的十九届五中全会精神专题宣讲报告会在机关会议室举行

报告会在机关会议室举行。报告会邀请了中共安徽省委党校（安徽行政学院）张超教授到场宣讲。省侨联党组书记、主席李世蕴主持报告会，机关全体党员干部和省侨商联合会秘书处党支部代表参加。报告会上，张超教授围绕“开启全面建设社会主义现代化国家新征程——学习党的十九届五中全会精神”主题，从《中共中央关于制定国民经济和社会发展第十四个五年规划和二〇三五年远景目标的建议》起草背景、核心内容、落实保障，以及新阶段新机遇、新格局新任务、新理念新使命等多个方面，对党的十九届五中全会主要内容和精神实质进行了系统阐述和深入解读。宣讲主题鲜明，内涵丰富，进一步增强了机关全体党员干部学习贯彻党的十九届五中全会的思想自觉和行动自觉。

【举行中国侨联第十期海外联谊研修班】12月15日，由中国侨联主办、安徽省侨联和中国科学技术大学承办的第十期海外联谊研修班（侨领班）在合肥举行，中国侨联党组成员、副主席程学源，中国科学技术大学党委书记舒歌群，中国侨联联络联谊部副部长、一级巡视员朱柳，安徽省侨联党组书记、主席李世蕴出席结业仪式，安徽省侨联党组成员、专职副主席兼秘书长杨冰主持结业仪式。来自美国、加拿大、英国、法国、南非、澳大利亚、马来西亚等五大洲28个国家和地区的近50位侨领参加研修班。来自迪拜的张钦贤、拉脱维亚的龙杰、西班牙的刘安吉利娜、美国的李妲作为学员代表发言，畅谈此次研修班学习感想。结业仪式上还播放了研修班学习集锦片。

【推动文化宣传工作全面“上云”】针对疫情现状，安徽省侨联及时转变工作思路，积极推动文化宣传工作全面“上云”。开展“同心战疫·为爱而歌”活动，推送侨界抗疫歌曲五期13首，其中5首被中国侨联收录，用歌声鼓舞侨界同心抗疫的士气。举办“亲情中华·同心抗疫”网上书画摄影展，展示海内外书画作品40余幅，抒发了侨界同心抗疫的大爱情怀。举办9期“亲情中华·为你讲故事”网上夏令营活动，邀请泰国、爱尔兰、澳大利亚、新西兰的1064名华裔青少年在线参加，取得较好成效。利用网站、微信等新媒体，推出“扶贫攻坚”“复工复产”“疫情防控”等系列专题，先后被中国侨联转载。

安徽省侨联积极推动文化宣传工作全面“上云”

12月15日，由中国侨联主办、安徽省侨联和中国科学技术大学承办的第十期海外联谊研修班（侨领班）在合肥举行

【参与新冠肺炎疫情防控】安徽省侨联积极响应中国侨联号召，充分发挥侨联优势，全面参与疫情防控。第一时间紧急发出倡议书和呼吁书，广泛动员海内外侨界捐赠抗疫急需物资，共计接收捐款捐物5100余万元，争取中国华侨公益基金会拨款280万元。积极响应省直工委号召，制定《省侨联关于开展“疫战到底进社区”行动实施方案》，深入结对共建社区走访慰问，机关全体干部职工到沁心湖社区开展疫情防

积极参与新冠肺炎疫情防控

控工作。时刻关注新冠肺炎疫情全球蔓延的严峻形势，认真贯彻落实中央和省委决策部署，第一时间发出《安徽省侨联致海外侨胞一封信》，引导海外侨胞科学防护；开通全省侨联系统服务侨胞热线，为海外侨胞提供全方位立体化服务；指导市、县侨联配合地方政府做好回国回皖侨胞安置安抚工作，开展疫情防控指导和心理疏导，并向海外 28 个国家的 44 家海外侨团赠送防疫物资，解决海外侨胞的燃眉之急。认真梳理、排查和评估疫情防控和侨企复工复产中面临的或者可能发生的涉侨矛盾纠纷，列入省人大监察和司法委员会疫情风险点摘编。省侨联抗疫工作获得中国侨联主席万立骏和省委常委、统战部部长张西明批示肯定。美国侨眷、淮北市疾控中心微生物检验科科长王敏获评“全国抗击新冠肺炎疫情先进个人”，省侨联机关 1 名同志获评全国侨联系统抗击新冠肺炎疫情先进个人、1 名同志获评“全省抗击新冠肺炎疫情先进个人”。

【蚌埠市侨联积极拓展海外联谊】2020 年，蚌埠市侨联立足群团特点，围绕职能定位，以侨聚侨、以侨架侨、以侨联外，海外联谊工作呈现新特点，取得新成效。广泛架设海外联谊的虹桥，扩大侨联的“海外朋友圈”。热情接待海外侨胞、侨团回乡参访，深化联谊交友，增进情感认同，实现资源共享，让更多的海外“乡贤”成为蚌埠展示风采的“活名片”，积极为蚌埠与海外的多领域、深层次的交流合作牵线搭桥。持续扩大联络侨联海外顾问、海外委员，利用“微信群”等方式，开展线上、线下结合的联络互动和信息互通，实现“零距离”的互帮互助与资源共享。积极拓展与海外文化名人、名媛、名家的主动联系，充分发挥“中国华侨国际文化交流基地”的功能作用，将淮河文化、大禹文化、蚌埠文化推向海外，通过各类文化节、艺术展演等形式，向海内外华人华侨宣传推介花鼓灯、泗州戏、剪纸艺术、地方小吃等蚌埠非物质文化遗产，推动蚌埠走向世界。新冠肺炎疫情发生后，市侨联发出了《海内外侨界朋友的倡议书》，世界各地的蚌埠籍华侨华人、侨团和全市各级侨联组织积极响应，或组织爱心捐助，或筹募防控物资，驰援家乡、驰援祖（籍）国，共发起捐赠活动 50 余次，参与人员达 200 余人次，累计捐赠款物 260 余万元。

【芜湖市侨联助力脱贫攻坚】2020 年，芜湖市侨联认真贯彻落实习近平总书记关于脱贫攻坚重要讲话精神和市委关于脱贫攻坚的具体部署，切实把扶贫工作列为侨联工作的大事来抓，助力脱贫攻坚取得明显成效，被中国侨联授予“全国侨联系统助力脱贫攻坚先进集体”称号。一是高度重视，配强队伍。市侨联党组高度重视扶贫工作开展，选派有基层工作经验的县处级干部担任无为市牛埠镇新墩村扶贫工作队队长兼村第一书记，驻村指导帮扶工作。领导班子成员主动结对帮扶贫困户 9 户，常态化开展入户走访，为帮扶户解决实际困难。二是加强指导，谋划举措。切实履行定点帮扶责任，领导班子定期与村“两委”、驻村扶贫工作队召开帮扶工作会议，专题研究帮扶工作。认真谋划脱贫攻坚举措，积极协调处理扶贫过程中遇到的困难和问题，为贫困村筹措修路资金 3 万元。三是摸清情况，精准帮扶。驻村扶贫工作队与村“两委”、帮扶人员一起深入贫困户家中，实地开展入户走访，全面了解贫困户生产生活状况，做到“一户一方案，一人一措施”，确保因户施策、精准帮扶。四是发挥优势，助力脱贫。充分发挥侨联优势，引导侨界力量参与扶贫工作，通过自筹钱款和动员侨界爱心企业捐赠为贫困户发放慰问金21000元；发动侨青企业及归侨侨眷向帮扶村捐赠医用口罩1000只、防汛物资1300余件，折合人民币27000元。

【马鞍山市侨联着力打好“侨”牌狠抓招商引资】2020年，马鞍山市侨联紧紧围绕服务大局的工作主线，充分发挥“联系广泛、智力荟萃、遍布全球”的独特优势，积极主动开展招商引资工作。全年牵头引进3个项目签约落户，总投资额6.5亿元，同时挖掘梳理有效招商信息线索12条。一是挖侨情，夯实工作基础。抢抓疫情期间强化海外人员摸排的契机，建立马鞍山侨界重点人士数据库，对入库人员进行动态管理、科学研判，利用座谈调研、节日走访、发送短信等形式加强宣传、深化联谊、挖掘资源，走访慰问侨企165家，与128位侨界“四有”人士保持经常性、高频次沟通联系，努力形成侨界“以内引外，内外联动”的生动局面。围绕“1+3+N”产业集群建设，确定电子信息、新能源和文旅等产业作为主攻方向，有针对性的加强对相关产业发展状况的研究，汇编《载体重点产业目录》《全市招商引资优惠政策汇编》《马鞍山市侨商投资指南》，开展产业链招商活动，建立线索统筹机制，助力各载体优化产业、错位发展。二是聚侨力，发挥联动效应。聚焦重点侨商社团，牵头成立马鞍山侨商会，积极将会员企业负责人发展成为侨界义务“招商员”，引导他们围绕全市产业和自身发展开展招商，达到以商招商的良好效果。进一步加强与中国侨商会、省侨商会及其会员企业的沟通联系，不断拓展侨界商贸资源空间。积极融入长三角、对接“杭嘉湖”，与南京侨商会、杭州侨企会保持深度对接联系，组织侨商侨智对接活动5场，三地侨界交流不断升温，为下一步区域链招商奠定了良好的基础。三是解侨需，提升服务质量。全年赴外招商13次，拜访企业28家。用服务感动侨商、用真心留住企业，将招商项目推进情况列入每周办公例会议题，遇到自身无法解决的问题，及时沟通相关部门和载体，并报告有关市领导帮助解决，有效地推动了相关项目落地。

【安庆市侨联扎实开展抗击疫情工作】安庆市侨联积极响应中国侨联号召，通过多种渠道与本市新冠肺炎患者收治重点医院及各区县抗疫指挥部取得联系，了解一线急需防疫物资。2020年1月29日向海内外侨胞发出关于广泛提供疫情防控物资货源采购信息的倡议，呼吁安庆侨界积极为抗疫工作伸出援手、奉献爱心，得到了海外侨胞、侨团的积极响应。海外疫情暴发时，市侨联申请财政专项资金和号召内地企业捐赠防疫物资，共向海外侨胞捐赠口罩172000只，连花清瘟胶囊8箱，人体测温仪40只，支援物资货款及国际运费总价值50万多元。抗疫期间，市侨联克服机关人员少的困难，全员上岗，严格按照市防疫指挥部要求，第一时间派员到包保社区，在包保的菱北龙潭社区各个卡口安排人员轮流值守，认真排查过往车辆，核实登记，为社区群众生命安全筑起一道坚实的“防疫墙”。派一名副主席到驻村干部扶贫点太湖县三村村，协助贫困村阻击防控。会主要负责人更是坚守岗位，对防控工作及时进行协调部署安排；为及时将口罩等防疫物资送到最需要的地方，既当“驾驶员”，又当“搬运工”。积极引导和服务侨资侨属企业复工复产，帮助生产抗疫物资企业出口，为坚决打赢抗击疫情阻击战和服务经济社会发展贡献力量。安庆市侨联根据省、市相关复工复厂工作要求，有序引导侨资企业开展复工复产工作。

福建省归国华侨联合会

【领导成员名单】

党组书记、主席：陈式海

专职副主席：翁小杰　林俊德　张　瑶（女）

兼职副主席（以姓氏笔画排序）：

许健康　吴华新　吴换炎　佘德聪　余贵州　陈玉树　陈吉龙　陈明金　陈秋途　陈晓玉（女）　陈家泉　林正佳　林雄申　卓新荣　周永伟　郭加迪　涂雅雅（女）　黄绳跃　曾志龙　蓝桂兰（女）　潘少銮（女）

秘书长：朱根娣（8月26日当选）

【综述】2020年，在福建省委正确领导和中国侨联的有力指导下，全省各级侨联组织深入学习习近平新时代中国特色社会主义思想和党的十九届四中、五中全会精神，贯彻落实中央和省委各项重大决策部署，坚持"以人为本、为侨服务"宗旨，紧紧围绕全省工作大局，主动作为，努力克服新冠肺炎疫情带来的不利影响，扎实做好"六稳"工作，全面落实"六保"任务，为决胜全面建成小康社会、决战脱贫攻坚作出侨界贡献。

【召开福建省侨联十届四次全委会】8月26日，福建省侨联十届四次全委会议在福州召开。会议以习近平新时代中国特色社会主义思想为指导，深入学习贯彻习近平总书记关于群团工作和侨务工作的重要论述，贯彻落实中国侨联十届五次常委会议精神和省委十届十次全会精神，总结去年工作，部署下阶段任务。省委常委、统战部部长庄稼汉出席会议并讲话。省侨联主席陈式海作工作报告，强调要努力将省侨联建设成为"学习型群团组织、服务型侨胞之家、奋斗型模范机关"。会议审议通过《省侨联十届四次全委会关于工作报告的决议》；发出《关于海外闽籍侨胞守望相助携手"战"疫的倡议书》；聘任"闽侨智库"特约研究员、成员；举行《共和国归侨（福建卷）》赠书仪式。会议通过选举，增补邓江等9人为省侨联委员，朱根娣、陈卫良、黄华春为常务委员，朱根娣为秘书长。

【加强政治学习发挥思想引领作用】一是加强党的创新理论武装。利用"福侨世界总网"、微信公众号矩阵等网络平台，开设"党的十九届五中全会精神""弘扬嘉庚精神""脱贫攻坚中的闽侨力量"等学习专栏，学习宣传贯彻习近平总书记系列重要讲话重要指示批示精神。邀请"风展红旗如画"——红色三明故事宣讲团开展侨

8月26日，福建省侨联十届四次全委会议在福州召开，会上举行"闽侨智库"特约研究员、成员聘任仪式

6月17日，福建省侨联、福州市侨联组织召开学习传达全国"两会"精神座谈会

8月4日，福建省侨联主席陈式海率机关党员赴中信银行福州分行的“习近平新时代中国特色社会主义思想学习教育宣传基地”参观学习

合中国侨联信息传播部和北京电视台策划出品大型电视节目《魅力侨乡行》（第二季）。抓好宣传舆论阵地建设，举办2020年信息传播工作培训班，编发和推送抗疫快讯400多条，报送与疫情相关的《闽侨智库专报》200多期，出版《八闽侨声》杂志抗疫专刊3期。泉州市侨联拍摄的《蔡世佳》《施金城》《许福来》等短视频被省纪委网站等新媒体推送；福州市侨联协助拍摄福建华侨文化主题电影《诗巫风云》；漳州市侨联走界宣讲活动。6月17日，省、市侨联组织召开学习传达全国“两会”精神座谈会。福建省侨联主席陈式海、福州市侨联主席蓝桂兰，部分在榕闽籍侨领、侨胞，以及部分省市侨联机关干部参加学习座谈，来自美国、匈牙利、丹麦、加拿大、阿根廷、英国及中国香港等国家和地区的侨领、侨胞，畅谈了学习心得体会。与福州市侨联、闽侯县侨联开展以“忆党史、守初心—新时代、新担当、新作为”为主题的党日活动。赴中信银行福州分行的“习近平新时代中国特色社会主义思想学习教育宣传基地”参观学习，重温入党誓词，恪守和履行对党的庄重承诺等。二是加强意识形态领域工作。调整省侨联意识形态领导小组；召开意识形态、网络安全、文化安全工作形势分析会议，出台了信息传播工作有关制度。与省广电网络集团共建《闽侨之窗》电视专区，拍摄侨界孝廉代表人物——黄仲咸先生短视频，配

6月18日，福建省侨联与福建广电网络集团合作共建的“闽侨之窗”电视专区，在福建高清互动云电视正式上线。图为启动仪式，右二为福建省委常委、宣传部部长邢善萍，左二为福建省人民政府副省长郭宁宁，右一为福建省侨联主席陈式海，左一为福建广电网络集团党委书记、董事长张远

6月18日，由福州市侨联协助拍摄的电影《诗巫风云》在闽清县举行开机仪式，左八为福建省侨联主席陈式海

7 月 28 日，福建省侨联举办民法典专题法治讲座，推动民法典精神进机关

7 月 28 日，福建省侨联主席陈式海一行赴福州市高新区考察侨资企业，调研基层侨联组织建设情况

进漳州人民广播电台《漳州市效能建设热线》，展示闽侨好形象，弘扬社会正能量。三是推进全面从严治党纵深发展。制定省侨联党组《落实全面从严治党主体责任清单》，进一步落深、落细、落实管党治党政治责任。召开年度党建、廉政专题工作会议、党风廉政建设形势分析会和年度全面从严治党工作会议，严格落实各级主体责任。积极配合做好省委巡视和整改工作。研究出台了《省侨联重大事项请示报告清单》《省侨联全面从严治党制度汇编》，落实《廉政谈心谈话提醒制度》等制度，强化对机关重点工作和敏感事项的廉政监督提醒。

【双向发力推动履职提质增效】一是推动基层组织规范建设。福建省新成立基层侨联组织 41 家，特别是全国首家自然村侨联在晋江市成立，全省级行业性社会团体侨联组织——福建省众创空间协会在福州成立。落实中央华侨事务专项经费划转安排，在全国侨联系统首家制定出台了《福建省侨联关于印发贯彻落实〈中国侨联关于华侨事务预算专项经费使用管理的指导意见〉实施办法》；中国侨联就中央华侨事务预算专项经费使用工作刊发了龙岩经验做法，推动各设区市侨联开展工作。稳步推进统一社会信用代码赋码工作，目前全省已赋码 160 家基层侨联组织。龙岩、宁德等 49 个市县级地方侨联完成换届选举工作。二是着力发挥侨智侨力作用。开展“结对帮扶捐赠及侨界专家走基层”活动，助力郑墩镇南坑村脱贫攻坚和乡村振兴；推荐 8 位在闽侨界高层次人才参与第八届“中国侨界贡献奖”活动；确定了 6 位侨界高层次专家学者为第六届省政府顾问推荐对象；推荐侨界青年人才参与省人社厅开展的“雏鹰计划”遴选工作。漳州市侨联运用“地方侨联 + 高校侨联 + 校友会”机制，参与闽南师大引进韩国、德国、乌克兰、澳门等国家和地区博士 6 人。三是强化依法维权服务能力。借力外交部和大使馆，联通美国、加拿大等国家开展维权工作，开展线上仲裁调解工作。结合《归侨侨眷权益保护法》颁布 30 周年

2019 年 12 月 28 日，福建省侨联、华侨大学福州校友会、华侨大学法学院联合在福州举办“中国梦 · 华侨情”首届涉外法律论坛

活动，积极开展第二届侨商杯知识竞赛，建立100余个微信矩阵，组织5000余人参加。与华侨大学福州校友会、华侨大学法学院联合在福州举办了“中国梦·华侨情”首届涉外法律论坛。在三明市明溪县沙溪乡设立“涉侨在线法官工作室”和“涉侨互联网法庭”开展多元化解工作调研，运用“互联网+”服务平台，开展“微直播”、“微调解”等，为广大归侨侨眷和海外华侨提供“一站式”服务。厦门市侨联重点提案《拓展与台湾岛内社团交流交往，深化厦台融合发展》得到省领导的批示。

【多措并举深化联谊和侨务对台工作】一是持续开展“云联谊”。与海外侨团和侨胞保持密切联系，及时了解并整理疫情信息和海外侨胞诉求，释疑解惑，帮助海外侨胞协调包机、购票，以及“绿色通道”入境等事宜。积极练好“内功”，完善“一国一册”数据库建设。一年来，共接待来自30多个国家和地区的海外团组21批次。厦门市侨联吸纳四批85个海外华侨华人社团入驻海外华侨华人社团厦门联络总部。泉州市侨联建设的南洋华裔族群寻根谒祖综合服务平台，于年底进行试运行。二是持续涵养侨务资源。举办中国侨联第九期海外联谊研修班暨福建侨联第二期“嘉庚精神”研修班，参与2020厦门国际投资贸易洽谈会暨斐济“一带一路”项目发布会和第一届“音动时代杯”福建省直播电商大赛。三是持续扩大两岸交流。2020年9月，邀请两岸青年设计师、在大陆的台湾青年，参与

9月25日—30日，海峡两岸（故宫文化）文创设计交流周暨船政文创论坛在福州举行，图为宣传海报

主办海峡两岸（故宫文化）文创设计交流周，通过举办“海峡两岸文创设计邀请赛”“船政文创论坛”“海峡青年设计师船政文化走访”等活动，助力两岸青年间的文化认同与文化自信，推动海峡文创产业发展，加强两岸融合发展。

【发挥优势服务中心大局】一是开展以侨促贸活动。分别与省工信厅中小企业服务中心和省海外归国人员互助发展协会举办了4场“侨智沙龙”活动；开展以“抗击疫情·发展经济”为主题的侨商会走进泉州经贸交流活动；支持举办中国（厦门）国际绿色创新、新能源产业博览会及第六届（中国）海峡两岸新能源产业创新创业大赛·获奖项目投资对接会等活动；与福建省枢建通信技术有限公司共同举办北斗应用海外侨商推介对接会，推动侨资侨智及创新成果的对接转化。厦门市侨联推动落实茂华能源、量子技术、福盛食品等签约项目3个，投资

5月18日，泉州市侨联举办南洋华裔族群寻根谒祖综合服务平台（一期）项目建设中心启用揭牌仪式

总额超过9亿元。莆田市侨联在海外10个国家设立了海外招商联络处。二是参与“一带一路”建设。疫情期间，认真落实中央、省委“六保六稳”工作部署，全方位推动高质量发展。分批走访侨资企业，为200多家侨商侨企对接商机。与中缅经济文化交流中心联合举办了线上“中缅投资洽谈会”活动；参与举办了“福建外贸云展会”（应急物资专场）和“中国·福建—意大利经贸合作在线推介会”活动，在线吸引工商企业界代表3000多人参与；与省工信厅共同主办的侨商“一带一路”线上合作推介会暨“惠企政策进百园入万企”活动。三是助力脱贫攻坚和传播侨爱活动。精心开展“百侨帮百村——联村助户”精准帮扶活动，结对帮扶2707人（户、项），下拨精准帮扶款148.4万元。筹措资金120万元资助南平市松溪县6个项目。与泉州、漳州、宁德市侨联组织闽籍侨商企业家对宁夏固原市进行考察访问，捐赠“爱心图书室”等5个项目。参与指导举办“海丝茶道　万里飘香”2020年首届海丝国际茶文化论坛，并组织召开“茶文化的海外传播”

9月8日，在第22届厦门国际投资贸易洽谈会期间，福建省侨联主席陈式海（左二）参观中国（厦门）国际绿色创新、新能源产业博览会

7月22日下午，由福建省侨联等单位指导，福建省进出口品牌商会主办，福建海外杰出女性联谊会等单位协办的“2020年福建外贸云展会”（应急物资专场）在福州举行线上开幕启动仪式。福建省侨联主席陈式海（左）、福建海外杰出女性联谊会会长李然（右）分别在会上致辞

9月24日，福建省侨联组织14名侨界医学专家医疗队在福清市江阴镇卫生院开展义诊活动

分论坛；推动精准扶贫挂钩帮扶村——松溪县郑墩镇南坑村白茶宣传和“直播带货”，提升南坑村白茶知名度。组织 14 名侨界医学专家组成医疗队赴福清市江阴镇卫生院开展健康诊疗和科普咨询活动。开展中国侨联“侨爱心·光明行”公益项目福州站工作，为 280 多名困难归侨侨眷及低收入白内障患者实施免费复明手术。南平市侨联组织志愿服务医生、法律工作者赴建阳莒口镇、延平巨口乡等地开展“侨爱心义诊”系列活动和侨法宣传活动。

4 月 30 日，福建省侨联与菲律宾、爱尔兰等 5 个海外团组举行“亲情中华·为你讲故事”网上夏令营福建侨联一期“云开营”仪式，省侨联主席陈式海在开营仪式上向参加活动的华裔青少年进行云授旗

【弘扬中华文化显成效】一是办好夏（冬）令营。举办“亲情中华·为你讲故事”网上夏令营，中国侨联精心制作了名著名人、成语寓言等中华故事和防疫知识，福建省侨联配套制作了一种精神（嘉庚精神）、一首歌（《福建如你》）、一道家乡菜（闽菜）等“十个一”福建文化初印象系列节目。来自菲律宾、马来西亚、美国、加拿大等 14 个国家，28 个海外侨社团和中文学校先后组建 45 个营，建立 68 个微信学习群，组织 2039 名海外华裔青少年参加了网上夏令营活动。二是传播中华优秀文化。以线上辅导的方式，引导海外中餐业应对疫情，推动海外中餐业转型升级，支持德国福建同乡联合总会举行“德国侨胞中餐业发展研讨会”。与 8 家海外社团签订福建海外中餐发展联盟合作协议。联合湖北、江苏等省侨联，共同协办“‘中秋云家宴　家国共团圆’——海外华侨华人中秋特别节目”，通过直播福建、央视频、央视新闻＋等多个平台向海外同步直播，全网点击量近 350 万次。召开福建省华侨摄影学会第五次会员代表大会，举办“美丽福建、魅力侨乡”为主题的图片展，作品作为“福建文化分享礼包”分送海外侨胞。三是弘扬华侨历史文化和精神。举办《福建华侨抗疫图片展》，征集抗疫展览资料 2396 份、实物资料 125 份，传播福建抗疫斗争中的侨界先进事迹、典型和故事。精心制作、网上宣介《云游福建华侨主题馆》。命名孙易彬故居为“福建省侨联爱国主义教育基地”。做好福建省第七批中国华侨国际文化交流基地故事的收集工作、中国华侨国际文化交流基地考察申报工作和“亲情中华·云上基

12 月 16 日，“亲情中华·为你讲故事”网上冬令营福建营开营，来自美国等 10 个国家的侨社团侨领、中文学校老师、营员家长及 750 多位海外华裔青少年通过网络平台参加了开营仪式

地”的有关工作。陈嘉庚纪念馆被定为中央文明委重点工作项目基层联系点。泉州华侨历史博物馆出版了第一部中国博协华侨专委会涉侨文物精品集萃系列丛书——“泉州华侨历史博物馆馆藏侨批精粹”。

【闽侨携手共抗疫】一是织密织牢疫情防控网。成立福建省侨联疫情防控工作领导小组，全程参与福建省应对新冠肺炎疫情防控组、疫情综合协调组、物资供应组、交通检疫组和外事组工作，认真落实于伟国书记等领导关于疫情防控工作指示，构建统战、外事、侨联系统“横向到边、纵向到底”的省—市—县（区）三级联防联控工作格局。各级侨联干部放弃休假全员投入，坚持关键信息及时汇总、重要工作“一日一商”，全力推进疫情防控工作落实落地落细。依托“福侨世界总网”全媒体融合平台，宣传报道全省各级侨联组织和广大海外侨胞在疫情防控斗争中涌现出的先进典型和感人事迹。省侨联专门派出3个服务工作队下沉一线，现场研究解决问题，派出10名干部分阶段赴北京、上海、内蒙古支援抗疫工作。在防控疫情的非常时期，省、市、县侨联派出精干力量到省外口岸或到隔离点、村镇基层一线开展抗疫工作，人数达200人次以上。二是全力谱写战疫同心曲。针对海外侨胞所在地不同，采取“点对点、人盯人”方式，加班加点、夜以继日，重点聚焦N95口罩、医用外科口罩、医用连体防护服等紧缺和急需的物资，及时与海外侨团和重点人士做好沟通联系，仅省级侨联就与60多个国家的130多个华侨社团建立“一对一”精准对接，及时向省政府报告海外侨胞捐赠信息。一年来，各级侨联争取到海外华侨华人捐赠口罩14473985只、防护服88091套、手套535.07万双、测体温仪器4114个、护目镜21082副、医用靴鞋帽255292件、隔离服3.34万件、防护眼（面）罩1954个，接收捐款6723.5448万元。与此同时，各级侨联认真贯彻落实中央和省委关于“统筹推进疫情防控和经济社会发展”的决策部署，深入侨资企业和脱贫帮扶点开展调研，为省内经济恢复贡献侨界力量。三是暖心助力海外侨胞抗疫。截至年底，全省侨联系统支援60多个国家侨团、海外侨胞口罩合计180.5万只、防护服29010套、护目镜12000副，连花清瘟胶囊9.4万盒、中药包（排毒清肺汤）18200包、消毒仪25台、PDGO透析机2台、爱心包8600个等防疫物资。同步开通24小时服务热线，做细做实“暖人心”工作。编印并向海外侨社和回乡侨胞赠送了3万册《新型冠状病毒肺炎防护

4月24日，福建省侨联机关第三党支部和第四党支部联合开展主题党日活动，组织党员为海外侨胞打包寄送“侨爱心健康包”

5 月 28 日，福建省委巡视六组巡视福建省侨联党组工作动员会在福州召开

知识手册》，省市侨联在清明期间发出文明祭扫倡议，主动向海外侨胞推出“云祭扫”、代祭扫服务，在全省范围内对返乡隔离侨胞开展“五个一”人文关怀。联合省教育厅下发《关于疫情期间华侨子女回闽就学有关事项的通知》，推动解决华侨子女回闽就学难的问题。联合省外办帮助因疫情滞留国内的巴新侨胞包机返回巴新复工复产，首创国内赴海外包机第一例。

【为海外侨胞提供疫情问诊服务】一是开通卫生健康热线服务平台。3 月 16 日起，海外闽籍侨胞可拨打 008659112320，在线与福建医疗专家咨询有关新冠肺炎内容。该通道由省卫健委、省侨联、中国电信福建分公司等联手筹建，来自省立医院等 7 家省属医院的呼吸、重症、感染、护理等 105 位专家组成，将 24 小时不间断为海外乡亲提供新冠肺炎咨询服务。二是建设闽侨健康网。开通上线，海外乡亲可通过微信搜索“福建省卫健委”公众号直接进入“疫情防控—在线咨询”进行答疑解惑。三是组建侨胞医疗咨询微信群。应海外侨胞需求，省侨联、省卫健委联手组建侨胞医疗咨询微信群，按照“一国一群”模式，陆续建立了 33 个国家 30 个新冠肺炎医疗咨询微信群，邀请 100 多名中西医专家坐诊，累计在线咨询人数超过上万人次，接受各类医疗咨询 600 多人次。该平台作为第十一届“中华慈善奖”候选对象参加评选。

【福建省委巡视省侨联】5 月 27 日起，福建省委巡视六组进驻省侨联并开展了为期一个月的巡视工作。省侨联党组高度重视，先后召开 2 次党组（扩大）会研究部署，积极配合，按要求做好谈话了解、查阅资料、情况说明、座谈调研和后勤服务等工作，确保巡视工作顺利开展。9 月 27 日接到省委巡视反馈后，省侨联严格按照要求，深入开展整改工作。经过 3 个月的努力，目前针对反馈的四个方

5 月 15 日，福建省侨联与省移民发展中心联合举办道德讲堂

7 月 1 日，福建省、福州市和闽侯县三级侨联参观龙山会议纪念馆

面 27 个问题所提出的 90 条整改措施大多数已整改完毕，完成 80 条，基本完成 6 条，因涉及长期性工作或存在特殊情况未完成的有 4 条；机关共组织修订涉及人、财、物管理的规章制度 7 个，新制定 11 个，实施廉政提醒谈话 10 人，基本完成了整改任务。5 月 15 日，福建省侨联与省移民发展中心在福建华侨主题馆共同举办了以“学侨史明责任·建功新福建”为主题的道德讲堂。这是双方加强机关党建工作的横向交流，着眼共建共创共享机关党建和文明单位创建成果的一个重要举措。省侨联党组书记、主席陈式海和省移民发展中心党组书记、主任卞宏达分别作了总结讲话。7 月 1 日，福建省、福州市和闽侯县三级侨联组织联动，赴闽侯县开展“忆党史、守初心—新时代、新担当、新作为”主题党日活动。省、市、县三级侨联党员干部共 27 人参加了活动。

【组团赴宁夏开展“闽宁对口协作”帮扶活动】 7 月 9 日—12 日，福建省侨联党组书记、主席陈式海率泉州、宁德、漳州侨联主席和侨界专家及侨商代表一行 18 人赴宁夏开展“闽宁对口协作”帮扶活动，省侨联扶贫办主任吴武煌参加活动。代表团一行受到当地部门领导的热情接待。走访了贺兰神（宁夏）国际葡萄酒庄有限公司、固原融侨（丰霖）肉牛生态产业园等当地闽籍著名侨企。在固原参加了由当地多家单位和部门组织的经济合作交流座谈会，出席西吉县硝河乡新庄小学“福建侨联爱心图书室”等帮扶项目的捐赠仪式，为固原市 5 个闽宁对口协作帮扶项目共筹集资金 75 万元。在彭阳县，陈式海主席和设区市陈晓玉、林智勇、陈卫良主席走访慰问了交岔乡杨建国等 13 户困难侨眷。

【举办中国侨联第九期海外联谊研修班暨第二期“嘉庚精神”研修班】 10 月 29 日—11 月 4 日，由中国侨联和福建省侨联主办，厦门大学、厦门大学海外教育学院承办，中国侨联第九期海外联谊研修班暨第二期“嘉庚精神”研修班在厦门举行，来自菲律宾、法国、加拿大、南非、澳大利亚等五大洲 37 个国家（地区）的 59 名侨社骨干参加。邀请了外交部和厦门大学的知名专家学者授课。研修期间，学员们赴陈嘉庚纪念馆、厦门华侨博物院等地开展现场教学；举办以“弘扬抗疫精神，构建和谐侨社”为主题的学员论坛，并发表倡议书，呼吁侨胞树立大国侨民形象，在推动和谐侨社发展中担当作为。

11 月 3 日，中国侨联第九期海外联谊研修班暨第二期“嘉庚精神”研修班学员论坛在厦门大学举行

7 月 9 日—12 日，福建省侨联组团赴宁夏开展“闽宁对口协作”帮扶活动

【召开福建省华侨摄影学会第五次会员代表会议】 8 月 13 日上午，福建省华侨摄影学会在福州三坊七巷福建华侨主题

8 月 13 日，福建省华侨摄影学会第五次会员代表大会在福州召开

馆召开第五次会员代表会议暨“美丽福建　魅力侨乡”会员摄影作品展。中国侨联副主席隋军、福建省人大常委会副主任梁建勇出席活动，为摄影学会新任会长、监事长授牌，并为摄影作品展揭幕。省侨联主席陈式海主持仪式。会议选举产生了第五届理事会、监事会成员。中国侨联常委、省政协常委、佳信海坛控股集团董事长林正佳当选学会第五届理事会会长；中国华侨摄影学会副会长、泉州华光职业学院董事长吴其萃当选第五届监事会监事长。本届福建省华侨摄影学会共有会员 203 名，其中理事 57 名、监事 3 名。会议期间举办了“美丽福建　魅力侨乡”——福建省华侨摄影学会会员作品展。

【成立闽侨智库福州大学、闽江学院研究中心】 10 月 19 日上午，由福建省侨联、福州市侨联、福州大学共建，福州大学人文学院、“一带一路”文化研究中心承接的闽侨智库福州大学研究中心；由福建省侨联、福州市侨联、鼓楼区侨联、闽江学院共建，闽江学院侨联承接的闽侨智库闽江学院研究中心，分别在福州大学城授牌成立，并颁发了闽侨智库成员证书。闽江学院校长王宗华，省侨联副主席林俊德，福州大学副校长黄志刚，闽江学院党委副书记刘元芳，福州市侨联主席蓝桂兰等出席；省、市、区侨联相关代表，福州大学、闽江学院的科研处、统战部、侨联等部门负责同志，部分高校智库成员、专家学者参加。福建省侨联“闽侨智库”于 2017 年 2 月成立，现为第二届（2020—2022 年），组成人员共 164 名，其中特约研究员 8 名、成员 156 名，来自 17 个国家和地区。现已创建了福州、厦门、泉州 3 个市级委员会和厦门大学、福州大学、闽江学院 3 个研究中心。成立 3 年来，报送的很多侨情专报都被中国侨联和省委办、省政府办采用，连续多年被中国侨联、省委办公厅等评为信息工作先进单位。

【成立福建省众创空间协会侨联组织】 11 月 19 日上午，福建省众创空间协会在福州软件园创客谷举行第一次归侨侨眷代表大会暨协会侨联成立大会。省侨联党组成员、副主席翁小杰，省科技厅原副巡视员黄国柱及 30 多位侨界代表参加会议。会议选举产生省众创空间协会第一届侨联委员会委员和领导班子，美国侨眷、福建阳光能量孵化器管理有限公司董事长陈秀斌当选主席，大嶝科创创业服务基地董事长谢双安、福州聚优谷教育科技有限公司董事长刘峙当选副主席，省众创空间协会副秘书长孙喜燕当选秘书

10 月 19 日，由福建省侨联、福州市侨联、福州大学共建的闽侨智库福州大学研究中心在福州成立

11 月 19 日，福建省众创空间协会在福州软件园创客谷举行第一次归侨侨眷代表大会暨协会侨联成立大会，图为当选第一届侨联委员

长，红茶创客空间董事长魏文生、福建特力林孵化器管理有限公司 CEO 林浩辉当选荣誉主席。成立大会上，翁小杰与黄国柱、陈秀斌共同为协会侨联揭牌，并代表省侨联在会上致辞。协会还举办侨智创业沙龙，侨界青年企业家们畅谈协会侨联成立后的工作构想，并交流分享创业体会。福建省众创空间协会成立于 2016 年 3 月，是全国首家成立的省级众创空间行业协会，现有众创空间会员单位 150 多家，第三方服务机构近 10 家，创投机构 10 多家，创业导师近百名，先后入孵中小企业达到 5000 多家，为海外人才自主研发项目的落地转化提供了双创支撑载体。2017 年以来，协会多次与省侨联合作，共同承办“中国·福建创新创业高峰论坛”，参与协办“创业中华——新侨创新创业对接交流会”“侨智沙龙”“送投资机构进企业”等活动。

【召开宁德市侨联四届二次全委（扩大）会】 5 月 25 日，宁德市侨联召开四届二次全委（扩大）会议，陈卫良当选宁德市侨联主席。福建省侨联副主席林俊德，宁德市委常委、统战部部长林鸿出席会议并讲话。

【召开厦门市侨联十六届五次全委会】 12 月 12 日，厦门市侨联召开十六届五次全委会议，厦门市委常委、统战部部长张毅恭莅会并讲话。市委统战部常务副部长何秀珍出席会议，作关于厦门市侨联领导班子调整的说明，并介绍十六届五次全委会议增补人选基本情况。会议由市侨联党组成员、副主席邓飚主持。会议补选市侨联党组书记陈俊泳为主席，党组成员林中英为副主席。会前，市侨联召开了十六届四次常委会。

江西省归国华侨联合会

【领导成员名单】

党组书记、主席：张知明（女）
专职副主席：王　强　罗丽都（女）
二级巡视员：许晓燕（女）
兼职副主席：郑兆国　于集华　李江山
梁安琪（女）　万志新
徐余波　吴世伟　周　亮
胡军华　陈桂辉　徐　雷
秘书长：蔡　峻

【综述】 2020年，在中国侨联悉心指导和江西省委省政府的坚强领导下，江西省侨联以习近平新时代中国特色社会主义思想为指导，全面贯彻落实党的十九大和十九届二中、三中、四中、五中全会和江西省委十四届十一次、十二次全会精神，深入学习贯彻习近平总书记关于侨务工作的重要论述和视察江西重要指示精神，牢记初心使命，围绕中心、服务大局，坚决把思想和行动统一到党中央决策部署上来。全年共组织各类学习活动20场（次）。新冠肺炎疫情期间，全省各级侨联组织主动作为，共募集捐赠善款2943万元，为全省夺取疫情防控和经济社会发展双胜利贡献了侨界力量。围绕江西高质量跨越式发展的任务部署，引领赣籍企业与港澳地区、"一带一路"沿线国家企业界的交流与合作，促进赣籍企业家拓展海外市场、融入全球化，调研做好"六稳""六保"工作，协调帮助企业解决生产经营中遇到的困难和问题。聚焦人才强省战略，发挥特聘专家委员会、国际文化交流促进会和海外人士创新创业联谊会等平台作用。依法维护侨益，联合求正沃德律师事务所出台法律援助政策，为侨资企业提供免费法律帮助，积极和省、市、县三级法院沟通协调处理侨胞信访案件。积极建言献策、参政议政，在南昌大学、江西师范大学和江西省高级人民法院等8家单位设立侨情专报直报点，聘请35位各领域专家学者为省侨联侨情研究员，2020年共上报侨情专报46篇，被中国侨联采用14篇。讲好江西故事，组织开展"亲情中华·为你讲故事"网上夏令

7月28日，"中国华侨国际文化交流基地"吉安市博物馆举行揭牌仪式

5月28日，"中国华侨国际文化交流基地"——景德镇皇窑陶艺研学基地举行揭牌仪式

9 月 25 日，九江市庐山白鹿洞书院"中国华侨国际文化交流基地"揭牌仪式在白鹿洞书院举行

营活动，先后与景德镇、宜春、吉安、九江、南昌、萍乡等地市侨联，组织承办 6 期 18 个营的网上夏令营活动和 2 期 2 个营的网上秋冬令营活动，美国、加拿大、荷兰等国家近 800 名华裔青少年参加活动。2020 年江西省共有 3 地获批成为"中国华侨国际文化交流基地"，分别为景德镇皇窑陶艺研学基地、吉安市博物馆、九江市庐山白鹿洞书院。

【万立骏主席赴江西上饶调研】 10 月 20 日—21 日，中国侨联党组书记、主席万立骏率中国侨联调研组赴上饶市广信区调研侨联定点扶贫工作，并代表中国侨联捐赠 70 万元助力上饶市广信区脱贫攻坚。万立骏看望了中国侨联机关派驻的两位扶贫干部，在尊桥乡周坞村仔细了解周坞茶厂改造为周坞白眉茶园、茶叶种植和销售、乡村旅游发展等情况，在茶亭镇中心幼儿园听取了幼儿园管理和侨联支持幼儿园建设的情况介绍，在上饶茶亭经济开发区江西普瑞美新材料科技有限公司调研，了解企业产品生产、销售情况。

10 月 21 日，中国侨联捐赠 70 万元助力上饶市广信区脱贫攻坚

10 月 20 日—21 日，中国侨联党组书记、主席万立骏（左三）率中国侨联调研组在江西省侨联党组书记、主席张知明（右三）的陪同下深入上饶市广信区调研侨联定点扶贫工作

【召开江西省侨联八届三次全委会】 6 月 9 日，江西省侨联召开八届三次全委会，省侨联党组书记、主席张知明作"践行使命担当　努力实现新时代侨联工作高质量发展"的工作报告，并对对 2020 年工作进行了部署。省侨联副主席王强、罗丽都、李江山、吴世伟、周亮、胡军华、陈桂辉，二级巡视员许晓燕以及省侨联委员百余人出席会议。会议传达学习了中国侨联十届三次全委会议

6 月 9 日，江西省侨联召开八届三次全委会议

和全省领导干部会议精神，通过了关于工作报告的决议并审议通过有关人事事项。增补徐雷为省侨联常委、副主席，增补向往等 12 人为省侨联委员，增补王丰明为海外顾问，习国燕等 8 名为海外委员，卸免了辛洪波的省侨联委员、常委、兼职副主席职务，刘向阳、饶颖的委员职务。

8 月 4 日，江西省侨联党组书记、主席张知明（右七）赴鄱阳县开展“侨联四海　情系鄱阳”助力抗洪救灾捐赠活动

【全力以赴战疫情】面对突如其来的新冠疫情，江西省侨联第一时间成立新型冠状病毒疫情防控工作领导小组并向海外发出倡议，全省侨联系统共募集到来自欧美、中东、东南亚、日、韩以及港澳等地侨社团和侨领的捐赠善款 2943 万元；医用防护服 3.2 万套，N95 专用口罩 8.5 万只，医用防护眼镜 0.76 万副，一次性医用口罩 100.7 万只，医用手套 51.3 万双，84 消毒液 58 吨，防护面罩 1060 个。

【凝聚力量抗洪灾】2020 年 7 月鄱阳湖流域发生严重洪涝灾害，江西省侨联成立以会主要领导为组长的工作专班，加强对抗洪抢险救灾工作的领导，组织党员干部迅速行动起来，组建省侨联青年党员突击队，以战时标准、战时状态、战时纪律，全力以赴投入抗洪救灾。组织开展灾后自救，动员侨界群众、侨商并积极向中国侨联争取，共向灾区捐赠 60 万元及价值 213 万元的救灾物资。

3 月 20 日，江西省侨联党组书记、主席张知明（左三）赴南昌三友实业有限公司进行复工复产调研，看望慰问企业工作人员并送上口罩等防护用品，对外资出口企业疫情防控工作进行指导

【千方百计助脱贫】江西省侨联积极推进扶贫项目和资金落实，持续用力解决定点扶贫村双港村“两不愁、三保障”问题，组织侨企为余干县洪家嘴乡双港村“幸福食堂”、无线广播等民生工程建设捐款捐物 8 万元；利用村级光伏收益 5 万元，开发 20 个“微劳力”公益岗位安排贫困户就业，年增收 2400—3000 元；在九江市同文中学、吉安市白鹭洲中学、赣州中学设立“珍珠班”，给予家庭特困且成绩特优、品行优良的初中毕业生每年 2500 元生活补助款；联系香港二地一心

10 月 17 日，“亲情中华”艺术团赴上饶慰问演出

基金会在丰城市同田乡捐助 200 万港元，新建同田毕马威沿江小学。

【“亲情中华”艺术团赴上饶慰问演出】10 月 17 日—18 日，中国侨联“亲情中华·文艺轻骑兵”艺术团走进江西，分别在上饶市广信区黄沙岭乡蔡家村和尊桥乡上乐村给基层群众带来一场期待已久的文化盛宴。来自中国煤矿文工团、铁路文工团、空军政治部文工团等著名演出团体的艺术家们为当地群众送来了《咱老百姓》《映山红》《天堂》《共和国之恋》等经典曲目，中国侨联文化交流部部长刘奇，江西省侨联党组成员、副主席罗丽都及当地群众千余人观看慰问演出。

【举办十九届五中全会精神专题报告会】12 月 7 日，江西省侨联召开全省侨联系统宣讲党的十九届五中全会精神专题辅导报告会。省侨联党组书记、主席张知明出席开班式并讲话。报告会邀请到江西师范大学党委书记黄恩华作“深入学习贯彻党的十九届五中全会精神　努力开拓新时代侨联工作新局面”专题辅导报告。省侨联党组成员、副主席王强，副主席吴世伟、周亮、陈桂辉、徐雷，二级巡视员许晓燕及各县区市侨联代表参加报告会。

【开展“侨联四海　情满赣鄱”爱心助学活动】12 月 9 日，由江西省侨联、豫章师范学院联合举办的 2020 年度“侨联四海　情满赣鄱”爱心助学发放仪式在学院一楼学术报告厅举行。省侨联党组书记、主席张知明，省侨联党组成员、副主席王强出席。爱心侨商代表周世友、陶洪彪、张辉等共为 173 名贫困学生发放助学金。

12 月 9 日，开展“侨联四海　情满赣鄱”爱心助学活动

【举办“法治宣传下基层”主题活动】10 月 30 日和 11 月 5 日，江西省侨联分别联合南昌市侨联、青山湖区侨联、红谷滩新区侨联在高新园区石桥村和红谷滩区红角洲管理处联泰香域滨江社区开展“法治宣传下基层”主题活动，分别进行

12 月 7 日，江西省侨联系统宣讲党的十九届五中全会精神专题辅导报告会，江西省侨联党组书记、主席张知明出席开班式并讲话

10 月 30 日，江西省侨联党组书记、主席张知明（右一）参加“法治宣传下基层”活动

问团拜会了韩国华侨华人联合总会和中国在韩青年联合会会，推介了江西省文旅资源，特色优势科技项目、科技合作需求和营商环境，就促进赣商企业发展壮大，开拓国际市场进行交流；并就引导在韩侨界科教人才回赣考察、寻求科技合作对接，就搭建两地青少年交流平台等事宜交换了意见。在日本期间，访问团拜会了日本江西总商会、日辉贸易株式会、大阪高雷株式会社、关西中华总商会和中国渡航中心株式会社等侨社团，就搭建经贸及科技合作平台，引资引智助推江西经贸国际化发展，牵线搭桥推动江西与日本在文化、旅游、科技、教育、商贸等方面合作进行深入交流。

了侨法和民法典宣传。省侨联党组书记、主席张知明，党组成员、副主席罗丽都，办公室主任、二级巡视员许晓燕，分别参加活动。各级侨务工作者向社区居民发放《涉侨法律政策指南》《中华人民共和国归侨侨眷权益保护法》及《民法典宣传手册》，侨联法顾委的律师服务团与居民群众面对面交流，解读侨务政策，讲解有关疑难问题。

江西省侨联二级巡视员许晓燕（左六）率“江西省侨联海外联谊访问团”赴日本拜访侨团

【赴韩国、日本开展友好交流访问】1 月，省侨联二级巡视员许晓燕率“江西省侨联海外联谊访问团”赴韩国、日本访问。在韩国期间，访

【南昌市侨联】南昌市侨联狠抓基层侨联组织建设，把 2020 年定为“彰显省会担当，推进基层侨联组织建设年”。截至年底，在全市成立 21 家侨胞之家和侨胞侨属联谊会，建立了 104 个基层侨联服务组织，实现了社区（村）侨联组织全覆盖。通过整合市、县（区）侨联、市侨联法律顾问委员会、社区侨胞侨属联谊会（侨胞之家）等各类资源，积极构建

1 月 1 日，江西省侨联二级巡视员许晓燕（右中）率“江西省侨联海外联谊访问团”赴韩国拜会侨团

9月3日，江西省侨联党组书记、主席张知明（右二），南昌市人大主任吴伟柱（右一），南昌市侨联党组书记、主席刘小坚出席南昌市南昌县八月湖街道“侨胞之家”揭牌仪式

“四室一角”（侨法宣传室、法律援助室、心理疏导室、矛盾调解室和综治角）。成立了由南昌市四大律师事务所近70名律师组成的“南昌市侨联律师服务团”和由心理咨询师牵头的“市侨联心理健康咨询服务队”。服务团（队）采取选派驻点挂牌服务方式，深入街道、社区、乡村，以定点式、预约式方法实行一对一服务。目前，服务团（队）已与全市9个县区侨联进行无缝对接，建起一个集法律咨询、法律宣传、法律援助、人民调解四位一体的服务平台，全年在各县区开展了10多场专场活动，为侨界群众提供便利、专业、全面的专业服务。出台了《市侨联关于认真贯彻落实“关于进一步健全涉侨民事纠纷工作机制，依法保障涉侨投资健康发展意见的通知”的实施意见》，如协调解决了美资企业南昌纽达餐饮管理有限公司疫情期间经营店面租金政策减免事宜；为90多岁的越南老归侨的医疗损害责任纠纷一事进行法律援助，服务团律师2次赴广州对其进行义务法律支持，南昌市侨联基层组织建设经验在中国侨联举办的全国大中城市侨联基层组织建设经验交流会上作为8个优秀典型城市进行发言交流。青山湖区“侨胞之家”、南昌县八月湖街道“侨胞之家”、西湖区南浦街道里洲社区慢生活街区“侨胞之家”等三家基层侨联组织获得2018—2020年度全国侨联系统优秀“侨胞之家”荣誉称号。

【九江市侨联】 7月，受强降雨影响，九江市多地发生洪涝灾情，长江九江段水位最高时距1998年历史最高水位仅差0.22米。九江市侨联深入贯彻落实习近平总书记对防汛救灾工作作出的重要指示，按照省委、市委指示要求和市委书记林彬杨在全市防汛紧急动员视频会议上的讲话精神，把主动协助做好防汛抗洪抢险救灾作为头等大事，迅速行动，向全市各级侨联组织、涉侨社团和广大侨界群众发出号召，投入防汛救灾工作。全市各级侨联组织迅速全面行动，投入抗洪抢险第一线。九江市侨联第一时间组织侨资企业中水建管国际工程有限公司相关工程人员成立志愿者服务队，并筹集8.5万元防汛物资和捐款，奔赴洪涝重灾区永修县九合乡九合联圩，参与抗洪救灾；组织市侨商会会员到湖口县慰问一线抗洪子弟兵，送去6万余元的生活物资。各县市区侨联、众多侨资企业及侨商个人，自发开展慰问走访救灾等活动。侨资企业赛得利化纤、江西理文造纸、江西理文化工组织党员职工赶往抗洪一线，扛铁锹、装沙袋，奋战修筑防洪子堤。九江市侨商会副会长单位彭泽银龙水务公司组织应急抢修队抢修受损供水设施，每天安排供水车辆为受灾群众送去自来水和1000箱矿泉水，约2.8万元。博茨瓦纳彭泽籍侨胞虽处在新冠肺炎疫情频发期和复工自救状态，依然积极为家乡抗洪救灾捐款20余万元普拉（折合人民币12万元）。九江的灾情得到了省侨联高度重视，下拨救灾款支持九江各地受灾侨胞和群众重建家园。

【宜春市侨联】 疫情暴发初期，宜春市侨联及时通过公众号、微信群等网络媒体向海内外侨界发布捐赠款物倡议书，共募集捐款61.052万余元和价值32.04万元的医用物资。在海外疫情紧张之际，募集了2万个口罩发往海外侨界社团，支持当地侨界疫情防控工作。宜春市侨联荣获全国侨联系统抗击新冠肺炎疫情先进集体称号。6月至7月举办了2期“亲情中华·为你讲故事”网上夏令营，10月至11月举办了1

期“亲情中华·为你讲故事”网上秋令营，145名来自缅甸、澳大利亚、新西兰、法国的华裔青少年参加活动。与宜春市委统战部联合走访慰问了归侨侨眷、侨资企业、侨社团组织，为他们送去了慰问金和慰问品，合计60万元资金和物资。在丰城石滩、万载、奉新等侨乡、社区开展“送法进侨乡”、侨界法律知识讲座等侨法宣传活动，提高侨界群众依法维权意识。精心举办了“同心大讲坛——中国梦侨之梦宜春侨史知识讲座”“宜春市归侨侨眷重阳节座谈会”“迎国庆·贺中秋·聚侨心传统文化书画展”等活动。搭建江西集品仓贸易有限公司、江西昌浩实业有限公司两个“新侨创新创业基地”，服务新侨人才创新创业发展。帮助指导樟树市侨联、奉新县侨联完成换届工作，指导樟树市侨联创建了功能齐全、总面积500多平方米的“侨胞之家”示范创建点，指导袁州区侨联成立袁州区旅海外侨眷联谊会，配合市委统战部筹建宜春香港联谊会。组织参加“世界华人学生作文大赛”活动，共有91篇作文获奖。先后帮助挂点帮扶深度贫困村、秀美乡村建设点、双进双服务帮扶社区解决村公路修建项目资金10万元、卫生公厕项目立项15万元、健身器材2批；联合社会力量开展三场扶贫捐赠活动，捐赠资金（物资）近5万元。在侨乡丰城石滩小学开展“送温暖进学校”活动，为30名学生送上羽绒服、书包和文具。积极参与宜春市委、市政府“优环境、促发展”大讨论活动，与市委统战部联合开展“侨资企业服务年”活动，深入侨乡、侨企宣传国家复工复产优惠政策，认真倾听和精准查找问题和困难，召开3次座谈会，征求到34条意见建议，帮助9家侨资企业解决实际困难11件，帮助3家涉诉侨资企业向有关部门反映实际困难，2件涉及法院问题得到初步解决。

【上饶市侨联】疫情期间，上饶市侨联及时联络中国侨联、省侨联及海外侨胞、侨企捐款捐物，全市侨联系统筹措防疫经费280多万元、各类口罩近14万个、其他防疫物资60万元，并无偿提供上饶市疫情防控使用。同时结合“侨资企业服务年”活动积极协助侨资企业复工复产，一方面协调税务部门、卫健系统等多部门为侨资企业解决复工复产的实际困难；另一方面积极开展招商引资工作，牵线上饶爱驰汽车与丹麦INTERDAN集团进行了业务洽谈并促成500辆爱驰汽车登陆欧盟市场，全年共引荐嘉里集团、世茂集团等国内外有影响力的企业20余家来饶考察投资，侨商大厦、侨商联盟产业园、广丰黑滑石产学研一体化等一批项目达成了初步合作意向。为全市战疫情、促发展、复工复产贡献了力量，得到了中国侨联主席万立骏的充分肯定及上饶市委副书记、市长陈云的批示表扬。协助市委组织部积极建设海外人才同乡会，力邀英、法、美、日、西、澳、加、比利时、南非、墨西哥等10国13位侨领担任海外人才同乡会会长、执行会长和顾问等职务，为建好海外人才同乡会夯实了根基。指导铅山县侨联申报“中国华侨国际文化交流基地”，2019年12月被中侨联批准确定为第七批“中国华侨国际文化交流基地”。

山东省归国华侨联合会

【领导成员名单】

党组书记、主席：李兴钰

专 职 副 主 席：卢文朋

兼 职 副 主 席：姜　明（女）　明子春

挂 职 副 主 席：米文芃（女，回族）

二 级 巡 视 员：李运才

秘　　书　　长：鲁亚真（女）

【综述】2020年，山东省各级侨联坚持以习近平新时代中国特色社会主义思想为指导，深入学习贯彻习近平总书记关于群团工作和侨务工作的重要论述，学习贯彻习近平总书记对山东工作重要指示要求，落实省委省政府关于疫情防控和经济社会发展的决策部署，增强“四个意识”、坚定“四个自信”、做到“两个维护”，坚持“两个拓展”“两个并重”，推动“两个建设”，坚持大抓基层、大抓基础、改革创新，团结凝聚广大归侨侨眷和海外侨胞，为新时代现代化强省建设贡献力量。组织“线上＋线下”学习热议习近平总书记广东汕头考察重要讲话精神，对学习宣传贯彻党的十九届五中全会精神进行部署，围绕“愿意听、听得懂、听得进”深入基层和侨界群众宣讲。

乡村振兴

【聚力打造“乡村振兴侨界力量”品牌】山东省侨联推进“侨星聚力”工程，建立侨胞之家实体化服务阵地，组建侨星志愿服务联盟，开展侨星圆梦、慧育、赋能、救助、暖巢、侨“桥”等活动，侨胞通过产业扶持、智资回归、公益奉献等投入逾100亿元，捐赠慈善物品5亿多元。全省侨联系统选派140人次下乡驻村工作，与125个行政村结对共建，筹集3000多万元改善帮扶村基础设施。对生活困难的侨界群众实施“大病救助”“争取低保”“危房改造”“教育减免”等关怀机制，发放救助资金约1000万元。省侨商会和7个基层侨联荣获全国侨联系统助力脱贫攻坚先进集体荣誉称号。

11月17日，山东省侨联党组书记、主席李兴钰到“第一书记”帮包村所在地阳谷县大布乡宣讲党的十九届五中全会精神

【开展“服务双招双引、服务外资外贸、服务侨商侨企”活动】山东省侨联注重发挥侨领侨商作用，以侨引侨、以商招商，引进英国皇家工程院院士李琳团队和华人华侨专家耿直、顾大重、王跃驹等团队，引进到位侨资100多亿元。邀请侨商侨企参加“第二届儒商大会暨青年企业家创新发展国际峰会”。促成投资2.29亿元的侨资新型建材项目落户甘肃。坚持全省侨联

8 月 25 日，甘肃大森集团新型建材项目奠基暨扶贫捐赠仪式在甘肃省定西市临洮县举行，山东省侨联主席李兴钰出席仪式并致辞

青岛、潍坊、济宁、威海、日照 6 市侨联负责人分享了开展“三服务”系列活动的好经验、好做法。侨商侨企代表对侨联组织如何开展好“三服务”系列活动提出了建议和希望。李兴钰、夏付东对持续深入开展“三服务”系列活动提出要求。省侨联和 7 个市侨联成立新侨创新创业联盟，胶东五城市建立新侨创新创业胶东经济圈联盟。组织参与中国侨联第八届侨界贡献奖评选，4 名侨界人才获奖。

一盘棋，省市侨联联动，以“创业中华 · 兴业齐鲁”为主题，开展“侨界创新创业”系列活动。在青岛举办侨界云招商推介签约会，投资 34 亿元的 11 个项目签约。在济宁举办海内外儒商、高层次人才投资创业云上行活动，25 个项目签约。在烟台、聊城、临沂举办海外华人华侨双招双引推介会、对外开放资源共享交流会和侨商走进临沂活动。在中国华侨历史博物馆举办“归国海洋科学家带你认识大海”展览。开展鲁籍海外人才系统性挖掘与涵养行动，建立侨界人才数据库，数据资料移交省科技厅。9 月 21 日，山东省侨联系统“服务双招双引、服务外资外贸、服务侨商侨企”现场交流会在青岛召开。山东省侨联党组书记、主席李兴钰，中国侨联经济科技部副部长、一级巡视员夏付东出席会议并讲话。会上，济南、

9 月 21 日，山东省侨联系统“服务双招双引、服务外资外贸、服务侨商侨企”现场交流会在青岛举行

【引导侨胞助力新冠肺炎疫情防控】山东省侨联明确“筑同心、稳人心、强信心、暖侨心”工作思路。据不完全统计，全省侨界累计捐款捐物 1.5 亿元。一是筑同心，正月初二在省级侨联组织中率先吹响侨界助力疫情集结号，运用信息化手段发起“全球动员令”。二是稳人心，在微信公众号等开辟专栏，传达党和政府战胜疫情的信心决心，在侨界打好“定音鼓”、当好“扩音器”。开展近 1500 名海外华裔青少年参加的“亲情中华 · 为你讲故事”网上夏令营。三是强信心，倡议海外侨胞在全球五大洲 15 个国家开展“信心中国”活动。四是暖侨心，积极参与稳外贸稳外资政策措施制定，经省委省政府主要领导同意，发出《致海外鲁籍华侨华人的一封信》，同省委统战部（省侨办）建立为侨服务联合工作机

12 月 17 日，在临沂市举办“创业中华 · 兴业齐鲁——2020 中国侨商走进临沂”活动，山东省侨联主席李兴钰出席活动并致辞

2 月 17 日，海外山东籍华人华侨捐赠物资支援国内抗疫

16 地方观察 菏泽新闻

全国文明城市创建，菏泽发动群众广泛参与——

“手拉手，向着文明一起走”

相关链接

市委办公室机关争创全国文明单位

助力扶贫，给留守儿童更多关爱

菏泽四十余名留守儿童济南“研学”

“屏对屏”感受水浒好汉的忠义豪迈和“好客山东”的独特魅力——

海外华裔青少年“云品”水浒文化盛宴

菏泽设立

“希望小屋”专项基金

第一书记组织

“三风”教育助力乡村振兴

“村党支部+合作社+农户”如何实现>3

巨野：通过土地增效、农民增收、村集体经济增积累激活乡村振兴新动能

乡村振兴 看菏泽

媒体报道“亲情中华·为你讲故事”网上夏令营

制。向中国华侨公益基金会申请 130 万元，向 9 个疫情严重国家的山东海外侨团寄送“侨爱心防疫包”。与省侨办联合，以省政府名义，向 12 个国家的山东海外侨团捐赠 13 万只口罩。协调解决海外侨团、商会采购医疗物资价值约 7.6 亿元。省侨联宣传教育部和 5 个基层侨联、6 名侨联干部荣获全国侨联系统抗击新冠肺炎疫情先进集体和先进个人荣誉称号。

【拓展海外联谊联络】山东省侨联与省贸促会、省工商联举办“山东国际儒商会启动仪式暨全球儒商交流会”，推动在 11 个国家成立山东国际儒商会。联合海外 129 家侨社团发起倡议，将“稳住人心、稳在当地”工作落到实处。对全省新侨、海外委员和顾问及联系密切的海外侨社团进行统计，建立完善联谊工作数据库。推动成立泰国济南同乡会、泰国东营同乡会。

【大力弘扬齐鲁文化】举办公祭孔子以来首次祭孔大典留学生专场，海归博士和四大洲 7 个国家的留学生代表参加。在肯尼亚、埃及、韩国、泰国、俄罗斯等国试点，将海外中餐馆打造成推介山东、讲好山东故事的“会客厅”。成立国际鲁菜学院，传承发展鲁菜文化。积极争取 5 个单位获批中国华侨国际文化交流基地，总数达到 24 个，确认 17 个首批山东省华侨国际文化交流基地，成为促进中外交流、弘扬齐鲁文化重要平台。指导潍坊市侨联建立全省首个以侨乡、侨史、侨胞为题材的侨史馆。做好世界华人学生作文大赛参赛工作，参赛人数和获奖人数全国侨联系统第一。

山东省归国华侨联合会文件

鲁侨联〔2020〕21号

省侨联关于确认第一批“山东省华侨国际文化交流基地”的通知

各市侨联：

根据中国侨联申报中国华侨国际文化交流基地要求，按照《山东省华侨国际文化交流基地管理办法》，经省侨联主席办公会议研究决定，确认“印象济南泉世界”等17个单位和机构为第一批“山东省华侨国际文化交流基地”（以下简称“交流基地”）。

请充分发挥“交流基地”的平台作用和资源优势，积极组织归侨侨眷和海外侨胞开展丰富多彩的文化交流活动，传播中华优秀文化，讲好中国故事，增强文化自信，为促进中华文化走向世界做出贡献。“交流基地”制式牌匾，按我会统一规格，由各地侨联结合当地情况制作完成，按相关规定

11月27日，山东省侨联印发《关于确认第一批“山东省华侨国际文化交流基地”的通知》

【用心用情服务侨胞】开展“送温暖、献爱心”活动，山东省侨联向贫困和遭受洪涝灾害的侨界群众发放慰问金200多万元。以省侨联法律事务中心为依托，打造鲁资出海“一带一路”沿线国家法律护航机制和侨资登陆山东法律保障机制。开展“访侨企·送服务”活动，走访侨企300多家，协调解决侨企诉求，加大侨企复工复产优秀典型宣传力度。全省成立侨星志愿服务组织100多支，叫响了侨星志愿服务品牌，省侨联侨星志愿者服务团荣获省直机关抗疫最佳志愿服务组织称号。与省委统战部联合开展涉侨法律法规政策贯彻落实工作，通过讲座、广场宣传、进社区等形式，推进侨法宣传向纵深发展，组织侨界群众参加纪念侨法颁布30周年暨第二届“侨商杯”法律知识竞赛活动，荣获组织二等奖。做好涉侨来信来访工作，办复率达100%。组织侨爱心医疗队赴重庆义诊，在临沂举办“眼健康侨爱心光明行”活动，免费实施100例手术。举办困难侨界群众技能培训班，有就业意向的全部推荐就业。在菏泽一中成立“杉树班”。

【开展“侨界建言献策”主题活动】在山东省政协十二届三次会议上，侨联界委员张志敏以“坚持以侨为桥，助力双招双引”为题进行大会发言，侨界委员提交的改善营商环境、推进志愿服务、完善二孩配套措施等提案，引起有关部门重视。通过《侨情专报》向党中央反映侨情民意33篇。

【加强基层基础工作】山东省侨联指导日照、青岛市侨联召开换届大会，济南、烟台、潍坊、枣庄、德州等市侨联开展换届筹备工作。依托侨商重点企业、重点侨社区、归国留学人员创业园等建立基层侨联组织，在街道（社区）、乡镇、园区（开发区、高新区、经济区）、校区（高等院校、科研院所）、两新组织等归侨侨眷聚集的地方开展省级“侨胞之家”创建，推动打造县（区）级“侨胞之家”22家，并提供资金支持。5家基层“侨胞之家”被评为全国侨联系统优秀“侨胞之家”。

9月15日，由中国侨联主办，山东省侨联、致公党山东省委和重庆市侨联承办的“侨爱心·送温暖”义诊活动在重庆市璧山区举行，山东省侨联党组书记、主席李兴钰，重庆市侨联党组书记、市委统战部副部长史全波出席活动

【万立骏主席在山东调研】11月4日—5日，中国侨联党组书记、主席万立骏在山东济南调研，宣讲党的十九届五中全会精神，了解地方和高校侨联工作、加强基层组织建设、实施创新驱动和乡村振兴等情况。万立骏一行到济南华黎社区和百花洲侨驿站，了解基层侨联组织和“侨胞之家”建设情况，听取社区开展“党建带

侨建”工作介绍；赴山东师范大学召开座谈会，宣介十九届五中全会精神，围绕加强高校侨联建设、发挥归侨侨眷老师和归国留学人员作用等，与学校领导、老师、侨联干部等进行交流；登门看望中国科学院院士陈子江教授和全国抗击新冠肺炎疫情先进个人、济南市中心医院重症医学科司敏主任医师；考察浪潮集团和德迈国际产业园；走进山东省侨联机

11 月 4 日，山东省侨联系统“乡村振兴侨界力量”总结汇报会在济南举行，中国侨联党组书记、主席万立骏出席会议并讲话，山东省委副书记杨东奇主持会议

11 月 4 日—5 日，中国侨联党组书记、主席万立骏（前排右二）在山东济南调研，山东省委副书记杨东奇（前排右一）等陪同参加活动

关各部室，看望侨联干部，了解机关建设情况，询问下基层驻村情况。在济期间，山东省委书记、省人大常委会主任刘家义，省委副书记杨东奇，省委常委、秘书长刘强等会见了万立骏一行，就做好侨联工作、发挥侨界作用交换了意见。省人大常委会党组副书记、副主任王良，省政协副主席唐洲雁，济南市政协主席雷杰，山东省侨联党组书记、主席李兴钰，中国侨联基层建设部部长张毅、办公厅副主任张凌，济南市委常委、统战部部长王拥华，山东省侨联副主席、济南市侨联主席米文芃等参加有关活动。

【召开“乡村振兴侨界力量”总结汇报会】 11 月 4 日，山东省侨联系统“乡村振兴侨界力量”总结汇报会在济南举行。中国侨联党组书记、主席万立骏出席会议并讲话，山东省委副书记杨东奇主持会议。万立骏宣讲了习近平总书记广东汕头考察重要讲话精神和党的十九届五中全会精神，对山东各级侨联组织参与乡村振兴服务工作提出要求。杨东奇对中国侨联长期以来给予山东的大力支持表示感谢，希望全省侨联系统和海内外侨胞继续在引进国际农业先进技术、高端装备、管理经验和优秀人才等方面发挥优势，为打造乡村振兴齐鲁样板作出新的更大贡献。

【在京举办“蔚蓝之心——归国海洋科学家带你认识大海”展览】 9 月 10 日—11 月 15 日，“蔚蓝之心——归国海洋科学家带你认识大海”主题展览在中国华侨历史博物馆举办。9 月 10 日上午，举行了隆重的开幕式，中国侨联党组书记、主席万立骏会见与会嘉宾、参观展览并听取专题讲座，中国侨联副主席、山东省侨联主席李兴钰主持开幕式，中国侨联副主席齐全胜宣布展览开幕。青岛市委副书记王鲁明参加会见等活动。中国华侨历史博物馆馆长臧杰斌，青岛市人大副主任邹川宁，中科院海洋研究所所长王凡，全国人大常委、中国海洋大学副校长、中科院院士吴立新在开幕式上分别致辞。中国侨联副秘书长、经济科技部部长赵红英出席开幕式。

【程学源副主席在山东调研】 6 月 8 日—9 日，中国侨联党组成员、副主席程学源在枣庄市开展侨企复工复产情况调研，考察了安侨集团、山东网红经济产业园、海峡两岸交流基地、中国华侨国际文化交流基地，出席枣庄市立新小学西校（侨爱心工程）捐赠移交暨项目签约仪式。枣庄市委书记李峰，市委副书记、市长石爱作等参

6 月 8 日—9 日，程学源副主席出席枣庄市立新小学西校（侨爱心工程）捐赠移交暨项目签约仪式

加活动。6 月 10 日—11 日，程学源副主席到青岛市调研侨联基层组织建设和企业复工复产情况，到市侨联机关看望慰问侨联干部，为青岛市“侨胞之家”揭牌，出席侨联基层组织建设座谈会，赴正大制药（青岛）有限公司、海尔工业智能研究院、国家深海基地管理中心、青岛海洋科学与技术试点国家实验室、隔而固（青岛）振动控制有限公司，了解侨资企业、制造业企业复工复产和生产经营状况等情况。在青期间，青岛市委副书记王鲁明，市委常委、统战部部长王久军，副市长耿涛分别会见程学源一行。山东省侨联党组书记、主席李兴钰，中国侨联基层建设部部长张毅，中国侨联公益事业管理服务中心主任何继宁等参加调研。

6 月 24 日，山东省侨联九届二次全委会议在济南召开

【召开山东省侨联九届二次全委会】6 月 24 日，山东省侨联九届二次全委会议在济南召开，中国侨联副主席、省侨联党组书记、主席李兴钰代表省侨联九届主席会和常委会作工作报告。与会代表认真学习中央书记处重要指示精神、中国侨联十届三次全委会精神，审议了李兴钰同志所作的工作报告，通过了《关于省侨联工作报告的决议》。会议通报了中国侨联《侨情专报》相关情况，表彰了全省侨联系统先进集体、先进个人。会议增补省侨联常务委员 2 名、委员 7 名，聘任省侨联海外顾问 4 名、海外委员 13 名。

6 月 10 日—11 日，程学源副主席到青岛市调研侨联基层组织建设和企业复工复产情况

【济南市侨联】2020 年，被中国侨联表彰为“全国侨联系统抗击新冠肺炎疫情先进集体”、连续八年被评为“省级文明单位”、被市委市政府表彰为“‘出彩型’好团队”，机关第一党支部获“过硬党支部”称号。一是抗疫工作展现侨界担当。

组成“支前小车队”和6支“侨星志愿服务队”，架起抗击疫情“信息网”，全市侨界捐款捐物价值累计1300余万元。二是“三服务”促多个项目签约落地。促成山东工程职业技术大学落户商河、泰国济南同乡会与香港济南同乡会签署云端战略协议。参与2020中国·济南华侨华人创新创业大会暨高层次人才走进济南“侨梦苑”活动，现场签约项目10个。完善“侨汇泉城”人才资源库建设，促成国内首个再生医学护肤品牌“罗肤兰”在侨企磐升生物诞生。三是构建“大侨务”工作格局。与市委统战部（市侨办）、商务局、投促局等单位合作，举行济南——海外华侨华人（社团）双招双引线上推介会。四是创新侨联基层组织建设模式。夯实组织建设，扎实做好为侨服务工作。截至年末，共有基层侨联16家、“侨驿站”19家，“侨胞之家”6个，“海外侨驿站”28家，联系海外侨团100余家，济阳区、平阴县侨联实现机构专设，其做法得到中国侨联主席万立骏肯定；创新打造省级“侨胞之家”华黎样板，其做法被中国侨联《基层侨联建设》（第20期）印发；创建“地方侨联+大学侨联+校友会”工作模式。五是推进“侨文化”建设多元化。推动“印象济南泉世界”“济南明府城发展中心”“济南市府学文庙服务中心”成为“山东省华侨国际文化交流基地”。依托侨联基层组织打造6个“侨文化”阵地。在微信公众号、网站设立“济小侨”。编印《侨汇泉城——济南新侨创新创业风采录》书籍和《侨联四海　同心战疫》画册。依托28家海外侨驿站和百家海外侨团，开展“云连线、云关爱、云服务、云签约”“四朵云”等“侨语济南”宣传活动。

【青岛市侨联】2020年，青岛市侨联坚持以党建带侨建，以侨建促党建，多项工作走在全省乃至全国侨联系统前列。一是聚焦“双招双引”主战场，服务经济发展取得新突破。率先出台《助力“双招双引”工作实施意见》《关于加强海外华侨华人社团联谊工作的实施意见》，全年促成项目总投资额111.4亿元。举办“创业中华　投资青岛”大型招引活动，成立全国侨联系统首家“董事长说”网络新媒体工作室，与美国南加州山东同乡会、德国山东商会等12个海外侨社团签约，设立“侨界双招双引联络联谊青岛海外工作站”。签约成立新侨创新创业胶东经济圈联盟，助力胶东经济圈一体化协同发展。二是凝聚疫情防控向心力，谱写侨界报效祖国新篇章。疫情发生后，第一时间发出倡议，动员海内外侨胞捐款捐物总价值超过1600万元。指导青岛市侨商总会成立“帮办小组”，为在外侨商及其国内亲属提供帮助，青岛市侨商总会荣获全市抗击疫情最佳志愿服务组织。向中国华侨历史博物馆报送40余个侨团侨胞抗击疫情资料，展现青岛侨界贡献。创新举办“侨界名品直播”活动，30余家参展侨企精选200余种名优产品，助力侨企复工达产。整合侨界资源，组织侨领侨

青岛市第九次归侨侨眷代表大会会场

商代表赴陇南协作帮扶，助力脱贫攻坚。荣获全国侨联系统抗击新冠肺炎疫情优秀集体和全国侨联系统助力脱贫攻坚优秀集体。三是发挥侨界人才优势，助力经略海洋取得新成就。联合中国华侨历史博物馆等单位在京举办为期 3 个月的“蔚蓝之心——归国海洋科学家带你认识大海”大型展览，集中宣传展示童第周、曾呈奎、吴立新等 61 位杰出侨界专家的突出贡献。聚焦国家海洋战略需求，征集涉海科研成果 26 项，出版发行《经略海洋 2020—健康海洋》。完善侨情专报工作运行机制，荣获 2019 年度全国侨联系统信息工作一等奖。四是扎实推进自身建设，奠定侨联事业发展新基础。召开青岛市第九次归侨侨眷代表大会，山东省委常委、青岛市委书记王清宪作重要讲话，对全市侨联工作作出充分肯定并提出新要求，中国侨联副主席、山东省侨联主席李兴钰出席大会开幕式。召开青年委员会换届暨青岛侨星志愿者团队成立大会，配齐配强青委会和志愿团班子。联合举办“文化下乡暨项目推介”“服务新农村志愿行”等活动。积极推动“侨胞之家”向基层延伸，新设立 2 处“侨胞之家”。授予青岛国际经济合作区、海尔工业智能研究院等 18 家首批“青岛市新侨创新创业示范基地”。

河南省归国华侨联合会

【领导成员名单】

党组书记、主席：王喜云（女，2020年5月任党组书记，2020年8月当选主席）
董锦燕（女，2020年5月卸免）

专职副主席：王鹏杰　王　月（女）

兼职副主席：陈锦艳　陈长宝　刘东晓　沈钊昌　邢玉华　吕　剑（女）　王为工　郑鹏远　李香枝（女）　张晓盈　陈向辉

副巡视员：刘合生

秘书长：陈琪瑛（女，2020年4月退休）

【综述】 2020年，在河南省委的正确领导下，在中国侨联的大力支持下，全省各级侨联组织坚持以习近平新时代中国特色社会主义思想为指导，认真学习贯彻党的十九大和十九届历次全会精神，深入学习贯彻习近平总书记关于群团工作和侨务工作重要论述，坚决贯彻落实中央和省委关于侨联工作的各项决策部署，广泛凝聚侨心、汇集侨智、发挥侨力、维护侨益，在围绕中心服务大局中彰显担当作为，在抗击新冠肺炎疫情斗争中发挥侨界作用，在服务经济发展、依法维护侨益、积极参政议政、拓展海外联谊、弘扬中华文化等方面持续用力，侨联事业创新发展取得新突破，为谱写新时代中原更加出彩的绚丽篇章作出新贡献。

【做好新冠疫情防控工作】 按照中央、省委的决策部署，河南省侨联尽锐出战、内外联络，与海内外豫籍侨胞同心协力做好疫情防控的总体战、阻击战。集系统之力为河南省募集海内外抗疫物资价值近7000万元，争取中国华侨公益基金会200万元定向援助，拨付信阳、南阳等7个省辖市开展抗疫工作；成立服务海外侨胞防疫抗疫工作指导小组统筹防疫工作，联合河南建业集团推出海外豫籍侨胞防疫需求登记平台，引导支持30余个海外侨团联合当地侨胞团结抗疫；向16个国家和地区的豫籍侨团、侨胞捐赠价值1580万元的防疫物资，发出“一封家书”推送至覆盖60多个国家和地区的300多个海外联谊微信群，创新开通的“云上诊疗平台”吸引近50万海内外侨胞收听收看；开展服务侨企复工复产专项行动，会领导走访侨资企业60余家，引导侨资侨企有序复产，发放网络调查问卷1000余份，梳理复工复产痛点难点，协调解决闽豫健康码跨省互认等侨资企业具体问题，为经

12月16日，河南省侨联党组书记、主席王喜云（左五）出席疫情防控云上诊疗平台启动仪式

11月24日，河南省侨联党组书记、主席王喜云在洛阳市调研侨企复工复产情况

济发展社会稳定贡献侨联组织力量。

【助力脱贫攻坚工作】河南省侨联党组高度重视打赢脱贫攻坚战，全力抓好漯河市临颍县石桥乡桥南村的定点帮扶工作，并发挥自身优势帮助桥南村巩固脱贫成果、建设美丽乡村。截至2020年底，共引进侨资企业投资6000万元开展纺织项目产业扶贫；引入投资1400万余元治理坑塘、整治荒片，实现干线道路全部硬化，栽种风景树种5200余株；建成党建主题文化广场、文化礼堂、文化长廊等高标准扶贫公益项目。桥南村46户贫困户、164名贫困群众（除4人政府兜底外）已全部脱贫，桥南村集体年收入由0突破到23万元，村民年人均纯收入从2015年不足5000元增至2020年的1.2万元，全村2345名群众全部实现“两不愁、三保障”。在2020年度省脱贫攻坚成效考核中，河南省侨联获得“好”等次，被省委组织部等部门评为“第一书记选派工作先进单位”，驻村第一书记被省委和省政府表彰为“全省脱贫攻坚工作先进个人”。

【参与承办庚子年黄帝故里拜祖大典】3月26日，由河南省人民政府、政协河南省委员会、国务院台湾事务办公室、中国侨联等联合主办的庚子年黄帝故里拜祖大典在河南郑州市新郑黄帝故里举行。作为拜祖大典组委会成员单位，河南省侨联高度重视此项工作，在国内侨界和海外华侨华人社团组织中广泛推送网上拜祖祈福平台，凝聚海内外中华儿女团结一心、共抗疫情、共克时艰的精神力量，实现了“规格不降、影响力不降”拜祖实效，网上相关信息点击量27.03亿次以上，换装1200万次，敬献花篮1723万次，上香祈福1713万次。

2021年1月，河南省侨联党组书记、主席王喜云一行在定点帮扶桥南村听取村委班子、村民代表意见建议

10月16日，河南省侨联党组书记、主席王喜云一行在桥南村看望群众

【举办“亲情中华·为你讲故事”网上夏令营河南营活动】6月14日，由中国侨联主办，河南省侨联、河南省华侨国际文化艺术交流协会、漯河市侨联、中美创业港侨联承办，加拿大河南同乡会等12家海外参营单位协办的“亲情中华·老家河南”网上夏令营河南营分别举行网上开营仪式。网上夏令营为期15天，来自加拿大、美国、新西兰等国家的366名海外华裔青少年报名参加。中国侨联文化交流部部长刘奇、河南省侨联二级巡视员刘合生分别为开营仪式致辞。

【河南省侨联主要领导同志职务调整】7月10日，河南省侨联召开机关干部大会，宣布省委关于省侨联主要领导的任职决定。省委组织部干部三处处长王森宣布省委关于省侨联主要领导同志职务调整的决定：王喜云同志任河南省侨联党组书记，提名为河南省侨联主席候选人。省委组织部副部长高树森出席会议并讲话，王喜云出席会议并作表态发言。

【召开河南省侨联十届五次全委（扩大）会】8月1日，河南省侨联十届五次全委（扩大）会议在郑州召开，省侨联领导班子成员、兼职副主席，省侨联委员等140余人参加会议。会议总结回顾去年以来全省侨联工作，安排部署了下一步重点工作任务，表彰先进，审议通过有关人事事项。会议选举王喜云为河南省侨联第十届委员会主席。

8月1日，河南省侨联十届五次全委（扩大）会议在郑州召开，选举王喜云为省侨联第十届委员会主席

【召开十八个省辖市侨联主席座谈会】8月26日，河南省侨联在郑州组织召开十八个省辖市侨联主席座谈会，分析形势任务，总结工作成效，凝聚全省侨联系统的工作合力。省侨联党组书记、主席王喜云出席会议并讲话。会议围绕侨联的职能定位、作风素质提升及兼职副主席作用发挥等主题进行了分享交流。省侨联领导班子成员，部分兼职副主席，省辖市侨联主席及省侨联机关全体干部参加会议。

【海南省侨联一行来豫调研交流】8月26日—28日，海南省侨联党组成员、副主席苏燕一行来豫围绕侨联基层组织建设、“侨胞之家”建设、侨资企业发展等内容进行调研交流。河南省侨联党组书记、主席王喜云会见海南省侨联调研组一行，党组成员、副主席王月陪同调研。

【召开海外侨领云视频联谊座谈会】8月31日—9月21日，河南省侨联分片区召开4期“海外侨领云视频座谈会”，邀请来自美洲、欧洲、大洋洲、东南亚等四大洲15个国家和地区的45位省侨联海外顾问、侨社团领袖、优秀华人企业家齐聚线上，围绕疫情对行业的影响及对策、疫情常态化下如何创新发展等议题进行研讨交流。省侨联党组书记、主席王喜云通过视频连线方式与侨领交流了疫情防控、联络联谊、招商引资等工作，并通过各位侨领向广大河南籍侨胞致以深切的问候。

【河南省委对省侨联进行巡视】9月16日—11月10日，河南省委第十二巡视组进驻省侨联开展巡视工作，通过开展个别谈话、受理信访反映、查阅文件资料、下沉调研了解等方式，深入了解情况，广泛听取意见。省侨联高度重视巡视工作，把接受巡视的过程作为发现差距、提升能力、推动工作的过程，以高度的政治责任感自觉接受巡视监督，积极支持、主动配合巡视组开展工作，对巡视中发现的问题立行立改、边巡边改，确保巡视工作取得实效。

9月16日，召开河南省委第十二巡视组巡视省侨联工作动员会

【举行河洛文化旅游节第三届客家文化论坛】 9月21日—23日，由河南省侨联、洛阳市人民政府联合主办的2020年河洛文化旅游节第三届客家文化论坛在洛阳举行，来自国内各地的客家联谊会、客家文化研究专家、知名客家企业家等180余人参加会议。中国侨联副主席、香港侨界社团联会首席主席余国春等五位客家领袖在会上发言。河南省侨联二级巡视员刘合生出席会议并致辞。

10月12日，程学源副主席（右四）在郑州实地调研侨联基层组织和侨胞之家建设情况

【举办第7期海外联谊研修班（侨领班）】 10月11日，由中国侨联主办、河南省侨联和郑州大学承办的第7期海外联谊研修班（侨领班）在郑州举行，来自五大洲27个国家和地区的50位侨领参加此次研修班。开班仪式在郑州大学举行，中国侨联党组成员、副主席程学源，河南省侨联党组书记、主席王喜云，郑州大学副校长王宗敏等出席开班式。研修期间，以“疫情时代海外华裔青年的使命与担当”为主题的第2期华裔杰青论坛在郑州举办，来自五大洲27个国家和地区的50位青年侨领参加论坛，围绕和谐侨社建设、华裔青年在沟通中国与世界的使命与担当等主题展开交流。其间，程学源一行还到河南师范大学新联学院、郑州中美国际创业港等地，调研侨联基层组织和侨胞之家建设情况，在河南省侨联机关看望慰问侨联干部，并出席基层组织建设座谈会。

10月11日，由中国侨联主办、河南省侨联和郑州大学承办的第7期海外联谊研修班（侨领班）在郑州举行

【开展“侨爱心　送温暖”送医送法活动】 2020年，河南省侨联组织医疗队和普法宣传队11批次200余人，深入革命老区、黄河滩区、深度贫困地区等10多个县市区开展送医送法活动，义诊服务3400人次，

10月17日，河南省侨联党组书记、主席王喜云带队在临颍县开展“侨爱心　送温暖”医疗普法服务活动

发放法律宣传资料2万余份，赠送药品、防疫物资价值4万元，为广大群众提供了便捷优质的诊疗服务和法律咨询服务，惠及当地群众和归侨侨眷2万余人。

【豫沪两地侨联达成战略合作关系】10月18日—20日，河南省侨联党组书记、主席王喜云带队到访上海，推介河南优势，开展多层次合作交流，助推豫沪两地侨务工作优势互补、资源同享。在上海市委统战部副部长、市侨联党组书记、市政府侨办主任王珏和河南省侨联党组书记、主席王喜云的鉴证下，上海市侨联副主席兼秘书长陶勇和河南省侨联二级巡视员刘合生分别代表上海市侨联与河南省侨联签署了《战略合作协议》，上海市华商会会长陈坤校与河南省侨商会会长陈锦艳签署了侨联社团方面的战略合作协议。

10月18日，豫沪两地侨联在上海签署战略合作协议

【豫闽两地侨商联合会签署战略合作协议】10月21日—22日，河南省侨联党组书记、主席王喜云一行赴福建省侨联学习交流，学习先进经验和特色做法，增进两地交流协作，拓展河南侨务资源。座谈会上，豫闽双方侨联就如何更好地推进侨联基层组织建设、打造特色品牌活动、助力侨团企业发展等方面进行了深入探讨。会后，在河南省侨联党组书记、主席王喜云和福建省侨联党组成员、副主席翁小杰的见证下，河南省侨商会会长陈锦艳和福建省侨商会执行会长何优仙分别代表双方商会签署了《战略合作协议》。

【参与承办第八届中国·商丘国际华商节】10月25日，第八届中国·商丘国际华商节开幕式暨拜谒活动在华商文化广场举行。此次华商节主题为“殷商之源、通达商丘、华商同心、天下一家”，采取线上线下相结合的方式进行有关活动，国内华侨领袖、华人企业家在线上进行拜祖、交流、合作，相关国家和地区设有分会场。该活动由政协河南省委员会、中国侨联主办，商丘市人民政府、中国侨商联合会、河南省侨联、河南省工商业联合会承办。中国侨联副主席、中国侨商联合会会常务副会长朱奕龙，省侨联党组书记、主席王喜云等出席开幕式。

【举办河南省第二期基层侨联干部培训班】11月15日—17日，河南省侨联在河南省社会主义学院举办全省第二期基层侨联干部培训班，各省辖市侨联业务部门负责同志、县（市）区侨联干部、高校侨联干部、基层“侨胞之家”负责人等共120人参加培训。省侨联党组书记、主席王喜云专程前往培训班看望参训学员，与大家一起听课。省侨联党组成员、副主席王月出席开班典礼并作动员讲话。

【成立首家涉侨纠纷调解服务工作站】11月17日，河南省侨联首家涉侨纠纷调解服务工作站在北京隆安（郑州）律师事务所挂牌成立。中国侨联权益保障部部长张岩、省侨联副主席王鹏杰、北京隆安（郑州）律师事务所主任赵楠等共同为工作站揭牌。该工作站现设有涉侨纠纷调解工作室和侨法宣

10月22日，豫闽两地侨商联合会在福州市签署战略合作协议

传角，为侨界信访案件提供专业支持，为困难侨界群众提供免费法律咨询、法律援助。

11 月 17 日—20 日，由中国侨联主办、中国侨联法顾委和河南省侨联承办的“法治中国　你我同行”——2020 年侨界法治学习活动在郑州举行

【举行“法治中国　你我同行”侨界法治学习活动】 11 月 17 日—20 日，由中国侨联主办，中国侨联法顾委和河南省侨联承办的“法治中国你我同行”——2020 年侨界法治学习活动在郑州举行。全省各级侨联干部、省侨联所属社团代表，高校侨联和“侨胞之家”干部、法律工作者，部分新侨人士和归国留学人员近 200 人参加学习。中国侨联法顾委副主任、省人大常委会原副主任、省侨联法顾委主任储亚平出席启动仪式。中国侨联权益保障部部长张岩出席并作动员讲话，省侨联党组书记、主席王喜云在活动上致辞。省侨联二级巡视员刘合生主持活动。11 月 26 日，河南省侨联系统一体推进不敢腐不能腐不想腐深化以案促改工作会议在郑州召开，省侨联党组书记、主席王喜云出席会议并讲话，省纪委监察委派驻省委统战部纪检监察组副组长梁光峰出席会议，省侨联党组成员、副主席王月主持会议。

11 月 26 日，河南省侨联系统一体推进不敢腐不能腐不想腐深化以案促改工作会议在郑州召开

【开展“守望相助·携手防疫”云上诊疗平台活动】 12 月 16 日，由河南省侨联、河南省卫健委和河南中医药大学主办，河南中医药大学第三附属医院承办的“云上诊疗平台”启动仪式暨线上直播活动在河南郑州举行，来自五大洲的 10 万余人、200 多个华侨社团在线收看了直播。河南省侨联党组书记、主席王喜云，河南省卫健委副主任张智民、河南中医药大学党委副书记张小平、河南省侨联二级巡视员刘合生等出席启动仪式。12 月 29 日，由河南省侨联、河南省卫健委和河南中医药大学主办，河南中医药大学第三附属医院承办开展的第二期“守望相助·携手防疫”云上诊疗平台线上直播讲座在郑州举行，1 小时内海内外 30 余万人在线收看了直

12 月 16 日，云上诊疗平台启动仪式暨线上直播活动在郑州举行

播。云上诊疗平台模式的创新既为华人华侨提供了切实的医疗志愿服务，增强了侨胞对祖（籍）国的认同感和归属感，也有效助推了中华文化和中医药的海外宣传推广。中国侨联党组书记、主席万立骏对该活动给予充分肯定，并作出重要批示。

【荣获中国侨联第二届“侨商杯”法律知识竞赛一等奖】12月24日，中国侨联纪念归侨侨眷保护法颁布30周年暨第二届“侨商杯”法律知识竞赛总结颁奖仪式在北京举行，河南省侨联以全国排名第一的优异成绩荣获组织单位一等奖，河南省侨联副主席王鹏杰在颁奖活动上作典型发言。河南省侨联积极响应“侨商杯”法律知识竞赛活动要求，联合省司法厅、省普法办、致公党河南省委共同组织参赛，全省100多家党政机关、企事业单位和侨联系统4.6万余人踊跃参与竞赛答题、转发活动链接。

【举行海外侨胞专项捐赠仪式】12月31日，由中共河南省委组织部、河南省侨联、河南省扶贫开发办公室共同主办的海外侨胞专项捐赠仪式在郑州举行。省委组织部部务委员毕正义，省侨联党组书记、主席王喜云，省扶贫办副主任卢东林，省侨联二级巡视员刘合生出席仪式。此次捐赠有澳大利亚魏基成夫妇“天籁列车”慈善基金会捐赠的爱心棉衣800件，河南省福建商会、河南省闽商慈善基金会捐赠的爱心棉被1000件和爱心棉衣100件，省侨联捐赠的药品3000盒。

12月31日，由中共河南省委组织部、省侨联、省扶贫办共同主办的海外侨胞专项捐赠仪式在郑州举行

【开展“四个一”系列学习活动】为打造一支政治强、业务好、作风优的侨联干部队伍，激励和引领机关青年干部担当作为，河南省侨联自8月起持续开展“四个一”系列学习活动，即“一本一考、一题一文、一月一谈、一旬一讲”（每月围绕一个主题写一篇公文，围绕一个主题举办一次“月月讲坛”，每月编印一本应知应会汇编、进行一次知识测评，每10天开展一次“云课堂”视频教学）。活动开展以来，省侨联全体干部职工积极参与其中，政治理论素质和业务能力得到显著提升，机关干事创业的氛围日益浓厚。

【周口市侨联助力南非华侨华人战疫】周口市侨联建立6个“支持南非华侨疫情防控微信群”指导海外华侨科学抗疫，每群配6名周口援鄂医疗队医生，为群内华侨华人普及防疫知识、答疑释惑。南非华侨华人入群人数达2815人，周口医疗专家制作发布的疫情防控文章、视频等被分享链接到南非侨社350个微信群，受众达10万多人，受到侨界群众、海外侨胞、留学生高度赞誉。2021年1月，周口市侨联又动员侨资企业（周口港区医院）向旅南侨胞和南非使领馆捐赠了价值21万元的7000副抗疫中药。

【洛阳市侨联深入打造“客家祖源地”形象】洛阳市侨联加强客家文化建设，助力洛阳文旅融合发展。总投资约6.83亿元的客家之源纪念馆主体工程于2020年完工，计划2021年牡丹文化节期间开馆。该项目建成后，将成为黄河文化的根亲地标，世界客家人的精神家园，对洛阳建设国际人文交往中心，将起到积极推动作用。

【濮阳市侨联助力疫情防控下半场】2020年，濮阳市侨联举办“与抗疫英雄一道讲述抗疫故事”主题座谈会，邀请援鄂医护人员代表、侨界抗击疫情典型讲述抗疫故事，分享感人事迹，弘扬爱国主义精神，凝聚抗疫合力。组织召开“从国内外局势发展看企业面临的机遇与挑战”市侨商会专场报告会，引导侨资侨属企业坚定信心，寻找发展机遇。

湖北省归国华侨联合会

【领导成员名单】

党组书记、主席：谭作刚

专职副主席：刘文华（女） 舒正荣

兼职副主席：梁亮胜 刘雅煌 余鹏春 陈义红 舒 心 谢俊明 谢思训 闫大鹏 代 飚

副巡视员：韩蓉晖

秘书长：舒正荣（兼）

【综述】 2020年，湖北省各级侨联以习近平新时代中国特色社会主义思想为指导，全面贯彻落实党的十九大和十九届二中、三中、四中、五中全会精神以及习近平总书记考察湖北、参加湖北代表团审议时的重要讲话精神，增强“四个意识”，坚定“四个自信”，坚决做到“两个维护”，以党的政治建设为统领，全面从严治党，深入推进党风廉政建设，严肃正风肃纪。在极不平凡、极不容易的一年中，把投身防控疫情作为践行初心使命、体现责任担当的试金石和磨刀石，在疫后重振和高质量发展中实现侨联作为，为湖北省实现“六稳”“六保”目标，决胜全面建成小康社会、决战脱贫攻坚贡献了侨界力量。

【加强政治理论学习】 11月20日，学习贯彻党的十九届五中全会精神湖北省委宣讲团走进省侨联，湖北省委统战部副部长、省社会主义学院党委书记陈昌宏作了题为“开启全面建设社会主义现代化国家新征程”的报告，省侨联机关工作人员、退休干部、侨团代表35人聆听了报告会。12月22日—23日，湖北省侨联机关举办党组理论中心学习组暨机关“五中全会”精神专题学习班，观看了“五中全会”精神学习辅导相关课程。开班仪式上，党组书记谭作刚就省侨联学习贯彻落实中央“五中全会”精神和省委十一届八次全会精神，围绕湖北省“十四五”规划和2035年远景目标，发挥优势，展现作为，做出贡献，提出了要求。部室负责人进行了大会发言，党员干部进行了学习心得体会交流。9月14日，湖北大学马克思主义学院党委书记汤德森教授专程来湖北省侨联会向机关干部、所属侨团的负责人和侨界群众宣讲《习近平谈治国理政》第三卷学习体会。省侨联机关干部、所属侨团负责人和侨界群众近50人聆听了报告。11月4日，中南财经政法大学法学院胡东海教授就学习民法典作专题辅导报告，引导侨界群众养成自觉守法的意识，培养解决问题靠法的能力水平。

【开展侨情专报和宣传报道工作】 2020年，湖北省侨联收到侨情专报稿件30余篇，挑选报送中国侨联22篇，被中国侨联采用9篇。此外，网站发稿500余篇，手机App发稿200余篇，对原创稿件按照《版权法》规定，给作者发放了稿费。疫情期间应中新社要求，在中国侨网设立海外湖北（武汉）人为家乡加油鼓劲的专题视频，与数十个国家的侨领联系录制视频，陆续由中国侨网发出单个或汇编视频十余期，在海内外华侨华人中产生良好反响。

【万立骏主席到湖北调研】 8月24日—26日，中国侨联党组书记、主席万立骏一行来湖北

8月25日，中国侨联主席万立骏（左）与湖北省委书记应勇座谈

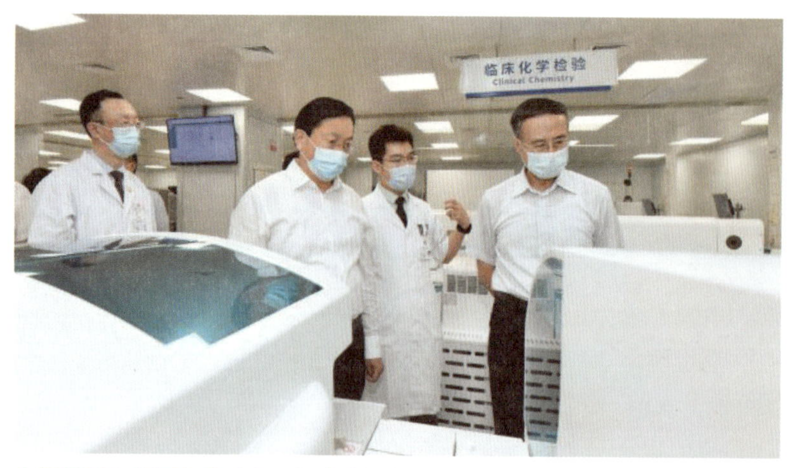

中国侨联主席万立骏（右一）在武汉市委书记王忠林（右三）陪同下视察武汉医院抗疫工作及医疗秩序恢复情况

省调研侨联界工作。省委书记应勇会见了万立骏主席，双方就湖北经济社会发展尤其是疫情防控、疫后重振等进行了交流。随后赴武汉市调研，省委常委、武汉市委书记王忠林参加。在武汉大学，万立骏主席看望慰问归侨侨眷代表并座谈，校党委书记韩进、校长窦贤康参加活动，校党委副书记赵雪梅主持座谈会。随后调研重点侨资企业伟鹏集团，围绕伟鹏集团硅谷小镇·科技园项目建设情况、招商引资进展，侨务工作等方面展开调研。在武汉市侨联，万立骏主席考察了“侨之家”建设情况，详细了解武汉市归侨侨眷分布、生活和活动开展情况，听取武汉市侨联工作汇报，慰问市侨联干部职工。并召开部分侨商、归侨、基层侨联代表座谈会。

【开展“侨之家”建设】10月，湖北省侨联组织考评组赴（襄阳、天门、孝感、宜昌、荆州、黄冈、黄石、鄂州、武汉等）各地检查“星级侨之家”创建和复评工作。依据考核结果进行综合评定，对全省15家“星级侨之家”进行了授牌。完成中国侨联2020年度全国侨联系统优秀“侨胞之家”推荐上报工作。全年共评选出6家四星级示范“侨之家”，11家四星级“侨之家”，争取中国侨联“侨之家”建设专项经费10万元。截至年底，全省四星级“侨之家”已达35家，“侨之家”建设覆盖了12个地市和1个直管市。

【举办庆祝建党99周年“红色作品”推荐会活动】7月1日，为庆祝中国共产党建党99周年，“红色作品”推荐活动在省侨联机关五楼会议室举行。党组成员及机关代表进行了“红色作品”推荐，经过大家现场打分评定，选出了一、二、三等奖，并由党组成员一一颁发了奖

7月1日，“红色作品”推荐活动在湖北省侨联机关举行

11月18日，湖北省侨联党组成员、副主席刘文华（主席台）应邀赴红安干部学院为鄂州市侨联干部培训班授课

品。湖北省侨联机关全体人员参加。

【为地市州侨联干部培训班授课】 11 月 18 日，省侨联党组成员、副主席刘文华代表湖北省侨联为鄂州市侨联干部培训班授课。鄂州市各区、街道社区及市侨联主要负责人参加了培训。刘文华以“拓展海外联谊”为题，从海外华侨华人的历史背景，华侨华人在抗日战争时期、解放战争时期、抗美援朝战争时期、新中国建设初期和改革开放以来所作的巨大贡献，海外华侨华人的优势，联系工作实际讲述了如何开展侨联工作，结合侨联工作实际讲述了学习宣传党的十九大五中全会精神等五个方面作出了具体指导。

2 月 6 日上午，湖北省侨联党组书记、主席谭作刚（左二）赴武汉市莲溪寺社区了解防疫工作情况

【湖北省委第九巡视组进驻省侨联开展专项巡视】 10 月 20 日开始，湖北省委第九巡视组在省侨联召开巡视工作动员会。省委第九巡视组组长靳祖春作动员讲话，省侨联党组书记、主席谭作刚主持会议并作表态发言。

11 月 13 日，湖北省侨联组织机关工作人员和团体会员单位代表前往武汉客厅，参观“‘人民至上　生命至上’——抗击新冠肺炎疫情专题展览”

【湖北省侨联机关党员进社区开展防疫工作】 疫情暴发后，湖北省侨联机关接到下沉社区的号令，全体党员踊跃报名、积极参与，先后组成两支下沉社区防疫工作队（组），全力协助社区做好疫情防控工作，3 名党组成员亲任队长，挂帅出征，兢兢业业地奋战在疫情防控一线，对居住在下沉社区的一线医护人员家属进行了慰问，对孤寡老人、生活困难人员和滞留在汉的困难人员进行了走访帮扶。抗疫初期，防护物资紧缺，面临只有口罩作为唯一防护用品的情况下，没有一人以防护不足为由提条件、打退堂鼓，直到 4 月 8 日下午解除封城之日，圆满完成防疫任务，省侨联社区抗疫工作从应急状态转入常态化下沉。全省侨联系统 300 余名党员、干部下沉社区，深入一线参与疫情防控工作。11 月 13 日下午，省侨联组织机关工作人员和团体会员单位代表前往武汉客厅，参观“‘人民至上　生命至上’——抗击新冠肺炎疫情专题展览”，再次领略万众一心的磅礴力量、共克时艰的家国情怀、守望相助的奉献精神，全体人员心灵和精神都再次受到洗礼。

【湖北省侨联联手海内外侨胞战疫情】 新年伊始，一场突如其来的全民抗击疫情的保卫战打响。疫情的发展牵动着海内外侨胞的心。湖北省侨联于第一时间发出关于海外捐赠的倡议书，迅速与省慈善总会、省红十字会、武汉海关等相关

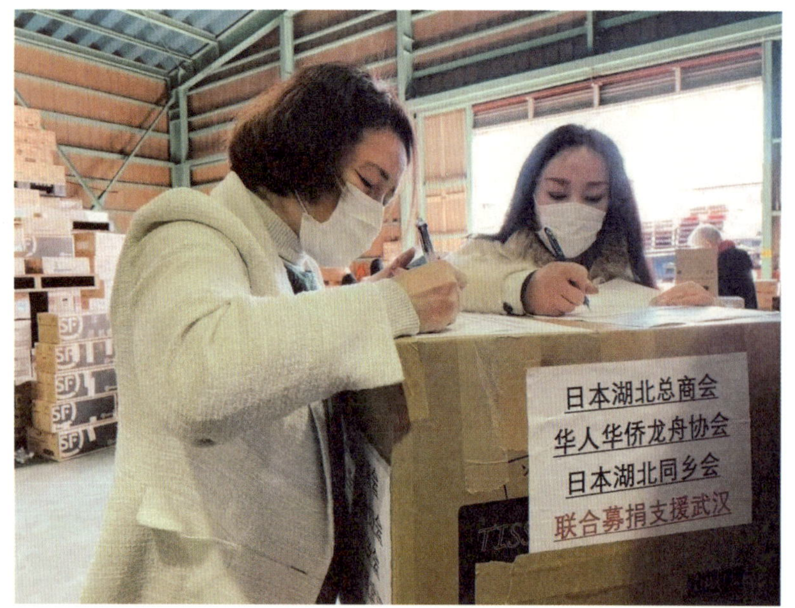

海外侨团组织抗疫物资转运湖北

3 月 18 日，湖北省侨联组织抗疫物资转运

部门对接，为境外慈善捐赠物资开通绿色通道并快速落实，同时积极搜集有关需求和采购捐赠流程供侨胞参考。成立了抗击新型冠状病毒肺炎疫情接受海外捐赠工作专班，积极协调各方机构和单位，联系、协调、畅通捐赠物资、资金 24 小时绿色通道。海内外侨团侨胞包括湖北籍侨团侨胞立即行动起来，纷纷来电来函了解情况，通过募捐、采购、定向捐赠等方式为湖北及武汉抗击疫情捐款捐物，并积极就紧缺医用物资帮助提供货源、采购渠道，短短 10 天，从全球各地采购的医用防护物资陆续抵达武汉及湖北各地，充分彰显了侨界的爱国爱乡情怀。组织各级侨联开展 24 小时接访值班，主动联系疫情期间滞留在鄂的海外探亲侨胞，在防控物资最缺乏的疫情初期，来自全球华人华侨的捐赠物资在防控新冠肺炎疫情的医疗机构、基层警察、交通、物流、社区等一线基层发挥了重要作用，省侨联被中国侨联评为抗疫先进单位。疫情防控焦点转向海外后，湖北省侨联通过网站、微信群等发布疫情防控温馨提醒，宣传抗疫知识，分享抗疫经验，帮助了解抗疫形势，协助办理签证延期续签。武汉大学、武汉理工大学等高校侨联发挥智库作用，积极向湖北省和武汉市防控指挥部提供意见建议。

【开展“亲情中华”夏令营活动】湖北省侨联组织全省各级侨联参加世界华人学生作文大赛，激发爱国热情。办好亲情中华网上夏令营，讲好湖北抗疫故事，传播正能量。在武汉、黄冈、荆门、宜昌、随州等地组织了亲情中华·为你讲故事网上夏令营活动，近 1500 名海外华裔青少年参加，进一步宣传了中华传统文化，传播了湖北声音。积极推动中国华侨国际文化交流基地申报工作，襄阳宜城张自忠将军纪念馆、黄冈李四光纪念馆、鄂州市博物馆等三家单位成功申报为第八批交流基地。组织全省各级侨联参加世界华人学生作文大赛，激发爱国热情。

【开展“侨爱心工程”活动】湖北省侨联开展“侨心光明行”活动，安排免费白内障复明手术 800 例，减免贫困家庭 500 余万元费用。活动首次进驻省侨联下沉社区和湖北省对口援疆地区，深受群众欢迎。争取“珍珠班”“杉树班”助学资金 200 万元，争取续办“珍珠班”5 个、“杉树班”2 个，帮助 350 名困难学子继续学习。深入做好精准扶贫联系点工作，筹资 20 万元支持当地基础建设和产业发展，发动爱心人士为当地儿童捐赠文具用品。

【支持新侨和侨界科技人才建设】湖北省侨联组织成立了新侨创新创业联盟，目前共有理事成员 86 名。组织完成“中国侨联侨界贡献奖”的推荐工作，经中国侨联评审委员会评审，湖北省侨联获得优秀组织奖；湖北省获得“中国侨联侨界贡献奖”一等奖 2 名，二等奖 5 名。开展湖北侨界梁亮胜科技奖励基金第十四次评选工作，共有 33 名侨界科技人才获奖，其中二等奖 15 名，三等奖 18 名。

【助力侨企疫后复工复产】为帮助侨资侨属企业早日恢复往昔风采，湖北省侨联积极主动与湖北省贸促会、武汉市侨联、视飞科技公司和侨资侨属企业联系，制定了走访方案、印制《应对新冠肺炎疫情惠企助企政策汇编》和购买近 3 万元的防疫物资送到部分侨资侨属企业。完成省复工复产活动专班的侨资侨属企业所遇的困难问题清单汇总和调研报告。

【开展电商直播“卖光湖北货公益大行动”活动】为助力湖北特色产品销售，由中国国际贸易促进委员会湖北省分会、湖北省侨联主办，武汉视飞科技有限公司、武汉天摩九歌文化传媒有限公司承办的“卖光湖北货公益大行动”，于 4 月 25 日、26 日晚 18 时在武汉举行。二场次活动交易总额达 300 余万元、直播观看总人数 76 万多人次，通过电商直播，46 款湖北特色产品迅速销往全国各地。武汉视飞科技有限公司为帮助武汉侨属企业扩大销售、提高知名度，无偿提供直播平台、活动主播、场地、设备、物料等，真正体现了“侨”帮“侨”，落实了习近平总书记在湖北最艰难的时期“搭把手、拉一把”，为湖北加快推进经济社会恢复发展发挥了积极作用。

【开展定点扶贫帮困】湖北省侨联帮扶湖北省黄冈市英山县方家咀乡村扶贫驻点，攻坚克难，多措并举，帮助扶贫村克服疫情和洪涝灾害影响，先后投入帮扶资金近 40 万元，实现消费扶贫 9.5 万元，利用社会渠道帮助实现网络销售各类扶贫产品和名优特产 313.6 万元。实现了稳定脱贫，杜绝了返贫现象的发生。5 月 15 日，省侨联党组书记、主席谭作刚，省侨联二级巡视员、机关党委副书记韩蓉晖一行来到英山县方家咀乡，就扶贫驻点村四棵枫村脱贫攻坚工作开展调研。6 月 1 日，省侨联副主席刘文华赴扶贫驻点村开展”关爱儿童”慰问活动。

【部分高校、科研院所、大型企事业单位侨联工作】11 月 18 日，华中科技大学第五次归侨侨眷代表大会召开。校侨联第四届常务副主席卢群伟代表第四届委员会向大会作工作报告。大会选举产生了 29 人组成的校侨联第五届委员会。在随即召开的校侨联第五届委员会（扩大）第一次会议上，选举产生了校侨联第五届委员会 17 名常务委员和主席、副主席、秘书长，聘任了副秘书长。省侨联党组书记、主席谭作刚出席会议。12 月 25 日下午，华中师范大学第五次归侨侨眷代表大会在逸夫国际会议中心召开。会议通过了第四届执行委所作的工作报告，表彰了五名归侨侨眷先进个人，选举产生了第五届执委会，查道林代表学校党委向新当选的校侨联第五届执委会表示祝贺。省侨联党组书记、主席谭作刚出席会议。

【武汉市侨联】疫情暴发后，武汉市区侨联积极动员协调捐赠，为境外慈善捐赠物资协助开通绿色通道，协调落实的海外侨胞和国内侨企捐赠款物达 2.2 亿元，大力支持侨界医护人员积极投入到战疫一线，号召侨界学者专家积极向市疫情防控指挥部上报建言献策 5 条，其中 3 条被

8 月 7 日，武汉市举办“侨联搭把手，带货拉一把”电商直播带货活动

采纳，1 条荣获中国侨联特聘专家建言献策一等奖。通过编印《武汉侨界战“疫”实录》，向海内外广泛宣传武汉侨界奋力参与湖北保卫战、武汉保卫战的光辉形象。采取一系列措施，助力疫后经济发展。4 月 22 日、23 日，武汉市侨联局级领导积极响应市委市政府“千局联千企”的号召，先后走访调研 4 家企业，上门对接困难需求，广泛宣传惠企政策，千方百计帮助企业按下快进键、跑出加速度。5 月 18 日，专题开展促进侨资企业复工复产调研活动，通过实地走访、座谈交流，深入侨资企业了解复工复产和疫情防控工作，倾听企业需求、解决企业难题，并送去防疫物资，传递党的关心关爱。8 月 7 日，主办“侨联搭把手，带货拉一把”电商直播带货活动，全场交易总额达 20 余万元、整场直播观看总人数超过 30 余万人。发起举办首届世界华服大会。11 月 7 日，市侨联等单位发起在武汉黄鹤楼公园和楚天 181 文化产业园举行首届“世界华服大会”，通过华服秀典晚会、华服快闪、名家论坛、中华文化典故画展、“华裳秋韵”摄影大赛等活动，以华服为载体，展示中华文明人文底蕴，助推“楚风汉韵”走向世界，打造荆楚文化时尚新品牌，推进武汉成为全球华服文化活动重要基地，促进武汉经贸旅游文化交流发展，向世界讲好武汉故事。续拍播出《侨英荟》系列专题片。在 2019 年基础上继续拍摄 30 集《侨英荟》系列专题片，重点聚焦广大侨胞在抗击新冠肺炎疫情战斗中表现出来的爱国情怀，侨商侨企在复工复产和恢复武汉经济发展中作出的突出贡献等，得到中国侨联领导的好评。

【宜昌市侨联】 9 月 24 日，宜昌市侨联开展“海外归来看宜昌”活动，组织 80 余名华人华侨、留学生和归侨侨眷代表走进湖北自贸区宜昌片区，旨在让在宜的华人华侨、留学生和归侨侨眷进一步了解宜昌招商引资、招才引智相关政策，为加快推进宜昌高质量发展贡献力量。与会人员参观了宜昌自贸片区跨境电商产业园、宜昌综合保税区、宜昌生物医药孵化器等，并举行座谈会交流感想、畅谈发展，市侨联副主席张龙主持了座谈会。10 月 16 日—22 日，宜昌市侨联、宜昌华厦眼科医院组成一行 9 人的“侨爱心”送温暖医疗队，赴新疆博州市温泉县开展了“侨爱心 · 光明行”送温暖活动，为各族同胞开展眼科疾病筛查和白内障复明手术，宜昌市委常委、统战部部长王均成出席启动仪式。博州白内障患者大部分生活在农村，生活贫困，无力承担手术费用，时间一长导致失明人数较多。“侨爱心”送温暖医疗队员在 5 天时间里挑战工作极限，每天工作时间长达 12 小时以上，对全县近千居民进行眼科疾病筛查，并集中两天进行手术。最终在医疗队员的连续奋战之下，温泉县的 58 名同胞重新看到了久违的光明，手术成功率达 100%。

12 月 24 日，宜昌市侨联捐赠的第 6 间“侨爱心钢琴教室”揭牌仪式在点军区至喜小学举行，宜昌市侨联党组书记、主席邓希康，点军区委常委、纪委书记白慧出席仪式

【鄂州市侨联】2020 年，鄂州市侨联统筹推进疫情防控和侨联各项工作取得积极成效。积极参加战疫战洪战贫，向海外侨胞寄送口罩 5.3 万只，争取海内外捐赠资金 1000 万元左右；举办干部理论培训班，宣讲党的十九届五中全会精神；举办新侨创新创业第六次论坛，助力新侨创新创业；举办网上鄂州夏令营、组织世界华人学生作文大赛、推动鄂州市博物馆入选第八批中国华侨国际文化交流基地，拓展对外文化交流。首次承办“亲情中华·为你讲故事”第七期网上鄂州夏令营活动，49 名营员，分别来自美国芝加哥、旧金山和加拿大温哥华及中国香港等国家和地区。组织全市 8 所高中近万名学生参加“第 21 届世界华人学生作文大赛”，推荐 613 篇作文参选，83 名师生获各类奖项。持续打造鄂州市博物馆三国文化、古铜镜文化建设，成功入选第八批中国华侨国际文化交流基地。

【咸宁市侨联】2020 年 5 月 18 日下午，咸宁市委常委、市委统战部部长梁细林带领咸宁市侨联党组书记、主席邹青松，咸安区区委常委、统战部部长王宇及相关部门主要负责人，在刘纯清博士（美国国际医学研究院院长、美国新生集团总裁、美国湖北联谊会荣誉会长、武汉长江新城特聘专家顾问，咸宁市侨联名誉会长）咸安汀泗程桥益村中医康养基地实地察看了刘宅祖屋、孝文化展厅、中医康养基地和侨爱服务中心，对刘纯清博士关于发展林下经济、引导农户养羊、打造振兴“中医第一村”等规划和设想现场集思广益，逐项研究分析可行性，落实项目对接负责人，明确市区两级支持举措。

省级侨联工作

湖南省归国华侨联合会

【领导成员名单】

党组书记：黄　芳（女）
主　　席：朱道弘（兼）
专职副主席：黄　芳（女）
　　　　　孙民生　李祖元
副巡视员：郭剑虹（2020年10月卸任）
兼职副主席：吴金水　唐亚武　张　欣
　　　　　庄启宁　刘　慧（女）
　　　　　毛冰花（女）叶惊涛
秘 书 长：孙民生

【综述】 2020年是极不平凡的一年。在湖南省委的坚强领导和中国侨联的正确指导下，湖南省侨联与全省各级侨联一道，以习近平新时代中国特色社会主义思想为指导，全面贯彻党的十九大和十九届二中、三中、四中、五中全会精神，认真学习习近平总书记考察湖南重要讲话和视察广东汕头重要讲话等精神，坚决贯彻中央、省委关于侨联工作的指示精神，积极担当作为，充分发挥桥梁纽带作用，团结动员海内外侨胞为疫情防控和经济社会发展发挥了重要作用，各项工作取得新进展。

【省委书记许达哲到湖南省侨联调研】 12月3日，湖南省委书记许达哲履新后，走访调研湖南省侨联机关，向干部职工致以问候。许达哲充分肯定了湖南省侨联工作成效，指出侨联工作很重要，叮嘱大家始终坚持讲政治、顾大局、敢担当、有作为，做好大团结大联合文章，发挥好广大归侨侨眷和海外侨胞的作用，为建设现代化新湖南凝聚智慧力量。

【万立骏主席在湖南调研】 9月16日—18日，中国侨联党组书记、主席万立骏在湖南长沙、株洲调研侨联脱贫工作和科技工作。他强调要深入学习贯彻习近平总书记重要讲话精神，提高站位，强化担当，主动作为，全力以赴，发挥侨联组织的特点和优势，为打赢脱贫攻坚战多聚侨力，为推动我国科技事业发展多汇侨智，为决胜全面建成小康社会、实现中华民族伟大复兴的中国梦多作贡献。9月17日下午，省政协主席李微微在长沙与来湘调研的万立骏主席一行座谈。湖南省委常委、省委统战部部长黄兰香，中科院院士谭蔚泓参加座谈。

9月17日，万立骏主席（右）在了解圣湘生物相关产品

12月3日，湖南省委书记许达哲在省委统战部、省侨联走访调研

9 月 17 日下午，湖南省政协主席李微微在长沙与来湘调研的中国侨联主席万立骏（右）一行座谈

【隋军副主席在湖南调研】 11 月 12 日—15 日，中国侨联 2020 海外侨领中国国情研修班学员一行赴湖南湘西、怀化、邵阳开展现场教学活动。来自 25 个国家和地区的 45 名海外侨领实地参观考察了湖南经济社会发展成就和发展机遇。中国侨联党组成员、副主席隋军一行出席研修班现场教学活动并开展调研，宣传贯彻党的十九届五中全会精神，深入了解侨界助力脱贫攻坚工作，考察基层侨联建设情况，看望基层侨联干部。

2020 年 11 月，隋军副主席参观十八洞精准扶贫博物馆

【开展理论学习加强政治建设】 2020 年，湖南省侨联组织党组中心组理论学习 12 次、党员讲微党课 15 次、干部讲业务知识 12 次、青年理论学习 4 次，学理论、懂规矩、做明白人的风气进一步巩固。制作省侨联工作宣传片，建设机关党建文化墙，推进机关工间操制度落实，省侨联机关整体形象得到提升。加强侨界重大风险掌握和研判，针对网上不实舆论炒作，在省委的坚强领导下及时回应化解，正面引导、规范广大侨界青年的网络言行。抓好阵地建设，健全完善《省侨联意识形态管理制度》，省侨联官网、红网湘侨频道、微信公众号、《湖南侨联》杂志等媒体全面提质，浏览量大增，影响力提升。开辟“共同战“疫”湖南侨界在行动”“海外侨界抗疫人物风采”专题专栏，大力宣传海外侨胞投身当地防疫、支持家乡抗疫的典型事迹。联系省内媒体，推出“风雨同舟·万里湘情·助力家乡”“侨企复工复产”等系列报道。制作“万里湘情共抗疫”“万里湘情同扶贫”宣传片、同心抗疫歌曲“生命相依”“游子的心”和一大批抗疫诗歌，鼓舞侨界士气，凝聚侨界力量。

【湖南侨界全力投入疫情防控】 1 月 27 日，湖南省侨联发出倡议，号召全省侨联系统、归侨侨眷和海外侨胞同舟共济，为抗击疫情贡献侨界力量。1 月 31 日，省侨联再次倡议，号召海内外侨胞朋友们积极帮助寻找货源，采取“蚂蚁搬家”“人肉搬运”快递等方式，共同协助运输抗疫物资，为抗疫争取时间。2 月 7 日，省侨联致谢海内外侨胞的同时，再次鼓劲为战胜疫情树立必胜信心。疫情期间，全省侨联系统、归侨侨眷和海外侨胞采购捐赠抗疫物资，累计捐款捐物 6000 多万元。3 月 30 日，一箱箱贴着“守望相助，共克时艰”标语的防疫物资正式启运。这是湖南省侨联向坦桑尼亚、牙买加、多米尼加、瑞典、比利时等 9 个国家共 14 个侨团捐赠的 8.5 万只一次性医用口罩。由湖南省侨办、省侨联代省委、省政府向英国、法国、德国、美国、奥地利、日本、韩国等 19 个国家的 46 个海外湘籍侨团侨胞捐赠的 40 万个一次性医用外科口罩于 3 月 28 日陆续启运。湖南省侨联向巴西、南非等国家共 5 个侨团捐赠

3 月 30 日，湖南省侨联和省侨青委捐赠的部分物资

的款项也已到位。据不完全统计，湖南省侨联代表省委省政府累计向海外 40 多个国家和地区湘籍侨团侨胞捐赠抗疫物资 1000 余万元。与建行湖南省分行合作开启留学汇款免费权益、个人外汇办理绿色通道，该做法已在全国建行系统推广。引导海外侨胞科学防疫、避免恐慌，劝留海外华人华侨和留学生就地抗疫。支持美国、英国、加拿大等湘籍海外侨社团成立志愿服务队伍，配合当地使（领）馆主动服务当地侨胞，关心关爱当地留学人员。11 月 30 日，许达哲书记在全省抗击新冠肺炎疫情表彰大会上盛赞海外华侨华人真情相助、慷慨解囊。省侨联机关第三党支部被评为全省抗击新冠肺炎疫情先进集体和全省先进基层党组织。省侨联海外侨社团联谊总会、省侨联青年委员会、长沙市侨联、湘潭市侨联、邵阳市侨联、常德市侨联等 6 个单位获评全国侨联系统抗击新冠肺炎疫情先进集体；张欣、叶惊涛、向行军、戴立忠、杨震、李丽、陈宗华等 7 名同志获评全国侨联系统抗击新冠肺炎疫情先进个人。

【助力侨商侨企有序复工复产】2 月 20 日，湖南省侨联向全省各级侨联、各侨资企业发出积极推动侨企复工复产的倡议，广泛开展“侨企大调研”活动，整理发放相关政策文件，帮助侨资企业第一时间用好政策。主动协调部分企业解决专项资金申请、追回拖欠款项、防疫物资紧缺等实际困难。启动“侨 e 家”线上商城，为侨企抱团发展提供新平台。主动对接建行湖南省分行开展全面战略合作，促成了省建行面向侨企的 68 亿元信贷额度。截至 12 月底，已有 32 家涉侨企业贷款超 4 亿元。着力支援海外侨胞抗疫。湖南省侨联联合长沙县举办“首届星沙海外高层次人才创新创业论坛”活动，为海外高层次人才回湘创新创业搭建新平台。为远大 P8 星球众创空间等 6 家单位授予“湖南省侨联新侨创新创业基地”，集聚新侨创新创业发展动能。争取中国侨联支持，举办“侨系张家界”招商引资引智活动，为全省侨界资源与张家界旅游发展的深度融合做好牵线搭桥、凝心聚力工作，现场签约 3 个项目。采取线上线下相结合的方式，联合致公党湖南省委会等部门举办第七届海归论坛，为用人单位和海外留学生提供了便捷高效的对接渠道。

【发挥侨界优势助力脱贫攻坚】一是扎实推进驻村帮扶。争取项目和资金，用于新建赤滩小学、开启“小桂林”旅游项目、拓宽入村道路、农村饮水工程等。发动省侨商会、省华侨公益基金会等为赤滩村捐款 100 多万元，助力脱贫攻坚与乡村振兴有效衔接。赤滩村成功创建省级同心美丽乡村。省侨联驻村工作队长刘志刚被评为省委组织部考察扶贫干部中的优秀队长，工作队员李圣诚被评为全省创新创业优秀大学生，工作队 3 名队员均被评为郴州市“最美脱贫攻坚人物”。二是全面梳理侨界帮扶成效。推出“湘小侨·扶贫村走访记”“扶贫印记”“聚侨心·促脱贫”等栏目，开设“2020，坚决打赢脱贫攻坚战”专题，推送报道了 40 余位侨

9 月 27 日，2020“侨系张家界”签约现场

9 月 18 日，中国侨联在湘召开湖南侨界助力脱贫攻坚座谈会

9 月 17 日，万立骏主席（右三）一行赴株洲市攸县调研丁家垅村脱贫攻坚项目

5 月 29 日，湖南省委统战部（省政府侨办）、省侨联召开全省高校侨联组织建设工作座谈会

界脱贫攻坚先进典型事迹。配合做好中国侨联 2020“追梦中华·侨与脱贫攻坚”短视频拍摄工作，参与“侨与脱贫攻坚”网络主题活动成果展。召开湖南侨界助力脱贫攻坚座谈会，系统总结“千侨帮千户”工程成效。四年多来，共发动侨界助力脱贫攻坚资金累计超过 16 亿元。中国侨联党组书记、主席万立骏调研株洲市侨联对口帮扶村——攸县丁家垅村时，高度肯定湖南侨界助力脱贫攻坚贡献。省侨商会、株洲市侨联、衡阳市侨联、娄底市侨联、怀化市侨联、湘西州侨联、澳门君天集团、邵东隆源集团、华兴实业发展有限公司等 9 个单位获评全国侨联系统助力脱贫攻坚先进集体。刘志刚、刘应清、胡仲敏等 3 名同志获评全国侨联系统助力脱贫攻坚先进个人。三是深入做好困难归侨侨眷帮扶。下拨扶侨帮困专项资金 100 万元，重点帮扶了特困归侨侨眷家庭 45 户，走访慰问困难归侨侨眷家庭 500 余户。争取中国侨联专项资金 10 万元，慰问岳阳、常德等 5 个市州因洪水受灾的困难侨界群众和企业。

【夯实基层侨联组织基础】 湖南省侨联下拨 120 万元专项资金支持 60 个基层侨胞之家建设，与市州建行合作建立了 17 个“侨胞之家特色服务区”，常德市实现了建行“侨胞之家特色服务区”全覆盖。岳阳市岳阳县新墙河抗战史实陈列馆“侨胞之家”、永州市零陵区菱角塘镇文雷村“侨胞之家”、长沙市开福区清水塘社区“侨胞之家”、张家界市永定区思善桥社区“侨胞之家”、郴州市永兴县柏林社区“侨胞之家”等 5 个单位获评全国侨联系统优秀“侨胞之家”。5 月 29 日，联合省委统战部召开全省高校侨联组织建设工作座谈会，明确责任，形成合力。实现符合条件高校侨联组织全覆盖，指导 3 所高校侨联开展换届工作，推动湖南铁道职业技术学院成立了全省首家高职院校侨联。推动兼职领导和委员履职，下发文件明确履职要求和任务。兼职领导、委员在疫情防控和联系基层等工作中发挥作用明显，副主席叶惊涛、毛冰花等在抗疫和脱贫攻坚工作中赢得了广泛赞誉，副主席张欣所带领的湘雅医院被评为全国抗疫先进集体。6 名委员获评中国侨联脱贫攻坚和抗疫先进个人。

“亲情中华·为你讲故事”网上夏令营活动，海外营员手绘的湖南少数民族

【开展文化交流宣讲湖南故事】湖南省侨联组织8期“亲情中华·为你讲故事”网上夏令营活动，3749名海外华裔青少年相聚“云端”中华文化之旅。自4月30日开办第一期网上夏令营以来，共有西班牙乌兰语言学校、西班牙巴塞罗那孔子文化学校、菲律宾华商经贸联合会、美国华盛顿州湖南同乡会等31家海外侨团、华文教育学校组织来自美国、英国、加拿大、西班牙、德国、奥地利、瑞士等14个国家的3749名海外华裔青少年相聚“云端”，以特别的方式继续中华文化之旅，以不变的桑梓深情讲述中国故事，使居家抗疫成为海外华人华侨家庭抗疫的“必选题”。承办中国侨联“2020海外侨领中国国情研修班”湖南现场教学活动，举办2020海外侨界青年湖南行和海外侨胞故乡行等活动，组织海外侨领侨胞深入长沙、株洲、邵阳、岳阳、怀化、湘西等地了解湖南经济社会发展成就和发展机遇，增进海外侨团侨领对湖南的感情。

【创新探索维权工作机制】联合省高院下发《全省涉侨纠纷诉调工作意见》《关于侨联组织和特邀调解员协助调解涉侨民商纠纷案件的意见》，成立湖南省侨联ADR（非诉纠纷调解）中心，推进长沙、株洲、湘潭三市涉侨纠纷多元化解试点工作，推动全省涉侨纠纷调解工作规范化、常态化。益阳市赫山区侨联联合区法院开辟归侨侨眷和侨商企业诉讼服务绿色通道，提供一站式法律服务。9月7日，召开纪念归侨侨眷权益保护法颁布三十周年座谈会，与会侨联代表和侨企代表分享了依法维护侨胞正当权益的经验做法及自身的维权经历。联合长沙望城区侨联、衡阳师范学院侨联开展普法进社区、普法进校园活动，以寓学于乐的方式让涉侨法律走进生活。组织侨界群众、基层侨联工作人员参加中国

11月12日—16日，中国侨联“2020海外侨领中国国情研修班”湖南现场教学活动

侨联第二届“侨商杯”法律知识竞赛并获得组织奖三等奖。9月7日，湖南省侨联法律顾问委员会2020年换届聘任大会在长沙召开。省侨联党组书记黄芳出席会议并讲话，省侨联党组成员、副主席孙民生、李祖元参加会议，省侨联法顾委第三届主任石民生作工作报告，省侨联法顾委第三届副主任阳红光主持会议。孙民生宣读了聘请法顾委委员等相关决定。聘请李利君担任省侨联法顾委主任委员，刘献华、陈刚、张开松、朱国详、胡旭曦、毛晓军、陈建军、潘传平等8名同志担任副主任委员，邓高红、唐智宏、熊沩等35名同志为委员，王向阳为秘书长。11月15日，“湖南省侨联法律顾问委员会涉外法律服务中心”的揭牌仪式在瀛启律师事务所举行，标志着湖南加强维护侨益机制建设迈上新台阶，同时为加强建设湖南涉外涉侨法律服务开创新局面。

9月7日，湖南省侨界纪念《归侨侨眷权益保护法》颁布三十周年座谈会现场

9月7日，湖南省侨联法律顾问委员2020年换届聘任大会现场，领导为新聘法顾委委员颁发聘书

【发挥侨界智库优势参政议政】组织侨界省人大代表、政协委员赴衡南县开展“加快推动5G创新应用，推进城乡校联体建设”调研座谈，助推县域经济发展。聚焦重点选题、组织重点人员约稿，全年编辑57期《湖南侨情专报》，15期被中国侨联采编，4篇建议得到省委领导肯定性批示，4篇建议得到省直相关单位落实回复。省侨联获评中国侨联2020年度信息工作二等奖。组织参加全国第八届“中国侨界贡献奖”评选，王双印等6名侨界专家学者获评一等奖、二等奖，省侨联被评为优秀组织奖。聚焦侨界热点难点深入调查研究，《新时代留学归国人员社会主义核心价值观培育机制探讨研究》等4项调研课题成果获评中国侨联优秀课题成果二等奖、三等奖。《新时代背景下中国留学人员归国意愿影响机制的实证研究》被评为省委统战部优秀课题成果二等奖。完成了省侨联法顾委换届聘任和省华侨公益基金会换届工作，召开省直单位第五次归侨侨眷代表大会，举办了省退休老归侨“2020重阳同心颂祖国”活动，优化了组织架构，理顺了管理体制，丰富了活动形式，进一步摸清了省直单位侨情。

【举办2020年海外侨胞迎新春联谊会】1月20日，2020年海外侨胞迎新春联谊会在长沙举行，来自美国、英国、澳大利亚、新西兰、南非、越南等19个国家的80余名海外侨领侨胞欢聚一堂，共迎新春，共话乡情。省侨联党组书

1月20日，2020年海外侨胞迎新春联谊会在长沙举行

记黄芳代表省侨联向全省归侨侨眷及海外侨胞拜年，送上新春的祝贺和亲切的问候。联谊会上，柬埔寨侨胞谢和生与其母亲为感谢省侨联为其排忧解难赠送了锦旗。省委统战部副部长、省侨办主任丁学新，省侨联兼职副主席叶惊涛出席活动。省侨联党组成员、副主席李祖元主持联谊活动。

4月9日，湖南省侨联八届二次全委会以视频会议形式在长沙召开

【召开湖南省侨联八届二次全委会】4月9日上午，湖南省侨联八届二次全委会以视频会议形式在长沙召开。省委常委、省委统战部部长黄兰香出席会议并讲话。省侨联党组书记黄芳主持会议。省侨联主席朱道弘作工作报告。会议对省侨联系统2019年工作情况进行总结，对2020年主要工作做了规划安排。审议并通过了《湖南省侨联关于加强省侨联委员、常委履职管理的暂行办法》和关于工作报告的决议。

【召开湖南省市州侨联主要负责人座谈会】5月19日，湖南省侨联召开全省市州侨联主要负责人座谈会。省侨联党组书记黄芳出席会议并讲话，省侨联党组成员、副主席孙民生主持会议，省侨联各处室负责人及市州侨联主要负责人等30余人参加会议。会议传达了省委、省疫情防控联防联控机制相关文件精神。省侨联各处室负责人及市州侨联主要负责人围绕基层组织建设、侨情调研、疫情防控等方面进行了发言，并就下一步工作提出意见建议。

【举办湖南侨界助力脱贫攻坚座谈会】9月18日，中国侨联在湘召开湖南侨界助力脱贫攻坚座谈会。省侨联党组书记黄芳汇报了全省侨联系统脱贫攻坚工作。湖南省侨界脱贫攻坚代表人物叶惊涛、岳少华、刘纯鹰、刘志刚、胡仲敏、刘应清、邹丽君、叶锋、陈强、蒋洪松结合自身工作，浅谈了助力打赢脱贫攻坚战的历程和感悟，对相关工作提出意见建议。受中国侨联党组书记、主席万立骏委托，中国侨联副秘书长兼经济科技部部长赵红英宣读了万立骏讲话。万立骏对湖南省侨联系统在脱贫攻坚中取得的工作成果给予充分肯定。省侨联主席朱道弘主持会议，中国侨联权益保障部部长张岩，中国侨联信息传播部副部长郭启华，省侨联党组成员、副主席孙民生、李祖元，省侨联兼职副主席吴金水、张欣、庄启宁、刘慧、毛冰花，省侨联八届委员会部分常委，部分市州侨联、高校侨联负责人参加会议。

【召开湖南省省直单位第五次归侨侨眷代表大会】9月22日，湖南省省直单位第五次归侨侨眷代表大会在长沙召开。省侨联党组书记黄芳出席会议并讲话，省侨联党组成员、副主席孙民生、李祖元参加会议。大会通过了省直侨联第四届委员会《工作报告》的决议。会议选举安忠为省直侨联主席，司学群、向国蓉、刘瑜、苏桂良、张明、陈晓锋、周荣、贺志雄、陶利辉、彭迪为副主席，贺建平为秘书长，

5月19日，湖南省侨联召开全省市州侨联主要负责人座谈会

9 月 22 日，湖南省省直单位第五次归侨侨眷代表大会在长沙召开

啸、王斯一、付笑蝉、贺妍博、谢振等 8 名委员为届中副会长，同时增补贺耀群等 12 名海外委员，陈欢等 42 名内地委员。目前省侨青委共有 403 名委员。省直相关部门领导、省侨联机关业务处室负责人及省侨联青年委员会第一届委员会内地委员、海外委员、港澳委员等 180 余人参加会议。

【召开湖南省侨联特聘专家委员会 2020 年会】 12 月 26 日，

12 月 26 日，湖南省侨联特聘专家委员会 2020 年会在长沙召开

湖南省侨联特聘专家委员会 2020 年会在长沙召

聘请吕赵龙、苏华湘、张勤伟、骆伟、谢德胜为省直侨联第五届委员会顾问。

【召开湖南省侨联青年委员会 2020 年会】 11 月 25 日，湖南省侨联青年委员会 2020 年年会在长沙召开。湖南省侨联党组书记黄芳出席会议并讲话，省侨联兼职副主席、省侨联青年委员会会长毛冰花作“省侨联青年委员会 2020 年工作报告”，省侨联青年委员会执行会长陈森林通报 2020 年省侨联青年委员会抗击新冠肺炎疫情情况。会议增补贝小松、阳芳、潘文超、童方

11 月 25 日，湖南省侨联青年委员会 2020 年年会在长沙召开

开。省侨联党组书记黄芳出席并讲话，省侨联党组成员、副主席孙民生、李祖元，省侨联副主席、省侨联特专委副主任毛冰花参加会议。省侨联特专委主任曹亚作“湖南省侨联特聘专家委员会2020年工作报告”。会议还增聘王双印、北冰、刘敏、许长龙、杨小平、邹润民、祝乔、戚智勇、彭峻、谭静强为湖南省侨联特聘专家委员会第二届委员。会议期间，湖南省商务厅专家为全体委员作中国（湖南）自贸试验区知识辅导。中南大学地质资源系主任谭静强分享创新创业成果。与会人员还结合个人实际，就进一步加强省侨联特专委建设，更好发挥省侨联特专委作用及建言献策“十四五”规划进行了深入研讨交流。

【举办“创业潇湘　智汇星沙”首届星沙海外高层次人才创新创业论坛】1月10日，“创业潇湘　智汇星沙”首届星沙海外高层次人才创新创业论坛在长沙县举行。湖南省政协副主席、湖南省工商联主席张健出席。此次活动由湖南省侨联指导，中共长沙市委统战部、长沙市侨联、中共长沙县委员会、中共长沙经济技术开发区工作委员会主办，中共长沙县委统战部、长沙经开区人力资源和社会保障局、长沙县归侨侨眷联合会承办，省侨联特聘专家委员会支持。活动现场，省侨联党组成员、副主席李祖元为长沙县远大P8星球众创空间授予湖南省“新侨创新创业基地”牌匾，这是省侨联全面加强、规范双创基地建设后，在全省颁发的第一块牌。活动还为长沙市县区创新创业获奖人才和项目进行了颁奖。三一重卡负责人等7位高层次人才现场进行了创业经验分享；中国工程院院士、湖南省政协常委、中科院亚热带农业生态研究所首席研究员印遇龙等5位专家及海外人才代表围绕“海外高层次人才创新创业新机遇”主题进行了研讨。

【举办2020“侨系张家界”招商引资引智活动】9月27日，湖南省侨联2020“侨系张家界”招商引资引智活动在张家界举办。省侨联党组书记黄芳，张家界市委书记、市人大常委会主任虢正贵，中国侨联经科部副部长、一级巡视员夏付东出席并讲话。此次活动由中国侨联特聘专家委员会、中国侨商联合会支持，湖南省归国华侨联合会、张家界市人民政府主办，张家界市商务局、张家界市归国华侨联合会、张家界市侨商联合会承办，来自20个国家和地区的海内外嘉宾等近百人参加会议。

【联合举办第七届海归论坛】9月27日，以“海聚湘江、智造未来”为主题的第七届海归论坛在湖南长沙举行。全国政协常委、致公党中央副主席闫小培视频讲话，省委常委、省委统战部部长黄兰香出席并讲话。省政协副主席、九三学社省委会主委张大方出席，省政协副主席、致公党省委会主委胡旭晟出席并讲话。此次论坛围绕湖南省“创新引领，开放崛起”战略实施及对外经贸发展建言献策，助力留学归国人员创新创业和人才、项目、资金、技术的精准对接。内容设置和组织形式丰富多样，精彩纷呈。海归论坛由致公党中央留学人员委员会、致公党湖南省委会、湖南省人民政府侨务办公室、湖南湘江新区管委会、湖南省归国华侨联合会、湖南欧美同学会·湖南留学人员联合会等部门联合主办。

【举办“汇聚侨力　助力乡村振兴”捐赠仪式】10月30日，湖南省侨联、省侨商会、省华侨公益基金会共同举办的“汇聚侨力，助力乡村振兴”捐赠仪式在郴州市安仁县赤滩村举行。省侨联党组书记黄芳，郴州市委常委、统战部部长王和平出席并讲话。省文史研究馆党组书记、馆长李文才出席活动。省侨联党组成员、副主席孙民生主持捐赠仪式。捐赠仪式上，省侨商联合会、湖南省华侨公益基金会、省侨联机关干部及爱心人士共捐款100多万元，这批捐款将全部用于赤滩村侨情广场、侨爱文化馆、“点亮赤滩”、拆危拆旧等工程建设。

【举办省侨联海外侨社团联谊总会2020年会暨海外侨胞故乡行】12月8日，湖南省侨联海外侨社团联谊总会2020年年会在长沙召开。省侨联党组书记黄芳出席会议并讲话。12月8日—11日，“2020海外侨胞故乡行——走进湖南”活动先后深入长沙、岳阳、株洲等地参观考察，海外侨胞看到了湖南经济社会发展的巨大成就和发展机遇，体验了湖湘文化的独特魅力和各地的风土人情，也看到了侨界力量助力湖南建设发展的实际途径。

12 月 8 日，“2020 海外侨胞故乡行——走进湖南”活动，海外侨胞参观考察山河智能装备有限公司

【举办“2020 重阳·同心颂祖国”活动】 10 月 21 日上午，由湖南省侨联主办，省直侨联和长沙市侨联联合承办的湖南省退休老归侨“2020 重阳·同心颂祖国”活动在长沙举行。省侨联党组书记黄芳出席并讲话，省侨联党组成员、副主席孙民生、李祖元出席活动。省直侨联主席安忠主持。省直单位及市侨联退休归侨近 120 人参加活动。在座谈交流会上，退休老归侨们分享了回国经历，畅谈感受，纷纷表达了对党对祖国的热爱之情。并对侨联组织对老归侨们的关心和惦念表示感谢。

10 月 21 日，湖南省直单位、长沙市老归侨“2020 重阳·同心颂祖国”活动在长沙举行

广东省归国华侨联合会

【领导成员名单】

党组书记、主席：黎　静（女）

专 职 副 主 席：戴文威　谢惠蓉（女）

挂 职 副 主 席：邵　瑾（女）

兼 职 副 主 席：庄创业　陈越华　林永新
林春晖（女）　罗掌权
钟仰进　郭泽伟
梁瑞冰（女）　曾智明
廖志仁　颜　军

秘　　书　　长：曹堪宏（2020 年 5 月免去党组成员、秘书长职务）

【综述】 2020 年，在广东省委的正确领导和中国侨联的有力指导下，省侨联坚持以习近平新时代中国特色社会主义思想为指导，全面贯彻党的十九大和十九届二中、三中、四中、五中全会精神，深入学习贯彻习近平总书记出席深圳经济特区建立 40 周年庆祝大会和视察广东重要讲话、重要指示精神及关于群团工作、侨务工作的重要论述精神，统筹推进疫情防控和侨联各项工作，为广东在全面建设社会主义现代化国家新征程中走在全国前列、创造新的辉煌作出积极贡献。

【统筹疫情防控彰显侨联新担当】 新冠肺炎疫情发生以来，广东省侨联积极引导侨界驰援国内抗疫，向国内疫情防疫工作捐款捐物的粤籍海外社团和侨胞涵盖五大洲 57 个国家和地区，累计捐赠款物 4.7 亿多元。搭建政府海外采购平台及配合接受海外捐赠，与 20 多个国家和地区建立紧缺货源对接渠道，并与其中 9 个国家供货商签订紧缺防护物资大宗采购协议。及时向分布在 131 个国家和地区的 476 名海外顾问、委员发出《春暖花开会有时——致广东省侨联海外顾问委员及侨胞的一封信》，并通过海外委员、顾问所在的联络群等社交媒体不断向海外侨胞发送各类指引和讯息共 500 多篇，包括防疫指引、入境指南、网络就医平台等，引导侨胞科学防疫抗疫，参与住在国的抗疫斗争，鼓励他们坚定信心、战胜疫情。关心关爱援鄂医疗队队员，携手海外侨领为广东、北京两地 2630 名援鄂医护人员购买健康保险，为潮汕三市 76 名援鄂医护人员赠送关爱金。支援海外侨胞防疫抗疫，创先开展“侨连五洲·同心抗疫——新冠肺炎科普‘云讲座’暨全球连线”活动，单场线上访问量超 60 万人次，并向 75 个国家和地区的 1000 多名侨胞、120 多个侨团捐赠 4000 份“侨爱心防疫包”。据不完全统计，全省各级侨联共向 53 个国家的 76 个侨团捐赠 220 万个口罩。

【举办“亲情中华”网上夏令营】 受全球新冠疫情影响，为帮助海外华裔青少年在疫情期间继续学习中文、了解中国国情和中华文化，并获取抗疫知识，广东省侨联共举办了 8 期“亲情中华·为你讲故事”海外华裔青少年网上夏（秋、冬）令营，来自全世界 25 个国家的 3800 多名华裔青少年参加活动。网上夏令营为华裔青少年了解中国地大物博的地域文化和日新月异的发展速度提供了重要平台，营员们通过听故事、看视

第五期“亲情中华”网上夏令营合影

频、动手做、云直播等方式游览了风光旖旎的南粤大地、领略了多姿多彩的岭南文化，品尝了精致可口的粤式美食。活动受到了海外华裔青少年的广泛喜爱，得到海外组团单位、营员及家长的一致好评，活动效果超出预期，营员家长称这次活动是“雪中送炭”，多个海外组团向省侨联发来感谢信，表达对中国侨联和广东侨联的感激之情。网上夏令营开辟了中华文化传播学习的新平台，促进了海外华裔青少年间的交流，拓展了广东侨联文化交流工作与海外侨团的联系。

8 月 28 日，举办 2020 中山侨界群众文化节开幕式

9 月 28 日，广东省侨联主席黎静（前排右五）出席“风韵南粤”2020 迎中秋庆国庆联欢会

【举办“风韵南粤”2020 迎中秋庆国庆联欢会】 9 月 28 日，由广东省侨联主办的“风韵南粤”2020 迎中秋庆国庆联欢会通过南方 + 向全球华侨华人直播，为全球海外侨胞和归侨侨眷们献上一台文化盛宴，让海内外华侨华人在中秋国庆双节实现云端大联欢。国庆期间，联欢会持续在网络平台播放，活动受到众多海外侨胞追捧，许多海外侨团纷纷组织当地侨胞通过居家、集会等各种形式收看联欢会，网络浏览量达 50 多万次。云联欢会通过采取线上线下不间断地与海外侨领侨团交流方式，进一步广泛凝聚海内外侨胞力量。

【举办“风韵南粤　人文湾区”中山侨界群众文化节】 2020 年，广东省侨联和中山市侨联联合举办了中山侨界群众文化节。文化节持续两个多月，线上线下共有 23 个国家和地区的近千名海内外侨界群众参加，为丰富侨界群众的精神文化生活，引领侨界群众坚定文化自信发挥了积极作用。“只争朝夕　脱贫攻坚”侨界慈善音乐会全程线上直播，24 万人在线观看。由中国华侨国际文化交流促进会、广东省侨联、中山市委市政府联合举办的第五届华侨华人“中山文学奖”收到来自美国、加拿大、日本、澳大利亚、英国、德国等 16 个国家和地区的作品 110 余部，其中 9 部作品入围，9 月 4 日在中山举行线上颁奖仪式，获奖者以视频连线的方式发表获奖感言。11 月 10 日，文化节闭幕式，举行了“共同见证·走在全面建成小康路上”展演活动，回顾了中山侨界群众文化节走过的十年历程。

【举办“华夏杯”华侨华人与深圳特区征文活动】 为庆祝经济特区 40 周年，由广东省侨联主办，“华夏”杂志社承办的“华夏杯”华侨华人与深圳经济特区征文活动，发动海外侨胞、侨界群众参与征文。收到来自 11 个国家和地区的 500 多篇稿件，中国作家协会办公厅主任、鲁迅文学院原常务副院长李一鸣等专家学者组成评委会。通过认真评选，共有一、二、三等奖 29 名，获奖作品选登在《华夏》杂志，获奖作者推荐加入广东省侨界作家联合会。

【举办“华侨华人与经济特区 40 年”学术研讨会】 11 月 29 日，为深入学习贯彻习近平总书记出席深圳经济特区建立 40 周年庆祝大会和视察广东重要讲话、重要指示精神，由广东省侨联指导，广东华侨历史学会主办的“华侨华人与经济特区 40 年”学术研讨会暨广东华侨历史学会七届三次理事会议在深圳召开，来自中山大学、华南理工大学、暨南大学、华南师范大学、华南农业大学等高校和有关单位的专

11 月 29 日，“华侨华人与经济特区 40 年”学术研讨会合影

个国家和地区的 37 名代表参加了培训。鼓励海外侨领发挥联通海内外的优势，积极参与“一带一路”和粤港澳大湾区建设、支持深圳建设先行示范区，大力推动广东与世界各地加强投资贸易、人才科技、人文交流等领域等的务实合作。

【举办“2020 港澳及海外青年侨领研习班”】为加强与港澳及海外侨界杰出青年的联谊，搭建海内外侨界青年交流合作平台，“2020 港澳及海外青年侨领研习班”于 11 月 30 日—12 月 6 日在广州市（中山大学）和东莞市举办，来自澳大利亚、法国、斐济、加拿大、斯里兰卡、泰国、坦桑尼亚、意大利及中国香港、中国澳门等 11 个国家和地区的 40 名代表参加了培训。

家学者 40 多人参加会议。张应龙会长在会上作工作报告。会议增补华南农业大学人文与法学学院副院长钟继军为理事。与会人员积极发言，深入探讨华侨华人为经济特区建设作出的巨大贡献。

【举办“情系南粤 · 广东省侨联第十二期海外友好社团负责人研讨班”】9 月 1 日—6 日，“情系南粤 · 广东省侨联第十二期海外友好社团负责人研讨班”在广州市（中山大学）、惠州市举办。这是新冠肺炎疫情后国内侨界第一个面向海外的培训班，来自马来西亚、泰国、意大利、塞尔维亚、牙买加、伯利兹、肯尼亚、马拉维、澳大利亚、斐济及中国香港、中国澳门等 29

11 月 30 日，广东省侨联主席黎静（中）出席 2020 港澳及海外青年侨领研习班开班仪式

9 月 1 日，广东省侨联主席黎静（二排右六）出席第十二期海外友好社团负责人研讨班开班仪式

3 月 4 日，广东省侨联主席黎静（左二）调研广东丸美生物技术股份有限公司，助力复工复产

【开展“暖心行动”助力侨企有序复工复产】从 2 月起，广东省侨联开展了服务侨资侨属企业的“暖心行动”，联系走访和点对点服务了近 1500 家侨资侨属企业，抽样征集了具有代表性的 1164 家侨资侨属企业的情况反馈和诉求建议，及时向广东省委、中国侨联及各有关部门提交《广东省侨资侨属企业复工复产情况报告》。在广东省侨联网站、微信公众号等平台发布企业复工复产相应疫情应对指引，编印《中央及广东各地支持企业抗击疫情和复工复产政策文件汇编》，推动侨资侨属企业互助，协助建立防护物资对接渠道，保障侨资企业全面复工复产。

【举办新冠肺炎科普“云讲座”暨全球连线活动】4 月 16 日，由广东省侨联主办，中山大学侨联、新西兰广东高校联盟协办的“侨连五洲·同心抗疫”新冠肺炎科普“云讲座”暨全球连线活动安排在南方＋进行直播。活动邀请了中山大学附属第一医院首批援助湖北一线医疗专家刘大钺、吴健锋、杨超等，与梁冠军、李少玉、杨文凯、邓柱廷、马江涛、黄伟雄、李国兴、南庚戌等来自世界五大洲 7 个国家的 8 位全球知名侨领、留学生代表进行现场连线，解答疫情防控和个人防护相关问题。广东省侨联主席黎静在直播中向海外侨胞作视频慰问，传递了来自家乡广东对海外同胞的感激和牵挂之情。活动开展立体式多媒体报导，并通过广东省各级侨联组织及其宣传和信息发布平台，覆盖 131 个国家和地区的海外顾问、委员，海外华侨华人社团、华文媒体等进行广泛的信息和链接推送，及时有效地发出了广东声音。其中南方＋端内的直播流量便超过了 62 万人次，既帮助了海外同胞科学认识新冠病毒、提高防护能力，也向全世界传递了温暖、信心和勇气。

4 月 16 日，举办“侨连五洲·同心抗疫”活动

【开展“南粤侨创基地”申报调研及侨界高层次人才走访慰问活动】6 月至 10 月，对广东省各地市侨联、有关直属团体提请的“南粤侨创基地”申报点开展考察调研，探讨共建南粤侨创基地的方式、内容等。经调研考察研究，确定广州归谷科技园等 35 个单位为第一批省侨联和各级侨联组织、基地方共建的“南粤侨创基地”。广东省侨联通过与地级以上市侨联、省侨联直属团体联合园区、空间运营方或业主方，以多方共建的形式，互助共赢的原则，整合侨界优势资源，凝聚侨界创新创业力量，建设侨界创新要素聚集的空间载体和创新创业的服务阵地，打造“创业中华·侨创南粤”活动品牌，促进侨界创新创业人才交流、技术转化、项目合作、资源共享、发展共赢，服务广东省高质量发展、服务侨界创新创业。

7月15日—16日，广东省侨联主席黎静（中）带队赴深圳开展“南粤侨创基地”调研并走访慰问侨界高层次人才

【举办“2020青年华商研习活动”】 8月27日—30日，在统筹推进疫情防控和经济社会发展的大背景下，由广东省侨联主办，华南理工大学工商管理学院、党委统战部承办，广东国际华商会协办的2020青年华商研习活动在广州举行。广东省侨联党组书记、主席黎静出席开班仪式并作海外侨情讲座，海内外45位优秀青年华商参加了研习活动。

【举办“2020海外华商南粤行”活动】 8月30日，“2020海外华商南粤行”暨“侨路天下”云行动出发仪式在广州举行。广东省侨联党组书记、主席黎静，清远市副市长李丰，美国美东华人社团总会主席梁冠军，美国潮商总会主席林辉勇，深圳侨商智库研究院理事长郑汉明，澳洲中华经贸文化促进会永远名誉主席吴飞鹏，广东国际华商会监事长盛宇宏等，以及80多位杰出华商和青年华商出席了活动。8月30日—9月1日，“2020华商南粤行”走进清远，近百名华商在清远展开为期3天的经贸投资考察和交流，助力广清一体、入珠融湾，育新机开新局。11月10日—12日，“2020华商南粤行”活动走进中山，100余名知名华商到中山展开为期3天的经贸投资考察和交流，助力中山重振虎威、加快高质量崛起。广东省侨联党组书记、主席黎静出席活动并致辞。中山市委书记赖泽华、市长危伟汉会见了“2020华商南粤行”（中山）考察团一行。

8月27日，广东省侨联主席黎静（右三）出席青年华商研习活动

8月30日，广东省侨联主席黎静（前排右七）出席“2020海外华商南粤行”暨“侨路天下”云行动出发仪式

省级侨联工作

12 月 11 日，中国侨联主席万立骏（左四）、广东省委统战部部长黄宁生（右三）在汕头参加“创业中华 · ‘十四五’中国发展与华侨华人投资创业峰会”

【举办“创业中华 · ‘十四五’中国发展与华侨华人投资创业峰会”】12月11日，由中国侨联、广东省侨联、汕头市委市政府共同主办的“创业中华 · ‘十四五’中国发展与华侨华人投资创业峰会”在汕头开幕。中国侨联党组书记、主席万立骏出席开幕式并作主旨讲话，中国侨联副主席李卓彬主持开幕式，广东省委常委黄宁生、汕头市委书记马文田致辞。广东省侨联党组书记、主席黎静及来自海内外的知名侨领、侨界企业家、创新创业人士、中国侨联特聘专家委员会和双创联盟代表等近 300 人参加峰会。开幕式后，举办了“创业中华 · ‘十四五’中国发展与华侨华人投资创业峰会”主题论坛及签约、启动、授牌仪式，汕头市委常委、常务副市长双德会作了汕头投资环境推介。中国侨商联合会和汕头华侨经济文化合作试验区管理委员会签订了合作协议。举行了“南粤侨创会成立揭牌暨侨界创新创业成果展启动仪式”“中国华侨国际文化交流基地授牌仪式”及“南粤侨创基地（汕头）授牌仪式”。

【举办广东省侨联法顾委成立 15 周年纪念交流会暨维护侨益学习活动】11 月 17 日—18 日，广东省侨联在广州珠江宾馆举办省侨联法律顾问委员会成立 15 周年纪念交流会暨维护侨益学习活动。广东省侨联党组书记、主席黎静、中国侨联法顾委副主任姜凤岩出席会议并讲话。会议总结了法顾委 15 年来取得的成绩和经验，分析了法顾委面临的形势和任务，对今后的工作作出了全面安排。黎静为新增聘的 42 位省侨联法顾委委员颁发了聘书；广州、梅州、中山、江门、茂名等五市侨联及法顾委代表交流了经验，从上下联动、优势互补，运用法治思维和法治方式维护侨益等方面，为维权工作“支招”献策。省委政法委一级巡视员、省法学会副会长邓远强等专家分别作了题为“民法典与侨益维护”“涉侨纠纷多元化解”“法顾委的职能定位与工作要求”等专题讲座。

11 月 17 日，广东省侨联主席黎静（前排中）出席广东省侨联法顾委成立 15 周年纪念交流会暨维护侨益学习活动

【举办“侨爱心——送温暖医疗队”义诊活动】 7月11日，广东省侨联党组成员、副主席、广东省侨青联主席戴文威率广东侨青医疗队赴湛江市奋勇华侨农场开展“侨爱心——送温暖医疗队”义诊活动。义诊医疗队针对当地多发病和危重症患者的情况，根据事前的专门摸查，选派中山大学附属第一医院、广州中医药大学附属医院、广州市皮肤病防治所、广州牛氏中医骨伤专科医院的教授专家与雷州市中医院的医生一起对24名重症患者及部分患者开展联合会诊及治疗，还为30多位基层医生解答他们平时诊疗中遇到的难题，带来了先进的医疗经验技术，从以前的输血式扶贫义诊，向造血式长期帮扶转变。活动期间，广东省侨联联合广东省侨界仁爱基金会、邓老凉茶药业公司向湛江侨界捐赠邓老清冠饮65箱，支持湛江侨界抗疫工作。

7月11日，广东省侨联副主席戴文威（中）参加“侨爱心——送温暖医疗队”义诊活动

【举办广东省侨联第二期基层侨联干部培训班】 9月22日，广东省侨联第二期基层侨联干部培训班在省社会主义学院开班。全省县（区）以下基层侨联干部、涉侨社团组织骨干、“侨胞之家”负责同志近80人出席开班仪式。重点学习《习近平谈治国理政》第三卷，以及习近平总书记关于党建工作、群团工作、侨务工作的重要论述和对广东重要讲话、重要指示批示精神，进一步贯彻落实新时代加强基层侨联建设的《指导意见》和《实施办法》，提升各级侨联干部的政治理论素养、履职尽责能力、为侨服务水平，推动广东基层侨联建设高标准、高质量发展。

【“侨爱南粤·法治沙龙”（第二期）走进中山】 9月28日，以“聚焦湾区法治发展　助力中山重振虎威”为主题的“侨爱南粤·法治沙龙”（第二期）在中山举行。广东省侨联法律顾问委员会，大湾区9市侨联权益保障部门，广东省和中山市法律界代表，中山市侨界企业、新侨组织及海外侨胞、侨界群众代表约130人参加了活动。来自广东省依法治省办公室、省普法办、省法学会、省律协、省市侨联法顾委、市中级人民法院等部门的专家分别作了主题发言，并就近年侨企纠纷案例进行点评分析。在交流环节，专家们对侨资侨属企业家遇到的劳动类、知识产权、合同纠纷、金融税务、国际贸易等问题逐一进行解答，并提出专业的意见和建议。

9月28日，广东省侨联举办“侨爱南粤·法治沙龙”（第二期）走进中山

【举办广东省侨联系统第三期基层党组织书记培训班】9月14日—18日，广东省侨联系统第三期基层党组织书记培训班在江门市五邑大学举办。全省侨联系统基层党组织书记及省侨联机关党员干部100多人参加了培训。此次培训班是广东省侨联落实党的十九大精神和广东省加强基层组织建设三年行动计划的具体举措。培训期间，共安排了五场专题辅导课，邀请了华南农业大学马克思学院院长张丰清、五邑大学广东侨乡文化研究中心主任张国雄等，分别作了《习近平谈治国理政》第三卷专题辅导报告、“新时代侨情与侨务”研究情况介绍。其间，还组织学员们到周文雍、陈铁军烈士纪念馆瞻仰，重温入党誓词；赴开平风采堂开展了廉政教育，参观了开平博物馆、沙岗侨联等，既有理论传授、专家解疑释惑，也有参观交流、实践感受，取得了很好的教学效果。

5月7日，香港侨界社团联会接收侨爱心健康包

【开展侨界公益慈善事业】2020年，广东省侨联以省侨界仁爱基金会为平台，接受海内外侨社团和爱心人士捐赠的抗疫善款和物资。据不完全统计，仁爱基金会作为疫情发生后第一批海关报关单位，共接收来自30多个国家和地区的侨团和个人以及国内爱心单位和个人捐款800多万元，捐赠物资价值1700多万元。联合美国潮商总会、北京潮人海外联谊会开展“侨爱南粤·你在前方抗疫，我在后方保障”关爱援鄂医疗队队员公益项目，为北京市和广东省派赴湖北省支援抗疫的2630名医护人员购买50万元/位的专属综合保险。同时，为潮汕三市76名援鄂医护人员每人赠送关爱金3.3万元（总额达250多万元），为牺牲的王烁烈士送上20万元慰问金并争取到通融赔付。另外，还筹集物资支援厄瓜多尔、伯利兹、缅甸等海外侨团抗疫。

【广州市侨联组织“爱国、爱乡、爱自己的家人”第七届侨文化活动日】11月25日，广州市侨联在广州文化公园组织第七届侨文化活动日。广州市各区及直属侨联、市直有关单位等500余人参加活动。此次活动日以“爱国、爱乡、爱自己的家人”为主题，选在颇具西关风情的文化公园举行，将侨乡的地域特色与侨文化的特性有机融合，不仅更加紧密地把侨界群众团结在党的周围，更是全方位、零距离展示侨心、侨味、侨情蕴含的浓浓风韵，尽显新时代侨界新风貌，为广州加快实现老城市新活力、“四个出新出彩”，奋力在全面建设社会主义现代化国家新征程中走在全国全省前列、创造新的辉煌贡献侨界力量。此次侨文化活动日组织了侨文艺汇演、图片展、书画挥毫、涉侨法律咨询等一系列富有侨特色的文化活动。1.5万多名入园群众驻足观看表演，展现了新时代侨界精神风貌。

11月25日，广州市侨联在广州文化公园组织“爱国、爱乡、爱自己的家人”第七届侨文化活动日

【江门市举办首个“云上世青会”】2020 年 10 月，广东江门市举行首个“云上世界江门青年大会”。大会以“纵横万里皆兄弟，一脉同胞云相约”为主题，首次以“云直播”形式与世界江门青年在“云”上相见，“线”上相约。主会场设立在江门广播电视台，在美国、巴西、哥斯达黎加、委内瑞拉、澳大利亚、马来西亚及中国澳门等地设立 7 个海外（境外）分会场，在台山市、开平市、鹤山市和恩平市设立 4 个国内分会场。此次活动共发动 75 个国家和地区的 350 个侨团参与，传播范围遍及全球 100 个国家和地区，覆盖逾 1 亿人次。大会分“云相约”“云商机”“云对话”三大环节，重点围绕经贸合作、文化传承、为侨服务等方面开展，为加强与海外青年沟通互动提供一个创新的平台，促进海内外侨商经贸交流。其中，在“云对话”环节上，市侨务局、市商务局、市侨联等部门负责人及名中医、呼吸道专家等专业人士，就经贸对接、为侨服务、居家防疫等问题与境外乡亲线上互动交流。

2020 年 10 月，江门市举办首个“云上世青会”

省级侨联工作

广西壮族自治区归国华侨联合会

【领导成员名单】

党组书记、主席：谭　斌

专 职 副 主 席：廖志刚　林振龙

兼 职 副 主 席：陈洁英（女）　肖开宁　杨志光　赖郁尘　丘陆嵩（女）　李昌富　汤玉婵（女）

挂 任 副 主 席：潘伟红（女）

秘　　书　　长：李开伟

【综述】2020 年，广西壮族自治区侨联在自治区党委的坚强领导和中国侨联的大力支持下，团结全区各级侨联组织以习近平新时代中国特色社会主义思想为指导，全面贯彻党的十九大和十九届历次全会精神，深入学习贯彻习近平总书记关于群团工作和侨务工作重要论述，增强“四个意识”、坚定“四个自信”、做到“两个维护”，紧跟形势发展，以党的建设为统领，以同心抗疫为重点，紧扣侨联工作职能，推动各项工作有序开展，在服务经济发展、依法维护侨益、拓展海外联谊、积极参政议政、弘扬中华文化、参与社会建设等方面取得新成效。

10 月 29 日，全区侨联系统文化宣传会议在广西南宁召开，自治区侨联党组成员、副主席、一级巡视员廖志刚出席会议并讲话

【加强侨界信息宣传阵地建设】自治区侨联制定《自治区侨联关于加强新闻宣传、规范新闻报道的实施办法（试行）》，落实网络安全和信息化工作责任制，推动党管媒体、党管意识形态在侨联落地。召开全区侨联系统文化宣传工作会议，举办“祖国情 · 赤子心”纪念印尼归侨回国 60 周年活动。加强与中新社、广西日报、华声晨报、人民网、中国侨网及海外侨界华文媒体建立合作关系，办好对外刊物《八桂侨刊》。自治区侨联官网、微信公众号平台发布各类信息与 2019 年相比大幅度增长，年内在中国侨联官方网站（含公众号）、中国侨网、中新社网站、广西日报刊发信息超 250 条，广西壮族自治区侨联官网、公众号刊发及转载新闻 500 多篇，在疫情期间、全国两会期间发布的多篇信息浏览量均超过 2500 人次。挖掘扶贫领域侨联代表人物、典型事例，宣传海外侨胞支持广西美丽乡村、脱贫攻坚的善举。

【团结侨界助力疫情防控】农历大年初二，广西壮族自治区侨联向海内外侨界发出捐赠倡议，发动广大归侨侨眷、海外侨胞和各界人士共同参与抗疫。1 月 31 日联系并接受了老挝侨团捐赠的 14 万个医用口罩，是广西收到的第一批海外防疫捐赠物资，折合人民币 700 多万元，捐赠款人民币 235 万元全部用于购置急需防疫物资。组织捐赠 500

7 月 28 日，由广西壮族自治区侨联主办的“祖国情 · 赤子心”纪念印尼归侨回国 60 周年活动在南宁举行

1 月 31 日，自治区侨联收到老挝侨社团捐赠的 14 万个医用口罩，这是广西接收的第一批海外防疫捐赠物资

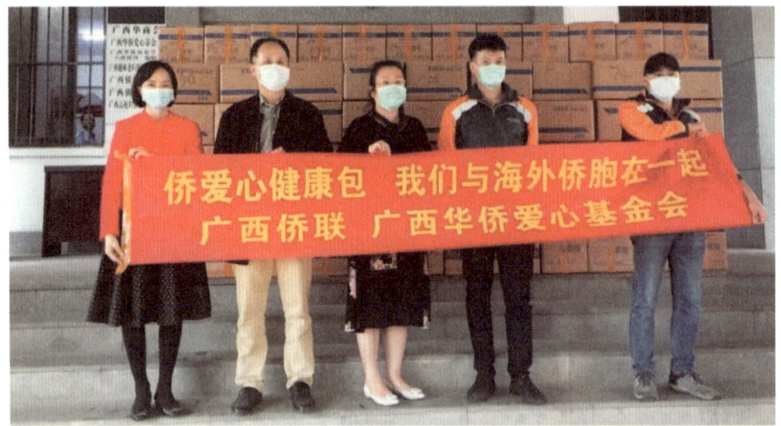

4 月 23 日，首批抗疫物资在举行“侨爱心健康包”捐赠仪式后，从广西启程运送给疫情比较严重国家的桂籍海外侨胞和留学生

4 月 19 日，自治区侨联党组书记、主席谭斌到钦州市侨资企业走访调研

6 月 10 日，由自治区侨联主办，广西华商会、广西壮族自治区侨联法律顾问委员会承办的《中华人民共和国外商投资法》解读专题讲座在南宁举办

个健康包，分批发送给疫情严重国家的桂籍海外侨胞和留学生。指导各市、县侨联投身疫情防控和复工复产，义务到社区值守，深入企业走访调研，做好协调服务工作。颂扬疫情防控大爱善举，选树和宣传疫情防控工作先进典型，玉林市侨联、防城港市侨联、广西华侨爱心基金会等 3 个单位和施红、黄佳映、莫远婷、梁人云等 4 名侨联干部荣获全国侨联系统抗击新冠肺炎疫情先进集体、先进个人荣誉称号。开展“我的祖国 · 侨界抗疫”（广西）图片及微视频作品征集活动，制作“我的祖国 · 侨界抗疫——广西壮族自治区侨联联合侨界力量抗疫纪实”微视频记录短片，展示桂籍乡亲同心协力抗击疫情的感人故事。实地走访调研 80 多家侨资企业，指导重点侨资企业复工复产和疫情防控工作，传达纾困政策，帮助企业解决用工紧张、防疫物资短缺、物流不畅、资金不足等复工难题 17 个。依托广西华侨爱心基金会、广西华商会打造侨企防控物资信息平台，汇总物资供应源，促进侨企资源共享。邀请资深律师举办专题讲座，解读《中华人民共和国外商投资法》，增强侨企对未来中国市场发展前景的信心。

【强化担当推动落实“六稳”“六保”】广西壮族自治区侨联承办第二届“一带一路”侨商侨领交流合作大会，邀请中国侨联领导和中国侨商会组织有实力的侨商侨领近 100 人参加大会，成功举办一系列招商引资、实地考察和多边洽

10 月 20 日，以“共建共享‘一带一路’新商机 谱写广西开放发展新篇章”为主题的第二届“一带一路”侨商侨领交流合作大会在南宁开幕，中国侨联顾问王永乐在会上致辞

10 月 21 日—22 日，由中国侨商联合会、自治区侨联和钦州市委市政府联合主办的“创业中华—华商八桂行·钦州新机遇”活动在钦州举办

7 月 28 日，广西壮族自治区侨联特聘专家委员会第二届委员大会在南宁召开，会上聘请了 90 名海内外专家为专家委员会第二届委员

谈活动；在钦州市举办“创业中华—华商八桂行·钦州新机遇”活动；打造侨联“一带一路”（柬埔寨）农产品加工产业园，引导服务更多企业走出国门；协助钦州市举办 2020 年中国—东盟（钦州）云推介会，邀请 30 多名东盟侨商和侨领参加云推介会，为企业创造投资机会。编印《侨商投资政策摘编》，为侨资企业提供政策咨询。聘请 90 名（含海外 28 名）各领域专家学者为第二届广西壮族自治区侨联特聘专家委员会委员，打造侨联宽领域专家服务团队。组织参加中国侨联“第八届侨界贡献奖”评选活动，百色市人民医院周昌静荣获一等奖，吴全满、王羽潇、王晓鹏、尤燕舞等 4 人荣获二等奖，广西壮族自治区侨联荣获优秀组织工作奖。

【多渠道宣传壮乡文化】广西壮族自治区侨联以南宁市昆仑关战役旧址博物馆、贺州市黄姚古镇等一批“中国华侨国际文化交流基地”为平台和抓手，开展广西壮乡特色文化交流系列活动，传承和传播中华优秀文化、广西民族文化。2020 年，柳州市白莲洞洞穴科学博物馆、百色市百色起义纪念馆、中国工农红军第七军军部旧址、玉林市容县容州古城等 4 家单位获得中国侨联认定为“中国华侨国际文化交流基地”；线上承办 7 期 42 班“亲情中华·网上夏令营”，来自加拿大、英国、美国、西班牙等 13 个国家的 1467 名华裔青少年参营学习，是广西壮族自治区侨联自承办夏令营以来参营人数最多的一次；引导海外侨社团线上举办了 12 场“广西三月三·乡音播全球”主题文化宣传活动，在国外引起热烈反响，得到中央外宣办的密切关注。如英国广西

11 月 24 日，广西华侨学校举行“侨胞之家”揭牌仪式暨东盟国际美食节活动

社团联合总会在伦敦开展“广西三月三·乡音播全球”文化服饰大赛、美东广西青年学友会 2020 年国庆和中秋佳节举办的“广西三月三·乡音播全球”广西同乡中秋联欢会活动等；制作广西壮族自治区侨联文化交流品牌宣传片“广西三月三·乡音播全球”音乐视频，获得海内外侨胞热烈点赞；与中国侨联在贺州市共同举办“亲情中华·走进黄姚古镇”暨“广西三月三·乡音播全球”慰问演出活动，在柳州市顺利举办柳城华侨农场 60 华诞慰问演出活动，近 28 万海内外侨界朋友线上观看演出。

【提升素质增强服务侨界能力】广西壮族自治区侨联以提升组织力为重点，做实做牢意识形态工作、精神文明建设工作、民族团结、平安建设等专项工作，扎实推进新时代党建

11 月 20 日，由自治区侨联主办的全区侨联委员干部培训班在南宁开班

11 月 6 日，中国侨联“亲情中华·文艺轻骑兵”走进广西柳城华侨农场举办柳城华侨农场 60 华诞慰问演出活动

5 月 28 日，广西华侨学校举行“中国华侨国际文化交流基地”揭牌仪式，自治区侨联副主席潘伟红、广西华侨学校校长陈进超共同为基地揭牌

带侨建的广度和深度，修订完善近 60 项涉及党建、人事、财务、廉政等方面的制度，出台《自治区侨联制度汇编》，以制度管人管事。组织观看国家安全图片展和防谍系列警示教育片，开展干部教育培训，提升侨联干部、工作者素质。指导各地结合实际加强基层侨联组织建设，玉林市容县实现乡镇侨联组织全覆盖。在广西华侨学校召开广西“侨胞之家”现场学习会，树立典型，推广经验。全区已建成 192 家“侨胞之家”，为更多归侨侨眷提供学习交流、话乡情叙友情的联谊平台。启迪川海投资集团有限公司、百色华侨实业有限责任公司侨联、东兴市华侨联谊会、正培五金机电有限责任公司、容县十里镇大坡村等五个“侨胞之家”荣获 2018—2020 年度全国侨联系统优秀“侨胞之家”荣誉称号，为深化“侨胞之家”创建工作树立典范。

【参政议政服务社会发展】广西壮族自治区侨联组织五级人大代表赴崇左市扶绥县岜盆乡姑豆村就脱贫攻坚、疫情防控等工作开展座谈交流。全国人大广西侨界代表深入研读《中华人民共和国民法典（草案）》，对草案提出 5 条修改意见，获得相关办理机构好评；在十三届全国人大三次会议期间，审议《最高人民法院工作报告》《最高人民检察院工作报告》时建议“对如何从法律层面上解决民营企业的原罪问题进行探索和突破，稳定资本，促进外流资金回流国内”获得最高人民检察院的关注和高度重视。组织侨界政协委员到广西自贸区考察调研，为广西高质量发展提出意见建议。2020 年共收到涉侨信访来访件 10 件，均按有关规定督促协调相关部门调查处理。在玉林市容县设立广西第一家涉侨巡回法庭——容县人民法院涉侨巡回法庭，建立涉侨纠纷多元化解“容县模式”，即巡回法庭 + 侨联涉侨纠纷人民调解委员会 + 驻村工作站，把矛盾化解在萌芽状态。宣传《涉侨法律政策指南》读本，组织发动社会各界积极参加纪念《归侨侨眷权益保护法》颁布 30 周年暨第二届“侨商杯”法律知识竞赛活动，广西壮族自治区侨联荣获组织奖三等奖。

9 月 29 日，广西壮族自治区侨联主席谭斌作为全国人大代表赴岜盆乡姑豆村人大代表联络站开展“提升乡村医疗保障，推动爱国卫生运动，助力建成小康社会”主题活动

【凝聚侨界力量参与公益慈善事业】广西壮族自治区侨联依托广西华侨爱心基金会，在侨界筹集 365 万元善款资助广西中医药大学第一附属医院等 11 家医院医疗卫生公益项目；向崇左、贵港、玉林、柳州等市捐赠价值约 7355 万元的医疗设备，极大缓解医院医疗设备不足问题；与湖南爱眼公益基金会联合开展“热血铸军魂　爱眼助从戎”应征入伍近视青年军旅慰问金项目，助力广西国防征兵工作。获得中国华侨公益基金会经费支持在北海、崇左等市举办以“侨爱心 · 光明行”为主题的白内障复明公益救助

活动，帮助困难侨众恢复光明；深入帮扶村指导脱贫攻坚工作，投入18.5万元建成村小学饮水工程、村路亮化工程、水利灌溉渠道改造工程等项目。举办电商培训班，指导帮扶村在农副产品网络销售点“扶贫832”平台网上注册、销售农产品。组织侨界医学专家为村民免费诊治疾病，慰问残疾困难户，资助困难家庭学生就学。广泛动员组织侨企、社会组织、爱心人士等社会力量，开展各具特色的助教、助医、助残、助贫等活动，参与打赢脱贫攻坚战。挖掘扶贫领域侨联代表人物、典型事例，百色市、钦州市、崇左大新县、来宾金秀县侨联等4个侨联和杨伟东、杨健兰、郑芬、黄彩色等4名侨联干部分别荣获全国侨联系统助力脱贫攻坚先进集体、先进个人荣誉称号。

【召开海外华侨华人防城港联谊大会】防城港市侨联以“侨乡连侨同心抗疫·五洲聚力医学合作”为主题召开海外华侨华人防城港联谊大会，通过视频连线形式在线上举行，对防城港市近年来的发展进行了全面宣传，现场详细介绍了防城港国际医学开放试验区（中国）的发展思路和重点引进项目情况，以及防城港市各方面优势，邀请海外华侨华人前来防城港投资置业，实现共赢发展。来自世界30多个国家和地区的近10000名海内外侨胞通过线上出席大会，来自美国、俄罗斯、英国、智利、新西兰、越南、泰国、马来西亚、南非及中国香港等国家和地区的10多名侨领在会上发言，提出到防城港国际医学开放试验区投资的意向，对拓宽海内外联谊、凝聚侨心、汇集侨力、维护侨益、发挥侨智、建设侨乡，对展示和宣传防城港具有十分重要的意义。

【钦州市侨联发挥地方优势服务经济建设有新成效】钦州市侨联充分发挥侨力资源优势，在已建立的多个全球性华商沟通微信群发出倡议，引荐海外华商到中国（广西）自由贸易试验区钦州港片区注册公司，为自贸区发展助力。据统计，2020年共牵线30多家华商企业到自贸区注册落户。5月，与钦州市发改委、市投资促进局、高新技术开发区、广西自贸区钦州港片区招商中心联合举行2020年中国—东盟（钦州）云推介会，邀请东南亚30多位客商参加了推介活动；10月，与钦州市委统战部、市投资促进局联合承办“创业中华—华商八桂行·钦州新机遇”活动，邀请华商侨领160多人来钦参观考察，钦州市委书记许永锞、市长谭丕创分别会见中国侨商会、广西壮族自治区侨联领导及华商侨领嘉宾，市长谭丕创在推介会上致辞，市委常委、统战部部长李开创主持推介会议，各县区及相关部门分别作推介发言，活动取得了积极成效。

【贵港市侨联做大做强“侨心工程”】贵港市侨联联合爱尔眼科医院开展医疗济困活动。据统计，贵港市平南县“侨爱心·光明行”公益活动启动至今，已为1500余名群众进行了眼病筛查，为87名眼疾患者提供免费眼科医疗服务，共资助金额达15万元，帮助贫困群众重获光明、重拾生活信心；会同贵港市各县（市、区）侨联、平南同安骨伤医院及桂平市华春堂医院，组织开展2次“侨爱心·送温暖医疗队”活动，累计派出专家30余人次，为500多名患者进行义诊，以实际行动深入推进“健康扶贫”。促成华春堂医院与广西华侨爱心基金会开展合作，启动共计300万元项目资金的“华春堂爱心健康行”专项帮扶公益基金项目。促成广西京茂置业集团有限公司通过广西华侨爱心基金会，向贵港市教育发展基金会捐赠人民币50万元、为贵港港北大圩上莲小学、港北庆丰镇大平小学等7所乡村小学捐赠总价值约25万元的图书、书架及书包一批，受益学生达1500余人。

9月20日，由广西华侨爱心基金会、贵港市侨联、贵港市教育局、贵港市教育发展基金会、广西京茂置业集团有限公司共同举办的“筑梦教育　苏园同行”京茂集团·贵港苏园项目向教育发展基金会捐赠仪式在贵港荷城中学举行

海南省归国华侨联合会

【领导成员名单】

党组书记、主席：黎才旺

专职副主席：苏　燕（女）

兼职副主席：李桂英（女）　陈文培　陈达繁　林　旭　欧曼琛　韩　电

秘　书　长：李　诚（5月19日当选）

【综述】 2020年，在海南省委的坚强领导和中国侨联的关心指导下，海南省侨联高举习近平新时代中国特色社会主义思想伟大旗帜，深入贯彻习近平总书记关于海南自贸港建设重要指示批示精神，严格落实《海南自由贸易港建设总体方案》要求和海南省委贯彻落实总体方案的决定，全面加强党的领导，认真履行工作职能，切实加强自身建设，广泛凝聚侨心侨智侨力投身海南自贸港建设，作出侨界贡献。

3月3日，在海口举行海南省侨联下属社团抗击疫情捐款交接仪式

【侨联同心战“疫”】 自新冠肺炎疫情发生以来，海南省侨联充分发挥职能优势，扛起责任担当，与涉侨部门共同努力，与全省人民同心战“疫”。自1月26日起，省侨联第一时间发出《关于号召琼籍海外侨胞为打赢“新型冠状病毒感染肺炎”防控战役捐赠物资的倡议书》《致在琼海外侨胞的一封信》《众志成城抗击疫情　侨界携手齐力行动——海南省侨联委员及下属社团捐款捐物抗击疫情倡议书》《爱心接力　共抗疫情——海南省华商联谊会发动侨界捐款助力抗击疫情》等倡议书，得到了美国、加拿大、日本、越南、马来西亚、新加坡等22个国家和地区的44个侨团，以及省内外侨属社团、侨企、归侨侨眷和广大侨胞积极响应、迅速行动，想方设法购买海南紧缺的医疗物资并寄回家乡。据统计，海内外侨胞、侨团、侨企等捐赠医疗物资达297.57万件，价值人民币806.16万元，抗疫捐款共计人民币403.89万元。省侨联积极响应省委省政府关于关爱抗疫医务人员及其家属、助农消费扶贫、服务企业复工复产号召，发动省侨联机关党员干部捐款人民币1.46万元支持消费扶贫；对省人民医院、省中医院、海南医学院第二附属医院、海口市人民医院等援鄂的152名医务人员及其家属开展慰问活动，慰问品价值人民币10万元；省侨联班子成员带队赴重点侨乡市县、驻点帮扶村及部分侨商侨企进行调研，赠送防护物资，协调解决困难，引导复工复产。在海外侨胞受疫情影响时，海南省侨联协同省涉侨部门共筹集39.3万只口罩、30万只手套，发送给19个国家的37个海外社团；争取中国侨联支持，向10个国家和地区的海外琼属社团、琼籍留

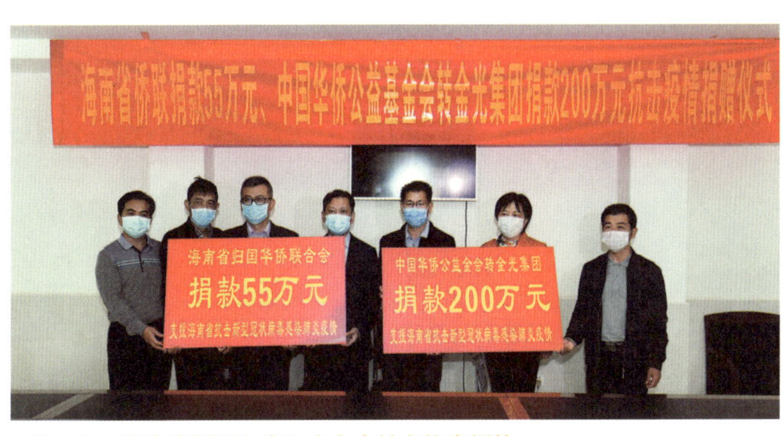

2月6日，海南省侨联向省红十字会转交抗疫捐款

2 月 26 日，慰问援鄂医务人员家属

学生和华文教育机构赠送 1000 份“侨爱心健康包”，得到海外社团、乡亲的高度好评。

【加强学习为自贸港建设作贡献】一是党组高度重视，迅速组织学习。6 月 3 日，海南省侨联召开党组（扩大）会议，传达学习贯彻习近平总书记对海南自由贸易港建设作出的重要指示精神、中央推进海南全面深化改革开放领导小组第三次全体会议精神、海南省委常委会（扩大）会议精神和《海南自由贸易港建设总体方案》。二是举办《海南自由贸易港建设总体方案》和《中华人民共和国民法典》宣讲会。6 月 30 日和 7 月 22 日，省侨联在海口分别举办《海南自由贸易港建设总体方案》和《中华人民共和国民法典》宣讲会，省侨联党组书记、主席黎才旺，副主席苏燕、陈文培，秘书长李诚，海府地区侨联委员、下属社团会员，以及在琼的新加坡、泰国、印尼、美国、加拿大、意大利、德国、西班牙等国的海外侨胞等 90 多人参加了宣讲会。宣讲会邀请中国南海研究院自贸港研究中心主任于涛对《总体方案》作专题解读；省律师协会副会长、省侨联法顾委副主任程晓东对《民法典》进行宣讲。三是举办侨联系统干部培训班。8 月 17 日，省侨联系统干部培训班在海口举行，来自省、市、县、高校、农垦等侨联组织的侨联干部和来自街道、社区、乡镇、村居、企业的侨联工作者共 170 多人参加培训。苏燕副主席出席开班式并作动员讲话。

【举办“世界侨商海南行”活动】9 月 6 日—10 日，由中国侨商联合会、海南省侨联、海南国际经济发展局主办，海南省侨商联合会承办的以“建设自贸港　侨商作贡献”为主题的“世界侨商海南行”活动举行。省委书记刘赐贵对活动作出了“做好自贸港建设的宣传项目介绍”重要批示。中国侨联副主席李卓彬，海南省委副书记李军及来自 14 个国家和地区的 50 余位知名侨商出席活动。在 9 月 7 日的开幕式上，李卓彬希望侨商更好地了解海南自贸港的有关政策，带动更多侨商来琼投资。李军希望广大侨商积极在海南投资兴业，带动更多侨商侨企投身海南自贸港建设。与会侨商就科创平台建设、金融投资、健康养生、环保产业等投资意向同海南省相关部门负责人进行了互动交流。活动期间，侨商代表团实地考察了海口江东新区、博鳌

9 月 7 日，世界侨商海南行开幕式暨政策推介会在海口举行

6 月 30 日，海南省侨联举办《海南自由贸易港建设总体方案》和《中华人民共和国民法典》宣讲会

9 月 9 日，在“世界侨商海南行”三亚项目推介会上，三亚市人民政府与海南省侨联签订联合招商工作机制合作备忘录

乐城国际医疗旅游先行区、陵水黎安国际教育创新试验区、三亚中央商务区、三亚崖州湾科技城等海南自贸港重点产业园区。通过考察，42 位侨商有投资意向，部分侨商已注册公司，正开展项目洽谈投资。9 月 9 日，在“世界侨商海南行”三亚项目推介会上，三亚市政府与省侨联签订联合招商工作机制合作备忘录，着力搭建侨资协同招商工作模式，全力推动高质量国际化招商引资工作，为海南自贸港建设赋新能。

【全国政协侨联界委员考察团来琼考察调研】 10 月 19 日—24 日，以中国侨联副主席李卓彬为团长、全国政协港澳台侨委副主任康晓萍为副团长的全国政协侨联界委员考察团一行 15 人来琼，就海南自贸港建设进行考察调研。海南省政协主席毛万春、副主席马勇霞会见了考察团一行。省政协常委、港澳台侨外事委主任王琼珠，省侨联主席黎才旺、副主席苏燕及市、县相关部门领导陪同调研。在琼期间，考察团一行在海口和三亚分别召开座谈会，听取省委深改办、省发展改革委、省商务厅、省委人才发展局、省侨办、省侨联和三亚市等有关部门的工作汇报。考察团表示，将进一步整合侨界资源，发挥侨力优势，形成侨界合力，团结动员广大归侨侨眷和海外侨胞在助力海南自贸港加快形成更加开放、更加便利、更加自由的金融环境、交通枢纽等方面引导广大侨胞发挥更大作用。

【成立海南省侨联特聘专家委员会】 12 月 4 日，海南省侨联特聘专家委员会成立大会在海口召开，中国侨联经济科技部部长赵红英到会祝贺并致辞，省侨联主席黎才旺出席会议并讲话。会议由副主席苏燕主持，副主席李桂英、陈文培、欧曼琛，秘书长李诚出席会议。会议聘任王毅为主任委员，曲轶等 7 人为副主任委员，丁铎等 70 人为委员。会议向首批 78 位“专委会”委员颁发了聘书。省侨联特聘专家委员会委员分别

12 月 4 日，海南省侨联特聘专家委员会成立大会现场

由中国侨联及各市县侨联、各高等院校、科研院所及海外社团推荐，其中副高以上职称或具有博士学位者占 87%，涉及经济学、医学、农业科学、社会科学、法学、海洋科学、材料科学等多个领域；海外留学、工作及侨居国包括美国、加拿

10 月 19 日，全国政协侨联界委员考察团来琼考察，在海口召开座谈会

大、英国、德国、法国、意大利等 24 个国家和地区。

【开展“送温暖”春节慰问活动】 1 月 19 日—21 日，中国侨联副主席李卓彬率中国侨联和全国总工会联合慰问组一行到海南开展“送温暖”春节慰问活动。李卓彬一行看望了南侨机工张修隆老人，慰问了文昌华侨农场、澄迈华侨农场的困难归侨侨眷，向他们致以新春的问候和诚挚的祝福。海南省副省长苻彩香会见了慰问组一行并进行座谈交流。1 月初，省侨联副主席苏燕、秘书长李诚分别率慰问组前往海口、琼海、万宁、琼中等市、县开展“送温暖、献爱心”慰问活动，把侨联组织的新春问候送到侨界困难群众、南侨机工遗属和贫困户家中，让困难群众深切感受到党和政府的温暖。

7 月 19 日，海南省侨联助多国侨商寻自贸港发展商机

1 月 19 日—21 日，李卓彬副主席（右三）慰问文昌华侨农场困难归侨侨眷

【服务侨商侨企到海南考察】 一是浙江侨商侨企投资考察团来琼考察交流。7 月 23 日，海南省侨联联系安排浙江省侨界青年联合会组织的浙江侨商侨企投资考察团一行 12 人，到海南实地考察寻找发展机遇。黎才旺主席主持召开座谈会并致辞。海南国际经济发展局代表及侨商、侨界青年代表等 20 余人参加座谈会。座谈会上，琼浙两地侨商、侨界青年代表结合自身投资项目进行了充分交流。考察团一行还前往海口市江东新区、三亚市、陵水县进行实地调研。二是助力多国侨商寻找海南自贸港发展商机。7 月 19 日，中国侨商联合会常务副会长钟保家率领来自阿联酋、越南、日本、乌干达、柬埔寨和中国香港等地的侨商来琼考察，了解海南自贸港优惠政策并寻求发展商机。在省侨联、海南国际经济发展局指导下，省科技企业联合会、省酒店与餐饮行业协会与海外侨商代表进行座谈。座谈会上，侨商代表就汽车装配、涉外劳务等方面内容与海南国际经济发展局及有关部门负责人进行了交流。三是率团参加“2020 侨界菁英川渝

2020 年，海南省侨联助力海南自贸港建设，联系对接葡萄牙、奥地利、澳大利亚、阿根廷等海外华侨华人社团代表到海南开展商务考察

汇·天府新区商会联盟大会”。11月16日—21日，省侨联主席黎才旺率领省侨联、市县侨联干部和侨商代表组成考察团，赴四川参加“2020侨界菁英川渝汇·天府新区商会联盟大会”。来自澳洲、美国、加拿大、法国、意大利和中国香港、澳门等国家和地区的知名侨商，国企、民企代表逾400人参加活动。在会上，海南省侨商联合会与四川省侨商联合会、重庆华商会签订了战略合作协议，未来三方将加强在经贸、投资、科技、文化等领域的互联互通和交流合作。2020年海南省侨联协调对接浙江、福建、贵州等省市侨商考察团9批约200人次，通过组织专场推介会、考察重点园区等活动，部分侨商已对接市、县部分项目，并进行进一步考察洽谈投资。

【举办海外侨领代表座谈会】4月18日，海南省侨联在海口市举办海外侨领代表座谈会。海南省侨联党组书记、主席黎才旺主持会议，副主席苏燕、李桂英，秘书长李诚及在琼的美国、日本、澳大利亚、加拿大、新加坡、印尼、奥地利、苏里南、中国香港等9个国家和地区的海外侨胞代表20人出席座谈会。黎才旺表示，海外侨胞情牵故里、捐款捐物，全力支援家乡抗击疫情，作出较大贡献，侨联永远是海外乡亲的“娘家”，将一如既往做好联系服务工作。海外侨领代表感谢省委省政府和省侨联在海外疫情大暴发时对海外乡亲的关心关怀，在海南自贸港建设中，将积极响应号召，发挥海外侨胞的独特作用，形成共享资源、合作共赢的新局面。

【扶贫工作取得新成效】2020年海南省侨联从强化帮扶措施、改变帮扶方式、增加资金投入、强化帮扶项目、改善人居环境等方面开展帮扶，扶贫工作成绩显著。一是党组成立定点扶贫领导小组，制定年度帮扶工作方案；全年共有6次党组会议对定点扶贫工作进行研究；班子成员共13次深入定点扶贫村调研，形成调研报告5篇，推动落实工作成效明显。二是争取支持和协调落实资金320万元，调整资金20万元，筹措社会资金5万元，投入扶贫产业、基础设施建设。三是选派一名四级调研员担任驻村第一书记，得到当地好评。四是指导督促问题整改和查漏补缺，2019年至2020年存在和发现的问题，全部完成整改清零；巩固提升原有产业3个，新增产业4个；拓宽务工就业5名，组织外出务工100名；组织开展实用技能培训或现场受训3次，参加受训人员达142人次；组织销

6月11日—12日，海南省侨联主席黎才旺（左二）组织下属社团负责人到琼中帮扶点调研

4月18日，海南省侨联领导与在琼的海外侨领代表座谈交流后合影

售贫困村产品5次，组织参与集中消费扶贫5次，发动干部职工消费扶贫达23782元，动员社会力量参与消费扶贫近4万元；维修复明路灯46盏，新装路灯8盏；建设电商平台并配置设备，为网上销售产品创造条件；6次组织村民开展环境卫生整治，完成“厕所革命”工作任务。

【召开海南省侨联六届四次全委会】 5月19日，海南省侨联六届四次全委会议在海口召开。省侨联党组书记、主席黎才旺作工作报告，副主席苏燕主持会议，省侨联委员、列席人员等80多人参加会议。会议传达学习了省人大六届三次会议、省政协七届三次会议、中国侨联十届三次全委会议精神；通报了省侨联团结侨界抗击疫情情况；增补了省侨联六届委员会9名委员、4名常委；选举李诚同志为省侨联六届委员会秘书长。

5月19日，海南省侨联六届四次全委会议在海口召开

【开展“追梦中华·走进自贸港”海外华文媒体海南采风行活动】 9月16日—24日，由中国侨联指导、海南省侨联主办的“追梦中华·走进自贸港”海外华文媒体海南采风行活动在海南举行。9月17日，在海口市举行“追梦中华·走进自贸港”海外华文媒体海南采风行活动开幕式，中国侨联、省委宣传部、省委自贸港工委办、省发改委、省旅文厅、省商务厅、省政协港澳台侨外事委、省侨联、致公党海南省委会等相关人员和来自马来西亚、美国、加拿大、英国、阿根廷、瑞士、匈牙利等国家和中国香港的10家海外华文媒体及人民日报海外版、人民网、中央广播电视总台、光明日报、中国侨网等5家中央媒体的记者参加了开幕式。在开幕式上，相关单位人员为参会媒体讲解海南自贸港建设目标、特殊税收政策制度安排、重点产业新机遇等内容，并对采风团媒体记者关心的海南自贸港政策及热点问题进行面对面座谈交流、解答。开幕式结束后，采风团一行先后赴海口、文昌、琼海、万宁、洋浦、三亚进行实地参观、采风和考察。活动期间刊发稿件700多篇，阅读量近1000万人次。

9月24日，“追梦中华·走进自贸港”海外华文媒体海南采风团在三亚博后村合影

【承办“亲情中华·为你讲故事”网上夏令营活动】5月—8月，海南省侨联承办了三期“亲情中华·为你讲故事”网上夏令营活动，共招收来自美国、加拿大、英国、缅甸等8个国家的524名营员。中国侨联文化交流部部长刘奇、省侨联副主席苏燕分别通过音频、视频方式在开幕式上致辞。在网上夏令营活动中，营员学习了《三字经》《西游记》《三国演义》等传统中华文化知识和“云游”海南蔡家宅，“云品尝”海南鸡饭、捞叶豆腐、笠等海南传统特色美食，感受了博大精深的中华文化，加深了对海南的认识和了解，取得了良好的效果。

【开展“庆祝建党99周年”主题党日活动】6月24日，为庆祝中国共产党成立99周年，巩固深化“不忘初心、牢记使命”主题教育成果，海南省侨联组织机关各部室、离退休老干部等党支部党员共21人前往省史志馆开展主题党日活动，庆祝党的生日。副主席苏燕、秘书长李诚以普通党员身份参加活动。此次活动增强了省侨联机关干部和离退休老干部的党性修养，提高了政治站位，坚定了建设海南自贸港的信心和决心。

6月24日，海南省侨联到海南省史志馆开展“庆祝建党99周年”主题党日活动

【海南省实现市、县侨联组织全覆盖】5月22日，海南省陵水县第一次归侨侨眷代表大会在陵水县召开，标志着陵水县侨联正式成立。会议选举产生了陵水县侨联第一届委员会和首届侨联领导班子，省侨联主席黎才旺出席大会开幕式并致辞。至此，海南省实现除三沙市外的市、县侨联组织全覆盖。

【举办“侨爱心·助力脱贫攻坚光明行”公益活动】7月—11月，在中国侨联的支持下，由海南省侨联、市县侨联、海南省侨爱公益基金会、海南爱尔新希望眼科医院联合举办的“侨爱心·助力脱贫攻坚光明行”公益活动在定安县启动。省侨联副主席苏燕，定安县委常委、统战部部长陈明永等出席了启动仪式。截至12月，海南爱尔新希望眼科医院在海口市、儋州市、文昌市、琼海市、东方市、澄迈县、定安县、屯昌县、临高县、白沙县、昌江县、乐东县等12个市县开展筛查工作，筛查人数3972人，白内障492人、胬肉237人，目前合计已进行手术477人。

7月3日，“侨爱心·助力脱贫攻坚光明行”公益项目在定安县正式启动

【成立海南省侨联涉侨纠纷人民调解委员会】8月7日，海南省侨联涉侨纠纷人民调解委员会在海口挂牌成立。省侨联党组书记、主席黎才旺，副主席苏燕、陈文培，秘书长李诚，省侨联法顾委副主任符琼芬以及省委统战部、省人大华侨外事工

8 月 7 日，海南省侨联涉侨纠纷人民调解委员会挂牌仪式在海口举行

委、省高级人民法院、省司法厅、海口市司法局等有关单位部门代表，省侨联法顾委律师团、省商业总会调解委员会、侨界社团、侨商等代表，以及美国、日本、泰国、加拿大、德国、奥地利等 6 个国家的海外侨胞代表共 40 余人参加了挂牌仪式。调委会成立后，为丹麦、美国的侨胞及侨眷成功调解了 3 宗纠纷案件，得到了侨界群众的好评，扩大了调委会的影响力。

【开展 2020 年“送科技、送文化、送法律、送医药”活动】 8 月 10 日—12 日，海南省侨联邀请海南大学、中国热带农业科学院、省侨联法顾委、海南医学院第一附属医院、海南医学院第二附属医院、文笔峰道医馆的专家学者以及律师赴定安、万宁、琼中等三个县市，开展 2020 年“送科技、送文化、送法律、送医药”活动。专家、学者和律师们为广大群众开展了医疗义诊、法律咨询、种植技术、法律宣讲等服务活动，省侨联还赠送了一批文化、科技、法律书籍和化肥。副主席苏燕还为参加活动的群众解读了海南自贸港政策。

【弘扬南侨机工爱国主义精神】 8 月 14 日，为纪念中国人民抗日战争暨世界反法西斯战争胜利 75 周年，弘扬南侨机工爱国主义精神，海南省侨联联合海口市侨联组织开展了瞻仰南洋华侨机工回国服务团、琼崖华侨联合总会回乡服务团纪念雕塑活动，敬献鲜花，聆听南侨机工回国参与抗战故事等活动。省侨联和市侨联机关干部职工，省南侨机工历史研究会代表等 40 多人参加了活动。副主席苏燕出席活动并致辞。会后，苏燕率队赴文昌市抱罗镇看望慰问海南唯一健在的南侨机工张修隆老人，详细了解老人的身体健康和衣食起居情况，并送上慰问金和慰问品。

【召开归难侨住房改造现场交流会】 9 月 3 日—4 日，海南省侨联和海垦集团联合在屯昌县召开全省归难侨住房改造现场交流会。省侨联、海垦集团、省资规厅、省住建厅、省安难办等部门以及垦区涉难侨农场、华侨农场和市县侨联等单位负责人、代表 50 多人参加交流会。省侨联党组书记、主席黎才旺，海垦集团党委副书记、工会主席邢帆分别在会上讲话。此次会议通过实地参观归难侨住房改造、交流经验、政策解答等形式，学习推广海垦中建农场公司、龙江农场公司在推进归难侨住房改造的好经验，推动全省归难侨住房改造工作深入开展，进一步落实人大代表建议、政协委员提案办理，带动和促进解决归难侨住房改造问题，增强侨界群众的获得感、幸福感和安全感。

【开展金秋助学活动】 9 月 9 日，海南省侨联系统 2020 年“金秋助学”仪式在海口举行。海南省侨联副主席苏燕、李桂英、欧曼琛，秘书长李诚，有关市、县侨联负责人，省侨联下属社

9 月 9 日，在“金秋助学”仪式上向受助的侨界学生发放助学金

团负责人，部分受助学生代表等110多人参加活动。省侨联联合省符确历史文化研究会、省江夏文化源流研究会、省邢有研究会、省南阳文化源流研究会等下属社团，共筹集发放助学金274万元，资助大学生1455人。

【举办海南省侨联系统信息员、调解员培训班】11月24日—26日，2020年海南省侨联系统信息员、调解员培训班分别在海口举办。各市县、农垦、高校侨联相关负责人及信息员，省侨联涉侨纠纷调解委员会、各市县及农垦侨联调解员共100多人参加培训。通过培训，提高了侨联系统信息员的政策理论、业务水平、写作技巧、写作能力；增强了调解员做好涉侨纠纷调解工作责任感和使命感，进一步提高了调解方法、技巧和工作能力水平。

11月24日，海南省侨联系统信息员培训班在海口举办

【组织侨商代表出席第五届中国国际饭店业大会】11月27日，由中国饭店协会、海口市人民政府、海南国际经济发展局、海南省侨联主办，海南省酒店与餐饮行业协会承办的第五届中国国际饭店业大会在海口举行。省侨联主席黎才旺及来自英国、美国、马来西亚、泰国、新加坡等16个国家和地区的27名侨商代表参加大会。此次中国国际饭店业大会以“‘十四五’、新科技、新供给”为主题，围绕“十四五”新发展格局展望、年度数据发布、消费促进专题、海南自贸港合作、海南特色文化考察五大方面内容，展望全球，聚焦中国，挖掘内需潜力，解读海南自贸港建设给酒店业带来的发展新机，进一步加深参会侨商代表对海南发展的认识和对海南自贸港政策的深入理解。会后，黎才旺主席会见了参加第五届中国国际饭店业大会的侨商代表。

【评选首批海南省华侨文化交流基地】为充分发挥华侨文化交流基地的平台作用和资源优势，积极组织归侨侨眷和海外侨胞开展丰富多彩的文化交流活动，传播中华文化，讲好中国故事和海南故事，为助力海南自贸港建设作出贡献，海南省侨联评选出文昌孔庙、蔡家宅、兴隆咖啡谷、三亚华侨学校、文笔峰、澄迈福山咖啡文化风情镇和海南农垦博物馆等7家单位为首批“海南省华侨文化交流基地”。

【举行“侨胞之家”授牌仪式】2020年，海南省侨联分别在万宁市兴隆咖啡谷、海南省华侨经济文化发展促进会的交流中心、三亚华侨学校举行“侨胞之家”授牌仪式，海南省侨联领导班子、相关单位负责人和下属社团负责人出席授牌活动，省侨联主席黎才旺在开幕式上致辞，他强调要进一步加强与侨胞的联系沟通，引导动员侨胞积极参与海南自贸港建设，凝聚侨心、发挥侨力，共建共享海南自贸港。授牌仪式由苏燕副主席主持。

6月28日，海南省侨联主席黎才旺（右）、省华侨经济文化发展促进会会长陈润为“侨胞之家”揭牌

【组织海内外学生参加作文大赛】海南省侨联组织发动各市县侨联、海外琼籍社团组织学生参加“第二十一届世界华人学生作文大赛”征文活动。海内外共有13800多名学生发来参赛稿件，省侨联在众多的作品中，遴选出1492篇稿件报送给大赛组委会。省侨联组织推荐的参赛稿件中，共有171名学生获奖，其中一等奖5名、二等奖58名、三等奖108名。

【海口市侨联举办涉侨纠纷多元化解工作培训班】8月1日，海口市侨联系统海南自贸港政策解读及涉侨纠纷多元化解工作培训班在海口举办。海南政法职业学院副院长朱绵茂结合国际国内形势，从出台背景、政策优势、制度体系等方面，深入浅出地解读《海南自由贸易港建设总体方案》，让参训人员有了更加深入的认知和理解。省律师协会副会长程晓东、海口市中级人民法院民三庭副庭长傅萍结合具体案例，为参训人员解读《中华人民共和国民法典》和涉侨纠纷调解相关政策法律法规。会上还举办了市侨联青年委员会全体大会暨疫情期间优秀人员表彰大会，对新冠疫情期间表现突出的青年委员进行表彰。

【万宁市侨联出版画册展示归侨侨眷奋斗史】2020年10月，万宁市侨联出版画册《岁月如歌》，以385张图片展示万宁市兴隆华侨农场归侨侨眷70年的奋斗史。该画册由万宁市侨联历时1年时间，多方查阅珍贵史料和收集图片资料编撰而成。《岁月如歌》画册展示了从1951年至今，归侨侨眷在兴隆华侨农场披荆斩棘、垦荒拓土、砥砺奋进的故事。他们把一穷二白的兴隆建设成农、工、商、贸、旅全面发展的现代化侨乡，成为“全国特色旅游小镇”“海南最美小镇”。画册展现了一代代兴隆人的信念、追求、奋斗和梦想，进一步弘扬了华侨精神。

【陵水县侨联牵线搭桥助力招商引资】陵水县侨联发挥联系面广、人脉资源丰富等优势，积极对接浙江海外侨商侨企投资考察团一行到该县就有关投资项目进行考察交流。考察团通过座谈交流、实地考察等方式，了解陵水在产业发展、招商政策、营商环境等方面情况，实地参观陵水黎安镇“海风小镇”项目，引导侨商侨企在陵水县投资兴业。陵水县侨联自2020年5月成立以来，积极搭建“侨”梁，先后接待安排中国侨联推荐的浙江侨商、上海市徐汇区侨联推荐的商业代表团参观考察，推动为陵水县招商引资贡献力量。

【定安县侨联为侨办实事】7月25日，定安县富文镇金鸡岭十七队饮水工程建成并投入使用，困扰侨界群众多年的老问题彻底得到解决。金鸡岭居十七队现有户籍人口约300人，月均生产生活用水200吨。长期以来，该队群众都是饮用田边或者水库边的地表水，水质不达标，水源不足。定安县侨联主动作为，深入调研，向定安县政协提交《关于解决富文镇金鸡岭居十七队（归难侨队）居民点用水饮水难问题的建议》提案，协调推动定安县水务部门将金鸡岭居十七队饮水工程纳入定安县塔岭水厂管网延伸工程，最终解决金鸡岭十七队多年来的用水吃水难问题。此外，受新冠肺炎疫情影响，定安县归侨侨眷主要集聚地南海居大片即将成熟的菠萝蜜面临销路难题，定安县侨联多次深入研究，积极协调电商企业进驻，畅通农产品销售渠道，助销30余万斤菠萝蜜，帮助群众渡过难关。

重庆市归国华侨联合会

【领导成员名单】

主　　　　席：张　玲（女）
党 组 书 记：史全波
专职副主席兼秘书长：陈　瑛（女）
二 级 巡 视 员：王　巍
兼 职 副 主 席：代焕江（满族）
邓明鉴　李百战
鲁　进　董瑞葆
张自力　刘雅煌
李　昭　廖红海
汪瓦水　王光强

【综述】2020年，重庆市侨联在重庆市委的坚强领导和中国侨联悉心指导下，坚持以习近平新时代中国特色社会主义思想为指导，全面贯彻党的十九大和十九届二中、三中、四中、五中全会精神，深入贯彻习近平总书记关于侨务工作的重要论述，增强“四个意识”、坚定“四个自信”、做到“两个维护”。紧紧围绕习近平总书记对重庆提出的“两点”定位、“两地”“两高”目标、发挥“三个作用”和营造良好政治生态的重要指示要求，认真落实中国侨联“十代会”、十届三次全委会，市委五届八次、九次全会部署，坚持“乘势而上、稳中求进”工作总基调，团结凝聚侨界力量，发挥独特优势作用，全面履行“六大职能”，为把总书记殷殷嘱托全面落实在重庆大地上，统筹推进重庆疫情防控和经济社会发展作出了积极贡献。全年工作有亮点、有突破，建言献策首次得到国家领导人批示；中国侨联领导、多名市领导先后出席市侨联举办的活动，侨界人士倍受鼓舞；积极融入“一带一路”、成渝双城经济圈建设等战略部署，助力疫情常态化下发展重庆“双循环”新格局，相关工作报告获得各级领导批示30余人次。重庆市侨联荣获“2020年度全国侨联系统信息工作”一等奖，在“纪念归侨侨眷权益保护法颁布30周年暨第二届‘侨商杯’法律知识竞赛”活动中获二等奖。

【强化理论武装】重庆市侨联充分发挥党组理论学习中心组、机关党支部、青年理论学习小组作用，认真学习习近平总书记关于新冠肺炎疫情防控、推进经济社会发展、决战脱贫攻坚以及在视察汕头时肯定华侨华人作用等重要讲话精神。12月23日—25日，市侨联联合市委党校共同举办重庆市侨界人士学习党的十九届五中全会精神专题培训班，引导侨界人士担当起新时代新征程的使命和任务，来自全市基层侨联、重庆华商会、重庆市侨青会、华侨大学重庆校友会等涉侨平台及市侨联机关约70名侨界人士参加培训。围绕“凝聚侨力同心抗疫”主题，在微信公

12月23日—25日，重庆市侨联联合市委党校共同举办全市侨界人士学习党的十九届五中全会精神专题培训班

8月21日，重庆市侨联党组成员陈瑛（中）、王巍（右一）在彭水县召开渝东北片区侨联工作座谈会

众号、官方网站、《新华侨》杂志发布疫情防控知识和视频，在侨界开展疫情防控文艺作品创作活动，编辑出版《新华侨》抗击疫情专刊，鼓舞侨界抗“疫”士气，增强必胜信心。

6 月 12 日—17 日，“2020 知名侨商重庆行”活动在渝举行 .

【抗击新冠肺炎疫情】重庆市侨联向渝籍海外侨胞和归侨侨眷发出倡议，动员侨界全力参与国内抗击疫情，全市侨联系统共接收来自海内外侨胞捐赠款物折合人民币约 2247 万元。争取中国侨联爱心资金 390 万元，市委、市政府专项资金 200 万元，市慈善总会爱心资金 25 万元，向海外 26 个国家的 70 家侨团侨社和留学生寄送口罩、“侨爱心健康包”等防护物资。将侨团感谢信、抗疫物资托运单、爱心包裹标签等抗疫实物资料捐献给中国华侨历史博物馆，在“亲情中华 · 战疫有侨”主题展上展出，向海内外讲述重庆侨界同心战“疫”的感人事迹。万州区、渝中区、九龙坡区、开州区、重庆医科大学侨联，重庆华商会等 6 家单位被中国侨联评为全国侨联系统抗击新冠肺炎疫情先进集体；7 人被中国侨联评为全国侨联系统抗击新冠肺炎疫情先进个人。

4 月 13 日，重庆市侨联等单位筹集的 120 箱口罩运往海外支援侨胞抗击疫情

【促进招商引资】重庆市侨联结合疫情防控常态化新形势，采取小范围商务考察方式搭建重庆与侨商交流合作新模式。开通重点侨商来渝快捷通道，成功承办“2020 知名侨商重庆行”活动，促成丰益国际集团、世茂集团在渝追加投资 500 余亿元。依托中国侨商联合会丰富的侨务资源，建立知名侨商与重庆市领导常态化视频连线机制，宣传重庆产业发展和政策优势，促成重庆市政府与侨资企世茂集团签署《战略合作备忘录》。牵线阿联酋迪拜工商会来渝考察，助力重庆智能制造业高质量发展。整合侨青会、华商会资源，举办“重庆侨商垫江行”“2020 重庆英才大会——海归论坛”等活动，为重庆区县发展献计支招。参与中国侨联第八届“侨界贡献奖”评选，推荐的 3 名侨界专家分获一、二等奖，创该奖项设置以来的最佳成绩。

【助力脱贫攻坚】重庆市侨联动员侨界爱心人士向长坪村捐款，用于扩大经济作物种植规模；向平安乡小学捐赠护眼台灯、太阳能智能路灯等爱心物品，用于改善学校照明条件；开展“侨爱心 · 光明行”活动，免费实施白内障手术 2000 例，为贫困患者擦亮眼前的世界；联系中国华侨公益基金会向巫山县两坪小学捐款 30 万元修建教学楼，

4 月 23 日，重庆市侨联党组书记、市委统战部副部长史全波（右四）到桃树小学捐赠防疫物资

8 月 5 日，重庆市侨联兼职副主席、重庆绿色科技开发（集团）有限公司董事长邓明鉴（前排右一）向平安乡小学捐赠护眼台灯、太阳能智能路灯等爱心物品

并做好验收相关工作。涪陵区侨联、彭水县侨联、重庆市侨青会、重庆绿色科技开发（集团）有限公司、丝路智能制造研究院有限公司等 5 家单位被中国侨联评为全国侨联系统助力脱贫攻坚先进集体；3 人被中国侨联评为全国侨联系统助力脱贫攻坚先进个人。

【贴心为侨服务】重庆市侨联协调解决老挝四川商会购买口罩被骗、南侨机工后代遗产继承、老归侨意外伤害赔偿等涉侨纠纷 10 余件，保障侨胞合法权益。组织“侨爱心医疗队”赴酉阳县龚滩镇、秀山县中和街道开展送医活动，为当地侨眷和贫困群众开展义诊。向受洪涝灾害严重的区县侨联划拨抗洪救灾专项经费，累积向 46 户、393 人次因洪灾损失严重的侨界群众发放慰问金、慰问品。组织归侨侨眷、海外侨胞以及社会各界人士 1.2 万余人参与中国侨联和全国普法办联合举办的“纪念归侨侨眷权益保护法颁布 30 周年暨第二届‘侨商杯’法律知识竞赛”活动，获得二等奖。

【促进文化交流】重庆市侨联组织 300 余名身在美国、德国、澳大利亚、西班牙、泰国等国家的华裔青少年参加“亲情中华·为你讲故事”网上夏令营活动，增强华裔青少年的民族认同感、自豪感。赴重庆市奉节县平安乡、石柱县中益乡举办“亲情中华”慰问演出活动，同步网络直播观看人次达到 30 多万，为奋战在脱贫攻坚一线的干部群众带来鼓舞人心的“好声音”。召开纪念重庆

4 月 24 日，重庆市政协副主席、致公党重庆市委会主委、重庆市侨联主席张玲（右三）调研荣昌区文化交流工作

10 月 15 日，承办“亲情中华”艺术团走进重庆市奉节县平安乡、石柱县中益乡慰问演出活动，为当地干部群众送去一台精彩纷呈的文化盛宴

市侨联成立40周年座谈会，编辑出版《新华侨——纪念重庆市侨联成立40周年专刊》；表彰全市“最美侨联工作者”，营造学习典型、争创先进的浓厚氛围。成功推荐重庆荣昌陶博物馆获批“中国华侨国际文化交流基地”。

10月19日，中国侨联党组成员、副主席隋军（前排中）与重庆市委常委、统战部部长李静（前排右四）共同为“渝侨之家”揭牌

【积极参政议政】 重庆市侨联广泛发动专家学者和侨界委员代表紧扣疫情防控、“六稳”“六保”等热点、难点问题开展专题调研，形成高质量调研报告上报中国侨联及市委、市政府。其中，《妥善解决野生动物疫病源监测管理问题的建议》得到国家领导同志批示，市侨联信息工作获全国侨联系统信息工作一等奖。组织侨界人大代表、政协委员赴石柱县开展以优化水环境、践行“两山论”为主题的调研活动；向市政协五届三次会议提交的集体提案《关于加强留学生行前集中教育的建议》获得2020年度全市优秀提案。

【推进基层组织建设】 重庆市侨联指导成立全市首家行业侨联组织——金融系统侨联，指导全市首家民营企业（重庆誉存科技大数据有限公司）成立基层侨联。12月11日，重庆市金融系统召开第一次归侨侨眷代表大会，标志着全市基层侨联组织向新侨聚集地深入发展。挂牌成立全市首个企业（重庆璞润国际实业有限公司）“侨胞之家”、首个民营书店（精典书店）“侨胞之家”。渝中区WFC楼宇“侨胞之家”等7个“侨胞之家”被中国侨联评为2020年度全国侨联系统优秀“侨胞之家”。指导成立华侨大学重庆校友会，搭建起借力高校校友资源助推发展的新平台。系统整合重庆华商会、重庆市侨青会、重庆市侨联特聘专家委员会等涉侨平台，高标准打造“渝侨之家”。

11月16日，重庆市政协副主席、致公党重庆市委会主委、重庆市侨联主席张玲（右）出席为重庆精典书店“侨胞之家”授牌

12月11日，重庆市金融系统召开第一次归侨侨眷代表大会，全市首家行业侨联组织正式成立。重庆市委常委、统战部部长李静（主席台左四），市政协副主席、致公党市委会主委、市侨联主席张玲（主席台右四）出席会议

【参与成渝地区双城经济圈建设】 4月30日，重庆市侨联与四川省侨联签订《服务成渝双城经济圈建设战略合作协议》，建立“四个机制”（联席会议、重大事项协商、协调联络工作、互访交流），推进两地侨联工作一体化发展。共同举办海外侨领“云”唱双城记视频连线、“2020侨界菁英川渝汇”等活动，引导川渝侨界加快融入“双循环”。8月27日，在渝召开川渝侨联第一次联席会议，指导30余个基层侨联与

4 月 30 日，重庆市侨联与四川省侨联签订《服务成渝双城经济圈建设战略合作协议

8 月 21 日，举办首次海外侨领“云”唱双城记视频连线

四川省、市、州侨联签订合作协议，完善川渝合作机制。

【助力复工复产】 重庆市侨联印发《关于做好“六稳”工作落实“六保”任务的通知》，领导班子成员分批次到侨资企业开展专题调研，了解企业复工复产情况，鼓励企业坚定发展信心。重庆市侨青会等涉侨平台开展“暖春侨界主题消费”“聚焦直播经济新业态创享云上‘侨’梁新时代”、重庆侨商区县行等活动，提振华商、侨企生产经营信心和侨界群众消费信心。全市各级侨联组织根据各自特点，结合各自实际，以各种方式助力复工复产。

【举办首届“创业中华·华侨论坛”】 重庆市侨联争取多方支持，促成华侨大学与重庆市政府签署《关于共同推进西部（重庆）科学城建设合作协议》。市政府办公厅印发《关于共同推进西部（重庆）科学城建设的合作协议任务分工的通知》，不断完善工作机制。11 月 19 日—20 日，由中国侨联支持，重庆市政府和华侨大学主办，重庆市侨联和重庆经开区承办，中国侨联特聘专家委员会、重庆市委组织部等参与协办的 2020 重庆英才大会——“创业中华·华侨论坛”在渝举行。侨界院士和专家围绕前沿科技、结构性需求、高端医疗、国际形势等领域作主题演讲，开展实地考察和人才项目对接，为重庆高质量发展聚智汇力，来自阿联酋、英国、德国、美国等多个国家和地区的线上嘉宾，通过视频方式，参与论坛讨论，提出合作意向。华龙网向广大海内外侨胞图文直播，引得 167 万多名网友聚焦，稿件阅读量超 50 万次。11 月 19 日，承办中国侨联重庆市人民政府合作机制领导小组会议，总结评估签订部市合作协议以来的工作情况，研究部署下一年工作任务。全方位、多层次、宽领域推动中国侨联和重庆市各项合作落细落实，用侨界声音讲好中国故事、重庆故事，助力重庆在新发展格局中实现更高质量发展。

9 月 4 日，重庆市侨联党组书记史全波（右二）到侨资企业调研复工复产情况

9月28日，重庆市副市长李波（前排左）与华侨大学校长吴剑平（前排右）签订《关于共同推进西部（重庆）科学城建设合作协议》

11月19日—20日，由中国侨联支持，重庆市政府和华侨大学主办，重庆市侨联和重庆经开区承办的2020重庆英才大会——"创业中华·华侨论坛"在渝举行

11月19日，承办中国侨联、重庆市人民政府合作机制领导小组会议

12月15日，重庆市侨联成立40周年座谈会在渝召开

【召开重庆市侨联成立40周年座谈会】12月15日，重庆市侨联成立40周年座谈会在渝召开。重庆市委常委、统战部部长李静，市政协副主席、致公党市委会主委、市侨联主席张玲出席座谈会并讲话。全市近百位侨界人士齐聚一堂，回顾重庆市侨联40年的工作成果，展望重庆侨界未来。区县侨联、侨眷、新侨、侨界青年、侨资企业、老归侨、市侨联法律顾问、基层侨联工作者、市侨联特聘专家、重庆华商会等代表作交流发言，中国侨商联合会荣誉会长、新加坡丰益国际集团董事局主席、益海嘉里集团董事长郭孔丰以及泰中侨商联合会会长邝锦荣等海外侨领专门录制祝福视频。

【开展重庆市"最美侨联工作者"推荐宣传活动】为切实做好新形势下的侨联工作，重庆市侨联以成立40周年为契机，组织开展了全市"最美侨联工作者"推荐宣传活动。于圣杰、向文静、江东、李茜、李曦、杨月、杨华、陈敏、范静、曾钢等10名同志被推荐为"最美侨联工作者"；王毕峰、刘德勇、张盈、陈庆嘉、郑盛仪、夏源鸿、梁淑琼、揭京、戴友柯等9名同志被推荐为"最美侨联工作提名者"；追授杨冬梅同志为"最美侨联工作者"。

【举办重庆侨商垫江行活动】12月18日，重庆市侨联组织重庆华商会、市侨青会会员赴垫江县开展重庆侨商垫江行活动，集中传达学习党的十九届五中全会、市委五届九次全会等重要会议精神，召开招商推荐会，重点考察城市建设、智能科技、制造业等情况。侨商考察团一行先考察垫江智慧城市运营中心、重庆捷力轮毂制造有限公司等地，全面了解垫江区位优势、交通条件、工业平台、产业集群等情况，深入了解垫江城市建设、智慧科技、设备制造等发展情况。

【沙坪坝区侨联发挥“三板”作用助推区域发展】一是在助力疫情防控和复工复产中贡献长板。引导侨界群众积极参与疫情防控，开展“抗击疫情　情牵祖国一封家书”主题征文活动，连续推出5期侨界防疫攻坚战书画、诗词、摄影文化作品展，鼓舞抗疫斗志，坚定抗疫信心。开通心理服务免费咨询热线，为1850人（次）提供心理帮扶服务。组织侨界群众累计捐赠5.56万元和价值24万元的防护口罩，为29家医疗机构的医护人员配送1万多件牛奶。侨资企业通过海外侨胞筹集价值40余万元的抗疫物资，分批次捐赠给相关部门和群众。支援国外抗疫，开展网上云抗疫，向8个国家的海外侨团以及21个国家和地区的200名海外侨胞和留学生寄出价值6万余元的防疫口罩。助力复工复产，走访30家一线民营企业和个体工商户，收集解决问题4件。侨资企业在疫情期间主动为商户减免物业费、租金等1500余万元。二是在发挥基层组织活力上做好样板。制定完善对基层侨联组织工作经费拨付管理办法，做到“费随事转”，保障基层组织工作开展。按照“五有”标准，通过“三建（健）三化”工作法抓点促线串面加强基层组织工作，落实7个侨胞之家标准化建设，打造服务侨界群众的温暖“样板间”。2020年10月，中国侨联副主席隋军调研社区侨胞之家，工作获肯定，其工作经验在市侨联纪念成立40周年座谈会上作发言。三是在开展自身建设上加厚底板。利用辖区高校资源，深化“地方侨联＋大学侨联＋校友会”工作模式。与辖区高校签订三方合作协议，在资源信息共享、助力人才引进等6个方面开展深度合作。精心筹备组织，顺利召开区第八次归侨侨眷代表大会，选出38名侨联委员，较上一届委员人数增长40.7%。2020年3名侨界人士分别获得第八届“中国侨界贡献奖”一等奖、全国侨联系统抗击新冠肺炎疫情先进个人、全国“新冠肺炎疫情防控最美志愿者”称号，1个社区侨胞之家获评全国优秀侨胞之家。区侨联荣获重庆市参加中国侨联纪念归侨侨眷权益保护法颁布30周年暨第二届“侨商杯”法律知识竞赛组织奖一等奖，1名侨联干部被评为重庆市“最美侨联工作者”。

【九龙坡区侨联助力新冠肺炎疫情阻击战】一是加强宣传引导。通过网上侨联，向广大侨界群众宣传习近平总书记关于打赢疫情防控阻击战的重要指示精神和中国侨联、市侨联关于疫情防控工作要求及倡议精神，宣传侨界人士在抗疫中涌现出来的典型事迹。二是积极发挥侨力。及时向全区归侨侨眷、海外华侨华人发出共同抗疫倡议书。全区归侨侨眷、海外侨胞共捐款54000余元，捐赠医用外科口罩14290个、医用防护服1614套、医用手套5400双、75%酒精1080公斤；捐赠全自动凝血分析仪等医疗设备价值66万余元；利用海外资源协助采购防护服25000余套、防护口罩100余万个；协调市级保供企业，为抗疫一线紧急调集防护口罩4500个。侨界文艺工作者以抗疫为主题创作书画5幅、诗歌3首、歌曲1首。三是促进复工复产。疫情初步控制后，区侨联利用“海聚工作站云平台”及时向侨资企业宣传政府对复工复产的扶持政策，累计发布相关政策信息336条，开展各类活动33场次，为包括侨、台资企业在内的1660家企业提供服务。区侨联还到50余家侨资企业进行走访调研，收集到30条意见和建议，与相关部门联系，解决企业发展面临的困难和问题。四是开展暖侨活动。向全区侨胞之家发放抗疫工作专项经费、向13家侨资企业赠送抗疫物资、慰问29名在一线抗疫的侨界人士，各项经费共计67000余元。通过网络向海外华人华侨、留学生宣传党和国家抗疫方针政策，帮助解决困难。向10余个国家的九龙坡籍出国留学人员及海外华人华侨赠送“侨爱心健康包”。九龙坡区侨联被中国侨联评为抗击新冠肺炎疫情先进集体。

【南岸区侨联汇聚侨智促进地方经济社会发展】一是充分挖掘侨资源，汇聚侨智，整合高校侨资源，与5所高校签署了战略合作协议，共同探索新时期侨务工作新举措；二是组建了南岸区侨青会博士团，建立了一支高层次、专业广的参政议政人才队伍；博士团走进英特尔FPGA中国创新中心，双方就知识产权、校企深度合作、平台优化发展、国际化拓展及品牌建设等问题进行了专业研讨；三是组织区人大代表、政协委员、智库专家、青年博士团考察了长江风景眼，重庆生态岛——重庆市重大生态修复工程广阳岛升级改造建设情况，形成调研报告报送重庆市相关职能部门；四是与全球著名的重庆精典书店签约，共建侨胞之家，为归侨侨眷、侨青会成员提供丰富的文化食粮；五是组织智库专家、侨青会博士团积极建言献策，向市侨联提交侨情专报21件，其中李庆副主席撰写的《关于加强保护几近消失的神秘文字“鸟虫篆”的建议》被采用。

【彭水县侨联凝聚侨界合力助脱贫攻坚】一是集聚侨资侨智，助力民生改善有作为。累计争取涉侨资金565余万元，帮助贫困乡村修建村级道路59.5公里，新建和改建3个镇级卫生院和9个村级卫生室，为3个贫困乡镇卫生院各捐赠救护车1辆，在侨眷相对集中的贫困村帮助改建5个人畜饮水池，为贫困村民提供10000只鸡苗和350头仔猪。引导县内侨资企业捐资10万元帮助7户困难群众维修和改造危旧住房，开展“侨爱心·归侨侨眷”技能培训，拓展产业发展思路，有效激发了困难侨眷自主创业意识及内生动力。二是以“侨”架“桥”，以“侨”引“侨”，助推产业扶贫见成效。积极牵线搭桥，帮助彭水传统产业郁山晶丝薯粉远销日本、英国及中国港台等国家和地区。牵线新加坡华人回乡投资打造占地3000余亩现代化农业示范园，帮助改建民宿42幢，种植经果林2000余亩，开设农家乐7家、民宿旅店30家，实现了260余户村民变股东和家庭增收，成为彭水县乡村振兴的示范点和实践创新教育培训基地。三是实施“侨爱心”项目，持续关爱社会弱势群体有行动。为听力障碍群捐赠助听器2070个，为300余困难群众提供“零自费”白内障复明手术，为高寒山区困难群众、贫困学生捐赠棉衣650件。坚持“五必访”慰问制度，发放慰问金和物资折合人民币14.5余万元，切实把党和政府的关怀和温暖及时传递到侨界群众中去。2020年获“全国侨联系统助力脱贫攻坚先进集体”荣誉称号。

四川省归国华侨联合会

【领导成员名单】

党组书记、主席：	刘以勤（女）
专职副主席：	徐永明
二级巡视员、机关党委书记：	邱广华（女）
二级巡视员：	龙　博
挂职副主席：	田碧华（女）
兼职副主席：	成　甦
	薛水和
	姚志胜
	黄焕明
	邓绍平
	石　敏
	蒋　蓓（女）
秘书长：	杨　凡

【综述】 2020 年，四川省侨联以习近平新时代中国特色社会主义思想为根本遵循，增强“四个意识”、坚定“四个自信”、做到“两个维护”，牢牢把握凝聚侨心侨力同圆共享中国梦的主题，肩负党和政府联系广大海外侨胞和归侨侨眷的桥梁纽带使命，最大限度团结、引导、服务归侨侨眷和海外侨胞，推进建设联系广泛、服务群众的新时代群团工作体系，在省委省政府的领导下，在中国侨联的指导下，圆满完成了各项目标任务。

【举办“亲情中华·回家过年”四川侨界迎新联谊会】 1 月 3 日，由四川省侨联、省人大外侨委、省政协港澳台侨外事委、致公党四川省委、成都市侨联共同主办，四川各涉侨社会组织联合承办的“亲情中华·回家过年”2020 四川侨界迎新联谊会在蓉举行。副省长王凤朝出席活动并致辞。侨界企业、科技、法律、文化、青年等方面的海外侨胞和归侨侨眷代表，涉侨商会及侨务工作老干部代表近 400 人参加活动。

1 月 3 日，“亲情中华　回家过年”四川侨界迎新联谊会在成都举办

【举办“亲情中华·欢聚宜宾”“亲情中华·欢聚古蔺”新春慰问演出】 1 月 19 日—20 日，由中国侨联主办，四川省侨联承办的“亲情中华·欢聚宜宾”“亲情中华·欢聚古蔺”新春慰问演出在四川省宜宾市酒都剧院和古蔺金兰广场精彩上演。中国侨联副主席、四川省侨联主席刘以勤，中国侨联文化交流部副部长邢砚庄，四川省侨联机关党委书记邱广华，宜宾、泸州相关同志和 3000 余名观众共同观看演出。同时，演出还进行网络直播，获得 120 万次点击量的关注。

1 月 20 日，“亲情中华　欢聚古蔺”新春慰问演出在古蔺金兰广场上演，演出结束后演职人员合影留念

【召开四川省侨联八届二次全委（扩大）会】 3 月 18 日，四川省侨联通过网络会议形式召开八届二次全委（扩大）会议，成都设主会场，各市（州）设分会场。四川省侨联主席刘以勤，四川省侨联副主席徐永明、田碧华、薛水和、邓绍平、石敏、蒋蓓，秘书长杨凡，省侨联八届委员出席会议，省侨联机关、市（州）侨联机关部分同志列席会议。会议传达了中国侨联十届三次全

3 月 18 日，四川省侨联八届二次全委（扩大）会议在成都召开

委会议精神、省委对群团组织服务新冠肺炎疫情防控和经济社会发展的批示精神，通报了《关于聘任四川省侨联八届委员会副秘书长的决定》，审议了刘以勤同志所作的工作报告，通过了《四川省侨联八届二次全委会议关于四川省侨联工作报告的决议》，进一步凝聚侨心侨力侨智，为推动治蜀兴川再上新台阶作贡献。

【动员侨界力量支援抗疫】1 月—4 月，四川省侨联应中国侨联倡议，第一时间向全球侨界发出倡议书和捐赠指南，建立“省侨联 + 各级侨联 + 涉侨组织 + 海外侨界社团 + 侨界人士”的抗疫网络。按照省委、省政府要求，成立省侨联防控工作领导小组，制定务实工作方案，细化接受捐赠、海外采购、物资清关等具体工作流程，广泛联系海外抗疫物资、生产设备的购买渠道，及时对接省应急指挥部，定期向社会公布款物的接收和使用情况。编印《涉及新型冠状病毒疫情相关法律法规汇编》等资料，创作艺术作品，发放防疫物资，开展公益活动，为侨资企业和侨界群众提供生产生活指南，送去精神鼓励。其间，全省侨联系统共接收海内外捐赠抗疫款物 3850 余万元，省侨商会减免租金等费用 5350 余万元支持抗疫。以上侨界捐赠款物覆盖省级有关部门、全川 21 个市州和援鄂医疗队、20 所在川院校、19 家在川国企的 7600 余名境外员工、海外疫情较重的 50 余个国家近百家侨团。

【召开川渝侨联工作推进会】4 月 30 日，为贯彻落实中央和四川重庆关于成渝地区双城经济圈建设相关要求，推动更多海外川渝籍侨团融入成渝地区双城经济圈建设，四川省侨联、重庆市侨联在成都举行工作推进会，签署《服务成渝地区双城经济圈建设战略合作协议》，并与 61 家涉外川渝籍友好社团签订友好合作协议。四川省委常委、统战部部长、省总工会主席田向利，重庆市政协副主席、致公党重庆市委会主委、重庆市侨联主席张玲，中国侨联副主席、四川省侨联主席刘以勤出席签约仪式。协议确定了联合打造涉侨经科活动品牌、深化巴蜀文化对外交流、共同拓展联络联谊、携手维护侨胞合法权益、整合共享侨务资源、共建高水平侨界智库、加强基层侨联组织结对发展等合作重点。

4 月 30 日，川渝侨联工作推进会在四川侨之家召开，两地侨联签署《服务成渝地区双城经济圈建设合作协议》

【召开四川省侨联庆祝中国共产党成立 99 周年暨“七一”表彰大会】6 月 30 日，四川省侨联召开庆祝中国共产党成立 99 周年暨“七一”表彰大会。四川省侨联党组书记、主席刘以勤出席会议并讲话，省侨联退休老干部、机关全体党员干部、省侨联社会组织综合党委党员参加会议。会议表彰了优秀共产党员、优秀党务工作者和先进基层党组织，进行了新党员入党宣誓，全体党员重温了入党誓词，集中观看了《初心裂变之殇》警示教育片。

7 月 31 日，四川省侨联八届三次常委（扩大）会议在成都召开

8 月 20 日，中国侨商联合会西部地区办事处工作会议暨四川省侨商联合会一届八次会长会在成都召开

【召开四川省侨联八届三次常委（扩大）会】7 月 31 日，四川省侨联八届三次常委（扩大）会议在成都召开。四川省侨联主席刘以勤出席会议并讲话，省侨联副主席徐永明主持会议，副主席薛水和、邓绍平、石敏、蒋蓓等出席会议。中国侨联在川常委，省侨联常委，以及市（州）侨联主要负责同志、相关涉侨组织负责人、省侨联中层以上干部 70 余人参会。会议通报了省侨联上半年工作情况，部署了下半年重点任务。与会代表还列席了中国侨联十届五次常委电视电话会议。

【举办“灼灼其华木兰情·朗朗书声伴侨行”读书会】8 月 7 日，“灼灼其华木兰情·朗朗书声伴侨行”读书会活动在四川侨之家举行，活动形式多样，有诗朗诵、话剧、嘉宾访谈等内容，现场云集了诸多侨界卓越人士和侨界妇女同胞，共同分享经验故事，展望美好未来。读书会上，四川省侨联主席刘以勤、省妇联副主席吕芙蓉共同为“四川侨界妇女之家”揭牌，并为“四川侨界妇女之家”家长授予聘书，八位侨界知名女性被聘为首批“四川侨界妇女之家”家长。

【举行新北川中学竣工十周年座谈会】8 月 17 日，新北川中学竣工十周年座谈会在绵阳北川举行。中国侨联顾问、原副主席乔卫，中国侨联副主席、四川省侨联主席刘以勤，中国侨联文化交流部部长刘奇，怡海集团董事长王琳达等参加了座谈会。绵阳市委常委、副市长吕剑代表绵阳市委市政府和北川县委县政府向中国侨联、四川省侨联一行表示欢迎。刘以勤代表四川省侨联向海内外侨界爱心人士表示崇高的敬意，向中国侨联及当年北川中学的建设者们表示衷心的感谢。

【召开中国侨商联合会西部地区办事处工作会议暨四川省侨商联合会一届八次会长会】8 月 19 日—20 日，中国侨商联合会西部地区办事处工作会议暨四川省侨商联合会一届八次会长会在成都举行。此次会议旨在深入学习贯彻习近平总书记在中央财经委员会第六次会议上的重要讲话精神和中共中央国务院《关于新时代推进西部大开发形成新格局的指导意见》相关要求，以及中国侨联十届五次常委会议精神，中国侨联副主席、四川省侨联主席刘以勤，中国侨商联合会秘书长安晨出席会议并讲话。中国侨商联合会常务副会长薛水和，副会长张钧、宋汶栗、徐江华、张健、林振勇、谢湘蓉，以及来自四川、重庆、陕西、青海、甘肃、宁夏等六省共 8 个省级侨商组织负责人和四川省侨商联合会名誉会长等 90 余人参加了会议。

【成立四川大学侨联专家工作站】8 月 26 日，四川大学侨联专家工作站达州站成立，这是全省首个高校侨联专家工作站在市州挂牌成立。工作站专家与达州三家企业现场签订了合作协议，将在文化传媒、农业开发、健康管理等方面为企业提供支持和服务。四川省侨联副主席徐永明，达州市委常委、统战部部长胡可，成都市侨联副主席吴宇峰和四川大学侨界专家、省侨联特聘专家及达州市级有关部门、各县侨联、市侨商会、企

8 月 26 日—27 日，川渝侨联第一次联席会议在重庆召开，此次会议旨在贯彻落实《服务成渝地区双城经济圈建设战略合作协议》

业代表近百人参加相关活动。

【召开川渝侨联第一次联席会议】 8 月 26 日—27 日，川渝侨联在重庆召开第一次联席会议。此次会议为贯彻落实四川省侨联、重庆市侨联《服务成渝地区双城经济圈建设战略合作协议》，四川省成都市等 15 个市级侨联、重庆市万州区等 21 个区县侨联及川渝两地十余个涉侨组织负责人参加联席会议。与会代表围绕如何发挥两地优势助力双城经济圈建设深入交流，积极建言献策。会上，绵阳市侨联与北碚区侨联、达州市侨联与璧山区侨联等市级、区县侨联签订了 9 份友好合作协议。

【举办“亲情中华·为你讲故事”网上夏令营四川营】 8 月 27 日，“亲情中华·为你讲故事”网上夏令营四川营圆满闭营。此次活动由中国侨联主办，四川省侨联承办，成功举办八期。自 4 月 30 日开营以来，来自美国、加拿大、法国、瑞士、葡萄牙、西班牙、荷兰、德国、英国、意大利、希腊、挪威、韩国、新西兰 14 个国家的 35 个海外华文教育机构、6367 名营员相聚云端，收听传统经典故事，观看四川人文特色视频，感受中华传统文化独特魅力，增进对祖（籍）国的感情，加深对四川的认识和了解。

【朱小丹赴四川侨之家考察】 9 月 6 日—11 日，全国政协港澳台侨委员会主任，广东省原省长朱小丹率领海外侨胞代表团一行 33 人赴四川侨之家考察，其中包括 23 名来自 15 个国家和地区的海外侨领。代表团与四川侨联负责人和侨资企业家、海归高层次人才代表进行座谈交流，观看了四川省侨联助力脱贫攻坚视频短片，参观了侨之家建设运行情况，对四川侨联动员侨界力量参与脱贫攻坚的成绩和侨之家的平台建设和作用发挥予以充分肯定。

【举办第二、第三期基层侨联组织专兼职干部培训班】 10 月下旬至 11 月上旬，在中国侨联基层建设部支持下，四川省侨联在成都举办了第二、第三期基层侨联组织专兼职干部培训班。四川省侨联部分常委、委员，各市（州）、县（区）和高校侨联专兼职干部，涉侨社团组织骨干、侨界志愿者等约 240 人参加培训。其间，在川调研的中国侨联副主席程学源看望了培训班学员，并对做好新时代侨联工作提出要求。

【举办“追梦中华·侨瞧双城记”2020 海外华文媒体四川采风行活动】 11 月 2 日—8 日，由四川省人民政府新闻办公室指导，中国侨联信息传播部支持，四川省侨联主办，成都、自贡、内江、南充市侨联共同承办的“追梦中华·侨瞧双城记”2020 海外华文媒体四川采风行活动在川举行。来自 10 个国家和地区的 20 位华文媒体记者以及 1 位中央媒体记者参加活动。采风团一行赴成都、自贡、内江、南充进行采访考察。其间，在海外媒体累计发稿 900 余篇，以共同的感受、不同的视角，向世界全面展示四川特色文化，讲述四川故事。

9 月 6 日—11 日，全国政协港澳台侨委员会主任朱小丹率海外侨胞代表团到四川侨之家考察

【举办“亲情中华·味道四川”2020 海外中餐馆川菜培训班】 11 月 3 日—17 日，四川省侨联举办“亲情中华·味道四川”2020 海外中餐馆川菜培训班。培训班共有来自全球 37 个国家和地区 500 多家海外中餐馆和近 1000 名厨师、中餐爱好者共同参加线上学习，为海外

中餐业界人士推出了30道正宗川菜制作视频，以及川菜历史文化、食品安全与防控等讲座，这是疫情条件下弘扬川菜文化振兴川菜品牌的一次有益探索。

11月17日，2020侨界菁英川渝汇暨天府新区商会联盟大会在成都举行

【程学源副主席出席2020年成都海外华侨华人社团大会】 11月3日，中国侨联副主席程学源出席2020年成都海外华侨华人社团大会。大会由中国侨联作为指导单位，来自70多个国家和地区的300余位海外华侨华人社团、商协会负责人及代表应邀在线上线下参加会议，程学源出席大会并致辞。大会期间，程学源分别与四川省委常委、宣传部部长甘霖，全国工商联副主席、四川省政协副主席陈放，成都市委常委吴凯等就做好侨界思想引领工作、充分发挥侨团侨领作用、做好新时代侨务工作等进行了深入交流。中国侨联副主席、四川省侨联主席刘以勤，中国侨联联谊联络部部长桑宝山等陪同参加相关活动。

【获批7家“中国华侨国际文化交流基地”】 11月10日，四川省邓小平故里、郭沫若故居纪念馆、内江市张大千纪念馆、中国两弹城、攀枝花中国三线建设博物馆、中国彩灯博物馆、宜宾市翠屏区李庄镇等7家机构和单位被中国侨联确定为第八批“中国华侨国际文化交流基地”。自此，四川荣获“中国华侨国际文化交流基地”的单位和机构已达11家。

【举办2020侨界菁英川渝汇暨天府新区商会联盟大会】 11月17日，2020侨界菁英川渝汇暨天府新区商会联盟大会在蓉举行。活动由四川省政府、中国侨商联合会主办，四川省侨联、重庆市侨联、致公党四川省委、四川省经济合作局、四川省国资委、四川省贸促会、四川省工商联、四川天府新区党工委管委会等承办，天府新区商会联办。大会是“2020知名企业四川行”的专项活动之一。省政协副主席陈放出席活动并致辞。来自20个国家和地区100余名侨商与当地国企、民营企业代表共400余人参加。活动期间，中国政法大学研究生院院长李曙光、通威集团董事局主席刘汉元进行了主旨演讲；天府新区、德阳市、自贡市、宜宾市及广元市相关领导，国企、侨企代表围绕“融入双循环、唱好双城记”主题开展访谈对话；省级侨商协会、涉侨组织签订了战略合作协议。

【举办纪念归侨侨眷权益保护法颁布30周年知识竞赛】 12月3日，四川省侨联、省人大外侨委联合开展纪念归侨侨眷权益保护法颁布30周年知识竞赛活动。活动旨在深入贯彻落实党的

12月3日，四川省侨联、省人大外侨委联合开展纪念归侨侨眷权益保护法颁布30周年知识竞赛活动，活动结束后主办方和参赛者合影留念

十九届五中全会和中央全面依法治国工作会议精神，夯实依法治国侨界群众基础。中国侨联权益保障部副部长马鑫，四川省人大外侨委副主任委员闫登成，四川省侨联副主席徐永明、机关党委书记邱广华以及四川省侨联法顾委相关成员出席活动。

【成都市侨联聚侨搭桥彰显侨力】2020 年，成都市侨联着力打造“创业中华 · 海归蓉漂”品牌，积极整合高校侨务资源服务成渝双城经济圈建设、成德眉资同城化，促进成渝两地侨务资源共享，聚侨搭桥彰显侨力。一是成功举办 2020 年成都海外华侨华人社团大会，邀请 70 个国家和地区 400 多名海外华人华侨社团、商协会负责人参会，现场促成项目 13 个，计划投资 195.7 亿元。中国侨联万立骏主席对此给予肯定性批示。人民日报、新华网等 30 家媒体（含 18 家海外华文媒体）进行宣传报道，引起海外华侨华人社团对成都的高度关注。二是召开成都市第五次侨代会。来自全市各区（市）县、在蓉高校、企事业单位和侨界社会团体的 180 名归侨侨眷代表及部分在蓉工作的海外代表参加大会，选举产生新一届委员会和领导班子，发布了《致全市归侨侨眷和海外侨胞的倡议书》。三是齐心唱响成渝“双城记”。举办成渝侨界高端人才助力成渝地区双城经济圈建设交流合作会，组织两地 100 名侨界专家围绕成渝地区双城经济圈建设和“十四五”规划编制建言献策。全年促成成渝两地基层侨联缔结 11 份友好合作协议，牵头建立成德眉资侨联组织共促同城化发展合作机制。四是持续开展“创业中华 · 海归蓉漂”品牌系列活动。先后举办“2020 成都海潮 ye 集海归科技文创秀—创意集市”“2020 成都数字文创论坛”“会道 · 子曰——青年科学家前沿技术研讨会”“海外赤子—创业家互动大会”等专场活动，联系服务海归人才近千人，努力服务成都双创。

【绵阳市侨联多措并举推动侨联工作再上新台阶】2020 年，绵阳市侨联团结引领绵阳广大归侨侨眷、海外侨胞参与绵阳经济社会建设，为绵阳加快建设中国科技城和西部现代化强市作出了积极贡献。一是搭建平台涵养侨务资源。争取到绵阳为中国侨联驻会领导在川唯一联系点。与西南科技大学签署《深化“地方侨联 + 高校侨联 + 校友会”工作机制校地合作协议》，在资源信息共享、海内外联络联谊、人才引进、产业联动、交流互动等方面开展合作。与重庆市北碚区侨联建立友好合作关系，形成“绵碚”侨联合力，为绵阳融入成渝地区双城经济圈建设提供侨界助力。成立绵阳市侨联青年委员会，广泛联系和团结海内外侨界青年，为绵阳侨界青年人才交流合作搭建平台。二是发挥优势开展引资引智。邀请中国侨联顾问王永乐和省侨联主席刘以勤一行出席中国（绵阳）科技城第八届科博会，为科博会的成功举办给予了大力支持。通过各类涉侨活动和省侨联向海外发布绵阳市重点引资引智项目，为全市招商引资引智工作提供更广阔的渠道。三是弘扬中华文化。广泛邀请海外侨胞参与网祭嫘祖活动，以“云”方式扩大嫘祖文化宣传。指导梓潼县“中国两弹城”成功申报中国侨联“中国华侨国际文化交流基地”，全市基地数量达到 3 个，丰富了对外交流资源。四是高度重视侨法普法工作，全年全市各级侨联累计组织开展各类普法宣传 30 余次，宣传人数 6 万余人次，在省侨联、省人大外侨委联合主办的“纪念侨法颁布 30 周年”知识竞赛中绵阳市侨联勇夺第一。

【遂宁市侨联围绕中心服务大局努力开创工作新局面】2020 年，遂宁市侨联认真贯彻落实中省市决策部署，主动融入中心大局，切实发挥职能作用，工作上有新突破。一是积极参与抗击疫情。筹集到侨界捐赠的医用口罩 1.7 万个、医用手套 3.25 万只、医用帽子 9.1 万个、红外线体温检测仪 20 支，捐款 25 万元用于遂宁抗疫工作一线。筹集医用口罩、酒精、消毒液等价值 33 万余元的医用物资发往美国、意大利、韩国等国家和地区。荣获“全国侨联系统抗击新冠肺炎疫情先进集体”荣誉称号。二是服务成渝地区双城经济圈建设。参加川渝侨联第一次联席会议。与重庆市潼南区侨联签订《关于推动遂潼侨联工作一体化发展协议》。与重庆市忠县侨联签订《推动一体化发展缔结友好侨联合作协议》。三是加强侨联基层组织建设。全市共建成“侨胞之家”10 个。指导蓬溪县赤城镇“侨胞之家”申报并获得 2020 年度全国侨联系统优秀“侨胞之家”荣誉。四是深化为侨服务。全年走访慰问

91名归侨侨眷，发放慰问金60200元。向87名海外留学生和侨胞捐赠“侨爱心防疫包”。五是开展引资引智。推荐遂宁高新区和大英县参加“侨商助力市州发展投资推介会”。牵头承办“省侨商联合会、省侨联文促会、侨界专家遂宁行”活动，邀请省侨联领导和侨资企业家、侨界专家共计30余人莅遂考察。与四川大学侨联共建“四川大学侨联专家工作站”（遂宁分站），为遂宁发展提供专家资源保证。

【巴中市侨联发挥优势助发展凝聚侨力惠民生】2020年，巴中市侨联在中国侨联、省侨联的关怀指导下，团结和引领全市侨界战疫情、助发展、惠民生、护侨益，得到社会各界一致好评。一是坚持思想政治引领，画出最大同心圆。举办“侨心向党·重走红军路”、全市港澳台侨界建言献策座谈会、2021新春联谊会等活动，团结和引领侨界同圆共享中国梦。二是坚持服务中心大局，当好发展实干家。争取到全国政协委员刘以勤第二次在全国“两会”提交了支持巴中发展提案，得到国家发改委书面答复支持。隆重举办了晏阳初博物馆“中国华侨国际文化交流基地”揭牌仪式，为巴中再添一块国字号金字招牌。组团参加川渝侨联第一次联席会议并作经验发言，与重庆市5区侨联缔结“友好侨联”并互设侨联工作站，唱响“双城记”，共建“经济圈”。专班推动香港明发集团100亿元黄石国际文旅度假区项目加快建设，年内完成投资近9亿元。促成市侨商会企业创新达成3300万元“以物易物”商贸合作，共克疫情影响，助力复工复产。用好马来西亚、澳大利亚、香港海外联络处资源，举办了“2020浙江丽水知名侨商巴中行”活动，与5家知名侨企初步达成合作意向。三是坚持参与社会治理，下足惠民绣花功。组织全市侨界为“华侨冬奥冰雪博物馆”捐款4万余元，助力北京冬奥会。引进浙江新华爱心教育基金会累计捐资300余万元，资助1000余名学生考上理想大学。推动市侨商会常务副会长单位投资拍摄世界平民教育家、全国知名华人晏阳初专题电影《平教之路》通过国家电影总局审批，并顺利开机拍摄。

贵州省归国华侨联合会

【领导成员名单】

主　　席：吕　虹（女）
专职副主席：陈新伦　李　立
兼职副主席：王保生　尹晓勤（女）
　　　　　　罗　兵　戴一红（女）
　　　　　　叶保立　罗　坤
　　　　　　程　燕（女，香港）
　　　　　　毕志健（澳门）
秘 书 长：李　立（兼）

【综述】2020 年，贵州省侨联坚持以习近平新时代中国特色社会主义思想为指导，以习近平总书记关于侨务工作的重要论述为根本遵循，在省委的领导下，在中国侨联和省委统战部的指导下，全面贯彻党的十九大和十九届四中、五中全会精神，认真落实中国侨联“十代会”和省委十二届历次全会精神，增强“四个意识”、坚定“四个自信”、做到“两个维护”，把实现好维护好发展好广大归侨侨眷的根本利益作为出发点和落脚点，在打赢疫情防控和脱贫攻坚两场战役中发挥了侨界作用、贡献了侨界力量。

【汇聚侨界力量助力同心抗疫】2020 年初，在全党全国人民抗击新冠肺炎疫情的战斗中，贵州省侨联团结凝聚广大侨胞，作出了积极贡献。一是开展宣传引导。及时发布疫情防控科普资料和视频，适时传递国内疫情防控工作及宏观形势稳中向好的最新消息，推送海内外侨界同心共抗疫情信息报道 100 余篇，编印《贵州侨界同心共抗新冠肺炎疫情专刊》。二是凝聚力量同心抗疫。成立省侨联疫情防控工作领导小组，发布倡议书，通过贵州侨商会、海外贵州商会、贵州海外青创会等平台，发动海外华侨华人通过募捐、采购、定向捐赠等方式为武汉和贵州等地抗击疫情捐款捐物。其间，贵州省侨联共接收来自美国、加拿大、英国、德国、法国、俄罗斯、意大利、西班牙、葡萄牙、荷兰、匈牙利、斯洛伐克、阿联酋、日本、澳大利亚、新西兰、阿根廷、智利、南非、莫桑比克等 20 多个国家和地区的海外侨胞和归侨侨眷捐款约 88 万元，捐赠负压救护车，医用口罩、手套、头套、防护服、隔离

9 月 8 日全国抗击新冠肺炎疫情表彰大会召开，贵州德坤大数据（集团）董事长、贵州省侨联副主席、中国侨商联合会副会长罗坤荣获全国抗疫先进个人荣誉称号

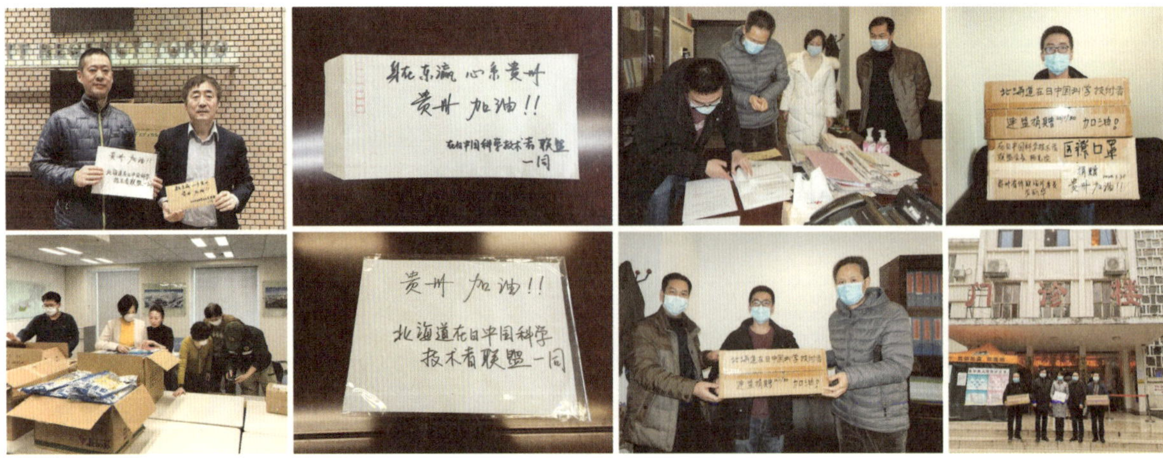

2 月 5 日，海外侨胞向贵州省侨联捐赠的第一批物资从日本爱心接力送达黔南州都匀市贵州医科大学第三附属医院

衣、防护面罩、护目镜、额温计、消毒洗手液等物资价值约850余万元。三是开展驰援海外侨胞抗疫工作。海外疫情暴发后，第一时间向海外贵州侨团发去慰问信，与省委统战部联合举办疫情防控线上讲座，向中国侨联申请专项资金20万元，为海外15个疫情严重国家的侨胞、留学生邮寄350个“侨爱心防疫包”；发动贵州侨商会为意大利、德国、法国、西班牙、斯洛伐克、澳大利亚等海外贵州商会捐助抗疫资金人民币51.76万元。贵州省侨联副主席、贵州侨商会副会长、贵州德坤集团董事长罗坤获全国抗疫先进个人，贵阳市侨联、贵州省侨联权益保障和基层建设部四级调研员刘叶红分别获全国侨联系统抗击新冠肺炎疫情先进集体和先进个人。

2月27日，贵州省委常委、统战部部长严朝君到省侨联机关调研

【召开贵州省侨联八届五次全委会】2月28日—29日，贵州省侨联八届五次全委会议在贵阳召开。受新冠肺炎疫情影响，会议以网络形式召开，会议传达学习了中国侨联十届三次全委会议精神和2020年全省统战部长会议精神，省侨联主席吕虹代表省侨联第八届常委会作2019年工作报告并部署安排2020年工作。会议强调，2020年全省各级侨联组织和广大侨联干部要更加紧密地团结在以习近平同志为核心的党中央周围，团结动员广大归侨侨眷和海外侨胞为赢得疫情防控阻击战、高质量打赢脱贫攻坚战、全面建成小康社会、实现“十三五”规划圆满收官的大考交出优异答卷。

【贵州省委常委严朝君赴省侨联调研】2月27日，贵州省委常委、统战部部长严朝君到省侨联机关调研，听取省侨联新冠肺炎疫情防控、侨企复工复产和近年来主要工作情况汇报。严朝君充分肯定了省侨联在加强自身建设、开展联谊交友、脱贫攻坚定点帮扶等方面取得的成绩，并对省侨联在积极引导侨胞支援全省疫情防控、加强侨企复工复产方面做出的努力给予了高度评价。严朝君强调，一要加强自身建设，二要加强联谊交友，三要全力做好服务工作，四要统筹做好疫情防控、脱贫攻坚等各项重点工作。省侨联主席吕虹、副主席兼秘书长李立和各部室负责人参加座谈会。

【助力红渡村脱贫攻坚】2020年，贵州省侨联通过各种渠道为驻村点遵义市余庆县大乌江镇红渡村筹措疫情防控物资和善款、项目资金及慰问款物折合人民币348.65万元，助力红渡村按时高质量打赢脱贫攻坚战。其中包括2月协调贵州侨商会捐赠1500个口罩帮助余庆县大乌江镇、红渡村开展抗疫工作；3月3日组织贵州侨商会、智利贵州商会到红渡村捐赠11.28万元资金和10吨化肥及农机具等春耕物资，支持红渡村调整产业结构，发展花椒种植项目；为大乌江镇从省农业农村厅争取到农村人居环境整治项目资金380万元，其中160万元用于红渡村进行排污管

3月3日，贵州省侨联、贵州侨商会、智利贵州商会助力红渡村抗疫情促发展捐赠仪式在遵义市余庆县大乌江镇红渡村举行，省侨联主席吕虹（左二）出席

省级侨联工作

网和道路改建等项目。

【争取公益项目参与精准扶贫】2020 年，贵州省侨联完成 10 多个公益项目捐赠落地工作，接受捐赠款物折合人民币近 1100 万元，开展助学助医助困活动，惠及全省近万名贫困人口。如新西兰中华教育基金会资助 159 名贫困学生 23.85 万元；新增“珍珠班”5 个，新增学生 240 人，受助金额 180 万元；波兰青田同乡会资助 4 名贫困大学生共 3.2 万元；广东鹏祥保安服务有限公司资助 6 名贫困大学生 2.4 万元；世纪金源资助 4 名贫困学生 2.4 万元；匈牙利侨胞蔡彬女士资助 3 名贫困大学生 1.5 万元等。完成贵州中医二附院、凯里市第一人民医院、贵定县人民医院、贵定县中医院、余庆县人民医院、赤水

9 月 4 日，贵州省侨联主席吕虹（后排右三）、美国福建联合总会驻闽办事处主任庄淑好等一行到大乌江镇红渡村开展“精准助困献爱心”活动

市人民医院、晴隆县人民医院等 7 家医院向中国华侨基金会申请捐赠价值 785 万元的 10 套医疗设备资料报送和协议签订工作等。

【促进创新创业服务经济发展】一是推动侨资企业复工复产。2 月、3 月深入 14 家侨资企业调研，引导动员有序推进项目复工复产。二是服务全省中心工作。积极与在黔知名侨企和海外贵州商会对接，助力贵州“一带一路”和“黔货出海”，贵州蜜柚、猕猴桃、橙子、白酒、茶叶等农特产品远销欧美。三是推进“双创”工作。引导新侨和海归人员围绕贵州“大扶贫、大数据、大生态”战略创新创业，为华裔新生代和留学人员提供经济技术、经营管理、合作交流等咨询服务；组织侨界代表参加中国侨联第八届“中国侨界贡献奖”评选活动，黄亚欣、潘卫东 2 名新侨代表分别获一等奖和二等奖，省侨联荣获优秀组织奖。四是积极“请进来”和“走出去”。9 月 9 日酒博会期间，协助浙江省青田县政府举办“第三届华侨进口商品博览会暨青田进口葡萄酒交易会、首届国际咖啡博览会贵州推介会”；9 月 16 日—18 日，组织海外侨胞、侨商、海归代表 30 余人赴遵义考察调研；11 月 8 日—11 日，组织德国、意大利、西班牙、北美、泰国等国家和地区的 14 名侨商赴铜仁市考察；11 月 13 日—15 日，组织贵州侨商代表团赴浙江青田学习考察；12 月 5 日—7 日，组织贵州侨商会会长考察团赴海南省三亚市学习考察等调研活动，为侨资企业发展牵线搭桥，助力贵州经济发展。五是助力北京冬奥会筹办。广泛动员引导侨资、侨智、侨爱在参与冬奥、服务冬奥、宣传冬奥方面发挥积极作

9 月 9 日，贵州省政协原副主席陈海峰（左九）、贵州省侨联主席吕虹（左八）在贵阳出席第三届华侨进口商品博览会暨青田进口葡萄酒交易会、首届国际咖啡博览会贵州推介会

11月8日—11日，贵州省侨联主席吕虹（前排左六）带领来自德国、意大利、西班牙、北美、泰国等国家和地区侨商赴铜仁市考察

用，组织捐款12.98万元并移交中国华侨公益基金会。

【拓展为侨服务】2020年元旦和春节期间，贵州省侨联主席吕虹、副主席陈新伦、副主席兼秘书长李立分别带队赴9个市（州）慰问困难归侨侨眷100余人，发放慰问金10万元，向全省148名困难归侨发放生活补助金29.6万元。依法维护侨益，上半年，组织机关全体干部职工开展学法用法学习活动；向全省9个市（州）侨联发放法治宣传、法律法规、维护侨益工作手册等学习宣传资料1300余册；10月27日—28日，组织法律顾问委员会委员、专家咨询委员会委员和部分侨界人大代表、政协委员，赴安顺考察社区侨务工作和侨资企业；全年接待侨界群众来电来访20人次，办理涉侨信访件14件次，维护了侨界的和谐稳定。10月30日，贵州省侨联副主席陈新伦、贵阳市侨联主席戴一红为“中国华侨国际文化交流基地”——中国阳明文化园揭牌。2020年指导各市（州）侨联向中国侨联新申报了贵阳蓝花叙事小馆等8家“中国华侨国际文化交流基地”，其中铜仁市万山朱砂古镇、黔南州平塘中国天眼科普基地2家获批，至此全省共获批基地13家，实现了9个市（州）全覆盖。

10月27日—28日，贵州省侨联法律顾问委员会委员、专家咨询委员会委员和部分侨界人大代表、政协委员在安顺考察，图为召开考察调研座谈会

【开展调研积极参政议政】2020年，贵州省侨联加强调研工作，会领导牵头承担调研课题，深入各市（州）和相关省直单位开展现场考察调研20余人次，完成调研报告3篇，其中《贵州省侨联海外重点人士联谊工作调研报告》《贵州省留学归国人员创新创业调研报告》分别获中国侨联2020年度

1月2日，贵州省侨联副主席陈新伦在六盘水市慰问困难侨眷

10 月 30 日，“中国华侨国际文化交流基地”——中国阳明文化园揭牌仪式举行，贵州省侨联副主席陈新伦、贵阳市侨联主席戴一红出席

【加强侨联自身建设】一是思想建设。贵州省侨联全年共组织 25 次集中学习，围绕 10 个专题开展学习研讨；规范党内组织生活，严格落实“三会一课”等制度，开展“防风险、守底线”大排查，2020 年度被省直机关工委评为标准化规范化建设星级党支部；广泛宣传党的方针政策，凝聚侨心。二是基础建设。举办全省侨联第八期基层干部培训班，全省侨联基层干部、贵州海外青创会部分理事共 51 人参加，省政协原副主席孙国强，省社院副院长刘开树，省人大外事侨务委员会原主任、省侨联专家咨询委员会主任王礼全等领导、专家为学员上课；4 月完成《贵州侨联》改版；6 月完成贵州省侨联网站改版升级；12 月完成贵州省侨联“十四五”规划纲要编制。三是基层建设。指导铜仁市石阡县、黔南州独山县成立侨联，指导市（州）建成

调研课题成果一等奖和二等奖。参与贵州省人大开展的《贵州省华侨权益保护条例》立法调研工作，完成《贵州省侨情和华侨权益保护情况专题调研报告》。组织报送侨情专报 11 条，其中被中国侨联采用 4 条，获中国侨联 2020 年度信息工作三等奖。在 2020 年贵州省“两会”期间，首次推荐 11 名海外侨胞杰出代表列席省政协十二届三次会议，侨联界政协委员、人大代表围绕“大扶贫、大数据、大生态”战略向各级两会提交了提案议案 60 多件。

6 月 28 日，贵州省侨联机关党支部开展庆祝“七一”主题党日活动，省侨联主席、机关党支部书记吕虹（前排右四）率机关全体党员到中国红十字会救护总队图云关旧址参观

1 月 14 日，省侨联推荐列席贵州省政协十二届三次会议的海外侨胞代表在会场合影

7个“侨胞之家”。向中国侨联申请获批“侨胞之家”建设和“侨爱心—送温暖医疗队”“连心桥—维护侨益”项目经费19万元。

8月24日—27日，追梦中华·侨与脱贫攻坚人民日报海外网“小康路上”采访团走进红渡村，图为采访团在贫困户余勇家门前合影

【举办“亲情中华·欢聚余庆”和“亲情中华·欢聚红渡村”慰问演出活动】11月4日—5日，贵州省侨联与中国侨联文化交流部在遵义市余庆县人民医院和大乌江镇红渡村共同举办了“亲情中华·欢聚余庆”和“亲情中华·欢聚红渡村”两场演出活动，慰问抗疫医护人员、脱贫攻坚一线干部群众，助力复工复产和脱贫攻坚。演出活动由中国侨联调配了北京国家级院团的著名演员参加，中国侨联文化交流部副部长邢砚庄，贵州省侨联主席吕虹、副主席陈新伦，遵义市委统战部副部长、侨联主席、侨办主任季洁，余庆县委书记令狐绍辉以及当地干部群众2000余人观看演出。

11月5日，共同举办“亲情中华·欢聚红渡村”演出活动

【开展“追梦中华·侨与脱贫攻坚”系列宣传活动】8月24日—28日，协助中国侨联完成“追梦中华·侨与脱贫攻坚”微纪录片《山乡灯塔，照亮少年前路》拍摄工作，10月10日在人民日报海外网上线播出；11月，推荐70余幅贵州侨界助力脱贫攻坚图片参加中国侨联举办“追梦中华·侨与脱贫攻坚”网络主题活动成果展，12月21日上午，贵州省侨联主席吕虹应邀出席成果展开幕式；12月31日，在贵州省侨联网站推出“贵州侨联系统脱贫攻坚网络图片展”，展出图片153幅，同时编印出版《脱贫攻坚·侨力量　贵州侨联系统助力脱贫攻坚专刊》，充分展示了党的十八大以来，全省各级侨联组织和广大侨胞参与脱贫攻坚的精彩瞬间和感人故事。

【举办2020“亲情中华·为你讲故事”网上夏令营】5月15日—8月27日，贵州省侨联组织9个市（州）侨联共同参与承办2020“亲情中华·为你讲故事”网上夏令营活动，来自欧美6个国家10个侨团和华校机构的882名华裔青少年参加，一共举办了7期21个班次。活动期间，各级侨联通过音、视频和图文形式向营员推介贵州民族特色文化、经济社会发展、脱贫攻坚成效等，撰写新闻简报30余篇，其中10余篇得到外交部官网、驻外使领馆官网、天眼新闻、中国侨网等海内外媒体采用或转载。省（市）侨联共收到华校机构、营员及其家长感谢信和锦旗20余封（幅）、感言上千条。在2020年度贵州省直机关目标创新项目评选中，该活动项目荣获三等奖。

9月15日，贵州省侨联、省侨办、贵阳市侨联举办2020年贵阳地区老归侨暨纪念印尼华侨回国60周年联谊活动

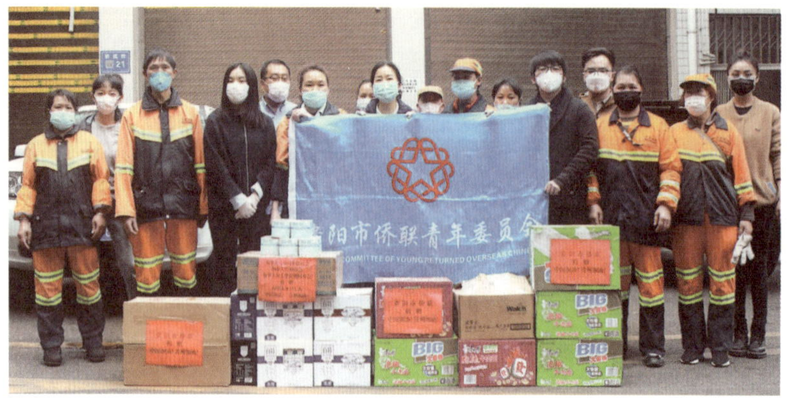
2月28日，贵阳市侨联、贵阳市青年委员会、加拿大贵州同乡会等向贵阳市南明区环卫工捐赠抗疫物资

【举办纪念印尼归侨回国60周年活动】9月15日，在国庆、中秋双节来临前夕，贵州省侨联、贵州省侨办、贵阳市侨联联合举办2020年贵阳地区老归侨暨纪念印尼归侨回国60周年联谊活动。贵州省侨联主席吕虹、副主席陈新伦、副主席兼秘书长李立，贵州省委统战部（省侨办）六处处长成德义出席活动，贵阳市侨联副主席张孟主持，来自贵阳地区的70余名老归侨参加联谊活动。吕虹对印尼归侨回国60年来为贵州作出的贡献给予充分肯定，并祝福广大老归侨侨眷保重身体，共享祖国繁荣发展盛世。

【贵阳市侨联抗击新冠肺炎疫情有成效】新冠疫情暴发后，贵阳市侨联坚决贯彻落实党中央、贵州省委、贵阳市委决策部署，迅速投入抗疫斗争，广泛团结海外侨胞、归侨侨眷同心抗疫。及时深入宣传动员。先后编发《贵阳市侨联关于号召全市侨联组织和广大侨界朋友做好疫情防控工作的倡议书》《致全市侨联干部群众和广大侨界朋友的一封信》《贵阳市侨联致归侨侨眷和在筑侨胞的系列温馨提示》，有效安定侨心。广泛凝聚力量。多渠道转发中国侨联、贵州省侨联的捐赠倡议。协调加拿大贵州同乡会、斯洛伐克中国友好协会、阿联酋贵州商会、旅日科技界等侨团侨胞向贵州省和湖北武汉捐款捐物。据不完全统计，抗疫期间，共协调归侨侨眷和海外侨胞向国内捐赠医用口罩（含N95）141万多只、医用手套23.3万余副、医用头套2.57万个、医用鞋套1万余双、医用防护服1075套、医用隔离衣5590套、负压救护车6辆（价值360万元）、隔离病房送药机器人2台（价值20万元）、医用防护面罩576个、医用护目镜204个、额温计155个、表面消毒剂40瓶、消毒洗手液2536瓶，捐款约88万元。疫情发生后，选派1名干部到基层一线参与为期3个月的疫情防控。2021年1月，贵阳市侨联荣获全国侨联系统抗击新冠肺炎疫情先进集体。

【毕节市侨联抗疫脱贫两手抓两不误】2020年，毕节市侨联以抗击疫情为重点，以脱贫攻坚为主线，认真履职尽责，扎实推进侨联工作。年初国内疫情暴发后，接收海内外归侨侨眷个人、侨资企业、涉侨团体捐资10.9万元，口罩55500个、手套20000只；疫情得到控制后，

5 月 7 日，毕节市侨联主席张友率队到帮扶点赫章县结构乡、河镇乡调研脱贫攻坚“冲刺 90 天打赢歼灭战”工作，并举行医用手套捐赠仪式

积极响应政府号召，深入侨资企业调研、走访，积极动员侨企带头复工复产；海外疫情暴发后，切实履行“外防输入”职责，开展全市归侨侨眷及其海外华侨华人亲属回黔情况统计工作，做好留学生、外派华文教师回黔和拟回黔侨胞正面引导工作，为做好“外防输入”扛起侨联的政治责任。全力以赴抓好脱贫攻坚决战，推动荷兰、德国、法国等贵州商会推广毕节茶叶、果蔬等农特产品；协调推进“侨爱心工程”助学、助困扶贫工作，全年共发放助学金 85 万元，资助学生 300 余人；开展 2020 年春节走访慰问活动，发放困难归侨生活补助金和困难归侨侨眷慰问金 5.4 万元；深入帮扶点赫章县结构乡中山社区开展走访调研、摸底排查，深入查找“一达标两不愁三保障”存在问题和短板，为结构乡协调帮扶资金 66 万余元，助力结构乡按时高质量打赢脱贫攻坚战。

【黔南州侨联全力推进“两个建设”】基层组织建设有突破，2020 年初，黔南州侨联成立调研工作组赴全州 12 个县（市）调研侨联基层组织建设情况，3 月与州委统战部联合印发《关于加强基层侨联建设的指导意见》，协调推动县级侨联、高校侨联和“侨胞之家”建设。9 月 4 日，黔南州侨联首个“侨胞之家”在都匀市龙潭社区成立，并同时开展了归侨侨眷权益保护法颁布 30 周年纪念活动；12 月，独山县侨联成立，2021 年 1 月，黔南民族师范学院侨联成立；另外，福泉市、瓮安县等侨联组织建设已在积极筹备中。基础建设见成效，10 月底召开黔南州侨联七届五次全委（扩大）会议，增选黄亚欣、邓燔为兼职副主席；选拔年轻科级干部 1 名，公开招考侨胞之家服务中心工作人员 1 名；加强干部教育培训，全年推荐 4 名干部参加全省侨联基层干部培训班。

10 月 30 日，贵州省黔南州侨联七届五次全委（扩大）会议在都匀召开

云南省归国华侨联合会

【领导成员名单】

党组书记：和向红（女，9月4日离任）
　　　　　高　峰（9月4日任职）
主　　席：高　峰（2020年11月当选）
专职副主席：徐盛兴
兼职副主席：伍达天　朱　燕（女）　何庆国
　　　　　叶建州　江巴争追（藏族）
　　　　　狄　文　石　云（女）　赵　先
秘　书　长：陈英姿（女）

【综述】2020年是决胜全面建成小康社会、决战脱贫攻坚之年。也是“十三五”规划收官之年。云南省侨联坚持以习近平新时代中国特色社会主义思想为指导，深入贯彻党的十九大和十九届二中、三中、四中、五中全会精神，在中国侨联关心指导下，深入学习贯彻习近平总书记关于侨务工作的重要论述，全面贯彻新时代党的建设总要求和新时代党的组织路线，深入落实中共云南省委决策部署和习近平总书记考察云南重要讲话精神，坚持党的全面领导，坚持党要管党、全面从严治党。增强“四个意识”，坚定“四个自信”，做到“两个维护”。工作中坚持“两个并重，加强两个拓展”，织好“两张网”，推动“两项建设”，切实履行服务经济发展、依法维护侨益、拓展海外联谊、积极参政议政、弘扬中华文化、参与社会建设职责。以凝聚侨心侨力同圆共享中国梦为主题，围绕省委省政府中心工作，紧紧围绕全面建成小康社会、打赢脱贫攻坚歼灭战和新冠肺炎疫情防控阻击战、巩固和拓展“不忘初心、牢记使命”主题教育成果，抓实巡视整改，推动整改落实，为云南高质量发展作出应有的贡献。

【动员侨界力量服务云南抗疫工作】2020年初新冠肺炎疫情突发，云南省侨联在做好自身防控工作同时，针对疫情初期省内抗疫物资缺乏情况下，在大年初三（1月27日）向海内外侨界发出捐赠倡议。组织、协助海外侨团侨社筹集、运送、捐赠了大批防疫一线急需的医疗物资、生活物资和大量善款。据统计，全省各级侨联共接收捐款796.9196万元，其中省侨联370.4172万元、州市侨联238.3424万元），全省共接收各类口罩1995425个、防护服（隔离服)37345件、防护帽149900顶、医用手套633569双、84消毒液39.5吨、护目镜1389个、蔬菜70吨、咽试纸63盒、手消液2080瓶、测温试器508只及其他防疫一线急需物资。此外，省侨联主动向省工信厅介绍海外资源，全力协助联系购买物资等相关事宜。先后介绍海外有物资购买渠道的人

2月9日，澳大利亚云南总会向云南省侨联捐赠抗疫物资

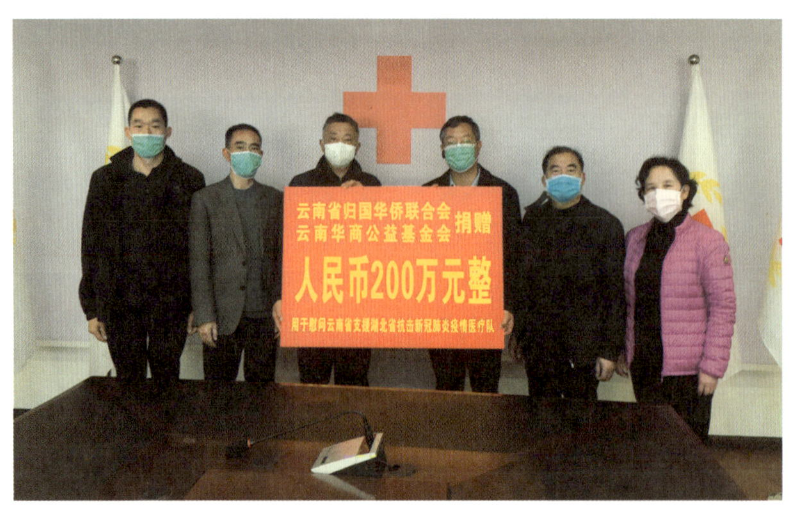

向云南支援湖北省医疗队捐赠200万元

士 50 多人，人员覆盖东亚、南亚、东南亚、欧洲、北美洲、南美洲等国家和地区。全力帮助省对口援助湖北医疗队解决物资紧缺问题。通过省红十字会向云南支援湖北省医疗队捐赠 200 万元及 N95-1860 口罩 1600 个、医用口罩 3460 个、医用防护服 725 件、医用手套 40000 双及取暖设备等其他物资。

【支持侨企复工复产】云南省侨联先后于 3 月 19 日和 30 日下发《关于协助做好严防海外疫情输入工作的通知》和《关于做好海外侨胞和留学生稳定工作的通知》给各州市侨联，对工作提出明确要求；争取中国侨联支持，于 4 月 16 日通过云南华商公益基金会下拨 28 万元专项经费给沿边州市侨联，用于边境疫情防控工作。认真做好“六稳”工作，落实“六保”任务。按照中共云南省委统筹推进新冠肺炎疫情防控和经济社会发展工作安排部署，省侨联党组书记和向红、主席高峰及其他领导分别带队，于 3 月 18 日、26 日、4 月 14 日、4 月 28 日分别到云大科斯特、云南天保桦生物资源开发有限公司、云南大理十畝产业集团等 6 家侨资企业，五华区立心青年人才创新中心、云南海归教育信息咨询有限公司等 6 家昆明市新侨创新创业企业实地考察调研走访，了解企业复工复产情况和疫情防控情况，积极支持侨企复工复产。

举办网上夏令营，制作“云南美食—过桥米线”等视频向营员宣传云南饮食文化

【开展文化宣传活动】2020 年，云南省侨联组织夏（冬）令营 74 个班次，来自缅甸、美国、西班牙等 13 个国家的 3191 名华裔青少年营员在网上参加活动。办营单位精心制作了“云南美食—过桥米线”“纳西族文化—东巴文”“文明的记忆—布衣纺织”云上梯田梦想红河”“云子传奇”“西南联大讲武堂”等 12 个故事宣传中华文化，受到营员好评。2020 年，腾冲和顺图书馆、保山梁金山故居、昆明国立西南联合大学旧址、云南陆军讲武堂历史博物馆、德宏畹町南洋华侨机工回国抗日纪念公园、玉溪红塔

6 月 3 日，“中国华侨国际文化交流基地”授牌仪式在云南陆军讲武堂历史博物馆举行

4 月 28 日，云南省侨联党组书记和向红到大理十畝产业集团调研复工复产情况

召开 2020 年云南省侨联系统基层组织建设工作推进会

区聂耳故居纪念馆被中国侨联批准为“中国华侨国际文化交流基地”。

【召开 2020 年云南省侨联系统基层组织建设工作推进会】 9 月 4 日，云南省侨联在昆明召开全省侨联基层组织精神工作推进会。会议总结了全省基层侨联组织建设和侨胞之家建设工作，分析了存在的不足，安排部署下一阶段工作任务，会议通报 2020 年华侨事务预算专项经费项目完成情况。2020 年全省新建基层侨联组织 57 个（其中县级侨联 10 个）、侨胞之家 114 个，做到了应建尽建，为巩固侨联组织建设打下了坚实的基层。

【维护侨益】 云南省侨联认真做好涉侨纠纷多元化解试点工作。2020 年试点工作得到有序推进并已完成专项调研，10 月中国侨联和最高院在浙江青田召开的涉侨跨境纠纷多元化解机制工作座谈会上，云南省侨联和云南省高院分别在会上作了主题发言。通过办理涉侨信访，认真梳理近年来信访工作的办理和回复情况，完善健全工作档案及工作资料，对侨界群众信访事项及时处理。组织全省侨联系统参加第二届“侨商杯”全国性法律知识竞赛，并

组织云南省侨联系统参加第二届“侨商杯”全国性法律知识竞赛，获二等奖

获二等奖。

【推进“困难归侨侨眷关爱工程”】 开展春节“送温暖”活动是“困难归侨侨眷关爱工程”的重要内容。2020 年云南省侨联共筹集到资金 56.37 万元，对全省 16 个州（市）、高校侨联、企业侨联、直属团体近千户困难归侨侨眷进行了

中国侨联领导到临沧慰问困难归侨侨眷

慰问。配合中国侨联、全国总工会、中国农林水利气象局到临沧两个华侨管理区开展春节“送温暖”走访慰问活动，把党的温暖送到归侨侨眷和困难职工心中。

云南省侨联向奇峰村下营捐赠桌椅

【助力决战脱贫攻坚】云南省侨联定点挂钩帮扶奇峰村已于2018年全面脱贫。省侨联认真落实省委统筹推进新冠肺炎疫情防控和经济社会发展工作安排部署，会领导分别率队前往挂钩点入户走访，了解掌握挂钩户生产生活情况，就推动白芸豆、核桃、沃柑等产业提质增效进行深入调研，积极帮助挂钩点发展优势产业，促成了核桃油加工坊项目在奇峰村建成开工。组织侨商前往奇峰村就发挥当地产业特色优势开展调研，同时联系农业供应链知名企业浙江康铭泰克信息科技股份有限公司、宁波寻农在线信息科技有限公司代表，前往奇峰村开展考察对接。在疫情防控和经济社会发展同步推进的新常态中充分发挥好侨界助力脱贫攻坚的特点和优势，巩固脱贫攻坚成效。

【建有益之言献务实之策】针对新冠肺炎疫情对各行各业带来的影响，云南省侨联界别政协委员结合侨界的特点特长和资源禀赋，积极建言献策。参与大会发言稿征集活动，省侨联提供的《加大侨乡文化建设力度，助力乡村振兴及‘一带一路’建设》获选为大会发言材料。

【落实巡视整改任务】对照省委巡视反馈意见，云南省侨联党组逐项进行分析研究，逐条进行对照检查，研究制定了《云南省归国华侨联合会关于省委第七巡视组反馈意见整改方案》和《云南省归国华侨联合会巡视反馈意见整改任务清单》。明确了整改工作的指导思想、基本原则、工作措施和具体要求。建立了整改工作台账，制定了93条整改措施，每项整改措施都明确了责任领导、责任部室、责任人

云南省政协十二届三次会议侨联界别委员合影

9 月 8 日，召开云南省基层侨联干部培训班

和完成时限，保证了巡视整改工作有序开展。截至目前，省委第七巡视组反馈的40个问题，已完成整改 34 个，基本完成整改 6 个。

12 月 22 日，云南省侨联召开侨情专报工作研讨会

【加强侨联干部培训】 2020 年起，云南省侨联计划实现全省基层侨联干部轮训全覆盖，以提高基层侨联干部侨务知识，适应世情、国情、省情、侨情新变化，树立"大侨务"理念，构建以侨为桥、以侨连侨、以内连外、内外连动的工作格局。全省 80 余名基层侨联干部参加培训，重点学习十九届四中全会精神和习近平总书记考察云南重要讲话精神，华侨的历史渊源与侨务机构和侨务政策的演变等专题。

【完善信息工作机制】 云南省侨联发挥专报传递重要侨情，修改完善《云南省侨联〈侨情专报〉工作细则（暂行）》，建立通报制度。截至 2020 年 11 月，省侨联向中国侨联上报《侨情专报》30 期，采用 2 期；上报省领导 41 期，被省领导批示 17 次（省委书记批示 1 次），省委办公厅、省委宣传部采用 11 期。加强与省内优秀媒体合作，加强侨联微信公众号宣传管理，加大公众号的推广覆盖面，提升推送信息质量；2020 年，中国侨联官网、中国新闻网、《云南日报》、云南网、云南广播电视台等省级以上媒体使用信息 80 余条，省侨联微信平台推送信息 800 余条。

【拓展公益事业】 云南省侨联以云南华商公益基金会为平台，积极开展公益项目全年累计接收捐赠资金 877 万余元，实施开展了助学、卫生、扶贫及"忠魂归国"公益项目等 30 项，在全省 16 州市 18 所学校建立了约 26 个珍珠班。

【普洱市侨联着力把握侨联工作时代主题】 普洱市侨联把握侨联工作时代主题成效明显。一是深入推进帮扶工作。继续运用"滚动模式"为农户在产业发展方面给予支持帮助，其中，市侨联扶持 8 户，每户给予产业发展帮扶资金 0.5 万元；协调侨资企业（普洱岱骏房地产开发有限公司）扶持 6 户，每户给予产业发展帮扶资金 1 万元，共计投入 10 万元。二是积极主动投身普洱全国文明城市创建活动。一年来，组织在职党员进社区报到服务73人次，组织干部职工开展志愿服务活动11次，与社区“两委”班子成员及党员代表座谈交流1次，开展侨法宣传进社区活动2次，为社区及侨界群众办好事7件，将创建为民、创建惠民、创建利民落到实处。三是致力服务全市改革开放。坚持“请进来、走出去”开展海外联谊。接待海外侨领侨商8批100余人次；促成科恩集团、普洱南亚科技创业园赴泰国考察，与泰北十七府中小知名企业联合会清迈分会签署了战略合作协议；促成宁洱县政府与泰国清孔县政府双方签订《宁洱县与泰国清孔县双方经贸旅游文化合作交流意向书》；牵线搭桥普洱南亚科技创业园与泰国清莱中华总商会签署了合作备忘录。12月中旬，牵头组织民间民族文化交流代表团赴泰国进行访问，拜会了5个当地侨社团和企业，开展联谊交流，签订了两份“文化交流合作协议”，为促进周边国家民间交流合作发挥了积极作用。

【德宏州侨联抓基层强服务聚侨心】一是完成23个基层组织建设，重点完成五个世居少数民族归侨侨眷聚集村社成立基层组织，目前完成五个世居少数民族基层组织建设工作，引导好各族侨界群众不断增进对中国共产党、国家、民族、中国特色社会主义道路的认同。二是做好2020年德宏州侨联华侨事务项目落实工作，开展贫困归侨侨眷救助36万元及50万元小额信贷、举办归侨侨眷职业技能培训1期50人、开展4次侨法宣传活动、春节慰问活动，做好信访等工作。三是主动服务“两个试验区”建设，年内邀请澳大利亚江苏工商总会、中交租赁集团到德宏州投资考察。四是开展对海外重要侨领、侨团侨社春节慰问活动。召开1次海外重要侨领、侨团、侨校座谈会。通过走访和慰问，了解掌握归侨侨眷受疫情影响情况，关爱侨界患病人员、医护工作者及其家属。创新开展“亲情中华·为你讲故事”网上夏令营活动6期共250人，与洋人街华侨佛经学创新开展网上华文教师培训班，21个侨校教师参加培训。五是做好海内外援助及涉侨疫情应急工作准备。积极倡议海外侨领、侨团及侨校分四批向祖籍国捐赠疫情防控资金445244元、大米126吨、口罩20500个，并向省侨联争取7.5万元医用物资捐赠给沿边侨团侨社。

【迪庆州侨联以务实举措推动工作提质增效】一是认真开展上海市闵行区侨联赴香格里拉英语教学支教活动。8月3日—10日，上海市闵行区侨联牵头组织区内英语教学专家团队到香格里拉市开展支教活动。向香格里拉市60名中学英语教师全面系统传授了初中英语教学设计、教学管理、教学策略等知识和技能，全面提升了参训教师的学科专业能力和专业素养。二是认真开展慰问帮扶工作，切实将侨联组织的温暖送到全州广大归侨侨眷手中。2021年1月，州侨联慰问组进入全州9个乡镇和1家重点侨资企业进行慰问。全州共走访慰问25户归侨侨眷，共发放困难慰问金3.5万元。三是开展“侨爱心　送温暖　医疗队”暨侨法宣传活动。10月15日，活动在德钦县羊拉乡雅瑞安和社区举行。羊拉乡雅瑞安和社区归侨侨眷、辖区居民、僧尼共2000余人参加。活动邀请迪庆州民生医院专家和医务人员共7名，免费向归侨侨眷及社区群众发放各类常见病、慢性病药品、预防流感药等，药品价值达3.5万余元。开展法律咨询，讲解侨务知识，发放涉侨法律法规宣传资料1500余份。四是认真开展省侨联青委会迪庆公益行活动。11月24日在香格里拉特殊教育学校举行援助学校善款物资捐赠活动，此次活动共捐赠公益慈善金10万元，捐赠物资价值5万元。五是州侨联牵线搭桥浙江新华爱心教育基金会资助迪庆州学生有590名，资助金额467.1万元。开展了澳大利亚爱国华侨魏基成“天籁列车”助听器、冬衣捐赠慈善公益活动，共向迪庆州捐赠蓝牙助听器900台、爱心冬衣550套、棉被280床、鞋子500余双，价值共计2000余万元。开展了支部共建、结对帮扶、捐款捐物、购买产品等系列帮扶活动，助力挂钩点香格里拉市东旺乡和维西县巴迪乡历史性告别绝对贫困。

【西双版纳州侨联】一是多形式多渠道持续推动侨界学习宣传贯彻习近平新时代中国特色社会主义思想往深里走、往心里走、往实里走。开展走访慰问和帮扶助困。组织开展“送温暖、献爱心”“送医送药”“敬侨暖侨”等活动，共慰问侨界群众300余户，送去慰问金13万元。二是依法维权促和谐稳定。协调解决了加拿大籍侨眷马某、印尼华侨李某反映房地产投资矛盾纠纷热点难点问题2件，为马某挽回经济损失2000万元，为李某挽回经济损失10万元，获得侨界群众肯定，被评为依法治州工作（法治建设成效）优秀等次。三是积极参与构建涉外涉侨矛盾纠纷多化解大格局。建立法院、侨联、侨办定期洽谈会商合作机制。成立西双版纳州为侨法律服务中心和涉侨诉讼服务中心，在勐腊县磨憨镇、勐海县打洛镇、景洪市勐龙镇设立国门诉讼服务站，为服务“一带一路”倡议发挥应有的作用。2018年自设立以来，三个国门诉讼服务站接受法律咨询200余人次，开展诉前调解59件，调解成功43件，当事人通过国门诉讼服务站立案78件。四是积极为打赢疫情防控阻击战奉献侨界力量。累计接收捐款15.5万元及口罩45900只、防护服2110件、防护帽2000顶、护目镜200副、手套30000双、医用手套30箱、医用专用口罩2000个，助力边境一线疫情防控，得到上级的认可和群众的肯定。

【昭通市侨联】一是继续做好浙江新华爱心教育基金会与市民族中学、上海杉树公益基金会与市一中的沟通协调工作，开办好“珍珠班”“高中杉树班”，帮助学习特优、家庭特贫的学生完成初中或高中的学业。2020年共新申请珍珠生230名、杉树生40名，学生三年将获得补助200余万元；目前，浙江新华爱心教育基金会连续14年在昭通累计资助初、高中珍珠生1646名，累计捐赠超1200万元；上海杉树公益基金会连续5年在昭通累计资助杉树生200名，累计捐赠180万元。二是继续做好侨界爱心人士捐资助学工作。争取到海南碧桂园的爱心人士资助盘河10名贫困学生，每年每名学生1500元；争取到爱心华侨资助巧家1名贫困学生每年5000元。组织妇科、儿科、骨科等专家到鲁甸县小寨乡开展义诊活动，为800多名患者发放6000余元的药品。组织心理学专家到脱贫攻坚一线开展“侨爱心·送温暖”心理健康讲座。三是筹划承办了四期“亲情中华·为你讲故事”网上夏令营六个营230人。海外华裔青少年通过网上夏令营的学习，增进了对中国国情的认知、对中华文化和中华民族的感情认同、对昭通地方历史文化的了解，让更多海外人士认识和了解昭通。

西藏自治区归国华侨联合会

【领导成员名单】

主　　　　席：俞允贵（兼）
专职副主席：拉巴日达
兼职副主席：通　嘎　塔尔噶
　　　　　　谢文·根多
　　　　　　夏果·堪珠益西班登
　　　　　　扎西卓玛（女）
秘　书　长：拉巴日达（兼）

【向境外侨胞捐助防疫“爱心包”】随着新冠肺炎疫情在全球快速蔓延，海外疫情扩散态势日渐严峻，为积极支持尼泊尔藏族侨胞抗击疫情，帮助解决缺乏抗疫物资的燃眉之急，及时传达党委和政府对他们的牵挂与惦念，6 月和 10 月，以西藏自治区归国华侨联合会的名义，分两批向尼泊尔藏胞捐助总价值 210 余万元的“爱心包”和防疫宣传单共 10000 套，“爱心包”内含医用口罩、藏香、粉状防疫药香、防瘟香囊、消毒湿巾等防疫物资。捐助防疫“爱心包”有利于进一步做好稳人心、暖人心、树信心工作，得到了旅尼藏族侨胞和驻尼使馆的热烈反响和高度评价，取得了良好成效。

【召开西藏自治区侨联二届二次常委会】10 月 23 日，根据《中华全国归国华侨联合会章程》召开了西藏自治区侨联二届二次常委会，西藏自治区侨联二届常委参加会议，各市地侨务部门负责人列席会议。会议以习近平新时代中国特色社会主义思想为指导，深入贯彻落实习近平总书记关于群团工作和侨务工作的重要论述，深入贯彻落实中央第七次西藏工作座谈会和中国侨联十届五次常委会精神，总结西藏自治区侨联二届一次常委会以来的工作，部署今后一段时间的工作任务，为进一步凝聚侨心侨力侨智，扎实做好“六稳”工作，全面落实“六保”任务，打下了坚实的工作基础。

【开展帮扶慰问活动】根据疫情防控工作需要，为避免人群聚集可能造成的疫情传播风险，西藏自治区侨联取消了一年一度的“全区归侨侨眷代表迎藏历新年茶话会”，采取分批分次入户走访的方式对拉萨、山南、日喀则等重点地市的 88 名困难归侨侨眷进行了慰问，发放慰问金 8.8 万元，通过多种渠道为他们解决口罩等防疫物资，为困难侨胞解决生活必需品，得到了一致好评。

陕西省归国华侨联合会

【领导成员名单】

党组书记：程勉贵

党组成员：高俊峰（2020 年 6 月退休）

尚小红（女）

鲍　剑（2020 年 5 月调离）

王天德（2020 年 11 月任职）

主　　席：郝　跃

专职副主席：尚小红（女）　余　劲

兼职副主席：刘润生　马忠科　张卫红

于长清　王文斌

秘 书 长：尚小红（女，兼）

【综述】2020 年，在陕西省委省政府的坚强领导和中国侨联的悉心指导下，陕西省侨联坚持以习近平新时代中国特色社会主义理论为指导，认真贯彻党的十九大和十九届二中、三中、四中、五中全会精神和习近平总书记关于群团工作和侨务工作的重要论述，坚持围绕中心服务大局，本着“以侨为本、为侨服务”的宗旨，强根基，抓关键，谋长远，充分发挥优势，编织情感纽带，以心聚侨、以情连侨，各方面工作取得新进展新成效，为全省经济社会发展作出了积极贡献。一是把握核心，重视学习，全面提升干部队伍素质，增强侨联干部履职尽责能力。二是整合侨商资源，携手高等院校，联系海外高层次人才，发挥优势，不断引资引智，助推陕西经济社会发展。三是立足国内，拓展海外，丰富联络联谊活动，扩大联络联谊交友渠道。四是讲好中国故事、陕西故事，夯实文化交流工作基础，弘扬传播中华优秀文化。五是凝聚侨心，汇聚侨力，加强组织建设，广泛开展侨法宣传，增强为侨服务本领。11 月 13 日，省侨联组织召开党员干部大会宣讲党的十九届五中全会精神。

【召开陕西省侨商联合会第四次会员代表大会】1 月 18 日，陕西省侨商联合会第四次会员代表大会在西安召开。此次大会是在全国各级侨商组织整合融入工作稳步推进的大背景下召开的。会议听取审议了《陕西省侨商联合会第三届理事会工作报告》，修改了《陕西省侨商联合会章程》，选举产生了侨商会新一届理事会和监事会。选举吉兴镇、薛惊理为会长。两位会长均表态要把好“接力棒”、共担新使命，实现以商养会工作设想，在不断为陕西经济社会发展添砖加瓦中凸显商会特色、贡献商会价值。省侨联党组书记程勉贵出席并强调，陕西省侨商会要坚强党的领导，坚定正确的政治方向；要提升服务会员品质，注重服务会员质量；要紧扣追赶超越定位，践行“五个扎实”要求；要加强制度建设，提升侨商会管理能力和水平。1 月 19 日，陕西省侨界新春联谊会暨省侨商联合会年会在西安举行，省、市涉侨有关部门领导，海外华人华侨、归侨、侨眷代表等 280 人参加了联谊会，会前，党组书记程勉贵向广大归侨侨眷和海外侨胞介绍了省侨联 2019 年的工作，并为在场嘉宾送去新春祝福。

1 月 18 日，陕西省侨商联合会第四次会员代表大会在西安举行

【指导侨商企业打好双线战“疫”】2 月 27 日，陕西省侨联副主席余劲赴侨商企业陕西斯瑞新材料股份有限公司、西安自力中药集团有限公司、西安欧亿来服饰有限责任公司调研疫情防控和复工复产工作，并与陕西省侨商会会长吉兴镇就侨商会如何在疫情中更好地承担社会责任进行交流。余劲一行详细了解企业疫情防控措施落实和复工运营等工作情况，积极沟通有关部门，与侨商企业共克时艰，打赢这场防疫保卫战。

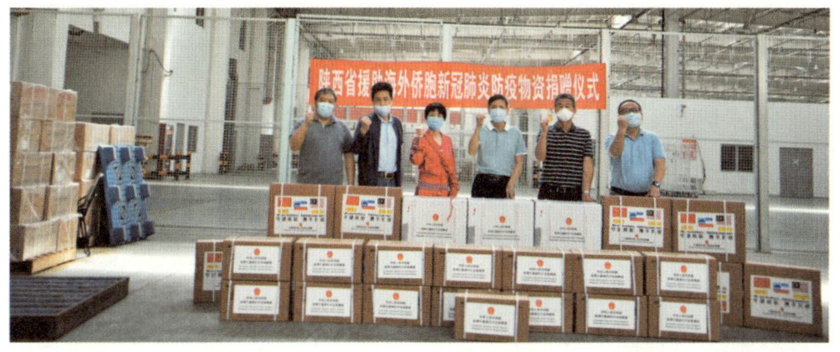

5 月 1 日，陕西省侨联副主席尚小红（左三）出席援助海外侨胞抗疫物资捐赠仪式

【捐赠物资助力海外侨胞抗疫】4 月 30 日，在中国华侨公益基金会的大力支持下，1752 个“侨爱心健康包”启运，分别向居住在 66 个国家的 2750 多名陕西籍侨胞、留学生送去一次性医用口罩、手套等防护用品，帮助他们渡过疫情。5 月 21 日，向陕籍海外侨社团捐赠的第一批物资在陕西省现代医药物流中心启运，捐赠对象涉及 17 个国家 32 个海外侨华人社团。6 月 9 日，第二批新冠防疫物资在咸阳国际机场新货运区中外运物流中心启运，包括抗疫急需的一次性医用口罩和各类预防治疗药品共计 457 箱、6000 余公斤，捐赠对象主要涉及 14 个国家 32 个海外华侨华人社团。省侨联不忘侨联“桥梁纽带”服务宗旨和使命，积极与各国华侨华人社团保持紧密联系，持续关注各国疫情发展动向，动用一切力量为陕西籍海外游子人身安全提供有利保障。

【向贫困地区学校捐赠 15 万册图书】5 月 21 日，由陕西省侨联牵头，中国儿童少年基金会携手省妇联、团省委共同举办的向贫困地区学校捐赠图书启动仪式，在陕西省侨商企业西安自力中药集团举办。中国儿童少年基金会向贫困地区学校捐赠的 15 万册图书，由陕西省侨联牵头接收和协调分发。陕西省侨联党组书记程勉贵、中国儿童少年基金会功勋理事张玲媛、省妇联副主席林海君、省少先队总辅导员、省少工委主任赵大胜、陕西师范大学校党委副书记、教育基金会理事长卢胜利、省侨商联合会会长吉兴镇及各地市侨联领导、接收单位代表参加了活动。启动仪式由省侨联副主席余劲主持。

【举办“亲情中华·为你讲故事”网上夏令营陕西营】4 月 30 日—8 月 27 日，来自 50 多个国家的 6.5 万名海外华裔青少年参加了由中国侨联会同各级侨联首次推出的“亲情中华”网上夏令营活动。陕西省侨联参与承办 8 期，西安市侨联参与承办 3 期，来自美国、西班牙、法国、德国、俄罗斯、瑞士、意大利、捷克、新西兰、韩国、印尼、马来西亚等 22 个国家，共 46 个组团单位的 3986 名（次）华裔青少年营员参营，陕西省侨联领导先后 6 次参加夏令营开（闭）营仪式及开展相关调研活动。其间，省侨联和西安市侨联拍摄了多个视频课程，其中“黄帝陵”“王家坪革命旧址”“古老戏曲·秦腔文化”等 5 个视频故事被中国侨联采用。为丰富网上夏令营形式，省侨联邀请著名专家学者在夏令营群进行直播讲座、互动，内容涵盖历史、文化、习俗等。结合古都西安历史文化特色，西安市侨联专门塑造“唐美丽”形象作为代言人与营员互动交流，深受欢迎。

5 月 21 日，陕西省侨联，中国儿童少年基金会携手省妇联、团省委共同举办向贫困地区学校捐赠图书启动仪式，右二为程勉贵书记

【举行“2020 侨爱心—送温暖医疗队”义诊】7 月 14 日—16 日，陕西省侨联 2020 年度“侨爱心—送温暖医疗队”赴安康市紫阳县城关镇大力滩村和异地搬迁集中安置点“仁和社区”，为当地百姓进行医疗卫生咨询、体格检查、健康讲座、卫生保健、疾病预防诊治及发

7月14日—16日，在安康举行“2020侨爱心—送温暖医疗队”义诊

放免费药品。此次省侨联“侨爱心—送温暖医疗队”活动共义诊300余人次，把西安医学院第一附属医院优质医疗资源与乡村、社区基层求医难的群众无缝对接，深受欢迎。

【召开陕西省侨联八届二次全委（扩大）会】 6月4日，陕西省侨联召开八届二次全委（扩大）会议，会议总结2019年侨联工作，研究

6月4日，陕西省侨联八届二次全委（扩大）会议在西安召开

部署2020年工作任务，进一步凝聚侨心侨力侨智，聚力“三个经济”建设，为陕西加速追赶超越贡献力量。省侨联主席郝跃作工作报告，省侨联党组书记程勉贵讲话，一级巡视员高俊峰传达学习了中央书记处重要指示精神和中国侨联十届三次全委会议精神。省侨联委员、各地市（区）侨联负责人和机关干部近100人出席会议。

【程勉贵书记赴安康调研扶贫工作】 7月1日，陕西省侨联党组书记程勉贵带工作组来到省侨联对口帮扶的安康市紫阳县大力滩村，实地了解大力滩村脱贫攻坚工作建档立卡、基础设施建设、干部结对帮扶、“八个一批”政策落实及“三排查三清零”问题整改情况。程勉贵强调，要坚决贯彻省委省政府《关于学习贯彻习近平总书记来陕考察重要讲话重要指示精神全面打赢脱贫攻坚战的意见》，按照年度脱贫攻坚目标任务，聚焦农民增收、住房保障、人居环境卫生改善等攻坚重点，持续推动大力滩村脱贫攻坚工作向纵深发展，确保脱贫攻坚工作稳固提升。调研组还对该村产业发展、种植技术培训、茶叶销售及进出花椒园道路整修等实际问题与在场干部进行了深入交流并提出实施方案。

【拓展与侨商交流合作】 7月12日，福建省侨联党组书记、主席陈式海带领福建侨联及侨商代表一行来陕进行工作交流座谈。陕西省侨联党组书记程勉贵，省侨联副主席尚小红、副主席于长清、中国侨商会常务副会长雷宁及侨联相关部室及在陕闽商代表出席会议

7月24日，陕西省侨联党组书记程勉贵（右）会见中国侨商联合会荣誉会长、中国侨联海外顾问、新加坡丰益国际集团董事局主席兼首席执行官、益海嘉里集团董事长郭孔丰一行

并进行交流。双方侨商代表就经济科技、高新技术、商贸合作及各自代表性产业进行深入交流。7 月 24 日，省侨联党组书记程勉贵会见了中国侨商联合会荣誉会长、中国侨联海外顾问、新加坡丰益国际集团董事局主席兼首席执行官、益海嘉里集团董事长郭孔丰一行。双方贵就新冠肺炎疫情防控、弘扬中华传统文化、海内外投资风险把控、加强农业海外合作等进行了交流。省侨联副主席余劲，联侨进出口公司董事长刘侃，哈萨克斯坦国际一体化基金会秘书长何诚等陪同会见。

【举办陕西省侨联海外暨港澳委员研修班】 8 月 25 日—28 日，陕西省侨联海外暨港澳委员研修班在西安举行，来自美国、加拿大、阿根廷、马来西亚等 23 个国家和地区的 35 名海外委员齐聚西安，共同学习交流。陕西省侨联副主席尚小红出席并讲话，她希望海外委员加强对中国国情、陕西省省情的认识，为构建海外和谐侨社努力。开班式由陕西省侨联副主席余劲主持。

【推动高校校友会开展双创活动】 9 月 5 日，“首届西安交通大学全球校友创新创业大赛总决赛”在西安交通大学举行。全国多位专家学者、企业负责人和投资基金管理人受邀担任评委，陕西省侨联党组书记程勉贵出席活动并致词。他表示省侨联将一如既往地联系服务、团结凝聚学校归侨侨眷、留学归国人员和海外校友，积极参与构建“地方侨联 + 高校侨联 + 校友会”工作模式，为侨界创新创业营造良好环境、打造优质平台、做好精准服务。

【程勉贵书记赴商洛调研】 9 月 8 日，陕西省侨联党组书记程勉贵一行赴商洛市商州区开展侨商企业复工复产情况调研工作，并在商州区召开了专题座谈会。商洛市委常委、组织部长薛小毛，省侨联办公室主任王天德，商洛市侨联党组书记刘彦锋，市侨联主席王亚莉，市委统战部副部长苏义学，商州区政府区长陈泽勇，商州区委常委、统战部长巩利杰，商州区政府副区长赵新选；侨商企业代表、匈牙利华侨华人社团联合总会主席、陕西省侨联名誉主席、商洛市侨商会会长余美明；商州区发改、交通、林业、自然资源、环保等相关部门负责人参加了座谈会。程勉贵指出，侨资源是一种特殊资源，希望各级政府及社会各界高度重视和积极支持侨商企业发展，为陕西经济社会发展增添新动力。

【举办“走进革命圣地　传承延安精神”干部培训班】 9 月 15 日—22 日，陕西省侨联在革命圣地延安举办“走进革命圣地，传承延安精神”侨联系统干部培训班，共有来自全省的 60 名侨务工作者参加培训。培训期间，学员们通过专题学习和现场教学，在行走中感悟红色历史，在思考中传承延安精神，不断补足精神之钙，筑牢信仰之魂。

9 月 15 日—22 日，举办“走进革命圣地　传承延安精神”干部培训班

【举办国庆 · 中秋慰侨演出】 9 月 29 日，由陕西省侨联主办的“故乡情 · 长安月”——2020 年五洲云上国庆中秋慰侨演出在陕西省小天鹅艺术团倾情上演，陕西省侨联主席郝跃，省侨联党

9 月 29 日，举办国庆·中秋慰侨演出

组书记程勉贵，省侨联副主席尚小红，陕西省侨联副主席余劲及 200 多名侨界人士和基层侨联组织代表观看了演出。此次演出旨在弘扬和传播陕西优秀文化，感谢海外各侨社团在疫情期间为陕西疫情防控所做的贡献，加强对海外侨胞与侨社团的服务和联系，团结凝聚广大华人华侨为谱写陕西新时代追赶超越新篇章贡献力量。

【举办“追梦中华·海外华文媒体高级研修班”】 10 月 19 日，由中国侨联主办，中国侨联信息传播部、陕西省侨联、西安交通大学承办的“追梦中华·海外华文媒体高级研修班”在西安交通大学举办开班仪式。陕西省政协副主席刘宽忍，中国侨联副主席齐全胜，中国侨联信息传播部部长左志强，西安交通大学党委常委、党委宣传部部长成进，陕西省侨联副主席尚小红，陕西省侨联副主席余劲等出席仪式。省侨联党组书记程勉贵主持仪式。刘宽忍希望海外华文媒体做陕西故事的讲述者，利用自身优势，主动宣传陕西，讲好陕西故事，让世界看到陕西的精彩，助力谱写陕西新时代追赶超越的新篇章。齐全胜提到此次研修班是疫情防控常态化条件下中国侨联举办的第一个面向海外华文媒体的线下研修活动，旨在进一步推动海外华文媒体深化对中国发展历史、现实和未来的认知，传递乡音乡情，讲好中国故事，弘扬中华文化。其间，左志强部长作了题为《新时代侨联信息传播工作》的专题讲座。此次研修班共有来自五大洲 18 个国家和地区的 28 位海外华文媒体等代表参加。10 月 20 日，“中国华侨国际文化交流基地”揭牌仪式在宝鸡市扶风县境内周原博物院举行，中国侨联副主席齐全胜和宝鸡市委常委、副市长毕晓男共同为文化交流基地揭牌，陕西省侨联副主席、秘书长尚小红宣读中国侨联命名文件。宝鸡市侨联、文化旅游、文物等部门及扶风县委相关领导，周原博物

10 月 19 日，举行“追梦中华·海外华文媒体高级研修班”开班仪式

10 月 20 日，周原博物院“中国华侨国际文化交流基地”揭牌仪式在宝鸡市扶风县举行

院工作、考古人员和各界来宾百余人参加了揭牌仪式。

【余劲副主席带队参加杨凌农高会开幕式并调研侨资企业】10 月 22 日—23 日，陕西省侨联副主席余劲、省侨联经济科技部人员及“追梦中华·海外华文媒体高级研修班”第三期学员，参加了杨凌农高会开幕式及相关活动，并在杨凌示范区侨资企业天工实业有限公司考察调研。余劲表示，天工实业公司积极与西北农林科技大学机电学院合作，成立了“天工工业设计研究所”，拥有了一支专业精深、经验丰富的科研队伍。希望天工实业公司发挥好自身创新能力，紧盯行业前沿、加大研发开发，把新技术运用与市场拓展相结合，在制造业领域不断积累经验，以诚信、务实、创新的企业文化引领智能家具行业新潮流。其间，调研组与亚洲现代经济研究所理事长刘锋，就在杨凌示范区建设农业产业工业园区项目，发挥海外侨界作用，引入涉农企业入园，进行了深入的座谈交流。

10 月 23 日，陕西省侨联副主席余劲（中）带队参加调研侨资企业

【开展“关爱老侨·共度重阳”主题联谊活动】10 月 23 日，陕西省侨联开展了“关爱老侨·共度重阳—省侨联组织老侨走进中国华侨国际文化交流基地”主题联谊活动。来自省老侨联谊会的老归侨和归侨侨眷等 50 余人汇聚一堂，分别参观了昆明池、诗经里小镇，体验了一次汉代历史文化。此次联谊活动是省侨联做好归侨侨眷工作的新举措。

10 月 23 日，开展“关爱老侨·共度重阳”主题联谊活动

【余劲副主席一行赴高校调研】11 月 3 日—18 日，陕西省侨联副主席余劲、省侨联经济科技部人员及陕西海外科技成果产业园工作人员一行先后赴西安电子科技大学、长安大学、西安科技大学、西安工程大学、西安石油大学、西安外国语大学、西北工业大学、陕西师范大学调研。在调研过程中，八所高校相关部门介绍了大学人才队伍建设、科研项目成果转化、高层次人才引进、校友会建设及活动开展情况，并表示要积极参加省侨联组织的各项活动。余劲副主席表示，高校是归国

12 月 20 日—23 日，汉中发展大会暨“兴业在汉中”主题招商周在汉中召开

海外高层次人才的集聚地，是侨界资源的集聚地。通过调研了解了大学对省侨联引智工作的需求和建议，并对下一步如何发展侨联基层组织，如何加强侨联组织和人才梯队建设提了具体要求。大学党委统战部、人才办、科研院（处）、校友会和侨联相关部门负责同志参加了调研交流。

11 月 3 日—18 日，陕西省侨联副主席余劲（中）一行赴高校调研

【成立归侨侨眷法律服务工作站】11 月 16 日，陕西省侨联与京师（西安）律师事务所联合成立陕西省归侨侨眷法律服务工作站揭牌仪式在京师（西安）律师事务所举行。陕西省侨联副主席余劲出席揭牌仪式并致辞。余劲表示，陕西省侨联始终坚持以人为本、为侨服务的宗旨，在维护人民利益的同时，依法代表和维护归侨侨眷和海外侨胞在国内的合法权利和利益，关心海外侨胞的正当权利。希望法律服务工作站认真维护侨益，积极为侨界群众服务，把法律服务工作站建成陕西各级侨联组织维护广大归侨侨眷合法权益的新渠道。

【邀请海外侨胞出席汉中市“兴业在汉中”主题招商周】12 月 20 日—23 日，由汉中市委、市人民政府主办的汉中发展大会暨“兴业在汉中”主题招商周在汉中举办。省侨联副主席、秘书长尚小红等邀请并组织英、美、法、澳、泰、越南、新西兰、阿根廷、坦桑尼亚、罗马尼亚等 10 个国家的海外侨胞出席了此次活动。

【西安市侨联到浙江重点侨乡考察调研】11 月 4 日—7 日，西安市侨联党组书记、主席杨庆一行 7 人组团到温州、丽水、青田、金华等浙江省重点侨乡考察调研，学习重点侨乡在基层侨联组织建设、为侨服务、招商引资、参政议政等方面的成功经验，增强与兄弟城市侨联的联络联谊，吸引更多侨商侨企业来西安投资兴业。考察团深受丽水市侨联开展“侨归”“侨网”“侨宣”“侨心”“侨益”五项工程的启发，希望双方在原先缔结友好侨联的基础上，加强合作，积极探索新形势下为侨服务的新途径。在青田县，考察团一行参观了侨管家全球为侨服务中心，了解侨管家的工作范畴、运行模式，以及如何做好为侨服务工作。还考察了仁庄华侨历史陈列馆、海外涉侨矛盾

化解中心、青田侨乡进口商品城等青田侨联工作的“金招牌”。在金华市考察了金华师大人家餐饮管理有限公司、金华长弓清洁用品有限公司、金义综合保税区。

【宝鸡市侨联开展保护法颁布30周年宣传系列活动】7月至11月，宝鸡市侨联持续开展侨法宣传“进社区、进农村、进企业”和侨法知识网上答题活动等系列活动。7月至10月，积极组织参加中国侨联举办的《纪念归侨侨眷保护法颁布30周年暨第二届“侨商杯”法律知识竞赛》网上答题活动，专门开会安排部署，建立答题活动微信交流群，每天及时发送答题链接，动员县区、企业侨务干部、侨联委员、侨商企业负责人等积极参与，同时坚持把答题链接发送各自负责的县区群、企业群、朋友圈，形成社会广泛参与的良好局面。宝鸡市共有300多人参与此次答题活动，位列全省参与人数第一位。通过开展这一系列宣传活动，积极贯彻全市“七五”普法精神和要求，切实有效地提高侨法的普及率，进一步增强侨界群众法制观念，营造了“爱侨、护侨、为侨”的良好氛围。

【安康市侨联开展2020年侨商县（区）行活动】6月18日，安康市侨联党组书记、市友协常务副会长杨柳，市委统战部副部长、市台办、市侨办主任周益能，中国侨商会常务副会长、陕西省侨商会常务副会长、安康市侨商会会长付波带领市侨商会40余名海内外侨商赴恒口示范区、石泉县开展侨商县（区）行活动，现场观摩、实地考察投资项目。恒口示范区、石泉县有关同志出席活动。

甘肃省归国华侨联合会

【领导成员名单】

党组书记：万泽刚

主　　席：闫鹏勋

专职副主席：徐妍丽（女）

兼职副主席：宋政奎　张　红（女）　张胜祥　逯　迈　黄　炜（女）　郑兆国　潘加发

秘 书 长：安亚军

【综述】2020年，甘肃省侨联坚持以习近平新时代中国特色社会主义思想为指导，以习近平关于侨务工作的重要论述为根本遵循，在省委省政府坚强领导下，在中国侨联大力指导下，加强思想政治引领，持续深化侨联改革，努力克服困难挑战，奋力实现工作创新，认真总结省侨联成立40年来的工作经验，积极探索在疫情防控新常态下做好侨联工作的新方法新路径，推动全省侨联事业取得新进展。

【甘肃省侨联领导班子作出调整】1月6日，甘肃省侨联召开全体干部会议，宣布中共甘肃省委关于省侨联主要负责同志职务任命的决定，任命万泽刚同志为中共甘肃省侨联党组书记（兼），提名闫鹏勋为甘肃省侨联主席候选人。省委常委、统战部部长、省政协党组副书记马廷礼出席会议并讲话，指出省委对侨联工作寄予厚望，对新领导班子充满期待，希望侨联组织为开创幸福美好新甘肃的新局面发挥更大更好作用，不辜负省委的希望和重托。

1月6日，甘肃省委常委、统战部部长、省政协党组副书记马廷礼出席省侨联全体干部大会，宣布领导班子任命

【陈迈秘书长在甘肃调研】10月14日—16日，中国侨联秘书长陈迈一行深入甘肃省兰州市、武威市、张掖市等地，访机关、进侨企、摸侨情、听侨声，围绕学习宣传贯彻习近平总书记在汕头考察时的重要讲话精神、推动中西部地区侨联工作改革创新开展调研，并走访省侨联机关，看望机关干部，听取省侨联工作汇报，与省侨联机关干部、省侨青委、侨商会等负责人座谈交流。省委统战部副部长、省侨联党组书记万泽刚，省侨联主席闫鹏勋等参加有关活动。

10月14日，陈迈秘书长走访甘肃省侨联机关并召开座谈会

【聚焦服务侨胞携手抗疫】新冠肺炎疫情发生后，甘肃省侨联积极贯彻中央和省委决策部

甘肃省侨联致陇籍海外侨胞
留学生的一封“家书”

亲爱的甘肃籍海外侨胞、留学生：

您好！

祝福健康平安！

甘肃省归国华侨联合会

2020年4月18日

“侨爱心健康包”和致海外侨胞的一封“家书”

2月6日，甘肃省侨联海外顾问、加拿大甘肃总商会会长隋兆安与加拿大甘肃同乡会会长杨俊昌、多伦多兰州大学校友会理事长袁鹏等在多伦多筹措善款、购买急需抗疫物资，帮助甘肃老家抗击疫情

署，组织动员省侨商会、侨青委第一时间向海内外华侨华人及侨商企业家发出募捐倡议书，共收到来自海内外捐赠防疫款物折合人民币305万元。疫情在海外暴发后，在中国华侨公益基金会支持下，省侨联筹措资金20万元，采购4.1万只医用外科口罩，制作近400份“侨爱心健康包”，陆续向美国、加拿大、日本、英国等30多个国家、10余个海外侨社团组织及400余名陇籍华侨华人、留学生寄出，帮助他们在海外安心工作学习，平安渡过疫情，让海外侨胞感受到了来自家乡的温暖和惦念。

【开展慰侨演出】2020年春节前夕，甘肃省侨联联合中国侨联“亲情中华”艺术团走进白银和平凉慰问演出，为两地侨界群众和广大观众联袂奉献了一台精彩纷呈的“侨界春晚”，其中平凉电视台官方网站直播点击量超过142万次。

【助力侨企复工复产】3月17日，甘肃省侨联主席闫鹏勋，党组成员、副主席徐妍丽，秘书长安亚军一行深入城关区、兰州新区和皋兰县等地，调研侨资企业疫情防控和复工复产情况，鼓励企业坚定信心，努力克服疫情带来的不良影响，高效有序加快复工营业。为落实好“六稳六保”工作任务，对全省侨资企业进行摸底，在为侨企纾难解困的同时全面了解和准确掌握全省侨资企业情况。

3月17日，甘肃省侨联主席闫鹏勋在兰州市和兰州新区调研侨资企业疫情防控和复工复产情况

【组织开展公祭伏羲大典活动】6月22日，

1月17日，中国侨联“亲情中华”艺术团来到甘肃平凉为当地群众献上精彩纷呈的“侨界春晚”

6 月 22 日，2020（庚子）年公祭中华人文始祖伏羲大典在羲皇故里天水举行

6 月 22 日，闫鹏勋主席率领侨界代表参加 2020（庚子）年公祭中华人文始祖伏羲大典

中国侨联参与主办的 2020（庚子）年“公祭伏羲大典”参祭活动顺利举办。甘肃省侨联主席闫鹏勋率 8 名侨界代表参加了现场公祭活动，还安排了华侨华人和海外侨胞代表线上参祭。

【召开甘肃省侨联七届一次常委会】6 月 30 日，甘肃省侨联七届一次常委会议在兰州召开。省侨联主席闫鹏勋代表领导班子作工作报告，省侨联党组成员、副主席徐妍丽主持会议，省侨联秘书长安亚军和省侨联七届委员会常委出席会议，各市州及有关单位侨联工作负责人、省侨联机关各处室负责人列席会议。会议传达了中国侨联十届三次全委会议精神，审议了《甘肃省侨联兼职副主席工作职责（讨论稿）》《甘肃省侨联兼职副主席履职制度（讨论稿）》和《甘肃省侨联委员履职制度（讨论稿）》。

6 月 30 日，甘肃省侨联七届一次常委会议在兰州召开

7 月 22 日，高校侨联与新侨人才工作交流会在兰州召开

【召开高校侨联与新侨人才工作交流会】7 月 22 日，高校侨联与新侨人才工作交流会议在兰州召开，兰州大学、西北师范大学、兰州交通大学等 6 所在兰高校侨联和校友会、留联会负责人参加会议。省侨联主席闫鹏勋出席会议并讲话，强调要充分认识加强高校侨联和新侨人才工作的重要意义，完善“地方侨联 + 高校侨联 + 校友会”工作机制，通过加强地方侨联与大学侨联、校友会互动交流，不断提升新侨人才工作水平。

【横向联动深化东西部协作】按照省委、省政府东西部扶贫协作社会动员专项工作要求，甘肃省侨联结合全省受援市县脱贫攻坚实际，以侨联侨，加强与东部协作省、市侨联组织和侨商侨企的主动对接服务，全力以赴助力脱贫攻坚战。全年共开展爱心捐赠项目 15 个，引入帮扶捐助资金 3543.24 万元，公益消费扶贫 5 万元，促成 3 个产业项目落地，预计总投资 9.6 亿元。8 月 25 日，东西部扶贫协作十大生态产业招商引资签约项目甘肃大森集团新型建材项目奠基仪式在定西市临洮县举行。项目总占地面积 168 亩，总投资 3 亿元，被列入定西市扶贫办 2020 年“1+1 托 5 机制”推动项目。

【开展普法宣传维护侨胞权益】9 月 7 日，甘肃省侨联第二届法律顾问委员会在兰州成立，省侨联法律咨询服务中心挂牌，为全省归侨侨眷和留学人员提供法律咨询。全年协调解决困难归侨侨眷生产生活、侨商经济纠纷、青年侨社发展、政策咨询等信访案件 40 余件（次），组织开展《民法典》《归侨侨眷权益保护法》系列宣传活动 4 场，推进法律进机关、进社区、进乡

8 月 25 日，东西部扶贫协作十大生态产业招商引资签约项目——甘肃大森集团新型建材项目奠基仪式在定西市临洮县举行

8月21日，甘肃省侨联在兰州市城关区广武门街道和大教梁社区开展《民法典》暨纪念归侨侨眷权益保护法颁布30周年宣讲活动

镇、进企业，进一步营造知侨、懂侨、爱侨、护侨的良好氛围。

【成立甘肃省侨联特聘专家委员会】 9月22日，甘肃省侨联召开参政议政工作会议暨特聘专家委员会成立大会，聘任79名科技、经济、医药卫生、文化艺术、社会法律等领域的领军人才和专家学者担任省侨联首批特聘专家，最大限度汇集侨智，积极开展侨界参政议政工作。一年来，省侨联围绕“十四五”规划制定等内容，广泛调动各位专家积极参政议政、建言献策，多方征集《侨情专报》稿件素材，向中国侨联报送专报信息13篇，被采用4篇，获2020年度全国侨联系统信息工作三等奖；向省委报送工作建议6篇，被《甘肃信息》采用3篇。征集省政协协商议题31件，提交集体提案5件，被采用3件，组织侨联界政协委员提交提案9件，省侨联特聘专家提交的3篇建议被作为大会书面发言材料。

【开展网上夏令营活动】 2020年，在疫情防控新常态下，

甘肃省侨联“亲情中华·寻根之旅”网上夏令营活动剪影

9月22日，甘肃省侨联参政议政工作会议暨特聘专家委员会成立大会在兰州召开

甘肃省侨联举办了“亲情中华·为你讲故事”7期网上夏令营和2期网上秋令营，共有来自英国、法国、美国等9个国家的2094名华裔青少年参营，帮助广大海外华裔青少年在疫情期间学习中文、了解中华文化、获取抗疫知识。

【举办甘肃省侨联成立四十周年老侨联谊座谈会】9月29日，甘肃省侨联“庆国庆　迎中秋　聚侨心——甘肃省侨联成立四十周年老侨联谊座谈会”在兰州举办。省侨联主席闫鹏勋、秘书长安亚军和机关全体干部与离退休老归侨、侨眷们欢聚一堂，共庆佳节、畅叙友情、座谈交流、共谋发展。闫鹏勋主席通报了省侨联一年来的工作情况，希望老侨朋友们在侨联组织的团结凝聚下，继续发挥余热，一如既往地支持省侨联工作，建良言、献良策，为建设幸福美好新甘肃贡献老同志的智慧和力量。

10月20日，甘肃省侨商海外联盟在兰州成立

9月29日，“庆国庆　迎中秋　聚侨心——甘肃省侨联成立四十周年老侨联谊座谈会”在兰州举办

【开展甘肃省“侨爱心·光明行”公益项目】在中国华侨公益基金会的支持下，甘肃省侨联、省卫健委、省扶贫办结合全省实际，共同发起了“侨爱心·光明行”公益项目，由兰州爱尔眼科医院具体实施。该项目于2018年8月开始实施，3年来共在兰州、白银、临夏、定西等地开展筛查1065场次44362人，发现可术患者10915人，对符合医疗救助条件的贫困白内障等致盲性眼病患者实施复明手术3805例，基金援助金额300万元、人均基金使用788元，得到了社会各界的广泛好评。

【成立甘肃省侨商海外联盟】10月20日，在甘肃省侨联指导下，由马来西亚—中国教育文化交流协会、澳大利亚甘肃同乡会、泰国西北商会、加拿大加中甘肃总商会、中亚陇商会、日本甘肃同乡会、巴基斯坦甘肃同乡会等来自4大洲21个国家的21家海外侨商社会组织和机构发起的甘肃省侨商海外联盟在兰州成立。联盟以“凝聚世界侨商、助力甘肃发展”为宗旨，旨在积极响应国家“一带一路”建设，致力于凝聚海外侨商，发挥联盟平台优势，促进多边交流，达到资源共享，互利互惠、精诚合作，“侨”接世界资源，助力甘肃发展。省侨联主席闫鹏勋出席成立仪式并讲话，省侨联党组成员、秘书长安亚军主持成立仪式。成立仪式上，与会代表畅所欲言，相互介绍了各自在住在国的事业发展及当地陇籍侨胞数量、生活情况等，并对联盟今后的发展提出了意见建议。

【举办“翰墨侨心·筑梦陇原”书画展】10月29日，庆祝甘肃省侨联成立40周年“翰墨

10 月 29 日，庆祝甘肃省侨联成立 40 周年“翰墨侨心·筑梦陇原”书画展暨甘肃省侨联书画院成立仪式在甘肃省艺术馆举办

侨心·筑梦陇原”书画展暨甘肃省侨联书画院成立仪式在甘肃省艺术馆举办。省政协副主席郭天康、省人大原副主任程有清、省侨联主席闫鹏勋等出席仪式，省委统战部副部长、省侨联党组书记万泽刚主持开幕式。书画展得到了全省各界和海内外华侨华人的积极响应和支持，共征集到社会各界人士和来自美国、澳大利亚、德国、乌克兰、俄罗斯等 10 多个国家归侨侨眷、华侨华人，以及中国香港、中国澳门、中国台湾等地书画家的作品近 300 幅，表达了华侨华人、归侨侨眷寄情笔墨、爱国爱乡，同心共圆中国梦的赤子情怀。

【举办《永远的黄河大合唱》书籍发行、捐赠仪式暨西北民族大学“侨胞之家”揭牌仪式】 11 月 29 日，由西北民族大学、甘肃省侨联主办的《永远的黄河大合唱》书籍发行、捐赠仪式暨西北民族大学“侨胞之家”揭牌仪式在西北民族大学音乐厅举办。省委统战部副部长、省侨联党组书记万泽刚，兰州大学副校长曹红，西北民族大学副校长白日霞，省侨联党组成员、秘书长安亚军，《黄河大合唱》词作者光未然先生次子张安东，《永远的黄河大合唱》书籍七城联动总策划、光未然内侄黄平等出席活动，中央广播电视总台主任编辑刘笑梅主持活动。张安东先生是澳大利亚华侨，他一直致力于在国际上推广黄河大合唱，在传播中华优秀传统文化方面作出了积极贡献。万泽刚为张安东颁发了甘肃省侨联特聘专家委员会聘书，希望他继续做中外文化

10 月 29 日，省政协副主席郭天康、省人大原副主任程有清为甘肃省侨联书画院揭牌

11 月 29 日，甘肃省委统战部副部长、省侨联党组书记万泽刚出席《永远的黄河大合唱》书籍发行捐赠仪式暨西北民族大学“侨胞之家”揭牌仪式

交流的友好使者，传承红色基因，唱响新时代侨胞的奋斗之歌。

【举办甘肃省侨联成立 40 周年座谈会】12 月 18 日，以“侨心向党·再创辉煌”为主题的甘肃省侨联成立 40 周年座谈会在兰州举办。省委常委、统战部部长、省政协党组副书记马廷礼出席座谈会并讲话。马廷礼代表省委对省侨联成立 40 周年表示祝贺，向长期以来关心支持甘肃发展的广大归侨侨眷和海外侨胞表示衷心感谢并致以美好祝愿。甘肃省侨联成立 40 年来，着力为广大侨胞服务解忧，为全省大局撑劲使力，已成为建设幸福美好新甘肃、开创富民兴陇新局面的一支重要力量。马廷礼强调，站在新的历史起点上，各级侨联组织和广大侨务工作者要牢记“为党和人民的事业凝聚侨心、侨力、侨智”的初心和使命，勇于担当、接续奋斗，更好肩负起新时代侨务工作的新使命。

【侨界助力打赢脱贫攻坚战】2020 年，甘肃省侨联党组（扩大）会议和主席办公会议专题研究脱贫攻坚工作 6 次，选优配强帮扶村第一书记。广泛动员全省侨界力量参与脱贫攻坚，积极助力当地群众灾后重建，全年为帮扶点陇南市武都区洛塘镇杨家庄村投入各类帮扶资金 115 万元。省侨联办公室等 5 个集体被中国侨联通报表彰为全国侨联系统助力脱贫攻坚先进集体，全省侨联系统 2 名干部被通报表彰为先进个人。

4 月 9 日，甘肃省侨联主席闫鹏勋一行深入陇南市武都区洛塘镇调研脱贫攻坚及精准帮扶工作

12 月 18 日，以“侨心向党·再创辉煌”为主题的甘肃省侨联成立 40 周年座谈会在兰州举办

【推动侨界公益事业发展】2020年，甘肃省侨联在酒泉市、张掖市为50名当地侨眷举办归侨侨眷技能培训班，依托兰州爱尔眼科医院、兰州大学第一医院在天水市、临夏州举办侨爱心义诊活动。联系中国华侨公益基金会为庆阳、平凉、酒泉捐赠价值306万元的司迈设备3台；香港应善良基金会为西北师范大学30名贫困新生捐资42万元助学金；浙江新华爱心教育基金会继续投入562万元开展“珍珠班”项目，中国华侨公益基金会继续投入37.5万元开展“树人班”项目；美国欣欣教育基金会为酒泉市瓜州县腰站子东乡族镇中心小学捐助35万元用于学生爱心餐厅建设。

【推动基层侨联组织建设】2020年，甘肃省侨联积极推动基层侨联改革，不断激发基层活力。按照侨联改革、机构改革的要求，加强对市州侨联改革的指导和推动。年内指导平凉市、张掖市、武威市侨联换届，对白银市、酒泉市、临夏州的人事安排提出意见，对天水市、陇南市、甘南州成立侨联组织工作给予相关指导，推动市州侨联改革有序进行。全年新建基层“侨胞之家”8个，兰州市侨联“侨胞之家”等4个“侨胞之家”获得2020年度全国侨联系统优秀“侨胞之家”表彰。

9月26日，在临夏州临夏县马集镇多木寺村“侨爱心·送温暖”义诊活动现场，医疗队专家为当地群众做检查

【召开平凉市第六次归侨侨眷代表大会】8月20日—21日，平凉市第六次归侨侨眷代表大会召开。大会审议通过了市侨联第五届委员会工作报告，选举产生了平凉市归侨侨眷联合会第六届委员会，杨成刚当选第六届委员会主席。

【召开张掖市第二次归侨侨眷代表大会】12月21日—22日，张掖市第二次归侨侨眷代表大会召开。大会审议通过了市侨联第一届委员会工作报告，选举产生了张掖市归侨侨眷联合会第二届委员会，娜仁其米格当选为第二届委员会主席。

青海省归国华侨联合会

【领导成员名单】

侨联台联黄埔同学会党组书记：高永英（女）

兼职副主席：曲　平　谈长燕

　　　　　　李大为　蒋孔夫

秘书长：无

【综述】 2020年，青海省侨联在省委统战部的正确领导和在中国侨联的大力支持下，坚持以习近平新时代中国特色社会主义思想为指导，深入学习贯彻习近平总书记关于侨务工作的重要论述，紧紧围绕省委省政府中心工作，切实履行“服务经济建设、依法维护侨益、拓展海外联谊、积极参政议政、弘扬中华文化、参与社会建设”职能，扎实推进各项工作任务。

【加强思想政治建设】 青海省侨联努力把握凝聚侨心侨力同圆共享中国梦的主题，发挥桥梁纽带作用。一是加强思想政治引领，持续推进习近平新时代中国特色社会主义思想、党的十九大和十九届历次全会精神的学习宣传贯彻，面向广大侨界群众，宣传青海经济社会发展成就，讲好中国故事、青海故事。二是以党的政治建设为统领，推进“不忘初心、牢记使命”主题教育常态化制度化，严格落实管党治会责任，强化从严监督管理干部，打造政治上强、专业水平高、作风优良的侨联干部队伍。三是组织召开庆祝中国共产党成立99周年座谈会，侨胞台胞黄埔同学会会员40多人参加，共同回顾党的光辉历程，提振了为新青海建设贡献力量的决心和信心。

7月31日，青海省侨联召开七届十次全委会议

6月30日，青海省侨联台联举行2020年青洽会网络招商项目签约仪式

3月6日，青海省侨联召开七届九次全委会议

【召开青海省侨联七届九次和十次全委会】 3月6日，召开青海省侨联七届九次全委会议，传达学习中国侨联十届二次全委会议精神和省委十三届九次全委会精神，对全年工作做出安排。一是加强思想政治引领，持续推进习近平新时代中国特色社会主义思想和党的

7 月 16 日，在民和县开展首期"侨爱心—归侨侨眷技能培训"

7 月 24 日，青海省侨联首次举办"中国侨商格尔木行"活动

十九届四中全会精神的学习宣传贯彻。二是扩大侨联海外"朋友圈"，办好亲情中华海外华裔青少年"寻根之旅"夏令营等文化品牌活动。三是深化改革创新机制，加强基层侨联组织建设指导力度，加强"侨胞之家"建设，着力推动侨联组织在为大局服务和为侨服务上实现更大作为。四是积极邀请中国侨联和中国侨商会组团参加第 21 届"青洽会"，完成青洽会执委会交办的各项任务。五是以党的政治建设为统领，推进"不忘初心、牢记使命"主题教育常态化制度化，打造政治上强、专业水平高、作风优良的侨联干部队伍。增补马俊、李健（女）、苏占海为省侨联七届委员会委员。7 月 31 日，召开省侨联七届十次全委会议，总结上半年工作、部署下半年任务，省侨联委员、基层侨联组织负责人近 30 人参加会议。

【服务经济高质量发展】青海省侨联围绕第 21 届青洽会"开放合作·绿色发展"主题，积极向外推介青海省的招商引资优惠政策和重点建设项目，为我省企业和产品"走出去"提供信息服务，为海外资金、项目和人才"引进来"铺路搭桥。一是根据省企业开复工和重大项目开复工领导小组办公室《关于深入开展网络招商工作的通知》、青海省工业和信息化厅《关于印发〈关于应对疫情开展网络招商工作的指导意见〉的通知》和"青洽会"执委会"总体方案"和"组织工作方案"精神，在中国侨联、中国侨商会的支持下，邀请英国、加拿大、意大利、美国、澳大利亚等 15 个国家和地区的 50 多位侨商参加相关活动，二是组织开展"中国侨商·格尔木行"活动，召开侨商台商与格尔木民营企业专场项目对接签约仪式，完成线上线下两个项目 1.5 亿元的签约项目。三是组织侨商参观盐湖、矿产企业，侨商们对感兴趣的大健康产业、绿色环保产业、矿产、中药材资源和药品市场、食品饮料、城市建设和国际教育等有关项目进行了考察对接，达成了一批合作意向。

【拓展海外文化交流活动】为帮助广大海外华裔青少年在抗疫期间能坚持学习中文、持续深入了解中华文化，青海省侨联开展 3 期"亲情中华·为你讲故事"网上夏令营活动，参与活动的营员 190 人，主要是英国和加拿大的 12—18 岁的青少年。活动以中国侨联"凯叔讲故事"为基础依托，包括说文解字、姓氏起源、成语寓言、名著名人、人文地理、风景名胜、历史溯源、当代中国故事、防疫知识、高原文化等。夏令营活动让营员们在增长知识的同时加深对祖（籍）国的热爱、对青海改革发展成果的了解，有助于在海外讲好中国故事、青海故事，成为中外友好交流的使者。

2月12日，加拿大同乡会、加拿大青海总商会捐赠医疗物资抵达西宁

8月24日，赴果洛州开展“侨爱心—送温暖医疗队”活动

【组织侨界力量抗疫】新型疫情发生后，青海省侨联迅速行动，认真贯彻落实中央、省委和省委统战部工作要求，守好“主阵地”、当好“主心骨”，努力把侨界群众和海外侨胞组织起来、凝聚起来，积极开展抗疫斗争和复工复产工作。一是及时发出倡议。省侨联在第一时间向全省广大归侨侨眷和海外侨胞发出了《关于积极参与“新型冠状病毒感染肺炎”疫情防控工作的倡议》。二是加大宣传力度。积极引导广大归侨侨眷在努力配合各单位、社区和村社做好防控工作的同时，通过微信、微博、电话等形式积极向国外的亲属传递党中央、国务院、省委、省政府对做好新冠肺炎的各项工作部署和防控工作的进展情况，不断传递正能量。三是加强协调沟通。持续关注各涉侨社团、侨资企业、海外青海籍侨团支援疫情防控相关情况，认真做好信息收集工作。加强与海关、红十字会、慈善总会等相关部门单位的联系，从捐赠方、受赠方、运输通道等多方面统筹协调，提高工作实效。四是积极奉献爱心。通过牵线搭桥，接受海内外侨胞捐款515万元、医疗物资估算价值132.76万元，包括防疫工作中急需的口罩、防护服、酒精和消毒液等。五是指导复工复产。按照“科学指导、分类管理、合理适度、精准施策”原则，对省聚尚伟业有限公司等侨商企业的复工情况进行调研，了解企业疫情防控和复工复产情况，指导企业加强内部管理，为发展生产贡献力量。

8月7日，青海省侨联在民和县举行基层侨联组织工作座谈交流暨法治宣传活动

【开展公益精准扶贫】2020年是全面建成小康社会的收官之年，青海省侨联努力建立帮扶贫困归侨侨眷工作机

11 月 8 日，赴大通县开展“侨爱心—送温暖医疗队”活动

11 月 8 日，赴大通县开展侨法宣传活动

制。一是在新春佳节来临之际，深入开展“送温暖　献爱心”活动，慰问侨胞、归侨、侨眷 138 人，发放慰问金 16.1 万元；为 9 名贫困归侨侨眷每户发放生活补助费每月 1000 元，全年共发放 10.8 万元。二是深入基层为群众开展义诊活动，在果洛州玛沁县、西宁市大通县，开展“侨爱心—送温暖医疗队”活动，对 137 名病患进行了现场义诊。三是加大教育精准扶贫力度，新办“珍珠班”5 个，招录高一学生 230 名，争取资金 172.5 万元；向中国侨商联合会积极沟通申报，争取到 17 万元的助学金项目款，帮助 17 名家境困难、品学兼优的贫困大学新生顺利入学。四是开展“侨爱心”归侨侨眷技能培训班，采取专家授课、学员互动、现场教学相结合的方式，重点学习烹饪、挖掘机操作、超市综合管理等实用技术，突出理论与实际相结合的特色，帮助解决困难归侨侨眷就业难问题。五是年内争取到澳大利亚魏基成慈善列车捐赠冬衣 3760 件，价值 112 万元，在广大侨胞中开展送温暖活动。

1 月 20 日，青海省侨台黄党组书记高永英（左一）慰问归侨侨眷

12 月 30 日，青海省侨联开展散居困难归侨侨眷慰问活动

【推进侨联组织建设】青海省侨联认真贯彻落实中国侨联《关于新时代加强基层侨联建设的

指导意见》，加强对各市州和基层组织建设的指导，不断推进基层组织建设。一是在海东市化隆县委统战部、黄南州委统战部、海北州委统战部、玉树州委统战部、果洛州委统战部建立5个“侨胞之家”，搭建侨胞活动平台，延伸工作手臂。二是对已有的侨联组织和“侨胞之家”，积极探索组织建设工作的新机制，加强工作指导，帮助搭建联谊交友的平台，使基层侨联工作焕发出了新的生机和活力。

1月14日，青海省侨联在省群团趣味运动会上获得最佳组织奖

【西宁市侨联维护侨益助力精准扶贫】一是组织市侨联委员、侨界代表、侨商企业，参加省侨联工作会议和“青洽会”网招项目签约仪式等活动。二是充分利用“侨胞之家”“侨法宣传角”等活动阵地，组织侨资企业负责人、侨胞代表人士集中学习侨法，进一步营造亲侨、爱侨、护侨的良好环境。三是线上竞答学习“侨法”。依托侨联微信群等新媒体平台，通过转载侨法知识、专题学习资料、宣传图片等方式有效开展宣传。依托法宣在线平台开展侨法竞答活动，24000余名干部职工参与竞答，侨法认知度和普及率进一步提高。四是举办全市侨务干部、归侨侨眷代表人士培训班。五是做好走访慰问工作。六是团结凝聚海内外侨胞为打赢疫情防控阻击战贡献力量，组织市侨联成员迅速行动，积极发起募捐，累计捐赠防疫款物172.2万元，为助力抗击疫情发挥了积极作用。七是完成省人大常委会对西宁市贯彻落实《中华人民共和国归侨侨眷权益保护法》及国务院和我省实施办法的执法检查工作。八是开展“侨爱心—送温暖医疗队”义诊活动。向大通县后拉村村民发放药品价值1万元；发放冬衣102件，价值2万元，提高了各族群众对侨务工作的认识，扩大了侨联工作的影响力。

【民和县侨联发挥优势突出工作特色】一是夯实侨联工作基础。对全县归侨侨眷基本情况进行调查摸底，健全完善了归侨侨眷信息库。针对县侨联没有固定办公场所实际，县委高度重视，在县政务服务中心为县侨联解决了办公室，配备了办公设施。二是强化学习宣传，提高思想认识。组织全县50余名归侨侨眷召开会议，专题学习《中华人民共和国归侨侨眷权益保护法》，并结合贯彻落实该法所取得的成效，参会人员畅谈了自己的学习体会，为做好下一步工作提出了具体要求。同时，采取有效举措，扎实开展《中华人民共和国归侨侨眷权益保护法》及国务院、省实施办法的宣传。利用宣传栏、电子显示屏、电视台、民和新闻网等媒体进行宣传，累计向各企事业单位、各人民团体、归侨侨眷及社会各界人士提供涉侨法律法规文本及涉侨知识问答510多册（份）。三是全力做好疫情防控工作。全县归侨侨眷主动担当社会责任，在

12月31日，举行海北州“侨胞之家”揭牌仪式

疫情防控期间，带头落实全县关于疫情防控的各项规定，协助向所在小区群众疏解民情民意，引导群众不信谣、不传谣、不造谣，营造高度配合、科学防范的社会氛围。疫情防控期间，县侨联组织归侨侨眷深入疫情检查点慰问一线疫情防控工作人员，给他们送去防控物资。同时，民和县积极帮扶侨资企业，在疫情期间为侨鑫生活超市优惠和减免税收达 9000 元。四是开展侨法落实调研工作。6 月，省人大常委会执法检查组来就《中华人民共和国归侨侨眷权益保护法》及国务院和青海省实施办法落实工作在民和县开展执法检查，实地检查指导民和县侨鑫生活超市、民和县侨胞之家、青海文商置业有限公司开发的万和国际小区，并进行座谈交流。省侨联组织委员 30 余人在民和县开展纪念《中华人民共和国归侨侨眷权益保护法》颁布 30 周年学习交流和知识竞赛活动。五是着力提升归侨侨眷技能素质。协助省侨联在民和县举办首期“侨爱心”归侨侨眷技能培训班，采取专家授课、学员互动、现场教学等形式，重点学习酒店、旅游和超市综合管理等实用技术，突出理论与实际相结合的特色，帮助困难归侨侨眷掌握工作技能、促进创业增收。六是开展走访慰问和帮扶关爱活动。走访慰问 10 名归侨侨眷和侨联干部。与西宁市侨联联合开展“侨爱心之旅—暖心关爱老人行”活动，在民和县西沟乡南垣村孝康养老服务中心为 20 户生活困难的贫困孤寡老人送去食用油、大米、拐杖、棉衣等生活用品。

宁夏回族自治区归国华侨联合会

【领导成员名单】

主　　　席：朱奕龙

专职副主席：郑大鹏

兼职副主席：何学虎　郑俊武　藏志勇　黄瑞贵　贾绍斌　李艳丽（女）　何顺贵　魏　雄　马永亮

秘　书　长：郑大鹏（兼）

【综述】 2020 年，在中国侨联的关心指导下，在宁夏回族自治区党委的坚强领导下，宁夏回族自治区侨联坚持以习近平新时代中国特色社会主义思想为指导，深入学习贯彻党的十九大及历次全会精神，全面贯彻习近平总书记关于群团工作和侨务工作的重要论述，坚决贯彻落实习近平总书记视察宁夏重要讲话精神，认真贯彻落实自治区党委十二届历次全会精神，扎实推动党中央和自治区党委重大决策部署落地落实，始终把保持和增强政治性、先进性、群众性贯穿工作始终，坚持“两个并重”“两个拓展”，推动“两个建设”，用好“两项机制”，积极履行侨联工作职能，各项工作不断取得新突破、获得新进展。

12 月 15 日，宁夏回族自治区侨联举办“全区侨界学习贯彻党的十九届五中全会精神宣讲报告会”

【加强政治理论学习】 8 月 6 日，宁夏回族自治区侨联举办“全区侨界学习贯彻习近平总书记视察宁夏重要讲话精神宣讲报告会”。邀请自治区党委统战部副部长柴建国作了题为“深入学习贯彻习近平总书记视察宁夏重要讲话精神”的专题宣讲。来自全区各条战线的归侨侨眷和侨资企业代表，各市（县、区）、高校侨联和社区“侨胞之家”干部职工，宁夏回族自治区侨联七届委员会委员及侨联机关全体干部职工共 120 多人参加，宁夏回族自治区侨联副主席郑大鹏主持宣讲会。12 月 15 日，宁夏回族自治区侨联在银川举行“全区侨界学习贯彻党的十九届五中全会精神宣讲报告会”。报告会邀请到宁夏法学会党组书记张廉作“深入学习贯彻党的十九届五中全会精神”专题辅导报告。来自全区各条战线的宁夏回族自治区侨联委员、归侨侨眷和侨资企业代表，各县（市、区）、高校侨联和社区“侨胞之家”干部职工共 100 多人参加。活动旨在动员引导全区侨界把思想和行动统一到党的十九届五中全会精神和宁夏回族自治区党委十二届十二次全会精神上来，为建设黄河流域生态保护和高质量发展先行区，守好“三条生命线”，为继续建设美丽新宁夏贡献侨界智慧和力量。

8 月 6 日，宁夏回族自治区侨联举办“全区侨界学习贯彻习近平总书记视察宁夏重要讲话精神宣讲报告会”

【召开宁夏回族自治区第八次归侨侨眷代表大会】 9 月 8 日—9 日，宁夏回族自治区第八次归侨侨眷代表大会在宁夏银川市召开，中国侨联党组成员、副主席隋军，宁夏回族自治区党委常委、统战部部长白尚成，自治区人大常委会副主任吴玉才，自治区副主席吴秀章，自治区政协副主席张守志出席开幕式。中国侨联副主席、宁夏回族自治区侨联主席朱奕龙主持大会。隋军副主席代表中国侨联致辞，希望宁夏

9 月 8 日—9 日，宁夏回族自治区第八次归侨侨眷代表大会在银川召开

回族自治区侨联以本次大会为新起点，团结带领宁夏广大归侨侨眷和海外侨胞，为建设美丽新宁夏、共圆伟大中国梦作出新贡献。白尚成常委代表自治区党委讲话，指出要坚持正确政治方向，确保新时代宁夏回族自治区侨联事业行稳致远；要突出工作中心重点，开创新时代宁夏回族自治区侨联事业新局面；要着力深化改革创新，推动新时代宁夏回族自治区侨联事业提质增效。宁夏回族自治区第八次侨代会代表、中国侨联和区直有关部门负责同志共 200 余人参加大会。大会听取和审议了宁夏回族自治区侨联第七届委员会工作报告；选举产生了宁夏回族自治区侨联第八届委员会；表彰了宁夏回族自治区归侨侨眷先进个人和侨联系统先进集体、先进工作者。

【展现侨界担当做好疫情防控】新冠肺炎疫情发生以来，宁夏回族自治区侨联认真贯彻中央和宁夏回族自治区决策部署，做到“党有号召，侨有行动”，充分发挥组织优势，广泛动员侨界力量，众志成城共克时艰。成立侨联疫情防控工作专班，建立跨部门联动机制，积极协助捐赠医疗物资运输通关；发动海内外侨胞捐款 164 万元，捐赠抗疫物资 1210 万元。深入侨资企业调研复工复产和疫情防控情况，帮助协调解决实际困难；切实做好疫情防控期间困难侨胞兜底保障工作，看望慰问全区受疫情影响生活困难侨胞 24 户，发放专项救助金 68000 元；向海外侨胞分享国内疫情防控经验做法；广泛宣传归侨侨眷和海外侨胞抗疫先进典型事迹，积极营造团结一致、齐心抗疫的舆论氛围。常海强、梁少荣分别荣获全国和宁夏抗击新冠肺炎疫情先进个人称号，银川市侨联、宁夏回族自治区侨联办公室主任张存喜分别荣获全国侨联系统抗击新冠肺炎疫情先进集体和先进个人表彰，充分展现了侨界在抗疫斗争中的贡献与风貌。在国内疫情防控形势不断向好，海外疫情持续蔓延的情况下，组织全区归侨侨眷和侨企向海外疫情严重的 10 多个国家的侨社侨团和留学生捐赠价值 21 万元的“侨爱心健康包”，帮助海外侨胞抗击疫情，共渡难关。

【召开宁夏回族自治区侨联七届八次全委会】1 月 17 日，宁夏回族自治区侨联七届八次全委会议在银川召开。宁夏回族自治区侨联主席朱奕龙代表宁夏回族自治区侨联七届常委会作了 2019 年工作报告并安排部署 2020 年工作，副主席郑大鹏主持会议，传达了中央书记处办公会议重要指示精神，副主席藏志勇传达了中国侨联十届三次全委会议精神。宁夏回族自治区侨联委员、各地级市侨联负责同志和机关

1 月 17 日，宁夏回族自治区侨联七届八次全委会议在银川召开

3 月 16 日，宁夏回族自治区侨联副主席郑大鹏（左一）深入侨资企业调研复工复产和疫情防控情况

省级侨联工作

1月17日，宁夏回族自治区侨联在银川举办“宁夏侨界2020年迎新春茶话会”

全体干部参加。

【举办2020年迎新春茶话会】1月17日晚，宁夏回族自治区侨联在银川举办“宁夏侨界2020年迎新春茶话会”，自治区侨联主席朱奕龙，自治区党委统战部副部长、政府侨务办公室主任柴建国，政协港澳台侨和外事委员会主任道月泓出席并讲话，自治区侨联副主席郑大鹏主持茶话会。全区归侨侨眷和侨资企业代表，宁夏回族自治区党委和政府、政协有关部门领导，全区统战系统有关人员共160人参加茶话会。

【承办2020年“亲情中华·为你讲故事”网上夏令营活动】5月15日—7月14日，宁夏回族自治区侨联邀请海外173名华裔青少年参加四期“亲情中华·为你讲故事”网上夏令营—宁夏营活动，通过网络平台学习中华民间传统故事、宁夏文化以及防疫知识。营员们通过录制小视频、语音、图文打卡、绘画等方式汇报学习成果，一起交流互动，感受中华文化的博大精深，领略塞上江南独特美丽，体验美丽新宁夏建设发展成就，增进了对祖（籍）国的文化认同和情感认同，活动得到了《人民日报》海外版等媒体的广泛报道。

【开展“闽宁对口协作”帮扶工作】为深入学习贯彻落实习近平总书记视察宁夏重要讲话精神和闽宁两省区关于做好东西部扶贫协作工作部署，7月9日—11日，福建省侨联党组书记、主席陈式海率领“闽宁对口协作”访问团来宁开展对口帮扶工作。访问团共捐赠70万元在固原市实施扶贫帮扶项目，其中新庄小学“福建侨心图书室”项目30万元、大岔村太阳能路灯项目15万元、西吉县贫困大学生助学金项目10万元、偏远村级小学校服项目12.4万元、慰问13户困难侨眷2.6万元。积极协调、推动福建侨企昇兴集团股份有限公司在银川投资建厂。

7月9日—11日，福建省侨联党组书记、主席陈式海率领“闽宁对口协作”访问团来宁开展对口帮扶工作

【举办宁夏回族自治区侨联委员和侨务干部能力提升培训班】深入学习贯彻习近平总书记关于“要把红色资源利用好、把红色传统发扬好、把红色基因传承好”重要指示精神，全面贯彻落实中国侨联《关于新时代加强基层侨联建设的指

10月25日，宁夏回族自治区侨联举办的“2020年宁夏回族自治区侨联委员和侨务干部能力提升专题培训班”在贵州省贵阳市开班

导意见》和宁夏第八次归侨侨眷代表大会工作部署，10月25日，宁夏回族自治区侨联举办的“2020年宁夏回族自治区侨联委员和侨务干部能力提升专题培训班”在贵州省贵阳市正式开班，来自全区各级侨联干部、部分宁夏回族自治区侨联委员共40人参加培训。

8月7日，成立宁夏自治区政协台联、侨联界别委员工作室，自治区政协副主席张守志（右）为工作室授牌

【基层组织建设有新突破】 2020年，宁夏回族自治区侨联积极探索“地方侨联＋高校侨联＋校友会”工作模式，协调成立“华侨大学宁夏校友会”，推动成立了银川金凤区、吴忠利通区、青铜峡市侨联和宁夏医科大学侨联，在侨界群众集中的街道社区新建“侨胞之家”10个，其中中卫市长安社区“侨胞之家”被评为2018—2020年度全国侨联系统优秀“侨胞之家”，有关县区侨联成立筹备换届工作有序推进，努力推动在全区成立县区及高校侨联工作取得阶段性成果，侨联组织覆盖面不断扩大。为更好促进基层侨联组织建设与规范发展，向全区所有5个县（区）和高校侨联颁发信用代码证书。

【依法维护侨益】 2020年，宁夏回族自治区侨联完成自治区“七五”普法验收工作。组织机关干部、侨资企业、侨界群众、侨商会会员积极参与中国侨联举办的“纪念归侨侨眷保护法颁布30周年暨第二届侨商杯法律知识竞赛”并获组织奖三等奖。深入10家社区、侨企和乡村，对《宪法》《民法典》《中华人民共和国归侨侨眷权益保护法》及其实施办法等法律法规开展形式多样的普法宣传和法律咨询志愿服务活动，发放各类资料6000余册，受众达1000余人。

【深化参政议政】 宁夏回族自治区侨联充分发挥好侨联组织参政议政职能，持续强化侨联界别政协委员参政议政意识，不断丰富界别活动内容和形式。2020年，全区侨联界别政协委员共向宁夏自治区政协十一届三次会议提交提案10份，社情民意6份。8月7日，成立宁夏自治区政协台联、侨联界别委员工作室，注重发挥工作室的“窗口作用”，不断密切与广大归侨侨眷的联系。自治区政协副主席张守志为工作室授牌。11月4日，组织侨联界别政协委员赴沙坡头检察院就未成年保护工作开展专题调研。全国政协委员、中国侨联副主席、宁夏回族自治区侨联主席朱奕龙连续13年出席全国两会，2020年向全国政协十三届三次会议提交提案12份，内容涵盖脱贫攻坚、环境治理、教育培训、医疗健康等

5月27日，全国政协委员、中国侨联副主席、宁夏回族自治区侨联主席朱奕龙出席全国政协十三届三次会议并亮相“委员通道”

方面。朱奕龙主席亮相“委员通道”通过网络视频方式接受媒体采访，传递了海内外侨胞参与“一带一路”建设，推动构建人类命运共同体的坚定信心。

8 月 26 日，宁夏回族自治区侨联为优秀贫困高考毕业生捐赠笔记本电脑

【持续做好助侨暖侨稳侨工作】2020 年利用元旦、春节等传统节日组织开展“送温暖、献爱心”活动，对宁夏全区 142 户归侨侨眷和基层侨务工作者进行走访慰问。2020 年 6 月，组织为全区 65 岁以上老归侨进行健康体检。6 月 18 日，在西夏区宁朔北路社区“侨胞之家”举办“凝聚侨心侨力 · 共享幸福生活”端午节主题系列活动，向归侨侨眷送上节日祝福，为“侨胞之家”捐赠涉侨法律法规和侨务政策书籍、防疫物资，丰富了侨界群众的精神文化生活。向石嘴山市困难侨眷发放临时专项救助金

1 月 14 日，宁夏回族自治区侨联副主席藏志勇（右三）走访慰问侨胞

7 月 23 日—25 日，组织“侨爱心—送温暖”医疗队赴西吉县开展义诊和侨法宣传活动

开展专业技能培训，为再就业创造良好条件。

【参与社会建设助力脱贫攻坚】宁夏回族自治区侨联积极协调各方力量助力脱贫攻坚及相关公益事业。响应中国侨联倡议，动员全区侨企和归侨侨眷为援建“华侨冬奥冰雪博物馆”捐款 20.8 万元。广泛联络海外侨社团和慈善公益捐助项目，与银川爱尔眼科医院实施的“精准扶贫侨爱心 · 光明行”宁夏站公益项目，在石嘴山、吴忠和固原市实施白内障援助手术 1415 例，眼健康义诊 384 场，到院检查患者 1783 人。积极联系澳大利亚魏基成慈善机构，为 13 个县区捐赠御寒冬衣 4816 件、棉被 200 件。联系香港荣通有限公司、宁夏荣光科技集团等 4 家侨企，为银川一中、育才中学的 14 名优秀贫困高考生捐赠价值 7 万元的笔记本电脑。银帝集团、宁夏外事旅游汽车有限公司、宁夏日盛高新产业股份有限公司、宁夏华祺实业集团有限公司，银川市侨联副主席马立江、石嘴山市侨联秘书长尹玉金分别荣获全国侨联系统助力脱贫攻坚先进集体和先进个人通报表彰。7 月 23 日—25 日，组织“侨爱心—送温暖”

医疗队，赴西吉县开展义诊和侨法宣传活动，免费为 400 多名贫困群众进行检查、诊断和治疗，并送去 6500 多元的日常用药。连续 2 年在宁夏育才中学协助捐建“树人班—正佳侨心班”，连续 13 年为宁夏育才中学、固原一中捐建“珍珠班”。协调欣欣教育基金会捐资 10 万元，对南部山区 6 所小学硬件设施进行改善。

【召开银川市金凤区第一次归侨侨眷代表大会】 12 月 30 日，宁夏银川市金凤区第一次归侨侨眷代表大会在银川召开。宁夏回族自治区侨联副主席、银川市侨联主席李艳丽出席会议并致辞，银川市委统战部副部长马海伦、银川市侨联秘书长马彩霞出席会议，银川市金凤区区委常委、统战部部长王芳出席会议并讲话。会议听取了《金凤区第一次归侨侨眷代表大会筹备工作报告》，选举产生了金凤区侨联第一届委员会，马永亮当选金凤区侨联主席。44 名金凤区归侨侨眷代表出席大会，金凤区有关部门、镇（街）分管负责人、各人民团体和民主党派负责人列席会议。

【召开吴忠市青铜峡市第一次归侨侨眷代表大会】 12 月 23 日，宁夏吴忠市青铜峡市侨联成立大会暨第一次归侨侨眷代表大会在青铜峡市召开。吴忠市委统战部副部长李天奇，吴忠市侨联副主席兼秘书长郭谦出席会议，宁夏回族自治区侨联副主席、吴忠市侨联主席何顺贵出席会议代表吴忠市侨联致辞，青铜峡市委常委、统战部部长杨文福出席为青铜峡市侨联成立授牌并讲话。

新疆维吾尔自治区归国华侨联合会

【领导成员名单】

党组副书记、副主席：吴晓青（女）
副主席：赛克肉汗·曙亚（哈萨克族）
二级巡视员：韩博 杨军
兼职副主席：轩江波 吉祥 翁国亮 齐凤霞（女） 潘世烈
秘书长：韩博（兼）

【综述】 2020年，新疆维吾尔自治区侨联在自治区党委、政府的坚强领导和中国侨联的的关心指导下，以习近平新时代中国特色社会主义思想为指导，全面贯彻落实党的十九大和十九届历次全会精神，深入学习宣传贯彻第三次中央新疆工作座谈会精神，深入学习宣传贯彻习近平总书记关于新疆工作重要讲话和指示批示精神，认真贯彻落实习近平总书记关于侨务工作重要论述，认真贯彻落实中国侨联十届三次全委会、五次常委会精神，全力做好疫情防控、脱贫攻坚、推动经济高质量发展和维护社会稳定工作，锐意改革，开拓进取，凝聚侨心、发挥侨力、汇聚侨智、维护侨益，展现出新疆维吾尔自治区侨联的新风貌，圆满完成了全年工作目标和任务。

【巩固“不忘初心、牢记使命”主题教育成果】 新疆维吾尔自治区侨联坚持以习近平新时代中国特色社会主义思想武装头脑、指导工作、推动实践，强化党组理论学习中心组学习和县处级干部学习、党支部学习，党组理论学习中心组分十个专题组织集体学习。制定并实施了《自治区侨联机关党支部落实自治区直属机关党支部建设质量提升三年攻坚行动计划（2019—2021年）实施方案》，不断推进党支部标准化规范化建设，完成侨联机关党支部换届工作。认真落实“三会一课”制度，开展形势政策宣讲、“党旗映天山”、“厉行节约、反对浪费”等主题党日活动，党组主要负责同志作题为《强化政治责任，在打赢疫情防控的人民战争、总体战、阻击战中发挥共产党员的模范作用》和《学习先进典型，发挥榜样力量》主题党课报告，其他会领导在分管部门讲专题党课。成立青年理论学习小组，制定《自治区侨联青年理论学习小组工作方案》，提高青年干部的理论素养。在侨界群众中开展主题党日活动，党组成员、县处级干部赴基层开展调研8次，形成调研报告8篇。

2020年11月，新疆维吾尔自治区侨联集体学习《习近平谈治国理政》第三卷

10月30日，新疆维吾尔自治区侨联集体学习十九届五中全会精神

【全力做好新冠肺炎疫情防控工作】新疆维吾尔自治区侨联按照党中央和自治区党委疫情防控要求，积极依托微信群等新媒体向新疆侨界发出《关于助力打赢疫情防控阻击战的倡议书》，深入宣传党中央和自治区党委最新决策部署和防控要求，正确引导广大侨界群众积极配合、科学参与疫情防控。广泛发动侨界力量踊跃捐款捐物。澳大利亚中俄后裔文化保留协会捐赠价值 7 万元的 10 台医用制氧机，澳大利亚新疆籍华侨华人同乡会捐赠价值 5 万元的 252 套医用防护服及 90 幅护目镜等，通过侨联捐赠至新疆维吾尔自治区人民医院和自治区红十字协会。据不完全统计，新疆维吾尔自治区侨联系统累计接受海内外侨胞捐赠款物合计 210 万元人民币；全区侨联系统参加疫情志愿者活动 1000 多人次。争取中国华侨公益基金会 20 万元人民币采购、运输、邮寄“侨爱心防疫包”，开展向海外新疆籍侨胞、留学生捐赠活动。同时积极引导侨商侨企做好复工复产工作和“献爱心助抗疫”活动。新疆维吾尔自治区侨联主要领导先后带领新疆国际侨商联合会和新疆国际侨商会理事单位——新疆大山恒业信息技术有限公司分别向乌鲁木齐市天山区大小西门管委会、第十五小学、第一幼儿园捐赠价值 5.86 万元抗疫物资，向乌鲁木齐八一中学、新疆生产建设兵团广播电视大学、乌鲁木齐爱尔阿迪娅眼科医院等 10 余家单位捐赠价值 22 万余元的测温设备和防疫物资。自治区侨联积极组织开展对参加抗疫工作的归侨侨眷医护工作者的慰问活动。6 月，自治区侨联领导班子成员分别带队赴乌鲁木齐市、昌吉州、巴州、阿克苏地区、阿勒泰地区以及克拉玛依市等地慰问 8 个地、州、市的 56 名归侨侨眷医护工作者，向每人送去慰

2020 年 4 月，新疆维吾尔自治区侨联党组副书记副主席吴晓青（前排右三），党组成员、副主席赛克肉汗・曙亚（前排左二）调研爱尔阿迪娅眼科医院复工复产情况

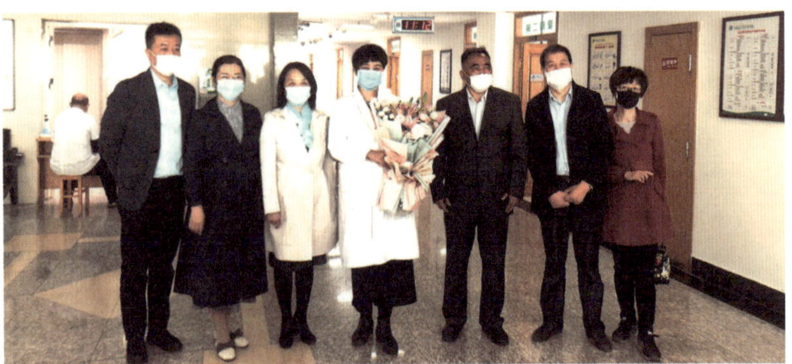
2020 年 4 月，新疆维吾尔自治区侨联党组副书记、副主席吴晓青（左三），党组成员、副主席赛克肉汗・曙亚（右三）慰问疫情期间值守一线的归侨侨眷医护工作人员

2020 年 4 月，新疆维吾尔自治区侨联党组副书记、副主席吴晓青（右五），党组成员、副主席赛克肉汗・曙亚（左五）向自治区人民医院捐赠医疗防疫物资

问金1000元。在乌鲁木齐市7月疫情防控期间，11名干部职工单位集中封闭坚守岗位，10名同志居家封闭配合社区参与社区抗疫志愿活动。党组先后10多次在网上召开疫情防控会议，确保防控措施落实到位；积极组织开展“石榴花开，我与亲戚共战疫”网上民族团结一家亲活动，以电话、微信、视频聊天等线上形式，开展“五个一”活动，为亲戚送去党的惠民政策、防疫知识和问候鼓励。“访惠聚”工作队联系海内外各界朋友为佳木镇、镇中心医院、镇教育系统、加依村捐赠医用口罩、消杀迷雾机、消毒液等价值17万元防疫物资，有力支援了基础防疫工作。

2020年12月，新疆维吾尔自治区侨联秘书长韩博（左二）“访惠聚”驻村工作，走访慰问加依村村民

【推进“访惠聚”和“民族团结一家亲”活动】按照“队员当代表、单位作后盾、一把手负总责”的要求，新疆维吾尔自治区侨联克服疫情影响，党组主要负责同志3次赴驻村点开展慰问和调研活动，确保驻村经费和2名队员按时替换，解决队员体检和车辆维修、司机轮换等问题，党组慰问在乌住院的加依村党支部书记艾山·热依木孜。全年25名干部职工到村开展了3次“结亲周”活动和1次网上结亲活动，与25名亲戚和村各族干部群众广泛交往、全面交流、深度交融。与“访惠聚”工作队一起积极协调解决群众20多件困难诉求，累计捐款3000多元，捐物80余件，惠及100余户群众。结亲期间，向结亲户和群众宣传第三次中央新疆工作座谈会精神特别是习近平总书记关于新疆工作的重要讲话和指示精神，宣传自治区65年来，尤其是党的十八大和第二次新疆座谈会以来，新疆发生翻天覆地的巨大变化。深入宣讲《新疆的若干历史问题》《新疆的反恐、去极端化斗争与人权保障》《新疆的职业技能教育培训工作》三个白皮书内容，让党的民族宗教政策进万家、入人心，积极引导各族群众和侨界群众听党话、感党恩、跟党走。

【开展“侨心向党·圆梦中国”主题征文活动】新疆维吾尔自治区侨联认真贯彻落实习近平总书记关于侨务工作的重点要求，面向基层、面向侨胞，组织开展了“侨心向党·圆梦中国”主题征文活动，在全疆侨联系统和侨界广泛开展2020年优秀作品征文活动。共收到53篇征文，最终评选出一等奖3名、二等奖5名、三等奖10名、优秀组织奖1个。征文活动激发了广大侨胞的爱国热情，展现了新时代各级侨联和广大侨胞新风貌、新作为，唱响了“侨心向党、共圆中国梦”的主旋律。侨界群众还积极创作拍摄了《让爱回家》《抗病战疫，爱你爱你》《为爱发声，为爱祝福》《阻疫路上，让爱回家》《白衣执甲逆行战役》《战役的我们》《大自然的声音》等7个微视频作品，广泛宣传疫情防控过程中涌现出的先进典型。

【开展“寻根之旅”网上夏冬令营活动】为满足海外华裔青少年学习中文、了解中华文化和

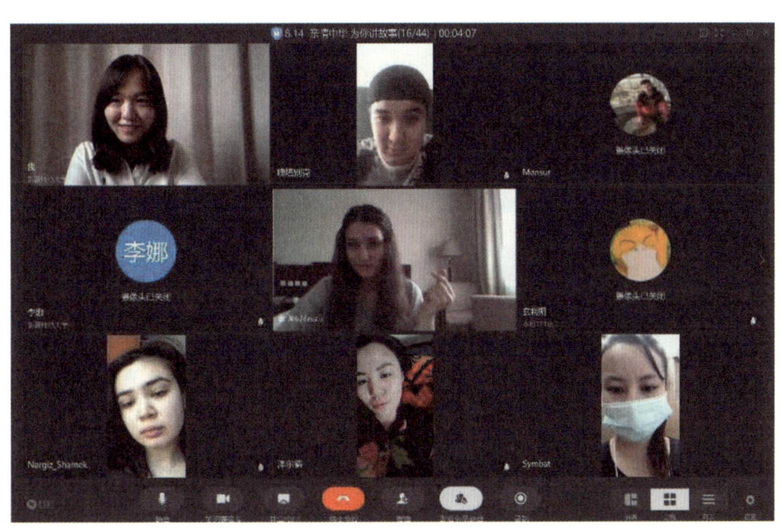

2020年9月—11月，新疆维吾尔自治区侨联开展线上夏冬令营活动

2020年9月—11月，新疆维吾尔自治区侨联开展线上夏冬令营活动

祖籍国发展变化的愿望和要求，新疆维吾尔自治区侨联积极协调新疆艺术学院、新疆师范大学国际文化交流学院开展交流与合作项目实施工作，于7月至11月组织“寻根之旅”网上夏令营和冬令营活动4期，内容涵盖祖籍国壮美河山、56个民族历史风貌、远古的文化遗迹、现代的摩登都市等，137名新疆籍海外学生参加线上活动，活动共上传26个视频，28篇新闻稿件先后被中国侨联官网、中国侨网、中新网、丝路新观察网、欧洲时报等采用刊登。活动中，营员们感受到中华文化的博大精深，同时也在精神上追溯了属于自己和家族的尘封记忆，提高了对中华民族共同体的认同感。

【深化侨联改革】新疆维吾尔自治区侨联认真贯彻落实《基层侨联组织工作条例（试行）》和《关于推进新时代基层侨联组织建设的指导意见》。党组主要领导和班子成员赴克拉玛依市、昌吉州、巴州、阿勒泰地区和阿克苏地区等地开展基层侨联组织建设调研，与有关基层侨联主要负责人、归侨侨眷、侨属企业代表进行了8场座谈，并提出指导意见。积极做好2020年申报“侨胞之家”建设、“侨爱心—送温暖”医疗队2个项目申报和实施工作，申请专项经费13万元。10个地州市侨联申报23个“侨胞之家”建设项目，新疆维吾尔自治区侨联对其中15个申报“侨胞之家”建设项目予以每个项目3万元计45万元支持。30家地州市单位申报“新疆华侨国际文化交流基地”建设项目，新疆维吾尔自治区侨联对其中9家申报单位予以每个基地5万元计45万元支持。组织申报“中国华侨国际文化交流基地”，最终有新疆师范大学、巴州和硕县马兰红山军博园、昌吉新辉红色记忆博物馆三家

2020年7月，新疆维吾尔自治区侨联党组副书记、副主席吴晓青，党组成员、副主席赛克肉汗·曙亚赴昌吉参观新疆新辉红色记忆博物馆

单位成功入选，实现全区“中国华侨国际文化交流基地”零的突破，进一步促进了新疆维吾尔自治区侨联文化交流工作。不断探索“地方侨联＋高校侨联＋校友会”工作机制，目前全区2家高校、1家科研院所成立侨联组织。搭乘全国人口普查列车积极开展侨情普查工作。

马兰红山军博园

省级侨联工作

【助力脱贫攻坚】新疆维吾尔自治区侨联坚决把思想和行动统一到习近平总书记在决战决胜脱贫攻坚座谈会上的重要讲话精神上来，2020年初党组专题研究脱贫攻坚工作，印发了《加依村2020年脱贫攻坚巩固提升方案》，“访惠聚”工作队按照“六个精准”“六个一批”和“两不愁三包保障”要求积极开展精准帮扶，大力组织贫困户转移就业和发展产业；通过实施“十小工程”为4名贫困户提供就业创业岗位实现增收，完成贫困户和边缘户、监测户富余劳动力38人稳定就业目标任务，为脱贫攻坚巩固提升奠定了良好基础。机关干部职工利用开展“结亲周”时机，深入了解36户贫困户（1户监测户）和5户边缘户家庭情况，协助“访惠聚”驻村工作队周密制定“一户一策”脱贫帮扶巩固措施，实施“侨爱心工程”，组织开展“珍珠班”项目实施情况座谈调研，开展“送温暖、献爱心”慰问200余名贫困学生活动，每人每年获得2500元爱心帮扶资金。开展慰问贫困归侨侨眷1255人共计30万元。全疆各级侨联走访慰问侨界人士、困难群众计1900多人次，累计捐赠现金30多万元、捐物180多件，做好事实事100余件，惠及困难群众260多户，把党和政府的温暖送到侨界困难群众手中。投入23万元开办贫困归侨侨眷妇女刺绣技能培训班培训58人，投入25万元开展养殖技术培训和人居环境整治工作。对122名贫困大学生进行助学资助。开展“侨爱心光明行”活动，助力4000多名白内障患者获得免费医疗救助。

【依法维护侨益参与法治中国建设】新疆维吾尔自治区侨联积极组织全区侨界干部群众参加中国侨联纪念《中华人民共和国归侨侨眷权益保护法》颁布30周年暨第二届“侨商杯”法律知识宣传活动，举办纪念《权益保护法》颁布30周年座谈会。开展“侨商杯”知识竞赛并获二等奖。组织召开自治区侨联2020年度普法工作会议，开展了第十七个宪法法律宣传月活动暨“防控疫情法治同行”宣传行动。组织参加第五个全民国家安全教育日知识竞赛答题活动。结合疫情防控，网上集中开展国家安全法、宪法、民法典、侨权法等五大类重点法律法规学习宣传。开展学习《中华人民共和国民法典》《关于建立健全香港特别行政区维护国家安全的法律制度和执行机制的决定》等重大深远意义。邀请自治区侨联法顾委专家给机关干部职工、侨商企业代表、法顾委委员、老侨联谊会代表等不同层次的归侨侨眷群体代表进行《民法典》和《侨权法》知识专题讲座。争取中国侨联权益保障部“连心侨—维护侨益”项目资金支持，按要求分批次组织机关全体干部职工、老侨联谊会代表、侨商会会员企业代表、法顾委委员和乌鲁木齐市达坂城区阿克苏乡农牧

2020年12月，新疆维吾尔自治区侨联秘书长韩博（左一）走访慰问贫困村民

5月20日，召开新疆维吾尔自治区侨联法顾委2020年年会

民归侨侨眷参加相关活动，开展《侨权法》宣讲讲座、涉侨案件研讨会、侨权法宣传及咨询、《民法典》学习等项目内容。侨联领导赴昌吉州、巴州、阿勒泰地区开展“归侨侨眷权益保护法”落实情况的调研工作，积极推进建立侨联系统涉侨纠纷多元化解工作机制。

2020 年 12 月，新疆维吾尔自治区侨联参加侨法知识竞赛获得二等奖

新疆生产建设兵团归国华侨联合会

【领导成员名单】

兵团党委统战部（民宗局、台办、侨办）副部长、兵团侨联副主席：轩江波

【综述】2020年，兵团侨务工作以习近平新时代中国特色社会主义思想为指导，深入学习贯彻习近平总书记关于侨务工作重要论述，坚持围绕中心、服务大局、服务侨胞，充分发挥侨联桥梁纽带作用，突出思想政治引领，大力凝聚侨心侨力侨智，积极参与抗击新冠肺炎疫情，积极助力脱贫攻坚，在兵团对外交往、深化改革、履行职能中发挥应有作用，为兵团经济社会发展贡献了智慧和力量。

9月23日，兵团党委统战部常务副部长宋骏走访脱贫户

5月4日，兵团侨联组织技术人员深入连队对职工群众进行技能培训

【开展疫情防控募捐】2月16日，按照兵团新冠肺炎疫情防控工作指挥部要求，兵团侨联向海外兵团籍侨胞发出募捐倡议，得到海外侨胞积极响应，美国新疆人协会、加拿大新疆人同乡会、澳大利亚南澳新疆联合会、澳大利亚澳洲珀斯新疆同乡会、德国波登湖德中协会等侨团以及顾文艺、吴苏丽等侨胞个人纷纷捐赠医用N95口罩、护目镜、防护服等急需医用物资，价值折合50多万元。兵团侨联及时将捐赠物资转送到兵团医院等疫情防控一线单位。

【圆满完成脱贫攻坚任务】2020年，经国家验收，兵团侨联挂钩帮扶的皮山农场一连脱贫摘帽，兵团侨务工作干部“认对结亲”户全部达到贫困线以上生活水平。

3月11日，兵团侨联副主席轩江波到连队社区开展调研活动

【服务侨胞民生】兵团侨联借助中央财政侨务项目预算资金，开展创业扶持、就业培训、大病救助、困难帮扶等工作，帮助兵团归侨侨眷实现多元增收。借助中国侨联专项资金，组织第三师医院、石河子大学一附院医疗队赴南疆团场开展“侨爱心·送温暖”义诊活动；组织第三师、第十四师归侨侨眷开展职业技能培训；支持5

个侨联基层组织加强“侨胞之家”建设。申请香港应善良福利基金会助学金 54.25 万元，帮助石河子大学 40 名贫困大学生完成学业。

【开展“迎中秋·庆国庆”联谊活动】结合庆祝新中国成立 71 周年和传统佳节，兵团侨联因地制宜开展形式多样的政治思想教育活动，加强对广大归侨侨眷的政治思想领引。第一师组织 11 名归侨侨眷代表赴 359 旅纪念馆开展“艰苦创业、勇于创新、团结协作、无私奉献”主题教育活动。第四师组织 30 名归侨侨眷代表赴 72 团红军纪念馆，拍摄了“祝福祖国·共迎中秋”宣传片，通过微信、微博发布，表达对祖国的祝福。第六师对 40 名归侨侨眷进行走访慰问。第八师组织 20 名归侨侨眷代表召开座谈会，畅谈祖国取得的辉煌成就、兵团的发展变化和自己的获得感幸福感，表达听党话、跟党走的决心。

【举办兵团侨务工作骨干培训班】10 月 23 日—26 日，兵团侨联组织 32 名侨务工作干部、归侨侨眷代表在天富职业技能学院举办了“提升素质能力、发挥优势作用，为实现中华民族伟大复兴中国梦作出更大贡献”的主题教育培训。通过听取《习近平总书记关于侨务工作重要论述》《统一战线理论方针政策》《中华文化要义》等专题讲座，开展“我是一个兵”重温部队生活，参观第八师 143 团“华侨之家”等活动，进一步提高做好新时代侨务工作的能力素质。

5 月 1 日，兵团侨联组织开展民族团结联谊活动

兵团侨联组织职工群众外出务工，对表现突出的给予奖励

5 月 1 日，兵团侨联组织专家学者送科技到田间地头

10 月 21 日，兵团侨联组织开展侨务工作干部、归侨侨眷代表能力素质提升培训

10 月 23 日，兵团侨联组织开展侨务工作干部、归侨侨眷代表能力素质提升培训

【开展招商引资活动】按照兵团 2020 年招商引资工作任务要求，兵团侨联制定《2020 年度招商引资工作方案》，确定以农产品精深加工、特色产品开发和轻工业产品生产为重点，加大工作力度，以“侨”为“桥”，主动联系内地侨资企业，开展多种招商引资活动，实现招商引资项目重庆果泰百年科技发展有限公司在第三师图木舒克市投资未来农业 1800 万元。

【助力海外侨胞抗疫】兵团侨联以内促外，加强对海外侨胞的关心关爱。海外第一次疫情期间，先后三次指导各师市侨联主动走访归侨侨眷，传达兵团党委对海外侨胞的关心关爱。向德国、澳大利亚、加拿大等 5 个与我联系紧密的海外侨团捐赠价值 20 多万元的防护口罩，帮助他们增强信心、共克时艰。海外第二次疫情暴发期间，兵团侨联向兵直机关每名归侨侨眷赠送价值

在“侨胞之家”开展党日主题活动

在“侨胞之家”开展践行兵团精神教育实践活动

4月29日，组织开展民主评议活动

400元的“抗疫爱心包”，指导他们邮寄给海外亲朋。同时，指导各师市归侨侨眷向海外亲属邮寄“抗疫爱心包”，让海外侨胞感受到祖国和亲人的关心关爱。

【加强侨联组织建设】完善侨联机关机构编制，兵团党委编办印发通知，调整兵团侨联秘书处机构设置及5名人员编制，设置副厅级专职副主席。加强兵团侨联基层组织建设，在第四师67团、第八师143团、第十二师104团等5个社区补充完善“侨胞之家”，并按中国侨联要求陆续落实赋码工作。2020年，兵团侨联荣获中国侨联第八届新侨创新创业成果交流活动“组织工作奖”，第二届“侨商杯”法律知识竞赛组织三等奖。兵团归侨石河子附院副书记吴向未荣获中国侨联第八届“中国侨界贡献奖”一等奖。

中央和国家机关归国华侨联合会

【领导成员名单】

主　席：邵旭军（女）

副主席：孙柏瑜　许小峰　顾行发

谢东梅（女）　林　松　陈伟生

张　卫（女）　陈　新（女）

陈　洁（女）　林　琨

秘书长：孙柏瑜（兼）

【综述】2020 年，中央和国家机关侨联坚持以习近平新时代中国特色社会主义思想为指南，深入学习贯彻习近平总书记关于群团工作和侨务工作的重要论述，在中央和国家机关工委的领导、中国侨联的指导下，团结带领广大归侨侨眷，以强烈的爱国报国情怀投身到防疫抗疫工作、投身到本职工作、投身到侨联工作中，并将此作为增强“四个意识”、坚定“四个自信”、做到“两个维护”、当好“三个表率”的生动实践，作为保持和增强政治性、先进性、群众性的实战检验，取得积极成效。

【召开中央和国家机关侨联一届三次全会】1 月 16 日，召开中央和国家机关侨联委员会一届三次全会。传达学习中国侨联十届三次全委会精神，总结 2019 年工作，研究部署 2020 年工作。邵旭军同志代表中央和国家机关侨联主席会和常务委员会作工作报告。

【走访慰问归侨侨眷】元旦春节期间，中央和国家机关侨联走访慰问 32 个部门的 50 名归侨侨眷，为他们送去组织的关心关怀。中央和国家机关侨联领导赴自然资源部、国家林草局等单位走访慰问了老侨代表，并参加了新华社等部门的侨联迎春座谈会。

【组织开展“侨胞之家”项目建设】2020 年 4 月，组织中央和国家机关 13 个部门侨联组织积极申报第二批“侨胞之家”项目，争取到经费 25 万余元。各有关部门侨联组织通过“侨胞之家”项目，组织实地考察学习、举办国际形势讲座，对“侨胞之家”用房进行装修和布置，购买学习材料，看望患病的归侨侨眷等，有力推动了团结之家、奋斗之家、温暖之家建设。

【开展侨界有关评选推荐工作】5 月至 6 月，中央和国家机关侨联开展第八届“中国侨界贡献奖”评选推荐工作。经各有关部门机关党委审核把关，共有 7 个部门申报人选 39 名，中央和国家机关侨联主席会议对申报人选进行了评审。按照公平公正、事迹突出、兼顾平衡、严格程序的原则，通过投票评选出推荐人选 14 名。最终 6 名同志获一等奖，5 名同志获二等奖。8 月，开展第五届中国华侨国际文化交流促进会理事候选人推荐工作。经各有关部门机关党委审核把关，中央和国家机关侨联共推荐 8 名人选。11 月至 12 月，开展全国侨联系统抗击新冠肺炎疫情先进集体和先进个人评选推荐工作。按照公平公正、事迹突出、兼顾平衡原则，推荐先进集体 1 个、先进个人 2 名，均顺利当选。

【召开中央和国家机关侨联一届四次主席会议】6 月 2 日，召开中央和国家机关侨联一届四次主席会议，传达学习全国两会精神，推选第八届“中国侨界贡献奖”建议人选，研究下半年工作。全国政协委员、中央和国家机关侨联主席邵旭军介绍了参加全国政协十三届三次会议的情况。会议就中央和国家机关各级侨联组织学习贯彻全国两会精神作出安排部署。

【召开中央和国家机关侨联一届二次常委会】8 月 28 日，召开中央和国家机关侨联一届二次常委会，传达学习中国侨联十届五次常委会议精神，总结 2020 年上半年工作，部署下半年任务。中央和国家机关侨联主席邵旭军出席并讲话。中央和国家机关侨联常委，国家自然科学基金委党组成员、副主任，中国疾病预防控制中心主任高福院士作了简要报告。

【开展侨情调研】8 月至 11 月，中央和国家机关侨联组织人员通过电话、网络等方式，对亚洲、欧洲、北美洲、南美洲、大洋洲 24 个国家的 268 名海外侨胞、留学生代表进行调查访谈。撰写了《关于新冠肺炎疫情暴发后海外侨胞、留学生思想动态的情况反映》，党和国家领导人作出重要批示，推动有关部门制订措施解决有关问题。

【赴中央企业侨联、国资委机关侨联调研交流】9 月 3 日，中国侨联副主席隋军，中国侨联副主席、中央和国家机关侨联主席邵旭军赴中央企业侨联、国务院国资委直属机关侨联调研交流，与中国电子信息产业集团董事长、中央企业侨联主席芮晓武，中国诚通控股集团有限公司党委副书记、中央企业侨联副主席兼秘书长单忠立及国务院国资委直属机关党委、直属机关侨联有关同志座谈。

【印发《中央和国家机关侨联“侨胞之家”项目经费使用管理办法（试行）》】10 月 13 日，向中央和国家机关各部门侨联组织印发《中央和国家机关侨联“侨胞之家”项目经费使用管理办法（试行）》，进一步规范侨联“侨胞之家”项目经费管理，提高经费的使用效益。

【召开中央和国家机关侨联一届五次主席（扩大）会议】11 月 13 日，召开中央和国家机关侨联一届五次主席（扩大）会议，传达学习习近平总书记在广东汕头考察时就做好侨务工作作的重要讲话精神和党的十九届五中全会精神。中央和国家机关侨联主席邵旭军主持会议。

【举办新侨沙龙暨侨联委员活动日活动】11 月 26 日，联合中央企业侨联在中国电子网络安全和信息化产业基地举办新侨沙龙暨侨联委员活动日活动。中央和国家机关侨联、中央企业侨联委员，以及新侨、留学生代表近百人进行了现场学习、交流。中央和国家机关侨联主席邵旭军，群工部（统战部）部长马勇明，中国电子信息产业集团党组成员、副总经理刘眉弦等出席活动。

中央企业归国华侨联合会

【领导成员名单】

主　　席：芮晓武

第一副主席：刘大山

副 主 席：单忠立　李　卫　赵奇胜　张振军　钟　雯（女）　黄春强

秘 书 长：单忠立（兼）

副秘书长：金丽娟（兼）　史才伟（兼）

【综述】2020年，中央企业侨联以习近平新时代中国特色社会主义思想为指导，团结带领中央企业广大归侨侨眷，广泛联系海外侨胞，致力于促进经济发展、参政议政、维护侨益和促进祖国统一等各项工作，坚持求真务实的工作作风，充分发挥桥梁和纽带作用，积极开展调查研究，着力加强自身建设，有力彰显央企侨联在推动国有资本做强做优做大培育具有全球竞争力的世界一流企业的重要作用。

【加强思想政治引领】中央企业侨联坚持把思想政治引领摆在首位，坚持以习近平新时代中国特色社会主义思想为指引，深入学习贯彻习近平总书记关于侨务工作的重要论述。一是抓好委员的学习。定期召开主席会议、秘书处会议和委员会议，通过学习交流、座谈研讨、专题授课等形式，组织委员学习党的十九届历次全会精神和习近平总书记关于侨务工作的重要论述。党的十九届五中全会召开后，第一时间组织央企侨联系统广泛开展学习。二是扩大学习覆盖。利用官方网站、央企侨联微信群等手段，宣传阐释党的创新理论、中国的发展成就和企业发展前景，引导侨界群众增进对习近平新时代中国特色社会主义思想的理解和认同，坚持以侨联队伍中的党员同志为重点，带动高知分子、民主党派、无党派人士和广大侨联群众学好党的理论，通过举办培训班、辅导讲座，发放学习用书，召开座谈会、交流会，组织参观主题展览等方式，加强侨联理论武装工作，夯实思想根基，做到旗帜鲜明讲政治、坚定不移跟党走。三是推动学习教育向下延伸。基层侨联组织积极行动，加强学习交流，深刻领会党中央对侨务工作的新部署、对侨联工作的新要求，深入思考侨联改革发展面临的新情况，做到思想统一、行动自觉。

中央企业侨联主席芮晓武组织大家学习十九届五中全会精神，开展交流研讨

【抗击疫情主动作为】在国内疫情防控的关键期，面对抗疫物资全面紧缺的现状，中央企业侨联充分发挥侨联联系海外乡亲直接和紧密的优势，迅速行动，动员海内外侨胞和社团为抗击疫情捐款捐物，筹措抗击疫情物资。中国诚通控股集团诚通国际公司作为俄罗斯中国总商会会长单位，牵头发起会员单位、在俄中资企业、华人华侨向疫区捐赠医疗物资的倡议，仅一周时间就募集到包括口罩、防护服、护目镜等近6吨医疗物资。累计募集并已发运到国内的医疗防护物资近32.37吨，包括医用口罩、防护服、护目镜、医用手套等共计4113箱、近460万件，价值近1176.78万元人民币。中国移动铁通福建莆田分公司工程部吴贵斌（侨眷）通过中国驻玻利维亚（圣克鲁斯）领事馆，将N95医用口罩捐给中国华侨公益基金会，安排给武汉疫区使用，捐赠物资价值40万元。东航集团受赠了美籍华人企业家沈伯骅捐出的100万副防护手套。中储粮集团浙江分公司接受了科特迪瓦浙江同乡会捐赠的1万只口罩、北美浙江联谊会捐赠的25桶消毒液。中远海运吴杰同志作为广东公益恤孤助学促进会理事、副秘书长，参与发起新型冠肺炎疫情防治应急救援行动，得到世界各界爱心人士支持，共筹到善款703万元人民币。据不完全统计，中央企业系统归侨侨眷累计捐款21835元，捐赠口罩1555个、防护服6套、高浓度消毒液5公斤；接受归侨侨眷和海外侨胞捐赠医用

口罩、防护服、隔离服、酒精杀菌消毒液等物资500余万件，捐款700余万元。

【开展侨联基层组织建设调研】根据中国侨联深入开展“大学习、大调研、大讨论，作出大贡献”工作要求，发挥调查研究对实践的指导作用，中央企业侨联在系统内开展了以“加强中央企业侨联基层组织建设”为主题的专题调研。调研采取问卷调查、实地走访、座谈交流相结合的方式进行，旨在摸清家底、夯实基础、创新方法、锤炼作风，对进一步促进中央企业高质量发展具有一定的指导意义。从调研结果来看，中央企业侨联基层组织建设具有自身的特点特色，但也存在诸如组织机构松散、工作人员兼职为主、工作对象分布不均、难以统筹开展等实际问题。针对调研过程中发现的问题，中央企业侨联高度重视，有的放矢，成立专项工作组，以调研数据为基础，结合多次务虚研讨，提出了多项切实可行的对策建议，一方面形成调研报向中国侨联汇报，另一方面积极着手落实整改到位。

【加强侨联工作纵向沟通横向交流】纵向方面加强与中国侨联的沟通。一是派员参加中国侨联组织的各类培训和会议，学习上级精神，加强工作交流。中央企业侨联相继选派人员参加了中国侨联第二十五期干部培训班、中国侨联十届五次全委会、全国侨联经济科技工作会议、中国侨联第八届新侨创新创业成功交流活动等有关培训和会议。会议期间，央企侨联代表认真学习了中国侨联领导的讲话精神，系统了解了侨联工作的一些前沿热点问题，并与其他参会代表进行了探讨交流。会后，央企侨联将会议情况对国资委及央企侨联领导进行了书面反馈，对上级文件要求在央企侨联内部进行原汁原味的传达和学习。二是推荐人选参加第八届“中国侨界贡献奖”评选。2020年4月，根据中国侨联有关文件精神，中央企业侨联第一时间部署申报工作，共有10家央企上报11名候选人。根据推荐名额安排和评选条件，经商国资委统战处，上报两人参评。11月评审揭晓，中国商飞钱仲焱同志荣获一等奖，中央企业侨联获得组织工作奖。横向方面加强与兄弟侨联的交流。一是“请进来”，2020年9月，中央企业侨联邀请中国侨联党组成员、副主席隋军，中国侨联副主席、中央和国家机关侨联主席邵旭军一行到中央企业侨联调研指导工作，隋军一行在中央企业侨联主席、中国电子董事长、党组书记芮晓武的陪同下参观了中国电子发展成果展、自主安全联合攻关基地和大数据样板间，双方围绕网信产业发展和新侨创新创业等方面开展了座谈交流。二是“搞合作”，2020年11月，中央企业侨联同中央和国家机

9月3日，中国侨联党组成员、副主席隋军（右五），中国侨联副主席、中央和国家机关侨联主席邵旭军（右五）一行到中国电子调研指导中央企业侨联工作

芮晓武（左一）为隋军（右一）、邵旭军副主席介绍中央企业侨联发展情况及中国电子主责主业

11 月 26 日，中央企业侨联同中央和国家机关侨联在中国电子网络安全和信息化产业基地共同开展“打造国家网信产业核心力量和组织平台”主题新侨沙龙活动

11 月 26 日，中央和国家机关侨联同中央企业侨联共同开展新侨沙龙，宣贯习总书记指示批示精神

关侨联在中国电子网络安全和信息化产业基地共同开展“打造国家网信产业核心力量和组织平台”主题新侨沙龙活动，活动中，中国电子科技委委员王定健作《打造国家网信产业的核心力量和组织平台的探索和实践》主题报告，来自各部委机关的侨联委员与中央企业侨联委员围绕主题开展了热烈而富有启发性的跨界交流，一方面为网信产业发展拓展思路、拓宽眼界，另一方面建立了双方的交流渠道，促进了友谊。

【凝聚侨心侨力推动企业改革发展】一是服务中央企业“走出去”，着力深化海外联谊交流。中央企业侨联、留学人员联谊会不断加强与“一带一路”沿线国家侨团组织联系，广泛开展联谊交流活动，促进中央企业与海外各界的交流与合作。中交集团发挥本企业侨界人士和海外华侨华人优势，积极参与“连心桥”“致富路”“发展港”“幸福城”四大业务领域建设，为繁荣“一带一路”、加强沿线国家项目建设献计献策。中国铁建号召广大侨界人士积极参与中非建设项目，广泛联系非洲 46 个国家的侨团组织和华侨华人，积极为项目建设赢得支持，营造良好的政策和社会环境，累计建成铁路城轨 1 万多公里。二是坚持“引进来”，着力为中央企业招才引智牵线搭桥。坚持把服务中央企业改革发展作为中心任务，加强与涉侨部门和单位的联系，完善海外人才库，组织企业参加海外人才招聘活动。充分发挥侨界人士和归国留学人员熟悉国外情况、海外朋友众多、信息渠道广泛等优势，为中央企业引入高科技项目、吸引海外人才参与高新技术产业发展牵线搭桥。中国移动打破国企式人事惯例，积极打造央企引进复合型海外人才平台，筑巢引凤，广纳良才，有效促进产业转型升级；中国电子坚持用党的创新理论武装头脑、指导实践，加大体制机制改革，不拘一格降人才，构建具有全球竞争力的人才体系，为网信事业发展提供强有力的人才支撑。

侨情概览

中国侨联
年鉴
2021 中国侨联年鉴

东亚侨情

日本三大侨团联袂举办《祥和欢乐迎新春》

1月12日晚，全日本华侨华人联合会、东京华侨总会、日本中华总商会联合主办的《祥和欢乐迎春会》在东京举办，来自日本各地的近800名在日华侨华人欢聚一堂，共迎新春。中国驻日本大使孔铉佑在致辞中回顾了2019年中国的经济发展态势及中日关系，表示2020年两国关系将迎来全面开创新时代的重要历史契机。孔铉佑大使强调祖国的建设、中日关系的发展离不开广大侨胞的支持和参与，他希望广大侨胞继续关心祖国的建设和发展，积极努力工作，为推动中日关系进一步发展做出积极贡献，并代表中国驻日本大使馆为各位送去新春祝福。（全日本华侨华人社团联合会 2020-01-13）

日本各界积极为中国防控新冠疫情捐款捐物

自中国发生新冠肺炎疫情以来，日本中央和地方政府及社会各界纷纷向中方表示慰问，第一时间伸出援手，积极捐款捐物。在日华侨华人、中资企业、社会团体和留学生等群体纷纷慷慨解囊，踊跃献出爱心。据不完全统计，截至2020年2月7日，日本国内各界累计捐赠防护口罩633.8万余个、手套104.7万余副、防护服及隔离衣17.9万余套、护目镜及镜框7.8万余个、防护帽1000个、鞋套1000个、防护靴30双，大型CT检测设备1台（价值300万元）、体温计1.6万余个，消毒水1.15吨、消毒粉1吨、消毒用品2400余件，累计捐款约合3060.2万元。（中国驻日本大使馆 2020-02-07）

感动中国的日本驰援物资诗词皆是华侨华人的创意

疫情期间，贴在日本驰援中国抗疫物资上的诗句在中国社交媒体平台掀起了热议。事实上，这些诗句的创意者皆是在日华侨华人。写着“山川异域，风月同天”的物资是由日本汉语水平考试HSK事务所捐赠，在该事务日本分支机构的管理层及主要职员全部为中国人。“岂曰无衣，与子同裳”是由北京大学日本校友会的夏雨同学建议，物资捐赠机构是由北京大学校友创建的仁心会。“青山一道同云雨，明月何曾是两乡”是由一名大连籍贯的华人提出。“辽河雪融，富山花开；同气连枝，共盼春来”是由日本富山县工作的孙肖原创。“崎岖路，长情在”是由日中亲善协议会里的中国职员提议。（《中文导报》2020-02-13）

全华联向在日华侨华人发布倡议书，呼吁与日本人民共同防疫

3月6日，全日本华侨华人社团联合会发布《致全体在日华侨华人的倡议书》，呼吁在日华侨华人要自觉遵守当地防疫法律法规，加强自我防护，减少出行，遵守所在地及中国的各项疫情防控措施，积极参与当地抗击疫情的公益事业，积极帮助当地侨胞和民众，建立和维护日本华侨华人的良好形象。（全日本华侨华人社团联合会 2020-03-06）

中医侨团助力在日华侨华人抗疫

为响应中国驻日本大使馆防控新冠肺炎疫情座谈会的建议，日本中医协会组织协会内部成员通过网络群组为各省市在日侨胞提供咨询服务，制作并发布了“中医防治瘟疫的建议”。协会的专家成员们从中医、中药、针灸、气功、药膳等方面为侨胞提供生活起居的注意事项、中医药的预防保健知识。尤其是一些具有日本从医资格的医生，还可以提供日本医疗保险范围内的汉方咨询并开颗粒汉方。此外，一些协会成员自身设有诊所，也可以为前往诊所的侨胞接受更加直接的治疗。（《东方新报》2020-03-24）

日本外国留学生人数8年来首次减少

日本学生支援机构（JASSO）宣布，截至

2020年5月，日本大学及日本语言学校等的在校外国留学生为27.96万人，比上年减少10%，留学生人数时隔8年首次减少。据日本文部科学省等介绍，受新冠疫情影响无法到日本上学只能在国外在线上课的2万名左右的学生也被统计在内。从留学生出身国家和地区来看，中国留学生为12.18万人（同比减少2.1%），越南留学生为6.23万人（同比减少15.2%），尼泊尔留学生减少2.4万人（同比减少8.8%），降幅最大的国家是斯里兰卡，同比减少27.7%。（《日本新闻》电子报2021-04-02）

餐饮旅游业遭重创，在日侨胞求职遇冰河期

为防控疫情，日本政府频繁启动紧急事态宣言，餐饮业、旅游业等行业遭遇打击。受紧急事态宣言的影响，部分地区的华商不得不根据当地政府的要求缩短营业时间，与此同时客源的大量减少冲击着诸多从事餐饮业的华商，有的商铺为维持营业不得不开拓外卖业务，有的甚至选择休业或者关闭店铺。因日本一度采取了封锁边境的政策来应对疫情防控，尤其是针对来自中国的游客，禁止或限制其入境日本，原本依赖中国客源的旅游业正经历着最黑暗的时刻，大量旅游业从业者遭遇停薪或者裁员，旅游业中派遣职员的比例较高，因没有直接与雇主并签署相关合同，这类职员最容易被裁员。由于经济形势低迷，华侨华人求职比以往要面临更大的竞争压力，各类求职微信群成为他们寻找就业信息的重要途径，但招聘的多是“3K”（肮脏、辛苦、危险）这类性价比不高的工作，然而竞争十分激烈。（《中文导报》微信公众号2020-06-04）

超六成在日外国人认为工作受疫情影响

5月28日，据外国人转职及招聘网站运营公司“JELLYFISH”的调查结果显示，在接受调查的299名在日外国人中，有64.8%的受访者认为自己的工作受到疫情影响。调查显示，有超过六成的在日外国人对“在日本的职场生涯”产生焦虑，他们担心的问题主要集中在薪资减少与被裁员两个方面，特别是从事旅游和教育行业的外国人。那些选择希望在日本就职的外国人中，有92.3%的受访者表示会在新冠肺炎疫情完全得到控制后继续寻找工作。根据调查结果，“JELLYFISH”认为，受访者中大多数会在疫情期间积极收集招聘信息，即便近期新冠病毒暴发，但也没有使在日的外国人对就业形势失去信心，预计在疫情平息后，将有大批在日外国人转职到新的企业。（《中文导报》2020-06-04）

在日华商聚合支付平台NETSTARS获新一轮战略投资

NETSTARS成立于2009年，是一家由在日华人为主的金融科技公司，其聚合支付平台“StarPay”聚合了多家日本本土及海外移动支付公司，以“硬件＋支付解决方案”的方式为各类型商户服务，使得日本民众及海外游客在日本商户能够简单、快捷、安全地使用二维码支付。目前NETSTARS已经聚合PayPay、LINE Pay、支付宝、微信支付等37家移动支付公司，覆盖了日本超过20万家商户。受疫情影响，无现金支付的优势和重要性日益凸显。因日本境内移动支付企业众多，NETSTARS作为这些移动支付公司与日本商户间的桥梁，起到了至关重要的作用。NETSTARS获得友仑集团新一轮战略投资，其发展进入红利期。（《中文导报》微信公众号2020-06-09）

关西侨团积极助力日本当地防疫抗疫

据不完全统计，关西中华总商会、日本关西福建经济文化促进会、爱媛县华侨华人联合总会、四国华侨华人联合会、滋贺华侨华人总会、冈山华侨总会、德岛华侨华人会、大阪福建同乡会、关西日本华侨华人妇女联合会等多个侨团向日方有关地方政府、医疗机构、学校、民间团体等捐赠口罩约35万只、防护服4500套等防疫物资。大阪华侨江苏同乡会参与了由日本国际文化交流协会发起的支援大阪府医疗前线有关捐款捐物活动。这些饱含真情的实际行动传递了在日侨胞真挚友好的感情，展现了新时代海外侨胞良好形象，为大阪各地开展疫情防控发挥了积极作用。（日本关西华文微信公众号2020-06-20）

日本政府8月放宽对留学生的入境限制

为抑制疫情蔓延，日本曾对100多个国家及地区实施了入境管控，包括春季入学的新留学生和拟返回日本继续学业的留学生。随着全球部分国家疫情逐渐得到控制，日本政府于8月开始放宽对外国留学生的入境限制，9月起撤销对所有持临时在留资格外国人的再入境限制。这意味着所有留学生可以回归日本校园。对留学生打开国门，既可以保障学校的收入，也能带动周边餐饮、零售、交通等行业的发展，同时也能通过留学生解决日本劳动力不足的问题。此外，这次疫情也让日本看到了自身信息技术业的短板，通过吸引国际人才可为日本振兴信息技术业供给更多人力资源。不过，日本尚未从第二波疫情中彻底走出来，留学生的返校无疑对日本疫情防控提出了更高要求。（《东方新报》2020-09-04）

在日外国留学生受疫情影响难就业

受疫情影响，企业经营业绩恶化，不得不停止招聘活动，即使是大型企业也因削减业务减少了招聘名额，这使得就业市场持续低迷。根据日本DISCO公司的调查结果显示，截至7月，日本2021届外国留学生（含研究生）中，拿到“内定”资格的仅有31.5%，比2019年同期下降了9.1%，与之相比，本土学生拿到“内定”的比例为77.7%。在接受调查的学生中，有79.3%的留学生仍是继续求职的状态，这个比例是日本本土学生的两倍。由此可见，外国留学生的就业情况并不理想。一位大学生就业办公室的工作人员表示，日本企业只注重留学生的日语能力，并不关注他们的品性、才能和专业知识，这种情况很可能造成留学人才流失到海外，而目前能够让留学生立刻发挥价值的工作岗位确实不多。（人民网日文版微信公众号2020-09-24）

日本首个华侨华人交响乐团成立

东京多元交响乐团是日本首家由旅日华侨华人组织运营的交响乐团。乐团成员主要由在日华侨华人组成，也有来自以及来自马来西亚、韩国、日本等国的专业管弦乐演奏者。据主办方介绍，为了促进中日民间艺术文化交流，培养更多华侨华人演奏家，让中国音乐走向世界，东京多元交响乐团不向团员收取任何费用。乐团希望通过音乐交流促进多元文化发展，为在日华侨华人提供更大的音乐交流平台与更广阔的国际舞台为目标。乐团计划每年在大型专业音乐厅举办一两场专场音乐会，并计划代表旅日华侨华人参加国际访问演出，与各国顶级交响乐团联合演出。（旅日侨网微信公众号2020-10-19）

为吸引外国留学生创业，日本出台为期两年的新在留资格

疫情造成国际间人流物流都受到影响，为激活日本经济，促进外国人在日本创业，日本出入境在留管理厅出台了新政。自11月20日起，符合条件的在日外国留学毕业生可以通过自主创业，申请为期2年的“特定活动”在留资格。新政的申请条件为，毕业于日本文部科学省规定范围内的、具有开展支援外国留学生就业资质的大学院校，同时获得了校方推荐的外国留学毕业生。有在日中国留学生表示，这一政策从侧面体现了日本政府进一步开放外国劳动力市场的决心，非常看好在日本创业、就业的前景。（《日本新华侨报》2020-11-26）

福冈县为无法打工的贫困留学生提供食物

疫情发生后，一些留学生家庭汇款到账时间滞后，还有的人失去了兼职工作，自费留学生经济拮据的情况愈加严重。为了支援经济拮据的在日留学生生活，福冈县国际交流中心地呼吁企业、政府积极捐赠，向县内的自费留学生派发米、高温蒸煮袋食品，以确保每个月可以帮助100名留学生，并且在11月实现了向400名留学生发放。据了解，也有中国留学生从福冈县的善举中受惠。（《日本新华侨报》2020-12-01）

日本中华总商会发行20周年纪念专刊

日本中华总商会（CCCJ）成立于1999年，是由在日华侨华人以及有中资背景在日企业法人为主的非营利公益团体，也是最大的在日华侨华人经济团体。11月，《日本中华总商会20周年纪念特刊》正式发行。20周年纪念特刊共150页，图文并茂地展示了日本中华总商会创汇20年来的发展历程，内容包括各界贺词、纪念致辞、总商会概要、事业活动、品牌活动、总商会在行动、华商回顾、我与总商会、图文纪事、总商会大事记共11个专题。此外，日本特许厅在9月30日正式向日本中华总商会发出通知，批准与“中华总商会”名称相关的两个商标注册成功。至此，日本中华总商会已经取得了4个和名称相关的商标专属权，标志着社团发展进一步向品牌化靠拢。（《中文导报》微信公众号2020-12-25）

在日外国人创业孵化组织成立，为创业者提供支持

12 月，扶持在日外国人在日本创业的新组织“BooSTAR X”成立。该组织由分析中国宏观经济的著名经济学家助阵，目标是成为拥有投资基金的正式机构，对处于“种子”阶段及创业“初期”阶段的外国创业者提供扶持。日本投资公司 AIS CAPITAL 的代表合伙人郭健表示，在日本，外国人占研究生院学生的 2 成以上，但外国人在创业者中所占的比例仅占 2%（AIS CAPITAL 推测），这是个巨大的机会，希望利用 BooSTAR X 的建议和资金，让在日外国创业者们在日本研究生院埋下的创新种子能够开花。目前 BooSTAR X 已收到了 10 个来自华人圈的创业项目咨询。BooSTAR X 计划今后将业务扩展到东南亚出身者等。从外国人视角重新评估日本的创新魅力。（日经中文网微信公众号 2020-12-31）

中国驻韩国使馆举行 2020 年旅韩华侨华人新春招待会

1 月 17 日，中国驻韩国大使馆在首尔举办“2020 年旅韩华侨华人新春招待会”。旅韩华侨华人、留学生、中资机构和常驻媒体代表等 300 余人出席活动。中国驻韩国大使馆临时代办金燕光致辞时回顾了 2019 年中韩两国的整体关系，表示 2020 年是中华民族伟大复兴进程中具有重大意义的一年，希望广大侨胞只争朝夕，不负韶华，为中韩关系发展添砖加瓦的同时，也为实现中华民族伟大复兴的中国梦而不懈奋斗。汉城华侨协会会长李宝礼和中国在韩侨民协会总会会长王海军分别致辞。招待会在喜庆热闹的舞狮表演中拉开帷幕，其间由中韩子女教育协会、首尔华星艺术团带来的文艺演出，将现场烘托得“年味儿”十足。（新华网 2020-1-19；中华人民共和国驻大韩民国大使馆 2020-01-20）

2020 年访韩外国人同比下降 85.6%

受新冠肺炎疫情影响，各国出于疫情防控的考虑，纷纷采取封锁边境的措施，禁止或不鼓励出国旅游，导致 2020 年访韩外国人大幅减少。根据韩国观光公社（旅游发展局）的新闻显示，访韩外国人同比减少 85.6%，仅为 251.9 万人次。按访客来源地来看，中国大陆同比减少 88.6%，为 68.6 万人次；日本减少 86.8%，为 43.1 万人次；美国减少 78.9%；中国台湾减少 86.8%，菲律宾减少 77.0%；中国香港减少 87.2%。另外，同期出境的韩国人也大幅减少，同比减少 85.1%，为 427.6 万人次。（韩联社中文网 2021-02-05）

在韩华侨华人积极支持抗疫

自新冠肺炎疫情发生以来，韩国各界侨胞积极行动，组织各类捐款捐物活动，支援国内疫情防控工作。韩国多个侨团发起募捐倡议，号召广大侨胞为祖国出一份力，同时采购并寄送口罩、防护服等防疫物资，以实际行动支持祖国抗疫。中国在韩侨民协会总会、韩国华侨华人联合总会、全韩中国学人学者联谊会、韩国华人网络社区平台奋韩网、中韩子女教育协会、中国旗袍总会、韩国大邱爱华总会、山东同乡会、延边同乡会等诸多侨团，以及大邱、釜山、浦项、大田、清州、仁川和济州等地的华侨华人纷纷过中国驻韩国大使馆、中国华侨公益基金会等官方机构踊跃捐赠善款及抗疫物资。此外，韵达、圆通等多个快递公司为运送捐赠物资开辟绿色通道。中国驻韩国大使邢海明感谢旅韩华侨华人以实际行动支援疫情防控，希望广大华侨华人继续团结，树立新时代大国侨民形象的亮丽名片，弘扬中华文化，讲好中国故事，为中韩关系发展添砖加瓦。（人民网 2020-02-04；人民网 2020-02-14）

韩国对入境外国人实施限制活动范围措施

韩国法务部政府从 4 月 1 日起对所有的入韩外国人实施“限制活动范围”措施，这是新冠肺炎疫情暴发以来韩国首次实施该项防控措施。对于违反该措施的外国人，韩国法务部将依据《出入境管理法》处以其 3 年以下有期徒刑或 2000 万韩元（约合人民币 11 万元）以下罚款。对于违反隔离措施的外国人，还将在《检疫法》《传染病预防法》的处罚范围之外另处有期徒刑或罚款。韩国法务部指出，近期入境的外国人中接连发生不遵守居家隔离规定、不戴口罩出门的事例，韩国政府认为有必要采取这项措施，要求所有居家隔离的外国人必须遵守“限制活动范围”的有关规定。（韩联社中文网微信公众号 2020-04-03）

旅韩侨胞发声明拥护《反分裂国家法》反对将疫情政治化

2020年是《反分裂国家法》实施15周年。6月，韩华中国和平统一促进联合总会、中国在韩侨民协会总会、韩国中华总商会等近30个旅韩华侨华人社团发表联合声明，拥护《反分裂国家法》；反对将"疫情"政治化，对操弄台湾议题的任何国家、政党、组织和个人，表示强烈抗议。(中国新闻网 2020-06-01)

韩国华侨学校稳步推进复学复课

韩国中小学通常在每年3月开启新学年。在疫情暴发后，为防止疫情向校园蔓延，韩国政府几度推迟线下开学时间，并于4月9日起安排各级学校分批次线上开学。教育部5月17日宣布，不再推迟线下开学时间，自5月20日起安排学生分批次返校。为防控疫情，教育部决定将感染风险较大地区的小学、初中和幼儿园学生出勤率控制在三分之一以下，高中学生出勤率控制在三分之二以下。韩国汉城华侨中学相关人士表示，学校原定于2月20日开学，受疫情影响推迟开学至4月6日。之后根据教育部安排，高三学生5月20日率先返校上课，高二、初三5月27日返校，高一、初二6月3日复课，初一6月8日复课。学生和家长可在返校上课和在线上课中自由选择。韩国汉城华侨小学的学生暂以线上方式开学。(韩联社中文网微信公众号 2020-06-12)

疫情下在韩非法滞留外国人数创新高

根据韩国法务部出入境外国人政策本部统计，截至5月，在韩非法滞留者共39.67万人，整体外国人中的占比为18.5%，同比增长10%，创下历史新高。有分析认为，受新冠肺炎疫情影响，原本应在签证有效期内出境的外国人无法返回，导致滞留人员增加。非法滞留者中75%为免签入境90天的人员，他们因买不到回国机票"沦为"非法滞留者。其余10多万人为外籍同胞和有外国人登陆证的长期停留人员。出入境外国人政策本部表示，疫情导致航线停飞，持短期签证者无法出境，持非专业就业(E-9)签证的长期停留者因疫情难以返回本国延长签证。出入境外国人政策本部表示，正在努力帮助外国人回国，但不少国家以防疫为由拒绝本国公民入境，预计非法停留人员短期内还将有所增加。(韩联社中文网微信公众号 2020-08-26)

旅蒙古国华侨华人积极捐款助力抗击疫情

中国发生新冠肺炎疫情牵动着无数海内外侨胞的心。为助力国内同胞抗击疫情，旅蒙古国华侨协会积极响应中国侨联号召，代表全体旅蒙华侨近日向中国华侨公益基金会捐款1200万图格里克(约合人民币3万元)。旅蒙华侨蒙中友谊学校为响应中国华文教育基金会号召，组织全校教职工向祖国捐款，献出一份爱心。学校捐款3万元，学校教职工个人共捐款518万图格里克(约合人民币13130元)。旅蒙华侨华人助力国内同胞抗击疫情，共克时艰，充分体现了"一方有难，八方支援"的优秀传统，表达了对祖(籍)国的关爱之心。(人民网 2020-02-05)

在朝华侨华人高度评价抗美援朝精神

10月，朝鲜以多种形式隆重纪念中国人民志愿军抗美援朝出国作战70周年，在朝华侨华人和中企代表对伟大的抗美援朝精神给予高度评价。部分在朝华侨华人和中资企业代表10月23日观看了纪念中国人民志愿军抗美援朝出国作战70周年大会的直播，认真聆听中共中央总书记、国家主席、中央军委主席习近平发表的重要讲话。在朝华侨华人表示旅朝华侨将不辜负祖国人民的期望，发扬抗美援朝精神，积极发挥纽带作用，为中朝友好作出自己的贡献。(新华社 2020-10-23)

新马泰菲文侨情

新加坡华侨中学庆建校 101 周年办虚拟宴会筹款行善

3 月 21 日，新加坡华侨中学 101 年校庆晚宴因新冠肺炎疫情取消。学校另辟蹊径，组织网络虚拟宴会，虚拟席位 10 人一桌，每桌售价 500 新币，所得收入捐赠给《海峡时报》学校零用钱基金，用来帮助有需要的学生。虽然不能真的聚餐，但校友对虚拟宴会依旧反应热烈，“席开”101 桌。校长彭俊豪表示，101 这一数字意义不凡，他特别录制视频感谢校友们的支持，并约定明年再聚。华中新设立的国专百年同心艺术馆也在校庆当天开幕，并邀请新加坡总统哈莉玛到场见证。(《联合早报》2020-03-23)

新加坡南华潮剧社制作华语抗疫视频

5 月底，新加坡南华潮剧社用华语制作抗疫视频《留在家的心声》，记录了新加坡人克服新冠肺炎疫情的历程、感想和努力，希望能给大家带来正能量。视频在背景音乐中加入了各种抗疫常识和信息，并发动潮剧社的董事、艺术指导、演员、乐手、年长社员和年幼学员等，在家中唱歌奏乐，参与录制，还邀请多名政要参与。新加坡教育部长王乙康在视频中吁请年长者在新冠病毒阻断措施逐步放宽后继续待在家中，因为“不出门、不见人，病毒就不进门”。(《联合早报》2020-05-25)

新加坡贸工部长致谢华商

6 月初，新加坡贸工部长陈振声发表全国讲话，感谢华商在新加坡供应链被打断时积极帮政府寻找新货源，增强了当地的经济韧性。陈振声指出，新冠肺炎疫情使世界各地封城锁国，打断了新加坡许多供应链。所幸港务集团、新航、新翔集团、新科物流、职总和昇菘超市等私企和政府部门紧密合作，并通过强大的企业人脉网络，把世界各地的必需品带回新加坡，为当地保住了必需品的供应。(《联合早报》2020-06-15)

新加坡中华总商会：疫情导致八成商家营业额下降

新加坡中华总商会在 7—8 月进行了“2020 年商界意见调查”，收集了近 1000 家会员商家的反馈意见，其中 95% 是中小企业。调查结果显示，半数受访商家认为疫情对他们的商业模式造成重大影响，80% 的受访商家的营业额下滑，另有 75% 则反映盈利减少。企业面对的三大挑战是资金和现金流短缺、生意成本上涨，以及外部政治和经济前景不确定的问题。58% 的商家预计业务需一两年才有望恢复到疫情前的水平；23% 更为更悲观，认为要等超过两年才可能复苏。面对疫情冲击，70% 的商家保留了现有员工，约 8% 的商家有意裁员。(《联合早报》2020-08-19)

新加坡教育部鼓励学校开办华语和马来语会话课

新加坡教育部自 2005 年起鼓励中小学和初级学院开办华语和马来语会话课（简称 CCM），旨在培养学生对异族语言的基本口语能力。CCM 并非考试或强制性科目。但过去 10 年来，开办这项会话课的学校及修读 CCM 的学生有逐渐减少的趋势，主要原因是学校为学生安排的项目和活动日益增多，学生在时间安排上有冲突。3 月，新加坡教育部宣布会鼓励更多学校开办 CCM。2021 年起，新加坡教育部会为 CCM 增添新的文化元素，让学生以所学的语言为媒介语，进行相关的文化活动。(《联合早报》2020-09-21)

新加坡明年推出“科技准证”计划吸引顶尖人才

11 月 12 日，新加坡经济发展局（EDB）宣布启动 Tech.Pass 计划，该计划旨在吸引全球顶尖的科技专才加入和丰富新加坡的科技生态系统。“科技准证”的申请者只要满足以下三项条件当中的两项，便可在新加坡创业，或在当地企业任职、进行投资、担任董事及提供咨询等，也可在高等学府执教或提供企业培训。三项条件是：过去一年的固定月薪至少20000新加坡元；曾在市值至少5亿美元（约6.75亿新元）或拥有至少3000万美元资金的科技企业担任领导职位至少五年；曾主导科技产品的研发工作至少五年，这项科技产品的每月活跃使用者人数须至少10万人，或产品能带来至少1亿美元收入。科技准证计划从2021年1月起开放申请，共有500个名额。准证期限是两年，之后须达到特定收入、营业开支和本地员工人数等要求才能更新。（新加坡教育网微信公众号2020-11-13）

新加坡华乐团呈献庆祝新中建交30周年音乐会

11月14日晚，为庆祝新中建交30周年，新加坡华乐团在新加坡华乐团音乐厅举行《新中经典　奏响世界》音乐会。新加坡文化、社区及青年部政务部长兼贸工部政务部长刘燕玲，新加坡荣誉国务资政吴作栋和中国驻新加坡大使洪小勇等出席了音乐会。新加坡华乐团音乐总监叶聪担任音乐会指挥。乐团演奏了中国作曲家刘文金的《长城随想曲》，中国作曲家刘天华作曲、李黎夫编曲的《空山鸟语》，中国作曲家顾冠仁编配的江南丝竹《三六》等曲目。（新华网2020-11-15）

“罩”字当选新加坡“字述一年2020”年度汉字

12月14日，新加坡《联合早报》主办的“字述一年2020”汉字投选结果揭晓，为期16天的投选活动共收到近1万张记名选票。其中，“罩”字获得2415张选票，约占总票数的四分之一，当选新加坡“字述一年2020”年度汉字。排名第二和第三的则是“瘟”字和“封”字，分别获得2026票和1431票。按得票排名，另七个入围汉字是：宅、灾、命、惶、关、囤、误。《联合早报》总编辑吴新迪说：“疫情的来袭，让我们的生活离不开口罩，即便是呼吸、说话，也要通过它，以后即使有了疫苗，戴口罩应该还是重要的防疫措施，因此许多读者选它作为年度汉字，可说意料之中。”（《联合早报》2020-12-14）

新加坡华人女作家上海首发《丝路江心镜》

12月19日，由新加坡知名华文女作家张露博士创作的玄幻冒险题材文学作品——《丝路江心镜》上海首发；有声书同步全球首发。这部作品以真实历史为背景，以“黑石号”沉船上珍贵文物——江心镜为线索，融入多种元素，构起历史与现代的沟通桥梁，使壮丽瑰美的海上丝绸之路画面在读者面前徐徐展开。张露认为，海上丝绸之路不仅是一条中西贸易通道，更是友谊之路、沟通之桥、大爱之旅，她希望通过展现海上丝绸之路文化，推动世界文化创新之路。当日，新加坡、英国、印度、马来西亚、以色列、泰国、印尼等国驻沪总领事、多国商会会长、企业家代表及学者们出席新书首发仪式。（中国新闻网2020-12-20）

两名华人入选马来西亚经济行动理事会

3月11日，马来西亚总理穆希丁表示，为了应对新冠肺炎疫情和油价暴跌所带来的经济冲击，内阁议决立即成立经济行动理事会，并且择定每周一召开会议。穆希丁说，该理事会功能包括鉴定时事经济课题及确保经济稳定，减少全球经济不确定因素、鉴定影响经济课题及提供方案刺激经济、拟定短期行动蓝图及提高国外及本地投资，同时确保所有决定能够尽快执行。理事会的成员包括财政部、经济策划单位、首相署、国家银行及统计局的代表。同时，5名私人界代表进入该理事会，包括两名华人，他们是双威集团主席谢富年及The Edge集团主席童贵旺。（《南洋商报》2020-03-17）

马来西亚中医药抗疫小组发布安全指南

3月22日，马来西亚成立中医药抗疫工作小组，成员包括拉曼大学中医系及中医校友、北京中医药大学马来西亚校友会和厦门大学马来西亚分校中医学院。经过两周的努力，马来西亚中医药抗疫工作小组发布《马来西亚中医药人员安全指南（COVID-19）》，并为民众提供免费中医体质分析服务和代茶饮服务。《中医药安全指南》分为一般指南、医务指南及中医指南3部分。一般指南包括适合大众了解的内容，如相关的卫生习惯、消毒程序、社交距离等。医务指南则介绍处理新冠肺炎病例相关的管理，而中医指南介绍中医诊所或中药店的安全运行模式。（马来西亚

星洲网 2020-04-09）

马来西亚高校与天津中医药大学合作开办中医课程

4月底，马来西亚南方大学学院中医药学院与中国天津中医药大学国际教育学院签署新的中医学本科教育协议书，合作开办中医双学士学位课程。此课程将从2020年6月开始。课程学制5年，前4年课程在南院完成，包括中医基础理论、中医诊断学、中药学、方剂学、中医经典、中医内外妇儿科及现代医学相关的基础课与基础临床课等；第5学年课程在中国天津中医药大学完成，包含临床实习及两校毕业考试。在学籍规定的年限内毕业的学生，可获得马来西亚南方大学学院中医药学院本科毕业证书及中国天津中医药大学本科毕业证书和学士学位证书。（马来西亚星洲网 2020-04-23）

马来西亚华人社团出版征文集声援中国抗疫

在湖北新冠肺炎疫情暴发、武汉“封城”之后，马来西亚华人作家协会、华人文化协会2020年2月推动发起一项征文活动，得到了当地华文作家、写作人的积极响应，短时间内共收到作品200多篇。这些作品以诗歌、散文、微型小说等体裁，赞扬了中国为控制疫情所采取的果断行动，并向战斗在一线的医护人员致敬。6月初，集录的约130篇作品以《武汉，我们与您同在》为名成书出版，书中的每篇作品都表达了马来西亚写作人对武汉和中国同胞的关心。（新华网 2020-06-06）

中马翻译学者首办线上研讨会　冀促两国文化交流

6月30日，首届华马翻译线上国际研讨会举行。此次研讨会获马来西亚驻中国大使馆支持，由马来西亚理科大学翻译研究院主办、马来西亚汉文化中心协办。研讨会以“华马翻译：历史与技巧”为主题，中马两国多位相关学者与会。与会学者深入交流了中马两国中文与马来文“华马翻译”界现状，并对马来文版《三国演义》《论语》《西游记》及《马华词典》等书籍的翻译实践进行探讨。马来西亚汉文化中心主席、马来西亚翻译与创作协会会长吴恒灿表示，希望能通过此次研讨会，提升翻译水准，加强两国翻译工作者合作，拓宽两国“华马翻译”的领域，从目前以文学作品为主进一步拓展到人文、科技、教育、卫生诸领域全面发展，促进两国民众相互了解和民心相通。（中国新闻网 2020-06-30）

马来西亚人口约3270万人　华裔比率降至22.6%

6月15日，马来西亚统计局发布了《马来西亚当前人口估算报告》，公布了马来西亚2019年与2020年的人口数据，这是使用2010年的人口普查为基准，并根据国民登记局、移民局、高等教育部与联合国难民署（UNHCR）的记录进行更新，而估算出的人口数据。据估算，2020年马来西亚人口大约为3270万人，较2019年增长了0.4%。其中，巫裔人口比率增加了0.3%，占总人口的69.6%，而华裔人口比率则从22.8%降至22.6%，印裔人口比率和其他人口比率分别是6.8%与1%。（《星洲日报》2020-07-16）

马中友好协会办论坛关注在马中国留学生

9月5日，“全球疫情下中国在马来西亚留学生面临的挑战与对策交流研讨会”在吉隆坡马中友好协会礼堂举行。此次论坛由马中友好协会青年教育与交流委员会主办、马中高等教育咨询服务中心承办。马中友好协会副秘书长兼青年教育与交流委员会主席黄振隆表示，青年教育交流是促进马中两国友好交往的重要一环。当下全球疫情持续发展，马中友协希望通过举办论坛，推动马来西亚社会给予中国留学生群体更多的关注和帮助，帮助中国留学生更快融入马来西亚独特的多元文化环境。在交流研讨阶段，与会嘉宾围绕全球疫情下海外中国留学生如何应对生活学习的挑战等议题，立足海外留学生疫情期间所面临的实际情况，深入探讨解决方案。（中国新闻网 2020-09-06）

马来西亚启动全国华小阅读计划　营造书香校园

9月，由马来西亚教育部副部长办公室主办的“书香校园”全国华小阅读计划正式启动。“书香校园”全国华小阅读计划分为5个系列活动，线上阅读从9月8日至22日展开、比赛则是在9月25日至30日；漂流书箱是从9月7日启动；校园导读在2021年全年进行、高年级阅报活动于10月至12月进行试跑活动，2021

年全年进行；推荐丛书在12月中旬确定书目，2021年1月提供书目。马来西亚教育部副部长马汉顺主持推介这项活动，并鼓励各校共同响应，营造阅读的氛围，培养学生的阅读兴趣。（马来西亚星洲网 2020-09-08）

马中企业家大会首次“云办会”

10月20日，举办已至第十届的马中企业家大会，因疫情影响，首次以“视频连线”结合线下会场方式“云办会”，大会吸引2万多人参与，16万余人次分享。此次会议聚焦先进制造、跨境电商、金融服务等热门领域，两国企业在会上“云签约”多个合作协议、意向。联合主办方马中总商会的负责人陈友信表示，此次马中企业家大会能够吸引创纪录的2万多人参与，确实出乎意料，这一方面体现了科技的威力；另一方面也展现出，面对疫情等不确定因素影响，商界迫切希望通过此次大会，寻找企业发展新思路，接触更多新商机。（中国新闻网 2020-10-20）

马来西亚非华裔生就读华小比例逐年增长

根据马来西亚教育部所发布的数据，就读华小的华裔生的比例逐年下降，从2010年的88.16%下跌至2020年80.25%。而非华裔生就读华小的比例逐年增长，就读率从2010年的11.84%增加到2020年的19.75%。其中，巫裔生从2010年的9.15%增加到2020年的15.33%，印裔生则从2010年的1.67%增加到2020年的2.75%，其他种族则从2010年的1.02%增加至2020年的1.67%。（《诗华日报》2020-11-11）

“疫”当选马来西亚年度汉字

12月6日，马来西亚年度汉字揭晓，受新冠肺炎疫情影响，马来西亚年度汉字揭晓仪式首次在线上进行，“疫”字在十个候选汉字中获得绝对优势选票，当选马来西亚2020年度汉字。十个候选汉字分别为：“忧”“新”“病”“惨”“慌”“罩”“疫”“封”“困”“乱”。“疫”不但给马来西亚，也给全球人类带来巨大伤害，也改变了民众的生活。马来西亚汉文化中心主席、年度汉字工委会主席吴恒灿表示，马来西亚年度汉字评选迄今已走入第十个年头，主办方将把十年来每年评出的十大候选汉字汇集成“十年百字”，以此反映马来西亚民众在过去十年间于各领域经历的“心路历程和酸甜苦辣”。（中国新闻网 2020-12-06）

中马联合申报的“送船王”项目入选联合国非遗项目

12月17日，中国和马来西亚联合申报的“送王船——有关人与海洋可持续联系的仪式及相关实践”被列入联合国教科文组织人类非物质文化遗产代表作名录，这是第一个中国和“一带一路”沿线国家联合申遗成功的项目。“送王船”民俗活动在马来西亚已有数百年历史，华人先辈早前从中国迁居南洋时将这项民俗带到马来西亚，并在当地传播传承，成为闽籍华人最具特色及代表性的传统民俗活动之一，仪式有王船的制造、出仓等，寄托了人民祛邪、避灾、祈福的美好愿望。（中国政府网 2020-12-17）

马来西亚2021年开学华小教师尚缺633人

马来西亚教育部副部长马汉顺表示，到2020年12月31日，全国华小共有1334个教师空缺需要填补。2021年开学的1月或2月，教育部会调派702名教师到有空缺的华小，因此2021年尚余633个空缺待填补。他表示，近年来不论是五年制的PISMP，还是临教，华小组申请者的人数都较少，空缺无法被完全填补的问题一直存在。教育部已经与多个华教团体持续开会，讨论如何推动华裔子弟积极申请华小师范课程的课题，包括在各州进行“我要当老师”的活动，以推动更多年轻人加入教师的行列，这样才能更彻底解决华小师资的问题。（马来西亚星洲网 2020-12-31）

泰国《星暹日报》庆祝创刊70周年　诗琳通公主出席

1月11日，泰国著名华文媒体《星暹日报》举行创刊70周年庆典，泰国各界人士及在泰华人华侨代表共600余人出席活动。泰国诗琳通公主出席庆典并祝愿报纸越办越好。中国驻泰国大使馆临时代办杨欣对《星暹日报》创刊70周年表示祝贺，并向泰国中华总商会主席陈振治等为《星暹日报》发展做出贡献的代表人士颁发“星耀暹罗·泰华之光”奖项。《星暹日报》由万金油大王、著名华侨胡文虎、胡文豹兄弟创办。70年来，报社管理层虽几经更易，但该报始终秉承客观、公正的原则，关注民生，服务侨社，深受广大读者喜爱，成为泰国乃至东南亚具有较大影响力的华文媒体。（中国新闻网2020-01-12）

泰国潮州会馆主席拜会泰国总理　捐款助抗击新冠肺炎疫情

3月17日上午，泰国潮州会馆主席黄迨光、名誉主席陈景辉、副主席张朝江等，前往政府官邸拜会泰国总理，捐赠500万泰铢善款支持泰国政府抗击疫情。泰国总理巴育表示，防控新冠肺炎疫情为当前泰国第一要务，政府有信心有能力战胜疫情，感谢泰国潮州会馆首长的慷慨捐赠和支持，鼓舞士气。（泰国《世界日报》2020-03-18》

中医药助力泰国抗击新冠肺炎疫情

3月18日至25日，“2020中医药保健茶慈善活动”在中华总商会大厦举行，一杯杯飘着药茶香气的热饮，免费供给大厦所有员工，出现了人人饮茶、声声称赞的景象。泰国是中国之外第一个中医全面合法化的国家，中医传入泰国已经有近千年历史。在新冠肺炎疫情严重的情形下，泰国中医师总会希望中医中药发挥更大作为，泰国中医师总会及泰国中医科学院几位老中医师反复推敲，慎重选择几个配方的中草药配比，经过亲身煮药品尝后，决定推出此剂保健茶配方，以帮助民众提高身体免疫力。几天的赠茶活动共赠出保健茶上万杯，每天煮茶使用中药材上百公斤。（人民网2020-03-30）

“华大云课堂”助力泰国华文教师培训

受新冠肺炎疫情影响，包括泰国在内的全球华文教师都面临“教和学”的巨大挑战。泰国华文教师公会心系泰国华文教师，探索出将中国在线教学平台和泰国本土中文教师习惯的社交平台结合起来的“直播+录播”培训模式。4月25日，由华侨大学和泰国华文教师公会联合主办、华侨大学华文学院承办的“华大云课堂”第一期泰国华文教师培训班正式开课。华侨大学华文学院教师通过钉钉视频会议、Facebook直播方式为泰国华文教师讲授《三种常见在线教学形式》《汉字输入小技巧》《汉语语音教学》等课程。当天，泰国400多位教师在线观看了直播授课，5000多位教师观看了重播，近2万人关注培训活动。（华侨大学网站2020-04-27）

庆祝中泰建交45周年图片展在曼谷举行

8月28日，守望相助——庆祝中泰建交45周年图片展在曼谷中国文化中心开幕。该图片展由曼谷中国文化中心、泰中文化促进委员会等单位共同举办，旨在以图片形式，真实、客观、立体展现中泰两国建交以来在政治、经济、文化、旅游、科教、健康（卫生）等领域的交流合作情况，展现两国人民守望相助、心手相连的情谊，为中泰建交45周年献礼。展览活动得到社会各界的参与和支持，共征集到600余张照片，从中遴选出45张具有代表意义的作品作为中泰两国各方面交流和共同抗疫的一个缩影进行展览，同时评选出26名获奖个人及单位。开幕式上，还举行了获奖作品颁奖仪式。（中国新闻网2020-08-29）

清迈大学孔院举办泰国大学生中文创新创业大赛

10月26日，为庆祝中泰建交45周年、提升泰国大学生的中文应用能力，由清迈大学孔子学院主办的2020年中清杯第一届“互联网+”泰国大学生中文创新创业大赛决赛在清迈大学举行。此次比赛旨在打造集中文学习、电商培训、就业实习、创业孵化“四位一体”的新形式，提升泰国大学生对中文实际应用能力，学习掌握最新电子商务和网络营销知识，积极拓展“中文+职业技能培训”。清迈府常务秘书长维拉潘·迪安、清迈大学副校长龙姆、泰国京东公司等中资企业代表等出席活动。（新华网2020-10-28）

中泰签署中泰铁路合作项目一期工程新合同

10月28日，中泰铁路合作项目一期（曼谷—呵叻段）线上工程2.3合同签约仪式在泰国总理府举行。中国驻泰国大使馆临时代办杨欣受中国国家发展改革委委托，同泰国交通部长萨撤扬共同见证合同签署，泰国总理巴育、副总理阿努廷、财政部长阿空等出席仪式。中泰铁路自2017年项目一期开工以来，线下土建工程建设进展顺利。此次中国铁路国际有限公司与中国铁路设计集团有限公司联合体同泰国国家铁路局签署的线上工程2.3合同是项目又一重大进展，合同内容主要包括曼谷—呵叻段轨道、四电系统、机车车辆的采购、安装和调试以及相关培训工

作。（中国驻泰国大使馆官网 2020-10-29）

泰国近 40 名华裔学子参加海南“寻根之旅”研学活动

11 月 16 日，海南省技师学院举行“寻根之旅”研学活动开班仪式。泰国近 40 名华裔学子参加研学活动。此次研学活动历时半个月，以“泰国线下研学 + 海南线上研学”的方式进行。线上研学主要以“海南寻根之旅”为主题，重点辐射海南琼海、文昌、万宁、儋州、海口等侨乡，推广海南特色旅游资源及特色区域文化。此外，此次研学还兼顾游学与 HSK（中国汉语水平考试）语言能力提升。活动向泰国华裔学子直观地展示了海南的风土人情和经济社会发展情况，加深了他们对海南自贸港建设的了解。（中国侨网 2020-11-16）

中泰将共建全球第一所“语言与职业教育学院”

12 月 18 日，中外语言交流合作中心与泰国教育部职业教育委员会在线签署《关于开展“中文 + 职业技能”合作的谅解备忘录》，双方将共同启动建设全球第一所语言与职业教育学院，标志着中泰双方将深度合作，推动中文教育和职业教育融合发展。签约仪式结束后，双方随即举行专题研讨会，与会代表就“提高泰国职业院校中文教学质量”“推动中泰双方开展职业教育合作”“保障中泰语言与职业教育学院建设”开展深入交流、充分对接需求、坦诚交换意见，大家一致表示，将集合各方力量支持学院建设发展，共同开启中泰两国在语言与职业教育领域合作的新篇章。（中国新闻网 2020-12-18）

泰国将 2021 年中国春节定为法定假日

12 月 29 日，泰国内阁会议决定在 2021 年增加部分特别法定假日，其中包括中国农历春节，这是泰国政府首次将中国春节列为泰国法定假日。除春节外，泰国内阁还决定将 2021 年 4 月 12 日定为宋干节连假第一天、7 月 27 日定为守夏节补休假日、9 月 24 日定为玛希敦日，2021 年泰国法定假日将增至 24 天。泰国文化部长伊提蓬表示，在长假期间，民众出行频率与消费水平都会不同程度增加，有助于刺激各地区经济增长，并带动国内旅游业发展。（新华网 2020-12-29）

菲律宾领导人与华侨华人共同录制 MV 为中国加油

新冠疫情在中国暴发后，菲律宾总统罗德里戈·杜特尔特、马尼拉市长伊斯科·莫雷诺、菲律宾新闻部长马丁·安达纳尔、中国驻菲律宾特命全权大使黄溪连以及来自菲律宾华社各个华社团体教育机构、中资企业、留学生等一起参与录制视频，以此为中国加油。（中国新闻网 2020-02-15）

中国驻菲使馆协调菲华社成立抗疫委员会

菲律宾疫情暴发以来，菲华社会充分发挥资源优势和组织能力，为支持菲政府和人民以及广大在菲同胞抗疫做了大量工作。4 月 2 日，为更好地凝聚力量，做好专家组保障和服务工作，中国驻菲律宾大使黄溪连与菲华商联总会、菲华各界联合会、菲律宾中国商会三大华社负责人，以及中华崇仁总医院代表举行视频会议，决定成立菲律宾华社救灾基金抗疫委员会。菲华抗疫委下设后勤物资保障、紧急救援热线服务、住院治疗协调、对菲政府及医疗机构联络四个工作小组，由三大社团和崇仁医院分别负责，在使馆协助下开展工作。（中国新闻网 2020-04-03）

华人担任菲律宾国家经济发展署署长

由于疫情肆虐，菲律宾经济发展停滞，国家经济发展署署长佩尼亚日前宣布因个人原因以及与其他内阁成员“意见分歧”提出辞职。佩尼亚宣布辞职不久，菲总统府便表示，前世界银行经济学家、财政部副部长卡尔·肯德里克·蔡（Karl Kendrick Chua）将接管国家经济与发展署，负责制定菲律宾长期发展政策。（菲岛快讯微信公众号 2020-04-20）

驻菲律宾大使馆为留学生和汉语老师举办情绪管理讲座

4 月 25 日，中国驻菲律宾大使馆与菲律宾中国留学生联合会共同举办“疫情带来的情绪应对及管理”主题讲座，邀请中国著名心理学家、菲律宾莱西姆大学创新学院客座教授梁凯文博士与在菲中国留学生、孔子学院汉语教师和志愿者进行视频连线并回答提问。针对部分留学生表达对菲疫情的担忧，梁凯文从行为主义心理学的层面教授大家快速心理干预的技术和技巧，并以“疫情过后我们可以做些什么”的话题鼓励大家调整心态，迎接疫情后的全新生活。讲座反响热烈，大家纷纷表示一定合理安排好学习和生活。（中国驻菲律宾大使馆网站 2020-04-29）

中国同菲律宾成立菲“一带一路”政党共商机制

6 月 30 日，中国共产党同菲律宾主要政党成立中菲“一带一路”政党共商机制，并以视频会议方式举行第一次会议，会议主题为“共建‘一带一路’，共促经济民生”。中共中央对外联络部部长宋涛表示，新冠肺炎疫情发生后，中菲两国携手抗疫，诠释了守望相助的兄弟情谊。此次会议旨在落实习近平主席和杜特尔特总统达成的重要共识，探讨发挥两国政党作用，促进高质量共建“一带一路”合作，推动中菲关系取得新进展，维护地区和全球稳定与发展。会议通过《中菲政党支持高质量共建“一带一路”共同倡议》。（新华网 2020-07-01）

千名文莱小学生用画笔展现文中两国合作抗疫

11 月 24 日，“你我携手抗击疫情”文莱小学生主题绘画比赛颁奖仪式暨画展开幕式在文莱首都斯里巴加湾市举行。此次绘画比赛由中国驻文莱大使馆与文莱教育部联合举办，共吸引文莱全国 53 所小学的 1022 名学生参加，参赛者用画笔展现了文莱与中国携手抗疫的生动故事。比赛共选出 30 幅优胜作品。中国驻文莱大使于红、文莱教育部长哈吉・哈姆扎等为获奖学生颁奖并参观了画展。（《人民日报》2020-12-01）

中国驻文莱使馆向马来奕中华中学等学校捐赠图书

11 月 30 日，中国驻文莱使馆向马来奕中华中学和诗里亚中正中学捐赠图书。中国驻文莱大使于红、政务参赞王海涛、两校董事会成员、校长及老师、学生等出席。于红大使表示，中国驻文莱使馆一直关心和支持文莱华教事业并提供力所能及的帮助。此次使馆向两校分别捐赠 307 册图书及影视资料，涉及中国经济、科技、文学、艺术、旅游等方面。希望师生通过阅读更深入地了解中国、更全面地认识中国，加深对中国璀璨历史文明和强大科技实力的了解。马来奕中华中学董事长刘小源和诗里亚中正中学董事长陈金明分别代表各自学校致辞，感谢中国驻文莱使馆长期以来对学校的关爱和给予的帮助。（中国驻文莱大使馆微信公众号 2020-12-01）

中文合资企业获文莱渔港项目开发运营权

12 月 22 日，中国和文莱合资企业——摩拉港有限公司与文莱初级资源与旅游部下属渔业局正式签约，获得文莱摩拉渔港项目 40 年的开发和运营权。文莱摩拉渔港位于文莱东部，是文莱唯一的公共渔业码头。此次获得摩拉渔港项目 40 年的开发和运营权，是中文双方在摩拉港项目良好合作基础上的又一个重要项目，将进一步提升中国企业在东南亚港口领域的影响力。文莱初级资源与旅游部长哈吉・阿里等文莱政府高官、文莱中资企业代表及文莱各界人士约 300 人出席签约仪式。（新华网 2020-12-23）

柬埔寨老挝越南缅甸印尼侨情

柬埔寨疫情

2020年1月23日凌晨，由武汉飞往柬埔寨西港的航班上出现新冠肺炎感染者，该名感染者25日出现发烧等症状，去当地医院接受检查后离开，26日，中国驻柬埔寨大使馆及时找到这名患者，经检测后确诊，这是柬埔寨首例新冠肺炎病例。总体而言，柬埔寨新冠肺炎疫情以境外输入为主，曾突发少量本地社区传播病例，全年疫情传播和防控可分为三个阶段。从1月27日出现首例确诊病例到4月，是柬埔寨疫情传播和防控的第一阶段，累计确诊122例。5月至11月初是柬埔寨疫情传播和防控的第二阶段，累计确诊170例，基本是境外输入病例。11月，本已得到遏制的疫情再次复发，先后出现“11·3感染事件”和“11·28社区感染事件”。柬埔寨政府在各个阶段采取相适应的防控措施，有效遏制了疫情，始终没有发生大规模感染事件。疫情肆虐之时，中柬两国政府同心抗疫，以实际行动践行了“人类命运共同体”理念，为国际社会树立了良好的典范。华侨华人、在柬中资企业等纷纷捐资捐物，与当地民众同舟共济，赢得了柬埔寨社会的广泛赞誉。在中国疫情严峻之时，柬埔寨侨胞心系祖（籍）国，回报桑梓，赤子之心，令人动容。（综合《柬华日报》等）

华侨华人、中资企业积极救灾

10月以来，新一轮强降雨引发的洪涝灾害冲击柬埔寨全国大部分地区，据柬官方统计，柬埔寨全国20个省份和直辖市遭遇洪灾袭击，50多万人受灾，大量民房、稻田、上千公里的道路被洪水淹没或受到不同程度的袭击。自洪灾发生后，洪森总理通过国家自然灾害管理委员会发布募捐号召。面对灾情，中国朋友“感同身受”，及时伸出援手，中国驻柬埔寨大使王文天赶赴灾区一线，向灾民捐赠应急生活物资并考察当地灾情。与此同时，柬埔寨中国商会、柬华理事总会、柬埔寨中国港澳侨商总会等机构和华社也积极行动起来参与当地救灾工作，所捐救灾款已超过500万美元。（《柬华日报》2020-10-27）

中国驻柬使馆宣介中柬经贸合作

近日，中国驻柬使馆经商处与柬埔寨最大电视台之一——巴戎电视台（BTV）联合制作了一期中柬经贸合作专题访谈节目，中国大使馆经商处青年外交官张锦全程用流利的柬语接受访谈，主要包括当前两国经贸合作总体情况、新冠肺炎对中柬经贸合作的影响及中柬自贸协定等。其中，对中柬自贸协定的背景、内容、意义和主要亮点等权威解读进行了长达13分钟的重点宣介。访谈节目于11月15日晚间在巴戎电视台新闻频道播出。同时，该电视台还邀请了柬知名经济学家和柬埔寨总商会有关人士从不同角度解读中柬自贸协定相关内容。访谈节目播出后，宣介效果明显，受到了广泛关注，柬各界对中柬经贸合作尤其是中柬自贸协定有了更深地了解。（《柬华日报》2020-10-27）

洪森总理致信祝贺柬华总会成立30周年

柬华理事总会成立30周年之际，柬埔寨总理洪森亲王向柬华理事总会致贺信。洪森总理指出，柬华理事总会由全柬华人华侨共同组织，旨在团结全体柬华人积极参与建设和发展国家。30年来，柬华理事总会已是五大会馆（潮州会馆、客属会馆、广肇会馆、福建会馆、海南会馆）、姓氏宗亲会、省市县理事会、华文学校、庙宇、商协会等社团单位的联合体，通过发扬中华优良传统文化、兴办华校为国家培养人才、同外国进行商务与投资交流合作，共同为国家建设与社会发展做出积极贡献。特别是柬华理事总会还举办有数千华人华侨参加的团结盛宴、举办吸引上百家外资企业参加的商务与投资峰会，为柬埔寨人

民和中国人民的友谊搭建桥梁，给柬埔寨经济社会发展带来极大的好处。(《柬华日报》2020-12-25)

社会各界祝贺《柬华日报》创刊20周年

2000年，历经磨难的柬埔寨刚刚实现全面和平没多久，在柬华理事总会的推动下，当年8月10日《柬华日报》应运而生。20年来,《柬华日报》从创刊时的默默无闻发展成为今天柬埔寨华媒界最权威、最重要的媒体。《柬华日报》从单一纸媒成长为纸媒+网站+新媒体(包括微信公众号和App)的全媒体，是柬埔寨华人社会了解祖籍国、认识祖籍国的重要窗口，也是来柬中国人了解柬埔寨、认识柬埔寨的重要媒介。柬埔寨新闻部长、柬埔寨各大华侨华人社团、世界各地华文媒体均发来贺电，祝贺《柬华日报》创刊20周年。(《柬华日报》2020-08-10)

首届柬本土中文教育与人才培训研讨会举行

10月23日，首届柬本土中文教育与人才培训研讨会于柬埔寨皇家科学院举行。由柬埔寨皇家科学院与中国教育部中外语言交流合作中心合作共建的《柬埔寨本土汉语师范专业(硕士)项目》的正式启动，旨在为柬埔寨培养更多的华文老师，保障柬埔寨有足够的师资力量，推动华文教育稳步发展。据悉，目前，柬华理事总会下属在全国有58所华文学校，老师1200余人，学生约5.5万人。柬埔寨皇家科学院孔子学院于2009年成立，主要任务是在柬埔寨发展华文教育。10多年以来，孔子学院已在全国9个省市开设分院，2019年学期学生人数约10万多人。(《柬华日报》2020-10-23)

老挝疫情

2020年3月24日，老挝卫生部宣布，该国首都万象确诊两例新冠肺炎病例，这是老挝首次发现新冠肺炎确诊病例。至4月中旬，老挝国内陆续出现确诊病例，但人数较少，累计19人。4月12日至7月23日，老挝国内连续102天没有新增病例。7月24日，老挝卫生部公布1例确诊病例，为境外输入病例。8月、9月、10月相继有确诊病例，但均为个位数。年底老挝的疫情出现一个增长高峰，11月、12月的确诊病例相对增多，至12月底，老挝累计确认病例41例，无死亡病例。总体而言，老挝的新冠肺炎疫情以境外输入为主，除游客外，主要是从疫情严重国家返回国内的劳工。老挝医疗卫生条件落后，一旦疫情暴发，将陷入防疫物资和医疗资源极度匮乏的境地。因此，老挝政府提前准备，关闭边境，有效防控，使国内始终没有出现本土的社区传播。自2019年中老两国签署《中国共产党和老挝人民革命党关于构建中老命运共同体行动计划》以来，两国关系无论是在官方层面还是民间层面，无论是政治互信方面还是经贸互利方面，都不断深化和拓展。2020年的新冠肺炎疫情不但没有中断两国的友好关系，反而于患难中见真情。在中老两国携手抗疫的过程中，当地华侨华人、中资企业都发挥了重要作用。(综合《老挝要闻》等)

中老命运共同体建设迈上高速路

在习近平总书记同本扬总书记签署《关于构建中老命运共同体行动计划》和2020年重要通话共识指引下，中老命运共同体建设克服疫情影响，开始驶入快车道。两国业已开通人员往来“快捷通道”，正在积极搭建货物流通“绿色通道”。双边贸易加快复苏，中方对老投资逆势上扬，前10个月达11.63亿美元，同比增长逾20%。中方“援老八大工程”有序推进，减贫示范村完成建设。中老铁路是老挝第一条现代化铁路，万万高速则是第一条高速公路，将助力老挝早日实现“陆锁国变陆联国”战略。燃油是工业的血液，在老挝推进工业化的关键时期，双方合作建设的第一家现代化炼油厂11月投产，将改写老挝成品油全部依赖进口的历史。老挝是“东南亚蓄电池”，但因电网建设缺失导致电能浪费严重、债务负担沉重，双方正积极商谈合作建设主干电网，为把“蓄电池”变成“聚宝盆”打通“中梗阻”。老挝农业资源迄未得到有效安全开发，双方全力推进肉牛输华合作，今年底明年初可望实现首批出口，把老挝的自然资源优势转化为发展致富成果。(《老挝要闻》2020-12-21)

中老铁路轨道铺至琅勃拉邦　年内建设目标全部实现

12月29日，中老铁路轨道顺利铺设到老挝北部古城琅勃拉邦，至此，年初确定的铁路建设目标已全部实现。新冠肺炎疫情暴发后，中老铁路各建设单位采取严格防疫措施，力争实现“强隔离、零感染、两不误”的工作目标。通过实行防疫“绿色通关”，中国作业人员和物资得以到达施工地，确保工程连续施工。据介绍，自3月27日开始铺轨以来，从老挝首都万象至琅勃拉邦，中老铁路完成正线轨道铺设240公里，占全长的57%。目前铁路线下隧道、桥梁、路基主体基本完工，线上站房全部封顶，铁路运营准备工作也全面提速。中老铁路是中国“一带一路”倡议与老挝“变陆锁国为陆联国”战略对接项目，北起老中边境口岸磨丁，南至老挝首都万象，全长400多公里，设计时速160公里，采用中国技术标准和管理标准建设，为电气化客货混运铁路。工程于2016年12月全面开工，计划2021年12月建成通车。(《老挝要闻》2020-12-29）

老挝国立大学孔院举办活动庆祝“孔子学院日”

10月30日，老挝国立大学孔子学院在老挝首都万象举办活动，庆祝全球“孔子学院日”暨老挝国立大学孔子学院成立十周年。老挝国立大学校长宋西在致辞时表示，十年来，老挝国立大学孔子学院为老挝语言文化领域的发展作出了巨大贡献，为众多老挝学员提供了学习地道的中国语言文化平台，在两国政府交流中发挥了重要作用。此外，该学院还积极为老中铁路、万象—万荣高速公路等老挝国家大型项目培养专业人才。老挝国立大学孔子学院成立于2010年3月23日，由广西民族大学与老挝国立大学共同建设。十年来，该学院注册学员人数累计超过2.2万人，吸引了大量对中文和中国文化感兴趣的老挝人。此外，该学院还积极组织汉语水平考试、大力支持老挝政府和地方中小学开设中文课程、组织学生和教育工作者访华学习并开展丰富多彩的中老文化交流活动，曾获得老挝国家主席本扬·沃拉吉亲自签发授予的老挝国家级三级劳动奖状和勋章，并在2019年12月被孔子学院总部评选为“优秀孔子学院”。(中央广电总台国际在线2020-10-30）

中老双方共同祭扫中国援老革命烈士陵园

9月30日烈士纪念日之际，由于疫情影响不能赴中国烈士陵园所在地，中国驻老挝使领馆委托川圹省、乌多姆赛省侨胞代为赴丰沙湾县、勐赛县、纳莫县三处中国援老革命烈士陵园祭扫，缅怀英烈、寄托哀思。20世纪六七十年代，为支持老挝人民抗击外敌侵略、争取民族解放、实现国家独立的正义事业，中国党、政府和人民义无反顾伸出援手，215名优秀中华儿女长眠在老挝大地，用鲜血和生命铸成了中老两党两国人民之间坚实的革命传统友谊。祭扫仪式上，中老双方代表共同向烈士纪念碑敬献花圈并默哀，表达崇高的敬意和深切的哀思。(中国驻老挝大使馆2020-10-01）

越南疫情

根据越南国家新冠肺炎疫情防控指委会2020年12月31日公布的数据，截至当日，越南2020年累计确诊新冠肺炎病例1465例。综观全年，越南国内的疫情暴发主要集中在三个时段，既有原因不明的本土社区传播，也有境外输入的因素。2020年1月23日，越南报告了国内首例新冠肺炎确诊病例，到2月中旬，全国已出现16例确诊病例。3月初至4月中旬，是越南疫情暴发的第二个阶段。从3月初开始，越南国内出现了多例来自欧美国家的输入性病例，随之出现聚集性感染和本土社区传播病例。4月16日至7月25日，越南连续100天未出现本土确诊病例，新增病例均为境外输入性病例。正当越南民众的生活开始回归正轨，政府将复工复产提上日程之时，7月25日，越南卫生部报告岘港市一名男性确诊，越南第三波疫情暴发拉开序幕。这次疫情复发以本土传播为主，以岘港为中心扩散，8月中旬，已有10余个省市出现本土病例。作为东南亚国家中人口数量较多、人口密度大、医疗卫生条件有限、经济欠发达的国家，越南的疫情防控却在东南亚国家中脱颖而出，形成了一套行之有效、全民配合的抗疫体系，如对疫情进行早期和主动应对，通过全社会努力实现资源快速调配，以及全面可靠的沟通机制和信息发布。疫情期间，越南的华侨华人企业家积极支持当地抗疫。

2020年中越贸易持续增长

据越南海关总局最新公布，2020年中越双边贸易额达1330.9亿美元，同比增长13.8%。其中，越对华出口489亿美元，增长17.9%；自华进口841亿美元，增长11.5%。越南对华贸易逆差352亿美元，同比增长3.74%。中国继续成为越南最大贸易伙伴，也是越南最大进口市场和第二大出口市场（仅次于美国）。中越贸易主要增长动力来自加工制造业（370.7亿美元，增长20.06%）和建材（31.2亿美元，增长104.09%）等。但是越南对华出口若干商品正面临困难，其中包括农水产品（68亿美元，减少3.3%）。另据中国海关统计，2020年越南是中国第6大贸易伙伴，同比上升2位。越南是中国第8大进口市场和第5大出口市场。在对越直接投资方面，2020年，共有112个国家和地区对越南投资，总额约285亿美元。新加坡以近90亿美元的投资额位居第一，中国大陆的投资额排在韩国之后，位列第三，投资总额约25亿美元，中国台湾、中国香港分居第四和第六位。从新投资的项目来看，韩国以946个项目排列第一，中国大陆以272个项目位居第二，中国香港以211个项目位居第四。2020年，中国对越南的投资比重不降反升，中越两国间的经济往来经受住了疫情的考验。（《西贡解放日报》2021-01-18、2021-02-18）

华侨华人企业抓住新机遇转变经营方式

疫情期间，越南的华侨华人企业家积极支持当地抗疫，转变经营方式，抓住新的经济机遇。例如，胡志明市目前有16244家华人企业，虽然他们在疫情中受到很大影响，但仍不忘自身的社会责任担当。因为疫情原因，越南农民的很多农产品无法出口，只好求助社会。越南知名企业亚洲饼家得知这一情况后，适时推出了火龙果面包、榴莲面包等，帮助消化他们的产品，并且赠送面包给前线的医护人员。亚洲饼家的这些举动赢得了越南民众的广泛赞誉。越香工业区也是越南知名的华人企业，旗下的纺织制衣公司在2020年受疫情影响并不严重，虽然欧美市场萎缩，但其抓住日本、韩国市场受疫情影响稍小的商机，外销量增加了60%。这期间，它还成立了房地产开发公司，趁房价低靡之际，收购工业区周边地皮，此外，成立高科技工业区，计划引入大型高科技企业，并且推出前4年免税、后8年减税50%的优惠政策，吸引了多家外国高科技企业的目光。此外，华侨华人企业抓住越南承接全球供应链的契机，利用发达国家向发展中国家转移劳动密集型企业的机遇，发展实体经济、传统产业。

台资企业同舟共济、共克时艰

2020年，越南约有5000家台资企业，他们以外销为主，因此疫情对其冲击很大。驻越南台北经济文化代表处、驻胡志明市台北经济文化办事处、越南台商总会暨下属的14个分会，积极与在越台商沟通，了解他们遇到的种种问题，提出各种解决方案，呈报给越南政府，共同为台商企业纾困。例如，疫情期间很多技术专家无法前往越南，台商提出，希望在双方疫情缓解的时候，越方能够放宽入境条件；一些台商企业外销的订单减少，希望越方能够暂缓上调2021年度最低基本工资。台湾外贸协会在疫情期间每周举办“全球市场趋势线上分享会”，越南台商协会积极参与分享会，为有意来越投资的台商提供咨询，使得疫情期间“合作无时差，商机不断链”。（《西贡解放日报》2020-6-1）

缅甸疫情

缅甸自2020年3月23日出现首例确诊新冠肺炎病例以来，至12月国内确诊病例已突破10万。缅甸疫情暴发主要集中在两个时段：3月至8月中旬，确诊病例虽陆续增加，但增长较缓，总量不大，以境外输入为主，病例主要分布在仰光省；从8月中旬开始，确诊病例开始猛增，9月3日，缅甸国内累计确诊病例破千，不到一个月时间，确诊病例破万，仅仅两个多月之后，确诊病例突破10万。这个阶段，疫情从境外输入转向本土社区传播，曼德勒省疫情严重。11月的缅甸大选、天气转凉等因素，都加剧了这一阶段的疫情传播。缅甸政府采取了一些疫情防控措施，但仍然存在许多问题。首先，政府“选举重于疫情”的态度使很多民众不满，甚至很多人认为“民盟赢了选举，输了疫情”。其次，从中央到地方各级政府、中央各部门对疫情的防控政策不一，政出多头。最后，政府的很多项防控措施难以落到实处。中国疫情暴发后，缅甸第一时间伸出援手，缅甸出现确诊病例后，中国是最先伸出援手的国家，充分体现出“构建中缅命运共同体”的精神。华侨华人和中资企业也积极投身中缅两国的抗疫行动。

中缅经贸合作稳步推进

2020 年初，习近平总书记对缅甸进行国事访问，两国领导人就推进“一带一路”倡议、构建中缅命运共同体等达成重要共识，为中缅经贸关系发展创造了新的契机。虽然缅甸经济受疫情影响严重，但中缅经贸合作经受住了疫情的考验。中缅经济走廊正在一步步从规划变为现实，中缅在电力能源、基础设施、互联互通、农林牧渔及劳动密集型产业等各领域的合作有序推进。中缅边贸区、实兑经济特区、中国仰光新城的建设稳步展开。皎漂经济特区深水港项目运营实体已经成立，瑞丽—木姐边境经济合作区地方工作组顺利对接，曼德勒至皎漂段铁路预可研工作正在推进。

中国快递在缅甸“生根发芽”

2018 年 4 月，中通快递正式进入缅甸最大城市仰光，并以此为“根据地”，切入缅甸快递服务市场。在走进缅甸的过程中，中通快递正在逐步实现由“生根”到“发芽”的转变。缅甸中通开始时没有急于扩张，而是在经过充分市场调研后实行本土化，逐步渗透缅甸快递服务市场中去，并在基础设施投入、网络运营、寻找当地合作伙伴等方面持续加码，不断深耕。目前，中通在缅甸已建成木姐、曼德勒和仰光 3 个转运中心，分别辐射缅甸北、中、南部。多台货运车辆已投入运营，组成多组自营车队，活跃于木姐至曼德勒、曼德勒至仰光往返的运输主干线，运输支线也在进一步完善中，网络线路将辐射缅甸 90% 以上的主要地区。以中通为代表的快递企业“出海”迎来国家政策的大力支持，2020 年，国家邮政局实施“快递出海”工程，推动制定促进国际寄递物流发展相关政策文件，多方式拓展国际服务网络，加强国际快递航空网络能力建设，提升国际运营能力和竞争力。（胞波网 2020-01-20）

中缅跨境电商发展迅速

2019 年，中国（云南）自由贸易试验区德宏片区成立，出台多个金融领域的开放政策，搭建国际贸易便利化综合服务平台、优化供应链物流运输模式，全方位推动跨境电商产业的发展。2020 年，德宏片区跨境电商产业业态丰富，已有 10 家免税购物企业开展实体经营，外国商品已达 1 万多个品类。中缅跨境快递业务量日均突破 1 万件，每天通过 B2C、C2C 方式进出姐告边境贸易区的包裹达 2 万个左右。多家翡翠网络直播平台、10 个销售基地落户德宏片区，从业人员达 6 万余人，交易额突破百亿元，带动 2019 年邮政业务总量增长 65%，快递业务量增长 97.5%、派件量增长 47%。2020 年底，云南省和中国驻曼德勒总领馆联合举办了对缅跨境电子商务培训班，这是落实中缅两国领导人达成的重要共识和“中缅政党 + 云南省与曼德勒省视频交流对接会”的成果。缅甸 150 家企业约 200 余人参加了培训。此次线上培训班让缅甸企业家掌握了电商直播技能，帮助他们建立跨境电商渠道，拓展中国市场。（胞波网 2020-06-22）

印尼疫情

2020 年 3 月 2 日，印尼政府公布确诊 2 例新冠肺炎病例，此后，疫情很快从雅加达扩散至西爪哇省、中爪哇省、巴厘省等 8 个省份。3 月中旬，印尼宣布此次疫情为“国家灾难”，3 月底，确诊人数已经破千。疫情暴发初期，印尼中央和地方政府在是否封城与锁国之间争论，佐科维总统不想让整个城市“停摆”，而是希望在抗疫的同时，经济活动仍能照常进行。印尼 2 月初限制中国公民入境，但对其他国家的公民敞开国门，甚至一些地方出台了优惠措施鼓励其他国家公民来旅游。拒不封城锁国的防疫政策，导致印尼在 4 月初以突破 8% 的死亡率，成为东南亚新冠肺炎疫情病死率最高的国家，4 月底确诊人数突破万人。印尼政府考虑到国情和满足社区经济需求，出台了“大规模社区隔离”政策，作为全国疫情防控的主导策略，但缺乏严格的落实措施，无法有效遏制人群的流动、聚集和疫情的传播。尽管疫情仍呈上扬趋势，但经济下行的压力使印尼官方和民众都希望“解禁”。5 月开始，印尼政府逐渐放宽了“社会限制”措施，放宽管制措施的后果很快显现出来，自 6 月开始，新增病例屡创新高，到 7 月底，印尼累计确诊人数已接近 10 万。印尼的疫情控制始终受到经济、政治等因素的干扰。截至 2020 年 12 月 26 日，印尼全国确诊病例多达 70 万，成为东南亚疫情最为严重的国家，并且疫情仍未得到有效控制。中国政府、地方省市和企业、中国驻印尼大使馆等

向印尼提供多次援助，中资企业自发地投入当地抗疫战场，体现出中国企业的责任担当。（综合印尼新闻报道）

中印尼经贸合作取得“难能可贵、来之不易”好成绩

2020年上半年，中国在印尼的投资增长了9%，1月至9月，中国在印尼的投资额达到35亿美元，在印尼最大的外国投资中排名第二，中国是印尼最大的贸易伙伴、第二大外国直接投资来源国、第二大海外留学目的地国和最主要的外国游客来源地之一。在印尼疫情防控“新常态”下，中印尼两国政府和企业开拓创新，开启了防疫与务实合作并行的“新常态”。印尼中资企业调整适应“新常态”下市场变化，将服务搬到网络上、家门前。雅万高铁、青山园区、纬达贝园区等投资规模大的两国重点合作项目，纷纷克服了人员流动受阻、原材料进口受限等难题，力争项目不停工，保证成千上万的印尼员工不失业。中国和印尼之间的经贸合作经受住了疫情的考验。

印尼中央银行公布微信支付平台正式落地印尼

印尼中央银行对外公布自2020年1月1日开始，中国微信正式落地印尼。联昌国际银行及中亚银行1月14日与微信就合作事宜进行商讨。印尼央行副行长苏庚表示，微信已经符合了印尼的运营条件并实施了二维码印尼标准的法规。目前，联昌国际银行以及中亚银行已经与微信合作。中亚银行董事总经理赵时建计划微信支付摂今年可以开始正式运营了。此前，微信支付摂已在印尼许多旅游胜地试用了，其中在巴厘岛。根据印尼央行的数据显示，去年大约有1800个业务地点，包括万雅老的商场提供此服务以方便中国的游客。除了微信，来自中国的另一家支付平台支付宝（Alipay）还对在印尼开展业务感兴趣，但央行尚未对此提供细节。(《千岛日报》2020-01-18）

雅万高铁建设稳步推进　未明显受疫情影响

印尼雅万高铁是中国高铁全产业链走出去的第一单，受到习近平主席、佐科总统及中印尼两国社会各界高度关注。作为雅万高铁的主要建设方，中国中铁在高效优质推进工程建设，确保如期完成目标任务的同时，积极开展形象建设，履行社会责任，努力将雅万高铁建成连通中印尼两国人民的友谊之桥，赢得了印尼社会民众的广泛赞誉。在做好新冠肺炎疫情防控工作的同时，中国中铁印尼雅万高铁项目经理部各施工管段正开足马力生产。该项目经理部1000多名中方人员和3000多名印尼方人员，均未发现疑似或确诊新冠病例，工程施工有序推进。（中新网2020-05-03）

中资公司引进中国劳工引争议

4月22日，东南苏拉威西省中资企业德龙镍矿工业公司引进500名左右中国员工的消息，引发了多个政党的批评。印尼劳工部按照相关法律，批准了该公司的用工申请，地方政府却强烈反对。3月17日，德龙镍业工业公司的49名中方员工乘坐飞机抵达东南苏拉威西省会，被机场附近人员拍摄视频，并且对他们大喊“新冠病毒”，引起当地恐慌和民众对他们到来的不满。印尼的地方官员都是由民众直选产生，而不是中央政府任命，因此，他们不得不考虑民意，哪怕公然反抗中央聘用外劳的权力。7月，一个全国性的工会组织呼吁将镍和不锈钢项目招募的几百名中国工人遣返，以保护国内就业，印尼工会联合会主席表示，疫情已经导致数以百万计的本地人失业，招聘中国工人令本地工人和印尼人感到不公。8月，廖群岛省数十名大学生联袂到民丹县劳工局及廖群岛省长府两个地点展开示威，拒绝中国籍工人在民丹县卡朗峇当经济特区的印尼民丹氧化铝公司建筑工地施工，还要求省长革掉该省劳工局长职位，因为他在新冠肺炎疫情大流行时期，接受外籍工人进来民丹县工作。9月，西加里曼丹省吉打邦县村民打砸中国企业项目现场，打伤中国员工。12月，东南苏拉威西省德龙工业园园区外，上百人聚众大喊“Corona”（新冠病毒），抗议该企业引入中国劳工，引发当地大学生和议员们的抗议，以致该企业不得不推迟用工计划，推迟项目。中国劳工问题经常成为印尼一些政党和媒体“反华”的借口，中资企业在印尼的发展依然任重道远。（印尼视点综合报道）

侨情概览

中亚侨情

丝路新观察为在吉华侨华人准备居家防疫指南

为了在疫情期间更有效地保护好在吉华侨华人，综合多位华侨华人多年在吉工作生活经验，华文媒体丝路新观察整理了防疫注意事项，内容包括防疫指南、网络配送指南（商超类、快递类、餐饮类等），为在吉华侨华人居家防疫提供了极大方便。（丝路新观察 2020-03-27）

吉尔吉斯斯坦奥同克有限责任公司为当地捐款捐物

3月27日，中资企业紫金矿业集团奥同克有限责任公司在吉尔吉斯斯坦新冠肺炎疫情蔓延期间，联同楚河州克明区政府共同抗击疫情，向克明区政府捐赠口罩、防护服等一批抗“疫”物资。据奥同克公司协调员杜伊舍巴耶夫介绍，克明区有25个贫困家庭收到了面条、大米、油和牛肉等物资援助。公司还给两个孤儿院和一家养老院送去了羊肉和水果等。此次捐赠物资包括500升消毒液、15000片医用一次性口罩、50套特种化学防护服、50副防疫护目镜、100片N95特种口罩，以上抗“疫”物资将由克明区政府统一分配给区内13个村镇医疗、警务人员开展防疫工作。4月11日，奥同克公司又援助吉国卫生部一批紧急物资。这批物资中包括医用手套25000双、防护服10000套、护目镜500副、额温枪100个、热成像测温仪50个。另外，该公司还计划为吉国卫生部捐赠18万只一次性医用口罩。为保障公司员工集中工作和隔离期间的正常需要，公司还为员工额外发放了面粉、食用油等生活物资。此外，奥同克公司还及时缴纳了各项税款，注资克明区未来发展基金，保障1800名相关联员工获得稳定收入和资助社区困难家庭。4月12日，中国驻吉大使杜德文与吉尔吉斯斯坦副总理伊斯马伊洛娃共同出席紫金矿业集团奥同克公司援吉抗击新冠肺炎疫情医疗防护物资捐赠仪式，吉卫生部长阿布季卡里莫夫、中国驻吉大使馆经商参赞李越、奥同克公司总经理张华辉等出席活动。奥同克公司成立于2006年，为中吉合资公司，主要开发项目为塔尔德布拉克—左岸金矿。2019年上交税费2394万美元。公司自投产以来，累计为推动吉国社会发展捐献钱物1.3亿美元，并为当地解决了1600个工作岗位，为吉国经济发展作出了重大贡献。（丝路新观察 2020-03-31、2020-04-14）

宝石集团助力当地防疫抗疫

疫情期间，中资房地产开发企业宝石集团打出了“助力吉国抗疫　我们在一起”的口号。4月，宝石集团在了解到所开发房地产项目的很多业主和吉国医护等人员没有足够防护口罩后，从中国订购了50000只口罩，其中10000只留给宝石集团在比什凯克市开发房地产项目业主、员工和有需要的中国留学生等，剩余40000只将无偿捐给吉国政府，并建议政府分配给奋战在防疫一线的医务人员和警察。此外，停工期间，公司照常给雇员发放生活费。宝石集团自2012年投资吉国以来，所投资项目已涉及房地产开发、建筑材料生产及生物制药等领域。宝石集团在比什凯克市核心地段开发的两块房地产项目均成为比什凯克市标志性建筑之一。（丝路新观察 2020-04-06）

塔吉克斯坦1名中国公民确诊新冠肺炎

5月10日，在塔吉克斯坦的1名中国公民核酸检测结果呈阳性，系首例在塔中国同胞确诊感染新冠肺炎。大量对外接触可能是其不幸感染的主要原因。（中新网 2020-05-12）

在哈中国留学生最长63天没敢出门

在疫情阴影下，生活在哈萨克斯坦的中国留学生们，也经历着人生中的艰难时刻：就读于哈萨克—英国理工大学的小陈本应已经回到南京过暑假，而今回国遥遥无期；刚从哈萨克斯坦国立民族大学毕业的魏婉（化名），已经拿到某著名企业的录用通知，却因为疫情企业无法开工，顺利上岗希望渺茫，还面临签证即将到期的困扰，更因为害怕，她最长有63天没有出过家门。哈国疫情严重时，本地学生都回家了，小陈居住的宿舍区本来住了约200人，后来只剩下大约20个人，其中大部分是中国留学生。为了安全，中国留学生们制定了严格的外出计划，每周外出不超过两次，每次不超过三小时，互相监督外出，并在微信群内报备。(《华西都市报》2020-07-12)

吉国富金有限责任公司中吉员工捐资支持当地抗疫

吉国富金有限责任公司位于吉国贾拉拉巴德州阿拉布卡区和恰他卡尔区，阿拉布卡区中心医院是该区域内一家大型医院，服务两个区10多万名居民。为助力周边村民和政府抗疫，富金有限责任公司提出倡议，"建议每个人拿出一天工资，捐给阿拉布卡区中心医院，他们是守护我们家人生命健康安全的最后一道屏障"。倡议发出后，很快得到了中、吉方员工积极支持，共募集善款257800索姆。所有善款都捐给阿拉布卡区中心医院。这已不是富金有限责任公司第一次向阿拉布卡区中心医院伸出援手。自疫情暴发以来，该公司已多次组织捐赠活动，与当地民众"同心抗疫"。(吉尔吉斯斯坦新观察2020-07-30)

吉三大侨社团当好"组织委员"

吉尔吉斯斯坦中国和平统一促进会、中吉贸易促进会、吉尔吉斯斯坦中亚河南商会组织在吉华侨华人不等、不靠、互助互救，展开了一场富有地域特点的防疫抗疫行动。由三大商会共同发起的"春苗慈善"已经有13年历史。中国发生疫情初期，三大商会以"春苗慈善"名义发起了"我与祖国共度时艰"的募捐倡议，不到2周时间为河南疫情严重的信阳地区捐款捐物12余万元人民币，中亚河南商会还为三门峡慈善总会捐赠了5万元人民币。在吉国疫情初期，三大商会共同制定了严密的防疫预案和应对突发事件的应急预案，储备防疫物资。中亚河南商会在李耀辉会长的带领下，率先向在吉河南籍和部分外省籍同胞免费发放了一次性医用口罩和N95口罩；3月，中亚河南商会与中吉经贸合作促进会又为会员单位和务工人数较多的企业，在国内集中采购了测温枪、防护服、护目镜、一次性手套、一次性口罩、KN95口罩、连花清瘟胶囊、祖卡木颗粒中成药等药品。这些防疫物资为三大商会提供了防疫保障，在吉国疫情形势一直比较严峻的情况下，三大商会没有出现死亡病例。在吉国抗"疫"物资短缺的时刻，三大商会共同主导的"春苗慈善"平台，联合其他侨社团、企业共同募集了近百万索姆的防疫物资，定向捐赠给比什凯克国家传染病医院、吉国家交响乐团、合唱团等单位，收获来自吉国的真诚感谢。南方(民族)联合商会会长杨保国从湖南省中医药管理局获得新冠肺炎预防中医药处方，历经千难万险，这批珍贵的中草药走了近6000公里运抵吉国奥什。7月5日，南方矿业协会联合中亚河南商会、中吉经贸合作促进会、中国和平统一促进会、南方民族联合商会面向旅吉华侨华人、中资企业组织了一场针对新冠病毒预防草药的发放活动，累计发放中药1000服。10月，吉国出现政局动荡，一度陷入无政府状态。为避免在吉中资企业受到冲击，三大商会联合当地安保力量，为在比什凯克的中资企业和办公场所设置了"安全线"。在此期间，商会负责人还在各华侨华人微信群里及时发布风险提示。(丝路新观察2021-02-12)

甘肃侨商在吉推广兰州牛肉面

10月20日，由甘肃籍侨胞及同甘肃有往来的侨商在世界各地注册成立的商会、同乡会、侨团、工商联盟、企业等社会组织和机构组成的甘肃省侨商海外联盟在兰州成立，来自四大洲21个国家的甘肃籍侨商"桥"接世界资源，助力甘肃发展。作为甘肃籍商人，殷达林也参与其中。殷达林在吉尔吉斯斯坦打拼已有10年，经历了从温饱无法解决到在当地"站住脚"，再到搭建起甘肃与当地沟通的桥梁进行"反哺"。2014年，甘肃官员到访吉尔吉斯斯坦，借此机遇，殷达林将兰州牛肉面推广至当地，目前经营十分顺利。2015年，他受甘肃省商务厅委托担任甘肃驻吉商务代表处代表，凭此身份，为30家甘肃籍企

业提供了在吉的项目推介会，让更多人了解到甘肃。（中国新闻网 2020-10-25）

吉国南部华侨华人为抗疫作贡献

3 月，广东省建筑装饰材料行业协会曾两次牵头，积极协助广东省、广州市和佛山市政府援助比什凯克、奥什疫情物资。4 月 14 日，该协会收到一封来自吉国奥什市政府的感谢信，感谢来自中国友好城市的关心和援助。9 月，吉尔吉斯斯坦华人民族联合商会会长杨保国曾代表吉尔吉斯斯坦南部华侨华人参加奥什州政府举办的抗击新冠肺炎疫情表彰会。奥什州政府在表彰会上感谢了吉国南部华侨华人为吉国民众抗疫所作的贡献，感谢吉国南部华侨华人及时、有效解决了该地区医疗物资短缺困难，特别是来自中国的连花清瘟胶囊等药物救治了吉国民众的生命。2020 年，吉国南部 4 个侨社团和商协会创下了新冠病毒感染者零死亡纪录。2020 年，吉尔吉斯华人工矿协会曾多次组织包机，运输人数达 900 余人次，极大地促进了企业在吉复工复产，同时也为吉国当地就业提供了有利保障。为确保复工华侨华人的安全，该协会准备了 40 万个口罩、1000 份预防中草药、20 箱连花清瘟胶囊及其他药品，此外，还准备了 50 个隔离床位。（丝路新观察 2021-02-08）

西欧北欧中欧侨情

欧洲多地华侨华人举办各种形式活动迎新春

2020农历鼠年新春佳节来临之际，欧洲多地举办形式多样的迎春活动，弘扬中华文化，表达思乡深情。全英中国学生学者联谊会主办的春节联欢晚会在伦敦举行。晚会通过歌曲联唱、舞蹈表演、诗歌朗诵、戏剧对话等形式，实现中英文化深度交流。全法中国学者学生联合会主办的春节联欢晚会在巴黎举办。主办方将舞蹈、歌曲、舞台剧等节目精心串联，为现场观众带来一场文化盛宴。留白俄罗斯中国学生新春联欢会在明斯克举办。联欢会分“我们走在大路上”“中白合作结硕果”“砥砺奋进新时代”三个篇章，舞蹈、歌曲、器乐、小品等节目精彩纷呈。留荷兰中国学生学者春节联欢会在荷兰乌特勒支举办。联欢会分“荷”“古”“今”三个单元，除了音乐、舞蹈等传统节目，留荷学生学者还自编自演了反映留学生活的相声等节目，展示积极向上的精神风貌。留瑞典中国学生学者春节联欢会在斯德哥尔摩举办。中国学生学者自编自导的节目丰富多彩，充满创新元素。整台晚会热闹精彩，亮点不断，传递着浓浓的中国年味。奥地利维也纳大学孔子学院举办新春招待会。学员们吟诵唐诗、演奏琵琶，展现中奥文化交流融合。（新华社 2020-01-28）

新冠肺炎疫情初期欧洲华侨华人积极支援中国抗疫

新冠肺炎疫情在武汉暴发后，中国国内抗疫形势严峻，抗疫物资奇缺，欧洲多国华侨华人承担了大量防疫物资捐赠、捐款、抗疫视频拍摄等，号召爱心人士和公益慈善组织参与抗疫捐赠，积极帮助选取捐赠药品、联系捐赠医院，为抗击疫情努力贡献自己的力量。英国、比利时、瑞士、意大利等国华侨华人，在航班停运的情况下，辗转多国将防疫物资转运回国。法国巴黎紧急救援中心开通华人热线，10余位华人医生组成专家小组，为在法侨胞开展问诊服务。法国奥罗阿大区侨界10家华人社团和8所当地中文学校30日联合发出募捐倡议，呼吁向中国相关地区捐赠急需物资。华中科技大学法国校友会从1月24日到28日共筹集约3万欧元，加上中广核欧洲能源公司提供的大力支持，落实首批物资订单10万只N95医用口罩。1月31日，伦敦华埠商会、全英华人教授协会、全英学联等20多个侨学界社团向中国驻英国大使刘晓明捐款、捐物总额近50万英镑。由英国留学生发起的海外临时组建的公益小组（Fish and her Friends）在英国募集捐赠了8000余件防护服。1月30日，俄罗斯中国总商会向湖北省红十字会发出首批由在俄中资企业、华侨华人捐赠的医用防护物资，支援抗击疫情。这批物资重约6.5吨，主要包含口罩、手套、防护服、护目镜等医用防护设备。相关物资于30日被运上飞机，发往疫区。侨胞们尽显“十八般武艺”，参与到这场疫情“阻击战”中，彰显大爱。（综合《欧洲时报》《法国侨报》《北欧华人报》《俄罗斯龙报》等）

欧洲华侨华人积极参与在地防疫抗疫

2020年3月以来，随着疫情在欧洲迅速蔓延，各国纷纷要求民众“居家避疫”，各行各业停工。严峻的疫情形势下，华侨华人面临抗击疫情和反对歧视的双重压力，但侨胞们坚持遵守国家法令、居家隔离，做好消毒等防疫工作。吸取中国防控疫情的经验，华人的自我防护意识普遍比当地人强。通过微信群、视频连线等方式，华侨华人大多能加强信息沟通、理性分析、采取科学防护措施。多国侨胞还自发组织成立志愿者小组，积极配合当地做好防疫工作，许多侨团纷纷发出抗疫倡议，不少商会还专门划拨资金，帮助生活困难的侨胞减压力解难题。如法国大巴黎

侨情概览

地区的华商团体将首批防护物资10万个口罩捐助给巴黎大区议会。英国浙江会联合伦敦华埠商会、香港新界乡议局海外顾问委员会欧洲联络处、全英社团联合总会等机构发起“We Care NHS”的捐款活动。全英华人社团用所筹款项，克服重重困难从中国订购3万套隔离衣，捐赠给伦敦的NHS医院集团；英国浙江会募集了捐款2150英镑加87388元人民币，全英共100多家华人社团及机构募集捐款折合88235.29英镑；在英中资企业、华人社团总计捐赠了400多万件医用口罩、防护服及呼吸机等医疗用品，以支援英国抗击新冠肺炎疫情。一些中国留学生发挥专长帮助当地抗疫，如由驻德使馆教育处指导、德国华人心理健康协会整理完成了《留德疫情安心手册》，帮助华侨华人和在德留学人员。欧洲中国文化艺术交流与合作研究会和中外国际家庭联谊会组织创作《我祈祷》《同一个世界》《世间留真情》《世界因爱而生》等六首歌曲，用歌声传递爱和正能量，在当地社会引发广泛关注。（综合《欧洲时报》《法国侨报》等）

欧洲亚裔发起“我不是病毒”引发全球共鸣

2020年，欧洲多国出现了针对华侨华人的种族歧视，面对侮辱和攻击，华人社团纷纷成立“华人反种族歧视小组”，协调各地反歧视工作、增强与政府及媒体的合作、为受歧视的华人提供指导和帮助。海外各华文媒体也持续聚焦华人反对种族歧视的报道，声援反歧视行动。1月27日，一位匿名亚裔女性在推特发起#JeNeSuisPasUnVirus（法语“我不是病毒”）话题，在推文中强调“病毒没有国籍”，“最严重的病毒其实是歧视”。1月28日，网友Lou Chengwang在该话题下发表推文：“我是中国人，但我不是病毒！我知道每个人都害怕这个病毒，但请不要带有偏见。”推文获得1.4万次转发，得到超过4万次“点赞”。在西班牙，同样有不少人加入了#NoSoyUnVirus#（西班牙语“我不是病毒”）的网络运动，反击种族主义偏见。在马德里时装秀上，一名亚裔模特在走秀时，胸前用黑色油墨写上了“我不是病毒”，为亚裔正名。在意大利佛罗伦萨，一名中国男孩在街头蒙住眼睛，戴上口罩，沉默地站在街头。一旁的标语写着：我不是病毒，我是人类，不要对我有歧视。很多人表示支持。在意大利米兰，一名中国女孩在人流量最大的景区之一大教堂广场上，手持“我是中国人，我不是病毒”标语抗议歧视，等等。随着相关话题的转发次数日渐增多，越来越多的外国网友加入声援亚裔人群、反对种族歧视的活动中。“我不是病毒”话题不仅在华人社区，也在外国民众中引发共鸣。自10月28日开始，法国的社交媒体上出现了一些仇视和威胁华人的言论，法国各大华人团体立即向警方报案，并要求增加警力保护华人社区。法国百余名议员于11月9日在《解放报》发表联名文章声援亚裔。在意大利普拉托，一些华人住宅的围墙上频繁出现“中国人回家去”等言论的涂鸦，华人居民们向当地警方报案投诉，并建议在此区域安装摄像头，此举也受到当地民众的力挺，他们在媒体上发声呼吁严惩涂鸦者。（综合《欧洲时报》、《俄罗斯龙报》、中新网等）

疫情期间欧洲华人参政议政热情上涨

2020年欧洲华侨华人在参政议政上表现出了高涨的热情。在3月的法国市镇选举中，据不完全统计，仅大巴黎地区就有26名华人参选，最终来自武汉的原留法学生田玲当选为巴黎北郊欧拜赫维利埃市的副市长，出生于老挝的华裔刘志伟当选碧西市第一副市长，华裔苏卡特里娜当选塞纳河畔维特里市的第六副市长，华人彭昌华、陈家辉当选巴黎13区议员，王立杰当选十九区议员，华人律师韩博当选大巴黎勒布朗梅尼勒议员，王瑞当选巴黎北郊庞坦市议员，来自青田的杨志巧当选93省维勒潘特市市议员，另有2名参选者需要等待“替补”机会；而在法国各个地方也有不少华人参选并当选。9月，华裔混血Rob Wood当选英国朴茨茅斯市市长；德国华人杨明出任欧洲经济参议院副主席。这股参政热情体现了旅欧华人表达自己诉求，行使公民权的愿望。（综合《欧洲时报》等）

疫情防控中医药迎来发展新机遇

疫情期间，中医药为欧洲华侨华人的疫情防治起到了积极作用，中医药预防方剂、“连花清瘟”等药物在华侨华人和中国留学生中颇受欢迎。2月14日，由欧洲多国的中医专家联合世界其他国家中医专家发布《中医药国际抗疫倡议书》，倡议全球中医药人充分发挥互联网技术优势，以及中医药防瘟疫、治未病优势，借助“海外中医药防治新型冠状病毒肺炎互联网公益服务平台”，为海外同胞免费提供中医药线上咨询、防治知识和方法等，成为全球首个面向海外同胞的中医药抗疫平台。其中包括法国时空针灸研究院院长、世界中医药学会联合会副主席朱勉生，欧洲中国传统文化科学院院长、法国 JZ 药业董事长蒋玉林，法国黄家中医药学院院长王德凤等法国中医药专家及意大利中华中医药学会前会长、世界中医药学会联合会副主席何嘉琅，欧洲中医药专家联合会轮值主席江杨清，中国英国中医中心英方主席、英国兰维多利亚学院院长汤淑兰，西班牙全欧洲中医药专家联合会副会长陈春信，英国杏林中医研究院院长马伯英，意大利土河中国文化体育协会主席、世界中医药学会联合会体育健康产业发展分会副会长贾景全，奥地利环球文化医学学会会长李宏颖，比利时中医药联合会常务副会长陶丽玲等。朱勉生、何嘉琅、蒋玉林等在斯塔拉斯堡汇聚欧洲 10 多个国家当地中医从业者举办第二届“世界中医日”庆祝活动，为中医药在抗疫中的作用发声。中东欧中医药学会会长、匈牙利东方国药集团董事长陈震积极生产中药捐赠当地救助华侨华人。在首都布达佩斯“煮大锅中药”，免费为当地民众及华人提供增强免疫力的汤药，为华侨华人免费提供“化湿防瘟饮”，帮助人们增强免疫力。从事该行业的旅欧侨胞组成中医团队，线上助力同胞抗疫。不少华裔从业者抓住机会，积极进行中医药海外推广，越来越多的当地人开始尝试、体验中医疗法。（综合《欧洲时报》、俄罗斯龙报网等）

疫情导致欧洲国家移民政策整体趋势性收紧

全球经历疫情风波，欧洲移民政策也是多生化，塞浦路斯公民投资计划关停了，葡萄牙、希腊、马耳他等国家均有移民法案变动。2020 年 10 月 13 日，塞浦路斯政府宣布从 11 月 1 日起，暂时终止现行的投资入籍计划，何时重开仍未确定。相比较护照项目的暂停或改革，希腊投资移民项目公布了一系列利好消息，如 14 岁以上的未成年人可以作为购房主申请人、无须登陆希腊即可提交移民申请等。此外，2020 年希腊政府提供了多项投资移民优惠政策，如简化申请流程、缩短等待时间、延长居留卡期限等。马耳他公布了全新投资入籍计划，名额仅 1500 份，该计划取消了原 15 万欧元政府债券投资选项、延长拿护照时间、提高捐款额度、提高附属申请人费用等。受欧盟对移民政策收紧的态度的影响，马耳他政府不仅对政策作出过进一步调整和细化，整个投资移民项目也在朝着更严格、更规范化的方向发展。葡萄牙的多项移民政策改革则喜忧参半，如首张黄金居留卡有效期由一年变为两年；《国籍法》新修正案规定了“落地生”政策，允许只要在葡萄牙合法居留不少于 1 年以上的外籍人士，其在当地出生的子女可直接申请为葡萄牙公民；对“黄金签证”项目实施变更，取消对投资大都市和沿海地区的申请资格，但同时保留了已经投资在该类地区人士的身份续签资格，根据该规定，2020 年取消了里斯本、波尔图或阿尔加维地区的适用资格。总之，近年来欧盟不断呼吁相关国家终结向外国投资者提供居留或公民身份的黄金签证计划，并推出了风险调查报告，采取了一系列动作，众多国家迫于压力纷纷收紧移民政策，一些国家甚至不得不关停了投资入籍项目。（搜狐网 2020-12-30）

英国伦敦唐人街 7 月重启

2020 年 7 月 4 日，英国政府为拯救经济，全面重启开放酒吧、咖啡店、餐厅、理发店、电影院等商业服务场所，伦敦唐人街也举行了“重启仪式”。当天，位于伦敦市繁华中心、聚集数百家华人商铺的唐人街，举行了内容亮眼的“重启仪式”。在活动中，免费向民众派发口罩、洗手液、防护服、护目镜、中药等防疫物品，发放餐厅商店优惠券，华人舞狮队作舞狮表演，参与活动嘉宾发表致辞并作示范在餐厅享用茶点和用膳。该重启活动由伦敦华埠商会、浙江会、湖南会、中山会等华人社团联合主办。中国驻英国大使馆公参兼总领事童学军、伦敦威斯敏斯特市市长乔纳森·格兰兹、威斯敏斯特市议员蒂姆·米歇尔、伦敦华埠商会主席邓柱廷等各界嘉宾出席活动。自疫情暴发后，唐人街商业经营状况一落千丈。面对艰难境况，伦敦华埠商会作为英国主流社会的一分子，带动、团结全英华人团体，积极开展爱心关怀活动，向英国医院、养老院、市政府、警方、伦

敦交通局等机构捐赠了大量医疗物资，在英华人对英国社会尽了应有的责任。（俄罗斯龙报网 2020-07-07）

全英学联举办多场“《学在英伦》线上研讨会”

在中国驻英使领馆和全英学联的指导和帮助下，2020 年全英中国学生学者联谊会举办了多场“《学在英伦》线上研讨会”，每期邀请留英的两位地方学联主席及一位全英学联执委分享留英的经验和感受。疫情期间，英国各地学联建立了相应的学生留守群、归国群、留学生家长群等交流平台，为学生归国或来英提供相应的信息交流或咨询帮助。并在线上为在英学生举办了 LOL、线上吃鸡等游戏活动，丰富疫情期间学生生活，线下为同学们分发免费的爱心口罩和健康包，以及提供新生线下购物指导等，尽可能帮助留学生共渡疫情难关。疫情在英国蔓延后，全英学联第一时间成立了抗疫救助委员会，拥有核心成员 104 位，分别来自全英及各校学联。同时组建了超过 110 位的城市联络人社群，共协助全英 150 所高校及学院组建了 334 个“守望相助”微信互助群，服务了超过 10 万名留守同学，协助使馆发放了 10 多万份健康包，同时成立了家长咨询专区，向超过 2400 位的国内家长提供最及时的支持与帮助，同时全英学联团结了 2500 多位留学人员志愿者共同抗疫。（全英中国学生学者联谊会官网 2020-12-24）

英国华侨华人举办“爱·希望”圣诞新年云聚会

2020 年 12 月 20 日下午，“爱·希望”圣诞新年云聚会在英国和中国浙江同时拉开帷幕，英国浙江联谊会暨商贸会会长黄萍、浙江省侨联主席连小敏、中国驻英国大使馆公参兼总领事童学军先后致辞。近 500 位侨胞和留学生通过 Zoom 和微信群参加云聚会。云聚会通过表演、抽奖、云上大合影等方式，让特殊的历史时刻成为集体永恒的温暖记忆。此外，还通过视频介绍了英国浙江会的抗疫情况，如英国浙江会多次捐赠抗疫物资给英国主流社会，包括十几家 NHS 医院、残疾儿童康复疗养院、、社区服务人员、市政府、伦敦交通署、100 多家老人院等。英国浙江会还向其他的友好社团、中文学校和专业组织等分享了抗疫物资。英国浙江会多次大规模地通过线上线下的方式，勇敢逆行，向在英留学生和华人发放爱心防疫物资。浙江会会员郑晓东和谢中欢分别捐赠了大批防疫物资。在伦敦华埠商会的帮助下，英国浙江会再次安排了免费发放，再次捐赠给了主流社会和华人团体。在这次疫情中，英国浙江会共发出 11.5 万个 KN95 口罩；34.93 万个一次性医用口罩；1.1 万件防护服；6000 个护目镜；1 万包防未一号中药；1800 盒连花清瘟胶囊；23480 瓶免洗洗手液等。（《欧洲时报》2021-01-05）

英国华侨华人庆祝“华文教师节”20 周年

10 月 25 日，英国“华文教师节”20 周年庆祝典礼暨致敬疫情中的“平凡人”活动以线上方式举行。该庆祝典礼活动由英国中文教育促进会组织筹办。20 年前，英国中文教育促进会将每年 10 月的最后一个星期日设立为英国“华文教师节”，旨在弘扬中华民族尊师重教的优良传统，让辛勤奉献的华文教师拥有属于自己的节日。中国驻英国大使馆公使马辉、侨务参赞卢海田、英国中文教育促进会会长伍善雄、来自全英各地中文学校校长与中文教师代表、以及英国华社各界嘉宾汇聚“云端”出席了庆祝典礼。中国政府一直高度重视英国华文教育事业，在教材提供、师资培训、夏令营安排等方面提供了大力支持。新冠肺炎疫情期间，各所华文学校师生们积极响应“一英镑献爱心”捐款倡议活动，为支持中国和英国抗疫奉献了近 20 万英镑善款。英国中文教育促进会举办的网上教学技能培训班、与中国国内一流教育机构合作组织的各种丰富多彩的实体以及在线课程，推动英国中文教育完成了从传统的实体课堂到网上课堂的飞跃。英国中文教育促进会表彰了为华文教育作出突出贡献的教师和优秀学生。来自中国北京、邯郸、厦门、香港和美洲、大洋洲、欧洲、非洲等地区的华文教育机构、华文学校在线参加了庆祝典礼。（中新社 2020-10-27）

《2020 英国中资企业发展报告》发布

11 月 26 日，由中国驻英国大使馆、英国国际贸易部特别支持，英国中国商会主办的“第三届中英经贸论坛暨《2020 英国中资企业发展报告》发布会”在线上举办。论坛以“面向未

来　共创发展与繁荣”为主题展开深层次讨论，旨在加强中英两国的经贸合作与交流，实现互利共赢、共同发展。此次论坛两大议题分别为“后疫情时代中英投资的新机遇和新趋势”“中英共同应对气候变化，构建绿色发展新格局”。商会首次发布的英国中资企业发展报告显示，64% 的受访企业已在英连续经营超过 5 年，74% 的受访企业将全部或大部分利润再投资于英国。报告聚焦在英中资企业发展现状和对英国投资环境的看法，反映了新冠肺炎疫情、脱欧等挑战对中资企业在英经营的影响，并对未来发展趋势进行展望。英国中国商会（前身为英国中资企业协会）成立于 2001 年，是由在英中资企业和中国经贸机构为主依法注册成立的非营利性社团组织。（人民网 2020-11-27）

报告称华人收入排名全英第一，移民收入集体飙升

据英国税务海关总署（HMRC）的税收记录显示，在过去 20 年中，英国收入最高的 1% 人群，对应收入所占份额增长（85%）几乎都要归功于海外移民。数据显示，英国四分之一的高收入者是海外移民，而海外移民的高收入水平，也让他们成为英国财政税收的重要贡献者。此外，数据显示勤劳努力的华人，已经成为海外移民中的收入第一，甚至比英国本地白人还要多挣 30.9%，排名全英第一。2020 年 9 月，华威大学全球经济竞争优势研究中心（CAGE）发布了一篇名为《消除不平等：移民与英国收入前 1%》的研究报告。通过对 HMRC 数据库中 1997 年到 2018 年纳税人收入的分析，该研究发现，2018 年海外移民占英国收入前 1% 人群中的四分之一，移民数量也比 1997 年增长了 52%。如果针对英国收入前 0.001% 的人群，移民比例则高达 40%。报告认为英国最高收入人群中移民的数量一直稳步增长，海外移民的高收入主要是依靠自身的职业发展而非资本利得。据 BBC 报道，英国国家统计局（ONS）在 2019 年发布的《种族薪酬差距报告》中指出，2018 年华人员工的时薪最高，平均每小时的税前收入达到 15.8 英镑，甚至比英国白人还要多挣 30.9%。2012—2018 年，英国华人的收入连续 6 年领先其他族裔，收入差距还有扩大的趋势。除了英国本土华人，中国留学生也是英国潜在海外移民中的一个庞大的群体。目前，中国留学生已成为英国大学国际学生中人数最多的群体，数量在过去 10 年里翻了一倍，达到了 10.6 万人，其中 6.0 万人为研究生，4.6 万为本科生。中国留学生甚至首次超越了北爱尔兰本土学生的数量，成为继英格兰，苏格兰和威尔士之后的英国大学的第四大申请人群。《泰晤士报》于 2020 年 9 月 10 日报道，由于来自中国的留学申请激增，2020 年秋季学期前往英国大学学习的国际学生人数已创下历史新高。超过 1.2 万名的中国留学生将在今年秋季赴英攻读本科一年级，这一人数同比增长了 23%。（综合《泰晤士报》、BBC、《欧洲时报》《每日电讯报》、腾讯网等）

巴黎唐人街牌楼揭幕　中法结合“博爱门”

2 月 1 日下午，巴黎市十三区“唐人街”举行博爱门落成典礼，巴黎市长伊达尔戈（Anne HIDALGO）、中国驻法大使卢沙野、法国国民议会法中友好小组主席陈文雄（Buon TAN）、巴黎十三区区长顾梅（Jérôme COUMET），以及巴黎亚裔社团代表、当地民众近 300 余人参加了当天的活动。博爱门突破了传统中式牌坊的建筑结构，对中国繁体字“門”进行了艺术化解构，体现了法国艺术家别具一格的艺术理念，也彰显了中法文化的交汇碰撞，相得益彰。巴黎华埠兴建牌楼的提议最早可追溯到 20 世纪 80 年代末，有华人提出要仿照全球各地的唐人街与中国城，在巴黎华人聚居区建造牌楼。从 2010 年开始，华裔民意代表陈文雄开始着手推动牌楼项目，为选址、立项多方奔走。牌楼计划几经沉浮，终于在 2015 年得到了市长和区长的肯定答复，并与当年 12 月，巴黎市通过了该项目，酝酿了 30 多年的中式牌楼计划“博爱门”正式成为巴黎市政府的投资项目。“博爱门”由法国著名艺术家鲁斯（Georges Rousse）设计，于 2019 年 10 月开始兴建，2020 年 1 月竣工。这个牌坊外型为繁体字“门”，设计为三维立体平面，从远处眺望可以看到一个“门”字的造型。是承载华人群体的传统，苦乐与愿景的小舟，也是向新环境、新文化和新思想开放交流的拱门。（欧洲华语广播电台 2020-02-04）

法国首家上市华人企业欧华集团建成法国第一个华人口罩厂

4月22日，欧华集团在大巴黎93省勒布朗梅尼勒投资的口罩生产线举行了建厂开工仪式，这个厂房的改造宣布启动，而口罩生产线的启动在5月初。该生产线占地2500平米，每天可以生产50万只口罩。欧华集团于2010年2月2日在巴黎欧交所挂牌上市，是首家在欧交所创业板上市的华商企业。近年来，欧华集团已由一个家庭作坊式的企业建设成了下辖8家子公司，集商铺、仓库、酒店、办公用房于一体，经营商业地产总面积达到52万平方米，总资产超过6500万欧元的大型现代化集团公司。欧华集团拥有各类资源，在法国急需口罩的情况下，只用了两周时间就建成了法国第一个华人口罩厂，在疫情肆虐、口罩已经成战略物资的情形下，为法国抗击疫情出一份力。(《欧洲时报》、法国侨网等2020年5月)

法国温州鹿城联谊会成立

1月19日晚，法国温州鹿城联谊会（海鹿会）成立大会在巴黎国际大酒店成功举行。中国驻法使馆领侨处李成元一等秘书及夫人，领侨处沈国清秘书，法国温州鹿城联谊会首任会长陆焕斌、执行会长苏宪荣，以及旅法侨团代表、侨领代表、联谊会会员等近200余人出席了当晚的庆祝活动。海鹿会主要是以“60后”、“70后”的一群温州鹿城籍侨胞组成的协会，以“务实求真、慈善公益、秉承传统、合作共赢、创新发展”为宗旨。协会将努力发展对海外侨二代、侨三代的中华文化，孝悌忠信、慈善爱心等方面的教育，培养他们爱国、爱乡、爱家的思想，组织各类公益活动、青年联谊、忆乡论坛、法律行政咨询、商务对接等活动，切实为侨胞服务。（欧洲华语广播电台2020-01-20）

法国中法友谊互助协会举行换届仪式

2月9日晚，法国中法友谊互助协会于协会会址举办第八届、第九届会长团会印交接仪式暨第九届会长团就任仪式。姜学峰荣膺第九届会长团会长，孙建敏任执行会长。法国中法友谊互助协会成立于1998年，协会自成立以来，始终坚持服务侨胞，维护侨胞在当地的合法权益，积极组织和参与华人社团活动、弘扬中国传统文化，加强与当地政府的沟通，在支持祖国教育事业，救助灾区，反独促统等方面做了许多有益的工作。（法国侨网2020-03-04）

法国潮州会馆呼吁旅法华人积极参加法国第二轮市政投票选举

法国第一轮选举于2020年3月15日冒着新冠肺炎疫情如期举行。后来因为新冠疫情传染扩大，政府宣布推迟至6月28日举行法国第二轮市政投票选举。法国潮州会馆呼吁华人积极参与投票选举，因为投票、参政是体现华人声音很好的途径。旅法华侨华人共有70多万人。亚裔特别是华裔在法国有了很大的发展。潮州会馆希望所有在法的华人，不论是巴黎的还是外省的，踊跃参加即将举行的地方选举，行使手中一票的权利，全面权衡，选出有利于提高法国、巴黎大区安全系数、增强经济活力、致力于民生建设的团队。新一届法国市镇选举将产生新一任地方长官和市镇议员，这些“父母官”的当选涉及教育、卫生、住房、商业、地方税和城市规划等政策的延续与更替，与选民生活息息相关，其中教育、治安、医疗、交通和商业规划等政策走向尤其引起华人关注，所以地方政府中是否有人替华人代言也显得尤为重要。法国市政选举每6年举行一次，法国民众要在数以万计的市镇中选举市长等地方官员，选举规模很大。由于市政选举是基层选战并直接牵涉选民利益，因而被认为是法国最激烈的选战之一。(《法国侨报》2020-06-19)

法国华侨华人会第二十三届主席团举行就职典礼

2020年7月26日，法国华侨华人会第二十三届主席团就职典礼隆重举行，任俐敏连任主席，金麟泽连任执行主席，近40位法国华侨华人会主席团成员就职。法国华侨华人会作为旅法侨界最早成立的协会，已经历时40载，如果追溯到协会正式成立之前的联合自发组织，已经60多年了。这60多年来，法国华侨华人会虽然历经坎坷，但是一直坚持团结乡亲、爱国爱乡的建会宗旨，在敦睦乡谊、弘扬中华文化、传承华文教育、服务侨社、维护华人尊严和权益，为推进乡亲融入、参政议政、促进侨界团结，树立华人形象、为中国和平统一大业进行了不懈的努力，得到中法两国政府的高度重视和支持，成

为中法交流和友谊的桥梁。(《法国侨报》2020-07-26)

法国印支华侨向巴黎公立医院集团捐赠抗疫物资

5月5日上午，法国印支华侨抗疫物资捐助团将20万只外科口罩和20000只FFP2型医用口罩送到巴黎13区皮提耶·萨而佩特里尔医院（Pitié-Salpêtrière），捐赠巴黎公立医院集团，用于抗击新冠病毒疫情。法国国民议会议员陈文雄、巴黎13区区政府代表、巴黎公立医院集团物流负责人卡普龙（Rosa CAPRON）以及捐助单位代表余养喜、丁建文、赵南强出席了捐赠仪式。法国疫情暴发之后，国民议会议员陈文雄在网上发布了求助信息，希望广大华商、华人支援在一线奋战的医护人员，特别是巴黎人口最多的13区。巴黎13区的华人社团和热心人士迅速行动起来，成立了“法国印支华侨抗疫物资捐助团”，在发起人、法国环亚旅游董事长丁启裕、广东会馆周吉庆会长、柬华群乐会吴松本会长、史丽娟女士、薛伟涛先生等推动下，聚集了46个单位捐献爱心，以最快的速度在中国购买了30万只医科口罩，2万只N95口罩。这次行动得到中国驻法大使馆、巴黎13区政府和欧洲时报文化传媒集团的支持和协助，欧洲时报旗下粒购公司协助了此次捐赠物资的接洽、采购、把关验货、物流和清关配送环节，保障了这批物资如期顺利抵法。这批物资除了捐给当地医院，还将分批发给当地的每天还在开门为群众提供生活用品的商家和急需防护物资的居民，特别是当地养老院的老人们。(法国侨网2020-05-07)

法国美丽城联合商会座谈20区区长和警局局长等

2020年10月16日下午，法国美丽城联合商会会长姜金玉等在巴黎新蓬莱酒店接待了巴黎20区新区长埃里克·普里埃（ÉricPLIEZ）和巴黎警察局第二司法警区负责人、巴黎20区警察局局长赫贡（JacquesRigon）一行。会长姜金玉对新区长的到来表示感谢，提出目前美丽城商圈周围出现了一些卫生、交通问题，对居民造成困扰，对商家的生意影响很大，他希望区政府能和相关部门沟通好，在进行改造工程时尽量少影响大家，同时要速战速决。这次是新区长当选后首次来到法国美丽城联合商会，他希望深入了解社区情况和居民诉求，努力改善商圈的环境，以保障大家正常的生活和经商。赫贡局长介绍了当地的治安情况，表示将继续加大打击和破案力度以外，同时希望大家也随时随地注意安全。比如衣服和包不要放在车里，以免引起犯罪分子的注意，可能砸车偷窃等。对于有些法语不好的华侨华人，也不必担心，因为警局配备了中文及其他语言的报警单，可以用自己熟悉的语言填写。警局也有翻译人员协助。当天参加座谈会的有：法国美丽城联合商会创会会长陈建国、法国美丽城联合商会成员叶文、陈东晓、吴禹鹏、董志武、戴国荣、巴黎20区前副区长施伟明等。美丽城位于巴黎10区、11区、19区和20区的交界处，是华商主要居住、经商区之一，一度以治安恶化而闻名。2010年6月20日，爆发3万名华人大游行，打出”反暴力、要安全“的口号，要求政府高度重视这个地区治安。法国美丽城联合商会2010年10月成立。(法国侨网2020-10-18)

欧洲华语广播电台在疫情中坚守岗位

欧洲华语广播电台是旅法华侨华人筹备8年，于2014年开播的全天时双语广播电台，每天以12小时法语、12小时中文不间断播出。根据电台向记者提供的最新节目表，主要节目板块没有发生变化，不少中文节目依然以轻松休闲为主，如音乐、美食、相声、广播剧、文化资讯等，同时电台的中国国内方言节目也在正常播出，让留在家中抗疫的法国华侨华人听众得到些许慰藉。在做好日常播音的同时，欧洲华语广播电台也积极支持巴黎当地抗击疫情。巴黎大区是法国疫情最严重的地区，电台4月23日向巴黎大区议会捐赠10万只一次性口罩。欧洲华语广播电台是由法国最高视听委员会批准成立的唯一一家全天时中法双语电台，法语时段侧重报道中国新闻，中文时段侧重报道法国新闻，旨在服务华侨华人听众和中法两国听众，增进中法双方了解，推动两国友谊。(欧洲华语广播电台2020-12-28)

2020法兰西年度汉字“舍”揭晓

2020（第三届）法兰西年度汉字活动于12月23日举行了揭字仪式，由于疫情原因，本次揭字仪式改为线上举办。据了解，今年的征字活动获得了多方支持，投票人数比2019年提升一倍之多。本次活动共收录47个汉字，其中7个汉字由八名评委筛选，分别为：劫（7画）、疫（9画）、封（9画）、家（10画）、捨（11画）、罩（13画）、醫（18画）。最终，“舍”字以多数票胜出，当选为“2020法兰西年度汉字”。法兰西年度汉字征字活动在2020年12月举行，其参与率相比去年增长了200%，截至2020年12月22日，投票结果如下：劫6%、疫26%、封6%、家14%、舍39%、罩5%、医4%。汉字捨或舍根据三声（shě）或四声（shè）会拥有完全不同的含义。三声代表放弃、牺牲、奉献，四声代表住所。2020年是人类历史中充满劫难的一年。新冠肺炎疫情，隔离，宵禁，保持安全社交距离。在这特殊的时期“捨”字当选，意义特别。（欧洲华语广播电台2020-12-24）

“浙里有爱·天涯共此时”中秋慰侨法国站活动举办

9月26日，值中秋佳节来临之际，“浙里有爱·天涯共此时”中秋慰侨活动法国站启动仪式在法国华侨华人会举行。“浙里有爱·天涯共此时”中秋慰侨活动是由浙江省人民政府侨务办公室、浙江省归国华侨联合会主办，在中国传统佳节来临之际，于全球12个国家和地区的20多个城市同时开展，向海外浙江籍侨胞华人送上家乡亲人的关怀和诚挚的节日祝福。法国站活动由法国华侨华人会、法国亚洲餐饮联合总会承办，法国法华工商联合会、法国青田同乡会、法国中法友谊互助协会、法国外籍兵团退伍华人协会、法国温州商会、法国美丽城联合商会、欧洲浙江华人联谊会、法国金华商会等协办。仪式现场，法国华侨华人会主席任俐敏、法国亚洲餐饮联合会会长黄美娜、法国青田同乡会会长叶旭群、欧洲浙江华人联谊会会长陈旭东、法国外籍兵团退伍华人协会会长徐大等向侨胞送上月饼。法国站共精心准备了5000只月饼，将通过各种方式发放给浙江籍侨胞、留学生、老年侨胞及生活困难人士。在中秋佳节到来之前，将这一份爱心与温暖送到华人侨胞手上。（欧洲华语广播电台2020-09-27）

巴黎急救中心开通“华人急救热线”

随着法国疫情逐渐蔓延和法国各项疫情防范措施升级，当地进入抗击新冠肺炎疫情的“战争状态”。平时一天大约有2000个电话打进巴黎急救中心，但疫情期间每天的电话接听量在上万个，ICU床位也达到了饱和状态。为降低交叉感染的风险，医院建议民众居家隔离，或派医生上门出诊，这些举措增加了不少语言不通的华侨华人就诊的难度。2020年4月6日，巴黎急救中心开设了“华人急救热线”，并组织了10位华人医生志愿者进行调度工作。“华人急救热线”的开通，华人医生们回答病人问题，安排医生上门看诊，帮助在法国的华侨华人解决就医问题，这是热线接线人员每天都要重复的重要工作。自“华人急救热线”开通到5月，短短1个月，志愿者就接到了200多位华侨华人的求助电话。通过帮助华侨华人防疫，努力消弭中法在抗疫中因文化差异造成的误解。（中新网2020-09-08）

法华作家协会在巴黎诞生　搭建中法文学交流桥梁和平台

2020年10月，旨在团结联系华文作家、推动繁荣华文创作、搭建中法文学交流桥梁和平台的华文作家组织法华作家协会（Associationdes Ecrivains Chinoisde France）在巴黎注册成立。旅法知名作家、诗人、法国国家荣誉军团骑士勋章获得者梁源法先生担任主席。旅法知名媒体人、作家黄冠杰担任协会第一副主席兼秘书长；旅法知名媒体人、作家唐铁华，旅法著名企业家、作家吴秦担任常务副主席，并成立了协会主席团。法华作家协会将广泛联系团结广大旅法华文作家，繁荣文学创作。法华作家协会集聚了一批旅居法国的华文作家，其中有原中国各级作家协会的会员，在法专业从事写作的专业作家，也有从事其他行业的业余作家，还有从事教学和文学研究的专家学者等，他们几十年如一日坚持华文创作，成绩斐然。据介绍，法华作家协会将通过出版会刊《法华作家》、协助会员出版作品等展示文学创作实绩，通过举办中法文学交流会、作品讨论会、中法互访、实地采风写作等形式推动中法文学交流，通过文学主题讲座、会员作品有声交流、文学晚会等形式推动文学在华人社会的传播，努力创作反映旅法、旅欧华侨华人生活轨迹和创业历程的文学作品，通过书写华人

社会记录华人历史和人文变迁。（俄罗斯龙报网 2020-09-16）

第八届慕尼黑华语电影节疫情下如期举办

由慕尼黑孔子学院主办的第八届慕尼黑华语电影节10月19日在德国南部城市慕尼黑拉开帷幕。受新冠疫情影响，此次电影节首次采取线上和线下节目相结合的模式。电影节为期一周，线上线下展映《春江水暖》《阿诗玛》《五朵金花》等30部华语电影。影片展映单元包括“佳片精选”“致敬经典”“艺术新秀”“人文纪实”等，形式将以城市文化中心线下现场展映与线上展映点播相结合。慕尼黑孔子学院德方院长高芳芳表示，坚持举办就是为了让电影节不因疫情而缺席。疫情下人们的生活受到各种各样的限制，通过电影带来一点中国色彩，为城市文化生活画出一道亮丽的风景线。作为一个非竞赛类影展，慕尼黑华语电影节立足中国文化的海外传播，旨在展现中国当代电影艺术发展，促进中德文化的交流互赏。（新华网 2020-10-21）

柏林中国文化中心举办“中国曲艺云欣赏”活动

2020年8月，柏林中国文化中心联合中国曲艺家协会共同推出“云·游中国”——文化中国主题线上系列活动之“中国曲艺云欣赏”，在官网、微信公众号及Youtube等海外社交媒体账号同步上线湖州三跳《英台担水》、四川清音与苏州弹词对唱《彭州牡丹苏州月》。柏林中国文化中心表示，希望将“曲艺”这个中华民族的说唱艺术门类介绍给更多德国观众。（中国新闻网 2020-08-22）

德国政府出台政策帮助国际学生

疫情期间，德国政府推出相关政策，帮助受疫情影响的国际学生完成学业。经济上，德国联邦政府计划拨款1亿欧元，用于资助因疫情影响陷入严重经济困境的在读大学生。2020年6—8月，受疫情影响的大学生每月最高可申请获得500欧元的补助金。无论任何国籍、年龄和在读学期数，所有就读于德国正规大学的学生均可到学生补助申请官网，提出在线申请。在学业上，许多德国高校采取了灵活授课方式，帮助国际学生继续学业，而在线修读课程并不会影响学位学历认证。还有不少高校出台了延期入学等措施。计划在2020年秋季入学德国的学生，获得大学录取后，须向学校外办或院系负责人申请出具德国大学必须实际到校上课的要求说明。防疫措施方面，根据德国出台的最新入境政策，从境外返回德国的旅客可自愿免费接受新冠检测，非高风险地区返程旅客也可在72小时内，于机场以外的场所接受检测。（俄罗斯龙报网 2020-07-30）

胡伟国出任旅荷华侨总会第16届会长

1月13日晚上，旅荷华侨总会在荷兰Maarssen的大众美食总汇举办了新一届理事会的就职仪式，有550多名会员和荷兰兄弟侨团的代表出席。中国驻荷大使馆公使衔参赞陈日彪，以及北荷兰省Stichtse Vecht市代市长Maarten van Dijk，南荷兰省议员Michel Rogier等荷兰友人应邀出席就职仪式。旅荷华侨总会是具有历史有声望的华人社团，以“在欧洲升起第一面五星红旗”著称。旅荷华侨总会的前身为“瓯海同乡会”，由当年的在荷华人组成，成员主要为浙江籍和粤籍，有个别山东籍，1947年11月27日在阿姆斯特丹成立。1949年10月1日中华人民共和国成立之际，“瓯海同乡会”立即向北京拍发电报，祝贺新中国的诞生。1952年10月1日，“瓯海同乡会”发起了有300多位华侨参加的庆祝中华人民共和国成立三周年大会，在中荷尚未建交之际，第一次在荷兰，同时也是欧洲大地升起了五星红旗。以后每年的10月1日，“瓯海同乡会”都会组织国庆活动。1953年，“瓯海同乡会”更名为“瓯海华侨会”，以“团结爱国、互助互济”为宗旨。1972年，“瓯海华侨会”正式更名为“旅荷华侨总会”。踏入80时代，先后在胡志光、梅旭华、叶世顺等老一辈华人领袖的领导下，总会的工作更步入蓬勃发展的轨道。总会有自己的会所，70年代末已创办了华人媒体《华侨通讯》，为中荷友好交往作出贡献。（荷兰一网 2020-01-15）

旅荷华侨总会、松柏联合总会举办迎中秋敬老活动

2020年9月15日，旅荷华侨总会第十六届理事会在荷兰代尔夫特举办了喜迎中秋欢度国庆活动。来自荷兰各地的常务理事及荷兰松柏联合总会共70来人出席活动。旅荷华侨总会会长胡伟国将100盒月饼、10000只口罩赠送荷兰

松柏联合总会，表达敬老心意。在百年不遇的罕见疫情肆虐之下，旅荷华侨总会第16届理事会精心组织喜迎中秋欢度国庆特别活动，筹集600盒月饼，以现场派发和邮寄两种方式发送全体理事会成员、华侨华人、松柏联合总会成员每人一盒月饼、一盒五仁饼和两盒口罩。荷兰松柏联合总会成立于1988年，属下六个分会，分别是鹿特丹、阿姆斯特丹、海牙、南区Eindhoven、东区Arnhem、中区Amersfoort。会员人数约3000名。关注华裔长者、提升老年生活素质、认识环境、争取应有权益是松柏会的宗旨。各区松柏分会每星期均有举办日常聚会，为老人家提供一个沟通以及互动的理想平台。松柏总会经常举办全国性活动，包括一年一度的全荷华人敬老日，招待超过1500位来自全国各地的华人长者。（华侨新天地网2020-10-01）

荷兰华人学者与工程师协会（VCWI）举办创新论坛和人才论坛

2020年1月18日，100多位来自荷兰30多个城市、就职于50多家高新技术企业/研究机构/咨询公司/律所等的职场精英人士齐聚鹿特丹，参加荷兰华人学者与工程师协会（VCWI）举办的“2020创新＆创业论坛”，共同探讨“创业、创新”话题，迎接鼠年春节的到来。中国驻荷兰使馆徐宏大使分享了目前国际形势，尤其是荷兰ASML公司和光刻机对华出口等科技话题。下午进入了VCWI理事会换届选举，经过无记名投票，选举产生了第12届VCWI理事会：翁湘闽、欧阳喜雨、王广义、刘真、李永辉、程安男、李越、柳迪。推选翁湘闽为12届VCWI理事会主席。6月27日，荷兰华人学者与工程师协会VCWI第十届人才论坛以视频方式举行，除主会场的发言外，分医疗制药、金融以及ICT三个分会场，给参与者提供了广阔的学习和交流平台。疫情期间，协会上下发挥自身科技优势，推出了疫情贴士系列文章，受众超过3000人次。协会不仅定点向北京市海联会捐赠了抗疫物资，并且在老会员的赞助下，发起了一次义务分发口罩的活动，有将近200位在荷华人受益。荷兰华人学者与工程师协会（VCWI）创立于1997年，是在荷兰正式登记注册的一个独立的、非政治性、非营利性的法人全权协会团体。目前协会拥有1000余名正式注册个人会员活跃在荷兰的研究机构、大学、工业界和政府组织。其中拥有博士学位的占总会员人数33%，拥有硕士学位占39%，拥有学士学位的占28%，堪称在荷华人科技界的精英团体。（荷兰一网2020-06-27等）

荷兰瑞安教育基金会扶贫助学二十载

1月6日晚上，荷兰瑞安教育基金会在鹿特丹海洋乐园举行了成立20周年庆典暨2020年春节联欢晚会。中国驻荷大使徐宏、来自荷兰各地的瑞安乡亲和荷兰主要侨团代表500多人一同参加晚会。1996年底，邵作洪和胡克勋等十几位旅荷瑞安籍人士商讨筹建教育基金会，以支持家乡教育事业发展。基金会于1998年在荷兰正式注册成立，每两年换届。会员已发展到300多人，基金资本从最初的10万元荷兰盾发展到目前的近40万欧元。基金会成立以来，先后为国内1800多名贫困学生捐助了800多万元人民币，扶贫助学足迹遍及浙江、云南、广西、安徽、甘肃、山东等省贫困地区。荷兰瑞安教育基金会的宗旨是团结乡亲，服务侨胞；热心公益，反馈桑梓。基金会广泛吸收旅荷侨胞的自愿捐资，除每年通过瑞安市侨办与瑞安市红十字会向家乡发放10万元人民币助学金外，还通过其他各种方式助学扶贫，为祖国教育和扶贫事业作出了贡献。瑞安会历届会长分别是：邵作洪、黄其昌、潘世锦、董贤构、郑贤领、王志成、张光木、胡志新和林德芳。（荷兰一网2020-01-07）

比利时列日首次举办华侨华人盛装巡游逛庙会

1月18日，比利时南部最大城市列日首次举办“欢乐春节”盛装巡游。此次活动由中国驻比利时王国大使馆、比利时列日市政府和旅比华人华侨共同主办。当天下午，盛装巡游在列日地标建筑基尔曼斯（Guillemins）火车站前喜庆登场。巡游队伍汇聚之时，“鼠年大吉”、“新春欢乐”的条幅在火车站前招展，就连附近的灯柱都挂上了大红灯笼。有1000多名华侨华人的巡游队伍及上万名比利时当地居民参加盛会，华侨华人的巡游队伍展现了比利时华侨华人的风采，由舞龙、舞狮、秧歌、腰鼓、旗袍、太极等各类活动组成的方阵气势磅礴，热闹非凡，展现了欢欢喜喜中国年的繁荣热闹景象。ACPB旅比专业人士协会以“友谊的纽带”为主题的强大阵容在整个巡游活动中是独树一帜，受到当地民众热烈欢迎。列日巡游活动盛况空前，“文化庙会”中手工制作、剪纸编织等民俗活动也深受欢迎。据统计，2019-2020学年共有97位中国学生学者在列日大学学习，按国别列该校国际学生人数第三位。(央视网等 2020-01-19)

第12届斯德哥尔摩中国学生学者春节联欢晚会在斯京举行

2020年1月19日，由中国驻瑞典使馆教育处文化处和全瑞中国学生学者联谊会主办的第十二届“斯德哥尔摩中国学生学者春节联欢会”在卡罗林斯卡医学院礼堂上演。1000多名在瑞的中国学生学者、华侨华人、中资机构代表、瑞典友人、使馆工作人员欢聚一堂，共同欣赏这一场热闹、多元，兼具时代精神与浓郁中国情怀的春节晚会。10多年来，斯京春晚已成为广大旅瑞学生学者、华侨华人热烈期盼的年度欢聚，成为大家寄托和表达爱祖（籍）国爱家乡情怀的重要舞台。(中国驻瑞典大使馆官网 2020-01-19)

华大基因帮助瑞典建立国家万人级新冠病毒检测实验室

2020年4月6日下午，瑞典华人总会组织华人华侨代表瑞典华人总会名誉主席宗金波等前往斯德哥尔摩阿兰达机场欢迎华大基因工程师逆行者，他们分别是左亚军、李水琴、赵世杰、林天宇。工程师们将帮助瑞典建立国家万人级新冠病毒检测实验室，并将马上投入前期专机运抵的检测设备安装调试工作和测试人员的培训。华大智造工程师们不畏全球新冠肺炎疫情风险不远万里经历国内外多次转机终于到达瑞典斯德哥尔摩与瑞典卡罗工程师来瑞典为中瑞两国共同抗击疫情安装调试新冠病毒检测设备。此次是瑞典卡罗琳卡医学院与华大联手，将在瑞典首都斯德哥尔摩共建万人级别新冠检测多组学检测实验室。该实验室兼具病毒检测及科学研究两个用途，集荧光定量核酸检测、高通量测序、抗体三种方法于一体，装备华大高通量基因测序仪、自动化样本制备系统等，实现每日1万例核酸检测通量，同时全方位、多组学监测病毒变异。该项目运转后将可以达到每天10000—20000例新冠病毒样品检测，将大大帮助瑞典抗击新冠肺炎疫情。(瑞典华人总会官网 2020-04-06)

瑞典斯德哥尔摩华助中心发放爱心口罩

5月1日起，斯德哥尔摩华助中心发动瑞典重点侨团，向全体瑞典华人华侨发放爱心口罩。为感谢国内对口单位的支持，发放口罩行动的第一日“江西日”，以示真诚感谢江西海外联谊会对瑞典侨胞的支持；第二日命名为“上海日”，第三日命名为“海南日”，在发放现场，侨胞们纷纷竖起大拇指，心存感恩，向国内爱心部门与战斗在抗疫前线的侨领们表示衷心感谢。此次爱心口罩发放行动得到了瑞典青田同乡会（叶克雄会长）、瑞典华人工商联合会（王俞力会长）、瑞京华人协会（柳少惠会长）、北欧国际交流协会（季展有会长）、华商会（王永安会长）、青田警侨服务中心（夏海龙主任）、瑞中餐饮文化推广服务中心（周岳西主任）、国际佛光会斯德哥摩协会（胡宗南会长）、瑞典中欧国际文化商贸协会（双焱会长）、瑞典艺术家协会（朱瀛莹会长）、温州商会（吴俊博会长）斯京高尔夫俱乐部协会（张巧伟会长）、潮州同乡会（陈德忠会长）、瑞典高科技企业促进总署（季慧会长）等侨团的大力配合，侨界志愿者徐力、张少华、夏海栋、叶美芳、袁放生、张静，除欣亚、单振华、王建华、沈伟、梦阳、曾雨晨等热情服务，圆满赠送28000只口罩，瑞典华侨华人全员拿到口罩。5月24日，驻瑞典使馆会同中华海外联谊会向旅瑞侨胞发放包括防疫口罩和手套在内的“健康包”，桂从友大使出席发放仪式并同侨领和侨胞代表交流。斯德哥尔摩华助中心主任王建荣、华人总会执行主席叶沛群、工商联合总会会长王俞力、瑞京华人协会会长柳少惠、青田同乡会会长叶克雄、华商会会长王永安、北欧国际交流协会会长季展友、华人联合会秘书长尹畅、安徽科技商业协会秘书长曹化新等参加。(《北欧华人报》2020-05-02/24)

2020年度汉语水平考试在瑞典斯德哥尔摩举行

2020年11月21日，中国汉语水平考试（HSK）在瑞青中文学校校址南拉丁高中顺利举行。此次考试是在瑞典唯一开放的考点进行的，也是自 2019 年 HSK 重返斯德哥尔摩考区以来瑞青中文学校承办的第三次考试。此次汉考共设 6 个考场，为参加二级至六级考生提供了五个不同考试级别。在来自瑞典各城市考生希望在年底前获得汉语水平测试证书的强烈愿望的推动下，HSK 考试能够在疫情严峻形势下举行实属不易。此次汉考参考生中最大年龄为 69 岁，最小年龄为 14 岁。考生母语为瑞典语、法语、西班牙语、英语、波兰语和越南语。参加考试的有一半以上的考生是来自斯德哥尔摩以外的城市和地区。其中来自隆德中文学校的 9 名考生，另外还有来自斯德哥尔摩大学、斯德哥尔摩经济学院、乌普萨拉大学、隆德大学、林雪平大学，哥德堡大学等的大学生，以及已参加工作的许多考生，为了提高在职场中的竞争力，也选择了汉考来提高自己的汉语水平。此次考试也吸引了来自北欧其他地区的考生。（瑞典华人总会官网 2020-11-24）

净移民推动爱尔兰新住房建设

根据经济社会研究所（ESRI）的一项研究，未来 20 年爱尔兰每年需要建造 2.8 万套新房以人口增长的需求，如果移民人数高于预期，每年将需要多达 3.3 万套新住房。该项研究由住房、地方遗产和政府部门资助，基于对未来死亡率、生育率和移民趋势的假设，研究了可能的人口增长。ESRI 估计，爱尔兰每年净移民人数将达到 1.5 万人或更多，从 2016 年到 2040 年，爱尔兰人口将增加 92.6 万人，总人口将达到 566.5 万人。但如果净移民达到每年 3 万，那么到 2040 年人口将超过 600 万。如果在短期内每年 5000 人或更多，然后增加到 15000 人，那么人口就会稳定在 555.4 万人。根据预测，Dun Laoghaire、Rathdown、Meath、Kildare 和 Cork 等地方政府管辖地区的新房需求相对于其人口比例而言将是最高的，而 Mayo 和 Fingal 的需求将会较低。此外，分析发现东部和中部地区的人口增长最快，都柏林的人口比例最高。ESRI 和爱尔兰央行之前的估计都预测，每年大约需要 3 万套新房来满足需求。由于新冠肺炎疫情对建设的影响，政府预计 2020 年新建 1.6 万至 1.8 万套新房。（搜狐网 2020-12-15）

爱尔兰移民续签无需再提交护照

2020 年 12 月 2 日，位于都柏林 Burgh Quay 的爱尔兰移民注册办公室重新开放，仅对首次预约的人开放，因为需要录入指纹以及加盖入境章。首次登记的预约在办事处关闭时被取消，入境事务处派递服务将会直接与他们联络，安排新的预约。请访问：https://burghquayregistrationoffice.inis.gov.ie/ 获取更多关于 INIS 首次注册预约系统的信息。此外，自 2020 年 12 月 2 日起，在续签入境登记许可时，将不再需要提交护照，也不需要在护照上盖章了。此项规定适用于在都柏林的 Burgh Quay 注册办公室和在全国警察局的当地注册办公室进行的续签，包括网上续签。当然，如果移民近期更换了护照，还是需要前往注册办公室办理，并在入境许可上盖章。（爱尔兰移民局官网 2021-01-03）

全爱学联举办 2020 年度换届选举大会

11 月 28 日，全爱学联举办了 2020 年度换届选举工作。全爱学联全体成员以及各分学联负责人参加活动并参与投票。大会由第十四届全爱学联秘书长李雨辰主持，会议采用网络视频形式。首先第十四届全爱学联主席任一飞发言，他感谢中国驻爱使馆对学联工作一直以来的支持以及学联同学们的无私奉献，强调学联要坚持爱国、进步、民主、求实的精神，以维护祖国利益和保障在爱中国学生学者权益为宗旨，团结一致，更好地为大家服务。随后，3 名全爱学联主席候选人蔡云飞、杨莹莹、袁智浩依次作了竞选演说，并回答了选举委员会提出的问题。通过现场投票和计票，袁智浩同学当选为第十五届全爱学联主席。最后，使馆郑大伟老师作了发言，高度评价了全爱学联全心全意为在爱留学生服务的精神，肯定了第十四届学联干部的努力工作与付出，并对在疫情中分发健康包的学联同学和志愿者表示感谢，希望新一届全爱学联成员能团结全体在爱中国留学生互帮互助，遵守当地的规定，发扬优良传统，再创佳绩。（全爱学联官网 2020-11-30）

波中侨商联合会在华沙成立

2020 年 12 月 12 日，波中侨商联合会在波兰华沙长城饭店举行成立暨就职庆典仪式。中国驻波兰大使馆赵洋参赞、领事部主任王占杰、浙江省侨联副主席张维仁、瑞安市侨联主席叶应东、波兰前副总理兼经济部长 JANUSZ PIECHOCIŃSKI 以及波兰各社团侨领代表近 60 人出席了视频会议。会议由波中侨商联合会秘书长钟林主持。杨山毅当选波中侨商联合会首任会长。波中侨商联合会经过一年多的筹备工作，得到旅波广大华商支持，侨商会成立后将努力打造 3 个平台，即信息平台、服务平台和交流平台。该会是由在波兰投资、经商、创业的华侨华人、华商企业、本地企业和其他经济组织及个人自愿组成的非营利性民间团体。侨商会的宗旨是“诚信为本、爱心为源、交流共享、合作共赢”，引导会员爱国爱乡，遵守当地法律法规和政策，积极融入当地社会，维护会员的正当权益，建立商务平台，发挥桥梁和纽带作用，促进中波贸易关系的发展和企业间的交流，努力提升华人在当地社会的整体形象和社会影响力。（波兰华人资讯网 2020-12-15）

波兰华侨华人募集捐款支援中国抗疫

武汉疫情暴发后，波兰华人华侨各社团和商会分成几组积极募捐，查找合格医用货源，及时公布各侨团募捐联络方式想方设法筹集医用物资（包括医用口罩、防护帽、防护服、防护眼镜等）后，集中各联络点募集的资金，统一采购。由专人负责办理货物的离境手续，通过中国国航等单位将物资以最快速度发往国内，转交中国侨联、湖北省红十字会、湖北省慈善总会等相关单位。据不完全统计，截至 1 月 27 日，募捐情况：波兰浙江商会：28000zl；波兰福建商会：20000zl；波兰青田同乡会：20000zl；波兰瑞安同乡会：20000zl；波兰妇女联合会：20000zl；波兰广西总商会：20000zl；波兰中国北方商会：20000zl；波兰华人青年联合会：20000zl；波兰华人慈善基金会：20000zl；波兰中国和平统一促进会：20000zl。（1zl = 1.80 元）以及大量的个人捐赠。（波兰华人资讯 2020-01-27）

侨情概览

南欧东欧侨情

中国驻意大使李军华元宵节走访华社慰问侨胞

2月8日，适逢中国传统节日元宵节之际，中国驻意大利大使李军华夫妇、参赞吴冬梅、领事部主任张爱山、领事王征等走访罗马华侨华人主要聚集地之一维多利奥地区（Vittorio），对由侨胞经营的旅游、餐饮及零售业企业受新冠疫情影响作深入了解。疫情暴发后，旅游业首当其冲受到了波及。李军华鼓励欧洲2000旅行社全体人员，“在这特殊时刻，共克时艰，与中国奋战在一线的医务工作者一道尽快战胜突如其来的疫情”。李军华一行还走访了凯悦大酒店、经营亚洲食品的太平洋超市。李军华表示，中国饮食文化在中华文明里占有很大比重，疫情发生后，饮食行业是受到冲击的行业之一，但是困难是暂时的，通过大家共同努力一定能够共渡难关。（《欧洲时报》2020-02-09）

意大利组织专机运送医用物资支持中国抗疫

2月15日，意大利首架援助中国抗击新冠疫情的医用物资专机在南部城市布林迪西机场起飞前往中国。这是新冠肺炎疫情暴发后，意大利政府首次组织专机运送医用物资援助中国。中国驻意大利大使李军华在物资起运现场表示，两天前意大利总统马塔雷拉举办了特别音乐会声援中国人民抗击疫情，今天意大利政府组织专机把捐助的医用物资运往中国，他们在用实际行动支持中国人民抗击疫情。意大利外交部发展合作司副司长科拉米内介绍说，这批医用物资主要是中国抗击疫情一线的医护人员急需的口罩和防护服，由意大利政府和华人华侨共同筹集，并由意方组织货机在联合国机构配合下进行转运，可以说是通过国际合作共同对抗疫情的典范。据了解，这批医疗物资的转运工作由设在布林迪西的联合国人道主义应急仓库承担。该设施负责人劳利恩佐强调当前的首要任务就是一起行动，共同抗击疫情。（中央广电总台国际在线 2020-02-17）

“爱心分享无人公益站”华人暖心活动继续接力

近日，在意大利北部城市米兰，属于疫情红区的伦巴第大区首府，一场传递温暖的“爱心分享无人公益站”活动正在开展。这是由意大利微视传媒发起的爱心公益活动。以免费发放一次性医用口罩、自愿分享医疗物品的形式传递抗疫信心，旨在意大利新冠肺炎疫情期间，帮助无法购买到口罩等医疗物资的市民，让有需要的人能够获得及时的帮助。意大利微视传媒爱心分享无人公益站，是由意大利微视传媒发起的，由 StudioDentistico 牙医诊所支持，MuCorsoComo港式小吃店、MuDimsum餐厅、思源中国兰州牛肉面及万顺面馆共同支持的公益活动。他们都是坚守在米兰的华人华商。爱心无人分享站一共四个站点，以无人站点、自愿分享、物资传递、爱心接力的方式鼓励市民分享并领取必需的医疗物资。在每个站点，免费发放无菌小信封，信封中装有2个一次性口罩。活动受到了广泛关注，意大利当地媒体也报道了此事。分享站用中意双语向大家传递积极抗疫的能量，这让很多意大利市民纷纷对中国力量点赞，加之3月12日中国派出的驰援意大利医疗专家和31吨医疗物资飞抵意大利罗马，让中国与意大利的友谊更加坚不可摧。（微视意大利 2020-03-14）

留学意大利学子由焦虑到有信心

中国留学生对疫情的反应主要分两类。一类是储备好防疫物资及食物，安心在家隔离。这一类留学生大多是租住条件适合隔离、心态比较平稳的学生。另一类是已有回国计划或期待早日回国。这一部分留学生有的是因为租住条件不适合很好地隔离；有的则是留学生自己或者其家人对意大利的现状比较担心，觉得不安全，所以想要回国。一名选择留在意大利的留学生表示，“一方面是意大利政府对疫情很重视，也制定了相关防疫措施，同时又有中国医疗队的支援，我相信一切都会好起来的。另一方面是在意大利居家隔离，并不会影响我的学业安排”。(《人民日报》海外版 2020-03-26)

中华海外联谊会为侨胞捐抗疫物资

近日，意大利疫情有所放缓，新增确诊病例和死亡病例都呈下降趋势，但仍需保持警惕，注意个人防护。由中华海外联谊会捐赠的口罩20万个、额温枪2000只、手套10万双，已经顺利运抵米兰，充分体现了中华海外联谊会对海外侨胞的关心和重视。根据中华海外联谊会和米兰总领事馆的意见，由米兰华侨华人工商会统筹协调，已把这批抗疫物资全部分发到米兰领区的43个侨团和部分未有侨团的城市，尽可能满足一些至今防疫物资仍然比较紧缺的侨胞。([意大利]《新欧洲侨报》2020-04-29)

意大利侨胞捐赠爱心包裹收到“感谢信”

日前，一些意大利华侨华人给当地人赠送爱心包裹，帮助他们抗击疫情，收到了邻居们的“感谢信”。意大利侨胞戴志广表示，他已通过朋友购买了2万多只口罩，并陆续分给了社区里的邻居。然而这个数量还远远不够，目前他仍在寻求中国国内的亲戚和朋友们的帮助，向意大利邮寄口罩等防疫物资，支持当地的防疫抗疫工作。“中国和意大利为应对新冠肺炎的威胁已经展开了更为紧密的合作，医疗工作者们也不辞辛苦，不顾个人安危地奋战在抗疫第一线。我们每一个社会个体也应当肩负起抗疫的重要责任，尽可能留在家中，不辜负白衣天使们所付出的血与泪。我们坚信一切都会好起来，我们已经准备好迎接美好的春天了。”戴志广感慨道。(《欧洲时报》意大利版微信公众号“意烩”2020-03-25)

意大利“大赦”50万黑工有望拿到居留

意大利有关大赦(非法劳工合法化)的“最后一公里”矛盾已经解决。5月10日，意高层各党派就当前最紧要的非法移民合法化问题终于达成妥协——原则上同意从事农业工作的非法移民合法化，并颁发6个月有效期的居留。没有居留许可的农民工获得6个月的居留后，需要签订工作合同，到期之后可以续居留。政府预计这将涉及多达50万名非法移民。大赦之说由来已久，突如其来的疫情将其中断。但也正是这场疫情，让意大利迫切意识到农民工的重要性。据不完全统计，意大利的非法移民约有100万—150万人，如果届时其中50万人拿到居留，意味着三分之一甚至二分之一的非法移民从此“转黑为白”。推动此次合法化的是意大利农业部长Teresa和意大利南部发展负责人Peppe。相关议案一度受阻，爆发激辩，最终在五星党的协调下定案。([意大利]《新欧洲侨报》2020-05-12)

米兰复工华商有序开业

5月18日，米兰开始逐步复工，根据意大利前几天的民意预测的数据，当天应该有60%的商家按政府指令复工。在米兰华人集中的街区，华商店家开业率不少于60%，有的行业如快时尚店(PRONTO MODA)和皮包批发行业开业率达到90%。五金、百货和首饰批发行业开业率比较低，不到一半。华人的风味小吃店比较活跃，与各家食品货行一样，连日来一直在营业。其他多家餐馆都在清理整顿，准备以新的姿态迎接宾客。与中国街的华商比起来，郊外GIRASOLE商城的华商批发店开业率更高。伦巴第大区商业统计数据显示，在疫情的封足期间，有近3000家新公司注册开业，他们活跃在网购、防疫物资及其他科技领域。([意大利]《新欧洲侨报》2020-05-20)

意大利华商：复工似乎并不是“最佳选择”

在欧洲新冠肺炎疫情趋缓的背景下，多国逐步解禁防控措施，努力实现复工复产。意大利于5月4日进入“解封第二阶段”，但是对当地华商来说，复工似乎并不是一个“最佳选择”。对于在罗马做服装贸易的华商而言，复工是一个难以选择的问题。对于从事服装贸易的华商而言，疫情暴发以来几个季度货品的囤积、高昂的经营成本，以及复工之后将失去政府补助的政策，导致企业在复工之后如果无法达到足够的盈利，将仍然处于亏损状态。因此有的华商正在考虑利用“互联网 +”的平台，通过发展微商与原创设计，与淘宝、抖音等电商、直播平台合作，开发应用程序展示商品详情，以及回国再创业等多种渠道，实现后疫情时代华人企业的转型升级。复工也是一个颇具风险的举动。疫情之下，餐饮业正在面临史无前例的大萧条，餐饮也是华商的重要产业之一。一家大型餐馆通常需要几十万或上百万欧元，复工经营需承受无法预测的亏损，且随时具有引爆群聚感染的风险。7 月 20 日，利古里亚大区卫生部门通报，萨沃纳市华商经营的一家日式餐馆发生聚集性感染，追踪确诊病例达 50 余人。（欧洲时报网 2020-07-22）

意大利普拉托移民企业占总数超三成　华商企业最多

根据意大利普拉托市商会发布的统计资料，截至 2019 年，普拉托移民企业数量已达到了全市企业总量的 30% 以上。华商企业在移民企业中表现尤为突出，并已走出纺织品单一产业向多元化发展。统计显示，截至 2019 年 12 月 31 日，普拉托全市注册企业为 28470 家，移民企业数量为 9554 家，占全市企业总数的 33.6%，较上一年度同比增长 3.3%。在 2019 年注册的新企业中，其中 1503 家为外国移民企业，占新注册企业总数的 54%。在普拉托商会注册的外国移民企业中，女性业主占 36.7%，其中意大利女性占 29.4%，华商女性占 44.3%，约为 2912 人。普拉托华商企业总数为 6263 家，占比 22%，较上一年度同比增长 3.9%。华商企业 829 家为股份制企业，此类企业同比增长 15.8%。普拉托华商企业多以制造业为主，从业企业为 4688 家，占同业总数的 58.2%。此外，华商从事服装产业的企业 3807 家，约占同业总数的 88.4%；从事纺织业的华商企业为 419 家，约占同业总数的 22.1%。2019 年，普拉托从事餐饮和酒店业华商企业已达 269 家，约占同业总数的 21.1%，较上一年度同比增幅为 17%；此外，华商在房地产行业和服务行业的企业数量也都有所增长，增幅分别为 14.1% 和 16.5%。（中国侨网 2020-07-28）

意大利 94% 华人因疫情不愿送子女上学　政府指违法

根据意大利国家报（La Nazione）9 月 8 日发布的一项社交媒体民调结果显示，生活在意大利的华侨华人有高达 94% 的适龄学生家长，对新冠肺炎疫情具有恐惧心理，以致新学年不愿意或不打算送子女去上学。针对疫情期间华人适龄学生家长对子女返回学校的观点，普拉托市政府透过媒体指出，意大利 6 岁至 16 岁的适龄学生接受义务教育是宪法赋予的权利，家长送子女上学不仅是义务，更是必须履行的责任。家长阻挠适龄学生接受义务教育，不仅会受到法律制裁，甚至具有被剥夺子女抚养权及监护权风险。（欧联网 2020-09-09）

中国驻米兰总领馆出版友谊故事文集庆中意建交 50 周年

在 11 月 6 日中意建交 50 周年纪念日前夕，由中国驻米兰总领馆组织编纂的中意建交 50 周年纪念文集意文版《友谊的故事——庆祝中意建交 50 周年》（*Una Storia di Amicizia—Celebrazione dei 50 Annidi Relazioni diplomatiche Cina-Italia*）正式在意大利公开出版发行。《友谊的故事——庆祝中意建交 50 周年》从不同角度讴歌了中意友好关系的发展历程，以及中意两国在各个领域不断密切合作所取得的巨大成就，受到了意大利主流社会的广泛关注和高度赞誉。（欧联网 2020-11-07）

展华中文学校深入社区介绍中国春节习俗

2020 鼠年到来之际，巴塞罗那展华中文学校应巴塞罗那九区政府邀请，与九区商家协会、西班牙多彩阳光交流协会共同主办九区春节系列活动，促进该区多元文化发展、交流。1 月 17 日，“了解中国春节、学习中国画”活动在九区活动中心举办。展画中文学校的于静老师带着自备中国画工具，给活动中心的老人们上了一堂生动的中国画课。1 月 24 日，由九区商家协会、展文中文学校、西班牙多彩阳光文化交流协会主办，友行传媒支持的“用加泰语讲春节故事”活动在九区图书馆演出大厅举办。活动结束后，九区政府文化协调员 Bego.a 女士感谢展华中文学校及多彩阳光交流协会对九区多元文化活动的大力支持，表示会将活动相片刊登在政府官方网站上，同时也感谢友行传媒为现场的每一个小朋友送上的小灯笼。九区活动中心和九区图书馆负责人表示，展华中文学校带来的中国文化非常精彩，愿意在自己辖区内进行宣传，鼓励当地人学习中国文化。（[西班牙]《欧华报》2020-02-05）

三个华人协会拉开回捐西国序幕

为彰显侨胞“风雨同舟、祸福与共”的友善胸怀，西班牙温州同乡会与华侨华人协会，青田同乡会一起决定首先向FUENLABRADA市发起回捐活动，首次16000个口罩在3月12日被三个协会的会长陈建新、叶国平、李欣瑜、黄胜华四人运送给市政府。因是第一批华人族群捐助医疗物资以缓解当地医院医疗物资紧缺的囧境，该次回捐活动得到了FUENLABRADA市长的高度重视与评价。市长哈维约同当地医院院长GEMA一起接收了这批口罩，并与大家合影留念。还情真意切地表示在疫情结束后，一定会以书面感谢信的方式在媒体宣扬华人族群的善举！西班牙新冠肺炎病例日渐增加是残酷的现实。希望有更多的华人社团与个体能行动起来，持续回捐西班牙社会，为侨胞在西的可持续发展作一些未雨绸缪的铺垫！（[西班牙]《欧华报》2020-03-13）

留学西班牙学子需要防疫物资和心理援助

加泰罗尼亚理工大学的中国留学生中，疫情暴发后回国的学生约占5%，大多数仍留在学校。疫情升级，学子们难免会有恐慌情绪。对年龄较小的本科生来说，压力尤大，家里人也十分担心他们。随着疫情的发展，在学生会群里，学生关注的话题从要不要囤货、要不要自主停课到纠结要不要回国。“现在大家的情绪在慢慢稳定。”卢赫说，“学生会下一步的工作重点是万一有中国留学生不幸感染新冠肺炎，如果需要医疗援助，学生会将安排工作人员帮助其联络医院。尤其是对于刚到西班牙不久的学生，其语言交流不是很顺畅，会协助其同医院联系，与医生进行交流，使其可以得到最合适的治疗。”同时，中国驻西班牙大使馆教育组组织了西班牙各地区的医疗志愿小组，志愿者多数为在西班牙读医学的学生。“比如有中国学子发烧，志愿者会提供一些建议，相当于线上小医生。”卢赫说，“但中国留学生还是面临防疫物资不足的状况以及需要必要的心理援助。”（《人民日报海外版》2020-03-26）

海外侨团“结对子”帮助留守中国留学生

3月30日，西班牙实行新的“封城”措施，规定从3月30日至4月9日，所有非核心产业工作人员必须留在家中，不得外出工作。为了帮助留守当地留学生和侨胞，西班牙多家侨团联合成立了“守望相助、保安华人”志愿者队伍，统筹规划防疫物资的分配和使用，对侨胞群体进行安抚、引导和宣传工作，对有特殊困难的华侨华人开展精准帮扶。驻西班牙大使馆也积极协调侨团帮助留守当地的留学生。在持续收到当地留学生和老师缺少防护用品的求助后，驻西班牙大使馆告知当地侨团。紧接着，由瓦伦西亚侨团“西班牙工商业联合会”支援的5000个口罩，便寄送到缺少防护物资的留学生和汉语教师手中。（中国侨网2020-04-08）

“数字抗疫经”丰富海外侨胞抗疫生活

近几个月来，中国和西班牙之间建立了一条现代化的“丝绸之路”，道路上流通的不仅仅是医疗设备，还有一群志愿者，他们建立了一个数字“联盟”，借此促进了30个国家与地区1000多名医生之间的信息交流。数字“联盟”的形式很简单，就是在中国最受欢迎的社交平台微信上建立一个微信群，目前该群已聚集了约150名翻译人员及50名中国专业卫生人员，他们通过互联网公开提供无私的合作。该微信群的发起人当中有几位年轻女士，她们有的是从小随父母来到西班牙的二代移民，有的是大学交流项目的留学生。经过多年学习，她们已成为国际咨询或者贸易方面的专业人士。他们还组织来自武汉、北京和其他中国城市的一线抗疫专家召开在线研讨会，探讨与新冠肺炎疫情有关的各种问题，包括药物治疗、预防方法及如何逐步解除禁令并过渡到正常状态。（欧洲时报网2020-04-29）

西班牙疫情期间外国公民签证、居留有效期自动延长

根据西班牙卫生部通知，受新冠肺炎疫情影响的在西外国公民签证、居留有效期自动延

长，无须申请。具体规定如下：一、持停留期不超过90天签证入境西班牙的外国公民，如在“警戒”期间签证到期，停留期自签证到期之日起自动延长90天。仅在西班牙境内有效。二、持停留期180天学生签证入境西班牙的外国公民，如在“警戒”期间签证到期，停留期自“警戒”解除之日起自动延长3个月。三、外国公民在西居留证件，如在2020年3月14日西政府实施“警戒”状态前90天至“警戒”期间过期，居留有效期自“警戒”解除之日起自动延长6个月。持有人可在新的有效期截止前或之后的90天内，向西移民部门申请居留更新、延长或变更。四，持有西班牙居留但目前不在西境内的外国公民，其居留证件有效期同样适用上述政策。此类人员可在其居留证件新的有效期截止前，凭有效国际旅行证件和该居留返西。（星岛环球网2020-05-22）

巴塞罗那仓库区华商逐渐复工

近日，大半个西班牙进入“阶段1”，巴塞罗那的一些街边小店铺逐渐开门，华人经营的百元店等商家也能通过先预约后购物，经过两个多月的停业，逐渐打开门做生意。开着门的店铺门口都摆放了酒精消毒液和一次性手套，店内工作人员和客人大部分戴了口罩，自觉保持了一定的距离。在“阶段0”里，不超过400平方米的商业设施，在严格的规范要求下可以开始营业。目前政府对卫生消毒等要求很高，对不同行业也有不同的具体要求。在华人集中经营的仓库批发区，店铺基本超过了400平方米，目前大部分都还关着门，一部分半开着门在内部做整理和打扫工作，有零星几家店铺是开门营业的状态。相比较前一两个月完全空无一人一车的情况，目前已经能明显感受到仓库区人气回升，商家们循序渐进着手开始准备营业。位于仓库区的得意超市实体店已经开门营业，疫情期间，他们给巴塞罗那市区和近郊上千户华人家庭提供了送货上门服务。（西班牙欧浪网微信公众号2020-05-18）

抗击疫情希腊华侨华人在行动

希腊侨界时刻关注疫情，用实际行动支援抗击疫情。他们通过微信公众号、侨团商会联系群、微信联谊群等网络平台发布倡议书，在希腊侨界开展捐赠活动。希腊中国和平统一促进会、中国—希腊投资者联合会、希腊华侨华人总商会、希腊华人华侨福建联合总会、希腊华侨华人总会、希腊青田同乡会、中希工商总会、希腊中希友好华侨华人协会、希腊闽商总商会、希腊华侨华人妇女会、希腊华人华侨联合总会、希腊华人旅游业联合会、雅典中文学校……一封封为抗击新型肺炎捐赠款物倡议书从不同的侨团、机构发起。一笔笔款项、一件件物资满载着希腊华侨华人对祖国人民的祝福和对抗击疫情的决心。希腊侨界还在各微信群、朋友圈发起各类倡议，尽己所能，捐款捐物，寻找紧缺物资货源，共同抗击疫情。（［希腊］《中希时报》2020-01-30）

疫情下希腊移民政策有变

希腊国会10月11日正式通过国籍法修订案。新国籍法规定，希腊移民申请入籍必须符合以下条件：申请人必须年满18周岁；申请人在提出入籍申请的前10年中，没有受到过超过6个月的入狱监禁刑罚；申请人不得有违反移民法或被递解出境的记录；申请人必须在提出入籍申请前已在希腊生活7年以上；申请人必须持有希腊的5年长期居留；申请人必须能说流利的希腊语；申请人须在经济和社会生活方面良好地融入希腊环境。此外新国籍法还规定了一些申请入籍参考条件，申请人需了解希腊历史；从事一定的职业或经济活动，与希腊公民共同参与慈善和社会活动；与希腊公民具有家庭关系；履行纳税人义务；在希腊拥有不动产；能够积极参与希腊的政治生活等。（中国侨网2020-10-16）

匈牙利近600名当地医师开设中医诊所

从2010年起，匈牙利塞梅尔维斯大学就与黑龙江中医药大学合作培养中医人才，2017年两校开始共建中国—中东欧中医药中心（匈牙利），多年来为匈牙利培养了一大批本土的中医人才，为在匈牙利推广和传播中医药文化发挥了独特作用。匈牙利目前约有3万名西医，其中3000多人经过了针灸培训，有近600名匈牙利医师开设了自己的中医诊所。匈牙利政府向塞梅尔维斯大学投资59亿福林

（约合人民币1.3亿元），用于加强该校的传统中医药学科研究，同时支持中国—中东欧中医药中心的建设。从建立第一家符合欧盟标准的中药厂到欧盟内第一个为中医药立法，从建立欧洲第一所中医特色的孔子学院到成立中东欧地区第一家中医药中心，匈牙利的中医药发展一直走在欧洲前列。（中评网 2020-07-22）

俄罗斯侨情

俄罗斯中国总商会倡议并组织向国内捐赠抗疫物资

1月25日，俄罗斯中国总商会获悉疫区医疗物资紧缺后，在中国驻俄大使馆的支持下发出倡议，鼓励所有会员单位、驻俄中资企业及华人华侨踊跃为疫区捐赠医疗物资，共同为防治和抗疫出一分力。倡议得到了总商会会员单位、华人华侨、留学生的积极响应。格林伍德国际贸易中心、中国国际航空、海南航空、中国建设银行、申通物流、柳工机械等部分骨干企业抽调力量，腾出现有仓库，协调航空舱位和运力，动用一切资源筹备口罩、护目镜、防护服等医疗物资和钱款。凌晨4点，来自喀山的钟先生带着当地华侨华人爱心捐赠的55箱口罩驱车13个多小时赶到俄罗斯中国总商会，为了不打搅已经连续奋战10余天的总商会工作人员休息，他在严寒中一直等到天亮。中诚通国际投资有限公司的员工积极响应总商会的倡议，放弃春节休息，打包、贴运单、装车、卸车、托运，近千件重达6吨的医疗物资运抵机场后，靠着人背肩扛的方式一箱一箱交付航空公司，发往疫情防控一线。一位年迈的旅俄少数民族华侨虽然行动不便，但还是在周边药店购买了数千口罩亲自转交总商会工作人员。截至2月7日，俄罗斯中国总商会已将筹集到的近14吨、共约346.5万件的医疗物资在第一时间运送到抗疫最前线，确保每一笔捐赠都在抗击病毒中发挥实效。（俄罗斯经济评论 2020-02-13）

莫斯科华侨华人联合会向重庆发出医用物资抗击疫情

莫斯科华侨华人联合会向中国重庆发出首批由在俄华侨华人捐赠的医用防护物资，支援当地抗击新冠病毒。莫斯科华侨华人联合会于1月26日向在俄华侨华人发出倡议书，呼吁向中国捐款、捐物。截至1月30日，共收捐款543566卢布（约合人民币5.9万元）。联合会用这笔捐款购买了3M口罩（FFP2型）8640个、防护服255套。这批物资于2月1日被送上飞机，由重庆市红十字会派人在机场接收。募捐活动获得了在俄华侨华人的积极响应，目前依然有捐款不断汇入。联合会此后将继续向疫区发送物资。（中新网 2020-02-01）

中石油驻俄企业筹集140万只口罩运抵北京

2月12日，由中油国际俄罗斯公司、中技开驻俄办事处分别采购的1.5万只、40万只一次性医用口罩运抵北京。同时，华油集团华铭公司2月11日采购的100万只一次性医用口罩也将分两批次运送回国。1月底以来，俄罗斯地区所属中国石油企业通过客户资源，及时落实防疫物资，约140万只医用口罩将于近期陆续运往国内。（中新网 2020-02-18）

两名留学生贩卖假冒口罩牟取暴利

在抗疫斗争的关键时刻，俄罗斯有个别人竟然发起了国难财。凤凰卫视驻俄罗斯记者卢雨光在社交网站上发表文章，揭示了图财害命的两名中国留学生的丑闻。一男一女两名中国留学生合伙以工业防尘服和口罩冒充医用防疫专用品进行贩卖。他们通过组建医用用品群拉国内的政府、公司、红十字会、侨民等成为群内成员，然后在群内发布兜售伪医用用品。据不完全统计，至少有3起假合同与这两名留学生有关，两名贩卖者的口罩竟然有三分之二是假货，根本不是可以防飞沫的医疗口罩，而只是普通的防尘口罩。有一些俄罗斯人专门从事这种医疗物资的倒买倒卖生意，他们把防尘服当作医疗用的防护服卖给中国留学生，然后中国留学生再倒卖给华商，华商继而倒卖回国内。一些华商物流也从中渔利，用捐赠爱心物资的名义免费发货，而反过来又对发货人索要运费。出厂价只有一二百卢布的工业防尘服经过层层加价，到达国内时便成了身价暴涨的“废品”。相关受害者已经向俄罗斯警方报案，警方表示案件正在调查中。(俄罗斯经济评论 2020-02-16)

海外中国留学生需做好自我保护

近日，一名16岁中国女留学生在莫斯科的学校宿舍内被发现死亡，该事件引发广泛关注。目前，当地警方正在对其死亡原因进行调查。随着中国赴俄罗斯留学的学生数量呈逐年增长态势，如何保证留学生的人身安全，再次成为关注焦点。这并非是中国留学生在俄罗斯发生的首例死亡事件。2016年12月，1名正在圣彼得堡国立财经大学就读的中国留学生在市中心涅瓦大街的一栋居民楼内被发现死亡，死因至今不明。2017年11月，曾有1名中国女留学生在圣彼得堡一处居民楼中被发现死亡。2019年3月，1名中国留学生在俄罗斯沃洛科拉姆斯克高速公路上遭到4名身份不明者的抢劫和殴打，被抢走装有近人民币3万元现金的书包。这些沉痛的事件提醒着留学生群体及其家长要高度重视留学安全。而对于海外的学联组织来说，帮助留学生提高安全意识，正视可能存在的安全隐患和隐性心理问题也十分必要。类似事件的发生也受到了俄罗斯警方的高度关注，并加强了针对相关犯罪活动的打击力度。在一些俄罗斯高校，设有专门机构，以供留学生遇到意外时紧急联系。(《人民日报海外版》2020-01-03)

在俄中国留学生成立国际援助群

青草国际援助群是一个由在俄罗斯的中国留学生黄文琪及其弟弟黄俊峰发起、旨在援助抗击疫情的爱心团队，其成员既有正在读书的学生，也有在俄罗斯的工作人员。目前，青草国际援助成员已从最初的两个人发展到目前的396人。1月25日，黄文琪及其弟弟黄俊峰发起口罩募捐活动。此后，正赶上俄罗斯开学季，中国留学生们只得压缩休息时间，有人凌晨两三点还在对账，有人通宵和国内对接，有人凌晨还在仓库里约厂商看货。青草国际援助已捐出医用一次性口罩、N95口罩等，对接的医院有湖北省远安县中医医院、湖北省广水市第一人民医院等。(《人民日报》海外版 2020-02-28)

疫情下圣彼得堡中国留学生的学习、生活和心态

面对疫情，在圣彼得堡的中国留学生们愈加关注全球疫情发展的情况。已返校的中国留学生都很注重自我防护，也积极遵守学校及俄方规定，做到入境之后自觉隔离14天的规定。留学生对疫情始终保持着“淡定”的心态。他们认为，现在在俄的中国留学生学习和生活状况与以往没有多大差别，只不过疫情下大家外出、参加社交活动少了。圣彼得堡中国留学生会在中国驻圣彼得堡总领馆教育组的指导下，迅速成立了“冠状病毒抗击小组”，帮助在各个学校的同学解决相应问题。为帮助学生顺利返俄，学生会以最快速度联系海航、俄航、芬航、乌拉尔航空等10多家航空公司，并发布确切航班信息，供大家参看。学生会还联系列大、加工、师大等20多所高校外办，咨询关于“中国留学生返俄注意事项”等热点问题。同时，学生会还帮助无法按时返俄学生尽快联系各个学校外办，做到无法按时返校学生与学校及时沟通情况。(《俄罗斯龙报》2020-03-11)

滞留俄罗斯87名中国公民从黑河入境

疫情期间，中国黑河市政府与俄罗斯阿穆尔州政府达成临时通关共识，自3月30日0时起，将临时限制通过公路、铁路、步行、水上和综合性口岸方式过境俄罗斯边界，导致部分中国公民滞留当地。得知这一情况后，黑河市委市政府与俄罗斯阿穆尔州政府沟通，双方确定了继续开通旅检客运临时通道。4月1日，在俄罗斯留学、务工、探亲、经商的87名中国公民通过布拉戈维申斯克—黑河口岸开通的临时旅客通道回国。黑龙江黑河当地出动车辆，统一将入境人员从黑河口岸旅检大厅隔离通道直接送至隔离点，严防境外疫情输入。(《俄罗斯龙报》2020-04-02)

俄华侨群体抗疫形势依然严峻

莫斯科最大的两个市场“柳布林诺”和“萨达沃”是个体华商的聚集区。该市场内有至少4—6座宿舍式宾馆，是部分华商长期居住的地方。在这些封闭和带有公共厨房的地方，成了俄罗斯华人疫情暴发的源头。疫情暴发后，俄相关部门对这几座宾馆进行清场引起市场华商的不

满情绪："俄罗斯不让我们待了""宾馆暴发疫情了""这个病（新冠肺炎）得了就得死了""快逃回国吧"。这样的谣言大多数是被清场并想回家的人散布的，也正因为这一波悲观情绪的带动，形成了经远东取道过关的"回国潮"。在中国人群体中暴发疫情后，大使馆方面作出了积极应对，从国内请来了医疗专家组，给在莫斯科的中国人送去了防疫物资，并给被隔离人员做远程防疫指导；在莫斯科有许多热心的中医组成了多个微信群，专门帮助需要救治的同胞。但在民宅中居住的中国人因较为分散，使馆无法集中帮助，致使他们显得无助。除了莫斯科，俄罗斯其他城市也有类似的市场，同样有市场内群居的中国人。4 月 6 日，乌苏里斯克中国大市场被当地政府关闭，330 名中国人被勒令隔离在市场内不同的宾馆里。在远东地区，种植蔬菜和采伐木材的工人密集居住在简陋的宿舍中。另外，在俄罗斯滞留的很多中国留学生分散在各大城市的大学里，宿舍的公用厨房成为影响中国留学生生命健康的极大隐患。（俄罗斯经济评论 2020-04-24）

浙江乐清母子在俄"战疫"

为了支援俄罗斯政府抗击疫情，浙江乐清籍侨商周月敏和就读莫斯科大学研究生的大儿子余炳乐为当地留学生、孤寡老人及特殊群体捐赠防疫物资。余炳乐出资购买的 2300 个圆柱形蛋糕、1000 包荞麦等食品委托当地政府专员赠送给俄罗斯当地孤寡老人、残疾人、孤儿及多子家庭，让他们在最艰难的时候，收到来自中国乐清商人的关爱。此前，余炳乐还为莫斯科华商发去 1000 套防护服，并向学校发去口罩、体温计等防疫物资。4 月下旬，周月敏收到了来自俄罗斯政府工作人员的一封感谢信，"感谢你们给我们送来了防疫物资和食品""非常感谢，你们的付出，我们永远铭记在心"。（中新网 2020-04-24）

旅俄中医专家团为侨胞线上义诊

俄罗斯新冠肺炎疫情日趋严峻，更有一些同胞不幸被感染。3 月 14 日，李云海联合多位俄罗斯中医医生，发起成立了俄罗斯中医抗疫专家团队，通过微信线上问诊指导侨胞预防、治疗新冠肺炎。专家团成立之初，主要成员自发建立了一个微信群，当时仅十几人。随着疫情形势发展，中医群已扩大到好几个微信群。截至发稿，"俄罗斯新冠肺炎中医防治专家团" 20 多位中医大夫在线上为当地华侨华人免费提供各类健康咨询、心理疏导已超千人次，治疗已确诊病例 50 余人次，辅助治疗疑似病例 200 余人次，重症转轻症 10 余例，治愈 20 余人次。据李云海介绍，咨询他的侨胞大多出现了发烧、嗓子疼等类似新冠肺炎症状，不少人因为身体不适而焦虑紧张，心理压力很大。对此，中医大夫们在指导病人进行对症治疗之外，还需帮助他们减少恐慌情绪。（《俄罗斯龙报》2020-05-11）

符拉迪沃斯托克领区内留学生和华商情绪平稳

5 月 21 日，中国驻符拉迪沃斯托克总领馆领区已基本没有中国公民从俄其他地区前往滨海边疆区尝试经绥芬河口岸回国。领区内留学生、华商情绪平稳。截至信息发布，在俄中国公民大概有 16 万人，包括个体商户、留学生、中资企业和机构人员等。在远东地区的中国公民总数约为 13400 余人。还留在符拉迪沃斯托克总领馆领区的中国公民大约有 6730 多人，平时有中国留学生 2500 人左右，截至 5 月，还有在校留学生 447 人。另外，远东联邦大学孔子学院还有 21 名中方教师。有 1 名在萨哈林州工作的中国公民于 3 月下旬确诊感染新冠病毒，他是 3 月初从国内经莫斯科来到萨哈林州，感染源不明，这名患者已于 4 月初痊愈出院。（中新网 2020-05-21）

在俄中国律所出版"疫后法律指南"

6 月，由莫斯科德和衡律师事务所刊印发布了《在俄罗斯遇难题你可以获得律师帮助——100 个日常 + 20 个疫后法律问答》。该书一共分为 11 篇、120 个问答。第一部分内容为 10 篇，包括入境篇、交通篇、居住篇、旅游篇、留学篇、工作篇、经营篇、司法保护篇、领事保护篇和离境篇。问答的内容不仅适用于在俄罗斯长期生活和工作的华侨华人、华商，留学生和中资中企，也适用于短期到俄罗斯旅行、进行商务活动的中国人。第二部分为新冠肺炎疫情特别篇，介绍俄罗斯在疫情期间出台的一些法令和政策，以及疫情给各个领域带来的不同程度影响。该书编写的信息来源截至 2020 年 5 月，内容具有一定

时效性。（俄罗斯卫星通讯社 2020-06-15）

在俄罗斯华侨华人子女学习中文是刚需

一些华侨子女在俄罗斯出生长大，他们对汉语的学习是一种刚需。重视汉语教育的家长一般会要求子女每周去中文学校补习约 4 个小时。家长们不希望子女的中文学习只停滞在口语交流上，而是必须能读能写。在中文学校里，孩子们从拼音学起，到能读写生词、组词造句、写小文章，虽然缓慢但颇有进展。家长们会创造各种机会让子女学习汉语，包括督促他们阅读中文书籍。越来越多的俄罗斯人学习中文也是对华侨子女的激励。2019 年，在全俄中学生汉语奥林匹克比赛中，获得第一名的是俄罗斯学生，这对华侨子女来说是一种无形的鞭策。华文教育不止局限在华侨后裔中，混血儿的中文教育也出现强烈需求。在中俄跨国家庭中，家长们希望孩子必须会说中文、通晓中国文化，“有多俄罗斯就要有多中国”。家长们经常让中国的亲朋好友寄去讲述中国文化的儿童读物，尽量为孩子们营造中文的学习环境；而且每年还会带着孩子回中国住几个月。（《俄罗斯龙报》2020-07-31）

疫情之下华商群体返乡受限出国遇阻

出于防疫需要，从 2 月至 9 月，中俄客运交通基本处于停滞状态。在闭关防疫过程中，很多在俄罗斯已经毕业的大学生被滞留在当地，有些短期商务人员完成工作后无法回国。随着中俄航班部分开通和商业包机的运营，相当数量的滞留人员已经回到了中国。除了很多想要回国的华侨之外，还有很多华商想奔赴俄罗斯。部分华商回国是因 3 月 27 日莫斯科大市场关闭，等着市场开门就回莫斯科。6 月 2 日大市场开门营业，但是这部分华商无法回到莫斯科。华商都面临着相似的困境，即大市场的摊位费（据华商反映大市场复业后摊位费上涨了 10%）、货物运输费用、库房的费用都要正常缴纳，欠款没法及时收取随时面临着被跑路的局面，欠厂家货款、圣诞节等季节性货物即将错过销售时间，经济压力十分巨大，濒临破产。甚至有一些华商的孩子还在俄罗斯留学，长时间不能相聚。被阻断在中国的旅俄华商群体建了一个 500 人的微信群，其中有 100 多人亟须回到莫斯科，他们每天在群里分享消息，一起商讨解决办法。他们希望中俄两国能早日协调通关。（俄罗斯经济评论 2020-09-09）

一名旅俄中国公民感染新冠病毒不幸病逝

10 月，一名中国公民在俄罗斯首都莫斯科因感染新冠抢救无效不幸病逝。逝者 60 岁左右，男性，在莫斯科某大市场经商。据与他熟识的亲朋反映，他平时生活习惯十分健康：不抽烟，不喝酒，无不良嗜好，且身体状况一直良好。9 月 28 日，他因身体不适去医院做 CT 检查，被诊断出轻症新冠肺炎。仅过了几天，他的病情就开始恶化，到了 10 月初就发展到需要住院治疗的地步。随后他的病情急转直下，于 10 月 8 日不幸离世。（俄罗斯经济评论 2020-10-15）

俄远东地方势力迫害沈永跃入狱

10 月 2 日，绥芬河跃进公司董事长沈永跃迎来了对他的二审判决，维持原判：行贿罪名成立，判处有期徒刑九年，罚款 2500 万卢布。此前，他已经在俄罗斯乌苏里斯克监狱等待了近三年。俄罗斯多家主流媒体纷纷为这名外国商人鸣不平。2005 年底绥芬河跃进公司在俄罗斯开展“境外投资”业务，投资 1500 多万美元，购买了苏联农业部直属康拜因修理制造厂的土地及其地上建筑物、土地的永久使用权和私有产权，成立了俄罗斯“乌苏里斯克市跃进高科技园区”。园区的建设得到了俄罗斯滨海边疆区政府的批准和大力支持，该园区一度被列入黑龙江省重点支持的境外项目和绥芬河重大项目。案发前，61 岁的沈永跃在符拉迪沃斯托克市建设了酒店，当地政府相关程序的拖延影响了酒店投入运营。为了保障酒店能够早日启动，沈永跃到处求人。2017 年 12 月，被一位名为菲洛诺夫的人钓鱼执法，菲称可以以合法方式加快官方程序的推进，并表示所有的问题都可以有偿解决。但 2018 年 1 月沈永跃预付了服务费后，乌苏里斯克内务部门调查员阿列克·多罗契夫依据俄罗斯《刑法》第 291 条，对沈永跃提起了刑事诉讼，并在同一天对他作出了监禁的决定，警方指控沈永跃通过他人行贿官员。诉讼过程中，该案文件包含了沈永跃资产的详细清单，包括他在其他企业拥有的股份、汽车、流动资金等信息。从文件的数量和细节来看，法院对于沈永跃资产调查的兴趣，远远超过对案件本身的调查。在沈永跃入狱的头 4 个月里，仅审问了他几次，并且没人给出直接回

复，而是对沈永跃施压，迫使他自愿同意查封其全部资产，如不同意，将受到逼迫。（俄罗斯经济评论 2020-10-17）

俄吉林省华侨华人联合会向在俄华侨华人发放防疫物资

俄罗斯吉林省华侨华人联合会暨俄罗斯吉林省商会会长周振远 11 月 23 日在莫斯科表示，中国吉林省捐赠的防疫物资于 23 日已全部发放完毕。此次发放的防疫物资包括口罩、消毒剂、体温计、利巴韦林颗粒、连花清瘟胶囊等。物资于 11 月 18 日抵达莫斯科，此后联合会对在俄吉林籍华侨华人进行了统计。在志愿者的帮助下，从 21 日开始发放，累计发放了数百份。另外，针对不在莫斯科的华侨华人，联合会采取邮寄的方式发放了 200 多份。9 月 23 日，俄罗斯吉林省华侨华人联合会暨俄罗斯吉林省商会以线上方式庆祝成立一周年。疫情期间，联合会在服务家乡同胞、稳定在俄华侨华人人心方面作出了成绩。同时，联合会针对中俄疫情不同阶段，积极向中国国内捐赠防疫物资、协助国内向在俄吉林籍华侨华人派发防疫物资，获得中俄各级部门的高度认可。（《俄罗斯龙报》2020-09-25、2020-11-24）

俄华侨华人联合总会秘书长吴昊获授俄自然科学院外籍院士称号

俄罗斯华侨华人联合总会秘书长兼常务副会长、俄罗斯华侨华人青年联合会会长吴昊被俄罗斯自然科学院授予外籍院士称号。相关证书于 12 月 8 日签发。作为莫斯科高尔基文学院博士、《中国新闻周刊》（俄文版）负责人，吴昊长期致力于推进中俄民间友好交流和合作，参与组织了一系列中俄间的重大活动并翻译了《斯大林传：命运与战略》一书。该书获得“2014 年度俄罗斯最佳图书和出版社国家奖”中的最佳俄罗斯文学翻译奖。俄罗斯自然科学院院士资格评审委员会对吴昊在俄罗斯文学、历史等领域的学术研究成果予以充分肯定，对其长期致力于推动中俄文化、教育等领域的民间交流和合作给予高度评价和认可。俄罗斯自然科学院是俄罗斯规模最大的社会性科学院，于 1990 年由俄罗斯多位知名学者及科研机构发起成立。该院现有 18 名诺贝尔奖获得者、270 余名俄罗斯科学院院士、30 多名俄罗斯国家医学科学院院士及 20 余名其他科学院院士，其中外籍院士来自 47 个国家。（中新网 2020-12-28）

非洲侨情

安哥拉农业部长考察江州农业万博农场

安哥拉素有“非洲粮仓”之美誉。一批中国农业企业将中国先进的农业种植技术和管理理念带到这里。江州农业万博农场是其中佼佼者，已培育成功适合安哥拉当地土壤、气候特点的玉米种子。1月15日，安哥拉农业部长阿西斯一行到万博农场进行考察。阿西斯部长参观了农场种子培植地块、马铃薯培植地块和水稻种植地块，高度肯定万博农场是安哥拉农业企业中一个良好的范例，对农场培育的玉米种子，要求加紧进行技术认定，尽早在安哥拉推广。(《非洲华侨周报》2020-01-17)

埃及华侨华人捐助10吨物资支援中国“抗疫”

2月4日，四川航空3U8392航班搭载埃及华侨华人捐赠的各类物资近10吨从开罗起飞，这些物资主要捐赠给武汉、北京、西安等城市的红十字会和医院。埃及华人华侨协会将继续组织捐赠、采购，计划11日向国内运送包括防护服、护目镜、口罩等在内的第二部分抗疫物资。(中国侨网2020-02-05)

肯尼亚华侨华人捐赠医疗物资飞抵中国

2月3日，肯尼亚中华总商会和肯尼亚江苏商会联合发起捐赠的医疗物资搭乘南航航班CZ634从内罗毕机场起飞运往中国。这批物资共5000多箱，包括3000多个N95口罩、26万多个一次性医用口罩及其他类型的口罩、手套、防护服、体温仪、采血管等国内急需物资。(中国侨网2020-02-05)

非盟首脑会议声援中国抗疫

2月9日至10日，非洲联盟首脑会议在埃塞俄比亚首都亚的斯亚贝巴召开，出席此次峰会的联合国、非盟领导人纷纷声援中国，主张防止侮辱性言行和谣言的发生。非盟委员会主席法基表示：“在此艰难时刻，我们将与中国保持坚定团结。”(《人民日报》2020-06-17)

中非疫情防控问题专家视频会议举行

3月18日，中国与非洲国家就新冠疫情防控问题举行专家视频会议，24个非洲国家和非洲疾控中心的近300名官员、专家参加了会议。中方专家详细介绍了疫情发展趋势、特点，以及中方在疫情防控和临床治疗等方面的经验，对非方提出的近50个问题进行了细致解答。(中国侨网2020-03-19)

中国向埃塞俄比亚、布基纳法索派遣抗疫医疗专家组

4月16日，中国政府派遣的两支抗疫医疗专家组分别抵达埃塞俄比亚、布基纳法索。此后，中方应非方邀请，陆续向有关国家派出医疗专家组。中方医疗专家组与非洲国家有关部门和医务人员深入交流，考察定点医院和实验室，对话社区民众，分享抗疫经验，指导中国援非医疗队在当地开展抗疫工作，以实际行动帮助挽救了成千上万人的生命。(人民网2020-04-17)

吉布提向中国抗疫医疗专家组颁授国家勋章

5月10日，吉布提总理卡米勒在吉布提人民宫向中国政府抗疫医疗专家组颁授“6·27独立日”国家勋章，以表彰专家组为吉布提抗疫所做的贡献。专家组结束对埃塞俄比亚援助工作后，于4月30日转战吉布提，协助吉方开展疫情防控工作。此次专家组由12人组成，来自四川省各医疗机构，包括流行病、呼吸、重症、检验、中西医结合等领域的专家。(新华网2020-05-11)

温商包机运送近600万只口罩捐给第二故乡抗疫

新冠疫情肆虐安哥拉。在安温籍企业家、安哥拉浙江总商会会长陈志好萌生了采购防疫物

资支援安哥拉政府的想法。他多方联系，从瑞安一家生产企业采购了700万只一次性防护口罩。又经多方努力，陈志好与葡萄牙欧洲大西洋航空公司协议包机，中国有关部门通力合作，在最短时间内将口罩从温州机场运送至安哥拉罗安达机场。这是温州机场开通的首个直飞西非地区的洲际临时包机航线。由于飞机载量不足，最终只有583万只口罩搬上飞机。(《非洲华侨周报》2020-05-18)

安哥拉工业和商业部部长考察广德国际集团工业园区新能源厂

安哥拉广德国际集团工业园区在较早时就投资设立了新能源厂。该厂主要制造蓄电池产品，为此建立了一套严格的质量控制标准和体系。经过检测，其生产的蓄电池各项技术指标，与TUDOR、BOSCH、VARTA等国际知名品牌产品相比毫不逊色。5月22日，安哥拉工业和商业部部长维克多·费尔南德斯一行到园区考察，高度肯定了该厂在安哥拉打造本土质量精品的努力。(《非洲华侨周报》2020-05-25)

中非团结抗疫特别峰会在线举行

6月17日，经中国、非洲联盟轮值主席国南非、中非合作论坛非方共同主席国塞内加尔共同倡议，中非领导人通过视频连线召开中非团结抗疫特别峰会，会议重申坚定支持多边主义，反对单边主义，维护以联合国为核心的国际体系，捍卫国际公平正义。中国国家主席习近平庄严承诺，中方将继续全力支持非方抗疫，继续向非洲国家提供物资援助、派遣医疗专家组、协助非方来华采购抗疫物资，新冠疫苗研发完成并投入使用后，愿率先惠及非洲国家。(中国政府网2020-06-17、2020-06-18)

华为参建的非洲首个5G独立组网商用网络投入使用

7月，南非移动数据网络运营商Rain发布非洲首个5G独立组网商用网络。该网络采用华为全融合核心网方案，满足用户对5G大带宽、低时延等丰富应用场景的需求。这一5G网络已迅速覆盖南非立法首都开普敦市主城区。Rain首席营销官卡娅·德兰加表示："华为是可靠的战略合作伙伴。我们将继续与华为携手，在年内完成约翰内斯堡5G网络升级，持续打造南非体验最好、最领先的5G网络。"(《经济日报》2020-07-29)

赞比亚华人互助健康中心创立

8月20日，赞比亚中国和平统一促进会"华侨华人医疗抗疫互助基金"健康中心在卢萨卡市揭牌。中心对在赞所有华人开放，有7间独立卫生间单人房、2套公用卫生间房、5套两室一厅住房，共有21个房间可供患者使用。该中心配有制氧机、呼吸机、心电监控仪等十几台医用设备以及防护服、隔离服等医疗物资和部分新冠肺炎治疗药品，建有焚烧炉，用于焚烧医疗废弃物。(《非洲华侨周报》2020-09-03)

《援建坦赞铁路亲历者的讲述》斯瓦西里语版在坦桑尼亚发布

由中国外交部政策规划司编著的《中非关系史上的丰碑——援建坦赞铁路亲历者的讲述》一书的斯瓦西里语版发布仪式8月20日在坦桑尼亚最大城市达累斯萨拉姆举行，中坦两国政府官员、友好人士以及坦赞铁路亲历者等数十人出席。中国驻坦桑尼亚大使王克、坦桑尼亚外交与东非合作部长帕拉马甘巴·卡布迪在发布仪式上致辞。坦赞铁路全长1860.5公里，由中国政府提供无息贷款援建。于1970年10月开工，1975年6月全线铺通并投入试运行，1976年7月正式移交坦、赞两国政府。

埃及将汉语教学纳入中小学教育体系

9月7日，中国驻埃及大使廖力强与埃及教育与技术教育部长邵基在开罗共同签署《将汉语纳入埃及中小学作为选修第二外语的谅解备忘录》，自此，汉语成为继法语、德语、西班牙语和意大利语之后的又一门可供埃及中小学生选修的外语，汉语教学正式纳入埃及中小学教育体系。根据中国教育部的统计，截至2020年12月，全球已有70个国家将中文纳入国民教育体系。(中国侨网2020-09-08;《光明日报》2020-12-15)

中国援建的安哥拉维亚纳实验室诊断中心落成

9月10日，中国援建的"火眼"实验室——维亚纳实验室诊断中心在安哥拉首都罗安达投入运行，大幅提升了该国检测新冠病毒的能力。维亚纳实验室诊断中心属于分子生物学和血清生物学实验室，每天可处理 6000 个样品，包括 3000 个分子生物学和 3000 个血清生物学检测。此前，该实验室每天只能处理 400 次检测。(《非洲华侨周报》2020-09-16)

中国—津巴布韦中医针灸中心创建

9 月 25 日，在中国第 17 批援津医疗队的支持下，中国—津巴布韦中医针灸中心在津巴布韦首都哈拉雷成立。该中心现有 1 名中国中医专家、2 名理疗师、3 名治疗师，开设中医诊疗室、针灸艾灸治疗室、推拿理疗室、特色技术培训室等科室。该中心的成立，是中津两国卫生合作取得的又一重要成果。(《非洲华侨周报》2020-09-26)

津巴布韦在津侨胞安全互助基金会成立

10 月 15 日，在津侨胞安全互助基金会正式成立。受疫情影响，津巴布韦治安形势更加严峻。成立基金会的初衷，包括加强日常安全防范及安全知识普及、案发时赶赴现场施救、敦促并鼓励警方破案、向受伤害同胞提供帮助等。(中国侨网 2020-10-16)

加纳媒体刊文驳斥美“中国在非洲搞窃听”谬论

2020 年 5 月，美国保守派智库传统基金会发布题为“非洲的政府大楼可能是中国间谍活动的载体”的报告，无端指责中国利用基建在非洲“搞窃听”。10 月 16 日加纳媒体 Ghanaweb 发表《中非关系展望》一文，直指这一言论毫无根据，西方国家长久以来一直在监控非洲国家政府，以巩固其在非洲及全球影响力，西方国家总是以己度人，想当然地认为其他国家也会这么做。该文认为，中国视非洲为朋友和伙伴，而不是敌人，中非关系的发展没有损害非洲利益，与过去欧洲国家同非洲国家的殖民关系不可同日而语。该文在多家加纳主流新闻网站转载刊登。(《环球时报》2020-10-19)

中企承建的埃塞俄比亚索马里州离网光伏电站项目交付使用

2020 年 10 月，由中电装备承建的埃塞俄比亚索马里州离网光伏电站项目正式竣工，项目附近的科利尔村 2000 多个家庭、近 6000 人因此用上了清洁电力能源。该项目是世界银行“点亮非洲”计划首批示范工程之一。世界银行将以此为模板，持续在埃塞未通电村庄大力推广，力求在 2025 年实现离网光伏发电量占全埃供电量 35% 这一目标，届时将惠及 570 万个家庭。(环球网 2020-10-19)

中埃联合考古项目取得重要进展

中非联合考古是近年来开始的一项文化交流活动。2018 年 11 月，中国和埃及卢克索孟图神庙联合考古项目一期工程开工。到 2020 年 10 月，双方考古队已经进行两个工作季度的清理和发掘工作，取得了阶段性进展。中埃考古合作项目位于埃及南部卢克索，卢克索享有“世界上最大露天博物馆”的美誉，也被媒体誉为全球考古学的“前沿”。中埃联合考古，增强了中国考古学在国际考古学界的影响力，促进了两国文明交流互鉴。(《光明日报》2020-10-20)

《中华人民共和国生态环境部与博茨瓦纳环境、自然资源保护与旅游部关于应对气候变化南南合作物资赠送的谅解备忘录》签约

11 月 9 日，中国驻博茨瓦纳大使赵彦博和博环境、自然资源保护与旅游部长凯伦分别代表两国政府签署关于应对气候变化、南南合作物资赠送的谅解备忘录，中方承诺向博方提供一套多星一体化气象卫星数据移动接收处理应用系统，该系统将提高博应对气候变化能力，使其在气象、环境、农业、遥感、地质信息搜集和整理等方面受益。备忘录的签署，是中方落实“一带一路应对气候变化南南合作计划”的重要举措。(《非洲华侨周报》2020-11-10)

中国从埃塞俄比亚撤侨

11 月 4 日，埃塞俄比亚国内安全局势高度紧张，埃塞联邦政府军与“提人阵”武装发生内战。数百名中企员工被困在提格雷州境内，生命安全受到严重威胁。中国驻埃塞俄比亚大使馆决定撤侨。11 日，撤离行动开始，路途凶险，须穿过不同的军事封锁区和关卡。经过多方努力，全体撤离人员车行 1200 公里，于 12 日晚上 8 点安全抵达目的地。(《非洲华侨周报》2020-11-16)

59% 的非洲民众对中国影响力持正面看法

2019 年 7 月至 2020 年 4 月，泛非研究机构“非洲晴雨表”对 18 个非洲国家逾 2.6 万民众就各国在非洲的影响力进行了采访。11 月 17

日发布调查报告指出，59% 的非洲民众对中国的政治与经济影响力持正面积极的态度。其中，佛得角、几内亚、马里和布基纳法索等国高达 80% 以上的民众均认可中国的影响力。此外，32% 的非洲受访者更喜欢美国的发展模式，23% 非洲民众更喜欢中国的模式。“非洲晴雨表”是一个泛非洲、无党派的调研机构，开展有关民主、政府治理、经济状况及其他相关议题的调查，业务覆盖几乎所有非洲国家。（《环球时报》2020-11-19）

安哥拉江苏总商会成立防疫基金会

7 月 28 日，安哥拉江苏总商会决定成立防疫基金会，短短数天间便筹得近 5000 万宽扎。基金会先后投入 2000 多万宽扎升级、改造总商会新冠防疫隔离中心，使其具备 23+4 个疑似病例和密切接触者的隔离能力。该中心 8 月 31 日正式投入使用，截至 11 月 20 日，先后有来自江苏、浙江、河南等省 15 名疑似病例和密切接触者入住。（《非洲华侨周报》2020-08-06；中国侨网 2020-11-20）

首家非洲中资民营银行被接管

11 月 19 日，坦桑尼亚中国商业银行因资金不足，未达到坦桑尼亚银行及金融机构管理办法的有关规定，被坦桑尼亚中央银行接管，接管期限不超过 90 天。接管期间，银行将不再对普通客户开放，银行的管理层及董事会被暂停职务，银行的运营由坦桑尼亚中央银行委派的人员负责。坦桑尼亚中国商业银行是非洲首家中资民营银行。其被接管，在坦桑尼亚华人圈乃至非洲华人间引发了巨大关注。（《非洲华侨周报》2020-11-22）

马达加斯加农业部长盛赞中国的杂交水稻技术

为了促进马达加斯加实现联合国 2030 可持续发展目标中的“零饥饿”愿景，2018 年 12 月中国政府、联合国粮农组织与马达加斯加政府签署三方协议，支持马达加斯加农业发展。2019 年 9 月，中国农业农村部派出 9 名专家组成南南合作专家组，在马达加斯加马义奇、扎卡、迪戈等项目点，开展杂交水稻生产、畜牧和农业综合经营等领域的技术援助。在马义奇、扎卡项目区，中国专家组组织了近 30 场技术培训和现场示范，指导当地农民开展杂交水稻种植、农场规划、农田管理等工作。经过一年多的努力，当地粮食产量从 2.8 吨 / 公顷提高到了 10.28 吨 / 公顷，水稻收获后损失由 14% 减少到 4%。马达加斯加农业部长吕西安·拉纳里韦卢称赞中马项目所取得的成果：“在新冠肺炎疫情全球大流行，很多国家粮食进口面临困难的背景下，中国的杂交水稻技术帮助我们缓解了粮食安全问题。”（中国日报网 2020-12-09）

第一批中国研制的疫苗抵达埃及

12 月 10 日，由阿联酋方面向埃及卫生与人口部提供的中国新冠肺炎疫苗运抵开罗国际机场。埃及卫生与人口部长哈莱表示，中国疫苗抵埃，标志着埃及同中国的友好合作关系达到新高度。据了解，根据世界卫生组织的指导意见，埃及将优先向医务人员和弱势群体接种中国疫苗。（中国驻埃及大使馆网站 2020-12-10）

肯尼亚总统和埃塞俄比亚总理联合视察中企承建的肯尼亚拉穆港项目

肯尼亚拉穆港 1—3 号泊位项目由中企承建，2017 年开工。2020 年，承建单位中国交通建设股份有限公司克服新冠疫情带来的种种困难，交出了不俗答卷。12 月，肯尼亚总统乌胡鲁·肯雅塔和埃塞俄比亚总理阿比·艾哈迈德·阿里一起来到拉穆港 1—3 号泊位项目考察。两国领导人充分肯定了项目建设进展情况。拉穆港项目是肯尼亚“2030 远景规划”的重要组成部分，是“拉姆港—南苏丹—埃塞俄比亚运输走廊”建设的重要组成部分。它的建成，将加快东非区域一体化进程，促进区域内的贸易和物流发展。（中国青年网 2020-12-13）

华为科技园区项目主体结构封顶

8 月 27 日，华为公司在罗安达宣布，华为公司决定投资 6000 万美元在安哥拉建设一个科技园。园区包括三个中心，第一个中心将主要培训安哥拉本土人才和电信工程师，第二个中心公司将与合作伙伴和客户一起关注技术创新，第三中心将用于高精尖技术实验和应用。建成后，科技园区第一阶段将确保对 500 多名技术工程师进行培训，随后将提供在线培训。12 月 13 日，华为安哥拉科技园区项目主体结构全面封顶，预计 2021 年底完工交付。（《非洲华侨周报》2020-08-28、2020-12-17）

赞比亚中部省中国最大投资经济园区获批

12月，赞比亚内阁批准在中部省由江西联合工业投资有限公司投资创建多功能经济区。多功能经济区是江西联合工业投资有限公司在赞比亚6亿美元投资项目的一部分，园区总体规划包括产业合作园区、城市商住区、科技创新区、生态休闲区、农业加工区。多功能经济区是中国在赞比亚中部省最大的投资项目，建成后，将带来10亿美元的注资，对赞比亚整体经济定会作出积极贡献。(《非洲华侨周报》2020-12-17)

中国帮助埃塞俄比亚发射第二颗卫星

12月22日，埃塞俄比亚的第二颗卫星从中国文昌航天发射场升空。这颗遥感卫星由中国帮助设计、建造，主要任务是帮助埃塞俄比亚工程师和科学家获得实际经验，拥有在本地集成纳米卫星子系统的能力。埃塞还与中国签署了发射第三颗卫星的合同，以增强本国电信服务能力。埃塞的第一颗卫星也由中国帮助设计、制造、发射。(光明网 2021-02-22)

利比里亚中国和平统一促进会成立

12月26日，利比里亚中国和平统一促进会成立大会在利比里亚首都蒙罗维亚召开，会议通过了利比里亚华侨华人共同宣言。(中国侨网 2020-12-27)

大洋洲侨情

澳大利亚

澳大利亚总理农历新年致辞提到华人移民贡献

澳大利亚总理斯科特·莫里森1月24日通过微信公众号发表2020年农历新年致辞，祝福大家农历新年快乐，平安吉祥。莫里森在致辞中说："自从1803年中国木匠阿托（Ahuto）抵达澳大利亚以来，连绵不断的华人移民以其新思想、职业道德精神和创业精神丰富了澳大利亚的社会和文化结构。如今的澳大利亚是世界上最成功的多元文化国家。我们共享协同努力的丰富成果。"莫里森祝愿大家恭喜发财，万事如意！（中国新闻网2020-01-24）

澳大利亚湖北两会牵挂家乡全力以赴支援抗"疫"

新冠肺炎疫情从中国湖北武汉市暴发并迅速蔓延至全国，引发全球关注和担忧。疫情发生后，湖北多地医疗防护物资告急，澳大利亚湖北联谊会及澳大利亚楚商联合会立即向澳洲全社会发起倡议，为家乡疫情一线捐款捐物，积极为家乡防灾抗疫贡献力量。截至2月2日，两会累积收到善款23311澳元、2000元人民币和价值200余万元人民币的医护及生活日用物资，旗下各团体会员湖北家园和楚韵艺术团筹集31500元人民币准备定向捐赠武汉协和医院，各会员自己定向捐赠200澳元、3000元人民币。进口物资报关手续较为复杂，澳洲湖北两会便立即成立抗"疫"工作协调小组，不眠不休地在澳洲就地采购、集装、打包、运输，厘清各种进关手续，与受捐方直接衔接沟通，在最短时间内将物资送到家乡疫情最前线。除了组织和落实物资捐赠，会长邝远平、副会长兼秘书长李冠中还帮助和服务海外留学生申请领事保护，号召他们做好自我防护和隔离。（中国侨网2020-02-03）

在澳华人企业共助中国疫情防控

疫情在武汉暴发后，为支持国内抗击疫情，澳大利亚华人企业和社团纷纷各尽所能，克服困难，为祖（籍）国募集救援物资。不少华人企业充分发挥自身优势，进行物资采集运输工作。捐资捐物之余，湖北籍侨胞还深深牵挂家乡的亲人们，电话关注亲人们的健康状况，在家人的微信群里转发防护注意事项的文章。（人民网2020-02-11）

澳大利亚旅行禁令影响10万名中国学生

澳政府规定从2月1日起，所有从中国大陆出境或中转来澳的非澳公民14天内不得入境，澳公民和永久居民及其直系亲属（配偶、合法监护人或受抚养人）除外，但需自我隔离14天。此后，该旅行禁令分别于2月14日、20日和27日三度延期。受澳大利亚旅行禁令影响中国学生达10万之众。（《中国青年报》2020-02-28）

澳大利亚各级政府对华人社会表示支持

澳大利亚华人人口超过120万。随着新冠肺炎疫情暴发，及澳政府实施针对来自中国大陆游客的旅行禁令，澳国内出现一些恐华歧华现象。联邦政府和地方政府，以各种形式向华人社团伸出援手，对华人社会表示支持。2月中旬，澳总理莫里森与议员廖婵娥等，来到墨尔本华人区博士山了解华人的商业经营情况。莫里森还在社交媒体上表示："我们与澳大利亚华人社区一起，共克时艰。"并鼓励其他澳大利亚人尽己所能地向华人社区伸出援手。澳大利亚绝大多数地方政府也以各种形式表达对华人社区的支援和对中国战"疫"的肯定与支持。在2月下旬举行的多元文化节期间发起签名活动，包括澳大利亚总督赫尔利在内的4000多位民众在"武汉加油""中国加油"巨型条幅上签名，向武汉人民与中国人民表达支持。（《光明日报》2020-03-08）

澳大利亚华人博物馆将落户悉尼唐人街

悉尼市政府5月18日宣布，将唐人街地区的禧市图书馆旧址作为博物馆所在地。禧市地区（Haymarket）是悉尼历史悠久且规模最大的唐人街所在地，在这里设立一处保存和维护华人历史的中心恰到好处。该博物馆将为华裔定居者及其后代在澳人生故事的宣传和讲解扮演重要角色，让人们深入剖析和体会华人在澳立足和生存过程中所面对的困难和挑战，并全面展示华人在澳所做出的丰功伟绩，揭示他们远渡重洋、身在他乡的抉择对自己家庭生活的影响。禧市图书馆旧址是一座3层的英国维多利亚女皇时期（1837—1901年）砂岩建筑，2019年10月，禧市图书馆迁移到达令港中心图书馆后，悉尼市政府为这座建筑物租赁权和经营理念公开招商。澳大利亚华人博物馆通过招商流程，从13份申请中脱颖而出。（新华网 2020-05-18）

第四届澳大利亚华侨华人恭拜黄帝大典在悉尼举行

“三月三，拜轩辕”是中华民族文化传统，每年的农历三月三，炎黄子孙纷纷在世界各地举办与河南郑州市新郑黄帝故里拜祖大典遥相呼应的恭拜黄帝活动。“同根同祖同源，和平和睦和谐”是拜祖活动永恒的主题。第四届澳大利亚华侨华人恭拜黄帝大典，3月21日在悉尼费尔菲尔德市会议中心举行。受疫情影响，此次澳大利亚的拜祖一改前几届的隆重场面，调整为精简仪式和网络直播相结合的形式。按照议程，奠帛进馔、行施拜礼、恭读拜文、高唱颂歌、乐舞敬拜、祈福中华、天地人和等环节陆续进行。第四届澳大利亚华侨华人恭拜黄帝大典由中国国际文化交流协会、澳大利亚中国和平统一促进会、澳大利亚爱而思文化协会共同主办。（中国新闻网 2020-03-23）

澳大利亚华侨华人纪念《反分裂国家法》实施15周年

6月3日，澳大利亚首都地区中国和平统一促进会常务理事会通过网络会议的形式，纪念中国《反分裂国家法》实施15周年。统促会会长陈蔚东说，《反分裂国家法》的实施是维护国家主权和领土完整、挫败“台独”分裂图谋的法律依据，为依法有序推动两岸关系和平发展、推进祖国和平统一提供了制度指引。黄埔军校澳大利亚联谊会副会长陈凌说，《反分裂国家法》实施15年来，祖国大陆秉持“两岸一家亲”理念，陆续出台了许多惠台措施，深化了两岸经济社会融合发展，促进了两岸同胞民心融通，呈现出两岸同胞携手建设两岸命运共同体的新局面。（新华网 2020-06-03）

中国留学生在澳求职“危”中有“机”

受新冠肺炎疫情影响，世界各国整体就业市场情况不容乐观。澳大利亚统计局5月14日公布的2020年4月失业率指数达到6.2，比上一年同期提高近一个点。中国留学生留澳面临比往年更严峻的就业形势。以往，澳大利亚春招在每年7月左右，2020年在4月底就已经开始，学生准备的周期相对较短，又因为疫情带来的种种不确定性，留学生找工作的心态也受到影响。从意愿上来看，超过50%甚至60%以上的学生想要留澳发展，但成功留澳人数不足10%。（中国侨网 2020-06-08）

澳大利亚布里斯班发现百余年华人社区历史遗迹

6月24日，澳大利亚布里斯班CBD的Albert街下方发现了一个曾经繁荣的蓝领华人社区遗迹，那里有餐馆、酒吧、马具、皮革商店、杂货店等，历史可追溯到19世纪70年代到80年代。考古学家表示，发现的被称为“青蛙谷（Frog's Hollow）”的遗址是布里斯班最早的唐人街，与Fortitude Valley唐人街相差了70多年，比布里斯班现在的Sunnybank唐人街还早100多年。青蛙谷遗址从植物园（Botanic Gardens）附近的Albert特街底部一直延伸到伊丽莎白街（Elizabeth Street）的沼泽低洼地区，在Albert街的两侧延伸出两至三个街区。遗迹已开挖出土了大约200件文物，包括烟草烟斗、皮革制品、瓶子、陶器、古书、动物骨架、墙壁碎片、烟斗以及香水容器等。（澳洲新闻网 2020-06-24）

澳大利亚遭遇“疫情寒冬”华人群体温情相助

在新冠肺炎疫情和寒冷的双重打击下，部分澳人生活面临困境。澳大利亚华人群体挺身而出，为抗击疫情献出自己的一份力量。总部位于普雷斯顿（Preston）的慈善组织“300

Blankets”和墨尔本冰雪基金会（Melbourne Ice Foundation）合作，启动了一项名为“ice-olation”的援助计划，发放爱心包，为那些无家可归者和弱势群体提供食品，帮助弱势群体扛过疫情下的冬季。在这个援助计划中，任何人都可以为朋友、家人，或是 300 Blankets 确认的急需帮助的个人购买一个定制爱心包，其中包括新鲜水果、肉类、面包和意大利面等主食。300 Blankets 的创始人华伦·涂（Warren Tu）是一位华人。4 月，澳洲商业峰会、澳中慈善协会和部分华商共同向悉尼韦斯特米德医院、威尔斯亲王医院等六家医院捐献了 1600 件隔离服和 10000 个防护帽。（人民日报海外网 2020-06-24）

澳大利亚永久移民配额达 15 年来最低水平

数据显示，联邦政府在 2019 至 2020 年签发了 14 万个签证，比去年永久移民项目的上限少 2 万人。这也是自 2014—2015 年（通过 12.06 万个签证）以来的最低配额。（《先驱太阳报》2020-07-19）

澳公民入籍数创纪录　中国移民人数排第三

2019—2020 年，近 20.48 万人成为澳大利亚公民，这是有记录以来新公民人数增幅最大的一次，比上一财年增加了 60%。新入籍人士来源国前五位包括印度（38209 人）、英国（25011 人）、中国（14764 人）、菲律宾（12838 人）和巴基斯坦（8821 人）。维州授予的公民身份最多，有 60081 人，其次是新州（58833 人）、昆州（31714 人）、西澳（30394 人）、南澳（14135 人）。（中国侨网 2020-07-27）

澳大利亚留学生签证申请量下降　中国学生申请减少 20%

联邦政府数据显示，在 2019—2020 财年，来自中国学生的签证申请减少了 20%，总体减少了 33.5%。来自尼泊尔的签证申请减少了 61%，来自印度的申请减少 47%。在 COVID-19 限制措施实施期间，澳大利亚每年价值 400 亿澳元的留学生产业将面临进一步压力。报告显示，大学研究经费的一半以上来自留学生学费，可能需要长达五年的时间才能恢复。（中国新闻网 2020-07-30）

澳大利亚中餐艰难环境中营业

澳大利亚统计局数据显示，华人目前已成为澳大利亚最大的少数族裔群体，中国也是澳大利亚第二大移民来源国，有约 65 万澳大利亚移民是在中国出生的。理论上这样数量庞大的澳大利亚华人应该足以支撑起那些如雨后春笋般蓬勃而出的中餐厅，实际情况却是澳大利亚中餐厅的经营在近几年愈加艰难。《悉尼晨锋报》的一项调查显示，一般中餐厅在开业 6 个月后才能收支平衡。在悉尼，餐馆因资金不足及经营管理不善而倒闭的比率高达 50%，中餐厅的倒闭率更高于此。自 2015 年以来，澳大利亚餐厅的营业额每年都有小幅度下降，新冠肺炎疫情的来袭更是让“本不富裕的中餐厅行业雪上加霜”，营业额的负增长跌破 4.1%，大半中餐厅的生意已经减少了 70%—90%。许多难以为继的中餐厅纷纷倒闭，剩下的中餐厅依旧在苦苦支撑。在澳大利亚的知名中餐厅如全聚德、鼎泰丰等，也都遭遇了重大打击。（中国侨网 2020-08-11）

报告称澳大利亚华裔企业家趁年轻创业

澳大利亚悉尼大学 9 月 1 日发布和澳大利亚毕马威（KPMG）联合进行的调查报告《新澳中创业》（*The New Chinese Australia Entrepreneurs*）。报告内容基于对 100 多位澳大利亚中小企业华裔创建者的深度采访得出。该报告被认为是首份关注在中国出生、在澳大利亚创业的企业家的报告。研究发现，45% 的人是在 40 岁之前创业，26% 的人是在 40 多岁时创业。71% 的人初到澳大利亚是为了学业，超过 50% 的人在创业前拥有在澳大利亚的工作经验。报告还发现，尽管企业建立时资金有限（仅有 11% 的人表示他们的创业资金超过 50 万澳元），68 家企业被列入高速增长企业，复合年增长率超过 20%。大多数企业家在商业中都加入了某种形式的创新。报告发现，新冠肺炎疫情对参与调查的华裔企业家造成了严重影响。调查发现，华裔公司覆盖澳大利亚各行各业，贡献了重要的经济收益，为澳大利亚商业环境带来了多元化的思维、创意和发展，也为澳中之间搭建了重要的桥梁。（中国侨网 2020-09-01）

调查发现疫情期间在澳留学生陷生存和种族歧视困境

根据留学生全国性调查发现，在疫情时期失去了全部或大部分工作后，成千上万的留学生在澳大利亚陷入了困境，无法支付基本需求，更遭受了高频率的种族歧视。一项针对澳大利亚范围内的6100多名留学生的调查显示，自3月以来，其中70%的人失去了全部或大部分收入，而现在约有1/3的人无力支付基本需求，而更有约1/7的人无家可归。移民工人司法倡议组织的一项研究发现，在疫情期间，有近1/4的留学生遭遇过种族袭击，包括一些言语上的种族主义的虐待。其中有25%的人表示，会有人因为他们的外表而躲避他们。（中国新闻网2020-09-18）

澳大利亚移民政策改革：配偶移民担保人需测试品格

10月，澳大利亚代理移民部长塔奇宣布了关于新移民政策的更多细节。目前，担保人在提交申请后，需接受犯罪史和家暴史检查，而未来，担保人在为申请人提出配偶签证申请前，必须接受品格测试，负面测试结果将被公布。新的签证变化将保护移民免受家庭暴力。担保人品格测试的任何负面结果，都将向他们的伴侣告知，以便申请人决定是否推进申请。在早些时候澳大利亚政府还宣布，从2021年底起，申请配偶签证的移民及其担保人将需要展示他们的英语语言技能，或表现出学习英语的意愿，才能拿到签证。联邦政府称这是一项“基本语言能力测试”，旨在使移民能够充分适应澳大利亚的生活。（中国新闻网2020-10-16）

华人科学家获澳大利亚2020年总理科学奖

澳大利亚2020年总理科学奖获奖者10月公布，其中，新南威尔士州华人副教授郝晓静获得马尔科姆·麦金托什年度物理科学家奖，奖金为5万澳元。在过去的十年中，郝晓静专注太阳能薄膜电池科学研究，致力于将太阳光直接转换为电能，并在该领域有所成就。本次郝晓静获奖，是因为她以创新方法，用一种硫铜锡锌矿材料，研发出了新型的太阳能薄膜电池。此前，郝晓静还曾凭借在无毒太阳能薄膜电池领域的研究，当选澳大利亚最具创新力的30名科学家之一。郝晓静学习冶金专业，2004年来到澳大利亚。当时太阳能研究刚刚进入人们的视线，郝晓静认为这是个朝阳产业，决定放弃钢铁冶金，转而投向新能源领域。（澳洲新快网2020-12-29）

华裔女孩成澳大利亚新州17年来首位双料状元

澳大利亚新州HSC高考成绩于12月18日公布，来自James Ruse农业高中的华裔女孩莎莉娜·叶（Sariena Ye）夺得物理、化学学科“双料状元”，成为17年来首位在两项考试中都获得第一名的学生，也是20年来的首位获此名次的女学生。（《悉尼晨锋报》2020-12-21日）

新西兰

新西兰多名政要恭贺华人鼠年新春快乐

新西兰一年一度的华人社团迎接农历新春活动“新春花市同乐日”，1月18日在奥克兰举行。新西兰总理杰辛达·阿德恩出席活动，她称赞华人所作贡献，按照华人习俗点睛醒狮，并为狮子挂上红翎旗。新西兰反对党国家党领袖西蒙·布里奇斯、奥克兰市长菲尔·戈夫等政要与数千华人一起参加了活动。“新春花市同乐日”是新西兰最有影响力的华人传统迎新春活动。除了中国文化民俗表演，现场还展出了丰富的年货产品，从窗花剪纸到小吃美食，处处洋溢着过节的气氛。春节期间，新西兰各党派都向华社拜年。1月20日，新西兰行动党党魁David Seymour的一段视频刷爆了新西兰的华人朋友圈。视频中Seymour身穿中式服装，认真地弹奏古琴，庆贺中国春节。奥克兰市长Phil Goff也录制了一段视频，向奥克兰华人表达新春祝福。（新华网2020-01-19,〔新西兰〕《先驱报》2020-01-20）

新西兰旅游业因疫情影响受重创　华人另谋出路

旅游业是新西兰的支柱产业。2018年，旅游业直接收入和间接收入分别为163亿新西兰元和112亿新西兰元，其中海外游客消费总额达到178亿新西兰元。疫情致使整个产业遭受重创。新西兰华人旅游业协会会长Simon Cheung估计，约300名大巴司机无工可做，很多人转而去开网约车谋生。另一个调查显示，在200 Tourism Export Council旗下专注于中国旅游市场的商家会员中，2月份订单取消量最少50%，最多100%，取消合同金额在4.5万至300万纽币不等。从新冠肺炎疫情发生到发稿日，粗略估

计新西兰已损失5万名中国游客。（新西兰天维网2020-02-19）

新西兰旅行禁令再延期　华人餐饮业遭受巨大打击

随着2月24日新西兰内阁决定继续延长对中国大陆地区的旅行禁令，中国旅客、留学生和工签持有者已经连续22天无法进入新西兰。旅行禁令的再一次延期，对新西兰本地的华人餐饮业造成了巨大的打击。一些餐馆的营业额直降5成，另一些甚至不得不选择暂时歇业。奥克兰北岸Albany的火锅店“椒香城门口”管理者Meiling表示，总体营业额下跌了至少30%。位于Dominion的成都风味餐厅“玉林成都味”疫情中受到沉重打击，不得不在2月初选择了暂时歇业。拥有600多家会员单位的新西兰餐饮烹饪协会会长林川表示，协会大概会有4000余人的工作和收入受到疫情影响。（新西兰天维网微信公众号2020-02-25）

新西兰华侨华人为中国加油鼓劲

新西兰华人华侨不仅为中国抗击新冠肺炎捐款捐物，筹措医疗用品和器材，还走上街头对中国表达信心，使当地民众了解并支持中国的战“疫”工作。新西兰华人社团联合会会长黄玮璋发出倡议书，呼吁新西兰华人华侨为祖国捐款。新西兰潮属总会、新西兰华人妇女联合会、新西兰中华青年联合会、新西兰河北同乡会、新西兰山东同乡会、惠灵顿中国和平统一促进会等多个组织，均开展了募捐活动。在新西兰首都惠灵顿街头，一些当地华人发起了“爱无国界，团结抗疫”的活动，得到本地居民和国际游客的支持。（新华网2020-02-26）

新西兰华侨华人坚决支持涉港国安立法

5月28日，新西兰侨社发表声明坚决支持《全国人民代表大会关于建立健全香港特别行政区维护国家安全的法律制度和执行机制的决定》。声明表示，香港是中国的香港，香港事务纯属中国内政。该法案的制定，合法、合情、合理，是维护香港繁荣稳定和长治久安的“定海神针”。声明衷心希望香港尽快恢复秩序，重回正轨，发展经济，改善民生，在“一国两制”正确方向的指引下，把香港建设得更加美好。（中国侨网2020-06-01）

调查显示新西兰亚裔人群在疫情期间遭遇种族歧视

由亚裔家庭服务中心（Asian Family Services）委托进行的新西兰亚裔心理健康和幸福报告发现，亚裔人群在疫情期间出现高度焦虑和紧张，也遭遇着种族主义攻击。这项研究调查了身处新西兰各地的580名亚裔，调查发现，其中近44%的人在全国封锁后经历了某种形式的精神困扰。最普遍的现象是紧张和焦虑（57%），其次是对做事没兴趣或不乐意（55.2%），47.4%的受访者感到无法控制的担忧，44%感到沮丧和绝望。该报告还发现，新西兰的亚裔人群主要从朋友（44.1%）和家人（42.6%）那里寻求帮助，28.3%的人会寻求医生的帮助。略超过16%的受访者报告说，他们在疫情遭遇了种族歧视，而那些受到歧视的人也更有可能出现心理健康问题。报告指出，韩裔人群遭受歧视的比例最高，有30%的受访者表示自己遭遇过歧视，其次是华人，比例略高于22%。在所有歧视事件中，华人遭遇的事件占了将近一半。（新西兰中文先驱网2020-06-29）

新西兰华人社团助力第二故乡抗疫情

3月初新冠肺炎疫情开始出现时，多个社团就联名向政府发出紧急呼吁，要求加强边境管控，取消大型集会等，他们的呼吁得到了政府部门的重视和当地民众的支持。6月防疫警戒线由3月底的四级（封锁）逐步降到一级，很多人开始把注意力集中于复兴经济上，而忽略了疫情可能出现反复的严峻性，放松了应有的警惕性。由于多国已经出现了第二波疫情，很多华人心焦如焚，希望向政府提出意见和建议。奥克兰Pakuranga华人协会的领导们认真听取搜集并归纳了会员们的意见，联络了27个其他社团，代表近万名会员于6月17日联名向总理和卫生部长再次发出呼吁。6月22日，新西兰总理在回复的邮件中对华社的呼吁表示重视，并责成卫生部负责跟进。（新西兰中华新闻社2020-07-25）

新西兰中医界最高荣誉奖首次授予华人中医师

新西兰基督城的华人中医师林金洪（Thomas Lin）获得2020年度新西兰中医界的最高荣

誉——William Wong Doo 奖，这是该奖项自设立以来第一次授予华人中医师。此奖项以新西兰针灸学会创会会长 William Wong Doo（王丙才）命名，王丙才曾于 1939 年在奥克兰成立了新西兰的第一间中医诊所。该奖项每年只奖励一名为新西兰中医事业作出杰出贡献的人士。祖籍广东省清远市的林金洪中医师，于 1994 年从广州移民到新西兰，1996 年通过中医专业的考试和注册，成为新西兰针灸学会的会员，在基督城开设了中医诊所。林医师自 1996 年诊所开业至今，热心为社区服务，工作精益求精，在医术专业上一丝不苟，接待并治疗了数以万计的各族裔病人，为推广与发展中医中药和针灸的中华文化瑰宝作出了积极贡献。2020 年 8 月 8 日，在首都威灵顿举办的新西兰针灸学会年度大会上，林金洪中医师除了获得 William Wong Doo 奖外，还获得了针灸学会颁发的突出贡献奖。（新西兰中华新闻通讯社 2020-08-23）

新西兰华人超 24 万　女多男少聚居奥克兰

9 月 3 日，新西兰统计局公布了 2018 年人口普查的族裔数据。数据显示，目前新西兰的亚裔人口占总人口的 15.1%，是新西兰人口比例增长最快的族裔。欧裔人口为 70.2%，比 2013 年统计时的 74% 降低了 3.8 个百分点。毛利裔人口占新西兰总人口数的 16.5%。比 2013 年人口普查数据增加 2.4 个百分点。人口比例增长最快的就是亚裔人口，从 2013 年人口普查的 11.8% 增长到 2018 年人口普查的 15.1%。此外，太平洋岛裔的人口比例从 2013 年的 7.4% 增加到了 2018 年的 8.1%。中东拉美和非洲裔的人口比例增加了 0.3 个百分点至 1.5%。在亚裔人口当中，新西兰华人人口共计 24.7 万人。平均年龄为 33.1 岁。其中，女性为 13.15 万人，男性为 11.62 万人。华人大部分都住在奥克兰地区。奥克兰的华人比例为 69.1%。有 73.3% 的新西兰华人不是在新西兰本地出生的，新西兰的华人群体以新移民居多。有 78.5% 的新西兰华人可以讲英文，能够讲双语的华人占全体华人的 43.5%。有 12% 的华人是从事技工工作，11.5% 的华人从事销售工作。新西兰华人的收入中位数为 21600 新西兰元。其中，海外出生的华人的收入中位数为 21700 新西兰元，新西兰本地出生的华人收入的中位数为 20900 新西兰元。（新西兰天维网 2020-09-03）

越来越多的新西兰人赞成接纳更多移民

对于是否应该允许更多的海外人士入境新西兰，新西兰人对此意见不一。Vote Compass 发起的“新西兰应该接纳多少移民”调查显示，41% 的新西兰人认为移民人数应该与现在保持一致，另外 37% 的新西兰人则认应该减少移民比例，另有 19% 的新西兰人赞成增加更多移民。随着时间的推移，赞成和愿意接纳更多移民的人数比例正在缓慢提升。从 2014 年的 12% 增加到 2017 年的 15%，到 2020 年支持率上升到了 19%。（新西兰天维网 2020-09-25）

新西兰华社选票从国家党流向行动党

研究机构 Trace Research 在 9 月下旬开展的一项新民意调查显示，国家党在新西兰华人社区中的地位正在下降。自 2020 年 8 月以来，国家党党魁 Judith Collins 及其团队在华社的支持率下降了 9%，这一支持率与 8 月的民调结果（支持率为 62%）形成了鲜明对比，与 2017 年大选时期相比，其支持率也有大幅下降。工党方面，9 月工党在华社的支持率仅上升了 0.7 个百分点，支持率为 21.7%。行动党是这次民调的大赢家。8 月，行动党获得了 8.8% 的华社选票，而到了 9 月，这一比例已攀升到 14.8%。鉴于工党对于新西兰华社而言缺乏吸引力，投向行动党的这些选票都来自那些以前倾向于支持国家党的华人选民。民众支持率的上升，一方面是因为行动党在少数族裔媒体上开展了有针对性的宣传活动，另一方面是因为行动党的核心价值观吸引了华人。部分原因是他们的经济重建政策、减税政策和严厉惩罚犯罪吸引选民。此外，他们还在华人媒体上开展了相当有效的针对性宣传。新西兰采用 MMP 选制，对于相对右倾的华人选民而言，选票投给像行动党这样的小党，使其支持率超过 5%，可能比投给国家党更具战略意义。如果行动党在 2020 年大选中达到 5% 的门槛，该党将在国会拥有 9 个席位。在过去三次大选中，该党只有一位 Epsom 选区议员在国会。对新西兰华人选民来说，经济刺激政策是决定他们投票给哪一政党的最重要决定因素，58.1% 的民调参与者表示这是他们的首要关注点。紧随其后的是税收（46%）、法律和秩序（37%）、卫生医疗（29.9%）和移民（27.2%），环境（12%）是华人关注最少的因素。（《新西兰中文先驱报》2020-10-09）

新西兰境内留学生降至不足 5 万

截至 2019 年 9 月底，新西兰有 58000 名付费国际学生。3 月中旬，新西兰境内持有效签证的留学生共计 60348 人，但到 9 月底，这一数量已降至 41000 名，降幅达 30%。数字表明，自 3 月后，理工学院和私人培训机构流失了大约四分之一的外国学生，而中小学和大学流失了五分之一的留学生。（新西兰天维网 2020-10-19）

新西兰国会华人议员陈耐锶宣誓就职

11 月 25 日，新西兰第 53 届国会开幕，陈耐锶（Naisi Chen）在国会开幕典礼上宣誓就任工党议员。她成为新西兰国会历史上首位以毛利语和中文进行宣誓效忠政府的国会议员。26 岁的陈耐锶是迄今为止新西兰的第五个华人国会议员，也是第 53 届国会中唯一的华人国会议员。在成为国会议员之前，陈耐锶曾担任雇佣法律顾问和公务员。此外，她还是 Foundation North 和奥克兰爱乐乐团的董事会成员，此前还是新西兰华人学生会的前主席。陈耐锶表示华人社区是新西兰未来的重要组成部分，自己将成为华人在议会中的声音，并力求确保政府在倾听华人的声音。（新西兰天维网 2020-11-25）

新西兰举行 2020 年全国武术锦标赛

由新西兰国家功夫武术协会主办的 2020 年度全国功夫武术锦标赛，12 月在奥克兰潮属会馆举行。新西兰功夫武术协会已经成立 30 周年，有着广泛群众基础，拥有数万名习武爱好者。在两天的赛事中，共有七支参赛队，60 多位运动员参加角逐，45 位男女散打运动员参加比赛。三位华人选手分获男女不同年龄组三项全能冠军，一位新西兰本土选手获得散打王奖杯。新西兰湖南总商会是这次全国锦标赛的主要支持单位之一。该商会多年来一直竭力支持中华武术在新西兰的推广和发展，为中国优秀传统文化在新西兰的传承和弘扬作出了锲而不舍的努力与奉献。（新西兰中华新闻通讯社 2020-12-11）

边境管控后新西兰净移民数量骤降

受疫情持续影响，3 月以后，新西兰的月度净移民数量直线下降。根据新西兰统计局发布的数据，从 4 月开始（边界限制的第一个完整月）到 10 月，有 119400 人离开新西兰，但只有 65900 人进入新西兰。相比之下，2019 年同期有 386 万人次离开新西兰，382 万人次进入新西兰。该统计包括了所有到达和离开边境的人，包括短期旅行与长期旅行。4 月至 10 月抵达新西兰的多是海外居民，即在到达新西兰之前在海外居住超过 12 个月的人。在 42700 名海外居民中，近 2/3 是新西兰公民。另外 1/3 是非公民，包括持居留、工作或关键目的签证的人，以及澳大利亚公民、新西兰公民和永久居民的伴侣或亲属。截至 2020 年 10 月的一年中，年净移民量为 59500，其中有 55800 人次的净移民是在 3 月边境限制之前的 5 个月内抵达的。（新西兰天维网 2020-12-15）

新西兰华社举行团聚会冀更好传播中华文化

12 月 19 日，由新西兰新中丝路文化经贸总会、罗托鲁瓦新中经济文化艺术交流中心、新西兰中国书画院等华人社团联合举办的“新西兰华社庆圣诞迎新年团聚年会”在奥克兰柏悦酒楼举行。当地的华人政要、多家社团的侨领、杰出的企业家、文化艺术家以及多家华文媒体和华社各界人士代表 100 多人齐聚一堂，大家回顾了 2020 年以来一路走过疫情特殊时期的风雨历程，共迎新机遇新挑战。团聚会上，来自新西兰多家社团的华人艺术家以多种展现中华元素的艺术形式，表演了独唱、舞蹈、武术等精彩的文艺节目。（新西兰中华新闻社 2020-12-22）

南太平洋岛国侨情

斐济华侨华人积极支援中国抗疫

新冠肺炎疫情暴发后，斐济侨社、中国商会及华侨华人纷纷发起倡议，以捐款形式助力祖（籍）国政府和人民打赢疫情防控阻击战。据统计，此次斐济华人各社团和斐济苏瓦逸仙学校、劳托卡中华学校共捐款 146730 斐元（约合人民币 460189 元）。（中国侨网 2020-02-25）

中文学习“空中课堂”在南太岛国受欢迎

南太孔院由北京邮电大学与南太平洋大学共建于 2012 年。依托南太平洋大学优势，南太孔院还在斐济、库克群岛和瓦努阿图三个国家的校区设有孔子课堂。2020 年新冠肺炎疫情肆虐，学院老师们及时调整教学方式，制定线上教学大纲，在最短时间内成功完成了从线下面授到线上教学的转换，得到了学生的一致好评。有学生表示，中文学习有助于促进中国与南太岛国人民的相互了解与友谊。（新华网 2020-08-18）

瓦努阿图华侨华人纪念《反分裂国家法》实施 15 周年

瓦努阿图中国和平统一促进会（瓦和统会）6 月 8 日举行座谈会，纪念《反分裂国家法》实施 15 周年，瓦和统会会员及在瓦主要侨领参加。与会代表认为，《反分裂国家法》颁布实施 15 年来，在遏制“台独”分裂图谋、推进祖国和平统一方面发挥了重要作用，为维护台海和平稳定、促进两岸关系发展、维护台湾同胞福祉提供了坚实法治保障。（新华网 2020-06-10）

加拿大及中美洲侨情

加拿大华人社团联席会支援武汉抗击疫情

1月23日（腊月二十九），加拿大华人社团联席会执行主席陈永涛看到武汉疫情消息后，立即主持召开了联席会执行团队紧急线上会议，决定号召联席会所有成员及共同主席单位积极捐助善款和物资，支援武汉、抗击疫情！倡议发出后，大家积极踊跃捐助，到1月底，联席会成员个人及共同主席单位已募捐到80余万元善款。联席会通过多方渠道，购得5000套防护服、消毒液、口罩等防护物资，价值30余万元，加紧安排运往武汉，第二批物资正在筹集中。加拿大齐鲁华人总商会第一阶段就捐助了十几万元，为国内购置了防护物资；加拿大妇女联合会和加拿大江苏华人联合会募集近5万元，购买物资发往疫区；河北商会、河北同乡会、福清同乡会、四川同乡总会等都在积极募款为祖籍国分忧解难！（《大华商报》2020-01-30）

加拿大主流政要和民众反对因疫情歧视华人

随着疫情的扩散，恐慌的情绪也在世界蔓延。不少歧视现象发生，华人社区“受冷落”，华人商家的生意也受到了很大影响。2月6日下午，多伦多市民自发组织，号召大家一起在唐人街“走街”并光顾华人商铺！除了市民，前多伦多市长Barbara Hall也参与了活动。加拿大政府力挺华人社区，消除歧视。加拿大总理特鲁多也到了士嘉堡活力商场，为华人拜年，特鲁多敦促加拿大人保持团结，警告因病毒蔓延产生针对华人歧视的现象。安省省长福特也在出席华人春节晚宴时发表讲话，认可华人对加拿大社会的贡献，认为中国文化的融入使加拿大文化更精彩。（微信公众号：超级生活2020-02-07）

加拿大从武汉撤侨，含多名华裔儿童

2月6日中午，加拿大外交部长商鹏飞和卫生部长Patty Hajdu以及加拿大首席卫生官Theresa Tam医生在加拿大首都渥太华国家新闻中心就从武汉撤侨事宜召开新闻发布会，通报撤侨最新进展，据外长商鹏飞介绍，预计将于加拿大东部时间周五（2月7日）清晨抵达位于安省的隔离点——Trenton军事基地；同时通过和美国政府的协调，加拿大人也可以搭乘随后出发的美国撤侨飞机回国。据悉，原本有211名加拿大人被列入允许登机的名单，但由于有人临时改变主意以及搭乘另一架美国飞机，最终随这架飞机到达的有176人，其中包括13名持永久居民身份和6位持加拿大签证的中国人，他们主要是为了陪伴34名具有加拿大公民身份的儿童。商鹏飞还表示，鉴于目前有373名在武汉的加拿大人希望回到加拿大，加拿大政府将于2月9日派出第二架撤侨飞机，如果一切顺利的话，飞机将于2月11日到达Trenton军事基地。（微信公众号：加拿大七天传媒2020-02-07）

加拿大移民局拟未来3年迎超过100万新移民

加拿大联邦移民、难民及公民部长门迪奇诺（Marco Mendicino）表示，将在2020—2022年迎来超100万新移民到加拿大。门迪奇诺强调，加拿大的未来依赖移民，人口问题对本国经济和政府财务状况所带来的压力越来越沉重，包括由于年轻就业人数减少，导致政府无法获得足够的税收来维持因人口老化而日益增加的医疗开支。他表示，解决问题的主要方法就是引入新移民，这也是定下3年100万移民的原因。门迪奇诺表示，目前加拿大约8成的人口增长来自移民。他估计到2030年，相关比率会接近100%。（《星岛日报》2020-03-02）

温哥华华人医生开设华人医疗热线助力抗疫

由加拿大卑诗省一群华人医生组建的加拿大华人医疗热线，于3月24日正式开通。加拿大各地新冠肺炎疫情日趋严峻。包括卑诗省在内的多个省份和地区已宣布进入紧急状态。卑诗省卫生厅和省医学会发出紧急通知，呼吁当地医生、药剂师等专业人士提供视频电话医疗服务。卑诗省注册医师蒋曹阳紧急联系各专业医生，倡议组建加拿大华人医疗热线，以缓解当前医疗资源不足和民众由于禁足而产生的实际困难。各医疗专业人士积极响应，通力合作，迅速启动组建成立了“加拿大华人医疗热线 001-866-598-0028”，该医疗热线提供英文和中文服务。该热线服务平台的组建得到了大温哥华地区多个华人社区医护专业人员团体的支持。（中国新闻网 2020-03-26）

超七成加拿大人反对“中国病毒”说法

加拿大 5 月的一项民调显示，超过七成加拿大人强烈反对以“中国人病毒”或“中国人流感”来形容新冠肺炎。自疫情开始以来，加拿大温哥华的巴士车站等地方已发现疑似种族歧视的涂鸦，针对亚裔的种族主义事件急剧增加。5 月 11 日至 13 日，民意调查公司 Research Co. 在一项涵盖加拿大大部分地区的网络调查显示，超过 70% 的受访者认为以“中国”相关字眼来定义新冠病毒是不可接受的。此次调查对象为 1000 名加拿大成年人，结果的误差范围为 3.1%。（星岛环球网 2020-05-21）

加拿大各地约百个华人社团举办在线慈善汇演助力抗疫

加拿大各地约百个华人社团和机构共同发起、主办的“同一世界，爱心无界”520 在线慈善汇演，于北美东部时间 5 月 20 日晚全球同步在线播出。郎朗、大山等多位中加两地知名艺术家及加拿大各地约百个华人社团举办在线慈善汇演，为奋战在一线的医护人员送上关爱和祝福，同时也展示华人社区为加拿大抗击疫情所作出的贡献，为加拿大遏制病毒加油助力。此次在线慈善汇演也是加拿大华社面向主流社会制作的纯英文视频节目。此次在线汇演对华人社区的抗疫成果及为加拿大抗疫工作的贡献，作了一次阶段性集中展现。据不完全统计，多伦多华人社区各大社团和机构已经累计筹集了价值超过 200 万加元的款项和医疗物资，并捐助给了大多伦多地区的 10 余家医院和长期护理机构。（中国新闻网 2020-05-21）

民调显示加拿大华人受到种族主义这一“影子疫情”冲击

加拿大民调机构 6 月 22 日公布的一项调查显示，加拿大华人正在新冠肺炎疫情下承受种族主义这一“影子疫情”带来的冲击。安格斯·里德研究所与阿尔伯塔大学合作开展的这项调查显示，一半受访者表示自己因新冠疫情而受到辱骂或侮辱，43% 的人表示自己曾受到威胁或恐吓。据加媒报道，加拿大多地近来都陆续出现了针对华人或亚裔的言语威胁、建筑涂鸦或破坏，甚至人身袭击等事件。30% 的人表示，自疫情出现后，自己经常受到种族主义涂鸦或相关社交媒体信息的侵扰。29% 的人认为，自己经常被人视作对他人健康和安全的威胁。约一半的人担心，亚裔孩子在重返校园时会因疫情被人欺凌。61% 的受访者表示，自己调整了日常行为，以免发生冲突或其他不愉快的遭遇。同时，64% 的人认为北美新闻媒体的报道导致了对加拿大华人的负面看法。该调查覆盖 516 名加拿大华人。其中 44% 的受访者出生在加拿大，另各有 22% 来自中国内地和香港。作为目前加拿大联邦政府内唯一一位华人部长的小企业、出口促进及国际贸易部长伍凤仪当天发表声明表示，该调查报告反映的情势令人震惊，被人称为“影子疫情”的种族主义也让自己感同身受。这再次提醒人们，种族主义是真实存在的，每天对人们的生活造成破坏性的影响。她说，加拿大华人一直在为社会、经济和社区作出宝贵贡献。伍凤仪强调，人们需要同心协办克服种族主义这一“影子疫情”。（中国新闻网 2020-06-23）

加拿大华裔劳工开工不足难领补助　相关组织吁改革

2020 年 8 月，加拿大多伦多工人行动中心干事刘碚溪表示，加拿大统计局公布的少数族裔失业数字仅为冰山一角。除了南亚裔及非裔社区，华裔劳工也不乏从事服务业者，也面临着开工不足的情况，尤其是餐馆服务员及旅游业人士，即使他们在疫情期间可申领抗疫补贴，但未必能获得雇主给予的“就业记录”（ROE），因此不能申领就业保险金（EI）；部分人还因为工时问题不能申领就业保险金。除了一些开工不足的雇员外，一些被定性为“自雇者”的劳工也得不到失业保障，如 Uber 司机与从事送餐服务的员工。有些只能找到兼职工的华人，需要每天打 2 份工维持生计，疫情导致他们失去 1 份工作，但因为他们仍算在职，工时不够，也不能领取就业保险金。在刘碚溪看来，加拿大的就业保险金制度需要改革，尤其在经历过疫情后。（《星岛日报》2020-08-10）

加拿大移民部出台新规定　国际生满足条件可申工签

日前，加拿大联邦移民、难民及公民部表示，该部门将采取三项新措施，帮助网上学习的学生，以便他们在毕业后顺利申请工作签证。三项措施包括：第一，从现在开始，学生可以在国外上网课至 2021 年 4 月 30 日，前提是 50% 的课程最终要在加拿大完成。第二，学生如果注册了 8 至 12 个月的在线课程，且开始时间是从 2020 年 5 月至 9 月，那他们仍然有资格获得毕业后的工作签证。第三，学生注册的课程在 2020 年 5 月至 9 月之间，并一直在线学习至 2021 年 4 月 30 日，同时符合资格的毕业学科超过一门，就可以结合所有科目的学习时间，申请毕业后的工作签证，只要确保 50% 的课程是在加拿大完成的。要符合这些条件，学生必须在 2020 年春季、夏季、秋季，或 2021 年 1 月学期开始前递交学生签证申请，并且获得相应的学生签证。（《星岛日报》2020-08-28）

温哥华华裔加拿大人博物馆举办首个展览　讲述华人移民故事

作为加拿大卑诗省正在打造的华裔加拿大人博物馆举办的首项活动，一个展示华人移民故事的临时展览于当地时间 8 月 13 日在温哥华唐人街揭幕。这一展览名为《一席之地：华裔移民与卑诗省》。展览通过互动故事板、影像和声音等，展示探索华人移民与社区历史，以及华裔加拿大人的生活面貌，让参观者了解华人移民和后裔如何谋生、适应生存，并挑战系统性歧视。卑诗省政府 7 月 16 日宣布拨款 1000 万加元，设立加拿大首个华裔加拿大人博物馆。该博物馆将在温哥华唐人街设立全省总馆，在卑诗省各地设立地区主馆和分馆，并将设立网上平台和省内各历史地点的数码体验。独立非牟利机构卑诗省华裔加拿大人博物馆协会负责领导该博物馆的发展和营运。卑诗省政府与温哥华市政府于 2018 年 9 月签署谅解备忘录，携手推动温哥华华埠申报联合国教科文组织世界文化遗产名录。建立华裔加拿大人博物馆是其中一项主要承诺。华裔加拿大人博物馆的首个地区主馆设在卑诗省省会维多利亚，这里是早年华人先侨登陆加拿大的主要地点之一，并拥有加拿大最早的唐人街。（中国新闻网 2020-8-14）

华人聚居地成大温“最佳社区”评选最后赢家

大温华人聚居地列治文的史蒂夫斯顿近日被评为大温地区“最佳社区”！加拿大广播公司 CBC 对从狮子湾到兰里堡的 192 个社区举行“最佳社区”评比，宣布列治文史蒂夫斯顿（Steveston）和温哥华快乐山（Mount Pleasant）被评为大温地区“最佳社区”，其中列治文史蒂夫斯顿（Steveston）获得第一名。大温地区有 250 万人，其地理特征和独特的起源，分隔成数百个独特的社区。在评选中，唯一的共同点就是突出其遗迹或独特文化的地方，这些社区如何保持街区现状及面临发展压力的政治斗争。经过 450000 多张选票，列治文史蒂夫斯顿和温哥华快乐山成了大温地区“最佳社区”。（微信公众号：加西网 2020-08-30）

加拿大华侨华人：纪念历史反思战争　更须跳出“零和”思维

2020 年 9 月 3 日是中国人民抗日战争暨世界反法西斯战争胜利 75 周年纪念日。加拿大多地华侨华人表示，在当今的国际形势下纪念历史、反思战争，正是为了携手共克时艰，跳出国际交往中的“零和”思维，更好地珍惜与维护来之不易的和平。在纪念抗战暨世界反法西斯战争胜利 75 周年之际，人们需要谴责侵略者的残暴，牢记历史经验和教训。但铭记历史并非为了延续仇恨，而是要唤起善良人们对和平的向往和坚守，更好地以史为鉴、面向未来。（中国新闻网 2020-09-04）

首位华人女孩获加拿大青少年选美冠军

9 月 4 日，来自密西沙加的 15 岁女孩邵亦心（Joanne Shao）赢得 2020 加拿大青少年选美冠军（Miss Teenage Canada），这是该赛事举办 20 年来首位华人女孩获得冠军。邵亦心在加拿大出生，但她的中文很好，在家里都是讲中文，还参加过两次中国寻根夏令营。（微信公众号：加国无忧 2020-09-09）

近 10 名华裔精英入选加拿大皇家学会新院士

9 月 8 日，加拿大皇家学会（RSC）及其委员增选了 2020 年的 87 位新院士，其中华人新院士或多达 10 名。包括中国哈工大首名计算机博士、香港中文大学（深圳）张大鹏，加拿大卡尔加里大学 Schulich 工程学院教授陈掌星，加拿大西部大学教授蒋敬，约克大学教授王睿，UBC 大学教授陈金华等。（微信公众号：加国无忧 2020-09-12）

加拿大蒙特利尔华人举办“云端”普通话视频大赛

在中国与加拿大建交 50 周年之际，由加拿大蒙特利尔华人面向海外青少年举办的一场“云端”海外中文爱好者普通话视频大赛圆满落幕。魁北克孔子学院和加拿大七天传媒携手举办的“纪念加中建交 50 周年海外中文爱好者普通话视频大赛：学说普通话　朋友遍天下”活动于 8 月 16 日启动，并在七天传媒视频号上线首条视频。活动历时 2 个月，一共上线 42 条作品。参赛选手的作品获得累计 150 多万观看量，累计点赞 3 万多次。目前，单条作品最高浏览量逾 18 万次，单条作品最高点赞量逾 5700 次，这些数据仍在上升中。来自加拿大蒙特利尔、温哥华及澳大利亚悉尼等地的众多青少年提交了作品。参赛者中年龄最小的 5 岁，最大的 17 岁。视频中有朗诵诗词的、有表演才艺的、有介绍自己的，小选手们多方面展示了各自在海外学习中文的热情和水平，展现了海外华人新生代学习中文、传播中国文化的情怀。所有参赛作品都经过了网友点赞投票和加中两地评委的严格评审。最终，12 岁小选手缪威芳的作品获得 5725 次点赞，位列人气奖第一。同时，她还获得评委会大奖。（中国新闻网 2020-10-15）

加拿大华人餐馆无奈迎重开　盼早日渡过疫情难关

近日，加拿大安大略省发布将采用评级制度实施新的餐饮业防疫管理规定，许多华人餐馆对此无奈表示，开总比关好，希望能够捱过这次疫情。11 月 3 日，万锦市的几个华人餐饮聚集的地区，由于仍处于关闭堂食状态，显得十分冷清，有露天茶座的餐馆也罕有顾客光顾。一间中餐馆的经理表示：“我现在的经营收入还不到疫情前的 10%，外卖只够维持不关门。我们是快餐店，主要指望来店消费的顾客人次，所以允许堂食开放对我们非常重要。”（《明报》2020-11-05）

疫情中的加拿大华文媒体：努力求变　克难前行

对于本已面临转型压力的加拿大华文媒体，这一年发生的新冠肺炎疫情带来了更多挑战。这里的不少华文媒体人在坚守的同时不断努力求变，克难前行。与华人移民长相厮守的《星星生活》周刊迎来它的第 1000 期。迈上“千禧”的《星星生活》已在急剧萎缩的纸媒阵地中处于守势。但它正积极迎接媒体格局的巨变，除《星星生活》的微信公众号之外，旗下的“超级生活”已以新媒体矩阵方式呈现，并已具备一定的品牌影响力。在蒙特利尔，创刊于 2006 年的《七天》周报在 2020 年年中突破了 700 期。《七天》坚持纸媒印刷，加大了网络平台的更新力度，今后《七天》将把“视频号”视为新的增长点，用它做好加拿大旅游推广和中国文化的对外传播。乐活传媒从 2020 年 2 月下旬开始对传统发布方式作出调整，制作简明、直观的新闻海报，以“短平快”的方式将疫情相关信息通过社交平台及时发布。同时，乐活传媒也通过旗下加拿大乐活网及“北美报告”“温哥华头条”“多伦多头条”等公众号，发布大量以当地疫情为主的报道和资讯。（中国新闻网 2020-11-27）

十大华人重灾区：於人村、爱静阁、金钟城上榜！

疫情已经在各华人聚居区蔓延，尤其是士嘉堡和万锦。据 ICES 最新的疫情确诊率报告显示，在 12 月 6 日至 12 月 12 日一周内，安省有两个地区的新冠肺炎确诊率超过 15%，分别是温莎—埃塞克斯的 N9H 邮编地区和多伦多的 M9V 邮编地区。与华人关系比较紧密的十大重灾区是：第一个，多伦多士嘉堡的 M1G 邮编地区，确诊率为 14.1%，位列多伦多第 2 位、安省第 4 位。

第二个，约克区万锦的 L3S 邮编地区，确诊率 12.4%，位列约克区第 1 位、安省第 8 位。第三个，多伦多士嘉堡的 M1W 邮编地区，确诊率 10.3%，位列多伦多第 9 位、安省第 23 位。第四个，多伦多士嘉堡的 M1X 邮编地区，确诊率 10.2%，位列多伦多第 10 位、安省第 24 位。第五个，多伦多士嘉堡的 M1B 邮编地区，确诊率 9.9%，位列多伦多第 12 位、安省第 29 位。第六个，多伦多士嘉堡的 M1V 邮编地区，确诊率 8.9%，位列多伦多第 15 位、安省第 35 位。第七个，多伦多士嘉堡的 M1T 邮编地区，确诊率 8.7%，位列多伦多第 16 位、安省第 37 位。第八个，多伦多士嘉堡的 M1S 邮编地区，确诊率 8.3%，位列多伦多第 18 位、安省第 42 位。第九个，多伦多北约克的 M6A 邮编地区，确诊率 8.1%，位列多伦多第 19 位、安省第 45 位。第十个，约克区万锦的 L3R 邮编地区，确诊率 7.9%，位列约克区第 5 位、安省第 46 位。（微信公众号：加国无忧 2020-12-19）

山东黄金收购加拿大北部矿区案被否

近日，加拿大创新、科技和经济发展部根据《加拿大投资法》（*Loi sur Investissement Canada*），否决了中国山东黄金公司对加拿大矿业公司 TMAC 的收购。这是加拿大以国家安全的名义再次对来自中国的大型收购说“不”，也给几个月来与此案相关的各种说法画上句号。（微信公众号：加拿大七天传媒 2020-12-23）

多伦多华人养老院彻底沦陷

位于多伦多士嘉堡的恒福老人护理院暴发新冠肺炎疫情，自 12 月 7 日该院的二楼出现第 1 例确诊后，到 12 月 22 日，已有 145 位住户确诊，10 位住户送院，26 位已经去世。这间老人院以中国背景的老人为主。针对这间老人院如此严重的疫情，多伦多公共卫生局并没有否认。（微信公众号：加国无忧 2020-12-24）

巴拿马奇利基华侨联谊会与奇利基自治大学签交流协议

1 月 14 日，巴拿马奇利基自治大学和奇利基华侨联谊会签署了一项教育文化合作协议。在该协议的框架下，两家机构将以交换专业人员的方式，向对方的教学计划、社会文化项目及体育活动提供支持。在巴拿马大学（UP）孔子学院和中国驻巴拿马大使馆的帮助下，协议双方将在人文学术和人力资源领域中开拓新的合作项目。（南美侨报网 2020-01-16）

巴拿马华人社区办春节活动吸引 2.5 万人

2020 年 1 月 24 日至 25 日，巴拿马华人社区在巴拿马两洋会展中心举办春节庆祝活动，以中国传统文艺表演的形式迎接鼠年的到来。庆祝活动对公众免费开放，预计将吸引观众 2.5 万人。此次农历新年晚会中的节目异彩纷呈，包括舞龙舞狮、传统民乐演奏、烟花表演和发红包环节，京剧、川剧变脸、杂技等中国传统艺术形式纷纷登上庆典舞台。此外，巴拿马本地乐队“La Kshamba”还为到场观众带来萨尔萨音乐。除文艺演出之外，车展和美食也成为今年春节庆祝活动中的两大亮点。巴拿马旅游局（ATP）中国游客协调员桑德拉·陈说，庆祝中国农历新年已经成为巴拿马的传统季节性活动，不仅吸引巴拿马人参与，也吸引了大量来自其他拉丁美洲国家的游客。（南美侨报网 2020-01-21）

墨西哥多元文化博物馆——欢乐春节聚人心

日前，第六届“我想象中的中国”儿童绘画比赛暨作品展在墨西哥国立世界多元文化博物馆举办。120 幅出自墨西哥城儿童之手的绘画作品悬挂在展厅内，纯真丰富的想象力描绘出了多姿多彩的中国。展厅内人头攒动，获奖小作者们自豪地与作品合影，热情地与家人朋友分享心目中的美好中国。绘画展为墨西哥“欢乐春节”活动拉开了序幕，中国农历新年期间，更多丰富多彩的文化活动走进了多元文化博物馆。多元文化博物馆副馆长卡拉·佩尼切说，多元文化博物馆常设中国展厅，对中国文化十分重视。博物馆连续多年与中方合作举办各类春节文化活动，受到当地民众的热烈欢迎，博物馆形象也得到提升。（《人民日报》2020-02-03）

巴拿马侨胞筹集防疫物资助力家乡广州抗“疫”

2 月 5 日，广州花都区新庄村收到了一份跨海而至的“礼物”——36000 只口罩由巴拿马侨亲温石平从巴拿马托运带到荷兰，再远渡重洋飞到广州，为家乡渡过难关尽一份力。自新冠肺炎疫情发生以来，广州花都区狮岭镇新庄村在防控疫情期间遇到了物资紧缺的问题。新庄村党支部书记邱雪文说，他们把目光投向了海外。新庄村具有侨乡侨胞的独特优势。在巴拿马，约有30万华侨，75%是花都侨胞，仅新庄村就有2000多名宗亲。1月30日晚，邱雪文联系巴拿马侨亲，动员侨胞积极筹集医疗物资，支持家乡疫情防控工作。巴拿马崑泰公邱氏宗亲会会长邱有发、副会长邱绍磊第一时间响应，发动会员筹集口罩等防疫物资，一天内便筹集到36000个一次性医用外科口罩和4个测温仪。由巴拿马侨亲筹集购买的第二批防疫物资于2月13日抵达花都，这批物资共有16万只口罩和8000只手套。（中国侨网 2020-02-12）

滴滴加入哥斯达黎加防疫战　为确诊驾驶员提供经济援助

为了降低用户和合作驾驶员感染新冠病毒的风险，滴滴公司在哥斯达黎加启用的移动应用程序从3月6日开始按照世卫组织（WHO）的标准和建议显示个人防护指南。针对驾驶员和用户出台健康防护措施，让滴滴公司与当地社区之间的联系变得更加紧密。滴滴特别成立了额度为1000万美元的专项基金，以便在哥斯达黎加及其他业务国家，向那些被确诊为新冠肺炎患者的合作驾驶员提供经济援助。（《共和国报》2020-03-25）

巴拿马华媒人愿做战疫的“吹号小兵”

日前，巴拿马中华总会秘书长、巴拿马《拉美侨声》报董事长周健接受采访，谈及巴拿马华侨华人“战疫”，他总结称“中华儿女多奇志，巴国赤子援楚地”。当前生活在巴拿马的华侨华人约有15万，占巴拿马总人口的5%。在这个距离中国遥远的中美洲国度，华人是个特殊群体。近两三个月以来，在对抗新冠肺炎疫情的战斗中，他们为中巴两国进行了特别的驰援行动。周健介绍，众多侨团多次发动侨胞捐款捐物，帮助当地政府，帮助贫民解决食品短缺问题，并通过政府和警察局分派物资。周健介绍说，海外华文媒体虽无法做抗疫的先锋和英雄，但可以做吹冲锋号的小兵。（南美侨报网 2020-04-10）

墨西哥侨领发起抗疫捐赠活动　与当地民众共渡难关

4月12日，首批墨西哥侨胞捐赠抗疫物资抵达墨西哥。此次捐赠物资包括55万个口罩和1000套防护服。物资抵达墨西哥后受到了墨西哥媒体的广泛关注。在墨西哥红十字会POLANCO总部物资捐赠仪上，墨西哥本土知名媒体对此次活动进行了报道，在墨西哥民众中引起反响。2020年3月，墨西哥众多侨领发起“同舟抗疫中墨情”活动，旨在团结在墨华侨华人帮助墨西哥共同应对新冠肺炎疫情，加深中墨人民的友谊，树立华人在墨的良好形象。活动组委会成立后，于3月18日晚召开视频会议连夜成立抗疫小组，在48小时内筹集到了1370378.51元。在墨西哥红十字会的帮助下，第一批抗疫物资得到快速免税清关。物资抵达后，通过志愿者小组第一时间将口罩发送到在墨西哥的华侨华人手中。鉴于目前墨西哥外州侨胞口罩资源缺乏，志愿者特地联系了各州的侨胞，准备了100份6000多个口罩分别寄给他们，由他们将口罩转发给当地华侨华人。在墨西哥外交部接受捐赠仪式上，副部长Martha表示，墨中两国的关系将更加稳固，她感谢此次疫情中国政府所给予的巨大支持。针对此次活动媒体宣传小组建立了活动官方网站及Facebook账号，目前已拥有84000名粉丝、910万次的点击量及59.2万次分享。（《华文时报》2020-04-27）

哥斯达黎加华侨华人与当地社会携手抗疫

日前，两台红外线热像仪由哥斯达黎加—中国友好协会（哥中友好协会）捐赠给哥斯达黎加民航总局，它们将被安放在哥斯达黎加最主要的国际机场——胡安·圣玛丽亚国际机场。新冠肺炎疫情在哥暴发以来，哥斯达黎加华侨华人及侨团积极行动，助力当地抗击疫情。前不久，哥斯达黎加华侨华人华裔协会（哥华协会）向当地的墨西哥医院交付一批广东省中山市捐赠的抗疫物资，包括外科口罩、防护服、红外额温计等，含运费在内这批物资价值约50万美元。据哥中友好协会会长邓煦平介绍，最近数月来，他们联合哥华协会，先后将四川省眉山市、川促会捐赠给这两个协会的两批共6万多件口罩、防护衣和体温计等防疫用品悉数转捐给最急需防护品的圣卡洛斯市政府和墨西哥医院，并将中山市捐赠给两个协会的两批20多万件抗疫用品及时转捐给墨西哥医院、机场及哥公安部和司法部等。新冠肺炎疫情来袭时，哥斯达黎加华侨华人的生意和收入也受到很大影响，但多个侨团依然积极组织华侨华人捐款捐物，5 月时他们向受疫情影响最严重的贫困家庭捐赠了 1500 多个内含大米、食用油和清洁用品等物品的“抗疫爱心包”，备受当地媒体和民众好评。(新华网 2020-07-13)

关注 6 万家中国商户　巴拿马卫生部发布中文版防疫信息

2020 年 9 月，巴拿马卫生部通过签署谅解备忘录与企业 CENDESA 建立公私合作框架，其目的是让华人社区居民更好地了解政府颁布的疫情防控措施。巴拿马卫生部在官方声明中表示，随着上述谅解备忘录的签署，华人社区将能够通过各大社交媒体完整地获取卫生部向社会公布的中文版防疫信息。合作企业 CENDESA 公司法人张彦伟介绍，目前巴拿马约有 6 万家中国商户（主要为迷你超市、五金店、洗衣店、美容院等），其中 2 万家将在新措施的指导下开展业务。巴拿马卫生部宣传局长加布里埃拉·加西亚·德萨拉萨非常关注华人社区的公共卫生情况，她认为用中文发布与疫情防护相关的措施行动和信息图表，对于卫生部工作深入华人常住人口来说十分重要。(南美侨报网 2020-09-16)

美国侨情

美国华人受教育程度较高

截至 2019 年，在美华人大约 550 万，54% 成年华人有大学文凭，51% 华人从事专业技术、管理等工作。美国科学院、工程院、医学院、文理院四院华人院士共 300 余人，美国八大常春藤高校华人教授超过 320 人。中国 985 高校毕业校友 20 多万人在美国高科技企业或高校机构工作，在美高层次科技人才分布前三名分别是旧金山湾区、纽约地区和波士顿地区。移民美国的华人中有 27% 拥有硕士学位，其他国家的移民者只有 13% 左右的人群有硕士以上学位，而美国当地人也只有 12% 的人有硕士以上学位。可以看出，华人移民受教育程度较高。持学生签证的中国大陆公民大约 37 万。根据 2019 Open Doors 报道，台湾、香港和澳门分别有 23469 人、6917 人和 558 人在美国留学。

美华裔各界成立支持武汉救灾联盟驰援疫区

武汉等地的疫情发展牵动着每一位海外华人华侨的心。为驰援疫区，美国华商会 2 月 26 日向美国华裔各界发起支持倡议书，并成立美国华裔各界支持武汉救灾联盟，共募集和采购 16411 个口罩，27 日从纽约空运、福州转运至武汉。美国华商会会长邓龙任救灾联盟小组组长，救灾联盟向全美东西两岸的华人、华侨、华商及中资企业发出倡议，向疫区捐赠紧急救援物资，并号召各界捐款用于购买 N95 医用防护口罩、GB19083-2010 医用外科口罩和一次性医用防护服，以及符合 GB19082-2009 医用防护服标准的各类医护用品。目前已有华中科技大学南加州校友会、美国湖北工商总会、美国佛州华商总会、美国华人正义联盟、纽约中华歌舞团等组织和商号加入了救灾行动小组。此外，美国的鄂籍侨胞更是情牵家乡，纽约老牌华裔社团纽约黄鹤会携手美东湖北同乡会日前联合成立“抗新型肺炎专项领导小组”，向湖北乡亲发起了募捐。（中国侨网 2020-01-29）

美国华侨华人积极支援中国抗疫

2 月初，由华盛顿华侨华人志愿者募集的医用物资从纽约运抵中国。这批 2.4 万个医用口罩、价值超过 9.5 万美元的医用物资由华盛顿地区的华人志愿者平台筹集。大华盛顿地区中国大专院校校友会联合会（华盛顿大专联）联合武汉大学校友会等发起捐赠活动。在获知武汉一线医务人员口罩、防护服和护目镜等医用物资极度短缺后，华盛顿大专联第一时间将 1 万个医用口罩由东航从纽约运抵武汉。面对疫情，远在美国中西部盐湖城的华侨华人也立即行动起来。南加州华侨华人现场募款支援武汉购买急需医疗用品。洛杉矶罗省中华会馆举行南加州全侨支援武汉记者招待会，号召洛杉矶华侨华人帮助武汉渡过难关。随着时间的推移，募捐的善款和物资还在不断增加。（《人民日报》2020-02-06；中国新闻网 2020-02-04）

美国华社在疫情“震中”守望相助

3 月 1 日纽约确诊首个新冠肺炎病例后，疫情迅速蔓延，很快成为全美疫情“震中”。据约翰斯·霍普金斯大学数据显示，截至 5 月 16 日晚间，纽约州确诊新冠病毒感染者超过 34.8 万人，占全美总数近四分之一。纽约华侨华人守望相助，共同抗击疫情。例如，纽约北京同乡会会长张宝利每天收集纽约周边最新的新冠肺炎疫情信息，发送到 10 多个微信群里。纽约台山侨胞妇女联合会会长王一冰为社区内的老人准备药品，并为布鲁克林的华人社区发放中药和中成药。美国亚裔社团联合总会会长陈善庄说，疫情暴发后，亚总会为社区内的华侨华人、医护人员、警察等群体捐赠了价值超过 10 万美元的物资。（中国新闻网 2020-05-17）

美国华盛顿地区同乡会联合会邀医生举办防疫讲座

疫情期间，美国华盛顿地区同乡会联合会广泛发动当地华裔小区募捐，将一批又一批的医疗物资送到周边多家医院的医护工作者手中，为华人小区树立了有担当、正能量的社会形象。虽然生活中的各项实体活动暂停了，但利用仅有的资源开拓网上讲座，成为华盛顿地区同乡会联合会“送温暖、鼓信心、慰心灵”系列活动的良好方式。同乡会联合会每周六晚上 8 点至 9 点为乡亲们举办免费公益讲座，内容涵盖疫情知识、防护措施、科学观念、数据变化、防护措施、诊治进展、心理调节等。系列讲座除了 ZOOM 网上视频外，还有网络视频直播。整个活动由同乡会联合会健康服务部主办，在曲长虹、周刚、韩军、徐砺新等联合会执委和义工的积极配合和努力下完成。（中国侨网 2020-05-27）

美国麻州华人团体向当地警方和政府捐口罩获感谢

疫情期间，美国麻州在执法一线的警察及监狱看守急需大量的个人防护用品（PPE）。麻州诺福克郡（Norfolk）警长麦杰瑞（Sheriff Jerry McDermott）近日表示，很高兴接收到一批来自华人小区的卫生防护口罩、护目镜和卫生面罩装备的捐赠。麦杰瑞警长表示，代表诺福克郡全体前线工作人员及医护们，感谢波士顿清华大学校友会、北美杭州同乡会等机构，捐赠的 1500 个口罩等防护用品，并对所有爱心人士表示衷心感谢。波士顿清华大学校友会、北美杭州同乡会代表王华、俞国梁等人表示，很高兴能够为一线执法人员的安全出力。他们随后又来到波士顿华埠，将 8 箱防护用品捐赠给波士顿市府，由代表华埠的波士顿市议员费连代表市府接受。费连议员感谢华人团体的爱心捐赠，表示市府将继续为华埠移民提供多语言的服务和帮助，并确保他们被尊重。（中国侨网 2020-05-28）

疫情期间美国亚裔企业受严重冲击

据美国劳工部数据，疫情给亚裔带来了沉重的经济损失，失业率从 2020 年 2 月的 2.5% 飙升至 6 月的 13.8%，增幅超过 450%。马萨诸塞大学的经济学教授马琳・金说：“这是我几十年来见过的最糟糕的情况，亚裔的失业率通常是最低的，而在疫情期间失业率飙升。”尽管现在亚裔的生活困难重重，但很多人无法注意到这一点。因为亚裔的情况被忽视了，甚至不会有人想到亚裔正在处于不利境遇。虽然部分亚裔的教育水平确实高于普通工人、收入也很高，但还有一部分亚裔很艰难，比如在美甲店服务或者做出租车司机等。（中国侨网 2020-10-27）

新冠肺炎疫情下美国最古老唐人街门可罗雀

因新冠肺炎疫情影响，位于旧金山的美国最古老的唐人街正在为生存而挣扎。自从新冠肺炎疫情暴发以来，旅游业急剧下滑，令昔日受追捧的商户对自己的未来产生怀疑。旧金山市的唐人街是一个历史街区，而且一直是移民的灯塔和“美国梦”的起点。这个街区面临过种族歧视、立法压制、大地震等诸多考验，而现在的疫情是一个多世纪以来对这个具有重生能力的街区的最大考验之一。3 月初，加州州长加文・纽瑟姆宣布了一项居家令，限制非必要的旅行，令 4000 万加州人受影响。过去熙来攘往的朴茨茅斯广场——旧金山唐人街的门面和象征——现已门可罗雀。往日，唐人街居民成群结队地聚集在这里，练太极和下棋。旧金山旅游协会称，今年到该市旅游的游客数量已减半，而且旅游支出也下降了近七成。华埠社区发展中心执行董事杨重贤称，2020 年 1 月就已感受到疫情的影响。这原本是唐人街赚得盆满钵满的日子。参加春节游行活动的人数减少了三成，这在经济上是毁灭性的打击。（参考消息网 2020-12-03）

疫情期空房多　纽约华裔房东“难以维持生计”

疫情暴发后，人们纷纷从纽约搬离，造成纽约市空房多的局面，对于当地一些小房东来说，却承受着与不能负担房租的租客一样的窘境。“房东通常被认为是坏人，因为我们不管是什么时候都可以在家里坐享其成的收租。”华裔房东方敏说，但就像租客一样，许多人作为房东，也在新冠病毒肆虐期间努力维持生计。在疫情期间，一些房客的租金“冻结”或减少，而且纽约市已将驱逐令延长到了至少 2021 年初，许多房东认为，政策对小房东的帮助却很少，让他们不足以维持生计。（中国侨网 2020-10-29）

洛杉矶中餐馆因留学生未返校生意受创

受疫情影响，美国部分大学将秋季学期改为

线上授课，原本将在暑假之后入学的海外学生，有的人被通知本学期不必到学校报到，有的人买不到机票。有业者估计，洛杉矶的中餐馆至少三分之一是靠留学生支撑，这样一来估计又有一批餐馆撑不下去。无论是租房、零售还是餐饮，留学生给地方经济注入的消费力很多。而中式餐饮业尤为依赖留学生消费群体，特别是较为新潮或中高端的中餐馆，若真要失去大批留学生，恐怕会遭受巨大打击。“麻省理功”烤鱼店创始人漆春华表示，中餐馆主要都是华人在吃，美国当地人还是较少，其中留学生是很大一个消费群体。本来疫情就很严重，美国政府的留学生签证政策朝令夕改，更使情况雪上加霜。漆春华表示，对于刚从国内来的新潮知名连锁餐饮，这次影响巨大。他表示，人均 20 美元以下的餐馆估计还好，人均 20 美元以上的餐馆影响就大了。而且除了价位，留学生相对来说因为有家庭支持，经济方面没有大问题，消费频率高很多，因此对中等偏上的中餐馆打击最大。（中国侨网 2020-07-28）

美华协会：新冠肺炎疫情对全美亚裔家庭造成巨大负面影响

2020 年 7 月 9 日，美华协会（OCA）引用一系列人口普查数据称，新冠肺炎疫情对全美各地的亚太裔美国人家庭造成了巨大破坏。数据显示，新冠肺炎疫情通过收入损失、仇恨犯罪增加等对全美各地的亚裔美国人家庭都造成严重破坏。从 3 月 13 日开始，近半亚裔家庭经历了收入损失，36% 的家庭预测未来一个月内会有损失。虽然 6 月份整体就业情况略有改善，但亚裔美国人的收入预期依然不乐观，亚太裔失业率已经从 4 月的 14.5% 上升到了 5 月的 15%。收入下降引发一系列问题。在有孩子的亚太裔美国人家庭中，8% 的人表示有时或经常吃不饱。6.5% 的美国亚裔家庭没有保险，这一比例高于白人。另外，随着针对亚太裔社区的仇恨事件和犯罪事件的激增，58% 的美国亚裔报告说，他们出现了长期担心和焦虑的症状。（中国侨网 2020-07-10）

美国亚裔医护一边抗击新冠病毒，一边遭受种族歧视

疫情之下，美国亚裔医护人员冒着个人健康风险，却因亚裔的外貌而受到歧视和侮辱。在全美范围内，亚裔医护人员报告的偏执事件越来越多。亚裔占美国总人口的 6%，但在医生中占 18%，在护士中占 10%。种族敌视将这些站在抗击新冠肺炎疫情第一线的亚裔医护人员置于非常痛苦的处境。在医院，一些新冠患者拒绝接受他们的治疗。当这些医护人员从医院下班，他们又面临日常生活中日渐增多的骚扰。有专家预计，随着美国各州重启经济，人们重返工作、学校和公共生活，针对亚裔的骚扰和暴力在未来几个月还将增加。（中国侨网 2020-05-22）

美国华人因害怕受攻击而不敢戴口罩

亚裔美国人之间的一场辩论是关于是否要在公共场合戴口罩。戴口罩虽然有助于预防感染病毒，但很可能引起不必要的注意。不少华人害怕如果自己戴口罩会受到身体攻击。在社交媒体上，很多美国华人发的帖子都是这样的：我们不戴口罩。它比病毒更危险。（《纽约时报》2020-06-02）

美洛杉矶县报告：2019 年针对亚裔仇恨犯罪增幅较高

洛杉矶县人际关系委员会 2020 年 10 月 23 日发布 2019 年度洛县仇恨犯罪报告。其中针对亚太裔的仇恨犯罪增加 32%，达 12 年来最高。疫情开始后，针对亚裔的仇恨犯罪更有激增。该报告为 2019 年的仇恨犯罪，当时疫情还未开始，但针对亚太裔的仇恨犯罪仍增加 32%。委员会执行长 Robin Toma 表示，2019 年确实也有很多针对华裔、韩裔和日裔的仇恨。即使是在疫情之前，总统特朗普排外的政策，导致全美上下对移民整体不友好，都可能导致这些仇恨犯罪事件发生。（中国侨网 2020-10-24）

特朗普感染新冠肺炎推文导致反亚裔情绪急剧上升

由 ADL 的技术和社会中心进行的一项研究显示，特朗普新冠确诊后，推特和其他社交媒体平台上关于冠状病毒传播的反亚洲情绪和阴谋论急剧上升。研究显示，在特朗普首次发布关于他确诊为 COVID-19 的推文后的 12 小时内，该平台上的反亚洲语言和阴谋论增长了约 85%。研究人员发现，这一声明在网上引发了数千次指责中国蓄意感染美国总统的讨论。这条推文引发的针对亚裔美国人的歧视加剧，给更广泛的社区带来了更多风险。（CGTN2020-10-11）

“反仇恨亚裔”网站报告揭亚裔受歧视现象

“反仇恨亚裔”（Stop AAPI Hate）网站在 2020 年 4 月、5 月、6 月三个月共收到 2000 多起仇恨亚裔报告，其中超过 40% 发生在加州。发生在加州的 832 起仇恨亚裔报告中，有 81 起涉及攻击，64 起可能违反民权。网站将近三个月的仇恨亚裔事件，依种类分为言语骚扰、人身攻击等。值得注意的是，“反仇恨亚裔”网站收集到的仇恨亚裔案件中，有超过 40% 是由华裔报告的；如果地域限于加州，该数值更高，达到近 50%。排第二的是韩裔与越南裔，两者均低于 20%。“反仇恨亚裔”网站由华人权益促进会（CAA）、亚太政策计划委员会（A3PCON）及旧金山州立大学亚裔美国人研究学系共同成立。（中国侨网 2020-07-06）

疫情期间美国亚裔失业率最高

加州大学洛杉矶分校（UCLA）拉斯金公共事务学院（Luskin School of Public Affairs）的研究教授保罗（Paul Ong）表示，疫情期间美国各地的反亚洲情绪造成了仇恨事件，也造成了亚裔美国人失业和企业倒闭的空前增加。加州大学洛杉矶分校（UCLA）的一份报告显示，在加州，高中及以下学历的亚裔美国劳动力中，有 83% 已经申请了失业保险，而同等教育水平的该州其他劳动力中，申请失业保险的比例为 37%。社会服务非营利机构亚裔美国人联合会（Asian American Federation）发布的一份报告显示，在纽约，亚裔美国人的失业率在疫情期间飙升得最高。（NBC news 2020-11-10）

美国少数族裔新冠病毒感染率高死亡率高

随着疫情加剧，美国不同人群受新冠肺炎疫情影响的差异性也逐渐凸显。非裔和西班牙裔群体更易受到新冠肺炎疫情伤害。根据美国国家公共广播电台的数据追踪，截至 2020 年 9 月 20 日，美国非裔和西班牙裔人群的感染和死亡比例远高于其所占美国总人口的比例，而白人和亚裔群体则相反。这表明，非裔和西班牙裔更容易遭受新冠肺炎疫情的伤害。另据美国疾控中心此前给出的数据，原住民、非裔、西班牙裔群体中，感染新冠病毒的概率要比白人群体高出 2.6 倍以上。其中，非裔群体死于新冠肺炎的概率比白人高 2.1 倍。值得注意的是，疫情初期，美国社会往往认为亚裔群体集中的地区会更容易感染和传播病毒，然而随着统计数据不断更新，纽约唐人街这类亚裔聚集区，反而成了最安全的地区。相反，非裔和西班牙裔群体遭受了更甚于其他族裔的伤害。从事公共卫生研究的专家普遍认为，非裔和西班牙裔群体的遭遇绝非偶然，现象背后是更深层次的系统性问题。许多因素都可能导致死亡率上的巨大族裔差异，如高危工作、居住环境、医疗保障、基础疾病等。（央视新闻客户端 2020-09-27）

COVID-19 对美国华人心理健康造成危害

新冠肺炎疫情让美国华人正经历着更多的种族歧视，进而影响他们的心理健康。据巴尔的摩县马里兰大学博士查丽莎·谢及其同事报道，在 543 名美裔父母中，因 COVID-19 而在网上遭受种族歧视的比例分别是 50.9% 和 31.7%。美国《儿科》杂志上写道，在 230 名 10—18 岁儿童中，50.2% 认为自己亲历了种族歧视，45.7% 说自己在网上遭受过种族歧视。在这项调查中，从 2020 年 3 月 14 日至 5 月 31 日，从电话和网上传单中招募了至少有一个孩子的华裔父母。大多数回应的父母是母亲（77.9%），出生在美国境外（95.9%），至少拥有大学学位（80.7%），她们被聘为行政人员、专业人士或大企业主（53%）。大约三分之二的受访者居住在美国南部（67.8%），约 76% 的父母和儿童称至少在网上目睹过一次种族歧视，近 90% 的父母和儿童报告至少一次亲经历过种族歧视。四分之一的父母和孩子表示，他们几乎每天都会亲身经历和在网上经历种族歧视。（Medpage Today 2020-10-28）

疫情下电商平台优惠多　美国华人线上抢购忙

受疫情影响，美国民众越发偏爱网购。据统计，2020 年全美“网购星期一”的在线销售额将有望达到 127 亿美元，成为史上最大规模的在线销售日，超过“黑色星期五”。许多华人也趁优惠在线抢购。往年的“黑色星期五”，零售业者通常会推出全年最优惠价格，让民众到店抢购。但 2020 年受疫情影响，业者将店内优惠改至在线，并延长优惠时间，以弥补店铺关门的损失。如电商平台亚马逊就将其夏季促销活动后延了。根据市场调查机构分析，2020 年感恩节假期的促销活动，为史上最大规模的在线销售日，销售额为 108 亿—127 亿美元。业内人士表示，消费者从实体购物转向在线购物，销售额也随之产生了强劲增长，不少华人也参与到了这股线上购物风潮中。（中国侨网 2020-12-02）

旧金山举办反歧视亚裔在线论坛

旧金山人权委员 10 月举行联合对抗反亚裔歧视在线论坛，主题是“站在同一阵线”。来自华裔、日裔、非裔等不同少数族裔小区的多名代表，分享如何停止种族仇恨，减少甚至避免亚裔小区遭受袭击的情况。旧金山市长布里德表示，“新冠病毒”被恶意称为“中国病毒”，让亚裔小区受到了很大伤害，华埠近期也发生了不少华裔被攻击案件。这样的恐怖情况不允许再发生。并且要对受歧视和袭击的人提供协助，建立友善和互助的小区。参与会议的华裔代表郑小飞说，让亚裔和非裔小区相互了解各自的节日文化非常重要，不同族裔之间要保持友好。亚裔占旧金山全市人口大约 30%，但占全市低收入人口 40% 多的现状没有得到市府重视，无法获得足够资源。论坛的规划委员郑可欣认为，此次论坛为亚裔和非裔小区提供了非常需要的机会，让他们讨论小区可以一起做些什么来维护种族平等。历史上，两个小区也有团结相互支持的情况。大家一致认为，必须采取措施作出改变，包括对年轻学生的教育。（中国侨网 2020-10-22）

美国亚裔如何应对袭击

面对美国社会对亚裔袭击的事件频发，一些亚裔采取了多种方式进行回应。例如，49 岁的华裔美国人臧东辉在纽约皇后区组织了社区巡逻队，巡逻队的微信群中有 200 多名成员，他们轮流开车在社区中巡逻，向警察报告可疑行为。目前巡逻队以棒球棍自卫，但臧东辉希望未来他们可以持枪巡逻。包括他在内的十多名巡逻队成员最近已申请购买枪支许可证。旧金山和平组织联合创始人梁国伟（Max Leung）表示，他的组织在唐人街进行巡逻，帮助阻止破坏和盗窃案件。艺术家与喜剧演员也受到启发而发声，华人说唱歌手杰森·楚（Jason Chu）发起了名为“仇恨是一种病毒”的倡议活动，还写了一首关于反亚裔事件的饶舌歌曲。希望以饶舌来展示“针对亚裔美国人的人们有多么荒谬”“强调亚裔美国人属于这个国家”。“仇恨不属于我们的国家。”（BBC02020-5-27；中国侨网 2020-05-28）

美国大选亚裔增长最快，257 万华裔具有选民资格

据皮尤研究中心的数据显示，美国亚裔选民的数量从 2000 年的 460 万增加到 2020 年的 1110 万，增幅为 139%，是美国选民中增长最快的族裔群体。亚洲移民是一个多元化的群体，有来自东亚、东南亚和印度次大陆的人。这个群体的大多数选民是中国人、印度人、菲律宾人、韩国人、日本人和越南人。这些人加起来占亚裔美国人的 85%。亚裔在 2020 年大选中占美国合格选民（18 岁及以上的美国公民）的近 5%，也是归化公民（移民）在合格选民中人数超过在美国出生人数的族裔群体。相比之下，自 2000 年以来，拉美裔选民的数量增长了 121%；黑人和白人选民的增长速度较慢，分别为 33% 和 7%。归化公民（即移民）占所有符合条件的亚裔美国选民的三分之二。在美国 1820 万亚裔移民中，约 57% 的亚裔有投票资格。其中包括约 450 万成年亚裔移民没有投票资格，因为他们不是美国公民。其中包括绿卡持有者、临时签证持有者和非法移民；同时，还有 350 万未满 18 岁的亚裔。在人数上，有 257 万华裔美国人、195 万菲律宾裔美国人和约 186 万印度裔美国人有资格参加 2020 年 11 月的选举。（美国皮尤研究中心 2020-05-07）

纽约 2021 年市议员选举华人区皆有华裔参选

2020 年 7 月初，纽约市选举财务委员会（CFB）公布首批正式登记参加 2021 年市级各职位选举的参选人名单，指出已远远高出 2017 年和 2013 年市级选举的登记人数；其中曼哈顿、布鲁克林及皇后区多个华裔较集中的市议员选区，都有华人登记参选。CFB 表示，曼哈顿华埠第一选区、布鲁克林日落公园第 38 选区、皇后区法拉盛第 20 选区、森林小丘第 29 选区等华人较集中的市议员选区，此次首轮便都有华人登记参选。华埠市议员第一选区每次选举都极其热烈，现任陈倩雯的幕僚长李金枝，是首位登记在

2021 年参选该职的华人；而 2017 年差点将陈倩雯拉下马的马泰（Christopher Marte），也在首批登记参选。全市华裔选民最集中的法拉盛市议员第 20 选区，首轮登记的两名参选人全是华人，一位是小区熟知的国会众议员孟昭文办公室选民服务和小区联络主要负责人黄敏仪（Sandra Ung），另一位是近年活跃在网约车司机维权的独立司机工会华人司机召集人陈海灵。还有布鲁克林 8 大道小区的日落公园市议员第 38 选区，首批就有 4 人登记参选，其中包括 29 岁的华裔胡安行（Whitney Hu），这是该区第二次有华人参选。近年来颇受华裔专业人士喜爱的安家小区、皇后区森林小丘和雷哥公园，所属的第 29 选区市议员此次也有华人登记参选。（中国侨网 2020-07-06）

微信禁令在华人社区引发轩然大波

2020 年 8 月 6 日，特朗普总统签署行政命令，禁止与微信及其母公司腾讯相关的所有交易。这一消息在美国华人社区引起轩然大波。特朗普在行政命令中称，微信对美国国家安全存在威胁，并指责微信"收集大量用户数据"，威胁到了美国人的个人和专有信息。当前，微信在全球有 11.5 亿用户，仅在美国就拥有约 1900 万活跃用户。包括在美国的中国移民和中国留学生大都使用微信进行交流，而且越来越多的中国相关企业，如超市、餐馆和美发沙龙，都接受微信支付。美国的微信禁令引起中国留学生和移民的普遍焦虑。因为对于华人社区来说，微信不仅仅是一个社交网络平台，是用于购物、游戏等日常活动的软件，更是华人与远在大洋彼岸家乡的亲人朋友保持联系的主要手段。因此，此举被华人认为是华盛顿向中国移民发出的"不受欢迎的信号"。（Wilsoncenter 2020-09-22；侨报网 2020-08-10）

美国纽约州华裔众议员牛毓琳连任成功

纽约州众议会第 65 选区华裔众议员牛毓琳 6 月 22 日以 64% 的得票率战胜韩裔竞争对手李荣恩，连任成功。牛毓琳表示，自己的胜选归功于坚定不移地推动进步派主张、不畏强权、积极改变现状，而且她的竞选也比竞争对手更加有组织、工作更加努力。（中国侨网 2020-06-23）

反对歧视亚裔　美华裔众议员孟昭文决议案获众院通过

2020 年 9 月 17 日，美国纽约州华裔国会众议员孟昭文提出的"谴责因新冠病毒反亚裔"决议案，在众院通过。该决议号召所有公职官员谴责任何形式的反亚裔情绪，谴责任何种族歧视、排外或反亚裔的表达，同时号召联邦执法部门与地方合作，将反亚裔相关犯罪的施暴者绳之于法。孟昭文最早在 3 月提出该决议案，有 157 名共同提案人，受全美逾 500 个组织的支持，众院 17 日以 243∶164 通过。自疫情暴发后，亚裔就被迫忍受从言语攻击到身体伤害的，有损人格的仇恨和偏执行径。该决议号召所有公职官员谴责任何形式的反亚裔情绪；不计背景、视所有美国人的健康和安全为最高优先；谴责任何种族歧视、排外、找替罪羊或反亚裔情绪的表达；号召联邦执法部门与地方合作，调查并记录针对亚裔小区的仇恨犯罪，收集因新冠病毒引起的仇恨犯罪数据，将反亚裔相关犯罪的施暴者绳之以法；美国领导层应继续打造更包容、多元的宽容社会，优先处理有助沟通的多语言资源、打击危及亚裔的不实信息和歧视。（中国侨网 2020-09-18）

亚裔选民在美国的分布情况

调查显示，超过 30% 的符合条件的亚裔美国选民居住在加利福尼亚州（360 万），其次是纽约州（92 万）和得克萨斯州（69 万）。在夏威夷，亚裔美国人占合格选民的 38%，比其他任何群体都多。加州的亚裔选民占比第二高，为 14%，占该州亚裔人口总数的 62%。在构成美国选举人团的 52 个州（地区）中，有 30 个州的亚裔选民只占不到 3%，其中 14 个州的亚裔选民只占 1% 左右。他们在其他 11 个州的选民中占 2% 左右。在总共 30 个州 / 地区，亚裔美国人只占不到 3% 的选民。在 52 个州 / 地区中，只有 10 个州的比例超过 5%。在 12 个传统的摇摆州中的 9 个，亚裔美国人只占选民总数的 2%。在明尼苏达占 3%，而在弗吉尼亚占 5%。内华达州是唯一亚裔美国人占选民总数 8%、超过 5% 的摇摆州。（2020 ASIAN AMERICAN VOTER SURVEY 2020-09-15）

纽约市华裔群体人口普查参与率仅 45.5%

根据 2020 年人口普查实时追踪数据库“census 2020 hard to count maps”的数据，纽约市亚裔参与率不足 50%，为参与率最低的族裔群体。其中，华裔参与率仅为 45.5%。亚美联盟（Asian American Federation）指出，以曼哈顿华埠为例，截至 5 月 6 日，纽约市亚裔群体的人口普查参与率以达到 50.7% 的韩裔居首，为唯一超过 50% 的亚裔群体。其后依次为巴基斯坦裔 48.9%、华裔 45.5%、菲律宾裔 43.4%、孟加拉裔 39.2%、印度裔 38.8%。数据显示，纽约市亚裔群体的平均参与率为 44.7%，低于 46.1% 的全市平均水平。联邦人口普查局称，英语语言限制、担心泄露隐私等是亚裔人口普查参与度不高的原因。亚美联盟认为，一些亚裔居民占比较高的社区因疫情遭受更大的冲击，也是导致亚裔群体人口普查参与率不高的原因。（中国侨网 2020-05-26）

对美国华裔退伍军人的逾期承认

在二战结束 75 周年纪念之际，美国国会于 2020 年 12 月 9 日正式向第二次世界大战华裔美国退伍军人颁发国会金质奖章，以表彰他们在美国拒绝授予中国移民公民身份之时依然参军上战场，以及这些人身上表现出的勇气、忠诚和爱国精神。国会金质奖章和总统自由勋章是美国最高的平民奖项。美国华裔二战退伍军人表彰项目负责人格尔（Ed Gor）较早前表示，目前仍在世的二战华裔军人少于 300 人，他们回国后成为专业人士、商人，亦组建家庭，默默地继续为国家作出贡献，却一直未受到各界应有的认可。二战期间，居住在美国的华裔近 12 万人，近 2 万人加入美军走上战场，占当时华裔总数的 11% 及华裔男性的 22%，也就是说每 5 个男性华裔就有 1 人参军，这个比例大大超过其他族裔。而在参与二战的华裔军人中，有四成参军时并非美国公民。（《维加斯新闻报》2020-12-12）

美国百人会推出“升华”项目诠释华人历史贡献

为了让美国社会各界更好地了解华人在过去 200 年来为美国的发展与繁荣所作出的贡献，由贝聿铭等著名华人在 30 年前发起的百人会与《经济学人》研究部门合作，推出“升华”项目（Project Elevate）。旨在通过详细的数据和案例来诠释华人自 1800 年以来对美国做出的许多不为人知的贡献。无论是修铁路还是研发半导体，以及二战期间参加美军捍卫世界和平，这其中都有华人的血汗与智慧付出。这一项目将具体由《经济学人》的研究团队负责，通过搜集和整理各方面的历史数据，以及典型的个人故事，最后整理成报告，以白皮书的形式于 2020 年 9 月中旬发布。整个研究分为三大部分，第一是从 GDP、就业和收入提升方面来制作一个华人在美的经济影响力模型；第二是制作以数据为基础的互动项目，来展示华人为美国经济发展与繁荣做出的贡献；第三则是挖掘 12 个典型却鲜为人知的个人故事，以此来诠释华人在美国的经历。整个项目的结果将被发表在 Economist.com 平台的子网站上。（中国侨网 2020-08-06）

南美侨情

圭亚那举办活动纪念华人抵圭167周年总理赞华人贡献

2020年1月，圭亚那政府和中华会馆举办纪念华人抵圭167周年暨华人抵圭纪念牌破土动工仪式。圭亚那总理纳加穆图等政要，中国驻圭亚那大使崔建春夫妇、华人华侨及中资机构代表等约200人出席。崔建春大使在致辞中表示，167年来，华侨华人为圭亚那的发展和繁荣作出了不可磨灭的贡献，同时推动了中圭友谊发展。希望在两国政府和人民共同努力下，两国人民传统友谊世代相传，中圭关系再上新台阶。纳加穆图总理表示，167年来，旅圭中国人虽数量不多，但他们在圭政治、经济、音乐、法律、体育等各领域成就非凡，在圭发展和繁荣历史上留下了重要印记。之后，崔建春大使与纳加穆图总理手持铁锹，共同铲起沙土，为华人抵圭纪念牌修建奠基。（中国驻圭亚那大使馆网站2020-01-20）

巴西里约侨界捐助医疗物资支援国内抗击疫情

2020年初，中国新冠肺炎疫情牵动着海外华人华侨的心，巴西里约侨胞纷纷伸出援手，通过举办活动、捐助款项、购买医疗防护用品等各种方式，支援中国抗击疫情。当地时间2月9日，参加捐款的里约部分侨胞在里约博塔弗戈（Botafogo）海滨举行活动，声援中国人民抗击疫情。他们呼喊口号："祖国加油！武汉加油！"并拉起横幅："巴西里约华人华侨与祖国一起，共克时艰！""同心抗疫！祖国加油！"这次里约侨界捐款29万巴西雷亚尔（约合人民币47万元），购买的第一批物资包括56000个N95医用口罩，800套医用防护衣。这批物资通过中国国际航空公司、阿联酋航空公司运送回国。此外，还有20万个一次性口罩已得到落实。捐助活动还在紧锣密鼓地进行，里约各大侨胞社团和个人都纷纷参与。（中央广电总台国际在线2020-02-11）

"旅古华侨协助古巴独立纪功碑"重修落成仪式举行

2020年是中古建交60周年。2月，在哈瓦那举行"旅古华侨协助古巴独立纪功碑"重修落成仪式。仪式由哈瓦那中国传统和艺术之家主办，驻古巴大使陈曦和古共哈瓦那省委第一书记托雷斯、省长加西亚及哈瓦那相关机构负责人、华侨华人代表等应邀出席。陈曦在致辞中指出，自170多年前首批中国移民抵古以来，广大华侨华人筚路蓝缕，与古巴人民荣辱与共，不仅为古巴的独立发挥了重要作用，也为古巴的革命和建设事业做出了重要贡献。哈瓦那中国传统和艺术之家主任特蕾莎·李、哈瓦那大学历史学家蔡玛丽教授也分别致辞，回顾了华侨华人在古艰辛奋斗历程，高度赞扬华侨华人为古巴独立和革命事业作出的不朽贡献。"旅古华侨协助古巴独立纪功碑"于1931年落成，以纪念华人为古巴两次独立战争所作贡献。纪念碑的铜牌上刻有古巴民族英雄何塞马蒂的战友、著名诗人德克萨达的名言："没有一个古巴华人是逃兵，没有一个古巴华人是叛徒"。作为哈瓦那建城500周年献礼工程之一，哈瓦那省政府2019年下半年对纪功碑进行了重修。（中国驻古巴大使馆网站2020-02-28）

守望相助　阿根廷侨胞助力家乡抗击疫情

新冠肺炎疫情暴发牵动着海外侨胞的心。随着福清市多数企业复工和返程高峰期，防护口罩等物资依然紧缺。旅居阿根廷的福建福清市政协海外列席委员，阿根廷福清社团联合会会长林水钦、阿根廷三福企业商会会长吴章耕、阿根廷福清同乡会会长陈世金决定捐赠3万个口罩，这批口罩于3月18日到达福清市红十字会，用爱心和行动助力家乡抗击疫情。陈世金会长表示，阿根廷虽然与中国远隔万里，但旅阿侨胞与祖国心连心，积极组织向祖国和家乡捐资捐物，守望相助，共抗疫情。据介绍，旅居阿根廷侨胞约 20 万，其中福清籍华侨华人占大多数，为阿根廷经济社会发展和中阿各领域合作交流作出重要贡献。（中国侨网 2020-03-20）

你安康　我无恙——累西腓侨胞向第二故乡献爱心

3 月 25 日，累西腓中国侨民代表向市政府捐赠口罩、酒精等防疫物资，这是各家各户从极其有限的家庭储备中自愿捐出的，虽然数量有限，却是每位中国侨民爱心的汇聚，体现了对第二故乡的热爱。接受捐赠的市政府官员深受感动，一再对中国侨民的善举表示深切谢意。侨胞们在《致累西腓市政府慰问信》中深情写道：巴西是我们的第二故乡，我们和巴西兄弟姐妹一起面临共同的挑战。病毒无国界。一方有难，八方支援！救人如救己，你安康，我无恙！（南美侨报网 2020-03-26）

战"疫"中彰显巴西华人华侨力量

疫情持续发酵，巴西不少医院面临医疗防护物资紧缺或供不应求的难题，3 月 31 日，190 位华人华侨自发捐赠了价值大约 16 万黑奥的防护物资给 Hospital das Clínicas（克利尼卡斯医院）。克利尼卡斯医院是圣保罗最大的接收新冠肺炎病例的公立医院，是战"疫"的最前线。此次共捐赠了 1500 个 N95 口罩、23000 个医用外科口罩、2500 副医用手套、1000 套防护服、900 套一次医用外套、300 公斤洗手液、400 公斤固体酒精、500 副护目镜、150 包医用纸，还从中国采购了 6000 个 N95 口罩和 3000 个医用外科口罩，整整两车物资全部一次性捐赠给医院。医院主管安东尼奥・何塞・罗德里格斯・佩雷拉表示，这批物资来的非常及时，将马上发放到相关科室。院方一再感谢这些中国朋友对圣保罗抗疫第一线医院的支援！（南美侨报网 2020-04-01）

留守巴西华侨华人抱团互助"自救"

疫情期间，留守巴西侨胞抱团互助"自救"，成为当地一大特色。4 月初，巴西湖南同乡总会在圣保罗市成立志愿者组织，发动 20 名湘籍志愿者，参与防疫宣传热线接听、人员排查登记、心理咨询、疫情辟谣、临时救援等工作，志愿者电话保持 24 小时畅通。巴西中国和平统一促进会积极宣传中国防疫的有效方式，呼吁侨胞们自觉配合巴西卫生部门对抗新冠肺炎疫情，自觉进行为期 14 日的居家隔离观察。在防疫物资方面，巴西各大侨团积极采购，分发给华侨华人。巴西青田慈善总会安排工作人员把 1000 余份爱心防疫包分四个区域，就近发放给青田同胞们。爱心防疫包中包含 50 个医用口罩和一瓶洗手液。巴西华人协会利用筹集的善款在中国采购防疫物资，分发给当地华侨华人，并支援巴西医疗机构及相关政府部门。巴西湖南同乡总会也提前采购 10 万只口罩分发给乡亲，同时在会所建立临时援助站，负责口罩、防护服等防疫物资的发放及同胞急需生活物资的临时采购等。由华人医学专家等组成的专业社团为旅巴侨胞提供中医角度的新冠肺炎防治咨询服务。还有一些巴西侨胞主动承担起中国医生与巴西医生的"牵线人"角色。3 月 25 日，圣保罗 10 多位一线医疗专家与武汉 4 位资深专家展开远程视频治疗经验交流。中方专家详细解答巴西医生关心的新冠肺炎具体治疗措施、注意事项、医护人员防护等问题。（南美侨报网 2020-04-01）

巴拉圭华商宅家抗疫保持乐观

巴拉圭的东方市是巴拉圭与巴西交界的边贸城市，许多华商聚集于此，做着中国商品至拉美的中转贸易。当疫情在中国出现时，巴拉圭的华人从中文媒体的报道中，意识到了病毒的危害性和传染性，开始加强自我保护意识。疫情期间，巴拉圭总统下令取消大小聚集性活动，并要求民众自律自觉，很多华商都自觉关停店铺，宅在家中。在做好自我保护的同时，当地的华侨华人也尽己之力帮助他人，很多人自发地捐赠。巴拉圭的防疫措施和治安状况让侨胞比较有安全感，心态乐观，但他们也担心"封城"期间的生计。停业期间员工的工资需要发、店铺的租金需要付、市场的管理费也需要交，侨胞希望巴拉圭政府尽快控制疫情，早日安全复工。（南美侨报网 2020-04-09）

疫情下的阿根廷华人超市：拓展网络销售求生存

在阿根廷境内，虽然部分大型连锁超市有网

侨情概览

上销售服务，但对于中小型的华人超市而言，这一领域似乎从未触及。不过随着疫情变化，华人超市业主们也不得不改变经营策略，通过手机通信软件送货甚至在线订购来拓展经营。据当地媒体报道，部分华人超市已开通了自己的网页，将清洁用品、卫生用品、非易腐食品及饮料等商品刊登在上面。在布市中国城的某个华人超市日前也宣布新的购物方式，顾客可通过 Whatsapp 下单，然后送货到家。据悉，疫情迫使许多华人商家歇业，因为担心感染病毒、被查封、社会安全等。但疫情结束时间的不确定性，也让许多华人商家不得不作出转变以求生存。某华人超市联合会负责人表示："我们正在开发一个平台，用户可查看价格并可在线选购组合产品，将会有包括首都、大布市、拉普拉达市及银海市的 1500 个商家加入。现今最主要的问题是缺货。通常每天都会有 5—6 家供应商送货，如今最多也就一星期两次；此外，许多社区店向批发商采购，但如今商品交付都是按最高价，利润有限。"挑战总是伴随着机遇，网络销售或许也为华人商家打开了一扇新的窗户。（中国侨网 2020-04-20）

巴西华侨应急防疫联络组助力侨胞抗疫

为帮助巴西侨胞顺利渡过新冠肺炎疫情的特殊困难时期，4 月初，巴西北京文化交流协会成立应急防疫联络组，下设五个小组，分别是中西医防疫咨询及医院就诊指引小组、物资供应信息小组、侨社成员联络及宣传小组、治安领保联络小组以及法律咨询及援助小组等。应急组成员均系侨社志愿者，主要工作包括向侨胞提供相关公立医院和卫生站的接诊地点、时间、电话等信息；向侨胞进行宣传引导，呼吁及早采取有效防护措施，推广中西医防疫知识；了解侨胞情况、居住分布人数及困难要求，对接筹集国内帮扶力量与资源；当侨胞的生命财产受到侵害时，第一时间协助报警，寻求领事保护与协助等。（《人民政协报》2020-05-07）

阿根廷华商向当地政府捐赠 14 吨食品

受疫情影响，阿根廷布宜诺斯艾利斯省佩尔加米诺市的一些贫困家庭食品严重不足，为了能够帮助这些贫困家庭，经营 Ultramar 连锁超市的华商自己出钱，购买了 4000 包面条、3000 公斤面粉、90 包软饮料、20 包大米、100 包牛奶、40 包食糖、50 包豌豆，总计 14 吨食品于当地时间 5 月 8 日捐赠给市政府，用于帮助当地贫困家庭渡过疫情隔离期间的生活困境。该市政府和市社会保障局对旅阿华商的爱心捐赠表示感谢。这些食品为本地市民提供了很大帮助，也为市政府解决了难题。（中国侨网 2020-05-11）

巴西华商谈疫情下的华人与抗疫

2020 年 5 月 16 日上午，清华大学华商研究中心和中国华侨华人研究所共同主办海外观察在线系列"海外华商谈抗疫"之巴西专场，以视频会议的方式，分享巴西华人华侨在疫情中的故事与思考。会上，巴西华人文化交流协会荣誉主席孙特英介绍了里约华人华侨帮助祖国抗疫的事迹。当国内打响疫情防控阻击战时，在巴侨胞就积极为国内提供防疫物资和资金支援。据统计，圣保罗、里约等各地的华人捐赠款项超 190 万雷亚尔（当时约合人民币 374 万），而这条驰援之路，在巴西政府和中国使领馆的帮助下变得畅通无阻。圣保罗大学东方语言文学系副教授束长生表示，华人华侨的爱国情怀值得肯定，在祖国有难时，海外侨胞的抗疫行动，充分体现了国人强大的民族认同感。巴西南美洲闽南同乡联谊总会会长孙登光提到了巴西华商面临的现状。巴西华人协会副会长蒋幼扬表示，自巴西疫情暴发以来，巴西侨团向当地华人宣传防疫理念、免费分发口罩，还向医院、警局、贫困社区捐赠防疫物资和食品篮。同时协助巴西医疗团队与中国专家取得联系，为巴西抗疫提供宝贵经验。值得一提的是，巴西华人在海外抗疫过程中，收到了世界温州人联谊会、温州市慈善总会、丽水市侨联、中国致公党等国内机构捐赠的药品、口罩等。这些来自祖国的防疫物资让身在海外的华人倍感暖心。会上，与会人员还就海外华人遭受歧视、华人捐助的方式和渠道等话题向嘉宾进行提问，纷纷表示受益匪浅。（南美侨报网 2020-05-17）

阿根廷华人商家自创代金券解决找零钱烦恼

缺乏找零的硬币已成为众多旅阿华人商家共同的难题。在布市经营一家超市的华人男子突发奇想，独创了 5 比索面值的纸质代金券，在零钱不够时代替硬币。该华人商家解释，"我们每天都为没有零钱发愁，现在当需要给顾客找零（1 比索或 2 比索）的时候，我们就给他这张价值 5

比索的代金券”。据悉，顾客们对此种找零方式欣然接受，同时也引得了其他周边商家的效仿。此举不仅解决了找零的困难，而且为超市引来回头客；因为代金券是有价值的，而且没有到期时间。周围市民们表示，此前商家都是通过糖果来找零，现在更愿意接受这种形式的代金券。（中国侨网 2020-05-21）

巴西华人支持香港法制回归正轨

2020 年两会期间，“港版国安法”正式被提上议程，获得了与会代表的高度肯定。巴西华人、台胞纷纷表态，支持国家颁布“港版国安法”，希望香港社会早日恢复稳定繁荣。巴西中国和平统一促进会会长王俊晓表示，颁布“港版国安法”能有效地推动“一国两制”方针在香港的完整实施，遏制外部势力对香港事务的干涉，为香港的长治久安创造良好的条件。巴西里约中国和平统一促进会会长林非凡认为，香港是中国的香港，中国内政不容干涉。中国推动香港法制健全是为确保“一国两制”行稳致远，是为香港的经济繁荣和居民安居乐业。巴西台胞卓正健支持“港版国安法”的颁布，相信立法能保证香港的长治久安，也相信“一国两制”能保证台海的和平与稳定。在巴华侨华人纷纷表态，华人华侨坚定维护国家统一，反对一切外部势力干涉中国内政，坚决反对任何形式的分裂活动。国安法的颁布，将促使香港法制回归正轨，恢复社会稳定，促进经济繁荣，这是海外华侨华人的共同期盼。（南美侨报网 2020-05-27）

中国医疗专家组与秘鲁华侨华人交流新冠肺炎防疫知识

5 月 23 日，中国向秘鲁派遣的抗疫医疗专家组抵达秘鲁首都利马。这是中国政府向拉美地区派出的第二个医疗专家组。26 日，中国抗疫医疗专家组在利马与当地华侨华人、中资企业代表、汉语教师及留学生代表等就新冠肺炎防疫知识进行视频交流，并在线回答问题。4 位中国专家当天上午与秘鲁中华通惠总局、秘鲁福建同乡会、秘鲁中国和平统一促进会、秘鲁浙江商会等旅秘侨团以及当地华文媒体代表进行了线上防疫交流。专家组成员结合自身经验，重点介绍了疫情防控基本知识、个人及工作场所防护工作、中医药在疫情防控中发挥的作用等内容，并回答大家普遍关心的问题。与会代表纷纷表示，通过此次交流，他们充分感受到祖国对海外人员的关爱，也对新冠肺炎防疫知识有了更深入了解。（新华网 2020-05-27）

南美洲成疫情密集传播区　华侨华人压力下守望相助

世界卫生组织表示，6 月份南半球进入冬季后，中美洲和南美洲成为新冠病毒密集传播区，加上流感高发，当地疫情形势更为复杂。为应对疫情，侨胞们在当地守望相助、共度时艰。智利暴乱后又赶上疫情，让侨胞生意接连受创，当地防疫物资并不宽裕，运输通道又被阻断，侨胞生活上也遇到很多不便。为此，智利多个侨团都在网上公布了联系方式，及时接听侨胞求助电话，并及时给予帮助。自 3 月 16 日秘鲁进入紧急状态以来，由秘鲁中华通惠总局牵头，侨团成立了防控抗疫应急小组，组织下属各会馆负责人共同研究应对疫情。疫情期间，各会馆负责人在每天晚上 10 时前都会向防疫小组汇报侨胞的健康信息，倡导侨胞们自觉遵守法令，做到不恐慌、科学防控，与当地民众互帮互助。在疫情扩散的严峻形势下，巴西江苏同乡总会也为当地侨胞提供生活所需，保障大家的食物供给，及时提供全方位的暖心服务。（中国新闻网 2020-06-04）

拉美战疫华媒没有缺席　报道疫情传递抗疫信心

2020 年 6 月以来，拉美地区新冠肺炎疫情严重。确诊病例不断增加，经济遭遇严重冲击，身在拉美地区的华侨华人与当地民众一样，面临艰难挑战。如何鼓励同胞在困境中做好防护、坚定信心，如何支持当地政府和民众抗击疫情、携手战胜病毒？拉美各国的华媒人一直在行动。3 月中旬，秘鲁因疫情蔓延进入全国紧急状态，导致秘鲁《公言报》无法及时印刷、派送。为了继续向读者报道新闻，总编孟可心申请了微信公众号。在迅猛传播的疫情之下，微信公众号信息发布的快速有效以及隔空互动的媒介形式最大限度地满足了受众需求，受到当地许多侨胞及中资企业员工的认可。巴拿马《拉美侨声报》经历了一次相似的转型。《拉美侨声报》一周 6 天、每天 16 个版的纸媒内容也几乎原封不动地被“搬”上“云端”。疫情暴发之初，巴西国内一度出现歧视华侨华人的现象，华人头条巴西站及时将巴西卫生部长“不应将病毒同种族、地域等联系，不应歧视中国人”的讲话译成中文刊发在华人头条的客户端上。智利的南美新闻网通过各种方式，不间断地发布智利以及全球各地的疫情信息，安抚侨心，让面对疫情冲击的侨胞不致惊慌失措。阿根廷华人网在报道中介绍了中国超市要求员工佩戴口罩、定时消毒、设“一米线”拉开安全距离等防疫措施，为当地华商做好日常防护提供参考。智利智华新闻社用当地媒体的镜头定格侨胞支援当地抗疫的善举与爱心。(《人民日报》海外版 2020-07-15)

广东中山与哥斯达黎加侨胞共抗疫情

广东中山与拉丁美洲国家哥斯达黎加历来交流紧密，165 年前第一批到达哥斯达黎加的中国人便是中山人。多年来双方一直保持着经济、社会各领域的友好互通。疫情之下，哥斯达黎加的中山籍华人华侨与故土中山，再续一段跨越万里的情谊。2020 年初，中国发生新冠肺炎疫情，一箱箱医护物资、一长串行李托运单，由哥斯达黎加华人华侨发出，源源不断地汇向中国、抵达中山。在海外疫情蔓延后，哥斯达黎加防护物资短缺，当地已无法采购，一些华人华侨店铺也因防护装备不足，不得不暂时歇业。了解到情况后，中山市新冠肺炎疫情防控指挥部迅速跟进，市侨务局负责对接落实物资捐赠。与此同时，启动了更大规模的“海外中山人疫情防控关怀支持行动”。从 3 月下旬开始，侨务部门工作人员开启了用“脚”寻找物资之路。中山市侨务走访了口罩厂、物流公司、侨资企业等 50 多个厂家，不仅有中山，还有广州、东莞、佛山的工厂。为了抢时间，一部分从其他地市购买的物资不会寄到中山，直接寄往深圳立马运出，再辗转多地运到哥斯达黎加。从中山送抵哥斯达黎加的物资不仅支持了当地华人华侨，也为当地抗击疫情提供了支援。(《南方日报》2020-08-07)

厄瓜多尔华侨华人捐赠物资助力当地抗疫

瓜亚斯省是厄瓜多尔人口最多的省份，在 7 月下旬之前曾为该国疫情中心。随后，新冠肺炎疫情仍在厄瓜多尔多地蔓延，首都基多成为新的疫情中心，截至 8 月 22 日，确诊病例突破 2 万例。居住在厄瓜多尔的华人华侨集体向该国瓜亚斯省首府瓜亚基尔的 6 家医院捐助了 32500 个口罩和其他防疫物资，包括数千套防护服和护目镜等，助力当地医疗机构抗击新冠肺炎疫情。瓜亚基尔市卫生厅负责人和市议员参加了捐赠活动，并代表该市居民表达了感谢。(央视新闻客户端 2020-08-24)

阿根廷华侨华人中的抗疫“先锋队”

阿根廷 3 月发现第一例新冠肺炎确诊病例后，侨界就成立了抗疫工作委员会，广大旅阿各侨团积极行动，纷纷捐款捐物、奉献爱心，帮助同胞和当地民众抗击疫情。截至 9 月，阿根廷已有 100 余名侨胞确诊，确诊人员主要从事超市行业。据悉，阿根廷有 1.3 万余家华人超市，而超市在疫情期间一直是营业的，每家超市由 2 位以上侨胞管理，当地员工有 3—20 人，每家超市每天要接待 300—1000 位客人。据抗疫委员会总召集人何文强介绍，超市的当地员工都是乘公共交通去上班，加之当地一些居民对防疫不大重视，比较容易感染并传给侨胞。很多经营超市的侨胞因条件限制，一家人住在超市里，很容易造成一人确诊全家感染的结果。鉴于不断有华侨华人出现新冠肺炎症状，很多人又不清楚如何检测就医，抗疫工作委员会的工作主要是帮助侨胞安排核酸检测，提供一对一翻译服务；帮助家中没有隔离条件的确诊侨胞前往酒店隔离；组织华人医生为大家提供医疗咨询等。担任阿根廷侨界抗疫工作委员会应急协调组组长以来，刘芳勇每天都需要处理十几个微信互助群、几百条求助信息。除了处理求助信息外，刘芳勇和抗疫工作委员会的同事们还为近百位确诊侨胞送去了连花清瘟胶囊和口罩等防疫物资。阿根廷侨界抗疫工作委员会还筹集了 1500 多万阿币的爱心捐款，购买各种防疫物资，先后四次在中国城等地向当地民众赠送防疫物品，另外捐赠防疫物资给阿根廷各级政府、警察等。侨界抗疫工作委员会帮助阿根廷社会抗击疫情的举动，赢得了当地政府和民众的赞誉，阿根廷外交部曾专门致电中国驻阿根廷使馆表示感谢。(中国新闻网 2020-09-01)

阿根廷疫情期间约 200 家华人超市关门

在疫情隔离期间，阿根廷境内的约 1.3 万家华人超市中，有约 200 家关门歇业，因各种原因截至 10 月底仍未开业。有许多华人超市经营者因疫情滞留在中国，一直都无法返回；有时超市负责人希望开业，但由于担心感染或缺少员工而不得不关门歇业。这种情况在门多萨、圣地亚哥—德尔埃斯特罗、圣路易斯及大布市地区时有发生。此外，还有一些华人超市在疫情期间减少了营业时间，短期内无法恢复正常营业。为了避免感染风险和社会治安事件，许多位于大布市地区的超市每天营业3—4小时。总体而言，阿根廷境内的所有商业都面临消费下降的局面，如华人超市这样的社区超市销售下降了25%。华人超市在疫情期间遭遇重重困难，譬如歧视、缺货及时不时关门等。不仅社区超市受到疫情冲击，就连华人常涉足的礼品店及外卖店也深受其影响，许多商家决定彻底关门。（阿根廷华人网 2020-10-06）

苏里南华人社团举办华人定居167周年纪念活动

10月，苏里南华侨华人社团联合总会（苏华总会）在首都帕拉马里博市友谊公园举行华人定居苏里南167周年纪念活动，中国驻苏里南大使刘全应邀出席并致辞。苏里南总统单多吉的代表，经济事务、创业与技术创新部长萨斯基亚·瓦尔登等政要、苏华总会会长何振雄及各侨团代表出席活动，并向首批华人抵苏纪念碑敬献花环。大使刘全在致辞中表示，167年来旅苏华侨华人顽强奋斗、艰苦创业，为苏里南的经济社会发展作出了重要贡献，为后代华人的生存与发展奠定了牢固基础。新冠肺炎疫情发生以来，旅苏华侨华人秉持互助互爱的理念，纷纷慷慨解囊，支持苏里南和祖（籍）国抗击疫情。瓦尔登表示，1853年以来，华人族群充分融入当地社会，中华文化已成为苏多元文化的组成部分。当前华人群体遍布各行各业，为苏里南经济社会发展作出了积极贡献，促进了苏中友好交流和两国关系发展。苏里南ATV电视台、中文电视台、ABC新闻、等多家主流媒体和节目对活动进行了现场报道。（中国驻苏里南大使馆网站 2020-10-26）

旅智青田籍侨团在全国部署“确诊乡亲救急”储备物资

2020年11月，智利全国逐渐解封，有的已进入了第四或第五阶段解封区。为防止智利当地解封后疫情反扑，为最大努力保护旅智侨胞的健康安全。丽水市公安局警侨驿站智利分站、旅智青田籍侨团（智利丽水青田同乡会、智利浙江商会、智利中智贸易联合会），在丽水市、青田县人民政府的鼎力支持下，在智利全国各地市部署了“确诊乡亲救急”物资发放点。根据青田县防疫指挥部的要求，这些“确诊乡亲救急”物资只对新冠确诊的侨胞实名登记发放。救急物资由青田县人民政府援助5000小包二号冲剂（1000份，每份5小包），其余如缺口的二号冲剂、中重症治疗性的三号冲剂（清肺排毒汤）及连花清瘟胶囊，全由旅智青田籍侨团联合承担。在智利全国各地的丽水籍华侨，如确诊感染了新冠病毒，凭医院检测证明免费申请。各发放点接到侨胞求助并确认的当天，必须安排药物当天送到确诊侨胞的手上。（智利中文网 2020-11-11）

阿根廷主持人发表歧视言论　当地侨界多方行动获道歉

9月23日，阿根廷美洲电视台节目主持人爱德华多·费恩曼在当地某新闻节目中以“新冠病毒”为题，公然污蔑和攻击华人社区，发表不当言论。事发后，阿根廷布宜诺斯艾利斯新闻工作者联合会（UTPBA）发表公开声明，严厉谴责爱德华多·费恩曼的歧视性论调及违背新闻忠实报道的原则。阿根廷侨界抗疫委员会号召当地华侨华人通过相关渠道发起投诉和抗议，得到了侨社的积极响应。经过多方投诉和沟通，当事人爱德华多·费恩曼于11月19日下午通过电视节目向当地华侨华人道歉。（阿根廷华人网 2020-11-20）

第21届巴西华人协会举行换届选举

12月12日，巴西华人协会在圣保罗花园酒店举行换届会议，张伟、叶周永连任第21届巴西华人协会会长、监事长。张伟回顾了第20届华协在过去两年所做的工作，特别是2020年疫情期间，巴西华人协会仍然坚持工作，并配合浙江省侨务部门援助海外抗疫基金项目，向7位浙江籍困难侨胞发放抗疫基金；之后又相继举办了“万水千山粽是情”“爱心中餐活动”，向圣保罗的华人华侨、留学生和巴西民众发放了1500份粽子和1.2万份营养丰富的中式便当。这些活动都传递了来自祖（籍）国的温暖与关怀，表达了华协、侨社对侨胞们的关心与支持，为圣保罗华人华侨抗疫加油，收到了较好的效果。此外，还组织了 80 名华裔儿童参加全国侨联和温州侨联的“亲情中华・为你讲故事”网上夏令营活动。（南美侨报网 2020-12-13）

疫情反弹　南美侨胞合力共渡难关

2020 年底，南美洲多国面临疫情反弹。在艰难抗击第一波疫情后，南美侨胞再次聚集合力，直面第二波疫情。阿根廷疫情发生以来，近 500 名旅阿侨胞感染新冠肺炎。首都布宜诺斯艾利斯是阿根廷医疗条件较好的城市，该市核酸检测中心一直为感染新冠肺炎的旅阿侨胞提供检测、治疗等医疗服务。圣诞节前夕，阿根廷侨界志愿者为中心医务人员准备了防疫用品、包含香槟和面包等圣诞必需品在内的圣诞礼盒，赠送给当地抗疫一线工作人员和贫困家庭。在巴西暴发的第二波疫情中，更多华侨华人感染新冠肺炎或成为密切接触者。巴西华人协会再次发出通告提醒侨胞做好防疫，并从中国给确诊或有密切接触的华侨华人邮寄抗疫包。11 月，有华商捐赠大量防护面罩给几家中文学校师生，也有华商捐赠大量口罩给巴西医院。同乡会对确诊或隔离中的华侨华人送抗疫中药。智利首都圣地亚哥批发区帕尔玛服装城（青田城）里的商户都是华侨华人，疫情出现反弹后，智利丽水青田同乡会对商城采取三层统一管理的方式，向商户提供消毒机，准备防疫药品，每天专人为商户配置二氧化氯消毒水。得益于措施得当，商场的经营运作基本没有受到疫情反弹的影响。（《人民日报》海外版 2020-12-23）

中国侨联年鉴

附　录

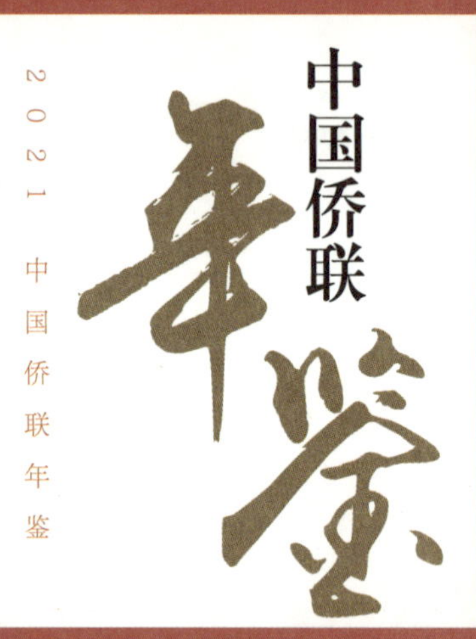
中国侨联
年鉴
2021 中国侨联年鉴

各地侨联通讯录

北京市

单位名称	地　址	电话号码	传真号码	邮政编码
北京市侨联	北京市西城区后英房胡同 9 号	（010）82218225	（010）82218224	100035
东城区侨联	北京市东城区幸福大街 32 号	（010）64023999	（010）64023999	100061
西城区侨联	北京市西城区牛街 20 号 506 室	（010）83494732	（010）66515072	100053
朝阳区侨联	北京市团结湖北五条 8 号院	（010）65094371	（010）65094093	100026
海淀区侨联	北京市海淀区四季青路 6 号招商大厦一楼	（010）88432371	（010）88437387	100095
丰台区侨联	北京市丰台区北大街乙 14 号院 105 室	（010）83656758	（010）63812113	100071
石景山区侨联	北京市石景山八角北路民主党派人民团体办公楼三层	（010）68878921	（010）68811454	100043
大兴区侨联	北京市北京市大兴区兴业大街 66 号政协活动中心 305 室	（010）60256802		102600
通州区侨联	北京市通州区胡各庄 9 号院通州区委统战部转侨联	（010）56298750-803		101100
平谷区侨联	北京市平谷区府前大街 9 号统战部转侨联	（010）65816999		101299
怀柔区侨联	北京市怀柔区青春路 22 号区委统战部转侨联	（010）69657930		101400

天津市

单位名称	地　址	电话号码	传真号码	邮政编码
天津市侨联	天津市河西区友谊路 7 号鑫银大厦 21 层	（022）23311008	（022）23109158	300202
和平区侨联	天津市和平区陕西路 75 号 301 室	（022）27219379	（022）27219379	300020
河北区侨联	天津市河北区建国道 14 号	（022）26296036	（022）26296036	300010
河西区侨联	天津市河西区台北路 6 号 314 室	（022）23278217	（022）23276092	300202
河东区侨联	天津市河东区津塘路 40 号增 15 号	（022）24317320	（022）24317320	300170
南开区侨联	天津市南开区红旗南路 263 号 E 座 9 楼 918 室	（022）27586082	（022）27585969	300191
红桥区侨联	天津市红桥区区委八楼 821 室	（022）86516580	（022）86516580	300130
滨海新区侨联	天津市滨海新区大连东道 1060 号	（022）65309126	（022）65309126	300450
宝坻区侨联	天津市宝坻区南关大街 24 号	（022）29241867	（022）29241725	301800
南开大学侨联	天津市津南区海河教育园同砚路 38 号南开大学津南校区综合业务东楼 326 天津市	（022）23501319	（022）23501319	300350
天津大学侨联	天津市津南区海河教育园雅观路 135 号天津大学北洋园校区 1895 楼 B-304	（022）27404534	（022）27404534	300350
天津医科大学侨联	天津市和平区气象台路 22 号	（022）83336518	（022）83336518	300070
天津师范大学侨联	天津市西青区宾水西道 393 号天津师范大学统战部	（022）23766352	（022）23766353	300387
天津城建大学侨联	天津市西青区津静路 26 号	（022）23085255	（022）23085000	300384
东丽区侨海联	天津市东丽区张贵庄街道跃进路 38 号	（022）24936758	（022）84375883	300300
西青区侨海联	天津市西青区精武镇学府商务大厦侨胞之家	（022）23844966	（022）27393108	300380
津南区侨海联	天津市津南区津港公路与天嘉湖大道交口津南区委院内	（022）28543825	（022）28390748	300350
北辰区侨海联	天津市北辰区北辰道 389 号北辰区政府	（022）86941692	（022）83608694	300400
宁河区侨海联	天津市宁河区芦台镇光明路 78 号宁河区委 703 号	（022）86941692	（022）86941692	301500
静海区侨海联	天津市静海区迎宾大道 99 号	（022）68612761	（022）68612763	301600
蓟州区侨海联	天津市蓟州区渔阳北路 1 号	（022）82717395	（022）29142395	301900
武清区侨海联	天津市武清区雍阳西道 118 行政中心 A 楼武清区委统战部	（022）82966681	（022）82138663	301700

河北省

单位名称	地　址	电话号码	传真号码	邮政编码
河北省侨联	河北省石家庄市裕华西路 40 号燕山大酒店写字楼 25 层	（0311）87869681	（0311）87869681	050000
石家庄市侨联	河北省石家庄市兴凯路 219 号市政府西院	（0311）87827554	（0311）87056295	050055
承德市侨联	河北省承德市行政中心西楼 228	（0314）2023043	（0314）2023043	067000
张家口市侨联	河北省张家口市经开区长城西大街 10 号市府大楼北楼 348 室	（0313）2016562	（0313）2016562	075000
秦皇岛市侨联	河北省秦皇岛市翠岛大街 1 号市民中心 4518	（0335）3606545	（0335）3637340	066000
唐山市侨联	河北省唐山市路北区西山道 7 号	（0315）2801962	（0315）2801962	063006
廊坊市侨联	河北省廊坊市广阳区祥云北道 58 号市民服务中心 6 号楼 1 楼	（0316）2339398	（0316）2339380	065000
保定市侨联	河北省保定市东风西路 5 号	（0312）3089760	（0312）3089944	071051
沧州市侨联	河北省沧州市御河路 1 号	（0317）2160297	（0317）2160398	061000
衡水市侨联	河北省衡水市育才南大街 169 号广厦上城嘉利中心 8 楼	（0318）2695151	（0318）8888316	053000
邢台市侨联	河北省邢台市红星街 139 号	（0319）3288533	（0319）3288533	054000
邯郸市侨联	河北省邯郸市光明北大街 149 号	（0310）3113320	（0310）3113320	056012
定州市侨联	定州市中山路 1 号	13933221382		073000
辛集市侨联	辛集市市府街西段辛房大厦 105 房间	（0311）83389623		052360
华北油田侨联	河北省任丘市华北油田公司华佳服务处	（0317）2726368		062552

山西省

单位名称	地　址	电话号码	传真号码	邮政编码
山西省侨联	太原市迎泽大街 388 号山西国际大厦 16 层	（0351）6192907	（0351）6192970	030001
太原市侨联	太原市新建路 69 号		（0351）4220222	030082
太原市迎泽区侨联	太原市迎泽区云路街 15 号	（0351）4033640		030002
太原市尖草坪区侨联	太原市尖草坪区委区政府大院西二楼	（0351）5651806		030023
太原市万柏林区侨联	太原市西矿街 35 号	（0351）3248882		030024
太原市晋源区侨联	太原市晋源新城区委统战部 509 室			030052
太原市小店区侨联	太原市小店区昌盛西街 19 号区委统战部转	（0351）7176173		030032
太原市杏花岭区侨联	太原市杏花岭区委统战部			030003
古交市侨联	太原市古交市青年路 1 号市政府大院古交统战部转	13934201412		030200
清徐县侨联	太原市清徐县政府大院清徐统战部转	（0351）5722615		030400
娄烦县侨联	太原市娄烦县城南大街政府大院 6 层统战部办公室转	（0351）5324547		030300
阳曲县侨联	太原市阳曲县新阳大街县委办转			030100
大同市侨联	大同市兴云街 2799 号文瀛湖办公楼	（0352）2082731		037000
大同市平城区侨联	山西省大同市平城区人民政府平城区侨联			037006
大同市新荣区侨联	大同市新荣区委统战部			037002
大同市云州区侨联	大同市云州区委西楼一楼			037300
大同市云岗区侨联	大同市云岗区委统战部			037007
大同市开发区侨联	大同市湖滨大街 59 号经开区非公党委开发区侨联	13934253170		
天镇县侨联	大同市天镇县政府大楼 5 层			038200
阳高县侨联	大同市阳高县委大院统战部			038100

山西省

单位名称	地 址	电话号码	传真号码	邮政编码
左云县侨联	大同市左云县委大楼四层			037100
浑源县侨联	大同市浑源县委统战部			037400
广灵县侨联	大同市广灵县委统战部	（0352）8822573		037500
朔州市侨联	朔州市委统战部转		（0349）2163188	036001
忻州市侨联	忻州市长征中路 26 号市委北院北楼 411 室		（0350）3309105	034000
原平市侨联	原平市前进西街 835 号市委东楼 325 室	（0350）8223578		034100
定襄县侨联	定襄县县委大院四号楼一层西	（0350）6028473		035400
代县侨联	代县政府西楼二楼北	（0350）5228234		034200
吕梁市侨联	吕梁市离石区永宁中路 9 号		（0358）8238064	033000
孝义市侨联	吕梁孝义市党政大楼 922 房间	（0358）7828033		032300
汾阳市侨联	汾阳市永和西街政府主楼 919 室	（0358）7331257		032200
晋中市侨联	晋中市榆次区安宁东街 100 号晋中市体育局 212 室	15535402452	（0354）3968536	
晋中市榆次区侨联	晋中市榆次区迎宾西路 133 号区政府 825 室	（0354）3368596		030600
太谷县侨联	晋中市太谷县箕城路 202 号政府大院 2 号楼 610 室	（0354）6223012		030800
祁县侨联	晋中市祁县东风路 101 号政府大院 3 号楼 214 室	（0354）5225180		030900
平遥县侨联	晋中市平遥县曙光路 13 号党政大楼 430 房间	（0354）5624173		031100
介休市侨联	晋中市介休市西大街 139 号介休市政府 307 室	（0354）7222439		032000
灵石县侨联	晋中市灵石县新建路政府办公大楼 419 室	（0354）7623563		031300
寿阳县侨联	晋中市寿阳县朝阳街行政大楼 812 室	(0354)4623838		045400
榆社县侨联	晋中市榆社县东大街 19 号县政府 2 号楼 420 室	（0354）6622377		031800
昔阳县侨联	昔阳县行政服务大楼 6 楼 601	（0354）4123562		045300
和顺县侨联	和顺县城新华街 3 号政府大楼 1039	（0354）8122484		032700
左权县侨联	晋中市左权县北大街 23 号政府后楼 502 室	（0354）8633367		032600
阳泉市侨联	阳泉市南大东街 534 号晋东大厦九层		（0353）2163918	045000
阳泉市城区侨联	阳泉市城区南大街 300 号			045000
阳泉市郊区侨联	阳泉市郊区区委统战部转			045000
阳泉市矿区侨联	阳泉市矿区区委统战部转	（0353）4043284		045000
平定县侨联	阳泉市平定县委统战部转			045200
盂县侨联	阳泉市盂县县委统战部转	（0353）8083329		045100
长治市侨联	长治市英雄中路 68 号政协楼一层	（0355）2049195		046000
长治市潞州区侨联	长治市太行东街 66 号	（0355）2239068		046000
长治市上党区侨联	长治市上党区委统战部转	（0355）8089368		047100
长治市屯留区侨联	长治市屯留区委麟绛东大街 51 号			046100
长治市潞城区侨联	山西省长治市潞城区衙道街 16 号			047500
襄垣县侨联	长治市襄垣县府东街 1 号统战部转	（0355）7229273		046200
平顺县侨联	长治市平顺县委统战部转	15534569582		047400
壶关县侨联	长治市壶关县委统战部转	13096568815		047300
沁源县侨联	长治市沁源县委统战部转	（0355）7838737		046500
长子县侨联	长治市长子县委统战部转	（0355）8322324		046600

山西省

单位名称	地址	电话号码	传真号码	邮政编码
黎城县侨联	长治市黎城县委统战部转	（0355）6560998		047600
沁县侨联	长治市沁县县委统战部转	（0355）7022560		046400
武乡县侨联	长治市武乡县委统战部转	（0355）6385319		046300
晋城市侨联	晋城市市委市政府 2 号楼 302 房间	（0356）2198798	（0356）2025757	048000
晋城市城区侨联	晋城市新市西街 75 号城区政府前楼 413 室	（0356）2039420		048000
泽州县侨联	晋城市泽州县金村镇府城街 001 号泽州县政府大院东楼 106 号	（0356）3033077		048000
阳城县侨联	晋城市阳城县人大办公楼 410 室	（0356）4229290		048100
高平市侨联	晋城市高平市长平西街 46 号政府楼 4 楼 411 室	（0356）5225601		048400
沁水县侨联	晋城市沁水县城西街 99 号县政府前楼 406 室	（0356）7023445		048200
陵川县侨联	晋城市陵川县梅园东街 1 号	（0356）3191216		048300
临汾市侨联	临汾市尧都区财神楼中街 17 号统战大楼 1 层		（0357）3985856	041000
临汾市尧都区侨联	尧都区华州路一号尧都区侨联			041000
侯马市侨联	山西省侯马市市府路 15 号三楼			043000
曲沃县侨联	临汾市曲沃县府东街县委大院中共曲沃统战部转	（0357）4522054		043400
隰县侨联	山西省临汾市隰县龙泉镇东大街 21 号县委大院四楼			041399
乡宁县侨联	山西省临汾市乡宁县迎旭东大街县委大院			042100
永和县侨联	山西省临汾市永和县正大街政府大院			041400
翼城县侨联	山西省临汾市翼城县政府大院			043500
浮山县侨联	山西省临汾市浮山县县委大院 3 楼			042600
洪洞县侨联	山西省临汾市洪洞县县委 1 层			041600
古县侨联	山西省临汾市古县岳秀街政府大楼 603 室			042400
安泽县侨联	山西省临汾市安泽县县委大院后楼一层			042500
曲沃县侨联	山西省临汾市曲沃县政府大院统战部			043400
霍州市侨联	山西省临汾市霍州市观坡街市委 1 层			031400
蒲县侨联	山西省临汾市蒲县府前街县委楼四层			041200
襄汾县侨联	山西省临汾市襄汾县北大街县委统战部			041500
大宁县侨联	山西省临汾市大宁县昕水镇府东街 17 号			042300
运城市侨联	运城市盐湖区河东东街 268 号市气象局二楼		（0359）2022070	044000
运城市盐湖区侨联	运城市盐湖区解放北路 46 号中共盐湖区委大楼五楼			044000
永济市侨联	运城市永济市黄河中医院			044502
闻喜县侨联	运城市闻喜县太风路领秀花苑东一排 3 号			043800
河津市侨联	运城市河津市新耿北大街 115 号河津市总工会史玉玲			043300
夏县侨联	运城市夏县东风西街 13 号夏县侨联			044400
稷山县侨联	运城市稷山县稷峰镇稷峰街 12 号稷山县委统战部			043299
临猗县侨联	运城市临猗县临猗县双塔北路 298 号临猗县政协			044199
芮城县侨联	山西省运城市芮城县大禹东街党政大楼中共芮城县委统战部党政大楼 1313 办公室			044600
新绛县侨联	山西省运城市新绛县贡院街 27 号中共新绛县委统战部			043100

内蒙古自治区

单位名称	地 址	电话号码	邮政编码
内蒙古自治区侨联	呼和浩特市敕勒川大街 1 号 718 室	（0471）4813674	010096
呼和浩特市侨联	呼和浩特市新华东街 1 号党政办公大楼 834B	（0471）4606209	010025
包头市侨联	包头市开元大街 1 号包头市委党政大楼 A0608 室	（0472）5619438	014010
呼伦贝尔市侨联	呼伦贝尔市海拉尔新区行政中心 D 座 1234 室	（0470）8216590	021000
兴安盟侨联	乌兰浩特市兴安盟党政综合办公大楼 1428 室	（0482）8267428	137400
通辽市侨联	通辽市新城区行政中心大楼 0206 室	（0475）8836952q	028000
赤峰市侨联	赤峰市新城区党政综合楼 A220 室	（0476）8822596	024000
锡林郭勒盟侨联	锡林浩特市经济技术开发区盟党政大楼 521 室	（0479）8110422	026000
乌兰察布市侨联	乌兰察布市集宁新区党政大楼 938 室	（0474）8810587	012000
鄂尔多斯市侨联	鄂尔多斯市康巴什新区党政大楼 C424 室	（0477）8589078	017010
巴彦淖尔市侨联	巴彦淖尔市临河区新华西街市党政办公大楼 7041 室	（0478）8655741	015000
乌海市侨联	乌海市海勃湾区市滨河行政中心 A 座 1336 室	（0473）3998852	016000
阿拉善盟侨联	阿拉善盟行政大楼一号楼 1008 室	（0483）8332081	750306
满洲里市侨联	满洲里市新区党政办公大楼 3101 室	（0470）6262159	021400
二连浩特市侨联	二连浩特市党政大楼一号楼 313 室	（0479）7525654	011100
内蒙古大学侨联	呼和浩特市大学西路 235 号	（0471）4992252	010021
内蒙古师范大学侨联	呼和浩特市昭乌达路 81 号	（0471）4392510	010022
内蒙古工业大学侨联	呼和浩特市爱民街 49 号	（0471）6575134	010051
内蒙古农业大学侨联	呼和浩特市昭乌达路 306 号	（0471）4309272	010018
内蒙古财经大学侨联	呼和浩特市回民区北二环路 185 号	（0471）3661120	010071
内蒙古医科大学侨联	呼和浩特市金山经济技术开发区	（0471）6653071、6653055	010059
内蒙古侨商会	呼和浩特市乌兰察布东街中星国际 8 楼	（0471）6356051	010020

辽宁省

单位名称	地 址	电话号码	传真号码	邮政编码
辽宁省侨联	沈阳市皇姑区崇山东路 37 号	（024）81069211	（024）24846711	110032
沈阳市侨联	沈阳市和平区总站路 115 号 A 1303	（024）22516631	（024）22517732	110002
大连市侨联	大连市中山区鲁迅路 278 号	（0411）82750062	（0411）82750062	116001
鞍山市侨联	鞍山市铁东区中华南路 240 号甲 712 室	（0412）5539130	（0421）5539130	114002
抚顺市侨联	抚顺市顺城区滴翠路 11 号	（024）57660062	（024）57660062	113006
本溪市侨联	本溪市平山区人民路 31 号	（024）42822956	（024）42822956	117000
丹东市侨联	丹东市振兴区银河大街 100 号	（0415）2127161	（0415）2127161	118000
锦州市侨联	锦州市太和区市府路 68 号	（0416）3880666	（0416）3880666	121013
营口市侨联	营口市站前区建设街中兴里 8 号	（0417）2631814	（0417）2631814	115000
阜新市侨联	阜新市海州区爱国街 6 号	（0418）3319630	（0418）3319630	123099
辽阳市侨联	辽阳市文圣区河东路 9 号	（0419）2125085	（0419）2125085	111000
盘锦市侨联	盘锦市兴隆台区惠宾街 117 号	（0427）2824344	（0427）2824344	124010
铁岭市侨联	铁岭市凡河新区金沙江路 28 号	（024）74844818	（024）74844818	112608
朝阳市侨联	朝阳市双塔区凌凤街道新华路一段 90 号	（0421）2858041	（0421）2858020	122000
葫芦岛市侨联	葫芦岛市龙港区龙湾大街 15 号	（0429）3113129	（0429）3111704	125001

吉林省

单位名称	地　址	电话号码	传真号码	邮政编码
吉林省侨联	吉林省长春市朝阳区工农大路 825 号	（0431）85087566		130021
吉林省侨联特聘专家委员会	长春市工农大路 825 号团结大厦	（0431）85087655	（0431）85089191	130021
吉林省侨联法律顾问委员会	长春市工农大路 825 号团结大厦	（0431）85953588	（0431）85089191	130021
吉林省侨商联合会	长春市工农大路 825 号团结大厦	（0431）85087622	（0431）85089191	130021
吉林省侨联青年委员会	长春市工农大路 825 号团结大厦	（0431）85087611	（0431）85089191	130021
吉林省侨联海归协会	长春市工农大路 825 号团结大厦	（0431）85087688	（0431）85089191	130021
长春市侨联	吉林省长春市南关区自由大路 3708 号	（0431）85286491		130022
长春市朝阳区侨联	长春市前进大街 1855 号朝阳区政府	（0431）85109397		130012
长春市宽城区侨联	长春市北人民大街 3366 号	（0431）89990420		130000
长春市南关区侨联	长春市前进大街 6888 号	（0431）89995066		130000
长春市二道区侨联	长春市二道区自由大路 5379 号	（0431）84642334		130000
长春市绿园区侨联	长春市绿园区和平大街 2288 号	（0431）87605259		130000
长春市农安县侨联	长春市农安县农安镇兴华路 325 号农安县政府办公楼西楼 539 室	（0431）83226464		130200
公主岭市侨联	吉林省公主岭市西公主大街 2199 号	（0434）6235083		136100
吉林市侨联	吉林市北京路 82 号	（0432）62071195		132011
吉林市昌邑区侨联	吉林市昌邑区中兴街 105 号昌邑区委统战部	（0432）62755075		132000
吉林市丰满区侨联	吉林市吉林大街 76 号丰满区政府 1 号楼丰满区委统战部	（0432）64654293		132013
吉林市龙潭区侨联	吉林市龙潭区遵义东路 65 号龙潭区政府区委统战部	（0432）63041854		132021
吉林市船营区侨联	吉林市船营区松江中路 87 号船营区委统战部	（0432）64831060		132011
吉林市蛟河市侨联	蛟河市民主路 13-1 号	（0432）67250879		132500
吉林市磐石市侨联	磐石市政府综合楼 0606 室	（0432）65222622		132300
吉林市桦甸市侨联	桦甸市人民主路 201 号桦甸市委统战部	（0432）66222974		132400
吉林市永吉县侨联	永吉县口前镇滨北路 499 号永吉县委统战部	（0432）64239122		132100
舒兰市侨联	舒兰市滨河大街 2006 号舒兰市委统战部	（0432）68260127		123600
延边州侨联	延吉市公园路 2799 号州政务中心	（0433）2514924		133002
延吉市侨联	延吉市河南街 759 号	（0433）2515470		133000
敦化市侨联	敦化市新华路 1 号敦化市委	（0433）6218166		133700
图们市侨联	图们市图们大路 398 号图们市委	（0433）3661034		133100
龙井市侨联	龙井市六道河路 869—7 号龙井市委	（0433）3252058		133400
和龙市侨联	和龙市文化街 22 号和龙市委	（0433）4222500		133500
安图县侨联	安图县明月镇顺山北路 15-4 号安图县政协一楼	（0433）5822543		133600
汪清县侨联	汪清县长荣街道江北街东 1219 号汪清县委	（0433）8815718		133200
珲春市侨联	珲春市河南街道新安路 1991 号市委统战部	（0433）7565533		133300
四平市侨联	四平市铁西区广电大厦 7 楼	（0434）3261129		136000
梨树县侨联	梨树县梨树镇向阳街 1 号统战部	（0434）5224829		136500
通化市侨联	吉林省通化市东昌区秀泉路 702 号	（0435）3214297		134001
集安市侨联	吉林省集安市鸭江路 3001 号	（0435）6223304		134200
通化市辉南县侨联	吉林省辉南县朝阳镇兴工路 53 号县委楼一楼	（0435）8232950		135100
通化市柳河县侨联	吉林省柳河县柳河大街 1777 号县政府办公楼	（0435）7670345		135300

吉林省

单位名称	地址	电话号码	传真号码	邮政编码
通化市通化县侨联	吉林省通化县团结路557号县委统战部	(0435)5224288		134100
通化市东昌区侨联	吉林省通化市东昌区江南新区江畅路269号	(0435)6106127		134001
通化市二道江区侨联	吉林省通化市二道江区东通化大街336号	(0435)3768610		134003
白城市侨联	白城市文化东路1号	(0436)3237387		137000
通榆县侨联	通榆县繁荣大街4112号	13404441388		137200
白城市洮北区侨联	白城市洮北区洮安东路67号	(0436)3246113		137000
洮南市侨联	洮南市老一中2号楼统战部	(0436)6223153		137100
镇赉县侨联	吉林省镇赉县镇 赉镇凌云路677号	13843622734		137300
大安市侨联	大安市委统战部	15584855012		131300
辽源市侨联	辽源市辽河大路4227号市委院内	(0437)3316635		136200
辽源市东丰县侨联	东丰县委院内东丰县委统战部	(0437)6317080		136300
松原市侨联	松原市宁江区沿江东路2555号	(0438)2130742		138000
前郭县侨联	松原市前郭县乌兰大街899号县委统战部	(0438)2120553		131100
长岭县侨联	松原市长岭县政府综合楼统战部	(0438)7230823		131500
扶余市侨联	松原市扶余市公安局新办公楼	(0438)5870877		131200
乾安县侨联	松原市乾安县委统战部	(0438)8252610		131400
宁江区侨联	松原市长宁南街658号宁江区委统战部	(0438)3122146		138000
华侨农场侨联	吉林石油集团有限责任公司农业开发公司	(0438)6243999		138000
白山市侨联	白山市浑江区通江路496号	(0439)3233009		134300
白山市长白县侨联	白山市长白县长白镇长白大街52号	(0439)8232206		134400
白山市靖宇县侨联	靖宇县靖宇大街448号综合楼3楼	(0439)7224011		135200
梅河口市侨联	吉林省梅河口市人民大街2008号	(0435)4222865		135000

黑龙江省

单位名称	地址	电话号码	邮政编码
黑龙江省侨联	哈尔滨市香坊区中山路99号	(0451)82300868	150036
哈尔滨市侨联	哈尔滨市道里区兆麟街125号	(0451)84610510	150010
齐齐哈尔市侨联	齐齐哈尔市建华区新明大街27号党政办公中心	(0452)2791719	161006
牡丹江市侨联	牡丹江市江南党政中心三号楼409	(0453)6171089	157000
佳木斯市侨联	佳木斯市长安路2666号行政中心1103室	(0454)8222224	154004
大庆市侨联	大庆市政府大楼3219室	(0459)6363074	163311
双鸭山市侨联	双鸭山市市委楼	(0469)4231260	155100
七台河市侨联	七台河市桃山区大同路47号市政府1号楼	(0464)8261332	154600
伊春市侨联	伊春市河西新区市委楼A座201	(0458)3879768	153000
鸡西市侨联	鸡西市鸡冠区红旗路18号	(0467)2355200	158100
鹤岗市侨联	鹤岗市委大楼	(0468)3350053	154101
黑河市侨联	黑河市通江路1号 市委市政府南楼	(0456)8222713	164300
大兴安岭地区侨联	加格达奇大兴安岭地委办公楼	(0457)2730303	165000
绥化市侨联	绥化市黄河北路党政办公中心	(0455)8386390	152054
黑龙江省农场总局侨联	哈尔滨市香坊区红旗大街175号	(0451)55198219	150036
黑龙江省森工总局侨联	哈尔滨市南岗区文昌街66号	(0451)82627404	150008
哈尔滨铁路局侨联	哈市南岗区西大直街51号	(0451)86423149	150006

附录

上海市

单位名称	地　址	电话号码	邮政编码
上海市侨联	上海市延安西路 129 号 10、12 楼	（021）62497518	200040
浦东新区侨联	上海市民生路 1286 号 614 室（汇商大厦）	（021）68540016	200135
黄浦区侨联	上海市河南南路 288 号 13 楼 1315 室	（021）64728338	200010
静安区侨联	上海市康定路 950 弄 50 号 A401 室	（021）62188083	200042
徐汇区侨联	上海市漕溪北路 336 号 3 号楼 16 楼 1616 室	（021）64453044	200030
长宁区侨联	上海市安西路 37 号 402 室	（021）62522757	200050
普陀区侨联	上海市大渡河路 1718 号阳光大厦 A519 室	（021）52564588 转 8525	200333
虹口区侨联	上海市唐山路 902 号 1 号楼 208	（021）65853995	200082
杨浦区侨联	上海市杨浦区控江路 1535 号 311 室	（021）65155251	200093
宝山区侨联	上海市宝山区密山路 5 号 A219	（021）56691373	201999
闵行区侨联	上海市闵行区莘建路 300 号	（021）34027018	201199
嘉定区侨联	上海市嘉定区博乐南路 111 号	（021）69989761	201899
金山区侨联	上海市金山区卫零路 809 号	（021）57966119	200540
松江区侨联	上海市松江区谷阳北路 3 号	（021）57723031	201600
青浦区侨联	上海市青浦区公园路 100 号东裙楼 102 室	（021）59732890 转 19102	201700
奉贤区侨联	上海市奉贤区南奉公路 9503 号	（021）57187127	201499
崇明区侨联	上海市崇明区城内人民路 35 号 501 室	（021）59621826	202150

江苏省

单位名称	地　址	电话号码	传真号码	邮政编码
江苏省侨联	南京市北京西路 30 号同心大厦 6 楼	（025）83329483	（025）83425335	210024
江苏省侨商总会	南京市中山北路 313 号	（025）83580514	（025）83712979	210003
江苏省华侨公益基金会	南京市中山北路 313 号	（025）83718909	（025）83712979	210003
江苏省侨界专家联合会	南京市北京西路 30 号同心大厦 7 楼	（025）83580536	（025）83425335	210024
江苏省侨联法律顾问委员会	南京市北京西路 30 号同心大厦 7 楼	（025）83580531	（025）83425335	210024
江苏省侨联青年委员会	南京市北京西路 30 号同心大厦 7 楼	（025）83580515	（025）83706180	210024
江苏省侨联华侨书画院	南京市北京西路 30 号同心大厦 6 楼	（025）83580526	（025）83425335	210024
南京市侨联	南京市成贤街 43 号 3 号楼	（025）83192692	（025）83190462	210018
南京市建邺区侨联	南京市江东中路 269 号	（025）87778557	（025）87778987	210019
南京市秦淮区侨联	南京市太平南路 69 号	（025）84556480	（025）84556480	210002
南京市鼓楼区侨联	南京市山西路 124 号	（025）83230169	（025）83230140	210009
南京市浦口区侨联	南京市浦口区江浦街道文德路 18 号	（025）58280036	（025）58882101	211800
南京市雨花台区侨联	南京市雨花台区雨花南路 2 号南楼 225 室	（025）52873627	（025）52873681	210012
南京市栖霞区侨联	南京市尧化门街 189 号	（025）85579062	（025）85575665	210046
南京市玄武区侨联	南京市珠江路 455 号	（025）83677061	（025）83678267	210018
南京市六合区侨联	南京市六合区雄州街道雄州南路 268 号六合大厦 26 楼	（025）57121052	（025）57759550	211500
南京市江宁区侨联	南京市江宁区上元大街 369 号	（025）52285213	（025）52281054	211100
南京市高淳区侨联	南京市高淳区淳溪街道镇兴路 228 号	（025）57338393	（025）57338311	211300
南京市溧水区侨联	南京市溧水区永阳街道大东门街 68 号	（025）57428426	（025）57212823	211200
南京市江北新区侨联	南京市江北新区药谷大道 9 号	（025）88029353	（025）88029352	210032
无锡市侨联	无锡市新金匮路 1 号市民中心 7 号楼	（0510）81827210	（0510）81827223	214131
江阴市侨联	江阴市澄江中路 9 号	（0510）86860853	（0510）86860853	214431

江苏省

单位名称	地　址	电话号码	传真号码	邮政编码
宜兴市侨联	宜兴市陶都路 8 号	（0510）87986573	（0510）87986573	214206
无锡市梁溪区侨联	无锡市解放南路 688 号 10 号楼	（0510）82732687	（0510）83158838	214001
无锡市锡山区侨联	无锡市锡山区锡州中路 1 号	（0510）88209763	（0510）88201691	214101
无锡市惠山区侨联	无锡市惠山区文惠路 8 号	（0510）83588907	（0510）83590706	214000
无锡市滨湖区侨联	无锡市滨湖区金城西路 500 号	（0510）81173469	（0510）81178158	214100
无锡市新吴区侨联	无锡市新吴区和风路 28 号	（0510）81890505	（0510）81891620	214135
徐州市侨联	徐州市新城区元和路 1 号 B 区 316 室	（0516）83850220	（0516）83850220	221018
睢宁县侨联	睢宁县行政中心 8 楼 811 室			221200
丰县侨联	丰县新行政中心县委统战部			221700
沛县侨联	沛县新城区沛公路 2 号沛县县委统战部			221600
徐州市铜山区侨联	徐州市铜山区委统战部			221116
徐州市泉山区侨联	徐州市解放南路延长段 26 号泉山区委统战部			221006
徐州市鼓楼区侨联	徐州市中山北路鼓楼区行政中心区委统战部			221005
新沂市侨联	新沂市市府路 37 号新沂市委统战部			221400
徐州市云龙区侨联	徐州市云龙区和平在道 66 号区委统战部			221009
徐州市贾汪区侨联	徐州市贾汪区行政中心区委统战部			221011
邳州市侨联	邳州市行政中心 3 号楼二楼邳州市委统战部			221300
常州市侨联	常州市龙城大道 1280 号行政中心 3 号楼 B 座 3 楼	（0519）85683830	（0519）85683830	213022
溧阳市侨联	溧阳市南环路 18 号	（0519）87269175	（0519）87269175	213300
常州市金坛区侨联	常州市金坛区清风路 1 号	（0519）82825502	（0519）82815550 （0519）82825502	213200
常州市武进区侨联	常州市武进区环府路 28 号区行政中心 1 号楼 6 楼 632 室	（0519）86311698	（0519）86310875	213159
常州市新北区侨联	常州市新北区衡山路 8 号 2005 室	（0519）85127361	（0519）85115905	213022
常州市钟楼区侨联	常州市钟楼区星港大道 88 号钟楼区政府 646 室	（0519）88890627	（0519）88890648	213023
常州市天宁区侨联	常州市天宁区竹林北路 256 号科技促进中心 1721 室	（0519）69660358	（0519）69660357	213017
苏州市侨联	苏州市五卅路 148 号	（0512）65221000	（0512）65221000	215006
张家港市侨联	张家港市华昌路 3 号港城大厦 22 楼	（0512）58682926	（0512）58682926	215600
常熟市侨联	常熟市金沙江路 8 号政府内	（0512）52871305	（0512）52871305	215500
太仓市侨联	太仓市县府东街 99 号 2 号楼 2217 室	（0512）53952256	（0512）53952256	215400
昆山市侨联	昆山市长江中路 400 号长江大厦 3 楼 302 室	（0512）57553540	（0512）55238651	215300
苏州市吴江区侨联	吴江区开平路 1000 号吴江大厦 B1503 室	（0512）63981589	（0512）63981580	215200
苏州市吴中区侨联	苏州吴中区太湖东路 288 号	（0512）65251767	（0512）65251767	215128
苏州市相城区侨联	相城区阳澄湖东路 8 号行政中心主楼 4 号楼	（0512）85181610	（0512）85181601	215131
苏州市姑苏区侨联	苏州市平川路 510 号	（0512）68722219	（0512）68722219	215000
苏州工业园区侨联	工业园区现代大道现代大厦 999 号 11 楼东统战部转	（0512）66681115		215028
苏州市高新区侨联	苏州市科普路 58 号科技大厦	（0512）68751827		215163
南通市侨联	南通市工农南路 88 号海联大厦 3 楼	（0513）51015782	（0513）51015783	226018
海安市侨联	海安市海安镇长江中路 106 号行政中心 1419	（0513）88852585	（0513）88852585	226600
如皋市侨联	如皋市解放路 199 号市行政中心中 A 楼 15 楼	（0513）87658825	（0513）87199881 （0513）87651589	226500
如东县侨联	如东县掘港镇富春江中路 1 号	（0513）84513050	（0513）81996108	226400
海门区侨联	南通市海门区北京中路 600 号	（0513）81261693	（0513）82213925	226100

江苏省

单位名称	地　址	电话号码	传真号码	邮政编码
启东市侨联	启东市世纪大道 1288 号市政府大楼 1313 室	（0513）83310041	（0513）83310041	226200
南通市通州区侨联	通州区朝霞路 88 号	（0513）86028856	（0513）86028856	226300
南通市崇川区侨联	崇川区青年中路 128 号 420	（0513）85062062	（0513）85062091	226000
连云港市侨联	连云港市海州区苍梧路 36 号东盐河机关办公区 4 号楼 5 楼	（0518）85501782	（0518）85501782	222000
连云港市海州区侨联	连云港市海州区秦东门大街 28 号海州区政府 243 室	（0518）85456151	（0518）85456151	222000
连云港市赣榆区侨联	连云港市赣榆区行政中心 1413 室	（0518）86223194	（0518）86223194	222100
灌南县侨联	连云港市灌南县行政中心 828 室	（0518）83222563	（0518）83222094	223500
东海县侨联	连云港市东海县晶都大道 1 号行政中心 D 楼东海县委统战部 807 室	（0518）87792668		222300
连云港市连云区侨联	连云港市连云区西墅路 1 号连云区政府 B106 室	（0518）81888185		222000
灌云县侨联	连云港市灌云县幸福大道 1 号县行政中心 407 室	（0518）88997288	（0518）88997233	222200
淮安市侨联	淮安市翔宇南道 1 号南楼 1216	（0517）83606212	（0517）83606212	223001
淮安市淮阴区侨联	淮安市淮阴区行政中心 707 西室	（0517）84997698		223300
淮安市淮安区侨联	淮安市淮安区新城商务中心 1103 室	（0517）85882223		223200
涟水县侨联	涟水县涟城镇红日大道 1 号县政府办公楼 230 室	（0517）82380208	（0517）82380269	223400
淮安市洪泽区侨联	洪泽区人民路 26 号	（0517）87230587	（0517）87230587	223100
盐城市侨联	盐城市世纪大道 21 号市行政中心	（0515）88192432	（0515）86662432	224005
东台市侨联	东台市北海中路 8 号市政府大楼 0612 室	（0515）85213938	（0515）60600621	224200
盐城市大丰区侨联	丰华街道飞达东路 100 号	（0515）83818549	（0515）83818833	224100
射阳县侨联	射阳县政府大楼 1331 室	（0515）89291331	（0515）89291333	224300
盐城市盐都区侨联	盐城市盐都区行政中心	（0515）88116085		224005
扬州市侨联	扬州市汶河北路 29 号 4 楼	（0514）87341695	（0514）87312513	225002
高邮市侨联	高邮市海潮东路 28 号	（0514）85080190	（0514）84688213	225600
仪征市侨联	仪征市真州西路 1 号交通大厦六楼	（0514）83441118	（0514）83416982	211400
扬州市广陵区侨联	扬州市广陵区文昌中路 548 号广陵区政府大院内	（0514）87342215	（0514）87342215	225001
扬州市江都区侨联	扬州市江都区江淮路 388 号行政中心 15 楼	（0514）86299353	（0514）86299353	225200
扬州市邗江区侨联	扬州市邗江区邗江中路 338 号	（0514）87862114	（0514）87636136	225009
宝应县侨联	宝应县宝应大道 88 号行政中心	（0514）88282650	（0514）88290321	225800
镇江市侨联	镇江市南徐大道 68 号新行政中心 6 号楼	（0511）84420188	（0511）84420188	212004
丹阳市侨联	丹阳市开发区兰陵路 8 号市行政中心	（0511）86922123		212300
扬中市侨联	扬中市中电大道 8 号市行政中心 1 号楼	（0511）85126627		212200
句容市侨联	句容市人民路 70 号市政府大楼	（0511）87278018		212400
镇江市丹徒区侨联	镇江市丹徒区府前路 1 号	（0511）88977123		212028
镇江市京口区侨联	镇江市学府路 31 号（区政府大院内）	（0511）80290381		212002
镇江市润州区侨联	镇江市润州路 5 号（区政府大院内）	（0511）85622701		212005
泰州市侨联	泰州市凤凰东路 58 号政府大院 B 楼 217 室	（0523）86839430	（0523）86839430	225309
靖江市侨联	靖江市阳光大道 1 号靖江市政府主楼 1300 室	（0523）89181300	（0523）89181300	214500
泰兴市侨联	泰兴市国庆东路 118 号（泰兴市政府大院内）	（0523）87623070	（0523）87766030	225400
兴化市侨联	兴化市府前路 42 号市委统战部院内	（0523）83326678	（0523）83326678	225700
泰州市海陵区侨联	泰州市海陵区东进西路 109 号（单声珍藏文物馆内）	（0523）86235614	（0523）86235614	225300
泰州市高港区侨联	泰州市高港区港城路 21 号	（0523）86966100	（0523）86966037	225321

江苏省

单位名称	地　址	电话号码	传真号码	邮政编码
泰州市姜堰区侨联	泰州市姜堰区上海路1号姜堰区行政大楼704室	（0523）88869665	（0523）88869665	225500
宿迁市侨联	宿迁市南湖路1号市党政大楼812室	（0527）84368580	（0527）84368551	223800

浙江省

单位名称	地　址	电话号码	邮政编码
浙江省侨联	杭州市文晖路112号	（0571）85119617 （0571）85119059	310007
杭州市侨联	杭州市延安路484号3号楼6楼	（0571）87214209	310006
上城区侨联	上城区惠民路3号	（0571）87823571	310002
下城区侨联	杭州市下城区文晖路1号1315室	（0571）28910819	310004
江干区侨联	江干区庆春东路1号	（0571）86974741	310020
拱墅区侨联	拱墅区台州路1号	（0571）88259627	310015
西湖区侨联	杭州市浙大路1号西湖区委统战部	（0571）87935022	310013
高新区（滨江）区侨联	滨江区江南大道100号	（0571）87702338	310052
萧山区侨联	萧山区行政中心4号楼1楼	（0571）82898355	311202
余杭区侨联	余杭区临平西大街33号	（0571）89162079	311100
建德市侨联	建德市新安江街道江滨路58号	（0571）58312529	311600
富阳区侨联	富阳区富春街道桂花路25号富阳市委统战部	（0571）63379282	311400
临安市侨联	临安市府大院5号楼317	（0571）63722954	311300
桐庐县侨联	桐庐县迎春南路298号	（0571）58569361	311500
淳安县侨联	淳安县千岛湖新安北路18号	（0571）24818853	311700
宁波市侨联	宁波市和济街95号18楼	（0571）89184349	315042
海曙区侨联	宁波市海曙区县前街61号1号楼8楼	（0571）55889265	315010
江东区侨联	彩虹北路58号4006	（0571）87339641	315040
北仑区侨联	北仑区新碶长江路1166号行政中心A座	（0571）86780425	315800
江北区侨联	江北区新马路61弄	（0571）87650791	315020
镇海区侨联	镇海人道中段670号商务大楼A2 8楼	（0571）86252416	315202
鄞州区侨联	鄞州区惠风东路568号	（0571）87523529	315192
余姚市侨联	余姚市北兰江路1号	（0571）62703276	315400
慈溪市侨联	慈溪市白沙路街道三北大街655号	（0571）63980522 （0571）63980521	315300
奉化市侨联	奉化市锦屏南路1号	（0571）88588831	315500
象山县侨联	象山丹城后堂街21号	（0571）65739908	315700
宁海县侨联	宁海县跃龙街道县前街18号	（0571）65562573	315600
东钱湖旅游度假区侨联	宁波茗湖山庄	（0571）88366303	315121
温州市侨联	温州市行政管理中心（市府路500号）主楼12楼	（0571）88968632	325000
鹿城区侨联	广场路188号11号202室	（0571）88030632	325000
龙湾区侨联	龙湾区行政管理中心大楼1320室	（0571）86966908	325058
洞头区侨联	洞头区北岙街道县前路12号	（0571）63489487	325700
瓯海区侨联	瓯海区娄桥街道云飞路（瓯海行政中心5号楼三楼）	（0571）88503035	325005
瑞安市侨联	瑞安市安阳街道安盛路196号侨联大厦三楼	（0571）65915163	325200
乐清市侨联	乐清市市府路1号B603室	（0571）61880669	325600

附录

浙江省

单位名称	地　址	电话号码	邮政编码
永嘉县侨联	温州市永嘉县上塘县前路 94 号县行政中心 14 楼	（0571）67222089 （0571）57669010	325100
平阳县侨联	平阳县政府西坑大楼 137 室	（0571）58198230	325400
苍南县侨联	苍南县行政中心 818 室	（0571）68881156	325800
文成县侨联	文成县大峃镇县前街 151 号县侨联大楼华侨之家	（0571）67834791	325300
泰顺县侨联	泰顺县罗阳镇东大街 6 号	（0571）67582745	325500
湖州市侨联	湖州市仁皇山新区行政中心 2 号楼	（0571）2398609	313000
吴兴区侨联	吴兴区吴兴大道 1 号吴兴行政中心 1 号楼 10928 室	（0571）2289195	313000
南浔区侨联	南浔区行政中心区侨办（南浔镇向阳路 601 号）	（0571）3069659	313009
德清县侨联	德清县武康镇千秋东街 1 号县行政中心 A 楼 10 楼	（0571）8289169	313200
长兴县侨联	长兴县龙山街道行政中心 B 幢 508 室	（0571）6256220	313100
安吉县侨联	安吉县行政大楼 822 号（安吉县委统战部）	（0571）5123882	313300
嘉兴市侨联	嘉兴市南湖区广场路 1 号行政中心五号楼	（0571）82521392	314050
南湖区侨联	嘉兴市凌公塘路 1260 号南湖区行政中心	（0571）82838024	314051
秀洲区侨联	嘉兴市洪兴路 1765 号秀洲区行政中心	（0571）82720249	314031
嘉善县侨联	嘉善县嘉善大道 126 号	（0571）84228051	314100
平湖市侨联	平湖市当湖街道胜利路 380 号（市政府 1 号楼 8 楼）	（0571）85060843	314200
海盐县侨联	海盐县武原街道枣园中路 118 号	（0571）86110228	314300
海宁市侨联	海宁市海洲西路 226 号市行政中心 1 号楼 10-819 室	（0571）87288232	314400
桐乡市侨联	桐乡市振兴东路行政中心市政府 520 室	（0571）89391290	314500
嘉兴港区侨联	嘉兴港区乍浦镇东方大道 1 号嘉兴港区管委会	（0571）85581723	314201
嘉兴科技城侨联	嘉兴市凌公塘路 3339 号 JRC-402	（0571）83915189	314022
绍兴市侨联	绍兴市府山西路 360 号	（0571）85172769	312000
越城区侨联	绍兴市越城区延安路 18 号	（0571）88316952	312000
柯桥区侨联	绍兴市柯桥区华齐路 1066 号 15 楼	（0571）84138861	312030
上虞区侨联	绍兴上虞区市民大道 987 号	（0571）82213129	312300
诸暨市侨联	诸暨市浣纱支路 58 号临江大厦 3 楼	（0571）87011720	311800
嵊州市侨联	嵊州市领带园区五路 3 号	（0571）83032286	312400
新昌县侨联	新昌县人民中路 190 号 2 号楼	（0571）86026577	312500
金华市侨联	金华市双龙南街 811 号市工人大厦 12 楼	（0571）82436190	321017
婺城区侨联	金华市宾虹西路 2666 号区行政中心南楼	（0571）82339182	321025
金东区侨联	金华市金东区光南路 863 号（区委区政府内）	（0571）82176706	321015
兰溪市侨联	兰溪市府前路 81 号党政中心	（0571）88899638	321100
义乌市侨联	义乌市县前街 21 号（市委统战部 301 室）	（0571）85523559	322000
东阳市侨联	东阳市江北行政中心	（0571）86655556	322100
永康市侨联	永康市金城路 25 号（市委市府大院）	（0571）87101426	321300
武义县侨联	武阳东路 2 号明招大厦 6 楼	（0571）87663960	321200
浦江县侨联	浦江县人民东路 38 号（县委县府大院）	（0571）84111015	321200
磐安县侨联	磐安县龙山路 1 号（县委县府大院）	（0571）84666828	322300
衢州市侨联	衢州市白云中大道 37 号 11-12 楼	（0571）3080122	324003
衢江区侨联	衢州市衢江区行政大楼 0946 室	（0571）3838147	324022
江山市侨联	江山市中山路 118 号	（0571）4022836	324100

浙江省

单位名称	地　址	电话号码	邮政编码
常山县侨联	常山县天马街道人民路 3 号	（0571）5026819	324200
开化县侨联	开化县芹阳办事处解放街 54 号	（0571）6510398	324300
龙游县侨联	龙游县太平西路 28 号县府大院内	（0571）7022466	324400
柯城区侨联	衢州市柯城区双港路 416 号柯城环保局大楼二楼	（0571）3030278	324000
衢州学院“三胞”眷属联谊会	浙江省衢州市九华北大道 78 号	（0571）8026602	324000
舟山市侨联	舟山市新城海天大道 681 号东 1 号楼 10 楼	（0571）2280863	316021
定海区侨联	舟山市定海区昌国路 61 号	（0571）2022512	316000
普陀区侨联	舟山市普陀区东港昌正街 169 号东港商务中心	（0571）3010112	316100
岱山县侨联	岱山县高亭镇竹屿新区鱼山大道 681 号	（0571）4472934	316200
嵊泗县侨联	嵊泗县菜园镇县侨联	（0571）5580500	202450
台州市侨联	台州市行政大楼 6 楼	（0571）8851072	318000
椒江区侨联	台州市椒江区建设路 16 号	（0571）88800022	318000
黄岩区侨联	台州市黄岩区行政大楼 1204 室	（0571）84121668	318020
路桥区侨联	台州市路桥区行政大楼	（0571）82449969	318050
温岭市侨联	温岭市人民东路 258 号市行政大楼 14 楼	（0571）86223098	317500
临海市侨联	临海市东方大道 99 号市府大院 2 楼	（0571）85226840	317000
玉环县侨联	玉环县政府大院	（0571）87278172	317600
三门县侨联	三门县行政中心 0929 室	（0571）83332295	317100
天台县侨联	天台县行政中心 15 楼 1509 室	（0571）83930272	317200
仙居县侨联	仙居县环城西路 50 号供电大楼 14 楼	（0571）87792908	317300
丽水市侨联	丽水市莲都区花园路 1 号	（0571）2091948	323000
莲都区侨联	丽水解放街 51 号	（0571）2116172	323000
龙泉市侨联	龙泉市行政中心 10 楼 G13 室	（0571）7262901	323700
青田县侨联	青田县鹤城街道圣旨街 61 号三楼	（0571）6821419	323900
缙云县侨联	缙云县五云镇复兴街 154 号	（0571）3144185	321400
遂昌县侨联	遂昌县妙高镇前街 1 号	（0571）8123115	323300
松阳县侨联	松阳县府前街 1 号	（0571）8062561	323400
庆元县侨联	庆元县石龙街 32 号	（0571）6114248	323800
云和县侨联	云和县云和镇城北路 6 号	（0571）5122688	323600
景宁县侨联	景宁畲族自治县府前西路 19 号	（0571）5626897	323500

安徽省

单位名称	地　址	电话号码	传真号码	邮政编码
安徽省侨联	合肥市马鞍山路 509 号省政务服务中心 B 座 16 楼	（0551）62999181	(0551)62999182	230002
合肥市侨联	合肥市东流路 100 号政务中心一区 B 座 8 层	（0551）63538902	（0551）63538901	230071
淮北市侨联	淮北市古城路 58 号相王大厦西座 13 楼	（0561）3119263	（0561）3119263	235000
亳州市侨联	亳州市芍花路 588 号市行政中心 2081 室	（0558）5555869		236800
宿州市侨联	宿州市银河一路政务中心主楼 111 室	（0557）3025525	（0557）3025525	234000
蚌埠市侨联	蚌埠市东海大道行政办公中心	（0552）3119928	（0552）3122007	233000
阜阳市侨联	阜阳市 539 号市政府西办公楼二楼	（0558）2267552		236000
淮南市侨联	淮南市山南新区和凤大街 88 号 A 座 722 室	（0554）6678820	（0554）6678820	232001

安徽省

单位名称	地　址	电话号码	传真号码	邮政编码
滁州市侨联	滁州市龙蟠大道 99 号市政务中心北楼 436 室	（0550）3041886 （0550）3020300		239000
六安市侨联	六安市金安区望城岗街道市行政中心 3 号楼 236 室	（0564）3379951	（0564）3379951	237001
马鞍山市侨联	马鞍山市雨山区印山西路 299 号教育局大楼 12 层	（0555）2474491	（0555）2474491	243000
芜湖市侨联	芜湖市政通路 66 号政务文化中心 B 区 105 室	（0553）3845052	（0553）3815780	241011
宣城市侨联	宣城市鳌峰中路 45 号	（0563）3021263	（0563）3022279	242000
铜陵市侨联	铜陵市湖东路 666 号市政府大楼北楼 608 室	（0562）5880800	（0562）5880800	2444000
池州市侨联	池州市贵池区清风东路 99 号	（0566）2088180	（0566）2023429	247000
安庆市侨联	安庆市菱湖北路 30 号	（0556）5346557	（0556）5346557	246002
黄山市侨联	黄山市委市政府大楼	（0559）2355268	（0559）2355262	245000
中国科技大学侨联	合肥市中国科学技术大学（西区）火灾科学国家重点实验室新大楼 609 室	（0551）63606463 13605510983		
合肥工业大学侨联	合肥市屯溪路 193 号	（0551）62901041		230039
安徽大学侨联	合肥市蜀山区龙河路安徽大学历史系	（0551）65106117 13856048258		
安徽医科大学侨联	合肥市梅山路 81 号安徽医科大学第一附属医院统战部	（0551）62923506 （0551）62923530 13955189616		230022
安徽师范大学侨联	安徽省芜湖市弋江区安徽师范大学（花津校区）统战部	17730113869		
安徽农业大学侨联	合肥市长江西路 130 号 安徽农业大学生物科技楼 207 室	18856088327		
安徽工程大学侨联	芜湖市北京中路 安徽工程大学宣传部（统战部）	13955366393		
皖南医学院侨联	芜湖市高教园区文昌西路 22 号皖南医学院宣传部	18705539297		
合肥学院侨联	合肥经开区锦绣大道 99 号合肥学院院办秘书科	13505693631		
芜湖职业技术学院侨联	芜湖市弋江区文津西路党委宣传统战部	（0553）5775155 （0553）5777202		
皖江工学院侨联	马鞍山市霍里山大道 333 号皖江工学院行政楼	18655577977		
安徽警官职业学院侨联	合肥市蜀山区清溪路 78 号	13956010075		
马鞍山职业技术学院侨联	马鞍山市霍里山中路 328 号马鞍山职业技术学院英语系	15555553226		
亳州学院侨联	安徽省亳州市汤王大道 2266 号亳州学院外语系	18712220608		
马鞍山师范高专侨联	安徽省马鞍山市湖西中路 85 号马鞍山师范高等专科学校	13305554741		
安徽科技学院侨联	安徽省蚌埠市黄山大道安徽科技学院化学与材料工程学院	13514997168		
滁州学院侨联	安徽省滁州市滁州学院会峰校区行政楼 429	13705500620		
蚌埠医学院侨联	蚌埠市东海大道 2600 号统战部	13500567825		
安徽工业大学侨联	安徽省马鞍山市湖东路 59 号安徽工业大学佳山校区行政主楼	18055511762		
巢湖学院侨联	安徽省巢湖市巢湖学院统战部	13956620577		
皖西学院侨联	安徽省六安市云露桥西皖西学院统战部	13966261936		
安徽理工大学侨联	安徽省淮南市安徽理工大学化工学院南 408	18905543213		
宿州学院侨联	安徽省宿州学院继续教育学院汴河中路 71 号	13956838301		
池州学院侨联	安徽省池州市牧之路 199 号池州学院统战部	13856660726		

安徽省

单位名称	地址	电话号码	传真号码	邮政编码
安徽财经大学侨联	安徽省蚌埠市曹山路 962 号安徽财经大学统战部	13955263585		
合肥师范学院侨联	合肥市经开区莲花路 1688 号合肥师范学院锦绣校区统战部（行知楼 1807 室）	18919651314		
淮南师范学院侨联	安徽省淮南市田家庵区洞山西路淮南师范学院	17775206007		
安徽建筑大学侨联	安徽省合肥市金寨南路 856 号安徽建筑大学	13855195121		
淮北师范大学侨联	淮北市相山区东山路 100 号淮北师范大学	13905611286		
安庆师范大学侨联	安徽省安庆市集贤北路 1318 号安庆师范大学国际交流与合作处	13965839316		

福建省

单位名称	地址	电话号码	传真号码	邮政编码
福建省侨联	福州市鼓屏路 192 号山海大厦南厅十楼	（0591）87804224	（0591）87818370	350001
福州市侨联	福州市五一北路 106 号新侨联广场 A 座 6 层	（0591）87537290	（0591）87514108	350001
福州市鼓楼区侨联	福州市鼓楼区津泰路 98 号档案综合楼 7 楼	（0591）87111510	（0591）87112151	350001
福州市台江区侨联	福州市台江区台江路 88 号安平大厦 1306	（0591）83272144	（0591）83272144	350009
福州市仓山区侨联	福州市仓山区对湖路 21 号	（0591）83478613	（0591）83478613	350007
福州市晋安区侨联	福州市晋安区福马路 241 号 4 层	（0591）83640974	（0591）83640974	350011
福州市马尾区侨联	福州市马尾区君竹路 30 号	（0591）83683557	（0591）83683557	350015
长乐市侨联	长乐市爱心路 232 号长乐华侨博物馆	（0591）28922307	（0591）28922307	350200
福清市侨联	福清市玉屏街道一拂路 30 号侨联大厦二楼	（0591）85222577	（0591）85222577	350300
闽侯县侨联	闽侯县甘蔗镇 818 西路 136 号海联大厦三楼	（0591）22068268		
连江县侨联	福州市连江县凤城镇丹凤路侨联大厦 2 层	（0591）26161026	（0591）26232348	350500
闽清县侨联	福州市闽清县梅城镇解放大街 55 号华侨大厦 3 层	（0591）22332197	（0591）22375030	350800
罗源县侨联	福州市罗源县凤山镇北大路 15 号	（0591）26831381	（0591）26831381	350600
永泰县侨联	福州市永泰县樟城镇较场路 3 号侨联大厦	（0591）24833068	（0591）24833068	350700
连江县长龙华侨农场	福州市连江县长龙镇华侨农场场部	（0591）26391197	（0591）26391149	350507
福清江镜华侨农场	福清市江镜镇江侨新村场部	（0591）85982650	（0591）85982650	350316
福清东阁华侨农场	福清市海口镇东阁村村东 46 号	（0591）85511399	（0591）85511399	350316
厦门市侨联	厦门市思明区白鹭洲路 16 号团结大厦 8 楼	（0592）2856564	（0592）2856554	361004
厦门市思明区侨联	厦门市思明区禾祥东路 168 号	（0592）5818358	（0592）5880950	361004
厦门市湖里区侨联	厦门市湖里区枋湖南路 161 号 8 楼	（0592）5722317	（0592）5780990	361009
厦门市集美区侨联	厦门市集美区岑西路 29 号（集美侨联大厦）	（0592）6067114	（0592）6102079	361021
厦门市同安区侨联	厦门市同安区南门路 87 号	（0592）7022730	（0592）7311831	361100
厦门市海沧区侨联	厦门市海沧区滨湖北路 15 号 2404	（0592）6589322	（0592）6588322	361026
厦门市翔安区侨联	厦门市翔安区祥福路 2005 号	（0592）7889787	（0592）7889727	361102
宁德市侨联	宁德市东侨开发区福宁北路 6 号工会大厦二层 213 室	（0593）2869025	（0593）2869025	352100
宁德市蕉城区侨联	宁德市蕉城北路后洋中弄 8 号	（0593）2825575	（0593）2825575	352100
古田县侨联	宁德古田县解放路 192 号	（0593）3897205	（0593）3807028	352200
屏南县侨联	宁德屏南县古峰镇县府路 1 号县政府大院	（0593）3322096	（0593）3322096	352300
寿宁县侨联	宁德寿宁县鳌阳镇胜利街 128 号政府大院内	（0593）5522783	（0593）5522783	355500
周宁县侨联	宁德周宁县北门路 11 号县委综合楼 2 楼侨联	（0593）5635076	（0593）5635076	355400
福安市侨联	宁德福安市城北街道上杭路 22 号市委大楼一层	（0593）6382589	（0593）6382589	355000

福建省

单位名称	地 址	电话号码	传真号码	邮政编码
柘荣县侨联	宁德柘荣县委 2 号楼 409	(0593) 8352848	(0593) 8352848	355300
福鼎市侨联	宁德福鼎市政府路 139 号市侨联	(0593) 7810546	(0593) 7810546	355200
霞浦县侨联	宁德霞浦县松城街道府前路 9 号	(0593) 8893249	(0593) 8893249	355100
宁德市东湖塘华侨农场侨联	宁德市东湖路 21 号	(0593) 2318522	(0593) 2318522	352100
莆田市侨联	莆田市荔城区城门街 551 号 3 号楼	(0594) 2333766	(0594) 2333766	351100
莆田市城厢区侨联	莆田市城厢区荔华东大道 269 号区政府办公大楼 329–330 室	(0594) 2681872	(0594) 2681872	351100
莆田市秀屿区侨联	莆田市秀屿区侨联大厦三楼	(0594) 5871808	(0594) 5898808	351146
莆田市荔城区侨联	莆田市东大路 155 号	(0594) 2292665	(0594) 2292412	351100
莆田市涵江区侨联	莆田市涵江区涵东街道华侨路 119 号侨联大厦	(0594) 3597088	(0594) 3597088	351111
仙游县侨联	仙游县鲤城街道清源东路 1 号主楼六层	(0594) 8292233	(0594) 8599510	351200
泉州市侨联	泉州市东海新行政中心交通科研楼 A 幢 3 层	(0595) 22282352	(0595) 22190737	362000
泉州市鲤城区侨联	泉州市鲤城区海滨街道庄府巷鲤城区政府大院内 1–118	(0595) 22184732	(0595) 22178220	362000
泉州市丰泽区侨联	泉州市丰泽区迎津新村 8 幢 13 楼梯 2 楼	(0595) 22508386	(0595) 22567502	362000
泉州市洛江区侨联	泉州市洛江区万荣街 97 号洛江区人民政府办公楼前楼 515	(0595) 22633866	(0595) 22633966	362011
泉州市泉港区侨联	泉州市泉港区行政服务中心六楼	(0595) 87971357	(0595) 87971357	362801
泉州台商投资区投资促进局	泉州台商投资区行政办公大楼二楼	(0595) 27559803	(0595) 27399976	362122
德化县侨联	德化县龙津路北段 28 号	(0595) 23522321	(0595) 23522321	362500
晋江市侨联	晋江市青阳新华街 220 号侨联大厦三楼	(0595) 85661318	(0595) 85668158	362200
石狮市侨联	石狮市群英北路侨联大厦 7 楼	(0595) 88781041	(0595) 82229292	362700
南安市侨联	南安市溪美镇新华街 8 号侨联大厦	(0595) 86382252	(0595) 86372252	362300
惠安县侨联	惠安县螺城科山路 2 号	(0595) 87382115	(0595) 87393561	362100
安溪县侨联	安溪县凤城镇联谊街联谊大厦六楼	(0595) 23232435	(0595) 23281658	362400
永春县侨联	永春县桃城环城路 1–3 号	(0595) 23882653	(0595) 23875808	362600
漳州市侨联	漳州市芗城区南昌路小商品城 C 幢 305 室	(0596) 2031137	(0596) 2024960	363000
漳州市芗城区侨联	漳州市芗城区华侨新村 1 号	(0596) 2033101	(0596) 2033101	363000
漳州市龙文区侨联	漳州市龙文区景山机关大院 1 幢 904	(0596) 2128787	(0596) 2128787	363000
漳州市常山华侨经济开发区侨联	漳州常山华侨经济开发区	(0596) 8626112	(0596) 8628220	363300
诏安县侨联	诏安县南诏镇中心西路 487 号	(0596) 3323889	(0596) 3322323	363500
东山县侨联	东山县西埔镇白石街泽园路 10 号	(0596) 5835485	(0596) 5839767	363400
云霄县侨联	云霄县云陵镇云东路 84 号政协大楼	(0596) 8533171	(0596) 8530766	363300
龙海市侨联	龙海市石码镇公园路 13–15 号侨联商厦五楼	(0596) 6522209	(0596) 6562952	363100
漳浦县侨联	漳州市漳浦县绥安镇民主路联谊大厦三楼	(0595) 3220930	(0595) 3220930	363200
南靖县侨联	南靖县山城镇沿江路 16 号	(0596) 7832467	(0596) 7832467	363600
长泰县侨联	长泰县武安镇县委大院 B 幢二楼	(0596) 8322321	(0596) 6322500	363900
平和县侨联	平和县小溪镇东大路侨联酒店七楼	(0596) 5232239	(0596) 5232239	363700
漳州台商投资区角美镇侨联	漳州市台商投资区角美镇文圃大道 6–7 号	(0596) 6788271	(0596) 6788271	363107

福建省

单位名称	地　址	电话号码	传真号码	邮政编码
华安县侨联	华安县华丰镇平湖路 12 号 2 幢 101 室	（0596）7362465	（0596）7362465	363800
龙岩市侨联	龙岩市龙岩大道 1 号行政办公中心东附楼北 420 室	（0597）3213322	（0597）2324871	364000
龙岩市新罗区侨联	龙岩市新罗区中城街道西宫巷 14 号	（0597）2290922	（0597）2290922	364000
龙岩市永定区侨联	永定区凤城街道金凤路 49 号三楼	（0597）5832128	（0597）5938882	364100
上杭县侨联	上杭县北环路人民防空大楼二层	（0597）3843907	（0597）3843907	364200
武平县侨联	武平县行政服务中心七号楼二层	（0597）4836833	（0597）4836833	364300
漳平市侨联	漳平市桂北路行政服务中心四楼	（0597）7532375	（0597）7532375	364400
连城县侨联	连城县政府一楼	（0597）8922439	（0597）3320839	366200
长汀县侨联	长汀县汀州镇兆征路 19 号	（0597）3160190	（0597）3160190	366300
三明市侨联	三明市梅列区东新二路梅岭新村 34 幢工会大厦 9 楼	（0598）8296011	（0598）8296011	365000
三明市三元区侨联	三明市三元区崇宁路 10 号	（0598）8337483	（0598）8325850	365001
三明市梅列区侨联	三明市梅列区政府大院内	（0598）8246853	（0598）8246853	365000
明溪县侨联	明溪县雪峰镇民主路 9 号	（0598）2813663	（0598）2813663	365200
永安市侨联	永安市南山路 1 号市政府办公大楼	（0598）3833321	（0598）3833321	366000
大田县侨联	大田县均溪镇凤山西路 40 号	（0598）7222549	（0598）7222549	366001
沙县侨联	沙县金鼎城办公楼五楼	（0598）5826672	（0598）5826672	365500
宁化县侨联	宁化县城关中山路 1 号	（0598）6822586	（0598）6822586	365400
建宁县侨联	建宁县城关中山南路 21 号	（0598）3960049	（0598）3960049	354500
尤溪县侨联	尤溪县城关建设东街 66 号	（0598）6307956	（0598）6307953	365100
泰宁县侨联	泰宁县和平中街 25 号政务大楼北四楼	（0598）7833454	（0598）7833454	354400
清流县侨联	清流县龙城街 22 幢	（0598）5390399	（0598）5322212	365300
将乐县侨联	将乐县古镛镇建新路 11 号	（0598）2324226	（0598）2324226	353300
宁化泉上华侨农场	宁化泉上华侨农场	（0598）6761065	（0598）6761076	365402
南平市侨联	南平市建阳区广场东路 3 号写字楼 2302 室	（0599）8854856	（0599）8854856	354200
南平市延平区侨联	南平市人民路 93 号区政协大楼	（0599）8721368	（0599）8721368	353000
武夷山市侨联	武夷山市文公路 5 号度假区大楼 10 楼	（0599）5314630	（0599）5314630	354300
松溪县侨联	松溪县大街 80 号	（0599）2328637	（0599）2321093	353500
政和县侨联	政和县城关南门桥头原工商局 4 楼	（0599）3327298	（0599）3327298	353600
邵武市侨联	邵武市新建路 8 号	（0599）6322849	（0599）6322849	353400
建阳市侨联	建阳市潭城镇西桥北路 5 号市委大楼一楼	（0599）6153200	（0599）6153200	354200
光泽县侨联	光泽县文昌路 45 号 102 信箱	（0599）7923295	（0599）7923295	354100
顺昌县侨联	顺昌县城中路 50 号	（0599）7820880	（0599）7821326	353200
浦城县侨联	浦城县武夷山路县招待所 5 号楼	（0599）6175736	（0599）6175736	353400
建瓯市侨联	建瓯市政府行政中心八楼	（0599）3725089	（0599）3725089	353100
平潭综合实验区侨联	平潭综合实验区金井湾商务运营中心 3 号楼 5 层	（0591）23160929	（0591）23160936	350400

江西省

单位名称	地　址	电话号码	传真号码	邮政编码
江西省侨联	江西省南昌市卧龙路 999 号省行政中心	（0791）88918915	（0791）88918966	3300036
南昌市侨联	江西省南昌市红谷滩新区雄州路 169 号	（0791）83885545	（0791）83885545	330038
东湖区侨联	江西省南昌市东湖区三经路 699 号	（0791）86210568	（0791）87838527	330006

江西省

单位名称	地 址	电话号码	传真号码	邮政编码
西湖区侨联	江西省南昌市抚生路 369 号 1 号楼 1 楼	（0791）86564632	（0791）86565235	330025
青云谱区侨联	江西省南昌市青云谱区广州路 268 号	（0791）88463110	（0791)88463110	330001
湾里区侨联	江西省南昌市湾里区岭秀湖路一号	（0791）83769220	（0791）83760989	330004
青山湖区侨联	江西省南昌市南京东路 1440 号青山湖区传媒大楼 6 楼东	（0791）88100993	（0791）88100993	330029
新建区侨联	江西省南昌市新建区长埈镇新建大道 239 号（区委六楼）	（0791）83702871	（0791）83702871	330111
南昌县侨联	江西省南昌市南昌县县委统战部	（0791）85712978	（0791）85712479	330200
进贤县侨联	江西省南昌市进贤县县委大楼 428 室	（0791）85622356		331700
安义县侨联	江西省南昌市安义县龙津镇文峰路 322 号（二楼）	（0791）83413469		330500
九江市侨联	江西省九江市八里湖大道 166 号市民服务中心西楼 C 区	（0792）8227479	（0792）8227479	332099
浔阳区侨联	江西省九江市长虹大道 66 号浔阳区市民服务中心	（0792）8225288		332000
武宁县侨联	江西省九江市武宁县九宫山大道市民服务中心南楼 4 楼	（0792）2772198	（0792）2761550	332300
修水县侨联	江西省九江市修水县义宁镇义宁大道 199 号县政府	（0792）7228010		332400
都昌县侨联	江西省九江市都昌县东风大道 99 号县委大院	（0792）5232198		332600
瑞昌市侨联	江西省九江市瑞昌市杨林湖大道 170 号市委七楼	（0792）48811898	（0792）4222390	332200
湖口县侨联	江西省九江市湖口县石钟山大道行政大楼六楼	（0792）6332521	（0792）6332521	332500
彭泽县侨联	江西省九江市彭泽县行政中心 5 楼	（0792）5665506		332700
永修县侨联	江西省九江市永修县诚投大厦 1131 室	（0792）3223143	（0792）3223145	330300
德安县侨联	江西省九江市德安县市民服务中心	（0792）4332502		330400
共青城市侨联	江西省共青城市市民服务中心 1 号楼	（0792）4342342		332000
庐山市侨联	江西省庐山市紫阳南路 105 号市委大楼	（0792）2666808	（0792）2666807	332800
柴桑区侨联	江西省九江市柴桑区庐山北路 168 号柴桑区委区政府二楼	（0792）6812195	（0792）6812195	332100
濂溪区侨联	江西省九江市九莲北路 399 号濂溪区市民服务中心东附楼	（0792）8252206		332005
景德镇市侨联	江西省景德镇市莲花塘 8 号	（0798）8221875	（0798）8229293	333000
乐平市侨联	江西省景德镇市乐平市为民服务中心 7 楼	（0798）6568336		333300
萍乡市侨联	江西省萍乡市行政中心 2 号楼 637	（0799）6821596	（0799）6821596	337000
安源区侨联	江西省萍乡市安源区世纪广场 3 号楼区政府办	（0799）6661090	（0799）6661090	337000
湘东区侨联	江西省萍乡市湘东区人民政府大院区委统战部	（0799）3376626	（0799）3376626	337016
上栗县侨联	江西省萍乡市上栗县公共政务局三楼县工商联	（0799）3662690	（0799）3662690	337009
芦溪县侨联	江西省萍乡市芦溪应急管理局	（0799）7550555	（0799）7550555	337200
莲花县侨联	江西省萍乡市莲花县琴亭镇永安北路问月巷	（0799）7221247	（0799）7221247	337100
新余市侨联	江西省新余市仰天岗大道 623 号	（0790）6343887	（0790）6343887	338000
分宜县侨联	江西省新余市分宜县广府路 6 号	（0790）5881602	（0790）5881602	336600
渝水区侨联	江西省新余市渝水区抱石大道东路 32 号	（0790）6222830	（0790）6222830	338000
鹰潭市侨联	江西省鹰潭市信江新区经济大厦 c245	（0701）6445381	（0701）6445380	335001
月湖区侨联	鹰潭市月湖新城经济大厦 213	（0701）6257696	（0701）6257696	335000
余江区侨联	江西省鹰潭市余江区鹰南大道 1 号余江区经济大厦 718 室	（0701）5881198	（0701）5881198	335200

江西省

单位名称	地　址	电话号码	传真号码	邮政编码
贵溪市侨联	江西省鹰潭市贵溪市市政府大楼 7 楼 709	（0701）3316616	（0701）3316616	335400
赣州市侨联	江西省赣州市长征大道市政中心北楼 603	（0797）8991697	（0797）8991698	341000
章贡区侨联	江西省赣州市章贡区区政中心东楼 16 楼	（0797）8199187	（0797）8199187	341000
南康区侨联	江西省南康市政府院内	（0797）6605310	（0797）6632393	341400
瑞金市侨联	江西省瑞金市公务大楼 604 室	（0797）2525118		342500
赣县侨联	江西省赣县兴农路 2 号县委统战部	（0797）4441632	（0797）4441632	341100
信丰县侨联	江西省信丰县政府院内	（0797）3336706	（0797）3336706	341600
大余县侨联	江西省大余县委统战部	（0797）8722762	（0797）8723939	341500
上犹县侨联	江西省上犹县政府院内	13803585778		341200
崇义县侨联	江西省崇义县委统战部	（0797）7612612		341300
安远县侨联	江西省安远县委院内	（0797）3732161	（0797）3732161	342100
龙南县侨联	江西省龙南县委统战部	（0797）3512228		341700
定南县侨联	江西省定南县委统战部	（0797）4289116	（0797）4289116	341900
全南县侨联	江西省全南县委统战部	（0797）2632916	（0797）2632916	341800
兴国县侨联	江西省兴国县委统战部	（0797）5322215	（0797）5326368	342400
宁都县侨联	江西省宁都县委统战部	（0797）6832180	（0797）6832180	342800
于都县侨联	江西省于都县贡江镇红军大道 108 号县委大院	（0797）6233280	（0797）6233280	342300
会昌县侨联	江西省会昌县委统战部	（0797）5622428	（0797）5622428	342600
寻乌县侨联	江西省寻乌县委统战部	13807073590		342200
石城县侨联	江西省石城县政中心 A 区 306 室	（0797）5712025	（0797）5792308	342700
宜春市侨联	江西省宜春市土主庙路 26 号 012 中转站	（0795）3229230		336000
袁州区侨联	江西省宜春市袁州区政府办	（0795）3223676	（0795）3222518	336000
樟树市侨联	江西省宜春市樟树市吉佛路 59 号市文化馆	（0795）7362767	（0795）7362767	331200
丰城市侨联	江西省宜春市丰城市政府大院	（0795）6608429	（0795）6608429	331100
高安市侨联	江西省宜春市高安市政府大院	（0795）5212617	（0795）5212617	330800
靖安县侨联	江西省宜春市靖安县统战部	（0795）4662545	（0795）4662545	330600
奉新县侨联	江西省宜春市奉新县政府办	（0795）4539151	（0795）4539151	330700
上高县侨联	江西省宜春市上高县政府办	（0795）2513275	（0795）2517517	336400
宜丰县侨联	江西省宜春市宜丰县政府办	（0795）2765503	（0795）2765486	336300
铜鼓县侨联	江西省宜春市铜鼓县政府办	（0795）8722090	（0795）8722090	336200
万载县侨联	江西省宜春市万载县政府大院	（0795）8822660	（0795）8822660	336100
上饶市侨联	江西省上饶市信州区金龙港 15 号	（0793）8223370		334000
信州区侨联	江西省上饶市信州区区政府大楼	（0793）8309733	（0793）8309733	334000
德兴市侨联	江西省上饶市德兴市朝阳路 4 号	（0793）7522292		334200
上饶县侨联	江西省上饶市上饶县吉阳西路 1 号	（0793）8466079	（0793）8466079	334100
广丰县侨联	江西省上饶市广丰县府前街 1 号	（0793）2650312	（0793）2650312	334600
玉山县侨联	江西省上饶市玉山县行政中心 13 楼	（0793）2552429		334700
婺源县侨联	江西省上饶市婺源县蚺城路 26 号	（0793）7355418	（0793）7351440	333200
鄱阳县侨联	江西省上饶市鄱阳县县委大院	（0793）6267728		333100
余干县侨联	江西省上饶市余干县县委大院四楼	（0793）3398425		335100

江西省

单位名称	地 址	电话号码	传真号码	邮政编码
万年县侨联	江西省上饶市万年县政府大楼 1237 室			
弋阳县侨联	江西省上饶市弋阳县行政中心	（0793）5821269		
横峰县侨联	江西省上饶市横峰县行政中心大楼	（0793）5782471		
铅山县侨联	江西省上饶市铅山县西海岸大酒店			334500
吉安市侨联	江西省吉安市城南行政中心 B 座 7 楼	（0796）8935218	（0796）8935218	343000
吉州区侨联	江西省吉安市吉州区长征路 25 号	（0796）8280933		
青原区侨联	青原区行政中心区委统战部	（0796）8106996		
井冈山市侨联	江西省井冈山市新城区市政府大楼 3 楼	（0796）6890881	（0796）6890881	343600
吉安县侨联	江西省吉安县庐陵大道 27 号县政府大院	（0796）8442439	（0796）8442439	343100
新干县侨联	江西省新干县行政服务中心大楼	（0796）2160097	（0796）2160096	331300
永丰县侨联	江西省永丰县跃进路 27 号县委大院	（0796）2511795	（0796）2526792	331500
峡江县侨联	江西省峡江县百花路 6 号县委、县政府大楼	（0796）3672892	（0796）3672892	331409
吉水县侨联	江西省吉水县万里大道县委大楼	（0796）8689545	（0796）8689545	331600
泰和县侨联	江西省泰和县工农兵大道 003 号县委大院	（0796）8638206	（0796）8638206	343700
遂川县侨联	江西省遂川县行政办公中心	（0796）3628136	（0796）6328136	343900
安福县侨联	江西省安福县县委县政府大楼	（0796）7622067	（0796）7622067	343200
永新县侨联	江西省永新县委统战部	（0796）7722975		
抚州市侨联	江西省抚州市行政中心 A-305	（0794）8259980	（0794）8282448	344000
临川区侨联	江西省抚州市临川区行政中心 A-813	（0794）8441245		
金溪县侨联	江西省抚州市金溪县行政中心 A-421	（0794）5397550	（0794）5397550	344800
崇仁县侨联	江西省抚州市崇仁县行政中心 A-616	（0794）6329365		
东乡区侨联	江西省抚州市东乡区行政中心 805	13755913846		
南丰县侨联	江西省抚州市南丰县桔都大道行政大厦五楼县委统战部	（0794）3226070		
黎川县侨联	江西省抚州市黎川县京川大道 180 号行政大楼 533 室	（0794）7566878		
广昌县侨联	江西省抚州市广昌县行政中心 828 室	（0794）3622274		
乐安县侨联	江西省抚州市乐安县行政中心县委楼一楼县委统战部	（0794）6668269		
宜黄县侨联	江西省抚州市宜黄县党政大楼（世纪大道西侧）3 楼	（0794）7602175		
资溪县侨联	江西省抚州市资溪县建设西路行政中心南 2 楼 219 室	（0794）5797090		
南城县侨联	江西省抚州市南城县行政中心 427	（0794）7254267		

山东省

单位名称	地 址	电话号码	邮政编码
山东省侨联	济南市经十路 18262 号	（0531）86093950	250061
济南市侨联	济南市龙鼎大道 1 号龙奥大厦 E1310 室	（0531）66601651	250000
济南市历下区侨联	济南市解放东路 99 号	（0531）88151011	250014
济南市市中区侨联	济南市经八路 122 号济南大厦 413 室	（0531）82078182	250001
济南市天桥区侨联	济南市堤口路 53 号	（0531）81601068	250031
济南市槐荫区侨联	济南市经十路 29851 号槐荫区政务中心 5 层 528 室	（0531）87589528	250117
济南市历城区侨联	济南市历城区文苑街 1500 号历城区便民服务中心 B 座 1016 室	（0531）66899256	250100

山东省

单位名称	地　址	电话号码	邮政编码
济南市长清区侨联	济南市经十西路 17166 号长清区政务中心 3 层贸促会	（0531）87228086	250300
济南市平阴县侨联	济南平阴县府前街 35 号外侨办	（0531）87893351	250400
章丘市侨联	济南章丘市龙泉大厦 12010 室	（0531）83278956	250200
商河县侨联	济南商河县行政服务中心五层	（0531）84876399	251600
济阳县侨联	济阳县政务中心一层投资服务中心	（0531）81178117	251400
青岛市侨联	青岛市香港中路 17 号市政府三期办公楼 1205 室	（0532）85912172	266071
青岛市市南区侨联	青岛市宁夏路 286 号	（0532）88729625	266071
青岛市市北区侨联	青岛市延吉路 80 号	（0532）85801290	266033
青岛市李沧区侨联	青岛市黑龙江中路 615 号	（0532）87610771	（0532）87610771
青岛市崂山区委统战部侨联	青岛市仙霞岭路 18 号	（0532）88997027	266061
青岛市城阳区侨联	城阳区山城路 195 号行政服务中心南五楼	（0532）87968063	266109
青岛市黄岛区侨联	胶南市北京路 10 号阳光大厦 815 房间	（0532）85166828	266400
胶州市侨联	胶州市北京路 2 号行政服务西楼 931 室	（0532）82206105	266300
即墨市侨联	即墨市振中街 16 号	（0532）88551361	266200
平度市侨联	平度市红旗路 16-1 号	（0532）87362051	266700
莱西市侨联	莱西市行政办公中心 0855 房间	（0532）88405333	266600
淄博市侨联	淄博市张店区柳泉路 312 号	（0533）3887403	255086
淄博市张店区侨联	张店区中心路 140 号侨兴书店	18653380088	255020
淄博市淄川区侨联	淄川区人口和计划生育局（般阳路 41 号）	15966955595	255100
淄博市博山区侨联	博山区县前街 10 号院 3 号楼 1 单元 302	15264348182	255200
淄博市周村区侨联	周村区恒丰盛世豪庭 11 号楼 2 单元 302	13805336142	255300
淄博市临淄区侨联	临淄区桓公路 268 号临淄区河道管理处	（0533）7180086	255400
淄博市桓台县侨联	淄博柳泉路 107 号国贸大厦 1210 室	（0533）3190617	255000
淄博市高青县侨联	高青县田镇二中宿舍楼中间楼西单元 2 楼东户	13325221386	256300
淄博市沂源县侨联	沂源县招商局转	13589590929	256100
枣庄市侨联	枣庄市新城光明大道 629 号综合楼 515 室	（0632）8687882	277800
滕州市侨联	枣庄市滕州市政府	（0632）5512748	277500
枣庄市薛城区侨联	枣庄市薛城区政府	（0632）4412417	277800
枣矿集团侨联	枣庄市枣矿集团	（0632）4081336	277800
枣庄市高新区侨联	枣庄市高新区	（0632）6611502	277800
枣庄市台儿庄侨联	枣庄市台儿庄区政府	（0632）6638998	277400
枣庄市山亭区侨联	枣庄市山亭区政府	（0632）8812329	277200
枣庄市市中区侨联	枣庄市市中区政府	（0632）3083023	277100
枣庄市峄城区侨联	枣庄市峄城区政府	（0632）7715196	277300
东营市侨联	东营市南一路 1226 号	（0546）8331817	257091
东营市广饶县侨联	广饶县乐安大街 501 号	（0546）6441429	257300
烟台市侨联	烟台市芝罘区环山路 2 号工商局 8 楼	（0535）6225321	264001
芝罘区侨联	烟台市芝罘区市府街 76 号	（0535）6214216	264001
福山区侨联	烟台市福山区河滨路 109 号	（0535）6363680	265500
牟平区侨联	烟台市牟平区文兴路 510 号	（0535）4219075	264100

山东省

单位名称	地 址	电话号码	邮政编码
龙口市侨联	龙口市行政中心 1535 室	（0535）8516939	265701
莱州市侨联	莱州市府东街南首	（0535）3070515	261400
蓬莱市侨联	蓬莱市钟楼东路 1 号	（0535）5642609	265600
招远市侨联	招远市泉山路 27 号	（0535）8211071	265400
海阳市侨联	海阳国际会议中心海滨中路 196 号	（0535）3223745	265100
栖霞市侨联	栖霞市腾飞路 199 号	（0535）5212395	265395
莱阳市侨联	莱阳市金水路 1 号	（0535）7215815	265200
长岛县侨联	长岛县委统战部	（0535）3212148	265800
潍坊市侨联	潍坊市高新区胜利东街 99 号市级机关综合办公大楼 2006 室	（0536）8789981	261061
昌邑市侨联	昌邑市会议中心	（0536）7112236	261300
济宁市侨联	济宁市红星中路 9 号市委院内	（0537）2967844	272000
泰安市侨联	泰安市望岳东路 3 号市政大楼 A8050 室	（0538）6991076	271000
山东农业大学侨联	泰安市岱宗大街 86 号山东农业大学统战部转	13805489518	271018
泰山医学院侨联	泰安市长城路 619 号泰山医学院统战部转	13668686899	271000
威海市侨联	威海市市政府六号楼	（0631）5220008	272000
荣成市侨联	荣成市外侨办	（0631）7562200	264300
文登市侨联	文登市外侨办	（0631）8452620	264400
乳山市侨联	乳山市外侨办	（0631）6651932	264500
环翠区侨联	威海市环翠区外侨办	（0631）5227422	264200
日照市侨联	日照市烟台路 29 号	（0633）8779938	276800
东港区侨联	日照市烟台路 29 号	（0633）8253498	276800
岚山区侨联	日照市岚山区岚山中路 1 号区级办公楼 505 室	（0633）2618799	276808
五莲县侨联	日照市五莲县洪凝街道幸福路 15 号	（0633）5213056	262300
莒县侨联	莒县银杏大道 489 号	（0633）622636	276500
临沂市侨联	临沂市北城新区行政中心 1636 室	（0539）8727635	276000
兰山区侨联	临沂市金雀山路 57 号	（0539）8198530	276000
德州市侨联	德州市东风东路 1566 号新城综合楼主楼 1531 室	（0534）2687416	253000
德城区侨联	德州市德城区地安街 97 号	（0534）2666051	253001
聊城市侨联	聊城市东昌东路 101 号	（0635）8288690	252000
东昌府区侨联	聊城市聊堂路 2 号	（0635）8413752	252000
滨州市侨联	滨州市滨城区黄河五路 385 号市政大楼	（0543）3162167	256603
邹平县侨联	邹平县政务中心	（0543）4261953	256200
菏泽市侨联	菏泽市中华路 1009 号菏泽市人民政府	（0530）5310919	252000

河南省

单位名称	地 址	电话号码	传真号码	邮政编码
河南省侨联	河南省郑州市纬二路 10 号	（0371）65919601	（0371）65919620	450003
郑州市侨联	郑州市中原区互助路 73 号院 3 号楼	（0371）67183139		
开封市侨联	开封市金明大道 196 号	（0371）23381211		
洛阳市侨联	洛阳市洛龙区太康路 11 号 4 楼	（0379）63317355		
平顶山市侨联	平顶山市新城区市政大厦 9 楼 917 房间	（0375）2666686		

河南省

单位名称	地 址	电话号码	传真号码	邮政编码
安阳市侨联	安阳市文峰大道 568 号市党政综合楼 A701	（0372）2550342		
鹤壁市侨联	鹤壁市淇滨区九州路 131 号市政府第一综合楼 717	（0392）3327196		
新乡市侨联	新乡市人民东路甲一号市政府大楼 719 值	（0373）3696865		
焦作市侨联	焦作市解放区人民路 889 号	（0391）3568311		
濮阳市侨联	濮阳市黄河路 140 号	（0393）7779017		
许昌市侨联	许昌市建安大道 1516 号市委 6 号楼 6341 室	（0374）2965758		
漯河市侨联	漯河市淮河路 10 号北楼 525	（0395）3101680		
三门峡市侨联	三门峡市湖滨区崤山路中段 45 号老建委办公楼 9 楼 909 室	13193955689（固话）		
南阳市侨联	南阳市宛城区范蠡路市民服务中心南区 6 号楼	（0377）62298577		
商丘市侨联	商丘市睢阳区前路 1 号市委 1 号楼 11014 室	（0370）3288561		
信阳市侨联	信阳市羊山新区行政办公区 2 号楼 2216	（0376）6366381		
周口市侨联	周口市莲花路人大政协综合楼 1107	（0394）8262539		
驻马店市侨联	驻马店市开源大首 56 号 2521	（0396）2601728		
济源市侨联	济源市第一行政区 1 号楼 1207 室	（0391）6835293		

湖北省

单位名称	地 址	电话号码	传真号码	邮政编码
湖北省侨联	武汉市武昌区水果湖路 272 号	（027）87821332 （027）87123269	（027）87123269	430071
武汉市侨联	武汉市汉口沿江大道江汉关	（027）85602297	（027）85602297	430022
江汉区侨联	江汉区新华下路特 15 号（区政府院内）	（027）85481663	（027）85481663	430022
江岸区侨联	江岸区六合路 1 号（区政府院内）	（027）82738792	（027）82738792	430010
硚口区侨联	硚口区沿河大道 518 号（区党委院内）	（027）83426340	（027）83426340	430034
汉阳区侨联	汉阳区芳草路特 1 号（区政府院内）	（027）84468590	（027）84468590	430050
洪山区侨联	洪山区珞狮路 318 号（区政府院内）	（027）87678215	（027）87678215	430077
武昌区侨联	武昌区中山路 307 号（区政府院内）	（027）88936342	（027）88936342	430060
青山区侨联	武汉市和平大道 971 号（区政府院内）	（027）68865065	（027）68865065	430080
江汉大学侨联	武汉市汉阳区（沌口）经济技术开发区（校综合楼）	（027）84225811	（027）84225811	430051
黄冈市侨联	黄冈市黄州区新港一路 8 号综合办公楼 3 楼	（0713）8112610	（0713）8112602	438000
浠水县侨联	浠水县政府办公楼 4 楼	（0713）4228489	（0713）4228489	438200
麻城市侨联	麻城县金桥大道路 1 号 6 楼	（0713）2950428	（0713）2950428	438300
襄阳市侨联	襄阳市荆州街 73 号政府大院	（0710）3511681-8383 （0710）3610498	（0710）3610498	441021
谷城县侨联	襄阳市谷城县侨联	（0710）7233505	（0710）7232388	441700
宜城市侨联	宜城市侨联	（0710）4250159	（0710）4250159	441400
老河口市侨联	老河口市侨联	（0710）8222069	（0710）8222069	441800
襄城区侨联	襄城区广电中心编辑部	（0710）3566203 （0710）3570263	（0710）3566203 （0710）3570263	441000
樊城区侨联	樊城区委统战部侨联	（0710）3705325 （0710）3705326	（0710）3705325 （0710）3705326	441100
襄州区侨联	襄州区侨联（襄州区政府内）	（0710）2826826 （0710）2815424	（0710）2826826 （0710）2815424	441100

湖北省

单位名称	地　址	电话号码	传真号码	邮政编码
枣阳市侨联	枣阳市侨联（枣阳市政府内）	（0710）6990988 （0710）6228648	（0710）6990988 （0710）6228648	441200
南漳县侨联	南漳县委统战部侨联	（0710）5231418	（0710）5231418	441500
襄阳市中心医院侨联	襄阳市中心医院	（0710）3512850	（0710）3512850	441021
襄北监狱侨联	湖北省襄北监狱	（0710）2649618 （0710）2641999	（0710）2649618 （0710）2641999	441123
荆州市侨联	荆州沙市区碧波路 6 号	（0716）8246941 0716）8115056	（0716）8115056	434000
沙市区侨联	沙市区文宫路 8 号（区党委院内）	（0716）4310086 （0716）4316303	（0716）4310086 （0716）4316303	434000
公安县侨联	公安县斗湖堤镇青路 2 号	（0716）5225619	（0716）5225619	434000
江陵县侨联	江陵县（郝穴镇）江陵县财政局	18908617909 13508617815	18908617909 13508617815	434139
监利县侨联	监利县容城镇民主路 48 号	（0716）3387318	（0716）3387318	433300
松滋市侨联	松滋市新江口镇民主路 166 号	（0716）6225777	（0716）6225777	434200
石首市侨联	石首市政府大院内	（0716）7814834 （0716）7813103	（0716）7814834 （0716）7813103	434400
洪湖市侨联	洪湖市赤卫西路市委大院内	（0716）2212159	（0716）2212159	433200
长江大学侨联	荆州市荆州区南环路 1 号长江大学统战部	13677229122	13677229122	434023
宜昌市侨联	宜昌市西陵区绿萝路 37 号人防备勤楼	（0717）6252978	（0717）6252977	443000
当阳市侨联	当阳市子龙路 9 号 10063 信箱	（0717）3253361 （0717）3250768	（0717）3253361 （0717）3250768	444000
宜都市侨联	宜都市委市政府综合办公大楼 6 楼	（0717）4843813 （0717）4843827	（0717）4843813 （0717）4843827	443300
远安县侨联	远安县委统战部	（0717）3812254 （0717）3812256	（0717）3812254 （0717）3812256	444200
兴山县侨联	兴山县委统战部	（0717）2583042	（0717）2583042	443711
秭归县侨联	秭归县委统战部	（0717）2886020	（0717）2886020	443600
五峰县侨联	五峰土家族自治县五峰西北路 3 号	（0717）5821301	（0717）5821301	443400
长阳县侨联	长阳土家族自治县县委统战部	（0717）5326430	（0717）5326430	443500
夷陵区侨联	宜昌市夷陵区委统战部	（0717）7825407 （0717）7821309	（0717）7825407 （0717）7821309	443100
西陵区侨联	宜昌市西陵区委统战部	（0717）6768128	（0717）6768128	443000
点军区侨联	宜昌市点军区委统战部	（0717）6080079	（0717）6080079	443000
三峡大学侨联	宜昌市大学路 8 号三峡大学统战部	（0717）6392625	（0717）6392625	443000
葛洲坝集团侨联	宜昌市葛洲坝六公司工会	（0717）6722523	（0717）6722523	443000
七一〇所侨联	宜昌市 710 所	（0717）6436084	（0717）6436084	443000
孝感市侨联	孝感市乾坤大道 123 号市行政大楼 3 楼	（0712）2280211 （0712）2861498	（0712）2861498	432100
孝南区侨联	孝感市孝南区书院街 6 号	（0712）2859453 （0712）2059611	（0712）2859453 （0712）2059611	432100
汉川市侨联	汉川市侨联	（0712）8392910	（0712）8392910	431600
应城市侨联	应城市政府侨务办公室	（0712）3268213	（0712）3268213	432400
安陆市侨联	安陆市外事侨务旅游局	（0712）5226989	（0712）5226989	432600
大悟县侨联	大悟县外事侨务旅游局	（0712）7228318	（0712）7228318	432800

湖北省

单位名称	地 址	电话号码	传真号码	邮政编码
孝昌县侨联	孝昌县政府侨务办公室	（0712）4776079	（0712）4776079	432900
云梦县侨联	云梦县政府侨务办公室	（0712）4322805	（0712）4322805	432505
十堰市侨联	十堰市北京中路信访楼 6 楼	（0719）8109889 （0719）8666673	（0719）8666673	442000
丹江口市侨联	丹江口市侨联	（0719）5223372	（0719）5223372	442700
房县侨联	房县侨联	（0719）3249318 （0719）3224385	（0719）3249318 （0719）3224385	442100
竹山县侨联	竹山县侨联	（0719）4231406 （0719）4220168	（0719）4231406 （0719）4220168	442200
竹溪县侨联	竹溪县侨联	（0719）2722211	（0719）2722211	442300
郧县侨联	郧县侨联	（0719）7227876 （0719）7229136	（0719）7227876 （0719）7229136	442500
郧西县侨联	郧西县侨联	（0719）6227601 （0719）6227833	（0719）6227601 （0719）6227833	442600
张湾区侨联	张湾区公园路 82 号	（0719）8676960 （0719）8662316	（0719）8676960 （0719）8662316	442000
茅箭区侨联	茅箭区侨联	（0719）8782733 （0719）8795662	（0719）8782733 （0719）8795662	442012
黄石市侨联	黄石市杭州东路 1 号人大政协楼	（0714）6350100	（0714）6350100	435003
铁山区侨联	铁山区人民政府 9 楼	（0714）5421977	（0714）5421977	435000
黄石港区侨联	黄石港区人民政府 2 楼	（0714）6588108	（0714）6588108	435000
西塞山区侨联	西塞山区人民政府 10 楼	（0714）6481267	（0714）6481267	435000
下陆区侨联	下陆区人民政府 7 楼	（0714）5316026	（0714）5316026	435000
鄂州市侨联	鄂州市政府大楼 905 室	（0711）3830210 （0711）3830211	（0711）3830210	436000
随州市侨联	随州市城南新区市政府 6 楼	（0722）3596126 （0722）3596127	（0722）3596126 （0722）3596127	431300
荆门市侨联	荆门市象山大道 53 号市政府大院	（0724）2378056	（0724）2378056	448000
京山县侨联	京山县京开市镇中路 47 号	（0724）7331920 （0724）7328004	（0724）7331920 （0724）7328004	431900
钟祥市侨联	钟祥市郢祥镇石城中路 12 号	（0724）4222624 （0724）4225305	（0724）4222624 （0724）4225305	431900
沙洋县侨联	沙洋县平湖路 16 号	（0724）8558695 （0724）8551947	（0724）8558695 （0724）8551947	448200
咸宁市侨联	咸宁市政府大楼 10 楼	（0715）8126343	（0715）8126241	437100
咸安区侨联	咸宁市咸安区政府办公大楼	（0715）8368058 （0715）8322688	（0715）8368058 （0715）8322688	437000
嘉鱼县侨联	嘉鱼县委统战部	（0715）6355996	（0715）6355996	437200
崇阳县侨联	崇阳县委统战部	（0715）3395413 （0715）3398702	（0715）3395413 （0715）3398702	437500
赤壁市侨联	赤壁市赤马港行政新区赤壁市侨联	（0715）5336261 （0715）5336355	（0715）5336261 （0715）5336355	437300
天门市侨联	天门市陆羽大道市政府办公大楼二楼	（0728）5222335 （0728）5225505	（0728）5225505	431700
潜江市侨联	潜江市章华南路 18 号	（0728）6242671 （0728）6293462	（0728）6293462	433100
仙桃市侨联	仙桃市政府大楼四楼	（0715）3491176	（0715）3491176	433000
恩施州侨联	恩施市施州大道 29 号	（0718）8306546	（0718）8306542	445000

湖北省

单位名称	地 址	电话号码	传真号码	邮政编码
武汉大学侨联	武汉市武昌武珞路武汉大学统战部转	(027)68765162	(027)68762975	430072
华中科技大学侨联	武汉市珞喻路1073号华中科技大学统战部转	(027)87542801	(027)87544483	430074
武汉理工大学侨联	武汉市珞狮路122号武汉理工大学统战部转	(027)87651415	(027)87651415	430070
中南财经政法大学侨联	武汉市南湖南路1号中南财经政法大学统战部转	(027)88386935	(027)88386935	430073
中国地质大学(武汉)侨联	武汉市喻家山中国地质大学(武汉)统战部转	(027)67884338	(027)67884891	430074
华中师范大学侨联	武汉市武昌珞喻路152号华中师范大学统战部转	(027)67868029	(027)67867501	430079
华中农业大学侨联	武汉市狮子山街1号华中农业大学统战部转	(027)87282051	(027)87282056	430070
武汉体育学院侨联	武汉市武昌珞喻路武汉体育学院统战部转	(027)87190831	(027)87191698	430079
武汉音乐学院侨联	武汉市解放路255号武汉音乐学院党办转	(027)88066354	(027)88069436	430060
湖北第二师范学院侨联	武汉东湖高新技术开发区湖北第二师范学院统战部转	(027)87943623	(027)87943840	430205
湖北工业大学侨联	武汉市武昌南湖湖北工业大学统战部转	(027)59750040	(027)59750041	430068
武汉工程大学侨联	武汉市雄楚大街693号武汉工程大学统战部转	(027)87194621	(027)87195310	430074
湖北经济学院侨联	武汉江夏臧龙岛科技开发园区洋湖大道特1号湖北经济学院组织部转	(027)81973709	(027)81973781	430205
中南民族大学侨联	武汉市洪山区民院路708号中南民族大学统战部转	(027)67842674	(027)67842674	430074
武汉纺织大学侨联	武汉市鲁巷纺织路1号武汉纺织大学组织部转	(027)87181452转9426(组办) (027)62358788	(027)59367597	430073
武汉科技大学侨联	武汉市青山建设一路武汉科技大学统战部转	(027)68862793	(027)68862793	430081
湖北中医药大学侨联	湖北省武汉市洪山区黄家湖西路1号	(027)68890011	(027)68890031	430061
中科院武汉分院侨联	武汉市小洪山1号楼中科院武汉分院党办转	(027)87199982 (027)87199480	(027)87199315	430071
湖北大学侨联	武汉市武昌宝积庵湖北大学统战部转	(027)88663912	(027)88663912	430062
湖北省农科院侨联	武汉市武昌南湖瑶苑特一号湖北省农科院党办转	(027)87389577	(027)87389499	430064
铁道部第四勘察设计院侨联	武汉市武昌杨园和平大道745号铁四院宣传部转	(027)51155786转878	(027)51155389 (027)86814198	430063
湖北大学侨联	武汉市武昌宝积庵湖北大学统战部转	(027)88663912	(027)88663912	430062
中国长江航运总公司侨联	武汉市沿江大道69号长航大厦32楼	(027)82766527	(027)82766550	430021
中铁大桥局侨联	武汉市经济技术开发区(沌口)博学路8号中铁大桥局组织统战部转	(027)84957158	(027)84846738	430050
交通部长江航务管理局侨联	武汉市汉口沿江大道134号长江航务管理局统战部转	(027)82767322	(027)82766274	430014
长江水利委员会侨联	武汉市解放大道1863号长江水利委员会党委直属统战处转	(027)8282303	(027)8282307	430010
武汉铁路局侨联	武汉市武昌八一路2号武汉铁路局统战部转	(027)51126159	(027)51126159	430071
中南建筑设计院侨联	武汉市武昌中南路17号中南建筑设计院组织处	(027)87336632	(027)87317735	430071
湖北电力公司侨联	武汉市武昌徐东路341号湖北电力公司组干处	(027)88566522	(027)88565641	430077
武汉钢铁公司侨联	武汉市友谊大道999号武钢集团组织人事部(党委统战部)转	(027)86893613	(027)86899867	430080
武汉油料研究所侨联	武汉市武昌徐东二路2号武汉油料研究所党办转	(027)86812770	(027)86816451	430062
东风汽车公司侨联	武汉市东风大道特1号东风公司党委工作部统战部转	(027)84285179 (027)84285149	(027)84285155	430056
华中电网公司侨联	武汉市武昌东湖梨园华中电网公司人事处转	(027)86762222	(027)86765100	430077

湖南省

单位名称	地　址	电话号码	传真号码	邮政编码
湖南省侨联	长沙市迎宾路 185 号	(0731) 84420029	(0731) 84432327	410011
长沙市侨联	长沙市白沙路 255 号	(0731) 85112576	(0731) 85111802	410002
衡阳市侨联	衡阳市高新区延安路 22 号	(0734) 8866810	(0734) 8866820	421001
株洲市侨联	株洲市沿江中路 86 号	(0731) 28687597	(0731) 28687597	412000
湘潭市侨联	湘潭市岳塘区湖湘西路 6 号	(0731) 58583235	(0731) 58583235	411104
邵阳市侨联	邵阳市行政中心大楼主楼一楼东	(0739) 5363389	(0739) 5363389	422000
岳阳市侨联	岳阳市南湖大道 546 号	(0730) 8889827	(0730) 8889927	414000
常德市侨联	常德市洞庭大道中段 760 号	(0736) 7133915	(0736) 7133915	415000
张家界市侨联	张家界市永定区教场路 252 号	(0744) 8288889	(0744) 8288889	427000
益阳市侨联	益阳市人民政府办公楼	(0737) 6206301	(0737) 6206301	413000
郴州市侨联	郴州市苏仙北路市委第五办公楼	(0735) 2368575	(0735) 2368575	423000
永州市侨联	永州市冷水滩区湘江东路 166 号	(0746) 8358222	(0746) 8358222	425000
怀化市侨联	怀化市迎风中路 333 号	(0745) 2716617	(0745) 2716617	418000
娄底市侨联	娄底市湘中大道 290 号	(0738) 8314652	(0738) 8312118	417000
湘西自治州侨联	吉首市世纪大道 3 号	(0743) 8225596	(0743) 8225596	416000
中南大学侨联	中南大学党委统战部	(0731) 88879601		410083
湖南大学侨联	湖南大学党委统战部	(0731) 88823893		410082
湖南师范大学侨联	湖南师范大学党委统战部	(0731) 88872407		410081
湖南农业大学侨联	湖南农业大学党委统战部	(0731) 84618011		410128
湖南工业大学侨联	湖南工业大学党委统战部（株洲市）	(0731) 22622733		412008
南华大学侨联	南华大学党委统战部（衡阳市）	(0734) 8281280		421001
湖南文理学院侨联	湖南文理学院党委统战部（常德市）	(0736) 7186030		415000
长沙学院侨联	长沙学院党委统战部	(0731) 84261433		410003
湖南人文科技学院侨联	湖南人文科技学院党委统战部（娄底市）	(0735) 8325415		417000
衡阳师范学院侨联	衡阳市珠晖区衡花路衡阳师范学院东校区宣传统战部	13975406672		421001
湖南科技大学侨联	湘潭市湖南科技大学党委统战部	(0731) 58290231		411201
湖南科技学院侨联	永州市零陵区杨梓塘路 130 号	13307461777		425199
湖南工程学院侨联	湘潭市岳塘区福星东路 88 号	(0731) 58683528		411104
湘潭大学侨联	湘潭市雨湖区北二环	18173213863		411005
湖南铁道职业技术学院侨联	株洲市石峰区田心大道 18 号	13787813615		412001
中南林业科技大学侨联	长沙市天心区韶山南路 498 号	(0731) 85623101		410004
湖南理工学院侨联	湖南省岳阳市湘北大道	(0730) 8640001		414000
湖南工学院侨联	湖南省衡阳市珠晖区衡花路 18 号			421002
邵阳学院侨联	湖南省邵阳市大祥区邵阳学院七里坪校区			422000
怀化学院侨联	怀化市鹤城区怀东路 180 号			418000
湖南中医药大学侨联	湖南省长沙市岳麓区含浦科教园学士路 300 号			410208
湖南省侨商会	长沙市芙蓉区八一中路 383 号高原红大酒店 1112	(0731) 85206198		410011
湖南省华侨公益基金会	长沙市芙蓉区八一中路 383 号高原红大酒店 1112	(0731) 85206198		410011
湖南省侨联法顾委	长沙市迎宾路 185 号	(0731) 84154612	(0731) 84154612	410011
湖南省侨联参政议政委员会	长沙市迎宾路 185 号	(0731) 84440029	(0731) 84432327	410011

湖南省

单位名称	地 址	电话号码	传真号码	邮政编码
湖南省海外侨社团联谊总会	长沙市迎宾路 185 号	（0731）84448721	（0731）84448721	410011
湖南省侨联特聘专家委员会	长沙市迎宾路 185 号	（0731）84443372	（0731）84443372	410011
湖南省侨联青年委员会	长沙市迎宾路 185 号	（0731）84448721		410011

广东省

单位名称	地 址	电话号码	传真号码	邮政编码
广东省侨联	广州市天河区体育东路 140–148 号 23 楼	（020）38879251	（020）38879252	510620
广州市侨联	广州市东风东路 555 号粤海集团大厦 24 楼	（020）83876508	（020）83802278	510050
深圳市侨联	深圳市福田区上步中路 1023 号市府二办六楼西	（0755）82106483	（0755）82099277	518028
珠海市侨联	珠海市香洲区人民东路 101 号四楼	（0756）2252084	（0756）2115687	519000
汕头市侨联	汕头市金平区汕樟路 39 号侨联大厦三楼	（0754）88626580	（0754）88910149	515031
佛山市侨联	佛山市禅城区季华五路 18 号 10 楼	（0757）83358346	（0757）83358346	528000
韶关市侨联	韶关市风度北路 75 号市政府大楼 14 楼 1405 室	（0751）8882463	（0751）8882463	512000
河源市侨联	河源市富民街 2 号金视办公楼 2 楼	（0762）3335561	（0762）3821366	517000
梅州市侨联	梅州市嘉应东路侨联大厦	（0753）2259118	（0753）2259839	514011
惠州市侨联	惠州市惠城区江北市行政中心 5 号楼一楼	（0752）2808735	（0752）2808335	516003
汕尾市侨联	汕尾市区文德路市委党校综合楼一楼	（0660）3367524	（0660）3367524	516600
东莞市侨联	东莞市莞城区向阳路 18 号侨务楼 12 楼	（0769）22233372	（0769）22224823	523007
中山市侨联	中山市民权路 3 号	（0760）88824520	（0760）88855313	528400
江门市侨联	江门市建设路 26 号	（0750）3309627	（0750）3335022	529000
阳江市侨联	阳江市东风二路 60 号市府大院诚投集团综合楼八楼	（0662）3386193	（0662）3361292	529500
湛江市侨联	湛江市人民大道南 43 号 115 室	（0759）2274360	（0759）2218320	524001
茂名市侨联	茂名市油城六路市政府大院 2 号楼一楼	（0668）2911216	（0668）2274128	525000
肇庆市侨联	肇庆市城中路 49 号市府大院 1 幢 105	（0758）2202052	（0758）2231311	526040
清远市侨联	清远市新城鹿鸣路广源街清远大厦十二楼	（0763）3365545	（0763）3365594	511515
潮州市侨联	潮州市新桥西路 414 号侨联大厦	（0768）2268275	（0768）2267293	521000
揭阳市侨联	揭阳市榕城区马牙路揭阳市侨联大厦六楼	（0663）8768460	（0663）8768463	522000
云浮市侨联	云浮市天马行政中心	（0766）8988234	（0766）8988234	527300

广西壮族自治区

单位名称	地 址	电话号码	传真号码	邮政编码
广西壮族自治区侨联	南宁市青秀区桃源路 4–2 号	（0771）2806452	（0771）2806452	530021
南宁市侨联	南宁市青秀区嘉宾路 2 号 14 楼	（0771）5852861	（0771）5857859	530028
柳州市侨联	柳州市瑞康路 9 号 B 座二楼北	（0772）2660117	（0772）2663318	545001
桂林市侨联	桂林市临桂区西城中路 69 号创业大厦西辅楼 636 室	（0773）2848941	（0773）2829472	541100
梧州市侨联	梧州市新兴一路 121 号民主党派大楼 6 楼	（0774）2822280	（0774）2822280	543000
北海市侨联	广西北海市中山东路 213 号	（0779）3132787	（0779）2068421	536000
防城港市侨联	防城港市港口区迎宾街红树林大厦东塔 10 楼 1001 室	（0770）2830686	（0770）2836920	538001
钦州市侨联	钦州市行政信息中心 B208–1	（0777）3688218	（0777）3688218	535000
贵港市侨联	贵港市港北区中山北路 483 号市审计局大楼 4 楼侨联办公室	（0775）4563106	（0775）4563106	537100

广西壮族自治区

单位名称	地 址	电话号码	传真号码	邮政编码
玉林市侨联	玉林市玉东大道市政府办公大楼 3E01 室	（0775）2823391	（0775）2822338	537000
百色市侨联	百色市右江区龙景东路 11 号聚丰广场写字楼 13 楼（1301-1304）	（0776）2826599	（0776）2826599	533000
贺州市侨联	广西贺州市贺州大道 36 号	（0774）5120616	（0774）5120616	542899
河池市侨联	河池市金城江区百旺路 17 号行政办公中心 8 楼	（0778）2284801	（0778）2284801	547000
来宾市侨联	来宾市人民路 1 号	（0772）4228286	（0772）4228286	546100
崇左市侨联	崇左市江州区石景林街道市总工会北楼三楼 312 室	（0771）7969026	（0771）7969026	532200

海南省

单位名称	地 址	电话号码	传真号码	邮政编码
海南省侨联	海南省海口市琼山区文坛路 2 号海南工商职业学院行政楼 7 楼	（0898）65355926	（0898）65237850	570204
海口市侨联	海南省海口市海甸岛一西路 2 号 8 楼	（0898）68532306	（0898）68546025	570208
三亚市侨联	海南省三亚市天涯区文明路 145 号市政府第二办公楼 1401 房	（0898）88260739	（0898）88260739	572000
文昌市侨联	海南省文昌市文清大道市政府办公楼东楼 4 楼	（0898）63330249	（0898）63330840	571339
琼海市侨联	海南省琼海市新民街 202 号侨联大厦 5 楼	（0898）62822406	（0898）62825229	571400
万宁市侨联	海南省万宁市档案局 805 室	（0898）62224201	（0898）62224201	571500
儋州市侨联	海南省儋州市东风路 189 号原市委第一办公楼 4 楼	（0898）23326672	（0898）23326672	571700
五指山市侨联	海南省五指山市红旗路五指山市图书馆	（0898）86633896	（0898）86639939	572299
东方市侨联	海南省东方市市委 1 号办公楼一楼	（0898）25522186	（0898）25522186	572600
乐东县侨联	海南省乐东县政府办公楼 1 楼	（0898）85532511	（0898）85532511	572500
琼中县侨联	海南省琼中县政府第三办公楼 2 楼	（0898）86222810	（0898）86222810	572900
澄迈县侨联	海南省澄迈县金江镇文化北路 110-5 号	（0898）67631028	（0898）67631028	571900
保亭县侨联	海南省保亭县保城镇民族风情街二栋海峡两岸交流基地一楼	（0898）38660030	（0898）38660030	572300
定安县侨联	海南省定安县定城镇见龙大道人才劳动力市场大楼三楼 306 室	（0898）63839096	（0898）63839096	571200
临高县侨联	海南省临高县委大院 2 号办公楼 308 房	28284569	28284569	571800
白沙县侨联	海南省白沙县牙叉镇滨河北路 1 号政府办公大楼一楼	27715858	27715696	572800
昌江县侨联	海南省昌江县政府机关大楼 401 房	26699068	26699068	572700
屯昌县侨联	屯昌县昌盛路县委大楼五楼 531 室	13907516939		571600
陵水县侨联	陵水县椰林镇南干道县政务中心大楼 411 室	13519830651		572400

重庆市

单位名称	地 址	电话号码	传真号码	邮政编码
重庆市侨联	重庆市江北区北滨一路 359 号 4 楼	（023）63865696	（023）63610849	400020
重庆市万州区侨联	重庆市万州区福建大街 49 号	（023）58103321	（023）85795103	404000
重庆市黔江区侨联	重庆市黔江区正阳街道新城行政公共服务中心 1730	（023）79248521	（023）79248521	409700
重庆市涪陵区侨联	重庆市涪陵区太极大道 71 号区委大楼 635 室	（023）72813197	（023）72813197	408000
重庆市渝中区侨联	渝中区管家巷 9 号区政府大楼 1909 室	（023）63507411	（023）63507411	400013
重庆市大渡口区侨联	重庆市大渡口区文体路 126 号	（023）68173813	（023）68833423	400084
重庆市江北区侨联	重庆市江北区金港新区 16 号 1831 室	（023）67712828	（023）67712828	400025
重庆市沙坪坝区侨联	重庆市沙坪坝区凤天大道 8 号	（023）65368697	（023）65368692	400038

重庆市

单位名称	地 址	电话号码	传真号码	邮政编码
重庆市九龙坡区侨联	重庆市九龙坡区杨家坪西郊路 27 号	（023）68782424	（023）68780345	400050
重庆市南岸区侨联	重庆市南岸区天文街道广福大道 1 号	（023）62988769	（023）62988769	400060
重庆市北碚区侨联	重庆市北碚城南海宇大厦 7 楼	（023）60300009	（023）68862795	400711
重庆市渝北区侨联	重庆市渝北区义学路 64 号	（023）67821706	（023）67821706	401120
重庆市巴南区侨联	重庆市巴南区龙洲大道 6 号行政中心 1 号楼	（023）66221279	（023）66221157	401320
重庆市长寿区侨联	重庆市长寿区桃花行政中心南楼 220 室	（023）40661225	（023）40661225	401220
重庆市江津区侨联	重庆市江津区滨江新城行政中心 1203	（023）81220225	（023）47550371	402260
重庆市合川区侨联	重庆市合川区希尔安大道 223 号 547 室	（023）42830708	（023）42830708	401520
重庆市永川区侨联	重庆市永川区人民大道 191 号	（023）49210986	（023）49210986	402160
重庆市南川区侨联	重庆市南川区东城街道和平支路 6 号	（023）71410689	（023）71422365	408400
重庆市綦江区侨联	重庆市綦江区古南街道北街 88 号	（023）48662881	（023）48662801	401420
重庆市大足区侨联	重庆市大足区棠香街道二环北路东段 1 号党政办中心 1108	（023）43763149	（023）43763150	402360
重庆市璧山区侨联	璧山区璧城街道双星大道 369 号新行政中心 1 号楼 6 楼	（023）41423420	（023）41423420	402760
重庆市铜梁区侨联	重庆市铜梁区巴川镇白龙大道 118 号	（023）45695550	（023）45695099	402560
重庆市潼南区侨联	重庆市潼南区江北行政中心一楼	（023）44551967	（023）44551967	402660
重庆市荣昌区侨联	重庆市荣昌区行政中心 A718	（023）61471289	（023）61471289	402460
重庆市开州区侨联	重庆市开州区开州大道中段区级机关综合办公大楼 B 栋 3 楼	（023）52661553	（023）52218248	405400
重庆市梁平区侨联	重庆市梁平区双桂街道新区行政综合大楼 126 室	（023）53220331	（023）53220331	405200
重庆市武隆区侨联	重庆市武隆区巷口镇建设中路 1111 号区委大楼六楼	（023）77729600	（023）77722145	408500
重庆市城口县侨联	重庆市城口县葛城街道土城路县政府大院左侧楼 3 楼	（023）59222331	（023）59222331	405900
重庆市丰都县侨联	重庆市丰都县三合街道平都大道西段 53 号	（023）70605589	（023）70605521	408200
重庆市垫江县侨联	重庆市垫江县桂溪镇桂西大道行政办公中心垫江县侨联	（023）74512519	（023）74512519	408300
重庆市忠县侨联	重庆市忠县忠州镇中博大道行政中心三楼	（023）54238533	（023）54238535	404300
重庆市云阳县侨联	重庆市云阳县新县城杏花路 60 号	（023）55128107	（023）55128025	404500
重庆市奉节县侨联	重庆市奉节县永安街道朱衣路 3 号县委大楼 552	（023）56557086	（023）56557836	404600
重庆市巫山县侨联	重庆市巫山县广东中路行政大楼 2 楼	（023）57699187	（023）57682731	404700
重庆市巫溪县侨联	重庆市巫溪县行政综合大楼四楼	（023）51523497	（023）51522571	405800
重庆市石柱县侨联	重庆市石柱县南宾街道新开路 19 号	（023）81501557	（023）81501557	409100
重庆市秀山县侨联	重庆市秀山县行政中心办公大楼	（023）76662579	（023）76662579	409900
重庆市酉阳县侨联	重庆市酉阳县桃花源镇西山路 10 号	（023）75552046	（023）75552046	409800
重庆市彭水县侨联	重庆市彭水县委办公大楼 1 楼	（023）78442756	（023）78442756	409600
重庆市万盛经开区侨联	重庆市万盛经开区新田路 69 号	（023）64183186	（023）48271358	400800
重庆大学侨联	重庆大学党委统战部	（023）65105240	（023）65105240	400030
西南大学侨联	重庆市北碚区西南大学党委统战部	（023）68251202	（023）68252558	400715
重庆医科大学侨联	重庆市渝中区医学院路 1 号	（023）68485045	（023）68485005	400016
重庆工商大学侨联	重庆市南岸区五公里重庆工商大学	（023）62768147	（023）62768147	400067
重庆师范大学侨联	重庆市沙坪坝大学城中路 37 号重庆师范大学综合办公楼 415 室	（023）65362481	（023）65362481	401331

重庆市

单位名称	地 址	电话号码	传真号码	邮政编码
重庆三峡学院侨联	重庆市万州区沙龙路二段 780 号	（023）58101157	（023）58101157	404100
重庆第二师范学院侨联	重庆市南岸区学府大道 9 号	（023）62658909	（023）61638004	400067
中科院重庆绿色智能技术研究院侨联	重庆市北碚区方正大道 266 号	（023）65935555	（023）65935000	400714
重庆金融系统侨联	重庆市渝北区红绵大道 56 号综合楼八层	（023）67677539	（023）67677817	401147
西南铝业集团公司侨联	重庆市九龙坡区西彭	（023）65809514	（023）65809743	401326
中石油重庆公管中心侨联	江北区大石坝石油大庆村 C 区新闻中心	（023）67321378	（023）67321378	401147
重庆钢铁集团公司侨联	大渡口区大堰三村重钢集团党委统战部	（023）68877172	（023）68877172	400080
重庆市侨联特聘请专家委员会	重庆市渝中区大溪沟街道人和街 99 号	（023）63624205	（023）63624205	400020
重庆市侨联法律顾问委员会	重庆市渝中区大溪沟街道人和街 99 号	（023）63865696	（023）63610849	400020
重庆华商会	重庆市渝中区大溪沟街道人和街 99 号 905 室	（023）81219271	无	400043
重庆侨界青年联谊会	重庆市渝中区大溪沟街道人和街 99 号 904 室	（023）81219261	无	400043
《新华侨》编辑部	重庆市渝中区长江二路 183 号 17—2	（023）68739953	（023）68739953	400016

四川省

单位名称	地 址	电话号码	传真号码	邮政编码
四川省侨联	成都市一环路南三段 15 号华侨大厦七层	（028）85592363	（028）85592522	610041
成都市侨联	成都市高新区蜀锦路 68 号	（028）61886828	（028）61886828	610012
自贡市侨联	自贡市自流井区塘坎上路 3 号市委大院 15 号楼 3 楼	（0813）2204694	（0813）2204694	643000
攀枝花市侨联	攀枝花市人民街 48 号市人大办公楼 6 楼	（0812）3337068	（0812）3337068	617000
泸州市侨联	泸州市江阳区江阳西路 1 号政府大院 2 号楼 5 楼	（0830）3110151	（0830）3190607	646000
德阳市侨联	德阳市长江西路 1 段 12 号市委 1 号楼 701	（0838）2307957		618000
绵阳市侨联	绵阳市涪城区云泉南街 6 号园艺山集中办公区 5 号楼 A 区 4 楼	（0816）2374100	（0816）2364880	621000
广元市侨联	广元市利州区利州东路劳动大厦 5 楼	（0839）3322613	（0839）3267366	628017
遂宁市侨联	遂宁市河东新区环岛商务中心 3323 室	（0825）2239093	（0825）2239093	629000
内江市侨联	内江市东兴区西林大道 547 号	（0832）2024464		641000
乐山市侨联	乐山市市中区嘉州大道 556 号	（0833）2139472	（0833）2139472	614000
南充市侨联	南充市顺庆区涪江路 19 号	（0817）6817005		637000
眉山市侨联	眉山市东坡大道南一段 1 号市政府主楼西 9-15	（028）38196073	（028）38168078	620020
宜宾市侨联	宜宾市叙州区崇文路 5 号	（0831）8220870	（0831）5958058	644000
广安市侨联	广安市金安大道一段 26 号同心楼 6 楼	（0826）2332086	（0826）2398163	638000
达州市侨联	达州市通州区白塔路 326 号 715 室	（0818）2131032	（0818）2131063	635000
雅安市侨联	雅安市雨城区正和路 1 号市行政中心 5B906 室	（0835）2892625	（0835）2223891	625000
巴中市侨联	巴中市江北大道市政大楼 17 楼 14 号	（0827）5281159	（0827）5281159	636000
资阳市侨联	资阳市雁江区广场路 3 号市政府 2 号楼 1215 室	（028）26111056		641300
阿坝州侨联	阿坝州马尔康市马尔康镇团结街嶂恰岭巷 9 号	（0837）2852067	（0837）2822607	624000
甘孜州侨联	甘孜州康定市工商大厦 10 楼	（0836）2828438	（0836）2828126	626000
凉山州侨联	西昌市三岔口南路 55 号州政府办公大楼 308	（0834）3865077	（0834）2162229	615000

贵州省

单位名称	地　址	电话号码	传真号码	邮政编码
贵州省侨联	贵州省贵阳市北京路 141 号省政协大楼 16 楼	（0851）86822627	（0851）86822627	550004
贵州侨商企业联合会	贵州省贵阳市北京路 141 号省政协大楼 12 楼	（0851)86821308	（0851）86821308	550004
贵州海外归国青年创新创业协会	贵阳国家高新区国际人才城 3 楼	（0851）87990030		550007
贵州归侨联谊会	贵州省贵阳市北京路 141 号省政协大楼 9 楼	（0851）86827217	（0851）86827217	550004
贵州省侨联法律顾问委员会	贵州省贵阳市北京路 141 号省政协大楼 9 楼	（0851）86827217	（0851）86827217	550004
贵州省侨联青年委员会	贵州省贵阳市北京路 141 号省政协大楼 12 楼	（0851）86821308	（0851）86821308	550004
贵州省侨联专家咨询委员会	贵州省贵阳市北京路 141 号省政协大楼 12 楼	（0851）86821308	（0851）86821308	550004
贵阳市侨联	贵州省贵阳市金阳行政中心市委大楼 4 楼	（0851）87988515	（0851）87988515	550023
南明区侨联	贵州省贵阳市南明区新华路成筑大厦 4 楼	（0851）85812053	（0851）85812053	550002
云岩区侨联	贵州省贵阳市云岩区新添大道南段 299 号云岩区行政中心	（0851）86679057	（0851）86679057	550001
乌当区侨联	贵阳市乌当区航天大道 7 号乌当区行政中心政协一楼	（0851）86402162	（0851）86402162	550018
白云区侨联	贵阳市白云区行政中心南楼 314 号	（0851）84616918	（0851）84616918	550014
花溪区侨联	贵州省贵阳市花溪区行政中心办公大楼 B 区 522	（0851）83851904	（0851）83851904	550025
遵义市侨联	遵义市新蒲新区市级行政办公中心 1 号楼 A 区 5 楼	（0851）28222100	（0852）28222100	563000
红花岗区侨联	贵州省遵义市红花岗区中华南路 40 号政协大楼 4 楼	（0851）28838028	（0851）28838028	563000
汇川区侨联	贵州省遵义市汇川区汇川大道 700 号（区统战部）	（0851）28682912	（0851）28682912	563000
播州区侨联	贵州省遵义市播州区南白街道西大街万象国际城 6 号楼（区统战部）	（0851）27222162	（0851）27222486	563100
仁怀市侨联	贵州省遵义市仁怀市行政中心二楼（统战部）	（0851）22235719	（0851）22235672	564500
赤水市侨联	贵州省遵义市赤水市市中街道延安路 38 号	（0851）22861170	（0851）22861170	564799
湄潭县侨联	贵州省遵义市湄潭县政府 B 区四楼	（0851）24255968	（0851）24251728	564100
凤冈县侨联	贵州省遵义市凤冈县县委大院政协大楼一楼	13985213172		564200
余庆县侨联	贵州省遵义市余庆县政务中心 1205	（0851）24704332		564400
务川自治县侨联	贵州省遵义务川自治县行政办公区	（0851）25621149	（0851）25621149	564300
道真县侨联	道真县玉溪镇尹珍大道县党政办公大楼 3 楼县委统战部	（0851）22582672	（0851）22582672	563502
安顺市侨联	贵州省安顺市西秀区武当路与顶安大道交汇处（安顺市新政府大楼 6 楼 C0609 室）	（0851）33282299	（0851）33282355	61000
西秀区侨联	贵州省安顺市西秀区行政中心 1 栋 3 楼	（0851）33834990	（0851）33223291	561300
六盘水市侨联	贵州省六盘水市开发区开投大厦 10 楼	（0858）8325497	（0858）8325497	553001
水城区侨联	贵州省六盘水市水城区人民政府综合楼五楼	（0858）6803778	（0858）6803778	553600
盘州市侨联	贵州省六盘水市盘县 1 号党政大楼八楼	（0858）3107053	（0858）3107053	553537
钟山区侨联	贵州省六盘水市钟山区政府大楼 532 室	（0858）8785193	（0858）8785193	553000
六枝特区侨联	贵州省六盘水市六枝特区生产力发展中心 430 室	15085198025		553400
毕节市侨联	贵州省毕节市行政中心 C 栋西 1019 室	（0857）8257726	（0857）8257726	551700
铜仁市侨联	贵州省铜仁市花果山中路 8 号市政府 2 楼	（0856）5223508	（0856）5223508	554300
碧江区侨联	贵州省铜仁市碧江区行政中心 6 号楼 B 区 1 楼 221 室	（0856）5218236	（0856）5218236	554300
思南县侨联	贵州省铜仁市思南县府后街政府大院 120 号	13595636600		565100
石阡县侨联	贵州省铜仁市石阡县政府大楼 1113 室	13985347142		555100

贵州省

单位名称	地　址	电话号码	传真号码	邮政编码
万山区侨联工作领导小组	铜仁市万山区丹都街道万山区行政中心 3008 室	15121673157		554200
黔东南州侨联	贵州省凯里市营盘东路 40 号	（0855）8223118	（0855）82223823	556000
凯里市侨联	贵州省黔东南州凯里市行政中心 D 座 312 室	（0855）8061724	（0855）8061647	556000
黄平县侨联	贵州省黔东南州黄平县行政中心 264 室（0855）2469526	（0855）2469627		556100
黔南州侨联	贵州省黔南州都匀经济开发区匀东大厦 B437	（0854）8190196	（0854）8190197	558000
都匀市侨联	贵州省黔南州都匀市西山新苑 1 单元 2 楼 203 办公室（市医保局办公室）	（0854）8256196	（0854）8222527	558000
独山县侨联	贵州省黔南州独山县第一中学	13985761005		558000
黔西南州侨联	贵州省兴义市盘江东路 16 号	（0859）3222819	（0859）3222819	562400
贵州省人民医院侨联	贵阳市南明区蟠桃宫省人民医院	（0851）85937284	（0851）85925503	550002
贵州大学侨联	贵州大学花溪北校区新行政楼四楼	（0851）88290031		550025
贵州师范大学侨联	贵州省贵阳市花溪大学城新校区贵州师范大学统战部	13985003486		550025
贵州民族大学	贵州省贵阳市花溪大学城新校区贵州民族大学统战部	13984313696		550025
贵州中医药大学侨联	贵州省贵阳市花溪大学城新校区贵州中医药大学统战部	13638501890		550025
遵义师范学院侨联	贵州省遵义市新蒲新区遵义师范学院执文楼 318（师院侨联）	（0851）28920103		563006
遵义医学院侨联	贵州省遵义市新蒲新区遵义医科大学统战部（侨联）	（0851）28642666	（0851）28609388	
安顺学院侨联	贵州省安顺市西秀区学院路 25 号	13885306165		561000
黔南师院侨联	贵州省黔南州都匀市经济开发区龙山大道黔南民族师范学院统战部办公室	13595453636		558000
贵飞公司侨联	安顺市开发区贵飞公司	（0851）33385734		561100

云南省

单位名称	地　址	电话号码	传真号码	邮政编码
云南省侨联	昆明市翠湖南路 94 号	（0871）65182879	（0871）65152947	650031
昆明市侨联	昆明市呈贡新区锦绣大街 1 号市级行政中心 7 号楼 281 室	（0871）68241798	（0871）68241798	650500
昆明市五华区侨联	昆明市五华区华山西路 1 号五华区政府大楼 913 室	（0871）63629639	（0871）63629639	650031
昆明市盘龙区侨联	昆明市盘龙区北京路 2198 号盘龙区行政中心 2 栋 205 室	（0871）63169160	（0871）63163562	650000
昆明市官渡区侨联	昆明市官渡区云秀路 2898 号国投大厦 1233 室	（0871）67180778	（0871）67180778	650214
昆明市西山区侨联	昆明市西山区西苑路 188 号 12 楼 2 号西山区委统战部转	（0871）68227972	（0871）68227972	650118
昆明市东川区侨联	昆明市东川区市府街 1 号区政府办公大楼 1 楼东川区委统战部转	（0871）62130547	（0871）62130547	654100
昆明市禄劝县侨联	昆明市禄劝县政府办公大楼 5 楼禄劝县为统战部转	（0871）68999058	（0871）68999058	651500
昆明市嵩明县侨联	昆明市嵩明县嵩阳镇北街 102 号嵩明县委统战部转嵩明县侨联	（0871）67911122	（0871）67911122	651700
昆明学院侨联	昆明市昆师路 2 号昆明学院	（0871）65324523	（0871）65324523	650031
曲靖市侨联	曲靖市文昌街 172 号政府 2 号院	（0874）8965957	（0874）8965957	655000
曲靖市麒麟区侨联	曲靖市南宁西路 28 号区政府内	（0874）3130016	（0874）3130016	655000
曲靖市陆良县侨联	曲靖市陆良县人民政府东门街 23 号	（0874）6222766	（0874）6222766	655000

云南省

单位名称	地址	电话号码	传真号码	邮政编码
玉溪市侨联	玉溪市红塔区抚仙路 86 号高新区创业大厦 1502 室	（0877）2024577	（0877）2024577	653100
玉溪市红塔区侨联	玉溪市红塔区玉兴路 55 号	（0877）4011722	（0877）4011722	653100
玉溪市峨山县侨联	峨山县双江接到临江路 13 号	（0877）4011762	（0877）4011161	653200
玉溪市元江县侨联	元江县文化路 1 号	（0877）6515161	（0877）6515161	653300
保山市侨联	保山市隆阳区同仁街 26 号	（0875）2122786	（0875）2122786	678000
保山市隆阳区侨联	保山市隆阳区永昌文化园 1 号	（0875）2229079	（0875）2229079	678000
保山市施甸县侨联	保山市施甸县甸阳中路 31 号	（0875）8123053	（0875）8123053	678200
保山市腾冲市侨联	保山市腾冲市腾越镇火山社区茂华小区 7 号	（0875）5133709	（0875）5133709	679100
保山市龙陵县侨联	保山市龙陵县龙山路 133 号	（0875）6121030	（0875）6121030	678300
保山市昌宁县侨联	保山市昌宁县田园镇龙井社区南门街 8 号	（0875）7130191	（0875）7130191	678100
昭通市侨联	昭通市昭阳区公园路 45 号市委大院内	（0870）2125666	（0870）2122489	657000
丽江市侨联	丽江市福慧路市委大院	（0888）5551878	（0888）5551877	674100
丽江市永胜县侨联	永胜县文明南路 40 号县人民政府统战部	（0888）6521028	（0888）6521028	674200
丽江市华坪县侨联	华坪县中心镇东路 13 号县委大院统战部	（0888）6121042	（0888）6121042	674880
丽江市宁蒗县侨联	宁蒗县县委大院统战部	（0888）5527605	（0888）5527605	674309
普洱市侨联	普洱市北部行政中心 7 栋	（0879）2148196	（0879）2189689	665000
普洱市思茅区侨联	普洱市思茅区过街楼 43 号	（0879）2122067	（0879）2122067	665099
普洱市景东县侨联	普洱市景东县锦屏镇玉屏路 75 号	（0879）6221194	（0879）6221194	676299
普洱市景谷县侨联	普洱市景谷县威远镇 47 号	（0879）5221349	（0879）5221349	666499
普洱市镇沅县侨联	普洱市镇沅县委统战部（人民路 20 号）	（0879）5811326	（0879）5811326	666599
普洱市宁洱县侨联	普洱市宁洱县行政办公区一楼	（0879）3232316	（0879）3232316	665199
普洱市墨江县侨联	普洱市墨江县联珠镇朝阳路 5 号	（0879）4232848	（0978）4232848	654800
普洱市江城县侨联	普洱市江城县勐烈大街 102 号青少年宫三楼	（0879）3722471	（0879）3722471	665900
普洱市澜沧县侨联	普洱市澜沧县委大院	（0879）7224722	（0879）7224722	665699
普洱市孟连县侨联	普洱市孟连县政府大院	（0879）8722384	（0879）8722384	665899
普洱市西盟县侨联	普洱市西盟县勐卡路 787 号	（0879）8342264	（0879）8342264	665700
临沧市侨联	临沧市临翔区世纪路 350 号（市政府大楼 4044）	（0883）2127321 （0883）2122774	（0883）2127321 （0883）2122774	677099
临翔区侨联	临沧市临翔区白塔路 101 号	（0883）2167207	（0883）2167207	677000
临沧市凤庆县侨联	凤庆育贤街 35 号	（0883）4211155	（0883）4211155	675900
临沧市耿马县侨联	耿马县委大院	（0883）6121305	（0883）6121305	677500
临沧市双江县侨联	双江县委大院	（0883）7621393	（0883）7621393	677300
临沧市镇康县侨联	耿康县南伞镇政府办公区	（0883）6633715	（0883）6633715	677700
临沧市沧源县侨联	沧源自治县侨联（县委一楼）	（0883）7121356	（0883）7123856	677400
楚雄州侨联	楚雄市汇东街 91 号二楼	（0878）3389554	（0878）3389554	675000
红河州侨联	蒙自市州五大中心老年宫 A312 室	（0873）3730519	（0873）3730519	661199
红河州蒙自市侨联	蒙自市行政中心 C209	（0873）3812180	（0873）3812180	661199
红河州个旧市侨联	个旧市市委党校综合楼 311 室	（0873）2123036	（0873）2123036	661000
红河州开远市侨联	开远市行政中心 406 室	（0873）7133207	（0873）7133207	661699
红河州建水县侨联	建水县新县委大楼 3-6	（0873）7662225	（0873）7662225	654399
红河州石屏县侨联小组	石屏县湖滨路县委大楼二楼	（0873）4857349	（0873）4857349	662200

云南省

单位名称	地　址	电话号码	传真号码	邮政编码
红河州红河县侨联	红河县迤萨镇三棵树街 3 号	（0873）4621234	（0873）4621234	654499
红河州元阳县侨联	元阳县南沙镇元桂路 3 号	（0873）5769650	（0873）5769650	662400
红河州屏边县侨联	屏边县玉屏镇卫国路 25 号老党校办公楼	（0873）3223258	（0873）3223258	661200
红河州金平县侨联	金平县文化路 9 号	（0873）5225508	（0873）5225508	661599
红河州河口县侨联	河口县北山行政中心 422 室	（0873）3451110	（0873）3451110	661399
云锡集团（控股）公司侨联	个旧市金湖东路 121 号	（0873）3116242	（0873）3116438 统战部转	661000
文山州侨联	文山州文山市卧龙街道华龙西路 3 号	（0876）2122366	（0876）2122366	663099
文山州麻栗坡县侨联	文山州麻栗坡县政务楼 18 楼	（0876）6622523	（0876）6622523	663600
文山州富宁县侨联	文山州富宁县新华镇普厅南路 5 号金土地办公楼四楼	（0876）3022979	（0876）3022979	663400
文山州砚山县	文山州砚山县江那镇龙头街 24 号	（0876）3130863	（0876）3130863	663100
西双版纳州侨联	西双版纳州景洪市宣慰大道 67 号	（0691）2124337	（0691）2124337	666100
西双版纳州景洪市侨联	嘎兰中路 55 号	（0691）2144523	（0691）2122596	666100
西双版纳州勐海县侨联	勐海县景广路 12 号	（0691）5128926	（0691）5122547	666200
西双版纳州勐腊县侨联	勐腊县新城行政中心	（0691）8161121	（0691）8161121	666300
大理州侨联	大理市龙山州级行政办公区	（0872）2319542	（0872）2319539	671000
大理州大理市侨联	大理市政府大院	（0872）2126675	（0872）2126675	671000
大理州宾川县侨联	宾川县政府大院	（0872）7142010	（0872）7142010	671600
大理州祥云县侨联	祥云县委统战部	（0872）3121400	（0872）3121400	672100
大理州漾濞县侨联	漾濞县委统战部	（0872）7520895	（0872）7520895	672500
大理州巍山县侨联	巍山县委统战部	（0872）6120077	（0872）6120077	672400
大理州弥渡县侨联	弥渡县政府大院	（0872）8163296	（0872）8163296	675600
大理州鹤庆县侨联	鹤庆县委统战部	（0872）4121129	（0872）4121129	671500
德宏州侨联	芒市德瑞路 6 号	（0692）2122201	（0692）8886708	678400
德宏州芒市侨联	芒市大街 109 号残联综合大楼六楼	（0692）2121206	（0692）2121206	678400
德宏州畹町区侨联	瑞丽市畹町开发区建设路 23 号	（0692）5151268	（0692）5151268	678500
德宏州瑞丽市侨联	瑞丽市新建路 2 号	（0692）4151968	（0692）4151968	678600
德宏州陇川县侨联	陇川县人民政府东楼	（0692）7173053	（0692）8891600	678700
德宏州盈江县侨联	盈江县行政中心七楼	（0692）8180528	（0692）8180528	679300
德宏州梁河县侨联	梁河县遮岛镇振兴路 13 号	（0692）6161347	（0692）6161347	679200
怒江州侨联	怒江州六库镇江东州委统战部	（0886）3622251	（0886）3622251	673100
迪庆州侨联	迪庆州香格里拉县建塘镇康珠大道 8 号州委统战部	（0887）8275111	（0887）8275111	674400

西藏自治区

单位名称	地　址	电话号码	邮政编码
西藏自治区侨联	西藏拉萨市城关区色拉路 40 号西藏社院金桥饭店	（0891）6345436 （0891）6332116	850000

陕西省

单位名称	地　址	电话号码	传真号码	邮政编码
陕西省侨联	西安市新城广场省政府大院	（029）63914568	（029）63914568	710006
西安市侨联	西安市凤城八路 109 号 7 号楼一楼	（029）86788180	（029）86788180	710007
咸阳市侨联	咸阳市渭阳中路 6 号市政府大院	（029）33210751	（029）33210077	712000

陕西省

单位名称	地　址	电话号码	传真号码	邮政编码
宝鸡市侨联	宝鸡市宝虢路 125 号行政中心 2 号楼 313 室	（0917）3260892		721004
渭滨区侨联	宝鸡市公园路 212 号	（0917）3234035		721006
金台区侨联	宝鸡市中山路 148 号	（0917）2892198		721001
陈仓区侨联	宝鸡市陈仓区南环路育才酒店西	（0917）6212163		721300
凤翔县侨联	宝鸡市凤翔县东大街 67 号	（0917）7212808		721400
岐山县侨联	宝鸡市岐山县凤鸣西路 51 号	（0917）8212272		722400
眉县县侨联	宝鸡市眉县首善镇平阳街 44 号	（0917）5542790		722300
陇县侨联	宝鸡市眉县首善镇平阳街 44 号	（0917）4601605		721200
扶风县侨联	宝鸡市扶风县新区市民中心	（0917）5227710		722200
铜川市侨联	陕西省铜川市新区朝阳路 9 号铜川政务大厦	（0919）3283217	（0919）3283217	727031
宜君县侨联	铜川市宜君县宜阳中街	（0919）5281401	（0919）5281401	727200
铜川市印台区侨联	铜川市印台区同官路 80 号	（0919）4185115	（0919）4185115	727000
铜川市王益区侨联	铜川市王益区红旗街 9 号	（0919）2188026	（0919）2188026	727000
铜川市耀州区侨联	铜川市耀州区学古路 3 号	（0919）6182479	（0919）6182479	727100
渭南市侨联	渭南市三贤路北段渭南市民综合服务心东配楼 412	（0913）2933539	（0913）2933539	714000
延安市侨联	延安市南关街市委大院 124 号	（0911）2166131	（0911）2166131	716000
宝塔区侨联	宝塔区区委一楼	（0911）2113234		716000
延川县侨联	延川县南大街政府办公楼	（0911）8117140		717200
子长县侨联	子长县人大办公楼 117 室	（0911）7114138	717300	
延长县侨联	延长县委办公楼五楼 517 室	（0911）8612872	717100	
黄陵县侨联	黄陵县县委四楼	（0911）5212081		717300
洛川县侨联	洛川县纪委三楼 306 室	（0911）3622135		717300
榆林市侨联	榆林市榆阳区青山路 8 号市政府大楼 205 号	（0912）3421987	（0912）3895566	719000
汉中市侨联	陕西省汉中市汉台区民主街 43 号	（0916）2626910	（0916）2212664	723000
汉台区侨联	陕西省汉中市汉台区区委大院内	（0916）2211219	（0916）2211219	
安康市侨联	安康市汉滨区育才路 113 号市政府行政中心 1412 室	（0915）3218781	（0915）3209755	725099
商洛市侨联	商洛市商州区民主路 1 号市行政中心 517 室	（0914）2383687	（0914）2383687	726000
杨凌农业高新技术产业示范区侨联	杨凌农业高新技术产业示范区新桥北路 6 号			712100

甘肃省

单位名称	地　址	电话号码	传真号码	邮政编码
甘肃省侨联	甘肃省兰州市城关区广场南路 51 号统办一号楼	（0931）8960286	（0931）8960286	730030
兰州市侨联	甘肃省兰州市城关区金昌南路 280 号红星大厦	（0931）8879545	（0931）8879545	730031
嘉峪关市侨联	甘肃省嘉峪关市政府办公楼	（0937）6328309	（0937）6328923	735100
酒泉市侨联	甘肃省酒泉市肃州区广场西路 4 号市直机关综合楼	（0937）2614380	（0937）2614380	735000
张掖市侨联	甘肃省张掖市甘州区南环路 679 号	（0936）8214834	（0936）8214834	734000
金昌市侨联	甘肃省金昌市金川区新华路 82 号行政中心主楼 914 室	（0935）8213327	（0935）8332606	737100
武威市侨联	甘肃省武威市凉州区交通大厦 317 室	（0935）2213613	（0935）2213613	733000
白银市侨联	甘肃省白银市白银区广场北楼 1 号政府统办 3 号楼北楼 409-2 室	（0943）8221790	（0943）8221790	730900
定西市侨联	甘肃省定西市安定区安定路 1 号	（0932）8212959	（0932）8212959	743000

甘肃省

单位名称	地址	电话号码	传真号码	邮政编码
天水市侨联	甘肃省天水市秦州区环城中路 6 号	（0938）8275515	（0938）8215024	741000
平凉市侨联	甘肃省平凉市崆峒区红旗街 113 号	（0933）8229372	（0933）8229372	744000
庆阳市侨联	甘肃省庆阳市西峰区庆州西路 1 号市委统办楼	（0934）8215741	（0934）8212174	745000
陇南市侨联	甘肃省陇南市武都区东江新区市政府统办大楼 401 室	（0939）8211517	（0939）8213892	746000
临夏州侨联	甘肃省临夏市西关路 4 号教育大厦 6 层	（0930）6225701	（0930）6225701	731100
甘南州委统战部	甘肃省甘南州合作市当周街 426 号甘南州委	（0941）8212959	（0941）8212959	747000

青海省

单位名称	地址	电话号码	邮政编码
青海省侨联	西宁市城中区七一路 346 号	（0971）8457060	810000
西宁市侨联	西宁市城中区校场街 10 号	（0971）8277821	810000
青海省民和县侨联	民和县川垣新区党政办公大楼	（0972）8522007	810800
青海大学侨联	西宁市宁大路 251 号	（0971）5310674	810016
青海民族大学侨联	西宁市城东区八一中路 3 号	（0971）8807301	810007
青海师范大学侨联（青海师范大学城北校区）	西宁市城北区海湖大道延长段 38 号	（0971）6306203	810006

宁夏回族自治区

单位名称	地址	电话号码	传真号码	邮政编码
宁夏回族自治区侨联	宁夏回族自治区银川市兴庆区凤凰北街 106 号	（0951）6087029	（0951）5057809	750001
银川市侨联	宁夏回族自治区银川市金凤区北京中路 166 号	（0951）6889206	（0951）6889204	750001
石嘴山市侨联	宁夏回族自治区石嘴山市大武口区行政新区科技信息大楼	（0952）2218192	（0952）2218193	753000
中卫市侨联	宁夏回族自治区中卫市沙坡头区政通路 5 号中卫市委统战部	（0955）7068730	（0955）7068730	755000

新疆维吾尔自治区

单位名称	地址	电话号码	传真号码	邮政编码
新疆维吾尔自治区侨联	乌鲁木齐市文化路 38 号	（0991）2812108	（0991）2810003	830002
伊犁哈萨克自治州侨联	伊宁市阿合买提江街 224 号	（0999）8034967	（0999）8034967	835000
塔城地区侨联	塔城市六合广场 C 区地委统战部	（0901）6222190	（0901）6221011	834700
阿勒泰地区侨联	阿勒泰市解放路 339 号	（0906）2210844	（0906）2135257	836500
克拉玛依市侨联	克拉玛依市迎宾路 60 号市机关 1 号楼	（0990）6233078	（0990）6256618	834000
博尔塔拉蒙古自治州侨联	博乐市文化路州直综合 1 号楼	（0909）2318222	（0909）2318222	833400
	昌吉市北京北路 130 号	（0994）2342624	（0994）2330708	831100
乌鲁木齐市侨联	乌鲁木齐市新兴街 5 号	（0991）4628116	（0991）4621593	830063
哈密市侨联	哈密市建国南路 17 号	（0902）7178180	（0902）7178180	839000
吐鲁番市侨联	吐鲁番市高昌区绿洲中路 115 号	（0995）8620873	（0995）8525172	838000
巴音郭楞蒙古自治州侨联	库尔勒市萨依巴格路 52 号	（0996）2024385	（0996）2024385	841000
阿克苏地区侨联	阿克苏市栏杆路 26 号	（0997）2139393	（0997）2139393	843000
克孜勒苏柯尔克孜自治州侨联	阿图什市帕米尔路西 3 院	（0908）4230259	（0908）4229725	845350
喀什地区侨联	喀什市解放北路 46 号	（0998）2308980	（0998）2308980	844000
和田地区侨联	和田市屯垦西路 49 号	（0903）2513846	（0903）2512937	848000

新疆生产建设兵团

单位名称	地　址	电话号码	传真号码	邮政编码
新疆生产建设兵团侨联	新疆乌鲁木齐市光明路196号兵团党委统战部（侨联）		2890517	830002
第一师阿拉尔市侨联	新疆阿拉尔市胜利大道1号第一师阿拉尔市党委统战部（侨联）	（0997）6359066	（0997）6359067	843000
第二师铁门关市侨联	新疆铁门关市将军北路第二师铁门关市党委统战部（侨联）	（0996）2683372	（0996）2612295	841007
第三师图木舒克市侨联	新疆图木舒克市中兴街1号第三师图木舒克市党委统战部（侨联）	（0998）5701160	（0998）5701050	843900
第四师可克达拉市侨联	新疆可克达拉市学府西路1号第四师可克达拉市党委统战部（侨联）	（0999）8182952	（0999）8182520	835900
第五师双河市侨联	新疆双河市银华路210号第五师双河市党委统战部（侨联）	（0909）2296641	（0909）2296708	833400
第六师五家渠市侨联	新疆五家渠市长征东路603号第六师五家渠市党委统战部（侨联）	（0994）5800427	（0994）5800427	831300
第七师侨联	新疆奎屯市军垦广场1号第七师党委统战部（侨联）	（0992）6687586	（0992）6687118	833200
第八师石河子市侨联	新疆石河子市北三东路1号第八师石河子市党委统战部（侨联）	（0993）2076063	（0993）2076077	832000
第九师侨联	新疆额敏县朝阳区第九师党委统战部（侨联）	（0901）3383047	（0901）3383047	834601
第十师北屯市侨联	新疆北屯市龙疆东街365号第十师北屯市党委统战部（侨联）	（0906）3183006	（0906）3183005	836099
第十一师侨联	新疆乌鲁木齐市河滩北路1067号第十一师党委统战部（侨联）	（0991）6686695	（0991）6656728	830056
第十二师侨联	新疆乌鲁木齐市常州街百园路189号第十二师党委统战部（侨联）	（0991）3781282	（0991）3844776	830013
第十三师红星市侨联	新疆哈密市大营房幸福路1号第十三师红星市党委统战部（侨联）	（0902）2565027	（0902）2566400	839000
第十四师昆玉市侨联	新疆昆玉市玉枣路1号第十四师昆玉市党委统战部（侨联）	（0903）2566031	（0903）2566386	8481100
石河子大学侨联	新疆石河子市北四路石河子大学党委统战部（侨联）	（0993）205020	（0993）2090061	832003
新疆农垦科学院侨联	新疆石河子市乌伊公路221号新疆农垦科学院党委统战（侨联）	（0993）6683660	（0993）2553691	832000
塔里木大学侨联	新疆阿拉尔市塔里木大学党委统战部（侨联）	（0997）4680456	（0997）4680456	843300

中央和国家机关

单位名称	地　址	电话号码	邮政编码
中央和国家机关侨联	北京市西城区平安里西大街33号	（010）55604654	100035
中央金融单位机关侨联	北京市西城区成方街32号		100800
中央统战部直属机关侨联	北京市西城区府右街135号		100800
中央对外联络部直属机关侨联	北京市海淀区复兴路4号		100860
中央党校（国家行政学院）直属机关侨联	北京市海淀区大有庄100号		100091
中央党史和文献研究院侨联小组	北京市西城区毛家湾甲1号		100017
全国总工会机关侨联小组	北京市西城区复兴门外大街10号		100865
中国侨联直属机关侨联	北京市东城区工体西路1号		100027
全国政协机关侨联小组	北京市西城区太平桥大街23号		100081
外交部直属机关侨联	北京市朝阳区朝阳门南大街2号		100701
教育部直属机关侨联	北京市西城区西单大木仓胡同35号		100816

中央和国家机关

单位名称	地　址	电话号码	邮政编码
工业和信息化部直属机关侨联	北京市西城区西长安街 13 号		100804
财政部直属机关侨联	北京市西城区三里河南三巷 3 号		100820
人力资源和社会保障部直属机关侨联	北京市东城区和平里东街 3 号		100716
自然资源部直属机关侨联	北京市西城区阜成门内大街 64 号		100812
住房和城乡建设部直属机关侨联	北京市海淀区三里河路 9 号		100835
交通运输部直属机关侨联	北京市建国门内大街 11 号		100736
水利部直属机关侨联	北京市西城区白广路二条 2 号		100053
农业农村部直属机关侨联	北京市朝阳区农展南里 11 号		100125
商务部直属机关侨联	北京市东城区东长安街 2 号		100731
文化和旅游部直属机关侨联	北京市朝阳门北大街 10 号		100002
国家卫生健康委直属机关侨联	北京市西城区西直门外南路 1 号		100044
应急管理部直属机关侨联	北京市东城区和平里北街 21 号		100713
国务院国有资产监督管理委员会直属机关侨联	北京市西城区宣武门西大街 26 号		100053
国家市场监管总局直属机关侨联	北京市海淀区马甸东路 9 号		100088
国家体育总局直属机关侨联	北京市东城区体育馆路 2 号		100763
新华社直属机关侨联	北京市西城区宣武门西大街 57 号		100803
中国科学院直属机关侨联	北京市海淀区中关村南四街 18 号		100190
中国社科院直属机关侨联	北京市东城区建国门内大街 5 号		100732
中央广电总台中央电视台侨联	北京市复兴路 11 号		100859
中央广电总台中国国际广播电台侨联	北京市石景山区石景山路甲 16 号		100040
中国气象局直属机关侨联	北京市海淀区中关村南大街 46 号		100081
国务院扶贫办直属机关侨联小组	朝阳区太阳宫北街 1 号		100028
中国外文局直属机关侨联	北京市西城区百万庄 24 号		100037
中国国家铁路集团有限公司直属机关侨联	北京市海淀区复兴路 10 号		100844
中国出版集团公司侨联	北京市东城区朝内大街甲 55 号		100010
国家林业和草原局直属机关侨联	北京市东城区和平里东街 18 号		100714
中国民用航空局直属机关侨联	北京市东城区东四西大街 155 号		100710
国家中医药管理局直属机关侨联	北京市东城区工体西路 1 号		100027
国家知识产权局直属机关侨联	北京市海淀区西土城路 6 号		100088

中央企业

单位名称	地　址	电话号码	邮政编码
中央企业侨联	北京市西城区宣武门西大街 26 号国务院国资委党建局统战处	（010）63192017	100053

附

录